QUAESTIONES DE QUALITATE VITAE

STUDIA INTERDISCIPLINARIA

FRANCOFURTI AD VIADRUM – CZENSTOCHOVIAE – OSNABRUGI

A.D. MMXIV

Księga Jubileuszowa
dedykowana
Romualdowi Derbisowi

W poszukiwaniu jakości życia.
Studium interdyscyplinarne

Redaktor
Arkadiusz Wudarski

Frankfurt nad Odrą – Częstochowa – Osnabrück

2014

Recenzenci

Adam Biela (KUL, Lublin)
Andrzej Bisztyga (GWSH, Katowice)
Jolanta Chluska (Politechnika Częstochowska)
Jean-Pierre Dauwalder (Uniwersytet w Lozannie)
Reinhold Jäger (Uniwersytet w Koblenz-Landau)
Stanisława Kalus (Uniwersytet Śląski)
Ryszard Kleszcz (Uniwersytet Łódzki)
Gert Holger Klevenow (HdBA, Mannheim)
Małgorzata Kossowska (Uniwersytet Jagielloński)
Sebastian Kot (Politechnika Częstochowska)
Dorota Kubacka-Jasiecka (KAAFM, Kraków)
Władysław Łosiak (Uniwersytet Jagielloński)
Maciej Łuczak (AWF, Poznań)
Peter Mankowski (Uniwersytet w Hamburgu)
Tadeusz Marek (Uniwersytet Jagielloński)
Agnieszka Marszałek (Uniwersytet Jagielloński)
Thomas Olechowski (Uniwersytet Wiedeński)
Andrzej Pluta (UAM, Kalisz)
Jean-Jacques Ruppert (AVOPP, Luxemburg)
Michael Scharpf (HdBA, Mannheim)
Christiane Schiersmann (Uniwersytet w Heidelbergu)
Jan Tkaczyński (Uniwersytet Jagielloński)
Peter Weber (Uniwersytet w Heidelbergu)

Nadzór korektorski i skład

Agata Wudarska

Koordynatorzy

Magdalena Ziętek (EUV, Frankfurt nad Odrą)
Krzysztof Mucha (AJD, Częstochowa)
Mateusz Badowski (ELSI, Osnabrück)

Okładka

koncepcja: Arkadiusz Wudarski
konsultacja językowa: Sylwester Dworacki
wykonanie: Katarzyna Błach, Michał Błach

ISBN 978-83-7455-373-5

Publikacja została sfinansowana przez
Akademię im. Jana Długosza w Częstochowie.

Publikacja powstała przy współpracy z
Europejskim Uniwersytetem Viadrina we Frankfurcie nad Odrą
oraz Uniwersytetem w Osnabrück.

Redaktor składa podziękowania
Pracownikom i Studentom współpracujących Uczelni za udzielone wsparcie.

Romuald Derbis

Słowo wstępne

Jakość życia [...] opiera się na osobistych przeżyciach
i refleksji nad tym, co odczuwamy
i jakimi jesteśmy ludźmi

Romuald Derbis

Quaestiones de qualitate vitae jest Księgą dedykowaną Profesorowi Romualdowi Derbisowi z okazji niedawnego Jubileuszu 60-lecia urodzin. Publikacja nawiązuje również do zbliżającego się 30-lecia obrony pracy doktorskiej oraz 40-lecia pracy na rzecz częstochowskiej Alma Mater. Inspiracją do powstania Księgi nie były jednak kolejne jubileusze, ale chęć uhonorowania wyjątkowej osoby za całokształt jej działalności.

Trudno przecenić wkład Jubilata w budowanie społeczności akademickiej w naszym mieście. Od samego początku nierozerwalnie związany z częstochowską Uczelnią, Romuald Derbis stał się jednym z jej głównych filarów: wykształcił i wypromował wiele pokoleń młodzieży; jest cenionym wykładowcą i naukowcem, inicjatorem oraz menadżerem życia akademickiego. Przez wszystkie te lata pozostawał wierny Częstochowie, gdzie z pasją oddawał się tworzeniu naukowych i organizacyjnych zrębów naszej Uczelni. Dzięki Jego determinacji i zaangażowaniu oraz żmudnej pracy u podstaw udało się zrealizować cele przez wielu uznawane za nieosiągalne.

Nie sposób wymienić wszystkich zasług Jubilata. W ostatnim czasie walnie przyczynił się do powstania Wydziału Nauk Społecznych, a przede wszystkim do jego promocji i rozwoju naukowego. W swojej zaledwie kilkuletniej historii Wydział pod Jego kierunkiem znacząco poszerzył kadrę naukową oraz ofertę dydaktyczną, podjął szereg cennych inicjatyw, gościł wielu znakomitych naukowców, a także osobistości życia społecznego i politycznego z kraju i zagranicy. Wszystko to zaowocowało realizacją nowych projektów naukowych, rozwojem infrastruktury, nadaniem godności profesorów honorowych, a także podpisaniem umów z renomowanymi partnerami zagranicznymi.

Owocem tej międzynarodowej aktywności naukowej jest również niniejsza Księga, która powstała w ramach współpracy Zespołu Badawczego Europejskiego Prawa Prywatnego i Porównawczego Akademii im. Jana Długosza w Częstochowie z Katedrą Polskiego i Europejskiego Prawa Prywatnego oraz Komparatystyki Prawa Europejskiego Uniwersytetu Viadrina we Frankfurcie nad Odrą oraz Instytutem Europejskiej Nauki Prawa Uniwersytetu w Osnabrück.

Tytuł Księgi nawiązuje do głównego nurtu zainteresowań naukowych Jubilata, który należy do prekursorów badań psychologicznych nad poczuciem jakości życia w Polsce. Dostrzegając wagę tych badań, próbę odnalezienia odpowiedzi na pytania o jakość życia podjęli Autorzy Księgi, wśród których znaleźli się psychologowie, filozofowie, kulturoznawcy, prawnicy, ekonomiści, historycy, socjologowie, pedagodzy, a nawet chemicy. Księga stanowi wyraz wdzięczności i szacunku dla Jubilata za wkład w rozwój nauki, wieloletnią pracę dydaktyczną, koleżeńską współpracę oraz działalność na rzecz środowiska akademickiego. Doceniają to nie tylko Autorzy Księgi, Współpracownicy, Absolwenci i Studenci rodzimej Alma Mater, ale także osoby z wielu innych środowisk naukowych z kraju i zagranicy.

Drogi Romku, pozwól i mnie wyrazić podziękowanie za wieloletnią współpracę w murach naszej Uczelni, za koleżeńskie wsparcie na różnych etapach mojego naukowego rozwoju, za wyważone i trafne porady, za otwartość i dalekowzroczność, za dzielenie się wiedzą, doświadczeniem i mądrością życiową, a przede wszystkim za życzliwość, której miałem wielokrotnie sposobność doświadczać. Współpraca z Tobą sprawia wiele radości i daje powody do satysfakcji nie tylko w wymiarze zawodowym, uczy dystansu do otaczającej rzeczywistości i skłania do refleksji nad tym, co odczuwamy i jakimi jesteśmy ludźmi. Jestem Ci szczególnie wdzięczny za możliwość realizacji mojej naukowej pasji. Obaj wiemy, że urzeczywistnienie wielu zamierzeń i projektów byłoby bez Twojego wsparcia po prostu niemożliwe.

Niech ta Księga przypomina Ci o życzliwości otaczających Cię osób, a dalsze doświadczanie codzienności daje wiele zadowolenia w wymiarze osobistym i zawodowym.

W imieniu całej Społeczności Akademickiej

Arkadiusz Wudarski

Laudatio

Czcigodny Jubilacie,

z okazji świętowania Twojego Jubileuszu 60-lecia urodzin zechciej przyjąć najserdeczniejsze życzenia płynące od całej społeczności akademickiej naszej Uczelni. Cieszę się, że to właśnie mnie przypadł w udziale zaszczyt pogratulowania Ci osiągnięć, które zgromadziłeś przez lata pracy, a które na trwałe wpisały się w historię Akademii im. Jana Długosza.

Z naszą Alma Mater związany jesteś od pierwszych lat jej działalności, czyli od lat prawie czterdziestu. Wspierała Cię ona na wszystkich etapach Twojego rozwoju naukowego, a Ty angażowałeś się w jej życie jako asystent, adiunkt i profesor. Jako naukowiec i wykładowca, dziekan i prodziekan wydziałów, dyrektor instytutów i kierownik zakładu zaskarbiłeś sobie szacunek swoich współpracowników i wychowanków. Niech Twój Jubileusz stanie się okazją do tego, abyśmy przypomnieli, co uczyniłeś dla naszej społeczności — wszak z owoców Twoich dokonań wszyscy dziś korzystamy.

Wspomnieć mogę tylko niektóre Twoje zasługi na rzecz nauki i naszej Uczelni, za które byłeś wielokrotnie nagradzany. Opublikowałeś wiele cennych prac naukowych, miałeś swój wkład w pobudzanie i wspieranie inicjatyw badawczych, z oddaniem angażowałeś się w promocję młodej kadry. Akademia zawdzięcza Ci utworzenie Instytutu Pedagogiki i Psychologii, Wydziału Nauk Społecznych, a także nowych kierunków studiów. Pełniąc wiele kierowniczych funkcji dałeś się poznać jako przedsiębiorczy i odpowiedzialny gospodarz. Nikt z nas nie jest w stanie policzyć czasu, który temu poświęciłeś. Nie sposób tego, co uczyniłeś, ująć w liczby.

Od trzydziestu lat zgłębiasz problematykę jakości życia. Swoje analizy prowadzisz na polu stosowanej psychologii społecznej, a szczególnie psychologii pracy. Liczne jest grono psychologów, z którymi współpracujesz. Szczególnie wysoko cenią oni Twój warsztat pracy. Liczby, rachunek, statystyka to fragment aparatury naukowej niezmiennie obecny w Twoich badaniach. Uprawiasz bowiem tak zwaną twardą psychologię, która opiera się na budzącej respekt metodologii. Zawsze była Ci bliska empirystyczna postawa wobec świata, postawa Arystotelesowska.

Jednakże poszukiwanie jakości życia to temat uniwersalny, który dotyczy każdego z nas. Ludzkość od zarania dziejów stawia sobie pytanie o receptę na osiągnięcie szczęścia. Ty zajmujesz się tym zagadnieniem w sposób naukowy, a z wyników prowadzonych przez Ciebie badań czerpie szerokie grono osób. W Twoich pracach czytelnicy odnajdują prawdę o życiu, która ułatwia im lepsze rozumienie natury ludzkiej, a tym samym daje możliwość bardziej świadomego kształtowania rzeczywistości.

Wszyscy, którzy Cię znają na pewno przyznają, iż cechuje Cię chłodny osąd spraw i umiar. Cechy te doskonale oddaje jedno słowo — rozsądek. Z rozsądkiem idzie w parze przekonanie, że u podstaw tego co ulotne, jest rzeczywistość wsparta na trwałych zasadach, którą zwykło się określać mianem „rozumnej rzeczywistości". W tej rozumnej rzeczywistości było u Ciebie zawsze miejsce na fascynację życiem. Żagle, konie, narty, biesiady w gronie przyjaciół są przecież wyrazem radości życia i umiejętności dostrzegania w nim tego, co piękne.

Drogi Romualdzie, jestem wdzięczny za wspólnie spędzone lata, za celne uwagi na forum Senatu, jak również za przyjacielski ton, którym chłodzisz pełne zapału i gorączki głowy swoich współpracowników, studentów, a czasem także Rektora. Jestem pewien, że przed Tobą jeszcze długa droga obfitująca w sukcesy i zaszczyty. Cieszymy się, że jesteś z nami, że jesteś w pełni sił i że nadal będziemy mogli słuchać Twoich wykładów, uczestniczyć w realizowanych przez Ciebie projektach, spodziewać się nowych rozpraw i wielu jeszcze wychowanków. Na stałe wpisałeś się w naszą Akademię, dla której wspólnie pracujemy. Ufam, że nie ustaniesz w zabiegach, by pomagać nam w codziennym procesie budowania i podnoszenia jakości naszej Uczelni — jakości życia nas wszystkich!

Zygmunt Bąk

Rektor Akademii im. Jana Długosza w Częstochowie

O Jubilacie

Rodzinne losy

Losy członków rodziny naszego Jubilata dobrze oddają ducha czasów, w których przyszło im żyć. Ojciec Jan urodził się w 1920 r. w niemieckiej miejscowości Freital nieopodal Drezna, dokąd jego rodzice przyjechali w poszukiwaniu lepszego życia. Na krótko przed wielkim kryzysem, dziadkowie wrócili do Polski z walizką pełną pieniędzy i osiedli ponownie w Zajączkach pod Wieluniem, z nadzieją na budowę własnego domu. Jednak inflacja wywołana krachem finansowym pozbawiła ich możliwości realizacji tych marzeń. Los nie był dla nich także łaskawy w kolejnych latach. Zawierucha wojenna rzuciła ojca na front zachodni, gdzie brał udział w kampanii wrześniowej. Ranny w walkach, trafił do niewoli. Po ucieczce z pociągu przewożącego jeńców długo się ukrywał. W 1945 r. Rosjanie doprowadzili do śmierci dziadka i ojciec musiał przejąć odpowiedzialność za całą rodzinę. Po zdaniu egzaminu maturalnego podjął pracę jako nauczyciel historii w szkole średniej. W późniejszych latach zdobył uprawnienia inspektora budowlanego i projektanta, dzięki czemu mógł poprawić sytuację finansową rodziny.

Matka Daniela, z domu Kopka, urodziła się w 1931 r. w Chorzenicach koło Radomska. Dwójka jej rodzeństwa zmarła w czasie wojny, niedługo po urodzeniu. Daniela była córką gospodarzy ziemskich z dziada pradziada i ojciec miał nadzieję, że będzie ona kontynuować tradycje rodzinne. Tymczasem mama Romka ukończyła liceum handlowe i przez jakiś czas zajmowała się handlem oraz księgowością, by następnie zostać siostrą PCK. Praca z ludźmi i niesienie pomocy osobom starszym i chorym dawało jej zdecydowanie więcej satysfakcji. Mama była jednak przede wszystkim oddana rodzinie: dbała o silne więzi i wspierała coraz starszych rodziców, angażując w te działania także Romka oraz jego dwóch młodszych braci: Leszka i Mariusza. Synowie zapamiętali mamę jako osobę powszechnie lubianą, dobrą, życzliwą, o wielkiej cierpliwości i wytrwałości w zmaganiach z przeciwnościami losu.

Początki

Prawdopodobnie nie świętowalibyśmy Jubileuszu Romka, gdyby nie stryj ojca, Władysław Derbis, swego czasu proboszcz parafii Sulmierzyce, z której pochodziła matka. Ojciec, planując założenie rodziny, szukał uczciwej panny z dobrego domu, a stryj mu taką kandydatkę polecił. Po ślubie rodzice zamieszkali w Tarnowskich Górach, gdzie ojciec otrzymał pracę w szkole średniej. Romek przyszedł na świat 26 września 1952 r., w szpitalu w Chorzowie, który akurat pełnił dyżur. W ten oto sposób nasz Jubilat stał się metrykalnym Ślązakiem. Derbisowie przebywali w Tarnowskich Górach zaledwie kilka miesięcy, po czym matka z synem wyjechali w jej rodzinne strony. Z jednej pensji nauczycielskiej trudno było bowiem zapewnić godziwe życie całej rodzinie. Dwa lata później ojciec dostał mieszkanie w Częstochowie, sprowadził do siebie żonę z dzieckiem i tak oto Romek został częstochowianinem.

Trzy trójki

Pierwszy szczebel edukacji przyszły profesor ukończył w częstochowskiej Szkole Podstawowej nr 39. Choć nie miał problemów z nauką, na świadectwie końcowym znalazły się dwie trójki: jedna z prac ręcznych, druga ze śpiewu. Trudno dziś stwierdzić, co było powodem słabszej oceny z pierwszego przedmiotu, natomiast co do śpiewu — Romek po prostu nie chciał uczyć się tekstów piosenek na pamięć. Oceny te miały dość poważne konsekwencje, gdyż uniemożliwiły mu kontynuowanie nauki w Częstochowie. Ojcu powiedziano, że gdyby był członkiem partii, sprawy potoczyłyby się inaczej. A tak do wyboru pozostały okoliczne licea ogólnokształcące w Kamienicy Polskiej, Rudnikach i w Dźbowie. Wybór padł na Rudniki, ponieważ była tam klasa sportowa, w której Romek mógł realizować swoje zainteresowania.

Początkowo licealista planował przenieść się do szkoły w Częstochowie, jednak codzienne dojazdy pociągiem przypadły mu do gustu na tyle, że zmienił zdanie. Koleją dojeżdżali nie tylko uczniowie, ale i większość nauczycieli, a pociągi, częściej niż dziś, spóźniały się. Podróże miały swój szczególny klimat: odbywały się w wesołej atmosferze, pozwalały uzupełnić pracę domową, czy przyszyć do kurtki tarczę szkolną.

Na świadectwie ukończenia liceum również nie obyło się bez trójki. Ocenę tę Romek zawdzięcza nauczycielce geografii, która — nie wiedzieć czemu — nie darzyła sympatią naszego Jubilata oraz jego kolegi Wojtka, dziś wziętego lekarza. Niezależnie od stanu wiedzy miała dla nich tylko dwie oceny: dwójkę lub trójkę. Nawet chęć zdawania geografii na maturze nie wpłynęła na zmianę postawy nauczycielki i choć egzamin dojrzałości wypadł bardzo dobrze, to trójka z geografii zmusiła Romka do weryfikacji dalszych życiowych planów.

Niedoszły prawnik

Romek chciał zostać prawnikiem. Nieświadomy wyzwań tego zawodu w systemie, w którym przyszło mu żyć, intuicyjnie widział się w roli obrońcy człowieka. Jednak wspomniana trójka na świadectwie oraz brak punktów za pochodzenie uniemożliwiły mu pójście tą drogą. W stronę psychologii pokierowała go nauczycielka języka polskiego, profesor Elżbieta Sosnowska, która jako pierwsza dostrzegła u niego łatwość wypowiadania się, predyspozycje do myślenia filozoficznego i rozważań o naturze ludzkiej. Zamieniając prawo na psychologię Romek pozostał przy swoich planach pracy z człowiekiem.

Początkujący psycholog

Studiowanie na wybranej uczelni nie było rzeczą prostą. Na początku lat 70. obowiązywała tzw. rejonizacja: kształcisz się w województwie, w którym jesteś zameldowany. Romek nie chciał studiować w Katowicach; miasto to kojarzyło mu się z przemysłem, zanieczyszczeniem i architektonicznym nieładem. Z pomocą przyszła rodzina babki ze strony matki, która dała mu meldunek w stolicy Dolnego Śląska i tym samym umożliwiła studiowanie psychologii na Uniwersytecie Wrocławskim.

Po ukończeniu trzeciego roku studiów pojawił się pomysł kontynuacji nauki w Poznaniu. Przenosiny do Wielkopolski miało ułatwić wspólne mieszkanie ze studentami medycyny — przyjaciółmi ze szkoły średniej. Rozsądek jednak kazał zrezygnować z tych planów: widząc rozrywkowy tryb życia swych niedoszłych współlokatorów, Romek postanowił pozostać we Wrocławiu. Studia ukończył w 1976 r. z wyróżnieniem, otrzymując tzw. niebieski dyplom.

Autorytety

Pierwszą osobą, która zachęcała młodego studenta psychologii do poszukiwań naukowych był profesor Marian Kulczycki wykładający psychologię ogólną. Nie tylko wiedza, ale też osobowość profesora zrobiły na studencie pierwszego roku ogromne wrażenie. Głęboko w pamięci zapadły mu wielka klasa, kultura osobista, erudycja i przyjazny kontakt profesora ze studentami. Ważną postacią był też profesor Wiesław Łukaszewski, psycholog osobowości. Jego wykłady z tego zakresu oraz seminarium dotyczące emocji i motywacji w znaczącym stopniu ukształtowały przyszłego psychologa. Natomiast podstawy warsztatu naukowego Jubilat zawdzięcza promotorowi pracy magisterskiej — docent Jadwidze Różyckiej. Pod jej fachową opieką magistrant badał związek między neurotyzmem a kłamstwem w oparciu o pomiary przeprowadzane za pomocą inwentarza MPI Eysencka na osobach z zaburzeniami nerwicowymi i osobach zdrowych. Jednak prawdziwym mentorem, który otworzył młodemu badaczowi natury ludzkiej drzwi do świata nauki był profesor Zygmunt Zimny, prekursor polskiej psychologii matematycznej i ważna postać w obszarze psychologii pracy. Dzięki niemu Romuald Derbis poznał luminarzy polskiej psychologii, którzy odegrali znaczącą rolę w jego późniejszym życiu naukowym: Czesława Nosala, Tomasza Maruszewskiego, Tadeusza Marka. Szczególną intelektualną i duchową inspirację do dalszej pracy dali mu Jerzy Brzeziński, Augustyn Bańka i Stanisław Kowalik.

W służbie nauki i Akademii

Zaraz po studiach, Romuald Derbis podjął pracę w Wyższej Szkole Pedagogicznej w Częstochowie. Absolwent psychologii opuszczał Wrocław bez entuzjazmu. Za powrotem do rodzinnego miasta przemawiały jednak względy pragmatyczne. Nowo założona rodzina potrzebowała stabilizacji. Oferta pracy częstochowskiej uczelni była tym bardziej atrakcyjna, że dawała możliwość wykorzystania „niebieskiego dyplomu" do szybkiego otrzymania mieszkania. Wracając do Częstochowy, Romuald Derbis zapewne nie sądził, że wiąże się z nią na długie lata.

Pracę na stanowisku asystenta rozpoczął 1 września 1976 r. w Zakładzie Psychologii. Krótko potem kierownictwo Zakładu objął profesor Zygmunt Zimny. Pod jego kierunkiem Jubilat napisał rozprawę doktorską „Poczucie odpowiedzialności a swoboda działania", którą obronił w 1985 r. na Uniwersytecie im. Adama Mickiewicza w Poznaniu.

Po obronie doktoratu Romuald Derbis włączył się w budowanie struktur organizacyjnych uczelni, pełniąc w niej wiele odpowiedzialnych funkcji. Był zastępcą dyrektora Instytutu Pedagogiki (1987–1989), a następnie inspiratorem przekształcenia go w Instytut Pedagogiki i Psychologii, którego został dyrektorem (1990–2003); był również organizatorem i dyrektorem Instytutu Filozofii, Socjologii i Psychologii (2003–2008) oraz kierownikiem Zakładu Psychologii (od 1993). Na Wydziale Pedagogicznym pełnił funkcję prodziekana ds. nauki (1999–2002). Wniósł znaczący wkład w powstanie Wydziału Nauk Społecznych i został jego pierwszym dziekanem (2008).

Jako dyrektor Instytutu Pedagogiki i Psychologii znacząco przyczynił się do jego rozwoju: współtworząc nowe specjalności (poradnictwo zawodowe i pracę socjalną) usamodzielnił dydaktycznie jednostkę i nadał jej profil naukowy. Zorganizował też podyplomowe studia dla czynnych pracowników socjalnych zakończone egzaminem państwowym.

Pracę organizacyjną Jubilat z sukcesem łączy z dydaktyką. Jako wykładowca realizuje się prowadząc zajęcia z psychologii ogólnej, społecznej i pracy oraz wykłady monograficzne z obszaru psychologii pozytywnej i jakości życia. Wypromował około 200 magistrów na specjalnościach: poradnictwo zawodowe i pośrednictwo pracy, doradztwo zawodowe, praca socjalna, pedagogika opiekuńczo-wychowawcza, terapia pedagogiczna oraz psychologia.

Oddana służba na rzecz częstochowskiej Alma Mater nie przeszkodziła Romualdowi Derbisowi w pracy badawczej, której ważnym etapem było uzyskanie samodzielności naukowej. Rozprawę habilitacyjną poświęcił szerokiej tematyce doświadczania codzienności. Przewód zamknął w 2002 r. na Uniwersytecie im. Adama Mickiewicza w Poznaniu. Doceniając jego zasługi na polu nauki w 2003 r. rodzima Uczelnia nadała mu tytuł profesora.

Zainteresowania naukowe Jubilata koncentrują się na psychologii społecznej i psychologii pracy z perspektywy psychologii pozytywnej, a także poznawczej, behawioralnej i klinicznej. Zajmuje się On psychopatologią pracy, związkami procesów afektywnych i poznawczych, a także teorią i pomiarem poczucia jakości życia oraz poczucia odpowiedzialności.

Na Jego dorobek składa się wiele cennych pozycji opublikowanych w formie artykułów, monografii i prac zbiorowych (zobacz strona 15 i nast. Księgi). Aktywność naukowa profesora Derbisa wyraża się również w pracy redakcyjnej i recenzenckiej, kierowaniu projektami badawczymi, organizowaniu sympozjów, seminariów i konferencji, w ramach których zrealizowano m.in. następujące tematy badawcze: „Myśl pedagogiczna i psychologiczna w Polsce Odrodzonej" (1992), „Psychologia i pedagogika w podnoszeniu jakości życia" (1993), „Pomiar i poczucie jakości życia u aktywnych zawodowo i bezrobotnych" (1994) „Nadzieje i niepokoje współczesnego człowieka" (2002), „Jakość życia, od wykluczonych do elity" (2007), „Psychologiczne konteksty jakości życia społecznego" (2009). Dbając o rozwój kadry naukowej Jubilat wiele lat redagował na Uczelni tom naukowy z serii „Psychologia". Jako recenzent brał udział w ośmiu przewodach doktorskich, trzech habilitacyjnych, a dzielenie się pasją naukową z młodzieżą zaowocowało promocją trzech doktorów.

Za wkład w rozwój Akademii i sukcesy organizacyjne Romuald Derbis był wielokrotnie nagradzany przez Rektora Uczelni. Otrzymał również Nagrodę Ministra Nauki, Szkolnictwa Wyższego i Techniki (1981), Medal Komisji Edukacji Narodowej (1996), Srebrny Krzyż Zasługi (2000) oraz Złoty Medal za Długoletnią Służbę (2012). Jego wysokie kompetencje dydaktyczne i osiągnięcia badawcze doceniają również inne ośrodki akademickie. Na stanowisko profesora powołały go: Uniwersytet Opolski, Uniwersytet Łódzki, Uniwersytet Mikołaja Kopernika w Toruniu oraz Uniwersytet Jagielloński.

Satysfakcja

Największe zadowolenie dają Jubilatowi nie tyle konkretne wyniki badań, co raczej sam fakt spopularyzowania tematyki poczucia jakości życia w Polsce. Czyni to z przyjaciółmi regularnie od ponad 20 lat. Udało im się zebrać grono ludzi, których łączą zainteresowania badawcze. Ten zintegrowany naukowy — ale też i koleżeński — zespół zajmuje istotne miejsce w psychologii pozytywnej i jest rozpoznawalny w skali całego kraju. Choć wspólne zgłębianie problematyki jakości życia ciągle sprawia wiele satysfakcji, to jednak nie jest to jedyna sfera życia dająca Jubilatowi radość.

Brat, ojciec i dziadek

Romek jest szczęśliwym ojcem trójki dzieci. Syn Bartosz ukończył w Kanadzie studia z zakresu geografii informatycznej i pracuje w tym zawodzie. Poza tym to niestrudzony globtroter, żeglarz i narciarz. Starsza córka, Monika, z sukcesem łączy zdolności matematyczne i humanistyczne, pracując jako ekonomistka i menadżer. Poza tym pasjonuje ją narciarstwo, żagle, natura, konie, a do niedawna bardzo aktywnie taniec. Młodsza córka Lena, licealistka, cieszy ojca wspaniałymi wynikami w nauce, pogodnym usposobieniem i zacięciem w kierunku prawa i psychologii. Jest miłośniczką tańca, historii oraz dobrej literatury.

Romek doczekał się również dwójki wnuków: Lucynki — córki Bartka, oraz Roszka — syna Moniki. Jeszcze w tym roku rodzina powiększy się o kolejne dzieci, a dziadkami oprócz Romka zostaną jego dwaj bracia. Choć Leszek i Mariusz jeszcze w latach 80. wyemigrowali za chlebem do Kanady i USA, to starszy brat utrzymuje z nimi bliskie kontakty. Mimo zmiennych kolei w życiu osobistym Romek nigdy nie ustawał w zmaganiach z przeciwnościami losu i zawsze starał się budować więzi z nadzieją patrząc w przyszłość.

Pasje

Wśród licznych pasji Romka, obok narciarstwa, żeglarstwa i pływania, szczególne miejsce zajmują konie. W rodzinie były one stale obecne. Brat babci ze strony matki, Piotr, zajmował się handlem końmi, a u dziadka Leona w stajni zawsze stały wiejskie rumaki. W rodzinnym archiwum można znaleźć zdjęcie rocznego Romka, którego dziadek Leon trzyma na koniu. Prawdopodobnie były to jego pierwsze kontakty z tymi zwierzętami, które w późniejszym czasie przerodziły się w życiową pasję.

Pierwsze samodzielne przejażdżki miały miejsce jeszcze w czasach szkoły podstawowej i odbywały się po okolicznych polach w Chorzenicach — rodzinnej wsi dziadków. W późniejszych latach Jubilat rozwijał swe zamiłowania w Akademickim Klubie Jeździeckim we Wrocławiu i Częstochowie; brał udział w zawodach w skokach przez przeszkody i innych konnych imprezach okolicznościowych. Do tej pory wspomina praktykowany na spotkaniach towarzyskich zwyczaj wznoszenia charakterystycznych toastów konnych. Oprócz dobrej zabawy i ciekawych kontaktów z ludźmi pasja jazdy konnej przynosiła też drobne sukcesy sportowe.

Również w tej dziedzinie życia widać dydaktyczne zacięcie Romka. Jako instruktor jeździectwa chętnie wprowadza nowych adeptów w sztukę jazdy konnej. Jest dumnym właścicielem klaczy szlachetnej półkrwi. Diana to klacz temperamentna, dynamiczna, z sercem do walki, a jednocześnie łagodna w obejściu i wdzięczna za opiekę, o czym autorzy tego tekstu mogli się osobiście przekonać.

Szczęściarz

Na pytanie, czy odnalazł szczęście Jubilat odpowiada dość pewnie: „Myślę, że tak", podkreślając jednocześnie, że z perspektywy psychologicznej szczęście to w 50% geny, w 40% aktywność, a w 10% przypadek. Zastrzega również, że szczęśliwym człowiekiem się bywa, że nigdy nie jest to stan trwały. Dla Jubilata źródłem szczęścia jest proces planowania, dążenia do czegoś, pokonywania trudności, kreowania nowej rzeczywistości. Wszystko to daje mu dużo radości i poczucie spełnienia. Szczęście to również świadomość, że inni — bliscy i współpracownicy — podzielają jego punkt widzenia; to poczucie więzi i pozytywne relacje z ludźmi, to rozumienie innych i przekonanie, że jest się przez nich rozumianym, zwłaszcza przez osobę najbliższą. Szczęście to te chwile, „kiedy ciśnienie jest w normie i krew płynie spokojnie, myśl jest jasna, a spojrzenie proste".

Wspomnienia zebrali i spisali

Agata i Arkadiusz Wudarscy

Najważniejsze publikacje

1. Pojęcie odpowiedzialności, „Psychologia Wychowawcza" 1986, nr 3, s. 296–306.

2. Poczucie odpowiedzialności i swoboda działania, „Przegląd Psychologiczny" 1987, nr 3, s. 621–634.

3. Pojęcie swobody działania, „Prace Naukowe Wyższej Szkoły Pedagogicznej w Częstochowie. Seria: Psychologia" nr 2, red. Z. Zimny, Częstochowa 1991, s. 63–78.

4. Koncepcja swobody działania i poczucia odpowiedzialności, „Prace Naukowe Wyższej Szkoły Pedagogicznej w Częstochowie. Seria: Psychologia" nr 2, red. Z. Zimny, Częstochowa 1991, s. 79–98.

5. Zewnętrzna swoboda działania a poczucie swobody wewnętrznej, „Prace Naukowe Wyższej Szkoły Pedagogicznej w Częstochowie. Seria: Psychologia" nr 2, red. Z. Zimny, Częstochowa 1991, s. 99–113.

6. Skala Poczucia Odpowiedzialności. Treść i opis psychometryczny, „Przegląd Psychologiczny" 1991, nr 1, s. 153–167.

7. Guru bez butów chodzi, „Przegląd Psychologiczny" 1991, nr 4, s. 689–693.

8. Swoboda działania i przyjmowanie perspektywy partnera jako modyfikatory zachowań odpowiedzialnych, „Przegląd Psychologiczny" 1992, nr 3, s. 317–327 (współautor: M. Mirowska).

9. Myśl psychologiczna w Polsce Odrodzonej, red. A. Bańka, R. Derbis, Wydawnictwo Gemini, Poznań – Częstochowa 1993.

10. Warunki efektywnej obsługi bezrobocia w biurach pracy, [w:] Myśl psychologiczna w Polsce Odrodzonej, red. A. Bańka, R. Derbis, Wydawnictwo Gemini, Poznań – Częstochowa 1993, s. 45–54.

11. Skala do badania poczucia odpowiedzialności. Podręcznik, Wydawnictwo Wyższej Szkoły Pedagogicznej, Częstochowa 1993.

12. Prace Naukowe Wyższej Szkoły Pedagogicznej w Częstochowie. Seria: Psychologia, nr 3, red. R. Derbis, Częstochowa 1994.

13. Pojmowanie jakości przypisywanych życiu przez młodzież bezrobotną i uczącą się, „Prace Naukowe Wyższej Szkoły Pedagogicznej w Częstochowie. Seria: Psychologia" nr 3, red. R. Derbis, Częstochowa 1994, s. 5–16.

14. Psychologiczne i pedagogiczne wymiary jakości życia, red. A. Bańka, R. Derbis, Wydawnictwo Gemini, Poznań – Częstochowa 1994.

15. Odpowiedzialna wolność w kształtowaniu jakości życia, [w:] Psychologiczne i pedagogiczne wymiary jakości życia, red. A. Bańka, R. Derbis, Wydawnictwo Gemini Poznań – Częstochowa 1994, s. 53–62

16. Prace Naukowe Wyższej Szkoły Pedagogicznej w Częstochowie. Seria: Psychologia, nr 4, red. R. Derbis, Częstochowa 1995.

17. Bezrobocie w kontekście związków swobody działania i jakości życia, „Prace Naukowe Wyższej Szkoły Pedagogicznej w Częstochowie. Seria: Psychologia" nr 4, red. R. Derbis, Częstochowa 1995, s. 15–26.

18. Pomiar i poczucie jakości życia u aktywnych zawodowo i bezrobotnych, red. A. Bańka, R. Derbis, Wydawnictwo Print–B, Poznań – Częstochowa 1995.

19. Znaczenie pracy dla jakości życia, [w:] Pomiar i poczucie jakości życia u aktywnych zawodowo i bezrobotnych, red. A. Bańka, R. Derbis, Wydawnictwo Print–B, Poznań – Częstochowa 1995, s. 27–40.

20. Psychologiczne aspekty jakości życia bezrobotnych kobiet, [w:] Dziecko — społeczeństwo — edukacja: Dylematy psychologiczne, red. W. Pilecka, J. Kossewska, Wydawnictwo Naukowe Wyższej Szkoły Pedagogicznej, Kraków 1996, s. 297–308.

21. Problemy użyteczności ocen szkolnych, [w:] Między przedszkolem a szkołą wyższą, red. A. Rosół, M.S. Szczepański, Wydawnictwo Wyższej Szkoły Pedagogicznej, Częstochowa 1996, s. 87–97 (współautorzy: P. Zieliński, M. Bugara).

22. Prace Naukowe Wyższej Szkoły Pedagogicznej w Częstochowie. Seria: Psychologia, nr 5, red. R. Derbis, Częstochowa 1996.

23. System pracy a poczucie jakości życia, „Prace Naukowe Wyższej Szkoły Pedagogicznej w Częstochowie. Seria: Psychologia" nr 5, red. R. Derbis, Częstochowa 1996, s. 5–20.

24. Trcning zdolności poznawczych a oceny szkolne, [w:] Sbornik Z 6 Konference o soucasnych celosvetovych otazkach alternativniho skolstvi, Wydawnictwo Universitatis Palackianae Olomucensisc, Olomouc 1996, s. 46–55.

25. Prace Naukowe Wyższej Szkoły Pedagogicznej w Częstochowie. Seria: Psychologia, nr 6, red. R. Derbis, Częstochowa 1997.

26. Patogenne efekty braku pracy u młodocianych bezrobotnych, „Prace Naukowe Wyższej Szkoły Pedagogicznej w Częstochowie. Seria: Psychologia" nr 6, red. R. Derbis, Częstochowa 1997, s. 23–35.

27. Między wartościami a możliwościami w niektórych obszarach edukacji, [w:] Oświata na wirażu, red. T. Zimny, Wydawnictwo Wyższej Szkoły Pedagogicznej, Częstochowa 1997, s. 51–60.

28. Poczucie jakości życia, swoboda działania i odpowiedzialność, red. R. Derbis, A. Bańka, Wydawnictwo Stowarzyszenie Psychologia i Architektura, Poznań 1998.

29. Zmiana jako wartość w edukacji — z perspektywy badań nad bezrobociem, [w:] Oświata na wirażu, IV Tatrzańskie Seminarium Naukowe Kielce, red. K. Denek, T. Zimny, Wydawnictwo Andrzeja Wiśniewskiego, Częstochowa 1998, s. 275–287.

30. On certain implications of economic transformations in the context of anticipating changes in education, [w:] Educational Democratization in Poland: Tradition and post-communist transformation, red. D. Marzec, A. Radziewicz-Winnicki, Wydawnictwo Wyższej Szkoły Pedagogicznej, Częstochowa – Katowice 1998, s. 91–102.

31. Prace Naukowe Wyższej Szkoły Pedagogicznej w Częstochowie. Seria: Psychologia, nr 7, red. R. Derbis, Częstochowa 1998.

32. Ekonomiczno-historyczna perspektywa badania poczucia jakości życia bezrobotnych, „Prace Naukowe Wyższej Szkoły Pedagogicznej w Częstochowie. Seria: Psychologia" nr 7, red. R. Derbis, Częstochowa 1998, s. 5–24.

33. Zastosowanie pojęć „wolność" i „odpowiedzialność" do opisu przeżyć osób bezrobotnych, [w:] Bezrobocie. Strategie zaradcze i wzorce pomocy psychologicznej, red. Z. Ratajczak, Wydawnictwo Uniwersytetu Śląskiego, Katowice 1998, s. 13–20.

34. Prace Naukowe Wyższej Szkoły Pedagogicznej w Częstochowie. Seria: Psychologia, nr 8, red. R. Derbis, Częstochowa 1999.

35. Miejsce zamieszkania a poczucie jakości życia osób bezrobotnych, „Forum Psychologiczne" 1999, nr 1, s. 45–59 (współautor: E. Kasprzak).

36. Możliwości zastosowania myśli Korczakowskiej w rozumieniu sytuacji rodzin bezrobotnych, [w:] Korczakowskie dialogi, red. J. Bińczycka, Wydawnictwo Żak, Warszawa 1999, s. 126–139.

37. Wartościowanie pracy a doświadczanie bezrobocia, „Czasopismo Psychologiczne" 1999, nr 4, s. 309–332.

38. Geopolitical differences of unemployed, "Polish Psychological Bulletin" 2000, nr 3, s. 255–268.

39. Doświadczanie codzienności, Wydawnictwo Wyższej Szkoły Pedagogicznej, Częstochowa 2000.

40. Jakość rozwoju a jakość życia, red. R. Derbis, Wydawnictwo Wyższej Szkoły Pedagogicznej, Częstochowa 2000.

41. Czas jako predyktor jakości życia osób bezrobotnych, [w:] Jakość rozwoju a jakość życia, red. R. Derbis Wydawnictwo Wyższej Szkoły Pedagogicznej, Częstochowa 2000, s. 41–60.

42. Prace Naukowe Wyższej Szkoły Pedagogicznej w Częstochowie. Seria: Psychologia, nr 9, red. R. Derbis, Częstochowa 2001.

43. Wykształcenie i stan cywilny jako wyznaczniki jakości życia osób bezrobotnych, „Prace Naukowe Wyższej Szkoły Pedagogicznej w Częstochowie. Seria: Psychologia" nr 9, red. R. Derbis, Częstochowa 2001, s. 5–22.

44. Stres braku pracy, [w:] Stres w biznesie, red. J. Sztumski, M. Harciarek, Wydawnictwo Wydziału Zarządzania Politechniki Częstochowskiej, Częstochowa 2001, s. 47–60.

45. Integracja psychologicznego i ekonomicznego pojmowania jakości życia, [w:] Inżynieria jakości życia, Jubileusz 80-lecia urodzin R. Kolmana, red. P. Grudowski, J. Preihs, W. Przybylski, Wydawnictwo Akademii Morskiej, Gdynia 2002, s. 245–251.

46. Wybrane aspekty wartościowania życia przez bezrobotnych, [w:] Wartości i normy społeczne — wokół uwarunkowań i czynników pracy socjalnej, red. K. Frysztacki, Wydawnictwo Uniwersytetu Jagiellońskiego, Kraków 2002, s. 315–322.

47. Unterschiede im subjektiven Erleben der Arbeitslosigkeit in Polen, „Informationen für die Beratungs- und Vermittlungsdienste" 2003, nr 14, s. 1815–1820.

48. Niepokoje i nadzieje współczesnego człowieka. Człowiek w sytuacji przełomu, red. R. Derbis, Wydawnictwo Wyższej Szkoły Pedagogicznej, Częstochowa 2003.

49. Jakość życia z pracą i bez pracy, [w:] Niepokoje i nadzieje współczesnego człowieka. Człowiek w sytuacji przełomu, red. R. Derbis, Wydawnictwo Wyższej Szkoły Pedagogicznej, Częstochowa 2003, s. 81–94.

50. Prace Naukowe Wyższej Szkoły Pedagogicznej w Częstochowie. Seria: Psychologia, nr 10 — „In Honorem Zygmunt Zimny", red. R. Derbis, Częstochowa 2003.

51. Zaangażowanie, pomoc, czy przeszkoda w osiąganiu sukcesu, [w:] „Prace Naukowe Wyższej Szkoły Pedagogicznej w Częstochowie. Seria: Psychologia" nr 10 — „In Honorem Zygmunt Zimny", red. R. Derbis, Częstochowa 2003, s. 31–40.

52. Doświadczanie braku pracy przez kobiety, [w:] Zrozumieć płeć. Studia interdyscyplinarne tom 2, red. A. Kuczyńska, K. Dzikowska, Wydawnictwa Uniwersytetu Wrocławskiego, Wrocław 2004, s. 232–245.

53. Prace Naukowe Wyższej Szkoły Pedagogicznej w Częstochowie. Seria: Psychologia, nr 11, red. R. Derbis, Częstochowa 2004.

54. Różnice w doświadczaniu braku pracy, [w:] Człowiek w społecznej przestrzeni bezrobocia, red. T. Chirkowska-Smolak, A. Chudziaka, Wydawnictwo Naukowe Uniwersytety im. Adama Mickiewicza, Poznań 2004, s. 103–118.

55. Prace Naukowe Akademii im. Jana Długosza w Częstochowie. Seria: Psychologia, nr 12, red. R. Derbis, Częstochowa 2005.

56. Jakość interakcji międzyludzkich. Model W–5 czy poza nim, [w:] Psychologia jakości życia, red. A. Bańka, Wydawnictwo Stowarzyszenia Psychologia i Architektura, Poznań 2005, s. 79–94.

57. Subiektywny dobrostan ludzi starszych w wybranych badaniach, „Psychologia Rozwojowa" 2005, nr 4, s. 13–22.

58. Prace Naukowe Akademii im. Jana Długosza w Częstochowie. Seria: Psychologia, nr 13, red. R. Derbis, Częstochowa 2006.

59. Zróżnicowanie jakości życia u pacjentów z chorobą nowotworową z hospicjum stacjonarnego i domowego, „Prace Naukowe Akademii im. Jana Długosza w Częstochowie. Seria: Psychologia" nr 13, red. R. Derbis, Częstochowa 2006, s. 5–14 (współautor: A. Machnik-Czerwik).

60. Subiektywny dobrostan ludzi starszych w wybranych badaniach, [w:] Psychologia rozwoju człowieka dorosłego, tom 10, nr 4, red. J. Trempała, M. Grabowska, Wydawnictwo Uniwersytetu Jagiellońskiego, Kraków 2006, s. 13–22.

61. Samoocena, afekt, nastrój jako wyznaczniki poczucia jakości życia, „Psychologia Jakości Życia" 2006, nr 4, s. 1–24 (współautor: K. Trawka).

62. Właściwości skali a wynik pomiaru kwestionariuszowego. „Czasopismo Psychologiczne" 2006, nr 2, s. 47–60 (współautorzy: K. Trawka, T. Wirga).

63. Prace Naukowe Akademii im. Jana Długosza w Częstochowie. Seria: Psychologia, nr 14, red. R. Derbis, Częstochowa 2007.

64. Poczucie jakości życia a zjawiska afektywne, [w:] Społeczne konteksty jakości życia, red. S. Kowalik, Wydawnictwo Wyższa Szkoła Gospodarki, Bydgoszcz 2007, s. 13–52.

65. Wiek a inne wyznaczniki poczucia jakości życia, [w:] Wybrane problemy procesu starzenia się człowieka, red. S. Rogala, Wydawnictwa Wyższa Szkoła Zarządzania i Administracji, Opole 2007, s. 10–27.

66. Sposoby radzenia sobie z lękiem wśród młodzieży niedostosowanej społecznie, [w:] Oblicza nierówności społecznych Studia interdyscyplinarne, red. J. Klebaniuk, Wydawnictwo Psychologii i Kultury — ENETEIA, Warszawa 2007, s. 485–504 (współautor: Ł. Baka).

67. Jakość życia. Od wykluczonych do elity, red. R. Derbis, Wydawnictwo Akademii im. Jana Długosza, Częstochowa 2008.

68. Szczęście w życiu biednych i bogatych, [w:] Jakość życia. Od wykluczonych do elity, red. R. Derbis, Wydawnictwo Akademii im. Jana Długosza, Częstochowa 2008, s. 109–123.

69. Prace Naukowe Akademii im. Jana Długosza w Częstochowie. Seria: Psychologia, nr 15, red. R. Derbis, Częstochowa 2008.

70. Forma własności organizacji a jakość życia pracowników, [w:] Kompetencje a sukces zarządzania organizacją, red. S. Witkowski, T. Listwan, Wydawnictwo Difin, Warszawa 2008, s. 264–274.

71. Tolerancja XIII, red. R. Derbis, A. Rosół, „Prace Naukowe Akademii im. Jana Długosza", Częstochowa 2008.

72. Rodzaj wzbudzonych emocji a zaufanie do ludzi i wiara w świat sprawiedliwy, „Czasopismo Psychologiczne" 2009, nr 1, s. 7–21 (współautor: T. Wirga).

73. Poczucie jakości życia a osobowość sportowców dyscyplin indywidualnych i zespołowych, „Przegląd Psychologiczny" 2010, nr 1, s. 9–32 (współautor: K. Jędrek).

74. Psychologiczne konteksty jakości życia społecznego, red. R. Derbis, Wydawnictwo Akademii im. Jana Długosza, Częstochowa 2010.

75. W kręgu aksjologii psychologii, [w:] Doświadczanie doświadczania a poczucie jakości życia, red. H. Wrona-Polańska, M. Ledzińska, G. Rudkowska, Wydawnictwo Naukowe Uniwersytetu Pedagogicznego, Kraków 2010, s. 15–25.

76. Komunikacja i jakość w zarządzaniu, [w:] Stres zaangażowania leaderów, tom 1, red. T. Wawak, Wydawnictwa Uniwersytetu Jagiellońskiego, Kraków 2010, s. 131–142 (współautor: Ł. Baka).

77. Znaczenie wsparcia społecznego i zaangażowania w pracę dla związku stresorów i wypalenia zawodowego, „Czasopismo Psychologiczne" 2011, nr 2, s. 277–287 (współautor: Ł. Baka).

78. Zasoby w relacji stresory – jakość życia strażaków, „Polskie Forum Psychologiczne" 2012, nr 2, s. 119–138.

79. The Anxiety-Buffering Properties of Cultural and Subcultural Worldviews: Terror Management Processes among Juvenile Delinquents, „Polish Psychological Bulletin" 2012, nr 1, s. 1–11, (współautorzy: Ł. Baka, M. Maxfield).

80. Job burnout and work engagement: Do Work-family conflict and Type-A behaviour play roles in regulating them?, „Polish Journal of Applied Psychology" 2012, nr 2, s. 131–158 (współautor: Ł. Baka).

81. Health and the quality of life, „Zdrowotnictwo a socjalna praca" 2012, nr 7, s. 137–138 (współautor: A. Woźniak-Krakowian).

82. Emocje i kontrola w pracy jako regulatory związku stresory w pracy – zachowania nieproduktywne. Empiryczna weryfikacja modelu stresory – emocje, „Psychologia Społeczna" 2013, nr 3, s. 323–334 (współautor: Ł. Baka).

83. Konflikt praca – rodzina i rodzina – praca a poczucie jakości życia matek pracujących zawodowo, [w:] Przedsiębiorczość i Zarządzanie, Zarządzanie stresem, red. H. Skłodowski, t. XIV, nr 5, część 1, Wydawnictwo Społecznej Akademii Nauk, Łódź 2013, s. 79–96.

84. Związek wymagań w pracy z wypaleniem zawodowym i zaangażowaniem w pracy: Pośrednicząca rola konfliktu praca – rodzina i wzoru zachowania A, „Czasopismo Psychologiczne" 2013, nr 2, s. 191–204 (współautor: Ł. Baka).

De persona humana

Józef Maciuszek

Szczęściarz i pechowiec — wyrok losu czy indywidualne predyspozycje?

I. Wprowadzenie

Panuje raczej powszechna zgoda, potwierdzona wynikami badań, iż jakość naszego życia pozostaje w ścisłym związku z autonomią jednostki, która przejawia się możliwością dokonywania wyborów, podejmowaniem decyzji, przyjmowaniem osobistej odpowiedzialności, a w sensie najbardziej ogólnym z panowaniem nad swoim życiem, sprawowaniem nad nim kontroli. Z drugiej strony można się zgodzić z tym, że to co nas spotyka bywa także kwestią przypadku — zarówno pozytywne jak i negatywne rezultaty naszych działań mogą wynikać ze zbiegu okoliczności, szczęśliwego trafu lub tzw. pecha. Najbardziej spektakularne tego przykłady dotyczą sytuacji, gdy przypadek, los, rozstrzyga o życiu i śmierci (pracownik pewnej firmy prawniczej wychodzi ze swojego biura w World Trade Center kilka sekund przed uderzeniem porwanego samolotu; ktoś spóźnia się na samolot, który następnie ulega katastrofie). A zwycięstwo w grach losowych to sprawa całkowitego fartu. W subiektywnej ocenie rola przypadku może być olbrzymia: np. przypadkowe spotkanie potrafi zmienić życie zawodowe i osobiste, mieć wpływ na wybór zawodu, na to, z kim się spędzi całe życie.

Z codziennych obserwacji wynika, że ludzie różnią się tym, co im „los przynosi"; jedni wygrywają na loterii, uzyskują niespodziewaną pomoc, unikają nieszczęścia, inni przeciwnie: mają pecha, ulegają wypadkom, tracą pieniądze, zdarza się, że znaleźli się w złym czasie i miejscu. W niniejszej pracy referuję badania empiryczne, których celem było porównanie szczęściarzy i tak zwanych pechowców pod względem wybranych cech osobowości i określonych wzorców przekonań. Zanim przedstawię wyniki tych badań odwołam się krótko do podstawowych stanowisk na temat zjawiska szczęścia.

II. Różne koncepcje szczęścia

1. Filozofia i psychologia szczęścia

W tradycji filozoficznej można wyróżnić cztery podstawowe sposoby rozumienia szczęścia[1]. Po pierwsze: szczęście bywało i bywa rozumiane jako intensywne, radosne przeżycia i doznania. Po drugie: szczęście rozumiane jest jako eudajmonia; posiadanie największej ilości cnót dostępnych człowiekowi, takich jak mądrość, dzielność etyczna, umiar i rozsądek, siła w dążeniu do szlachetnych celów itp. Po trzecie: inne znaczenie szczęścia to pełne i trwałe zadowolenie z całości życia, zadowolenie zarówno o charakterze emocjonalnym, jak i intelektualnym; czyli zarówno radość (cieszenie się nim), jak i dodatnia ocena, aprobowanie go. Po czwarte: szczęście utożsamiano ze szczególnie korzystnymi dla człowieka wydarzeniami, zbiegiem okoliczności, przyjaznym układem losu, tak zwanym szczęśliwym trafem.

Psychologiczne koncepcje szczęścia, oparte na systematycznych badaniach empirycznych, koncentrują się przede wszystkim na próbach odkrycia czynników, które warunkują stan szczęścia. Wymienimy tutaj niektóre z tych teorii. W teorii potrzeb[2], występuje powiązanie poziomu szczęścia z zaspokojeniem potrzeb biologicznych i psychicznych. W takim ujęciu zasobność finansowa, która zapewnia zaspokojenie wielu potrzeb, byłaby głównym predyktorem doświadczenia szczęścia. Jednak badania empiryczne nie potwierdzają istnienia prostego związku między majątkiem a dobrostanem psychicznym; zależność między nimi słabnie, gdy zaspokojone są potrzeby niższego rzędu.

Z kolei tak zwane teorie kontekstowe[3] podkreślają znaczenie okoliczności życiowych, w jakich znajduje się osoba, gdy ocenia swoje poczucie szczęścia. Na przykład punktem odniesienia oceny mogą być osiągnięcia innych ludzi, własna przeszłość, oczekiwania i ambicje, przekonanie o tym, na co się zasługuje.

W teoriach adaptacji[4] także podkreśla się wpływ kontekstu na nasze odczucia i oceny jakości życia, a szczególnie wpływ stopnia intensywności pozytywnych i negatywnych doświadczeń. Rzadkie wydarzenia negatywne pozwalają doceniać zdarzenia pozytywne, z kolei skrajnie pozytywne doświadczenie zwykle osłabia satysfakcję z umiarkowanie pozytywnych wydarzeń.

Współcześnie duży rozgłos zdobywa nurt eudajmonistyczny, którego głównym przedstawicielem jest Martin Seligman, twórca teorii autentycznego szczęścia. W ujęciu Seligmana[5] na szczęśliwe życia składają się, po pierwsze: doświadczanie pozytywnych stanów emocjonalno-uczuciowych, które dotyczą przeszłości (np. duma)

---

1   W. Tatarkiewicz, *O szczęściu*, PWN, Warszawa 1962, s. 15–29.
2   Zob. M.R. Hagerty, R. Veenhoven, *Wealth and happiness revisited: Growing wealth of nations does go with greater happiness*, „Social Indicators Research" 2003, nr 64, s. 1–17.
3   A.C. Michalos. *Multiple discrepancy theory*, „Social Indicators Research" 1985, nr 16, s. 347–413.
4   Por. A. Parducci, *Happiness, pleasure, and judgment: The contextual theory and its application*, Lawrence Erlbaum, Nowy Jork 1995, *passim*.
5   M. Seligman, *Prawdziwe szczęście*, Wydawnictwo Media Rodzina, Poznań 2004, s. 334–337.

i przyszłości (np. optymizm, nadzieja), po drugie: zaangażowanie w działania, po trzecie: robienie tego, co jest znaczące, wykorzystywanie najlepszych przymiotów, cnót do realizacji celów wyższych niż własne partykularne interesy.

Zdaniem Dienera[6] teorie wyjaśniające, co sprawia, że osiągamy poczucie szczęścia można sprowadzić do trzech grup: 1) teorie osiągania celów i zaspokajania potrzeb stoją na stanowisku, że źródłem poczucia szczęścia jest osiągnięcie ważnego celu czy zbliżenie się do pewnego stanu idealnego oraz zaspokojenie potrzeb, 2) teorie działania przyjmują, iż pewnego rodzaju aktywność może być źródłem głębokiej satysfakcji oraz stanu umysłu, nazwanego przez Csikszentmihalyia „przepływem", 3) w teoriach predyspozycji genetycznych i osobowościowych zwraca się uwagę na fakt, że czynniki natury genetycznej oraz wybrane cechy osobowości (np. ekstrawersja i neurotyczność) wpływają na poziom dobrostanu psychicznego.

Z punktu widzenia badań własnych nad indywidualnymi różnicami między szczęściarzami i pechowcami szczególnie interesująca jest trzecia grupa teorii. Punktem wyjścia jest tutaj spostrzeżenie, iż dobrostan psychiczny bywa w dłuższej perspektywie czasowej względnie niezależny od przypadkowych kolei losu, zamożności, pozycji społecznej, zdrowia fizycznego. Warunki życia nie mają podstawowego wpływu na zadowolenie z niego. Podkreśla to szczególnie Lykken[7], według którego podstawową rolę dla poziomu psychicznego dobrostanu odgrywa wrodzony potencjał szczęścia. Konstrukt ten ważny jest też w pracach Sony Lyubomirsky[8] i jej współpracowników. Sheldon i Lyubomirsky[9] wyróżniają trzy główne czynniki odpowiedzialne za nasze szczęście: wrodzony potencjał, okoliczności (np. status zawodowy, dochód, miejsce zamieszkania) oraz działania intencjonalne. Ich zdaniem najłatwiej kontrolować ostatni czynnik i w ten sposób w określonym zakresie regulować poziom szczęścia. Przykładem jest opracowany przez Lyubomirsky i jej zespół[10] program podwyższania szczęścia, który oparty został na odwołaniu się do intencjonalnej aktywności. Techniki świadomego modyfikowania poziomu szczęścia polegały na robieniu dobrych uczynków bądź na zliczaniu dobrych rzeczy, które ostatnio spotkały badanego (czyli wykorzystano czynienie dobrych uczynków i przeżywanie wdzięczności jako sposób podwyższania dobrostanu).

---

[6] F. Diener, *Dobrostan psychiczny. Nauka o szczęściu i zadowoleniu z życia*, [w:] *Psychologia pozytywna*, red. J. Czapiński, Wydawnictwo Naukowe PWN, Warszawa 2004, s. 40.

[7] D. Lykken, *Wrodzony potencjał szczęścia: jak i dlaczego ludzie różnią się pod względem odczuwanego dobrostanu*, [w:] J. Czapiński, (przyp. 6), s. 257–283.

[8] S. Lyubomirsky, *Why are some people happier than others? The role of cognitive and motivational processes in well-being.* „American Psychologist" 2001, nr 56, s. 239–249.

[9] K.M. Sheldon, S. Lyubomirsky, *Trwały wzrost poziomu szczęścia: perspektywy, praktyki i zalecenia*, [w:] *Psychologia pozytywna w praktyce*, red. P.A. Liney, S. Joseph, Wydawnictwo Naukowe PWN, Warszawa 2007, s. 87–111.

[10] S. Lyubomirsky, K.M. Sheldon, I.D. Shakade, *Pursuing happiness: The architecture of sustainable change*, „Review of General Psychology" 2005, nr 2, s. 111–131.

Cebulowa teoria szczęścia J. Czapińskiego[11] także ukazuje rolę wrodzonych i przypadkowych czynników dobrostanu. W teorii tej przyjmuje się trzy poziomy (lub warstwy) dobrostanu psychicznego; poziomem najgłębszym, zdeterminowanym genetycznie, jest wola życia (odpowiednik wrodzonego potencjału szczęścia Lykkena), poziom pośredni to ogólny dobrostan subiektywny (odpowiada hedonistycznym i eudajmonistycznym miarom dobrostanu, np. bilans emocjonalny, poczucie sensu życia). Powierzchowną warstwą szczęścia są bieżące doświadczenia afektywne i satysfakcje cząstkowe związane z konkretnymi aspektami życia. Ta warstwa jest najbardziej wrażliwa na obiektywną sytuację i zmieniające się okoliczności życiowe, na które z kolei najmniej wrażliwa jest wola życia (wrodzony atraktor szczęścia).

Za biologicznie zdeterminowanym atraktorem szczęścia przemawia silny związek między skłonnością do pozytywnego lub negatywnego doświadczaniem życia a trwałymi cechami osobowości i temperamentu. Z różnymi miarami dobrostanu pozytywnie koreluje ekstrawersja, sumienność, otwartość na doświadczenia, a negatywnie neurotyzm[12].

W psychologicznych badaniach szczęścia kwestia jego rozumienia jako szczęśliwego trafu, przeciwstawianego doświadczaniu pecha, zajmuje niewiele miejsca. Interesujące wydaje się pytanie, czy w odniesieniu do szczęścia jako fartu można zastosować konstrukt „szczęśliwego atraktora" i czy wybrane różnice indywidualne mogą być predyktorami życiowego fartu i pecha.

2. Szczęściarz i pechowiec

Szczęście rozumiane jako fart najbliższe jest znaczeniowo kategorii powodzenia (pomyślności). Chociaż oczywiście powodzenie zależy nie tylko od zbiegu korzystnych okoliczności. Powodzenie oznacza przecież m.in. zamożność, wspinanie się po szczeblach drabiny społecznej, zawodowej i towarzyskiej, udaną realizację życiowych zamierzeń, a mówiąc najbardziej ogólnie, łatwe zaspokajanie podstawowych potrzeb. Z pojęciem powodzenia w bliskim związku pozostaje zatem problematyka potrzeb i sprawa ich zaspokajania.

Mówiąc o szczęściarzu mamy na myśli kogoś, kto na przykład wygrał los na loterii, znalazł pieniądze, spotkał na swojej drodze pomocnych i życzliwych ludzi, od których otrzymał wsparcie lub pomoc w kłopotach. Szczęściarzem nazwiemy także kogoś, kto uniknął nieszczęścia lub poniósł mniejsze szkody, niżby na to wskazywał rachunek prawdopodobieństwa. Ogólnie mówiąc, mieć farta to doświadczać szczęśliwych zbiegów okoliczności, pomyślnych zdarzeń, przychylności losu itp. Do tak zwanych pechowców odnosimy dokładnie odwrotną charakterystykę; w tym przypadku mamy na myśli człowieka, który jest ofiarą złych zbiegów okoliczności.

---

11 J. Czapiński, *Psychologia szczęścia: przegląd badań i zarys teorii cebulowej*, Wydawnictwo PTP, Warszawa 1994, *passim*.

12 J. Czapiński, *Psychologiczne teorie szczęścia*, [w:] tegoż, (przyp. 6), s. 81–87.

Niewątpliwie ludzie różnią się od siebie umiejętnością „przyciągania" pozytywnych lub negatywnych wydarzeń (można by metaforycznie mówić o „atraktorze" fartu i pecha); zarówno opinia otoczenia, jak i subiektywna ocena mogą być zgodne w postrzeganiu kogoś jako szczególnego pechowca lub szczęściarza (kogoś w czepku urodzonego, tzw. farciarza). Wielu ludzi uważa się za permanentnych szczęściarzy lub pechowców, a ich szczęście czy pech dotyczy różnych dziedzin.

Podstawowe pytanie badaczy szczęścia skupia się na tym, co sprawia, że osiągamy poczucie szczęścia. Można to pytanie odnieść też do doświadczenia bycia farciarzem i pechowcem — na jakiej podstawie dokonuje się oceny siebie lub innych w kategoriach bycia szczęściarzem bądź pechowcem? Odpowiedź na to pytanie znajdujemy m.in. w teorii atrybucji, która zajmuje się tym, w jaki sposób człowiek konstruuje przyczynowe wyjaśnianie własnych i cudzych zachowań i osiągnięć. Wyjaśnianie czegoś w kategoriach fartu pojawia się wtedy, gdy przewidywalny, najbardziej prawdopodobny rezultat jest zdecydowanie gorszy niż rzeczywisty wynik. Gdy ktoś wychodzi bez szwanku z katastrofy samolotu, to uznamy go za szczęściarza (szczególnie, gdy wcześniej też uratował się z niebezpieczeństwa). Ocena sytuacji w kategoriach zdarzeń pechowych pojawia się zwykle, gdy rzeczywiste skutki są zdecydowanie gorsze niż przewidywany czy prawdopodobny rezultat[13]. Taigen[14] z kolei zwraca uwagę na rolę myślenia kontrfaktycznego przy ocenie sytuacji jako szczęśliwej bądź też pechowej. Wpływ na taką ocenę ma nie tylko to, co się wydarzyło, ale też to, co mogło się wydarzyć („mogło być lepiej" bądź też „mogło być gorzej"). Ocena sytuacji w kategoriach pecha pojawia się wtedy, gdy negatywne skutki są niespodziewane i gdy uruchamiamy myślenie kontrfaktyczne typu „mogło być lepiej". Poczucie fartu będzie z kolei skutkiem myślenia „mogło być gorzej" w sytuacji spodziewanych, czyli bardzo prawdopodobnych negatywnych rezultatów.

III. Indywidualne różnice między szczęściarzami i pechowcami

1. Problem i założenia badawcze

W naszych badaniach[15] nie zajmowaliśmy się tym, co sprawia, iż ludzie oceniają siebie (lub innych) jako szczęściarzy lub pechowców. Celem przeprowadzonych badań było porównanie szczęściarzy (tych, którzy się za takich uważają) z tak zwanymi pechowcami pod względem wybranych zmiennych indywidualnych: cech osobowości, zdolności i umiejętności społecznych oraz wybranych przekonań na temat możliwości osiągnięcia sukcesu. Interesowała nas kwestia, czy osoby, które charakteryzują siebie jako „szczęściarzy" będą różnić się od „pechowców": a) w zakresie wybranych

[13] D. Hilton, B.R. Slugoski, *Knowledge-based causal attribution: The abnormal conditions focus model*, „Psychological Review" 1986, nr 93, 75–88.

[14] K. Teigen, *How good is good luck? The role of counterfactual thinking in the perception of lucky and unlucky events*, „European Journal of Social Psychology" 1995, nr 25, s. 281–302.

[15] Badania zostały przeprowadzone przez Katarzynę Czopek w ramach przygotowania pracy magisterskiej.

wymiarów osobowości należących do tzw. Wielkiej Piątki (ekstrawersją, neurotyzmem i otwartością na doświadczenie), b) poziomem inteligencji emocjonalnej oraz c) nadzieją na sukces.

Bazując na koncepcji „szczęśliwego atraktora" i koncepcji genetycznego uwarunkowania szczęścia jako dobrostanu założyliśmy, że pewne cechy i zdolności mogą „przyciągać" szczęśliwe rezultaty. Przyjęliśmy hipotezę, iż „szczęściarze", w porównianiu z osobami z grupy „pechowców", będą cechować się wyższym poziomem ekstrawersji i otwartości na doświadczenia oraz niższym poziomem neurotyzmu. Będą też odznaczać się wyższym poziomem inteligencji emocjonalnej, posiadać wyższy poziom nadziei na sukces niż „pechowcy", co oznacza silniejsze przekonania na temat własnej silnej woli i silniejsze przekonania na temat umiejętności znajdowania rozwiązań.

2. Narzędzia badawcze i stosowana procedura

Bardzo ważną czynnością było wyodrębnienie grupy szczęściarzy i pechowców. Do tego celu posłużyliśmy się prostym zabiegiem, polegającym na przedstawieniu osobom badanym, w oparciu o propozycje Wisemana[16], opisu „słownikowych" cech szczęściarza i pechowca, z prośbą o odpowiedź na pytanie.

> Przypadkowe wydarzenia zwykle działają na jego korzyść. Częściej niż inni wygrywa w grach losowych i konkursach, często spotyka ludzi, którzy okazują się w jakiś sposób pomocni, szczęście odgrywa dużą rolę w osiąganiu przez niego celów i realizacji marzeń.

> *W jaki stopniu pasuje do ciebie ten opis?*

> wcale nie pasuje 1   2   3   4   5   6   7   doskonale pasuje

> Przypadkowe wydarzenia zwykle działają na jego niekorzyść. Nigdy nie wygrywa niczego w konkursach, często bierze udział w wypadkach niewynikających z jego winy, ma pecha w miłości, a w życiu zawodowym wciąż doświadcza niepowodzeń.

> *W jaki stopniu pasuje do ciebie ten opis?*

> wcale nie pasuje 1   2   3   4   5   6   7   doskonale pasuje

W badaniu uczestniczyło 181 osób w wieku 21–30 lat (103 kobiety i 78 mężczyzn). Uczestnicy na podstawie uzyskanych wyników zostali sklasyfikowani jako szczęściarze (N = 64), osoby neutralne (N = 65) i pechowcy (N = 52).

Uczestnicy otrzymywali pakiet narzędzi badawczych, z informacją o celu badania i zapewnieniu o anonimowości. Obok skali do wyłonienia grup badanych (szczęściarzy, pechowców i neutralnych), wykorzystane zostały następujące narzędzia badawcze: Inwentarz osobowości (NEO-FFI) Costa i McCrae, Kwestionariusz inteligencji emocjonalnej (INTE), Kwestionariusz nadziei na sukces (KNS) C.R. Snydera.

---

[16] R. Wiseman, *Kod Szczęścia*, Wydawnictwo Amber, Warszawa 2003, s. 35–36.

Stworzony przez Coste i McCrae model osobowości obejmuje 5 czynników: neurotyzm, ekstrawersję, otwartość na doświadczenia, sumienność i ugodowość. Inwentarz osobowości NEO-FFI pozwala określić stopień nasilenia danej cechy u osoby badanej. W naszych badaniach uwzględniliśmy 3 wymiary: neurotyzm, ekstrawersję, otwartość na doświadczenia.

Kwestionariusz INTE N.S. Schutte, J.M. Malouff, L.E. Hall, D.J. Haggerty, J.T. Cooper, C.J. Golden, L. Dornheim w polskiej adaptacji A. Ciechanowicz, A. Jaworowskiej i A. Matczak składa się z 33 pozycji[17]. Badany ma za zadanie ocenić, w jakim stopniu dane twierdzenie odnosi się do niego na pięciostopniowej skali, gdzie 1 oznacza — zdecydowanie nie zgadzam się, a 5 — zdecydowanie zgadzam się. Celem tej metody jest zbadanie poziomu inteligencji emocjonalnej określanej mianem zdolności jednostki. Postawą teoretyczną kwestionariusza INTE była dla autorów pierwsza wersja modelu inteligencji emocjonalnej Saloveya i Mayera. Model ten uwzględnia trzy komponenty inteligencji emocjonalnej: zdolność do spostrzegania, oceny i ekspresji emocji, zdolność do ich regulowania u siebie i innych oraz zdolność do wykorzystywania emocji jako czynników wspomagających myślenie i działania. Większość pozycji kwestionariusza odnosi się do zdolności lub umiejętności badanego, część określa posiadanie lub brak zdolności badanego do radzenia sobie w takiej czy innej sytuacji, natomiast pozostałe odnoszą się do preferencji osoby badanej.

Kwestionariusz Snydera[18] dostarcza wyniku ogólnego oraz wyników dwóch komponentów: umiejętności znajdywania rozwiązań oraz siły woli. Postawą teoretyczną oryginalnej wersji KNS była teoria Snydera, której przedmiotem jest nadzieja, rozumiana jako przekonanie o posiadaniu kompetencji umożliwiających odniesienie sukcesu, a siła takiego przekonania wpływa na efektywność zachowań, sposób pokonywania przeszkód, poziom adaptacji do życia. Według koncepcji Snydera te przekonania można podzielić na dwa komponenty: przekonanie, że odniesie się sukces oraz przekonanie, że sukces ten związany będzie z własnymi kompetencjami. Pierwszy z nich, nazywany przekonaniem o silnej woli, oznacza, iż osoba żywiąca to przekonanie potrafi inicjować dążenie w obranym kierunku pomimo napotykanych przeszkód. Drugi natomiast, nazywany przekonaniem o umiejętności znajdywania rozwiązań, dotyczy spostrzegania siebie jako osoby zdolnej i zaradnej, mogącej sprostać zadaniu, osiągać cele.

---

[17] A. Jaworowska, A. Matczak, *Kwestionariusz Inteligencji Emocjonalnej. INTE*, Pracownia Testów Psychologicznych PTP, Warszawa 2001, *passim*.

[18] M. Łaguna, J. Trzebiński, M. Zięba, *Kwestionariusz Nadziei na Sukces. KNS*, Pracownia Testów Psychologicznych PTP, Warszawa 2005, *passim*.

3. Wyniki

a. Wybrane cechy osobowości w badanych grupach

Do analizy wybraliśmy wyniki dotyczące trzech wymiarów osobowości (ekstrawersja, neurotyzm, otwartość na doświadczenie).

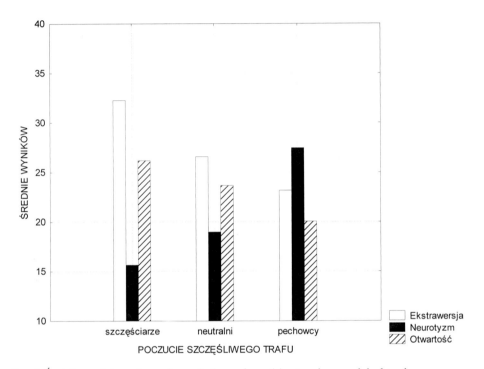

Rys. 1. Średnie wyników wybranych wymiarów osobowości w trzech grupach badanych

Analiza wariancji dla wymiaru ekstrawersji mierzonej inwentarzem NEO-FFI wykazała efekt główny rodzaju grupy F (2,178) = 56,70; p < 0,001. Najwyższy wskaźnik ekstrawersji wystąpił w grupie szczęściarzy; różnica zarówno z grupą neutralnych, jak i grupą pechowców była na poziomie p < 0,001. Także wskaźnik ekstrawersji dla neutralnych był istotnie wyższy od pechowców (p < 0,001). Wyniki te potwierdzają zatem przewidywanie o wyższym poziomie ekstrawersji cechującym ludzi oceniających siebie jako „szczęściarzy".

W przypadku wymiaru neurotyzmu analiza wariancji wykazała efekt główny grupy F (2,178) = 94,17; p < 0,001. Wskaźnik neurotyzmu w grupie szczęściarzy okazał się istotnie niższy (p < 0,001) zarówno od wyniku grupy „neutralnych", jak i wyniku grupy pechowców. Także wskaźnik neurotyzmu grupy „neutralnych" jest istotnie niższy od grupy pechowców. Potwierdza to przewidywanie o niższym poziomie neurotyzmu u osób z grupy szczęściarzy w porównaniu z grupą pechowców.

Trzeci wymiar osobowości, którego wynik wzięto pod uwagę, to otwartość na doświadczenie. Analiza wariancji wykazała wystąpienie efektu głównego grupy F (2,178) = 24,31; $p < 0,001$. Testy *post-hoc* wykazały, że wskaźnik otwartości na doświadczenie w grupie szczęściarzy jest istotnie wyższy niż w grupie drugiej i trzeciej (na poziomie $p < 0,001$). Grupa neutralnych ma także istotnie wyższy wskaźnik otwartości na doświadczenie od grupy pechowców. Wyniki potwierdziły zatem przewidywanie, że osoby oceniające się jako szczęściarze różnić się będą od pechowców wyższym poziomem otwartości na doświadczenia (mierzonej inwentarzem NEO-FFI).

b. Nadzieja na sukces i inteligencja emocjonalna w badanych grupach

Kolejnym wykorzystanym w badaniach narzędziem był Kwestionariusz nadziei na sukces. Pozwala on mierzyć ogólny wskaźnik nadziei oraz dwie odrębne podskale: przekonanie o umiejętności znajdywania rozwiązań (PoUZR) oraz przekonanie o silnej woli (PoSW).

Przeprowadzona analiza wariancji dla ogólnego wyniku kwestionariusza KNS wykazała wystąpienie efektu głównego grupy; F (2,178) = 33,78; $p < 0,001$. Ilustruje to rys. 2.

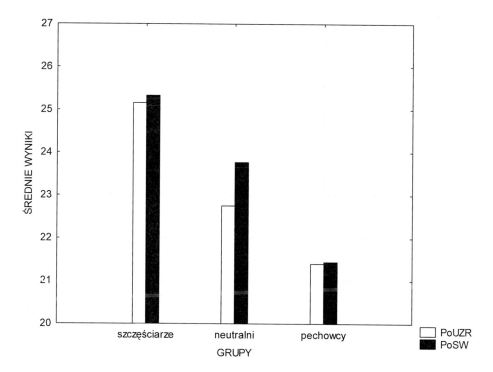

Rys. 2. Średnie wyniki podskal Kwestionariusza nadziei na sukces w trzech grupach badanych. Zmienna PoUZR — Skala przekonania o umiejętności znajdowania rozwiązań. Zmienna PoSW — Skala przekonania o silnej woli

Okazało się, że przekonanie o posiadaniu kompetencji umożliwiających odniesienie sukcesu jest najsilniejsze w grupie szczęściarzy, a najsłabsze w grupie pechowców (różnice między wszystkimi grupami na poziomie $p < 0{,}001$). Ten wzór wyniku powtarza się dla obydwu podskal kwestionariusza; grupa szczęściarzy osiągnęła istotnie najwyższy wskaźnik przekonania o umiejętności znajdywania rozwiązań, a najniższy wskaźnik wystąpił w grupie pechowców. Szczęściarze uzyskali też najwyższy wynik w podskali Przekonanie o silnej woli, w sposób istotny różniący się od pozostałych dwóch grup osób badanych.

Badania przeprowadzone przy pomocy kwestionariusza KNS Snydera potwierdzają zatem, iż osoby, których subiektywna ocena pozwala ich określić jako szczęściarzy odznaczają się istotnie wyższym poziomem nadziei rozumianej jako przekonanie o umiejętności rozwiązywania problemów i przekonanie o posiadaniu silnej woli.

Kwestionariusz INTE pozwolił na określenie średniego poziomu inteligencji emocjonalnej w trzech badanych grupach. Analiza wariancji wykazała efekt główny grupy $F\,(2{,}178) = 23{,}74949$; $p < 0{,}001$; najwyższy wskaźnik inteligencji emocjonalnej uzyskano w grupie szczęściarzy (różnica z pozostałymi grupami była na poziomie $p < 0{,}001$). Potwierdza to przewidywania o wyższym poziomie inteligencji emocjonalnej u osób z grupy szczęściarzy.

IV. Podsumowanie i wnioski

Celem tych badań było sprawdzenie, czy szczęściarze różnią się od pechowców pod względem wybranych kryteriów; a mianowicie cech osobowości, inteligencji emocjonalnej oraz przekonań o posiadaniu kompetencji umożliwiających odniesienie sukcesu (nadzieja na sukces). Zakładaliśmy, że wyniki tych badań pozwolą w jakimś stopniu wyjaśnić psychologiczne mechanizmy stojące za tym, że ktoś jest w czepku urodzony, a inny musi znosić wyroki nieprzyjaznego losu.

Okazało się, iż w zakresie wszystkich wybranych do badań zmiennych wystąpiły silne różnice między szczęściarzami i pechowcami. Dotyczy to zarówno cech osobowości, jak i inteligencji emocjonalnej i nadziei na sukces. W przypadku cech osobowości okazało się, że szczęściarze charakteryzują się istotnie wyższym poziomem ekstrawersji i otwartości na doświadczenie oraz istotnie niższym poziomem neurotyzmu. Grupa szczęściarzy charakteryzuje się też istotnie wyższym poziomem nadziei na sukces niż grupa pechowców oraz osób neutralnych. W przypadku pomiaru inteligencji emocjonalnej uzyskano dokładnie taki sam wzór wyników; szczęściarze uzyskali najwyższy wynik, pechowcy najniższy, a różnice między wyróżnionymi trzema grupami okazały się istotne statystycznie.

W jaki sposób te indywidualne różnice między ludźmi mogą mieć związek z częstością doświadczania życiowego fartu bądź pecha? Osoby ekstrawertywne są optymistyczne, towarzyskie, rozmowne, łatwo nawiązują kontakty, mają licznych znajomych, są zorientowane na innych ludzi. Szeroka sieć kontaktów międzyludzkich stwarza większą szansę otrzymania od innych ludzi pomocy, wsparcia, interesujących propozycji, czy ważnych informacji; stąd ekstrawertyk może częściej doświadczać sytuacji tzw. szczęśliwego trafu niż introwertyk. Przypadkowe spotkanie, poznawanie nowych osób może skutkować otrzymaniem ważnej informacji, interesującej propozycji, potrzebnej pomocy czy wsparcia. Posiadanie licznej grupy przyjaciół i znajomych zwiększa prawdopodobieństwo i szansę pozyskiwania od ludzi potrzebnych zasobów; co zewnętrznie może być odbierane jako przejaw fartu takiej osoby.

Osoby osiągające wysokie wyniki w skali neurotyzmu są charakteryzowane jako: zamartwiające się, nerwowe, niepewne siebie, nieudolne, ze skłonnościami hipochondrycznymi, podatni na stres psychologiczny. Osoby z niskimi wynikami w tej skali są określane jako: spokojne, zrelaksowane, odporne, pewne siebie[19]. Dlaczego wysoki poziom neurotyzmu może iść w parze z doświadczeniem pecha albo też poczuciem braku fartu? Człowiek sparaliżowany przez lęk, niepokój, nieradzący sobie ze stresem nie będzie dobrze wykorzystywał pojawiających się szans i okazji. Co więcej, może owych okazji i sposobności nie zauważać, zbyt koncentrując się na swoich problemach. To zawężenie pola uwagi nie tylko zmniejsza szanse na fart, ale zwiększa prawdopodobieństwo doświadczenia pecha, na przykład poprzez niezauważanie sygnałów zagrożeń. Badanych szczęściarzy cechowały niskie wyniki w skali neurotyzmu. Oznacza to, że są stabilni emocjonalnie, zrelaksowani, opanowani w sytuacjach stresowych. Pozwala im to podejmować lepsze decyzje i lepiej radzić sobie z trudnościami. Zrelaksowany człowiek może pomagać szczęściu dzięki zauważaniu i wykorzystywaniu pojawiających się przypadkowych okazji, możliwości i szans.

Trzeci wymiar osobowości, który wzięliśmy pod uwagę w analizie wyników, to otwartość. Skala otwartości odnosi się do poszukiwania aktywności i nowych doświadczeń, chęci poznawania tego, co nowe i nieznane. Wysoki wynik w tej skali dotyczy ludzi o szerokich zainteresowaniach, twórczych, oryginalnych[20]. Tacy ludzie wychodzą poza utarte schematy postępowania i myślenia, co zwiększa prawdopodobieństwo napotkania nowych możliwości, generowania szczęśliwych pomysłów.

Najwyższy wskaźnik inteligencji emocjonalnej uzyskano w grupie szczęściarzy. Inteligencja emocjonalna dotyczy umiejętności trafnego postrzegania, identyfikowania własnych i cudzych emocji, ich oceny i rozumienia oraz ich wyrażania, a także zdolności ich generowania, by wspomagały nasze działania. Wysoka inteligencja emocjonalna idzie w parze z dobrą komunikacją z innymi i efektywną współpracą. Nic przeto dziwnego, że sprzyja uzyskiwaniu rezultatów, które w ocenie obserwatorów mogą być postrzegane jako przejaw fartu i powodzenia danej osoby.

Grupa, która postrzega siebie jako szczęściarzy osiągnęła, w porównaniu z grupą „pechowców", istotnie wyższe wyniki w kwestionariuszu KNS. Oznacza to, że szczęściarze cechują się wyższym poziomem przekonania o umiejętności rozwiązywania problemów (postrzeganie siebie jako osoby zdolnej i zaradnej, mogącej

---

[19] D. Cervone, L.A. Pervin, *Osobowość. Teoria i badania*, Wydawnictwo UJ, Kraków 2011, s. 317.
[20] D. Cervone, L. A. Pervin, (przyp. 19), s. 317.

sprostać zadaniu, osiągnąć cele) i przekonania o posiadaniu silnej woli (umiejętność dążenia w obranym kicrunku pomimo napotykanych przeszkód). Czyli osoby te mają bardziej pozytywne nastawienie wobec przyszłości, wiarę we własne możliwości, poczucie posiadania umiejętności niezbędnych do stawiania czoła wyzwaniom rzeczywistości.

Na podstawie uzyskanych wyników możemy pokusić się o wniosek, iż życiowy fart w dużym stopniu wiąże się z dyspozycjami osobowościowymi, określonym wzorcem przekonań oraz emocjonalnymi kompetencjami. Jeśli uznamy, że bycie szczęściarzem polega na umiejętności zauważania, tworzenia i wykorzystywania przypadkowych okazji, to dzieje się to między innymi dlatego, że szczęściarze, po pierwsze: budują i utrzymują bogatą sieć kontaktów (są ekstrawertywni, z wysokim poziomem inteligencji emocjonalnej), po drugie: podchodzą do życia „na luzie", dlatego zauważają i wykorzystują szanse (szczęściarzy cechuje niski poziom neurotyzmu), po trzecie: są otwarci na nowe doświadczenia, co pozwala im spotykać i generować nowe możliwości i szanse, po czwarte: spodziewają się najlepszego, wierzą, że los im będzie sprzyjał (wysoki wynik w kwestionariuszu KNS), po piąte: dążą do celu i nie poddają się w obliczu niepowodzenia (siła woli, przekonania o umiejętności rozwiązywania problemów). Szczególnie interesujący jest fakt, że osoby, które określiły siebie jako pechowców, osiągały przeciwne wyniki w stosunku do szczęściarzy we wszystkich mierzonych zmiennych.

Niektóre z genetycznie warunkowanych cech psychicznych są skorelowane z poczuciem szczęścia. Metafora „szczęśliwego" atraktora zawiera założenie, iż wrodzone predyspozycje określają właściwy dla danej osoby bazowy poziom szczęścia, a siła przyciągania atraktora sprawia, że zazwyczaj ten poziom jest osiągany. Bieżące doświadczenia i okoliczności mogą człowieka ponad ten poziom wynosić lub z niego spychać, ale w dłuższej perspektywie czasowej wszystko wraca do „normy". Metaforę tę można odnieść także do szczęścia jako przeciwieństwa pecha. Stałe zasoby w postaci korzystnej konfiguracji cech osobowości (ekstrawersja, otwartość na doświadczenie, niski neurotyzm), a także wysokiej inteligencji emocjonalnej oraz wzorca przekonań na temat możliwości osiągnięcia sukcesu sprawiają, iż ludzie rzeczywiście względnie często doświadczają w swoim życiu fartownych zdarzeń i pomyślnych rezultatów.

Józef Maciuszek

Being lucky or unlucky — a matter of fortune or individual predisposition?

Little psychological research has been done on happiness understood as good fortune as opposed to bad fortune. The question of why people consider themselves either lucky or unlucky has not yet been researched. The aim of the present study is to determine whether a self-described "lucky" person differs from one who believes him- or herself to have bad luck. The following criteria were used: personality features, emotional intelligence, and hope for success. When considering the criterion of personality features, it was found that those considering themselves lucky had higher levels of extraversion and openness, and significantly lower levels of neuroticism. They also showed higher levels of emotional intelligence and stronger hope for success. The results are discussed along with the question of whether these individual differences can be linked with the frequency with which people report experiencing good and bad luck.

Krystyna Skarżyńska

Zaufanie, wartości, obraz siebie i świata a zadowolenie z życia

I. Wstęp

Są święta Bożego Narodzenia. W Warszawie cisza, na ulicach prawie nie ma ludzi; spokój i mgła. Większość siedzi w domach ze swoimi bliskimi. Przyszli do nich (lub przyjechali, pokonując setki kilometrów) zmęczeni, nierzadko wbrew swoim chęciom; wydaje się, że bardziej z tradycji niż autentycznej potrzeby serca. Ale jak już są razem, to robi się cieplej w duszy. Wracają zwykle jakoś pokrzepieni, z silniejszym poczuciem pewnej wspólnoty, ale i własnej wartości. Polacy ufają swoim bliskim, ponieważ przez wieki otrzymywali i nadal otrzymują realną pomoc od członków rodziny i przyjaciół. Nawet jeśli codzienne kontakty z ciocią Marysią czy bratem Markiem nie są słodkie, to jednak gdy dzieje się coś złego, kłótliwa ciotka czy zazdrosny o wszystko brat skutecznie pomaga. I my także im pomagamy, gdy jest taka potrzeba. Pokazujemy swoje możliwości, inwencje, rozważność czy odwagę. Zaufanie do bliskich ma więc swoje podstawy: zakotwiczenie w tradycyjnych wartościach, doświadczenie wsparcia i poczucia skuteczności.

Z zaufaniem do „ludzi w ogóle" nie jest już tak łatwo. Doświadczenia z różnymi osobami mamy rozmaite. Dobre — owocują większym uogólnionym zaufaniem. Złe — zwłaszcza te z ludźmi mającymi dla nas znaczenie i wpływ — skutkują zgeneralizowaną nieufnością[1].

Co — poza osobistym doświadczeniem — ma wpływ na zgeneralizowane zaufanie? Czy, podobnie jak przy zaufaniu do bliskich, ma tu znaczenie poczucie

---

[1] K. Skarżyńska, *Zawiedzione zaufanie i deficyt pozytywnych doświadczeń a negatywna wizja świata społecznego*, [w:] *W kręgu psychologii społecznej*, red. J. Czarnota-Bojarska, I. Zinserling, Wydawnictwo UW, Warszawa 2011, s. 245.

skuteczności i obraz siebie oraz szerszego otoczenia? Jaką rolę odgrywają w kształtowaniu zaufania doświadczenia socjalizacyjne w rodzinie? Czy można zaufaniem jakoś sterować? Zmieniać sytuacyjnie, zwiększać lub obniżać? O tym wszystkim będzie ten tekst. Analizowany materiał empiryczny pochodzi z dwóch badań, prowadzonych na reprezentatywnych próbach dorosłych Polaków (z roku 2008 i 2011) oraz z badań studentów różnych uczelni (w roku 2011 i 2012). Badanie przeprowadzone w roku 2008 na ogólnopolskiej próbie 1510 osób dorosłych jest częścią międzynarodowych studiów porównawczych nad europejskimi wartościami (seria badań znanych jako European Values Study — EVS). Dane zbierane były metodą wywiadu kwestionariuszowego przez ankieterów ośrodka Pentor Research International[2].

Badanie z roku 2011 prowadzono na reprezentatywnej próbie dorosłych Polaków (n = 840) metodą indywidualnego wywiadu kwestionariuszowego z użyciem komputera. Jest ono częścią szerszego projektu badawczego, kierowanego przez autorkę artykułu, realizowanego w ramach grantu Narodowego Centrum Nauki. Wywiady prowadzone były przez ankieterów Centrum Badań Opinii Społecznej.

Badania studentów prowadzono metodą online, z wykorzystaniem internetowej platformy Qlabo.eu, spełniającej standardy międzynarodowej komisji do spraw testów psychologicznych. Bardziej szczegółowe dane o uczestnikach oraz o użytych narzędziach pomiarowych przedstawione będą przy omawianiu kolejnych wyników.

II. Zaufanie, wartości, poczucie kontroli a zadowolenie z życia

1. Badanie ogólnopolskie z roku 2008

Psychologowie traktują zaufanie do ludzi jako ogólną postawę czy rodzaj orientacji społecznej, związanej z oczekiwaniem od ludzi raczej dobrych niż złych zachowań i uczuć, raczej empatii, pomocy, wsparcia lub kooperacji niż egoizmu, wykorzystywania, bezwzględnej rywalizacji lub agresji[3]. Chociaż wielu autorów zgadza się, że zaufanie jest pewną dość stabilną dyspozycją jednostek i grup społecznych, to jednak różnice dotyczą powiązań zaufania z innymi cechami osobowości, samooceną oraz cenionymi wartościami. Nie ma jednoznacznego dowodu na to, z jakimi

---

[2] Więcej danych na temat tej serii badań zob. A. Jasińska-Kania, *Zmiany wartości Polaków na tle europejskim: EVS 1990-1999-2008*, [w:] tejże, *Wartości i zmiany. Przemiany postaw Polaków w jednoczącej się Europie*, Wydawnictwo Naukowe Scholar, Warszawa 2012, s. 7–14.

[3] J. Rotter, *Interpersonal trust, trust worthiness and gullibility*, „American Psychologist" 1980, nr 2, s. 1–7; S. Goto, *To trust or not to trust: situational and dispositional determinants*, „Social Behavior and Personality" 1996, nr 24, s. 76–78; C. Snyder, M. McCullough, *A positive psychology field of dreams*, „Journal of Social and Clinical Psychology" 2000, nr 19, s. 151; J. Grzelak, *Wpływ orientacji społecznych i orientacji kontroli na percepcję świata społecznego*, [w:] *Konflikty międzygrupowe*, red. K. Skarżyńska, U. Jakubowska, J. Wasilewski, Wydawnictwo Academica, Warszawa 2007, s. 76–78; K. Skarżyńska, *Zaufanie do ludzi. Efekt osobowości, doświadczeń socjalizacyjnych, sytuacji oraz systemu politycznego*, [w:] tejże, *Między ludźmi… Oczekiwania, interesy, emocje*, Wydawnictwo Naukowe Scholar, Warszawa 2012, s. 18–25.

wartościami zaufanie koreluje pozytywnie, a z jakimi — negatywnie. Jedni wiążą zgeneralizowanie zaufania z wartościami postmaterialistycznymi i samorealizacji, takimi jak przyjaciele, osobisty rozwój czy wolny czas, inni postulują związki zaufania głównie z tak zwanymi wewnętrznymi potrzebami, uniwersalnymi wartościami więzi, bliskości i akceptacji[4]. Potrzeby indywidualnego sukcesu, bogacenia się, sławy i władzy zwykle negatywnie korelują z zaufaniem do ludzi, chociaż niektóre z nich wydają się być „postmaterialistyczne". Wspomniane niejasności są więc powodem, by przeanalizować dane z EVS pod kątem szukania związków między zgeneralizowanym zaufaniem do ludzi a różnymi wartościami. Oczekiwano, że im wyższa akceptacja takich wartości (celów życiowych), które pozwalają doświadczać więcej wsparcia od ludzi, mniej wiążą się z egoizmem i rywalizacją — tym silniejsze zaufanie do ludzi. Mechanizmem łączącym wspomniane wartości z zaufaniem do „ludzi w ogóle" byłaby tu — analogicznie jak przy budowaniu zaufania do bliskich — oczekiwana wzajemność. Pierwsza nasza hipoteza empiryczna jest więc następująca: zaufanie do ludzi koreluje pozytywnie z akceptacją wartości przyjaźni, czasu wolnego, rodziny.

Zaufanie do ludzi wiąże się także z poczuciem pewnej przewidywalności zachowań społecznych, poczuciem poznawczej kontroli nad społecznym otoczeniem. Jeżeli moja postawa wobec innych jest związana z oczekiwaniem od nich pozytywnych zachowań oraz przewidywaniem odwzajemnienia własnych pozytywnych zachowań wobec innych — zyskuję poczucie kontroli, wpływu na otoczenie, nie tylko poznawczego, ale i behawioralnego: przypuszczam, że skoro inni zwykle są w porządku, nie zaatakują mnie i nie oszukają bez powodu — wierzę, że zachowując się pozytywnie wobec ludzi kontroluję ich postępowanie wobec mnie samego. Zarówno wspomniane wcześniej badania J. Rottera[5], ustalenia A. Bandury[6], jak i moje[7], prowadzą do hipotezy drugiej, że zgeneralizowane zaufanie do ludzi pozytywnie koreluje z poczuciem kontroli.

Ponieważ akceptacja i nastawienie na realizację celów wewnętrznych (wartości innych niż materialistyczne), a także poczucie kontroli, ułatwiają ludziom realizację ważnych zadań i celów życiowych, powinny łączyć się z zadowoleniem z życia. Dwa mechanizmy psychologiczne hipotetycznie wyjaśniają ten związek. Po pierwsze, zgeneralizowane zaufanie, w połączeniu z poczuciem osobistej kontroli, pozwala jednostce skoncentrować zasoby poznawcze na osiąganiu celów, a nie na szukaniu zabezpieczeń chroniących przed złymi ludźmi. Zmniejsza także lęk przed porażką,

---

[4] E. Deci, R. Ryan, *Intrinsic motivation and self determination in human behavior*, Plenum Press, Nowy Jork 1985, s. 3–10; T. Kasser, A. Ahuvia, *Materialistic values and well-being in business students*, „European Journal of Social Psychology" 2002, nr 32, s. 137–146; R. Inglehart, *Kultura a demokracja*, [w:] *Kultura ma znaczenie*, red. L. Harrison, S. Huntington, Wydawnictwo Zysk i S-ka, Poznań 2003, s. 146–150.

[5] J. Rotter, (przyp. 3), s. 1–7.

[6] A. Bandura, *Social foundation of thought and action*, Prentice Hall, Englewood Cliffs 1986, s. 5–27; A. Bandura, *Self-efficacy in a changing society*, Cambridge University Press, Nowy Jork 1995, s. 1.

[7] K. Skarżyńska, *Zaufanie, więzi społeczne i poczucie skuteczności a życie w demokracji*, „Kolokwia Psychologiczne" 2002, t. 10, s. 197–212; K. Henne, A. Jasińska-Kania, K. Skarżyńska, *Zadowolenie z życia a zaufanie do ludzi w Polsce i w różnych regionach Europy*, [w:] A. Jasińska-Kania (przyp. 2), s. 96–98.

ponieważ pozwala przypuszczać, że nawet, gdy coś się nie powiedzie, inni raczej pomogą niż wykorzystają naszą słabość czy potknięcie. Po drugie, realizacja wartości wewnętrznych — czyli zgodnych ze społeczną naturą człowieka — daje pozytywną samoocenę jako jednostki dobrze zakorzenionej społecznie. To z kolei wiąże się z większą odpornością na stres, lepszym zdrowiem i dobrym samopoczuciem oraz pozytywnym nastrojem, co także ma znaczenie dla zadowolenia z życia[8]. Tak więc trzecia hipoteza brzmi: silniejsze zaufanie do ludzi oraz poczucie kontroli wiążą się z większym zadowoleniem z życia.

2. Pomiar zmiennych

Zaufanie do ludzi: wskaźnikiem zgeneralizowanego zaufania jest uśredniona odpowiedź na dwa pytania: a) „Czy Pana(i) zdaniem, gdyby nadarzyła się okazja, większość ludzi próbowałaby Pana(Panią) wykorzystać (wprowadzić w błąd, oszukać), czy też starałaby zachować się uczciwie?". Odpowiedź zaznaczali respondenci na skali od 1 („Większość ludzi próbowałaby mnie oszukać") do 10 („Większość ludzi zachowałaby się uczciwie"); b) „Czy Pana(i) zdaniem, ludzie przeważnie starają się pomagać innym, czy głównie myślą tylko o sobie?". Odpowiedzi zaznaczano na podobnej 10-stopniowej skali, gdzie 1 oznaczało całkowitą zgodę z twierdzeniem „Ludzie głównie myślą tylko o sobie", a 10 — całkowitą zgodę z opinią, że „Ludzie przeważnie starają się pomagać innym". Wyższy wskaźnik liczbowy (od 1 do 10) oznacza większy poziom zaufania do innych ludzi.

Cenione wartości: uczestnicy badania proszeni byli o ocenę na skalach od 1 (bardzo ważne) do 4 (w ogóle nieważne) ważności w ich życiu sześciu wartości: pracy, rodziny, przyjaciół i znajomych, czasu wolnego, polityki i religii. Wyższy wynik oznacza większą osobistą akceptację danej wartości.

Poczucie kontroli wewnętrznej (wpływu na własne życie) mierzono na skali od 1 do 10, gdzie 1 oznaczało „W ogóle nie mam wpływu na to, co mi się w życiu przydarza i na układanie sobie życia", a 10 — „W bardzo dużym stopniu mam wpływ na swobodne układanie sobie życia". Wyższa ocena na skali wskaźnikuje silniejsze poczucie wpływu (poczucie wewnętrznej kontroli). Ten sposób pomiaru poczucia kontroli psychologom wydaje się zbyt prosty. Należy jednak pamiętać, że badanie z serii EVS ma przede wszystkim charakter socjologiczny (służy raczej do opisu i porównywania społeczeństw, niż badania różnic indywidualnych) oraz o tym, że tak wieloaspektowy wywiad nie może być jednak zbyt długi. Stąd konieczność użycia prostych, czasem jedno-itemowych narzędzi pomiarowych.

Zadowolenie z życia mierzono jednym pytaniem: „Biorąc wszystko pod uwagę, na ile jest Pan(i) zadowolony(a) ostatnio ze swojego życia?". Swój poziom zadowolenia respondenci zaznaczali na 10 stopniowej skali: od 1 (niezadowolony) do 10 (zadowolony). Wyższy wynik wskaźnikuje większy stopień zadowolenia z życia.

---

[8] T. Kasser, A. Ahuvia, (przyp. 4), s. 140–147.

Ponadto kontrolowano wiek, płeć, poziom wykształcenia, dochody, stan cywilny i miejsce zamieszkania respondentów, posiadanie pracy oraz zadowolenie z demokracji i aktualnego rządu.

3. Wyniki

Związki między poziomem zgeneralizowanego zaufania do ludzi a wartościami i poczuciem kontroli przedstawia tabela 1.

Tabela 1. Współczynniki korelacji (r Pearsona) między poziomem zaufania a siłą akceptacji poszczególnych wartości oraz poziomem poczucia kontroli (reprezentatywna próba dorosłych Polaków, n = 1510)

Rodzaje cenionych wartości						Poczucie kontroli
Rodzina	Przyjaciele	Czas wolny	Polityka	Religia	Praca	
0,09**	0,07**	0,06*	n.i.	n.i.	n.i.	0,28***

***p < 0,001; **p < 0,01; *p < 0,05.
n.i. – nie istotne

Okazuje się, że zaufanie najsilniej koreluje z poczuciem kontroli, słabiej — ale statystycznie istotnie — z akceptacją wartości rodziny, przyjaciół i czasu wolnego. Im ktoś bardziej ceni rodzinę, przyjaciół i czas wolny — czyli takie wartości, które dają wsparcie od innych ludzi i wiążą się z wzajemnością postaw i zachowań — oraz im bardziej ma poczucie wpływu na społeczną rzeczywistość, tym bardziej ufa ludziom. Potwierdziliśmy więc dwie pierwsze hipotezy. Sprawdzono także związki między poziomem zaufania a zmiennymi społeczno-demograficznymi. Okazało się, że jedynie poziom wykształcenia i płeć istotnie wiąże się z poziomem zgeneralizowanego zaufania: kobiety oraz osoby bardziej wykształcone charakteryzują się wyższym poziomem zaufania do ludzi niż mężczyźni i osoby mniej wykształcone (odpowiednie współczynniki korelacji r Pearsona: r = 0,06 i r = 0,07; dla obu współczynników p < 0,01).

Ponieważ w badaniu z cyklu European Value Studies 2008 w tym samym czasie, co Polacy, uczestniczyły inne społeczeństwa Europy, można było dokonać porównań międzynarodowych. Szczegóły tych porównań przedstawiono we wspomnianej wcześniej pracy[9]. Tutaj warto wskazać, że we wszystkich krajach Europy Zachodniej zaufanie było pozytywnie skorelowane z wszystkimi mierzonymi wartościami oraz z poczuciem kontroli. Siła związku między wartością przyjaciół i rodziny a zaufaniem była większa niż w próbie polskiej, a poczucie wpływu — korelowało z zaufaniem słabiej niż w naszym społeczeństwie. Jednocześnie w zachodnioeuropejskich społeczeństwach poziom zaufania do ludzi był w roku 2008 istotnie wyższy niż w społeczeństwie polskim. Można więc sądzić, iż silniejsze zakotwiczenie zaufania w cenionych wartościach sprzyja wyższemu zgeneralizowanemu zaufaniu do ludzi.

---

[9] A. Henne, A. Jasińska-Kania, K. Skarżyńska, (przyp. 7), s. 78–104.

W Rosji i na Ukrainie nie stwierdzono istotnych związków między zaufaniem a cenionymi wartościami, a jednocześnie poziom zaufania jest tam bardzo niski.

Trzecia hipoteza dotyczy związku zaufania z zadowoleniem z życia. Analizy korelacyjne pokazały silny pozytywny związek między zaufaniem a zadowoleniem z życia (r Pearsona = 0,31; p < 0,0001), a także słabsze, ale istotne związki zaufania z zadowoleniem z aktualnego rządu (r = 0,18; p < 0,001) i z demokracji (r = 0,09; p < 0,01). W krajach Europy Zachodniej i Środkowej siła związków między zaufaniem do ludzi a zadowoleniem z życia, rządów i z demokracji była w roku 2008 podobna, jak w naszym społeczeństwie. Tylko w Rosji i na Ukrainie związki te były wyraźnie słabsze.

Kolejne analizy nastawione są na sprawdzenie, jaka jest relatywna rola zaufania do ludzi w wyjaśnianiu wariancji zadowolenia z życia. Przeprowadzona liniowa analiza regresji wielokrotnych, uwzględniająca wszystkie mierzone w badaniu zmienne, pozwoliła wyjaśnić 29% wariancji zaufania do ludzi. Dwie zmienne okazały się mieć najsilniejszy wpływ na zmienność poziomu zadowolenia z życia: poczucie kontroli i zaufanie. Szczegółowe wyniki tej analizy przedstawia tabela 2.

Tabela 2. Wyniki liniowej analizy regresji dla zmiennej: zadowolenie z życia (próba ogólnopolska osób dorosłych, n = 1510; F = 34,46***; R^2 = 0,29)[10]

Predyktory	B	SE	β	t
Płeć	0,188	0,111	0,047	1,696
Wiek	−0,013	0,004	−0,180	−3,386 ***
Wykształcenie	0,087	0,054	0,051	1,626
Wielkość miejsca zamieszkania	−0,029	0,021	−0,040	−1,356
Posiadanie pracy	0,151	0,211	0,020	0,717
Dochody	0,016	0,034	0,015	0,473
Stan cywilny	0,243	0,116	0,060	2,089 *
Zadowolenie z demokracji	0,289	0,091	0,100	3,169 ***
Zadowolenie z rządu	−0,013	0,031	−0,013	−0,416
Poczucie kontroli	0,351	0,027	0,385	13,158 ***
Zaufanie	0,147	0,024	0,176	6,055 ***

***p < 0,001; *p < 0,05.

Ponieważ zaufanie i poczucie kontroli są silnie ze sobą powiązane, a jednocześnie są najsilniejszymi predyktorami zmienności poziomu zadowolenia z życia, można przewidywać, że związek między zaufaniem do ludzi a zadowoleniem z życia może być mediowany (zapośredniczony) przez poczucie kontroli. Z efektem mediacji mamy do czynienia wtedy, kiedy pierwotnie obserwowany istotny statystycznie związek między zaufaniem a zadowoleniem z życia zanika lub ulega istotnemu osłabieniu, gdy do analizy wprowadza się inną zmienną — mediatora — w naszym przypadku poczucie kontroli. Dodatkowo, należy wykazać istotnie statystyczny związek między zaufaniem (predykatorem) i poczuciem kontroli (mediatorem) oraz między poczuciem kontroli a zadowoleniem z życia. Przeprowadzone analizy regresji liniowej wykazały, że rzeczywiście mamy do czynienia z efektem mediacji. Siła

---

[10] Źródło: K. Henne, A. Jasińska-Kania, K. Skarżyńska, (przyp. 7), s. 96.

dodatniego związku między zaufaniem a zadowoleniem z życia istotnie osłabła po wprowadzeniu do równania poczucia kontroli (wielkość współczynnika regresji β spadła z 0,31 do 0,19); jednocześnie wysoki poziom zaufania jest silnie pozytywnie związany z silnym poczuciem kontroli (β = 0,28), a silne poczucie kontroli jest związane z wysokim poziomem zadowolenia z życia (β = 0,42). Siła stwierdzonej mediacji jest umiarkowana: test Sobela = 10,52; p < 0,0001. Związek między zaufaniem do ludzi a zadowoleniem z życia jest w umiarkowany (ale istotny) sposób mediowany przez poczucie wpływu. Innymi słowy, tak jak się spodziewano, zaufanie wiąże się istotnie z poczuciem wpływu na otoczenie społeczne, przez co zwiększa się jego pozytywna rola w budowaniu zadowolenia z życia.

Analogiczne analizy przeprowadzono na zbiorach z różnych regionów Europy (dane z EVS). W każdym z regionów mamy do czynienia z podobnym efektem mediacji. Najsilniejszy okazał się w krajach Europy Środkowej, najsłabszy — w Rosji i na Ukrainie[11].

III. Zaufanie a obraz świata społecznego

1. Badanie ogólnopolskie dorosłych z roku 2011

Wiemy już, że zaufanie do ludzi jest pozytywnie związane z rodzajem wartości i celów życiowych, do których realizacji dąży dana jednostka oraz z poziomem poczucia wewnętrznej kontroli, wpływu na społeczną rzeczywistość. Socjologowie i psychologowie społeczni dowodzą, że zgeneralizowane zaufanie jest elementem społecznego kapitału, czyli ułatwia współpracę z innymi, prospołeczne zachowania, aktywność obywatelską [12]. Związek pomiędzy zaufaniem a aktywnością na rzecz innych ludzi jest prawdopodobnie tym silniejszy, im postawa zaufania jest lepiej zakotwiczona w innych postawach na temat świata i ludzi.

W kolejnym badaniu sprawdzano, czy zgeneralizowane zaufanie do ludzi osłabia inne negatywistyczne przekonania, takie jak: przekonania o tym, że świat społeczny jest pełen zagrożeń, że życie społeczne jest grą o sumie zerowej oraz że należy kierować się wyłącznie własnym interesem i wykorzystywać słabości innych ludzi (czyli syndrom przekonań, zwanych darwinizmem społecznym). Główna hipoteza tego badania przewidywała, że zaufanie do ludzi istotnie negatywnie koreluje z wymienionymi wcześniej negatywistycznymi przekonaniami o świecie społecznym.

---

[11] K. Henne, A. Jasińska-Kania, K. Skarżyńska, (przyp. 7), s. 97–98.

[12] J. Coleman, *Social capital in the creation of human capital*, „American Journal of Sociology" 1988, nr 94, s. 94–121; R. Putnam, *Samotna gra w kręgle. Upadek i odrodzenie wspólnot lokalnych w Stanach Zjednoczonych*, Wydawnictwa Akademickie i Profesjonalne, Warszawa 2008, s. 226–249; J. Czapiński, *Kapitał społeczny*, [w:] *Diagnoza społeczna 2007: Wartości i jakość życia Polaków*, red. J. Czapiński, T. Panek, Wydawnictwo Wizja, Warszawa 2007, s. 257–268; K. Skarżyńska, K. Henne, *Studenci jako obywatele: kapitał ludzki i społeczny jako źródła akceptacji porządku politycznego i ekonomicznego oraz aktywności społecznej*, „Psychologia Społeczna" 2012, nr 2, s. 166–178.

2. Pomiar zmiennych

Zaufanie do ludzi mierzono skalą zaufania autorstwa T. Yamagishi i M. Yamagishi[13].
Jest to skala typu Likerta. Składa się z siedmiu pozycji, zgodność z którymi respondenci szacują w skali od 1 (zdecydowanie zgadzam się) do 6 (zdecydowanie nie zgadzam się). Wyższa punktacja oznacza silniejsze zgeneralizowane zaufanie do ludzi.
Przykładowe pozycje skali: „W tych wrogich czasach powinno się być bardzo czuj-
nym, ponieważ ktoś nas może oszukać", „Nie powinno się ufać innym ludziom,
dopóki się ich dobrze nie pozna". Skala jest wysoko rzetelna: α Cronbacha = 0,87.

Przekonania o tym, że świat społeczny jest zagrażający mierzono skalą autorstwa
J. Duckitta[14]. Jest to 10-pozycyjna skala typu Likerta. Wobec każdej pozycji respondenci zaznaczają swój stopień zgody na skali od 1 (zdecydowanie nie zgadzam się)
do 6 (zdecydowanie zgadzam się). Wyższy wynik oznacza silniejsze przekonanie, że
otaczający respondenta świat społeczny jest dlań zagrażający. Przykładowe pozycje
skali: „Jest wielu ludzi w naszym społeczeństwie, którzy mogą zaatakować kogoś ze
zwykłej podłości, bez powodu", „Z każdym dniem rośnie społeczne bezprawie i brutalność, a ryzyko, że ktoś zostanie obrabowany, napadnięty, albo nawet zamordowany,
jest coraz większe". Skala jest wystarczająco rzetelna: α Cronbacha = 0,77.

Społeczny darwinizm mierzono skalą autorstwa J. Duckitta[15]. Skala mierzy akceptację przekonań o tym, że świat społeczny jest miejscem bezwzględnej rywalizacji, w której wygrywają silniejsi i bardziej cyniczni egoiści. Jest to skala typu Likerta,
składa się z 15 pozycji, i każdą z nich respondenci oceniają pod względem zgodności z własnymi opiniami od 1 (zdecydowanie nie zgadzam się) do 6 (zdecydowanie
zgadzam się). Wyższy wynik skali oznacza większą akceptację społecznego darwinizmu. Przykładowe pozycje skali: „Jeśli trzeba być mściwym i bezlitosnym, aby osiągnąć swoje cele, to powinno się tak postępować", „Uczciwość jest zawsze najlepszą
zasadą postępowania" (kodowanie odwrócone). Skala jest dostatecznie rzetelna:
α Cronbacha = 0,75.

Przekonanie o tym, że świat społeczny jest grą o sumie zerowej mierzono skalą
„Życie jako gra" autorstwa B. Wojciszke, W. Baryły i J. Różyckiej[16]. Jest to skala typu Likerta, składa się z 10 pozycji. Stopień zgodności opinii respondenta z każdą
pozycją oceniany jest na skali od 1 (zdecydowanie nie zgadzam się) do 6 (zdecydowanie zgadzam się). Wyższa punktacja oznacza silniejsze przekonanie o antagonistycznej naturze relacji społecznych. Przykładowe pozycje skali: „W życiu już tak jest,

---

[13] T. Yamagishi, M. Yamagishi, *Trust and commitment in the United States and Japan*, „Motivation and
Emotions" 1994, nr 18, s. 129–166.

[14] J. Duckitt, K. Fisher, *Social threat, worldview, and ideological attitudes*, „Political Psychology" 2003,
s. 63–84.

[15] J. Duckitt, K. Fisher, (przyp. 14), s. 63–84.

[16] B. Wojciszke, W. Baryła, J. Różycka, *Wiara w życie jako grę o sumie zerowej*, [w:] *Między przeszłością
a przyszłością. Szkice z psychologii politycznej*, red. U. Jakubowska, K. Skarżyńska, Wydawnictwo Instytutu Psychologii PAN, Warszawa 2009, s. 179–188.

że kiedy ktoś zyskuje, to ktoś inny na tym traci", „Bogactwo nielicznych budowane jest na krzywdzie wielu". Skala jest wystarczająco rzetelna: α Cronbacha = 0,68.

Materializm — rozumiany jako przeciwieństwo orientacji zorientowanej na podtrzymywanie więzi społecznych, koncentracja na szeroko rozumianych zyskach materialnych, przy lekceważeniu problemów społecznych — mierzono 5-pozycyjną skalą typu Likerta autorstwa P. Boskiego[17]. Stopień zgody z każdą pozycji skali był oceniany od 1 (zdecydowanie nie zgadzam się) do 6 (zdecydowanie zgadzam się). Wyższa punktacja skali oznacza silniejszą akceptację orientacji materialistycznej. Przykładowe pozycje: „Staram się, aby wszystko to, czego tknę się w życiu, przynosiło konkretny zysk materialny", „Sprawy społeczne obchodzą mnie o tyle, o ile mogą wpłynąć na moją sytuację materialną i spokój". Skala jest umiarkowanie rzetelna: α Cronbacha = 0, 64. Ponadto kontrolowano zmienne społeczno-demograficzne: wiek, płeć, poziom wykształcenia, dochód, wielkość miejscowości zamieszkania respondentów.

3. Wyniki

Analizy korelacyjne wykazują istotne negatywne związki między poziomem zaufania do ludzi a akceptacją wszystkich negatywistycznych przekonań o świecie społecznym (por. dane w tabeli 3).

Tabela 3. Statystyki deskryptywne i współczynniki korelacji r Pearsona między zaufaniem a innymi negatywistycznymi przekonaniami o świecie (n = 840)

Rodzaj przekonań	Zaufanie	Zagrażający świat	Darwinizm społeczny	Gra o sumie zerowej	Materializm
Zaufanie	1,00	−0,51**	−0,23**	−0,45**	−0,39
Zagrażający świat	−0,51**	1,00	0,12*	0,52**	0,22**
Darwinizm społeczny	−0,23**	0,12*	1,00	0,27**	0,25**
Gra o sumie zerowej	−0,45**	0,52**	0,27**	1,00	0,49**
Materializm	−0,39**	0,22**	0,37**	0,49**	1,00
M	2,75	3,57	2,53	3,05	3,54
SD	0,85	0,71	0,56	0,53	0,69

*p < 0,001; **p < 0,0001.

Zgeneralizowane zaufanie do ludzi istotnie negatywnie koreluje z wszystkimi mierzonymi w badaniu negatywistycznymi przekonaniami na temat świata społecznego. Najsilniej wiąże się z przekonaniem, że świat jest zagrażający oraz że jest antagonistyczną grą o sumie zerowej. Przeprowadzone analizy potwierdziły więc główną hipotezę: im silniejsze zaufanie do ludzi, tym mniej negatywistyczny obraz świata społecznego w różnych jego wymiarach.

---

17 P. Boski, *Humanizm, indywidualizm-kolektywizm a rozumienie i preferencje ładu demokratycznego*, [w:] *Potoczne rozumienie demokracji*, red. J. Reykowski, Wydawnictwo Instytutu Psychologii PAN, Warszawa 1995, s. 131–244.

Przekonania o tym, że otaczający świat społeczny jest pełen zagrożeń, że relacje społeczne są antagonistyczne oraz że należy być cynicznym egoistą, wykorzystującym innych ludzi dla realizacji własnych celów są ze sobą pozytywnie powiązane. Najsilniejszy okazał się związek między przekonaniem, że życie społeczne jest grą o sumie zerowej z akceptacją opinii o tym, że otaczający świat jest zagrażający. Prawdopodobnie przekonania te wzajemnie się wspierają, podtrzymują.

Kolejnym krokiem w naszych analizach było szukanie odpowiedzi na pytanie o ukrytą strukturę badanych przekonań, głównie o to, czy zaufanie razem z innymi przekonaniami tworzy wspólny czynnik, i jak silna jest jego pozycja w ładowaniu tego czynnika. Przeprowadzono więc analizę czynnikową, której wyniki przedstawia tabela 4.

Tabela 4. Eksploracyjna analiza czynnikowa badanych przekonań (n = 840) (w tabeli podano ładunki czynnikowe powyżej 0,30)

Rodzaj przekonań	Ładunki czynnikowe					
	Ekstrakcja 1		Rotacja 1		Rotacja 2	
	Czynnik 1	Czynnik 2	Czynnik 1	Czynnik 2	Czynnik 1	Czynnik 2
Świat jako zagrożenie	0,71	−0,40	0,81	–	0,78	–
Życie jako gra o sumie zerowej	0,62	–	0,60	–	0,63	–
Społeczny darwinizm	0,38	0,34	–	0,52	–	0,71
Materializm	0,59	0,48	–	0,73	–	0,53
Zaufanie do ludzi	−0,69	–	0,56	−0,50	−0,57	−0,52

Analiza czynnikowa, przeprowadzona metodą głównych osi składowych, wykazała obecność dwóch czynników, wyjaśniających 48,1% całkowitej wariancji obserwowanych zmiennych. Po fazie ekstrakcji czynników wszystkie zmienne (mierzone przekonania o świecie społecznym) uzyskały wysokie lub bardzo wysokie ładunki w czynniku pierwszym. Pokazuje to, że badane przekonania posiadają znaczny komponent wariancji wspólnej, której źródłem jest nadrzędny wobec nich czynnik latentny. Aby zrozumieć znaczenie dwuczynnikowego rozwiązania, dokonano rotacji metodą *varimax*, która minimalizuje liczbę zmiennych mających wysokie ładunki w kilku czynnikach. W wyniku tej rotacji wyłoniły się dwa czynniki: pierwszy tworzą przekonania o tym, że świat jest zagrażający oraz że życie społeczne jest grą o sumie zerowej. Czynnik ten wyjaśnia 29% wariancji. Drugi czynnik tworzy społeczny darwinizm oraz materializm, czyli przekonania o tym, jak egoistycznie i cynicznie należy postępować, żeby osiągnąć sukces w społecznym otoczeniu. Wyjaśnia on 20% wariancji. Natomiast zgeneralizowane zaufanie do ludzi ma wysokie ładunki zarówno w pierwszym, jak i w drugim czynniku. Oznacza to, iż przekonanie o tym, czy można (bądź nie można) ufać innym ludziom stanowi jakiś odrębny wymiar przekonań, silnie powiązany z innymi przekonaniami jednostki.

Względna odrębność zaufania do ludzi przejawia się także w innego rodzaju związkach tego przekonania ze zmiennymi społeczno-demograficznymi niż ma to miejsce w przypadku pozostałych mierzonych przekonań o świecie. I tak, zaufanie silnie pozytywnie koreluje z wykształceniem (r = 0,36), z wyższym dochodem jednostki (r = 0,25), z zamieszkiwaniem w większej miejscowości (r = 0,18), a negatywnie — z wiekiem (r = −0,25). Wszystkie korelacje są statystycznie istotne na poziomie p < 0,001. Natomiast badane negatywistyczne przekonania o świecie są tym silniejsze, im niższy poziom wykształcenia, mniejszy dochód, mniejsza miejscowość, w jakiej żyje respondent. Z wiekiem rośnie przekonanie, że otaczający świat społeczny jest zagrażający, a kobiety słabiej akceptują darwinizm społeczny niż mężczyźni.

IV. Czy zgeneralizowane zaufanie do ludzi można wzbudzić sytuacyjnie? Rola afirmacji i narzekania

1. Badania studentów

Dwa wcześniej przedstawione ogólnopolskie badania osób dorosłych wykazały silne zakotwiczenie zaufania w sieci indywidualnych wartości, przekonaniu o wewnętrznej kontroli oraz jego związki z innymi przekonaniami o tym, jaki jest świat społeczny i jak należy w nim postępować. Wygląda na to, że zaufanie do ludzi jest rzeczywiście raczej stabilną dyspozycją niż charakterystyką łatwo zmieniającą się sytuacyjnie. Jednak wiadomo, że określone przekonania czy postawy jednostki różnią się tak zwaną dostępnością poznawczą (czyli tym, jak łatwo je przywołać do świadomości), a dostępność może być torowana krótko- bądź długoterminowo przez specyfikę doświadczeń. W kolejnych badaniach podjęto więc próby sprawdzenia, czy i w jakim stopniu przywoływanie pozytywnych bądź negatywnych osobistych doświadczeń z ludźmi może zmieniać poziom zgeneralizowanego zaufania do ludzi. Sprawdzano także, czy stała tendencja do narzekania — czyli skłonność do częstego przywoływania negatywnych doświadczeń społecznych — ma związek z poziomem zaufania.

2. Czy rodzaj przywoływanych wspomnień wpływa na poziom zaufania do ludzi?

W badaniu nr 3 uczestniczyli studenci różnych uczelni publicznych z całej Polski (n = 340; 210 kobiet, 130 mężczyzn; wiek 20–25 lat, średnia wieku M = 23,2), których adresy internetowe zostały udostępnione przez uczelniane biura karier. Studenci, którzy wyrazili zgodę na uczestnictwo w badaniu online dostawali kwestionariusz i szczegółowe instrukcje, jak należy zaznaczać swoje odpowiedzi. W badaniu wykorzystano platformę internetową QLabo EU[18]. Prowadzący badanie był w stałym kontakcie online z uczestnikami. Badanie jest częścią projektu badań własnych, prowadzonych przez autorkę artykułu we współpracy z Zofią Mockałło.

Zmienną wyjaśniającą poziom zaufania do ludzi jest w tym quasi-eksperymentalnym badaniu dostępność pozytywnych i negatywnych doświadczeń

---

[18] <www.qlabo.eu>.

z ludźmi. Uczestnicy losowo przydzieleni byli do jednej z trzech grup: 1) ze zwiększoną dostępnością pozytywnych doświadczeń z ludźmi, 2) ze zwiększoną dostępnością negatywnych doświadczeń z ludźmi oraz 3) kontrolnej, bez wzbudzania wspomnień na temat osobistych relacji z ludźmi. W grupie pierwszej, afirmującej relacje z ludźmi, uczestnicy proszeni byli o wypisanie wszystkich zapamiętanych dobrych wspomnień z kontaktami z ludźmi podczas ostatniego tygodnia. Następnie, dla zwiększenia siły tej manipulacji, proszeni byli o uporządkowanie wypisanych wspomnień od najważniejszego do najmniej ważnego oraz wskazanie, czy któreś z opisanych, pozytywnych wydarzeń (lub podobnych do niego) jest szczególnie częste w ich życiu. W grupie drugiej, narzekającej na kontakty z ludźmi, proszono o wypisanie zapamiętanych złych wspomnień z kontaktami z ludźmi podczas ostatniego tygodnia. Analogicznie, jak w grupie pierwszej, po opisaniu wydarzeń negatywnych uczestnicy proszeni byli o uporządkowanie ich od najważniejszego do najmniej ważnego oraz o wskazanie, które z tych zdarzeń jest najczęściej powtarzane w ich życiu.

Zgeneralizowane zaufanie do ludzi mierzono tak, jak w badaniu 2, czyli skalą L. Yamagishi, M. Yamagishi[19]. Średnie wskaźniki zaufania do ludzi oraz odchylenia standardowe w każdej z grup przedstawia tabela 5.

Tabela 5. Dostępność pozytywnych i negatywnych wspomnień o osobistych doświadczeniach z ludźmi a poziom zgeneralizowanego zaufania (badanie studentów)

Wspomnienia pozytywne (n = 110)		Wspomnienia negatywne (n = 115)		Grupa kontrolna (n = 115)	
M	SD	M	SD	M	SD
2,80	0,67	2,65	0,78	2,69	0,89

Analiza wariancji nie wykazała istotnego związku między rodzajem torowanych wspomnień a poziomem zgeneralizowanego zaufania. Wygląda więc na to, że zaufanie do ludzi jest niewrażliwe na sytuacyjnie przypominane świeże doświadczenia w osobistych kontaktach z ludźmi. Nie oznacza to jednak, że duża powtarzalność negatywnych doświadczeń nie ma wpływu na poziom zgeneralizowanego zaufania. Badania nad negatywnymi schematami świata społecznego wielokrotnie wskazywały na to, że rzeczywiste zagrożenia społeczne, konflikty, wojny wzbudzają w jednostkach i całych społecznościach głęboką i dość trwałą nieufność. Utrzymujące się poczucie zagrożenia, niepewności losu, zamykają jednostkę (lub grupę) na innych ludzi. Wszystko to, co tworzy „kulturę konfliktu", prowadzi nie tylko do nieufności i podejrzliwości, ale także do braku aktywności społecznej, obojętności na cudze cierpienia i krzywdy, a nawet do wrogości i jawnej agresji[20].

---

[19] T. Yamagishi, M. Yamagishi, (przyp. 13), s. 129–166.
[20] E. Staub, *The psychology of good and evil: Why children, adults and groups help and harm others*, Cambridge University Press, Cambridge 2003, s. 3–29; D. Bar-Tal, *Społeczno-psychologiczne podstawy nierozwiązywalnych konfliktów*, [w:] K. Skarżyńska, U. Jakubowska, J. Wasilewski, (przyp. 3), s. 83–90.

3. Tendencja do narzekania a poziom zaufania

Ostatnie badanie z tej serii (badanie nr 4) nastawione było na testowanie hipotezy o tym, że stała (długotrwała) tendencja do koncentrowania się na negatywnych aspektach życia społecznego, przejawiająca się w narzekaniu w codziennych rozmowach z ludźmi, sprzyja nieufności, czyli zgeneralizowanemu przekonaniu, że inni ludzie na ogół są egocentryczni, wykorzystują innych, przeszkadzają innym w osiąganiu ważnych celów, a więc nie należy im ufać. Druga hipoteza tego badania przewidywała, że im niższy poziom zaufania do ludzi oraz im większa skłonność jednostki do narzekania, tym mniejsza akceptacja aktualnego systemu ekonomiczno-politycznego (przejawiająca się w niższej ocenie sprawiedliwości, czyli moralnej delegitymizacji *status quo*).

Hipotezy te sprawdzano w badaniu, prowadzonym online, wykorzystując tę samą platformę internetową Qlabo.eu. Uczestnikami byli również studenci uczelni publicznych z całej Polski (n = 129, w tym 71 kobiet, 58 mężczyzn, w wieku od 19 do 24 lat, średnia wieku M = 21,6). Pomiar zmiennych: zgeneralizowane zaufanie do ludzi mierzono skalą autorstwa L. Yamagishi, M. Yamagishi, stosowaną także we wcześniej opisanych badaniach 2 i 3.

Tendencję do narzekania, rozumianą jako skłonność jednostki do widzenia świata raczej w negatywnych kategoriach, przejawiającą się w częstym poruszaniu negatywnych aspektów różnych sfer codziennego życia w Polsce, mierzono Kwestionariuszem Treści Rozmów Codziennych (KTRC) autorstwa B. Wojciszke i W. Baryły[21]. Składa się on z 29 pozycji (w tym 7 maskujących), dotyczących negatywnych tematów codziennych rozmów (np. narzekania na opiekę zdrowotną, na pogodę, na komunikację miejską, na urzędników). Uczestnicy badania wskazywali, jak często — w skali od 1 (nigdy) do 5 (bardzo często) — poruszają w rozmowach dany temat.

Ocena sprawiedliwości aktualnego systemu ekonomiczno-politycznego (czyli poziom jego moralnej legitymizacji) dokonywana była na Skali Sprawiedliwości Systemu autorstwa A. Kaya i J. Josta[22]. Jest to skala typu Likerta, składa się z 8 pozycji, do których respondenci wyrażają swój stosunek — od 1 (zdecydowanie nie zgadzam się) do 6 (zdecydowanie zgadzam się). Przykładowe pozycje skali: „System polityczny w Polsce działa tak, jak powinien", „Aktualna polityka służy zwykle dobrym celom". Skala jest dostatecznie rzetelna: α Cronbacha = 0,77. Wyższe wyniki w tej skali wskaźnikują silniejszą moralną akceptację aktualnego systemu, wyższą jego moralną legitymizację.

---

[21] B. Wojciszke, W. Baryła, *Kultura narzekania, czyli o psychicznych pułapkach ekspresji niezadowolenia*, [w:] *Jak Polacy przegrywają, jak Polacy wygrywają*, red. M. Drogosz, GWP, Gdańsk 2005, s. 41.

[22] A. Kay, J. Jost, *Complementary justice: Effects of „poor but happy" and "poor but honest" stereotype exemplars on system justification and implicit activation of the justice motive*, „Journal of Personality and Social Psychology" 2003, nr 5, s. 828.

Badanie 4, podobnie jak badanie 3, stanowi część projektu badań własnych autorki artykułu, realizowanego przy współpracy z Zofią Mockałło. Wyniki: analizy korelacyjne wykazały silny negatywny związek zaufania z tendencją do narzekania (r Pearsona = 0,61; p < 0,001) oraz umiarkowanie pozytywny — z moralnym usprawiedliwianiem systemu (r Pearsona = 0,42; p < 0,01). Tendencja do narzekania umiarkowanie silnie koreluje negatywnie z moralną legitymizacją systemu (r = 0,51; p < 0,01). Nasze hipotezy zostały więc potwierdzone.

W kolejnych analizach regresji wielokrotnej sprawdzano, jak obie te zmienne łącznie różnicują poziom moralnej aprobaty dla aktualnego porządku ekonomicznopolitycznego. Wyniki tych analiz przedstawia tabela 6.

Tabela 6. Zaufanie do ludzi i tendencja do narzekania jako predyktory poziomu moralnej akceptacji systemu — wyniki analizy regresji (R^2 = 0,23; F = 14,05**)

Predyktory	B	SE	β	t
Zaufanie do ludzi	0,18	0,07	0,23	2,56*
Tendencja do narzekania	−0,37	0,11	−0,26	−2,92**

*p < 0,01; **p < 0,001.

Okazuje się, że zaufanie do ludzi oraz stała tendencja do narzekania istotnie różnicują poziom moralnej akceptacji aktualnego porządku ekonomicznopolitycznego w Polsce. Tak więc, zgeneralizowane zaufanie może ulegać obniżeniu w warunkach stałej dostępności negatywnych aspektów codziennego życia — czyli tendencji do narzekania. Jednocześnie silniejsze zaufanie do ludzi sprzyja wyższej moralnej legitymizacji systemu, która jest silnie związana z większym zadowoleniem z życia i poczuciem indywidualnego szczęścia[23].

V. Zakończenie

Przedstawione wyżej wyniki czterech badań pokazują zakotwiczenie zgeneralizowanego zaufania do ludzi w osobistych wartościach, obrazie własnej osoby jako zdolnej do sprawowania kontroli nad społecznym otoczeniem oraz silne związki zaufania z innymi schematami świata społecznego. Można powiedzieć, że zaufanie chroni jednostkę przed przyjmowaniem negatywistycznych przekonań o świecie: o tym, że otoczenie społeczne jest pełne zagrożeń, że życie społeczne jest antagonistyczną grą o sumie zerowej oraz przed akceptacją społecznego darwinizmu i materializmu jako zasad postępowania. Jest dość stabilną charakterystyką jednostki, chwilowa dostępność negatywnych lub pozytywnych wspomnień związanych z kontaktami z innymi ludźmi nie różnicuje istotnie poziomu zgeneralizowanego zaufania. Ale stała dostępność poznawcza negatywnych aspektów rzeczywistości (przejawiająca się w chronicznej tendencji do narzekania) silnie wiąże się z brakiem zaufania.

---

[23] Por. K. Skarżyńska, *Psychologiczne czynniki rozwoju: zaufanie i szczęście*, [w]: *Węzeł polski. Bariery rozwoju z perspektywy ekonomicznej i psychologicznej*, red. P. Kozłowski, Wydawnictwo Key Text, Warszawa 2011, s. 41.

Wykazano także, że zaufanie sprzyja zadowoleniu z osobistego życia, a także wiąże się z silniejszą legitymizacją moralną aktualnego porządku ekonomicznego i politycznego. Na podstawie badań korelacyjnych nie możemy twierdzić, że to zaufanie jest przyczyną silniejszego moralnego uprawomocniania aktualnego systemu. Równie dobrze można przypuszczać, że to pewne obiektywne (ale i spostrzegane) cechy danego systemu budują zaufanie do ludzi bądź je niszczą. Jednak wiemy już, że zaufanie — jako cecha jednostek — ma istotne znaczenie nie tylko dla ich funkcjonowania w życiu osobistym, ale i dla jakości życia całych grup i społeczności. Dlatego warto poznawać rozmaite czynniki rozwijające i hamujące zaufanie. Studiowanie doświadczania codzienności przez różne grupy społeczne, zarówno tych, którym w życiu wiedzie się dobrze, jak i z rozmaitych powodów wykluczanych z udziału w dobrodziejstwach demokracji i wzrostu gospodarczego, tak jak robi to między innymi Romuald Derbis[24], uważam za cenny sposób docierania do przyczyn niskiego poziomu zasobów kapitału społecznego (zwłaszcza zgeneralizowanego zaufania do ludzi) w naszym społeczeństwie.

Krystyna Skarżyńska

Trust in people, individual values, perceptual schemata of the social world, and life satisfaction

Trust in other people is one of the key notions in modern psychology and sociology. It is used as an explanatory variable for a variety of attitudes and behaviors of individuals, social groups and entire societies. The main idea of this paper is the stability of personal levels of trust resulting from associations between a person's level of trust, individual values, sense of internal control and perceptual schemata of the social world. The results of four studies (two individual interviews conducted on nation-wide samples of adult Poles and two quasi-experimental studies on samples of university students) demonstrate that the level of individual trust in people is positively related to acceptance of such individual values as family, friends and free time, as well as to individual internal control and life satisfaction. The higher the level of generalized trust in people, the stronger life satisfaction is. The results of two quasi-experimental studies show that the individual level of generalized trust is a stable feature of individuals rather than the effect of situations and experimental manipulation of cognitive accessibility of negative or positive interpersonal experiences.

---

[24] R. Derbis, *Doświadczanie codzienności*, Wydawnictwo WSP, Częstochowa 2002; R. Derbis, *Szczęście w życiu biednych i bogatych*, [w:] *Jakość życia. Od wykluczonych do elity*, red. R. Derbis, Wydawnictwo AJD, Częstochowa 2008, s. 109–122.

Adam Olech

O sensowności logicznej i sensie życia

Życie to jakby zadanie, które
człowiek otrzymuje do rozwiązania
— sens życia zaś to rozwiązanie,
które trzeba znaleźć.

Tadeusz Czeżowski[1]

I. Słowo wstępne

Niniejszy artykuł, mówiący o analogii pomiędzy pewnym aspektem sensowności logicznej a sensem życia, jest inspirowany uwagami Tadeusza Czeżowskiego zawartymi w jego trzech krótkich rozprawkach dotyczących sensu życia[2], aczkolwiek ten artykuł w znacznej mierze uwagi tam zawarte rozbudowuje i przekracza. Wspólną ideą dla rozprawek Tadeusza Czeżowskiego oraz dla niniejszego artykułu jest jedynie myśl ukazująca podobieństwo pomiędzy sensownością syntaktyczną wyrażeń a sensownością ludzkiego życia.

Pojęcie sensowności życia pozostaje w pewnej relacji do pojęcia jakości życia, choć relacja ta nie jest bliżej określona, a zatem traktując w niniejszym artykule o sensie życia odnoszę się, acz w sposób bliżej nieokreślony, do jakości życia. Powodem nieokreśloności tej relacji jest brak zadowalającej definicji jakości życia, co mówiąc mam na myśli definicję o postaci normalnej, czyli definicję równościową. Jest wiele definicji cząstkowych pojęcia „jakości życia" i takie cząstkowe definicje, wyraźnie lub niewyraźnie używane, występują w psychologicznych i socjologicznych pracach dotyczących jakości życia. Ów brak definicji normalnej nie jest jednak przeszkodą, by jakość życia badać — istnieje bowiem wiele dyscyplin naukowych, których przedmiot badań nie jest w pełni określony, a mimo to dyscypliny te rozwijają się. Brak definicji normalnej nie stwarza zatem problemów teoretycznych, lecz metateoretyczne, czego przykładem jest problem związany z ustaleniem relacji pomiędzy pojęciem sensu życia a pojęciem jakości życia.

---

[1] T. Czeżowski, *Jak rozumieć „sens życia"*, [w:] *Pisma z etyki i teorii wartości*, red. P.J. Smoczyński, Zakład Narodowy im. Ossolińskich, PWN, Wrocław 1989, s. 175.

[2] Tymi rozprawkami są: 1) *Jak rozumieć „sens życia"*; 2) *Sens i wartość życia (1)*; 3) *Sens i wartość życia (2)*. Rozprawki są zamieszczone w takiej właśnie kolejności w: (przyp. 1), s. 171–185.

II. O sensowności logicznej

1. Wprowadzenie

Wyrażenie „sens" ma wiele znaczeń. Podzielmy je na dwie grupy — na grupę znaczeń logicznych i na grupę znaczeń pozalogicznych i zajmijmy się najpierw pierwszą z nich. Przyjmijmy następnie szerokie rozumienie terminu „logika", w którym termin ten oznacza logikę formalną, semiotykę logiczną i metodologię nauk. Dodajmy także, iż mówiąc o zdaniu, będziemy mieć na myśli zdanie w sensie logicznym, w tym zdanie wewnętrznie sprzeczne, albowiem wewnętrzna niesprzeczność nie należy do syntaktycznej charakterystyki zdań w sensie logicznym[3].

2. Zdanie niedorzeczne

Zdanie wewnętrznie sprzeczne, czyli zdanie niedorzeczne — zwane z łaciny absurdalnym — to takie, które podpada pod schemat o postaci p i $non\text{-}p$ lub które jest do tego schematu sprowadzalne. Pojęcie tak rozumianego zdania nie jest tożsame z pojęciem zdania niesensownego syntaktycznie, czyli zdania syntaktycznie niespójnego. Zdanie niespójne syntaktycznie nie jest zdaniem, lecz pseudo-zdaniem, bo nie spełnia syntaktycznego kryterium bycia zdaniem — zostało zbudowane niezgodnie z regułami składni[4]. Powinno się zatem, w języku pisanym, brać to wyrażenie w znak cudzysłowu o odpowiednim kształcie, wskazującym na jego niedosłowne znaczenie[5]. Tymczasem zdanie wewnętrznie sprzeczne takie syntaktyczne kryterium spełnia — jest zatem zdaniem w dosłownym tego słowa znaczeniu[6].

---

[3] Zdanie w sensie logicznym — to tyle co, zdanie oznajmujące i jednoznaczne zarazem, czyli takie, które w sposób jednoznaczny stwierdza, że tak a tak jest lub że tak a tak nie jest. Odnośnie do semiotycznych charakterystyk zdania w sensie logicznym — zob. przyp. 5.

[4] Przykładem zdania spójnego syntaktycznie jest zdanie „Częstochowa jest miastem częstych pielgrzymek"; zdania niespójnego syntaktycznie jest zdanie „Częstochowa jest miastem częstych"; zdania wewnętrznie sprzecznego jest zdanie „Częstochowa jest miastem częstych i nieczęstych pielgrzymek", które jest równoważne zdaniu koniukcyjnemu „Częstochowa jest miastem częstych pielgrzymek i Częstochowa jest miastem nieczęstych pielgrzymek", a to ostatnie zdanie proste jest równoważne zdaniu „Częstochowa nie jest miastem częstych pielgrzymek". Problem spójności syntaktycznej wyrażeń został *de facto* postawiony jako problem składni logicznej przez K. Ajdukiewicza w jego rozprawie *Die syntaktische Konnexität*, „Studia Philosophica" I, 1935; w przekładzie na język polski: *O spójności syntaktycznej*, [w:] tegoż, *Język i poznanie*, t. I, PWN, Warszawa 1960, s. 221–242.

[5] W niniejszym tekście znak cudzysłowu, wskazujący na użycie danego wyrażenia w niedosłownym znaczeniu, będzie mieć kształt: «».

[6] Zdanie można definiować syntaktycznie, semantycznie lub pragmatycznie. Definicja syntaktyczna określa zdanie czysto-morfologicznie: jako wyrażenie odpowiednio zbudowane, czyli zgodnie z regułami składni języka, do którego to wyrażenie, jako aspirujące do miana „bycia zdaniem" ma należeć. Definicja semantyczna z kolei, określa zdanie jako wyrażenie będące nośnikiem wartości logicznej — prawdy lub fałszu. A definicja pragmatyczna określa zdanie jako wyrażenie wyrażające sąd w sensie psychologicznym, tj. sąd asertywny zwany sądem wydanym, lub nieasertywny, zwany sądem przedstawionym lub supozycją. Każda z tych definicji określa zdanie z punktu widzenia

Oprócz kryterium syntaktycznego, istnieje również kryterium pragmatyczne różnicujące zdania wewnętrznie sprzeczne i «zdania» niespójne syntaktycznie. Otóż zdanie niedorzeczne, o którym ma się stwierdzić jego wewnętrzną sprzeczność, musi być najpierw zrozumiałe. O zdaniu, które nie byłoby przez nas zrozumiałe, nie bylibyśmy w stanie orzec, że jest wewnętrznie kontradyktoryczne. Nie jest natomiast zrozumiałe «zdanie», które jest syntaktycznie niespójne. Takie «zdanie» nie jest ani *de facto*, ani *de iure* zdaniem. Jego korelatem w świadomości nie jest żaden sąd — ani sąd asertywny, zwany sądem wydanym lub przekonaniem, ani sąd nieasertywny, zwany sądem przedstawionym lub supozycją[7]. Tymczasem korelatem zdania wewnętrznie sprzecznego jest sąd, który jest aktem rozumienia tego zdania.

3. Formalne i materialne warunki uznawania zdania

Syntaktyczna spójność jest warunkiem koniecznym i wystarczającym dla bycia zdaniem, jeżeli tę własność pojmujemy syntaktycznie, tj. czysto-formalnie. Warunek spójności jest także warunkiem koniecznym i wystarczającym dla bycia zrozumiałym zdaniem. Nie jest nim warunek dorzeczności — ten bowiem nie jest w tym wypadku ani warunkiem wystarczającym, ani warunkiem koniecznym[8]. Dorzeczność zdania jest natomiast — wraz z rozumieniem zdania — warunkiem koniecznym dla uznania zdania przez sensownie, tj. racjonalnie zachowujący się podmiot. Choć ani dorzeczność ani rozumienie, brane oddzielnie lub łącznie, nie jest dla uznania zdania warunkiem wystarczającym. Aby uznać zdanie i aby akt uznania był zarazem aktem sensownym, tj. racjonalnym, trzeba, aby zdanie było uzasadnione[9].

---

pewnego języka, albowiem pojęcie „zdania" nie jest pojęciem absolutnym, lecz względnym. Twierdzę ponadto, że jeśli jakieś wyrażenie nie jest zdaniem z syntaktycznego punktu widzenia, to nie jest ono zdaniem z punktu widzenia semantycznego, i odwrotnie, a także nie jest zdaniem z pragmatycznego punktu widzenia, i odwrotnie.

[7] Nie wchodząc w bogatą dyskusję dotyczącą sądów, na potrzeby niniejszego eseju powiem jedynie tyle, że sądem jest myśl wyrażalna w zdaniu w sensie logicznym. Owa myśl może być przekonaniem (przeświadczeniem), że jest tak a tak albo że tak a tak nie jest (wtedy jest ona sądem wydanym, inaczej: asertywnym) lub pozbawioną momentu przekonania myślą o tym, że tak jest albo nie jest, czyli supozycją. Moment przekonania (asercji), jeśli jest obecny w sądach, może mieć różny stopień nasilenia: od maksymalnego — wtedy mamy do czynienia z sądem asertywnym (wydanym), do minimalnego — wtedy mamy do czynienia z najsłabszym przypuszczeniem.

[8] Gdyby dorzeczność była warunkiem wystarczającym dla zrozumienia zdania, wówczas na mocy prawa transpozycji byłoby to równoważne temu, iż jeśli zdanie byłoby niezrozumiałe, to byłoby niedorzeczne; a tak nie jest, albowiem powodem nierozumienia zdania może być nieznajomość użytych w nim wyrażeń. Dorzeczność nie jest również warunkiem koniecznym dla zrozumienia zdania, bo gdyby tak było, wówczas również na mocy prawa transpozycji byłoby to równoważne temu, iż jeśli rozumiemy dane zdanie, to zdanie to jest dorzeczne; a tak również nie jest, albowiem rozumiemy zdania niedorzeczne, np. zdanie „istnieje góra wyższa od najwyższej", a fakt ich rozumienia pozwala nam orzekać, iż są właśnie niedorzeczne.

[9] O postawie epistemologicznej mawia się, że jest racjonalna, jeśli przedmiotem asercji czyni sądy językowo werbalizowalne oraz intersubiektywnie sprawdzalne, a także jeśli stopień asercji sądów jest wprost proporcjonalny do stopnia ich uzasadnienia. Równoważna epistemologicznej jest postawa

Owszem, uznajemy zdania nieuzasadnione lub zdania, których legitymizujących je racji nie jesteśmy w stanie podać, lecz takie pragmatyczne akty na miano sensownych, tj. racjonalnych, nie zasługują. Mógłby zatem ktoś powiedzieć, że chcąc zachowywać się racjonalnie nie można, w sensie: nie powinno się, uznawać zdania, które jest wewnętrznie sprzeczne, albowiem zdanie to jest z definicji fałszywe, a zatem nie jest uzasadnialne. Takie stawianie sprawy budzi wątpliwości. Wydaje się bowiem, iż trafne jest stwierdzenie mówiące, że zdania wewnętrznie sprzecznego nie można uznać w sensie faktycznym, a nie jedynie w sensie aksjologicznym, ściśle: deontycznym. Bo aby uznać zdanie wewnętrznie sprzeczne, trzeba w tym samym czasie wydać dwa, nawzajem sprzeczne sądy, czyli dwa sprzeczne przekonania, co — z empirycznego punktu widzenia — wydaje się być niemożliwe w przypadku normalnie sądzącego umysłu. Ten natomiast, kto twierdzi, iż takie zdanie nie powinno być uznawane, zakłada tym samym, że z faktycznego punktu widzenia jest ono uznawalne, acz — jako wewnętrznie sprzeczne — uznawalne być nie powinno, albowiem jego uznawanie gwałci normy racjonalności.

4. Rozumienie zdania a uznawanie

Mówiąc, że nie można zrozumieć «zdania», które jest nonsensem składniowym, stwierdzamy faktyczną niemożność zrozumienia takiego wyrażenia. Pojmujemy zatem wyrażenie „nie może" na sposób aletyczny[10]. Tak samo pojmujemy je, kiedy mówimy, że nie można uznać zdania, którego się nie rozumie — również i tym razem mamy na myśli niemożność faktyczną, *ergo*: aletyczną. Jest tak dlatego, że zdanie — podobnie jak każde inne wyrażenie — jest tworem składającym się z warstwy graficznej (brzmieniowej) oraz z warstwy znaczeniowej, czyli z warstwy poznawczego sensu[11]. I aby zrozumieć dane zdanie, trzeba, by ów sens stał się treścią

---

pragmatyczna — w jej przypadku zamiast o sądach językowo werbalizowalnych mówi się o zdaniach spełniających niezbędne warunki ich rozumienia, zamiast o sądach sprawdzalnych — o sprawdzalnych zdaniach, a zamiast o stopniu asercji sądów — o stopniu, w jakim uznaje się zdania.

[10] Niemożność (*resp.* możliwość) aletyczną pojmuję jako równoważną niemożności (*resp.* możliwości) ontycznej przy klasycznym rozumieniu prawdziwości, a takie rozumienie prawdziwości zakładam. (Nie)możliwość aletyczna dotyczy prawdziwości, (nie)możliwość ontyczna — rzeczywistości. Klasyczne rozumienie prawdziwości zdania jest oparte na korespondencji (relacyjności, odpowiedniości, zgodności) zdania i rzeczywistości.

[11] Gdyby ograniczyć się do tych dwóch warstw, wówczas mielibyśmy do czynienia z obiektywistyczną koncepcją wyrażeń. W przypadku koncepcji subiektywistycznej, acz antypsychologistycznej, np. koncepcji Husserlowskiej z okresu *Badań logicznych* oraz z okresu *Idei* (a ta koncepcja znalazła szeroki oddźwięk w polskiej filozofii analitycznej oraz w polskiej fenomenologii), należałoby mówić o jeszcze jednej warstwie — o warstwie świadomościowej, na którą składają się akty nadawania sensu (akty intencji znaczeniowej), będące aktami rozumienia wyrażeń. I ostatecznie to właśnie ta warstwa jest — zgodnie z koncepcją Husserla — odpowiedzialna za konstytuowanie się wyrażenia jako wyrażenia właśnie. Pozostawiając na boku kwestię filozofii języka, pragnę jedynie dodać, że rozważania zawarte w tym paragrafie zachowują swój walor w wypadku trójwarstwowej (Husserlowskiej) koncepcji wyrażeń.

aktu rozumienia tego zdania. A zatem ten, kto mówi, że uznaje dane zdanie Z, mimo że go nie rozumie, to:

— albo uznaje warstwę graficzną (brzmieniową) tego zdania, z którą nie wiąże żadnego sensu, a wtedy *de facto* nie uznaje zdania Z, wszak zdanie składa się z jego warstwy graficznej i z przypisanego tej warstwie sensu, albo

— wiąże z warstwą graficzną (brzmieniową) zdania Z jakiś inny sens, a wtedy *de facto* nie uznaje zdania Z, lecz jakieś zdanie inne, mimo że to inne zdanie posiada tę samą warstwę graficzną (brzmieniową), co zdanie poprzednie.

5. Dwa sposoby rozumienia słówka „może"

Wyrażenie modalne „może" można pojmować na sposób aletyczny i na sposób deontyczny, o czym była już mowa. Sposób aletyczny wiąże to wyrażenie z faktycznością, sposób deontyczny — z powinnością. Wskazane uprzednio przypadki, w których stwierdza się, że podmiot nie jest w stanie zrozumieć wyrażenia, które jest nonsensem składniowym, oraz że nie jest w stanie uznać zdania wewnętrznie sprzecznego, są odpowiedzią na pytanie *quid facti*, czyli na pytanie: czy może się zdarzyć, że podmiot rozumie nonsens składniowy oraz czy może się zdarzyć, że podmiot uznaje zdanie wewnętrznie sprzeczne? Natomiast wskazane przypadki drugiego rodzaju, w których stwierdza się, że sensownie, tj. racjonalnie zachowujący się podmiot nie powinien uznawać zdania wewnętrznie sprzecznego lub nieuzasadnionego, są odpowiedzią na pytanie *quid iuris*, które brzmi: czy mamy prawo uznać dane zdanie?

Przypadki związane z pytaniem *quid iuris* mają charakter normatywny i wartościujący, albowiem na sposób deontyczny jest pojmowane słówko „może" uwikłane w kontekst tych przypadków. Dla jasności sprawy należałoby dodać, że słówko to może być pojmowane w kontekście tych przypadków niedeontycznie, czyli na sposób aletyczny. Można byłoby wówczas kierować pod adresem uznawania zdań niezrozumiałych, wewnętrznie sprzecznych oraz nieuzasadnionych pytania *quid facti*: czy może się zdarzyć, że ktoś uznaje zdanie, którego nie rozumie lub które jest wewnętrznie sprzeczne lub które jest nieuzasadnione? A skoro byłyby to pytania *quid facti*, chodziłoby w nich o to, czy takie fakty są ontycznie możliwe, a nie o to, czy są dozwolone, czyli możliwe deontycznie. I na te pytania staraliśmy się wyżej odpowiedzieć.

6. Pozalingwistyczny analogon sensowności syntaktycznej

Stwierdziliśmy, że sensowność syntaktyczna, zwana syntaktyczną spójnością, jest warunkiem koniecznym i wystarczającym dla bycia zdaniem, jeżeli zdanie pojmujemy syntaktycznie. Warunek tak pojmowanej logicznej sensowności zdania jest zarazem warunkiem koniecznym i wystarczającym dla bycia zdaniem zrozumiałym. Stwierdziliśmy również, że nie można zrozumieć «zdania», które jest nonsensem składniowym, i że jest to faktyczna niemożność rozumienia takich wyrażeń przez sensownie, tj. racjonalnie zachowujący się podmiot. A skoro nie jest on w stanie takiego «zdania» zrozumieć, to nie jest on również w stanie uznać je za prawdziwe, albowiem uznanie zdania za prawdziwe jest tożsame z wydaniem sądu wyrażalnego tym zdaniem, czyli z żywieniem przekonania, które jest w tym zdaniu wyrażalne.

Sensowność syntaktyczna ma swój — szczególnie nas interesujący — pozalingwistyczny analogon, którym jest sens życia. Podobnie jak o zdaniu, tworzącym syntaktycznie sensowną całość, mówimy, że jest sensowne, bo jest rozumnie zbudowane, tak również o życiu układającym się w sensowną, czyli spójną całość, powiemy to samo.

III. O sensie życia

1. Formalne warunki sensowności życia

Ludzkie życie jest sumą działań zmierzających do różnych celów, a te układają się w ten sposób, że zakładane cele bliższe są środkami do osiągnięcia celów dalszych. Te spośród celów dalszych, które już nie służą innym celom, bo w nich dopełniają się nasze działania, nazywamy „celami ostatecznymi" lub „celami dla siebie". Zdarza się, że nasze działania służą tylko jednemu takiemu celowi, lecz zdarza się również i tak, że nasze działania służą równoległym celom ostatecznym. Jeśli te działania są powiązane jednoczącą je myślą nakierowaną na cel ostateczny, to wtedy życie służące jednemu ostatecznemu celowi jest sensowne, bo nie jest życiem z dnia na dzień, życiem motywowanym przypadkowymi okolicznościami. Lecz również życie służące kilku takim celom jest sensowne. Mawia się, że takie życie jest sensowne wtedy, kiedy te cele tak się układają, że się nawzajem nie znoszą, czyli nie są nawzajem sprzeczne[12]. O życiu służącym sprzecznym celom można orzec — przez analogię do zdań wewnętrznie kontradyktorycznych — że jest życiem absurdalnym. Pytania, które mimo to warto postawić, brzmią: Czy aby na pewno warunek nieabsurdalności życia jest definicyjnym warunkiem jego sensowności? A może jest taki typ życia absurdalnego, który mimo absurdalności zasługuje jednak na uznanie, a skoro by zasługiwał, to musiałby być sensowny, albowiem sensowność życia jest warunkiem koniecznym jego uznawalności?

Syntaktyczna spójność wyrażeń jest ich własnością morfologiczną, czyli formalną. I podobnie jak syntaktyczna spójność jest warunkiem koniecznym i wystarczającym dla bycia zdaniem, tak spójność naszych działań w obrębie jednego celu jest warunkiem koniecznym i wystarczającym dla formalnie pojętej sensowności naszego życia. A skoro warunek syntaktycznej spójności jest konieczny i wystarczający dla bycia zdaniem zrozumiałym, to — analogicznie — warunek spójności naszych działań jest konieczny i wystarczający do tego, aby i o życiu móc orzec, iż jest zrozumiałe.

Twierdzę, że formalne warunki bycia życiem sensownym, życiem, w którym możemy się rozeznać, czyli je zrozumieć, spełnia również życie określane jako

---

12 Zob. T. Czeżowski, (przyp. 1), s. 171.

absurdalne — życie służące nawzajem sprzecznym celom ostatecznym. Wszak aby móc stwierdzić jego absurdalność trzeba — podobnie jak w przypadku zdania wewnętrznie sprzecznego — życie to zrozumieć, czyli mieć świadomość jego absurdalności. Szczególnym typem życia absurdalnego jest życie tragiczne, czyli takie, w którym realizacja jednego dobra, jednego celu ostatecznego, odbywa się kosztem unicestwienia na pewnym etapie realizacji innego, równie wysokiego dobra, równie wysokiego celu ostatecznego. O życiu tragicznym można orzec, że jest absurdalne, acz jest to absurdalność wzniosła, patetyczna, bo uwikłały się weń dobra wysokiego rzędu. I tylko takie życie absurdalne jest tragiczne.

Formalne warunki bycia zdaniem, czyli — co jest równoważne — bycia zdaniem zrozumiałym, nie przesądzają, że zdanie, choć sensowne, jest zdaniem materialnie ważnym, to znaczy zdaniem prawdziwym. Podobnie rzecz ma się z życiem — również i w tym wypadku formalne warunki sensowności życia, mimo że sprawiają, iż życie jest zrozumiałe, nie przesądzają, że życie, choć sensowne, jest ważne materialnie, czyli dobre, co dla wielu znaczy: egzystencjalnie prawdziwe. Rozważmy tę kwestię wprowadzając najpierw pewne pojęcia, które nie pojawiły się w naszych dotychczasowych rozważaniach.

2. Racjonalność aktu uznawania zdania

Stwierdziliśmy wyżej, że aby akt uznania zdania był aktem sensownym pragmatycznie, tj. racjonalnym, trzeba, aby podmiot uznający zdanie był świadom legitymizujących to zdanie racji, czyli aby akt uznania zdania był aktem zasadnym. A to znaczy, że w przypadku, gdy uznane zdanie jest prawdziwe, wówczas sensowny akt uznania zdania jest tożsamy z aktem wiedzy o tym, że jest tak, jak to zdanie głosi. Ta konstatacja wymaga objaśnienia. Oto ono:

Zwykłe uznanie danego zdania za prawdziwe nie jest tożsame z wiedzą o tym, że to zdanie jest prawdziwe. Lecz sensowne, czyli racjonalne uznanie danego zdania za prawdziwe można — przy założeniu, że to zdanie jest faktycznie prawdziwe — potraktować jako tożsame z taką wiedzą. Jest tak, albowiem zgodnie z klasycznym rozumieniem wiedzy powiemy o osobie O, iż wie, że Z (gdzie Z jest zdaniem w sensie logicznym) zawsze i tylko wtedy, gdy są spełnione następujące warunki:

(a) osoba O jest przekonana, że Z,

(b) zdanie Z jest prawdziwe,

(c) osoba O dysponuje uzasadnieniem swego przekonania, że Z[13].

Gdyby warunek (c) pociągał warunek (b), wówczas racjonalne uznanie zdania Z byłoby tożsame z wiedzą, że Z. Byłoby tak, gdyby wystarczające warunki uznania zdania za prawdziwe były niezawodnymi w tym względzie kryteriami. A że takimi nie są, zatem myśl — będąca tego świadomą i leżąca u podstaw racjonalnych

---

[13] Znaczy to, że osoba O dysponuje kryterium K, w oparciu o które uznaje zdanie Z. Kryterium to jest warunkiem wystarczającym dla Z, to znaczy: jeżeli K, to Z.

przekonań — głosi jedynie tyle, że jest rzeczą rozsądną żywić takie przekonania, które są zasadne, bo jeśli są zasadne, to można domniemywać, że są prawdziwe.

3. Racjonalność aktu uznawania życia

Podobnie jak w przypadku zdania, również i w przypadku życia powiemy, że same tylko formalne warunki sensowności życia nie wystarczają, aby akt uznania życia, czyli akt jego afirmacji, był słuszny. Słusznie uznajemy takie zdanie, w stosunku do którego mamy wystarczające podstawy, aby sądzić, że jest prawdziwe — że jest nośnikiem pozytywnej wartości logicznej. Słusznie afirmujemy takie życie, w stosunku do którego mamy wystarczające podstawy, aby sądzić, że jest dobre, czyli że jest nośnikiem pozytywnej wartości moralnej — że ostateczny cel, ku któremu to życie zmierza, jest najlepszy z możliwych, jaki żyjący w danych mu warunkach jest w stanie osiągnąć.

Również o życiu tragicznym powiemy, że spełnia formalne i materialne warunki życia sensownego — że jest ważne formalnie i materialnie. A jest takie, bo spójne są działania w obrębie każdego z celów oraz jest godne afirmacji, bo każdy z celów jest dobrem — co więcej, uwikłane w konflikt cele są dobrami równego rzędu.

4. Wieczność i odwieczność prawdziwego zdania oraz dobrego życia

Nie jest możliwe stwarzanie prawdy, czyli nie jest możliwe sprawić, aby jakieś zdanie, które dotąd nie miało cechy prawdziwości, nagle tę cechę zaczęło posiadać. Prawda jest wieczna i odwieczna, to znaczy, że jeśli jakieś zdanie jest prawdziwe w jakimś momencie czasowym, to jest ono prawdziwe w dowolnym momencie czasowym — zarówno w przeszłości, jak i w przyszłości.

Co dokładnie znaczy pierwsza część tego stwierdzenia, a mianowicie, że prawda jest wieczna? Nie znaczy to bynajmniej, że istnieje zdanie prawdziwe, które nigdy nie przestanie istnieć, wszak ostateczną granicą trwania każdego zdania jest kres trwania tych, którzy to zdanie wypowiadają. Stwierdzając wieczność prawdy mamy na myśli to, że nigdy nie nastąpi taka chwila, w której by nie było prawdziwe to zdanie, gdyby je ktoś wypowiedział. S. Leśniewski, którego argumentację na rzecz wieczności prawdy podzielam, tak o tym pisze:

> Mówi się nieraz […], że jakiś sąd jest prawdziwy nawet w takiej chwili, kiedy nikt tego sądu nie wypowiada; tak np. twierdzi się, że sąd „Cezar przeszedł Rubikon" będzie prawdziwy i wtedy, gdy wszyscy ludzie umrą, gdy więc już nikt sądu tego nie będzie mógł wypowiadać. W tym nieścisłym sensie — twierdzenie, że sąd „Cezar przeszedł Rubikon" jest sądem prawdziwym nawet wtedy, gdy go nikt nie wypowiada, może znaczyć tyle, co twierdzenie, że sąd ten byłby prawdziwym, gdyby go ktoś w tym czasie wypowiedział; analogicznie do tego sposobu wyrażania się można interpretować twierdzenie, że pewna prawda jest wieczna: twierdzenie to może znaczyć wówczas tyle, co twierdzenie, że nigdy nie nastąpi taka chwila, w której by nie był prawdziwym dany sąd, gdyby go ktoś wypowiedział; jeśli się tedy mówi, że sąd „Cezar przeszedł Rubikon" jest prawdą wieczną, to może to znaczyć, że sąd ten

będzie zawsze prawdziwym, jeżeli go ktoś wypowie, że więc nigdy nie nastąpi taka chwila, w której by sąd ten, o ile będzie przez kogoś wypowiedziany, nie był prawdziwym[14].

Tak sformułowaną tezę, głoszącą wieczność prawdy, wspiera następnie Leśniewski argumentacją, którą z uwagi na jej obszerność nie sposób przytoczyć, a z uwagi na jej ścisłość nie sposób streścić.

Podobnie ma się rzecz z argumentacją w obronie tezy głoszącej odwieczność prawdy, która mówi, że „nigdy nie było takiej chwili, w której by nie był prawdziwym, gdyby go ktoś wypowiedział, jakiś sąd, który jest prawdziwy obecnie"[15]. Również i ta argumentacja — mimo że jak poprzednia została podana w postaci niesformalizowanej — ma znamiona charakterystycznej dla tego logika ścisłości, co sprawia, że również jej nie da się streścić. Wypada zatem, za autorem niniejszych słów, uznać jej przekonywający charakter lub sięgnąć do źródła.

Konkretyzując tezę o odwieczności prawdy, Leśniewski pisze tak:

Jeżeli tedy jest obecnie prawdą sąd, „stwierdzający" przejście Rubikonu przez Cezara w 49 roku przed Chrystusem, to był on [...] prawdą, zanim jeszcze Cezar ten czyn postanowił, np. w roku 55 przed Chrystusem. Podobnież — jest już teraz prawdą nie tylko to, że umrę, ale i to, że umrę o tej a tej godzinie, i to..., że „ten a nie inny zawód obiorę, że z dwóch rozstajnych dróg wejdę na prawą, a nie na lewą [...]; to wszystko jest już dzisiaj prawdą i było przed wiekami" nawet w takim razie, jeżeli „te rzeczy przyszłe ... są w naszych rękach, w naszej władzy"...[...][16].

Podobnie jak wieczne i odwieczne jest zdanie prawdziwe, tak wieczne i odwieczne jest dobre życie, czyli takie, które jest sensowne formalnie i materialnie— które w tych obu aspektach jest ważne. Tezę o wieczności dobrego życia można zatem, przez analogię do wieczności zdania prawdziwego, sformułować następująco: nigdy nie będzie takiej chwili, w której by nie było dobre życie, które było takie kiedyś lub jest takie obecnie. A tezę o odwieczności dobrego życia można sformułować mówiąc, iż nigdy nie było takiej chwili, w której by nie było dobre, gdyby je ktoś przeżył, takie życie, które obecnie jest dobre[17].

Zdanie tu i teraz wypowiedziane lub napisane to zdanie-egzemplarz, a nie zdanie-typ. To drugie zdanie jest klasą abstrakcji równokształtnych zdań-egzemplarzy — jest zatem pewnym *universale*, czyli zdaniem, o którym możemy powiedzieć,

---

[14] S. Leśniewski, *Czy prawda jest tylko wieczna, czy też wieczna i odwieczna? Szkic popularno-polemiczny z zakresu teorii twórczości*, [w:] *Co istnieje?*, t. 2, red. J.J. Jadacki, T. Bigaj, A. Lissowska, Wydawnictwo PETiT, Warszawa 1996, s. 139–140.

[15] S. Leśniewski, (przyp. 14), s. 143.

[16] S. Leśniewski, (przyp. 14), s. 143–144.

[17] Mówiąc o wieczności i odwieczności dobrego, czyli sensownego życia, powinniśmy raczej odnosić ową sensowność nie do chwili, lecz do ciągu chwil, czyli do jakiegoś przedziału czasowego. Ten drugi sposób odnoszenia nie wprowadza jednak zasadniczych zmian w niniejszych wywodach, wszak również w przypadku prawdziwych zdań-egzemplarzy, zdań tu i teraz wypowiadanych, których wieczną i odwieczna prawdziwość stwierdza Leśniewski, mamy do czynienia z jakimś przedziałem czasowym, w którym te zdania są wypowiadane lub jako zapisane trwają.

że nigdy nie przestanie być[18]. Nie o nim jednak, czyli nie o zdaniu-typie mówi Le-śniewski, lecz o zdaniu-egzemplarzu, kiedy stwierdza, że ostateczną granicą trwania zdania jest kres trwania tych, którzy zdanie wypowiadają i zarazem o tak rozumianym zdaniu mówi, że jeśli jest prawdziwe, to jest prawdziwe wiecznie i odwiecznie.

Analogonem zdania-egemplarza jest życie każdego z nas. Kiedy mówimy o ży-ciu dobrym, czyli sensownym, mamy na myśli życie-egzemplarz — życie, które każdemu z nas się przydarzyło, a nie życie-typ, które podobnie jak zdanie-typ jest pewnym aczasowym *universale*.

Tym, co czyni jakieś zdanie prawdziwym, jest pewien stan rzeczy względem te-go zdania zewnętrzny. Ów zewnętrzny, czyli obiektywny stan rzeczy sprawia, że zdanie jest przedmiotowo ważne. Co więcej — ów obiektywny stan rzeczy sprawia, że o prawdziwym zdaniu możemy powiedzieć, że jest prawdziwe wiecznie i od-wiecznie. Podobnie rzecz się ma, gdy chodzi o życie. Tym, co czyni je dobrym — i w tym sensie prawdziwym — jest także pewien zewnętrzny stan rzeczy, zewnętrz-ny względem naszego życia; tym stanem jest świat wartości moralnych. To on spra-wia, że nasze życie jest dobre, czyli przedmiotowo ważne, kiedy go w naszym życiu realizujemy. Co więcej, to on — będąc obiektywną dziedziną odniesienia dla na-szych czynów — sprawia, że o naszym życiu możemy powiedzieć, że jeśli jest do-bre, to jest dobre wiecznie i odwiecznie.

Ktoś powie, że mówiąc w ten sposób o zewnętrznym względem nas świecie wartości moralnych, przystajemy na mocne założenie metafizyczne odnośnie do ontycznego statusu tego świata. I doda zapewne, że w tej sytuacji powinniśmy po-dać legitymizujące to założenie racje. Tak mówiącemu przytakniemy, lecz dodamy, że również ten, kto mówi o zewnętrznym względem zdania stanie rzeczy, który sprawia, że to zdanie jest prawdziwe, przystaje na analogiczne i równie mocne zało-żenie metafizyczne, wszak obiektywistyczne stanowisko w kwestii istnienia świata, który jest konglomeratem takich stanów rzeczy, nie jest bynajmniej oczywiste. A za-tem, każdy z nas — zarówno metafizyczny realista, *ergo*: obiektywista, mówiący o niezależnym od poznającego podmiotu istnieniu świata, jak i aksjologiczny obiek-tywista, *ergo*: realista, mówiący o obiektywnym istnieniu świata wartości — stoi przed podobnym zadaniem: pierwszy ma podać argumentację na rzecz obiektywne-go istnienia świata, drugi — argumentację na rzecz obiektywnego istnienia świata wartości[19]. Innymi słowy, założenie leżące u podstaw twierdzenia, które głosi,

---

[18]   Sposób istnienia zdania-typu i sposób istnienia zdania-egzemplarza to dwa różne sposoby istnienia związane z odmiennym statusem ontycznym tych dwóch rodzajów zdań. To pierwsze jest napisem lub brzmieniem słownym, *ergo*: jest obiektem fizycznym, czyli przedmiotem czasowym i prze-strzennym; to drugie — obiektem idealnym, czyli przedmiotem aczasowym i aprzestrzennym. S. Leśniewski, na którego w niniejszym tekście się powołuję, nie uznaje, będąc nominalistą, przed-miotów innych, aniżeli przedmioty fizyczne — a zatem, jedynie o takim sposobie istnienia można mówić na gruncie jego ontologii i tylko do tak rozumianego zdania-egzemplarza odnosi jego argu-mentacja na rzecz wieczności i odwieczności zdania prawdziwego.

[19]   Sprowadzając realizm metafizyczny do tezy głoszącej zewnętrzne względem podmiotu istnienie świata posługuję się pewnym uproszczeniem. Analogicznym uproszczeniem posługuję się wtedy,

że życie sensowne, czyli dobre, polega na urzeczywistnianiu obiektywnie istniejących wartości i że takie życie jest dobre wiecznie i odwiecznie, nie jest mocniejsze, aniżeli założenie leżące u podstaw twierdzenia, które głosi, że zdanie prawdziwe to takie zdanie, które jest zgodne z obiektywnym stanem rzeczy, o którym to zdanie mówi, i że takie zdanie jest prawdziwe wiecznie i odwiecznie.

Adam Olech

On logical meaningfulness and the sense of life

This essay discusses a possible analogy between the logical meaningfulness of expressions and the sense of life. And because the concept of "sense of life" is in a certain relation to the concept of "quality of life", this essay treats of a possible analogy between the denotata of these concepts, that is between the logical meaningfulness of expressions and the quality of life. The syntactic consistency of a sentence, i.e. its logical-syntactic meaningfulness, is the necessary as well as sufficient condition of being a sentence, and is at the same time the necessary condition for the acceptance of a sentence. This syntactic consistency is not, however, the sufficient condition of the reasonable acceptance of a sentence. In order for a sentence to be accepted as reasonable, it should also be true, and we should be aware of reasons which are the justification of that sentence. The consistency of the activities which serve the final goals of our lives is the necessary condition of the reasonable life. However, if the act of acceptance of life, that is the act of its affirmation, is to be reasonable, then the goals of our lives should be the best of the possible ones that are simply good.

---

kiedy sprowadzam obiektywizm (realizm) aksjologiczny do zewnętrznego względem podmiotu istnienia wartości moralnych, lecz na te oba uproszczenia przystanę, wszak nie miejsce tutaj na dokładne formułowanie obu tez. Dodam jedynie, iż mówiąc o transcendentności tych obu światów nie traktuję ich jako kreacje jakkolwiek rozumianego podmiotu — ani jako indywidualnego, ani jako zbiorowego, ani jako logicznego (transcendentalnego). Inne uproszczenie, które w niniejszym artykule dopuszczam, polega na nieproblematycznym uznaniu, że życie godne afirmacji to życie, w którym urzeczywistniają się wartości moralne — gdy tymczasem może być tak, że to urzeczywistnianie się nie jest bynajmniej dosłowne, lecz jest jakąś ich *quasi*-realizacją. Byłoby tak, gdyby wartości moralne okazały się być przedmiotami idealnymi, które jako idealne nie mogą dosłownie zaistnieć w tym, co jest czasowe, a takie z natury jest nasze życie — stąd, jeśli wartości tu i teraz się realizują, to ta realizacja byłaby *de facto* ich *quasi*-realizacją.

Tomasz Wirga

Skuteczność stosowania myślenia heurystycznego i intuicyjnego w sytuacji podejmowania decyzji o różnym stopniu trudności

I. Wprowadzenie teoretyczne

1. Myślenie intuicyjne

Prawie dwa i pół tysiąca lat temu Platon poświęcił jeden ze swoich dialogów „Teajtet"[1] próbie zrozumienia poznawczej natury człowieka. Według niego istnieją dwie drogi poznawania rzeczywistości: rozumowa i zmysłowa. Pierwsza z nich dotyczy zgłębiania natury „idei", druga zaś natury „rzeczy". Środkami prowadzącymi do poznania rzeczywistości są myśli, które zgodnie z dualistyczną koncepcją Platona są również dwojakiego rodzaju. Myśli dyskursywne prowadzą pośrednio, a myśli intuicyjne bezpośrednio, do poznania natury rzeczy. Arystoteles[2] myślenie intuicyjne stawia obok „sprawności technicznej", „wiedzy naukowej", „mądrości teoretycznej" i „rozsądku". Stanowi ono dyspozycję, dzięki której człowiek poznaje prawdę. Dla Plotyna[3] istnieją trzy poziomy poznawania rzeczywistości: spostrzeganie zmysłowe, myślenie dyskursywne i intuicja. Dopiero intuicja, będąca darem od Boga, poprzez etyczne oczyszczenie człowieka i wyzbycie się z więzów poznania, prowadzi do zjednoczenia z pradawnym dobrem — Jednią. Dla Kartezjusza[4] intuicja stanowi oczywisty akt rozumu, który nie zostawia miejsca na wątpliwości i jest sposobem poznawania prawd pierwotnych, z których to człowiek wyprowadza prawdy

---

[1] Platon, *Parmenides, Teajtet*, Antyk, Kęty 2002, s. 88–192.
[2] Arystoteles, *Etyka nikomachejska*, PWN, Warszawa 1982, *passim*.
[3] Zob. W. Tatarkiewicz, *Historia filozofii*, t. 1, PWN, Warszawa 2001, s. 186–193.
[4] Zob. W. Tatarkiewicz, *Historia filozofii*, t. 2, PWN, Warszawa 2001, s. 51–65.

dalsze. Inną rolę intuicji przypisywał I. Bergson[5]. Dla niego, przeciwnie niż dla Kartezjusza, nie stanowi ona części rozumu, ale jest wręcz przeciwieństwem intelektu. Zdaniem I. Bergsona postrzeganie intuicyjne jest możliwością bezpośredniego ujmowania rzeczy wraz z ich zmiennością, ale i cechami stałymi. Intuicja jest konsekwencją przystosowania człowieka do środowiska, w którym żyje i ma naturę biologiczną. Jest ona uświadomionym instynktem, który pozwala nam zrozumieć istotę rzeczy nas otaczających. O ile rozum poznaje rzeczy pośrednio, pobieżnie i schematycznie, to intuicja pozwala poznawać je bezpośrednio, dogłębnie oraz indywidualnie. O ile rozum tłumaczy rzeczywistość, o tyle intuicja pozwala ją poznawać w oryginale. I. Bergson[6] formułuje trzy tezy, które dotyczą różnic między rozumem a intuicją. Po pierwsze, poznanie intuicyjne jest różne od intelektualnego. Po drugie, poznanie intuicyjne jest doskonalsze od intelektualnego. Wreszcie po trzecie, poznanie intuicyjne jest jedynym prawdziwym poznaniem. W myśl tej tezy, jeżeli chcemy mieć wierny obraz rzeczywistości, to musimy się trzymać wyłącznie intuicji.

Dla K. Junga[7] intuicja jest przeciwieństwem percepcji wykorzystującym nieświadomość. Uważał on, że może ona przyjmować dwie formy: subiektywną (konsekwencja stanów faktycznych dotyczących postrzegania przedmiotu) oraz obiektywną (konsekwencja myśli i uczuć towarzyszących postrzeganiu przedmiotu).

Obecnie myślenie intuicyjne postrzegane jest trochę inaczej. Dla J. Brunera jest ono „uchwyceniem sensu, znaczenia lub struktury problemu bez wyraźnego zastosowania aparatury analitycznej danej dziedziny wiedzy. Ta właśnie metoda jest źródłem szybkich hipotez, rodzi interesujące zestawienie myślowe, których wartość sprawdza się dopiero później"[8]. H. Selye pisze, że intuicja jest „[...] nieświadomą inteligencją, która prowadzi do wiedzy bez rozumowania lub wnioskowania. Jest to natychmiastowe zrozumienie lub poznawanie bez rozsądnego przemyślenia"[9]. Dla W. Szewczuka intuicja to „[...] zarysowe, bardziej poczuciowe niż słowno-logiczne ujmowanie powiązań, zależności, skrótowe domyślanie się"[10]. Wydaje się, że źródłem myślenia intuicyjnego jest zdolność działania umysłu człowieka w warunkach deficytu informacji oraz niepełnego uświadamiania sobie przyczyn jego funkcjonowania[11]. Myślenie intuicyjne związane jest trzema rodzajami zjawisk[12]. Po pierwsze, wydawane sądy są trudne do uzasadnienia przez osoby, które je wydają. Po drugie, decyzje są dokonywane w oparciu o doświadczenie potoczne. Wreszcie po trzecie, ferowane wyroki mają charakter sądów alogicznych, sprzecznych ze zdrowym

---

5   Zob. W. Tatarkiewicz, *Historia filozofii*, t. 3, PWN, Warszawa 2001, s. 235–245.

6   I. Bergson, *Wojna*, Wiedza Powszechna, Warszawa 1985, s. 114.

7   K. Jung, *Typy psychologiczne,* Wrota KR, Warszawa 1921/1997, s. 238–478.

8   J. Bruner, *Poza dostarczone informacje. Szkice z psychologii poznawania*, PWN, Warszawa 1978, s. 137.

9   H. Selye, *Od marzenia do odkrycia naukowego*, PZWL, Warszawa 1967, s. 52.

10   W. Szewczuk, *Słownik psychologiczny*, Wiedza Powszechna, Warszawa 1979, s. 106.

11   Por. D. Myers, *Intuition: Its powers and perils*, Yale University Press, New Haven 2000, *passim*.

12   Por. E. Nęcka, J. Orzechowski, B. Szymura, *Psychologia poznawcza*, Wydawnictwo Naukowe PWN, Warszawa 2008, s. 548–588.

rozsądkiem. Myślenie intuicyjne pojawia się w sytuacjach, w których człowiek rozwiązujący problem rozumie, na czym on polega oraz ma pewną wiedzę potoczną na jego temat[13]. Nawet wiedza bardzo powierzchowna może skutkować pojawieniem się myślenia intuicyjnego[14], które może dotyczyć wielu dziedzin życia człowieka, np. finansów[15], mechaniki[16] czy funkcjonowania społecznego[17]. W badaniach nad myśleniem intuicyjnym wykorzystywano materiał o różnej strukturze, np. zadania przestrzenne[18] czy materiał werbalny i niewerbalny[19], jednak raczej unikano stosowania gradacji trudności zadań.

2. Myślenie heurystyczne

Pojęciem, które niektórzy badacze łączą z myśleniem intuicyjnym jest myślenie heurystyczne[20]. Nie jest jasne, jakie są to relacje i jaki związek między nimi istnieje. Wydaje się, że o ile myślenie intuicyjne wykorzystuje przeczucia człowieka, to w przypadku myślenia heurystycznego ma miejsce uproszczona, ale jednak świadoma analiza danych wejściowych płynących z doświadczenia[21]. Heurystyki są to reguły działania człowieka, które wykorzystują doświadczenie jednostki, ale nie uwzględniają głębokiej analizy wszystkich możliwych opcji przed podjęciem decyzji czy rozwiązaniem problemu[22]. Choć heurystyki są zawodnym sposobem wnioskowania, to ich wykorzystywanie jest ekonomiczne i praktyczne[23]. W przeciwieństwie do algorytmów, które są zawsze skuteczne oraz konstruowane w sposób uniwersalny, heurystyki mają ograniczony zakres stosowania, gdyż informacje służące do ich uruchomienia determinowane są przez samą treść zadania, ale również jego stopień trudności[24]. W publikacjach można znaleźć wiele opisanych heurystyk[25], np. symulacji,

[13] M. McCloskey, *Intuitive physics*, „Scientific American" 1983, nr 24, s. 122–130.

[14] R. Gelman, *Naive mathematic*, [w:] *The MIT encyclopedia of the cognitive science*, red. R.A. Wilson, F.C. Keil, The MIT Press, Cambridge 1999, s. 575–577.

[15] Por. T. Nunes, A.D. Schliemann, D.W. Carraher, *Street mathematics and school mathematics*, Cambridge University Press, Cambridge 1993, *passim*.

[16] M. McCloskey, *Naive theories of motion*, [w:] *Mental models*, red. D. Gentner, A.L. Stevens, Lawrence Erlbaum Associates, Hillsdale 1983, s. 294–324.

[17] L.A. Hirschfeld, L.A. *Naive sociology*, [w:] *The MIT encyclopedia of the cognitive sciences*, red. R.A. Wilson, F.C. Keil, The MIT Press, Cambridge 1999, s. 579–581.

[18] R. Rosser, K. Chandler, *The influence of object conceptions on the mechanical intuitions of children and adults*, „Cognitive development" 1995, nr 10, s. 599–620.

[19] K.S. Bowers, G. Springston, C. Balthazard, K. Parker, *Intuition in the context of discovery*, „Cognitive discovery" 1990, nr 22, s. 72–110.

[20] Por. E. Nęcka, *Psychologia twórczości*, GWP, Gdańsk 2001, *passim*.

[21] A. Słysz, *Typ umysłu a częstość stosowania reguł heurystycznych*, [w:] *Bliżej umysłu. Preferencje poznawcze, percepcja, myślenie*, red. A. Słysz, Ł. Kaczmarek, Wydawnictwo Naukowe UAM, Poznań 2007, s. 5–23.

[22] A. Colman, *Dictionary of Psychology*, Oxford 2001, s. 456.

[23] Por. R. Sternberg, *Psychologia poznawcza*, WSiP, Warszawa 2001, *passim*.

[24] Por. T. Maruszewski, *Psychologia poznawcza*, GWP, Warszawa 2002, *passim*.

[25] B. Wojciszke, *Człowiek wśród ludzi. Zarys psychologii społecznej*, Wydawnictwo Naukowe Scholar, Warszawa 2002, *passim*.

zakotwiczenia/dostosowania, dostępności czy reprezentatywności. Ich ogólna liczba jest trudna do określenia, gdyż przy ich tworzeniu mogą uczestniczyć np. emocje i w ten sposób powstają heurystyki emocjonalne[26]. Jak pisze Cz. Nosal, heurystyki opierają się na regułach ściśle powiązanych z dziedziną i naturą ale również trudnością problemu, dlatego ich ogólna liczba jest trudna do określenia[27]. Interesującym wydaje się pytanie, czy informacja zawarta w rozwiązywanym przez człowieka problemie może zapoczątkować myślenie heurystyczne? Klasyczne badania Milgrama[28] dotyczące uległości pokazały, że osoba postrzegana jako autorytet może w znacznym stopniu wpłynąć na zachowanie innych ludzi. J. Sabini i M. Silver[29] uważają, że wpływ ten jest możliwy w prawie wszystkich dziedzinach życia, od tych codziennych do najbardziej ekstremalnych, i to bez względu na to, jakie trudne zadania pojawiają się przed jednostką. Przy czym wystarczy symbol autorytetu, aby miała miejsce zmiana zachowania człowieka[30]. Możliwe więc, że sam komunikat wykorzystujący zjawisko autorytetu spowoduje pojawienie się specyficznego zachowania człowieka. W swojej książce „Błysk" M. Gladwell[31] daje wiele przykładów zachowań człowieka wynikających z „krojenia na cienkie plasterki", czyli podejmowania decyzji w konsekwencji analizowania skomplikowanej sytuacji na podstawie drobnych sygnałów, niekoniecznie mających związek z samą sytuacją, ale zależnym również od trudności zadania. L. Cheskin[32] pokazał, że etykieta czy wygląd opakowania decyduje o ocenie zawartości, zjawisko to nazwał przeniesieniem odczucia (*sensation transference*). W sytuacji deficytu informacji każda wskazówka jest przez człowieka świadomie czy mniej świadomie wykorzystywana do rozwiązania problemu, jaki przed nim stoi. Trudno jest określić, jaki rodzaj komunikatu ma związek z oceną sytuacji, jednak jak pisze M. Gladwell pojawienie się autorytetu uruchamia myślenie intuicyjne, które[33] „[...] obrazuje mroczną stronę natychmiastowego poznawania. Tego rodzaju pomyłka jest źródłem mnóstwa uprzedzeń i dyskryminacji". Myślenie intuicyjne czy też heurystyczne ma związek z pojawieniem się błędów przy podejmowaniu decyzji albo wydawaniu sądów. Nie można jednak powiedzieć, że prowadzi ono zawsze do błędnego przekonania.

---

[26] Por. A. Kolańczyk, A. Fila-Jankowska, M. Pawłowska-Fusiara, K. Sterczyński, *Serce w rozumie. Afektywne podstawy orientacji w otoczeniu*, GWP, Gdańsk 2004, *passim*.

[27] Cz. Nosal, *Różnice indywidualne w uleganiu inklinacjom poznawczym — wpływ wiedzy, inteligencji i typu umysłu*, [w:] *Społeczne, eksperymentalne i metodologiczne konteksty procesów poznawczych człowieka*, red. A. Biela, J. Brzeziński, T. Marek, Wydawnictwo Fundacji Humaniora, Poznań 1995, s. 249–267.

[28] Por. D. Kenrick, S. Neuberg, R. Cialdini, *Psychologia społeczna*, GWP, Gdańsk 2002, s. 285–295.

[29] Por. J. Sabini, M. Silver, *Moralities of everyday lives*, Oxford University Press, Nowy Jork, *passim*.

[30] B.J. Buchman, *Perceived symbols of authority and their influence on compliance*, „Journal of Applied Social Psychology" 1984, nr 14, s. 501–508.

[31] Por. M. Gladwell, *Błysk!*, Wydawnictwo Znak, Kraków 2007, *passim*.

[32] L. Cheskin, L.B. Ward, *Indirect approach to market reactions*, „Harvard Business Review" 1948, nr 26, s. 572–580.

[33] M. Gladwell, (przyp. 31), s. 82.

3. Problemy badawcze

Podsumowując powyższe rozważania z perspektywy problemów badawczych można postawić kilka pytań, na które warto poszukać odpowiedzi:
— Czy typ etykiety wywołującej zjawisko autorytetu lub jego braku będzie mieć związek z wydawanymi sądami bez względu na stopień trudności zadania?
— Czy interakcja typu prezentowanej etykiety i poziomu trudności zadań będzie mieć związek z wydawanymi sądami?
— Czy etykieta wywołująca zjawisko autorytetu lub jego braku będzie zwiększać pewność wydawanych sądów?
Przypuszczam, że:
H1: Prezentacja etykiety wykorzystującej zjawisko autorytetu lub jego braku będzie miała związek z wydawanymi sądami, bez względu na stopień trudności zadania.
H2: W sytuacji kontroli typu prezentowanej etykiety, poziom trudności zadań będzie różnicował wydawane sądy.
H3: Prezentacja etykiety wykorzystującej zjawisko autorytetu lub jego braku będzie zwiększać pewność wydawanych sądów przez osoby badane w porównaniu do grupy, w której nie prezentowano etykiet.

II. Część empiryczna

1. Metoda

Aby odpowiedzieć na postawione pytania i zweryfikować hipotezy badawcze przeprowadzone zostało badanie, którego celem była analiza związku między myśleniem intuicyjnymi a komunikatem wywołującym zjawisko autorytetu (myślenie heurystyczne), stopniem trudności rozwiązywanego problemu oraz pewności wydawanych sądów. W tym celu przeprowadzono sześć analiz statystycznych. Pierwsza uwzględniała podział ogólny — wówczas nie dzielono zadań pod względem stopnia trudności, uwzględniano jedynie typ komunikatu wywołującego zjawisko autorytetu. Analiza ta miała na celu sprawdzenie czy komunikat będzie wywoływał myślenie heurystyczne bez względu na stopień trudności zadań. W celu zbadania bardziej szczegółowych zależności, przeprowadzono trzy dalsze analizy. Uwzględniały one trzy poziomy trudności zdań (łatwe, średniotrudne i trudne). Piąta analiza była próbą określenia siły zależności między stopniem trudności zadania, typem etykiety, jak i pewnością wydawanych sądów przez osoby badane. Ostatnia, szósta analiza dotyczyła pomiaru siły związku pomiędzy zmiennymi: typ etykiety i pewność wydawanych sądów.

2. Badanie

Przebadano dobranych losowo 93 studentów (51 kobiet i 42 mężczyzn; średnia wieku $M = 22,6$ lat). O udział w badaniach poproszono co trzeciego studenta z grup zajęciowych różnych wydziałów, katedr i instytutów wyższych uczeni

znajdujących się na terenie Opola (Uniwersytetu Opolskiego, Politechniki Opol-
skiej, Wyższej Szkoły Zarządzania i Administracji). Osoby badane były przydzielane
losowo do sześciu grup badawczych, które różniły się typem etykiety ("naukowej"
lub "nienaukowej") i miały wywołać odpowiednio zjawisko autorytetu lub jego braku, jak i stopniem trudności rozwiązywanego problemu. W grupach kontrolnych
różniących się stopniem trudności rozwiązywanego problemu nie było komunikatu
wywołującego zjawisko autorytetu. Badanie było przeprowadzone indywidualnie.
Zgodnie z podziałem na grupy (eksperymentalne i kontrolne), osoby badane zostały poproszone o rozwiązanie zagadnienia polegającego na ocenie liczby stron książki. Następnie uczestników poproszono o ocenę na trójstopniowej skali jak pewni
są swoich intuicyjnych sądów. Po zakończeniu badania odpowiadano na pytania
osób badanych.

3. Zmienne i ich operacjonalizacja

W prezentowanym badaniu wskaźnikiem zmiennej zależnej była liczba stron książki, która w zależności od stopnia trudności oceny liczyła: 46 stron (łatwe zadanie),
348 stron (średnio-trudne zadanie) oraz 883 stron (trudne zadanie). Stopień trudności został określony w wyniku badań pilotażowych wykonanych na grupie 23 osób.
Spośród 9 książek wybrano trzy, których ocena liczby stron była (w opinii osób
biorących udział w badaniach pilotażowych): łatwa, średniotrudna lub trudna. Dodatkowo, jako wskaźnik stopnia trudności uwzględniono dokładność, z jaką określano liczbę stron każdej z książek.

Każda z tych książek miała format B5 (176 × 250 mm), miękką oprawę i opa-
kowana była w szary papier w taki sposób, że osoba badana nie mogła przeczytać
oryginalnego tytułu ani policzyć liczby stron.

Manipulowano również etykietami zawierającymi tytuł i autora. W badaniach
pilotażowych przeprowadzonych na grupie 23 osób spośród 15 etykiet zawierających różne propozycje tytułów wraz z autorami wybrano dwie etykiety. Jedna została określona jako najbardziej "naukowa", druga jako najmniej "naukowa". Etykieta najbardziej "naukowa" miała treść: "Przeobrażanie się środowisk wiejskich
i miejskich w ujęciu wybranych analiz funkcjonalno-przestrzennych oraz demograficznych w świetle pierwszych siedmiu lat od wstąpienia Polski do Unii Europejskiej. Autor: Sobolewski, R.", zaś najmniej "naukowa": "Homeopatia w leczeniu ry-
bek akwariowych. Autor: Wiśniewska, A". Etykiety te miały takie same wymiary,
kolor i kształt czcionki.

Zaufanie do swoich sądów intuicyjnych zostało zmierzone za pomocą procedury analogicznej do tej zastosowanej w badaniach K.S. Bowersa[34], polegającej
na ocenie na trzystopniowej skali poziomu zaufania do swoich sądów (0 — słabo
wierzę w trafność swojej decyzji, 1 — wierzę w trafność swojej decyzji, 2 — mocno
wierzę w trafność swojej decyzji).

---

[34] K.S. Bowers, G. Springston, C. Balthazard, K. Parker, (przyp. 19), s. 72–110.

4. Wyniki

Przeprowadzono sześć analiz statystycznych. Pierwsza analiza została stworzona wg schematu ANOVA[35] 3 (etykieta „naukowa"; etykieta „nienaukowa" i brak etykiety) x 1 (zadania: łatwe, średniotrudne i trudne) i pokazała, że porównywane grupy nie różnią się statystycznie. Druga z nich wg modelu ANOVA 3 (etykieta „naukowa"; etykieta „nienaukowa" i brak etykiety) x 1 (łatwe zadanie) również pokazała, że porównywane grupy nie różnią się istotnie statystycznie. Trzecia analiza także wg modelu ANOVA 3 (etykieta „naukowa"; etykieta „nienaukowa" i brak etykiety) x 1 (średniotrudne zadanie) pokazała, że porównywane grupy różnią się istotnie statystycznie [$F(2,27) = 4,178$; $p < 0,05$], zaś wielkość efektu $\eta^2 = 33,7\%$ — zob. wykres 1.

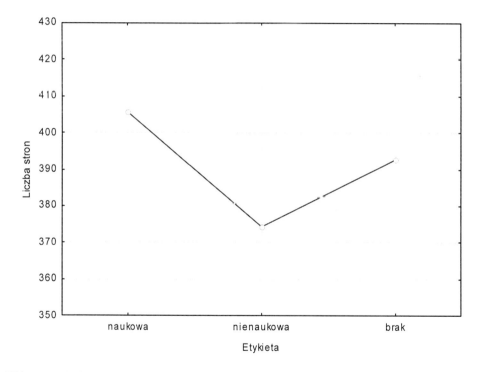

Wykres 1. Różnice w ocenie liczby stron książki w zależności od etykiety dla zadania o średnim poziomie trudności

Przeprowadzone analizy *post-hoc* (test NIR — najmniejszych istotnych różnic), wykazały następujące istotne różnice statystyczne (por. tabela 1):

---

[35] A. Stanisz, *Przystępny kurs statystyki*, t.1, StatSoft Polska, Kraków 2007, s. 271–306.

Tabela 1. Średnie wartości (M) oraz zróżnicowanie liczby stron książki w warunkach kontroli rodzaju etykiety przy średnim poziomie trudności zadania

Rodzaj etykiety	Liczba stron — M	Grupa kontrolna	Etykieta „naukowa"	Etykieta „nienaukowa"
Grupa kontrolna	392	X	–	–
Etykieta „naukowa"	405,7	0,05	X	–
Etykieta „nienaukowa"	374,1	0,05	0,001	X

Różnice istotne statystycznie dla wskaźnika liczba stron książki dla grupy z etykietą „naukową":
— grupa z etykietą „naukową" a grupa kontrolna (p < 0,05)
— grupa z etykietą „naukową" a grupa z etykietą „nienaukową" (p < 0,001)
Różnice istotne statystycznie dla wskaźnika: liczba stron książki dla grupy z etykietą „nienaukową":
— grupa z etykietą „nienaukową" a grupa kontrolna (p < 0,05)
Czwarta analiza, tak jak poprzednie, stworzona wg modelu ANOVA 3 (etykieta „naukowa"; etykieta „nienaukowa" i brak etykiety) x 1 (trudne zadanie) również pokazała, że porównywane grupy różnią się statystycznie [$F(2,27) = 8,237$; $p < 0,005$], zaś wielkość efektu $\eta^2 = 57,9 \%$ — zob. wykres 2.

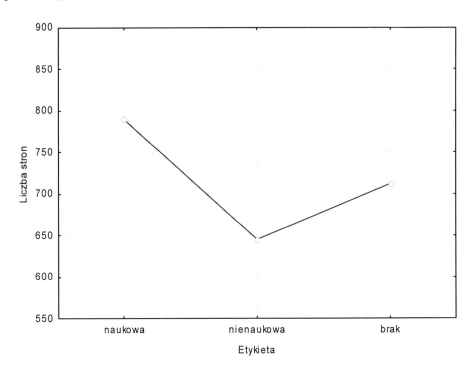

Wykres 2. Różnice w ocenie liczby stron książki w zależności od etykiety dla zadania trudnego

Przeprowadzone analizy *post-hoc* (test NIR), wykazały następujące istotne różnice statystyczne (por. tabela 2):

Tabela 2. Średnie wartości (M) oraz zróżnicowanie liczby stron książki w warunkach kontroli rodzaju etykiety dla trudnego zadania

Rodzaj etykiety	Liczba stron — M	Grupa kontrolna	Etykieta „naukowa"	Etykieta „nienaukowa"
Grupa kontrolna	712,5	X	—	—
Etykieta „naukowa"	790	0,005	X	—
Etykieta „nienaukowa"	649,2	0,005	0,001	X

Różnice istotne statystycznie dla wskaźnika liczba stron książki dla grupy z etykietą „naukową":

— grupa z etykietą „naukową" a grupa kontrolna (p < 0,005)
— grupa z etykietą „naukową" a grupa z etykietą „nienaukową" (p < 0,001)

Różnice istotne statystycznie dla wskaźnika liczba stron książki dla grupy z etykietą „nienaukową":

— grupa z etykietą „nienaukową" a grupa kontrolna (p < 0,005)

Wykres 3 pokazuje jak zmienia się podawana przez badanych liczba stron w zależności od etykiety i stopnia trudności zadania.

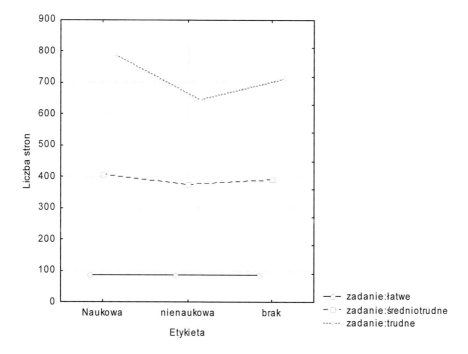

Wykres 3. Różnice w podawanej liczbie stron książek w zależności od etykiety i stopnia trudności zadania

Kolejna, piąta analiza pokazywała interakcję między typem etykiety a pewnością wydawanych sądów przez osoby badane. Wyniki obliczone za pomocą tablic wielodzielczych pokazały, że są one istotne statystycznie [$\chi^2 = 14,87$; $p < 0,005$] — zob. wykres 4.

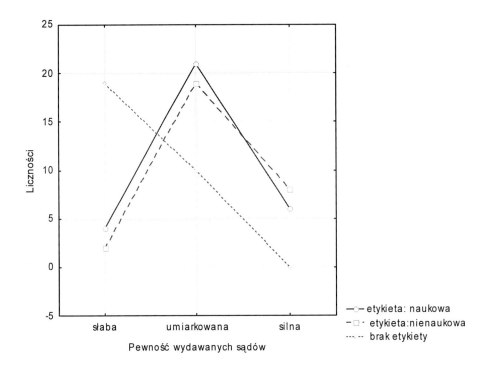

Wykres 4. Interakcja między rodzajem etykiety a pewnością wydawanych sądów

Dodatkowo przeprowadzona została analiza regresji wielokrotnej, w której zbadano siłę zależności pomiędzy stopniem trudności zadania, rodzajem etykiety, pewnością wydawanych sądów przez osoby badane a liczbą podawanych w badaniu stron. Wykazała ona, że związek ze zmienna zależną [$F(3,86) = 598,02$; $p < 0,0001$; $R^2 = 0,75$] mają dwie zmienne: poziom trudności zadań (silny związek wynika z założeń przeprowadzonych badań) oraz rodzaj etykiety. Okazało się nadto, że taka zmienna jak pewność wydawanych sądów nie ma związku z liczbą podawanych stron — zob. tabela 3.

Tabela 3. Wyniki analizy regresji wielokrotnej dla zmiennych: stopień trudności zadań, rodzaj etykiety oraz pewność wydawanych sądów [$F(3,86) = 598,02$; $p < 0,0001$; $R^2 = 0,75$]

Lp.	Zmienna	β	p
1.	Poziom trudności zadań	0,77	$p < 0,001$
2.	Rodzaj etykiety	0,05	$p < 0,05$
3.	Pewność wydawanych sądów	−0,02	$p = 0,5$

Ostatnia analiza dotyczyła pomiaru siły związku pomiędzy zmiennymi: rodzaj etykiety i pewność wydawanych sądów. Pokazała ona, że siła związku między badanymi zmiennymi jest wysoka (r = 0,44).

III. Omówienie wyników

Otrzymane wyniki pokazują, że pierwsza hipoteza mówiąca o związku poszczególnych typów komunikatu (wywołującego zjawisko autorytetu bądź jego braku) z podawaną liczbą stron książki (nie uwzględniając stopnia trudności zadania) nie została pozytywnie zweryfikowana. Jednak potwierdzenie hipotezy drugiej, mówiącej o zależności pomiędzy typem komunikatu a trudnością zadania mającej związek z liczbą stron książek podawaną przez osoby badane, pokazało możliwe przyczyny negatywnej weryfikacji H1. Typ komunikatu ma związek z myśleniem heurystycznym, ale mechanizm jego pojawienia się zależy od stopnia trudności samego zadania (por. wykres 3).

Zadania łatwe nie stanowią dla człowieka wystarczającego wyzwania, aby uruchomiło się myślenie heurystyczne, które stanowi sposób radzenia sobie jednostki z przeciwnościami[36], w szczególności, gdy jej zasoby są ograniczone[37]. Wraz ze wzrostem poziomu trudności zadań wzrasta również wpływ myślenia heurystycznego na podejmowane decyzje. Badania przeprowadzone przez F. Gino[38] pokazały, że im zadanie jest trudniejsze, tym ludzie chętniej korzystają z wskazówek mogących pomóc im w rozwiązaniu problemu, ale również przeceniają ich wartość. Nawet pojedynczy komunikat może doprowadzić do pojawienia się myślenia heurystycznego. W swojej teorii E. Shafif, I. Simonson i A. Tversky[39] postulują pogląd, że osoby znajdujące się w sytuacji niewiedzy podejmują decyzję korzystając z uproszczonych reguł oceny, skupiając się przy tym na informacjach potwierdzających przeczucia jednostki.

Otrzymane wyniki pokazały również, że myślenie heurystyczne uruchamiane jest nie tylko przez komunikat mający znamiona autorytetu, ale również przez taki, który ma właściwości wręcz przeciwne. Podejmując decyzję w sytuacji deficytu informacji, badani kierują się przesłankami, które w ich mniemaniu mogą pomóc w rozwiązaniu zadania. Komunikat zawierający cechy tytułu naukowego był dla osób badanych wskazówką do zwiększania liczby stron, zaś informacja o treści przeciwnej, do zmniejszania liczby stron ocenianej książki. Efekt ten rośnie wraz

---

[36] Por. E. Aronson, T. Wilson, R. Akert, *Psychologia społeczna. Serce i umysł*, Zysk i S-ka, Poznań 1997, *passim*.

[37] Por. J. Zdrahal-Urbanek, O. Vitouch. *Keep it simple? The recognition heuristic loses sovereignty once additional information is presented*, [w:] *Perspektiven psychologischer Forschung in Österreich Proceedings zur 7. Wissenschaftlichen Tagung der Österreichischen Gesellschaft für Psychologie*, red. B. Gula, R. Alexandrowicz, S. Strauß, E. Brunner, B. Jenull-Schiefer, O. Vitouch, Lengerich, Pabst 2006, s. 120–127.

[38] Por. F. Gino, D.A. Moore, *Effects of task difficulty on use of advice*, „Journal of Behavioral Decision Making", Cambridge 2007, nr 20, s. 21–35.

[39] E. Sharif, I. Simonson, A. Tversky, *Reason-based choice*, „Cognition" 1993, nr 49, s. 11–36.

z trudnością zadania (por. wykres 3). Niektóre badania (np. L.Z. McArtur[40]; S.E. Taylor, S.T. Fiske[41]) pokazują, że informacja abstrakcyjna, czy też nawet irracjonalna, może wpłynąć na decyzję człowieka, a w konsekwencji zaburzać podejmowane przez niego sądy.

Potwierdzenie hipotezy trzeciej mówiącej, że komunikat bez względu na typ będzie zwiększać pewność wydawanych sądów jest uzupełnieniem otrzymanych wyników. Analiza danych pokazała, że wiara we własne sądy nie ma związku z podawaną liczbą stron książek ze względu na to, że rosła ona niezależnie od rodzaju etykiety (por. wykres 4). Istnieje za to silny związek (r = 0,44) między pewnością wydawanych sądów a etykietą, i to bez względu na stopień trudności zadań. Nawet rozwiązując zadanie łatwe osoby były pewniejsze swoich decyzji, gdy etykieta, bez względu na treść, była naklejona na ocenianą książkę. W badaniach zdecydowanie rzadko było deklarowane pełne zaufanie w swoje osądy (14 %); są to wyniki zbieżne z otrzymanymi przez K. Bowersa i współpracowników[42]. Można sądzić, że brak rzetelnych przesłanek, które pomagałyby w podjęciu decyzji skutkował małym odsetkiem osób, które były pewne swoich sądów.

Dodatkowy wniosek płynie z potwierdzenia H2 i H3. Pokazują one relacje między myśleniem heurystycznym i intuicyjnym. Pierwsze z nich ma realny wpływ na podejmowane decyzje, ale jest uzależnione od obecności dwóch czynników: stopnia trudności rozwiązywanego zadania i typu przesłanek mogących umożliwić rozwiązanie zadania, drugie zaś nie ma pełnego związku z podejmowanymi decyzjami, za to zależy jedynie od obecności drugiego wymienionego elementu — wskazówek mogących umożliwić rozwiązanie zadania. Te dwa rodzaje myślenia można porównać do deklaracji (myślenie intuicyjne) i do działania (myślenie heurystyczne). Badania pokazały, że nie powinno utożsamiać się tych dwóch sposobów myślenia.

Myślenie intuicyjne wykorzystuje poczucie wiedzy, nie zawsze jest ono mocne i niezachwiane (por. E. Nęcka, J. Orzechowski i B. Szymura[43]), można je zobrazować słowami osoby, która uczestniczyła w badaniach: „Tak, to jest dobra odpowiedź, ...chyba dobra, nie wiem dlaczego, czuję, że jest ok". Intuicja jest to zdolność człowieka do działania w warunkach niepełnego uświadamiania sobie przesłanek do tego działania[44], która jednak nie zawsze jest przekuwana na samą reakcję człowieka. Osoby kierujące się intuicją mogą zastanawiać się nad rozwiązaniem problemu i mieć przeczucie co do jego rozwikłania, ale czasami nie idzie ono w parze

---

[40] L.Z. McArtur, *What grabs you? The role of attention in impression and casual attribution*, [w:] *Social cognition: The Ontario symposium*, red. T. Higgins, C.P. Herman, M.P. Zanna, Lawrence Erlbaum Associates, Hillsdale 1981, t. 1, s. 201–246.

[41] S.E. Taylor, S.T. Fiske, *Point of view and perceptions of causality*, „Journal of Personality and Social Psychology" 1975, nr 69, s. 213–226; S. E. Taylor, S.T. Fiske, *Salience, attention, and attribution: Top of the head phenomena*, [w:] *Advances in experimental social psychology*, red. L. Berkowitz, Academic Press, Nowy Jork 1978, t. 1, s. 249–288.

[42] K.S. Bowers, G. Springston, C. Balthazard, K. Parker, (przyp. 19), s. 72–110.

[43] Por. E. Nęcka, J. Orzechowski, B. Szymura, (przyp. 12), s. 548–588.

[44] Por. D. Myers, (przyp. 11).

z reakcją, co pokazały te badania. Osoby rozwiązujące zadanie łatwe, mimo że nie reagowały działaniem na obecność etykiety, miały większą pewność, że ich osąd był słuszny. W tym przypadku, zamiar działania pozostaje w sferze deklaracji.

Zupełnie inaczej jest przy myśleniu heurystycznym, które pojawia się w sytuacji stanowiącej dla jednostki kwestię problemową — w omawianych badaniach to zadania średnio trudne i trudne. Stosowanie heurystyk nie wymaga myślenia (por. E. Nęcka[45]), może przebiegać bezrefleksyjnie. To kolejna różnica między myśleniem intuicyjnym i heurystycznym. Pierwsze z nich jest refleksyjne, drugie może być stosowane automatycznie. Osoby wykorzystujące myślenie intuicyjne zdają sobie sprawę z problemu, który napotkały, jednak mała liczba wskazówek umożliwiających im pokonanie przeciwności powoduje, że samo przeczucie staje się argumentem przemawiającym za obraniem jednej z alternatywnych dróg, przez co sam proces podjęcia decyzji staje się świadomy. W drugim przypadku, proces podejmowania decyzji wykorzystuje uproszczenia/heurystyki, co nie angażuje w dużym stopniu uwagi człowieka, przez co może mieć charakter mniej refleksyjny. Przeprowadzone badania pokazały, że istnieją różnice między tymi dwoma rodzajami myślenia, chociaż mogą one być subtelne i trudne do zaobserwowania. Należy również pamiętać, że intuicja nie jest zjawiskiem jednorodnym, ale obejmuje wiele procesów poznawczych i może inaczej objawiać się przy rozwiązywaniu różnych typów zadań (E. Policastro[46]; D. Shirley, J. Langan-Fox[47]).

Podsumowując, można powiedzieć o trzech wnioskach płynących z przeprowadzonego eksperymentu. Po pierwsze, pojedynczy komunikat może uruchomić myślenie heurystyczne, jednak jego pojawienie zależy od poziomu trudności zadań (im trudniejszy do rozwiązania problem, tym silniejsze oddziaływanie), dodatkowo nie pojawia się ono w sytuacji zadania łatwego. Drugi płynący z badań wniosek dotyczy myślenia intuicyjnego. Nawet jedna prezentowana informacja może zwiększyć pewność wydawanych sądów, chociaż niekoniecznie może się ona przekładać na działania człowieka. Trzeci, to rozróżnienie myślenia intuicyjnego od heurystycznego. Pomimo, że te sposoby myślenia często współwystępują, to w pewnych sytuacjach ujawnia się ich odmienny styl działania. Myślenie heurystyczne zależy od typu etykiety i poziomu trudności zadania, zaś myślenie intuicyjne od obecności etykiety (bez rozróżnienia treści) oraz nie zależy od stopnia trudności rozwiązywanego problemu. Należy pamiętać, że trudno jest sprawdzić, jakie dokładnie są zależności między tymi analizowanymi rodzajami myślenia. W artykule nie były

[45] E. Nęcka, *Myślenie*, [w:] *Psychologia i poznanie*, red. M. Materska, T. Tyszka, PWN, Warszawa 1992, s. 224–232.

[46] E. Policastro, *Creative intuition: An integrative review*, „Creativity Research Journal" 1995, nr 8, s. 99–113.

[47] D.A. Shirley, J. Langan-Fox, *Intuition: A review of literature*, „Psychological Reports" 1996, nr 79, s. 563–585.

analizowane style umysłowe (por. Cz. Nosal[48]), czy też inne czynniki wpływające na badane rodzaje myślenia, np. emocje (A. Bolte, T. Goschke, J. Kuhl[49]).

Implikacje praktyczne otrzymanych wyników mogą wiązać się z szeroko ujmowaną psychologią wpływu społecznego, w szczególności przy podejmowaniu decyzji przez człowieka w sytuacji deficytu informacji. Poza środowiskiem psychologów, każdy może być zainteresowany wynikami przedstawionymi w tym artykule, gdyż każdy w pewnych sytuacjach posługuje się zarówno szeroko pojmowanymi heurystykami, jak i intuicją do rozwiązania nękających go problemów czy wydawania sądów. Warto podkreślić potrzebę dalszej eksploracji zagadnienia przedstawionego w tej publikacji.

Tomasz Wirga

The effectiveness of heuristic and intuitive thinking in a decision-making situation with various degree of difficulty

The article describes the differences between the effectiveness of heuristic and intuitive thinking in a situation of information deficit, based on a study involving 93 people. Two types of data analysis were performed: quantitative and qualitative. The author carried out six types of statistical analysis, all of which generated interesting results. The paper presents the differences between the effectiveness of the two types of thinking depending on the degree of difficulty of judgment. The more difficult the task, the greater the role heuristic thinking plays in decision-making. On the other hand, intuitive thinking increases the reliability of judgments issued, but does not necessarily result in relevant action. The results encourage further exploration of these issues.

---

[48] Cz. Nosal, (przyp. 27), s. 249–267.
[49] A. Bolte, T. Goschke, J. Kuhl, *Emotion and intuition*, „Psychological Science" 2003, nr 14, s. 416–421.

Katarzyna Skałacka

Wpływ stanów afektywnych na funkcjonowanie człowieka — przegląd badań

I. Pozytywne i negatywne stany afektywne i ich wpływ na funkcjonowanie człowieka

Wszystkie wydarzenia w naszym życiu są analizowane poznawczo na bieżąco, tj. są interpretowane, oceniane, analizowane i zapamiętywane. Ponadto, w sytuacji kiedy dane zdarzenie lub inny bodziec płynący ze środowiska lub z nas samych jest ważny, pojawiają się stany afektywne, które bezpośrednio wpływają na zmianę naszego funkcjonowania[1]. Nawet jeśli doświadczane stany są krótkotrwałe, mogą w znaczący sposób wpływać na nasze myśli i zachowanie, zmieniając je[2] lub stając się istotną przesłanką podejmowanych decyzji (np. heurystyczna wskazówka typu „skoro czuję, że to jest dobre, to takie musi być"[3]). Jak pokazują liczne badania, nawet stany afektywne o niewielkim nasileniu (małym pobudzeniu) zmieniają gotowość do działania oraz gotowość poznawczą do oceny i analizy bodźca[4]. Bez względu na intensywność i długość trwania, stany afektywne nie są jednak końcowym etapem reakcji na bodźce wynikające z naszej codziennej aktywności. Wywołują one określone

---

[1] R. Derbis, *Doświadczanie doświadczenia a poczucie jakości życia*, [w:] *W kręgu aksjologii i psychologii*, red. H. Wrona-Polańska, M. Ledzińska, G. Rudkowska, Wydawnictwo Naukowe UP, Kraków 2010, s. 15–25; R. Lazarus, *Przeszłość i teraźniejszość w emocji*, [w:] *Natura emocji. Podstawowe zagadnienia*, red. P. Ekman, R.J. Davidson, GWP, Gdańsk 1999, s. 258–262.

[2] J.P. Forgas, *Affect in social thinking and behavior*, Psychology Press, Nowy Jork 2006, s. 3–18.

[3] N. Schwarz, G.L. Clore, *Mood, misattribution and judgment of well-being: Informative and directive functions of affective states*, „Journal of Personality and Social Psychology" 1983, nr 45, s. 513–523.

[4] A.M. Isen, *Some ways in which positive affect influences decision making and problem solving*, [w:] *Handbook of emotions*, red. M. Lewis, J.M. Haviland-Jones, L.F. Barrett, Guilford Press, Nowy Jork 2008, s. 548–573; W. Łosiak, *Psychologia emocji*, Wydawnictwo WAiP, Warszawa 2007, s. 64–65.

konsekwencje dla kolejnych procesów, takich jak: somatyczne odczucia i funkcjonowanie fizjologiczne, aktywność behawioralna (np. poruszanie się „od" i „do" obiektu), proste i złożone procesy poznawcze (np. uwaga i pamięć oraz wydawanie sądów i podejmowanie decyzji) czy działania społeczne i interpersonalne (np. pomaganie innym ludziom). Stany afektywne stanowią tym samym pewien mechanizm motywacyjny, dążący do podtrzymania stanu korzystnego lub usunięcia stanu niekorzystnego.

Wartością adaptacyjną stanów afektywnych jest to, że przygotowują zarówno nasze ciało jak i umysł do podjęcia szybkich i skutecznych działań[5]. Doświadczane stany afektywne stanowią odpowiedź na bodźce lub wymogi środowiska, ukierunkowując nasze myślenie i działanie, by stało się ono dla nas optymalne. Jednak według Barbary Fredrickson i Roberta Levensona[6] określenie tego, co optymalne, jest inne w przypadku doświadczania pozytywnych i negatywnych stanów afektywnych.

Doświadczanie negatywnych stanów afektywnych sygnalizuje pojawienie się w naszym polu percepcyjnym jakiegoś niekorzystnego bodźca. By działać szybko i skutecznie stany te wywołują zawężenie pola myśli i działań do pewnej zamkniętej puli gotowych rozwiązań (np. ucieczka lub atak), mających na celu poradzenie sobie z tą sytuacją. By osiągnąć założony cel, stany te wywołują silną aktywację autonomicznego układu nerwowego[7]. Negatywne stany afektywne są pewnego rodzaju przełącznikiem, który potrafi w jednym momencie zmienić zachowanie, nastawiając je na eliminację tego, co sprawia nam przykrość lub stanowi zagrożenie[8]. Uogólniając — negatywne stany afektywne sygnalizują konieczność zachowania się w określony, najlepiej sprawdzony, stereotypowy sposób i wygasają w momencie osiągnięcia celu, czyli np. zlikwidowania zagrożenia.

Pozytywne stany afektywne działają odmiennie. Po pierwsze, pojawiają się one w sytuacjach poczucia bezpieczeństwa. Sygnalizują tym samym, że można otworzyć się na nowe możliwości. Wiążą się z nimi bardzo różne działania, niemające jednak ukierunkowanej tendencji[9], w związku z czym ich doświadczanie wywołuje dużo mniejszą aktywność układu nerwowego[10]. Ich cel nie jest zazwyczaj wyraźnie zdefiniowany[11], dlatego pozytywne stany afektywne mają charakter samowzmacniający poprzez otwarcie na nowe możliwości. Pozytywne stany afektywne poszerzają zatem

5   N. Frijda, *Różnorodność afektu: emocje i zdarzenia, nastroje i sentymenty*, [w:] P. Ekman, R.J. Davidson, (przyp. 1), s. 56–63; R. Lazarus, (przyp. 1), s. 258–262; R.W. Levenson, *W poszukiwaniu specyfiki autonomicznej*, [w:] P. Ekman, R.J. Davidson, (przyp. 1), s. 218–222.

6   B.L. Fredrickson, R.W. Levenson, *Positive emotions speed recovery from the cardiovascular sequelae of negative emotions*, „Cognition and Emotion" 1998, nr 12, s. 191–220.

7   R.W. Levenson, P. Ekman, W.V. Friesen, *Voluntary facial action generates emotion-specific autonomic nervous system activity*, „Psychophysiology" 1990, nr 27, s. 363–384.

8   K. Obuchowski, *Kody umysłu i emocje*, Wydawnictwo WSHE, Łódź 2004, s. 282–292.

9   B.L. Fredrickson, M.A. Cohn, *Positive emotions*, [w:] *Handbook of emotions*, (przyp. 4), s. 777–796.

10 R.W. Levenson, P. Ekman, W.V. Friesen, (przyp. 7), s 363–384.

11 J. Czapiński, *Psychologiczne teorie szczęścia*, [w:] *Psychologia pozytywna*, red. J. Czapiński, Wydawnictwo Naukowe PWN, Warszawa 2004, s. 51–102.

zakres myśli i działań jakie możemy podjąć i wywołują wychodzenie poza gotowy repertuar sprawdzonych i nawykowych myśli czy zachowań.

Barbara Fredrickson[12], bazując na różnicach pomiędzy pozytywnymi i negatywnymi stanami afektywnymi, stworzyła koncepcję poszerzania umysłu i budowy zasobów osobistych przez doświadczanie pozytywnych stanów afektywnych. Koncepcja ta wyznacza ramy teoretyczne dokonanego poniżej przeglądu. Kierunek dokonanych analiz został wyznaczony w szczególności przez hipotezy zawarte w omawianym modelu. Jedną z centralnych hipotez wynikających z modelu Fredrickson jest tak zwana hipoteza poszerzania. Mówi ona, że doświadczanie różnych pozytywnych stanów afektywnych będzie powiększać zakres pola uwagi, poznania i działania. Hipoteza zawężania stwierdza, że różne negatywne stany afektywne zmniejszają te zakresy, przełączając nas na stereotypowe działanie. Trzecią kluczową hipotezą w modelu Fredrickson jest tak zwana hipoteza budowania. Mówi ona, że nawet doświadczanie ulotnych i przejściowych pozytywnych stanów afektywnych, poprzez wspieranie i wzmacnianie rozszerzonego zakresu działań, w dłuższej perspektywie powoduje budowę trwałych zasobów osobistych: fizycznych (np. zdrowie i kondycja fizyczna), intelektualnych (np. wiedza i umiejętności dokonywania złożonych operacji umysłowych), społecznych (np. zawieranie przyjaźni i budowanie sieci wsparcia społecznego) oraz psychologicznych (np. optymizm i twórczość).

Odmienna rola pozytywnych i negatywnych stanów afektywnych w funkcjonowaniu jednostki ma długą tradycję badawczą. Wyniki badań są w większości zgodne z hipotezą budowania Fredrickson, potwierdzając, że pozytywne stany afektywne prowadzą do budowania różnorodnych, ważnych zasobów osobistych, a owe zasoby wpływają znacząco na wzrost zadowolenia z życia oraz ogólne funkcjonowanie[13]. Negatywne stany afektywne natomiast prowadzą do niekorzystnych zmian w organizmie lub do ogólnego pogorszenia funkcjonowania jednostki[14]. Jednak w związku z tym, że środowisko, w którym żyjemy stawia przed nami różne wyzwania, można zadać pytanie, czy doświadczane stany afektywne będą zawsze wywoływać „symetryczne" zmiany w naszym działaniu i myśleniu, czyli, czy pozytywne stany afektywne będą łączyć się przede wszystkim z korzystnymi konsekwencjami, a negatywne stany afektywne z niekorzystnymi. Większość współczesnych badań pokazuje właśnie „symetryczny" związek pomiędzy walencją doświadczanego stanu

[12] B.L. Fredrickson, *What good are positive emotions?*, „Review of General Psychology" 1998, nr 2, s. 300–319; B.L. Fredrickson, *The role of positive emotions in positive psychology: The broaden-and-build theory of positive emotions*, „American Psychologist" 2001, nr 56, s. 218–226.

[13] B.L. Fredrickson, M.A. Cohn, K.A. Coffey, J. Pek, S.M. Finkel, *Open hearts build lives: Positive emotions, induced through loving-kindness meditation, build consequential personal resources*, „Journal of Personality and Social Psychology" 2008, nr 5, s. 1045–1062; S. Lyubomirsky, L.A. King, E. Diener, *The benefits of frequent positive affect: Does happiness lead to success?*, „Psychological Bulletin" 2005, nr 131, s. 803–855.

[14] J. Jośko-Ochojska, J. Kasperczyk, U. Marcinkowska i in., *Negatywne emocje w świecie dziecka*, „Przegląd Pediatryczny" 2012, nr 4, s. 208–212; N. Stanger, M. Kavussanu, I.D. Boardley i in., *The influence of moral disengagement and negative emotion on antisocial sport behavior*, „Sport, Exercise, and Performance Psychology" 2013, nr 2, s. 117–129.

afektywnego a jego konsekwencjami[15]. Sama Fredrickson w swoim modelu buduje hipotezę poszerzania dedykowaną pozytywnym stanom i hipotezę zawężania odnoszącą się tylko do negatywnym stanów afektywnych. Wyklucza ona w ten sposób możliwość oddziaływania stanów afektywnych w sposób inny, niż zgodny z ich walencją. Ponadto, jak pokazuje Alice Isen[16], większość ludzi jest przekonana, że stany afektywne rzadko i nieregularnie wpływają na ich działania, a wpływ ten jest niekorzystny i zarezerwowany przede wszystkim dla silnych i negatywnych stanów afektywnych. Jednak nie wszystkie wyniki badań, jak i obiegowe doświadczenia ludzi, są zgodne z „symetrycznym" podejściem do konsekwencji doświadczanych stanów afektywnych[17].

Na tej postawie można postawić tezę, że zarówno pozytywne, jak i negatywne stany afektywne będą korzystnie i niekorzystnie wpływać na funkcjonowanie jednostki. Czynnikiem warunkującym te różnice będą okoliczności wystąpienia danego stanu afektywnego. Próba uchwycenia tych różnych czynników została podjęta w tej pracy. Celem dokonanego przeglądu jest syntetyczne przedstawienie wyników bardzo różnorodnych badań pokazujących, że „niesymetryczny" i kontekstualny wpływ stanów afektywnych na funkcjonowanie jednostki jest raczej regułą niż wyjątkiem.

Zgodnie z zaprezentowanymi powyżej danymi, szczególnie w odniesieniu do hipotezy budowania z modelu Fredrickson, wpływ stanów afektywnych na funkcjonowanie człowieka można podzielić na kilka obszarów związanych z działaniem procesów poznawczych, funkcjonowaniem społecznym oraz ze stanem zdrowia jednostki. Dokonany przegląd badań jest z pewnością niekompletny i pomija wiele istotnych danych, ale jego zadaniem jest zarysowanie różnic we wpływie stanów afektywnych na funkcjonowanie człowieka w różnych sferach oraz podjęcie próby wyjaśnienia źródeł tych różnic, co pomoże postawić dalsze pytania badawcze dotyczące wpływu stanów afektywnych na funkcjonowanie jednostki.

II. Pozytywny wpływ pozytywnego stanu afektywnego

1. Perspektywa poznawcza

Wiele badań pokazuje, że doświadczanie i wyrażanie pozytywnych stanów afektywnych wpływa korzystnie na całokształt funkcjonowania człowieka[18]. W swoich licznych

---

15   I.R. Galatzer-Levy, A.D. Brown, C. Henn-Haase, T.J. Metzler i in., *Positive and negative emotion prospectively predict trajectories of resilience and distress among high-exposure police officers*, „Emotion" 2013, nr 3, s. 545–553.

16   A.M. Isen (przyp. 4), s. 548–573.

17   J. Gruber, B. Mauss, M. Tamir, *A dark side of happiness? How, when, and why happiness is not always good*, „Perspectives on Psychological Science" 2011, nr 6, s. 222–233; C. Mogoase, S. Stefan, *Is there a difference between functional and dysfunctional negative emotions? The preliminary validation of the functional and dysfunctional negative emotions scale (FADNES)*, „Journal of Cognitive and Behavioral Psychotherapies" 2013, nr 1, s. 13–32.

18   B.L. Fredrickson, M.A. Cohn, (przyp. 9), s. 777–796; A.M. Isen, (przyp. 4), s. 548–573.

badaniach Isen[19] pokazała, że ludzie doświadczający pozytywnych stanów afektywnych charakteryzują się m.in. niezwykłymi skojarzeniami, elastycznością w myśleniu, kreatywnością, otwartością na informacje, a także skutecznością i dokładnością w działaniu. Ponadto, Willem Wagenaar[20] w badaniach podłużnych (obejmujących 6 lat) wykazał, że zaangażowanie emocjonalne towarzyszące jakiemuś wydarzeniu sprzyja jego lepszemu pamiętaniu, a efekt ten jest silniejszy dla zdarzeń przyjemnych niż nieprzyjemnych. Lepsza zapamiętywalność dotyczy nie tylko dłuższego czasu przechowywania tych wspomnień, ale również poziomu ich szczegółowości[21]. Pozytywne stany afektywne wpływają również na treść materiału wydobywanego z pamięci, zwiększając dostępność tego, który również jest pozytywny. Efekt ten nie działa jednak tak samo w przypadku negatywnego stanu afektywnego. Sugeruje to, że ludzie spontanicznie używają oznakowania afektywnego, przede wszystkim pozytywnego, do organizacji myśli[22]. Pozytywny stan afektywny zwiększa również poznawczą plastyczność poprzez ułatwianie przełączania się na nowe bodźce[23] oraz poprzez kierowanie uwagi na nagrody płynące ze środowiska[24].

Dodatkowo, Douglas Derryberry[25] pokazał, że pozytywny stan afektywny nie tyle poszerza zakres uwagi, ale wiąże się ze zdolnością do skupiania jej na mało znaczących obiektach bez „tracenia z oczu" obiektów istotnych. Carlos Estrada z współpracownikami[26] pokazali, że pozytywny stan afektywny zwiększa tendencje do integracji informacji potrzebnych do podjęcia decyzji oraz sprzyja otwartości na nowe informacje. Równocześnie badania te nie znalazły poparcia dla tez mówiących, że pozytywny stan afektywny powoduje przedwczesne domknięcie, powierzchowne myślenie, pochopne wyciąganie wniosków czy jakiekolwiek przejawy nieostrożności w myśleniu. Nie znaleziono również poparcia dla tezy o zwiększaniu częstości stosowania utartych schematów przy analizie nowych informacji w sytuacji doświadczania pozytywnego stanu afektywnego[27].

---

[19] A.M. Isen, *Pozytywny afekt a podejmowanie decyzji*, [w:] *Psychologia emocji*, red. M. Lewis, J.M. Haviland-Jones, GWP, Gdańsk 2005, s. 527–549; A.M. Isen, (przyp. 4), s. 548–573.

[20] W.A. Wagenaar, *My memory: A study of autobiographical memory over six years*, „Cognitive Psychology" 1986, nr 18, s. 225–252.

[21] J. Usher, U. Neisser, *Childhood amnesia and the beginnings of memory for four early life events*, „Journal of Experimental Psychology" 1993, nr 2, s. 155–165.

[22] A.M. Isen, (przyp. 4), s. 548–573.

[23] C. Carver, *Pleasure as a sign you can attend to something else: Placing positive feelings within a general model of affect*, „Cognition and Emotion" 2003, nr 17, s. 241–261.

[24] M. Tamir, M.D. Robinson, *The happy spotlight: Positive mood and selective attention to rewarding information*, „Personality and Social Psychology Bulletin" 2007, nr 33, s. 1124–1136.

[25] D. Derryberry, *Attentional consequences of outcome-related motivational states: Congruent, incongruent and focusing effects*, „Motivation and Emotion" 1993, nr 17, s. 65–89.

[26] C.A. Estrada, A.M. Isen, M.J. Young, *Positive affect facilitates integration of information and decreases anchoring in reasoning among physicians*, „Organizational Behavior and Human Decision Processes" 1997, nr 72, s. 117–135.

[27] A.M. Isen, (przyp. 4), s. 548–573.

2. Relacje społeczne

Stany afektywne są wywoływane w sytuacjach społecznych, ale również sama walencja doświadczanego stanu afektywnego stymuluje różnorodne działania o charakterze społecznym. Jennifer Dunn i Maurice Schweitzer[28] pokazali, że gdy nie istnieje jeszcze bliska relacja między ludźmi, pozytywny stan afektywny zwiększa wzajemne zaufanie. W sytuacji doświadczania pozytywnego stanu afektywnego rośnie poczucie spełnionego małżeństwa i ogólne zadowolone ze swojego związku[29]. Wzrasta również liczba aktywnych form spędzania wolnego czasu, poziom samoświadomości oraz rośnie liczba przyjaciół i znajomych[30].

W kontekście pracy zawodowej, doświadczanie pozytywnych stanów afektywnych zwiększa subiektywną atrakcyjność wykonywanych zadań oraz zadowolenie płynące z wykonywania pracy zawodowej[31]. Osoby, u których wywoływano pozytywny stan afektywny w sytuacjach negocjacyjnych, były bardziej skłonne do współpracy i kompromisu, nawet na etapie wstępnego planowania strategii negocjacyjnych[32]. Seria badań Alice Isen i Johnmarshalla Reeve'a[33] pokazała, że pozytywny stan afektywny podnosi poziom zarówno motywacji wewnętrznej, jak i motywacji zewnętrznej, ale tylko wtedy, gdy wiadomo, że zadanie i tak musi być wykonane albo gdy badani wiedzą, że jest możliwość wyniesienia potencjalnych korzyści z ich wykonania — osoby takie wykazują wysoką samokontrolę motywów działania. Pozytywny stan afektywny wpływa również na zwiększenie motywacji osiągnięć, ale tylko w sytuacji średnich oczekiwań co do rezultatu oraz tylko wtedy, gdy wynik końcowy nie jest zależny od czynników losowych[34]. Badania pokazały również, że pozytywny stan afektywny sprawia, że ludzie starają się bardziej, ale tylko w pewnych kategoriach zadań — tylko w takich, w których widzą sens działania lub że ich wysiłek faktycznie się opłaci[35]. Pozytywny stan afektywny czasem łączy się również z większą tendencją do podejmowania ryzyka. Kiedy sytuacja decyzyjna wiąże się z możliwością poniesienia realnej straty, pozytywny stan afektywny indukuje niechęć do podejmowania

[28] J.R. Dunn, M.E. Schweitzer, *Feeling and believing: The influence of emotion on trust*, „Journal of Personality and Social Psychology" 2005, nr 88, s. 736–748.

[29] D.G. Myers, *Close relationship and quality of life*, [w:] *Well-being: The foundations of hedonic psychology*, red. D. Kahneman, E. Diener, N. Schwarz, Russell Sage Foundation, Nowy Jork 1999, s. 374–391.

[30] L.I. Catalino, B.L. Fredrickson, *A Tuesday in the life of a flourisher: the role of positive emotional reactivity in optimal mental health*, „Emotion" 2011, nr 4, s. 938–950.

[31] K. Kraiger, R.S. Billings, A.M. Isen, *The influence of positive affective states on task perceptions and satisfaction*, „Organizational Behavior and Human Decision Processes" 1989, nr 44, s. 12–25.

[32] P.J.D. Carnevale, A.M. Isen, *The influence of positive affect and visual access on the discovery of integrative solutions in bilateral negotiation*, „Organizational Behavior and Human Decision Processes" 1986, nr 37, s. 1–13; J.P. Forgas, (przyp. 2), s. 269–290.

[33] A.M. Isen, J. Reeve, *The influence of positive affect on intrinsic and extrinsic motivation: facilitating enjoyment of play, responsible work behavior, and self-control*, „Motivation and Emotion" 2005, nr 4, s. 297–325.

[34] A. Erez, A.M. Isen, *The influence of positive affect on components of expectancy motivation*, „Journal of Applied Psychology" 2002, nr 89, s. 1055–1067.

[35] A. Erez, A.M. Isen, (przyp. 34), s. 1055–1067; A.M. Isen, J. Reeve, (przyp. 33), s. 297–325.

ryzyka, jeśli jednak nie ma zagrożenia w postaci dużych strat własnych pozytywny stan afektywny podnosi skłonność do ryzyka[36].

W pozytywnym stanie afektywnym zwiększa się także prawdopodobieństwo tego, że udzielimy komuś pomocy albo wspomożemy organizację charytatywną. Zadowoleni pracownicy podnoszą morale innych pracowników oraz chętnie udzielają pomocy innym[37]. W sytuacji doświadczania pozytywnego stanu afektywnego podnosi się faktyczna liczba aktywnych wolontariatów, częstotliwość spotkań grup religijnych, aktywny udział w wiecach politycznych oraz happeningach związanych z promocją zdrowia[38]. Wyjątkiem są sytuacje, gdy pomaganie prowadziłoby do pogorszenia odczuwanego stanu[39], mogłoby spowodować dyskomfort trzeciej strony[40] albo dotyczyłoby nielubianej grupy społecznej. W takich sytuacjach doświadczany pozytywny stan afektywny zmniejsza tendencję do pomagania.

3. Perspektywa zdrowotna

Jie Hu oraz Kenneth Gruber[41] pokazali niedawno, że jednostki charakteryzujące się niskim natężeniem negatywnego stanu afektywnego oraz wysokim — pozytywnego, mają niższy poziom symptomów depresyjnych czy objawów niepokoju. Równocześnie osoby takie mają więcej codziennej aktywności fizycznej oraz wyższe poczucie jakości życia odnoszącej się do zdrowia fizycznego i psychicznego. Ed Diener i Martin Seligman[42] odnotowali w swoich badaniach, że grupa charakteryzująca się najwyższym poziomem szczęścia miała jedynie nieznaczną liczbę objawów psychopatologicznych, takich jak depresja, hipochondria czy schizofrenia. Ponadto, osoby takie należą do grupy o niskim zagrożeniu wystąpienia fobii społecznych czy różnych lęków[43]. Pozytywny stan afektywny powiązano dodatkowo z wyższym poczuciem jakości życia pacjentów onkologicznych w trakcie ich choroby[44] oraz mniejszą

---

[36] A.M. Isen, R. Patrick, *The effect of positive feelings on risk-taking: When the chips are down*, „Organizational Behavior and Human Performance" 1983, nr 31, s. 194–202.

[37] J.M. George, A.P. Brief, *Feeling good — doing good: A conceptual analysis of the mood at work-Organizational spontaneity*, „Psychological Bulletin" 1992, nr 112, s. 310–329.

[38] P.A. Thoits, L.N. Hewitt, *Volunteer work and well-being*, „Journal of Health and Social Behavior" 2001, nr 2, s. 115–131.

[39] A.M. Isen, S.F. Simmonds, *The effect of feeling good on a helping task that is incompatible with good mood*, „Social Psychology Quarterly" 1978, nr 41, s. 345–349.

[40] A.M. Isen, P.F.Levin, *Effect of feeling good on helping: Cookies and kindness*, „Journal of Personality and Social Psychology" 1972, nr 21, s. 384–388.

[41] J. Hu, K.J. Gruber, *Positive and negative affect and health functioning indicators among older adults with chronic illnesses*, „Issues in Mental Health Nursing" 2008, nr 8, s. 895–911.

[42] E. Diener, M.E.P. Seligman, *Very happy people*, „Psychological Science" 2002, nr 13, s. 81–84.

[43] T.B. Kashdan, J.E. Roberts, *Trait and state curiosity in the genesis of intimacy: Differentiation from related constructs*, „Journal of Social and Clinical Psychology" 2004, nr 23, s. 792–816.

[44] J.E. Collins, K. Hanson, M. Mulhern i in., *Sense of coherence over time in cancer patients: A preliminary report*, „Medical Psychotherapy" 1992, nr 5, s.73–82.

liczbą alergii w grupie zdrowych studentów[45]. W badaniach nad pacjentami z anemią sierpowatą pozytywny stan afektywny został powiązany z mniejszą liczbą wizyt szpitalnych i wezwań lekarza do domu, z mniejszą liczbą przyjmowanych leków oraz z mniejszą liczbą godzin opuszczonych w pracy[46]. Jak pokazali Barbara Fredrickson i Robert Levenson[47] pozytywny stan afektywny może służyć jako bufor dla niekorzystnych fizjologicznych konsekwencji stresu oraz może neutralizować skutki negatywnych stanów afektywnych, które potencjalnie zagrażają zdrowiu. Częste doświadczanie pozytywnych stanów afektywnych nie tylko zmniejsza ryzyko różnych problemów zdrowotnych (tak fizycznych, jak i psychicznych), ale zmniejsza również prawdopodobieństwo angażowania się w aktywności szkodzące zdrowiu, takie jak nadużywanie leków, palenie papierosów czy picie znacznych ilości alkoholu[48]. Z tego powodu, w historiach medycznych szczęśliwych jednostek rzadziej pojawiają się zapisy o nadużywaniu różnych substancji[49].

III. Negatywny wpływ pozytywnego stanu afektywnego

1. Perspektywa poznawcza

Pomimo tego, że większość badań wykazuje korzystny wpływ pozytywnych stanów afektywnych na funkcjonowanie jednostki, związek ten nie jest liniowy i uniwersalny. Justin Storbeck i Gerald Clore[50] wykazali, że pozytywny stan afektywny zwiększa liczbę nieprawdziwych wspomnień, ponieważ uruchamia tzw. „relacyjne" przetwarzanie danych. Łączenie danych i szerokie ich ujmowanie powoduje tworzenie ogólnego obrazu sytuacji, co sprzyja korzystaniu z istotnych wabików, które są jedynie podobne do właściwych obiektów. W rezultacie taka strategia przetwarzania danych wzmaga liczbę fałszywych wspomnień. Isen i Reeve[51], badając związek pomiędzy motywacją wewnętrzną a wywołanym stanem afektywnym, pokazali, że polepszenie funkcjonowania w zadaniach pod wpływem doświadczania pozytywnych stanów afektywnych dotyczy głównie szybszego ich wykonania, a nie wykonania bardziej poprawnego. Podobne efekty uzyskano w badaniach nad rozwiązywaniem zadań

---

[45]   T.M. Laidlaw, R.J. Booth, R.G. Large, *Reduction in skin reactions to histamine after a hypnotic procedure*, „Psychosomatic Medicine" 1996, nr 58, s. 242–248.

[46]   K.M. Gil, J.W. Carson, L.S. Porter i in., *Daily mood and stress predict pain, health care use, and work activity in African American adults with sickle-cell disease*, „Health Psychology" 2004, nr 23, s. 267–274.

[47]   B.L. Fredrickson, R.W. Levenson, (przyp. 6), s. 191–220.

[48]   S. Lyubomirsky, L.A. King, E. Diener, (przyp. 13), s. 803–855.

[49]   J.A. Bogner, J.D. Corrigan, W.J. Mysiw i in., *A comparison of substance abuse and violence in the prediction of long-term rehabilitation outcomes after traumatic brain injury*, „Archives of Physical Medicine and Rehabilitation" 2001, nr 82, s. 571–577.

[50]   J. Storbeck, G.L. Clore, *With sadness comes accuracy; with happiness, false memory: Mood and the false memory effect*, „Psychological Science" 2005, nr 10, s. 785–791.

[51]   A.M. Isen, J. Reeve, (przyp. 33), s. 297–325.

zróżnicowanych pod względem poziomu trudności i materiału zadaniowego[52]. Ponadto badania pokazały, że osoby radosne częściej przypisują członkom stereotypowych grup winę za różne przestępstwa[53], wolniej niż osoby lękliwe wyłapują potencjalne zagrożenia ze środowiska[54], formułują mniej przekonujących argumentów[55] oraz stają się bardziej łatwowierne[56]. Dodatkowo, niedawne badania pokazały, że doświadczanie intensywnego pozytywnego stanu afektywnego zmniejsza poziom kreatywności[57] oraz usztywnia zachowanie[58].

2. Relacje społeczne

W sytuacji formułowania prośby wobec obcej osoby, badani wprowadzeni w pozytywny stan afektywny formułowali bardziej bezpośrednie, ale równocześnie mniej uprzejme prośby[59]. Wynikać to może m.in. z większego poczucia swobody u osób doświadczających pozytywnego stanu afektywnego. Kilka badań sugeruje, że doświadczanie pozytywnego stanu afektywnego, jakim jest „arogancka" duma wiąże się z antyspołecznymi zachowaniami czy agresywnością wobec innych, co wtórnie szkodzi jednostce[60].

3. Perspektywa zdrowotna

Niektóre badania pokazały, że pozytywne stany afektywne (na równi z negatywnymi) wywołują obniżenie liczby limfocytów[61] oraz naturalnych komórek cytotoksycznych[62]. Niektóre wyniki badań związku pozytywnego stanu afektywnego z zachowaniem

---

[52] K. Trawka, T. Wirga, *Różnice w poziomie wykonywania zadań przez osoby o różnym poziomie subiektywnego poczucia szczęścia w sytuacji indukcji emocji*, [w:] *Jakość życia — od wykluczonych do elity*, red. R. Derbis, Wydawnictwo AJD, Częstochowa 2008, s. 207–223.

[53] G.V. Bodenhausen, G.P. Kramer, K. Susser, *Happiness and stereotypical thinking in social judgment*, „Journal of Personality and Social Psychology" 1994, nr 66, s. 621–632.

[54] B.Q. Ford, M. Tamir, T.T. Brunye i in., *Keeping your eyes on the prize: Anger and visual attention to threats and rewards*, „Psychological Science" 2010, nr 21, s. 1098–1105.

[55] J.P. Forgas, *When sad is better than happy: Negative affect can improve the quality and effectiveness of persuasive messages and social influence strategies*, „Journal of Experimental Social Psychology" 2007, nr 43, s. 513–528.

[56] J.P. Forgas, R. East, *On being happy and gullible: Mood effects on skepticism and the detection of deception*, „Journal of Experimental Social Psychology" 2008, nr 44, s. 1362–1367.

[57] M.A. Davis, *Understanding the relationship between mood and creativity: A meta-analysis*, „Organizational Behavior and Human Decision Processes" 2008, nr 108, s. 25–38.

[58] B.L. Fredrickson, M.F. Losada, *Positive affect and the complex dynamics of human flourishing*, „American Psychologist" 2005, nr 60, s. 678–686.

[59] J.P. Forgas, (przyp. 2), s. 269–290.

[60] J.L. Tracy, J.T. Cheng, R.W. Robins i in., *Authentic and hubristic pride: The affective core of self-esteem and narcissism*, „Self and Identity" 2009, nr 8, s. 196–213.

[61] P.H. Knapp, E.M. Levy, R.G. Giorgi i in., *Short-term immunological effects of induced emotion*, „Psychosomatic Medicine" 1992, nr 2, s. 133–48.

[62] A.D. Futterman, M.E. Kemeny, D. Shapiro i in., *Immunological and physiological changes associated with induced positive and negative mood*, „Psychosomatic Medicine" 1994, nr 56, s. 499–511.

pokazują odwrotne dane, niż te opisane przez brak fragmentu tekstu[63]. Pokazują one, że doświadczanie wysokiego natężenia pozytywnego stanu afektywnego może prowadzić do angażowania się w ryzykowne aktywności, takie jak nadużywanie alkoholu, objadanie się, rozhamowanie seksualne, jazda samochodem z nadmierną szybkością czy sięganie po narkotyki[64]. Inne dane sugerują, że osoby doświadczające pozytywnego stanu afektywnego mogą mieć tendencję do ignorowania zagrożeń[65].

IV. Negatywny wpływ negatywnego stanu afektywnego

1. Perspektywa poznawcza

Z adaptacyjnego punktu widzenia negatywne stany afektywne mają mobilizować jednostkę do usunięcia bodźców zagrażających, jednak w konsekwencji ich działania nie zawsze pojawiają się pożądane i korzystne rezultaty. Badając osoby z fobiami Adrian Wells i Gerald Matthews[66] wyróżnili dwa rodzaje konsekwencji doświadczanego negatywnego stanu afektywnego dla procesów uwagowych: pogorszenie polegające na obniżeniu wydajności uwagi oraz tendencyjność polegającą na priorytetowym przetwarzaniu informacji dotyczących bodźców o negatywnej walencji. Ta zwiększona selektywność uwagi wobec bodźców zagrażających w sytuacji doświadczania lęku ma charakter automatyczny i nieświadomy[67]. Kontrola czasu ekspozycji bodźca wykazała, że efekt tendencyjności uwagi wiąże się jedynie z kierowaniem uwagi na bodźce zagrażające, ale już nie z jej utrzymaniem na tym bodźcu, natomiast kontrola intensywności bodźca (stopnia wywoływanego zagrożenia) wykazała wzrost tendencyjności wraz ze wzrostem intensywności bodźca[68]. Jest to uzasadnione z ewolucyjnego punktu widzenia, gdyż taka tendencyjność sprzyjała przetrwaniu, natomiast zdecydowanie ograniczała możliwości przetwarzania innych informacji, niż dane zagrażające.

Podobne dane otrzymał Derryberry[69], pokazując, że negatywny stan afektywny powoduje zmniejszenie ilości uwagi kierowanej na obiekty mało ważne w sytuacji skupiania się na obiektach ważniejszych. Równocześnie Derryberry stwierdza, że negatywne stany afektywne raczej zawężają pole uwagi niż koncentrują uwagę, gdyż gorszy poziom wykonania zadania mniej ważnego nie wiąże się z lepszym

---

[63] S. Lyubomirsky, L.A. King, E. Diener, (przyp. 13), s. 803–855.

[64] M.A. Cyders, G.T. Smith, *Emotion-based dispositions to rash action: Positive and negative urgency*, „Psychological Bulletin" 2008, nr 134, s. 807–828; R.M. Nesse, *Natural selection and the elusiveness of happiness*, „Philosophical Transactions of the Royal Society B" 2004, nr 359, s. 1333–1347.

[65] R.F. Baumeister, E. Bratslavsky, C. Finkenauer i in., *Bad is stronger than good*, „Review of General Psychology" 2001, nr 5, s. 323–370; J. Gruber, I.B. Mauss, M. Tamir, (przyp. 17), s. 222–233.

[66] A. Wells, G. Matthews, *Anxiety and cognition*, „Current Opinion in Psychiatry" 1996, nr 9, s. 422–426.

[67] K. Mogg, B.P. Bradley, R. Williams, *Attentional bias in anxiety and depression: The role of awareness*, „British Journal of Clinical Psychology" 1995, nr 4, s. 17–36.

[68] K. Mogg, B.P. Bradley, *Orienting of attention to threatening facial expression presented under conditions of restricted awareness*, „Cognition and Emotion" 1999, nr 6, s. 713–740.

[69] D. Derryberry, (przyp. 25), s. 65–89.

wykonaniem zadania ważniejszego. Podobnie badania na pacjentach depresyjnych wykazały tendencję do odwracania uwagi od bodźców radosnych (uśmiechnięte twarze)[70], utrzymywania jej (ale niekoniecznie kierowania) na bodźcach negatywnych[71] oraz lepszym wydobywaniu z pamięci wydarzeń negatywnych niż pozytywnych[72]. Analogiczne efekty pojawiają się w przypadku pamięci różnych wydarzeń. Badania na osobach, które doświadczyły traumy w dzieciństwie wykazały, że szczegółowość zapamiętanych wydarzeń dotyczy jedynie ich „centralnej" części, natomiast elementy „peryferyczne" są zapamiętane zdecydowanie gorzej[73].

Negatywne stany afektywne pojawiają się w sytuacjach deficytu informacji pragmatycznej (pomagającej osiągnąć cel), mimo tego uruchamiają działanie. Działanie to jest jednak często „działaniem na oślep", gdyż nie posiadamy dostatecznej wiedzy, co dokładnie zrobić, by osiągnąć cel. W efekcie odwołujemy się do znanych i sprawdzonych wcześniej rozwiązań, nawet gdyby nie były one efektywne w nowej sytuacji[74]. Barry Schwartz ze współpracownikami[75] pokazali, że osoby doświadczające negatywnych stanów afektywnych ostrożnie szukają najlepszego rozwiązania, pomimo znaczenia kontekstowego czy unikatowości problemu. Taka wytężona strategia jest nieefektywna w sytuacjach znanych lub w sytuacjach trudnych czy nowych, gdzie czas na rozwiązanie jest ograniczony. Osoby znajdujące się w negatywnym stanie afektywnym przy podejmowaniu decyzji odwołują się raczej do wytężonego, obciążającego i czułego przetwarzania danych, nawet gdy nie jest to konieczne w danej sytuacji[76]. Na tej podstawie można przypuszczać, że doświadczanie negatywnego stanu afektywnego skłania jednostkę do koncentrowania się nie tylko na wykonywanym zadaniu, ale także na problemie pozbycia się tego nieprzyjemnego stanu psychicznego[77]. Im wyższy poziom pobudzenia towarzyszy negatywnemu stanowi afektywnemu, tym bardziej ludzie są motywowani do tego, by zamiast na realizacji celu (zadania) skupić się na usunięciu doświadczanej przykrości.

---

[70] B.P. Bradley, K. Mogg, N.H. Millar, *Covert and overt orienting of attention to emotional faces in anxiety*, „Cognition and Emotion" 2000, nr 6, s. 789–808.

[71] B.P. Bradley, K. Mogg, S.C. Lee, *Attentional biases for negative information in induced and naturally occurring dysphoria*, „Behaviour Research and Therapy" 1997, nr 35, s. 911–927.

[72] D.M. Clark, J.D. Teasdale, *Diurnal variation in clinical depression and accessibility of memories of positive and negative experiences*, „Journal of Abnormal Psychology" 1992, nr 91, s. 87–95.

[73] S.A. Christianson, E. Engelberg, *Organization of emotional memories*, [w:] *The handbook of cognition and emotion*, red. T. Dalgleish, M. Power, John Wiley & Sons, Chichester 1999, s. 211–227.

[74] K. Obuchowski, (przyp. 8), s. 250–282.

[75] B. Schwartz, A.H. Ward, J. Monterosso i in., *Maximizing versus satisficing: Happiness is a matter of choice*, „Journal of Personality and Social Psychology" 2002, nr 83, s. 1178–1197.

[76] F. Gleicher, G. Weary, *Effect of depression on quantity and quality of social inferences*, „Journal of Personality and Social Psychology" 1991, nr 61, s. 105–114.

[77] K. Obuchowski, (przyp. 8), s. 250–282.

2. Relacje społeczne

Joseph Forgas[78] pokazał, że osoby, u których wywołano negatywny stan afektywny (smutek) w sytuacjach negocjacyjnych, były bardziej skłonne do stosowania rywalizacyjnych niż kooperacyjnych strategii. Inne badania pokazują, że osoby doświadczające negatywnych stanów afektywnych w związku, komunikują się używając więcej negatywnych zachowań werbalnych (takich jak obelgi, groźby czy krytykowanie) oraz niewerbalnych (np. marszczenie brwi lub mówienie zimnym głosem twardym)[79]. W kontekście pracy zawodowej badania pokazują, iż doświadczanie negatywnego stanu afektywnego związanego z wykonywaną pracą wpływa na występowanie problemów w radzeniu sobie z wymogami pracy, co bezpośrednio przekłada się na zmniejszoną efektywność[80].

Dodatkowo badania pokazały, że negatywny stan afektywny jest wiązany z występowaniem wśród pracowników stanów depresji, niskiej samooceny, nadciśnieniem tętniczym, alkoholizmem i nadużywaniem środków farmakologicznych[81]. Peter Chen i Paul Spector[82] pokazali, że negatywny stan afektywny wiąże się z kradzieżami w miejscu pracy, sabotażem i większą liczbą opuszczonych dni w pracy. Podobne wyniki otrzymali Timothy Judge, Brent Scott i Remus Ilies[83], wykazując, że negatywny stan afektywny wiązał się z zachowaniami kontr-produktywnymi przejawianymi na co dzień. Ponadto, niski stan pozytywnego afektu może prowadzić do problemów z przystosowaniem, objawiających się podejmowaniem aktywności przestępczej[84].

3. Perspektywa zdrowotna

Wiele badań wykazało, że zmiany fizjologiczne towarzyszące negatywnym stanom afektywnym są korzystne dla decydujących (krytycznych) działań krótkoterminowych, ponieważ działają mobilizująco, ale w dłuższej perspektywie są szkodliwe dla zdrowia. Jeżeli substancje takie jak kortyzol albo epinefryna są wydzielane zbyt długo, mogą prowadzić do rozregulowania systemu odpornościowego i zdecydowanego

---

[78] J.P. Forgas, (przyp. 55), s. 513–528.

[79] L. Stafford, D.J. Canary, *Maintenance strategies and romantic relationship type, gender, and relational characteristics*, „Journal of Social and Personal Relationships" 1991, nr 8, s. 217–242.

[80] M. Jamal, *Job stress and job performance controversy: An empirical assessment*, „Organizational Behavior and Human Performance" 1984, nr 33, s. 1–21.

[81] J.M. Ivancevich, M.T. Matteson, *Stress and work: A managerial perspective*, Scott, Foresman and Company, Glenview 1980, s. 51–100.

[82] P.Y. Chen, P.E. Spector, *Relationships of work stressors with aggression, withdrawal, theft and substance use: An exploratory study*, „Journal of Occupational and Organizational Psychology" 1992, nr 65, s. 177–184.

[83] T.A. Judge, B.A. Scott, R. Ilies, *Hostility, job attitudes, and workplace deviance: Test of a multilevel model*, „Journal of Applied Psychology" 2006, nr 91, s. 126–138.

[84] M. Windle, *A latent growth curve model of delinquent activity among adolescents*, „Applied Developmental Science" 2000, nr 4, s. 193–207.

pogorszenia stanu zdrowia[85]. Negatywne stany afektywne, gdy są intensywne, przedłużające się albo nieadekwatne kontekstualnie, mogą być powiązane z różnymi problemami, takimi jak m.in. zaburzenia nastroju, agresja i przemoc, zaburzenia odżywiania, samookaleczenia, depresja, samobójstwo oraz dysfunkcje seksualne, czy upośledzenia systemu odpornościowego[86]. Niedawna metaanaliza danych pokazała, że ludzie stosujący tłumienie lub wyparcie jako strategię radzenia sobie z negatywnymi wydarzeniami w życiu są bardziej narażeni na choroby nowotworowe, nadciśnienie lub problemy z układem krążenia[87]. Co ciekawe, niektóre badania wykazują, że negatywny stan afektywny jest powiązany ze skargami dotyczącymi objawów fizycznych, ale już nie z obiektywnymi wskaźnikami choroby[88]. Ponadto, wiele badań pokazało długoterminowe niekorzystne konsekwencje doświadczania traumy (związanej np. z nadużyciami seksualnymi), objawiające się depresją, problemami w związkach, wtórną wiktimizacją czy dysfunkcjami seksualnymi. Efekty takie pojawiają się również w przypadkach, w których do nadużyć doszło tylko jeden raz[89]. Jonathan Posner, James Russell i Bradley Petersen[90] przytaczają wyniki mówiące, że dzieci mające niskie poczucie jakości życia są bardziej podatne na występowanie częstych negatywnych stanów takich jak strach, złość czy smutek, a co za tym idzie należą one do grupy podwyższonego ryzyka wystąpienia zaburzeń nastrojów w przyszłości. Odwrotnie, u dzieci mających wysokie poczucie jakości życia, częściej pojawiają się pozytywne stany, takie jak radość, duma czy ekscytacja, a co za tym idzie, występuje mniejsze prawdopodobieństwo rozwinięcia się u nich zaburzeń nastroju.

V. Pozytywny wpływ negatywnego stanu afektywnego

1. Perspektywa poznawcza

Jak zauważa Isen[91], większość ludzi jest przekonana, że wpływ na nasze funkcjonowanie jest zarezerwowany tylko dla silnych i przede wszystkim negatywnych stanów afektywnych, i że jest on zawsze niekorzystny i „nieracjonalny". Jednak podstawową funkcją doświadczanych stanów jest optymalizacja naszego działania, a jak

---

[85] R.M. Sapolsky, *The physiology and pathophysiology of unhappiness*, [w:] D. Kahneman, E. Diener, N. Schwarz, (przyp. 29), s. 453–469.

[86] B.L. Fredrickson, M.A. Cohn, (przyp. 9), s. 777–796.

[87] M. Mund, K. Mitte, *The costs of repression: A meta-analysis on the relation between repressive coping and somatic diseases*, „Health Psychology" 2012, nr 5, s. 640–649.

[88] A.M. Van Hemert, C.H. Bakker i in., *Psychological distress as a long-term predictor of medical utilization*, „International Journal of Psychiatry in Medicine" 1993, nr 23, s. 295–305.

[89] J. Jośko-Ochojska, J. Kasperczyk, U. Marcinkowska i in. (przyp. 14), s. 208–212; J. Fleming, P.E. Mullen, B. Sibthorpe i in., *The long-term impact of childhood sexual abuse in Australian women*, „Child Abuse and Neglect" 1999, nr 2, s. 145–59.

[90] J. Posner, J.A. Russell, B.S. Peterson, *The circumplex model of affect: An integrative approach to affective neuroscience, cognitive development, and psychopathology*, „Development and Psychopathology" 2005, nr 17, s. 715–734.

[91] A.M. Isen, (przyp. 4), s. 548–573.

pokazują wyniki badań, negatywne stany afektywne również mają taką właściwość. Herbert Bless, David Hamilton i Diane Mackie[92] wywoływali u badanych pozytywny i negatywny stan afektywny, a następnie prezentowali informacje dotyczące jakiejś osoby. Okazało się, że osoby będące w pozytywnym stanie afektywnym grupowały dane i przetwarzały je powierzchownie, podczas gdy osoby doświadczające negatywnego stanu afektywnego przetwarzały dane bardziej ostrożnie i szczegółowo. Podobnie klasyczne już badania Lauren Alloy i Lyn Abramson[93] pokazały, że osoby depresyjne cechuje większy niż osoby zdrowe realizm sądów oraz przekonanie o wpływie na bieg różnych wydarzeń. Doświadczanie negatywnych stanów afektywnych wywołuje skupienie uwagi na problemie i aktywację działania mającego za zadanie usunięcie źródła nieprzyjemnych doświadczeń[94].

Ponadto, Justin Storbeck i Gerald Clore[95] pokazali, że negatywny stan afektywny redukuje liczbę fałszywych wspomnień poprzez uruchamianie szczegółowego procesu przetwarzania danych przy zapamiętywaniu. Badania te pokazały również, że doświadczany stan afektywny wpływa raczej na dostępność wskazówek przy kodowaniu niż na korzystanie z nich przy odpamiętywaniu. Podobnie Kate Houston z współpracownikami[96] wykazała niedawno, że doświadczanie negatywnych stanów afektywnych zwiększa dokładność opisu wyglądu sprawcy przestępstwa, ale zmniejsza dokładność opisu przebiegu wydarzenia. Jeremy Gray[97] wykazał, że negatywny stan afektywny podnosi poziom wykonania zadań przestrzennych, ale pogarsza wykonanie zadań słownych. Doświadczanie pozytywnych stanów działa natomiast odwrotnie. Wiele badań pokazuje, że doświadczanie negatywnych stanów afektywnych (przy otrzymywaniu kary) podczas uczenia się jakiegoś materiału przyspiesza jego przyswojenie[98]. Niestety, uczenie oparte o wywoływanie negatywnych stanów afektywnych wywołuje powstawanie skutków ubocznych, takich jak agresja, złość czy dezorientacja, które nie pojawiają się przy wywoływaniu pozytywnych stanów.

2. Relacje społeczne

Joseph Forgas[99] pokazał, że osoby będące w negatywnym stanie afektywnym (obniżony nastrój) stają się bardziej uprzejme i staranniej formułują prośby w stosunku

---

[92] H. Bless, D.L. Hamilton, D.M. Mackie, *Mood effects on the organization of person information*, „European Journal of Social Psychology" 1992, nr 22, s. 497–509.

[93] L.B. Alloy, L.Y. Abramson, *Judgment of contingency in depressed and nondepressed students: Sadder but wiser?*, „Journal of Experimental Psychology: General" 1979, nr 108, s. 441–485.

[94] N. Frijda, (przyp. 5), s. 56–63.

[95] J. Storbeck, G.L. Clore, (przyp. 50), s. 785–791.

[96] K.A. Houston, B.R. Clifford, L.H. Phillips i in., *The emotional eyewitness: The effects of emotion on specific aspects of eyewitness recall and recognition performance*, „Emotion" 2013, nr 1, s. 118–128.

[97] J. Gray, *Emotional modulation of cognitive control: Approach-withdrawal states double-dissociate spatial from verbal two-back task performance*, „Journal of Experimental Psychology: General" 2001, nr 130, s. 436–452.

[98] R.F. Baumeister, E. Bratslavsky, C. Finkenauer i in., (przyp. 65), s. 323–370.

[99] J. Forgas, *Affect and Cognition*, „Perspectives on Psychological Science" 2008, s. 94–101.

do obcej osoby. Timothy Ketelaar i Wing Tung Au[100] pokazali, że osoby, które doświadczyły negatywnego stanu afektywnego wywołanego tym, jak potraktowały partnera w sytuacji negocjacyjnej, stawały się bardziej szczodre, gdy po tygodniu mieli oni okazję negocjować ponownie. Kiedy jednak jedna ze stron negocjacji ma wysoki status i okazuje negatywny stan afektywny (złość), wywołuje to większą uległość w partnerze negocjacyjnym[101].

Heather Gray, Keiko Ishii i Nalini Ambady[102] pokazały, że doświadczanie negatywnego stanu afektywnego (smutku) wzmaga wrażliwość na pozawerbalne wskazówki, które stanowią ważne źródło informacji o indywidualnym poziomie więzi społecznych oraz podnosi chęć angażowania się w społeczne aktywności. Niektóre negatywne stany afektywne, takie jak poczucie winy czy wstydu, pełnią ważną rolę w budowaniu pozytywnych relacji społecznych, takich jak współpraca, łagodzenie wzburzenia czy zachowania prospołeczne[103]. W pewnych okolicznościach doświadczanie negatywnego stanu afektywnego może zwiększać gotowość do pomagania innym. Dzieje się tak, gdy pomaganie mogłoby znieść doświadczany nieprzyjemny stan albo pomogłoby uwolnić się od poczucia winy[104]. Potwierdza to metaanaliza badań pokazująca, że w sytuacji doświadczania negatywnych stanów afektywnych pojawia się częstsze pomaganie ofiarom wypadków i klęsk żywiołowych czy większa mobilizacja do wysiłku, by wykonać dane zadanie lub usunąć zagrożenie[105]. Dodatkowo, Russel Cropanzano, William Becker i Jacob Feldman[106] opisali badania analizujące związek pomiędzy różnymi negatywnymi stanami afektywnymi a tendencją do podejmowania ryzyka. Otrzymali oni wyniki wskazujące na to, że osoby lękliwe miały mniejszą awersję do ryzyka niż osoby szczęśliwe czy złe, ale tylko w sytuacji, gdy ryzyko było powiązane z decyzją podejmowaną przez inną osobę (badanie 2). Gdy wielkość ryzyka wiązała się z decyzją „maszyny losującej" (badanie 1) osoby doświadczające lęku stawały się bardziej ostrożne niż osoby doświadczające złości.

[100] T. Ketelaar, W.T. Au, *The effects of guilty feelings on the behavior of uncooperative individuals in repeated social bargaining games: An Affect-as-information interpretation of the role of emotion in social interaction*, „Cognition & Emotion" 2003, nr 17, s. 429–453.

[101] G.A. Van Kleef, C.K.W. De Dreu, D. Pietroni i in., *Power and emotion in negotiation: Power moderates the interpersonal effects of anger and happiness on concession making*, „European Journal of Social Psychology" 2006, nr 36, s. 557–581.

[102] H.M. Gray, K. Ishii, N. Ambady, *Misery Loves Company*, „Personality and Social Psychology Bulletin" 2011, nr 11, s. 1438–1448.

[103] J. Gruber, I.B. Mauss, M. Tamir, (przyp. 17), s. 222–233.

[104] R.B. Cialdini, B.L. Darby, J.E. Vincent, *Transgression and altruism: A case for hedonism*, „Journal of Personality and Social Psychology" 1973, nr 9, s. 502–516.

[105] S. Lyubomirsky, L.A. King, E. Diener, (przyp. 13), s. 803–855.

[106] R. Cropanzano, W.J. Becker, J. Feldman, *The effect of moods and discrete emotions on negotiator behavior*, [w:] *The psychology of negotiations in the 21st century*, red. B.M. Goldman, D.L. Shapiro, Jossey-Bass, San Francisco 2012, s. 141–178.

3. Perspektywa zdrowotna

Pojawienie się negatywnego stanu afektywnego u osób chorych zwiększa ostrożność i wzmaga czujność w poszukiwaniu i wyłapywaniu symptomów choroby. Może wzmagać również interpretację różnych objawów jako powiązanych ze stanem chorobowym[107]. Taka stronniczość interpretacji pojawia się również u osób zdrowych[108].

VI. Skąd te różnice?

Adaptacyjną rolą stanów afektywnych jest optymalizacja zachowania. Jednak nie zawsze wyniki pojawienia się danego stanu afektywnego sprzyjają funkcjonowaniu jednostki, co pokazał powyższy przegląd badań. Opisane wyżej różnice w konsekwencjach doświadczanych stanów afektywnych mogą wynikać z różnych przyczyn. Niektóre z nich dotyczą właściwości doświadczanego stanu afektywnego, inne charakterystyki sytuacji zadaniowej, kolejne odnoszą się do właściwości jednostki, jednak znaczna ich część ma podłoże metodologiczne oraz międzykulturowe.

1. Poziom pobudzenia doświadczanego stanu afektywnego

Pobudzenie jest „rdzeniem" większości stanów afektywnych, a wywoływanie różnego poziomu aktywacji organizmu jest z definicji wpisane w te stany. Jednak wraz ze wzrostem wywołanego poziomu pobudzenia pojawiają się inne konsekwencje dla poziomu funkcjonowania jednostki. Taka zależność jest opisana między innymi w ramach prawa Yerkesa-Dodsona[109]. Prawo to stwierdza po pierwsze, że w miarę wzrostu poziomu pobudzenia zadanie jest wykonywane do pewnego poziomu krytycznego coraz lepiej, po czym wykonanie zaczyna się pogarszać, aż do całkowitej dezorganizacji. Po drugie, dany krytyczny poziom pobudzenia jest niższy dla zadań trudnych niż dla łatwych. Odwołując się do tej prawidłowości można wytłumaczyć negatywne konsekwencje zarówno pozytywnego jak i negatywnego stanu afektywnego przede wszystkim o wysokim poziomie wywołanej aktywacji.

Pogorszenie poziomu funkcjonowania w sytuacji doświadczania różnej intensywności stanu afektywnego można również wyjaśnić odwołując się do teorii kod – emocje Kazimierza Obuchowskiego[110]. Zakłada ona, że różnym sposobom przetwarzania informacji towarzyszą różne wzorce optymalnej aktywacji afektywnej.

[107] R. Pandey, A.K. Choubey, *Emotion and health: An overview*, „SIS Journal of Projective Psychology & Mental Health" 2010, nr 2, s. 135–152.

[108] G. Affleck, H. Tennen, S. Urrows, P. Higgins, *Neuroticism and the pain-mood relation in rheumatoid arthritis: Insights from a prospective daily study*, „Journal of Consulting and Clinical Psychology" 1992, nr 60, s. 119–126.

[109] R.M. Yerkes, J.D. Dodson, *The relation of strength of stimulus to rapidity of habit-formation*, „Journal of Comparative Neurology and Psychology" 1908, nr 18, s. 459–482.

[110] K. Obuchowski, (przyp. 8), s. 245–250.

W przypadku wysokiej aktywacji afektywnej, gdy pojawia się tendencja do skracania sekwencji pośredniczących między bodźcem a reakcją, skracanie to może dokonać się jedynie poprzez uproszczenie. Silne pobudzenie, jako czynnik „upraszczający" zachowanie, przyspiesza reakcje i podejmowanie decyzji, ale utrudnia równocześnie realizację długodystansowych strategii ujawniając wyłącznie najbardziej aktualne dążenia człowieka. W przypadku zbyt małej aktywizacji mamy dużą precyzję działania, ale kosztem jego siły, stabilności i odporności na zmęczenie lub znudzenie[111]. Obuchowski sugeruje jednak, że pogorszenie poziomu wykonania zadań, w sytuacji doświadczania zbyt dużej (w stosunku do charakteru zadania) aktywacji afektywnej, nie jest przykładem dezorganizacji tylko reorganizacji działania, stanowiąc naszą obronę przed entropią Należy w związku z tym pamiętać, że „prostszy w odniesieniu do danych warunków nie zawsze musi oznaczać gorszy"[112].

2. Zarządzanie zasobami umysłowymi

Daniel Kahneman[113] w swoim modelu alokacji zasobów poznawczych założył, że ilość zasobów potrzebnych do przetwarzania informacji jest ograniczona. Ilość zasobów przeznaczanych na poradzenie sobie z danym zadaniem jest uzależniona m.in. od fluktuacji stanu pobudzenia: im wyższe pobudzenie, tym więcej zasobów ma jednostka do dyspozycji. Wysokość poziomu pobudzenia zależy nie tylko od rodzaju stanu afektywnego, ale także od trudności wykonywanego zadania — zadania trudne pobudzają nas mocniej, ale równocześnie pochłaniają więcej zasobów.

Alicia Grandey, Glenda Fisk i Dirk Steiner[114] pokazali, że kontrolowanie doświadczanych stanów afektywnych także może wyczerpać posiadane przez nas zasoby. Pokazali oni, że ludzie angażujący się emocjonalnie w swoją pracę wypadają gorzej w kolejnych, niezwiązanych z emocjami, zadaniach. Inne niedawne badania pokazały, że gdy samoregulacja albo inna psychologiczna aktywność pochłonie zbyt dużo zasobów, kolejna aktywność będzie trudniejsza lub mogą pojawić się irracjonalne zachowania[115]. Mark Muraven z zespołem[116] pokazali również, że sama potrzeba zachowania zasobów na przyszłość jest wystarczająca, by doprowadzić do gorszego wykonania zadań w teraźniejszości. Spadek poziomu wykonania nie będzie jednak wynikał z wyczerpania zasobów, ale z ich alokacji do innych (przyszłych, ważniejszych) czynności. Możliwe jest również, że to, czy w danej sytuacji wystąpi

---

[111] K. Obuchowski, (przyp. 8), s. 293–312.

[112] K. Obuchowski, (przyp. 8), s. 254.

[113] D. Kahneman, *Attention and effort*, Prentice-Hall, Englewood Cliffs 1973, s. 28–49.

[114] A.A. Grandey, G.M. Fisk, D.D. Steiner, *Must »service with a smile« be stressful? The moderating role of personal control for American and French employees*, „Journal of Applied Psychology" 2005, nr 90, s. 893–904.

[115] R. Jun, H. Lingyun, Z. Hongying, H. Zihui, *Implicit positive emotion counteracts ego depletion*, „Social Behavior And Personality" 2010, nr 7, s. 919–928.

[116] M. Muraven, D. Shmueli, E. Burkley, *Conserving self-control strength*, „Journal of Personality and Social Psychology" 2006, nr 91, s. 524–537.

wyczerpywanie zasobów bądź ich alokacja zależy od liczby zadań, jakie ma do rozwiązania jednostka.

Patrick Converse i Richard deShon[117] zasugerowali, że mogą istnieć co najmniej dwa efekty procesu samoregulacji: wyczerpanie zasobów oraz adaptacja czasowa. Efekt wyczerpania występuje w sytuacji, gdy mamy dwa zadania, jedno „obciążające" drugie „właściwe". Wtedy, z powodu braku dostępu do wystarczającej ilości zasobów poziom wykonania zadania właściwego jest niższy. Efekt ten jednak znika, gdy po obciążającym (wyczerpującym zasoby) zadaniu, dostaniemy nie jedno, ale więcej zadań do rozwiązania. Następuje wtedy coś w rodzaju adaptacji do wymogów sytuacji i obniżenie poziomu wykonania kolejnych zadań zanika.

3. Ocena materiału zadaniowego

Isen[118] zwróciła uwagę na to, że przy ocenie wpływu afektu na funkcjonowanie poznawcze człowieka należy brać pod uwagę różnorodność sytuacji zadaniowej (szczególnie cechy zadania), w jakiej dany człowiek się znalazł. Jednym z aspektów zadań jest walencja materiału zadaniowego. Ocena zadania jako pozytywnego (przyjemnego) albo negatywnego (nieprzyjemnego) wywołuje adekwatne podejście do jego rozwiązywania, które zwiększa lub zmniejsza motywację do działania. Kolejnym istotnym aspektem zadań jest ich ważność bądź znaczenie. Jeśli zadanie jest nudne lub negatywnie ocenianie oraz jeśli uważamy je za bezcelowe, albo nie widzimy korzyści z jego wykonania, wtedy będąc w pozytywnym stanie afektywnym nie będziemy się do niego przykładać — osoby takie będą starały się „chronić" swój pozytywny stan przed zmianą[119]. Osoby w pozytywnym stanie afektywnym muszą mieć powód, by pracować nad nieprzyjemnym zadaniem. Jeżeli natomiast zadanie będzie spostrzegane jako ważne, będzie wymagać skupienia się na możliwych dotkliwych stratach, albo będzie dotyczyć trudnych, stresujących sytuacji, wtedy osoby w pozytywnym stanie afektywnym nie unikają wykonania takich zadań i angażują się w nie, nawet jeśli zadania są ocenianie negatywnie[120].

Dodatkowo, Theodore Newcomb[121] wyróżnił dwa rodzaje zachowania, które pojawiają się w odpowiedzi na postawione przed jednostką zadanie. Są to zachowania nastawione „na cel" oraz „na obronę". W sytuacji, gdy zadanie okazuje się być zbyt trudne, ale jego wynik jest wiązany z samooceną jednostki, wtedy problemy w zadaniu zaczynają być traktowane jako osobiste zagrożenie. Realizacja pierwotnego celu (rozwiązanie zadania) zostaje zarzucona albo poważnie rozbudowana poprzez

---

[117] P.D. Converse, R.P. deShon, *A tale of two tasks: Reversing the self-regulatory resource depletion effect*, „Journal of Applied Psychology" 2009, nr 94, s. 1318–1324.

[118] A.M. Isen, (przyp. 4 i 19).

[119] A.M. Isen, S.F. Simmonds, (przyp. 39), s. 345–349.

[120] A.M. Isen, N. Geva, *The influence of positive affect on acceptable level of risk: The person with a large canoe has a large worry*, „Organizational Behavior and Human Decision Processes" 1987, nr 39, s. 145–154.

[121] T.M. Newcomb, *Dwa typy nastawienia wobec przeszkód*, [w:] *Zagadnienia psychologii społecznej*, red. A. Malewski, PWN, Warszawa 1962, s. 186–207.

dołączenie działań związanych z nowym celem — samoobroną. Jednostka broni się przed narastającym negatywnym stanem afektywnym. W efekcie spada efektywność działania[122].

4. Poziom przetwarzania informacji

Badania pokazują również, że pewne efekty dotyczące oddziaływania stanów afektywnych są odmienne w przypadku zadań angażujących proste i złożone procesy poznawcze. Jak sugerują Alina Kolańczyk[123] i Joseph Forgas[124], konieczność dokonania analitycznego przetwarzania informacji zwiększa asymilacyjne wpływy stanów afektywnych. Każde głębokie i zaangażowane przetwarzanie danych jest poddane wpływowi stanów afektywnych. Ocena heurystyczna lub ocena motywowana obronnością ego jest odporna na oddziaływanie stanów afektywnych.

Forgas[125], tworząc swój model infuzji afektu (*affect infusion model* — AIM), wyszedł z założenia, że różnorodność strategii przetwarzania informacji jest wyznaczana potrzebami ludzi i różnymi okolicznościami zewnętrznymi. Infuzja afektu jest procesem, w którym informacja niosąca ładunek afektywny wywiera wpływ na procesy poznawcze oraz oceniające i zostaje przez nie wchłonięta. Informacja ta dokonuje ingerencji w procesy myślowe, zmieniając tym samym ich wynik końcowy, co w rezultacie modyfikuje podejmowane aktywności[126]. Forgas zakłada, że człowiek w danej sytuacji może wykorzystać różne strategie przetwarzania danych[127]. Strategie te wybierane są na podstawie kombinacji dwóch czynników: wysiłku jaki musi włożyć jednostka w proces przetwarzania oraz poziomu jakości przetwarzania, jego otwartości i bardziej lub mniej konstruktywnego charakteru[128]. Infuzja afektu jest najbardziej prawdopodobna w warunkach sprzyjających szczegółowemu, uważnemu przetwarzaniu informacji albo przetwarzaniu heurystycznemu. Najsłabiej infuzja zachodzi w warunkach sprzyjających bezpośredniemu wyszukiwaniu istniejących informacji, bez ich dodatkowej obróbki czy przetwarzania, a także w warunkach przetwarzania zmotywowanego czy ukierunkowanego na cel. Wpływ afektu na podejmowane decyzje zależy również od tego, jakie cechy posiada podmiot i przedmiot oceny oraz od różnych cech sytuacji.

---

[122] K. Obuchowski, (przyp. 8), s. 282–306.

[123] A. Kolańczyk, *Umysł afektywnie zdeterminowany*, [w:] *Psychologia umysłu*, red. T. Zaleśkiewicz, Z. Piskorz, GWP, Gdańsk 2003, s. 160–180.

[124] J.P. Forgas, (przyp. 2), s. 269–290.

[125] J.P. Forgas, (przyp. 2 i 99).

[126] J.P. Forgas, P.T. Vargas, *Wpływ nastroju na społeczne oceny i rozumowanie*, [w:] M. Lewis, J.M. Haviland-Jones, (przyp. 19), s. 446–467.

[127] J.P. Forgas, P.T. Vargas, (przyp. 126), s. 446–467.

[128] J.P. Forgas, (przyp. 99), s. 94–101.

5. Predyspozycje osobowościowe

Metaanaliza badań pokazała, że doświadczany stan afektywny wiąże się z różnymi czynnikami osobowościowymi, takimi jak samoocena, optymizm/pesymizm, poczucie kontroli, ekstrawersja/introwersja czy poczucie skuteczności[129]. Harry Koelega[130] dokonując metaanalizy badań nad związkiem cech osobowości z poziomem wykonania zadań poznawczych stwierdził, że związek ten uzależniony jest od poziomu złożoności zadania. Złożoność i trudność zadania zwiększa poziom pobudzenia, rozumianego jako niespecyficzna energetyzacja organizmu. W szczególnie monotonnych, łatwych i nieobciążających zadaniach lepiej radzą sobie introwertycy, których charakteryzuje chronicznie podwyższony poziom pobudzenia kory mózgowej. W bardziej złożonych, stymulujących i angażujących zadaniach lepiej wypadają ekstrawertycy, charakteryzujący się zdecydowanie niższym poziomem aktywacji. Wykazał on również, że introwertycy lepiej radzą sobie w zadaniach wymagających skupienia i selektywności uwagi niż ekstrawertycy, ale wypadają już gorzej, jeżeli uwzględni się utrzymanie skuteczności działania w czasie. Dane te zmieniają się jednak w zależności od tego czy materiał zadania jest wizualny czy słuchowy. Introwersja jest wiązana z wolniejszym, ale bardziej dokładnym stylem reagowania, kontemplacyjnym procesem przetwarzania oraz bardziej rozbudowanym przetwarzaniem bodźców[131].

6. Metodologia prowadzonych badań

W środowisku badaczy szeroko rozumianych emocji panuje dość duży chaos terminologiczny powodujący, że konstrukty, które są na poziomie teoretycznym traktowane jako odrębne, bywają operacjonalizowane za pomocą tych samych wskaźników[132]. Np. Barbara Fredrickson i Thomas Joiner[133] we wprowadzeniu do swoich badań odwołują się do wpływu emocji na zachowanie, ale badania przeprowadzają już za pomocą skali PANAS, która służy do badania afektu. W badaniach, które przytaczają Sonja Lyubomirsky, Laura King i Ed Diener[134], do operacjonalizowania poczucia szczęścia są wykorzystywane zarówno różne narzędzia powiązane ze stanami

---

[129] S. Lyubomirsky, L.A. King, E. Diener, (przyp. 13), 803–855.

[130] H.S. Koelega, *Extroversion and vigilance performance: 30 years of inconsistencies*, „Psychological Bulletin" 1992, nr 2, s. 239–258.

[131] J. Jagiellowicz, X. Xu, A. Aron i in., *The trait of sensory processing sensitivity and neural responses to changes in visual scenes*, „Social Cognitive and Affective Neuroscience" 2011, nr 1, s. 38–47.

[132] R. Derbis, *Poczucie jakości życia a zjawiska afektywne*, [w:] *Społeczne konteksty jakości życia*, red. S. Kowalik, Wydawnictwo Uczelniane WSG, Bydgoszcz 2007, s. 13–52; S. Lyubomirsky, L.A. King, E. Diener, (przyp. 13), s. 803–855.

[133] B.L. Fredrickson, T. Joiner, *Positive emotions trigger upward spirals toward emotional wellbeing*, „Psychological Science" 2002, nr 13, s. 172–175.

[134] S. Lyubomirsky, L.A. King, E. Diener, (przyp. 13), s. 803–855.

emocjonalnymi (np. PANAS, STAI, BDI, MAACL[135] czy skala afektywności w pracy), jak i narzędzia związane z zupełnie innymi konstruktami (np. skala morale w pracy, skala poczucia koherencji, test orientacji życiowych, skala postaw wobec starzenia się). Wśród badań eksperymentalnych przytaczanych przez wspomnianych badaczy, jako procedury wzbudzania afektu wymieniane są m.in. zapachy, oświetlenie, drobne prezenty, oglądanie filmów, słuchanie muzyki, fałszywa informacja zwrotna czy przypominanie sobie różnych wydarzeń. Drogi badaczy do osiągnięcia pożądanego stanu emocjonalnego u badanych są więc różne, podobnie jak i jego rozumienie. James Russell[136] zauważa, że emocje są zazwyczaj dzielone na radość, złość, strach, zazdrość itp., ale problem leży właśnie w końcówce „i tym podobne", ponieważ nikt nie wie, gdzie dokładnie przebiega granica pomiędzy emocjami i nie-emocjami.

Kolejnym źródłem różnic w sposobie rozumienia i operacjonalizowania stanów afektywnych może być to, że ludzie w subiektywnych narracjach nie rozróżniają od siebie takich pojęć jak emocje czy nastroje[137]. Większość ludzi mówi o równoczesnym przeżywaniu szerokiej gamy nastrojów (emocji) negatywnych, jak i pozytywnych. Może to być przesłanką do tezy, iż specyficzne emocje/nastroje słabo wyodrębniają się w codziennym strumieniu przeżyć lub do tezy, że doświadczanie emocji/nastrojów nie musi łączyć się z umiejętnością określenia ich siły przez ludzi[138]. Ponadto, jak pokazuje wiele badań, ustalenie neutralnego afektywnie stanu jest problematyczne. Grupy kontrolne uwzględniane w badaniach często charakteryzują się obecnością pozytywnego stanu afektywnego[139]. Ponadto, badania wykorzystujące obrazowanie neuronalne pokazują, że indukcja pozytywnych stanów afektywnych nie różnicuje istotnie wzorów aktywacji mózgowej w porównaniu do grupy tzw. neutralnej[140].

7. Różnice kulturowe

Peter Kuppens, Anu Realo i Ed Diener[141] przeprowadzili badania na grupie ponad 8,5 tysiąca ludzi z 46 krajów sprawdzając ich poziom zadowolenia z życia oraz częstość

---

[135] PANAS — Skala Pozytywnego i Negatywnego Afektu Watsona, Clarka i Tellegen; STAI — Inwentarz Stanu i Cechy Lęku Spielbergera, Gorsucha, i Lushene; BDI — Skala Depresji Becka; MAACL — Wielowymiarowa Lista Przymiotników Afektywnych Zuckermana i Lubin.

[136] J.A. Russell, *Emotion, core affect, and psychological construction*, „Cognition and Emotion" 2009, nr 23, s. 1259–1283.

[137] R.J. Davidson, *O emocji, nastroju i innych pojęciach afektywnych*, [w:] P. Ekman, R.J. Davidson, (przyp. 1), s. 50–54; N. Frijda, (przyp. 5), s. 56–63.

[138] N. Frijda, *Punkt widzenia psychologów*, [w:] M. Lewis, J.M. Haviland-Jones, (przyp. 19), s. 56–63; N. Frijda, (przyp. 5), s. 56–63; D. Watson, L.A. Clark, *Emocje, nastroje, cechy i temperament: rozważania pojęciowe i wyniki badań*, [w:] P. Ekman, R.J. Davidson, (przyp. 1), s. 83–87.

[139] E. Diener, C. Diener, *Most people are happy*, „Psychological Science" 1996, nr 7, s. 181–185.

[140] S.C. Baker, C.D. Frith, R.J. Dolan, *The interaction between mood and cognitive function studied with PET*, „Psychological Medicine" 1997, nr 27, s. 565–578.

[141] P. Kuppens, A. Realo, E. Diener, *The role of positive and negative emotions in life satisfaction judgment across nations*, „Journal of Personality and Social Psychology" 2008, nr 1, s. 66–75.

doświadczania pozytywnego i negatywnego stanu afektywnego. Wielowymiarowa analiza pokazała, że doświadczanie pozytywnych stanów afektywnych jest bardziej powiązane z satysfakcją z życia niż nieobecność negatywnych stanów afektywnych. Zależność ta jest jednak moderowana przez kulturowe wymiary indywidualizmu i przetrwania (wyrażania siebie). Doświadczanie negatywnych stanów afektywnych jest bardziej ujemnie powiązane z zadowoleniem z życia w krajach indywidualistycznych niż w kolektywistycznych. Natomiast doświadczanie pozytywnych stanów afektywnych bardziej wiąże się dodatnio z satysfakcją z życia w krajach kładących nacisk na wyrażanie siebie, niż w narodach ukierunkowanych na przetrwanie. Wyniki te pokazują, jak afektywne czynniki powiązane z poczuciem tzw. „dobrego życia" zmieniają się w zależności od kultury oraz wartości wyznawanych przez daną społeczność.

Yuri Miyamoto z współpracownikami[142] pokazali, że Japończycy mówią o częstszym równoczesnym doświadczaniu pozytywnych i negatywnych stanów afektywnych niż Europejczycy czy Amerykanie, ale jedynie w sytuacjach korzystnych. Sytuacja ta nie występuje w przypadku nieprzyjemnych wydarzeń. Podobnie Janxin Leu z zespołem[143] pokazali, że w pozytywnych, ale już nie w negatywnych sytuacjach Amerykanie doświadczają mniej negatywnych stanów afektywnych niż Chińczycy czy Japończycy. Dane te mogą sugerować, że w korzystnych sytuacjach Azjaci mają tendencję do odnajdywania „ciemnych stron", podczas gdy w sytuacjach niekorzystnych, wszyscy bez względu na kulturę mamy tendencję do szukania w nich czegoś dobrego. Inne badania pokazują, że Japończycy odwrotnie niż Europejczycy wiążą szczęście z negatywnymi społecznie konsekwencjami, takimi jak zazdrość czy brak jedności w relacjach społecznych[144]. Dane te wskazują na duże kulturowe zróżnicowanie we wpływie pozytywnych, bardziej niż negatywnych, stanów afektywnych na funkcjonowanie człowieka. Idąc tym tropem można zadać pytanie czy skuteczność interwencji psychologicznych prowadzonych w duchu psychologii pozytywnej będzie taka sama w grupie Europejczyków i Azjatów.

VII. Podsumowanie

Podstawowym zadaniem doświadczanych stanów afektywnych jest optymalizacja zachowania człowieka w celu jak najefektywniejszego poradzenia sobie w danych warunkach. Wyniki badań pokazują, że zarówno pozytywne, jak i negatywne stany afektywne mogą faktycznie polepszać nasze funkcjonowanie. Jednak jest wiele dowodów na to, że doświadczane stany afektywne mogą skutecznie dezorganizować

---

[142] Y. Miyamoto, Y. Uchida, P.C. Ellsworth, *Culture and mixed emotions: Co-occurrence of positive and negative emotions in Japan and the United States*, „Emotion" 2010, nr 10, s. 404–415.

[143] J. Leu, B. Mesquita, P.C. Ellsworth i in., *Situational differences in dialectical emotions: Boundary conditions in a cultural comparison of North Americans and East Asians*, „Cognition & Emotion" 2009, nr 24, s. 419–435.

[144] Y. Uchida, S. Kitayama, *Happiness and unhappiness in east and west: Themes and variations*, „Emotion" 2009, nr 9, s. 441–456.

nasz sposób myślenia i działania. Szczegółowa analiza danych sugeruje, że przyczyn zarówno korzystnych, jak i niekorzystnych efektów oddziaływania stanów afektywnych należy upatrywać w różnych źródłach. Nie zawsze są to czynniki powiązane z doświadczanym stanem (np. z jego intensywnością), wykonywanym zadaniem (np. jego charakterem czy poziomem trudności) czy z właściwościami osoby badanej (np. jej osobowość czy kultura, z której się wywodzi). Często różnice w danych wynikają z innych założeń i decyzji metodologicznych przyjmowanych przez badaczy. Biorąc to wszystko pod uwagę, należy zawsze pamiętać o ostrożnym i krytycznym interpretowaniu wyników badań oraz o tym, że przyczyny odmiennych konsekwencji doświadczanych stanów afektywnych mogą leżeć w wielu różnych miejscach.

Katarzyna Skałacka

Affective states and their influence on human behaviour
— a research review

The primary task of the experienced affective states is to optimize human behaviour. Research has shown that both positive and negative affective states can improve our performance. However, there is ample research evidence that the experienced affective states can also disorganize our ways of thinking and acting. This paper provides an overview of recent and classic research, showing both beneficial and adverse effects of affective states on the mind, the body, and social relationships. The article also describes various possible causes and consequences of affective states. Research implications, limitations and further research perspectives are discussed.

Zygfryd Juczyński

Używki — ryzykowny sposób poprawy jakości życia jednostki

I. Wprowadzenie

Ludzie zawsze zabiegali o taki sposób życia, który byłby dla nich dobry. Na ogół przejawia się to w dążeniu do osiągnięcia zadowolenia z życia. Poszukiwania czynników czy warunków, które sprzyjają poczuciu zadowolenia z życia z reguły sprowadzają się do konceptualizacji i badań jakości życia, którą można ujmować w sposób bardziej przyrodniczy bądź humanistyczny. Ten pierwszy, ukierunkowany na procesy biologiczno-mechaniczne, ujmuje jakość życia w kategoriach przyjemności. Z kolei podejście humanistyczne akcentuje świadomą rolę człowieka i poczucia satysfakcji z życia upatruje w samorealizacji oraz kreatywności jednostki. Innymi słowy, w ujęciu przyrodniczym satysfakcja z życia (a również szczęście) to hedonizm, zaś w podejściu humanistycznym — eudajmonizm[1]. Próby uściślenia pojęcia jakości życia doprowadziły do sformułowania pojęcia „jakości życia związanej ze zdrowiem", gdyż zdrowie jest wartością instrumentalną, tzn. jest narzędziem umożliwiającym osiąganie innych wartości, a przede wszystkim — lepszej jakości życia[2].

Artykuł jest próbą spojrzenia na jakość życia związaną ze zdrowiem, a *de facto* na jej wyznaczniki, w sposób łączący podejście biologiczne z humanistycznym, a tym samym ujęcie człowieka w kategoriach jedności bio-psycho-społecznej. Czy takie ujęcie jest możliwe w odniesieniu do stosowania przez ludzi różnych używek,

---

[1]   J. Beckman, G. Ditlev, *The concept of quality of life, promotion of health in chronic diseases*, [w:] *Promotion of health in chronic diseases*, red. A. Kaplun, Publishing House of the Institute of Medicine, Łódź 1997, s. 108.

[2]   Z. Juczyński, *Koncepcje i pomiar jakości życia związanej ze zdrowiem*, „Zeszyty Naukowe WSHE" 2004, nr 44, s. 8; tenże, *Health-related quality of life: Theory and measurement*, „Acta Universitatis Lodziensis, Folia Psychologica" 2006, nr 10, s. 6–8.

tj. zażywania produktów spożywczych, które w zasadzie nie posiadają wartości odżywczej, lecz działają pobudzająco na układ nerwowy? W dość powszechnym przekonaniu stosowanie używek jest nastawione na doznanie przyjemności, co prawda doraźnej, jednak na tyle atrakcyjnej, że ludzie angażują wiele sił i środków dla ich pozyskania. Picie kawy czy herbaty, podobnie jak palenie tytoniu czy picie alkoholu, to czynności mocno powiązane z trybem życia i panującymi zwyczajami. W chwilach zdenerwowania, po męczącym dniu czy nieprzyjemnym zdarzeniu, sięgamy po papierosa, alkohol, czy tabletkę (barbiturany, benzodiazepiny). Istnieją przecież leki na poprawę nastroju, pigułki na niechcianą ciążę, środki na odchudzanie i — jak pisze Paula Goodyer — „jeżeli jest jakaś przepaść między doskonałością, a realnym życiem, ktoś już gdzieś pracuje nad pigułką, która przerzuci nad nią pomost"[3].

Podstawowym motorem ludzkich zachowań jest dążenie do przyjemności i dlatego niektóre środki, jak alkohol, tytoń i kawę, uznaje się za nieodłączne wyznaczniki współczesnego stylu życia. Alkohol jest najczęściej używaną przez młodzież w Polsce substancją psychoaktywną. Drugą co do częstości stosowania substancją jest tytoń, zaś na trzecim miejscu znajdują się przetwory konopi, czyli marihuana i haszysz[4]. Aktualnie w naszym kraju najwięcej kontrowersji budzą narkotyki (zwłaszcza marihuana), których zażywanie w celach niemedycznych jest prawnie zakazane. W długiej historii zażywania substancji psychoaktywnych przeważała motywacja hedonistyczna i dziś u młodzieży marihuana, wraz z piciem alkoholu i paleniem tytoniu, stała się głównym środkiem „imprezowym". Jednakże, uwzględniając całe spektrum środków narkotycznych nie można pominąć innych, poza hedonistycznymi, motywów ich zażywania, związanych ze wzrostem samoświadomości, czy zamiarem duchowego spełnienia się za pomocą narkotycznej wizji[5].

Zawarte w artykule treści koncentrują się na stosowaniu używek w postaci narkotyków, jako najbardziej kontrowersyjnych i uwikłanych w różnego rodzaju dylematy sposobach polepszenia jakości życia, a zarazem związanych z zachowaniami ryzykownymi bądź szkodliwymi dla zdrowia[6].

II. Do celu na skróty

Historia ludzkości wskazuje, że istnieje odwieczna potrzeba ucieczki w świat raju, w którym wyobrażana sobie rzeczywistość odbierana jest jako przeżywanie permanentnego zadowolenia i szczęścia. Tymczasem w tej normalnej rzeczywistości zdarzają się jedynie ulotne chwile szczęścia, które tak jak bańka mydlana, ledwie dotknięte pryskają. Okazuje się jednak, iż te iluzoryczne pragnienia można dość szybko

---

3   P. Goodyer, *Dzieciaki i narkotyki*, Wydawnictwo MADA, Warszawa 1999, s. 37.
4   K. Ostaszewski, *Zapobieganie używaniu substancji psychoaktywnych*, [w:] *Edukacja zdrowotna*, red. B. Woynarowska, Wydawnictwo Naukowe PWN, Warszawa 2007, s. 483–484.
5   Z. Juczyński, *Narkomania. Podręcznik dla nauczycieli, wychowawców i rodziców*, Wydawnictwo Lekarskie PZWL, Warszawa 2008, s. 45–46.
6   Z. Juczyński, *Dylematy i kontrowersje dotyczące uzależnień*, [w:] *Zdrowie i choroba. Problemy teorii, diagnozy i praktyki*, red. J. Brzeziński, L. Ciepiałkowska, GWP, Gdańsk 2008, s. 190–212.

i łatwo zrealizować poprzez zmianę wizji świata, korzystając z obfitości darów otaczającej przyrody. Znaleźć tam można rośliny o liściach lub korzeniach zawierających soki, których zażywanie poprawia nastrój i powoduje, że życie staje się łatwiejsze i przyjemniejsze[7]. Co więcej, w czasach bardziej nam współczesnych, rozwój nauki umożliwił otrzymywanie syntetycznych substancji i ich produkcję na skalę masową, co w zasadniczy sposób zmieniło rozmiar zjawiska, jak i dotychczasowe sposoby zażywania tych środków.

Środek psychoaktywny to substancja, która wpływa na umysł człowieka, na jego emocje i zachowania i — w większym lub mniejszym stopniu — zmienia jego świadomość. Ta zmiana może się dokonać albo poprzez zniekształcenie percepcji samego siebie, albo otaczającej rzeczywistości, a najczęściej poprzez jedno i drugie. Zażywając środki psychoaktywne można doznać przyjemności, pozbyć się kłopotów i trosk, przełamać swoje opory i zahamowania, podnieść swoją samoocenę. Można również zmienić widzenie świata i otaczających ludzi, którzy dzięki zażytemu środkowi stają się bardziej sympatyczni i życzliwi. Innymi słowy, środek psychoaktywny umożliwia zarówno „ucieczkę od" kłopotów i trosk, jak i „ucieczkę do" nowej wizji świata i siebie.

Wdychanie substancji zmieniających świadomość znane było już u starożytnych Greków, którzy stosowali inhalację w celu spotęgowania doświadczeń mistycznych lub religijnych[8]. Środki wziewne szybko dostają się do krwiobiegu, ale doznanie, podobne do silnego upojenia alkoholowego, połączone jest z zawrotami głowy, mdłościami, utratą orientacji i mija dość szybko. Czasem jednak zdarzają się doświadczenia zbliżone do doznań wywołanych przez narkotyki halucynogenne.

Halucynogeny przez stulecia miały zastosowanie przede wszystkim religijne i obrzędowe[9]. Niezwykłe właściwości niektórych roślin pomagały człowiekowi wprowadzić się w stan ekstazy, podczas której mógł obcować z siłami nadprzyrodzonymi i przeżywać własną doskonałość. Ponieważ taki stan umożliwiał pośredniczenie między zwykłymi ludźmi a siłami nadprzyrodzonymi i dawał poczucie władzy, jest zrozumiałe, iż jednostki pełniące szczególne funkcje w każdej zbiorowości dążyły do ograniczenia dostępności do tego typu środków. Dopiero późniejsze zacieranie się granic między ludem a klasą uprzywilejowaną, a także coraz łatwiejsze możliwości zaopatrzenia się w środki narkotyczne, spowodowały rozpowszechnienie się zjawiska zażywania.

W latach 50. i 60. XX wieku halucynogeny zdobyły uznanie wśród niektórych renomowanych pisarzy (np. Ken Kesey — „Lot nad kukułczym gniazdem", William Burroughs — „Nagi lunch"). Uważa się nawet, że niektórzy, uznani za genialnych, malarze czy pisarze, swoje najlepsze dzieła tworzyli właśnie pod wpływem środków psychoaktywnych. Zaczęło się od francuskiego lekarza Moreau de Tours, który po powrocie z Algieru zaproponował swoim przyjaciołom spróbowanie

---

[7] Z. Juczyński, (przyp. 5), s. 9.

[8] M. McFadyean, *Narkotyki. Wiedzieć więcej*, Wydawnictwo Emblemat, Warszawa 2000, s. 18.

[9] M. McFadyean, (przyp. 8), s. 95.

„ciastka z haszyszu". Wkrótce znani literaci Charles Baudelaire i Theophile Gautiere założyli w Paryżu, w hotelu Pimodan „klub haszynistów", gdzie spotykali się regularnie, a przeżycia wywołane haszyszem i opium opisywali w swoich utworach (np. Baudelaire w „Sztucznych rajach").

Na szczególną uwagę zasługuje działalność Aldousa Huxley'a, angielskiego pisarza i filozofa, który eksperymentował z meskaliną i psylocybiną. Swoje doświadczenia, od bardzo wysublimowanych do wręcz koszmarnych, opisał w eseju „Wrota percepcji", który stał się bardzo popularny wśród młodzieży i przygotował grunt do „eksplozji" narkomanii w latach 60. XX wieku. Meskalina stała się „duchowym sakramentem", gdyż stwarzała możliwości przeżywania świata w zupełnie nowy sposób.

Psychologowie również interesowali się środkami wpływającymi na zmiany świadomości. Znany amerykański psycholog William James zaczął pod koniec życia eksperymentować ze środkami psychoaktywnymi. W opisie swoich doświadczeń szczególną uwagę zwracał na zmiany w świadomości, w postaci bogatszego życia duchowego, ze stanami mistycznymi włącznie. Zupełnie inny charakter miała działalność innego psychologa. W latach 1960–1962 Timothy Leary wraz z dwoma współpracownikami eksperymentował z różnymi środkami, w tym również z grzybami halucynogennymi, w przekonaniu, że zapoczątkowali nową erę ludzkiej świadomości, która otwiera nowe możliwości rozwoju duchowego. Leary przetłumaczył i opracował tybetańską „Księgę umarłych", w której znalazł zadziwiające podobieństwa do własnych przeżyć psychodelicznych. W książce „Polityka ekstazy" opisywał, jak dzięki LSD można wieść „bogate życie duchowe"[10]. Bezgranicznie wierzył w przeobrażającą moc narkotyków, które mogą zmieniać nie tylko jednostki, lecz również wpływać na tworzenie bardziej sprawiedliwych stosunków społecznych.

Zwolenników swoich poglądów i praktyk Leary znajdował głównie wśród młodzieży i powstałego ruchu hippisowskiego, dla którego stał się guru[11]. Zmuszeni do opuszczenia uniwersytetu harwardzkiego, zorganizowali Międzynarodową Federację Wolności Wewnętrznej z siedzibą najpierw w Meksyku, potem w USA, dokąd zmierzały setki ochotników z całego świata, aby poddać się eksperymentom z meskaliną, dietyloamidem kwasu lizergowego (LSD-25), psylocybiną i marihuaną. Warto zauważyć, iż w tym czasie Stany Zjednoczone prowadziły wojnę w Wietnamie i każda pacyfistyczna idea zyskiwała wielu zwolenników nienawidzących wojny i bezmyślnego zabijania niewinnych ludzi[12].

Decydując się na środek halucynogenny trzeba się liczyć z tym, że prędzej czy później pojawią się wizje tak realne, że nie będzie można odróżnić, co jest prawdą, a co fikcją[13]. Jak błędne jest przekonanie, że narkotyk „pomaga" rozwijać osobowość, świadczą prace artystów, którzy sięgnęli po narkotyk, zaś ich początkowa

---

[10] T. Leary, *Polityka ekstazy*, Wydawnictwo EJB, Kraków 1998, s. 37–39.

[11] Ruch hippisowski (od ang. *hippi, -s, to be hip* — żyć dniem dzisiejszym) — kontrkultura kontestacyjna drugiej połowy lat 60. i początku lat 70. XX wieku.

[12] S. Petrović, *Narkotyki i człowiek*, Iskry, Warszawa 1988, s. 17.

[13] E. Korpetta, E. Szmerdt-Sisicka, *Kanabinole*, Oficyna Wydawnicza Spectrum, Warszawa 2000, s. 9.

moc twórcza bardzo szybko zamieniła się w niemoc. W ich pracach zaczęły się ciągle powtarzać te same elementy i nie byli w stanie stworzyć nic nowego[14].

Dzieci i młodzież sięgają po alkohol i narkotyki głównie z chęci przeżywania przyjemnych wrażeń, z ciekawości i nudy. Ponieważ żyją w wymiarze „tu i teraz" nie potrafią odkładać przyjemności na później, lecz oczekują natychmiastowej gratyfikacji. Narkotyki potrafią doskonale zaspokoić te potrzeby, gdyż działają zawsze i natychmiast, wystarczy je tylko zażyć[15]. Co prawda, alkohol i narkotyki nie rozwiązują żadnych problemów, ale sprawiają, iż wydają się one bardziej odległe i mało istotne[16].

Kluczem do narkomanii jest dążenie do uzyskania przyjemności. Nawet, jeżeli zażywanie środka psychoaktywnego wiąże się z występowaniem nieprzyjemnych objawów, jak to z reguły zdarza się przy pierwszych próbach zażycia, gratyfikacja jest na tyle silna, że sięga się po kolejne dawki środka. Dopiero w stanie uzależnienia trzeba zażyć środek już nie dla przyjemności, ale żeby poczuć się normalnie, tj. nie odczuwać przykrych dolegliwości spowodowanych brakiem substancji w organizmie.

III. Niby to samo, a jednak nie to samo

Dzisiaj już każdy wie, że picie alkoholu, palenie tytoniu czy zażywanie narkotyków jest szkodliwe dla zdrowia i prowadzi do uzależnienia, co jednak nie powstrzymuje milionów ludzi na całym świecie od ich przyjmowania. Najprościej byłoby powiedzieć, że picie alkoholu czy palenie papierosów to nie to samo, co zażywanie „twardych" narkotyków. Tymczasem mechanizm uzależnienia jest identyczny w odniesieniu do wszystkich środków psychoaktywnych i w dłuższej perspektywie prowadzi do podobnych konsekwencji. Cena, jaką płaci się za pobłażliwość i zbytnią pewność siebie, że sobie poradzę, gdy naprawdę pojawi się problem, jest zbyt duża. Najpierw robimy to, bo chcemy, potem — już musimy.

W medycynie europejskiej przyjęto nazywanie opium i pochodnych alkaloidów *narcotica*, z powodu ich działania odurzającego. Od tego wywodzi się pojęcie narkomanii, chociaż potocznie określenie narkomanii stosowane jest w odniesieniu do uzależnienia od wszelkich środków chemicznych z wyjątkiem alkoholu i tytoniu. Opium jest podstawowym surowcem otrzymywanym z maku ogrodowego, a ściślej z mleczka dojrzewających makówek. Środki produkowane z opium nazywa się opiatami, z których najbardziej znane to morfina i jej pochodne (np. heroina, kodeina).

Każda z substancji psychoaktywnych posiada swoje specyficzne właściwości i działanie. Ze względu na specyfikę działania, a tym na ogół w swoim wyborze kierują się osoby zażywające, można wyodrębnić trzy podstawowe grupy środków, tj.:

---

[14] M. Pasek, *Narkotyki i co dalej*, Wydawnictwo Torent, Warszawa 1998, s. 8.

[15] T. Dimoff, S. Carper, *Jak rozpoznać, czy dziecko sięga po narkotyk*, Wydawnictwo ELMA Books, Warszawa 2000, s. 67–68.

[16] T. Dimoff, S. Carper, (przyp. 15), s. 71.

— odurzające i uspokajające — pochodne makowca, takie jak opium, morfina i heroina, przetwory konopi, jak haszysz i marihuana oraz benzodiazepiny i barbiturany;

— pobudzające — pochodne krzewu *Erythroxylon coca*, np. kokaina oraz amfetamina i kofeina;

— halucynogenne — LSD, psylocybina, meskalina. Do tej grupy można również włączyć zażywane przez niektórych lotne rozpuszczalniki.

Powyższy podział nie jest rozłączny, gdyż specyficzne działanie różnych substancji zależy od dawki, długości okresu zażywania, stopnia tolerancji, jak również od oczekiwań osoby i jej aktualnego nastroju. Przykładowo marihuana i haszysz należą do środków odurzających, lecz w intensywnej fazie zażywania mogą się pojawić halucynacje, które zazwyczaj wywoływane są przez środki zaliczone do grupy 3. Niektóre substancje są najczęściej zażywane w formie palenia (nikotyna, marihuana), inne są wdychane (kokaina, środki wziewne), jeszcze inne wstrzykiwane dożylnie (heroina), a sposób zażywania środka ma wpływ na czas pojawienia się jego efektów działania[17].

Niektóre substancje mają słabsze działanie uzależniające (np. środki halucynogenne), inne uzależniają bardzo szybko (np. *crack* — palona kokaina). Sam proces uzależnienia przebiega podobnie w przypadku każdej substancji, również w przypadku uzależnienia od nikotyny. Jednakże palenie tytoniu na ogół nie powoduje tak poważanych następstw społecznych, zawodowych czy prawnych, jak zażywanie narkotyków, czy picie alkoholu, choć prowadzi do znacznych szkód zdrowotnych, a także sprzyja sięganiu po inne środki.

Marihuana, przez niektórych uważana za nieszkodliwe i nieuzależniające ziele (tzw. „miękki" narkotyk), występuje dziś w silniejszych niż wcześniej odmianach, które zawierają około 15–20%, a najsilniejsza odmiana *sinsemilla* nawet do 30% tetrahydrokannabinolu (THC)[18]. Ponadto, często jest pierwszym środkiem, po którym sięga się po inne, silniejsze i bardziej uzależniające substancje. Różne dylematy i kontrowersje związane z marihuaną wynikają z odmiennej oceny jej właściwości. Większość autorów skłania się do poglądu, że THC nie uzależnia fizycznie, lecz psychicznie, działa słabiej niż inne narkotyki i nie wywołuje zgonów. Wskazuje się również na możliwości wykorzystania marihuany przy leczeniu niektórych schorzeń i dolegliwości, jak np. łagodzeniu bólu, nudności i wymiotów w przypadku stosowania chemioterapii, pobudzenia apetytu. Dla zwolenników legalizacji marihuany stanowi to podstawę do innego jej traktowania, niż pozostałych narkotyków. Tymczasem nie ulega wątpliwości, iż marihuana wpływa na zmianę funkcji zmysłowych i prowadzi do zakłóceń spostrzegania i motoryki. Palaczom marihuany często zdarzają się wypadki wynikające z błędnej oceny odległości, zwolnionych reakcji i obniżonego krytycyzmu w sytuacjach niebezpiecznych. Większe dawki

---

[17] Z. Juczyński, (przyp. 5), s. 11.

[18] M. Jędrzejko, *Marihuana fakty — marihuana mity*, Wrocławskie Wydawnictwo Naukowe ATLA 2, Wrocław 2011, s. 13.

marihuany wywołują poważne zmiany w sferze emocjonalnej oraz w procesach myślenia, zaburzenia pamięci, bezkrytyczną ocenę własnego stanu. Oprócz tego mogą wywołać halucynacje i stany lękowe[19].

Kontrowersyjna pozostaje również ocena zażywania *ecstasy* (MDMA, metylenodioksymetaamfetamina). Środek działa na receptory serotoninowe układu nerwowego i wywołuje działanie energetyczne oraz stymulujące, a jednocześnie odpręża i relaksuje. Należy jednak pamiętać, że pod tą nazwą kryją się różnorodne mieszaniny wielu narkotyków, dlatego też występują różnice w intensywności i czasie działania środków sprzedawanych jako *ecstasy*. Jego zażywanie nie prowadzi do uzależnienia fizycznego, lecz do silnej zależności psychicznej z powodu doznawanych przeżyć i relaksującego działania. Z tych powodów środek jest wykorzystywany przez młodzież jako narkotyk „imprezowy". Oprócz „rekreacyjnego" wykorzystania różni badacze i klinicyści w USA oraz w Europie wskazują na pewne możliwości zastosowania MDMA w terapii (np. w celu obniżenia lęku z powodu rozpoznania choroby nowotworowej, w przypadku nasilenia objawów stresu pourazowego, ciężkiej depresji) Z drugiej strony mamy różne sprzeczne doniesienia badawcze, wskazujące z jednej strony na destrukcyjny wpływ środka na system serotonergiczny i skutki w postaci deficytów poznawczych i pamięciowych, z drugiej — na brak negatywnych zmian u ludzi zdrowych, zażywających umiarkowane dawki środka[20].

Wspólnym efektem wszystkich narkotyków halucynogennych jest ich pobudzające działanie na układ nerwowy i związane z tym zmiany świadomości. Co prawda, to nie narkotyk jest najważniejszym czynnikiem w powstawaniu i w treści doznań, gdyż jedynie rozpoczyna reakcję łańcuchową psychicznych wrażeń, które *de facto* zależą od predyspozycji osobowościowych i oczekiwań jednostki[21]. Zazwyczaj są to doznania od bardzo przyjemnych do wyjątkowo przerażających. Nawet ten sam narkotyk, zażywany w prawie identycznych okolicznościach, może prowadzić do „transcendentalnych doznań", jak i do „koszmarnej wędrówki". Dochodzi do zakłóceń rozumowania i wartościowania, zacierają się granice między dobrem a złem, światłem a ciemnością; wszystko dzieje się w jednym ciągu i relacji, gdzie wszystko jest możliwe. Narkotyk sam z siebie nie powoduje przemocy i skłonności do agresji, jednak u osób o cechach psychopatycznych zmniejsza zahamowania, wyzwala agresywność i istniejące w człowieku elementy sadyzmu[22].

---

19 S. Petrović, (przyp. 12), s. 66, Z. Juczyński, (przyp. 5), s. 88.

20 S. Kish, Y. Furukawa, L. Ang, B. Vorce, K. Kalasinsky, *Stratial serotonin is depleted in brain of a human MDMA (ecstasy) user*, „Neurology" 2000, nr 55, s. 294–296; S. Ludewig, K. Ludewig, F. Hasler, F. Vollenweider, *No lasting effects of moderate doses of MDMA (Ecstasy) on memory performance and mood states in healthy humans*, „Biological Psychiatry" (Suppl.) 2003, nr 53, s. 20–217; M. Lyvers, *Recreational ecstasy use and the neurotoxic potential of MDMA: Current status of the controversy and methodological issues*, „Drug and Alcohol Review" 2006, nr 25, s. 269–276.

21 S. Petrović, (przyp. 12), s. 69; Z. Juczyński, (przyp. 5), s. 34–35.

22 Pod wpływem LSD członkowie grupy Charlesa Mansona dokonali potwornego morderstwa w willi Sharon Tate, wykonując polecenia swojego przywódcy w stanie podatności na sugestię i na podporządkowanie wpływowi sięgającemu poza działanie narkotyku. Podobnie żołnierze amerykańscy

Jedną z najbardziej nieprzyjemnych reakcji dla zażywającego LSD lub inne narkotyki o właściwościach psychodelicznych jest równoczesne odczuwanie dwu jednakowo silnych i przeciwstawnych emocji, np. strachu i odprężenia, miłości i nienawiści do tej samej osoby, depresji i podniecenia. Rodzi to strach i podejrzliwość w stosunku do innych osób, wobec których jednocześnie odczuwa się przeciwne stany afektywne i może prowadzić do zachowań agresywnych i autoagresywnych.

IV. Punkt widzenia zależy od miejsca (i czasu) siedzenia

Zażywanie środków psychoaktywnych było zawsze ściśle powiązane z obyczajowością, która na przestrzeni czasów ulegała zmianom. Mak był pierwszą znaną ludzkości rośliną o właściwościach psychoaktywnych. Już przed 5 tysiącami lat był uprawiany przez Sumerów, a na odkrytych w Nippur tablicach pozostały wskazówki przygotowywania i stosowania opium, które nazywano *gil* (radość). Grecka bogini Demeter odkryła, że opium koi smutki. Arabowie uważali mak za świętą roślinę, która otwiera bramy do raju tym, którzy jej zażywają[23]. Grecy i Arabowie wykorzystywali opium, z którego później otrzymano heroinę, do celów medycznych. Przygotowywany z konopi indyjskich haszysz znany był w Chinach jako środek przeciwbólowy stosowany w trakcie operacji chirurgicznych.

Co prawda, zażywanie opium w Azji datuje się od tysiącleci, lecz powszechnie zaczęto je stosować dopiero w XVIII wieku, tj. po wejściu na rynki tego kontynentu angielskiej Kompanii Wschodnioindyjskiej, monopolisty na produkcję i dystrybucję opium. Wprowadzona przez Chiny w roku 1842 prohibicja brytyjskiego opium doprowadziła do pierwszej wojny opiumowej, w trakcie której Chiny zostały zmuszone do otwarcia bram przed brytyjskim opium. Piętnaście lat później wybuchła druga wojna opiumowa, w której do Wielkiej Brytanii przyłączają się Francja i USA. W rezultacie, aby zapobiec odpływowi rezerw złota i uratowania kraju przed inflacją, Chiny rozpoczęły uprawę własnego maku opiumowego, co umożliwiło milionom Chińczyków spędzanie swojego życia w palarniach opium.

Stare kultury wykorzystywały niezwykłe właściwości niektórych roślin w celach religijnych, dla łatwiejszego wprowadzania w stan ekstazy, podczas której można było przeżywać własną doskonałość czy obcować z siłami nadprzyrodzonymi. Meksykański grzyb znany jako *Psilocybae mexicana* był głównym elementem obrzędów religijnych u Azteków, wywołującym wizje o treści religijnej i ułatwiającym nawiązanie kontaktów z siłami nadprzyrodzonymi. Dzięki zażyciu odpowiednich środków można było znacznie szybciej doświadczyć pewnych stanów, co normalnie wymagało przejścia całego długiego rytuału, odosobnienia, medytacji. W kulturach

---

dokonywali masakr cywilnej ludności w Wietnamie najczęściej pod działaniem różnych narkotyków halucynogennych, choć trzeba pamiętać, że kluczem do popełniania zbrodni jest zawsze jednostka, a nie narkotyk. Narkotyk jedynie wyzwala agresywne i sadystyczne skłonności istniejące w jednostce; zob. Petrović, (przyp. 12), s. 72.

[23] S. Petrović, (przyp. 12), s. 7.

plemiennych wodzowie czy szamani ograniczali dostępność do tych środków, gdyż dawały one poczucie władzy. Dopiero stopniowe zacieranie się granic między ludem a klasą uprzywilejowaną, zaś w czasach bardziej współczesnych, coraz większe możliwości zaopatrzenia się w środki dzięki rozwojowi technologii i produkcji syntetyków, doprowadziło do rozpowszechnienia się zjawiska ich zażywania.

Europa nie znała większości środków psychoaktywnych aż do końca XIII wieku, kiedy to z wypraw krzyżowych przywieziono opium. W XVI wieku dotarło ono do Anglii, gdzie zmieszano je z przyprawami i alkoholem. Tak powstał preparat medyczny stosowany przez sławnego lekarza Paracelsusa, zwany *laudanum paracelsi*, tzn. „godny pochwały". W 1805 r. aptekarz Friedrich Sertürner wyodrębnił pierwszy alkaloid opium i na cześć greckiego boga snu Morfeusza nadał mu nazwę „morfina". Dawniej ludzie popijali mleczko makowe, które zawierało tylko niewielką ilość morfiny, natomiast uzyskanie jej w czystej postaci spowodowało wzrost zagrożenia, gdyż czysta morfina działa szybciej i silniej, a ponadto łatwo ją przedawkować, co w konsekwencji prowadzi do śmierci. Nieco później (w 1874 r.) wyprodukowano pochodną morfiny o nazwie diacetylomorfina, którą po niemiecku nazwano *heroisch*, tzn. „potężny" i przy pomocy której próbowano leczyć osoby uzależnione od morfiny. Stosowana jest dożylnie, działa jeszcze szybciej i silniej oraz łatwo prowadzi do uzależnienia, nawet po jednokrotnym zażyciu.

W roku 1938 szwajcarski chemik Albert Hoffman dokonał syntezy kwasu lizergowego, co stało się początkiem rozwoju masowego stosowania narkotyków. Kilka lat później zupełnie przypadkowo stał się pierwszym konsumentem narkotyku, który sam odkrył (LSD-25). Po doświadczeniach Hoffmana z LSD, narkotyk zaliczono do tzw. środków psychozomimetycznych, ponieważ wywoływał u człowieka stany niezwykle podobne do psychozy. W roku 1950 meskalinę i LSD rozesłano do wielu psychiatrów na całym świecie w celu ich zbadania laboratoryjnego i klinicznego, co miało pozwolić na głębsze poznanie istoty i pochodzenia schizofrenii. Wyniki stosowania tych narkotyków w badaniu i leczeniu chorób wykazały, iż „model psychozy", wywołany przez LDS-25 lub meskalinę, nie jest taki sam, jak właściwa endogeniczna psychoza i obydwa stany bardzo się od siebie różnią[24].

W Anglii aż do lat 50. XX wieku panował zwyczaj dodawania odrobiny opium do piwa, zaś w aptekach można było nabyć herbatę z główek maku[25]. Wyrazem zmian dokonujących się w czasie może być chociażby fakt, że jeszcze 100 lat temu w protestanckich rodzinach Nowej Anglii zwyczajowo podawano dzieciom na kaszel opiatowe syropy, za co dzisiaj zażądano by odebrania praw rodzicielskich[26].

O stopniu rozpowszechnienia środków psychoaktywnych decyduje w znacznym stopniu ich dostępność. Przez wiele wieków stosowanie pochodnych makowca dominowało u ludności krajów Dalekiego Wschodu, zaś przeżuwanie liści krzewu

---

[24] S. Petrović, (przyp. 12), s. 14–15.

[25] M. McFadyean, (przyp. 8), s. 105.

[26] K. Frieske, R. Sobiech, *Narkomania. Interpretacje problemu społecznego*, IWZZ, Warszawa 1987, s. 4; S. Petrović, (przyp. 12), s. 10–12.

kokainowego było rozpowszechnione w krajach południowoamerykańskich. W Europie oraz na terenach kolonizowanych przez białych osadników (USA, Kanada) najczęstszym środkiem odurzającym był alkohol. Powstały więc dwie główne strefy geograficzno-kulturowe związane z zażywaniem środków psychoaktywnych. Pierwsza obejmuje obszary Bliskiego Wschodu, Indie, Chiny, a także Afrykę i Meksyk. Zażywanie środków dostępnych dla danego terenu, praktykowane najczęściej przez mężczyzn z ubogich i niewykształconych warstw społecznych, było włączone w tradycje kulturowe i ma w dużym stopniu charakter obrzędowy, religijny, magiczny czy leczniczy.

Druga strefa obejmuje obszary bardziej rozwinięte, takie jak Ameryka Północna, Europa, Japonia. Najczęstszym środkiem odurzającym jest alkohol, produkowany na bazie najbardziej dostępnych na danym terenie surowców. Zażywanie w tej strefie innych środków psychoaktywnych (odurzających, uspokajających, pobudzających czy halucynogennych) ma złożone przyczyny i dotyczy ludzi młodych i w średnim wieku, pochodzących ze wszystkich warstw społecznych. Zażywanie tych substancji w celach niemedycznych jest nielegalne, tak jak picie alkoholu w krajach arabskich. Benzodiazepiny, takie jak relanium czy elenium, uzyskane w latach 30. XX wieku przez krakowskiego chemika Leo Sternbacha, są stosowane w medycynie, mimo iż mają silny potencjał uzależniający.

Podsumowując, łatwo zauważyć zmiany dotyczące zażywania środków psychoaktywnych dokonujące się na przestrzeni długiej historii ludzkości. Jeżeli wcześniej zażywanie łączono z obyczajowością, to później — w innych miejscach i czasie — utożsamiano z chorobą czy dewiacją społeczną. Zmieniały się poglądy i praktyki: to, co wcześniej uważano za pożyteczne, później okazywało się szkodliwe, a to, co dozwolone, stawało się zabronione, i odwrotnie. Innymi słowy, czas i miejsce zamieszkania (Europa, Ameryka Południowa, Azja) nadawały konsumpcji środków psychoaktywnych status legalności lub czyniły ją zachowaniem karalnym.

V. Strzeżonego Pan Bóg strzeże

Poszukiwanie substancji sprawiających przyjemność trudno nazwać działaniem samym w sobie nienormalnym. Jednakże wiąże się z tym ogromne ryzyko, gdyż substancje te zawierają w sobie potencjał uzależniający. Co prawda, na uzależnienie składają się trzy zasadnicze elementy, tj. człowiek, jego środowisko i zażywany środek, a w tym trójkącie najważniejszą rolę należy przypisać człowiekowi, jego predyspozycjom osobniczym, w tym zwłaszcza oczekiwaniom, które zaspokaja poprzez zażywanie środka. Jeżeli jednostce nie przyznamy decydującej roli, to nie wyjaśnimy, dlaczego spośród zażywających ten sam środek tylko pewien odsetek ludzi staje się od niego uzależniony[27].

Wszystko zaczyna się od tego pierwszego razu, tj. pierwszej próby zażycia środka. Z badań HBSC wynika, że w 2006 r. ponad połowa nastolatków w wieku 11 lat

---

[27] Z. Juczyński, (przyp. 5), s. 34–35.

miała już za sobą pierwsze próby picia alkoholu[28]. W przeprowadzonych w roku 2005 badaniach ponad dwutysięcznej próbki młodzieży szkół łódzkich w wieku 12–18 lat, do pierwszego wypalonego całego papierosa (co na ogół uważa się za ważniejsze, niż pierwsze próby palenia) przyznało się 59%, pierwsze próby picia alkoholu miały miejsce już w 3 roku życia, zaś ich największy przyrost przypadał na wiek 11 i 12 lat, natomiast próby zażywania narkotyków potwierdziło 24% badanych[29].

Znaczny odsetek badanych nastolatków potwierdza, że próbując po raz pierwszy środków psychoaktywnych zaspokaja swoją ciekawość, doznając przy tym najczęściej nieprzyjemnych skutków, i już do tego nie wraca. Z kolei dla innych, to pierwsze inicjacyjne zażycie zwiększa prawdopodobieństwo ponownego sięgnięcia po środek. Zaczyna się przyjmowanie środka w celach rekreacyjnych czy eksperymentalnych[30]. Efekty pierwszego doświadczenia (satysfakcjonujące lub nie) determinują więc kolejne decyzje, co do wyboru podobnego zachowania (sięgnięcia po środek) lub jego odrzucenia w codziennym funkcjonowaniu[31].

Zażycie środka nie zawsze musi prowadzić do następstw bezpośrednio szkodliwych dla zdrowia i funkcjonowania społecznego jednostki. Jednakże w każdym przypadku, gdy chodzi o dzieci i młodzież, są to zachowania ryzykowne. To nie środek, lecz przede wszystkim sam człowiek decyduje o tym, czy podporządkuje się sile farmakologicznej środka. Wydaje się, że za tym pierwszym sięgnięciem po środek stoją inne motywy, odmienne od przyczyn skłaniających do ponownego zażycia i wyznaczające drogę do uzależnienia. Można zaryzykować stwierdzenie, że nikt nie uzależnia się od jednego wypalonego papierosa czy wypitego kieliszka wódki. Obowiązuje jednak tzw. prawo „pierwszej dawki uzależniającej". Bez pierwszego wypicia kieliszka wódki, wypalenia papierosa czy zażycia marihuany nie byłoby kolejnych. W chwili obecnej nie dysponujemy wiarygodnymi sposobami oceny swojej ewentualnej podatności na uzależnienie i — o czym warto pamiętać — każde zażycie niesie za sobą ryzyko uzależnienia się.

Mechanizm uzależnienia jest wspólny dla wszystkich substancji uzależniających. Na skutek częstego zażywania środków psychoaktywnych dochodzi do zaburzeń funkcjonowania mózgu. Ostatnie badania w zakresie neurobiologii i psychologii sugerują, że osoby uzależnione charakteryzuje faktyczne osłabienie mechanizmów kontroli zachowania[32]. Rezultatem „utraty kontroli" jest kompulsywne poszukiwanie środka, mimo narastających, negatywnych konsekwencji. Substancje psychoaktywne działają

---

[28] K. Ostaszewski, (przyp. 4), s. 483.

[29] Z. Juczyński, J. Chodkiewicz, A. Pisarski i in., *Od próbowania do zażywania środków psychoaktywnych. Badania dzieci i młodzieży ze środowiska wielkomiejskiego*, [w:] *Zachowania ryzykowne dzieci i młodzieży*, red. N. Ogińska-Bulik, Wydawnictwo WSHE, Łódź 2006, s. 12–14.

[30] J. Łuczak, Z. Juczyński, *Motywacja do zażywania środków psychoaktywnych przez dzieci i młodzież*, [w:] *Zachowania ryzykowne dzieci i młodzieży*, red. N. Ogińska-Bulik, Wydawnictwo WSHE, Łódź 2006, s. 38.

[31] M. Jędrzejko, (przyp. 18), s. 121.

[32] S. Hyman, *The neurobiology and addiction: Implication for voluntary control of behavior*, „The American Journal of Bioethics" 2007, nr 1, s. 8–11.

na zasadzie wzmocnienia pozytywnego, wywołując stan dobrego samopoczucia, lecz również na zasadzie wzmocnienia negatywnego, redukując doznania awersyjne[33].

Przyjmuje się, że zjawisko uzależnienia jest związane z zaburzeniami funkcjonowania układu nagrody, który reguluje poczucie przyjemności lub dyskomfortu. Substancje uzależniające z reguły powodują pobudzenie receptorów związanych z układem nagrody. W jego obrębie szczególną rolę odgrywają takie neuroprzekaźniki, jak dopamina oraz endogenne peptydy opioidowe. Układ nagrody angażowany jest we wszystkie ważne zachowania (jedzenie, aktywność seksualna, zachowania agresywne). Substancje uzależniające, podobnie jak nagrody naturalne (np. pożywienie), nasilają uwalnianie w szlakach neuronalnych dopaminy i wpływają na przekaźnictwo związane z peptydami opioidowymi i aminokwasami pobudzającymi. Zażycie substancji psychoaktywnej aktywizuje dopaminę, która stymuluje organizm do ponownego zażycia. Większość substancji psychoaktywnych aktywizuje umiejscowiony w mózgu ośrodek nagradzania. Wysoki poziom dopaminy w mózgu poprawia koncentrację i sprawność myślenia, poprawia także nastrój[34].

U podstaw uzależnienia leżą złożone zmiany neuroadaptacyjne, które prowadzą do trwałych zmian funkcji ośrodkowego układu nerwowego, zarówno w sferze emocjonalnej i motywacyjnej, jak i w zakresie procesów pamięci i uczenia się. Innymi słowy, przewlekła ekspozycja na działanie substancji uzależniającej powoduje powtarzalne i trwałe zmiany w mechanizmach wewnątrzkomórkowych, prowadząc do molekularnych i komórkowych adaptacji odpowiedzialnych za rozwój takich procesów, jak tolerancja, sensytyzacja i uzależnienie[35].

Wielokrotne zażywanie substancji powoduje stopniowe, coraz większe uwrażliwienie (senzytyzację) określonych układów neuronalnych, zwłaszcza elementów układu nagrody[36]. Jednakże o ile zaspokojenie głodu czy popędu płciowego powoduje ustanie stymulacji związanego z tym ośrodka nagrody, to pobudzenie przez substancje niefizjologiczne, normalnie nieobecne w organizmie, wywiera głębokie zmiany patologiczne, często związane z tym, że receptor — broniąc się przed nadmiernym pobudzeniem — zmniejsza swą zdolność do reagowania. W ten sposób dochodzi do rozwoju zjawiska tolerancji.

Analizując czynniki oddziałujące na mechanizmy kontroli zachowania nie sposób pominąć wpływów kulturowo-cywilizacyjnych. Osoby czy społeczeństwa reprezentujące styl życia, w którym dużo czasu poświęca się kontemplacji, bardziej skłaniają się ku marihuanie i innym narkotykom sprzyjającym inercji. Z kolei przedstawiciele cywilizacji zachodniej, bardziej dynamiczni, preferują picie alkoholu i zażywanie narkotyków psychostymulujących. Warto przypomnieć, iż prohibicja

---

[33] W. Kostowski, *Neurofizjologiczne mechanizmy uzależnień. Znaczenie zachowań impulsywnych*, „Farmakoterapia w Psychiatrii i Neurologii" 2005, nr 2, s. 97.

[34] W. Kostowski, (przyp. 33), s. 98.

[35] T. Robinson, K. Berridge, *The neural basis of drug craving: An incentive-sensitization theory of addiction*, „Brain Research and Brain Review" 1993, nr 18, s. 252.

[36] L. Cierpiałkowska, *Psychopatologia*, Wydawnictwo Naukowe Scholar, Warszawa 2008, s. 66.

konopi rozpoczęła się, gdy właściciele kopalń w Afryce Południowej zaczęli podejrzewać, że ospałość ich afrykańskich robotników wynika z palenia tej rośliny. W rezultacie rząd skierował w 1923 r. wniosek do Ligi Narodów postulujący uznanie konopi za narkotyk prowadzący do nałogu.

Podobnie kokaina to narkotyk znany w kilku różnych kulturach i zazwyczaj kojarzony z zabawowym narkotykiem bogaczy lub luksusem biedaków. Jest środkiem pobudzającym, otrzymywanym z krzewu koki rosnącego w Ameryce Środkowej i Południowej. Już w XVI wieku zauważono, że w skolonizowanym Peru górnicy pracowali lepiej, kiedy znajdowali się pod wpływem liści koki. Do dziś w Boliwii i Peru praktykowany jest zwyczaj żucia liści koki celem wzmocnienia swych sił i pozbycia się uczucia głodu. W roku 1885 w Stanach Zjednoczonych wprowadzono na rynek Coca Colę, stanowiącą połączenie dwóch narkotyków, tj. kofeiny i koki. Tę ostatnią usunięto z receptury dopiero w 1906 roku[37].

Dla Chińczyka czy Araba alkohol może być bardziej ryzykowny niż opium czy marihuana, odwrotnie niż w przypadku Europejczyka czy mieszkańca Ameryki Północnej. Można więc powiedzieć, że sięganie po używki psychoaktywne obce kulturze danego regionu geograficznego jest bardziej niebezpieczne, gdyż nie stymuluje podstawowych cech człowieka i nie znajduje dostatecznego uzasadnienia w jego mentalności.

W książce „Narkomania", która jest podręcznikiem przeznaczonym dla nauczycieli, wychowawców i rodziców, zamieściłem dedykację przeznaczoną dla swoich synów: „Nie każde doświadczenie życiowe wzbogaca człowieka"[38]. Co prawda, uczymy się na swoich błędach, ale bezpieczniej dla nas samych jest nie narażać się na sytuacje zbyt ryzykowne, co wyraża znana sentencja „strzeżonego Pan Bóg strzeże".

VI. W poszukiwaniu bezpiecznych form poprawy jakości życia

Stosunek społeczeństwa do zażywania substancji psychoaktywnych jest zróżnicowany w zależności od rodzaju zażywanego środka. W Polsce panuje duża tolerancja (od kilkunastu lat malejąca) wobec palenia tytoniu. Z kolei picie alkoholu jest dość powszechnie traktowane jako czynność kultowa i stąd cieszy się dużą pobłażliwością społeczną. Jedynie w stosunku do zażywania środków utożsamianych ze zjawiskiem narkomanii, potocznie zwanego „ćpaniem", dominuje postawa negatywna. To zróżnicowanie postaw na ogół widać w reakcjach rodziców. Jeżeli zdarzyło się, że dziecko wypiło alkohol czy paliło papierosy, to uważa się to za czyn naganny, gdyż przedwczesny, lecz nie tak przerażający, jak zażycie narkotyku. W odczuciu społecznym zachowanie narkomana, w porównaniu z człowiekiem pijanym, jest mniej przewidywalne, stąd bardziej zagrażające społeczeństwu. Ogólnie można powiedzieć, że postawy społeczne wobec zażywania substancji psychoaktywnych

---

[37] M. McFadyean, (przyp. 8), s. 135.
[38] Z. Juczyński, (przyp. 5), s. 2.

oscylują między nawoływaniem do zwalczania i karania zjawiska, gdyż zagraża to funkcjonowaniu społeczeństwa, a medykalizacją problemu, co wiąże się z pragnieniem dostępności do bardziej skutecznego leczenia[39].

W ostatnich latach nastąpiła znacząca zmiana w podejściu do zapobiegania problemom wynikającym z nadużywania substancji psychoaktywnych. Zmiana polega na tym, że uzależnienia nie traktuje się jako jedynej i najczęstszej, negatywnej konsekwencji zażywania substancji psychoaktywnych. Tym samym, dostrzega się również inne szkody zdrowotne i społeczne, które pojawiają się w konsekwencji zażywania tych środków. Szkody te są zróżnicowane w zależności od tego, czy mamy do czynienia, jak w odniesieniu do alkoholu, z piciem rozsądnym — czyli takim umiarkowanym sposobem picia przez osoby dorosłe, które nie powoduje szkód zdrowotnych, ani społecznych — czy z piciem ryzykownym, które potencjalnie wiąże się z pojawieniem się szkód zdrowotnych, czy też z piciem szkodliwym, prowadzącym do ewidentnych szkód zdrowotnych[40].

W odniesieniu do środków narkotycznych odróżnia się mniej lub bardziej kontrolowane używanie czy nadużywanie (*drug use, drug abuse*) od całkowicie pozbawionego kontroli uzależnienia (*drug dependence* czy *drug addiction*)[41]. O używaniu (zażywaniu) mówimy wtedy, gdy środki psychoaktywne przyjmowane są zgodnie z normami lub zasadami terapeutycznymi obowiązującymi w danym społeczeństwie. Z kolei nadużywanie jest definiowane jako nieprawidłowy wzorzec użycia substancji, któremu towarzyszą następstwa mniej liczne i inne niż występujące w uzależnieniu. Natomiast uzależnienie to patologiczny wzorzec użycia substancji, który powoduje upośledzenie funkcjonowania i złe samopoczucie osoby[42]. Tę zmianę sposobu myślenia w podejściu do substancji psychoaktywnych dobrze ilustruje stosunek do palenia tytoniu, które jest dzisiaj głównie postrzegane w kontekście chorób odtytoniowych, a nie z perspektywy samego uzależnienia[43].

Druga zmiana w podejściu do profilaktyki polega na bardziej integralnym traktowaniu substancji psychoaktywnych, gdyż ich zażywanie ma wiele cech wspólnych. Każde zażywanie może przebiegać w różnych formach, a mianowicie jako zażywanie eksperymentalne, rekreacyjne, okolicznościowo-sytuacyjne, intensywne, bądź przymusowe. Ich wspólnym mianownikiem jest brak innych możliwości osiągania satysfakcji[44]. Młodzież najczęściej używa różnych narkotyków okazjonalnie, dla lepszej zabawy. Taki sposób zażywania może u niektórych nie powodować żadnych uchwytnych konsekwencji, lecz u innych doprowadza do nieprzewidzianych szkód zdrowotnych i społecznych. Trzeba ponadto pamiętać o tym, że okazjonalne zażywanie

---

[39] Z. Juczyński, (przyp. 6), s. 193.

[40] K. Ostaszewski, (przyp. 4), s. 484.

[41] Łac. *addictus* w starożytnym Rzymie oznaczało człowieka oddanego decyzją sądu w niewolę wierzycielowi w zamian za długi, których nie był w stanie spłacić.

[42] Z. Juczyński, (przyp. 5), s. 52–54.

[43] K. Ostaszewski, (przyp. 4), s. 486.

[44] S. Peele, *The meaning of addiction: Compulsive experience and its interpretation*, Heath, Lexington 1985, s. 146.

może być „furtką" dla rozwoju używania problemowego, które wiąże się ze zmianą orientacji i stylu życia oraz prowadzi do uzależnienia[45]. Ogólnie można jednak powiedzieć, że osoby uzależnione prezentują postawy społeczne, które różnią je od okazjonalnych konsumentów środków psychoaktywnych[46].

Picie alkoholu, palenie tytoniu czy zażywanie narkotyków to zachowania niewątpliwie ryzykowne dla zdrowia, zaś w odniesieniu do dzieci i młodzieży — szkodliwe dla zdrowia. Współcześnie do tych zagrożeń, nazywanych z racji fizjologicznej zależności osoby od bodźca — substancjonalnymi, dołączyły uzależnienia od czynności (behawioralne). Co prawda, w obowiązującej klasyfikacji zaburzeń psychicznych (DSM-IV) pojęcie uzależnienia używane jest w odniesieniu do substancji, zaś w odniesieniu do pozostałych zaburzeń stosuje się pojęcie patologii zachowania. Tym niemniej, po raz pierwszy w obecnej klasyfikacji znalazło się, znane już od wielu lat, rozpoznanie patologicznego hazardu, który jest formą uzależnienia behawioralnego. Możliwe, że w nowej wersji klasyfikacji katalog zachowań patologicznych powiększy się o różne zjawiska związane z rozpowszechnieniem Internetu (czaty, fora, kompulsywne sprawdzanie poczty, elektroniczny hazard, zakupy, pornografia) czy wprowadzeniem kart płatniczych (*plastic disease*). Co prawda, można sobie wyobrazić, że ludzie zaprzestają zażywania narkotyków, ale trudno sobie wyobrazić, aby zrezygnowali z robienia zakupów. I o ile zażywanie narkotyków może świadczyć o degradacji osobowej, to noc spędzona przy komputerze może dowodzić posiadania nowoczesnych kwalifikacji. Dzisiaj trudno sobie wyobrazić pracę naukową bez dostępu do sieci.

Nie ulega wątpliwości, iż niektóre uzależnienia są szkodliwe (np. narkomania), inne są społecznie akceptowane (np. pracoholizm, perfekcjonizm), jeszcze inne coraz bardziej promowane (np. systematyczne uprawianie ćwiczeń gimnastycznych, kult zdrowej diety). Właściwie to wszyscy jesteśmy od czegoś i/lub kogoś, mniej lub bardziej uzależnieni. Zdarzają się, i to wcale nierzadko, pasjonaci, którzy całymi dniami zajmują się czytaniem gazet czy książek, oglądaniem telewizji, pielęgnacją ogródka, grą w brydża itp. Najczęściej są to wszystko czynności, które lubimy i na które możemy sobie pozwolić[47]. Ale czy tak jest w rzeczywistości i czy naprawdę nie dzieje się to kosztem naszych innych obowiązków czy wartości?

Warto zauważyć, że taki stan pełnego zaangażowania i całkowitego oddania się aktywności, która w jakimś momencie staje się celem samym w sobie, towarzyszy wybitnym twórcom. Tak bardzo angażują się w to, co robią, że mało uwagi poświęcają innym zobowiązaniom, w szczególności rodzinie i przyjaciołom. Ten stan zaangażowania charakteryzuje pełna koncentracja, całkowite zatopienie się w działaniu,

---

[45] H. Baran-Furga, K. Steinberth-Chmielewska, *Uzależnienia. Obraz kliniczny i leczenie*, Wydawnictwo Lekarskie PZWL, Warszawa 1999, s. 65–69.

[46] A. Beck, F. Wright, C. Newman, B. Liese, *Terapia poznawcza uzależnień*, Wydawnictwo UJ, Kraków 2007, s. 247–254.

[47] W odniesieniu do tego typu zależności czynnościowych bardziej adekwatne wydaje się pojęcie „-holizmu".

zapomnienie o własnym „ja", czasem — doświadczenie transcendencji oraz poczucie szybkiego upływu czasu, a właściwie niezauważanie upływu czasu[48].

Każdy człowiek poszukuje zadowolenia, przyjemności, szczęścia. Istnieją dowody na to, że ludzie są najszczęśliwsi wówczas, gdy podejmują interesujące ich działania. Na określenie takiego stanu umysłu, który pojawia się w sytuacji, gdy człowiek podejmuje interesujące wyzwania, Mihaly Csikszentmihalyi[49] zaproponował pojęcie *flow*. Jest to całkowite zaabsorbowanie jakąś aktywnością, pasja, całkowite oddanie się pracy. Trudno znaleźć polski odpowiednik dla tego terminu, ale najbliższym znaczeniowo wydaje się pojęcie „pełnego zaangażowania"[50]. Wskaźnikami takiego zaangażowania są m.in. utrata poczucia samoświadomości i poczucia czasu, natychmiastowe uzyskiwanie gratyfikacji z podejmowanego działania czy zaabsorbowania aktywnością. Nie trzeba chyba dodawać, że niektóre z wymienionych właściwości w dużym stopniu odpowiadają doznaniom doświadczanym przez osoby uzależnione od środków psychoaktywnych.

Laura King i współpracownicy[51] traktują *flow* jako szczególny rodzaj stanu motywowanego wewnętrznie, który wykazuje podobieństwo do arystotelesowskiego pojęcia eudajmonii. Motywacja wewnętrzna oznacza motywację do podejmowania aktywności dla samej aktywności. Jest ona związana z działaniami, które służą zaspokajaniu potrzeb psychicznych człowieka, takich jak potrzeba autonomii, kompetencji czy więzi z innymi ludźmi. Jednocześnie działania te są źródłem zadowolenia. Pojęcie *flow* oznacza więc identyfikowanie się bardziej z samą aktywnością niż z jej rezultatami, dlatego też Barbara Fredrickson zalicza je do kategorii emocji związanych z zainteresowaniem, takich jak ciekawość, zdziwienie czy podniecenie[52].

VII. Wspomaganie rozwoju mocnych stron człowieka

W przygotowaniu programów profilaktycznych ważną rolę odgrywają badania nad czynnikami ryzyka i czynnikami chroniącymi oraz mechanizmami ich działania, które dostarczają naukowych podstaw do opracowywania i ewaluacji odpowiednich strategii. Czynniki chroniące to właściwości jednostki lub środowiska społecznego, których występowanie wzmacnia potencjał zdrowotny człowieka i zwiększa odporność na działanie czynników ryzyka[53].

---

[48] J. Nakamura, M. Csikszmentmihalyi, *Motywacyjne źródła kreatywności z perspektywy psychologii pozytywnej*, [w:] *Psychologia pozytywna*, red. J. Czapiński, Wydawnictwo Naukowe PWN, Warszawa 2004, s. 103–116.

[49] M. Csikszentmihalyi, *Przepływ. Psychologia optymalnego doświadczania*, Studio EMKA, Warszawa 1997, *passim*.

[50] N. Ogińska-Bulik, Z. Juczyński, *Osobowość, stres a zdrowie*, Wydawnictwo Difin, Warszawa 2010, s. 191–192.

[51] L. King, J. Wells, C. Burton, *Pojęcie dobrego życia — w ujęciu szerokim i wąskim*, [w:] *Psychologia pozytywna w praktyce*, red. A. Lindley, S. Joseph, Wydawnictwo Naukowe PWN, Warszawa 2007, s. 35–54.

[52] B. Fredrickson, *Cultivating positive emotions to optimize health and well-being*, „Prevention and Treatment" 2000, nr 3, s. 3.

[53] K. Ostaszewski, *Druga strona ryzyka*, „Remedium" 2005, nr 2, s. 1–5.

Współczesna psychologia, zwłaszcza tzw. psychologia pozytywna, akcentuje rolę i znaczenie aktywności autokreacyjnej, polegającej na budowaniu rezerw, stymulacji rozwoju i zdrowia człowieka. Tworzone programy profilaktyczne koncentrują się na określonych aspektach czy wymiarach pozytywnego funkcjonowania, np. optymizmu, nadziei, odporności, mądrości, szczęścia, kreatywności, zaangażowania. Jak zauważają Jeannne Nakamura i Mihaly Csikszentmihalyi[54], tym co odróżnia jednostki, które zmieniają oblicze kultury, od reszty ludzkości, są nie zdolności poznawcze, lecz właściwości motywacyjne, zaangażowanie się w działania, które dostarczają takiej satysfakcji, że zbędne stają się inne powody. Drugą z możliwych pozytywnych motywacji zaangażowania się są cele, które człowiek formułuje po to, aby nadać sens doświadczeniom zagrożenia lub stresu. Zazwyczaj po pewnym czasie okazuje się, że motywacja związana z zagrożeniem przekształca się w zainteresowanie określoną pracą dla niej samej.

W ostatnich latach zaczęto zwracać szczególną uwagę na pewne pozytywne strony sytuacji trudnych, np. doświadczania traumy, ciężkiej choroby[55]. Wystąpienie pozytywnych zmian w następstwie zmagania się z kryzysową sytuacją życiową określa się mianem potraumatycznego wzrostu (*posttraumatic growth*)[56]. W wyniku traumy osoba przechodzi pewnego rodzaju transformację i uzyskuje wyższy niż przed traumą poziom funkcjonowania, wyrażający się m.in. w lepszym poczuciu dobrostanu czy większej świadomości życiowej. Richard Tedeschi i Lawrence Calhoun[57] wskazują na trzy grupy pozytywnych zmian składających się na potraumatyczny wzrost, a mianowicie: zmiany w percepcji siebie, w relacjach interpersonalnych i w filozofii życiowej.

Potraumatyczny wzrost, podobnie jak radzenie sobie ze stresem, osiąganie satysfakcji z życia itp., zależą głównie od człowieka, od jego potencjałów, czy — jak przyjęło się używać w psychologii zdrowia — od jego zasobów osobistych i społecznych[58]. Dla wyjaśnienia tych procesów sformułowano takie konstrukty, jak „prężność" (*resiliency*) czy „proaktywne radzenie sobie" (*proactive coping*)[59]. Prężność ujmowana jest jako względnie trwała cecha osobowościowa, determinująca proces

---

[54] J. Nakamura, M. Csikszmentmihalyi, (przyp. 48), s. 108.

[55] N. Ogińska-Bulik, Z. Juczyński, *Konsekwencje doświadczanych negatywnych wydarzeń życiowych — objawy stresu pourazowego i potraumatyczny wzrost*, „Psychiatria" 2012, nr 1, s. 1–10; Z. Juczyński, N. Ogińska-Bulik, *In spite of adversity — Posttraumatic growth in the aftermath of experienced negative life events*, [w:] *Experiencing a suffering*, red J. Binnenbesel, Z. Formella, P. Krakowiak, Z Domżał, t. 1, Libreria Ateneo Salesiano – Wyższa Szkoła Edukacji Zdrowotnej i Nauk Społecznych, Rzym – Łódź, s 300–320.

[56] Termin wprowadzili do literatury w latach 90. XX w. Richard Tedeschi i Lawrence Calhoun; N. Ogińska-Bulik, Z. Juczyński, *Rozwój potraumatyczny — charakterystyka i pomiar*, „Psychiatria" 2010, nr 4, s. 129–142.

[57] R.G. Tedeschi, L.G. Calhoun, *The Post-Traumatic Growth Inventory: Measuring the positive legacy of trauma*, "Journal of Trauma and Stress" 1996, nr 3, s. 455–471.

[58] Z. Juczyński, N. Ogińska-Bulik (red.), *Zasoby osobiste i społeczne sprzyjające zdrowiu jednostki*, Wydawnictwo UŁ, Łódź 2003, *passim*; I. Heszen, H. Sęk, *Psychologia zdrowia*, Wydawnictwo Naukowe PWN, Warszawa 2007, s. 173–176.

[59] N. Ogińska-Bulik, Z. Juczyński, (przyp. 50), s. 55–57, 173–190.

elastycznej adaptacji do zmieniających się warunków życiowych, zarówno poprzez odpowiednie dostrajanie własnych zdolności i sprawności, jak i odpowiednie wykorzystanie czynników znajdujących się w otoczeniu[60]. Z kolei proaktywne radzenie sobie jest nastawione na motywowanie ludzi do stawiania sobie ambitnych celów oraz dążenia do ich realizacji. Osoby stosujące proaktywne radzenie sobie wykazują silniejszą motywację do podołania wyzwaniom, przez co wpływają na poprawę jakości własnego życia.

Wymienione właściwości służą do wspomagania rozwoju mocnych stron człowieka, co w sposób znaczący zabezpiecza przed wikłaniem się w problemy związane z utratą kontroli i potrzebą kompulsywnego poszukiwania kontaktu z substancją czy wykonywaniem określonych czynności. Zgodnie ze znaną w psychologii zdrowia teorią zachowania zasobów Stevana Hobfolla[61], trzeba inwestować w swoje zasoby celem uchronienia się przed ich utratą. Wymaga to zarówno kompensowania nieuchronnych strat, jak i stałego powiększania swoich zasobów. To pomnażanie zasobów własnego zdrowia musi mieć miejsce w trakcie całego życia, aby w szczególnych sytuacjach móc z nich skorzystać. Jedynie wtedy, gdy posiada się bogate własne zasoby zdrowia można myśleć o ich mobilizacji w sytuacji doświadczenia traumy, bólu i cierpienia psychicznego, czy ciężkiej, nieuleczalne choroby[62].

Łacińska sentencja *non vivere, sed valere vita* (nie życie, lecz zdrowie jest życiem) w sposób lapidarny ujmuje filozofię życia, utożsamiając ją *de facto* z filozofią zdrowia, gdyż „zdrowie to życie". Człowiek staje się kreatorem własnego zdrowia poprzez rozwój swoich zasobów i skuteczne równoważenie ich z wymaganiami. Pomnażanie zasobów zdrowia to m.in. rozwijanie i zwiększanie swoich umiejętności życiowych, umiejętności rozwiązywania problemów, komunikowania się, rozwijanie inteligencji społecznej i emocjonalnej, umożliwiających skuteczne radzenie sobie z zadaniami i wyzwaniami codziennego życia[63]. Te różne sposoby wspomagania rozwoju mocnych stron człowieka, dostosowane do wieku i sytuacji, powinny być antidotum wobec używek, które wiążą się z zachowaniami ryzykownymi i szkodliwymi dla zdrowia i — w dłuższej perspektywie — pogarszają jakość życia człowieka.

---

[60] N. Ogińska-Bulik, Z. Juczyński, (przyp. 50), s. 177–178.

[61] S. Hobfoll, *Stres, kultura i społeczność*, GWP, Gdańsk 2006, s. 61.

[62] Z. Juczyński, *Pomnażanie i wzbogacanie zasobów własnego zdrowia*. „Polskie Forum Psychologiczne" 2009, nr 1, s. 17–31; tenże, *Co daje człowiekowi siłę do zmagania się z cierpieniem*, [w:] *Człowiek i dzieło*, red. L. Suchocka, R. Sztembis, Wydawnictwo KUL, Lublin 2010, s. 255–268.

[63] Z. Juczyński, *Kryteria zdrowia w cyklu życia człowieka — „mieć czy być zdrowym"?*, [w:] *Zdrowie w cyklu życia człowieka*, red. N. Ogińska-Bulik, J. Miniszewska, Wydawnictwo UŁ, Łódź 2012, s. 11–26.

Zygfryd Juczyński

Stimulants — a risky method of improving individual quality of life

The essential motivation of human behavior is the striving for pleasure. Therefore, some substances — like alcohol, tobacco, and coffee — are considered essential elements of the contemporary lifestyle. By using these readily available substances, people try to fulfill an illusory dream of pleasure and happiness ("A short cut to the destination"), which quite often leads to addiction. Although the potency of tobacco is not comparable to that of opiates, the mechanism of addiction is identical ("The same, but not the same"). The use of psychoactive substances can be seen at all times and everywhere. However, what is legal in one part of the world may be prohibited in another, and what is currently regarded as harmful might have been considered medicine not long ago. Although it is unlikely that a person will become addicted after drinking one vodka shot or smoking one joint, it is worth realizing that there would be no subsequent doses of these substances without the first one ("Better safe than sorry"). In the final part of the article, some new research trends relating to positive psychology are presented ("In search of safe ways of improving quality of life").

Luis Sobrado Fernández
Elena Fernández Rey

The life project: Necessity or illusion?

I. Introduction

The life project constitutes a key element of quality of life and has the essential characteristic of advancing the situation or personal and professional reality, etc., of the subject who adopts it in order to construct and affirm his or her individual identity. The design and performance of life projects is a human necessity and a means of subjective, social and professional adaptation to the reality in which the person lives.

As is well known, Kant, Rousseau, Fichte and especially the Descriptive Phenomenology of Husserl and Heidegger and the Existentialism of Sartre, stand out in the historical development of philosophical thought. The latter author starts from the categorical affirmation of man's freedom as described in Husserl's and Heidegger's works and perceives the specific expression of it in the life project.

The life project consists of the pursuit of a wished-for and unprecedented future made up of certain amount of hope and utopia, and marked with uncertainty because of its unknown character. It is supported by necessities and precautions that help the individual to better know the reality in which the life project is intended to be established. It tries to realize a wished-for future of happiness, success, etc. and it begins to progress from the moment in which it is first defined.

The scientific disciplines of Psychology, Sociology and the Natural Sciences all contribute to our understanding of the construction of the project as an expression of individual purpose. Various personal and social characteristics converge in the life project, such as attitudes and feelings, profession, family, the life cycle, social representations, etc., all of which can be located in historical, social, and geographical space.

To summarize, the life project is an intentional and active elaboration that is developed throughout the person's life; it is specified in an action plan open to the possibilities that the surrounding reality offers; it is a complex process that stems from the subject's needs and it is directed towards a future that is often unknown and utopian; it is also an expression of freedom of the person and it has a social character.

II. Necessity of the life project

The elaboration or construction of the life project arises from the emotional, intellectual and social developmental processes of the person throughout his or her life, and so it supposes continuous training and guidance[1].

A life project must be based on the information, communication and knowledge of the subject, that is to say, on his or her interests, values, attitudes and competencies, family expectations and possibilities, and the social, economic, educational and cultural variables in which the subject lives and develops him or herself[2].

The life experience of a person in his or her childhood, adolescence, youth, adult life and old age is formed by a sequence of events of varying nature that structure his or her "life cycle". These events are, in general, specific to each subject and sociocultural environment and allow the individual to participate in the roles, and access the means and resources that are available within that environment. The events that are influential include psychophysical maturity, formal education, retirement from work and so on[3].

Some aspects of life experience are related to unpredictable personal circumstances, such as the place of residence, employment and unemployment, the unexpected death of a relative or a friend, illnesses, etc. Likewise, it is necessary to state the circumstances linked to the social and historic period in which the person lives, such as the economic crisis, globalization, war, ethnic confrontations, etc.

The life project tries to realize a personal, social, professional reality or situation, usually raised in sentences such as: "I would like to be", "I would like to do", "I would like to know", "I would like to live with", etc. and for this, the person who formulates it needs the construction and consolidation of a personal and professional identity[4].

This identity and, related to it, the life project, are linked to three fields within which all people project their lives, and they are: the somatic field, within which they try to keep their integrity and physical development; the personal one, in which people try to integrate the external world with the internal one in their daily experiences and behaviors; and the social one, in which people who share a spatial and historical context are related and cooperate to maintain a group organization that serves as a model which regulates their actions and gives them a sense of belonging[5].

---

[1]   I. Guillet and S. Scoyer, *Vivre-Acompagner un projet*, (Lyon: Editions de la Chronique Sociale, 2002).

[2]   B. Courtois and M. Josso, *Le projet: nébuleuse ou galaxie?*, (Lausanne: Delachaux et Niestlé S.A., 1997).

[3]   B. Dauberville, A. Foulard, B. Lietard, M. Poulain, N. Soleilhac, L. Bailly, M. Vayn and O. Vialatte, *Vivre ses projets*, (Issy-les-Moulineaux: ESF éditeur, 2002).

[4]   J. Boutinet, *Antropología do Projecto*, (Lisboa: Instituto Piaget, 1996).

[5]   ROPS (Recherche Opératoire en Psychologie), *Le projet. Un défi necéssáire face á una societé sans projet*, (París: L´Harmattan, 1992).

The life project has a paradoxical aspect, because it usually appears in the literature as something valuable with positive connotations, while the factual reality is sometimes a troubled one because of social, educational, cultural situations, etc. However, the life project is generally regarded as something positive, both for its promise to increase the value of life and for its symbolic power as a marker of personal identity.

III. Conceptualization and content of the project as an anticipation of the future

In Western society, the term "project" is a fairly recent one and does not always have the same meaning in other languages. It comes from the Latin verb *projicio* and its present meaning is: plan, design. In other languages (for example: French, Spanish, Italian, Portuguese...) the synonyms of the word "project" include: intention, purpose, precaution, program, etc.[6]

At present, there is a great interest in activities and behaviors guided by aims and which have the intention of giving a meaning to actions that they anticipate, both in personal and in social fields. The current interest in the existence of projects, especially life projects, despite being complex, allows us to think about elements of the psychology of personal action that offer subjects the opportunity to be creators of their own life history and to think about their orientation or reorientation in this case. It is the domain of the actor destinies and of his own activity which benefits the decisions through which life experience internalizes in an action base, the temporary periods which are established and the way as his life expectancies are formulated, his aspirations, successes and failures are generated[7].

The life project has several basic problems, whose solution requires us to take into account several factors:

— The problem of anamnesis and the memory's ability to select, choose and decide while being fully aware of it. This process has great significance during the creation of a personal background.

— The complex reality of the identification and/or treatment of the chances through a double paradoxical attitude by the actor, of implication and distance performed at the same time.

— The dilemma of the necessary transition to another life period, where the risk of psychological dysfunction can occur. This can take the form of inhibitions occurring temporarily or the form of evasion with respect to long-term goals that can be considered inaccessible.

— The conflict between the planned life situations and their performance, for example in the labor field, when the professional project of the person is considered. The design of the life project attempts to establish a dialectic relationship between the predicted plan and its performance, a fundamental

---

[6]   Ph. Jonnaert, *De l'intention au projet*, (París: De Boeck Université, 1996).

[7]   B. Law, *Deciding for yourself*, (Cambridge: CRAC, 1973).

feature of everything which constitutes the life action that wishes to be intentional. The life project is a way to create a dynamic reality between the intended plan and the material things that come through it. The gap between both of them will come from the dissociation between the intention and the actual performance of life actions.

— The problem of the autonomy of the actor of the life project, including his own initiative skills, and the limitations of any kind that he may have to face.

In summary, the life project can oscillate between the logic of the author and the life activities that he tries to perform and, on the other hand, that of life actions and their memorized practice.

Historically, the term "project" was unknown by the Greek and Roman cultures and also in the medieval period, and it did not appear in a systematic way until the 15th century. Besides, it appeared with restricted connotations of spatial organization, relating to architectural elements placed on the front of a building (for example, balconies in a house façade).

In the following centuries, it had a fluctuating use, and was eventually assimilated to the idea of social progress in the 19th century, where it was a synonym of "perspective" or "idea". In the middle of the 20th century, it acquired its precise sense fully, which it possesses at present, signifying both a prediction and anticipation of the future.

Referring to what the term "project" means in the languages related to English, the word *projet* is used in French, *proyecto* in Spanish, *projecto* in Portuguese, *project* in German and *progetto* in Italian. As can be noticed, all are similar words; in the different written languages, the term "project" has different meanings such as purpose or intention and design, scheme or plan.

IV. Theories of the project in the evolution of philosophical thought

In the second half of the 18th century, two great philosophers, Rousseau and Kant, wrote two books about the idea of the project. The first book, published in 1750, was *Jugement sur le projet de pais perpétuelle* and then Kant continued the topic in his book: *Projet de paix perpétuelle*[8] in 1795. In this latter publication, Kant pointed out that the idea of the project had been integrated into a number of works that tried to overcome the prevailing rationalism of Descartes. For him, the true destiny of reason is not knowledge but action, which means the construction and execution of projects in freedom.

Kant supported the superiority of the practical function of reason over the theoretical one and with this anticipated directly the praxis philosophy of the project, which was going to emerge again in Fichte. Kant created a revolution in the

---

8   E. Kant, *Pour la paix perpétuelle projet philosophique*, (Lyon: Presses Universitaries, 1985).

philosophical thought of his time through the critique that established the three applications of reason: speculative reason, practical reason, and judgment.

Fichte took up and continued Kant's thinking, specially the opposition to dogmatism and discovery of practical reason as a source of freedom, but he also rejected the dualism of technical and practical reason. From thinking about temporality and purpose, Fichte elaborated his philosophy of the project. The opposition between Rousseau and Fichte about the theory of the project created two conflicting but complementary attitudes opposed to scientific and technological modernity. One of them is admiration and the other is rejection, each trying to take control from the other.

Modernity does not make a difference between these thinkers in relation to their ideas of the project, but it is fueled by both. The project tries to be a choice and rejection at the same time and in its expression can achieve, for example, the outlines of the affirmative thinking of Fichte in the case of technical projects, or the aspects of a denunciation in the style of Rousseau, especially in the case of social projects.

In the first half of the 20th century, a re-emergence of the concept of the project occured in the philosophical field, thanks to the preparatory work done on another term, that is, "purpose," which can be considered as the generator concept of the phenomenology that was performed during the second half of the 19th century. Brentano here occupied a central place, and is considered as the precursor of phenomenology and the originator of the psychological theory of Gestalt. He placed the Thomist term "intention" in a preeminent place, through which the singularity of the conscience is evidenced.

In the philosophy of Saint Thomas, with its Aristotelian basis, scholastic thinking used a concept of intention that meant the application of the spirit to its aim; that is to say, the movement by which the spirit tends towards the objective that it has internalized. The scholastic philosophy opposes two types of intentions:
— The formal one, which is directed towards an object of knowledge.
— The volitive one, which considers a desired or required object.

When Brentano and then Husserl took up the term "purpose", they were only interested in Saint Thomas's formal type of intention to the extent that it answers to their epistemological worries. This explains why their studies were not related to the philosophy of the project that would have developed if they had begun from the idea of volitive purpose.

From Brentano's thinking, two important currents developed:
— A psychological one, called the theory of Gestalt (with the Austrian school as the leader), founder of Form Theory and whose followers translated the concept of purpose in the terms of the idea of the project.

— A philosophical one, which through Husserl shows its distrust for everything that is psychological, and is the origin of a new epistemological attitude, which is descriptive Phenomenology[9].

Influenced by Brentano, Husserl took up the concept of purpose, rejecting the empirical connotations of Brentano, and produced ideas from which the concept of project would emerge later on. This thinking was continued by Heidegger, a disciple of Husserl.

Heidegger elaborated a thought about the project in an effort to understand what constitutes the singularity of human existence. For him, the project expresses the capacity of a man to evolve, which can be due to his freedom, but this project can be characterized by disappointment, feeling threatened by anonymity, the neglect of imposed things or the impossibility of placing oneself at the level that one wishes to be.

The preoccupation manifests this continuous and distressed worry of sinking in effectiveness and of keeping the distance between project and anonymity. Heidegger takes up again a perspective from Husserl which consists of the contention that truth is not adequate, as Descartes wished, but it is rather a revelation, in such a way that the project enables a human being to be revealed, in the sense that he is expressed in the project that he has expected and by this, it is an understanding of its existence.

Heidegger shows that any project of being already advances an understanding that is integrated into the project. This constitutes, then, the revelation of the human being and understanding expresses dignity to be projected as a possibility.

The meanings of things are not more than their possible use for our objectives. The essential characteristic of the human being in the world is understanding, which is defined by its projecting character, in the sense of projecting his being towards his possibilities.

According to Heidegger[10], since the project has been considered as necessary for the understanding of a human being, it has tried to remedy in the recognition of the lack of the westerner thinking that is the being oblivion. His phenomenology of the project lets us, in a suggested way, theorize and formalize the purpose of any project, which is to remain. Restlessness lies in this permanent effort to take the ambivalence of all existence; through it, the project is what makes possible the capacity for evolution. Heidegger expresses a distressed character in his way of progressing towards advanced consciousness through the life project.

Bloch, contemporary with him, values this consciousness, however, in an optimistic way, emphasizing hope and utopia. For Bloch[11] there are three stages in the project, which are: tension, aspiration and the investigation of a finality. Tension is taken from consciousness, transformed into aspiration, and ultimately transformed

9   E. Husserl, *L´idee de la phenomenology*, (Paris: P.U.F., 1970).

10 M. Heidegger, *Les problemes fundamentaux de la phenomenologie*, (París: Gallimard, 1975)

11 E. Bloch, *L´esprit de l´utopie*, (París: Gallimard, 1964).

into the pursuit of an aim. This anticipatory consciousness is organized into three consecutive stages:

— Incubation, which is the perception of anything that is searched for.
— Inspiration, which enables the fast knowledge of evidence.
— Clarity, in which what had been observed, is now acquired.

For Bloch, the regulating principle of the anticipation is the specific utopia that he opposes to the abstract one created by mystification and social influence. Bloch did not capture the specific utopia linked to the project, in spite of the fact that both terms appear close together. The project is defined by an operating anticipation, while the specific utopia for this thinker is not a singular production outlined by a personal or social actor to be performed.

However, there is a convergence between a project and a particular utopia and it is with the project model of society in the sense that this makes reference to particular actors. From this perspective, the particular utopia is close to the concept of a social movement elaborated by Touraine, which expresses the capacity for unknown action of postindustrial society itself.

With Heidegger and Bloch, two opposite interpretations of the project are proposed, which recall the antinomies that accompany the idea of progress from the 18th century and which are pessimistic on the one hand and optimistic on the other.

Sartre[12], in relation to the contributions of Husserl and Heidegger, parts from their radical statement of human freedom and sees the specific expression of this freedom in the project. He suggests a holistic idea of freedom, which allows man to build himself through a consciousness of absence that experiments and specifies in its freedom. This project, as an expression of freedom, prevents the individual from coinciding with himself, but this allows him to transcend the determinations that do not stop acting on themselves. It is about an existential project similar to the one that Merleau Ponty tries to outline when he refers to the world, to ourselves. Sartre insists on the fact that the only conceivable way to exist is through a project that gives sense to human behavior and dissociates it from the mechanistic perspective. This thinker argues that the connection that continuously joins a person with his or her environment is full of anticipations and purposes that are specified in the project, which is the simultaneous place of convergence of all the purposes and the projection for all the objects which the person is in relation with. He values the terms "intention" and "purpose", faithful in this to Husserl, in outlining his epistemological perspective.

To summarize, the importance that phenomenological and existential philosophy gives to the project necessitates establishing or reestablishing transcendence, as this would mean that things are not directed in their development by a blind automatism. They can either be left by themselves or reoriented by somebody who gives them a meaning, even if it is a very restricted one.

---

[12] J. Sartre, *L'existencialisme est un humanisme*, (París: Nagel, 1947).

In phenomenological thinking, the project, opposed to the naive optimism of the Century of Lights (*Siglo de las Luces*) and partial to Bloch's particular utopia, means the necessity of advancing, of the transcendence that the person wishes, although it is expressed full of contradictions, as Sartre affirms[13].

Phenomenology tries to show that a person cannot be closed entirely in his or her present condition and that he or she does not have a project that transcends with the risk of revealing it full of illusions.

Summarizing, we can state that the project participates in an attempt at transcendence and a certain recognition of operational reason. The project is shown in the base of our technological culture as a help to a rational domain of our existence and as an attempt to investigate an impossible ideal.

V. The value of the project as a precaution and anticipation of the future

Any culture wants to divide time into the sense that it is concerned with, and these divisions are temporary representations or they are expressions of the plurality of the times that accompany us. From this that surrounds us to our existence, we are transformed into privileged representation ways.

Time is usually divided in two ways: bi-partition and tri-partition. The first and classic division of time consists of opposing simultaneity to succession. The present in its immutability is opposed to change and evolution, which are present in the past and future.

With respect to the tri-partition of time, it is commonly divided into past, present and future. The present as an expression of ongoing time is very interesting, but it is doubly threatened by the immediate past and the near future. However, it is a privileged moment where it tries to coincide with oneself, it is a satisfactory experience in which the person conquers his or her own autonomy.

The present becomes reality when it is supported by a past activity and can advance new possibilities of action. Childhood (the lack of past) and old age (instability of future) are periods in which the present is lived in a fragile and evanescent way.

Life stories, reflections, autobiographies, self-analysis, etc. all help to update what was absent up to now. These different tools have one fact in common: that to reappropriate the present from past experiences implies supporting interpersonal relationship. The past time that has a personal character is also social time, because other mediator people are necessary.

The psychological present cannot be separated from the absent one to which it is related and that gives sense to it. That consists of a revitalizing absence that restates the present[14].

---

[13] J. Sartre, *Questions de methode*, (París: Galimard, 1960).

[14] L. Bellenger and M. Couchaère, *Animer et gérer un projet. Un concept et des outils pour anticiper l'action et le future*, (París: Eyrolles, 1992).

The past supposes for the history of the person lapsed in a simultaneous way and the social history of the group to which it belongs. The past is usually perceived under the perspective of a re-appropriation that the person or social group is going to try to look for in his/her roots.

This investigation is performed through an anamnesis process of updating ex periences from the lived ones to establish the feeling of personal and cultural iden- tity. The past provides a perspective to look at the present and mix with it in regular intervals. It is also a reservoir of updates and possibilities that can be used to build the future. The work about the past implies a process of individual and group memorization.

The future is the anticipation of that fact that will always be accidental in the sense that what is necessary to perform can be limited by the occurrence of unex- pected facts. The ambiguity of the future comes from those facts that have a lot from the past and the present at the same time, but the future is totally different from them, generating a free way of adjusting to the unknown reality.

The future is based on continuity and simultaneously breaks away from those facts that existed, and its partial uncertainty turns it in some way into something troubled and distressed. It is the uncertainty of facing an unknown future.

From another perspective, the future is a "temporal horizon," continually draw- ing away from us, inducing us either to escape towards the future or to embrace resig- nation. However, it can also inspire the development of capacities still unknown.

The models of anticipation are more and more differentiated, distinguishing be- tween the speculative, volitive, promising, or prophetic future, etc. All these cases are based on the idea of possibility that the future brings with itself by nature.

On the other hand, at present we have been experiencing a technological ad- vance of exponential character in most developed societies for several decades, which has given us a new way to experience time due to our unprecedented ability to quantify it precisely. However, we find that our time is disappearing, paradoxi- cally, and there is no time to perform what we wish.

A second aspect of technological temporality is that as we value not having time for anything at present, we overload the future with all of our hopes, leaving for it what we cannot perform now.

The prospective dimension is found then, to be usually overvalued as a result of the prejudices of the present and past. In the present, the future is a matter of worry, a place destined to prepare the person to adapt to his or her environment. As Hottois[15] says, the feeling of existence for a person or a social group is linked to the capacity of projecting him or herself/itself into a proper future.

In Hottois' work, all the different forms of projecting thought into the future are heavily emphasized (plan, program, project, proposal, prediction, etc). These have an important place in our awareness of the value that technological time has in itself.

---

[15] G. Hottois, *Le signe et la technique*, (París: Aubier, 1984).

Boutinet[16] states, with respect to the various methods of projecting thought into the future, that they are concerned with observing the mystery of the future in order to know some of its aspects. For this author, there are three types of cognitive anticipation:

— The adult type, which can take one form or another and which is linked to guessing through astrology, fortune-telling, palmistry etc.
— The religious type, through the prophecy that is going to announce the facts that are going to happen through a sacred revelation of transcendent nature and in which the prophet is a simple spokesperson.
— The scientific type, of which there are actually two types, i.e. the prospective type and futurology, which represents a better interpretation of certain aspects of the term "precaution" and which emphasizes the cognitive aspect.

The project can be defined as an operating, individual or group anticipation of a wished-for future. It is supported by a group of predictions that promise to help us understand the reality in which the project will take place (for example, the professional project), and which try to predict a wished-for future (success, happiness, etc.) as well as what exactly that future would be, once it is specified.

VI. The project as a scientific approach: Contributions of the different sciences

There are two essential approaches in a project with their respective expressions that are: the theoretical and the empirical ones. The emergence of a project is supportive of a hypothetical-deductive regularized framework in the theoretical one and mainly placed in the influential field of the Social Sciences. Knowing to anticipate is the basis of a new rationality that is the advance and that tries to enable the adaptations facing the environment that are continuously changing.

The empirical approach offers the chance to make an inventory of a great variety of aspects to favor the adaptations opposed to a relatively stable environment.

The interpretation of the project was originally made in relation to the biological reflections about evolutionism and its philosophical expression in the vitalism and finalism which created the theory of the project progressively.

Since the end of the 19th century, as a result of the teleological concerns that have developed since then, the Social Sciences are grouped again in several aspects and a theory of the project is being developed progressively.

In the following section, we will analyze the contributions of Psychology, Sociology and the exact and natural Sciences to the scientific discussion about the elaboration of the project as an intentional expression.

---

[16] J. Boutinet, *Psychologie des conductes à projet*, (París: P.U.F., 1994).

1. Contributions of Psychology

The contributions of psychological science, especially experimental psychology, to a theory of the project mainly come from three currents, which are the behaviorist, the gestaltist and the cybernetic. American behaviorism has viewed the project from a teleological perspective and in this way, authors such as McDougall and Holt have insisted on the fact that all behavior is intentional, but Tolman, Holt's disciple, has established the psychological principles of purpose, without systematizing it in a strict sense.

Tolman, influenced by the authors named before and also by Watson, the founder of behaviorism, and by the psychological theory of Gestalt, considers the project as an intermediate variable, internal to the organism and inserted between the independent variables of the situation and dependent on behavior. He sees in the project, like McDougall, the property of persistence until it is achieved in the end.

Tolman[17] gives, in the study of behavior, a distinguished role to the project that identifies with the finality and it is conceived as an unremarkable variable, intermediary between the situation and the behavior and that is essential to express the interactions between the subject and the environment.

The project gives meaning to behavior and motivates the person to action, in the expectation of any reality or situation. Its position is identified with the psychology of expectation in the sense of anticipation.

In the field of Gestalt we can mention von Ehrenfels, a Brentano disciple, and specially Wertheimer, Kohler, Koffka and Lewin.

Lewin connects the project with a necessity and he is sensitive to the biological approach, which has great prestige among the gestalists. He is also interested in aims (immediate purposes) and for its conditions to be achieved, and linking to them he made an effort to make a definition of a solution of specific problems by psychology when the formulated goals are not directly accessible. For him, the setting of objectives is influenced by the tendencies of the person or the group to elevate his/their desired level to the highest level of his/their possibilities. In this idea the understanding of the project, which is registered in a double special context, lies in this establishment (a scenery of the momentary life) and in a temporal framework, which includes the present and the future of the aim, expressed through its content, and apart from that, the past is influenced by a kind of guilt in relation to the intended aim.

Likewise, in the field of cybernetics, the project reappears in the 1960's with the increase in cybernetic thought influenced by Information and Communication theories. For cybernetics psychology, the human organism is a communication system that selects a particular quantity of information from its surroundings, decides what information is appropriate for its adaptation, and gives back new information in the form of actions. Through that double mechanism of selection of information

---

[17] E.C. Tolman, *Behavior and psychological man*, (Los Angeles: University of California Press, 1951).

and decision to value the necessary information, the human organism is able to perform his or her project in his or her environment.

With regard to psychological sciences, apart from Experimental Psychology, it is necessary to mention the Humanist disciplines as well, which can represent a third way between behaviorism and psychoanalysis. They give great importance to their own conceptualization, which is interpreted as a performance of potentialities and a symbolic use of past experience at the same time, but they do not use the term "project" extensively. Anyway, they insist on the value of past and future experience, as indicated by authors such as Bonner[18], who point out the proactive dimension of the character that the person projects.

Nuttin[19], in his work on motivation, makes valuable contributions to a psychology of the project, which is considered as an essential element in the formation of character that is possible through the tension that arises when a person makes an effort to carry out a project and that is created by the apparent distance between the projected aim and the present situation.

The project, for this author, is identified with the dynamism of the Humanistic disciplines, due to its tendency to update the individual, through the performance of particular projects which together can be called a life project.

Nuttin affirms that the context of cognitive elaboration of motivation is where the person transforms a necessity into a project, often connected with the object-aim. Motivation, according to Nuttin, stems from necessity, which is the basis of any project and this reaffirms the importance of necessity in the elaboration of a project.

With respect to the perspective of Psychoanalysis, the classical theories are opposed to formulations of an idea of the project that is mainly concerned with the proactive personality, since psychoanalysis, specially the Freudian variety, is mainly interested in the retroactive personality. Lacan[20] takes from Freud the concept of sublimation, which is one of the possible outcomes of the drive to create a project, with an incidental attention to the psychological mechanisms linked to the proactive person.

In summary, there are three major currents that serve to define the theoretical principles of a psychology of the project, with uneven emphasis, in the context of the Psychological Sciences. They are: Experimental Psychology, and which sees the project as behavior that tries to grasp time, especially the future, through actions interpreted as a temporal and cognitive advance, directed to enable the person's adaptation. Humanistic Psychology, with a phenomenological base, in which the project is used to value the motivation and the aspiration level that the person establishes for that thing that he makes or that is going to favor his or her updating. Psychoanalysis, a current in which only sublimation is a possible basis for the project, but in which this possibility is still very little explored.

---

[18] H. Bonner, "The proactive personality" in F.I. Bugental (Edit.), *Challenge of humanistic psychology*, (New York: Mc Graw-Hill, 1967), pp. 58–75.

[19] J. Nuttin, *Théorie de la motivation humaine, du besoin au projet d´action*, (París: P.U.F., 1980).

[20] J. Lacan, Séminaire sur l'éthique de la Psychaanalyse, (Paris, Le Seuil, 1987).

2. The Sociology contributions

The Social Sciences and specially Sociology perceive a capacity for creation and innovation in society, and in certain individuals or leading figures of groups, by means of projects by which social agents and the society itself are fostered.

Innovation and experimentation in the social field can lead certain sociologies to value the concept of the project, because modern societies, are threatened by sclerosis and routine, issues that are well studied by Max Weber in his analysis of progressive bureaucratization and its capacity to paralyze society. From this perspective, it is necessary to give social actors more initiative and flexibility, and to make it possible for them to undertake projects in the personal, group or organizational field.

On the other hand, the social project, considered as a whole, is a continuous effort to guarantee a minimum level of social cohesion in a technological society in which individualism threatens the social group.

Touriane[21] opposes the group subject to the individual one and each of them is defined as connected to a project. When this project is performed, it occurs inside a technological civilization, being identified with a historical subject. For this author, the project means the establishment of relationships that the individual pretends to have with the historical one.

Touraine distinguishes four characteristic ways by which people participate in the historical subject, and which generate four levels in the project:

— Absence or retirement of the personal project that is defined by a personal, professional identity, etc.
— The individual level, which can be considered as the first real participatory level, and in which the organization is used as a resource to perform the personal project.
— The group level, which connects the subject but not the organization to a specific group considered as a source of identity (for example, a professional group).
— The organizational project, in which there is a consciousness of belonging to a social institution conceived of as mediating between the person and the historical subject.

Touraine assimilates the organizational project to the vocation in the sense in which he is the only one that has a direct subjective load, connected to the main guidelines of the historical subject.

3. The project of the Exact and Natural Sciences

The interest in the project in this particular field is in qualifying systems and organisms characterized by a finality in an analogous way with the human systems and directed by it. In the Exact Sciences the term "project" is used, not as

---

[21] A. Touraine, *Production de la societé*, (París: Le Seuil, 1973).

an elaborated term, but as a name for a wide range of behaviors of both automated systems and human beings.

The concepts of intentionality and purpose emerge in cybernetics which is going to use the two concepts to value the basic property of the natural and artificial systems, that is to say, of being telenomic. Cybernetics can be defined as the procedure that exists between the project conceived inside a system and the perceived environment to which one must be adapted. Cybernetics is the first area of scientific knowledge that in the 20th century is going to establish the terms of: project, finality and teleology in scientific communications. It is the first science in introducing the finality in the study of both natural and artificial objects and phenomena.

The systemic approach is based on the same principles as its predecessor: the cybernetic field. Bertalanffly[22] regularizes and develops its postulates in the sense that cybernetics is a part of systems theory as a special case of these that are self-controlled and any organism is conceived as an open system, that is to say, as a group of elements in interaction being transformed over time according to a project.

The consideration of the project, as a scientific tool which is useful for creative activity, generates a new epistemological style based on the interdependence of the subject-actor and the scientific object. It constitutes a true methodology of the thinking demonstrated by Dewey's pragmatist philosophy[23].

VII. The life project as a convergence of the spatial and temporal coordinates

The configuration of a life project is strongly connected to the subject's personal identity, interpreted as the subjective representation of life satisfaction at work, employment, leisure, the formative sector, etc.

There are several elements of a person's life project, such as subjective identity, social representations, the labor field, the familiar environment, events in the life cycle, the subject's self-esteem, etc. All these can be conceptualized in relation to two main personal and socio-historical dimensions, namely time and space.

A person's life experience (as a child, a teenager, a young adult, a mature adult, etc.) is formed by a sequence of events that constitute his life cycle and which are related to chronological age (physical maturity, entry into formal education, compulsory retirement, etc.), the socio-historical stage on which the person lives (ethnic confrontations, the economic crisis, globalization, etc.), and are also connected to the personal circumstances of life (illnesses, unemployment, geographic mobility, etc.).

For Erikson[24] the concept of personal identity must be understood as having social and psychological dimensions. Identity is acquired from a singular convergence of life components (character, talent, idealism, etc.) and they presented social

---

22 L. Bertalanffy, *Theorie génerale des systèmes*, (París: Dunod, 1968).
23 J. Dewey, *Experiencia y educación*, (Buenos Aires: Losada, 1943).
24 E. Erikson, *Historia personal y circunstancia histórica*, (Madrid: Alianza Editorial, 1979).

alternatives (personal roles, integration into the world of labor, emotional support networks, etc.).

There are three variables that enable a person to form a life project. These are:
— The coherence of the individual's personal integration.
— The ideologies or images of a particular stage.
— A life story based on a social and historical reality.

Achievement of an identity[25] supposes continuous self-perception in relation to changing situations and represents the possibility of feeling that we are still the same person performing the same roles in different environments in the system of interpersonal relationships of which we are members (family, profession, etc) and which require different behaviors.

Personal identity and the respective life project are formed according to the temporary and spatial dimensions that converge on each other. The temporal aspect refers to experiences or events that will happen and that can be faced with greater or lesser effectiveness. The spatial dimension is mainly related to the socio-cultural environment of which we are part and which enables a series of values, beliefs, attitudes, and preferences related to the person, work, family, life in itself, etc.[26]

The life project requires the elaboration and consolidation of the personal and professional identity.

In summary, the life project must be based on knowledge and information about:
— The person him or herself, and his or her interests, attitudes, personality, resources, etc.
— The expectations and possibilities of the family environment which he or she comes from.
— The socio-cultural, political and economic reality in which he or she lives.

VIII. Training, creative development and life project

If we expect that a person can face up to the elaboration of his or her life project by recognizing the value of his or her life possibilities and making a decision about what he or she wants and can be and do in the present circumstances[27], it is of course necessary that this person knows how to do it.

There are a group of reasons linked to the intrinsic characteristics of the project that justify the necessity of learning how to elaborate such projects. According

---

[25] Mª Rodríguez Moreno, *Cómo orientar hacia la construcción del proyecto profesional*, (Bilbao: Desclée de Brouwer, 2003).

[26] S. Romero, "Aprender a construir proyectos profesionales y vitales", *ROEV (Revista de Orientación Educativa y Vocacional)*, 15 (2004), pp. 337–54; S. Romero, "El proyecto vital y profesional", in L. Sobrado and A. Cortés, (eds.), *Orientación Profesional. Nuevos escenarios y perspectivas*, (Madrid: Biblioteca Nueva, 2009), pp. 119–41.

[27] L.E. Santana, *Orientación educativa e intervención psicopedagógica. Cambian los tiempos, cambian las responsabilidades profesionales*, (Madrid: Pirámide, 2009).

to the main features of the life project collected by Romero[28], its explanation is shown in the following frame as explanatory reasons for the learning of the construction of life projects.

Table 1. Characteristics and reasons for learning how to elaborate life projects

Characteristics	Reasons
Active construction throughout life	Understanding of the present, relating it with the past to prepare the future. Search for a life style that will balance the different roles and will enable the positive resolution of the possible conflicts between them.
Non-linear, conscious, intentional and open process	A state of constant exploration that enables one to grasp available chances and analyze them according to their own necessities and values.
Expression of freedom	Being conscious about the determinisms that influence the life process. Relativism of stereotypes. Stimulus of the capacities that enable personal self-esteem.
Group and social character	Importance of the contexts in which each subject moves. The construction of the project is made possible by team work.

There are other explanations that emphasize the urgency of training for the elaboration of life projects that are linked to the multiple changes which a person makes throughout his or her lifetime (personal, family, academic, labor changes…). To adapt to those changing situations will be easier if the subject has tools that permit him or her to perform well with them, taking into account his or her integral development.

The types of learning needed for the elaboration of projects are:

— Anticipation: knowledge, abilities and attitudes related to the exploration of oneself and one's surroundings and to the construction of the personal and group identity.

— Building of projects: knowledge, abilities and attitudes linked to decision-making and the elaboration of plans.

— Action: knowledge, abilities and attitudes linked to the performance of projects that are specified in the development of participative competencies in the employment and occupational fields and with respect to leisure planning and free time.

Creative development plays an important role in that learning, especially certain attitudes involved in the different stages of elaboration of life projects. Some of the main creative attitudes are presented below with their specific contributions.

A high curiosity level, a greater interest and openness to new experiences and a greater access to different feelings and thoughts will favor the informative

---

[28] S. Romero, "Aprender a construir proyectos profesionales y vitales", *ROEV (Revista de Orientación Educativa y Vocacional)*, 15 (2004), pp. 337–54.

diversity needed to provide creative answers[29]. Tolerance for ambiguous or uncertain situations is a factor that enables one to consider contradictions, opposites and apparently irrelevant information. This capacity enables the process of decision making necessary in the formation of the life project and can occasionally generate feelings of doubt or anxiety that it is necessary to overcome appropriately.

Autonomy in behaviors and attitudes enables the subject to be guided by his or her convictions and personal values better than by established or imposed norms or codes. Self-confidence, very much linked to the above, is essential for resistance to criticisms or possible failures.

Comfort in assuming risks, a quality that contradicts the general tendency to avoid risky situations, is also relevant to the performance of a life project. Preparation for difficulties and obstacles and analysis of risks and possibilities allow the subject to predict the consequences of present actions.

The construction of the life project supposes a non-linear, resourceful learning process, which can be generated and provided with the help of different professionals (teachers, mediators, counselors, etc.), according to the context in which it is categorized.

It is also essential to consider "counseling complex performances that answer to an educational perspective and help the person to learn how to self-construct through the elaboration of professional and life projects" in the framework throughout life[30].

IX. Biographies and life stories as an analysis of personal paths

Various biographical-narrative techniques make possible the study of personal paths. One of the main ones is the biography or life story.

The biography or life story is a narrated reconstruction of a person's life by another subject that is usually completed with some information that comes from other sources (documents, consultation, interviews, etc.).

An analysis of a particular personal pathway, focused on the main events of the life story, may allow us to determine the relationship between the causes and consequences of these life events.

There are four elements involved in narrative-biographic techniques[31]: the narrator who tells the life experience and elaborates a report, the interpreter who investigates that experience, the relevant texts (including the narration, notes, and the report), and the readers who read the report.

---

[29] M. Morais, "Criatividade como (re)conciliação: indivíduo, cultura e acaso. Resultados da investigação", *Psicologia : teoria, investigação e prática*, 6 (2001), pp. 97–121.

[30] S. García Gómez and S. Romero, "La orientación en la formación profesional: una necesidad urgente", *Revista Educação Skepsis*, 2 (2011), p. 1071.

[31] A. Bolívar, J. Domingo and M. Fernández, *La investigación biográfica-narrativa en educación. Enfoque y metodología*, (Madrid: La Muralla, 2001).

The life story supposes co-operation between the narrator and the interpreter, in which the latter helps the former to tell of his personal path. If we start with statements in first person, we can speak of direct style, and if we start from reports given by other people (oral, visual or written files, for example), it is indirect style[32]. There are three models of how a biography is elaborated[33]:

— An archaeological model that is centered on a starting point from which the life cycle of a subject is explained.

— A processes or paths model that analyses the process, the linking of events, to determine what the causes that intervene in each life stage are.

— A structural model that, taking as a starting point external periods (historical situations, social contexts, etc., which mark a life story), structures the biography.

X. Personal identity, social representations, life experiences and life cycle

As was indicated before, the life project and personal identity are closely linked Personal identity supposes a constant self-perception process opposed to the diverse, changing situations that each person faces, and which is linked to the meaning that he or she gives to his or her own life and in which the psychological and social dimensions interrelate in a special way[34].

The life project requires one to go inside oneself; it supposes introspective work characterized by an active and continuous search for life's meaning. From the information obtained about ourselves and our environment through exploration, we give a personal meaning to our lives[35].

Apart from the individual dimension, the preparation of the project has a social and group character because, according to Romero[36]:

— Experiences, events, and starting situations are produced in a specific social environment.

— Understanding of one's personal situation is easier when working in teams in which experiences and perspectives can be shared and communicated.

— Being aware in a group of the barriers that limit personal development can inspire one to plan actions to overcome those difficulties.

The process of elaboration of the life project also helps a person to understand the social representations that he or she has about the experiences, events, people,

---

[32] J.C. Tójar, *Investigación cualitativa. Comprender y actuar*, (Madrid: La Muralla, 2006).

[33] F. Connick and F. Godard, "El enfoque biográfico a prueba de interpretaciones. Formas temporales de causalidad" in T. Lulle, P. Vargas and L. Zamudio (eds.), *Los usos de la historia de vida en ciencias sociales*, II, (Barcelona: Anthropos, 1998).

[34] E. Erikson, *Historia personal y circunstancia histórica*, (Madrid: Alianza Editorial, 1979).

[35] Mª Rodríguez Moreno, *Cómo orientar hacia la construcción del proyecto profesional*, (Bilbao: Desclée de Brouwer, 2003).

[36] S. Romero, "Aprender a construir proyectos profesionales y vitales", *ROEV*, 15 (2004), pp. 337–54.

and institutions that are a part of his or her life and that are related to the position that this person occupies in society, economy, and culture[37].

Social and individual representations act as explanatory models of the realities that constitute the life cycle of people, generated as links between people and their social life. For this reason, life projects permit people to think about the relationships between the subjective and social aspects of their lives.

XI. Conclusions

The life project assumes the possibility of creating a future reality or situation and it requires the building and consolidation of a personal identity through the experiences and the life cycle of the subject.

Personal identity represents one's permanent self-perception in changing situations and the integration of various feelings and behaviors connected to the different roles that will be played in life: social, familiar, occupational, etc.). The achievement of identity represents our feeling that we are still the same person facing different situations that require different behaviors throughout the stages of life.

Various philosophical theories, and especially phenomenology and existentialism, have emphasized the role of the project and especially the life project in which many personal and social features converge (the attitudes and feelings environment, the work world, life cycle, family, social representations, etc.). All of these can be conceptualized in the social, historical, temporal and spatial dimensions.

The elaboration of a life project requires the learning of specific abilities and attitudes that can be provided by educational and counseling professionals. Particular creative attitudes such as autonomy, curiosity, openness, the tolerance to contradictory situations and the acceptance of risk play an important role in this process of construction.

Personal identity and social representations are closely involved in the performance of life projects because such projects require an exploration of oneself, the environment and the connections between them.

Luis Sobrado Fernández, Elena Fernández Rey

The life project — konieczność czy iluzja?

Projekt Życie (ang. *the life project*) to celowe i aktywne kształtowanie jednostki na przestrzeni całego życia. Jest on ujęty w plan działania otwarty na otaczającą rzeczywistość i jest wynikiem złożonego procesu uwzględniającego potrzeby jednostki. Jego celem jest często nieznana i utopijna przyszłość. Projekt wyraża przy tym wolność jednostki i ma wymiar społeczny. Różne teorie filozoficzne, zwłaszcza fenomenologia i egzystencjalizm, podkreślają, że projekt ten łączy w sobie różne rodzaje zmiennych i konstruktów osobistych i społecznych. Opracowanie projektu wymaga

---

[37] D. Jodelet, "La representación social: fenómenos, concepto y teoría" in S. Moscovici (ed.), *Psicología social II. Pensamiento y vida social, psicología social y problemas sociales*, (Barcelona: Paidós, 1988).

szczególnych umiejętności, kompetencji, zdolności i postaw, w zdobywaniu których pomocą mogą służyć pedagodzy i doradcy. *The life project* stanowi kluczowy aspekt jakości życia; daje on jednostce możliwość przewidywania zmian z jej życiu osobistym, społecznym i zawodowym oraz pomaga zaspokoić potrzebę budowania i umacniania własnej tożsamości.

De familia

ARKADIUSZ WUDARSKI

Ustalenie i weryfikacja pochodzenia a poczucie jakości życia — zagadnienia wybrane w ujęciu prawno-porównawczym

Jakość życia [...] opiera się na osobistych przeżyciach i refleksji nad tym, co odczuwamy i jakimi jesteśmy ludźmi.

Romuald Derbis[1]

I. Poszukiwanie poczucia jakości życia w prawie

1. Aparat pojęciowy

Pierwszy raz przyszło mi spojrzeć na prawo jako na czynnik mający wpływ na poczucie jakości życia. Tę nową perspektywę badawczą zawdzięczam w dużej mierze naszemu Jubilatowi, dla którego poszukiwanie odpowiedzi na pytanie jak żyć, żeby być szczęśliwym, jest od lat głównym celem badań naukowych. Dla prawnika jednak jakość życia, a tym bardziej subiektywne jego odczuwanie, wydaje się pojęciem całkowicie obcym. Nie występuje ono ani w języku prawnym ani prawniczym. Do pojęcia jakości życia nie odnoszą się normy prawne; nie jest ono kryterium ich wykładni. Jakość życia nie jest w szczególności miernikiem oceny legalności postępowania. Nie posługuje się nim zatem ani ustawodawca, ani orzecznictwo. Jakość życia nie jest też przedmiotem doktrynalnych rozważań prawniczych. Czy w związku z tym można w ogóle poszukiwać poczucia jakości życia w prawie?

Brak bezpośredniego odniesienia do poczucia jakości życia nie świadczy jeszcze o tym, że pojęcie to jest prawnie obojętne. Zamiast koncentrować się na warstwie leksykalnej, trzeba raczej analizować znaczenie funkcjonalne, poszukiwać odpowiedników w prawniczym aparacie pojęciowym i dopiero w tym kontekście badać regulacje prawne. Podobna koncepcja może być bowiem ukryta pod różnymi nazwami. Takie podejście zdaje się być bliskie również psychologii, która od dawna

---

[1] R. Derbis, *Doświadczenie codzienności*, Wydawnictwo WSP, Częstochowa 2000, s. 15.

zajmuje się zagadnieniem jakości życia[2] i w tym nurcie badawczym posługuje się całym szeregiem terminów, takich jak chociażby: szczęście (*happiness*)[3], dobre samopoczucie, zadowolenie, satysfakcja życiowa (*life-satisfaction*)[4], dobrostan (*well-being*)[5] czy doświadczanie codzienności[6]. Świadomość często subtelnych różnic oraz wielość metod pomiaru[7] i modeli badań jakości życia[8] wymusza dużą ostrożność w korzystaniu z tego aparatu pojęciowego. Nie aspirując do wyjaśniania wzajemnych relacji pomiędzy tymi pojęciami przyjmuję w dalszych rozważaniach ich zakres znaczeniowy opracowany przez naszego Jubilata, odsyłając dociekliwego Czytelnika do Jego badań[9]. Jakość życia opiera on na osobistych przeżyciach i refleksjach jednostki, na tym co ona odczuwa i kim jest[10]. Są to więc stany emocjonalne o charakterze subiektywnym. Tak naprawdę chodzi zatem nie o jakość, a o poczucie jakości

2   Za prekursora tego nurtu w psychologii uważa się Angusa Campbella; zob. A. Campbell, *Subjective measures of well-being*, „American Psychologist", 1976, nr 2, s. 117–124; tenże, *The sense of well-being in America*, McGraw-Hill, Nowy Jork 1981, *passim*. Badania nad jakością życia podjęli w Polsce jako pierwsi: J. Czapiński, *Psychologia szczęścia*, Wydawnictwo PTP, Warszawa 1994, *passim*; S. Kowalik, *Psychologiczne wymiary jakości życia*, [w:] *Myśl Psychologiczna w Polsce Odrodzonej*, red. A. Bańka, R. Derbis, Wydawnictwo WSP i UAM, Częstochowa – Poznań 1993, s. 31–43.

3   E. Diener, E. Sandvik, W. Pavot, *Happiness is the frequency, not the intensity, of positive versus, negative affect*, [w:] *Assessing well-being*, red. E. Diener, Wydawnictwo Springer, Nowy Jork 2009, s. 213–231.

4   W. Pavot, E. Diener, *Review of the Satisfaction With Life Scale*, [w:] E. Diener, (przyp. 3), s. 101–117; U. Schimmack, E. Diener, S. Oishi, *Life-satisfaction is a momentary judgment and a stable personality characteristic: The use of chronically accessible and stable sources*, [w:] E. Diener, (przyp. 3), s. 181–211.

5   E. Diener, *Assessing subjective well-being. Progress and opportunities*, [w:] tegoż, (przyp. 3), s. 25–57; tenże, *Conclusion: Future directions in measuring well-being*, [w:] tegoż, (przyp. 3), s. 267–274.

6   Zob. B. Headey, A. Wearing, *Personality, Life Events, and Subjective Well-Being: Toward a Dynamic Equilibrium Model*, „Journal of Personality and Social Psychology" 1989, nr 4, s. 731–739; M. Seligman, M. Csikszentmihalyi, *Positive psychology: An introduction*, „American Psychologist" 2000, nr 1, s. 5–14; E. Diener (red.), (przyp. 3), *passim*.

7   O różnych podejściach do pomiaru jakości życia zob. D. Raphael, *Defining quality of life, eleven debates concerning its measurement*, [w:] *Quality of life in health promotion and rehabilitation*, red. R. Renwick, I. Brown, M. Nagler, Sage Publications, Londyn – New Delhi 1996, s. 146–165.

8   Charakterystykę kierunków badań nad jakością życia przedstawia S. Kowalik, *Jakość życia psychicznego*, [w:] *Jakość rozwoju a jakość życia*, red. R. Derbis, Wydawnictwo WSP, Częstochowa 2000, s. 11–31.

9   R. Derbis, *Poczucie jakości życia a zjawiska afektywne*, [w:] *Społeczne konteksty jakości życia*, red. S. Kowalik, Wydawnictwo WSG, Bydgoszcz 2007, s. 13–52; tenże, *Forma własności organizacji a jakość życia pracowników*, [w:] *Kompetencje a sukces zarządzania organizacją*, red. S. Witkowski, T. Listwan, Difin, Warszawa 2008, s. 264–274; tenże, *Doświadczanie doświadczenia a poczucie jakości życia*, [w:] *W kręgu aksjologii i psychologii*, red. H. Wrona-Polańska, M. Ledzińska, G. Rudkowska, Wydawnictwo UP, Kraków 2010, s. 15–25; tenże, *Konflikt praca-rodzina i rodzina-praca a poczucie jakości życia matek pracujących zawodowo*, [w]: *Przedsiębiorczość i Zarządzanie, Zarządzanie stresem*, red. H. Skłodowski, t. XIV, z. 5, cz. 1, Wydawnictwo SAN, Łódź 2013, s. 79–96.

10 R. Derbis, (przyp. 1), s. 15.

życia[11], które jest jednym ze składników wielowymiarowej struktury określanej przez Jubilata jako doświadczanie codzienności[12].

Wśród elementów tworzących tę strukturę wymienia i bada On ponadto łącznie swobodę działania oraz poczucie odpowiedzialności i wartości[13]. Zakres badań cały czas się zresztą poszerza. Poczucie jakości życia jest też rozumiane w psychologii jako dobrostan wynikający z realizacji własnych możliwości[14]. Zagadnienie to zaczyna być ponadto analizowane w szerokim kontekście społecznym. Jako dodatkowe punkty odniesienia poczucia jakości życia wskazuje się w szczególności możliwość samostanowienia i rozwoju, stopień demokratyzacji oraz sposób organizacji życia społecznego[15].

2. Zakreślenie obszaru badawczego

Tak szeroka perspektywa znacznie ułatwia włączenie się do dyskusji przedstawicielom różnych gałęzi nauki i nadaje jej charakter interdyscyplinarny. Wskazany przez badaczy natury ludzkiej zakres badań dotyka w szczególności pojęć i obszarów do brze znanych prawnikom. W tym kontekście poczucie jakości życia pozostaje w związku z takimi pojęciami, jak chociażby autonomia woli, odpowiedzialność, sprawiedliwość, ład społeczny, interes prawny czy bezpieczeństwo. Są to terminy, które należą do kanonu pojęć prawnych i od dawna są przedmiotem zainteresowania wielu dziedzin prawa, w szczególności teorii i filozofii prawa. W tym znaczeniu prawo, jak mało która nauka, wpływa na poczucie jakości życia zarówno jednostki, jaki i całego społeczeństwa. Prawo kształtuje bowiem otoczenie i tworzy ramy, w których jednostka doświadcza codzienności, czyli wchodzi w relacje z innymi.

W tak szerokim ujęciu poszukiwanie jakości życia w prawie rysuje się jako niezgłębiony obszar badawczy, który analizowany z różnych perspektyw, może być przedmiotem wielu rozpraw naukowych. Oczywistym jest, że niniejsza publikacja może dotykać zaledwie wybranego fragmentu tej interdyscyplinarnej i wielowątkowej problematyki. Moje dalsze rozważania zawężę do poszukiwania związku pomiędzy poczuciem jakości życia a prawem do poznania własnej tożsamości. Celem artykułu jest w szczególności ocena wybranych zagadnień dotyczących ustalenia pochodzenia dziecka i możliwości jego weryfikacji. Zagadnienie to zostanie przestawione przede wszystkim z punktu widzenia ojca, w przypadku którego więź biologiczna z dzieckiem jest w praktyce najczęściej poddawana w wątpliwość. Analiza ma charakter prawno-porównawczy i jest prowadzona w kontekście europejskim. Głównym, choć nie jedynym, punktem odniesienia jest komparatystyka polsko-

---

[11] O psychologicznej perspektywie rozróżnienia jakości życia i poczucia jakości życia R. Derbis, (przyp. 1), s. 23–28; o poczuciu jako subiektywnym stanie psychicznym zob. S. Kowalik, (przyp. 8), s. 12.

[12] Schemat relacji elementów doświadczania codzienności zob. R. Derbis, (przyp. 1), s. 16.

[13] R. Derbis, (przyp. 1), *passim*.

[14] O związku pomiędzy jakością życia, zdrowiem oraz jego promocją zob. J. M. Raeburn, I. Rootman, *Quality of life and health promotion*, [w:] R. Renwick, I. Brown, M. Nagler, (przyp. 7), s. 14–25.

[15] S. Kowalik, (przyp. 8), s. 11–31; M. Bach, M.H. Rioux, *Social well-being: A framework for quality of life research*, [w:] R. Renwick, I. Brown, M. Nagler, (przyp. 7), s. 67–71.

niemiecka. Wyniki badań mają służyć nie tylko wzbogaceniu samej dyskusji naukowej, ale przede wszystkim być przyczynkiem do poprawy jakości tworzonego prawa, a tym samym jakości naszego życia w wymiarze rodzinnym.

II. Metody ustalania ojcostwa

1. Domniemania prawne

Zgodnie z pożądanym społecznie modelem rodziny, ojcem dziecka (prawnym i biologicznym) powinien być mąż matki. Zarówno w Polsce (art. 62 § 1 k.r.o.), jak
i w Niemczech (§ 1592 ust. 1 pkt 1 BGB) obowiązuje zatem zasada *pater est quem
nuptiae demonstrant*, zgodnie z którą ojcem dziecka jest mężczyzna, który w chwili
urodzenia się dziecka pozostawał z jego matką w związku małżeńskim. Domniemanie rozciąga się również na okres 300 dni po ustaniu lub unieważnieniu małżeństwa[16]. Jeżeli jednak w tym czasie, przed urodzeniem się dziecka, matka ponownie
wstąpi w związek małżeński, domniemanie ojcostwa „przechodzi" na nowego męża[17]. W przypadku skutecznego zaprzeczenia takiego ojcostwa, prawo niemieckie
jako ojca dziecka wskazuje pierwszego męża matki[18]. To elastyczne, nieznane
w Polsce, podejście wyraża się w prawie niemieckim również poprzez dopuszczenie
modyfikacji terminu obowiązywania domniemania, jeśli wykaże się, że między poczęciem a urodzeniem się dziecka upłynęło więcej niż 300 dni[19]. Podstawowym
sposobem ustalenia ojcostwa dla osób pozostających w związku małżeńskim jest
więc domniemanie prawne. Ma ono w swoim założeniu służyć dobru dziecka oraz
spełniać funkcję porządkującą stosunki rodzinne.

2. Uznanie

W związkach pozamałżeńskich ustalenie ojcostwa następuje na drodze uznania lub
na podstawie orzeczenia sądu[20]. W przypadku uznania[21] mężczyzna, od którego
dziecko pochodzi, składa w Niemczech, podobnie jak w Polsce, jednostronne
oświadczenie, że jest ojcem dziecka[22]. Do uznania ojcostwa wymagane jest potwierdzenie (zgoda) matki[23]. Jeżeli matce nie przysługuje władza rodzicielska, do uznania

---

[16] § 1593 zd. 1 BGB; art. 62 § 1 k.r.o.

[17] § 1593 zd. 3 BGB; art. 62 § 2 k.r.o.

[18] § 1593 zd. 4 BGB; brak odpowiednika w prawie polskim.

[19] § 1593 zd. 2 BGB; brak odpowiednika w prawie polskim.

[20] Art. 3 Europejskiej Konwencji o statusie prawnym dziecka pozamałżeńskiego z 15.10.1975 r.,
Dz.U. z 1999 r., nr 79, poz. 888.

[21] § 1592 pkt 2 BGB, § 1594 – § 1598 BGB; art. 72 – art. 83 k.r.o.

[22] Za mężczyznę, który nie ma zdolności do czynności prawnych, oświadczenie o uznaniu ojcostwa
może złożyć — za zgodą sądu — jego przedstawiciel ustawowy (§ 1596 ust. 1 zd. 3 BGB). Natomiast, w przypadku jedynie ograniczonej zdolności do czynności prawnych, uznać ojcostwo może
tylko on sam za zgodą przedstawiciela ustawowego (§ 1596 ust. 1 zd. 1–2 BGB); por. art. 77 k.r.o.

[23] § 1595 ust. 1 BGB; w prawie polskim matka może wyrazić zgodę w ciągu trzech miesięcy od złożenia przez mężczyznę oświadczenia o uznaniu dziecka (art. 73 § 1 k.r.o.)

niezbędna jest dodatkowo zgoda dziecka[24]. Oświadczenia konieczne do uznania ojcostwa składa się publicznie, tj. przed notariuszem lub urzędnikiem stanu cywilnego
(§ 44 ust. 1 PStG[25], § 1597 ust. 1 BGB)[26]. Dla zachowania tej formy wystarczy
również złożenie ich przed sądem rodzinnym (§ 180 FamFG[27])[28]. Oświadczenia nie
mogą być natomiast złożone przez pełnomocnika[29], pod warunkiem lub z zastrzeżeniem terminu[30]. Oświadczenia wymagane do uznania ojcostwa wpływają na status
prawny dziecka i dlatego mają szczególny charakter oraz moc wiążącą. Nie stosuje
się do nich w szczególności przepisów dotyczących wad oświadczenia woli oraz
nieważności czynności prawnych. Uchylenie się od skutków wadliwego oświadczenia możliwe jest jedynie w ramach postępowania o ustalenie bezskuteczności uznania (§ 1600 BGB)[31]. W przeciwieństwie do prawa polskiego[32] uznanie ojcostwa
w prawie niemieckim nie jest ograniczone wiekiem dziecka i może nastąpić nawet
po uzyskaniu przez nie pełnoletności[33]. Prawo niemieckie[34] nie wyklucza również
uznania ojcostwa po śmierci dziecka[35].

Uznanie ojcostwa ma na celu pomóc ojcu biologicznemu stać się ojcem prawnym. O ile przepisy szczególne nie stanowią inaczej, uznanie ojcostwa wywołuje
skutki prawne dopiero od chwili złożenia wszystkich niezbędnych oświadczeń

---

[24] § 1595 ust. 2 BGB; zgodę na uznanie ojcostwa w imieniu dziecka, które nie ma zdolności do czynności prawnej lub nie ukończyło 14 roku życia, może wyrazić jedynie jego przedstawiciel ustawowy. W przypadku ograniczonej zdolności do czynności prawnych zgodę wyraża dziecko osobiście.
Do złożenia takiego oświadczenia wymagana jest jednak zgoda jego przedstawiciela ustawowego
(§ 1596 ust. 2 BGB). Jeżeli matka dziecka, którego zgoda jest wymagana, jest nieletnia, do wyrażenia takiej zgody ustanawia się opiekuna; zob. orzeczenie Sądu Krajowego (Landgericht — LG)
Halle (Saale) z 5.03.2009 r., sygn. akt 2 T 412/08, FamRZ 2010, s. 744–745.

[25] Ustawa z 19.2.2007 r. — Personenstandsgesetz (BGBl. I s. 122), ostatnio zmieniona przez art. 3
ustawy z 28.08.2013 r. (BGBl. I s. 3458).

[26] Również w Polsce oświadczenia potrzebne do uznania dziecka składa się przed urzędnikiem stanu
cywilnego (art. 73 § 1 k.r.o.), który ma obowiązek wyjaśnienia skutków prawnych ich złożenia (art.
73 § 2 k.r.o.). Uznanie ojcostwa może też nastąpić przed sądem oraz konsulem (art. 73 § 4 k.r.o.),
a w szczególnych okolicznościach także przed notariuszem, wójtem (burmistrzem, prezydentem
miasta), starostą, marszałkiem województwa, sekretarzem powiatu lub gminy (art. 74 § 1 k.r.o.).

[27] Ustawa z 17.12.2008 r. — Gesetz über das Verfahren in Familiensachen und in den Angelegenhei-
ten der freiwilligen Gerichtsbarkeit (BGBl. I s. 2586, 2587), ostatnio zmieniona przez art. 2 ustawy
z 10.10.2013 r. (BGBl. I s. 3786).

[28] Por. art. 581 § 1 k.p.c.

[29] § 1596 ust. 4 BGB.

[30] § 1594 ust. 3 BGB.

[31] D. Schwab, *Familienrecht*, Wydawnictwo C.H. Beck, Monachium 2010, nb. 534.

[32] Art. 76 § 1 k.r.o.

[33] D. Schwab, (przyp. 31), nb. 530.

[34] Orzeczenie Bawarskiego Najwyższego Sądu Krajowego (das Bayerische Oberste Landesgericht —
BayObLG) Monachium z 17.07.2000 r., sygn. akt 1Z BR 96/00, NJW-RR 2000, s. 1602–1603;
M. Nickel, [w:] *Juris Praxiskommentar BGB, Familienrecht*, red. M. Herberger, M. Martinek, H. Rüß-
mann, S. Weth, tom 4, red. W. Viefhues, <www.juris.de>, Saarbrücken 2013, § 1594, nb. 23.

[35] Por. ograniczenia w prawie polskim: art. 76 § 2 k.r.o.

o określonej treści i w przewidzianej formie[36]. Władzę rodzicielską nabywa się ze skutkiem *ex nunc*, jednakże roszczenia alimentacyjne mogą być dochodzone wstecz (§ 1613 ust. 2 pkt 2 BGB)[37]. Do skuteczności uznania nie jest wymagane wydanie orzeczenia sądowego czy decyzji administracyjnej. Uznanie ojcostwa jest odnotowywane w rejestrze urodzeń[38], a wpis ma charakter deklaratywny[39].

Nie budzi wątpliwości, że dziecko nie może mieć dwóch ojców[40]. Uznanie ojcostwa jest zatem tak długo bezskuteczne, jak długo istnieje ojcostwo prawne innego mężczyzny[41]. Przyjęta w Niemczech konstrukcja bezskuteczności zawieszonej ma szczególne znaczenie w sytuacji, w której dziecko przychodzi na świat po wniesieniu pozwu o rozwód, a osoba trzecia, nie później niż w ciągu roku od prawomocnego orzeczenia rozwodu, uzna ojcostwo[42]. Skutki prawne takiego uznania zależą dodatkowo od wyrażenia zgody przez mężczyznę, który w chwili urodzenia się dziecka był mężem matki[43]. W takich okolicznościach następuje wyłączenie domniemania wynikającego z urodzenia się dziecka w związku małżeńskim, ale uznanie może stać się skuteczne najwcześniej z chwilą uprawomocnienia się wyroku rozwodowego[44].

Niemieckie prawo rodzinne dopuszcza również uznanie ojcostwa przed urodzeniem się dziecka[45]. W takim przypadku staje się ono skuteczne z chwilą przyjścia dziecka na świat, chyba że matka przed jego urodzeniem wstąpi w związek małżeński z innym mężczyzną[46]. Jest to konsekwencja zasady pierwszeństwa ojcostwa męża matki przed jego uznaniem[47]. Zasada pierwszeństwa obowiązuje również w przypadku uznania *nasciturusa* przez dwie osoby. Wcześniejsze uznanie wyklucza późniejsze[48]. W przeciwieństwie do prawa polskiego, które *explicite* umożliwia uznanie ojcostwa wyłącznie dziecka już poczętego[49], literalne brzmienie regulacji niemieckiej jest w tym zakresie szersze, choć niejednoznaczne. W związku z tym kwestią sporną w doktrynie niemieckiej pozostaje dopuszczalność przedprenatalnego uznania ojcostwa, a więc jeszcze przed poczęciem dziecka. Zagadnienie to ma doniosłe znaczenie w przypadku sztucznego zapłodnienia osoby niepozostającej

---

[36] Por. § 1594 ust. 1 BGB.

[37] D. Schwab, (przyp. 31), nb. 536.

[38] § 27 ust. 1 PStG.

[39] D. Schwab, (przyp. 31), nb. 535.

[40] O „Ein-Vater-Prinzip" zob. D. Coester-Waltjen, *Familienrecht*, Wydawnictwo C.H. Beck, Monachium 2010, § 52 nb. 5.

[41] § 1594 ust. 2 BGB.

[42] § 1599 ust. 2 zd. 1 BGB.

[43] § 1599 ust. 2 zd. 2 BGB.

[44] § 1599 ust. 2 zd. 3 BGB.

[45] § 1594 ust. 4 BGB.

[46] Orzeczenie Sądu Rejonowego (Amtsgericht — AG) Bremen z 20.9.1999 r., sygn. akt 48 III 67/1999, StAZ 2000, s. 267–268.

[47] M. Nickel, (przyp. 34), § 1594, nb. 21.

[48] Orzeczenie Wyższego Sądu Krajowego (Oberlandesgericht — OLG) Monachium z 3.12.2009 r., sygn. akt 31 Wx 129/09, FamRZ 2010, s. 743.

[49] Art. 75 § 1 k.r.o.

w związku małżeńskim. Problem pojawia się w szczególności wtedy, gdy partner matki (konkubent), wbrew wcześniej wyrażonej zgodzie na sztuczne zapłodnienie przy użyciu nasienia osoby trzeciej (inseminacja heterologiczna), odmawia uznania dziecka poczętego w wyniku takiego zabiegu. Nie można też w takiej sytuacji wykluczyć braku zgody matki na uznanie ojcostwa[50]. W obu przypadkach dziecko pozostaje bez ojca prawnego[51]. Przeciwnicy przedprenatalnego uznania ojcostwa wskazują na sprzeczność z § 1594 ust. 3 BGB, zgodnie z którym uznanie ojcostwa pod warunkiem lub terminem jest nieważne[52]. Wykładnia teleologiczna przemawia jednak za dopuszczalnością takiego uznania, o ile będzie ono ograniczone wyłącznie do określonego, mającego się właśnie odbyć zabiegu[53]. Za taką interpretacją przemawia cel regulacji, w szczególności obowiązek zapewnienia bezpieczeństwa prawnego[54] oraz interes dziecka[55]. Zgodę na sztuczne zapłodnienie można zakwalifikować wówczas jako uznanie ojcostwa *a priori*[56]. Pożądane jest jednak jednoznaczne uregulowanie tej kwestii[57] nie tylko w prawie niemieckim, ale również polskim, które zdaje się tego problemu w ogóle nie dostrzegać.

3. Sądowe ustalenie

Jeżeli ojcostwo nie wynika ani z domniemania ani z uznania, to jego ustalenie następuje na drodze sądowej[58]. Taki sposób ustalenia ojcostwa będzie oczywiście możliwy również w przypadku prawomocnego obalenia domniemania lub uznania ojcostwa. W tym trybie można też wnioskować o ustalenie nieistnienia ojcostwa[59].

---

[50] M. Wellenhofer, *Die Samenspende und ihre (späten) Rechtsfolgen*, FamRZ 2013, s. 826.

[51] M. Nickel, (przyp. 34), § 1594, nb. 20.1.

[52] Zob. M. Wellenhofer, [w:] *Münchener Kommentar zum Bürgerlichen Gesetzbuch*, red. F.J. Säcker, R. Rixecker, t. 8, *Familienrecht II*, red. D. Schwab, Wydawnictwo C.H. Beck, Monachium 2012, § 1594 nb. 41; Autorka opowiada się jednak *de lege ferenda* za dopuszczeniem przedprenatalnego uznania ojcostwa w przypadku inseminacji heterologicznych dokonywanych w związkach pozamałżeńskich.

[53] J. Taupitz, J. Schlüter, *Heterologe künstliche Befruchtung: Die Absicherung des Samenspenders gegen unterhalts- und erbrechtliche Ansprüche des Kindes*, AcP 2005, nr 5, s. 595–596; zob. również A. Roth, *Der Ausschluss der Vaterschaftsanfechtung nach Einwilligung in die heterologe Insemination (§ 1600 Abs. 2 BGB)*, DNotZ 2003, s. 808.

[54] J. Taupitz, J. Schlüter, (przyp. 53), s. 595.

[55] Na marginesie warto zauważyć, że temu samemu celowi służy — zarówno w prawie polskim (art. 68 k.r.o.) jak i niemieckim (§ 1600 ust. 5 BGB) — wyłączenie możliwość zaprzeczenia ojcostwa dziecka poczętego w wyniku zabiegu medycznego, na który mąż matki wyraził zgodę. Również w tym zakresie regulacja niemiecka jest jednak szersza niż polska i nie ogranicza się *explicite* do męża matki, a dotyczy również mężczyzny, który dziecko uznał; zob. M. Nickel, (przyp. 34), § 1600, nb. 48; szerzej A. Roth, (przyp. 53), s. 805–822.

[56] Por. D. Henrich, *Streit um die Abstammung — Europäische Perspektiven*, [w:] *Streit um die Abstammung — ein europäischer Vergleich*, red. A. Spickhoff, D. Schwab, D. Henrich, P. Gottwald, Wydawnictwo Gieseking, Bielefeld 2007, s. 409.

[57] Zob. M. Wellenhofer, (przyp. 50), s. 830.

[58] § 1600d ust. 1 BGB; art. 72 k.r.o.

[59] D. Schwab, (przyp. 31), nb. 559.

Właściwym do rozpatrzenia sprawy jest sąd rejonowy (sąd rodzinny)[60]. Postępowania nie prowadzi się z urzędu, a jedynie na wniosek[61]; może on być złożony jeszcze przed urodzeniem się dziecka[62]. Prawo niemieckie nie określa wprost osób uprawnionych do złożenia wniosku. Biorąc jednak pod uwagę sam cel postępowania przyjmuje się, że może to być jedynie dziecko, matka oraz mężczyzna, którego ojcostwo ma być ustalone[63]. Matka, która ma wyłączną władze rodzicielską, może dochodzić sądowego ustalenia ojcostwa zarówno w imieniu własnym, jak i dziecka jako jego przedstawiciel ustawowy[64]. W takiej sytuacji matka ma nie tylko prawo, ale wręcz obowiązek dążyć do ustalenia ojcostwa. Sąd rodzinny może — w interesie dziecka — ograniczyć jej władzę rodzicielską i ustanowić opiekuna do wykonania tego obowiązku[65], jeżeli matka sama nie podejmie działań w tym kierunku[66]. Na pisemny wniosek jednego z rodziców sądowe ustalenie ojcostwa jest w praktyce często wspierane przez urząd do spraw młodzieży (*Jugendamt*)[67]. W przeciwieństwie do prawa polskiego[68] do kręgu osób uprawnionych do żądania ustalenia ojcostwa nie zalicza się prokuratora. Niemiecki Sąd Konstytucyjny uznał również, że nie narusza ustawy zasadniczej wyłączenie potencjalnego ojca biologicznego z kręgu osób uprawnionych do ustalenia ojcostwa w sytuacji, gdy ojcostwo prawne innego mężczyzny jest już ustalone[69]. Orzecznictwo niemieckie potwierdziło ostatnio natomiast prawo dziecka do ustalenia ojcostwa biologicznego również wtedy, gdy zostało ono poczęte w wyniku sztucznego zapłodnienia nasieniem anonimowego dawcy[70]. Podstawą takiego rozstrzygnięcia było między innymi założenie, że nie można zrzec się prawa do ustalenia ojcostwa, a wszelkie uzgodnienia naruszające to prawo, w szczególności mające na celu ochronę anonimowości dawcy, są bezskuteczne[71].

W postępowaniu sądowym wykorzystuje się — zarówno w Niemczech, jak i w Polsce — instytucję domniemania ojcostwa. Znajduje ona zastosowanie w stosunku

---

[60] § 23a ust. 1 pkt 1 GVG (ustawa z 12.09.1950 r. — Gerichtsverfassungsgesetz w brzmieniu z 9.05.1975 r., BGBl. I S. 1077, ostatnio zmieniona przez art. 5 ust. 1 ustawy z 10.10.2013, BGBl. I S. 3799) w zw. z § 111 pkt 3 oraz § 169 – § 185 FamFG; por. art. 17 pkt 1 w zw. z art. 32 oraz art. 453 – art. 458 k.p.c.

[61] § 171 ust. 1 FamFG; w Polsce sądowe ustalenie ojcostwa inicjuje wniesienie pozwu przez osoby uprawnione (art. 84 oraz art. 86 k.r.o.).

[62] Orzeczenie OLG Schleswig z 15.12.1999 r., sygn. akt 13 WF 122/99, NJW 2000, s. 1271–1273.

[63] D. Schwab, (przyp. 31), nb. 554; por. art. 84 k.r.o.

[64] Zob. § 1629 ust. 1 zd. 3 BGB.

[65] Zob. § 1909 ust. 1 BGB.

[66] D. Schwab, (przyp. 31), nb. 555.

[67] § 1712 ust. 1 pkt 1 BGB.

[68] Art. 86 k.r.o.

[69] Orzeczenie BVerfG z 13.10.2008 r., sygn. akt 1 BvR 1548/03, juris nb. 13–14, FamRZ 2008, s. 2257–2258.

[70] Orzeczenie OLG Hamm z 6.02.2013 r., sygn. akt I-14 U 7/12, 14 U 7/12, juris nb. 58, 41, FamRZ 2013, s. 637–641; M. Nickel, (przyp. 34), § 1600d, nb. 7.1.

[71] O skutkach prawnych tego rozstrzygnięcia i konieczności zmian w prawie M. Wellenhofer, (przyp. 50), s. 825–830.

do mężczyzny, który obcował z matką dziecka w ustawowo określonym okresie koncepcyjnym[72]. Polski oraz niemiecki ustawodawca zgodnie zakreślają ten okres między 300 a 181 dniem przed urodzeniem się dziecka[73]. Niemiecki kodeks cywilny podchodzi jednak do tego zakresu czasowego — podobnie jak przy domniemaniu ojcostwa męża matki — elastycznie i dopuszcza jego zmianę, jeśli wykaże się, że rzeczywisty okres między poczęciem a urodzeniem się dziecka był inny[74]. Biorąc jednak pod uwagę obecne możliwości poznawcze medycyny, w szczególności dokładność i niezawodność wyników badań genetycznych, domniemanie to, choć wpływa na rozkład ciężaru dowodu, nie odgrywa w praktyce większego znaczenia. Przesłanką sądowego ustalenia ojcostwa mężczyzny jest bowiem wykazanie jego więzi biologicznych z dzieckiem, co sąd bada z urzędu[75].

Sąd stwierdza ojcostwo, jeżeli da się je ustalić z prawdopodobieństwem graniczącym z pewnością[76]. Taką pewność dają przede wszystkim wyniki badań DNA. Osoby, których więzi biologiczne są badane, muszą poddać się niezbędnym zabiegom, w szczególności zgodzić się na pobranie krwi[77]. Biegły sporządza opinie zgodnie ze standardami Instytutu im. Roberta Kocha[78], które zawarte są w wytycznych Komisji Diagnostyki Genetycznej dotyczących przeprowadzania analiz genetycznych w celu ustalenia pochodzenia oraz kwalifikacji biegłych (*GEKO-Richtlinie*)[79]. Bardzo wysoki wskaźnik wiarygodności wyników takiej analizy rozwiewa w praktyce wątpliwości co do pochodzenia dziecka i czyni z reguły zbędnym przeprowadzenie dalszych dowodów[80]. Ustalenie ojcostwa można wyjątkowo orzec również bez przeprowadzenia badań genetycznych. Dotyczy to sytuacji, w której mężczyzna odmawia pobrania krwi, a egzekucja tego obowiązku ze względu na jego pobyt za granicą nie jest możliwa. Po pouczeniu i bezskutecznym upływie wyznaczonego terminu oraz przy braku okoliczności, które mogłyby budzić uzasadnione wątpliwości co do ojcostwa będzie on traktowany tak, jakby wyniki badań genetycznych dały wynik pozytywny[81].

---

[72] Domniemanie nie obowiązuje w przypadku pojawienia się poważnych wątpliwości co do ojcostwa (§ 1600d ust. 2 zd. 2 BGB).

[73] § 1600d ust. 2–3 BGB, art. 85 § 1 k.r.o.

[74] § 1600d ust. 3 zd. 2 BGB; brak odpowiednika w prawie polskim.

[75] M. Nickel, (przyp. 34), § 1600d, nb. 6.

[76] Por. np. orzeczenie BGH z 19.12.1990 r., sygn. akt XII ZR 31/90, NJW 1991, s. 2961–2963.

[77] § 178 FamFG.

[78] <www.rki.de> [12.01.2014].

[79] Richtlinie der Gendiagnostik-Kommission (GEKO) für die Anforderungen an die Durchführung genetischer Analysen zur Klärung der Abstammung und an die Qualifikation von ärztlichen und nichtärztlichen Sachverständigen gemäß § 23 Abs. 2 Nr. 4 und Nr. 2b GenDG, in der Fassung v. 17.7.2012, (Inkrafttreten am 26.7.2012), Bundesgesundheitsblatt 2013 Nr. 56 S. 169–175; zob. też wcześniejsze wytyczne Federalnej Izby Lekarskiej: Richtlinien der Bundesärztekammer für die Erstattung von Abstammungsgutachten aus dem Jahr 2002 (Deutsches Ärzteblatt 99, Heft 10 v. 8.03.2002, S. A–665), FamRZ 2002, s. 1159–1162.

[80] Zob. M. Nickel, (przyp. 34), § 1600d, nb. 24.

[81] Orzeczenie BGH z 9.04.1986 r., sygn. akt IVb ZR 27/85, FamRZ 1986, s. 663–665.

Sądowe ustalenie ojcostwa jest skuteczne wobec wszystkich (*für und gegen alle*)[82], a więc również w stosunku do osób niebiorących udziału w postępowaniu. Prawomocne orzeczenie wywołuje daleko idące skutki prawne wynikające z pokrewieństwa. Daje ono w szczególności podstawę do dochodzenia wszelkich roszczeń związanych z ojcostwem, w tym przede wszystkim roszczeń alimentacyjnych ze skutkiem nie tylko *ex nunc*, ale również *ex tunc*. Do czasu uprawomocnienia się orzeczenia bieg terminu przedawnienia jest zawieszony[83]. Alimenty mogą być zatem dochodzone od chwili narodzin dziecka[84]. Sądowe ustalenie ojcostwa otwiera tym samym również możliwość dochodzenia roszczeń regresowych przez mężczyznę niebędącego ojcem z tytułu poniesionych przez niego kosztów alimentacyjnych[85]. Uchylenie sądowo ustalonego ojcostwa możliwe jest jedynie w wyniku wznowienia postępowania[86].

III. Zaprzeczenie ojcostwa

1. Ograniczenia temporalne w Polsce

Prawnie ustalone pokrewieństwo nie zawsze pokrywa się z rzeczywistym pochodzeniem biologicznym. Rozerwanie obu więzi nie jest zresztą czymś wyjątkowym. Rozwiązły tryb życia, u którego podstaw leżą zmiany obyczajowe, nadaje temu zjawisku powszechny wymiar i tym samym szczególne znaczenie prawne. Korekty tych rozbieżności dokonuje się zazwyczaj na drodze sądowego zaprzeczenia ojcostwa. Ten tradycyjny sposób weryfikacji ojcostwa jest powszechnie znany, choć często regulowany odmiennie w porządkach prawnych. Szczegółowe omówienie tej problematyki przekracza ramy tej publikacji[87]. Warto jednak choćby przykładowo zwrócić uwagę na znaczące różnice dotyczące ustawowo zakreślonych terminów do wniesienia powództwa o zaprzeczenie domniemanego ojcostwa. Kwestia ta wydaje się być szczególnie problematyczna w Polsce, gdzie obowiązują rygorystyczne regulacje. W tym kontekście nie można pominąć dokonanej ostatnio przez Trybunał Konstytucyjny oceny konstytucyjności innego ograniczenia temporalnego polegającego na wyłączeniu możliwości zaprzeczenia ojcostwa po śmierci dziecka.

---

[82] § 184 ust. 2 FamFG.

[83] Orzeczenie BGH z 20.05.1981 r., sygn. akt. IVb ZR 570/80, FamRZ 1981, s. 763–764.

[84] § 1613 ust. 2 pkt 2a BGB.

[85] § 1600d ust. 4 BGB; D. Schwab, (przyp. 31), nb. 558.

[86] § 185, § 48 ust. 2 FamFG w zw. z § 578 – § 585, § 587 – § 591 ZPO (ustawa z 12.9.1950 r. — Zivilprozessordnung w brzmieniu z 5.12.2005 r., BGBl. I s. 3202; 2006 I s. 431; 2007 I s. 1781, ostatnio zmieniona przez art. 1 ustawy z 10.10.2013 r., BGBl. I s. 3786); kontrola konstytucyjności zob. orzeczenie BGH z 18.09.2003 r., sygn. akt. XII ZR 62/01, juris nb. 33, NJW 2003, s. 3708–3711.

[87] Zob. wyniki przeprowadzonych w tym zakresie badań komparatystycznych: A. Wudarski, *Aktuelle Fragen des Familienrechts in Deutschland und in Polen im europäischen Kontext*, [w:] *Deutschland und Polen in der europäischen Rechtsgemeinschaft*, red. Ch. v. Bar, A. Wudarski, Sellier-Verlag, Monachium 2012, s. 577–602.

a. Śmierć dziecka

Jeszcze do niedawna — zgodnie z art. 71 k.r.o. — zaprzeczenie ojcostwa nie było dopuszczalne po śmierci dziecka, a rozpoczęte postępowanie ulegało umorzeniu (art. 456 § 3 k.p.c.). Prowadziło to do uznania za ostateczne ustalenie pochodzenia dziecka istniejące w chwili jego śmierci[88]. Taka regulacja miała być wyrazem zasady niezmienności stanu cywilnego po śmierci człowieka[89]. Za takim ograniczeniem miała też przemawiać konieczność przeciwdziałania nadużyciom polegającym na pośmiertnym podważaniu pochodzenia jedynie ze względów majątkowych[90].

Tymczasem w wyroku z dnia 26 listopada 2013 r.[91] Trybunał Konstytucyjny uznał wyłączenie możliwości zaprzeczenia ojcostwa po śmierci dziecka[92] za niezgodne z Konstytucją[93] oraz z art. 8 EKPC. Podstawę rozstrzygnięcia stanowiło wyważenie zasady niezmienności stanu cywilnego po śmierci człowieka z kolidującymi z nią interesami matki, ojca prawnego oraz biologicznego. Trybunał Konstytucyjny doszedł do wniosku, że zakaz zaprzeczenia ojcostwa po śmierci dziecka w obecnym kształcie stanowi nadmierną ingerencję w prawo do ochrony życia rodzinnego oraz ochrony rodzicielstwa. Nie jest on przy tym uzasadniony koniecznością ochrony innych dóbr, o których mowa w art. 31 ust. 3 Konstytucji (bezpieczeństwa, porządku publicznego, środowiska, zdrowia i moralności publicznej, wolności oraz praw innych osób). Dążenie do realizacji zasady niezmienność stanu cywilnego nie może ograniczać innych konstytucyjnie chronionych praw. W rezultacie za donioślejsze uznane zostało prawo mężczyzny do ustalenia rzeczywistego rodzicielstwa oraz dobro rodziny zarówno matki zmarłego dziecka jak i jego domniemanego ojca[94]. Trybunał przypomniał przy tym potrzebę poszanowania uczuć rodziców, co wiąże się z możliwością ustalenia rodzicielstwa również po śmierci dziecka, jeśli wcześniej nie było to możliwe. Uprawnienie to jest niezależne od (braku) możliwości powstania więzi rodzinnej z dzieckiem.

Trybunał dostrzegł też zagrożenia związane z dopuszczeniem zaprzeczenia ojcostwa po śmierci dziecka. Nieustalenie stanu cywilnego zmarłego oraz jego zstępnych, a także jedynie majątkowa motywacja osób żądających zaprzeczenia ojcostwa nie uzasadniają jednak tak dalekiej ingerencji w prawo do ochrony życia rodzinnego

---

[88] Zob. J. Haberko, T. Sokołowski, [w:] *Kodeks rodzinny i opiekuńczy. Komentarz LEX*, red. H. Dolecki, T. Sokołowski, Wolters Kluwer, Warszawa 2013, art. 71 nb. 2.

[89] Zob. zakaz ustalenia i zaprzeczenia macierzyństwa po śmierci dziecka (art. 61¹⁵ zd. 1 k.r.o.), zakaz ustalenia bezskuteczności uznania ojcostwa po śmierci dziecka (art. 83 § 1 k.r.o.) oraz zakaz sądowego ustalenia ojcostwa po śmierci dziecka lub po osiągnięciu przez nie pełnoletności (art. 84 § 1 zd. 2 k.r.o.), a także wyłączenie legitymacji prokuratora do wytoczenia powództwa o zaprzeczenie ojcostwa oraz o ustalenie bezskuteczności uznania ojcostwa (art. 86 zd. 2 k.r.o.).

[90] Por. uzasadnienie do ustawy o zmianie ustawy — Kodeks rodzinny i opiekuńczy oraz niektórych innych ustaw z 7.12.2007 r.; Druk sejmowy nr 629, s. 6.

[91] P 33/12, Dz.U. z 2013 r., poz. 1439.

[92] Art. 71 k.r.o. oraz art. 456 § 3 k.p.c.

[93] Naruszony został art. 47 w związku z art. 31 ust. 1 oraz w związku z art. 18 Konstytucji.

[94] Zob. uzasadnienie pkt III 6, s. 14.

i rodzicielstwa. Niebezpieczeństwa tego da się — zdaniem Trybunału — uniknąć poprzez wprowadzenie odpowiednich rozwiązań ustawowych, które mogą polegać między innymi na uzależnieniu skuteczność zaprzeczenia ojcostwa od jednoczesnego ustalenia ojcostwa innego mężczyzny[95].

Orzeczenie Trybunału, choć budzi kontrowersje już w samym składzie orzekającym[96], należy przyjąć z aprobatą. Śmierć dziecka nie skutkuje zakazem zaprzeczenia ojcostwa również w innych porządkach prawnych, które w zakresie możliwości weryfikacji pochodzenia są o wiele bardziej liberalne[97]. Nie wydaje się też, żeby możliwość zaprzeczenia ojcostwa po śmierci dziecka naruszała jego dobro. W sprawie o zaprzeczenie ojcostwa nie chodzi ponadto jedynie o ustalenie stanu cywilnego dziecka. Jej wynik wpływa również na relacje rodzinne innych osób, a weryfikacja pochodzenia za życia dziecka nie zawsze jest możliwa. Nie wydaje się też, żeby zakaz zaprzeczenia ojcostwa po śmierci dziecka służył ochronie ważnych interesów. W każdym razie potrzeba ochrony stabilizacji stanu cywilnego zmarłego dziecka nie może odbywać się kosztem innych wartości. Podzielając argumentację Trybunału uważam, że usunięcie zakazu zaprzeczenia ojcostwa po śmierci dziecka jest słuszne i przyczynia się do lepszego urzeczywistnienia jednego z najważniejszych dóbr osobistych *każdego* człowieka — prawa do poznania własnej tożsamości.

Uzasadnienie odejścia od zasady niezmienności stanu cywilnego po śmierci człowieka wzmacnia jednocześnie wątpliwości co do konstytucyjności innych ograniczeń. W każdym razie regulacje kodeksu rodzinnego i opiekuńczego w tym zakresie wymagają uporządkowania[98]. W tym kontekście szczególnie cenne jest podkreślenie przez Trybunał Konstytucyjny, że „[...] świadomość istnienia rzeczywistej więzi biologicznej jest niewątpliwie czynnikiem znacząco wpływającym na ukształtowanie się pełnej więzi uczuciowej rodziców z dzieckiem i na spełnianie należycie obowiązków rodzicielskich [...] oraz powinności dzieci względem rodziców [...]"[99]. Wątpliwym jest, czy powstaniu takich więzi służą w szczególności obowiązujące terminy do wniesienia powództwa o zaprzeczenie ojcostwa.

b. Prekluzja sądowa

Polski ustawodawca daje mężowi matki na wytoczenie powództwa jedynie sześć miesięcy od dnia, w którym dowiedział się on o urodzeniu dziecka[100]. Modyfikacja tej zasady dotyczy jedynie przypadków wyjątkowych, to jest całkowitego ubezwłasnowolnienia albo wystąpienia choroby psychicznej lub innego zaburzenia, które

---

[95] Zob. uzasadnienie pkt III 7, s. 16.

[96] Zdanie odrębne złożył sędzia M. Kotlinowski, uzasadnienie, s. 16–18.

[97] Por. chociażby model niemiecki pkt III.2; zob. też wyjaśnienie pochodzenia pkt IV.

[98] Zob. M. Kotlinowski, (przyp. 96), s. 18.

[99] TK z 26.11.2013 r. (P 33/12), Dz.U. 2013, poz. 1439, pkt III 4 *in fine*, s. 13–14,

[100] Art. 63 k.r.o.

uzasadniałoby takie ubezwłasnowolnienie męża matki[101]. Ponadto jedynie siła wyższa może uzasadnić zawieszenie biegu terminu (art. 121 pkt 4 k.c.)[102]. Poza tymi przypadkami termin do wytoczenia powództwa o zaprzeczenie ojcostwa nie ulega przerwaniu, zawieszeniu ani przywróceniu[103], a jego niezachowanie sąd stwierdza z urzędu[104]. Po nowelizacji kodeksu rodzinnego i opiekuńczego w 2009 r. wytoczenie powództwa może nastąpić jednak nie później niż do osiągnięcia przez dziecko pełnoletności[105]. Ograniczona czasowo jest również legitymacja czynna matki[106] oraz dziecka[107]. Ustawodawca różnicuje jednocześnie możliwość podważenia filiacji prawnej dziecka w zależności od sposobu jej ustalenia. W przypadku uznania ojcostwa termin ten — odmiennie niż dla męża matki — rozpoczyna swój bieg dopiero od dnia, w którym mężczyzna, który uznał ojcostwo, dowiedział się, że dziecko od niego nie pochodzi[108].

Tymczasem w dniu urodzenia się dziecka mąż matki zazwyczaj nie jest świadomy okoliczności przemawiających przeciwko jego ojcostwu. Poza tym tylko w wyjątkowych okolicznościach data uzyskania informacji przez męża o urodzeniu się dziecka będzie różnić się od daty narodzin[109]. Przesądza to o wąskim zastosowaniu

---

101 Art. 64–65 k.r.o.

102 Por. J. Zatorska, *Komentarz do zmiany art. 63 Kodeksu rodzinnego i opiekuńczego wprowadzonej przez Dz.U. z 2008 r. Nr 220 poz. 1431, Komentarz LEX*, Wolters Kluwer, Warszawa 2011, art. 63 nb. 5.

103 SN z 2.12.1970 r., sygn. akt II CZ 156/70, LEX-Nr 6830.

104 SN z 26.10.1977 r., sygn. akt II CR 377/77, LEX-Nr 8019; Sąd Najwyższy wyraził ponadto pogląd, zgodnie z którym „nowe okoliczności, które nie były objęte podstawą sporu w sprawie zakończonej oddaleniem powództwa o zaprzeczenie ojcostwa z powodu jego sprzeczności z zasadami współżycia społecznego, umożliwiają ponowne wytoczenie powództwa i podjęcie przez sąd oceny tych okoliczności w płaszczyźnie art. 5 k.c." Nie zmienia to w niczym tego, że z nowym powództwem może wystąpić tylko ta strona, której nie upłynął termin do jego wytoczenia: SN z 7.03.2013 r., OSNC 2013, nr 7–8, poz. 102.

105 Art. 1 pkt 6 ustawy z 6.11.2008 r. o zmianie ustawy — Kodeks rodzinny i opiekuńczy oraz niektórych innych ustaw, Dz.U. z 2008 r., nr 220, poz. 1431.

106 Art. 69 k.r.o.

107 Art. 70 k.r.o.

108 Art. 78 k.r.o.

109 Chodzi o uzyskanie wiarygodnej informacji, którą nie jest zwykła pogłoska czy plotka: J. Gwiazdomorski, [w:] *System prawa rodzinnego i opiekuńczego*, tom 1, red. J. S. Piątowski, Zakład Narodowy im. Ossolińskich – Wydawnictwo PAN, Wrocław 1985, s. 681; o obowiązku sprawdzenia wiadomości o urodzeniu dziecka przez żonę: SN z 1.12.1953 r., PiP 1954, nr 4, s. 724, LEX-Polonica Nr 372784; SN z 3.7.1967 r., LEX-Nr 6189. Nie ma wpływu na rozpoczęcie biegu terminu okoliczność, że mąż wiedział o ciąży żony, a nawet znał przypuszczalną datę rozwiązania: SN z 7.12.1967 r., sygn. akt II CR 349/67, OSNC 1969, nr 2, poz. 27, LEX-Nr 791; zob. też SN z 18.07.1967 r., sygn. akt I CR 37/67, OSNPG 1968, nr 1 poz. 6, LEX-Nr 167581; uzyskanie jednak wiadomości od żony o jej ciąży z innym mężczyzną, zobowiązuje męża do interesowania się tym, czy i kiedy żona urodzi dziecko. Okoliczność ta jest ważna dla określenia daty powzięcia wiadomości przez męża o urodzeniu dziecka przez żonę: SN z 18.01.1984 r., OSNC 1984, nr 9 poz. 160, LEX-Nr 2983; bieg terminu rozpoczyna się od dnia, w którym, mąż, w wyniku sprawdzenia wiarygodności informacji, dowiedziałby się o urodzeniu dziecka przez żonę; o obowiązku męża sprawdzenia niepełnej, a nawet żartobliwej informacji od żony o urodzeniu dziecka: SN z 20.05.1971 r., sygn. akt I CR 145/71, LEX-Nr 6929;

tej regulacji. Może ona mieć bowiem praktyczne znaczenie jedynie w sytuacjach, w których mąż matki — w okresie biegu terminu — będzie pewny, że nie jest ojcem dziecka lub poweźmie co najmniej uzasadnione wątpliwości co do jego pochodzenia. Taka sytuacja wystąpi w przypadku całkowitego rozkładu intymnego pożycia małżonków (małżonkowie żyją od lat w separacji), braku obcowania w okresie koncepcyjnym (dziecko poczęte w okresie kilkumiesięcznej nieobecności męża), impotencji męża (potwierdzonej orzeczeniem lekarskim) lub urodzenia się dziecka, którego cechy zewnętrzne (np. kolor skóry) wykluczają ojcostwo męża matki. Jeżeli natomiast stosunki rodzinne układają się poprawnie, w szczególności gdy mąż matki nie ma podstaw do podejrzeń, to nie skorzysta on zapewne z możliwości weryfikacji swojego ojcostwa. Gdy jednak poweźmie takie wątpliwości po upływie ustawowo zakreślonego terminu, to nie będzie mógł już tego dokonać, gdyż ustawodawca bezpowrotnie pozbawia go samodzielnej legitymacji do wniesienia powództwa o zaprzeczenie ojcostwa. W praktyce prowadzi to często do tego, że prawo do świadomego kształtowania życia rodzinnego męża matki, w tym prawo do poznania tożsamości biologicznej dziecka, staje się iluzją. W ten sposób prawo polskie wymusza ojcostwo męża matki, nie dając mu żadnej innej samodzielnej możliwości jego weryfikacji.

Sąd Najwyższy[110] uzasadnia takie ograniczenia powołując się na prawo dziecka do bezpieczeństwa, które jest niezbędne dla prawidłowego kształtowania jego osobowości i w konsekwencji uznaje wyższość interesu dziecka do wychowywania w naturalnym, nie kwestionowanym środowisku rodzinnym nad ochroną interesu ojca[111]. Również Trybunał Konstytucyjny[112] widzi zasadność takiej regulacji w pewności prawa oraz potrzebie zapewnienia dziecku bezpieczeństwa, które jest niezbędne do zrównoważonego rozwoju jego osobowości. Fundamentalne znaczenie ma mieć tutaj stabilność stosunków rodzinnych. Ograniczenia kwestionowania ustalonej prawnie filiacji dziecka mają służyć jego dobru i tym samym usprawiedliwiać odstępstwo od zasady prawdy obiektywnej. Więź biologiczna ojca i dziecka nie podlega zatem w Polsce bezwzględnej ochronie konstytucyjnej.

po ustaniu małżeństwa i upływie okresu obowiązywania domniemania pochodzenia dziecka z małżeństwa konieczna jest uzyskanie dodatkowej informacji, że urodzenie nastąpiło w okresie obowiązywania domniemania: SN z 3.07.1967 r., sygn. akt I CR 26/67, LEX-Nr 6189; za obowiązkiem sprawdzenie każdej informacji niezależnie od kogo ona pochodzi: Z. Gawlik, *Glosa do wyroku Sądu Najwyższego, Izba Cywilna i Administracyjna z dnia 18 stycznia 1984 r. sygn. akt I CR 398.83*, OSP 1985, nr 5 poz. 101, s. 277; bardziej liberalnie: T. Smyczyński, [w:] *System Prawa Prywatnego*, red. Z. Radwański, t. 12, *Prawo rodzinne i opiekuńcze*, red. T. Smyczyński, Wydawnictwo C.H. Beck, Warszawa 2011, § 11 nb. 21.

[110] SN z 3.04.2000 r., sygn. akt I CKN 564/98, LEX-Nr 50845.

[111] W tym samym orzeczeniu Sąd Najwyższy stwierdził ponadto, że rozstrzyganie pochodzenia dziecka kilka lat po urodzeniu, połączone z agresją wobec niego i matki, stanowi poważne nadużycie uzasadniające pozbawienie rodzica władzy rodzicielskiej.

[112] TK z 28.04.2003 r. (K 18/02), OTK-A 2003, nr 4, poz. 32 (III A 1), LEX-Nr 78052; TK z 12.11.2002 r. (SK 40/01), OTK-A 2002, nr 6, poz. 81.

Jedyną osobą, która może na gruncie prawa polskiego w każdym czasie[113] żądać sądowego zweryfikowania pochodzenie dziecka jest prokurator. Może on wnieść powództwo o zaprzeczenie ojcostwa jednak tylko wówczas, gdy dojdzie do wniosku, że wymaga tego dobro dziecka lub ochrona interesu społecznego. Wykładnia tych ogólnych klauzul leży wyłącznie w gestii prokuratora. On też samodzielnie decyduje nie tylko o wniesieniu pozwu, ale również o jego cofnięciu, a nawet o zrzeczeniu się „roszczenia"[114]. Pozycja prawna ojca jest w takiej sytuacji bardzo słaba: nie może on wymusić wniesienia powództwa o zaprzeczenie ojcostwa; co więcej, nie może również zaskarżyć postanowienia umarzającego postępowanie na skutek cofnięcia pozwu przez prokuratora, gdy zostało ono wniesione po upływie terminu przewidzianego dla ojca dziecka[115]. Prokurator może ponadto w każdym czasie wnieść również powództwo o ustalenie bezskuteczności uznania ojcostwa[116]. Uwzględnienie takiego powództwa i unieważnienie uznania dziecka, którego dokonał mężczyzna niebędący jego ojcem biologicznym, nie narusza zdaniem Sądu Najwyższego[117] prawa do życia prywatnego i rodzinnego. W prawie polskim prokurator urasta zatem do rangi najważniejszego strażnika prawa do poznania tożsamości biologicznej, który decyduje komu i kiedy takie prawo przyznać. W konsekwencji on też w znacznym stopniu decyduje o kształtowaniu się relacji rodzinnych.

c. Skutki prawne i społeczne

Orzeczenie sądu uwzględniające powództwo o zaprzeczenie ojcostwa skutkuje przede wszystkim zerwaniem więzi prawnej między mężem matki a dzieckiem. Pociąga to jednak za sobą dalsze doniosłe skutki prawne. Niezależnie od przyjęcia deklaratywnego czy konstytutywnego charakteru tego orzeczenia, co jest kwestią sporną[118], będzie ono miało — co najmniej w swej podstawie faktycznej ustalenia — moc wsteczną (*ex tunc*), ponieważ nie ma w Polsce instytucji ojcostwa „podzielonego

---

[113] Wytoczenie powództwa nie jest dopuszczalne po śmierci dziecka. Jeżeli jednak uznanie ojcostwa nastąpiło po śmierci dziecka, to prokurator może w takiej sytuacji wyjątkowo żądać ustalenia bezskuteczności uznania (art. 68 zd. 2–3 k.r.o.).

[114] SN z 20.12.1973 r., sygn. akt. II CR 211/73, LEX-Nr 7365; o samodzielnej legitymacji prokuratora zob. też: SN z 21.03.1968 r., sygn. akt II CR 39/68, LEX-Nr 6300; SN z 12.04.1966 r., sygn. akt I CR 66/66, LEX-Nr 5968; SN z 15.04.1966 r., sygn. akt I CR 54/66, OSNC 1966, nr 12 poz. 219, LEX-Nr 436.

[115] SN z 17.06.1980 r., OSNC 1980, nr 11, poz. 225, LEX-Nr 2523; SN z 29.10.1975 r., sygn. akt II CR 307/75, LEX-Nr 7766; por. też zasadę prawną wyrażoną w uchwale SN z 20.03.1975 r., OSNC 1975, nr 10–11, poz. 142, LEX-Nr 1835 w związku z SN z 7.06.1978 r., OSNC 1979, nr 5, poz. 103, LEX-Nr 2325.

[116] Art. 86 k.r.o.

[117] SN z 18.08.1999 r., sygn. akt II CKN 321/99, OSNC 2000, nr 3, poz. 49, LEX-Nr 38298.

[118] Co do istoty sporu zob. SN z 11.10.1982 r., sygn. akt III CZP 22/82, OSNC 1983, nr 1, poz. 2, LEX-Nr 2799; za deklaratywnym charakterem orzeczenia: J. Haberko, T. Sokołowski, (przyp. 88), art. 63 nb. 8; odmiennie SN z 22.02.1980 r., sygn. akt III CZP 6/80, OSNC 1980, nr 9, poz. 159, LEX-Nr 2487.

w czasie"[119]. Uchylenie domniemania nie oznacza jednak wzruszalności wszystkich działań ojca, w tym czynności prawnych dokonanych w imieniu dziecka w zakresie wykonywania władzy rodzicielskiej w okresie obowiązywania domniemania[120]. Za takim rozwiązaniem przemawia przede wszystkim bezpieczeństwo obrotu prawnego[121]. W orzecznictwie przyjmuje się też, że mąż matki nie może skutecznie żądać od matki zwrotu kosztów utrzymania i wychowania dziecka poniesionych przed zaprzeczeniem ojcostwa[122]. Może on natomiast domagać się w trybie art. 138 k.r.o. uchylenia obowiązku zapłaty świadczeń alimentacyjnych, których jeszcze nie spełnił[123].

Czy takie rozwiązanie na pewno służy stabilizacji rodziny i jakości życia jej członków? Czy mężczyzna przymuszony do bycia ojcem dziecka, które od niego nie pochodzi, może wykonywać swoje zadania opiekuńczo-wychowawcze w sposób właściwy, czy też jego rola sprowadzi się wyłącznie do funkcji płatniczych? Czy da się to wreszcie pogodzić z prawem człowieka do poznania własnej tożsamości biologicznej i czy taka regulacja rzeczywiści służy dobru dziecka? Naukową odpowiedź na pytanie, jaki wpływ ma taka sytuacja na relacje rodzinne, w tym na jakość życia, nie tylko zresztą ojca, ale całej rodziny, należy pozostawić badaniom psychologicznym, które są przedmiotem zainteresowań naszego Jubilata. Wydaje się jednak, że nie trzeba przeprowadzać złożonych badań empirycznych, aby móc stwierdzić, że poczucie jakości życia zależy od samodzielnej i świadomej możliwości weryfikacji tożsamości. Ponieważ prawo polskie jedynie w ograniczonym zakresie może sprostać temu postulatowi, należy zastanowić się nad rozwiązaniem, które taką możliwość daje, a jednocześnie uwzględnia zasadę dobra dziecka oraz potrzebę stabilności stosunków rodzinnych. W znalezieniu wyważonego rozwiązania pomocą służy komparatystyka prawa. Poszukując materiału porównawczego warto przyjrzeć się bliżej prawu niemieckiemu, które zawiera dość liberalną regulację w tym zakresie.

2. Model niemiecki

W prawie niemieckim ojcostwo może być sądownie zaprzeczone w ciągu dwóch lat[124]. Termin ten jest jednakowy dla wszystkich uprawnionych, to jest ojca (zarówno prawnego jak i biologicznego), matki oraz dziecka[125]. Kluczowe znaczenie ma

---

[119] SN z 11.10.1982 r., sygn. akt III CZP 22/82, OSNC 1983, nr 1, poz. 2, LEX-Nr 2799.

[120] J. Haberko, T. Sokołowski, (przyp. 88), art. 63, nb. 9.

[121] SN z 11.10.1982 r., sygn. akt III CZP 22/82, OSNC 1983, nr 1, poz. 2, LEX-Nr 2799.

[122] SN z 22.02.1980 r., sygn. akt III CZP 6/80, OSNC 1980, nr 9, poz. 159, LEX-Nr 2487.

[123] Zasada prawna wyrażona w uchwale SN z 11.10.1982 r., sygn. akt III CZP 22/82, OSNC 1983, nr 1, poz. 2, LEX-Nr 2799; zob. też glosy W. Siedlecki, *Przegląd Orzecznictwa Sądu Najwyższego*, PiP 1984, nr 10, s. 83 oraz W. Serda, *Glosa do uchwały Składu Siedmiu Sędziów Sądu Najwyższego — Izba Cywilna i Administracyjna z dnia 11 października 1982 r., sygn. akt III CZP 22/82*, OSP 1983, nr 12, s. 602.

[124] § 1600b ust. 1 zd. 1 BGB.

[125] Krótszy, bo jedynie roczny termin do zaprzeczenia ustawodawca niemiecki przewidział jednak dla urzędu państwowego, który od 2008 r. ma samodzielną legitymacje do żądania uznania dziecka za bezskuteczne. Dotyczy to jednak szczególnych sytuacji, kiedy między dzieckiem a uznającym nie nawiązały się stosunki społeczno-rodzinne, a istnieje podejrzenie fikcyjnego uznania dziecka z powodów

jednak nie sam termin, a początek jego biegu, który rozpoczyna się dopiero z chwilą, gdy uprawniony dowiedział się o okolicznościach, które przeczą ojcostwu[126]. W ten sposób pozostawia mu się swobodę podjęcia świadomej decyzji w sprawach rodzinnych. W przypadku małoletniego dziecka miarodajna jest wiedza jego przedstawiciela ustawowego[127], który może działać wyłącznie w interesie dziecka[128]. Zgoda dziecka nie jest wymagana nawet wtedy, gdy dziecko ukończyło 14 rok życia[129]. Termin nie biegnie przed urodzeniem lub uznaniem dziecka[130].

Ustawodawca niemiecki w żaden inny sposób nie ogranicza możliwości zaprzeczenia ojcostwa. Takim ograniczeniem nie jest w szczególności śmierć dziecka, a także ojca, choć skutki prawne zaprzeczenia ojcostwa ograniczają się w takim przypadku przede wszystkim do prawa spadkowego[131]. Prawo niemieckie, w odróżnieniu do prawa polskiego, nie różnicuje ponadto początku biegu terminu w zależności od sposobu ustalenia filiacji prawnej dziecka. Zaprzeczenie ojcostwa nie jest też ograniczone wiekiem dziecka. Jeżeli przedstawiciel ustawowy małoletniego dziecka nie złożył w terminie wniosku o zaprzeczenie ojcostwa, to może go złożyć osobiście dziecko po dojściu do pełnoletności. W takim przypadku termin nie biegnie więc przed osiągnięciem pełnoletności, a także nie rozpoczyna się przed dniem, w którym pełnoletnie dziecko[132] dowiedziało się o okolicznościach przeczących ojcostwu. W interesie dziecka (również pełnoletniego) ustawodawca niemiecki przewiduje ponadto dodatkowy „zawór bezpieczeństwa", nieznany prawu polskiemu. Znajdzie on zastosowanie w szczególnych okolicznościach, w wyniku których trwanie więzi rodzinnych byłoby dla dziecka „nie do zniesienia" (*unzumutbar*)[133].

---

finansowych w celu zapewnienia matce i dziecku możliwości pobytu na terytorium Niemiec. Zaprzeczenie ojcostwa w takim przypadku nie można żądać po upływie 5 lat od chwili urodzenia, jeżeli poród miał miejsce w Niemczech, lub przyjazdu dziecka do Niemiec. Termin biegnie od momentu dowiedzenia się przez urząd o faktach, które uzasadniają przyjęcie, że zostały spełnione przesłanki do skorzystania z tego uprawnienia (zob. § 1600 ust. 1 pkt 5 w zw. z § 1592 pkt 2, § 1600 ust. 3 oraz § 1600b ust. 1a BGB); wątpliwości co do zgodności tej regulacji z ustawą zasadniczą zob.: orzeczenia BGH z 27.06.2012 r., sygn. akt XII ZR 89/10, FamRZ 2012, s. 1489–1494; OLG Bremen z 7.03.2011 r., sygn. akt 4 UF 76/10, FamRZ 2011, s. 1073–1075; AG Hamburg Altona z 15.04.2010 r., sygn. akt 350 F 118/09, StAZ 2010, s. 306–310; A. Wudarski, (przyp. 87), s. 582–583.

[126] § 1600b ust. 1 zd. 2 BGB.

[127] Jeżeli władzę rodzicielską sprawuje oboje rodziców, to nie mogą oni w takim sprawie reprezentować dziecka. Termin biegnie zatem od momentu dowiedzenia się przez ustanowionego opiekuna dziecka o okolicznościach przeczących ojcostwu, przy czym biegnie on od nowa dla każdego nowego opiekuna; M. Nickel, (przyp. 34), § 1600b, nb. 21.

[128] § 1600a ust. 4 BGB.

[129] D. Schwab, (przyp. 31), nb. 540.

[130] § 1600b ust. 2 zd. 1 BGB.

[131] D. Schwab, (przyp. 31), nb. 548.

[132] § 1600b ust. 3 BGB.

[133] Określenie „unzumutbar" nie zostało przez ustawodawcę wyjaśnione. Może tutaj chodzić o różne sytuacje: np. śmierć ojca prawnego; rozwiązanie przez ojca prawnego małżeństwa z matką dziecka lub trzyletnia separacja małżonków; wstąpienie matki dziecka w związek małżeński z ojcem biologicznym; naruszający godność lub dobre obyczaje sposób życia ojca prawnego. Nie można do nich

Termin do zaprzeczenia ojcostwa zaczyna wówczas biec od nowa i rozpoczyna się od momentu uzyskania informacji o takich okolicznościach[134]. Uprawnienie to, które przysługuje wyłącznie dziecku, jest wynikiem orzeczenia niemieckiego Sądu Konstytucyjnego z dnia 26 kwietnia 1994 r.[135] Obowiązująca wcześniej regulacja[136], zgodnie z którą termin dla dziecka do zaprzeczenia ojcostwa upływał po dwóch latach od uzyskania pełnoletności i był niezależny od tego, czy dziecko wiedziało o okolicznościach, które dawały podstawę do wniesienia powództwa, został uznany przez Federalny Sąd Konstytucyjny za niezgodny z ustawą zasadniczą[137] (*Grundgesetz* — GG[138]), ponieważ pozbawiał dziecko możliwości sądowego ustalenia swojego pochodzenia[139]. Warto w tym miejscu zauważyć, że w prawie polskim w dalszym ciągu obowiązuje podobna konstrukcja[140].

Orzecznictwo niemieckie wypracowało ponadto precyzyjne kryteria dotyczące początku biegu terminu. Do jego rozpoczęcia nie wystarczą w szczególności nieuzasadnione wątpliwości co do ojcostwa. Ocena wiarygodności takich okoliczności musi być oparta na obiektywnych przesłankach. Nie jest jednak konieczne uzyskanie rzeczywistego przekonania (pewności), że dziecko nie pochodzi od ojca[141]. Subiektywna wiedza powinna opierać się na takich okolicznościach, które przy obiektywnej i rozsądnej ocenie dają podstawę przypuszczać, że dziecko nie zostało poczęte przez mężczyznę będącego jego prawnym ojcem[142]. Nie chodzi tutaj jednak o specjalistyczną wiedzę medyczną, lecz o stan świadomości, którego można z reguły oczekiwać od przeciętnego, rozsądnie myślącego człowieka[143]. Należy przy tym rozróżnić obiektywne fakty od opartych na nich subiektywnych wątpliwości

---

natomiast zaliczyć samych powodów ekonomicznych związanych z ojcem; zob. M. Nickel, (przyp. 34), § 1600b, nb. 36–37.

[134] Zob. przykład podany w: D. Schwab, (przyp. 31), nb. 545; dorosłe dziecko dowiaduje się, że nie pochodzi od męża matki. Mimo to w obecnej sytuacji życiowej nie widzi sensu zaprzeczać ojcostwu. W okresie późniejszym dowiaduje się jednak o próbie zabójstwa matki przez ojca. Dalsze utrzymywanie relacji rodzinnych staje się niemożliwe. W takiej sytuacji dziecko otrzymuje ponownie dwu letni termin do zaprzeczenia ojcostwa.

[135] Sygn. akt 1 BvR 1299/89, 1 BvL 6/90, NJW 1994, s. 2475–2477.

[136] Por. wcześniejsze brzmienie § 1598 BGB.

[137] Zob. art. 2 ust. 1 w zw. z art. 1 ust. 1 GG.

[138] Ustawa z 23.05.1949 r. — Grundgesetz für die Bundesrepublik Deutschland, BGBl. III Nr. 100-1.

[139] Warto w tym miejscu odnotować, że uchylony niemiecki przepis był oparty na tej samej konstrukcji, co obowiązująca obecnie regulacja w Polsce, zgodnie z którą dziecko nie później niż w ciągu trzech lat po dojściu do pełnoletności może wytoczyć powództwo o zaprzeczenie ojcostwa męża swojej matki (art. 70 § 1 k.r.o.).

[140] Zob. art. 70 § 1 k.r.o.; por. też art. 81 § 2 k.r.o.

[141] Orzeczenie OLG Brandenburg z 23.10.2003 r., sygn. akt 15 UF 33/03, FamRZ 2004, s. 480–481.

[142] Orzeczenia BGH z 19.2.1987 r., sygn. akt IX ZR 33/86, NJW-RR 1988, s. 898–899; BGH z 14.02.1990 r., sygn. akt XII ZR 12/89, FamRZ 1990, s. 507–510; por. też BGH, z 11.7.1973 r., sygn. akt IV ZR 36/72, BGHZ 61, s. 195–202.

[143] Orzeczenie BGH z 19.09.1979 r., sygn. akt IV ZR 47/78, FamRZ 1979, s. 1007–1010.

dotyczących ojcostwa[144]. Te ostatnie będą miały znaczenie tylko wówczas, gdy w opinii rozsądnego obserwatora nie są całkowicie nieprawdopodobne[145].

Do okoliczności, które uzasadniają poważne wątpliwości co do ojcostwa można zaliczyć między innymi brak kontaktu intymnego z matką dziecka w okresie koncepcyjnym, nietypowy okres ciąży niemający wpływu na stan rozwoju dziecka w chwili porodu, wyraźnie odmienne cechy dziedziczne dziecka, niepłodność, wyraźne podobieństwo dziecka do byłego partnera matki, wyniki badań genetycznych, kontakty seksualne matki z różnymi partnerami w okresie koncepcyjnym. W ostatnim przypadku informacja ta nie może być jednak oparta na niepotwierdzonym podejrzeniu lub plotce. Uprawniony musi być zatem w posiadaniu obiektywnie pewnej informacji o okolicznościach wskazujących na niewierność żony lub partnerki[146]. Nawet wówczas nie musi to jednak prowadzić do rozpoczęcia biegu terminu[147]. Biegu terminu nie hamuje ponadto pozostawanie w stosunkach społeczno-rodzinnych[148]. Jest on liczony według zasad ogólnych, które nie odbiegają od polskich regulacji. Jeżeli początkiem terminu jest zatem pewne zdarzenie, przy obliczaniu terminu nie uwzględnia się dnia, w którym to zdarzenie wystąpiło[149]. Termin kończy się z upływem dnia ostatniego miesiąca, który nazwą lub datą odpowiada dniowi, w którym wystąpiło zdarzenie będące jego początkiem. Jeżeli w tym miesiącu brak jest takiego dnia, termin upływa z końcem ostatniego dnia miesiąca[150].

Zaprzeczenie ojcostwa — tak samo jak sądowe ustalenie ojcostwa — wywołuje skutki *erga omnes*. Orzeczenie przerywa więc prawną wynikającą z pokrewieństwa, co wpływa w szczególności na władzę rodzicielską, obowiązek alimentacyjny oraz dziedziczenie ustawowe. Prawomocne postanowienie oddziałuje *ex tunc*. Daje to zatem podstawę do dochodzenia roszczeń regresowych, w szczególności przez mężczyznę niebędącego ojcem, z tytułu poniesionych przez niego kosztów alimentacyjnych[151]. Trzeba jednak przy tym pamiętać, że samo orzeczenie nie ma zasadniczo[152] na celu ustalenia ojcostwa, a ma jedynie charakter negatywny (wyłączający ojcostwo)[153].

3. W poszukiwaniu innego wzorca

Prawo niemieckie nie jest i nie powinno być jedynym wzorcem porównawczym. Omawiana problematyka jest przedmiotem szerokiej dyskusji również w innych

---

[144] M. Nickel, (przyp. 34), § 1600b, nb. 18.

[145] Orzeczenie OLG Brandenburg z 23.10.2003 r., sygn. akt 15 UF 33/03, FamRZ 2004, s. 480–481; por. też BGH z 12.1.2005 r., sygn. akt XII ZR 227/03, juris nb. 12, FamRZ 2005, s. 340–342.

[146] Szerzej M. Nickel, (przyp. 34), § 1600b, nb. 20.

[147] M. Nickel, (przyp. 34), § 1600b, nb. 18.1.

[148] § 1600b ust. 1 zd. 3 w zw. z § 1600 ust. 2 BGB.

[149] § 187 ust.1 BGB, por. art. 111 § 2 k.c.

[150] § 188 BGB, por. art. 112 k.c.

[151] D. Schwab, (przyp. 31), nb. 551.

[152] Wyjątek stanowi wniosek o zaprzeczenie ojcostwa wniesiony przez ojca biologicznego § 1600 ust. 1 pkt 2 oraz ust. 2 BGB.

[153] D. Schwab, (przyp. 31), nb. 550.

krajach. Zasadność rozpoczęcia biegu terminu do zaprzeczenia ojcostwa męża matki w sytuacji, w której nie są mu znane okoliczności przemawiające przeciwko jego ojcostwu biologicznemu, budzi wątpliwości konstytucyjne w orzecznictwie krajowym państw europejskich. Jako przykład posłużyć może chociażby orzeczenie Trybunału Konstytucyjnego Republiki Czeskiej[154], który uznał identycznie do polskiego brzmiący przepis czeskiego kodeksu rodzinnego[155] za niezgodny z konstytucją[156], w wyniku czego stracił on moc obowiązującą z dniem 31 grudnia 2011 r. Trybunał stwierdził w szczególności naruszenie zagwarantowanego w Konstytucji[157] prawa do sądu (art. 36 ust. 1[158]) oraz prawa do poszanowania życia prywatnego i rodzinnego (art. 10 ust. 2[159]), a w konsekwencji naruszenie także art. 8 EKPC. Warto podkreślić, że w Republice Czeskiej (wcześniej Czechosłowacji) — tak samo jak w Polsce — istniała możliwość weryfikacji ojcostwa przez prokuratora, który kierując się dobrem dziecka mógł bez ograniczeń czasowych wnieść powództwo o zaprzeczenie ojcostwa (§ 62 ust. 1 kodeksu rodzinnego)[160]. Trybunał uznał jednak, że takie rozwiązanie nie chroni w wystarczający sposób praw ojca.

Taki sam los podzieliła podobna regulacja w Hiszpanii[161]. Wątpliwości co do zgodności z konstytucją podnosi się również w stosunku do uregulowania tej kwestii w innych krajach[162]. Tymczasem w nowym czeskim kodeksie cywilnym[163], który wszedł w życie 1 stycznia 2014 r., znalazło się już rozwiązanie kompromisowe. Zgodnie z § 785 ust. 1 czeskiego kodeksu cywilnego[164] mąż może wnieść powództwo o zaprzeczenie ojcostwa w ciągu 6 miesięcy od dnia, w którym dowiedział się o okolicznościach uzasadniających wątpliwości co do tego, czy jest ojcem dziecka, które urodziła jego żona. Zaprzeczenie ojcostwa nie może jednak nastąpić po ukończeniu przez dziecko 6 roku życia. Powództwo wnosi się przeciwko dziecku

---

[154] *Ústavní soud České republiky* zob. <www.usoud.cz> [12.01.2014].

[155] § 57 (1) zákona o rodině (94/1963 Sb.): Manžel může do šesti měsíců ode dne, kdy se dozví, že se jeho manželce narodilo dítě, popřít u soudu, že je jeho otcem.

[156] Orzeczenie Pl.ÚS 15/09 z 8.07.2010 r., Nr. 244/2010.

[157] Listina základních práv a svobod, ústavní zákon č. 2/1993 Sb.

[158] Art. 36 (1): Každý se může domáhat stanoveným postupem svého práva u nezávislého a nestranného soudu a ve stanovených případech u jiného orgánu.

[159] Art. 10 (2): Každý má právo na ochranu před neoprávněným zasahováním do soukromého a rodinného života.

[160] § 62 (1) zákona o rodině (94/1963 Sb.): Vyžaduje-li to zájem dítěte, podá nejvyšší státní zástupce návrh na popření otcovství vůči otci, matce a dítěti, pokud lhůta stanovená pro popření otcovství některému z rodičů uplynula.

[161] D. Henrich, (przyp. 56), s. 405.

[162] Zob. A. Wudarski, (przyp. 87), s. 586–587.

[163] Občanský zákoník, zákon ze dne 3. února 2012, č. 89/2012 Sbírky zákonů.

[164] § 785 Popírání otcovství: (1) Manžel může do šesti měsíců ode dne, kdy se dozvěděl o skutečnostech zakládajících důvodnou pochybnost, že je otcem dítěte, které se narodilo jeho manželce, popřít své otcovství u soudu, nejpozději však do šesti let od narození dítěte. Otcovství popírá vůči dítěti a matce, jsou-li oba naživu, a nežije-li jeden z nich, vůči druhému; není-li naživu žádný z nich, manžel toto právo nemá.

i matce. Zaprzeczenie ojcostwa jest jednak niedopuszczalne, jeśli zarówno dziecko jak i matka nie żyją. Jeżeli żyje tylko jedno z nich, powództwo wnosi się przeciwko osobie żyjącej.

Dokonując szerszej oceny porównawczej nie można pominąć stanowiska Europejskiego Trybunału Praw Człowieka (ETPC)[165], który wielokrotnie zajmował się tym zagadnieniem. Aktywność ETPC oparta jest przede wszystkim na art. 8 EKPC[166], zgodnie z którym każdy ma prawo do poszanowania swojego życia prywatnego i rodzinnego[167]. Dla zilustrowania stanowiska ETPC pomocne będzie przytoczenie kilku wybranych orzeczeń.

W sprawie Różański przeciwko Polsce[168] Trybunał zwrócił uwagę na nieprawidłowości związane z korzystaniem z uprawnień przez polskiego prokuratora w zakresie ustalania pochodzenia dziecka. Trybunał nie zakwestionował wprawdzie uprawnienia prokuratora do decydowania o wszczęciu postępowania (nb. 75), ale krytyce poddał sposób, w jaki ta dyskrecjonalna władza była wykonywana. Brak właściwego wyważenia kolidujących interesów było konsekwencją braku działań zmierzających do ustalenia rzeczywistych relacji rodzinnych, zaniechania postępowania dowodowego, w tym niezbadanie dobra dziecka. ETPC zauważył przy tym, że dla skarżącego nie była dostępna żadna bezpośrednia możliwość wszczęcia postępowania. Po rozważeniu całości okoliczności sprawy ETPC doszedł do wniosku, że państwo nie zapewniło skarżącemu prawa do poszanowania jego życia prywatnego i rodzinnego, a tym samym naruszyło art. 8 Konwencji (nb. 77–79)[169]. Takich uchybień w działaniach prokuratora ETPC nie dopatrzył się jednak już w sprawie Darmoń przeciwko Polsce[170]. Potwierdza to tym samym wcześniejszą tezę, że problem nie leży w samym uprawieniu prokuratora, a w jego praktycznym wykonywaniu.

Warto przypomnieć w tym kontekście również wcześniejsze rozstrzygnięcie w sprawie Yildirim przeciwko Austrii[171], w której ETPC nie dopatrzył się naruszenia prawa do poszanowania życia prywatnego ojca w opartej na ABGB[172] odmowie prokuratura do wniesienia powództwa o zaprzeczenie ojcostwa[173]. Należy jednak

---

[165] Zob. <www.echr.coe.int> [12.01.2014].

[166] Por. też art. 17 Międzynarodowego Paktu Praw Obywatelskich i Politycznych, otwartego do podpisu w Nowym Jorku dnia 19.12.1966 r., ratyfikowany przez Polskę w dniu 18.06.1977 r., Dz.U. z 1977 r., nr 38, poz. 167.

[167] Por. art. 47 polskiej Konstytucji.

[168] Orzeczenie ETPC z 18.05.2006 r., skarga nr 55339/00, LEX-Nr 180596.

[169] *Votum separatum* zgłosili L. Garlicki oraz E. Steiner.

[170] Orzeczenie ETPC z 17.11.2009 r., skarga nr 7802/05, LEX-Nr 565366.

[171] Orzeczenie ETPC z 19.10.1999 r., skarga nr 34308/96, LEX-Nr 524891.

[172] Ustawa z 1.06.1811 r. — Allgemeines bürgerliches Gesetzbuch für die gesammten deutschen Erbländer der Oesterreichischen Monarchie, JGS Nr. 946/1811.

[173] Prokurator w Austrii — tak samo jak w Polsce — posiadał samodzielną legitymacje do wniesienia powództwo o zaprzeczenie ojcostwa, z której mógł skorzystać kierując się interesem publicznym lub dobrem dziecka. Mężowi matki nie przysługiwało jednak roszczenie w stosunku do prokuratora o wniesienia powództwa; zob. treść obowiązującego wówczas § 158 ABGB.

podkreślić zasadnicze różnice w regulacji prawnej oraz stanie faktycznym, które legły u podstaw tego rozstrzygnięcia. Otóż mąż matki jeszcze przed urodzeniem dziecka wiedział, że nie jest ojcem biologicznym. W prawie austriackim[174] roczny termin do wniesienia powództwa o zaprzeczenie ojcostwa rozpoczynał się od momentu dowiedzenia się o okolicznościach uzasadniających podejrzenie, że mąż matki nie jest ojcem dziecka, nie wcześniej jednak niż w dniu urodzenia dziecka. W przeciwieństwie do polskiej regulacji ABGB dawał zatem mężowi matki możliwość podjęcia świadomej i samodzielnej decyzji co do weryfikacji swojego ojcostwa. Samo zaś ograniczenie czasowe do wniesienia powództwa nie stanowi naruszenia Konwencji. Mimo to ustawodawca austriacki wprowadził niedawno[175] nowe, bardziej liberalne zasady, między innymi wydłużając termin przysługujący mężowi matki do zaprzeczenia ojcostwa do dwóch lat[176].

ETPC badał również zgodność z Konwencją przepisu radzieckiego kodeksu małżeńskiego i rodzinnego[177], którego treść była zbliżona do polskiej regulacji[178]. W sprawie Shofman przeciwko Federacji Rosyjskiej[179] uznał on, że uniemożliwienie zaprzeczenia ojcostwa z powodu upływu jednorocznego terminu prekluzyjnego, którego bieg jest niezależny od tego, kiedy ojciec dowiedział się o okolicznościach przeczących jego więzi biologicznej z dzieckiem, nie zapewnia właściwej równowagi pomiędzy potrzebą stabilizacji prawnej rodziny a prawem do weryfikacji prawnego domniemania ojcostwa (nb. 45). Z tego powodu ETPC stwierdził naruszenie prawa ojca do poszanowania jego życia rodzinnego i prywatnego.

ETPC podtrzymał swoją linię orzecznictwa w sprawie Mizzi przeciwko Malcie[180]. Trybunał przypomniał, że ograniczenia temporalne dotyczące weryfikacji ojcostwa, które mają służyć bezpieczeństwu prawnemu oraz interesowi dziecka, nie są same w sobie sprzeczne z Konwencją (nb. 88). Do jej naruszenia prowadzi jednak brak odpowiedniej równowagi pomiędzy kolidującymi interesami. Przejawia się to między innymi w niewspółmierności ochrony bezpieczeństwa prawnego oraz dobra dziecka w stosunku do interesu domniemanego ojca. Rażąca nieproporcjonalność wystąpi w szczególności w przypadku braku możliwości zaprzeczenia ojcostwa (nb. 89), co skutkuje naruszeniem prawa do sądu (art. 6 EKPC) oraz prawa do

---

[174] Zob. treść obowiązującego wówczas § 156 ust. 1–2 ABGB.

[175] Zob. zmiany wprowadzone ustawą z 11.01.2013 r. (Kindschafts- und Namensrechts-Änderungsgesetz 2013 — KindNamRÄG 2013), BGBl. I Nr. 15/2013, które weszły w życie w dniu 1.2.2013 r.

[176] Zob. § 153 ABGB.

[177] Zgodnie z art. 49 radzieckiego kodeksu małżeńskiego i rodzinnego z 30.07.1969 r. (Кодекс РСФСР о браке и семье) termin biegł od dnia, w którym mąż matki dowiedział się lub powinien był się dowiedzieć o wpisie jego ojcostwa w rejestrze urodzeń.

[178] W prawie polskim o początku biegu terminu do wytoczenia powództwa o zaprzeczenie ojcostwa decyduje jednak fakt dowiedzenia się o urodzeniu dziecka, a nie uzyskanie informacji o treści aktu urodzenia; SN z 1.10.1974 r., sygn. akt I CR 185/74, LEX-Nr 7594.

[179] Orzeczenie ETPC z 24.11.2005 r., skarga nr 74826/01, LEX-Nr 165570.

[180] Orzeczenie ETPC z 12.01.2006 r., skarga nr 26111/02, LEX-Nr 168602; omówienie M.A. Nowicki, *Europejski Trybunał Praw Człowieka. Wybór orzeczeń 2006*, Wolters Kluwer, Warszawa 2007, s. 185–189.

poszanowania życia prywatnego i rodzinnego (art. 8 EKPC). Również różnica w traktowaniu osób zainteresowanych weryfikacją ojcostwa nie może prowadzić do dyskryminacji (art. 14 EKPC) i musi być proporcjonalna do celów (nb. 132–136). Pozostawiając pewien zakres swobody państwu (nb. 113), a także mając świadomość różnych rozwiązań tej kwestii w krajowych porządkach prawnych (nb. 110), ETPC jeszcze raz podkreślił konieczność zachowania właściwej równowagi między interesem jednostki (domniemanego ojca) a interesami innych osób, w tym całego społeczeństwa (nb. 106, 114).

Na podobnej argumentacji EPTC oparł swoje uzasadnienie w sprawie Paulik przeciwko Słowacji[181]. Biorąc pod uwagę bezpieczeństwo prawne, ochronę rodziny oraz interes dziecka, ETPC nie zakwestionował zróżnicowania możliwości podważania ojcostwa w zależności od sposobu jego ustalenia. Brak jednak środków prawnych umożliwiających ojcu weryfikację filiacji prawnej w sytuacji, gdy dowiedział się, że nie jest ojcem dziecka, przy jednoczesnym posiadaniu takich uprawnień przez inne osoby, jest sprzeczny z zasadą równości oraz narusza prawo do poszanowania życia prywatnego. Naruszenie to jest w szczególności widoczne w dysproporcji, która występuję pomiędzy ochroną interesu społecznego a poszanowaniem życia prywatnego ojca (nb. 47). ETPC wytknął przy tym brak prawnych możliwości uwzględnienia szczególnych okoliczności, jakie wystąpiły w tej sprawie, takich jak chociażby wieku, sytuacji osobistej oraz stosunku wszystkich zainteresowanych stron, w tym braku sprzeciwu domniemanej pełnoletniej córki do weryfikacji ojcostwa (nb. 58). W rezultacie ETPC doszedł do wniosku, że nie została zachowana właściwa równowaga między celem, który miał zostać zrealizowany a środkami zastosowanymi dla jego osiągnięcia (nb. 59).

W jednym z najnowszych orzeczeń (Laakso przeciwko Finlandii[182]) ETPC dał też wyraz swojej dezaprobacie w stosunku do rozwiązań opartych na sztywnych terminach ustalenia ojcostwa, które nie przewidują żadnych innych środków ochrony prawnej (nb. 52). ETPC ponownie podkreślił, że w takich sprawach kluczowe dla rozstrzygnięcia jest ustalenie, czy udało się odpowiednio wyważyć kolidujące ze sobą interesy. Nie należy przy tym zapominać, że art. 8 EKPC chroni prawo *każdego* (a więc nie tylko dziecka), do poszanowania swojego życia prywatnego i rodzinnego (nb. 46). Przy poszukiwaniu właściwej równowagi konieczne staje się zatem uwzględnienie różnych, często sprzecznych interesów (domniemanego ojca, rodziny, osób trzecich). ETPC bierze przy tym pod uwagę jeszcze szereg innych czynników. Szczególnie duże znaczenie ma między innymi zależność między rozpoczęciem biegu terminu do wniesienia powództwa a świadomością uprawnionego o okolicznościach przeczących ojcostwu (nb. 47–48). Pomocne mogą okazać się tutaj dodatkowe możliwości weryfikacji filiacji prawnej, które w sytuacjach szczególnych pełnią

---

[181] Orzeczenie ETPC z 10.10.2006 r., skarga nr 10699/05, LEX-Nr 195983.

[182] Orzeczenie ETPC z 15.01.2013 r., skarga nr 7361/05, LEX-Nr 1252923; *Votum separatum* zgłosili V.A. De Gaetano oraz K. Wojtyczek; por. też orzeczenie ETPC z 20.12.2007 r. w sprawie Phinikaridou przeciwko Cyprowi (nb. 47–67), skarga nr 23890/02, LEX-Nr 327219.

funkcję „wentylu bezpieczeństwa", pozwalając uwzględnić istotne, choć nietypowe okoliczności stanu faktycznego. Odmowa merytorycznego rozpatrzenia sprawy ze względu na upływ terminu prekluzyjnego przy jednoczesnym braku alternatywnej drogi do ustalenia ojcostwa jest nieproporcjonalna do założonego celu regulacji, nie stanowi właściwego wyważenia interesów i tym samym narusza art. 8 EKPC (nb. 53–56).

4. Na rozdrożu interesów — komparatystyczna ocena polskiej regulacji

Wyniki analizy porównawczej regulacji prawnych w wybranych krajach europejskich oraz orzecznictwa ETPC potwierdzają przede wszystkim krytyczną ocenę polskich rozwiązań. W mojej ocenie polski model weryfikacji domniemania ojcostwa nie gwarantuje właściwego wyważenia interesów, co skutkuje nieproporcjonalnością ochrony prawnej. Dotyczy to w szczególności sposobu określania początku biegu terminu do zaprzeczenia domniemania ojcostwa męża matki, który od chwili wejścia w życie kodeksu rodzinnego i opiekuńczego w 1965 r. nie uległ zmianie i nadal jest niezależny od stanu świadomości męża matki co do możliwej niezgodności filiacji prawnej dziecka z rzeczywistością biologiczną. W mojej ocenie takie rozwiązanie nie znajduje merytorycznego uzasadnienia; co więcej, może naruszać prawo do poszanowania życia prywatnego i rodzinnego. Nie jest przy tym oczywiste, czy zawsze służy ono dobru dziecka, a także czy rzeczywiście przyczynia się do stabilizacji stosunków rodzinnych, a przez to do bezpieczeństwa i pewności prawa. Tymczasem opierając się na tych właśnie klauzulach generalnych polskie orzecznictwo broni obowiązującego modelu. W argumentacji brak jednak precyzyjnego określenia istoty kolizji interesów, to znaczy nie wyjaśnia się na czym ona konkretnie polega oraz czy i kiedy występuje, a także dlaczego wartości tych nie da się pogodzić. Rozstrzygnięcie tych kwestii często zależeć będzie od oceny całokształtu okoliczności konkretnej sprawy.

Warto przy tym wziąć pod uwagę, że samo już uzyskanie przez męża matki wiarygodnej informacji o tym, że nie jest biologicznym ojcem nierzadko prowadzi do całkowitego rozkładu pożycia i zerwania więzi rodzinnych. Brak prawnej możliwości zaprzeczenia ojcostwu w żaden sposób nie jest w stanie temu przeciwdziałać. Niezależnie jednak od takich ograniczeń tożsamość biologiczną, przy obecnym stanie wiedzy, da się dość łatwo „prywatnie" zweryfikować za pomocą powszechnie dostępnych i wiarygodnych testów DNA. W takiej sytuacji bezwzględne utrzymywanie priorytetu fikcji prawnej nad rzeczywistością biologiczną i społeczną nie wydaje się celowe. Tym sposobem na pewno nie wymusi się miłości, troski, zaufania, odpowiedzialności, wzajemnego szacunku czy chociażby życzliwości, które powinny stanowić fundament każdej rodziny. Nie jest to zatem skuteczna metoda stabilizacji stosunków rodzinnych przynajmniej w psychologiczno-socjologicznym znaczeniu, a może co najwyżej pogłębić frustracje i paradoksalnie wywołać efekt przeciwny, u którego podstaw leżeć będzie poczucie krzywdy czy niesprawiedliwości. Nie należy przy tym zapominać, że weryfikacja ojcostwa jest istotnym sposobem określania tożsamości człowieka, a system prawny powinien zapewnić skuteczne środki do realizacji tego prawa.

W poszukiwaniu rozwiązania nie chodzi o zapewnienie prymatu więzi biologicznej czy prawnej, ale o właściwe ich wyważenie. Legitymacja prokuratora jedynie w wąskim zakresie koryguje niepożądane skutki sztywnych ograniczeń czasowych i choć może być pomocna, nie zawsze zapewnia osiągnięcie właściwej równowagi. Nie powinna ona w szczególności zastępować samoistnego uprawnienia męża matki do zaprzeczenia ojcostwa. Sama zaś długość terminu do wniesienia powództwa o zaprzeczenie ojcostwa jest tutaj sprawą drugorzędną. Kluczowe znaczenie ma umożliwienie mężowi matki podjęcia samodzielnej i świadomej decyzji. W tym celu konieczne jest uzależnienie rozpoczęcia biegu terminu od uzyskania przez męża matki wiarygodnych informacji co do możliwej niezgodności filiacji prawnej z rzeczywistością biologiczną. Takie rozwiązanie, znane i coraz częściej wprowadzane w krajach europejskich, nie jest również w Polsce niczym nowym. Stosuje się je już do powództwa o ustalenie bezskuteczności uznania ojcostwa[183]. Odmienny sposób ustalenia ojcostwa nie powinien jednak skutkować rozbieżnościami w określaniu początku biegu terminu.

W Europie obserwuje się wyraźną tendencję do znoszenia barier prawnych dotyczących weryfikacji ojcostwa. Liberalne podejście w tym zakresie wyraża się między innymi w wydłużaniu terminów, wprowadzaniu dodatkowych możliwości weryfikacji filiacji prawnej lub nawet rezygnacji z sztywnych ograniczeń czasowych do zaprzeczenia ojcostwa. Poszukiwanie kompromisu jest szczególnie charakterystyczne dla orzecznictwa ETPC, który w tym zakresie wypracował już jednolite standardy. Warto uwzględnić ten dorobek, a także skorzystać z doświadczeń innych państw przy nowelizacji polskich przepisów dotyczących zaprzeczenia ojcostwa.

Niezależnie od tych rozważań należy podkreślić, że zaprzeczenie ojcostwa — nie tylko w Polsce i Niemczech — ma na celu korektę istniejącej więzi prawnej i prowadzi do jej zerwania, jeśli wykaże się, że ojciec prawny nie jest ojcem biologicznym. Nie jest to jednak instrument, za pomocą którego zawsze da się osiągnąć zamierzony skutek; co więcej, jego użycie może nieraz prowadzić do „wylania dziecka z kąpielą". Zaprzeczenie ojcostwa okazuje się niewłaściwym środkiem prawnym, w szczególności wówczas, gdy ojciec chce jedynie sprawdzić pochodzenie biologiczne dziecka, nie dążąc jednocześnie do zerwania z nim więzi prawnej[184]. W takiej sytuacji prawo polskie nie oferuje żadnego rozwiązania[185]. W prawie niemieckim cel ten realizuje od niedawna nowa instytucja prawa — wyjaśnienie pochodzenia.

---

[183] Zob. art. 78 oraz art. 79 k.r.o.
[184] D. Schwab, (przyp. 31), nb. 565.
[185] Podobnie przed zmianą przepisów w Niemczech zob. BT-Drucksache nr 16/6561, s. 9.

IV. Wyjaśnienie pochodzenia

1. Przyczyna i cel nowelizacji

W celu urzeczywistnienia prawa do poznania własnej tożsamości biologicznej bez jednoczesnej zmiany filiacji prawnej wprowadzono w 2008 roku[186] do niemieckiego ustawodawstwa specjalne postępowanie służące wyłącznie wyjaśnieniu pochodzenia (*Abstammungsklärung* — § 1598a BGB)[187]. Nowelizacja kodeksu cywilnego była następstwem orzeczenia[188] Federalnego Sądu Konstytucyjnego (*Bundesverfassungsgericht* — BVerfG[189]), który potwierdzając prawo ojca prawnego do sprawdzenia więzi biologicznych z dzieckiem nakazał wprowadzenie procedury umożliwiającej jego realizację. Nowa regulacja ma stanowić podstawę do dialogu w rodzinie i społeczeństwie oraz chronić więzi rodzinne, a poprzez to ograniczyć przenoszenie sporów dotyczących pochodzenia do sal sądowych[190].

Tak naprawdę zmiany wymusiła jednak narastająca aktywność ojców, którzy mając wątpliwości co do swojej biologicznej więzi z dzieckiem, zaczęli ją masowo weryfikować za pomocą prywatnych testów genetycznych[191], które z coraz większym natężeniem oferowane były w internecie[192]. Tymczasem wyniki takich testów, przeprowadzonych bez wiedzy i zgody dziecka lub jego ustawowego przedstawiciela, nie mogły stanowić dowodu w postępowaniu sądowym[193], ponieważ zostały uzyskane w sposób nielegalny[194]. Linię orzecznictwa niemieckiego Sądu Najwyższego[195] (*Bundesgerichtshof* — BGH[196]) potwierdził w tym zakresie Federalny Sąd Konstytucyjny, który — podzielając również argumentację i rozstrzygnięcia

---

[186] Zob. ustawa z 26.03.2008 — Gesetz zur Klärung der Vaterschaft unabhängig vom Anfechtungsverfahren, BGBl. I s. 441.

[187] O przyczynach nowelizacji i przebiegu procesu legislacyjnego M. Nickel, (przyp. 34), § 1598a nb. 2–3; M. Wellenhofer, (przyp. 52), § 1598a nb. 1–4; D. Hahn, [w:] *Beck'scher Online-Kommentar BGB*, red. H.G. Bamberger, H. Roth, Wydawnictwo C.H. Beck, Monachium 2013, § 1598a nb. 1.

[188] Orzeczenie BVerfG z 13.02.2007 r., sygn. akt 1 BvR 421/05, FamRZ 2007, s. 441–448.

[189] Strona internetowa: <www.bundesverfassungsgericht.de> [12.01.2014].

[190] BT-Drucksache nr 16/6561, s. 8; sarkastycznie o możliwości realizacji tych założeń: D. Schwab, *Abstammungsklärung — leicht gemacht. Oder: Neuer Dialog in der Familie*, FamRZ 2008, s. 23–27.

[191] Według danych szacunkowych przed zmianą przepisów przeprowadzało się rocznie ok. 20.000 takich testów, BT-Drucksache nr 16/6561, s. 1; dopuszczalność prywatnych badań genetycznych jest w krajach europejskich kwestią bardzo kontrowersyjną, zob. BT-Drucksache nr 16/6561, s. 9–10.

[192] BT-Drucksache nr 16/6561, s. 8.

[193] Nie mogą one być wykorzystane nawet dla wykazania wątpliwości co do ojcostwa w postępowaniu o zaprzeczenie ojcostwa (§ 1600b BGB); zob. orzeczenia BGH z 12.01.2005 r., sygn. akt XII ZR 227/03, juris nb. 28, FamRZ 2005, s. 340–341; BGH z 1.3.2006 r., sygn. akt XII ZR 210/04, juris nb. 10, NJW 2006, s. 1657–1660.

[194] BT-Drucksache nr 16/6561, s. 8; M.J. Zimmermann, *Die Feststellung der Vaterschaft unabhängig vom Anfechtungsverfahren*, FuR 2008, s. 329–331; M. Wellenhofer, (przyp. 52), § 1599 nb. 34–36.

[195] Orzeczenie BGH z 12.01.2005 r., sygn. akt XII ZR 227/03, juris nb. 23, 28, FamRZ 2005, s. 340–341.

[196] <www.bundesgerichtshof.de>[12.01.2014].

sądów niższej instancji[197] — podkreślił między innymi, że tajnie przeprowadzone testy genetyczne naruszają konstytucyjnie chronione prawo (dziecka) do prywatności w wymiarze informacyjnym (*informationelles Selbstbestimmungsrecht* — art. 1 ust. 1 w zw. z art. 2 ust. 1 GG)[198]. Z tych samych przepisów konstytucyjnych wywodzi się zresztą także prawo do poznania własnej tożsamości, a precyzując ochrona przed brakiem dostępu do informacji posiadanych przez organy państwowe[199].

Nowa regulacja stara się sprostać opisanym problemom. W praktyce wychodzi ona najczęściej naprzeciw potrzebom ojca do weryfikacji biologicznej więzi z dzieckiem bez konieczności jednoczesnego zrywania więzi prawnej[200]. Tym samym w szczególny sposób uwidacznia się różnica pomiędzy kwestią filiacji prawnej a prawem do poznania własnej tożsamości[201]. Zakres zastosowania nowego instrumentu jest jednak determinowany przede wszystkim przez krąg osób mogących z niego skorzystać.

2. Krąg osób uprawnionych

Osobami uprawnionymi do złożenia wniosku o wyjaśnienie pochodzenia są wyłącznie najbliżsi członkowie rodziny, tj. rodzice prawni oraz dzieci[202]. Małoletnie dziecko nie może być w tym postępowaniu reprezentowane przez rodziców[203]. Dlatego

---

[197] Podstawą rozstrzygnięcia Federalnego Sądu Konstytucyjnego był następujący stan faktyczny (zob. juris nb. 11–12): Powód obcował z matką dziecka w ustawowo zakreślonym okresie koncepcyjnym. Po urodzeniu dziecka w 1994 r. uznał je i pozostawał z matką w konkubinacie do 1997 r. W tym okresie prowadził z nią wspólne gospodarstwo domowe oraz sprawował opiekę nad dzieckiem. W 2001 r. wystąpił po raz pierwszy z powództwem o zaprzeczenie ojcostwa powołując się na znacznie ograniczone (pomniejszone do 10 %) zdolności rozrodcze, które zostały potwierdzone opinią lekarską. Oddalając powództwo w obu instancjach sądy uznały, że przedłożona opinia nie daje podstaw do podważenia ojcostwa. W 2002 r. powód bez wiedzy matki, której przysługiwała wyłączna władza rodzicielska, zlecił przeprowadzenie testu DNA. Materiał do badań miał zostać pobrany ze śliny dziecka znajdującej się w gumie do żucia. Wyniki testu wykluczyły ojcostwo, a powód ponownie wystąpił z powództwem o zaprzeczenie ojcostwa. 4 marca 2003 r. sąd oddalił powództwo wskazując, że sposób przeprowadzenia badań narusza prawo dziecka do ochrony jego prywatności, w szczególności do decydowania o swoim życiu prywatnym w wymiarze informacyjnym. Narusza to również ustawę o ochronie danych osobowych oraz stanowi ingerencję we władzę rodzicielską matki. Z tych między innymi powodów sąd rodzinny uznał postępowanie powoda za sprzeczne z prawem, a wyniki badań za nienadające się do wykorzystania jako dowód w postępowaniu sądowym.

[198] Orzeczenie BVerfG z 13.02.2007 r., sygn. akt 1 BvR 421/05, juris nb. 67, FamRZ 2007, s. 441–448.

[199] Orzeczenie BVerfG z 31.01.1989 r., sygn. akt 1 BvL 17/87, juris nb. 44, NJW 1989, s. 891–893; BVerfG z 26.04.1994 r., sygn. akt 1 BvR 1299/89, 1 BvL 6/90, juris nb. 24, NJW 1994, s. 2475–2477.

[200] Zob. A. Wudarski, (przyp. 87), s. 601.

[201] O relacji pomiędzy wyjaśnieniem pochodzenia a prawem do prywatności zob. orzeczenie BVerfG z 13.02.2007 r., sygn. akt 1 BvR 421/05, juris nb. 67, FamRZ 2007, s. 441–448; por. M.J. Zimmermann, (przyp. 194), s. 324–325.

[202] Za dopuszczalnością wyjaśnienia pochodzenia *post mortem* na podstawie § 1598a BGB: T. Helms, *Das neue Verfahren zur Klärung der leiblichen Abstammung*, FamRZ 2008, s. 1034; M. Wellenhofer, *Das neue Gesetz zur Klärung der Vaterschaft unabhängig vom Anfechtungsverfahren*, NJW 2008, s. 1189.

[203] § 1629 ust. 2a BGB.

dla ochrony jego interesów ustanawia się opiekuna zastępczego (*Ergänzungspfleger*)[204]. Pozostałym członkom rodziny[205], a tym bardziej innym osobom, w szczególności potencjalnemu ojcu biologicznemu takie roszczenie nie przysługuje[206]. Jest to wyraz priorytetu ochrony istniejącej rodziny oraz dobra dziecka przed interesem potencjalnego ojca w wyjaśnieniu pochodzenia[207]. Federalny Sąd Konstytucyjny zaakceptował w swoim orzecznictwie[208] takie ograniczenia[209]. Poza wskazaniem osób uprawnionych ustawodawca niemiecki nie uzależnia prawa do wyjaśnienia pochodzenia od spełnienia dodatkowych przesłanek[210]. Prawo to jest w szczególności niezależne od powzięcia wątpliwości co do pochodzenia. Nie jest ono też ograniczone czasowo i może być podniesione w każdym czasie, również po upływie terminu do zaprzeczenia ojcostwa[211]. Nic nie stoi zatem na przeszkodzie, aby z roszczeniem takim wystąpiła osoba w podeszłym wieku[212]. Złożenie wniosku nie wymaga też szczególnego uzasadnienia[213].

3. Zakres roszczenia i sposób jego realizacji

§ 1598a BGB nie zawiera wprost roszczenia o weryfikację pochodzenia, a jego zakres obejmuje jedynie wyrażenie zgody na przeprowadzenie badań oraz pobranie materiału genetycznego w celu wyjaśnienia biologicznego pochodzenia. Brak zgody zastępuje orzeczenie sądowe, a sąd rodzinny nakazuje poddanie się badaniom[214]. Jeśli zobowiązany uporczywie odmawia wykonania orzeczenia, egzekucja następuje w drodze przymusowego doprowadzenia[215]. Pobranie materiału odbywa się zgodnie z uznanymi zasadami nauki[216] oraz przy zachowaniu określonych procedur. W tym

---

[204] § 1909 BGB.

[205] Zob. T. Helms, (przyp. 202), s. 1034; krytycznie D. Schwab, (przyp. 190), s. 23–24.

[206] Zob. orzeczenie OLG Karlsruhe z 17.07.2009 r., sygn. akt 2 UF 49/09, FamRZ 2010, s. 221–222; krytycznie M. Wellenhofer, (przyp. 52), § 1598a nb. 10; taż, (przyp. 202), s. 1188–1189; M.J. Zimmermann, (przyp. 194), s. 378, 381.

[207] BT-Drucksache nr 16/6561, s. 10, 12.

[208] Zob. orzeczenie BVerfG z 13.10.2008 r., sygn. akt 1 BvR 1548/03, juris nb. 13–14, FamRZ 2008, s. 2257–2258; por. też orzeczenie BGH z 6.12.2006 r., sygn. akt XII ZR 164/04, juris nb. 27–28, FamRZ 2007, s. 538–542.

[209] Krytycznie T. Helms, *Die Stellung des potenziellen biologischen Vaters im Abstammungsrecht*, FamRZ 2010, s. 7–8.

[210] Orzeczenie OLG Schleswig z 11.03.2011 r., sygn. akt 10 WF 53/11, FamRZ 2011, s. 1805; G. Brudermüller, [w:] *Palandt, Bürgerliches Gesetzbuch*, Wydawnictwo C.H. Beck, Monachium 2014, § 1598a nb. 2; M. Nickel, (przyp. 34), § 1598a nb. 5; M. Wellenhofer, (przyp. 52), § 1598a nb. 5; D. Hahn, (przyp. 187), § 1598a nb. 2.

[211] Zob. orzeczenie OLG Karlsruhe z 8.05.2012 r., sygn. akt. 2 WF 93/12, FamRZ 2012, s. 1734; G. Brudermüller, (przyp. 210), § 1598a nb. 2.

[212] Por. D. Schwab, (przyp. 31), nb. 568; tenże, (przyp. 190), s. 23.

[213] Orzeczenie OLG Jena z 28.08.2009 r., sygn.. akt. 1 UF 120/09, NJW–RR 2010, s. 300.

[214] § 1598a ust. 2 BGB.

[215] § 96a ust. 2 FamFG; por. D. Schwab, (przyp. 31), nb. 570.

[216] § 1598a ust. 1 zd. 2 BGB.

zakresie, tak jak przy sądowym ustaleniu ojcostwa, należy odwołać się do wytycznych Komisji Diagnostyki Genetycznej (GEKO-Richtlinie)[217].

Jako materiał genetyczny wykorzystuje się zazwyczaj krew, ponieważ zapewnia ona optymalne możliwości analizy. Wytyczne dopuszczają też pobranie wymazu z jamy ustnej (śliny)[218]. Osoby poddające się takiemu zabiegowi powinny posiadać przy sobie ważny dokument tożsamości ze zdjęciem, a dzieci akt urodzenia; co więcej, identyfikację biorącego udział w zabiegu dokumentuje się dodatkowo za pomocą zdjęcia i odcisku palca[219]. Aby uniknąć pomyłki próba pobierana jest co najmniej dwukrotnie i oddzielnie poddawana niezależnej analizie przez określony w wytycznych personel[220]. Do spełnienia roszczenia, o którym mowa w § 1598a ust. 1 BGB, nie wystarczy zatem samodzielne pobranie materiału genetycznego i przekazanie go osobie uprawnionej do żądania wyjaśnienia pochodzenia[221]. Wyboru zakładu, w którym będą przeprowadzone badania, dokonuje wnioskodawca. On też pokrywa związane z tym koszty[222]. Osoba, która została poddana zabiegowi, ma prawo zapoznać się z wynikami badań lub żądać wydania odpisu opinii[223]. Procedura uregulowana w § 1598a BGB może być wykorzystana w celu wyjaśnienia pochodzenia biologicznego nie tylko ojca, ale również matki[224].

Warto jednak raz jeszcze podkreślić, że postępowanie o wyjaśnienie pochodzenia służy jedynie weryfikacji więzi biologicznych łączących rodziców prawnych z dzieckiem i w jego ramach nie można domagać się ustalenia ojcostwa czy macierzyństwa biologicznego innych osób[225]. Samo zaś wykluczenie pochodzenia dziecka od prawnie „przyporządkowanego" rodzica w tym postępowaniu — tak samo zresztą jak skuteczne zaprzeczenie ojcostwa lub macierzyństwa — nie prowadzi bezpośrednio do ustalenia biologicznej tożsamości[226]. Może to dać co najwyżej podstawę, o ile spełnione są wszystkie pozostałe przesłanki, do złożenia w odrębnym postępowaniu wniosku o zaprzeczenie ojcostwa[227].

W czasie trwania postępowania wyjaśniającego pochodzenie bieg terminu do zaprzeczenia ojcostwa ulega zawieszeniu[228]. Dopiero zaś skuteczne zaprzeczenie

---

[217] Zob. przyp. 79.

[218] Nr. 5.1 GEKO-Richtlinie; por. M. Nickel, (przyp. 34), § 1598a nb. 16.

[219] Nr. 4 GEKO-Richtlinie.

[220] Nr. 5.1, Nr. 5.2, Nr. 5.4 GEKO-Richtlinie.

[221] Nr. 5.1 GEKO-Richtlinie; zob. też BT-Drucksache nr 16/6561, s. 13.

[222] M. Nickel, (przyp. 34), § 1598a nb. 18; M.J. Zimmermann, (przyp. 194), s. 378.

[223] § 1598a ust. 4 zd. 1 BGB.

[224] M. Nickel, (przyp. 34), § 1598a nb. 14; T. Helms, (przyp. 202), s. 1033; M. Wellenhofer, (przyp. 202), s. 1189; N. Dethloff, *Familienrecht*, Monachium 2012, § 10 nb. 71; D. Schwab, (przyp. 31), nb. 571.

[225] T. Helms, (przyp. 202), s. 1034; krytycznie M. Wellenhofer, (przyp. 202), s. 1189; R. Frank, T. Helms, *Kritische Bemerkungen zum Regierungsentwurf eines „Gesetzes zur Klärung der Vaterschaft unabhängig vom Anfechtungsverfahren"*, FamRZ 2007, s. 1278–1279.

[226] Por. D. Schwab, (przyp. 31), nb. 573; N. Dethloff, (przyp. 224), § 10 nb. 69.

[227] D. Schwab, (przyp. 31), nb. 571.

[228] § 1600b ust. 5 BGB.

ojcostwa prawnego otwiera dziecku drogę do szerszych poszukiwań swoich korzeni, co w żaden sposób nie przesądza jednak ich skuteczności.

4. Klauzula dobra dziecka

Wyjaśnienie pochodzenia nie może oczywiście prowadzić do nadużycia prawa[229]. Sąd zawiesza postępowanie, jeśli wyjaśnienie pochodzenia biologicznego mogłoby spowodować tak znaczące naruszenie dobra małoletniego dziecka[230], że byłoby ono, również przy uwzględnieniu interesu wnioskodawcy, niemożliwe do zaakceptowania (§ 1598a ust. 3 BGB). W tym zakresie ustawodawca niemiecki nadaje zatem dobru dziecka wartość nadrzędną.

Zawieszenie postępowania może jednak nastąpić tylko w wyjątkowej, szczególnie uzasadnionej sytuacji. Podstawą do zawieszenia postępowania jest w szczególności wykazanie, że wyniki badań genetycznych, ze względu na wystąpienie nadzwyczajnych okoliczności, wywołają nietypowe, szczególnie niepożądane skutki dla dziecka[231]. Za zawieszeniem postępowania mogą przemawiać między innymi względy natury psychicznej i fizycznej tkwiące w samej osobie dziecka, które uzasadniają na przykład obawę popełnienia samobójstwa czy znaczącego pogorszenia się stanu chorobowego[232]. Jeśli natomiast rodziców dziecka łączyły bliskie więzi, a rozpoczęcie postępowania wyjaśniającego pochodzenie zbiegło się w czasie z chorobą dziecka[233], to bez wykazania związku przyczynowego nie stanowi to wystarczającej podstawy do zawieszenia postępowania[234]. Również sama utrata ojca prawnego nie wystarcza do przyjęcia znaczącego naruszenia dobra dziecka[235].

Czas trwania zawieszenia jest określany indywidualnie. Przy jego ustaleniu sąd bada, kiedy przyczyna zawieszenia może odpaść[236]. Zawieszenie postępowania nie prowadzi oczywiście do utraty prawa do wyjaśnienia pochodzenia, a jedynie przesuwa jego realizację w czasie.

---

[229] BT-Drucksache nr 16/6561, s. 12; M. Wellenhofer, (przyp. 52), § 1598a nb. 5; T. Helms, (przyp. 202), s. 1034–1035; D. Hahn, (przyp. 187), § 1598a nb. 2; M. Nickel, (przyp. 34), § 1598a nb. 15.

[230] O klauzuli dobra dziecka T. Helms, (przyp. 202), s. 1035–1036; M. Wellenhofer, (przyp. 52), § 1598a nb. 17; G. Brudermüller, (przyp. 210), § 1598a nb. 11–13.

[231] Orzeczenie OLG Karlsruhe z 13.03.2012 r., sygn. akt 2 WF 39/12, juris nb. 14, FamRZ 2012, s. 1148.

[232] BT-Drucksache nr 16/6561, s. 13; zob. też M. Nickel, (przyp. 34), § 1598a, nb. 20.

[233] W omawianym przypadku chodziło o atopowe zapalenie skóry (*neurodermitis*).

[234] Por. orzeczenie OLG Schleswig z 11.03.2011 r., sygn. akt 10 WF 53/11, juris nb. 4, FamRZ 2011, s. 1805.

[235] Orzeczenie OLG Karlsruhe z 13.03.2012 r., sygn. akt 2 WF 39/12, juris nb. 14, FamRZ 2012, s. 1148.

[236] Szerzej BT-Drucksache nr 16/6561, s. 13.

5. Ocena

Sam cel regulacji należy uznać za słuszny, choć jej zakres i konstrukcja może budzić kontrowersje i na pewno wymaga udoskonalenia[237]. Ta unikatowa w skali światowej koncepcja[238] jest bowiem ukierunkowana przede wszystkim na zapewnienie ojcu prawnemu możliwości weryfikacji więzi z dzieckiem; nie uwzględnia natomiast w ogóle interesu innych osób lub bierze go pod uwagę jedynie w ograniczonym zakresie. Wyraża się to między innymi w wąskim kręgu osób uprawnionych do złożenia wniosku o wyjaśnienie pochodzenia; uniemożliwia to szersze wykorzystanie tego instrumentu. Krytycznej ocenie poddane zostało w doktrynie[239] w szczególności wyłączenie z tego kręgu (potencjalnego) ojca biologicznego[240]. Argumenty mające przemawiać za takim ograniczeniem nie uwzględniają jednak całego spektrum zagadnienia. W rezultacie prowadzi to do wątpliwego konstytucyjnie rozwiązania, które polega na nierównym traktowaniu ojca biologicznego i prawnego w zakresie prawa do poznania swojej tożsamości. Taka nierówność jest wprawdzie dopuszczalna, ale tylko wtedy, gdy służy ochronie istniejących stosunków rodzinnych, w których relacja między ojcem prawnym a dzieckiem rzeczywiście oparta jest na więzi emocjonalnej. Skoro w przeciwnej sytuacji prawo niemieckie daje potencjalnemu ojcu biologicznemu[241] (a niekiedy nawet urzędowi państwowemu)[242] możliwość złożenia wniosku o zaprzeczenia ojcostwa prawego, to tym bardziej powinno w takiej sytuacji konsekwentnie dopuszczać weryfikację jego więzi biologicznej[243].

Przyjęty zakres regulacji nie rozwiązuje przy tym problemu prywatnych, przeprowadzonych bez zgody wszystkich zainteresowanych, testów genetycznych. Praktyce tej tylko w ograniczonym zakresie może przeciwdziałać ustawa o diagnostyce genetycznej (GenDG)[244], która w § 17 ogólnie określiła zasady prowadzenia badań genetycznych w celu wyjaśnienia pochodzenia[245]. Nie może ona w szczególności przeciwdziałać prywatnym testom DNA przeprowadzanym w zagranicznych

---

[237] M. Wellenhofer, (przyp. 52), § 1598a nb. 21; taż, (przyp. 202), s. 1188–1189; krytycznie już co do samego projektu rządowego, poddając w wątpliwość przydatność całej koncepcji: R. Frank, T. Helms, (przyp. 225), s. 1278–1281; zob. też D. Schwab, (przyp. 190), s. 23–27.

[238] Wątpliwości co do jej przydatności podnoszą m.in. R. Frank, T. Helms, (przyp. 225), s. 1281.

[239] M. Wellenhofer, (przyp. 202), s. 1188–1189; T. Helms, (przyp. 209), s. 7–8; N. Dethloff, (przyp. 224), § 10 nb. 69.

[240] Szerzej o pozycji potencjalnego ojca biologicznego w ustalaniu pochodzenia: T. Helms, (przyp. 209), s. 1–8.

[241] Zob. § 1600 ust. 1 pkt 2 w zw. z ust 2, 4 BGB.

[242] Zob. § 1600 ust. 1 pkt 5 w zw. z ust 3, 4 BGB.

[243] Por. M. Wellenhofer, (przyp. 202), s. 1188; z przykładami i dalej idącymi wnioskami: T. Helms, (przyp. 209), s. 7–8; M.J. Zimmermann, (przyp. 194), s. 378.

[244] Ustawa z 31.07.2009 r. — Gendiagnostikgesetz, (BGBl. I s. 2529, 3672), ostatnio zmieniona przez art. 4 ust. 18 ustawy z 7.08.2013 r. (BGBl. I s. 3154).

[245] Chodzi między innymi o obowiązki informacyjne oraz wymóg przedłożenia pisemnej zgody osoby, od której pobierany jest materiał genetyczny; zob. § 17 ust. 1 GenDG.

instytutach medycznych[246]. Mimo wskazanych wad pozostają one atrakcyjną alternatywą dla osób, które chcą uniknąć destabilizacji stosunków rodzinnych. W obecnej sytuacji dalej zdane są na nie natomiast osoby chcące ustalić swoją tożsamość biologiczną, którym § 1598a BGB takich możliwości nie zapewnia. Z takich badań będą korzystać nie tylko (potencjalni) ojcowie biologiczni, ale także dzieci, których więzi biologiczne z ojcem prawnym zostały negatywnie zweryfikowane. Wyniki postępowania wyjaśniają w pełnym (pozytywnym lub negatywnym) zakresie jedynie tożsamość rodzica prawnego. Nierówność traktowania interesów dziecka uwidacznia się również w tym, że dziecko — w przeciwieństwie do rodziców — nie ma instrumentu prawnego do poszukiwania swojej tożsamości biologicznej bez wcześniejszego zerwania więzi łączącej go z rodzicem (z reguły ojcem) prawnym[247]. Niekonsekwencje w rozdzielaniu pochodzenia prawnego i biologicznego widać również wówczas, gdy dziecko nie ma prawnie ustalonego ojca. W takiej sytuacji brak jest możliwości ustalenia tożsamości biologicznej, które nie pociągałoby za sobą powstania więzi prawnej[248]. Głębszej refleksji i doprecyzowania wymaga zresztą szereg innych kwestii, w tym między innymi określenie wzajemnych relacji pomiędzy postępowaniem o ustalenie statusu prawnego, a postępowaniem wyjaśniającym pochodzenie[249]. Wątpliwym jest też, czy w obecnym kształcie regulacja ta stanowi podstawę do konstruktywnego dialogu w rodzinie i w społeczeństwie[250].

Niemieckie postępowanie o wyjaśnienie pochodzenia spotkałoby się z podobną oceną również na gruncie polskim. Nie neguje to oczywiście celowości wprowadzenia do polskiego porządku prawnego instrumentu umożliwiającego realizację prawa do poznania własnej tożsamości. Korzystając z niemieckich doświadczeń ewentualne zmiany w tym zakresie trzeba połączyć z szerszą reformą regulacji dotyczących pochodzenia, która jest moim zdaniem niezbędne. Niezależnie od wyniku dalszej debaty prawo nie powinno narzucać pierwszeństwa darwinowskiej czy freudowskiej wizji świata. W udoskonaleniu obranej drogi nie chodzi o wybór między przeciwstawnymi koncepcjami czy interesami, a o znalezienie wyważonych rozwiązań, które zapewniając szeroką realizację prawa do poznania własnej tożsamości nie doprowadzą do destabilizacji życia rodzinnego.

V. Komparatystyka prawa w służbie jakości życia

Eksperymentowanie prawników z tożsamością jest niebezpieczne. Świadomość własnych korzeni stanowi bowiem istotną podstawę dla rozwoju osobowości[251]

---

[246] Zob. M. Wellenhofer, (przyp. 52), § 1599 nb. 37.

[247] Por. R. Frank, T. Helms, (przyp. 225), s. 1279.

[248] M. Wellenhofer, (przyp. 202), s. 1189.

[249] T. Helms, (przyp. 202), s. 1036–1037; również z tłem historycznym i porównawczym: R. Frank, T. Helms, (przyp. 225), s. 1278, 1279–1281.

[250] Krytycznie w tym zakresie wypowiadał się już w 2008 r. między innymi D. Schwab, (przyp. 190), s. 23–27.

[251] Zob. D. Coester-Waltjen, (przyp. 40), § 52 nb. 17.

i w znacznym stopniu determinuje nasze działania. Nierzadko jest to istotny czynniki wpływający na podejmowanie życiowych decyzji (np. sporządzenie testamentu, oddanie narządu do transplantacji). Tożsamość oddziałuje również na relacje społeczne: może je ograniczać lub wręcz wykluczać (np. zawarcie małżeństwa). Do unikania negatywnych skutków takiego eksperymentowania może w znacznym stopniu przyczynić się komparatystyka prawa, jeżeli będzie właściwie wykorzystana w procesie tworzenia prawa, oczywiście przy uwzględnieniu odmienności systemowych i społecznych. Korzystanie z niej zapobiega spełnieniu się powiedzenia „mądry Polak po szkodzie" i prowadzi do znacznej poprawy jakości życia.

Wbrew powszechnie panującej opinii prawo jest w pewnym sensie nauką eksperymentalną. W odróżnieniu jednak od takich nauk jak chociażby fizyka czy chemia, prawnicy nie mają możliwości prowadzenia badań w warunkach laboratoryjnych. Wyniki ich prac, przybierając formę powszechnie obowiązujących aktów prawnych, oddziałują wprost na adresatów tych regulacji. Weryfikacja słuszności przyjętych rozwiązań dokonuje się zatem na organizmie społecznym. Precyzując, mamy tutaj do czynienia z eksperymentowaniem z prawem, a nie z eksperymentem w ścisłym tego słowa znaczeniu[252].

Świadom tego powinien być przede wszystkim ustawodawca, który odpowiada za wynik takiego eksperymentowania. Droga do poprawy jakości życia nierzadko wiedzie przez wyboisty teren pełen zawiłości prawnych, wśród których jednostka doświadcza codzienności i próbuje odnaleźć szczęście. Prawo jest niezwykle ważnym elementem wpływającym na jakość naszego życia, a do jego poprawy w nieoceniony sposób może przyczynić się komparatystyka prawa. Warto o tym pamiętać zarówno przy tworzeniu jak i stosowaniu prawa. W zakresie ustalania i weryfikacji pochodzenia pozostaje jeszcze wiele do zrobienia!

Arkadiusz Wudarski

Establishment and review of descent and the sense of quality of life — selected issues in comparative law

This paper discusses selected legal issues related to establishing the descent of a child and the possibility of reviewing such cases. The topic is presented from the perspective of fathers, since their biological heritage is most frequently questioned. The paper presents a comparative analysis conducted on the basis of the case law of the European Court of Human Rights and focuses on comparing Polish and German family law. Critical remarks refer mainly to the lack of proper balance between the competing interests of the parties, including time limitations which make the process of reviewing paternity impossible. The study focuses on a unique

---

[252] W eksperymencie naukowym dąży się do osiągnięcia powtarzalności wyników w warunkach pozwalających kontrolować zmienne główne, towarzyszące i zakłócające; O procedurze eksperymentalnej w psychologii: J. Brzeziński, *Elementy metodologii badań psychologicznych*, PWN, Warszawa 1978, s. 60–92.

procedure for determining descent which came into effect in Germany in 2008. This regulation should make it easier for close family members to exercise their right to know their own identity without changing the established legal paternity (*Abstammungsklärung* — § 1598a BGB). This article attempts to find common ground between the sense of the quality of one's life and the right to know one's own identity. The results not only contribute to the academic debate surrounding these issues, but above all aim to improve the quality of law and thus the quality of family life.

JÓZEF JAGIEŁA

Postępowanie w sprawach o kontakty z dzieckiem — zagadnienia wybrane

I. Przepisy prawa materialnego regulujące kontakty z dzieckiem

1. Wprowadzenie

Istotnym czynnikiem wpływającym na jakość życia są kontakty międzyludzkie. Wśród tych kontaktów na szczególną uwagę zasługują kontakty z dzieckiem. Mimo ich doniosłości, w stanie prawnym obowiązującym w Polsce przed wejściem w życie ustawy z dnia 6 listopada 2008 r. o zmianie ustawy — Kodeks rodzinny i opiekuńczy oraz niektórych innych ustaw[1], problematyka ta nie była kompleksowo uregulowana. Jedyne uregulowanie zawarte było w art. 113 k.r.o. Przepis § 1 tego artykułu stanowił, że sąd opiekuńczy zakaże rodzicom pozbawionym władzy rodzicielskiej osobistej styczności z dzieckiem, jeżeli wymaga tego dobro dziecka, natomiast według § 2 sąd opiekuńczy mógł w wyjątkowych wypadkach ograniczyć osobistą styczność z dzieckiem rodziców, których władza rodzicielska została ograniczona przez umieszczenie dziecka w rodzinie zastępczej lub w placówce opiekuńczo-wychowawczej. Artykuł 113 k.r.o. nie stanowił jednak o „kontaktach z dzieckiem", lecz o „osobistej styczności z dzieckiem", która jest tylko jednym ze sposobów kontaktów z dzieckiem[2].

Z treści art. 113 k.r.o. wywodzono prawo rodziców do osobistej styczności z dzieckiem, przy czym w orzecznictwie[3] i literaturze[4] dominował pogląd, że prawo

---

[1]   Dz.U. z 2008 r., nr 220, poz. 1431.

[2]   T. Sokołowski, *Prawo rodzinne. Zarys wykładu*, Ars Boni et Aequi, Poznań 2010, s. 160.

[3]   SN z 18.03.1968 r., OSNCP 1968, nr 5, poz. 77; SN z 14.06.1989 r., OSNC 1989, nr 10, poz. 156; SN z 21.10.2005 r., OSNC 2006, nr 9, poz. 142.

[4]   J. Ignatowicz, *Prawo rodzinne. Zarys wykładu*, PWN, Warszawa 1987, s. 251; J. Strzebińczyk, [w:] *System prawa prywatnego*, t. 12, *Prawo rodzinne i opiekuńcze*, red. T. Smyczyński, Wydawnictwo C.H. Beck,

to jest prawem niezależnym od władzy rodzicielskiej. Przyjmowano zatem, że pozbawienie albo ograniczenie władzy rodzicielskiej nie pozbawia ani nie ogranicza prawa do osobistej styczności z dzieckiem, dopóki zakazanie albo ograniczenie styczności z dzieckiem nie zostanie orzeczone przez sąd na podstawie art. 113 k.r.o. Prawa do osobistej styczności z dzieckiem nie ograniczano jednak tylko do rodziców; przyznawano je również krewnym dziecka, np. dziadkom. Prawo to wywodzono nie z praw przysługujących tym osobom, lecz z praw przysługujących dziecku, określonych w art. 109 k.r.o.[5]

Poza regulacją zawartą w art. 113 k.r.o. brak było innych uregulowań dotyczących orzekania w sprawach o ustalenie, ograniczenie albo zakazanie osobistej styczności z dzieckiem. Możliwości orzekania w tych sprawach upatrywano zatem w tych przepisach prawa materialnego, z których wywodzono prawo do osobistej styczności z dzieckiem. W odniesieniu do rodziców, gdy orzekanie o osobistej styczności z dzieckiem było związane z ograniczeniem albo pozbawieniem władzy rodzicielskiej wskazywano na art. 113 § 1 i 2 k.r.o., w pozostałych przypadkach — na art. 97 § 2 k.r.o. dotyczący rozstrzygania o istotnych sprawach dziecka w razie braku porozumienia pomiędzy rodzicami. Natomiast w przypadku innych osób — art. 109 k.r.o.[6]

2. Nowelizacja k.r.o. ustawą z dnia 6 listopada 2008 r.

Wprowadzenie przepisów regulujących kontakty z dzieckiem do kodeksu rodzinnego i opiekuńczego nastąpiło wspomnianą wyżej ustawą z dnia 6 listopada 2008 r. W przepisach art. 113–113[6] k.r.o. ustawodawca określił charakter prawny, katalog, ograniczenie i zakazanie kontaktów z dzieckiem, osoby uprawnione i obowiązane do utrzymywania tych kontaktów oraz zasady ich regulowania.

W art. 113 § 1 k.r.o. przesądzono ostatecznie, że utrzymywanie kontaktów z dzieckiem jest prawem samodzielnym, niezależnym od władzy rodzicielskiej. Znajduje to wyraz nie tylko w treści tego przepisu, lecz także w odrębnym uregulowaniu kontaktów i władzy rodzicielskiej[7]. Utrzymywanie kontaktów z dzieckiem zostało ujęte ponadto nie tylko w kategorii prawa, lecz również obowiązku rodziców, jak i dziecka[8]. Prawo i obowiązek rodziców do utrzymywania kontaktów z dzieckiem istnieje zatem w czasie trwania władzy rodzicielskiej, jak również wtedy, gdy władza ta rodzicom nie przysługuje, została ograniczona albo zawieszona. Ustanie, ograniczenie oraz zawieszenie władzy rodzicielskiej nie powoduje więc „automatycznego" pozbawienia albo ograniczenia prawa i obowiązku utrzymywania

---

Warszawa 2003, s. 275; H. Ciepła, [w:] *Kodeks rodzinny i opiekuńczy. Komentarz*, red. K. Piasecki, Wydawnictwo LexisNexis, Warszawa 2006, s. 700.

5   SN z 14.06.1988 r., OSNC 1989, nr 10, poz. 156.

6   R. Zegadło, [w:] *Sądowe komentarze tematyczne. Władza rodzicielska i kontakty z dzieckiem*, red. J. Ignaczewski, Wydawnictwo C.H. Beck, Warszawa 2010, s. 201.

7   Oddział 3 („Kontakty z dzieckiem"), rozdział II („Stosunki między rodzicami a dziećmi"), tytułu II („Powinowactwo") k.r.o.

8   R. Zegadło, (przyp. 6), s. 209.

kontaktów z dzieckiem. Prawo i obowiązek utrzymywania kontaktów nie ustają także w przypadku, gdy pieczę nad dzieckiem sprawuje opiekun lub gdy zostało ono umieszczone w pieczy zastępczej, określonej w art. 112² k.r.o. (art. 113¹ § 2 k.r.o.). Pozbawienie albo ograniczenie prawa do kontaktów z dzieckiem wymaga zatem wydania przez sąd orzeczenia tej treści (art. 113², art. 113³ k.r.o.).

Katalog kontaktów z dzieckiem został określony w art. 113 § 2 k.r.o. W jego ramach zostały wyróżnione kontakty bezpośrednie, polegające na przebywaniu z dzieckiem i porozumiewaniu się z nim, oraz pośrednie, polegające na utrzymywaniu korespondencji oraz korzystaniu z innych środków porozumiewania się na odległość, w tym ze środków komunikacji elektronicznej[9]. Wyliczenie to nie ma jednak charakteru wyczerpującego, na co wskazuje zawarte w tym przepisie sformułowanie „w szczególności …". Katalog kontaktów z dzieckiem ma więc charakter otwarty[10]. Unormowanie takie umożliwia elastyczne stosowanie sposobów kontaktów z dzieckiem nie tylko określonych w art. 113 § 2 k.r.o., lecz również w innej formie, w przepisie tym nieprzewidzianej, z uwzględnieniem dobra dziecka oraz jego rozsądnych życzeń (art. 113¹ § 1 k.r.o.). Możliwość swobodnego kształtowania sposobu kontaktów z dzieckiem przysługuje zarówno osobom uprawnionym do kontaktu z osobami, pod których pieczą dziecko pozostaje, jak i sądowi orzekającemu.

Osobami uprawnionymi i obowiązanymi do utrzymywania kontaktów z dzieckiem są przede wszystkim rodzice (art. 113 § 1 k.r.o.), a ponadto rodzeństwo, dziadkowie i powinowaci w linii prostej, a także inne osoby, jeżeli sprawowały one przez dłuższy czas pieczę nad dzieckiem (art. 113⁶ k.r.o.).

Uregulowanie kontaktów z dzieckiem może polegać na ustaleniu sposobu ich utrzymywania, ograniczeniu albo zakazaniu. Zgodnie z art. 113¹ § 1 k.r.o., uregulowanie sposobu utrzymywania kontaktów z dzieckiem powinno nastąpić w drodze porozumienia pomiędzy osobą uprawnioną do kontaktu i osobą, pod której pieczą dziecko pozostaje, z uwzględnieniem dobra dziecka i jego rozsądnych życzeń[11]. Jeżeli osiągnięcie takiego porozumienia nie nastąpi, o sposobie kontaktów rozstrzyga sąd opiekuńczy. Pierwszeństwo określenia kontaktów z dzieckiem w drodze porozumienia obowiązuje także wtedy, gdy ustawa przewiduje obowiązek orzeczenia przez sąd z urzędu o tych kontaktach, tj. w wyroku orzekającym rozwód (art. 58 § 1 k.r.o.), separację (art. 61³ § 1 w zw. z art. 58 § 1 k.r.o.) oraz unieważniającym małżeństwo (art. 21 w zw. z art. 58 § 1 k.r.o.). Jak bowiem wynika z art. 58 § 1 zd. 2 k.r.o. stosowanego także w sprawach o separację i o unieważnienie małżeństwa, sąd orzekając z urzędu o utrzymywaniu kontaktów z dzieckiem powinien uwzględnić porozumienie małżonków w tej kwestii, o ile jest ono zgodne z dobrem dziecka[12].

---

9   T. Sokołowski, (przyp. 2), s. 161 i nast.
10 R. Zegadło, (przyp. 6), s. 209.
11 Bliżej R. Zegadło, (przyp. 6), s. 205 i nast.
12 SN z 5.06.2012 r., sygn. akt III CZP 72/11, (niepublikowane); J. Ignaczewski, [w:] tegoż, *Komentarz do spraw rodzinnych*, Wydawnictwo C.H. Beck, Warszawa 2012, s. 80 i nast.

Ograniczenie i zakazanie kontaktów z dzieckiem może być orzeczone tylko przez sąd (art. 113² i art. 113³ k.r.o.), nie może być natomiast regulowane w drodze porozumienia pomiędzy osobą uprawnioną do kontaktów z osobą, pod której pieczą dziecko pozostaje. Tym samym pozbawienie albo zakazanie kontaktów z dzieckiem nie podlega swobodnej dyspozycji osoby uprawnionej do kontaktów oraz osoby, pod której pieczą dziecko pozostaje.

II. Postępowanie nieprocesowe w sprawach o kontakty z dzieckiem

1. Postępowanie rozpoznawcze i wykonawcze

Konsekwencją uregulowania kontaktów z dzieckiem w kodeksie rodzinnym i opiekuńczym (prawie materialnym) jest unormowanie postępowania w tych sprawach[13]. W ramach spraw o kontakty można wyróżnić dwa postępowania, tj. rozpoznawcze i wykonawcze. Postępowanie rozpoznawcze służy uregulowaniu kontaktów z dzieckiem, natomiast wykonawcze polega na zastosowaniu środków zmierzających do wykonania obowiązków wynikających z orzeczenia albo ugody zawartej przed sądem lub przed mediatorem w tym przedmiocie. Ze względu na objętość problematyki dotyczącej kontaktów z dzieckiem, która znacznie wykracza poza ramy jednego artykułu, dalsze rozważania zostaną poświęcone postępowaniu rozpoznawczemu. Nie będzie natomiast przedstawione postępowanie wykonawcze, uregulowane w przepisach art. 598¹⁵–598²¹ k.p.c., które zasługuje na odrębne opracowanie.

Jak wynika z powyższych uwag, sprawy o uregulowanie kontaktów z dzieckiem zostały przekazane przez ustawodawcę zasadniczo do postępowania nieprocesowego i zakwalifikowane jako sprawy ze stosunków między rodzicami a dziećmi. Wskazuje na to lokalizacja przepisów art. 579 i art. 582¹ k.p.c. regulujących orzekanie o kontaktach. Regulacja zawarta w tych przepisach nie jest jednak wyczerpująca, można nawet zaryzykować twierdzenie, że jest ona fragmentaryczna. Stąd też w sprawach nieunormowanych w tych przepisach odpowiednie zastosowanie będą miały przepisy ogólne o postępowaniu w sprawach opiekuńczych (art. 568–578¹ k.p.c.), przepisy ogólne o postępowaniu nieprocesowym (art. 506–525 k.p.c.) oraz przepisy o procesie (art. 13 § 2 k.p.c.)

Uregulowania dotyczące postępowania w przedmiocie kontaktów z dzieckiem zawierają ponadto przepisy o postępowaniu odrębnym w sprawach o rozwód i separację (art. 58 § 1 k.r.o., art. 445¹ § 1 i 2, art. 445² k.p.c.), oraz o postępowaniu zabezpieczającym (art. 755 § 1 pkt 4, art. 756¹, art. 756² k.p.c.). Do rozstrzygnięcia o kontaktach z dzieckiem może dojść także w innych jeszcze postępowaniach cywilnych, o czym dalej.

---

[13] Przepisy z tego zakresu znajdują się zasadniczo w rozdziale II ("Inne sprawy rodzinne i opiekuńcze") działu II ("Sprawy z zakresu prawa rodzinnego, opiekuńczego i kurateli") tytułu II ("Przepisy dla poszczególnych rodzajów spraw") księgi drugiej ("Postępowanie nieprocesowe") k.p.c.

2. Postępowania nieprocesowe: uwagi wprowadzające

Głównym trybem rozpoznawania spraw o kontakty z dzieckiem jest postępowanie nieprocesowe, co przejawia się w tym, że:

— uregulowanie kontaktów z dzieckiem ustawa przekazuje w sposób generalny do tego postępowania, podczas gdy w innym trybie przekazuje te sprawy mocą przepisu szczególnego, dotyczącego wyłącznie tego trybu;

— postępowanie nieprocesowe jest także właściwe do zmiany rozstrzygnięć o kontaktach zapadłych w innych postępowaniach;

— przepisy o postępowaniu nieprocesowym stosuje się odpowiednio w innych postępowaniach, w których dochodzi do rozstrzygania o kontaktach.

Przechodząc do szczegółowego przedstawienia postępowania nieprocesowego w sprawach o uregulowanie kontaktów z dzieckiem, na wstępie należy zaznaczyć, że ten tryb postępowania będzie miał zastosowanie nie tylko w odniesieniu do kontaktów między rodzicami a dziećmi, lecz także do kontaktów rodzeństwa, dziadków, powinowatych w linii prostej, a także innych osób, jeżeli sprawowały one przez dłuższy czas pieczę nad dzieckiem (art. 113[6] k.r.o.).

3. Właściwość sądu

Ustawodawca, odsyłając w przypadku braku porozumienia rodziców w art. 113[1] § 1 k.r.o. w kwestii sposobu utrzymywania kontaktów z dzieckiem do rozstrzygnięcia przez sąd opiekuńczy, przesądził tym samym o właściwości sądu w tych sprawach. Sądem właściwym jest zatem sąd opiekuńczy, którym jest sąd rodzinny (art. 568 k.p.c.). Sąd opiekuńczy jest sądem w znaczeniu funkcjonalno-proceduralnym, czyli sądem powołanym do załatwiania spraw, które za takie zostały uznane przez ustawodawcę[14]. Sąd ten nie jest natomiast sądem w znaczeniu ustrojowym czy instytucjonalnym, czyli nie jest przewidziany w strukturze sądów[15]. W ujęciu strukturalnym sądem opiekuńczym jest sąd rejonowy, a w jego ramach organizacyjnych — wydział cywilny (art. 12 § 1 pkt 1 u.s.p.) bądź wydział rodzinny i nieletnich, jeżeli taki zostanie powołany (art. 12 § 1a u.s.p.). Tym samym została przesądzona właściwość rzeczowa sądu w pierwszej instancji — jest nim sąd rejonowy. Właściwym miejscowo jest natomiast wyłącznie sąd opiekuńczy miejsca zamieszkania osoby, której postępowanie ma dotyczyć, a w braku miejsca zamieszkania — sąd opiekuńczy miejsca jej pobytu. Jeżeli brak i tej podstawy — właściwy jest sąd dla m. st. Warszawy (art. 569 § 1 k.p.c.). Ponieważ sprawy te dotyczą dziecka, właściwość miejscową sądu w tych sprawach ustala się według miejsca zamieszkania dziecka, to zaś określa się na podstawie przepisów kodeksu cywilnego (art. 25–28). Zgodnie z art. 26 § 1 k.c. miejscem zamieszkania dziecka pozostającego pod władzą

---

[14] T. Żyznowski, [w:] *Kodeks postępowania cywilnego. Komentarz*, red. K. Piasecki, A. Marciniak, t. 3, Wydawnictwo C.H. Beck, Warszawa 2012, s. 190.

[15] W. Broniewicz, *Postępowanie cywilne w zarysie*, Wydawnictwo LexisNexis, Warszawa 2008, s. 347.

rodzicielską jest miejsce zamieszkania rodziców albo tego z rodziców, któremu wyłącznie przysługuje władza rodzicielska lub któremu zostało powierzone wykonywania władzy rodzicielskiej. Natomiast według § 2 tego artykułu, gdy władza rodzicielska przysługuje na równi obojgu rodzicom mającym osobne miejsca zamieszkania, miejsce zamieszkania dziecka jest u tego z rodziców, u którego dziecko stale przebywa. Jeżeli dziecko nie przebywa stale u żadnego z rodziców, jego miejsce zamieszkania określa sąd opiekuńczy (art. 26 § 2 k.c.). Miejscem zamieszkania dziecka pozostającego pod opieką będzie natomiast miejsce zamieszkania opiekuna (art. 27 k.c.). Odstępstwo od właściwości miejscowej sądu określonej w art. 569 § 1 k.p.c. przewidziane jest w § 2 tego artykułu. Zgodnie z tym przepisem, w wypadkach nagłych sąd opiekuńczy może rozstrzygnąć o kontaktach także w stosunku do osób, które nie podlegają jego właściwości miejscowej, zawiadamiając o tym sąd opiekuńczy właściwy miejscowo.

Właściwość rzeczowa i miejscowa sądu kształtuje się odmiennie, jeżeli o kontaktach z dzieckiem orzeka sąd w toku sprawy o rozwód, o separację i o unieważnienie małżeństwa. Wówczas właściwym rzeczowo i miejscowo będzie sąd właściwy w tych sprawach. Właściwym rzeczowo w pierwszej instancji, zgodnie z art. 17 pkt 1 k.p.c. będzie więc sąd okręgowy, a miejscowo sąd, w którego okręgu małżonkowie mieli ostatnie miejsce zamieszkania, jeżeli choć jedno z nich w okręgu tym jeszcze ma miejsce zamieszkania lub zwykłego pobytu. W razie braku takiej podstawy, miejscowo właściwy jest wyłącznie sąd miejsca zamieszkania strony pozwanej, a jeżeli i tej podstawy nie ma — sąd miejsca zamieszkania powoda (art. 41 k.p.c.).

Sprawy o kontakty z dzieckiem sąd opiekuńczy rozpoznaje zasadniczo w składzie jednoosobowym także wtedy, gdy zmienia rozstrzygnięcie w tym przedmiocie zawarte w wyroku orzekającym rozwód albo separację (art. 509 k.p.c.)[16]. W składzie trzyosobowym — jeden sędzia i dwóch ławników — będzie orzekał w toku sprawy o rozwód i o separację na rozprawie (art. 47 § 2 pkt 2a–b k.p.c.).

4. Wszczęcie i przebieg postępowania

Postępowanie w sprawach o uregulowanie kontaktów z dzieckiem może być wszczęte na skutek złożenia wniosku przez uprawniony podmiot oraz z urzędu (art. 570 k.p.c.). Wniosek może złożyć osoba uprawniona do kontaktów, osoba, pod której pieczą dziecko faktycznie przebywa oraz na ogólnych zasadach prokurator (art. 7 k.p.c.), Rzecznik Praw Obywatelskich[17] i Rzecznik Praw Dziecka[18]. Wszczęcie postępowania z urzędu może być dokonane z inicjatywy własnej sądu, np. w związku z powzięciem wiadomości o potrzebie uregulowania kontaktów

---

[16] SN z 20.05.2011 r., sygn. akt III CZP 20/11, Biuletyn SN z 2011 r., nr 6, s. 7.

[17] Art. 14 ust. 4 ustawy z 15.07.1987 r. o Rzeczniku Praw Obywatelskich, t.j. Dz.U. z 2001 r., nr 14, poz. 147.

[18] Art. 10 ust. 1 pkt 3 ustawy z 6.01.2000 r. o Rzeczniku Praw Dziecka, Dz.U. z 2000 r., nr 6, poz. 69.

z dzieckiem z własnej działalności albo na skutek zawiadomienia pochodzącego od innych podmiotów. Wypada przy tym zauważyć, że zgodnie z art. 572 § 1 k.p.c. każdy, komu jest znane zdarzenie uzasadniające wszczęcie postępowania z urzędu, obowiązany jest zawiadomić o nim sąd opiekuńczy. W sposób szczególny obowiązek ten jest nałożony na organy państwowe, samorządowe i administracji rządowej, organy policji, placówki oświatowe, opiekunów społecznych oraz organizacje i zakłady zajmujące się opieką nad dziećmi lub osobami chorymi psychicznie (art. 572 § 2 k.p.c.).

Wszczęcie postępowania z urzędu następuje przez podjęcie pierwszej czynności w sprawie, którą zasadniczo jest założenie akt sprawy[19]. Sąd, wbrew spotykanym niekiedy poglądom, nie wydaje postanowienia o wszczęciu postępowania[20]. Mimo tego, wszczynając postępowanie z urzędu, musi zdecydować o jego przedmiocie, zakresie, określić wstępnie uczestników postępowania i wezwać ich do udziału w sprawie[21]. Dla określenia przedmiotu sprawy o uregulowanie kontaktów z dzieckiem wystarczy wskazanie, że dotyczy ona kontaktów z dzieckiem. Nie wydaje się konieczne ani potrzebne określenie, czy chodzi tylko o ustalenie sposobu utrzymywania kontaktów, o ich ograniczenie albo zakazanie. Takie określenie zawężałoby przedmiot i zakres postępowania, podczas gdy w rzeczywistości dopiero wszczęte (z urzędu) postępowanie ma dostarczyć sądowi odpowiedniego materiału do wydania rozstrzygnięcia, co do istoty sprawy, nie wyłączając rozstrzygnięcia negatywnego, czyli stwierdzającego, że nie ma merytorycznych przesłanek do rozstrzygnięcia o kontaktach z dzieckiem[22]. Obowiązkiem sądu w postępowaniu wszczętym z urzędu jest bowiem merytoryczne rozstrzygnięcie całej sprawy, a nie tylko weryfikacja możliwości rozstrzygnięcia sprawy w określony sposób albo w określonym zakresie.

Uczestnikiem postępowania w sprawie kontaktów z dzieckiem będzie zawsze wnioskodawca, którym może być osoba uprawniona do kontaktów bądź osoba, pod której pieczą dziecko pozostaje. Sporna jest natomiast kwestia, czy uczestnikiem postępowania jest samo dziecko. Z orzecznictwa Sądu Najwyższego dotyczącego wprawdzie władzy rodzicielskiej[23] wynika, że w sprawach o kontakty nie jest ono uczestnikiem postępowania w rozumieniu art. 510 k.p.c. W doktrynie zaś zdaje się dominować stanowisko raczej odmienne, przyznające dziecku status uczestnika

---

[19] SN z 26.03.1992 r., sygn. akt I CRN 19/92 (niepublikowane); B. Dobrzański, [w:] *Kodeks postępowania cywilnego. Komentarz*, red. Z. Resich, W. Siedlecki, t. 2, Wydawnictwo Prawnicze, Warszawa 1975, s. 778; W. Siedlecki, *Przedmiot postępowania cywilnego*, [w:] *Wstęp do systemu prawa procesowego cywilnego*, red. J. Jodłowski, Wydawnictwo Ossolineum, Wrocław – Warszawa – Kraków – Gdańsk 1974, s. 187; K. Korzan, *Postępowanie nieprocesowe*, Wydawnictwo C.H. Beck, Warszawa 2004, s. 165.

[20] J. Ignaczewski, (przyp. 12), s. 67.

[21] Z. Świeboda, K. Piasecki, [w:] *Kodeks postępowania cywilnego. Komentarz*, red. K. Piasecki, A. Marciniak, t. 3, Wydawnictwo C.H. Beck, Warszawa 2012, s. 15–16.

[22] Por. SN z 18.02.1969 r., OSNCP 1969, nr 11, poz. 194.

[23] SN z 26.01.1973 r., OSNCP 1973, nr 7–8, poz. 118; SN z 3.05.1979 r., OSNC 1979, nr 12, poz. 230; SN z 30.01.1996 r., OSNC 1996, nr 7–8, poz. 92.

we wszystkich sprawach opiekuńczych, dotyczących jego osoby[24], a więc i w sprawach o kontakty. Jako uzasadnienie tego poglądu wskazuje się przepis art. 510 k.p.c., zgodnie z którym zainteresowanym w sprawie jest każda osoba, której praw dotyczy wynik postępowania. Może on wziąć udział w każdym stanie sprawy aż do zakończenia postępowania w drugiej instancji, co przemawia za tym, że dziecko jest uczestnikiem postępowania w sprawie o kontakty[25].

Dodatkowego argumentu za tym niewątpliwie trafnym stanowiskiem dostarcza także treść art. 573 § 1 k.p.c., który stanowi, że osoba pozostająca pod władzą rodzicielską, opieką albo kuratelą ma zdolność do podejmowania czynności w postępowaniu dotyczącym jej osoby, chyba że nie ma zdolności do czynności prawnych. Kwestią bezsporną jest to, że czynności w postępowaniu może dokonywać tylko osoba będąca jego uczestnikiem, przy czym może to uczynić osobiście, bądź przez przedstawiciela (ustawowego lub umownego). Za osobę tę będzie działał przedstawiciel ustawowy, jeżeli nie ma ona zdolności do czynności prawnych, czyli nie ukończyła lat 13-tu, została ubezwłasnowolniona całkowicie, bądź sąd, na podstawie art. 573 § 2 k.p.c., ograniczył lub wyłączył jej osobisty udział w postępowaniu ze względów wychowawczych. Z uwagi na treść art. 98 § 2 pkt 2 k.r.o., w sprawach pomiędzy rodzicami o kontakty z dzieckiem pozostającym pod ich władzą rodzicielską, przedstawicielem ustawowym dziecka nie mającego zdolności do czynności prawnych oraz dziecka, któremu sąd ograniczył lub wyłączył osobisty udział w sprawie, będzie kurator ustanowiony przez sąd opiekuńczy[26]. Natomiast przedstawicielem ustawowym dziecka niepozostającego pod władzą rodzicielską będzie opiekun.

Z powołanego wyżej art. 573 § 1 k.p.c. wynika również, że dziecko pozostające pod władzą rodzicielską, które ma ograniczoną zdolność do czynności prawnych, ma zdolność procesową, czyli zdolność do samodzielnego podejmowania czynności procesowych w toczącym się postępowaniu, w tym w sprawach o kontakty z nim. Tym samym art. 573 § 1 k.p.c. wyłącza stosowanie art. 66 k.p.c., zgodnie z którym osoba fizyczna nie mająca zdolności procesowej może podejmować czynności procesowe tylko przez swojego przedstawiciela ustawowego. Jeżeli zatem sąd nie wyłączy małoletniego (mającego ograniczoną zdolność do czynności prawnych) od osobistego udziału w sprawie, to może on dokonywać czynności procesowych, w tym wnosić środki zaskarżenia.

Nie są natomiast uczestnikami postępowania w sprawach o kontakty osoby, które zostaną jedynie wysłuchane przez sąd (art. 576 § 1 k.p.c.). Osoby te w postępowaniu, w którym zostały wysłuchane, nie mogą dokonywać żadnych czynności

---

[24] W. Siedlecki, *Przegląd orzecznictwa SN*, PiP 1974, nr 11, s. 138; H. Dolecki, *Ingerencja sądu opiekuńczego w wykonywanie władzy rodzicielskiej*, Wydawnictwo Prawnicze, Warszawa 1983, s. 78–88; A. Zieliński, *Sądownictwo opiekuńcze w sprawach nieletnich*, Wydawnictwo Prawnicze, Warszawa 1975, s. 186.

[25] J. Ignaczewski, (przyp. 12), s. 76 i nast.

[26] J. Ignaczewski, (przyp. 12), s. 76 i nast.

procesowych, jak również nie można skutecznie dokonywać względem nich takich czynności.

Zgodnie z art. 579 k.p.c. sprawy o uregulowanie kontaktów z dzieckiem sąd opiekuńczy rozpoznaje na rozprawie. Dotyczy to także zmiany rozstrzygnięć w tym przedmiocie, zawartych w wyroku orzekającym rozwód, separację lub unieważniającym małżeństwo. Z przepisu tego wynika, że o kontaktach z dzieckiem sąd opiekuńczy orzeka po przeprowadzeniu rozprawy, niezależnie od tego, czy jest to pierwsze rozstrzygnięcie, czy też jego zmiana w czasie późniejszym, w tym także na podstawie art. 577 k.p.c.[27]. Dlatego też nie wydaje się uzasadnione stanowisko J. Ignaczewskiego, że do zmiany postanowienia sądu opiekuńczego rozstrzygającego o kontaktach z dzieckiem nie jest wymagane przeprowadzenie rozprawy, w związku z czym sąd może to uczynić na posiedzeniu niejawnym[28].

Sąd opiekuńczy może jednak bez przeprowadzenia rozprawy, na posiedzeniu niejawnym, oddalić wniosek o uregulowanie kontaktów z dzieckiem bez wzywania zainteresowanych do udziału w sprawie, jeżeli z treści wniosku wynika oczywisty brak uprawnienia wnioskodawcy (art. 514 § 2 k.p.c.). W takim przypadku, sąd przed rozstrzygnięciem sprawy — oddaleniem wniosku — nie doręcza jego odpisu uczestnikom postępowania. Osobom tym odpis wniosku zostanie doręczony, wraz z odpisem apelacji, jedynie w przypadku wniesienia apelacji przez wnioskodawcę[29].

Postępowanie w sprawach o uregulowanie kontaktów z dzieckiem w zasadzie jest jawne. Sąd zarządza jednak jego odbycie w całości lub części przy drzwiach zamkniętych, jeżeli przeciwko publicznemu rozpoznaniu sprawy przemawia dobro małoletniego (art. 575¹ k.p.c.). O rozpoznaniu sprawy przy drzwiach zamkniętych, sąd opiekuńczy wydaje postanowienie z urzędu, co nie stoi na przeszkodzie złożenia wniosku przez uczestników. Postanowienie to sąd ogłasza jednak publicznie (art. 153 § 2 w zw. z art. 13 § 2 k.p.c.). Podczas posiedzenia przy drzwiach zamkniętych na sali mogą być obecni uczestnicy postępowania, ich przedstawiciele ustawowi i pełnomocnicy, prokurator oraz osoby zaufania publicznego, po dwie od każdego uczestnika (art. 154 § 1 w zw. z art. 13 § 2 k.p.c.). Ogłoszenie postanowienia kończącego postępowanie w sprawie odbywa się publicznie (art. 154 § 2 w zw. z art. 13 § 2 k.p.c.), przy czym sąd może zaniechać podania ustnych motywów rozstrzygnięcia (art. 326 § 3 w zw. z art. 13 § 2 k.p.c.). Decyzja w tej kwestii pozostawiona jest do uznania sądu. W sprawach o kontakty z dzieckiem zaniechanie publicznego podania ustnych motywów rozstrzygnięcia powinno mieć miejsce, jeżeli wymaga tego dobro dziecka. Oceny tej należy dokonywać zawsze na tle okoliczności konkretnej sprawy.

---

[27] Por. SN z 15.10.1970 r., OSNCP 1971, nr 6, poz. 108; W. Siedlecki, *Przegląd orzecznictwa SN*, PiP 1972, nr 2, s. 104.

[28] J. Ignaczewski, (przyp. 12), s. 75.

[29] SN z 7.06.1967 r., OSNCP 1967, nr 11, poz. 200.

5. Ustalenie rzeczywistego stanu rzeczy

Ustawodawca w przepisach ogólnych o postępowaniu w sprawach opiekuńczych przewidział uregulowania, które mają zapewnić wszechstronne wyjaśnienie sprawy. Wszechstronne wyjaśnienie w sprawach o kontakty z dzieckiem ma istotne znaczenie dla prawidłowego określenia sposobu utrzymywania tych kontaktów w danym przypadku oraz celowości i zasadności ich ograniczenia albo zakazania. Jak bowiem dowodzi tego praktyka, wcale nierzadkie są przypadki dążenia przy wykorzystaniu wszelkich możliwych środków, nie wyłączając działań na pograniczu prawa, a nawet sprzecznych z prawem, do utrudnienia, ograniczenia czy pozbawienia tego prawa osoby uprawnionej. Stąd też ustawodawca wskazał czynności, których sąd opiekuńczy może, a niekiedy powinien, dokonać celem ustalenia rzeczywistego stanu rzeczy, mającego stanowić podstawę rozstrzygnięcia. Sąd opiekuńczy może więc zarządzić przeprowadzenie przez kuratora sądowego wywiadu środowiskowego oraz zwrócić się o udzielenie informacji do właściwej jednostki organizacyjnej wspierania rodziny i systemu pieczy zastępczej. Informacje te mogą dotyczyć dziecka i jego środowiska, osoby uprawnionej do kontaktów oraz osoby, pod której pieczą dziecko pozostaje, stosunku dziecka do osoby uprawnionej do kontaktów oraz relacji pomiędzy osobą uprawnioną oraz osobą, pod której pieczą dziecko przebywa (art. 570¹ § 1 i 2 k.p.c.). W tym też celu, sąd opiekuńczy przed rozstrzygnięciem sprawy powinien również umożliwić tym osobom złożenie oświadczeń, chyba że ich wysłuchanie byłoby połączone z nadmiernymi trudnościami (art. 582¹ § 1 w zw. z art. 582 k.p.c.). Z zaniechania wysłuchania sąd opiekuńczy powinien korzystać ze szczególną ostrożnością, aby nie dochodziło do zbyt pochopnego pozbawienia możności złożenia oświadczenia jednej osoby, zwłaszcza na skutek czynności drugiej. Złożenie oświadczenia może nastąpić ustnie na rozprawie albo na posiedzeniu niebędącym rozprawą, bądź na piśmie (art. 524 § 1 zd. 2 k.p.c.). Decyzja co do formy złożenia oświadczenia przez uczestnika należy do sądu opiekuńczego.

Sąd opiekuńczy przed rozstrzygnięciem sprawy powinien wysłuchać także dziecko, jeżeli jego rozwój umysłowy, stan zdrowia i stopień dojrzałości na to pozwala. Wysłuchanie dziecka powinno być dokonane poza salą posiedzeń sądowych (art. 576 § 2 k.p.c.). Wydaje się, że wysłuchania poza salą sądową nie należy stosować, jeżeli dziecko jest uczestnikiem postępowania (art. 573 § 1 k.p.c.), chyba że sąd wyłączył albo ograniczył jego osobisty udział w postępowaniu (art. 573 § 2 k.p.c.). Sąd opiekuńczy może również nakazać osobiste stawiennictwo dziecka pozostającego pod władzą rodzicielską lub opieką, jak również zarządzić jego przymusowe sprowadzenie (art. 574 § 1 k.p.c.). Jeżeli osoba ta nie jest uczestnikiem postępowania albo została pozbawiona osobistego udziału w postępowaniu lub jej udział został ograniczony, sąd może nakazać jej przymusowe sprowadzenie pod rygorem grzywny każdemu, u kogo ta osoba przebywa (art. 574 § 2 k.p.c.).

Do osobistego stawiennictwa sąd opiekuńczy może wezwać także innych uczestników postępowania. W razie ich nieusprawiedliwionego niestawiennictwa stosuje się przepisy o skutkach niestawiennictwa świadków (art. 575 § 1 k.p.c.), czyli sąd skaże uczestnika na grzywnę do pięciu tysięcy złotych (art. 163 § 1 k.p.c.), po czym wezwie go powtórnie, a w razie ponownego niestawiennictwa skaże go ponownie na grzywnę i może nakazać przymusowe sprowadzenie (art. 274 § 1 k.p.c.).

Sąd opiekuńczy w celu ugodowego uregulowania kontaktów z dzieckiem może skierować uczestników do mediacji (art. 570² k.p.c.), podczas której mogą zawrzeć jedynie ugodę, gdyż taki jest cel mediacji. Ugoda może być zawarta także przed sądem opiekuńczym. Jak wynika z treści art. 113¹ § 1 k.r.o. przedmiotem ugody w sprawach o kontakty z dzieckiem, w tym sądowej, może być jednak tylko ustalenie sposobu utrzymywania tych kontaktów[30]. Nie może nim być natomiast ich ograniczenie albo zakazanie, gdyż jak już była mowa, należy to do wyłącznej kompetencji sądu. Trzeba jednak zaznaczyć, że zawarcie ugody ustalającej sposób utrzymywania kontaktów z dzieckiem w zasadzie będzie prowadzić do ograniczenia tych kontaktów, wyrażającego się w ustaleniu sposobu, w jaki mogą albo nie mogą być utrzymywane. Każde odstępstwo od tych ustaleń będzie wymagało zgody drugiej osoby, czego oczywiście wykluczyć nie można. Trudno jednak zgodzić się z J. Ignaczewskim, że ograniczenie kontaktów do ustalonego czasu, miejsca i przebiegu kontaktów z dzieckiem stanowi minimum gwarancji realizowania tych kontaktów, gdyż na zasadach dobrowolności i zgodności nie są wyłączone kontakty w miejscu, czasie i formie innych niż ustalone[31]. Skutków ustalenia w ugodzie, czy orzeczeniu sądowym sposobu utrzymywania kontaktów nie należy bowiem oceniać z punktu widzenia możliwych odstępstw od dokonanych ustaleń na zasadzie zgodności i dobrowolności, lecz z punktu widzenia ustaleń, które wiążą osobę uprawnioną do kontaktów i osobę, pod której pieczą dziecko pozostaje. W razie braku takiej zgodności albo orzeczenia sądu zmieniającego wcześniej ustalone sposoby kontaktów z dzieckiem, kontakty mogą być i będą realizowane tylko w sposób ustalony. Sposób ten wyznacza granice wykonywania kontaktów tu i teraz, pozbawiając tym samym możliwości ich wykonywania w inny sposób bez zgody osoby, pod której pieczą dziecko pozostaje.

Sąd może uznać ugodę co do sposobu utrzymywania kontaktów z dzieckiem za niedopuszczalną tylko wtedy, gdy jest sprzeczna z prawem, zasadami współżycia społecznego albo zmierza do obejścia prawa (art. 223 § 2 w zw. z art. 203 § 4 i 13 § 2 k.p.c.). Ugoda powinna jednak uwzględniać także dobro dziecka i jego rozsądne życzenia (art. 113¹ § 1 k.r.o.)[32]. Gdy nie będzie spełniać tych warunków, wydaje się, że sąd może uznać ją jako niedopuszczalną z uwagi na sprzeczność z prawem, tj. ze wspomnianym art. 113¹ § 1 k.r.o. W razie zawarcia ugody przed mediatorem albo sądem opiekuńczym, przed którym sprawa się toczy, sąd ten umarza postępowanie mocą postanowienia (art. 355 § 2 w zw. z art. 13 § 2 k.p.c.). Na postanowienie o umorzeniu, jako na kończące postępowanie w sprawie, przysługuje zażalenie (art. 394 § 1 w zw. z art. 13 § 2 k.p.c.).

---

[30] SN z 21.10.2005 r., OSNC 2006, nr 9, poz. 142; J. Ignaczewski, (przyp. 12), s. 103.

[31] J. Ignaczewski, (przyp. 12), s. 81.

[32] SN z 21.10.2005 r., OSNC 2006, nr 9, poz. 142; J. Ignaczewski, (przyp. 12), s. 103.

6. Postanowienie rozstrzygające o kontaktach z dzieckiem

Jeżeli postępowanie nie zakończy się zawarciem ugody, sąd opiekuńczy wydaje postanowienie co do istoty sprawy. Również w tym przypadku należy dążyć do uzgodnienia stanowisk uprawnionego do kontaktów i osoby, pod której pieczą dziecko pozostaje z uwzględnieniem dobra dziecka i jego rozsądnych życzeń, i dopiero na tej podstawie wydać postanowienie.

Postanowienie rozstrzygające o kontaktach z dzieckiem zawsze zawiera rozstrzygnięcie główne o ustaleniu sposobu, ograniczeniu albo zakazaniu kontaktów z dzieckiem oraz może zawierać rozstrzygnięcia dodatkowe[33]. Przedmiotem tych ostatnich może być przede wszystkim zobowiązanie rodziców do określonego postępowania wskazanego w art. 113^4 k.r.o. oraz zastosowanie środków mających zapewnić wykonywanie kontaktów. Zastosowanie środków z art. 113^4 k.r.o. powinno zmierzać do udzielenia rodzicom wiążących wskazówek odnośnie do dalszego postępowania oraz specjalistycznej pomocy, tak aby możliwe było ponowne nawiązanie kontaktów z dzieckiem oraz aby służyły one dobru dziecka[34]. W tym celu sąd może skierować rodziców do placówek lub specjalistów zajmujących się terapią rodzinną, poradnictwem lub świadczących rodzinie inną stosowną pomoc określając jednocześnie sposób kontroli wydanych zarządzeń.

Środki, jakie sąd opiekuńczy może zastosować celem zapewnienia wykonywania kontaktów z dzieckiem zostały określone w art. 582^1 § 2 i 3 k.p.c. Zgodnie z tym przepisem sąd może:

1) zobowiązać osobę uprawnioną do kontaktu z dzieckiem lub osobę, pod której pieczą dziecko pozostaje, do pokrycia kosztów podróży i pobytu dziecka lub także osoby towarzyszącej dziecku, w tym kosztów powrotu do miejsca stałego pobytu;

2) zobowiązać osobę, pod której pieczą dziecko pozostaje, do złożenia na rachunek depozytowy sądu odpowiedniej kwoty pieniężnej w celu pokrycia wydatków uprawnionego związanych z wykonywaniem kontaktu na wypadek niewykonania lub niewłaściwego wykonania przez osobę zobowiązaną obowiązków wynikających z postanowienia o kontaktach; nie dotyczy to rodzin zastępczych, rodzinnych domów dziecka, rodzin pomocowych, placówek opiekuńczo-wychowawczych, regionalnych placówek opiekuńczo-terapeutycznych oraz interwencyjnych ośrodków preadopcyjnych;

3) odebrać od osoby uprawnionej do kontaktu z dzieckiem lub osoby, pod której pieczą dziecko pozostaje, przyrzeczenia określonego zachowania (§ 2).

Wyliczenie to nie jest jednak wyczerpujące, lecz przykładowe. Sąd opiekuńczy może zatem według własnego uznania zastosować inne jeszcze środki w przepisie tym niewskazane.

---

[33] J. Ignaczewski, (przyp. 12), s. 112 i nast.

[34] J. Gajda, [w:] *Kodeks rodzinny i opiekuńczy. Komentarz*, red. K. Pietrzykowski, Wydawnictwo C.H. Beck, Warszawa 2012, s. 978.

Natomiast w razie uzasadnionej obawy naruszenia obowiązków wynikających z postanowienia o kontaktach przez osobę, pod której pieczą dziecko pozostaje, lub osobę uprawnioną do kontaktu z dzieckiem albo osobę, której tego kontaktu zakazano, sąd opiekuńczy może zagrozić nakazaniem zapłaty oznaczonej sumy pieniężnej:

1) osobie, pod której pieczą dziecko pozostaje — na rzecz osoby uprawnionej do kontaktu z dzieckiem lub

2) osobie uprawnionej do kontaktu z dzieckiem albo osobie, której kontaktu zakazano — na rzecz osoby, pod której pieczą dziecko pozostaje (§ 3).

Określając wysokość sumy pieniężnej sąd opiekuńczy powinien zgodnie z art. 582^1 § 3 w zw. z art. 598^{15} k.p.c. mieć na względzie sytuację majątkową osoby, której groźba zapłaty dotyczy, przy czym suma ta dotyczy każdego naruszenia, a nie wszystkich łącznie.

Rozstrzygnięcie sądu opiekuńczego o obowiązkach wymienionych w art. 582^1 § 2 k.p.c. oraz zagrożenie nakazaniem zapłaty oznaczonej sumy pieniężnej na podstawie § 3 tego artykułu następuje mocą postanowienia, które może stanowić jeden z punktów postanowienia rozstrzygającego o kontaktach z dzieckiem, jak również być wydane odrębnie, jako postanowienie samodzielne. Rodzi się jednak pytanie, czy postanowienie w tej kwestii podlega zaskarżeniu, a jeżeli tak, to w jakiej drodze.

Nie budzi wątpliwości możliwość kwestionowania tego rozstrzygnięcia, jeżeli jest zawarte w postanowieniu ustalającym sposób, ograniczającym albo zakazującym kontaktów z dzieckiem w apelacji wniesionej od tego postanowienia. Natomiast wyłania się wątpliwość co do możliwości zaskarżenia tylko rozstrzygnięcia wydanego na podstawie art. 582^1 § 1 i 2 k.p.c., czy to zawartego w postanowieniu co do istoty sprawy, czy też w postanowieniu wydanym odrębnie. Wiążę się ona z tym, że nie są to ani postanowienia co do istoty sprawy, ani proceduralne, kończące postępowanie w sprawie, brak jest też przepisu szczególnego przewidującego wprost możliwość ich zaskarżenia. Okoliczności te zdają się przemawiać za niedopuszczalnością zaskarżenia tego rodzaju rozstrzygnięć sądu opiekuńczego. Zauważyć jednak należy, że przewidziana jest jednak możliwość zaskarżenia w drodze zażalenia analogicznych w swej treści postanowień wydawanych w sprawach dotyczących wykonywania kontaktów z dzieckiem (art. 598^{15} § 3, art. 598^{17} § 3 k.p.c.), co zdaje się przemawiać za rozwiązaniem odmiennym. Podstawy prawnej dopuszczalności zaskarżenia rozstrzygnięć wydanych na zasadzie art. 582^1 § 2 i 3 k.p.c. należy natomiast upatrywać we wskazanych wyżej przepisach art. 598^{15} § 3 i art. 598^{17} § 3 k.p.c. stosowanych w drodze analogii. Tym samym środkiem właściwym do ich zaskarżenia byłoby zażalenie, a nie apelacja.

Według art. 579 k.p.c. postanowienia w sprawach o ustalenie sposobu, ograniczenie i zakazanie kontaktów z dzieckiem wydane w postępowaniu nieprocesowym stają się skuteczne i wykonalne po uprawomocnieniu się. Przepis ten stanowi *lex specialis* w stosunku do art. 578 § 1 k.p.c., zgodnie z którym postanowienia sądu opiekuńczego są skuteczne i wykonalne z chwilą ogłoszenia, a gdy ogłoszenia ich nie było, z chwilą ich wydania[35]. Należy zaznaczyć, że uregulowanie zawarte w art. 579 k.p.c. swoim zakresem obejmuje wszelkie postanowienia sądu opiekuńczego regulujące kontakty z dzieckiem. Częściowo odmienne stanowisko w tej kwestii zajmuje J. Ignaczewski[36], zdaniem którego według art. 578 k.p.c., tj. z chwilą ogłoszenia, a gdy ogłoszenia nie było — z chwilą wydania stają się skuteczne i wykonalne postanowienia dotyczące zmiany rozstrzygnięć sądu opiekuńczego w przedmiocie kontaktów z dzieckiem. Ze stanowiskiem tym trudno się zgodzić, gdyż przepis ten ani nie różnicuje, ani nawet nie daje żadnych podstaw do różnicowania skuteczności i wykonalności postanowień sądu opiekuńczego w tym przepisie określonych, w tym dotyczących kontaktów z dzieckiem w zależności od różnych kryteriów, a w szczególności od tego, czy jest to postanowienie zmieniające wcześniejsze postanowienie sądu opiekuńczego, czy też takim postanowieniem nie jest.

III. Możliwość uregulowania kontaktów z dzieckiem w innych postępowaniach

1. Postępowanie procesowe odrębne w sprawach małżeńskich

Jak już zostało zaznaczone, możliwość uregulowania kontaktów z dzieckiem przewidziana jest również w innych postępowaniach. Spośród tych postępowań na plan pierwszy wysuwa się postępowanie procesowe odrębne w sprawach małżeńskich, a konkretnie w sprawach o rozwód, separację i o unieważnienie małżeństwa. Dopuszczalność orzekania o kontaktach z dzieckiem w tych postępowaniach wyklucza orzekanie w tym przedmiocie przez sąd opiekuńczy w postępowaniu nieprocesowym na podstawie art. 579 k.p.c., z tym że ograniczenie to dotyczy kontaktów między rozwodzącymi się małżonkami i ich wspólnymi małoletnimi dziećmi. Stanowi o tym art. 445[1] w § 1 i 2 k.p.c., zgodnie z którym w toku sprawy o rozwód lub o separację nie może być wszczęte odrębne postępowanie o ustalenie kontaktów między małoletnimi wspólnymi dziećmi małżonków i rozwodzącymi się małżonkami, a wszczęte przed wytoczeniem powództwa o rozwód lub separację ulega zawieszeniu z urzędu. Jeżeli w czasie trwania postępowania o rozwód lub o separację wpłynął do sądu opiekuńczego wniosek wszczynający postępowanie nieprocesowe o ustalenie kontaktów z dzieckiem, sąd opiekuńczy powinien przekazać go sądowi, w którym toczy się proces o rozwód lub o separację[37]. O kontaktach z dzieckiem przez cały czas trwania sprawy o rozwód lub o separację może bowiem orzekać tylko sąd właściwy w tych sprawach według przepisów o postępowaniu zabezpieczającym

---

[35] B. Dobrzański, [w:] *Kodeks postępowania cywilnego. Komentarz*, red. Z. Resich, W. Siedlecki, t. 1, Wydawnictwo Prawnicze, Warszawa 1975, s. 886; K. Korzan, (przyp. 19), s. 443; J. Bodio, [w:] *Kodeks postępowania cywilnego. Komentarz*, red. A. Jakubecki, Wolters Kluwers, Warszawa 2010, s. 741.

[36] J. Ignaczewski, (przyp. 12), s. 76.

[37] Por. SN z 29.04.1977 r., OSNC 1977, nr 12, poz. 229; J. Bodio, (przyp. 35), s. 533; J. Ignaczewski, (przyp. 12), s. 74.

(art. 755 § 1 pkt 4 k.p.c.)[38]. Sąd, w którym toczy się sprawa o rozwód lub o separację w trybie postępowania zabezpieczającego może również dokonać modyfikacji (zmiany) rozstrzygnięcia o kontaktach zawartego w postanowieniu wydanym przez sąd opiekuńczy w postępowaniu nieprocesowym przed wszczęciem sprawy o rozwód lub o separację[39].

Dalszy bieg postępowania zawieszonego w sprawie o kontakty z dzieckiem, zależy od tego czy w prawomocnym orzeczeniu kończącym postępowanie w sprawie o rozwód lub o separację sąd orzekł o tych kontaktach, czy nie. W pierwszym wypadku, zawieszone postępowanie ulega umorzeniu, natomiast w drugim — zostaje podjęte (art. 445¹ § 2 k.p.c.).

Sąd rozwodowy, zgodnie z art. 58 § 1 k.r.o., ma obowiązek orzeczenia z urzędu o kontaktach ze wspólnym małoletnim dzieckiem obojga rozwodzących się małżonków w wyroku rozwiązującym małżeństwo przez rozwód. Obowiązek ten ciąży także na sądzie orzekającym separację małżonków (art. 61³ § 1 w zw. z art. 58 § 1 k.r.o.) oraz unieważniającym małżeństwo (art. 21 w zw. z art. 58 § 1 k.r.o.). Konieczność rozstrzygnięcia w przedmiocie kontaktów z dzieckiem w wyroku rozwodowym, orzekającym separację i unieważniającym małżeństwo istnieje nawet wtedy, gdy rodzice wnoszą zgodnie o zaniechanie rozstrzygnięcia w tym przedmiocie[40].

Poczynione uwagi wskazują, że nie może toczyć się jednocześnie postępowanie nieprocesowe przed sądem opiekuńczym o ustalenie kontaktów rodziców ze wspólnym małoletnim dzieckiem oraz proces o rozwód, separację i unieważnienie małżeństwa pomiędzy rodzicami. Nie ma natomiast przeszkód, aby toczyło się jednocześnie postępowanie o rozwód (separację, unieważnienie małżeństwa) oraz postępowanie nieprocesowe przed sądem opiekuńczym o ustalenie kontaktów z dzieckiem wspólnym rozwodzących się małżonków z wniosku innych osób niż małżonkowie. Inne osoby uprawnione do kontaktu z dzieckiem wspólnym rozwodzących się małżonków nie są bowiem i nie mogą być w żadnym przypadku stroną w procesie o rozwód (separację, unieważnienie małżeństwa).

2. Postępowanie zabezpieczające

Postępowaniem cywilnym, w którym może dojść do uregulowania kontaktów z dzieckiem jest postępowanie zabezpieczające (art. 730–757 k.p.c.). Rozstrzyganie o kontaktach w tym postępowaniu, przewidziane wprost w art. 755 § 1 pkt 4 k.p.c. jest jednak aktualne zawsze w związku z innym toczącym się postępowaniem —

---

[38] Przepisy te na podstawie art. 451 k.p.c. stosuje się także w sprawach o unieważnienie małżeństwa. Stąd też ilekroć w dalszych uwagach będzie mowa o przepisach art. 445¹ § 1 i 2 k.p.c., należy mieć na uwadze także postępowanie w sprawach o unieważnienie małżeństwa.

[39] Por. T. Żyznowski, [w:] *Kodeks postępowania cywilnego. Komentarz,* red. K. Piasecki, t. 2, Wydawnictwo C.H. Beck, Warszawa 2010, s. 346.

[40] SN z 5.06.2012 r., sygn. akt III CZP 72/11 (niepublikowane); J. Ignaczewski, (przyp. 12), s. 79 i nast.

zwanym głównym, w którym zajdzie taka potrzeba. Wynika to z akcesoryjności postępowania zabezpieczającego względem innego postępowania[41].

Uregulowanie kontaktów z dzieckiem w postępowaniu zabezpieczającym może nastąpić nie tylko w związku ze wspomnianymi wyżej sprawami o rozwód, separację i unieważnienie małżeństwa, lecz także w związku z postępowaniem nieprocesowym toczącym się przed sądem opiekuńczym. Uregulowanie to przybiera postać tzw. zabezpieczenia nowacyjnego, którego istota polega na określeniu praw i obowiązków uczestników tego postępowania przez czas trwania postępowania głównego, chyba, że ustanie wcześniej na skutek zdarzeń przewidzianych w przepisach prawa, np. zażalenia, uchylenia lub zmiany (art. 742 § 1 k.p.c.), upadku (art. 746 § 1 k.p.c.).

Sądem właściwym do uregulowania kontaktów z dzieckiem w ramach postępowania zabezpieczającego jest zasadniczo sąd właściwy do rozpoznania sprawy głównej w pierwszej instancji. Jednak wniosek zgłoszony w toku postępowania rozpoznaje sąd tej instancji, w której toczy się postępowanie, z wyjątkiem przypadku, gdy sądem tym jest Sąd Najwyższy. Wtedy o zabezpieczeniu orzeka sąd pierwszej instancji (art. 734 k.p.c.).

Wniosek o udzielenie zabezpieczenia poprzez uregulowanie kontaktów z dzieckiem sąd rozpoznaje w składzie właściwym do rozstrzygnięcia sprawy głównej, w związku z którą zabezpieczenie jest udzielane. Wniosek ten sąd rozpoznaje w zasadzie na rozprawie, chyba że zachodzi wypadek niecierpiący zwłoki (art. 756¹ k.p.c.). Wówczas postanowienie w przedmiocie zabezpieczenia sąd może wydać na posiedzeniu niejawnym, a ponadto w składzie jednego sędziego, chociażby do rozpoznania sprawy właściwy był skład trzyosobowy (art. 735 § 2 k.p.c.).

Postanowienie o uregulowaniu kontaktów z dzieckiem wydane w postępowaniu zabezpieczającym jest skuteczne i wykonalne z chwilą jego wydania, a jeżeli nadaje się do wykonania w trybie postępowania opiekuńczego (art. 598¹⁵–598²¹ k.p.c.), podlega zaopatrzeniu z urzędu przez przewodniczącego we wzmiankę o wykonalności (art. 743 § 2 k.p.c.).

Ponieważ postanowienie o uregulowaniu kontaktów z dzieckiem w postępowaniu zabezpieczającym przez czas jego obowiązywania (tymczasowego) ma charakter ostateczny w tym znaczeniu, że nie może być podważane i kwestionowane w czasie późniejszym, ustawodawca w celu zapewnienia jego wykonania przewidział możliwość zastosowania przez sąd środków prawnych z art. 582¹ § 3 k.p.c., o których była mowa wcześniej (art. 756² k.p.c.). Zagrożenie zapłatą określonej sumy drugiej osobie na wypadek niewykonania albo niewłaściwego wykonywania obowiązków wynikających z postanowienia o udzieleniu zabezpieczenia może być jednak orzeczone tylko na wniosek uprawnionego żądającego zabezpieczenia w razie uzasadnionej

---

[41]   Co do akcesoryjności postępowania zabezpieczającego zob. S. Włodyka, *Pojęcie postępowania cywilnego i jego rodzaje*, [w:] J. Jodłowski, (przyp. 19), s. 323; A. Jakubecki, *Postępowanie zabezpieczające w sprawach z zakresu prawa własności intelektualnej*, Zakamycze, Kraków 2002, s. 180 i nast.; J. Jagieła, [w:] K. Piasecki, A. Marciniak, (przyp. 14), s. 540.

obawy naruszenia tych obowiązków. Wprawdzie przepis art. 756² k.p.c. stanowi o możliwości zagrożenia obowiązanemu zapłaty oznaczonej sumy pieniężnej w postanowieniu o udzieleniu zabezpieczenia, jednak wydaje się, że sąd może to uczynić także w odrębnym postanowieniu, wydanym po udzieleniu zabezpieczenia, jeżeli obowiązany nie wykonuje albo niewłaściwie wykonuje ciążące na nim obowiązki wynikające z zabezpieczenia.

3. Postępowanie mediacyjne

Kolejnym postępowaniem cywilnym, w którym może być uregulowana kwestia kontaktów z dzieckiem jest postępowanie mediacyjne, o którym stanowią przepisy art. 183¹–183¹⁵ k.p.c. Możliwość ta przewidziana jest wprost w art. 445² oraz wynika z art. 570² k.p.c. i stanowi wyraz ogólnej zasady wyrażonej w art. 10 k.p.c. oraz szczególnej w art. 113¹ § 1 k.r.o. Z ostatniego przepisu oraz istoty postępowania mediacyjnego, które może zakończyć się zawarciem ugody — mediator nie wydaje orzeczeń — wynika, że w tym postępowaniu może być uregulowana jedynie kwestia sposobu utrzymywania kontaktów, co — jak zostało wykazane powyżej — w istocie prowadzi do ograniczenia kontaktów.

Mediacja, o której mowa w art. 445¹ i art. 570² k.p.c. będzie prowadzona na podstawie postanowienia sądu kierującego do mediacji. Według art. 445² k.p.c. sąd w toku sprawy o rozwód lub o separację może skierować strony do mediacji w każdym stanie postępowania. Analogicznej regulacji co do chwili końcowej skierowania do mediacji nie zawiera natomiast przepis art. 570² k.p.c. Oznacza to, że zastosowanie będzie miał przepis art. 183⁸ § 1 k.p.c., według którego sąd może skierować do mediacji tylko do zamknięcia pierwszego posiedzenia. Po zamknięciu tego posiedzenia może to nastąpić tylko na zgodny wniosek stron.

Ani przepisy kodeksu postępowania cywilnego, ani kodeksu rodzinnego i opiekuńczego nie zawierają regulacji przewidującej możliwość poddania mediacji spraw o kontakty na podstawie umowy zawartej pomiędzy osobą uprawnioną do kontaktu oraz osobą, pod której pieczą dziecko pozostaje. Mając jednak na uwadze treść art. 113¹ § 1 k.r.o., wskazującego na powinność uregulowania kontaktów z dzieckiem w drodze porozumienia, dopuszczalność zawarcia takiej umowy na podstawie art. 183¹ § 2 zd. 1 k.p.c. wydaje się oczywista. Umowa ta może być zawarta także przez wyrażenie zgody na mediację, gdy strona złożyła wniosek mediatorowi o przeprowadzenie mediacji z dołączonym dowodem doręczenia jego odpisu drugiej stronie (art. 183¹ § 2 zd. 2 k.p.c.). Zawarcie umowy o mediację w przedmiocie kontaktów z dzieckiem nie wyłącza jednak możliwości wniesienia sprawy do sądu opiekuńczego w trybie postępowania nieprocesowego. W takim przypadku, sąd na zarzut przeciwnika osoby, która złożyła wniosek mediatorowi o przeprowadzenie mediacji (art. 183⁶ § 1 k.p.c.) zgłoszony przed wdaniem się w spór co do istoty sprawy, skieruje strony do mediacji (art. 202¹ w zw. z art. 13 § 2 k.p.c.). W razie braku takiego zarzutu zgłoszonego we właściwym czasie, sąd opiekuńczy rozpozna sprawę.

Mediacja jest zawsze dobrowolna, nawet w razie skierowania do niej przez sąd orzekający. Oznacza to, że strony mogą nie wyrazić na nią zgody, także w czasie toczącego się już postępowania mediacyjnego. Należy zaznaczyć, że strony mają prawo wyboru mediatora, także w razie skierowania ich do mediacji przez sąd. Jeżeli strony skierowane do mediacji nie uzgodniły osoby mediatora, sąd skieruje je do stałego mediatora posiadającego wiedzę teoretyczną, w szczególności posiadającego wykształcenie z zakresu psychologii, pedagogiki, socjologii lub prawa oraz umiejętności praktyczne w zakresie prowadzenia mediacji w sprawach rodzinnych (art. 445² i art. 570² w zw. z art. 436 § 4 k.p.c.).

Strony w ugodzie zwartej przed mediatorem mogą wprawdzie ustalić sposób kontaktów z dzieckiem według własnego uznania, muszą jednak mieć na uwadze treść art. 183¹⁴ § 3 k.p.c., który określa warunki dopuszczalności zatwierdzenia ugody przez sąd, a ponadto art. 113¹ § 1 k.r.o., aby ugoda była zgodna z dobrem dziecka oraz uwzględniała jego rozsądne życzenia. Według pierwszego z tych przepisów, ugoda zawarta przed mediatorem w przedmiocie kontaktów z dzieckiem jako nienadająca się do wykonania w drodze egzekucji sądowej, podlega zatwierdzeniu przez sąd powszechny, który byłby właściwy do rozpoznania sprawy, a w razie skierowania do mediacji w postępowaniu sądowym, przez sąd rozstrzygający w sprawie. Sąd zaś odmówi zatwierdzenia ugody w całości lub części, jeżeli jest sprzeczna z prawem, zasadami współżycia społecznego albo zmierza do obejścia prawa, a także gdy jest niezrozumiała lub zawiera sprzeczności. Ugoda zawarta przed mediatorem, po jej zatwierdzeniu przez sąd, ma moc ugody zawartej przed sądem (art. 183¹⁵ § 1 k.p.c.).

Ugoda zawarta przed mediatorem na skutek skierowania przez sąd orzekający ma istotny wpływ na dalszy bieg postępowania głównego, w ramach którego nastąpiło skierowanie. Jeżeli zatem skierowanie nastąpiło przez sąd opiekuńczy w toku postępowania nieprocesowego, sąd po jej zatwierdzeniu postępowanie w sprawie umorzy (art. 355 § 2 w zw. z art. 13 § 2 k.p.c.). Bardziej problematyczna jest kwestia nie tylko zatwierdzenia, ale nawet dopuszczalności ugody zawartej przed mediatorem na skutek skierowania stron do mediacji przez sąd w toku sprawy o rozwód lub o separację. Zasadniczo panuje zgoda co do dopuszczalności zawarcia ugody przed mediatorem w przedmiocie kontaktów z dzieckiem[42], chociaż można spotkać pogląd odmienny, że w takim przypadku zawarcie ugody nie jest dopuszczalne ze względu na integralność wyroku w sprawie o rozwód[43]. Postępowanie przed mediatorem może się zakończyć co najwyżej porozumieniem, które, jak przyznaje sam

---

[42] SN z 21.10.2005 r., OSNC 2006, nr 9, poz. 142; T. Żyznowski, (przyp. 14), s. 200; T. Ereciński [w:] *Kodeks postępowania cywilnego. Komentarz*, red. T. Ereciński, t. 2, Wydawnictwo LexisNexis, Warszawa 2012, s. 618; M. Bukaczewska, K. Mularczyk, *Uwagi w przedmiocie zatwierdzenia ugody zawartej w postępowaniu rozwodowym*, „Kwartalnik ADR, Arbitraż i Mediacja" 2009, nr 4(8), s. 56.

[43] R. Zegadło, *Porozumienia i ugody dotyczące wykonywania władzy rodzicielskiej i kontaktów z dzieckiem*, RiP 2010, nr 16, s. 29 i nast. Zdaniem R. Zegadły, gdyby jednak doszło do zawarcia ugody przed mediatorem w kwestii kontaktów z dzieckiem, ugoda taka nie może wywołać skutków prawnych; s. 36.

autor tego zapatrywania, jest *sui generis* ugodą, o której mowa w art. 917 k.c.[44]. Również sporna jest kwestia, czy ugoda taka podlega zatwierdzeniu przez sąd. Zdaniem M. Bukaczewskiej i K. Mularczyka jest to dopuszczalne, także przed wydaniem wyroku w sprawie o rozwód, przy czym w razie rozwiązania małżeństwa przez rozwód, sąd powinien zamieścić w wyroku rozwodowym rozstrzygnięcie o nieorzekaniu o kwestiach ugodzonych, w tym o kontaktach z dzieckiem[45]. Odmienne stanowisko zajmuje. T. Ereciński, którego zdaniem dopóki nie zapadnie wyrok rozwodowy, strony które zawarły ugodę po przeprowadzeniu mediacji, nie będą mogły wystąpić o jej zatwierdzenie co do rozstrzygnięć zawartych w art. 58 k.r.o., a więc i o kontaktach z dzieckiem[46]. Jego zdaniem ugoda nie może bowiem dotyczyć kwestii objętych zasadą integralności wyroku rozwodowego. Nie ma jednak przeszkód, aby w razie zawarcia takiej ugody sąd uwzględnił jej postanowienia wydając wyrok w sprawie o rozwód lub o separację[47].

Odnosząc się do zaprezentowanych wyżej stanowisk, na wstępie należy stwierdzić, że w obecnym stanie prawnym, sąd nie może poprzestać w wyroku orzekającym rozwód, separację i unieważniającym małżeństwo na stwierdzeniu o nieorzekaniu o kontaktach rodziców z ich wspólnymi małoletnimi dziećmi. Obowiązek ten przewidziany w przepisach art. 58 § 1, art. 61³ § 1 i art. 21 w zw. z art. 58 § 1 k.r.o. ma bowiem charakter bezwzględny, czemu dał wyraz Sąd Najwyższy w uchwale z 5 maja 2011 r.[48], stwierdzając, że przepis art. 58 § 1 k.r.o. nie przewiduje możliwości zaniechania rozstrzygnięcia przez sąd orzekający rozwód o władzy rodzicielskiej nad wspólnym małoletnim dzieckiem obojga małżonków i o kontaktach rodziców z dzieckiem, nawet w razie złożenia przez nich zgodnego wniosku w tym zakresie. Nie ulega wątpliwości, że temu nie czyni zadość zawarte w wyroku rozwodowym rozstrzygnięcie o nieorzekaniu o kwestiach ugodzonych, jak postulują M. Bukaczewska i K. Mularczyk. Nie wydaje się również uzasadnione stanowisko T. Erecińskiego z tej przyczyny, że zatwierdzona przez sąd ugoda zawarta przed mediatorem obowiązuje dopóki nie zostanie zawarta nowa ugoda albo wydane orzeczenie rozstrzygające o kontaktach. Wydane orzeczenie, ewentualnie nowa ugoda spowodują bezskuteczność ugody zawartej uprzednio przed mediatorem. Konstatując można stwierdzić, że nie ma przeszkód z jednej strony do zatwierdzenia ugody w przedmiocie kontaktów z dzieckiem zawartej przed mediatorem na skutek skierowania przez sąd na podstawie art. 445² k.p.c. z drugiej zaś, do orzekania w wyroku rozwodowym w przedmiocie kontaktów z dzieckiem, jeżeli przepis prawa przewiduje taki obowiązek. Jeżeli w chwili orzekania w sprawie o rozwód stan faktyczny stanowiący podstawę zawarcia ugody przed mediatorem nie uległ zmianie, sąd

---

[44] R. Zegadło, (przyp. 43), s. 25, 32.

[45] M. Bukaczewska, K. Mularczyk, (przyp. 42), s. 64.

[46] T. Ereciński, (przyp. 42), s. 619.

[47] Analogiczne stanowisko odnośnie do porozumienia zawartego przed mediatorem w toku sprawy o rozwód zajmuje R. Zegadło, (przyp. 43), s. 32.

[48] SN z 5.05.2011 r., sygn. akt III CZP 72/11 (niepublikowane).

powinien uwzględnić jej postanowienia w wydanym wyroku rozwiązującym małżeństwo przez rozwód.

4. Postępowanie pojednawcze

Rozważenia wymaga dopuszczalność uregulowania kontaktów z dzieckiem w postępowaniu pojednawczym (art. 84 i nast. k.p.c.) oraz w postępowaniu przed sądem polubownym (art. 1154 i nast. k.p.c.), chociaż kwestia ta nie jest w ogóle poruszana ani w orzecznictwie, ani w doktrynie. Brak ten być może wynika z zapatrywania o oczywistej niedopuszczalności regulowania kontaktów z dzieckiem w tych postępowaniach. Kwestia ta nie wydaje się jednak tak oczywista, jeśli zważyć na treść art. 113^1 § 1 k.r.o. oraz art. 445^2 i art. 570^2 k.p.c., z których wynika, że sposób utrzymywania kontaktów z dzieckiem powinien być regulowany przede wszystkim w drodze porozumienia, w tym ugody zawartej przed mediatorem, oraz w oparciu o przepisy o postępowaniu pojednawczym i przed sądem polubownym. Przejdźmy zatem do przybliżenia tej problematyki.

Zgodnie z art. 184 zd. 1 k.p.c. sprawy cywilne, których charakter na to zezwala, mogą być przed wniesieniem pozwu uregulowane drogą ugody zawartej w postępowaniu pojednawczym. Z zawartego w tym przepisie sformułowania „przed wniesieniem pozwu", niektórzy przedstawiciele doktryny wywodzą, że w drodze ugody zawartej w postępowaniu pojednawczym mogą być uregulowane sprawy należące wyłącznie do trybu procesowego[49]. Według drugiego stanowiska, zawezwanie do próby ugodowej może dotyczyć także spraw należących do trybu postępowania nieprocesowego[50]. Zdaniem zwolenników drugiego poglądu, z przepisów regulujących postępowanie pojednawcze nie wynika, że zostało ono ograniczone tylko do spraw podlegających rozpoznaniu w trybie procesu. Postępowanie pojednawcze, stosownie do art. 13 § 2 k.p.c. może bowiem objąć także sprawy należące do trybu postępowania nieprocesowego, o ile nadają się do załatwienia w drodze ugody. Skoro sprawy dotyczące sposobu kontaktów z dzieckiem powinny być załatwiane przede wszystkim w drodze porozumienia (art. 113^1 § 1 k.r.o.), którego wyrazem w postępowaniu sądowym może być ugoda sądowa[51], mieszczą się one w grupie tych spraw. Za przyjęciem tego zapatrywania przemawiają dalsze okoliczności. Po pierwsze, w postępowaniu tym, mimo że nie występują dwie przeciwstawne strony jak ma to miejsce w procesie, lecz uczestnicy postępowania, zawsze będzie

---

[49] B. Dobrzański, (przyp. 35), s. 774; W. Siedlecki, *Nieważność procesu cywilnego*, Wydawnictwo Prawnicze, Warszawa 1974, s. 315; P. Telenga, [w:] A. Jakubecki (przyp. 35), s. 254.

[50] J. Krajewski, [w:] *Kodeks postępowania cywilnego. Komentarz*, red. J. Jodłowski, K. Piasecki, t. 1, Wydawnictwo Prawnicze, Warszawa 1989, s. 293; A. Stempniak, *Postępowanie o dział spadku*, Wydawnictwo C.H. Beck, Warszawa 2010, s. 11; P. Rylski, *Dopuszczalność postępowania pojednawczego w sprawach przekazanych do rozpoznania w trybie nieprocesowym*, PPC 2011, nr 1, s. 123 i nast.; T. Żyznowski, [w:] *Kodeks postępowania cywilnego. Komentarz*, red. H. Dolecki, T. Wiśniewski, t. 1, Wolters Kluwers, Warszawa 2011, s. 670; M. Sychowicz, [w:] K. Piasecki, (przyp. 39), t. 1, s. 949.

[51] J. Ignaczewski, (przyp. 12), s. 102.

dwóch uczestników, tj. osoba uprawniona do kontaktów oraz osoba, pod której pieczą dziecko pozostaje. Po drugie, interesy tych uczestników będą na ogół sprzeczne. Raczej wyjątkowe będą sytuacje, gdy osoby zainteresowane wystąpią o ustalenie sposobu kontaktów na przyszłość, mimo braku sporu w tym zakresie. Argumentów za proponowanym rozwiązaniem dostarczają także przepisy art. 445² i art. 570² k.p.c., przewidujące możliwość skierowania przez sąd do mediacji celem uregulowania sposobu kontaktów z dzieckiem w drodze ugody. Dla uniknięcia nieporozumień dodajmy, że z wezwaniem do próby ugodowej w postępowaniu pojednawczym można wystąpić jedynie przed złożeniem wniosku o uregulowanie sposobu kontaktów w sądzie opiekuńczym, w postępowaniu nieprocesowym.

Sądem właściwym do przeprowadzenia postępowania pojednawczego jest sąd rejonowy (art. 185 § 1 k.p.c.). W przypadku spraw o uregulowanie sposobu kontaktów z dzieckiem, wyłania się jednak wątpliwość co do właściwości miejscowej tego sądu. Według art. 185 § 1 k.p.c. sądem właściwym miejscowo do przeprowadzenia postępowania pojednawczego jest wyłącznie sąd rejowy ogólnej właściwości dla przeciwnika, czyli osoby wezwanej do próby ugodowej, a nie wzywającej. Tymczasem, jak już była mowa, według art. 569 § 1 k.p.c., sądem wyłącznie właściwym w sprawach opiekuńczych jest sąd miejsca zamieszkania osoby, której postępowanie ma dotyczyć, a w braku miejsca zamieszkania — sąd opiekuńczy miejsca jej pobytu. Jeżeli brak i tej podstawy — właściwy jest sąd rejonowy dla m. st. Warszawy.

Wydaje się, że postawiony wyżej problem należy rozstrzygnąć według zasady *lex specialis derogat lex generalis*. Jako przepis ogólny w tym przypadku wypada uznać art. 185 § 1 k.p.c., jako że dotyczy on wszelkich spraw rozpoznawanych w postępowaniu pojednawczym, natomiast jako szczególny art. 569 § 1 k.p.c., który dotyczy tylko jednej z takich spraw, a mianowicie spraw opiekuńczych. Przeto sądem właściwym do przeprowadzenia postępowania pojednawczego w sprawach o kontakty z dzieckiem będzie sąd opiekuńczy właściwy na podstawie art. 569 § 1 k.p.c.

W postępowaniu pojednawczym sąd nie rozstrzyga merytorycznie sprawy. Strony celem załatwienia sprawy mogą jedynie zawrzeć ugodę. Nie oznacza to jednak zupełnie biernej roli sądu w tym postępowaniu. Sąd, oprócz nakłaniania do zawarcia ugody i udzielania pomocy w dojściu do jej zawarcia, powinien także czuwać, aby ugoda nie była sprzeczna z prawem, zasadami współżycia społecznego ani nie zmierzała do obejścia prawa. Taką ugodę, jeżeli została zawarta, sąd uzna za niedopuszczalną mocą postanowienia (art. 184 zd. 2 k.p.c.), na które przysługuje zażalenie[52]. Sąd powinien również czuwać, aby na skutek zawarcia ugody nie doszło do naruszenia dobra dziecka i były uwzględnione rozsądne życzenia dziecka (art. 113¹ § 1 k.p.c.). Do wysłuchania dziecka, należy przyjąć stosowanie w drodze analogii art. 576 § 2 k.p.c. Ugoda zawarta w postępowaniu pojednawczym, analogicznie jak przed mediatorem, w zakresie skutków prawnych została zrównana z ugodą sądową.

---

[52] SN z 18.06.1985 r., OSNCP 1986, nr 4, poz. 48.

5. Postępowanie przed sądem polubownym

Mniej wątpliwości wydaje się nasuwać dopuszczalność uregulowania sposobu utrzymywania kontaktów z dzieckiem w postępowaniu przed sądem polubownym. Na możliwość poddania pod rozstrzygnięcie spraw należących do postępowania nieprocesowego, do których należą sprawy o kontakty z dzieckiem, wskazuje treść art. 1157 oraz art. 1165 k.p.c. Według pierwszego, jeżeli przepis szczególny nie stanowi inaczej, strony mogą poddać pod rozstrzygnięcie sądu polubownego spory nie tylko o prawa majątkowe, lecz również spory o prawa niemajątkowe, mogące być przedmiotem ugody sądowej, z wyjątkiem spraw o alimenty. Natomiast według drugiego, sąd odrzuca pozew lub wniosek o wszczęcie postępowania nieprocesowego, jeżeli pozwany albo uczestnik postępowania nieprocesowego podniósł zarzut zapisu na sąd polubowny przed wdaniem się w spór co do istoty sprawy. Niezależnie od powyższych wymagań dotyczących dopuszczalności poddania sprawy pod rozstrzygniecie sądu polubownego (spory, które mogą być przedmiotem ugody sądowej), w literaturze wprowadza się jednak dalsze ograniczenie, a mianowicie, że przedmiotem sporu o prawa majątkowe i niemajątkowe musi być stosunek prawny, w zakresie którego istnieje w świetle prawa materialnego możliwość samodzielnego dysponowania prawami i roszczeniami, które z tego stosunku wynikają.

Nie wchodząc w szczegółową analizę problemu, czy i na ile osoba uprawniona do kontaktów oraz osoba, pod której pieczą dziecko pozostaje, mogą swobodnie dysponować prawem do kontaktów z dzieckiem, jak zostało wykazane, nie ulega wątpliwości, że dyspozycji nie podlega samo prawo do kontaktów[53], lecz sposób utrzymywania kontaktów. O takiej możliwości, jak już była kilkakrotnie mowa, przesądził sam ustawodawca w art. 113^1 § 1 k.r.o., stąd też wszelkie rozważania w tej kwestii należy uznać za zbędne. Tym samym prowadzi to do wniosku, że dopuszczalne jest poddanie pod rozstrzygnięcie sądu polubownego sprawy o kontakty z dzieckiem, lecz tylko w zakresie ustalenia sposobu utrzymywania tych kontaktów, gdyż w zakresie ich ograniczenia i zakazania wyłącznie właściwy jest sąd powszechny (art. 113^2 i art. 113^3 k.r.o.).

Według art. 1184 § 2 zd. 2 k.p.c. sąd polubowny nie jest związany trybem postępowania przed sądem powszechnym. Tryb ten, jeżeli przepis szczególny nie stanowi inaczej, mogą ustalić strony, a gdy tego nie uczynią, sąd polubowny, który z zastrzeżeniem przepisów ustawy może prowadzić postępowanie w taki sposób, jaki uzna za właściwy. Jednakże również w tym postępowaniu sąd polubowny powinien czuwać, aby nie doszło do naruszenia dobra dziecka i były uwzględnione jego rozsądne życzenia (art. 113^1 § 1 k.p.c.). Postępowanie przed sądem polubownym, odmiennie niż w postępowaniu pojednawczym, może zakończyć się nie tylko zawarciem przez strony ugody, lecz również wyrokiem. W wyroku tym sąd polubowny

---

53   J. Ignaczewski, (przyp. 12), s. 80–81.

może określić sposób utrzymywania kontaktów z dzieckiem oraz w celu zapewnienia ich wykonywania, środki przewidziane w art. 582¹ § 2 i 3 k.p.c.

Wyrok sądu polubownego oraz ugoda zawarta przed tym sądem w sprawach o kontakty z dzieckiem mają moc prawną na równi z wyrokiem sądu lub ugodą zawartą przed sądem powszechnym po ich uznaniu przez sąd (art. 1212 § 1 k.p.c.), gdyż są wykonywane w postępowaniu opiekuńczym, w trybie postępowania nieprocesowego (art. 598¹⁵–598²¹ k.p.c.), a nie w drodze egzekucji sądowej. Sądem właściwym do uznania jest sąd, który byłby właściwy do rozpoznania sprawy. Wyrok sądu polubownego może jednak zostać uchylony przez sąd powszechny, ale wyłącznie w postępowaniu wszczętym na skutek wniesienia skargi o jego uchylenie (art. 1205 i nast. k.p.c.).

IV. Dopuszczalność łączenia spraw o kontakty z dzieckiem z innymi postępowaniami ze stosunków między rodzicami a dziećmi

Ostatnim zagadnieniem, jakie wymaga rozważenia jest dopuszczalność łączenia spraw o kontakty z dzieckiem z innymi postępowaniami ze stosunków między rodzicami a dziećmi. Potrzeba przybliżenia tej problematyki wynika przede wszystkim stąd, że prawo do kontaktów z dzieckiem, mimo jego niezależności od władzy rodzicielskiej (art. 113 § 1 k.r.o.), pozostaje z nią w ścisłym związku. Może być więc zasadne, a nawet pożądane, rozstrzygnięcie o kontaktach w innymi postępowaniu dotyczącym władzy rodzicielskiej, zwłaszcza gdy te same okoliczności będą stanowiły elementy stanu faktycznego obu tych postępowań i będą przemawiać za wydaniem podobnego w swej istocie orzeczenia, np. za ograniczeniem albo pozbawieniem władzy rodzicielskiej i odpowiednio za ograniczeniem albo zakazaniem kontaktów z dzieckiem. Potrzeba uregulowania kontaktów z dzieckiem może się wyłonić przede wszystkim w sprawach o ustalenie pochodzenia dziecka, tj. ojcostwa i macierzyństwa oraz dotyczących władzy rodzicielskiej, tj. o powierzenie wykonywania, ograniczenie, zawieszenie, pozbawienie i przywrócenie władzy rodzicielskiej.

Możliwość łącznego rozpoznania kilku spraw w jednym postępowaniu, określana mianem kumulacji roszczeń, uzależniona jest jednak od spełnienia pewnych warunków. Warunki te określone są zasadniczo w art. 191 k.p.c., który na zasadzie art. 13 § 2 k.p.c. stosuje się również w postępowaniu nieprocesowym⁵⁴. Według tego przepisu, warunkami dopuszczalności kumulacji roszczeń jest zachowanie tego samego trybu postępowania oraz właściwości rzeczowej sądu. W literaturze wskazuje się ponadto dalsze jeszcze warunki, a mianowicie: zachowanie właściwości

---

⁵⁴ K. Korzan, (przyp. 19), s. 166; B. Czech, [w:] K. Piasecki, (przyp. 39), s. 1082.

miejscowej sądu[55], składu sądu[56], a w postępowaniu nieprocesowym ponadto przynależność do tego samego rodzaju postępowania[57].

Mając na uwadze wskazane wyżej warunki dopuszczalności kumulacji roszczeń, należałoby stwierdzić, że ze względu na niezachowanie tego samego trybu postępowania nie jest dopuszczalne rozstrzyganie o kontaktach z dzieckiem w sprawach o ustalenie i zaprzeczenie pochodzenia dziecka (ojcostwa, macierzyństwa). Sprawy o pochodzenie dziecka rozpoznawane są bowiem w procesie, podczas gdy sprawy o ustalenie, ograniczenie i o zakazanie kontaktów z dzieckiem w postępowaniu nieprocesowym.

Trafność wskazanego wyżej stanowiska nasuwa jednak pewne wątpliwości. Wynikają one z dwóch przyczyn. Po pierwsze, ustawodawca w art. 93 § 1 k.r.o. przewidział, że sąd w wyroku ustalającym pochodzenie dziecka może orzec o pozbawieniu, ograniczeniu albo zawieszeniu władzy rodzicielskiej, jeżeli wymaga tego dobro dziecka, stosując odpowiednio przepisy art. 107 i art. 109–111 k.r.o. Po drugie, przepis art. 579 k.p.c. stanowi o możliwości zmiany rozstrzygnięć o ustaleniu, ograniczeniu albo zakazaniu kontaktów z dzieckiem zawartych w wyroku ustalającym pochodzenie dziecka. W uzupełnieniu powyższej argumentacji można jeszcze dodać, że skoro ustalenie orzeczeniem sądowym pochodzenia dziecka powoduje powstanie po stronie rodziców prawa i obowiązku utrzymywania kontaktów z dzieckiem (art. 113 § 1 k.r.o.), to tym samym uzasadnione jest rozstrzygnięcie o ustaleniu sposobu wykonywania tych kontaktów, o ich ograniczeniu albo zakazaniu, jeżeli zajdzie taka potrzeba. Okoliczności te zdają się zatem przemawiać za dopuszczalnością orzekania o kontaktach rodziców z dzieckiem także w wyroku ustalającym pochodzenie dziecka. Można natomiast zaryzykować tezę, że brak odpowiedniej regulacji w przepisie art. 93 § 1 k.r.o. odnośnie do orzekania o kontaktach z dzieckiem w wyroku ustalającym pochodzenie dziecka jest przeoczeniem, do jakiego doszło w ustawie z 6 listopada 2008 r. regulującej m.in. kontakty z dzieckiem, które należy usunąć w drodze interwencji ustawodawcy.

Wydaje się, że orzekanie o kontaktach z dzieckiem nie jest dopuszczalne w postępowaniu o zaprzeczenie pochodzenia dziecka (ojcostwa, macierzyństwa). Spowodowane jest nie brakiem przepisu, który wskazywałby na taką możliwość, ale przede wszystkim ze względu na skutki zaprzeczenia pochodzenia dziecka. Zaprzeczenie pochodzenia dziecka powoduje bowiem zerwanie wszelkich stosunków rodzinno-prawnych pomiędzy dzieckiem, a osobą od której pochodzenie dziecka zostało zaprzeczone, a nie powstanie tych stosunków, w tym prawa i obowiązku utrzymywania kontaktów, z czym mamy do czynienia w przypadku ustalenia pochodzenia dziecka. Osoba, od której pochodzenie dziecka (ojcostwo, macierzyństwo) zostało zaprzeczone, jeżeli chce dochodzić kontaktów z dzieckiem na podstawie art. 113[6] k.r.o., dlatego że sprawowała przez dłuższy czas pieczę nad dzieckiem,

---

[55]   W. Broniewicz, (przyp. 15), s. 183; P. Telenga, (przyp. 49), s. 264.

[56]   SN z 23.05.2012 r., sygn. akt III CZP 21/12 (niepublikowane); J. Ignaczewski, (przyp. 12), s. 83–84.

[57]   K. Korzan, (przyp. 19), s. 166.

może tego dochodzić przed sądem opiekuńczym w postępowaniu nieprocesowym na podstawie art. 579 k.p.c. po prawomocnym zaprzeczeniu pochodzenia dziecka.

Pewne problemy rodzi także kwestia dopuszczalności orzekania o kontaktach rodziców z dzieckiem łącznie ze sprawami dotyczącymi władzy rodzicielskiej (o powierzenie wykonywania, ograniczenie, zawieszenie, pozbawienie i przywrócenie władzy rodzicielskiej). Sprawy te należą bowiem do tego samego trybu i rodzaju postępowania, tj. postępowania nieprocesowego (opiekuńczego ze stosunków między rodzicami a dziećmi), oraz zachowana jest właściwość rzeczowa i miejscowa sądu (sąd rejonowy miejsca zamieszkania osoby, której postępowanie dotyczy). Przeszkodą może być jedynie niezachowanie tego samego składu sądu, ale tylko w odniesieniu do spraw o pozbawienie albo ograniczenie władzy rodzicielskiej. Sprawy te rozpoznawane są bowiem w składzie trzyosobowym — jeden sędzia i dwóch ławników[58], podczas gdy o kontaktach z dzieckiem sąd orzeka w składzie jednoosobowym — jeden sędzia zawodowy bez udziału ławników (art. 509 k.p.c.). Mimo tego, w doktrynie można spotkać pogląd wykluczający dopuszczalność łączenia spraw o kontakty z dzieckiem ze wszystkimi sprawami dotyczącymi władzy rodzicielskiej[59].

Jeżeli można podzielić stanowisko o niedopuszczalności łączenia spraw o kontakty z dzieckiem, to co najwyżej ze sprawami o pozbawienie i ograniczenie władzy rodzicielskiej, gdyż jak już była mowa, do rozpoznania tylko tych spraw właściwy jest skład ławniczy — jeden sędzia i dwóch ławników, chociaż i to stanowisko budzi wątpliwości. Pozostałe sprawy dotyczące władzy rodzicielskiej (o powierzenie wykonywania, zawieszenie i przywrócenie władzy rodzicielskiej) podlegają bowiem rozpoznaniu w składzie jednego sędziego. Nie ma więc przeszkód do łączenia w jednym postępowaniu tych spraw ze sprawami o uregulowanie kontaktów z dzieckiem. Stąd też nie jest uzasadniony pogląd o niedopuszczalności kumulacji spraw o kontakty z dzieckiem ze wszystkimi sprawami dotyczącymi władzy rodzicielskiej[60]. Uogólnienie takie nie ma bowiem ani podstaw prawnych, ani nie jest uzasadnione względami pozaprawnymi.

Argumenty prakseologiczne, ekonomii procesowej oraz zapewnienie prawidłowości i spójności orzekania w tak istotnych sprawach jak władza rodzicielska i kontakty z dzieckiem zdają się natomiast przemawiać za stanowiskiem o dopuszczalności łącznego dochodzenia uregulowania kontaktów z dzieckiem także ze sprawą o pozbawienie albo ograniczenie władzy rodzicielskiej. Niewystarczający, a tym samym mało przekonujący, wydaje się jedyny argument powoływany na uzasadnienie stanowiska przeciwnego, a mianowicie nieważności postępowania o kontakty

---

[58] SN z 23.07.2008 r., OSNC 2009, nr 1, poz. 11; SN z 20.05.2012 r., sygn. akt III CZP 20/11 (niepublikowane); J. Gudowski, [w:] *Kodeks postępowania cywilnego. Komentarz*, red. T. Ereciński, t. 3; Wydawnictwo LexisNexis, Warszawa 2012, s. 272, A. Góra-Błaszczykowska, [w:] *Kodeks postępowania cywilnego. Komentarz*, red. H. Dolecki, T. Wiśniewski, t. 3, Wolters Kluwers, Warszawa 2011, s. 2008, *passim*.

[59] J. Ignaczewski, (przyp. 12), s. 83 i nast.

[60] J. Ignaczewski, (przyp. 12), s. 83 i nast.

z dzieckiem wywołanej rozpoznaniem tej sprawy przez sąd w składzie sprzecznym z przepisami prawa, czyli trzyosobowym (jeden sędzia i dwóch ławników) zamiast jednoosobowym (jeden sędzia zawodowy). Zaznaczmy, że sprzeczność ta dotyczyłaby sprawy o kontakty, która w takim przypadku byłaby rozpoznana w składzie trzyosobowym — jeden sędzia i dwóch ławników, a nie przez jednego sędziego zawodowego. Nasuwa się również pytanie, dlaczego sprawy o kontakty nie mogą być dochodzone łącznie tylko ze sprawami o pozbawienie i ograniczenie władzy rodzicielskiej, podczas gdy mogą być dochodzone łącznie z pozostałymi sprawami dotyczącymi tej władzy. Poszukując odpowiedzi na postawione pytanie, można się zastanowić, czy także w tym w tym przypadku nie mamy do czynienia z przeoczeniem ustawodawcy podczas regulowania kontaktów z dzieckiem ustawą z dnia 6 listopada 2008 r., podobnie jak w przypadku spraw o ustalenie pochodzenia dziecka. Jest to kolejny argument, który zdaje się przemawiać za odstąpieniem od nazbyt formalistycznego stanowiska co do niedopuszczalności łączenia sprawy o kontakty z dzieckiem ze sprawami o pozbawienie i ograniczenie władzy rodzicielskiej.

V. Podsumowanie

Uregulowanie w ostatnim czasie w sposób szczegółowy problematyki kontaktów z dzieckiem świadczy z jednej strony o doniosłości tych kontaktów ze społecznego punktu widzenia, z drugiej natomiast o narastających w tym obszarze problemach. Należy zaznaczyć, że prawo do utrzymywania kontaktów z dzieckiem przez osoby mu najbliższe, mimo braku odpowiednich regulacji prawnych, nigdy nie było kwestionowane, przy czym określenie sposobu ich utrzymywania pozostawione było osobom zainteresowanym. Zasady te znajdują odzwierciedlenie także w obecnej regulacji zawartej w kodeksie rodzinnym i opiekuńczym (art. 113, 113[1]). Ingerencja sądu opiekuńczego w wykonywanie kontaktów z dzieckiem powinna być więc ostatecznością i następować wtedy, gdy prawo to jest zagrożone naruszeniem albo zostało już naruszone. Sądy powinny zatem zmierzać do usunięcia tych zagrożeń lub naruszeń przyczyniając się tym samym do poprawy jakości życia we wzajemnych relacjach nie tylko pomiędzy osobami uprawnionymi i obowiązanymi do kontaktów, ale również pomiędzy osobami uprawnionymi do kontaktów i osobami, pod których pieczą dziecko pozostaje. Jakość życia swoim zakresem obejmuje bowiem również sferę wzajemnych kontaktów, w szczególności w przypadku dziecka, wpływających niewątpliwie na jego rozwój intelektualny oraz przygotowanie do pełnienia ról w społeczeństwie.

Józef Jagieła

Proceedings in child contact cases — selected issues

This article comprises a review of committal proceedings in cases concerning contacts of parents, as well as other people, with children. The cases are generally designated as non-litigious, custodial proceedings. They belong to other types of proceedings when a specific regulation provides for that or it results from the nature of the proceedings. Therefore, non-litigious proceedings have generally been presented. Other types of proceedings have been presented when they show differences in relation to the non-litigious proceedings. These other types are as follows: proceedings for divorce, separation, annulment of marriage, proceedings to secure claims, proceedings before an intermediary, conciliatory proceedings and arbitration proceedings. The last issue discussed in the article is the problem of when it is admissible to consolidate proceedings in contact cases with other proceedings, i.c. procccdings concerning parental authority and paternity proceedings.

Elżbieta Napora

Częstość występowania przejawów trudności emocjonalnych na rysunkach dziecka

I. Wprowadzenie

Badanie jakości życia można realizować w formie zadania, jako opis w krótkiej perspektywie, w której chodzi o aktualną jakość życia oraz doraźne doświadczanie codzienności[1]. Tak ujętej perspektywie jakości życia poświęcone jest opracowanie, w którym wykorzystano testy rysunkowe, by porównać trudności emocjonalne dziecka oraz psychologicznie ocenić jakość jego funkcjonowania. Testy rysunkowe są lubianymi i popularnymi metodami służącymi do badania ludzi. Zaliczane są one do metod projekcyjnych, w których dzięki wieloznaczności stosowanych bodźców, wywołuje się rzutowanie treści psychicznych badanego i jego przeżyć na zewnątrz.

W opracowaniu przyjęto definicję projekcji, w której wykorzystuje się zjawisko określane jako proces obiektywnego odbicia w centralnym systemie nerwowym wydarzeń, zgodnych bądź niezgodnych z rzeczywistością[2]. Projekcja, to sposób dostrzegania i reagowania na bodźce zewnętrzne, uwarunkowana cechami osobistymi osoby spostrzegającej[3]. Jej mechanizm polega na przenoszeniu treści przeżyć

Autorka dziękuje seminarzystom V roku magisterskich studiów niestacjonarnych na Wydziale Pedagogicznym Akademii im. Jana Długosza w Częstochowie, szczególnie Agnieszce Hai za pomoc w gromadzeniu rysunków dzieci; A. Haja, *Rysunek projekcyjny jako metoda poznawania dziecka*, (niepublikowana praca magisterska przygotowana pod kierunkiem E. Napory), AJD, Częstochowa 2008.

[1] Zob. R. Derbis, *Dlaczego zajmujemy się jakością życia?*, [w:] tegoż, *Psychologiczne konteksty jakości życia społecznego*, Wydawnictwo AJD, Częstochowa 2010, s. 12.

[2] J. Rembowski, *Metoda projekcyjna w psychologii dzieci i młodzieży*, PWN, Warszawa 1986, s. 17.

[3] M. Braun-Gałkowska, *Metody badania systemu rodzinnego*, Wydawnictwo TN KUL, Lublin 1991, s. 26.

psychicznych i aspektów osobowości na materiał testowy[4]. B. Hornowski[5] porównał go do zwierciadła, w którym odbijają się mocne i słabe strony osobowości jego autora. Dlatego, chcąc dotrzeć do istoty trudności człowieka, należy poszukiwać sposobów, które dałyby możliwość zbadania treści niebędących w pełni uświadamianymi, a mogących wywierać wpływ na jego funkcjonowanie[6].

Tworzenie rysunku, jako głównego narzędzia wykorzystywanego w projekcji, łatwiej przychodzi dzieciom niż dorosłym, a tym lepiej spełnia swoją funkcję, im młodszy jego autor. Dla dziecka jest łatwiejszym środkiem komunikacji niż wyrażanie swoich przeżyć i uczuć w sposób werbalny[7]. Dorosłym, często trudno jest pokonać opór przed aktywnością plastyczną, kojarzoną z dziecięcą zabawą.

Anna Słysz[8] podkreśla, że rysunek jako badawcza metoda projekcyjna, jest stosowany w celu uzyskania wglądu w wewnętrzne konflikty, lęki, sposób spostrzegania siebie i innych. Pozwala określić charakter interakcji z członkami rodziny oraz generować hipotezy, ukierunkowujące poszukiwanie przyczyn trudności i zaburzeń zachowania jednostki. Rysunek może być sposobem wyrażenia problemów dziecka doświadczanych w domu, przeżywanych stanów wewnętrznych i pragnień[9], wzruszeń[10], motywów działania[11], nieuświadamianych napięć, wywierających wpływ na funkcjonowanie[12] jednostki. Narzędzie to, umożliwia ocenę zaburzeń procesu rozwoju[13], wyrażenie problemów oraz trudności dziecka[14]. Pozwala wyrazić przeszkody

---

[4] M. Łaguna, A. Gałkowska, *Społeczne aspekty obrazu siebie w rysunku projekcyjnym „Ja wśród ludzi"*, [w:] *Rysunek projekcyjny jako metoda badań psychologicznych*, red. M. Łaguna, B. Lachowska, Wydawnictwo TN KUL, Lublin 2003, s. 125.

[5] Zob. A. Słysz, *Rysunek jako technika diagnostyczno-terapeutyczna*, [w:] *Od systemu terapeutycznego do interwencji*, red. Ł. Kaczmarek, A. Słysz, E. Soroko, Wydawnictwo Naukowe UAM, Poznań 2006, s. 91–104.

[6] M. Łaguna, A. Gałkowska, (przyp. 4), s. 125.

[7] W. Sikorski, *Rysunek jako pozawerbalna technika diagnostyczno-terapeutyczna*, „Gestalt" 1999, nr 6, s. 3–9.

[8] A. Słysz, (przyp. 5), s. 91–104.

[9] B. Gawda, *Możliwości diagnozowania trudności emocjonalnych dzieci w wybranych graficznych metodach projekcyjnych*, [w:] *Rysunek projekcyjny w badaniach obrazu siebie*, red. B. Kostrubiec, B. Mirucka, Wydawnictwo TN KUL, Lublin 2004, s. 32; D. Poniewozik, *Narysuj osobę lub osobę w deszczu*, <www.familie.pl/artykul/Narysuj-osobe-lub-osobe-w-deszczu,4180,1.html> [28.12.2013].

[10] D. Engelhart, *Rysunek: Praktyka kliniczna i badania*, [w:] *Rysunek dziecka*, red. P. Wallon, A. Cambier, D. Engelhart, Wydawnictwo WSiP, Warszawa 1993, s. 113.

[11] A. Frydrychowicz, *Rysunek rodziny. Projekcyjna metoda badania stosunków rodzinnych*, Wydawnictwo CMPPP, Warszawa 1996, s. 5.

[12] A. Borek, A. Szczurek, T. Kochan, *Raport z badania rezultatów Programu Czytające Szkoły i Czytające Przedszkola*, Ośrodek Ewaluacji, Warszawa 2006, s. 86, <www.calapolskaczytadzieciom.pl/ckfinder _pliki/files/Raport_finalny_212_str.pdf> [28.12.2013].

[13] P. Wallon, *Rysunek a nieprzystosowanie i patologia*, [w:] P. Wallon, A. Cambier, D. Engelhart, (przyp. 10), s. 137.

[14] P. Wallon, (przyp. 13), s. 136.

w jego adaptacji do środowiska rodzinnego, odkrywa przeżycia[15] i otaczającą rzeczywistość na poziomie odpowiadającym rozwojowi dziecka[16].

Rysunek jest symboliczną reprezentacją najgłębiej ukrytych, nieuświadamianych cech i skłonności jednostki, które stanowią klucz do poznania etapów kształtowania osobowości już od najwcześniejszych lat życia[17]. Studia empiryczne pokazują, że młodsze dzieci, do 11 roku życia, rysują bardziej „jak czują, niż jak widzą", co jest użytecznym przekaźnikiem emocji i uczuć[18].

Proces projekcji jest u dzieci bezpośredni i autentyczny, a w ich rysunkach nie ma przesłanek doszukiwania się przebiegłości, celowego obronnego hamowania myśli i uczuć, gdyż dziecko traktuje własne otoczenie w sposób, jaki jest dla niego najwygodniejszy. Wychowując się np. w rodzinie niepełnej, może ono przejawiać agresję wobec rodzeństwa i wówczas rysunek staje się terenem uzewnętrznienia nagromadzonych emocji. Uzyskane w ten sposób wyniki ukazują nie tylko obecną kondycję umysłowo-emocjonalną dziecka, ale także jego poglądy perspektywiczne, wyobrażenia o własnej pozycji w rodzinie, dążenia i potrzeby[19].

Rysunek ma szczególne znaczenie w przypadku dziecka, które nie chce lub z jakichś powodów nie może wyrazić werbalnie swoich doznań i odczuć. Dotyczy to zwłaszcza dzieci z zahamowaniami, które stawiają opór lub mają problem z kontrolą własnych emocji. Dla przykładu, kiedy próbuje się opisać namiętność lub ból, słowa nie wystarczają i pomocna może tutaj być twórczość plastyczna[20]. Dziecko w swoich rysunkach będzie odwoływało się do informacji przyswojonych i wyuczonych, związanych z osobistym doświadczeniem[21], ponieważ pozostaje ono pod wpływem najbliższego otoczenia oraz przeżyć i zgromadzonej wiedzy[22].

Celem przedstawionych badań jest porównanie dwóch projekcyjnych technik rysunkowych pod względem prawdopodobieństwa uchwycenia trudności emocjonalnych dzieci oraz ich psychologiczna ocena jakości. Takie wskazanie możliwości zastosowania rysunku projekcyjnego do badania spostrzegania siebie, dostrzeganych zagrożeń, sposobów radzenia sobie z nimi, jest podstawą orientacji o potrzebach, czynnikach ryzyka, deficytach i zasobach charakterystycznych dla rozwoju dzieci. Wskazanie związanych z nimi zaburzeń jest istotą wymagań skutecznej pomocy psychologicznej[23]. Przegląd literatury dotyczącej tego zagadnienia pokazał niedostatek

[15] F. Napora, *Drawings as stories about the twin-family model to be observed*, „Archives of Perinatal Medicine" 2008, nr 1, s. 41.

[16] A. Borek, A. Szczurek, T. Kochan, (przyp. 12), s. 86.

[17] W. Sikorski, *Bezsłowne komunikowanie się w psychoterapii*, Wydawnictwo Impuls, Kraków 2002, s. 174.

[18] A. Frydrychowicz, (przyp. 11), s. 13–14.

[19] W. Sikorski, (przyp. 17).

[20] A. Kozłowska, *Jak pomagać dziecku z zaburzeniami życia uczuciowego*, Wydawnictwo Żak, Warszawa 1996, s. 93.

[21] A. Cambier, *Aspekty genetyczne i kulturowe*, [w:] P. Wallon, A. Cambier, D. Engelhart, (przyp. 10), s. 33.

[22] A. Borek, A. Szczurek, T. Kochan, (przyp. 12), s. 86.

[23] M. Stańko, *Arteterapia z dziećmi i młodzieżą — perspektywa rozwojowa*, „Psychiatria" 2009, nr 6, s. 67.

opracowań[24] pozwalających twierdzić, że aspekty formalne i treściowe rysunku tematycznego ujawniają trudności emocjonalne chłopców i dziewcząt w różnym wieku.

W pracy postawione zostały następujące pytania badawcze: czy analizowane rysunki ujawniają trudności emocjonalne dzieci oraz czy występowanie takich trudności jest uwarunkowane płcią i wiekiem dziecka? Hipoteza badawcza ma pokazać związek między trudnościami emocjonalnymi dzieci, ujawnionymi poprzez wskaźniki aspektu formalnego i treściowego rysunków, wykonanych według instrukcji: Narysuj osobę w deszczu oraz Narysuj płot. Zakładano, że u chłopców częściej ujawniają się trudności emocjonalne niż u dziewcząt oraz że młodsze dzieci przejawiają częściej wyższą potrzebę ochrony niż starsze.

II. Metoda i materiał

Badania prowadzono metodą, której w Polsce wiele uwagi poświęciły Maria Braun-Gałkowska, Anna Frydrychowicz i Anna Kozłowska[25]. Znalazła ona zastosowanie m.in. w diagnozie obrazu siebie[26], środowiska szkolnego[27] i rodzinnego[28], w praktyce psychologicznej[29] oraz w diagnozie zjawisk psychicznych, jak np. osamotnienie[30], żałoba[31]. Aktualnie należy do najczęściej stosowanych metod przez psychologów w praktyce klinicznej[32].

W przedstawionych badaniach zaproponowano dzieciom dwa nietypowe polecenia: Narysuj osobę w deszczu oraz Narysuj płot. Według założeń testu „Człowiek w deszczu", który jest projekcją radzenia sobie w sytuacji trudnej, zadanie to pozwala ocenić reakcje dziecka na sytuacje stresu, sposoby radzenia sobie w środowisku wywołującym niepokój, stosowane rodzaje obrony[33]. Test dostarcza informacji o sposobach odbierania sytuacji stresogennej (jest nim deszcz), odkrywa siłę *ego*

---

[24] A. Frydrychowicz, (przyp. 11), s. 5 i 6; E. Napora, *Rysunek jako źródło informacji o szansach i zagrożeniach rozwoju dziecka ze strony środowiska rodzinnego*, [w:] *Sztuka bycia uczniem i nauczycielem. Z zagadnień pedagogiki współbycia*, red. W. Korzeniowska, A. Murzyn, U. Szuścik, Wydawnictwo Impuls, Kraków 2009, s. 185; E. Napora, *Problem tkwi w szczegółach — o rysunkach nie tylko dorosłych synów*, [w:] *Widzenie dzieła sztuki. Percepcja i interpretacja*, red. J. Matyja, Wydawca Miejska Galeria Sztuki, Częstochowa 2010, s. 217.

[25] M. Braun-Gałkowska, (przyp. 3), s. 27; A. Kozłowska, *Znaczenie relacji rodzinnych dla pozytywnego rozwoju dziecka. Diagnoza i terapia*, Wydawnictwo CMPPP, Warszawa 2000, s. 31.

[26] B. Kostrubiec, *Obraz siebie u zwolenników postmodernizmu świetle rysunku „Ja wśród innych"*, [w:] B. Kostrubiec, B. Mirucka, (przyp. 9), s. 85.

[27] E. Napora, *Różnice w postrzeganiu środowiska szkolnego przez uczniów szkół podstawowych*, [w:] *Wybrane problemy rozwoju i edukacji małego dziecka*, red. M. Królica, Wydawnictwo WSP, Częstochowa 2001, s. 167.

[28] M. Braun-Gałkowska, (przyp. 3), s. 29; A. Kozłowska, (przyp. 25), s. 13.

[29] A. Kozłowska, (przyp. 25), s. 13.

[30] M. Braun-Gałkowska, *Projekcyjny obraz siebie osób przeżywających poczucie osamotnienia*, [w:] B. Kostrubiec, B. Mirucka, (przyp. 9), s. 13.

[31] B. Mirucka, M. Niesiobędzka, *Rysunek projekcyjny w rozpoznawaniu procesu żałoby*, [w:] B. Kostrubiec, B. Mirucka, (przyp. 9), s. 109.

[32] Zob. A. Słysz, (przyp. 5), s. 91–104.

[33] G.D. Oster, P. Goud, *Rysunek w psychoterapii*, GWP, Gdańsk 1999, s. 41.

dziecka. Pozwala to ocenić sposób postrzegania ciała wystawionego na działanie symbolicznego czynnika stresogennego[34].

Dziecko bezradne rysuje zmokniętą osobę, pozbawioną jakiegokolwiek okrycia ochronnego i taki rysunek może odzwierciedlać brak szacunku do siebie i prawdopodobnie nierozwiązane problemy z niezależnością. Autor rysunku nie ma motywacji do unikania niekorzystnych okoliczności, ani też nie jest przygotowany na podjęcie wyzwania. Natomiast dziecko, które nie wpada w panikę i nie czuje przytłoczenia przez czynniki stresogenne z reguły będzie rysować ochronne ubranie lub osłonę przed deszczem, np. parasol[35].

Drugie polecenie: Narysuj płot, nawiązuje do sposobu definiowania otwartości i izolacji wyrażonego poprzez szczelny płot: poczucie izolacji bądź nadmierną potrzebę bezpieczeństwa, konieczność ochrony emocjonalnej. Test zakłada projekcję o charakterze emocjonalnym[36]. Wybór kolejności wykonywanych rysunków pozostawiono dzieciom.

Dla każdej zastosowanej w badaniach techniki projekcyjnej wybrano wskaźniki trudności emocjonalnych. Analizę i porównanie wytworów dzieci oparto na dwóch kryteriach: formalnym, odnoszącym się do symboliki przestrzeni, typu rysunku, grubości i siły nacisku linii[37] oraz treściowym, dotyczącym sposobu ujęcia instrukcji, jak: waloryzacja postaci, rodzaj deszczu, obecność parasola, jego położenie, wygląd płotu. Te ostatnie informują o spostrzeganiu czynników stresogennych i ochronie autora przed nimi[38], o obrazie siebie i zaspokojeniu potrzeb badanego[39]. Końcową interpretację kryteriów oparto na ocenie ilościowej częstotliwości pojawienia się określonych elementów (np. charakterystyczny sposób rysowania postaci ludzkiej, sztachet w płocie)[40].

Dzieci badano w okresie od 2008 do 2010 roku w szkołach województwa śląskiego. Były one kontaktowane za pośrednictwem pedagogów, wychowawców i po uzyskaniu zgody dyrektorów szkół na przeprowadzenie badań, przypisywany był im numer, by zachować anonimowość. Zgodnie ze standardami stosowania testów projekcyjnych, wykonanie rysunku poprzedzone było nawiązaniem pozytywnego kontaktu z dzieckiem. Ankieter był obecny podczas rysowania w celu wyjaśnienia możliwych wątpliwości i prowadzenia obserwacji. Wszyscy badani byli informowani o możliwości zaprzestania wykonywania rysunku.

---

[34] D. Poniewozik, (przyp. 9); G. Poraj, *Rola rysunku w diagnozie psychologicznej*, [w:] *Znaczenie arteterapii w psychiatrii polskiej*, red. A. Gmitrowicz, I.W. Karolak, Wydawnictwo PK InSEA, Łódź 2000, s. 28–31.

[35] G. D. Oster, P. Goud, (przyp. 33), s. 41.

[36] B. Gawda, (przyp. 9), s. 45.

[37] M. Braun-Gałkowska, (przyp. 3), s. 30; I. Gryniuk, V. Tuszyńska-Bogucka, *Test rysunku nauczyciela jako metoda diagnozy sytuacji szkolnej dziecka*, „Psychologia Wychowawcza" 1996, nr 3, s. 252.

[38] G.D. Oster, P. Goud, (przyp. 33), s. 41.

[39] I. Gryniuk, V. Tuszyńska-Bogucka, (przyp. 37), s. 258.

[40] W. Sikorski, (przyp. 17), s. 174.

Badaniami objęto 60 dzieci w wieku 9 i 10 lat, w tym 25% stanowiły dziewczęta w wieku 9 lat i tyle samo w wieku 10 lat. Chłopcy w wieku 9 lat stanowili 25% badanych i tyle samo było chłopców w wieku lat 10. Dzieci chętnie podejmowały rysowanie, w efekcie czego zgromadzono 120 rysunków.

III. Wyniki

1. Trudności emocjonalne

W poszukiwaniu odpowiedzi na pytanie: czy analizowane rysunki mogą ujawniać trudności emocjonalne dzieci? uwzględniono wskaźniki formalne oraz treściowe. Rysunki wykonane przez dzieci były oceniane przez dwóch niezależnych sędziów (psychologa i pedagoga). Tabela 1 zawiera dane dotyczące częstości występowania elementów poziomu formy w rysunkach dzieci. Porównano w niej proporcje wskaźników z rysunku „Osoba w deszczu" i rysunku „Płot". Tabela 2 pokazuje wyniki dla wskaźników poziomu treści badanych chłopców i dziewcząt, natomiast tabela 3 dla wieku testowanych. W analizie posłużono się testem chi^2 (χ^2)[41] dla tabel 2 x 2, oddzielnie dla chłopców i dziewcząt, oraz dla dzieci starszych i młodszych.

Tabela 1. Częstość występowania w próbie wskaźników poziomu formalnego

Poziom formalny	Rysunek „Osoba w deszczu"		Rysunek „Płot"		Razem
	liczba	%	liczba	%	
Rysunek:					
racjonalny	19	31,7	57	95,0	76
sensoryczny	17	28,3	1	1,7	18
mieszany	24	40,0	2	3,3	26
Ogółem	60	100	60	100	120
Rozmieszczenie treści:					
strona lewa	15	25,0	6	10,0	21
strona prawa	4	6,7	0	0,0	4
góra	1	1,7	2	3,3	3
dół	21	35,0	31	51,7	52
centrum kartki	19	31,6	21	35,0	40
Ogółem	60	100	60	100	120

Z danych w tabeli 1 wynika, że 40% dzieci „Osobę w deszczu" rysuje w sposób mieszany. Natomiast 95% badanych rysunek płotu wykonuje w sposób racjonalny. Analiza formy rysunku ze względu na rozmieszczenie treści na kartce papieru pokazała, że dzieci zarówno rysunek osoby w deszczu (35%), jak i płotu (51,7%) umieszczają na dole kartki.

2. Płeć i wiek a trudności emocjonalne dzieci

W celu określenia, czy płeć i wiek dziecka różnicują ocenę siebie oraz dostrzeganie czynników stresogennych, wyniki porównano i przedstawiono w tabelach 2 i 3.

---

[41] J. Guilford, *Podstawowe metody statystyczne w psychologii i pedagogice*, PWN, Warszawa 1964, s. 246.

Tabela 2. Płeć a częstość występowania wskaźników poziomu treściowego

Poziom treściowy	Dziewczynki		Chłopcy		Razem
	liczba	%	liczba	%	
Waloryzacja postaci					
tak	26	86,7	21	70,0	47
nie	4	13,3	9	30,0	13
Rodzaj deszczu					
drobny	9	30,0	11	36,7	20
ulewny	21	70,0	19	63,3	40
Obecność parasola					
tak	21	70,0	19	63,3	40
nie	9	30,0	11	36,7	20
Położenie parasola					
nad głową osoby	15	50,0	12	40,0	27
obok głowy	5	16,7	7	23,3	12
trudno powiedzieć	10	33,3	11	36,7	21
Wygląd płotu					
szczeble ciasno przylegające	10	33,3	9	30,0	19
w odległości	20	66,7	21	70,0	41

Analiza rysunków dziewcząt i chłopców „Osoba w deszczu" w aspekcie treściowym ukazała, że badani wielokrotnie prezentują odmienne wyniki. Postać ludzka częściej waloryzowana jest przez dziewczynki (86,7%), natomiast u 30,0% badanych chłopców nie zaobserwowano waloryzacji. Różne wyniki przedstawiają się także dla wskaźników: rodzaj deszczu, obecność parasola. Częściej na rysunkach dziewczynek w porównaniu z chłopcami zaznaczany jest deszcz ulewny (70%) i parasol nad głową (50%), u chłopców deszcz drobny (36,7%) i parasol obok głowy (23,3%). Różnica nie jest statystycznie istotna. Obydwie grupy badanych dzieci wykazują podobieństwo pod względem pozostałych wskaźników.

W celu określenia, czy wiek dziecka różnicuje trudności emocjonalne, przeprowadzono analizy z zastosowaniem testu χ^2, których wyniki przedstawia tabela 3.

Tabela 3. Wiek a częstość występowania wskaźników poziomu treściowego

Poziom treściowy	Młodsze		Starsze		Razem
	liczba	%	liczba	%	
Waloryzacja postaci					
tak	24	80,0	23	76,7	47
nie	6	20,0	7	23,3	13
Rodzaj deszczu					
drobny	7	23,3	13*	43,3	20
ulewny	23	76,7	17	56,7	40
Obecność parasola					
tak	21	70,0	19	63,3	40
nie	9	30,0	11	36,7	20
Położenie parasola					
nad głową osoby	15	50,0	12	40,0	27
obok głowy	6	20,0	7	23,3	13
trudno powiedzieć	9	30,0	11	36,7	20

Wygląd płotu					
szczeble ciasno przylegające	12	40,0	7	23,3	19
szczeble w odległości	18	60,0	23*	76,7	41

* oznacza wynik bliski statystycznej istotności p = 0,10

Wskaźnikiem różniącym dwie grupy okazał się rodzaj deszczu, wartość testu jest bliska statystycznej istotności dla starszych dzieci $\chi^2(1)$[42] $= 1,88, p = 0,10$. Zaobserwowano również, że wraz z wiekiem maleje odsetek dzieci, które w ogóle nie rysują parasola. Spadek nie jest tak wyraźny, a otrzymana różnica nie jest istotną statystycznie. Otóż 50% młodszych dzieci rysuje parasol bezpośrednio nad głową, 60% starszych obok głowy, różnica ta nie jest znacząca. Wygląd płotu okazał się wskaźnikiem różnicującym dzieci ze względu na wiek. Młodsze, w porównaniu z dziećmi starszymi, częściej zaznaczają sztachety w płocie ciasno przylegające do siebie. Otrzymana wartość χ^2 jest bliska statystycznej istotności $\chi^2(1) = 1,93, p = 0,10$.

IV. Dyskusja i wnioski

Celem opracowania było, jak zostało już napisane we wprowadzeniu, uchwycenie częstości występowania oznak trudności emocjonalnych na rysunkach dzieci oraz ich psychologiczna weryfikacja. Badania wykonano za pomocą dwóch rysunków: Narysuj osobę w deszczu oraz Narysuj płot, w których chodziło o projekcję sposobów odbierania sytuacji stresogennej (jaką był deszcz) przez dziecko, odkrywanie siły *ego* i jakość jego doświadczeń. Rysunki zobrazowały trudności emocjonalne dziecka oraz dostrzegane przez niego cechy obrazu siebie.

Dla obydwu rysunków z podstawowych kategorii poziomu formy przeanalizowano typ rysunku (racjonalny), rozmieszczenie treści na kartce (dolna część). Zgodne z interpretacją tych wskaźników[43], trudności emocjonalne dziecka wyrażają się w małej tolerancji na frustracje, przeżywaniu negatywnych emocji, poczuciu bezradności i niższości, zahamowaniu. Natomiast z poziomu treści, wskaźniki ustalone w badaniach i identyfikowane jako trudności emocjonalne a charakterystyczne dla rysunku "Osoba w deszczu" to, dewaloryzacja postaci, ulewny deszcz, brak parasola oraz jego położenie obok głowy. Dla rysunku „Płot", były to sztachety ciasno przylegające do siebie (tabela 3 i 4). Wyróżnione wskaźniki informują o spostrzeganiu czynników stresogennych i ochronie autora przed nimi. Analizy przeprowadzone testem χ^2 dostarczyły kilku różnic na poziomie tendencji.

Po pierwsze, w rysunkach „Osoba w deszczu" dominuje mieszany sposób rysowania, natomiast w rysunkach „Płot", racjonalny (statyczny) (tabela 1). Ten ostatni sposób sugeruje niewielkie zainteresowanie rysowaniem, co można tłumaczyć wzrostem ciekawości i fascynacji dziecka komputerem i telewizją. Jednak liczną grupę stanowili badani, których treść rysunku była w centrum kartki. Takie

---

[42] W przypadku, gdy liczebności w komórkach tabeli 1, 2, 3 były <10 stosowano wzór χ^2 z poprawką Yatesa; J. Guilford, (przyp. 41), s. 246.

[43] G.D. Oster, P. Goud, (przyp. 33), s. 41.

umieszczenie wskazuje na świadomość dostrzeganych codziennych spraw, bez potrzeby ujawniania innych. Poza tym, dzieci rysując osobę w deszczu oraz rysując płot, najczęściej umieszczały rysunki na dole kartki, co sugeruje doświadczane zmęczenie, przygnębienie.

Po drugie, w analizie wskaźników rysunku z poziomu treści, rozróżnionej ze względu na płeć dzieci zauważono, że:

— na rysunkach chłopców pojawia się drobny deszcz, który symbolizuje sytuacje trudne, a rozłożony parasol znajduje się obok głowy. Zgodnie z interpretacją tych wskaźników[44], trudności emocjonalne wyrażają się w małej tolerancji na frustrację, przeżywaniu negatywnych emocji. W konfrontacji z minimalnym zagrożeniem, chłopcy pozbawieni są ochrony ze strony środowiska zewnętrznego, odczuwają przy tym bezradność, opuszczenie i niepewność w sytuacji, w której zdani są na własne siły (tabela 2). Rodzaj deszczu, symbolizuje problemową sytuację, rozpoznawaną jako stresogenną[45] i pokazuje jak dziecko radzi sobie z tego typu warunkami oraz jakimi dysponuje zasobami, by przetrwać w środowisku wywołującym niepokój;

— u chłopców zaobserwowano dodatkowo brak waloryzacji, która sygnalizuje doświadczanie dużej ilości sytuacji stresowych. Rysunek postaci ludzkiej zawiera najwięcej elementów korelujących z problemami emocjonalnymi czy adaptacyjnymi. Zdaniem Elżbiety Hornowskiej i Władysława Paluchowskiego[46], postać ludzka ze względu na jej wartość emocjonalną i poznawczą, zwłaszcza dla małego dziecka, jest najlepszym wskaźnikiem trudności emocjonalnych. Otrzymany wynik pozostaje w zgodzie z efektami badań E. Napory, która uchwyciła, że chłopcy częściej dewaloryzują siebie niż dziewczynki[47];

— waloryzacja, czyli szczególne wyróżnienie postaci na rysunku, częściej pojawia się u dziewczynek i może wyrażać pozytywne doświadczenia związane z efektywnym funkcjonowaniem w sytuacji stresu. Waloryzacja może również wiązać się z własną osobą i dotyczyć, jak mówi Lawrence Pervin, zjawiska autowaloryzacji, czyli dbałości o poczucie wartości i wyczulenie na informacje, które je podtrzymują lub podnoszą[48];

— na rysunkach dziewczynek odnotowano deszcz ulewny, a same częściej osłonięte są parasolem (zob. Aneks, rys. 4). Obrazuje to wielość dostrzeganych sytuacji stresogennych, ale obecność parasola nad głową sugeruje ochronę i zasoby dające odporność na stres.

---

[44] G.D. Oster, P. Goud, (przyp. 33), s. 43.

[45] G. Poraj, (przyp. 34), s. 28–31.

[46] E. Hornowska, W.J. Paluchowski, *Rysunek postaci ludzkiej według Goodenough-Harrisa*, Wydawnictwo COMPWZ MEN, Poznań 1987, s. 8.

[47] E. Napora, *Agresywny obraz rodziny a atrakcyjność dziecka wśród rówieśników*, [w:] *Zachowania agresywne dzieci i młodzieży w sytuacjach społecznych. Uwarunkowania oraz możliwości ich przezwyciężania*, red. D. Borecka-Biernat, Wydawnictwo Difin, Warszawa 2013 s. 132.

[48] L.A. Pervin, *Psychologia osobowości*, GWP, Gdańsk 2002, s. 259–262.

Analiza rysunków dzieci, rozróżniona ze względu na wiek, miała pokazać więcej efektów we wskaźnikach u młodszych dzieci. Przypuszczenie to zostało potwierdzone. Wiek dziecka różnicuje percepcję siebie i rodzaj sytuacji stresogennej, a mianowicie uzyskane wskaźniki poziomu treści w obydwu rysunkach, w szczególności takie jak waloryzacja postaci, rodzaj deszczu, obecność i położenie parasola oraz wygląd płotu, częściej opisują młodsze dzieci. Uchwyconym wskaźnikiem bliskim statystycznej istotności okazał się rodzaj deszczu: drobny u starszych, zaś ulewny u młodszych (tabela 3). Dodatkowo, wskaźnikiem bliskim statystycznej istotności okazał się sposób zamieszczenia sztachet w płocie, których częstsze przyleganie do siebie zaobserwowano w rysunkach młodszych dzieci (zob. Aneks, rys. 5).

Wyniki tych badań, nie pozostają w sprzeczności z dotychczasową wiedzą. Wskaźniki trudności emocjonalnych ustalone w badaniach, takie jak: dewaloryzacja postaci, mocno zaznaczony deszcz, postać bez parasola nad głową, przychylają się do wyników badań Barbary Gawdy[49]. Jednocześnie z badań wynika, że zarówno technika Narysuj osobę w deszczu, jak i Narysuj płot mogłyby znaleźć zastosowanie w diagnozie trudności emocjonalnych dzieci. Potwierdza to ocena wskaźników formy i treści otrzymanych rysunków dzieci, których interpretacja pokazuje ich negatywne stany emocjonalne, takie jak niepokój czy lęk. Przykładowo, dziesięcioletnia dziewczynka oraz dwaj dziewięcioletni chłopcy (zob. Aneks, rys. 1, 2, 3), których rysunki prezentowały typ racjonalny, wskazują na zahamowanie przez wewnętrzną cenzurę oraz skłonności lękowe. Mogłoby to potwierdzać opinię Stanisława Popka[50], że głównie w elementach formalnych rysunku kryje się autentyczny materiał projekcyjny.

Wnioskując, porównanie zestawienia wskaźników trudności emocjonalnych występujących na dwóch rysunkach dziecka, doprowadziło do stwierdzenia:

— wyższego zapotrzebowania chłopców na ochronę emocjonalną, w porównaniu do dziewczynek. Wniosek ten jest zgodny z przekonaniem, że niektóre cechy, jak np. płeć powodują, iż nie wszystkie dzieci są narażone w takim samym stopniu na działanie czynników stresogennych. Cechy jednostki związane z płcią (dziewczynki) mogą minimalizować wpływ tych czynników.

— młodsze dzieci, w porównaniu ze starszymi, potrzebują więcej poczucia bezpieczeństwa i akceptacji ze strony najbliższych.

Kwestia ta wymaga jednak dalszych badań, gdyż przedstawione dane zostały opracowane na niewielkiej próbie i z tego względu nie można uogólniać wyciągniętych wniosków. Ponadto, zastosowane dwie instrukcje rysunku są rzadko stosowane w badaniach, co dodatkowo przeszkadza w porównywaniu wyników innych badaczy.

---

[49] B. Gawda, (przyp. 9), s. 47.

[50] S. Popek, *Ekspresja plastyczna i jej wartości jako metody projekcyjnej w badaniach psychologicznych*, [w:] *Rysunek projekcyjny jako metoda badań psychologicznych*, red. M. Łaguna, B. Lachowska, Wydawnictwo TN KUL, Lublin 2003, s. 51.

Elżbieta Napora

The frequency of traits indicating emotional
problems in children's drawings

The aim of this study is to compare two projection techniques using drawings in terms of the likelihood of capturing the emotional problems of children. The study included 60 children aged 9 and 10 years form Silesian schools who made extraordinary drawings following the commands: "Draw a person in the rain" and "Draw a fence". Analyses of the drawings reveals that children often placed the figures at the bottom of the page. Boys often drew light rain and, in their pictures, the human figure was de-emphasized. The drawings done by girls were different — their drawings presented heavy rain and the human shape was emphasized. Variations in the placement of fence rungs are also statistically significant. They were placed closer to one another in younger children's drawings than in those by older children.

Aneks wybranych rysunków dzieci

Rys. 1. Rysunek dziesięcioletniej dziewczynki z trudnościami emocjonalnymi

Rys. 2. Rysunek dziewięcioletniego chłopca z trudnościami emocjonalnymi

Rys. 3. Rysunek dziewięcioletniego chłopca z trudnościami emocjonalnymi

Rys. 4. Rysunek dziewięcioletniej dziewczynki bez trudności emocjonalnych

Rys. 5. Rysunek dziesięcioletniego chłopca bez trudności emocjonalnych

EMILIA JĘDRUSIK
ALICJA KUCZYŃSKA

Poczucie jakości życia rodziców wychowujących dziecko z zespołem Downa

I. Wprowadzenie

1. Pojęcie poczucia jakości życia

Termin „jakość życia" został przeniesiony na grunt naukowy z języka potocznego. Początkowo rozumiany był jako poziom czy standard życia, oceniany wg kryteriów typu „mieć" związanych np. ze stopniem majętności czy zajmowaną pozycją spo-łeczną[1]. Stopniowo jednak zaczęto odchodzić od określania poziomu jakości życia jedynie na podstawie tego typu czynników. Jak bowiem wykazały liczne ówczesne, jak i bardziej aktualne badania, czynniki te wcale nie muszą decydować o doznawa-nym poczuciu szczęścia czy jakości życia[2]. Nie porzucono jednak dążenia do wy-pracowania obiektywnego modelu uwarunkowań jakości życia[3]. Proponowane kon-cepcje były rozbudowywane i wzbogacane o kryteria odnoszące się do coraz bar-dziej szczegółowych obszarów życia, wiązały się ze wskazaniem niezbędnych ogól-nych właściwości ludzkiego funkcjonowania, które powinny (zdaniem ich autorów)

---

[1] M. Straś-Romanowska, *Jakość życia w perspektywie psychologicznej*, [w:] *Jakość życia dzieci i młodzieży nie-pełnosprawnej w Polsce i w krajach Unii Europejskiej*, red. J. Patkiewicz, Polskie Towarzystwo do Walki z Kalectwem, Wrocław 2004, s. 15–22.

[2] Np. J. Czapiński, *Psychologiczne teorie szczęścia*, [w:] *Psychologia pozytywna. Nauka o szczęściu, zdrowiu, sile i cnotach człowieka*, red. J. Czapiński, Wydawnictwo Naukowe PWN, Warszawa 2004, s. 51–102; D. Nettle, *Szczęście naukowym sposobem wyłożone*, Prószyński i S-ka, Poznań 2005, *passim*; R. Derbis, *Szczęście w życiu biednych i bogatych*, [w:] tegoż, *Jakość życia. Od wykluczenia do elit*, Wydawnictwo AJD, Częstochowa 2008, s. 109–121.

[3] A. Aleksińska, *Pojęcie jakości życia*, <www.psychologia.net.pl/artykul.php?level=231> [12.04.2011].

decydować o jakości życia (np. J.C. Flangan[4], T. Tomaszewski[5]) lub też stanowiły próbę wypracowania całościowego modelu, który pozwoliłyby uwzględnić zarówno obiektywne, jak i subiektywne źródła jakości życia oraz relację między nimi[6].

Mówiąc o poczuciu jakości życia, większość autorów ma na myśli subiektywne odzwierciedlenie własnej egzystencji. Obejmuje ono nie tylko obiektywną ocenę zastanej sytuacji (która niekiedy mogłaby być stosunkowo trudna do zmiany), ale uwzględnia system przekonań, wartości i możliwości podmiotu warunkujących jego postrzeganie i ocenę otaczającej rzeczywistości, a w konsekwencji doświadczanie własnej codzienności. Takie rozumienie tego pojęcia jest szczególnie ważne w odniesieniu do osób mających styczność z niepełnosprawnością — sytuacją, której samej w sobie często zmienić się nie da, ale której sposób postrzegania oraz wynikające z niego ustosunkowanie do zastałej sytuacji zależy od subiektywnej oceny jednostki. Z tego też powodu za podstawę teoretyczną zaprezentowanych w niniejszej pracy badań, przyjęto holistyczną koncepcję poczucia jakości życia Marii Straś-Romanowskiej, bazującą na założeniach psychologii personalistyczno-egzystencjalnej, a ujmującą człowieka jako osobę[7]. Według tej koncepcji życie psychiczne każdej jednostki opiera się na czterech wymiarach (sferach):
— psychofizycznym,
— psychospołecznym,
— podmiotowym,
— metafizycznym.
Pierwsze dwa wymiary mają charakter naturalistyczny (podlegają prawom przyrody), natomiast kolejne dwa — charakter autonomiczny, związany z życiem duchowym danego człowieka[8].

---

[4] J.C. Flanagan, *A research approach to improving our quality of life*, „American Psychologist" 1978, nr 33, s. 138–147.

[5] Według Tomaszewskiego jakość życia związana jest z poziomem zaspokojenia pewnych, niezmiennych dla wszystkich, kryteriów, takich jak: bogactwo przeżyć, poziom świadomości, poziom aktywności, twórczość, współuczestnictwo w życiu społecznym; T. Tomaszewski, *Główne idee współczesnej psychologii*, Wydawnictwo Żak, Warszawa 1998, *passim*.

[6] R. Derbis, *Doświadczanie codzienności: poczucie jakości życia, swoboda działania, odpowiedzialność, wartości osób bezrobotnych*, Wydawnictwo WSP w Częstochowie, Częstochowa 2000, *passim*; R. Derbis, *Jakość życia z pracą i bez pracy*, [w:] tegoż, *Niepokoje i nadzieje współczesnego człowieka. Człowiek w sytuacji przełomu*, Wydawnictwo WSP w Częstochowie, Częstochowa 2003, s. 81–94.

[7] M. Straś-Romanowska, *Los człowieka jako problem psychologiczny. Podstawy teoretyczne*, Wydawnictwo UWr, Wrocław 1992, s. 55–69; M. Straś-Romanowska, *Rozwój człowieka a rozwój osobowy*, „Studia Psychologica" 2002, nr 3, s. 91–104; M. Straś-Romanowska, *Jakość życia w świetle założeń psychologii zorientowanej na osobę*, „Kolokwia Psychologiczne" 2005, nr 13, s. 261–274; M. Straś-Romanowska, T. Frąckowiak, *Problem poczucia jakości życia osób niepełnosprawnych w świetle założeń psychologii personalistyczno-egzystencjalnej*, [w:] R. Derbis, (przyp. 2), s. 425–432.

[8] Dokładne omówienie personalistyczno-egzystencjalnej koncepcji Straś-Romanowskiej można znaleźć m.in. w następujących pozycjach: M. Straś-Romanowska, (przyp. 1), s. 15–22; M. Straś-Romanowska, T. Frąckowiak, (przyp. 7), s. 425–432.

Koncepcja człowieka-osoby zakłada równość pomiędzy poszczególnymi sferami. Taki wieloaspektowy sposób rozumienia człowieka daje możliwość, by każdy, bez względu na sytuację, w jakiej się znajduje, mógł mieć możliwość odczuwania wysokiego poziomu jakości życia. Dzięki swojej wielowymiarowości koncepcja ta, uwzględniająca na równi z innymi wymiarami wymiar duchowy, metafizyczny, eksponuje znaczenie wartości transcendentnych w osiąganiu dobrego poczucia jakości życia. Dzięki ukierunkowaniu na te wartości i ich realizację, każdy człowiek, bez względu na swoją sytuację życiową, ma szansę odczuwać dobrą jakość życia.

Jak piszą M. Straś-Romanowska i T. Frąckowiak[9] odczuwanie wysokiego poziomu jakości życia (szczególnie w odniesieniu do obszaru psychospołecznego) jest powiązane z takimi aspektami ludzkiej egzystencji, jak poczucie miłości, tolerancji wobec siebie i innych, a także szacunku. Z kolei te wartości są niewątpliwie istotnie zależne od otrzymywanego wsparcia. Co więcej pozytywne relacje międzyludzkie są także źródłem pozytywnej samooceny (istotnego elementu związanego z poczuciem jakości w sferze podmiotowej), opartej na ocenach pochodzących ze strony osób z otoczenia społecznego.

Jednym z zasadniczych celów każdego człowieka jest dążenie do podwyższania jakości własnego życia[10]. Spełnienie tego celu wydaje się jednak wyjątkowo trudne, kiedy człowiek znajdzie się w sytuacji kryzysowej. Takim nieprzewidywalnym wydarzeniem, które w sposób nagły przerywa codzienne funkcjonowanie zarówno jednostki, jak i całego systemu rodzinnego[11], jest pojawienie się w rodzinie dziecka niepełnosprawnego.

2. Pojawienie się dziecka z zespołem Downa w rodzinie

Pojawienie się niepełnosprawnego dziecka w rodzinie wiąże się zawsze z szokiem i niedowierzaniem. Współczesna medycyna pozwala jednak wykonać badania prenatalne, dzięki którym rodzice mogą dowiedzieć się o stanie zdrowia swojego dziecka jeszcze w czasie ciąży[12], a w przypadku wiadomości o wadzie genetycznej, oswoić się z tą myślą i jeszcze przed rozwiązaniem poszukiwać informacji na temat wady, skontaktować się z lokalnym ośrodkiem wczesnej interwencji lub z rodzicami znajdującymi się w podobnej sytuacji[13]. Jest to szczególnie ważne, biorąc pod uwagę

---

[9] M. Straś-Romanowska, T. Frąckowiak, *Rola relacji międzyludzkich w budowaniu jakości życia osób niepełnosprawnych (perspektywa personalistyczno-egzystencjalna)*, [w:] *Rola więzi w rozwoju dzieci i młodzieży niepełnosprawnej*, red. J. Patkiewicz, Wydawnictwo Towarzystwa Walki z Kalectwem, Wrocław 2007, s. 47–57.

[10] M. Straś-Romanowska, (przyp. 1), s. 15–22; E. Kasprzak, *Kształtowanie poczucia jakości życia u osób wykluczonych społecznie. Doniesienie z badań*, [w:] R. Derbis, (przyp. 2), s. 109–121.

[11] M. Skórczyńska, *Przewlekła choroba dziecka w aspekcie realizacji zadań życiowych jednostki i rodziny*, [w:] *Dziecko chore. Zagadnienia biopsychiczne i pedagogiczne*, red. B. Cytowska, B. Winczura, Oficyna Wydawnicza Impuls, Kraków 2007, s. 39–51.

[12] J. Zaremba, *Badania prenatalne w Polsce. Genetyczna diagnoza*, „Panorama medyczna" 2006, nr 2, s. 12–15.

[13] A. Murphy, *Narodziny dziecka z Zespołem Downa*, [w:] *Ku lepszej przyszłości. Zespół Downa. Przewodnik dla rodziców*, red. S.M. Pueschel, Wydawnictwo Replika, Zakrzewo 2009, s. 69–80.

fakt, iż posiadanie dziecka niepełnosprawnego jest wciąż postrzegane przez społeczeństwo w negatywny sposób, często pojawia się współczucie, smutek, a nawet litość. Według M. Kościelskiej[14] urodzenie dziecka z zespołem Downa jest w opinii społecznej odbierane jako nieszczęście. Często już pierwszy kontakt z informacją na temat nowonarodzonego dziecka niesie ze sobą doświadczenie negatywnych ustosunkowań społecznych wobec siebie i dziecka. Według badań przeprowadzonych przez G. Hedov[15], personel medyczny nie jest przygotowany, by w sposób wspierający komunikować się z rodzicami i przekazuje zbyt dużo negatywnych, a tym samym trudnych do przyswojenia, informacji na temat dziecka z zespołem Downa. A. Twardowski[16] zauważa, że nieumiejętne przekazywanie informacji na temat niepełnosprawności dziecka może przyczyniać się do pojawienia się silnych, negatywnych przeżyć u rodziców. Również E. Zasępa, E. Wapiennik i A. Wołowicz[17] podkreślają, że sposób, w jaki diagnoza została przekazana rodzicom, ale także dostępność oraz jakość kontaktu ze specjalistami są jednymi z najważniejszych czynników zewnętrznych, które mają istotny wpływ na funkcjonowanie rodziców i pozostałych członków rodziny.

Niezależnie od rodzaju niepełnosprawności, którą dotknięte jest nowonarodzone dziecko, rodzice doświadczają serii charakterystycznych przeżyć emocjonalnych, które A. Twardowski[18] dzieli na 4 okresy:

— Okres szoku — jest wynikiem zderzenia wyobrażeń rodziców o zdrowym dziecku z informacją o jego chorobie. To czas, w którym wielu rodziców załamuje się, nie widzi wyjścia z sytuacji, w której się znalazło. Pojawiają się silne emocje, takie jak rozpacz, obawa, poczucie krzywdy czy bezradność, które wyrażają się w obniżonym nastroju, niekontrolowanych reakcjach emocjonalnych czy reakcjach nerwicowych. W partnerskich relacjach dochodzi do kłótni, pojawia się wzajemna wrogość i zachowania agresywne. W związku z tym, że zaistniała sytuacja jest dla rodziców zupełnie obca i nieznana, istotnym elementem jest wsparcie osób z zewnątrz.

— Okres kryzysu emocjonalnego — w którym, podobnie jak we wcześniejszym dominują negatywne przeżycia emocjonalne. Przeważa poczucie zrozpaczenia, klęski życiowej oraz wszechogarniającej bezradności. Rodzice są przekonani, że nie mogą nic dla swojego dziecka zrobić, dodatkowo upatrują swojej winy w niepełnosprawności potomka. We wzajemnych relacjach rodzinnych może występować

---

14 M. Kościelska, *Dzieci z zespołem Downa*, Centrum Medyczne Pomocy Psychologiczno-Pedagogicznej MEN, Warszawa 1999, *passim*.

15 G. Hedov, Swedish *Parents of children with Down Syndrome. A study on the initial information and support, and the subsequent daily life*, Acta Universitatis Upsaliensis, Uppsala 2002, s. 20–31.

16 A. Twardowski, *Rodzina a dziecko niepełnosprawne*, [w:] *Dziecko niepełnosprawne w rodzinie*, red. I. Obuchowska, Wydawnictwo WSiP, Warszawa 2008, s. 18–54.

17 E. Zasępa, E. Wapiennik, A. Wołowicz, *Jakość życia rodzin mających dziecko z zespołem Downa*, [w:] *Zespół Downa — postępy w leczeniu, rehabilitacji i edukacji*, red. J. Patkiewicz, Polskie Towarzystwo do Walki z Kalectwem, Wrocław 2008, s. 151–158.

18 A. Twardowski, (przyp. 16), s. 18–54.

bunt i wrogość wobec otoczenia. W tym okresie często dochodzi do odsuwania się ojca od rodziny, które może objawiać się na kilka sposobów, od braku zainteresowania sprawami dotyczącymi rodziny i niepełnosprawnego dziecka, poprzez ucieczkę w alkohol czy pracę, aż po fizyczne odejście od rodziny.

— Okres pozornego przystosowania się — charakteryzuje się podejmowaniem przez rodziców nieracjonalnych prób radzenia sobie z sytuacją, jaką jest posiadanie dziecka niepełnosprawnego. Może się to objawiać na kilka sposobów — poprzez nieuznawanie niepełnosprawności dziecka, przyjęcie do wiadomości choroby dziecka przy jednoczesnej nieuzasadnionej wierze w możliwość jej wyleczenia lub poszukiwanie winnych odpowiedzialnych za niepełnosprawność potomka. Okres ten może ciągnąć się przez długi czas, a rodzice godząc się ze swoją sytuacją często poddają się stagnacji, przygnębieniu oraz pesymizmowi i nie podejmują dodatkowych działań rehabilitacyjnych poza czynnościami dnia codziennego.

— Okres konstruktywnego przystosowania się — opiera się na konstruktywnym analizowaniu przez rodziców problemu, z którym się zetknęli oraz wyszukiwaniu realnych możliwości i form pomocy w stosunku do chorego dziecka. W tej fazie zaczynają dominować pozytywne odczucia, a obcowanie z niepełnosprawnym dzieckiem staje się źródłem radości i satysfakcji.

Nie wszyscy rodzice dochodzą w swoich przeżyciach do ostatniego okresu, często pozostają w kręgu paraliżujących ich emocji oraz poczuciu bezradności. L. Cynarzewska-Wlazik podkreśla, że „mówiąc o emocjach trudno jednak przypisać każdego rodzica do konkretnego schematu, choć nie ulega wątpliwości, że istnieją pewne symptomy w zachowaniu rodziców, które pozwalają zdiagnozować ich stan emocjonalny i zbadać ich postawy wobec dzieci niepełnosprawnych"[19]. Jednakże jedynie konstruktywne przystosowanie się do niepełnosprawności dziecka daje możliwość na prawdziwe i efektywne niesienie mu pomocy[20].

Sposób, w jaki rodzice przeszli przez wymienione wyżej okresy, jaką pomoc i wsparcie otrzymali w tym czasie, może mieć istotny wpływ na późniejszą akceptację dziecka, ich funkcjonowanie w rodzinie, postrzeganie i umiejscowienie siebie w otaczającym świecie oraz, niewątpliwie, na poczucie jakości życia. Należy jednocześnie zwrócić uwagę na fakt, o którym mówi L. Cynarzewska-Wlazik[21], iż raz

---

[19] L. Cynarzewska-Wlazik, *Odchodzą czy kochają?*, „Bardziej Kochani" 2008, nr 3, s. 4.

[20] Przykładem ewolucji przeżyć doświadczanych przez matkę chłopca z zespołem Downa (od okresu szoku do okresu konstruktywnego przystosowania się), a zmieniających się wraz z upływem czasu, i oswajaniem się z informacją o wadzie genetycznej, która dotknęła jej dziecka może być jej wypowiedź: „15 grudnia (dwa dni po Twoich narodzinach, kiedy to zdiagnozowano u Ciebie zespół Downa) myślałam, że skończyło się moje normalne życie. Teraz wiem, że nie miałam racji! Ten dzień był początkiem życia pełnego wyzwań, pracy, trudu, ale życia szczęśliwego z istotą, której uśmiech mnie obezwładnia. Z Tobą Stasiu! Dziękuję Ci Stasiu! Dziękuję, że jesteś i wybacz, że musiałeś na te słowa czekać całe 9,5 miesiąca". Zob. W. Mikusek, *Listy do syna*, „Bardziej Kochani" 2007, nr 4, s. 3.

[21] L. Cynarzewska-Wlazik, (przyp. 19), s. 2–6.

osiągnięta równowaga emocjonalna rodziców dzieci niepełnosprawnych może być wielokrotnie zachwiana poprzez niejednokrotnie weryfikujące ich postrzeganie świata wyzwania dnia codziennego. Do takich sytuacji należy zaliczyć przede wszystkim wchodzenie niepełnosprawnego dziecka w kolejne fazy rozwoju, pojawiające się dodatkowe choroby i schorzenia oraz pojawiające się w związku z tym napięcia i problemy w stosunkach rodzinnych.

3. Wpływ dziecka z zespołem Downa na poczucie jakości życia w rodzinie

Funkcjonowanie rodzin wychowujących dziecko z różnymi rodzajami niepełnosprawności, w tym również z zespołem Downa, jest tematem wzbudzającym znaczne zainteresowanie wśród współczesnych badaczy. Wśród wielu charakterystyk dotyczących tych rodzin E. Zasępa i współpracownicy wymieniają sposób „reakcji rodziców na diagnozę choroby dziecka, sposobów jego wychowania, zmiany w funkcjonowaniu systemu rodzinnego, a także przeżycia rodziców i innych członków rodziny związane z trudami wychowania dziecka"[22]. Należy jednakże podkreślić, iż współczesne podejście do tej tematyki jest zdecydowanie odmienne od perspektywy przyjmowanej do około lat 80. XX wieku[23]. Aktualne badania[24] ukazują odejście od negatywnego kontekstu, opartego na doświadczaniu intensywnego stresu, zwiększonego poziomu depresji i lęku, obniżeniu poczucia sensu życia czy konfliktami w rodzinie na rzecz badań opartych na perspektywie stres – radzenie sobie z nim. Wśród badaczy panuje wspólny pogląd, iż wychowanie dziecka niepełnosprawnego pociąga za sobą więcej wyzwań niż wychowanie dziecka zdrowego. Nie ma jednak takiej jednomyślności co do tego, czy rodzaj niepełnosprawności dziecka wpływa na różnice stopnia trudności wychowawczych[25].

Jak wynika z badań przeprowadzonych przez H.Y. Sari, G. Baser i J.M. Turan[26] posiadanie dziecka z zespołem Downa znacznie wpływa na różne sfery życia rodziny. Negatywne aspekty i znaczące trudności autorzy zauważają w sytuacji społecznej i ekonomicznej. Natomiast pozytywną naturę mają doświadczane przez rodziców emocje i przeżycia wewnętrzne. Podobne wnioski wyciągnęli ze swoich badań

---

[22]   E. Zasępa, E. Wapiennik, A. Wołowicz, (przyp. 17), s. 151.

[23]   Por. E. Zasępa, E. Wapiennik, A. Wołowicz, (przyp. 17), s. 151–158.

[24]   M.in. J. Carr, *Families of 30-35-year olds with Down's syndrome*, „Journal of Applied Research in Intellectual Disabilities" 2005, nr 18, s. 75–84; C. Cunningham, *Families of children with Down syndrome*, „Down Syndrome Research and Practice" 1996, nr 3, s. 87–95; R. Hodapp, *Families of persons with Down syndrome: New perspectives, findings, and research and service needs*, „Mental Retardation and Developmental Disabilities Research Reviews" 2007, nr 13, s. 279–287.

[25]   E. Zasępa, *Psychospołeczne funkcjonowanie osób z zespołem Downa*, Oficyna Wydawnicza Impuls, Warszawa 2008, s. 17–64.

[26]   H.Y. Sari, G. Baser, J.M. Turan, *Experiences of mothers of Down syndrome*, „Paediatric Nuring" 2006, nr 4, s. 29–32.

R.I. Brown i współpracownicy[27]. Badania wykazały, że w sferach takich jak: relacje rodzinne, zdrowie, system wartości oraz spędzanie czasu wolnego rodziny dzieci z zespołem Downa uzyskały najwyższy poziom satysfakcji. Innymi słowy, członkowie rodziny byli zadowoleni z poczucia wzajemnego wsparcia, wspólnego wykonywania różnorodnych rzeczy czy też z podziału obowiązków. Ważny był dla nich spójny system wartości, którym wspólnie się kierują. Rodziny były zadowolone również z różnorodnych form spędzania czasu, zarówno angażujących ich wszystkich, jak i dostosowanych do indywidualnych potrzeb i zainteresowań poszczególnych członków rodziny. Natomiast najniższy poziom satysfakcji dotyczył interakcji społecznych, sytuacji materialnej oraz wsparcia płynącego ze strony innych osób. Rodzice dostrzegają negatywne sygnały (takie jak negatywne postawy czy zachowania dyskryminujące) płynące ze strony otoczenia społecznego. Zarówno materialne, jak i emocjonalne wsparcie płynące od przyjaciół, dalszej rodziny, sąsiadów jest dla rodziców niewystarczające. Również na niedostatecznym poziomie utrzymują się ich warunki materialne, niepozwalające w wystarczającym stopniu sprostać wymogom, jakie niesie ze sobą wychowywanie i opieka nad dzieckiem niepełnosprawnym.

Wraz z dorastaniem dziecka z zespołem Downa, zmienia się sposób funkcjonowania rodziny oraz emocje towarzyszące wychowaniu. Związane jest to z trudnościami towarzyszącymi niepełnosprawnemu dziecku w różnych etapach jego życia, z którymi to wspólnie mierzy się cała rodzina. Jedno z badań przeprowadzonych przez E. Zasępę[28] wykazało, iż w momencie otrzymania diagnozy dotyczącej niepełnosprawności dziecka poziom depresji u matek (mierzony retrospektywnie przy użyciu Skali Depresji Becka) był określony na poziomie umiarkowanym, natomiast w momencie wykonania badania, gdy dzieci były w wieku przedszkolnym i szkolnym, test wykazał brak depresji u badanych kobiet. Oznacza to, iż matki posiadają zdolności adaptacyjne, które umożliwiają im znalezienie sensu cierpienia oraz reinterpretowanie ciężkich doświadczeń jako doznań pozytywnych. Podobne dane dotyczące zmian odczuwania poziomu stresu przez rodziców wraz z dorastaniem dziecka otrzymali w swoich longitudinalnych badaniach P. Hauser-Cram, M. Erickson Warfield, J.P. Shonkoff i M. Wyngaarden[29], które wykazały, iż zarówno wśród matek jak i ojców stres rodzicielski jest największy między trzecim a dziesiątym rokiem życia ich niepełnosprawnego dziecka.

Badania dotyczące funkcjonowania rodzin mających dziecko z zespołem Downa prowadzone są najczęściej w dwóch kontekstach: w porównaniu do rodzin mających zdrowe dziecko lub do rodzin wychowujących dziecko z innym rodzajem

---

[27] R.I. Brown, J. MacAdam-Crisp, M Wang i in., *Family quality of life when there is a child with developmental disability*, „Journal of Policy and Practice in Intellectual Disability" 2006, nr 4, s. 238–245.

[28] E. Zasępa, (przyp. 25), s. 17–64.

[29] P. Hauser-Cram, M. Erickson Warfield, J.P. Shonkoff i in., *Children with disabilities: a longitudinal study of child development and parent well-being*, „Monographs of the Society for Research in Child Development" 2001, nr 3, *passim*.

niepełnosprawności. W świetle tych odmiennych perspektyw sytuacja rodzin z dzieckiem z trisomią prezentuje się w dwojaki sposób. Wśród wyników badań można zauważyć generalną tendencję określającą rodziny mające dziecko z zespołem Downa jako gorzej funkcjonujące od rodzin wychowujących zdrowe dziecko i jednocześnie funkcjonujące lepiej w odniesieniu do rodzin mających dziecko z wieloma innymi rodzajami niepełnosprawności (np. dziećmi z problemami neurologicznymi lub z niepełnosprawnością intelektualną o nieznanych przyczynach[30]). Zjawisko to, w odniesieniu zarówno do matek, ojców jak i rodzeństwa dzieci z zespołem Downa, R. Hodapp[31] określa mianem tzw. *korzyści zespołu Downa* (ang. *Down syndrome advantage*). J. Kostrzewski[32] wymienia specyficzne cechy osobowości (m.in.: serdeczność, otwartość, wrażliwość, jak również mniejsze w porównaniu do dzieci z innymi rodzajami niepełnosprawności, nasilenie zachowań problemowych), które wpisują dzieci z zespołem Downa w obraz dziecka wiecznie szczęśliwego, zarażającego innych optymizmem. Wnioski wyciągnięte na podstawie badań L. Abeduto, M. Mailick Seltzer, P. Shattuck, M. Wyngaarden Krauss, G. Orsmond i M.M. Murphy[33] przeprowadzone na trzech grupach matek (dzieci z autyzmem, zespołem Downa i łamliwym chromosomem X) są zgodne z przytoczonymi wcześniej obserwacjami J. Kostrzewskiego. Badacze zauważyli, iż matki dzieci z zespołem Downa charakteryzują się najniższym poziomem odczuwanego pesymizmu i depresji, i jednocześnie mają najlepsze relacje ze swoimi niepełnosprawnymi dziećmi.

Jakość życia rodziców jest najczęściej łączona z natężeniem zachowań problemowych pojawiających się u dzieci oraz ich cechami osobowości i temperamentu. Duża ilość kłopotliwych zachowań, trudny charakter oraz nieprzystosowawcze cechy osobowości idą w parze z subiektywnym odczuwaniem przez rodziców niższego poczucia jakości swojego życia. W takim kontekście rodziny z dziećmi z zespołem Downa (w porównaniu z rodzinami z dziećmi z innymi rodzajami niepełnosprawności, szczególnie z autyzmem) wpisują się w pozytywny trend, tzn. ze względu na to, iż osoby z zespołem Downa w porównaniu z osobami z innymi rodzajami niepełnosprawności charakteryzują się takimi cechami, jak przejawianie większej ilości zachowań pozytywnych, większe uspołecznienie, mniejszy stopień impulsywności, nadaktywności, drażliwości czy agresywności[34],

---

[30] B.R. Cahill, L.M. Glidden, *Influence of child diagnosis on family and parental functioning: Down syndrome versus other disabilities*, „American Journal on Mental Retardation" 1996, nr 2, s. 149–160; R. Hodapp, (przyp. 24), s. 279–287.

[31] R. Hodapp, (przyp. 24), s. 279–287.

[32] J. Kostrzewski, *Cechy osobowości osób z zespołem Downa*, „Roczniki Pedagogiki Specjalnej" 2002, t. 12–13, s. 72–89.

[33] L. Abeduto, M. Mailick Seltzer, P. Shattuck i in., *Psychological well-being and doping in mothers of youth with autism, Down syndrome or fragile X syndrome*, „American Journal on Mental Retardation" 2004, nr 3, s. 237–254.

[34] L. Abeduto, M. Mailick Seltzer, P. Shattuck i in., (przyp. 33), s. 237–254.

relacje między rodzicami a dziećmi nie są z reguły zakłócone, co w konsekwencji wpływa na odczuwany poziom satysfakcji z życia.

Według badań przeprowadzonych przez B.R. Cahill i L.M. Glidden[35] rodzice dzieci z zespołem Downa, w porównaniu do rodziców dzieci autystycznych, są lepiej przystosowani do zastanej sytuacji rodzinnej, mają niższy poziom stresu, przejawiają oznaki zdrowszej osobowości oraz deklarują wyższa satysfakcję małżeńską. Ponadto matki dzieci z zespołem Downa (w porównaniu do matek dzieci autystycznych) charakteryzują się mniejszym lękiem oraz rzadziej doświadczają zaburzeń lękowych. Do podobnych wniosków, na polskiej grupie badanych, doszła E. Pisula[36], która porównywała między sobą matki dzieci z różnymi rodzajami niepełnosprawności (z zespołem Downa, dziecięcym porażeniem mózgowym i niepełnosprawnością intelektualną o różnym podłożu) oraz z dziećmi zdrowymi. Badania te dowiodły, że matki dzieci z trisomią, mimo doświadczania wyższego poziomu stresu w porównaniu do matek z grupy kontrolnej, przejawiały mniejsze nasilenie stresu wynikające z takich źródeł jak negatywne ustosunkowanie otoczenia do dziecka, brak wsparcia społecznego, ograniczenia dostępu niepełnosprawnego dziecka do przystosowanych do niego form edukacji i pracy zawodowej czy charakteru dziecka.

Podobieństwa między rodzicami wychowującymi zdrowe dzieci a rodzicami wychowującymi dzieci z zespołem Downa są bardziej wyraźne niż dzielące ich różnice pod względem rozwodów, liczby posiadanych dzieci, czasu poświęcanego na opiekę nad dziećmi, możliwości zatrudnienia, zwolnień w pracy[37]. Rodzice wychowujący dzieci z zespołem Downa, w podobnym stopniu jak rodzice dzieci zdrowych, mają czas na rozmowę ze swoim małżonkiem (są przez małżonka uważnie słuchani i rozumiani) oraz mają czas na rozrywki i rekreację, są zadowoleni z kontaktów seksualnych i z sytuacji ekonomicznej[38]. Jednakże matki dzieci z zespołem Downa odczuwają pogorszony stan zdrowia oraz wyższy poziom stresu. Co więcej, z powodu częstych chorób dziecka, rodzice dzieci z trisomią (zarówno matki, jak i ojcowie) zostają częściej w domu w porównaniu do matek zdrowych dzieci. Uzyskane w badaniu wyniki sugerują, że opieka nad dzieckiem z niepełnosprawnością, jaką jest zespół Downa, może mieć znaczący wpływ na podwyższony poziom stresu (szczególnie u matek[39]), który jest jednym z czynników prowadzących do wypalenia.

---

[35] B.R. Cahill, L.M. Glidden, (przyp. 30), s. 149–160.

[36] E. Pisula, *Psychologiczne problemy rodziców dzieci z zaburzeniami rozwoju*, Wydawnictwo UW, Warszawa 1998, s. 164–214; E. Pisula, *Rodzice i rodzeństwo dzieci z zaburzeniami rozwoju*, Wydawnictwo UW, Warszawa 2007, s. 35–76; E. Pisula, *A comparative study of stress profiles in mothers of children with autism and those of children with Down's syndrome*, „Journal of Applied Research in Intellectual Disabilities" 2007, nr 3, s. 274–278.

[37] G. Hedov, (przyp. 15), s. 20–31.

[38] Zob. G. Hedov, G. Anneren, K. Wikblad, *Self-perceived health in Swedish parents of children with Down's syndrome*, „Quality of Life Research" 2000, nr 4, s. 415–422.

[39] G. Hedov, (przyp. 15), s. 20–31.

B.S. Scott wraz z współpracownikami[40] wykazał, że ogólny poziom dystresu (będący sumą takich wskaźników jak m.in. poziom depresji, lęku, dezorientacji, złości, wigoru, zmęczenia oraz pojawiania się natrętnych myśli w sytuacjach stresowych) jest większy u rodziców wychowujących dzieci z zespołem Downa do lat 2 w porównaniu do rodziców wychowujących zdrowe dzieci. Jednakże mimo istotnej różnicy pomiędzy rodzicami, doświadczanie stresu przez rodziców mających dziecko z trisomią było stosunkowo niskie — jedynie 5% par wykazało wysoki poziom mierzonej cechy. Autor zauważa również, że doświadczany przez matki poziom stresu jest większy niż występujący u ojców i to niezależnie od tego, czy w rodzinie jest dziecko niepełnosprawne czy zdrowe. Fakt ten może sugerować, iż to matki biorą zwykle większą odpowiedzialność za dziecko oraz jego wychowanie. Z kolei R.M. Hodapp, L.A. Ricci i D.J. Fidler[41] stwierdzili, że większy poziom odczuwanego stresu przez rodziców wiąże się z większa ilością kłopotów w zachowaniu ich dzieci, natomiast mniejszy — z ich bardziej otwartą i serdeczną postawą.

M.A. Roach, G.I. Orsmonda i M.S. Barratt[42] podjęli się próby wyjaśnienia źródeł stresu pojawiającego się u rodziców dzieci z zespołem Downa. Największymi źródłami stresu dla matek opiekujących się niepełnosprawnym dzieckiem okazały się m.in. trudności związane z opieką nad dzieckiem, zaangażowanie się w opiekę nad dzieckiem oraz czas poświęcany pracy zawodowej. Według autorów powyższe czynniki powiązane są z problemami dotyczącymi zdrowia matek, poczuciem bycia ograniczonym przez rolę rodzicielską, z nieodczuwaniem wsparcia ze strony ojca dziecka, a wynikają z przeciążenia obowiązkami rodzicielskimi oraz niepokojem o zaspokojenie codziennych potrzeb niepełnosprawnego dziecka. Z kolei czynniki takie jak: „status społeczny dziecka, mniejsze zaangażowanie się w opiekę nad dzieckiem, większy poziom stresu rodzicielskiego odczuwany przez matkę"[43] stanowią źródło stresu pojawiającego się u ojców. Do wymienionych wyżej czynników dochodzi również poczucie braku kompetencji w opiece nad dzieckiem niepełnosprawnym, brak wytworzonej więzi emocjonalnej, a także niepokój o przyszłość dziecka. Pojawienie się stresu wynikającego z przedstawionych źródeł wpływa jednocześnie na utrudnienie stworzenia zdrowej relacji ojciec – dziecko, a jednocześnie może być przyczyną odczuwania niższej satysfakcji małżeńskiej, wytworzenia się poczucia winy i nieefektywności.

Z uwagi na szczególnie bliską relację i więź, jaka powstają między matką a dzieckiem, przedmiotem przeważającej liczby badań obejmujących poznanie funkcjonowania rodziców dzieci niepełnosprawnych, w tym również rodziców

---

[40] B.S. Scott, L. Atkinson, H.L. Minton i in., *Psychological distress of parents of infants with Down syndrome*, „American Journal of Mental Retardation" 1997, nr 2, s. 161–171.

[41] R.M. Hodapp, L.A. Ricci, T.M. Ly, i in., *The effects of the child with Down syndrome on maternal stress*, „British Journal of Developmental Psychology" 2003, nr 1, s. 137–151.

[42] M.A. Roach, G.I. Orsmond, M.S. Barratt, *Mothers and fathers of children with Down syndrome: parental stress and involvement in childcare*, „American Journal of Mental Retardation" 1999, nr 5, s. 422–436.

[43] E. Zasępa, (przyp. 25), s. 39.

dzieci z zespołem Downa, były i dalej są matki. Można jednak zauważyć coraz częstsze zainteresowanie funkcjonowaniem innych członków rodziny — szczególnie ojców i rodzeństwa, a niekiedy nawet dziadków[44].

Rola ojca, zarówno w rodzinie ze zdrowym potomstwem, jak i w rodzinach wychowujących dziecko niepełnosprawne, jest podobna i ważna z punktu widzenia funkcjonowania całej rodziny oraz każdego z jej członków z osobna. Jednakże Cynarzewska-Wlazik[45] zauważa, że bycie rodzicem wychowującym dziecko z niepełnosprawnością intelektualną stanowi duże wyzwanie, które zawsze odmienia dotychczasową rzeczywistość komórki rodzinnej oraz sposób postrzegania swojej rodzicielskiej roli. Dziecko obciążone niepełnosprawnością intelektualną bardzo absorbuje uwagę obojga rodziców, wymaga poczucia oparcia z ich strony oraz obdarzania miłością. Jednakże według badań przeprowadzonych przez P. Cheng[46] rodzice, w zależności od płci, w różny sposób reagują na niepełnosprawność swojego dziecka. Matki najczęściej koncentrują się na emocjach, szukaniu społecznego wsparcia oraz częściej, w porównaniu do ojców, odczuwają nadmierne poczucie winy. Z kolei u ojców można zauważyć przede wszystkim koncentrację na zadaniu. Tak odmienne sposoby funkcjonowania rodziców są ze sobą mimo wszystko powiązane i mogą dobrze funkcjonować, bazując na wzajemnym dopełnianiu się. To przede wszystkim więź, która łączy małżonków, pomaga im w realizacji zadań wynikających z opieki rodzicielskiej[47].

Na podstawie swoich socjologicznych badań Cynarzewska-Wlazik[48] stwierdziła, iż tuż po narodzinach lub zdiagnozowaniu niepełnosprawności u dziecka ojcowie bywają nieobecni, szukając ukojenia w alkoholu lub obciążając się sprawami zawodowymi na tyle, by odsunąć od siebie ciężar opieki nad dzieckiem. W związku z częstą rezygnacją matek z pracy zawodowej na rzecz wychowania dziecka (blisko 50% badanych kobiet) to właśnie na ojcach spoczywa obowiązek zapewnienia bezpieczeństwa rodzinie od strony finansowej, sprowadzając rolę ojca w dużej mierze jedynie do roli dostarczyciela dóbr materialnych[49]. Według M. Chodkowskiej[50] to matka jest tym rodzicem, któremu łatwiej nawiązać bliskie relacje z niepełnosprawnym dzieckiem, ze względu na częstość kontaktów i wynikające z nich stopniowe nawiązywanie więzi emocjonalnej. W odniesieniu do ojców tego typu mechanizm przywiązania rozwija się trudniej. Autorka podkreśla, że mężczyzna częściej szuka

---

44 E. Zasępa, E. Wapiennik, A. Wołowicz, (przyp. 17), s. 151–158.

45 L. Cynarzewska-Wlazik, (przyp. 19), s. 2–6.

46 P. Cheng, *Coping and psychological distress of Chinese parents of children with Down's syndrome*, „Mental Retardation" 1995, nr 1, s. 10–20.

47 J. Rembowski, *Rodzina jako system powiązań*, [w:] *Rodzina i dziecko*, red. M. Ziemska, PWN, Warszawa 1979, s. 131–132.

48 L. Cynarzewska-Wlazik, (przyp. 19), s. 2–6.

49 L. Cynarzewska-Wlazik, (przyp. 19), s. 2–6; E. Zasępa, E. Wapiennik, A. Wołowicz, (przyp. 17), s. 151–158; E. Zasępa, (przyp. 25), s. 17–64.

50 M. Chodkowska, *Mieć dziecko z porażeniem mózgowym. Pamiętnik matek*, Pracownia Wydawnicza Fundacji „Masz Szansę", Lublin 1995, *passim*.

rozwiązań w zachowaniach prorodzinnych, poprzez wspieranie matki oraz aktywne uczestnictwo w walce o zdrowie potomka lub przeciwnie — antyrodzinnych, przejawiających się ucieczką od problemów rodzinnych. I choć społecznie dość powszechnie słyszy się opinie dotyczące odejścia ojca od rodziny z powodu pojawienia się niepełnosprawnego potomstwa, wyniki prowadzonych badań nie upoważniają do jednoznacznego potwierdzenia tego zjawiska (80% badanych rodzin było rodzinami pełnymi). Niewątpliwie jednak atmosfera panująca w życiu rodzinnym może polegać na wzajemnym wsparciu, bądź stać się źródłem częstych napięć i konfliktów[51].

Podsumowując, nie jest poprawnym stwierdzenie, iż posiadanie dziecka z zespołem Downa niesie za sobą jedynie negatywne konsekwencje. W licznych badaniach[52] dowiedziono, iż dziecko z zespołem Downa w rodzinie może korzystnie wpłynąć na system rodzinny oraz odczuwaną przez jej członków jakość życia. Trud włożony w wychowanie dziecka z zespołem Downa umożliwia rodzicom zwrotne doświadczenia, które mogą przyczynić się do pogłębienia życiowej mądrości[53].

II. Badanie

1. Wprowadzenie

Celem badań było dokonanie charakterystyki sposobu funkcjonowania rodziców wychowujących dziecko z zespołem Downa w zakresie poczucia jakości życia, spostrzeganego wsparcia społecznego (informacyjnego, instrumentalnego, wartościującego i emocjonalnego) otrzymywanego z czterech różnych źródeł (partnera, rodziców, dzieci i przyjaciół) i wypalenia się w związku z opieką nad dzieckiem z zespołem Downa, poznanie zależności pomiędzy badanymi zmiennymi oraz zweryfikowanie roli dodatkowych czynników (takich jak wiek dziecka, liczba dzieci w rodzinie, kolejność urodzenia się dziecka z zespołem Downa oraz wiek rodziców, stan cywilny, stosunek do pracy zawodowej), które mogą mieć wpływ na doświadczane poczucie jakości życia oraz wypalenie opieką.

Innymi słowy celem badań było udzielenie odpowiedzi na pięć szczegółowych pytań badawczych:

— W jakich obszarach poczucie jakości życia rodziców dzieci z zespołem Downa jest najwyższe, a w jakich najniższe?

— Czy istnieje związek pomiędzy poczuciem jakości życia rodziców wychowujących dziecko z zespołem Downa a wiekiem, liczbą dzieci w rodzinie oraz kolejnością urodzenia się dziecka z zespołem Downa?

— Czy istnieją różnice w poziomie oraz rodzaju otrzymywanego wsparcia?

---

[51] L. Cynarzewska-Wlazik, (przyp. 19), s. 2–6.
[52] M.in. L. Abeduto, M. Mailick Seltzer, P. Shattuck i in., (przyp. 33), s. 237–254; R. Hodapp, (przyp. 24), s. 279–287; H.Y. Sari, G. Baser, J.M. Turan, (przyp. 26), s. 29–32.
[53] R.M. Hodapp, T.M. Ly, D.J. Fidler, L.A. Ricci, *Less stress, more rewarding: parenting children with Down syndrome*, „Parenting: Science and Practice" 2001, nr 1, s. 317–337.

— Czy istnie związek pomiędzy wypaleniem się sił w związku z opieką nad dzieckiem z zespołem Downa a płcią, wiekiem, stanem cywilnym oraz podejmowaniem lub nie pracy zawodowej?

— Czy istnieje zależność pomiędzy otrzymywanym wsparciem a poczuciem jakości
życia rodziców oraz wypaleniem się sił w związku z opieką nad dzieckiem
z zespołem Downa?

2. Procedura i charakterystyka grupy badanej

Badania zostały przeprowadzone w czerwcu 2012 roku. Wzięli w nim udział rodzice dzieci z zespołem Downa — łącznie 60 osób, (45 kobiet i 15 mężczyzn) za-
mieszkujących na terenie całej Polski. Wiek dzieci z zespołem Downa wahał się
między 5 miesiącami a 25 latami. W tabeli 1 została przedstawiona szczegółowa
charakterystyka badanych osób ze względu na płeć, wiek, stan cywilny, wykształcenie oraz stosunek do pracy zawodowej.

Tabela 1. Podstawowa charakterystyka badanych osób

			ogółem	kobiety	mężczyźni
średnia wieku			37,63	37,98	36,60
stan cywilny	w związku	małżeńskim	52	39	13
		nieformalnym	3	2	1
	samotny	wdowiec	2	1	1
		rozwiedziony	3	3	0
wykształcenie	podstawowe		4	3	1
	średnie		23	17	6
	wyższe		33	25	8
stosunek do pracy zawodowej	podejmowanie pracy zawodowej		36	24	12
	pozostanie bez pracy zawodowej		24	21	3

Udział w badaniu był dobrowolny i anonimowy. Dotarcie do pożądanych osób badanych było możliwe dzięki nawiązaniu kontaktu z instytucjami zrzeszającymi rodziców dzieci niepełnosprawnych, w tym rodziców dzieci z zespołem Downa,
z następujących miast w Polsce: Bielska-Białej, Chełma, Głogowa, Grudziądza, Ja-
strzębiej Góry, Jeleniej Góry, Katowic, Kędzierzyna Koźla, Konina, Krakowa, Lu-
blina, Łodzi, Olsztyna, Oławy, Opola, Poznania, Radomia, Rzeszowa, Szczecina,
Warszawy, Wrocławia oraz Zielonej Góry. Prośba o wzięcie udziału w badaniu została również zamieszczona na forum ogólnopolskiego serwisu internetowego zrze-
szającego rodziców i opiekunów osób z zespołem Downa „Zakątek21"[54].

---

[54] <www.zakatek21.pl> [14.10.2013].

Respondenci wypełniali kwestionariusze w formie elektronicznej przy pomocy serwisu internetowego mojeankiety.pl, gdzie zamieszczone było badanie. Wybór takiej formy przeprowadzania badań gwarantował dotarcie do dużej ilości osób wychowujących dziecko z zespołem Downa, nie tylko z najbliższej okolicy, lecz z terenu całej Polski. Dzięki temu zmniejszony został wpływ miejsca zamieszkania na otrzymane wyniki. Co więcej udzielenie odpowiedzi było wymuszane przez system, co oznaczało iż osoba badana musiała ustosunkować się do każdego pytania w kwestionariuszach, by przejść do wypełniania kolejnego i prawidłowo zakończyć wypełnianie. Gwarantowało to uniknięcie przypadków, w których część pozycji kwestionariuszowych pozostałoby bez odpowiedzi.

3. Narzędzia badawcze

Przeprowadzone badanie obejmowało wypełnienie przez osoby badane czterech kwestionariuszy:
— Kwestionariusza Poczucia Jakości Życia opracowanego przez Oleszkowicz, Straś-Romanowską oraz Frąckowiaka. Narzędzie to stanowi operacjonalizację pojęcia poczucia jakości życia definiowanego zgodnie z personalistyczno-egzystencjalną koncepcją Straś-Romanowskiej[55] i mierzy cztery wyróżnione przez autorkę komponenty dobrostanu: psychofizyczny, psychospołeczny, podmiotowy oraz metafizyczny;
— Skali Wsparcia Społecznego autorstwa Krystyny Kmiecik-Baran[56]. W badaniu została wykorzystana jedynie druga część kwestionariusza, skala wsparcia społecznego, ze z góry określonymi, jednorodnymi dla wszystkich uczestników, czterema grupami społecznymi: partner, dzieci, rodzice oraz przyjaciele. Narzucenie konkretnych grup społecznych było celowe i uwarunkowane chęcią uzyskania danych dotyczących konkretnych grup społecznych, a także zmniejszeniem stopnia trudności oraz czasu wypełniania kwestionariusza;
— Kwestionariusza MBI (*Maslach Burnout Inventory*) przystosowanego do badania wypalenia się sił w związku z opieką nad dzieckiem niepełnosprawnym[57];

---

[55] M. Straś-Romanowska, (przyp. 1), s. 15–22; M. Straś-Romanowska, T. Frąckowiak, (przyp. 7), s. 425–432.

[56] K. Kmiecik-Baran, *Skala wsparcia społecznego. Teoria i właściwości psychometryczne*, „Przegląd Psychologiczny" 1995, t. 38, nr 1/2, s. 201–214.

[57] C. Maslach, S.E. Jackson, *Maslach Burnout Inventory*, Consulting Psychologists Press, Palo Alto 1986, *passim*. Przystosowanie kwestionariusza polegało na przyjęciu założenia, iż opieka nad dzieckiem niepełnosprawnym jest rodzajem pracy wykonywanej przez rodzica. Biorąc pod uwagę fakt, iż wielu rodziców rezygnuje z pracy zawodowej na rzecz opieki nad niepełnosprawnym potomkiem można to zajęcie traktować jako substytut pracy zawodowej. Opieka ta często wiąże się nie tylko z zapewnianiem podstawowych potrzeb życiowych czy asystowaniem podczas zajęć rehabilitacyjnych, ale często także wymaga powtarzalnej, wykonywanej samodzielnie przez rodzica pracy związanej z rozwojem dziecka (tj. powtarzania ćwiczeń z zajęć rehabilitacyjnych, zarówno intelektualnych, jak i ruchowych). Zatem pytania w kwestionariuszu odnosiły się aspektów pracy, rozumianej jako codzienne czynności związane z opieką nad dzieckiem.

— Kwestionariusza gromadzącego wybrane dane na temat osoby badanej (opracowanie własne), który umożliwił zebranie informacji na temat płci, wieku, stanu cywilnego, wykształcenia, podejmowania bądź nie pracy zawodowej przez osobę badaną, wieku, płci i kolejności urodzenia się dziecka z zespołem Downa oraz ilości posiadanych dzieci w rodzinie.

4. Wyniki badań

Analiza statystyczna zebranych danych została dokonana przy użyciu programu komputerowego STATISTICA. W zależności od rozkładu danej zmiennej oraz wariancji otrzymanych wyników wykonywane były analizy parametryczne lub nieparametryczne. Wszystkie przeprowadzone w analizie statystycznej testy zostały wykonane przy założonym poziomie istotności alfa = 0,05.

Na podstawie dwuczynnikowej analizy wariancji z powtórzonymi pomiarami zostały zaobserwowane istotne statystycznie różnice w zakresie poziomów jakości życia w poszczególnych sferach $(F(3,156) = 4,185; p < 0,001)$. Rodzice dzieci z zespołem Downa najniżej oceniali poczucie jakości życia w sferze psychofizycznej $(x = 45,5)$, która, jak wykazał test Duncana, różniła się istotnie od wyników w każdej innej sferze (psychospołecznej: $x = 48,5$; $p = 0,001$, podmiotowej: $x = 47,5$; $p = 0,003$ i metafizycznej: $x = 48,5$; $p = 0,001$). Natomiast wyniki dotyczące sfer psychospołecznej, podmiotowej i metafizycznej pod względem statystycznym były sobie równe. Również płeć nie różnicowała osób badanych pod względem uzyskiwanych wyników w globalnym poczuciu jakości życia, jak i w poszczególnych sferach zmiennej $(F(1,58) = 0,230; p = 0,634)$.

Wiek dziecka z zespołem Downa różnicował poczucie jakości życia rodziców w ograniczonym zakresie. Test Kruskala-Wallisa wykazał istotną statystycznie różnicę pomiędzy grupą rodziców wychowujących niemowlęta i dzieci małe (0–2 lata) a grupą rodziców wychowujących dzieci w wieku przedszkolnym (3–5 lat) w zakresie poczucia jakości życia w sferze podmiotowej (Chi kwadrat = 5,79; $p < 0,016$). Rodzice mający niemowlęta lub małe dzieci z zespołem Downa mieli niższe poczucie jakości życia w sferze podmiotowej w porównaniu z rodzicami przedszkolnych dzieci z zespołem Downa. Zależności pomiędzy innymi grupami nie były statystycznie istotne.

Inną badaną zmienną była kolejność urodzenia dziecka z zespołem Downa wśród rodzeństwa. Na globalnym poziomie poczucia jakości życia zmienna ta nie różnicowała badanej grupy. Natomiast test ANOVA rang Kruskala-Wallisa wykazał, iż na poziomie metafizycznym wyniki poczucia jakości życia rodziców, których dziecko z zespołem Downa nie było dzieckiem pierworodnym były istotnie wyższe (Chi kwadrat = 8,71; $p < 0,033$) od wyników rodziców, których dziecko z zespołem Downa urodziło się jako pierwsze. Natomiast analiza dotycząca związków pomiędzy ilością dzieci w rodzinie a poczuciem jakości życia rodziców mających dziecko z zespołem Downa nie wykazała istotnie statystycznych różnic.

Interesujące wyniki otrzymano porównując ze sobą poziom otrzymywanego wsparcia pod względem jego rodzajów. Dwuczynnikowa analiza wariancji z powtórzonymi pomiarami wykazała statystycznie istotne różnice między wszystkimi rodzajami otrzymywanego wsparcia (F(3,129) = 62,057; p < 0,001). Rodzice dzieci z zespołem Downa uznają, że w największym stopniu otrzymują od innych wsparcie instrumentalne (x = 71,0), następnie wsparcie wartościujące (x = 67,6), emocjonalne (x = 58,7), w najmniejszym zaś wsparcie informacyjne (x = 52,3). Test *post-hoc* Duncana ujawnił, że wszystkie oceny otrzymywanego wsparcia różniły się od siebie istotnie na poziomie p < 0,001. Co więcej, porównanie rodzaju otrzymywanego wsparcia w grupie kobiet i mężczyzn daje identyczną kolejność. Innymi słowy, płeć nie miała wpływu na ocenę poziomu różnych form wsparcia przez kobiety i mężczyzn (F(1,43) = 0,259; p = 0,613).

Pod względem źródła otrzymywanego wsparcia test kolejności par Wilcoxona wykazał istotną statystycznie różnicę pomiędzy wsparciem otrzymywanym od partnera (x = 66,0) a wsparciem otrzymywanym od rodziców (x = 68,2) oraz pomiędzy wsparciem otrzymywanym od dzieci (x = 66,0) a wsparciem otrzymywanym od rodziców. Wyniki przeprowadzonej analizy wykazały, iż wsparcie otrzymywane od partnera jest wyższe w porównaniu do wsparcia otrzymywanego od rodziców (p < 0,025) oraz wsparcie otrzymywane od dzieci jest wyższe w porównaniu do wsparcia otrzymywanego od rodziców (p < 0,05). Pomiędzy pozostałymi źródłami wsparcia test nie wykazał istotnych statystycznie różnic.

Pod względem płci rodziców otrzymywane wsparcie było różnicowane w dwóch przypadkach. Test t dla prób niezależnych wykazał, iż matki dzieci z zespołem Downa (x = 68,7), w porównaniu do ich ojców (x = 66,6), odczuwają otrzymywanie mniejszego wsparcia ze strony swoich rodziców (p < 0,015). Jednakże biorąc pod uwagę podział na rodzaje otrzymywanego wsparcia różnice pomiędzy płciami nie były istotne statystycznie. Z kolei analiza dokonana testem U Manna-Whitneya wykazała, iż kobiety doznają mniej wsparcia od swoich partnerów (x = 66,8) niż mężczyźni od swoich partnerek (x = 63,2; p < 0,05). Biorąc pod uwagę rodzaj otrzymywanego wsparcia istotnie statystycznie okazały się różnice w zakresie wsparcia informacyjnego, instrumentalnego oraz emocjonalnego (p < 0,05).

Badania wykazały również, iż poziom wypalenia się sił związany z opieką nad dzieckiem z zespołem Downa był zróżnicowany w zależności od płci rodzica. Z analizy testem t-Studenta dla prób niezależnych wynika, iż matki dzieci z zespołem Downa miały wyższe wyniki, a tym samym przejawiały więcej symptomów wypalenia (x = 41,1), w porównaniu z ojcami (x = 35,5; p < 0,021). Natomiast nie uzyskano istotnych statystycznie zależności pomiędzy wypaleniem się sił a wiekiem rodzica, stanem cywilnym ani podejmowaniem lub nie pracy zawodowej.

Aby umożliwić zbadanie zależności pomiędzy wszystkimi badanymi zmiennymi niezależnymi, otrzymane z różnych kwestionariuszy wyniki zostały poddane standaryzacji do skali Z (o średniej = 0 i odchyleniu standardowym = 1). Dopiero tak przeprowadzona analiza dostarczyła wiarygodnych statystycznie informacji.

Poczucie jakości życia rodziców dzieci z zespołem Downa korelowało ujemnie (r = −0,60; p < 0,05) z wypaleniem się ich sił w związku z opieką nad niepełnosprawnym dzieckiem. Oznacza to, że im wyższe poczucie jakości życia rodziców tym w mniejszym natężeniu przejawiają oni symptomy wypalenia. Zależność ta występuje również w drugą stronę, tzn. im niższe poczucie jakości życia rodziców tym większe jest natężenie symptomów świadczących o wypaleniu.

Istotna statystycznie (r = 0,30; p < 0,05) okazała się również zależność pomiędzy otrzymywanym wsparciem a wypaleniem się sił w związku z opieką nad dzieckiem z zespołem Downa. Korelacja była dodatnia, co oznacza, iż im wyższy poziom otrzymywanego wsparcia[58], tym mniejsze symptomy wypalenia, a także odwrotnie: im niższy poziom otrzymywanego wsparcia tym więcej symptomów wypalenia.

Poczucie jakości życia rodziców korelowało, również ujemnie (r = −0,43; p < 0,05), z otrzymywanym wsparciem. Ujemna korelacja oznacza w tym przypadku następującą zależność: im wyższe poczucie jakości życia rodziców, tym więcej wsparcia otrzymują oni ze swojego otoczenia społecznego. Również odwrotnie: im niższe poczucie jakości życia rodziców, tym mniej wsparcia otrzymują oni ze strony swoich najbliższych.

Podczas rozpatrywania uzyskanych zależności pod względem rodzaju otrzymywanego wsparcia, okazało się, iż jedynie wsparcie informacyjne istotnie statystycznie koreluje z poczuciem jakości życia rodziców (r = −0,69; p < 0,05) oraz wypaleniem się sił w związku z opieką nad dzieckiem z zespołem Downa (r = −0,63; p < 0,05). Otrzymane wyniki wskazują, że im większe wsparcie informacyjne, tym wyższe poczucie jakości życia oraz mniej symptomów wypalenia się sił.

III. Wnioski i interpretacja wyników

1. Poczucie jakości życia

Choć poszczególne sfery poczucia jakości życia okazały się w znaczący sposób różnicować badane podgrupy rodziców wychowujących dziecko z zespołem Downa, to poczucie jakości życia w globalnym rozumieniu tego pojęcia nie było zmienną różnicującą. Należy jednak wziąć pod uwagę sposób, w jaki została zoperacjonalizowania zmienna zależna, jaką jest poczucie jakości życia. Zwykle jest ona charakteryzowana przez pryzmat statusu materialno-bytowego oraz poziomu stresu przeżywanego przez rodziców. Przytoczone we wstępie teoretycznym badania wykazały istotne statystycznie zależności pomiędzy poczuciem jakości życia w takim rozumieniu

---

[58] Interpretując wyniki otrzymane podczas badania należy mieć na uwadze sposób konstrukcji kwestionariusza Skali Wsparcia Społecznego. Im wyższe wyniki uzyskane w skali tym mniejszy jest poziom otrzymywanego wsparcia i odwrotnie. Wynik maksymalny oznacza całkowity brak wsparcia, natomiast wynik minimalny świadczy o bardzo wysokim poziomie wsparcia. Zob K. Kmiecik-Baran (przyp. 56), s. 201–214.

a płcią rodzica. Natomiast w niniejszej pracy poczucie jakości życia było rozpatrywane przez pryzmat naturalistycznej koncepcji Straś-Romanowskiej[59], a więc w zupełnie odmiennym kontekście. Zróżnicowanie rozumienia pojęcia stanowi wyjaśnienie rozbieżności w uzyskanych rezultatach i pozwala na traktowanie ich jako wzajemnie sobie niezaprzeczających.

Wyniki w sferze psychofizycznej, w porównaniu do wyników uzyskanych w pozostałych strefach (psychospołecznej, podmiotowej i metafizycznej) okazały się być znacząco niższe dla wszystkich badanych osób. Biorąc pod uwagę fakt, iż funkcją sfery psychofizycznej jest przetrwanie indywidualne (ale także gatunkowe) — zachowanie życia i zdrowia[60], można przypuszczać, iż to właśnie choroba dziecka i świadomość jego odmiennej od zdrowych dzieci przyszłości stoi za zakłóceniem równowagi biologicznej rodziców. Co więcej, opieka nad dzieckiem z zespołem Downa wymaga od rodziców bardzo dużego zaangażowania zarówno emocjonalnego, jak i fizycznego. Rodzice skupiają swoją uwagę i wysiłki przede wszystkim na dziecku, chcąc zrobić jak najwięcej dla jego rozwoju, zaniedbując przy tym samych siebie. Pogorszenie się stanu własnego zdrowia spowodowane nadwyrężeniem własnych sił i możliwości może być jednym z czynników wyjaśniających uzyskane w badaniu rezultaty.

Potwierdzeniem istnienia, również wśród rodziców wychowujących dziecko z zespołem Downa, kryzysu w związku z pojawieniem się dziecka niepełnosprawnego w rodzinie są niższe wyniki uzyskane w sferze podmiotowej przez rodziców niemowląt i małych dzieci z zespołem Downa w porównaniu do rodziców mających dziecko z zespołem Downa w wieku przedszkolnym. Pojawienie się dziecka niepełnosprawnego wywraca świat młodych rodziców do góry nogami — dokonuje rewizji planów, oczekiwań, a następnie wartości życiowych. Szczególnie w początkowym okresie po urodzeniu się dziecka z zespołem Downa rodzicom trudno pogodzić się z sytuacją, która ich dotknęła, mają poczucie, że ich dotychczasowe życie w jednej chwili dobiegło końca. Te doświadczenia mają swoje odzwierciedlenie właśnie w sferze podmiotowej, która przejawia się podkreślaniem swojej indywidualności i niezależności, wolnym wyborem zmierzającym do samorealizacji i bycia autentycznym (życia w zgodzie z samym sobą[61]). Pojawienie się dziecka obciążonego wadą genetyczną, o którego sposobie, możliwościach rozwoju oraz sposobie wspólnego życia rodzice w pierwszych miesiącach po urodzeniu najczęściej wiedzą niewiele lub budują swoje wizje w czarnych barwach, sprawia że realizacja osobistych celów, zainteresowań i pasji wydaje się dla nich niemożliwa do osiągnięcia.

---

[59] Zob. M. Straś-Romanowska, *Los człowieka jako problem psychologiczny*, (przyp. 7), s. 55–69; taż, *Rozwój człowieka a rozwój osobowy*, (przyp. 7), s. 91–104; taż, *Jakość życia w świetle założeń psychologii zorientowanej na osobę*, (przyp. 7), s. 261–274.

[60] T. Frąckowiak, *Personalistyczno-egzystencjalna koncepcja poczucia jakości życia. Próba operacjonalizacji* (nieopublikowana praca magisterska napisana pod kierunkiem prof. M. Straś-Romanowskiej), UWr, Wrocław 2004.

[61] T. Frąckowiak, (przyp. 60).

Dopiero w późniejszych okresach, kiedy rodzice poznają sposób funkcjonowania swojego dziecka, a także nawiązują kontakty z innymi rodzinami w podobnej sytuacji, poczucie jakości życia w sferze podmiotowej podnosi się. Można przypuszczać, iż dlatego też nie zaobserwowano istotnych różnic pomiędzy rodzicami posiadającymi starsze dzieci.

Poziom wyników uzyskanych w sferze metafizycznej różnicuje rodziców pod względem kolejności urodzenia się ich dziecka z zespołem Downa — niższe wyniki uzyskali rodzice, których dziecko z zespołem Downa urodziło się jako pierwsze. Pojawienie się pierwszego dziecka to dla rodziców bardzo ważny moment w życiu, który wzbudza w nich ogromne emocje. Rodzice dzielą się między sobą wyobrażeniami na temat wejścia w nową rolę, bycia rodzicem, tworzą wobec nienarodzonego jeszcze dziecka określone plany i ambicje. Biorąc pod uwagę fakt, iż sfera metafizyczna wiąże się z nadawaniem sensu własnemu życiu, można przypuszczać, że pojawienie się dziecka niepełnosprawnego jako pierwszego, wobec którego niemożliwe do zrealizowania stają się postawione przed diagnozą oczekiwania, w znaczący sposób wpłynęło na obniżenie się wyników w badanej sferze poczucia jakości życia. Posiadanie również zdrowych dzieci mogło sprawić, iż owe oczekiwania zostały przelane na rodzeństwo, tym samym pozwalając rodzicom odnaleźć zachwianą równowagę.

2. Otrzymywane wsparcie

Różnice w wysokości wyników pomiędzy rodzajami otrzymywanego wsparcia świadczą o tym, iż pojęcie wsparcia nie jest terminem jednorodnym. Samo określenie poziomu wsparcia jest niewystarczające, dopóki nie określi się, o jakim rodzaju wsparcia mówimy. Najwyższy poziom otrzymywanego wsparcia to wsparcie instrumentalne, natomiast najniższe wyniki zanotowano w kontekście wsparcia informacyjnego. Taki rozkład wyników może być wyjaśniony specyfiką badanej grupy — rodziców zrzeszonych w organizacjach pozarządowych. To właśnie fundacje pełnią rolę instytucji wspierającej, często zapewniając rodzicom konkretne wsparcie instrumentalne polegające na organizacji zajęć, terapii czy spotkań dla niepełnosprawnych dzieci, aranżują spotkania ze specjalistami, jak również pomagają zdobyć fundusze na specjalistyczne leczenie i rehabilitację. Jeśli chodzi o niski wynik wsparcia informacyjnego należy wziąć pod uwagę rodzaj i specyfikę zaburzenia, jakim jest zespół Downa oraz duża niewiedza lekarzy (szczególnie brak przekazania podstawowych informacji na temat wady zaraz po urodzeniu się dziecka z wadą genetyczną) i brak jednoznaczności w prowadzonych metodach leczenia. Rodzice mogą czuć się zdezorientowani w proponowanych przez różnych specjalistów rodzajach leczenia, dla których określenie rezultatów w odniesieniu do ich dziecka często jest niemożliwe lub bardzo ograniczone.

Ciekawych rezultatów dostarczyło porównanie między sobą źródeł otrzymywanego wsparcia, z których wynika, iż najwięcej wsparcia rodzice dziecka z zespołem Downa otrzymują od najbliższej rodziny, to znaczy partnera oraz dzieci, przy istotnie mniejszym wsparciu ze strony rodziców. Otrzymana zależność może wynikać z nieakceptowania przez dziadków posiadania niepełnosprawnego wnuka oraz wynikająca z tego izolacja w stosunku do rodziców dziecka. Wynik może być również interpretowany w kontekście naturalnej bliskości wynikającej z częstości kontaktów między członkami najbliższej rodziny. Jednakże przypuszczenie to wymaga pogłębienia w kolejnych badaniach, ponieważ stopień zażyłości oraz wspólne zamieszkiwanie z rodzicami, a dziadkami dziecka z zespołem Downa, nie było przedmiotem niniejszych badań.

Z przeprowadzonych badań wynika także, iż kobiety otrzymują mniej wsparcia (informacyjnego, instrumentalnego oraz emocjonalnego) od partnerów w porównaniu do wsparcia otrzymywanego przez mężczyzn od swoich partnerek. Wynik w zakresie wsparcia emocjonalnego może być potwierdzeniem istniejącego w kulturze przekonania, iż to kobiety w porównaniu do mężczyzn są osobami bardziej empatycznymi, którym łatwiej przychodzi wspieranie innych osób. Choć wynik dotyczący wsparcia instrumentalnego może być zdumiewający w kontekście wcześniejszych badań (to mężczyźni byli określani jako osoby zapewniające materialno-ekonomiczny byt rodzinie) należy zwrócić uwagę, iż ten rodzaj wsparcia nie odnosi się jedynie do zapewnienia wsparcia materialnego (tylko jedna pozycja bezpośrednio dotyczy wsparcia finansowego), ale przede wszystkim możliwości uzyskania specyficznej i niezbędnej w danym momencie formy pomocy. Dlatego też można wysunąć przypuszczenie, iż spoglądając na to zagadnienie ze społecznego punktu widzenia, to właśnie kobiety są bardziej skore do oferowania swojej pomocy.

3. Wypalenie się sił w związku z opieką nad dzieckiem niepełnosprawnym

Poziom wypalenia się sił, zgodnie z przypuszczeniami, okazał się być wyższy w grupie matek. Przyczyn takiego rezultatu należy upatrywać przede wszystkim w dużej częstotliwości kontaktów pomiędzy matką a dzieckiem z zespołem Downa, która wynika z racji pełnionej przez kobiety funkcji społecznej, a także rodzinnej. To właśnie codzienne sprawowanie opieki nad dzieckiem, jak również wynikające z tego faktu bliższe przywiązanie się matki do dziecka (a tym samym głębsze przeżywanie problemów dotyczących dziecka) sprawia, że jest ona w większym stopniu niż ojcowie narażona na czynniki sprzyjające pojawieniu się objawów wypalenia.

4. Zależności pomiędzy badanymi zmiennymi oraz wynikające z nich praktyczne zastosowania

Analiza korelacji pomiędzy poczuciem jakości życia, otrzymywanym wsparciem oraz wypaleniem się sił w związku z opieką nad dzieckiem z zespołem Downa wykazała, iż wszystkie badane zmienne są ze sobą powiązane. Osoby z wyższym poczuciem jakości życia uzyskały także wyższe wyniki w skali otrzymywanego wsparcia oraz wykazywały mniej symptomów wypalenia się sił z racji opieki nad dzieckiem z zespołem Downa.

W związku z tym, iż badane były korelacje pomiędzy zmiennymi, nie ma możliwości określenia kierunku oddziaływania zmiennych. Określenie charakteru badanych związków wymaga zastosowania na przykład procedury eksperymentalnej, która w związku ze specyfiką badanej grupy osób mogłaby być trudna do zastosowania. Niemniej uzyskane zależności mogą stanowić podstawę do wyciągnięcia praktycznych wniosków.

Mając na uwadze fakt, iż poziom otrzymywanego wsparcia pozostaje w zależności w stosunku do pozostałych badanych zmiennych można wysunąć przypuszczenie, iż zapewnianie rodzicom wsparcia w różnych obszarach będzie wiązało się z mniejszym ryzykiem występowania objawów wypalenia się sił w związku z opieką nad dzieckiem. Z tego punktu widzenia ważne jest poszukiwanie wsparcia zarówno wśród członków najbliższej rodziny, ale także w zewnętrznym środowisku społecznym, pozwalającym na zaspokojenie różnych rodzajów potrzeb wsparcia. Dlatego też udzielanie się rodziców m.in. w fundacjach, wspólnotach oraz spotykanie się z przyjaciółmi wydaje się być przynajmniej profilaktyczną formą przeciwdziałania wypaleniu, a jednocześnie może przyczynić się do poczucia większej jakości życia.

Istotne również mogą okazać się doświadczenia rodziców jeszcze z początkowego okresu po pojawieniu się w rodzinie dziecka z zespołem Downa. Można przypuszczać, iż odpowiednie wsparcie otrzymane przez rodziców w tak trudnym dla nich momencie może mieć istotny wpływ na ukształtowanie się ich nastawienia do zastanej sytuacji, a tym samym na lepsze poczucie jakości życia w późniejszym czasie. Dlatego za ważny należy uznać proces przekazywania wsparcia w szpitalach przez lekarzy i pielęgniarki oraz możliwie jak najwcześniejszy kontakt osób znających problematykę zespołu Downa (np. członka fundacji zrzeszającej rodziny osób z tą wadą genetyczną) z rodzicami, którzy znaleźli się w trudnej sytuacji.

W związku z większym narażeniem kobiet na doświadczanie wypalenia się sił należy poświęcić szczególnie uwagę na profilaktykę związaną z tym zjawiskiem w odniesieniu do matek. Dbałość o zawarte w pojęciu jakości życia aspekty dotyczące każdej ze sfer mogą okazać się znaczące dla zapobiegania pojawieniu się symptomów wypalenia. Dlatego też rodzice dzieci z zespołem Downa, oprócz zaangażowania w opiekę nad niepełnosprawnym dzieckiem, powinni troszczyć się również o siebie samych — dbać o swoją kondycję fizyczną i psychiczną, samorealizować się poprzez wyznaczanie i osiąganie osobistych celów oraz podążać za własnymi pasjami i zainteresowaniami, a między innymi dzięki temu — w nawiązaniu do metafizycznej sfery poczucia jakości życia — również swojemu życiu nadać sens.

5. Ograniczenia przeprowadzonego badania

Analizując otrzymane wyniki należy mieć świadomość ograniczeń, które towarzyszyły przeprowadzanemu badaniu na różnych jego etapach. Po pierwsze grupa osób badanych była dość specyficzna. W związku ze sposobem docierania do tych osób poprzez fundacje zrzeszające rodziców z zespołem Downa, osoby biorące udział w badaniu należały lub w jakiś sposób były powiązane z fundacjami świadczącymi pomoc rodzicom w trudnej sytuacji życiowej, w jakiej się znaleźli. W związku z tym, badanie nie objęło swoim zasięgiem rodziców, którzy w swojej sytuacji zdani są jedynie na samych siebie i nie otrzymują żadnej specjalistycznej pomocy od instytucji pozarządowych. Można przypuszczać, iż włączenie rodziców niezrzeszonych w fundacjach miałoby wpływ na otrzymany obraz badanych zjawisk. Co więcej, badani rodzice byli ochotnikami, nie zaś próbą dobraną w sposób losowy.

Kolejnym ograniczeniem, które mogło mieć wpływ na otrzymane wyniki był sposób przeprowadzenia i czas trwania badania. Elektroniczna forma ułatwiła zebranie informacji od rodziców, jednakże uniemożliwiła przeprowadzenie badania w standardowych dla wszystkich badanych osób warunkach. Rodzice wypełniali kwestionariusze w różnych porach dnia, miejscach i okolicznościach. Wypełnianie kwestionariuszy zajmowało badanym znaczną ilość czasu i wymagało dużego skupienia. Nie można wykluczyć, iż te czynniki również miały istotny wpływ na udzielane przez badanych odpowiedzi.

Badanie nie objęło również swoim zasięgiem rodziców posiadających dorosłe dzieci z zespołem Downa (w badaniu wzięło udział jedynie dwóch rodziców, których wiek dzieci z zespołem Downa wynosił powyżej 16 lat), lecz można przypuszczać, że wyniki uwzględniające taką grupę mogłyby być interesujące dla omawianych zależności.

Biorąc pod uwagę fakt, iż zespół Downa niejednokrotnie niesie ze sobą dodatkowe choroby czy zaburzenia, prawdopodobnie badane zmienne mogą również zależeć od ilości, częstotliwości czy rodzaju dolegliwości towarzyszących. Stąd też w przyszłych badaniach warto uwzględnić również tego rodzaju dane.

Niedoskonałością badań było również użycie kwestionariusza Maslach do oceny wypalenia sił związanych z opieką nad dzieckiem z zespołem Downa. Pewnym usprawiedliwieniem takiego podejścia może być fakt, że większość powstałych w ostatnich latach metod służących do pomiaru wypalenia osób sprawujących opiekę nad osobami chorymi (jak np.: *Zarit Burden Interview*) czy opieki nad pacjentem psychiatrycznym bazuje na zaproponowanym przez Maslach konstrukcie — jako podstawowym, uwzględniając jedynie specyfikę problemu, z jakim zmagają się zarówno osoby chore jak i ich opiekunowie.

Zaprezentowane w niniejszej pracy wyniki przeprowadzonych badań ukazują wagę problematyki jakości życia, a wskazane ograniczenia w ich realizacji mogą stanowić inspirację dla dalszych naukowych poczynań w tym zakresie.

Emilia Jędrusik, Alicja Kuczyńska

Quality of life among parents of children with Down syndrome

In this paper we discussed the sense of quality of life of parents raising children with Down syndrome. We analyzed this issue in the context of received support (from a partner, their parents, children and friends) and burn-out syndrome. The examination was based on the following measures: the Sense of Quality of Life Questionnaire (by Oleszkowicz, Straś-Romanowska and Frąckowiak), the Social Support Scale (by Kmiecik-Baran) and the MBI questionnaire (by Maslach and Jackson). The study was conducted on 60 parents raising children with Down syndrome. Analysis of the results showed a significant relationship between the variables. People with a higher sense of quality of life received higher scores on the support scale and showed fewer symptoms of burn-out syndrome.

Małgorzata Anna Basińska
Magdalena Wędzińska

Zmęczenie życiem codziennym a satysfakcja z życia rodziców dzieci z mózgowym porażeniem dziecięcym

I. Wprowadzenie teoretyczne

1. Wstęp

Posiadanie dziecka niepełnosprawnego, w szczególności obarczonego od urodzenia mózgowym porażeniem dziecięcym, jest doświadczeniem trudnego rodzicielstwa. Trudność takiego rodzicielstwa wynika przede wszystkim z ogromnego stresu, który towarzyszy opiece i wychowaniu dziecka niepełnosprawnego. Stres ten jest rezultatem konieczności przewartościowania swoich wyobrażeń dotyczących roli rodzica, poradzenia sobie z trudami ciągłej opieki nad dzieckiem i z postawami społecznymi, oraz wynika z wielu innych aspektów bycia rodzicem dziecka niepełnosprawnego, które razem wzięte powodują zwiększone zmęczenie rodziców.

Głównym celem prezentowanych badań było poznanie związków pomiędzy zmęczeniem życiem codziennym a satysfakcją z życia rodziców dzieci dotkniętych mózgowym porażeniem dziecięcym.

2. Satysfakcja z życia

Satysfakcja z życia (*Satisfaction with Life* — *SWL*) oraz sposoby jej osiągania od zawsze były przedmiotem zainteresowania ludzi. Na gruncie psychologii pojęcie satysfakcji z życia nie jest rozumiane jednoznacznie. Często utożsamiane jest ono ze szczęściem, zadowoleniem z życia, dobrostanem czy jakością życia[1]. Zdaniem wielu

---

[1] A. Zalewska, *Dwa światy. Emocjonalne i poznawcze oceny jakości życia i ich uwarunkowania u osób o niskiej i wysokiej reaktywności*, Wydawnictwo WSPS, Warszawa 2003, s. 84.

badaczy[2] satysfakcja z życia to stopień, w jakim osoba pozytywnie ocenia swoje życie. Satysfakcja z życia jest więc poznawczym komponentem subiektywnego dobrostanu człowieka i odnosi się do sposobu osądzania, w którym jednostka ocenia jakość swojego życia na podstawie własnego unikalnego zestawu kryteriów. Satysfakcja z życia jako ocena całości życia wymaga wartościowania, którego skutkiem jest dokonanie subiektywnej oceny życia, i jako taka jest ona w niewielkim stopniu powiązana z obiektywnymi wskaźnikami. Procesy wartościowania przebiegają na dwóch poziomach: emocjonalnym i poznawczym. Emocjonalna ocena dotyczy tego, co osoba zazwyczaj czuje, zaś poznawcza, co osoba myśli o swoim życiu, jak ocenia zaspokojenie swoich aspiracji i potrzeb. Sądy poznawcze i afekty wywierają na siebie wpływ, dlatego nastrój może być przesłanką do wnioskowania o satysfakcji z życia[3].

Ocena satysfakcji z życia odnosi się do dłuższej perspektywy czasowej i jest względnie trwała. Jest ona wynikiem porównania swojej sytuacji z ustalonymi wcześniej, własnymi standardami. Satysfakcja z życia jest zależna od trzech elementów: długoterminowych (np. cech osobowości), średnioterminowych (np. wydarzeń życiowych, schematów poznawczych) oraz krótkoterminowych (np. obecny nastrój). Satysfakcja z życia wykazuje związek z wieloma aspektami psychologicznego funkcjonowania człowieka, na przykład występuje wyraźny negatywny związek pomiędzy satysfakcją z życia a ogólnym psychologicznym dystresem[4].

Tak rozumiana satysfakcja z życia może być traktowana jako wskaźnik jakości życia[5]. Analizy z perspektywy psychologicznej zakładają, że jakość życia obejmuje nie tylko stany przeżyciowe, emocjonalne i dobrostan psychiczny człowieka, ale również zewnętrzne warunki ekonomiczne i społeczne życia oraz mechanizmy radzenia sobie ze stresem[6]. Oznacza to, że jakość życia może być ujmowana w wymiarze obiektywnym i wtedy rozumiana jest jako zespół warunków życia człowieka, atrybuty związane ze światem przyrody, przedmiotów, kultury oraz atrybuty człowieka związane z poziomem życia i pozycją zajmowaną w społeczeństwie. Wśród obiektywnych wyznaczników jakości życia wymienia się również zdrowie. Natomiast jakość życia rozpatrywana w aspekcie subiektywnym jest głównie rezultatem wartościowania różnych sfer życia oraz życia jako całości. Owo wartościowanie zależne jest od struktury potrzeb danego człowieka oraz od jego systemu wartości, a w szczególności od jego rozumienia sensu życia[7].

---

[2]　R. Veenhoven, *Is happiness relative?*, „Social Indicators Research" 1991, t. 24, s. 2; W. Pavot, E. Diener, *Review of the Satisfaction with Life Scale*, „ Psychological Assessment" 1993, nr 2, s. 164.

[3]　R. Veenhoven, (przyp. 2), s. 2.

[4]　W. Pavot, E. Diener, (przyp. 2), s. 164–165.

[5]　A. Zalewska, *Transakcyjny model jakości życia — założenia, wyniki badań, dalsze hipotezy*, [w]: *Jakość życia w badaniach empirycznych i refleksji teoretycznej*, red. M. Straś-Romanowska, K. Lachowicz-Tabaczek, A. Szmajke, Wydawnictwo Instytutu Psychologii PAN, Warszawa 2005, s. 247–249.

[6]　A. Goździkiewicz, *Egzemplifikacja wykorzystywania psychobiografii w badaniach nad jakością życia*, [w]: *Psychologia jakości życia*, red. A. Bańka, Wydawnictwo Stowarzyszenie Psychologia i Architektura, Poznań 2005, s. 96.

[7]　H. Sęk, *Jakość życia a zdrowie*, „Ruch Prawniczy, Ekonomiczny i Socjologiczny" 1993, nr 2, s. 142.

3. Zmęczenie życiem codziennym

Zmęczenie jest pojęciem, które pojawia się w wielu kontekstach. Można mówić o zmęczeniu fizycznym oraz o zmęczeniu psychicznym. Mówiąc o zmęczeniu psychicznym należy zwrócić szczególną uwagę na jeden z jego rodzajów, jakim jest zmęczenie życiem codziennym.

Zmęczenie życiem codziennym jest subiektywnym stanem, niechęcią do bycia aktywnym życiowo. Przejawia się ono w trzech aspektach aktywności życiowej człowieka: aktywności fizycznej, społecznej oraz psychicznej. Zmęczenie w poszczególnych aspektach może przybierać różne nasilenie. Zmęczenie o charakterze fizycznym objawiać się może niechęcią do wykonywania codziennych czynności, podejmowania aktywności fizycznej w pracy lub w domu, może również objawiać się poprzez bezsenność, problemy z apetytem. Zmęczenie o charakterze społecznym przejawia się głównie brakiem dbałości o relacje społeczne, czy to z najbliższymi osobami czy to z osobami ze środowiska pozarodzinnego. Przejawia się ono również brakiem zaangażowania w sprawy społeczne, problemy rodzinne. Charakterystyczne jest dla niego unikanie kontaktów towarzyskich. Natomiast zmęczenie psychiczne objawia się głównie poprzez wyczerpanie zarówno emocjonalne jak i poznawcze, bierność poznawczą i emocjonalną w środowisku rodzinnym i pozarodzinnym. Osoby zmęczone psychicznie czują się znużone czynnościami wymagającymi myślenia, odczuwają problemy z koncentracją uwagi i trudności z pamięcią[8].

Ponieważ życie codzienne jest mozaiką wielu doświadczeń, które nierozerwalnie łączą się z aktywnością człowieka, to zmęczenie jest efektem relacji zachodzącej pomiędzy możliwościami, jakimi dysponuje dana osoba a wymaganiami, jakim musi sprostać. Zmęczenie wzrasta, gdy obniżają się możliwości człowieka, zwiększają się wymagania ze strony środowiska społecznego oraz zmniejsza się wsparcie udzielane przez to środowisko. Na poziom odczuwanego zmęczenia wpływ ma również to, jak ludzie oceniają własną sytuację. Można odczuwać silne zmęczenie mimo obiektywnie niewielkiego obciążenia codziennymi obowiązkami i odwrotnie. Wzrostowi zmęczenia życiem codziennym sprzyjają pewne właściwości podmiotowe, np. możliwości człowieka, które podwyższają poziom zmęczenia, gdy są niewielkie i niwelują go, gdy są duże. Wpływ na zmęczenie życiem codziennym mają również warunki zapewniane przez środowisko: im gorsze warunki życia codziennego, tym większe zmęczenie, zaś polepszenie warunków życiowych będzie sprzyjało obniżeniu zmęczenia. Na zmęczenie wpływ wywierają ponadto wymagania, jakie środowisko stawia człowiekowi: wraz z ich wzrostem osoba musi wkładać większy wysiłek w podejmowanie codziennej aktywności, zaś obniżenie wymagań ze strony środowiska sprzyjać będzie spadkowi zmęczenia[9].

---

[8] J. Urbańska, *Zmęczenie życiem codziennym. Środowiskowe i zdrowotne uwarunkowania oraz możliwości redukcji w sanatorium*, Wydawnictwo UAM, Poznań 2010, s. 59–62.

[9] J. Urbańska, *Środowiskowe i zdrowotne uwarunkowania zmęczenia życiem codziennym i możliwości jego redukcji w trakcie pobytu w sanatorium*, Wydawnictwo UAM, Poznań 2009, s. 64.

4. Rodzice dzieci z mózgowym porażeniem dziecięcym — charakterystyka psychologiczna

Mózgowe porażenie dziecięce (MPDz) nie jest jednostką chorobową, lecz zespołem wielu objawów, powstających na skutek uszkodzenia ośrodkowego układu nerwowego, zwłaszcza neuronów ruchowych w okresie ich rozwoju i dojrzewania. Jest to zaburzenie bardzo niejednolite zarówno klinicznie, jak i etiologicznie. Poza skutkami fizycznymi wywołuje wiele następstw psychospołecznych. Różnorodność objawów klinicznych MPDz jest przyczyną wielu rodzajów jego klasyfikacji, np. według zakresu i umiejscowienia porażenia: monoplegia — porażenie jednej ręki lub jednej nogi; hemiplegia — dotyczy obu kończyn po tej samej stronie ciała; triplegia — porażenie trzech kończyn, silnie zaznaczone w kończynach dolnych; diplegia — obustronny symetryczny niedowład; paraplegia — porażenie tylko kończyn dolnych; quadriplegia — porażenie wszystkich kończyn, lecz nieregularne, niesymetryczne[10].

Im cięższa jest postać choroby dziecka, tym więcej potrzebuje ono opieki ze strony otoczenia. Wielokrotnie cięższe postaci, czyli porażenie większej liczby kończyn łączy się z niepełnosprawnością intelektualną, co przekłada się na jakość życia rodziców. Najniższą mają rodzice dzieci z porażeniem obustronnym, które jest jedną z najcięższych postaci, a któremu towarzyszy często padaczka i upośledzenie umysłowe. Najłatwiej natomiast adaptacja do sytuacji niepełnosprawności dziecka zachodzi u rodziców tych dzieci, które mogą się poruszać samodzielne lub przy pomocy sprzętu ortopedycznego[11].

Rodzice dzieci niepełnosprawnych zmagają się nie tylko z sytuacjami trudnymi, ale i z utrapieniami życiowymi. Zdaniem Richarda Lazarusa[12] pod pojęciem utrapień życiowych można rozumieć powtarzające się sytuacje życiowe, tj. nudę, izolację, samotność, kłopoty zawodowe, finansowe, napięte stosunki panujące w domu. Utrapienia życiowe mogą mieć poważny wpływ na funkcjonowanie fizyczne i psychiczne człowieka. Do najczęściej wymienianych przez matki dzieci niepełnosprawnych utrapień życiowych należą: niewystarczająca ilość snu i odpoczynku, konieczność ciągłego skupiania uwagi na dziecku i ciągłego przebywania z dzieckiem, brak czasu na rozrywki, brak sił fizycznych, nierozumienie przez innych ludzi problemów wynikających z bycia matką niepełnosprawnego dziecka, brak zadowolenia z intymnych kontaktów z mężem, utrata kontaktów z dawnymi znajomymi i przyjaciółmi, obciążenia finansowe, lęk przed przyszłością i wiele innych[13].

Funkcjonowanie rodziców dzieci dotkniętych mózgowym porażeniem dziecięcym, czy rodziców dzieci niepełnosprawnych w ogóle, związane jest z ich przynależnością

---

[10] A. Wyszyńska, *Psychologia defektologiczna*, PWN, Warszawa 1986, s. 144–157.

[11] E. Mazanek, *Mózgowe porażenie dziecięce. Problem psychologiczno-pedagogiczne*, Wydawnictwo APS, Warszawa 2003, s. 90.

[12] R. Lazarus, *Thoughts on the relations between emotions and cognition*, „American Psychologists" 1982, nr 37, s. 1022.

[13] J. Kamińska-Reyman, K. Kucyper, *Między rezygnacją a wyzwoleniem, czyli jak pomóc sobie i swojemu dziecku upośledzonemu umysłowo*, Wydawnictwo Wieczorek-Press, Katowice 1994, s. 45–47.

społeczną. Od tego, czy rodzina mieszka na wsi, czy też w mieście zależy m.in. styl życia, jaki prowadzi, warunki życiowe (materialne i dostęp do dóbr kultury); wiązać się to również może z aspiracjami rodziców wobec dziecka i jego przyszłości. Społeczna przynależność rodziny wiąże się także z rodzajem stosowanych metod wychowawczych i oddziaływań socjalizacyjnych[14].

Innym aspektem związanym z jakością funkcjonowania rodziców dzieci z mózgowym porażeniem dziecięcym jest sytuacja bytowa rodziny, czyli warunki ekonomiczne i mieszkaniowe. Od nich to zależy pozycja społeczna rodziny, stopień zaspokojenia potrzeb członków rodziny i warunki do rozwoju dzieci. Niepełnosprawność dziecka zwykle wiąże się z pogorszeniem sytuacji ekonomicznej. Większość matek zmuszona jest przerwać pracę zawodową, aby zająć się wychowywaniem i opieką nad dzieckiem. Zaprzestanie pracy przez matkę przy niskich lub średnich zarobkach ojca może znacznie obniżyć standard ekonomiczny rodziny. Równocześnie ma miejsce wzrost wydatków związanych z pielęgnacją i rehabilitacją dziecka. Ogólnie można stwierdzić, iż sytuacja ekonomiczna rodzin z dzieckiem niepełnosprawnym jest trudna[15].

Sandra Harris i Patty Fong prowadziły badania dotyczące wpływu wieku, w jakim znajduje się niepełnosprawne dziecko na funkcjonowanie matek w roli rodzicielskiej. Zdaniem badaczek w okresie wczesnego dzieciństwa, gdy matki wszystkich dzieci muszą się uczyć radzenia sobie z problemami wychowywania dziecka, matki dzieci o zaburzonym rozwoju często entuzjastycznie oceniają swoje możliwości. Wraz z dorastaniem dziecka matki dostrzegają coraz większe różnice pomiędzy własnym dzieckiem a jego zdrowymi rówieśnikami, tym samym dostrzegają coraz większe różnice między rolą własną a rolą innych matek, co jest dla nich źródłem wielu negatywnych emocji. Wynika z tego, że matki małych dzieci z zaburzeniami rozwoju nie doświadczają większego stresu niż matki dzieci prawidłowo rozwijających się. Pogląd ten wydaje się kontrowersyjny, głównie ze względu na to, iż matki małych dzieci niepełnosprawnych muszą sobie radzić z wieloma obciążeniami, które matek dzieci zdrowych nie dotyczą, jak chociażby poczucie winy wobec dziecka, frustracje w związku z nieosiąganiem przez dziecko kolejnych etapów rozwojowych w określonym czasie i inne[16].

Susan Goldberg z zespołem prowadziła badania dotyczące związku pomiędzy wielkością stresu rodzicielskiego a płcią rodzica dziecka z porażeniem mózgowym. Z badań wynika, iż matki dzieci niepełnosprawnych doświadczają większego stresu i trudności adaptacyjnych w związku z zaburzeniami rozwoju dziecka niż ojcowie. Ojcowie wykazują mniej symptomów życia w stresie, mają wyższą samoocenę oraz bardziej wewnętrzne umiejscowienie poczucia kontroli niż matki, mimo iż otrzymują mniej wsparcia społecznego niż one. Rezultaty badań mogą być odzwierciedleniem

[14] Z. Tyszka, *Socjologia rodziny*, PWN, Warszawa 1979, s. 59–60.
[15] A. Twardowski, *Sytuacja rodzin dzieci niepełnosprawnych*, [w:] *Dziecko niepełnosprawne w rodzinie*, red. I. Obuchowska, WSiP, Warszawa 1991, s. 19–20.
[16] S. Harris, P. Fong, *Developmental disabilities: The family and the school*, „Psychology Review" 1985, nr 2, s. 163.

tradycyjnego podziału ról w rodzinie. Odpowiedzialność za wychowanie dziecka oraz obciążenia związane z opieką spoczywają głównie na barkach matek, tym samym w większym stopniu wpływając na ich samopoczucie. Z kolei fakt, iż matki otrzymują większe wsparcie społeczne niż ojcowie wynikać może z częstszego stykania się matek z osobami będącymi potencjalnym źródłem wsparcia. Generalnie matki były bardziej depresyjne, miały też niższe poczucie własnej wartości jako rodzica. Problemy związane z wychowywaniem niepełnosprawnego dziecka wpływały nie tylko na jakość związku z partnerem, ale i na zdrowie badanych matek. Jeśli chodzi o ojców to zgłaszali oni problemy związane z przywiązaniem do dziecka, zwłaszcza gdy było ono płci męskiej. Ojcowie doświadczali również większego stresu związanego z temperamentem dziecka[17].

II. Materiał i metoda

1. Metody badawcze

Celem przeprowadzonych badań było ustalenie, czy występuje związek pomiędzy zmęczeniem życiem codziennym a jakością życia wyrażoną w satysfakcji z życia rodziców dzieci z mózgowym porażeniem dziecięcym, przy uwzględnieniu charakterystyk stanu zdrowia dziecka oraz zmiennych demograficznych dziecka i rodziców.

Do pomiaru analizowanych zmiennych zastosowano dwie metody badawcze: skalę do oceny satysfakcji z życia (*Satisfaction with Life Scale — SWLS*) oraz kwestionariusz do oceny zmęczenia życiem codziennym (KZZC), a także metryczkę, która posłużyła do zebrania danych dotyczących zmiennych socjodemograficznych tj. wieku, płci oraz wykształcenia osób badanych oraz do uzyskania informacji dotyczących dzieci tj. jego wieku oraz rozpoznania lekarskiego choroby dziecka.

Skala Satysfakcji z Życia autorstwa Eda Dienera i współpracowników przeznaczona jest do badania dorosłych. Składa się z pięciu stwierdzeń, przy każdym z nich badany stwierdza na skali 7 stopniowej (1 — całkowicie się nie zgadza z danym stwierdzeniem; 7 — całkowicie się zgadza) na ile odnosi się ono do jego dotychczasowego życia. Oceny te są sumowane, a uzyskany wynik wskazuje na stopień satysfakcji z życia. Wyniki mieszczą się w przedziale od 5 do 35, a odpowiadające im punkty przeliczane są w skali stenowej: im wyższy wynik tym większe poczucie satysfakcji z życia.

Współczynnik rzetelności *alfa* Cronbacha wynosi 0,81. Potwierdzona została również trafność narzędzia, przy czym wykazano korelacje SWLS z innymi narzędziami do oceny samopoczucia[18].

Kwestionariusz Zmęczenia Życiem Codziennym autorstwa Joanny Urbańskiej składa się ze skal służących do pomiaru przejawów zmęczenia dotyczącego trzech

[17] S. Goldberg, P. Morris, R. Fowler, H. Levinson, *Chronic illness in infancy and parenting stress. A comparison of three groups of parents*, „Journal of Pediatric Psychology" 1990, nr 7, s. 64.

[18] Z. Juczyński, *Narzędzia pomiaru w promocji i psychologii zdrowia*, Pracownia Testów Psychologicznych PTP, Warszawa 2001, s. 134–139.

aspektów funkcjonowania człowieka: zmęczenia fizycznego, psychicznego oraz społecznego. Skala fizycznego zmęczenia (SFZ) mierzy zmęczenie związane z codzienną aktywnością fizyczną (np. przygotowywanie posiłków, gimnastyka, aktywność seksualna, zakupy itd.). Skala psychicznego zmęczenia (SPZ) mierzy codzienne zmęczenie związane z aktywnością psychiczną (np. czytanie, planowanie dnia, dokonywanie obliczeń w pamięci itd.). Ostania ze skal, Skala społecznego zmęczenia (SSZ) mierzy zmęczenie związane z codzienną aktywnością społeczną (np. przyjmowanie gości, interesowanie się problemami społecznymi czy politycznymi, zaangażowanie w wydarzenia społeczne itd.).

Każda ze skal składa się z 8 twierdzeń, do których osoba badana ustosunkowuje się zaznaczając TAK, gdy dane stwierdzenie jej dotyczy lub NIE, jeśli uważa, że dane stwierdzenie jej nie dotyczy. Wśród 8 stwierdzeń w każdej skali 4 opisują stan zmęczenia życiem codziennym, a 4 stan przeciwny — braku zmęczenia życiem codziennym. Rzetelność narzędzia dla poszczególnych skal wynosi: dla SFZ 0,79, dla SPZ 0,78, zaś dla SSZ 0,74[19]. Analiza rzetelności skal KZZC zastosowanego do badania rodziców dzieci z mózgowym porażeniem dziecięcym wskazuje na wysoką rzetelność całego kwestionariusza (*alfa* Cronbacha 0,803).

2. Osoby badane

Procedura wyłonienia grupy badanych została przeprowadzona według schematu doboru celowego. Podstawowym kryterium doboru było wychowywanie dziecka dotkniętego mózgowym porażeniem dziecięcym. Badaniami objęto 73 osoby uczęszczające na rehabilitację ze swoimi dziećmi do ośrodka rehabilitacji dla dzieci niepełnosprawnych. Badania były dobrowolne i anonimowe.

Zbadano 41 kobiet i 32 mężczyzn. Średnia wieku w grupie kobiet wynosiła 31 lat (najmłodsza badana miała 24 lata, najstarsza 40 lat), natomiast w grupie mężczyzn średnia wieku wyniosła 33 lata (najmłodszy mężczyzna miał 22 lata, najstarszy 45).

Wśród badanych znalazło się 26 par małżeńskich i 6 par pozostających w związku partnerskim — osoby te stanowiły największy odsetek badanych. Najmniej było matek samotnie wychowujących dzieci. Największy odsetek badanych mieszkał na wsi, zaś najmniejszy zamieszkiwał w mniejszych ośrodkach miejskich.

Wśród kobiet najwięcej badanych posiadało wykształcenie średnie (n_K = 19; 46%), najmniej zaś podstawowe (n_K = 3; 7%). Natomiast wśród mężczyzn najwięcej badanych posiadało wykształcenie zawodowe (n_M = 12; 37,5%), najmniej zaś podstawowe (n_M = 1; 3%).

Najwięcej spośród badanych rodziców posiadało dzieci w wiek od 0 do 4 lat, zaś najmniej dzieci w wieku 8–10 lat. W badaniu kontrolowano postać choroby dziecka. Najwięcej przebadano rodziców dzieci z paraplegią (n = 17; 41%), następnie z monoplegią (n = 7; 17%) i triplegią (n = 5; 12%), zaś najmniej z hemiplegią (n = 4; 10%), diplegią (n = 4; 10%) i quadriplegią (n = 4; 10%). W badaniu brano

---

[19] J. Urbańska, (przyp. 8), s. 134–137.

również pod uwagę fakt, czy wraz z porażeniem mózgowym u dzieci występuje upośledzenie umysłowe, nie różnicowano jednak stopnia upośledzenia. W badanej grupie jedynie dzieci 5 (12%) rodziców miały upośledzenie umysłowe, a pozostałe 36 (88%) nie miały.

III. Wyniki

1. Satysfakcja z życia w badanej grupie

Średni wynik[20] uzyskany przez matki i ojców wskazuje na bardzo niską satysfakcję z życia (wynik przeliczony 2 sten dla matek i 1 sten dla ojców; tabela 1).

Tabela 1. Statystyki opisowe i istotność różnic między średnimi dla satysfakcji z życia matek i ojców dzieci z MPDz

Płeć rodzica	N	M	SD	Min	Max	t	p
Matki	41	11,049	5,621	5,000	23,000	–	–
Ojcowie	32	9,563	4,642	5,000	20,000	1,264	0,216

2. Zmęczenie życiem codziennym w badanej grupie

Średnie wyniki ojców w zakresie ogólnego zmęczenia życiem oraz niektórych jego wymiarów (zmęczenia fizycznego i psychicznego) są nieznacznie wyższe niż te uzyskane przez matki, jednakże różnice te nie są istotne statystycznie (tabela 2).

Tabela 2. Wartość testu t-Studenta dla analizowanych wymiarów zmęczenia matek i ojców dzieci z MPDz

Wymiary zmęczenia	Matki N = 41		Ojcowie N = 32		Test istotności	
	M	SD	M	SD	t	p
zmęczenie fizyczne	4,17	2,53	4,59	1,81	−0,799	0,427
zmęczenie psychiczne	4,12	2,40	4,50	2,23	−0,689	0,493
zmęczenie społeczne	4,15	2,21	4,12	2,28	0,040	0,968
zmęczenie życiem codziennym	12,44	6,17	13,22	5,21	−0,573	0,569

3. Związek między satysfakcją z życia a zmęczeniem życiem codziennym

Zaobserwowano istotny statystycznie związek między zmęczeniem życiem codziennym a satysfakcją z życia w całej grupie rodziców i grupie matek dzieci z MPDz. Nie stwierdzono takiego związku w grupie badanych ojców. Im matki są bardziej zmęczone życiem codziennym, a szczególnie, gdy doświadczają zmęczenia fizycznego i psychicznego, tym mniejszą satysfakcję odczuwają (tabela 3).

---

[20] Analizy prowadzono przy pomocy pakietu statystycznego Statistica 10.

Tabela 3. Związek między satysfakcją z życia matek i ojców dzieci z MPDz a zmęczeniem dniem codziennym — wyniki analizy r-Pearsona

Wymiary zmęczenia	Matki		Ojcowie		Rodzice	
	r	p	r	p	r	p
zmęczenie fizyczne	−0,382	0,014	−0,252	0,164	−0,349	0,002
zmęczenie psychiczne	−0,356	0,022	−0,221	0,223	−0,313	0,007
zmęczenie społeczne	−0,105	0,512	−0,110	0,548	−0,105	0,377
zmęczenie życiem codziennym	−0,333	0,034	−0,231	0,204	−0,303	0,009

4. Związek charakterystyk społeczno-demograficznych i zdrowotnych z satysfakcją z życia i zmęczeniem życiem codziennym

Sprawdzono, czy występuje związek między cechami dziecka z MPDz — wiekiem, postacią choroby oraz występowaniem lub brakiem występowania upośledzenia umysłowego — a satysfakcją z życia i zmęczeniem życiem codziennym ich rodziców. Wykonano analizy testem r-Pearsona, które pokazały brak związku istotnego statystycznie między wiekiem dziecka a satysfakcją z życia i zmęczeniem życiem codziennym w grupie matek i ojców dzieci z MPDz.

Także postać choroby dziecka i występowanie wraz z MPDz upośledzenia umysłowego nie ujawniły związku istotnego statystycznie z satysfakcją z życia i zmęczeniem życiem codziennym w grupie matek. Natomiast w grupie ojców stwierdzono dodatni związek istotny statystycznie pomiędzy zmęczeniem społecznym a występowaniem upośledzenia u dzieci (*rho*-Spearmana = 0,394; p = 0,026). Ojcowie dzieci, u których w przebiegu MPDz występuje upośledzenie umysłowe cechują się odczuwaniem bardziej nasilonego zmęczenia społecznego.

W kolejnym etapie sprawdzono, czy występuje związek między satysfakcją z życia i zmęczeniem życiem codziennym a cechami demograficznymi — wiekiem i wykształceniem — matek i ojców (tabela 4).

Tabela 4. Związek r-Pearsona pomiędzy wiekiem matki i ojca a satysfakcją z życia i zmęczeniem życiem codziennym

Analizowane zmienne	Wiek Matki		Wiek Ojca		Wiek Rodziców	
	r	p	r	p	r	p
satysfakcja z życia	−0,079	0,625	−0,104	0,570	−0,115	0,333
zmęczenie fizyczne	0,248	0,118	0,218	0,230	0,242	0,039
zmęczenie psychiczne	0,138	0,388	0,245	0,176	0,198	0,092
zmęczenie społeczne	−0,006	0,971	0,483	0,005	0,227	0,054
zmęczenie życiem codziennym	0,153	0,339	0,392	0,026	0,262	0,025

W badanej grupie nie stwierdzono związku istotnego statystycznie między wiekiem i wykształceniem matek (wykształcenie zakodowano od 1 — podstawowe do

4 — wyższe) a analizowanymi zmiennymi. Stwierdzono dodatnie związki istotne statystycznie tylko pomiędzy wiekiem ojców a zmęczeniem życiem codziennym, a w szczególności ze zmęczeniem społecznym, oraz negatywny związek między wykształceniem a zmęczeniem fizycznym. Oznacza to, iż wraz z wiekiem ojców wzrasta ich zmęczenie życiem codziennym, a w szczególności zmęczenie społeczne. Natomiast wraz ze wzrostem wykształcenia zmniejsza się ich zmęczenie fizyczne (tabela 5).

Tabela 5. Związek *rho*-Spearmana pomiędzy wykształceniem a satysfakcją z życia i zmęczeniem życiem codziennym matek i ojców dzieci z MPDz

Pary zmiennych	N	R	*t(N-2)*	*p*
satysfakcja z życia i wykształcenie matki	41	0,120	0,757	0,453
zmęczenie fizyczne i wykształcenie matki	41	−0,136	−0,859	0,395
zmęczenie psychiczne i wykształcenie matki	41	−0,268	−1,740	0,090
zmęczenie społeczne i wykształcenie matki	41	−0,075	−0,473	0,639
zmęczenie życiem codziennym i wykształcenie matki	41	−0,214	−1,369	0,179
satysfakcja z życia i wykształcenie ojca	32	0,171	0,951	0,349
zmęczenie fizyczne i wykształcenie ojca	32	−0,424	−2,561	0,016
zmęczenie psychiczne i wykształcenie ojca	32	−0,156	−0,868	0,393
zmęczenie społeczne i wykształcenie ojca	32	−0,188	−1,050	0,302
zmęczenie życiem codziennym i wykształcenie ojca	32	−0,214	−1,201	0,239
SWLS WS i wykształcenie rodziców	73	0,164	1,402	0,165
zmęczenie fizyczne i wykształcenie rodziców	73	−0,263	−2,295	0,025
zmęczenie psychiczne i wykształcenie rodziców	73	−0,219	−1,898	0,063
zmęczenie społeczne i wykształcenie rodziców	73	−0,113	−0,965	0,343
zmęczenie życiem codziennym i wykształcenie rodziców	73	−0,221	−1,918	0,060

IV. Dyskusja wyników i wnioski z badań

Problem badawczy odnosił się do związku zmęczenia życiem codziennym rodziców dzieci z mózgowym porażeniem dziecięcym z ich satysfakcją z życia. W badaniu brano również pod uwagę takie czynniki, jak cechy dziecka z mózgowym porażeniem dziecięcym (tj. jego wiek, postać choroby oraz występowanie upośledzenia umysłowego lub jego brak) oraz charakterystyki demograficzne badanych rodziców (wiek i poziom wykształcenia). Wnioski sformułowane na podstawie wyników tych badań brzmią:

1. Matki i ojcowie dzieci z MPDz cechują się bardzo niską satysfakcję z życia. W świetle badań Williama Pavota i Eda Dienera[21] występuje silny negatywny związek pomiędzy satysfakcją z życia a ogólnym psychologicznym dystresem. Badani rodzice dużo częściej są w sytuacji dystresu niż rodzice dzieci zdrowych, co może przekładać się na bardzo niską satysfakcję z życia. Jednakże faktu tego nie da się wytłumaczyć tylko występowaniem przewlekłej sytuacji trudnej z powodu nieuleczalnego

---

[21] W. Pavot, E. Diener, (przyp. 2), s. 170.

schorzenia dziecka, na co wskazują inne badania, na przykład ciężko chorych osób: dializowanych z powodu przewlekłej choroby nerek, cierpiących z powodu cukrzycy, choroby Gravesa-Basedowa czy choroby Hashimoto. Pomimo doświadczania nieuleczalnej choroby wykazano u nich przeciętnie nasiloną satysfakcję z życia[22]. Pojawia się pytanie o to, co bardziej wpływa na globalną ocenę naszego życia: trwałe cechy osobowości czy czynniki sytuacyjne? Ciężka choroba przewlekła, która wymusza zmianę stylu życia, na pewno modyfikuje sposób, w jaki oceniamy nasze życie. Jednak nie możemy zapominać o wpływie charakterystycznego dla osoby wzoru percepcji i interpretacji, czyli o osobowości. Jej znaczenie jest ogromne, i jak pokazują badania osoby z niską lub wysoką satysfakcją różnią się między sobą znacząco pod względem cech osobowości. To ona wyznacza sposób, w jaki przyjmiemy naszą chorobę i jakie znaczenie jej nadamy[23]. Być może, specyfika sytuacji, w której chore jest dziecko a nie sam badany wydaje się być dużo trudniejsza i generująca dużo większe poczucie beznadziejności i bezsensowności w życiu, co skutkuje tak niską satysfakcją z życia. Rodzicom dzieci z MPDz przychodzi żyć w sytuacji, w której jakby zabrakło innych źródeł do oceny własnego życia jako satysfakcjonującego. Być może bardziej niż cechy sytuacji wpływ na taki poziom satysfakcji z życia ma sposób postrzegania świata przez tych rodziców, ale to zagadnienie wymaga dalszych badań. Warto ponadto zwrócić uwagę na otrzymywane przez rodziców wsparcie, np. uczestniczący w systemie nauczania kierowanego cechują się wyższą satysfakcją z życia[24].

2. Zmęczenie życiem codziennym badanych rodziców jest podobnie nasilone u matek i ojców. Zgodnie z założeniem teoretycznym, w którym zmęczenie życiem codziennym wynika z niedopasowania możliwości ludzi do wymagań życia, można wnioskować, że rodzice dzieci z MPDz przynajmniej w części przystosowują się do wymagań, jakie stanęły przed nimi wraz z przyjściem na świat chorego przewlekle dziecka, jednak pomimo występujących trudności nie są oni bardzo zmęczeni. Niemniej jednak w porównaniu do osób przebywających w sanatorium są istotnie bardziej zmęczeni[25].

3. Stwierdzono związek istotny statystycznie między zmęczeniem życiem codziennym a satysfakcją z życia w całej grupie rodziców oraz w grupie matek dzieci z MPDz. Nie stwierdzono takiego związku w grupie badanych ojców. Oboje rodzice

---

[22] M.A. Basińska, A. Marzec, *Satysfakcja z życia wśród osób chorych przewlekle*, „Annales Academiae Medicae Silesiensis" 2007, nr 5, 405–406; M.A. Basińska, *Funkcjonowanie psychologiczne pacjentów w wybranych chorobach endokrynologicznych. Uwarunkowania somatyczne i osobowościowe*, Wydawnictwo UKW, Bydgoszcz 2009, s. 207–208.

[23] N.V. Ramanaiah, F.R. Detwiler, A. Byravan, *Life satisfaction and the five-factor model of personality*, „Psychological Reprints" 1997, nr 3, s. 1208–1210.

[24] G. Wiącek, *Satysfakcja z życia, postawy rodzicielskie oraz poczucie koherencji rodziców dzieci z mózgowym porażeniem dziecięcym uczestniczących w systemie nauczania kierowanego*, (niepublikowane materiały konferencyjne), VIII Ogólnopolska Interdyscyplinarna Konferencja Naukowa „Jakość życia w pracy i poza nią", Częstochowa – Zawady, 11–12.10.2012 r.

[25] J. Urbańska (przyp. 8), s. 151–154.

są podobnie zmęczeni i cechują się podobnie niską satysfakcją z życia, a jednak inny jest mechanizm powodujący takie stany. U kobiet zmęczenie życiem codziennym przekłada się bezpośrednio na ocenę życia jako mniej satysfakcjonującego, u mężczyzn natomiast nie zaobserwowano takiej zależności. Być może źródła zmęczenia u ojców i matek są inne. Ojcowie mniej angażują się w bezpośrednią opiekę nad dziećmi, częściej przebywają poza domem, a z uwagi na aktywność zawodową doświadczają zmęczenia z innych powodów niż ich żony opiekujące się przez cały dzień niepełnosprawnym dzieckiem. Ponadto zmęczenie wynikające z wykonywania obowiązków zawodowych często łączy się z satysfakcją z pracy, w wyniku czego doświadczane zmęczenie jest subiektywnie słabsze. Natomiast praca matek wykonywana podczas opieki nad dzieckiem z porażeniem mózgowym ze względu na swoją mozolność i powtarzalność może dawać dużo mniejsze poczucie satysfakcji. Ponadto stany przeżyciowe i emocjonalne mogą mieć silniejszy związek z procesami wartościowania w grupie matek niż w grupie ojców. Dlatego wydaje się zrozumiałe, że im matki są bardziej zmęczone życiem codziennym, a szczególnie, gdy doświadczają zmęczenia fizycznego i psychicznego, tym mniejszą satysfakcją z życia się cechują.

4. Zmienne demograficzne i cechy zdrowotne dziecka nie ujawniają związku ze zmęczeniem życiem codziennym matek oraz z satysfakcją z życia matek i ojców. Niektóre zmienne demograficzne: wiek i wykształcenie, oraz niektóre cechy stanu zdrowia dziecka: występowanie upośledzenia u dzieci, ujawniają związek ze zmęczeniem życiem codziennym ojców. Wykonane analizy pokazały brak związku istotnego statystycznie między wiekiem dziecka a satysfakcją z życia i zmęczeniem życiem codziennym w grupie matek i ojców dzieci z MPDz. Nie ma znaczenia, czy dziecko jest młodsze czy starsze, każdy etap niesie specyficzne dla siebie problemy. Otrzymany wynik nie jest zgodny z rezultatami Harris i Fong[26], które prowadziły badania dotyczące wpływu wieku, w jakim znajduje się niepełnosprawne dziecko na funkcjonowanie matek w roli rodzicielskiej.

Postać choroby dziecka i występowanie wraz z MPDz upośledzenia umysłowego nie ujawniły związku istotnego statystycznie z satysfakcją z życia i zmęczeniem życiem codziennym w grupie matek. Natomiast w grupie ojców stwierdzono dodatni związek istotny statystycznie pomiędzy zmęczeniem społecznym a występowaniem upośledzenia u dzieci. Ojcowie dzieci, u których w przebiegu MPDz występuje upośledzenie umysłowe cechują się odczuwaniem bardziej nasilonego zmęczenia społecznego. Obniżenie jakości życia rodziców u dzieci z cięższymi postaciami choroby wydaje się być oczywiste. Im cięższa postać choroby dziecka, tym więcej opieki ono wymaga. Nierzadko dzieci takie są niesamodzielne w zakresie prostych czynności samoobsługowych, nie mają opanowanego treningu czystości itd. Wszystko to sprawia, że do opieki nad dzieckiem, np. z paraliżem wszystkich

---

[26] S. Harris, P. Fong, (przyp. 16), s. 163.

kończyn, potrzeba m.in. dużych nakładów sił fizycznych[27]. Dlatego można było oczekiwać związku postaci choroby ze zmęczeniem rodziców, ten związek występuje w grupie rodziców i to tyko w odniesieniu do zmęczenia społecznego. Z uzyskanych rezultatów wynika, że gdy dziecko jest bardziej chore, ojcowie cechują się brakiem dbałości o relacje społeczne, zarówno z osobami najbliższymi, jak i z osobami ze środowiska pozarodzinnego.

Goldberg[28] prowadziła badania dotyczące związku pomiędzy wielkością stresu rodzicielskiego a płcią rodzica dziecka z MPDz. Z badań tych wynika, iż matki dzieci niepełnosprawnych doświadczają większego stresu i trudności adaptacyjnych w związku z zaburzeniami rozwoju dziecka niż ojcowie. Ojcowie wykazują mniej symptomów życia w stresie, mają wyższą samoocenę oraz bardziej wewnętrzne umiejscowienie poczucia kontroli niż matki, mimo iż otrzymują mniej wsparcia społecznego niż one.

W badanej grupie nie stwierdzono związku istotnego statystycznie między wiekiem i wykształceniem matek a analizowanymi zmiennymi. Stwierdzono dodatnie związki istotne statystycznie pomiędzy wiekiem wszystkich rodziców i wiekiem ojców a zmęczeniem życiem codziennym. Ponadto w grupie ojców zaobserwowano jeszcze związek wieku ze zmęczeniem społecznym, a w całej grupie rodziców ze zmęczeniem fizycznym. Oznacza to, iż wraz z wiekiem ojców wzrasta ich zmęczenie życiem codziennym, a w szczególności zmęczenie społeczne. Jednak rodzice jako całość wraz z wiekiem doświadczają raczej zmęczenia fizycznego ze względu na wysiłek, jaki muszą wkładać w opiekę nad swoim dzieckiem.

To, że wraz z wiekiem zwiększa się zmęczenie, w szczególności społeczne, wydaje się zrozumiałe. Wraz ze starzeniem się organizmu tracimy siły[29]. Jednak fakt, że dotyczy to tylko ojców jest zastanawiający. Brak takiego związku w grupie matek wskazuje na specyfikę tej grupy i wymaga powtórzenia badań. Jednak obserwacja funkcjonowania matek pokazuje, że gdy chodzi o dziecko są w stanie zrobić wszystko, są ogromnie zmobilizowane i być może ponoszą mniejsze koszty, ale do takich interpretacji należy podchodzić ostrożnie.

W grupie ojców zaobserwowano negatywny związek między wykształceniem a zmęczeniem fizycznym, wraz ze wzrostem wykształcenia zmniejsza się ich zmęczenie fizyczne. Związek wykształcenia rodziców dzieci niepełnosprawnych z ich funkcjonowaniem badał m.in. Barry Trute[30]. Wnioski z tych badań wskazywały, iż wyższe wykształcenie sprzyjało stosowaniu aktywnych sposobów radzenia sobie ze stresem. Dlatego można przypuszczać, że ojcowie lepiej wykształceni skuteczniej sobie radzą z wieloma czynnościami, które muszą wykonywać

---

[27] E. Pisula, *Psychologiczne problemy rodziców dzieci z zaburzeniami rozwoju*, Wydawnictwo UW, Warszawa 1998, s. 89.

[28] S. Goldberg, P. Morris, R. Fowler, (przyp. 17), s. 76.

[29] J. Urbańska, (przyp. 8), s. 180–182.

[30] B. Trute, *Child and parents predictors of family adjustment in households containing young developmentally disabled children*, „Family Relations" 1990, nr 39, s. 295.

w związku z chorobą dziecka i nie doświadczają tak dużego zmęczenia fizycznego. Jest to także zgodne z wynikami uzyskanymi przez Urbańską[31]. Wyższe wykształcenie wiąże się z mniejszym zmęczeniem. Można także na otrzymany wynik popatrzeć przez pryzmat teorii zasobów. Stevan Hobfoll[32] zalicza wykształcenie do zasobów trzeciego rzędu, które ułatwiają zdobycie innych zasobów. Włącza je ponadto wraz wiekiem, statusem rodzinnym, czy pełnionymi rolami do zasobów stanu, które mają o tyle istotne znaczenie, że od nich zależy dostęp do innych zasobów.

Rezultaty uzyskane w prezentowanych badaniach poniekąd wskazują obszary, w których należałoby udzielić wsparcia i pomocy badanym rodzicom, aby przyczynić się do podniesienia ich jakości życia.

Małgorzata Anna Basińska, Magdalena Wędzińska

Daily fatigue and life satisfaction among parents of children with cerebral palsy

This paper is devoted to the issue of daily fatigue in relation to satisfaction with life among parents of children with cerebral palsy. The paper focuses on theoretical issues associated with both daily fatigue and satisfaction with life and on the results of previous studies on these issues. Mothers and fathers of children with cerebral palsy were studied using the Scale of Satisfaction with Life and the Scale of Daily Life Fatigue. The parents of children with cerebral palsy were characterized by very low satisfaction with life, but a relationship between daily fatigue and satisfaction with life was observed only among mothers. When mothers are more tired in daily life, particularly when they experience mental and physical fatigue, they are less satisfied with life.

---

[31] J. Urbańska, (przyp. 8), s. 182–183.
[32] S. Hobfoll, *Stres, kultura i społeczność. Psychologia i filozofia stresu*, GWP, Gdańsk 2006, s. 70–76.

Kinga Łagowska
Mariola Łaguna

Konflikt i facylitacja między rolami rodzinnymi i zawodowymi — przegląd badań

I. Wprowadzenie

Doświadczanie subiektywnej jakości życia wiąże się z doświadczaniem satysfakcji z działań podejmowanych w różnych obszarach, które mają znaczenie dla osoby. Dwa ważne obszary funkcjonowania osób dorosłych wiążą się z pracą i rodziną. Zarówno realizacja wartościowych celów, jak i pozytywne doznania płynące z pełnienia ról[1] w każdej z tych sfer mogą przyczyniać się do odczuwania wysokiej jakości życia, satysfakcji i szczęścia. Umiejętność godzenia ról rodzinnych i zawodowych okazuje się istotnym wyznacznikiem zarówno satysfakcji z pracy oraz z małżeństwa i rodziny, jak i ogólnie zadowolenia z życia[2]. Mimo dynamicznie rozwijających się badań nad jakością życia[3], jej związki z radzeniem sobie w sferze pracy i rodziny nadal stanowią interesujący obszar badawczy. Dlatego warto przyjrzeć się bliżej zagadnieniom możliwych konfliktów i sposobów godzenia tych dwu sfer.

Obecnie dość powszechnie przyjmowany jest model rodziny, w którym dwie osoby angażują się w życie rodzinne i zawodowe. Znacznie częściej niż kilkadziesiąt lat temu kobiety podejmują aktywność zawodową, a mężczyźni włączają się aktywnie w prowadzenie domu i opiekę nad dziećmi. Zarówno kobiety, jak i mężczyźni stają więc wobec konieczności godzenia obowiązków wynikających z pełnienia ról w obu tych obszarach. Dynamiczne połączenie i wzajemne oddziaływanie pomiędzy

---

[1] P. Oleś, *Psychologia człowieka dorosłego*, Wydawnictwo Naukowe PWN, Warszawa 2011, *passim*.

[2] B. Lachowska, *Praca i rodzina — konflikt czy synergia? Konflikt i facylitacja między rolami rodzinnymi i zawodowymi — uwarunkowania i znaczenie dla jakości życia kobiet i mężczyzn*, Wydawnictwo KUL, Lublin 2012, *passim*.

[3] R. Derbis, *Doświadczanie codzienności*, Wydawnictwo AJD, Częstochowa 2000, *passim*.

systemami pracy i rodziny może mieć charakter zarówno pozytywny (*work-family gains*), jak i negatywny (*work-family conflict*)[4].

W artykule zostaną najpierw przedstawione wcześniejsze badania dotyczące zagadnienia konfliktu między pracą i rodziną, a następnie zjawisko facylitacji, czyli oddziaływań o charakterze pozytywnym. Omówione zostaną zwłaszcza artykuły przeglądowe prezentujące aktualny stan badań oraz wyniki metaanaliz dotychczasowych badań. Metaanaliza jest techniką statystyczną, która pozwala na ilościową integrację wyników wielu badań, prowadzonych na różnych próbach, często z użyciem różnych metod[5]. Dzięki jej wykorzystaniu można uzyskać pełniejszy obraz badanych zależności, wolny od wielu ograniczeń, jakimi obciążone jest każde pojedyncze badanie (np. mała liczebność próby, niska rzetelność zastosowanych metod badawczych). Wyniki metaanaliz stanowią ważne podsumowania dostępnych danych empirycznych, pozwalają także na wypracowanie kierunków dalszych badań oraz pogłębienie refleksji nad stosowaną w nich metodologią. Dlatego to one właśnie stanowią główny przedmiot analizy.

II. Konflikt między pracą a rodziną

Badania nad relacjami między pracą i rodziną rozpoczęły się od zwrócenia przez naukowców uwagi na konflikt między tymi sferami. Początkowo, analizując konflikt, badacze nie rozróżniali kierunku zależności, lecz wskazywali ogólnie na niezgodność zachodzącą pomiędzy tymi dwoma dziedzinami. Jeffrey H. Greenhaus i Nicholas J. Beutell[6] podali definicję konfliktu, do której najczęściej odwołują się późniejsze badania. Konflikt między pracą i rodziną (*work-family conflict*) zdefiniowali oni jako formę konfliktu między rolami, w którym wymagania pochodzące z dziedziny pracy i rodziny są wzajemnie sprzeczne w pewnych aspektach, co powoduje, że uczestnictwo w jednej roli (zawodowej lub rodzinnej) jest trudniejsze w związku z realizacją zadań drugiej roli. Greenhaus i Beutell[7] wyróżnili trzy formy konfliktu: związany z czasem (*time-based conflict*), napięciem (*strain-based conflict*) oraz zachowaniem (*behavior-based conflict*). Każdy z nich może być rozpatrywany zarówno w kierunku praca – rodzina, jak i rodzina – praca. Konflikt dotyczący czasu pojawia się wtedy, gdy czas poświęcany na działalność w jednej roli nie może być wykorzystany na aktywność w innej, co utrudnia wypełnianie wymagań dotyczących tej sfery życia. Fernando Bartolome i Paul Evans[8] wskazują, że konflikt dotyczący czasu może

---

[4]   N.L. Marshall, A.J. Tracy, *After the baby: Work-family conflict and working mothers' psychological health*, „Family Relations" 2009, nr 4, s. 382.

[5]   B. Wojciszke, *Systematycznie Modyfikowane Autoreplikacje: Logika programu badań empirycznych w psychologii*, [w:] *Metodologia badań psychologicznych: wybór tekstów*, red. J. Brzeziński, Wydawnictwo Naukowe PWN, Warszawa 2004, s. 44–68.

[6]   J.H. Greenhaus, N.J. Beutell, *Sources of conflict between work and family roles*, „Academy of Management Review" 1985, 10, s. 76–88.

[7]   B. Lachowska, (przyp. 2), s. 43; J.H. Greenhaus, N.J. Beutell, (przyp. 6), s. 77.

[8]   J.H. Greenhaus, N.J. Beutell, (przyp. 6), s. 78.

przyjmować dwie postacie. Pierwsza odnosi się do sytuacji, gdy realizacja jednej roli sprawia, że osoba jest fizycznie nieobecna w drugim obszarze, co wiąże się z brakiem możliwości spełniania oczekiwań pochodzących z tego obszaru. Z kolei, gdy zaabsorbowanie zadaniami pochodzącymi z jednej dziedziny powoduje, że osoba jest niezdolna do wypełniania wymagań drugiej roli mimo obecności w tym obszarze i podejmowania prób realizacji zadań z nim związanych, mamy do czynienia z drugą z postaci konfliktu związanego z czasem. Konflikt odnoszący się do napięcia powstaje, gdy np. niepokój lub drażliwość wywołane wypełnianiem wymagań w jednej sferze życia wpływają na wydajność w drugiej sferze. Niekompatybilność zachowań pochodzących z jednej roli z oczekiwaniami drugiej roli charakteryzuje trzecią formę konfliktu — dotyczącego zachowania, np. gdy wymagane w danym zawodzie asertywność i umiejętność rywalizowania mogą nie sprzyjać pełnieniu roli matki.

Jedną z pierwszych metod do pomiaru konfliktu pomiędzy pracą i rodziną był zawierający tylko jedną pozycję kwestionariusz Roberta P. Quinna i Grahama L. Stainesa, badający na ile praca i życie rodzinne zakłócają się nawzajem[9]. Przykład ten wskazuje, że początkowo konflikt między pracą a rodziną traktowano jako globalny, dwukierunkowy konstrukt. W późniejszych badaniach zaczęto rozróżniać dwa komponenty: ingerencję pracy w sferę rodzinną (*work interference with family*) i ingerencję rodziny w sferę zawodową (*family interference with work*)[10]. Pomimo koncepcyjnego rozróżnienia tych dwu form konfliktu niektórzy badacze nadal stosowali metody, które ignorowały rozłączność konstruktów, np. ujmując obie formy konfliktu za pomocą jednej skali[11]. Znacząca zmiana w badaniach nad konfliktem ról w sferach pracy i rodziny była związana ze skonstruowaniem narzędzi do pomiaru konfliktu, które rozróżniały kierunek zależności między pracą i rodziną[12].

Jak pokazują analizy teoretyczne oraz wyniki badań empirycznych, konflikt praca – rodzina i konflikt rodzina – praca są odrębnymi, choć powiązanymi ze sobą formami konfliktu[13]. Konflikt praca – rodzina (*work-family conflict*) jest formą konfliktu ról, w którym ogólne wymagania, poświęcony czas i wytworzone napięcie w pracy kolidują z wykonywaniem obowiązków w roli rodzinnej. Z kolei konflikt rodzina – praca (*family-work conflict*) jest konfliktem między rolami, w którym ogólne

[9] G.L. Staines, J.H. Pleck, *Nonstandard work schedules and family life*, „Journal of Applied Psychology" 1984, nr 3, s. 515–523.

[10] B.A. Gutek, S. Searle, L. Klepa, *Rational versus gender role explanations for work-family conflict*, „Journal of Applied Psychology" 1991, nr 4, s. 560–568.

[11] L.T. Thomas, D.C. Ganster, *Impact of family-supportive work variables on work-family conflict and strain: A control perspective*, „Journal of Applied Psychology" 1995, nr 1, s. 6–15.

[12] R.G. Netemeyer, J.S. Boles, R. McMurrian, *Development and validation of work-family conflict and family-work conflict scale*, „Journal of Applied Psychology" 1996, nr 4, s. 400–410.

[13] E.E. Kossek, C. Ozeki, *Work-family conflict, policies, and the job-life satisfaction relationship: A review and directions for organizational behavior-human resources research*, „Journal of Applied Psychology" 1998, nr 2, s. 139–149.

wymagania, poświęcony czas i wytworzone napięcie w rodzinie ingerują w wykonywanie obowiązków roli zawodowej[14].

Najbardziej rozpowszechniony i często weryfikowany model Michaela R. Frone'a, Marcii Russel i M. Lynne Cooper ujmuje relacje pomiędzy pracą i rodziną dwukierunkowo. Autorzy wyróżniają konflikt praca – rodzina i konflikt rodzina – praca i traktują je jako dwa niezależne, powiązane ze sobą konstrukty[15]. Model Frone'a i współpracowników[16] jest pierwszym opracowanym i potwierdzonym empirycznie modelem teoretycznym ujmującym relacje pomiędzy pracą i rodziną w odniesieniu do jakości życia[17]. Konflikt rodzina – praca ma wpływ na satysfakcję z pracy, konflikt praca – rodzina na satysfakcję z rodziny, natomiast oba rodzaje konfliktu wywierają wpływ na ogólną satysfakcję z życia[18]. Należy zwrócić uwagę, że badacze wskazują na zależności w obszarach pracy i rodziny w zakresie konfliktu, nie biorą jednak pod uwagę pozytywnych oddziaływań obu tych sfer. W modelu Frone'a i współpracowników[19] bezpośrednimi predyktorami konfliktu między pracą i rodziną są stresory w pracy, stresory rodzinne, zaangażowanie w pracę i zaangażowanie w rodzinę. W opisywanym modelu dystres w danej sferze jest wynikiem oddziaływania stresorów i zaangażowania pochodzących z tej sfery oraz konfliktu powstającego w drugiej domenie. Zarówno dystres w pracy, jak i dystres w rodzinie jest pozytywnie i bezpośrednio związany z depresją, w tym przypadku traktowaną jako ogólny wskaźnik dystresu. Autorzy modelu przyjmują również, że na ogólny dystres ma także bezpośredni wpływ konflikt między pracą i rodziną. Dwuwymiarowy model konfliktu między pracą i rodziną potwierdziła między innymi metaanaliza Kristin Byron[20]. Uwzględniono w niej wyniki ponad 60 dotychczasowych badań. Pokazały one, że obydwie formy konfliktu należy traktować jako odrębne konstrukty, które posiadają inne uwarunkowania. Konflikt praca – rodzina zależny jest przede wszystkim od czynników związanych ze środowiskiem pracy, natomiast konflikt rodzina – praca od czynników pozazawodowych. W związku z tym potrzebne są inne oddziaływania korekcyjne w przypadku udzielania wsparcia w radzeniu sobie z każdym z nich.

---

[14] R.G. Netemeyer, J.S. Boles, R. McMurrian, (przyp. 12), s. 400–410.

[15] P. Radkiewicz, M. Widerszal-Bazyl, *Analiza psychometrycznych właściwości polskiej wersji skali do pomiaru konfliktu praca-rodzina*, „Studia Psychologiczne" 2011, nr 49, s. 5–17.

[16] B. Lachowska, M. Łaguna, *Życie osobiste i praca zawodowa — nie tylko konflikt ról*, [w:] *Człowiek w pracy i organizacji. Perspektywa psychologiczna*, red. B. Rożnowski, M. Łaguna, Wydawnictwo KUL, Lublin 2011, s. 185–205.

[17] B. Lachowska, (przyp. 2), s. 60.

[18] Zob. B. Lachowska, M. Łaguna, (przyp. 16), s. 185–205.

[19] M.R. Frone, M. Russell, M.L. Cooper, *Antecedents and outcomes of work-family conflict: Testing a model of the work-family interface*, „Journal of Applied Psychology" 1992, nr 1, s. 65–78.

[20] K. Byron, *A meta-analytic review of work-family conflict and its antecedents*, „Journal of Vocational Behavior" 2005, nr 2, s. 169–198.

Model Frone'a i współpracowników testowano także w metaanalizie Michaela T. Forda, Beth A. Heinen i Kristy L. Langkamer[21]. Konflikty praca – rodzina i rodzina – praca były mediatorami związków pomiędzy zmiennymi dotyczącymi pracy/rodziny i odpowiednio satysfakcji z rodziny i satysfakcji z pracy. Na podstawie 63 badań, które objęły łącznie 19 578 osób, korelacja pomiędzy stresem w pracy a konfliktem praca – rodzina wynosiła $r = 0,56$ (wartość korelacji z uwzględnieniem poprawki na rzetelność zastosowanych metod i wielkość próby). Był to najsilniejszy związek wśród zmiennych uwzględnionych w metaanalizie. W wyniku wielokrotnej analizy regresji dla konfliktu praca – rodzina okazały się istotne wszystkie zmienne związane z pracą, które wyjaśniały łącznie 37% wariancji. Największe negatywne znaczenie miał stres doświadczany w pracy ($\beta = 0,48$), nieco mniej istotne okazały się zaangażowanie w pracę, które także zwiększało nasilenie tego konfliktu ($\beta = 0,18$) i wsparcie w pracy, które obniżało negatywny wpływ pracy na życie rodzinne ($\beta = -0,18$). Najmniejszą rolę odgrywała liczba godzin spędzanych w pracy, jednak ona także przyczyniała się do wzrostu konfliktu praca – rodzina ($\beta = 0,09$). Natomiast wszystkie zmienne związane z rodziną okazały się istotnymi predyktorami konfliktu rodzina – praca i wyjaśniały łącznie 21% wariancji. Największe znaczenie w nasilaniu konfliktu rodzina – praca miał doświadczany konflikt w rodzinie ($\beta = 0,28$), następnie stres w sferze rodzinnej ($\beta = 0,21$), liczba godzin poświęcana dla rodziny ($\beta = 0,14$), natomiast wparcie rodzinne redukowało ten konflikt ($\beta = -0,7$).

III. Uwarunkowania i rezultaty konfliktu między pracą a rodziną

Analizując problem relacji praca – rodzina na przestrzeni ostatnich ponad trzydziestu lat, badacze znacznie częściej koncentrowali się na kwestii konfliktu praca – rodzina niż konfliktu rodzina – praca. Badania te przyniosły wiele interesujących wyników, uzyskanych w różnych grupach. Pewnym uporządkowaniem rezultatów badań odnoszących się do wpływu pracy na życie rodzinne jest metaanaliza Tammy Allen, Davida E.L. Hersta, Carly S. Bruck i Marthy Sutton[22]. Autorzy sugerują, że zmienne powiązane z konfliktem praca – rodzina mogą być ujęte w trzy kategorie: związane z pracą, niezwiązane z pracą i związane ze stresem. Wśród zmiennych dotyczących pracy, z konfliktem praca – rodzina najsilniej związana była intencja odejścia z organizacji (*intention to turnover*). W przypadku zmiennych niedotyczących pracy najsilniejszy związek z opisywaną formą konfliktu odnotowano z satysfakcją z życia. Syndrom wypalenia zawodowego (*burnout*) oraz stres związany z pracą to dwie zmienne najsilniej powiązane z konfliktem praca – rodzina w zakresie trzeciej kategorii zmiennych: dotyczących stresu. Dotychczas największą uwagę badaczy

21 M.T. Ford, B.A. Heinen, K.L. Langkamer, *Work and family satisfaction and conflict: A meta analysis of cross-domain relations*, „Journal of Applied Psychology" 2007, nr 1, s. 57–80.

22 T.D. Allen, D.E. Herst, C.S. Bruck i in., *Consequences associated with work-to-family conflict: A review and agenda for future research*, „Journal of Occupational Health Psychology" 2000, nr 2, s. 278–308.

w obszarze zmiennych związanych z pracą przyciągała satysfakcja z pracy, a w grupie zmiennych niedotyczących pracy — satysfakcja z życia. Zagadnienie satysfakcji, a szerzej jakości życia, było jednym z najintensywniej analizowanych w kontekście funkcjonowania w rolach rodzinnych i zawodowych[23].

Do tej pory przeprowadzono także kilka innych metaanaliz, które pokazują pewne ogólniejsze prawidłowości. Metaanaliza Byron[24] wskazała na zmienne, jakie poprzedzają konflikt między pracą a rodziną. W przypadku konfliktu praca – rodzina są to: zaangażowanie w pracę, godziny spędzone w pracy, stres w pracy, natomiast obniża ten konflikt wsparcie doświadczane w pracy. Czynniki związane z pracą silniej niż te niezwiązane z funkcjonowaniem zawodowym wpływają na powstanie konfliktu praca – rodzina. Jeśli chodzi o konflikt rodzina – praca, wywołują go dłuższy czas spędzany na aktywnościach związanych z prowadzeniem domu, stres w domu, konflikty rodzinne, natomiast wsparcie rodzinne, podobnie jak w poprzednim typie konfliktu, działa ochronnie. Są to zatem czynniki niezwiązane z dziedziną życia zawodowego. Podobne wyniki przyniosła także metaanaliza przeprowadzona przez Jessicę R. Mesmer-Magnus i Chockalingama Visweswarana[25]. Konflikt praca – rodzina okazał się znacznie mocniej powiązany z doświadczaniem stresu w pracy niż poza nią, natomiast konflikt rodzina – praca w podobnym stopniu wiązał się z doświadczaniem stresu w obydwu obszarach.

Oprócz poszukiwania przyczyn, więcej uwagi poświęcono badaniu skutków konfliktu ról. Ellen Kossek i Cynthia Ozeki[26] na podstawie analizy 68 badań potwierdziły negatywny związek konfliktu między pracą i rodziną a satysfakcją z życia i satysfakcją z pracy. Warto zwrócić uwagę, że związek ten został potwierdzony niezależnie od typu metody, jaka została użyta do badania konfliktu między pracą i rodziną (metody ujmujące dwuwymiarowość opisywanego konstruktu lub tylko jedną z jego form).

Fabienne T. Amstad, Laurenz L. Meier, Ursula Fasel, Achim Elfering i Norbert K. Semmer[27] w swoich badaniach weryfikowali dwie hipotezy: dopasowania i krzyżową. Hipoteza dopasowania (*matching hypothesis*) zakłada, że efekt konfliktu związanego z zakłócającym wpływem pracy i rodziny leży w tej dziedzinie, z której pochodzi oddziaływanie. Konflikt praca – rodzina silniej wpływa na konsekwencje związane z pracą, a konflikt rodzina – praca na konsekwencje związane z rodziną. Hipoteza krzyżowa (*cross-domain hypothesis*) postuluje, że skutki konfliktu praca – rodzina są doświadczane intensywniej w domenie rodziny, natomiast konfliktu rodzina – praca

---

[23] Zob. B. Lachowska, (przyp. 2), *passim*.

[24] K. Byron, (przyp. 20), s. 169–198.

[25] J.R. Mesmer-Magnus, C. Viswesvaran, *Convergence between measures of work-to-family and family-to-work conflict: A meta-analytic examination*, „Journal of Vocational Behavior" 2005, nr 2, s. 215–232.

[26] E.E. Kossek, C. Ozeki, (przyp. 13), s. 139–149.

[27] F.T. Amstad, L.L. Meier, U. Fasel i in., *A meta-analysis of work-family conflict and various outcomes with a special emphasis on cross-domain versus matching-domain relations*, „Journal of Occupational Health Psychology" 2011, nr 2, s. 151–169.

w dziedzinie pracy. Na podstawie metaanalizy, która objęła 427 korelacji pochodzących z 98 artykułów sformułowano wniosek, że obie formy konfliktu są zarówno związane z konsekwencjami dla pracy, jak i rodziny, ale te konsekwencje są silniej związane z dziedziną, u której podstaw leży dany konflikt w porównaniu z dziedziną przeciwną. Oznacza to, że konflikt praca – rodzina jest silniej związany z konsekwencjami odnoszącymi się do sfery zawodowej, a konflikt rodzina – praca silniej skorelowany z konsekwencjami odnoszącymi się do rodziny. Wyniki przemawiają więc za hipotezą dopasowania. Natomiast inna hipoteza o moderującym wpływie rodzicielstwa nie została potwierdzona: oddziaływanie obu form konfliktu jest podobne w przypadku osób posiadających dzieci, jak i nieposiadających potomstwa. Potwierdzono natomiast, że liczba godzin w pracy jest moderatorem dla dwóch relacji. Pierwsza relacja dotyczy konfliktu praca – rodzina i konsekwencji związanych z rodziną (dotyczących m.in. satysfakcji rodzinnej, małżeńskiej). Drugi związek dotyczy konfliktu rodzina – praca, i konsekwencji nieodnoszących się tylko do dziedziny pracy lub rodziny, czyli tych zakwalifikowanych do niespecyficznej dziedziny (np. satysfakcja z życia, problemy zdrowotne, depresja). W obu przypadkach relacja jest silniejsza w tych grupach, w których badani większą ilość godzin spędzali w pracy.

W ostatnich latach zainteresowanie badaczy zyskały zmienne odnoszące się nie tyle do rodziny, co do osoby i jej dyspozycji. Przykładem jest zarządzanie sobą w czasie[28]. Tammy D. Allen, Ryan C. Johnson, Kristin N. Saboe, Eunae Cho, Soner Dumani i Sarah Evans[29] opracowali jedną z najnowszych metaanaliz, które odnoszą się do związków pomiędzy zmiennymi dyspozycyjnymi, działającymi wewnątrz osoby a konfliktem między rolami zawodowymi i rodzinnymi. Ujęli oba kierunki wpływu sfer pracy i rodziny i wskazali, że zmienne takie jak np. neurotyczność czy doświadczanie negatywnych emocji charakteryzują osoby narażone na ryzyko negatywnych oddziaływań między dziedzinami pracy i rodziny, podczas gdy doświadczanie pozytywnych emocji oraz dostrzeganie własnej skuteczności chronią przed konfliktem między pracą i rodziną.

Mimo, że badania nad konfliktem między obydwiema sferami trwają już od wielu lat, widać, że nadal jest to dynamicznie rozwijająca się dziedzina. Wciąż przybywa wyników pojedynczych badań, a w konsekwencji także metaanaliz, które je podsumowują i rzucają nowe światło na uwarunkowania i skutki konfliktu. Równolegle jednak pojawił się drugi nurt badań, który dąży do eksploracji pozytywnej strony oddziaływań między pracą a rodziną.

---

[28] G.A. Adams, S.M. Jex, *Relationships between time management, control, work-family conflict, and strain*, „Journal of Occupational Health Psychology" 1999, nr 1, s. 72–77.

[29] T.D. Allen, R.C. Johnson, K.N. Saboe i in., *Dispositional variables and work-family conflict: A meta-analysis*, „Journal of Vocational Behavior" 2012, nr 1, s. 17–26.

IV. Facylitacja między pracą a rodziną

W ciągu ostatnich lat publikacje odnoszące się do problemu związków pomiędzy pracą i rodziną wskazują także na pozytywne oddziaływanie, jakie może zachodzić pomiędzy tymi dwoma sferami. Ginger C. Hanson, Leslie B. Hammer i Cari L. Colton[30] zwracają uwagę, że sugestia, iż angażowanie się w wiele ról może być korzystne, pojawiała się już w pracach z lat siedemdziesiątych i osiemdziesiątych dwudziestego wieku[31]. Brak konfliktu nie oznacza automatycznego występowania facylitacji (podobnie jak brak facylitacji nie oznacza koniecznie obecności konfliktu), ponieważ nie są to przeciwstawne krańce kontinuum. Wobec tego osoba może doświadczać obu stanów jednocześnie.

Zjawisko pozytywnych oddziaływań między pełnionymi rolami bywa w literaturze anglojęzycznej określane za pomocą różnych terminów: *positive spillover, enhancement, enrichment, facilitation*, które albo są używane zamiennie, albo wskazuje się na różnice między tymi konstruktami, zaznaczając to w ich definicjach[32]. Pozytywne przenikanie się sfery pracy i rodziny (*positive spillover*) odnosi się do korzystnego wpływu jednej roli na drugą. Może się to odbywać poprzez nastrój, wartości, umiejętności czy zachowania[33]. Jeffrey H. Greenhaus i Gary N. Powell[34] definiują wzbogacenie (tłumaczone czasem także jako ubogacanie) pracy i rodziny (*work-family enrichment*) jako „zakres, w jakim doświadczanie jednej roli poprawia jakość życia w drugiej roli". Model teoretyczny Greenhausa i Powella ma charakter dwukierunkowy, co oznacza, że wzbogacenie przepływające z pracy do rodziny odnosi się do sytuacji, gdy doświadczenia związane z pracą poprawiają jakość życia rodzinnego, a wzbogacenie z rodziny do pracy, gdy doświadczenia rodzinne wpływają pozytywnie na jakość życia zawodowego[35]. Zasoby, jakie mogą ulec transferowi można przypisać do jednej z pięciu kategorii: umiejętności i perspektywy (na przykład umiejętność radzenia sobie ze stresem), zasoby psychologiczne i fizyczne (na przykład spostrzeganie własnej skuteczności), zasoby kapitałowo-społeczne (informacje), materialne (pieniądze) i elastyczność[36]. Autorzy koncepcji zwracają uwagę, że oprócz przeniesienia zasobów z jednej roli do drugiej, konieczne jest także takie ich wykorzystanie, które umożliwia poprawę poziomu wykonania i wzbudza pozytywne

---

[30] G.C. Hanson, L.B. Hammer, C.L. Colton, *Development and validation of a multidimensional scale of perceived work-family positive spillover*, „Journal of Occupational Health Psychology" 2006, nr 3, s. 249–265.

[31] E.F. Van Steenbergen, N. Ellemers, *Is managing the work-family interface worthwhile? Benefits for employee health and performance*, „Journal of Organizational Behavior" 2009, nr 30, s. 617–642.

[32] B. Lachowska, (przyp. 2), *passim.*

[33] L.B. Hammer, J.C. Cullen, M.B. Neal i in., *The longitudinal effects of work-family conflict and positive spillover on depressive symptoms among dual-earner couples*, „Journal of Occupational Health Psychology" 2005, nr 2, s. 138–154.

[34] J.H. Greenhaus, G.N. Powell, *When work and family are allies: A theory of work-family enrichment*, „Academy of Management Review" 2006, nr 1, s. 73.

[35] L.B. Hammer, J.C. Cullen, M.B. Neal i in., (przyp. 33), s. 138–154.

[36] J.H. Greenhaus, G.N. Powell, (przyp. 34), s. 72–92.

emocje w drugiej roli[37]. Joseph G. Grzywacz, Dawn S. Carlson, K. Michele Kacmar i Julie H. Wayne[38] wskazują, że używane dotychczas konstrukty: pozytywne przenikanie (*positive spillover*), wzmocnienie (*enhancement*), wzbogacenie (*enrichment*) kładą główny nacisk na jednostkę i odnoszą się do korzyści, jakie osoba uzyskuje w związku z udziałem w danej roli. Dlatego proponują oni, by definiować facylitację jako „zakres, w jakim zaangażowanie osoby w jeden system społeczny (rodzina, praca) przyczynia się do wzrostu w innym systemie". Patricia Voydanoff określa facylitację między pracą i rodziną jako „formę synergii, w której zasoby związane z jedną rolą, wzmacniają lub ułatwiają udział w drugiej roli"[39].

W literaturze rozróżnia się cztery typy facylitacji, która może odnosić się do: energii, czasu, zachowania i stanu psychologicznego[40]. W przypadku pierwszego typu facylitacji (*energy-based facilitation*), energia uzyskana w jednej roli ułatwia radzenie sobie z wymaganiami związanymi z drugą rolą. Kiedy czas poświęcony wypełnianiu obowiązków z jednej dziedziny stymuluje do efektywnego zarządzania sobą w czasie w drugiej dziedzinie, mamy do czynienia z facylitacją związaną z czasem (*time-based facilitation*). Aby zdefiniować facylitację opartą na zachowaniu (*behavioral facilitation*) należy wskazać, że zachowanie w jednej roli pomaga spełniać oczekiwania związane z drugą rolą. Ostatni typ facylitacji (*psychological facilitation*) odnosi się do sytuacji, gdy osoba jest w stanie spojrzeć na sprawy związane z dziedziną pracy z perspektywy rodziny, i odwrotnie — na sprawy związane z rodziną z perspektywy pracy, co ułatwia spełnianie wymagań pochodzących z pierwszej dziedziny.

Badań, które odnoszą się do zjawiska facylitacji jest znacznie mniej niż tych dotyczących konfliktu. Laurel McNall, Jessica Nicklin i Aline Masuda[41] są autorkami pierwszej metaanalizy dotyczącej wzajemnego pozytywnego wpływu pracy i rodziny. Autorki przyjmują definicję Greenhausa i Powella dotyczącą wzajemnego wzbogacania pracy i rodziny uznając, że jest to konstrukt najszerzej ujmujący pozytywne związki pomiędzy tymi sferami. W swojej metaanalizie uwzględniły one zarówno badania, które ujmowały oddziaływanie pracy i rodziny jako wzbogacenie, jak i prace badawcze odnoszące się do facylitacji, pozytywnego przenikania i wzmocnienia. Na podstawie 21 badań dotyczących pozytywnego transferu z pracy do rodziny

---

[37] J.F. Terelak, K. Lozinska-Sheridan, *Adaptacja kulturowa kwestionariuszy do badania interakcji „praca-rodzina": Skala Wzbogacenia Praca – Rodzina (Work Family Enrichment Scale) D.S. Carlson, K.M. Kacmar, J. H. Wayne i J. G. Grzywacz oraz Skala Konfliktu Praca – Rodzina (Work-Family Conflict Scale) D.S. Carlson, K.M. Kacmar i L.J. Williams*, „Przegląd Psychologiczny" 2011, nr 2, s. 117–139.

[38] J.G. Grzywacz, D.S. Carlson, K.M. Kacmar i in., *A multi-level perspective on the synergies between work and family*, „Journal of Occupational and Organizational Psychology" 2007, nr 80, s. 562.

[39] P. Voydanoff, *Social integration, work-family conflict and facilitation, and job and marital quality*, „Journal of Marriage and Family" 2005, nr 67, s. 667.

[40] E.F. Van Steenbergen, N. Ellemers, A. Mooijaart, *How work and family can facilitate each other: Distinct types of work-family facilitation and outcomes for women and men*, „Journal of Occupational Health Psychology" 2007, nr 3, s. 279–300.

[41] L.A. McNall, J.M. Nicklin, A.D. Masuda, *A meta-analytic review of the consequences associated with work-family enrichment*, „Journal of Business Psychology" 2010, nr 3, s. 381–396.

i 25 badań odnoszących się do relacji odwrotnej, wykazano, że zarówno pozytywne oddziaływania pracy na rodzinę, jak i oddziaływania rodziny na pracę wiążą się z satysfakcją z pracy, zaangażowaniem emocjonalnym w organizacji i satysfakcją rodzinną oraz ze zdrowiem fizycznym i psychicznym. Poza tym wyniki pokazały, że pozytywne oddziaływanie pracy na rodzinę jest silniej związane ze zmiennymi dotyczącymi pracy, a korzystny wpływ rodziny na pracę jest silniej związany ze zmiennymi, które nie dotyczą pracy. Na podstawie 12 badań, które objęły łącznie 5 563 osoby, korelacja pomiędzy satysfakcją rodzinną i wzbogaceniem płynącym w kierunku z rodziny do pracy wynosi $rho = 0,43$ (skorygowany współczynnik wielkości efektu). W przypadku wzbogacenia przenoszącego się z pracy do rodziny najsilniejszy związek dotyczył satysfakcji z pracy ($rho = 0,34$; na podstawie 14 badań 7 144 osób) oraz zaangażowania emocjonalnego w organizację ($rho = 0,35$; na podstawie 5 badań 1330 osób). Testowano także hipotezę o moderującym wpływie płci. Wykazano, że związki zarówno między wzbogaceniem z pracy do rodziny, jak i wzbogaceniem z rodziny do pracy a satysfakcją z pracy są silniejsze w grupach z przeważającą liczbą kobiet[42].

V. Nowe kierunki badań

Jak pokazują przedstawione analizy, aby ująć całościowo problematykę relacji praca – rodzina, należy brać pod uwagę zarówno konflikt, jak i facylitację. Warto zauważyć, że takie podejście pojawiło się niedawno także w badaniach polskich. Wyniki badań Bogusławy Lachowskiej pokazały, że istotnymi predyktorami spostrzegania roli rodzinnej jako utrudniającej pełnienie ról zawodowych, spośród wymagań są zarówno przeciążenie roli rodzinnej, jak i zajmowanie się sprawami rodziny w czasie pracy[43]. Natomiast istotnymi predyktorami konfliktu rodzina – praca są: przeciążenie roli zawodowej, zajmowanie się pracą w czasie przeznaczonym dla rodziny, praca w czasie ponadwymiarowym bez wcześniejszego uzgodnienia z pracodawcą i (w grupie mężczyzn) ryzyko utraty pracy[44]. W przypadku kobiet, zasoby rodzinne, które mają znaczenie dla spostrzegania, że role rodzinne facylitują funkcjonowanie w rolach zawodowych to wsparcie rodziny dla godzenia pracy i rodziny, a także zasoby systemowe rodziny odnoszące się do spójności, elastyczności i dobrej komunikacji. W grupie mężczyzn predyktorem facylitacji rodzina – praca są nagrody psychologiczne uzyskiwane w relacjach z członkami rodziny[45]. W przypadku zasobów pracy istotnym predyktorem facylitacji praca – rodzina są możliwości uczenia się i rozwoju zawodowego w organizacji, a w grupie mężczyzn dodatkowo wsparcie okazywane przez współpracowników[46]. Zarówno u kobiet, jak i u mężczyzn, większe

---

[42] B. Lachowska, (przyp. 2), *passim*; L.A. McNall, J.M. Nicklin, A.D. Masuda, (przyp. 41), s. 381–396.
[43] B. Lachowska, (przyp. 2), s. 188.
[44] B. Lachowska, (przyp. 2), s. 194.
[45] B. Lachowska, (przyp. 2), s. 185.
[46] B. Lachowska, (przyp. 2), s. 192.

nasilenie konfliktu praca – rodzina oraz rodzina – praca wiąże się z mniejszą ogólną satysfakcją z życia, pracy, małżeństwa i rodziny. Konfliktom tym towarzyszy także większy ogólny dystres, dystres w poszczególnych sferach i większa intencja odejścia z organizacji[47]. W przypadku facylitacji praca – rodzina, w grupie kobiet wywiera ona pozytywny wpływ na jakość życia w obszarze pracy[48]. Facylitacja rodzina – praca zmniejsza nasilenie ogólnego dystresu, przy czym ta zależność odnosi się zarówno do grupy kobiet, jak i mężczyzn. W innym z najnowszych polskich badań podjęto analizę mediującej roli konfliktów między pracą i rodziną[49]. Jej wyniki pokazują, że wymagania pracy obniżają satysfakcję z pracy zarówno bezpośrednio, jak i w sposób pośredni, nasilając konflikt praca – rodzina. Z kolei wymagania związane z rodziną wiążą się z niską satysfakcją z małżeństwa bezpośrednio, a nie za pośrednictwem konfliktu rodzina – praca.

W związku z zachodzącymi przeobrażeniami społeczno-kulturowymi zagadnienie związków między pracą i rodziną jest nadal aktualne. Zmiany te zachodzą m.in. w podziale obowiązków między członków rodziny. Coraz częściej zdarza się, że kobieta pracuje zawodowo, a mężczyzna opiekuje się dziećmi. Do tej pory zwracano uwagę raczej na podejmowanie aktywności zawodowej przez kobiety. Niewiele natomiast wiemy o oddziaływaniach pozytywnych i negatywnych związanych z łączenia ról przez mężczyzn, jeżeli w znacznym stopniu zajmują się oni prowadzeniem domu. Podobnie mało analizowane jest zjawisko migracji zarobkowych, które może przyczyniać się do nasilenia konfliktu między pełnionymi rolami. Amstad i współpracownicy[50] podkreślają, że mimo wielu badań nad konfliktem ról badania te należy kontynuować, gdyż środowisko pracy i rodziny ulega zmianom, o czym świadczy na przykład wzrastająca liczba osób wykonujących pracę na część etatu. W dobie intensywnego rozwoju nowych technologii także elastyczne formy organizacji pracy, takie jak telepraca wykonywana poza zakładem pracy lub zadaniowy system czasu pracy, stwarzają nowe możliwości godzenia ról rodzinnych i zawodowych. Być może bardziej swobodne dysponowanie czasem potrzebnym na pracę i życie osobiste sprzyja facylitacji praca – rodzina, ale nie jest wykluczone, że może także wiązać się z mało efektywnym zarządzaniem sobą w czasie i sprzyjać powstawaniu konfliktu praca – rodzina. Brakuje także badań dotyczących efektów wdrażania przez firmy działań z zakresu harmonijnego łączenia pracy i rodziny. Ciekawe analizy mogłyby dotyczyć tego, w jakich warunkach strategia działania firmy, nastawiona na pomoc w godzeniu celów zawodowych i rodzinnych, wiąże się z obniżeniem konfliktu i zwiększeniem facylitacji między rolami, a kiedy prowadzi do odwrotnych efektów. Warto także skupić się na badaniach, które nie ograniczają

---

[47] B. Lachowska, (przyp. 2), s. 219.

[48] B. Lachowska, (przyp. 2), s. 266.

[49] Ł. Baka, *Wymagania w pracy i w rodzinie a satysfakcja z pracy i satysfakcja z małżeństwa: Mediująca rola konfliktów między pracą i rodziną*, „Polskie Forum Psychologiczne" 2012, nr 1, s. 171–186.

[50] F.T. Amstad, L.L. Meier, U. Fasel i in., (przyp. 27), s. 151–169.

się do ról małżonka, rodzica i pracownika[51]. Godzenie ról osobistych i zawodowych może stanowić także problem na przykład dla osoby samotnie wychowującej dziecko czy opiekującej się starszym członkiem rodziny. Postulowane jest także objęcie badaniami szerszych sfer funkcjonowania, np. aktywności podejmowanych w czasie wolnym, poza pracą i poza rodziną[52].

Ważny obszar dla dalszej analizy mogą stanowić również zmiany w zakresie oddziaływań między pracą i rodziną w zależności od przemian życiowych, stadiów rozwoju zawodowego czy też etapu kariery, na jakim znajduje się osoba[53]. Ostatnio podkreśla się także, że badania nad konfliktem powinny uwzględniać zmienne osobowościowe, takie jak proaktywność czy umiejscowienie kontroli[54]. Ten ostatni konstrukt określa przekonanie osoby czy efekty jej działań zależą od niej samej i jej zachowania czy od czynników zewnętrznych[55]. W literaturze możemy odnaleźć opracowania, które badają takie związki, jednak jest ich mniej w porównaniu do analiz uwzględniających charakterystyki dotyczące pracy i rodziny. Mało poznane są także relacje między konfliktem i facylitacją a realizacją celów osobistych przez małżonków. Zaangażowanie w proces realizacji celów w jednym z obszarów może przyczyniać się do efektywnego funkcjonowania w danej dziedzinie, ale odbijać się konfliktem doświadczanym między obiema sferami. Jest to jednak na razie hipoteza, która wymaga dalszych badań. Wydaje się więc, że zarówno włączenie do analiz ujęcia rozwojowego, uwzględniającego dynamikę zmian w ciągu życia, jak i analizowanie szerszego spektrum zmiennych osobowościowych i motywacyjnych, może stanowić kierunek rozwoju interesujących badań nad przenikaniem się sfery rodzinnej i zawodowej.

W najnowszych badaniach pojawiają się także nowe propozycje metodologiczne, na przykład wskazujące na potrzebę uwzględnienia w analizie relacji zachodzących w diadzie[56]. W badaniu podłużnym wykazano, że konflikt doświadczany przez jedną z osób wpływa na obniżenie satysfakcji z pracy i na stres związany z rolą rodzica u drugiej osoby i odwrotnie. Ten interesujący sposób analizowania danych może stanowić wyzwanie dla kolejnych badań w tej dziedzinie.

Przedstawione tu wyniki badań, zwłaszcza ich ilościowe podsumowania w formie metaanaliz, pokazały, że umiejętne godzenie ról rodzinnych i zawodowych ma znaczenie dla odczuwanej satysfakcji z pracy, a także z małżeństwa i rodziny. Umiejętność minimalizowania konfliktów między pracą i rodziną oraz maksymalizowania

---

[51]   B. Lachowska, M. Łaguna, (przyp. 17), *passim*.

[52]   C.J. Ahrens, C.D. Ryff, *Multiple roles and well-being: Sociodemographic and psychological moderators*, „Sex Roles" 2006, nr 55, s. 801–815.

[53]   E.P. Demerouti, M.C.W. Peeters, B.I.J.M. van der Heijden, *Work-family interface from a life and career stage perspective: The role of demands and resources*", „International Journal of Psychology" 2012, nr 4, s. 241–258.

[54]   E.P. Demerouti, M.C.W. Peeters, B.I.J.M. van der Heijden, (przyp. 53), s. 241–258.

[55]   P. Oleś, *Wprowadzenie do psychologii osobowości*, Wydawnictwo Naukowe Scholar, Warszawa 2005, s. 176.

[56]   U. Kinnunen, T. Feldt, S. Mauno i in., *Interface between work and family: A longitudinal individual and crossover perspective*, „Journal of Occupational and Organizational Psychology" 2010, nr 83, s. 19–137.

facylitacji między tymi dziedzinami sprzyja wysokiej jakości życia doświadczanej w różnych wymiarach, zarówno tych związanych z funkcjonowaniem zawodowym, jak i rodzinnym. Wyniki dotychczasowych badań, wskazujące na przykład na uwarunkowania konfliktu i facylitacji, mogą być wykorzystane w projektowaniu działań praktycznych służących podwyższaniu jakości życia u osób, które godzą obowiązki wynikające z podejmowanej aktywności zawodowej oraz rodzinnej. Zagadnienia te są na tyle ważne, a jednocześnie wciąż mało poznane, że z pewnością będą podejmowane w wielu kolejnych badaniach.

Kinga Łagowska, Mariola Łaguna

Conflict and facilitation between work and family roles — a review of research

Due to socio-cultural changes, reconciliation of work and family life is becoming an increasingly important issue. Subjectively experienced quality of life is to some extent dependent on dealing effectively with the tasks carried out in the areas of work and family life. Work-family conflict and the positive interaction between these two areas of life — called facilitation — are presented in this paper. Two streams of research are considered: the first focusing on this conflict as a bidirectional construct, and the second taking into account the positive interaction between the roles performed in the family and at work. The results of the meta-analyses of previous studies are presented, allowing for a better understanding of the relationship between work and family. New directions for research are also discussed.

De professione

Łukasz Baka

Znaczenie zaangażowania w pracę dla dobrostanu psychicznego pracowników

I. Wprowadzenie

W ostatnim dziesięcioleciu w psychologii pracy zaobserwować można coraz wyraźniejszy wzrost zainteresowania dobrostanem psychicznym pracowników. Wcześniej zdecydowana większość prac badawczych koncentrowała się głównie na identyfikacji źródeł zachowań dysfunkcjonalnych, patologii organizacyjnej oraz dolegliwości. Przykładowo, przegląd artykułów opublikowanych w czołowych amerykańskich pismach z nurtu psychologii pracy w latach 1996–2004 pokazał, że 94% z nich poświęconych było negatywnym czynnikom oddziałującym w pracy[1]. Większość z tych czynników Arnold Bakker i Wilmar Schaufeli włączyli do tzw. grupy czterech D — zniszczeń (*damages*), chorób (*diseases*), zaburzeń (*disorders*) i dysfunkcji (*disfunctions*)[2]. Identyfikacja negatywnych czynników w pracy, rozpoznanie mechanizmów ich działania czy nawet zapobieganie ich powstawaniu niekoniecznie prowadzi do wzrostu zadowolenia z pracy. Zwracał na to uwagę Frederick Herzberg w swojej teorii dwuczynnikowej, pisząc, że poprawa czynników higieny (np. złych warunków pracy) zwykle nie wiąże się ze wzrostem odczuwalnej satysfakcji w pracy[3]. To założenie było zresztą punktem wyjścia do rozwoju bardziej współczesnych koncepcji psychologicznych, jak np. modelu poszerzania umysłu i budowy zasobów osobistych

[1] W.B. Schaufeli, M. Salanova, *Work engagement. An emerging psychological concept and its implications for organizations*, „Managing Social and Ethical Issues in Organizations" 2007, nr 2, s. 135–177.

[2] A.B. Bakker, W.B. Schaufeli, *Positive organizational behavior: Engaged employees in flourishing organizations*, „Journal of Organizational Behavior" 2008, nr 3, s. 147–154.

[3] F. Herzberg, *Motivator-hygiene profiles: Pinpointing what ails the organization*, „Organizational Dynamics" 1974, nr 3, s. 18–29.

(*broaden and build theory*)[4], a także modelu wymagania w pracy – zasoby (*job demands – resources model*)[5], zgodnie z którymi zdrowie i dobrostan psychiczny kształtowane są głównie przez posiadane zasoby osobiste, nie zaś poprzez zapobieganie oddziaływaniu czynników szkodliwych.

Jedną z przyczyn zainteresowania pozytywnymi (a nie negatywnymi) stanami pracowników jest rozwój psychologii pozytywnej, której głównym celem była odpowiedź na pytanie, co czyni ludzi szczęśliwymi[6]. Przenosząc to pytanie na grunt psychologii pracy można postawić bardziej szczegółowe pytania: Co czyni ludzi zadowolonymi z pracy? Co sprawia, że doświadczają pozytywnych emocji? Jakie korzyści dla pracownika i organizacji płyną z faktu, że pracownik jest zadowolony z pracy i doświadcza pozytywnych emocji? Drugą przyczyną zainteresowania dobrostanem w pracy był prawdopodobnie wzrost wiedzy specjalistów *Human Resources* oraz menedżerów o roli „szczęśliwych pracowników" w podnoszeniu efektywności pracy i budowaniu trwałej przewagi konkurencyjnej. Stąd bardziej świadomi menedżerowie zaczynają troszczyć się nie tylko o osiągnięcia i wyniki pracowników, ale także o ich zdrowie i samopoczucie.

Obszarem szczególnie mocno eksplorowanym w ostatnich kilkunastu latach w psychologii pracy stało się zaangażowanie w pracy. Z jednej strony badania prowadzone w kontekście modelu wymagania w pracy – zasoby wskazują na zaangażowanie w pracy jako kluczowy czynnik sprzyjający osiąganiu przez pracowników i organizację pozytywnych stanów, takich jak kreatywność, produktywności, zadowolenie z pracy, zachowania obywatelskie oraz przywiązanie do organizacji[7]. Z drugiej jednak strony w świetle teorii zachowania zasobów nadmierne angażowanie się w pracę, zwłaszcza w długim okresie czasu, może skutkować eksploatacją lub uszczupleniem zasobów osobistych, a w konsekwencji pogorszeniem zdrowia i osłabieniem pozytywnych postaw wobec pracy[8]. Podobny pogląd wyraża Romuald Derbis, pisząc, że nadmierne zaangażowanie w pracy, w dłuższej perspektywie, może skutkować negatywnymi konsekwencjami zdrowotnymi, np. wypaleniem zawodowym[9]. Autor ten powołuje się na koncepcję zmiany ukierunkowania Aptera, który wyróżnił dwa ukierunkowania: jedno na cel, drugie na samą aktywność. Stąd istnieją dwa różne poziomy pobudzenia optymalne dla danego funkcjonowania. Przy orientacji na cel, według prawa Yerkesa-Dodsona, wzrost pobudzenia w pewnym

---

[4] B.L. Fredricson, *The role of positive emotions in positive psychology*, „American Psychologist" 2001, nr 6, s. 218–226.

[5] A.B. Bakker, E. Demerouti, E. De Boer, W.B. Schaufeli, *Job demands and job resources as predictors of absence duration and frequency*, „Journal of Vocational Behavior" 2003, nr 2, s. 341–356.

[6] A.B. Bakker, W.B. Schaufeli, (przyp. 2), s. 147–154.

[7] S. Sonnentag, *Recovery, work engagement and proactive behavior: a new look at the interface between nonwork and work*, „Journal of Applied Psychology" 2003, nr 88, s. 518–528; W.B. Schaufeli, M. Salanova, (przyp. 1), s. 135–177.

[8] S.E. Hobfoll, *Stres, kultura i społeczność. Psychologia i filozofia stresu*, GWP, Gdańsk 2006, *passim*.

[9] R. Derbis, *Jakość życia z pracą i bez pracy*, [w:] *Niepokoje i nadzieje współczesnego człowieka*, red. R. Derbis, Wydawnictwo WSP, Częstochowa 2003, *passim*.

momencie zaczyna być szkodliwy, przyczyniając się do osłabienia zdrowia oraz mniejszego zadowolenia z wykonywanej czynności[10]. Potwierdzają to badania przeprowadzone przez amerykańskich naukowców, w których zademonstrowano, że zaangażowanie w pracę prowadzi do wypalenia zawodowego, a dalej do obniżenia zadowolenia z pracy[11]. Jak pisze Derbis

> [...] człowiek potrzebuje aktywności w różnych obszarach, a także różnorodności w każdym z tych obszarów. Warunkiem równowagi psychicznej nie jest bowiem tylko aktywność i maksymalne zaangażowanie, ale także pewien dystans do rzeczywistości, który pozwoli na wybiórcze zaangażowanie się w wybrane cele [...][12].

Celem niniejszego artykułu jest ukazanie znaczenia zaangażowania w pracy dla dobrostanu psychicznego pracowników pracujących w zawodach z tzw. misją społeczną — policjantów, lekarzy i nauczycieli. Dobrostan psychiczny mierzony będzie za pomocą zadowolenia z pracy oraz wskaźników zdrowia psychicznego: wypalenia zawodowego i depresji.

II. Próba konceptualizacji zaangażowania w pracy — wybrane ujęcia

1. Ujęcie Kanungo

Jedno z pierwszych ujęć teoretycznych zaangażowania w pracy (*job involvement*) zaproponowała Rabindra Kanungo, która potraktowała je jako poznawczy komponent postawy wobec pracy. W tym rozumieniu zaangażowanie definiuje się jako zgeneralizowany poznawczy stan psychicznej identyfikacji z pracą[13]. Autorka rozróżnia kategorię zaangażowania w pracę (*job involvement*) od kategorii zaangażowania w pracę jako ogólnej postawy wobec pracy (*work invovement*). W pierwszym znaczeniu zaangażowanie rozumiane jest jako stopień identyfikacji z aktualną, obecną pracą. Drugie znaczenie odnosi się bardziej do stopnia, w jakim praca jest ważna dla jednostki i stanowi centralny wymiar obrazu własnej osoby.

2. Ujęcie Kahna

Rozwinięcie koncepcji Kanungo zaproponował William Kahn[14]. Zaangażowanie w pracy opisał on jako doświadczanie przez człowieka stanu, w którym kieruje on całą swoją osobistą energię w fizyczne, poznawcze i emocjonalne zmaganie się

---

[10] R. Derbis, *Zaangażowanie zawodowe, pomoc czy przeszkoda w osiąganiu sukcesu*, „Prace Naukowe WSP. Seria: Psychologia", z. X, Częstochowa 2003, s. 31–41.

[11] G.F. Koeske, T. Kelly, *The impact of overinvolvement on burnout and job satisfaction*, „American Journal of Orthopsychiatry", 1995, nr 2, s. 282–292.

[12] R. Derbis, (przyp. 10), s. 37.

[13] R.N. Kanungo, *Measurement of job and work involvement*, „Journal of Applied Psychology" 1982, nr 3, s. 341–349.

[14] W.A. Kahn, *To be fully there: Psychological presence at work*, „Human Relation" 1992, nr 5, s. 321–349.

z trudami pracy. Zaangażowanie w tym ujęciu obejmuje wysiłek włożony w pracę, oddanie pracy, przepływ (*flow*), *mindfullness*, a także motywację wewnętrzną. Autor określił taki stan jako „wsiąknięcie w pracę" lub „bycie w pełni" i odnosił je bardziej do pełnienia ról zawodowych niż do samej aktywności zawodowej. Zaangażowany pracownik jest silnie związany i zintegrowany z pełnioną rolą zawodową, wkłada też więcej wysiłku w pracę, ponieważ silnie się z nią identyfikuje. Kahn dosyć niejasno opisuje warunki, które muszą wystąpić, aby powstał stan zaangażowania, pisząc, że do zaangażowania dochodzi wówczas, gdy z jednej strony pracownik wkłada osobistą energię w pełnienie ról związanych z pracą, zaś z drugiej strony wypełnianie tych ról pozwala mu na „wyrażenie siebie". Pomimo, że autor proponuje dość spójną koncepcję zaangażowania w pracę, to nie podejmuje próby zoperacjonalizowania tego zjawiska.

3. Ujęcie Rothbard

Zbliżone do Kahna rozumienie zaangażowania w pracę reprezentuje Nancy Rothbard, która sprowadza je do dwóch wymiarów: uwagi (*attention*), mierzonej częstością myślenia o pełnionych rolach zawodowych oraz pochłonięciem przez pracę (*absorbtion*), której wskaźnikiem jest stopień skoncentrowania na pełnieniu roli zawodowej[15]. Rothbard postrzega zaangażowanego pracownika w kategoriach „poznawczej czujności" i „emocjonalnego przywiązania". Pisze ona, że zaangażowani pracownicy wiedzą czego potrzebują od pracy, ale też czego organizacja oczekuje od nich samych, są przekonani o posiadaniu wpływu na wypełnianie obowiązków, mają świadomość, że wraz z innymi współpracownikami uczestniczą w czymś ważnym, jak również dążą do samodoskonalenia się.

4. Ujęcie Macey i Schneider

W tym podejściu zaangażowanie w pracy przejawiać się może w trzech formach: cechy (*engagement trait*), stanu (*engagement state*) oraz zachowań (*behavioral engagement*)[16]. Zaangażowanie jako cecha traktowane jest przez autorów w kategoriach cechy osobowości, bliskiej pozytywnej afektywności i definiowane jest jako pozytywne widzenie świata (w tym także świata pracy), które sprzyja angażowaniu się w obowiązki zawodowe. Zaangażowanie jako stan wiąże się z takimi czynnikami jak poczucie energii, wsiąknięcie w pracę, przywiązanie oraz zadowolenie z pracy. Zaangażowanie jako zachowanie opisuje bardziej następstwa będące skutkiem zaangażowanej postawy wobec pracy: wzrost efektywności, zachowania obywatelskie w organizacji, osiągnięcia.

---

[15] N.P. Rothbard, *Enriching or depleting? The dynamics of engagement in work and family roles*, „Administrative Science Quarterly" 2001, nr 4, s. 655–684.

[16] W.H. Macey, B. Schneider, *The meaning of employee engagement*, „Industrial and Organizational Psychology" 2008, nr 1, s. 3–30.

5. Ujęcie Britt

W tym ujęciu zaangażowanie w pracy stanowi konstrukt obejmujący dwa komponenty — odpowiedzialność i przywiązanie. Wysoki poziom odpowiedzialności i przywiązania świadczy — zdaniem autora — o silnym zaangażowaniu w pracy. Czynnikami sprzyjającymi rozwojowi odpowiedzialności są: poziom sprawowanej kontroli nad zadaniami, jasność wyznaczonych celów, a także efektywne szkolenia. Z kolei rozwój przywiązania następuje wówczas, gdy pełniona rola zawodowa staje się centrum rozwoju tożsamości pracownika[17].

6. Ujęcie Maslach i Leitera

Nowe podejście do omawianego zjawiska zaproponowali Christina Maslach i Michael Leiter[18]. Definiują oni zaangażowanie w pracę jako poczucie silnych i prawdziwych związków z pracą oraz przekonanie pracownika, że jest zdolny do skutecznego radzenia sobie z wymogami pracy. Aktywność zawodową człowieka umieszczają oni na kontinuum, na którego jednym krańcu jest zaangażowanie w pracę, na drugim zaś wypalenie. Tak więc zaangażowaniu przeciwstawiają zjawisko wypalenia, traktując je jako „erozję zaangażowania w pracę"[19]. Autorzy twierdzą, że na zaangażowanie składają się trzy elementy: wysoki poziom energii, poświęcenie się pracy oraz poczucie skuteczności. Elementom tym przeciwstawiają trzy syndromy wypalenia zawodowego: wyczerpanie, cynizm oraz poczucie braku osiągnięć. Ich zdaniem związek człowieka z własną pracą można opisać w trzech wymiarach: wyczerpanie – energia, cynizm – poświęcenie pracy oraz poczucie braku osiągnięć-poczucie skuteczności. Zdaniem autorów zaangażowanych pracowników cechuje poczucie energii i chęć działania, pozytywny stosunek do obowiązków, współpracowników oraz środowiska zawodowego. W przeciwieństwie do pracowników wypalonych w sytuacjach trudnych, zamiast stresu i napięcia doświadczają oni poczucia wyzwania. W tej koncepcji, zaangażowanie w pracę można mierzyć za pomocą kwestionariusza MBI-GS (Maslach Burnout Inventory — General Survey), w zamierzeniach służącego do pomiaru wypalenia, przy czym silnemu zaangażowaniu odpowiadają niskie wyniki na skali wyczerpania i cynizmu, zaś wysokie na skali poczucia skuteczności. Część badań faktycznie sugeruje, że przeciwstawnym do wypalenia nie jest stan obojętności, związany z brakiem wypalenia, lecz właśnie stan zaangażowania w pracę, wskazujący na spełnianie się w zawodzie[20]. Maslach stoi na stanowisku, że ujmowanie wypalenia na kontinuum wypalony – niewypalony byłoby nadmiernym uproszczeniem i nie oddawałoby w pełni złożoności zawodowego funkcjonowania człowieka.

---

[17] T.W. Britt, P.D. Bliese, *Testing the stress-buffering effects of self engagement among soldiers on a military operation*, „Journal of Personality" 2003, nr 71, s. 245–265.

[18] Ch. Maslach, M.P. Leiter, *The truth about burnout*, Jossey-Bass, Nowy Jork 1997, *passim*.

[19] Ch. Maslach, M.P. Leiter, W.B. Schaufelli, *Job burnout*, „Annual Review of Psychology" 2001, nr 52, s. 397–422.

[20] Ch. Maslach, M.P. Leiter, (przyp. 18).

Sugeruje przy tym, że kształtowanie postawy zaangażowania może być ważnym elementem profilaktyki, zmniejszającym ryzyko pojawienia się wypalenia.

7. Ujęcie Schaufelego

Nie do końca z takim ujęciem zaangażowania w pracę zgadzają się Schaufeli i jego współpracownicy[21]. Twierdzą oni, że znacznie utrudnia ono empiryczne badanie związków pomiędzy wypaleniem i zaangażowaniem w pracę. Dlatego proponują bardziej rozbudowaną koncepcję tego konstruktu. Po pierwsze, zaangażowanie w pracę traktują oni nie jako chwilowy, przejściowy stan, lecz raczej jako stały i pogłębiający się afektywno-poznawczy stosunek do obowiązków, zachowań, ludzi i obiektów związanych z pracą. Według tych autorów zaangażowanie w pracę nie jest przeciwieństwem wypalenia, ale osobnym, komplementarnym wobec wypalenia, wymiarem. Zaangażowanie charakteryzują oni poprzez trzy symptomy: wigor (*vigor*), oddanie się pracy (*dedication*) i pochłonięcie przez pracę (*absorption*). Wigor to wysoki poziom energii i odporności psychicznej w czasie pracy, wola inwestowania wysiłku w pracę i wytrwałość nawet w obliczu trudności. Oddanie się pracy zdefiniowano jako silne utożsamianie się ze w swoją pracą, poczucie jej znaczenia, entuzjazmu, dumy z jej wykonywania. Pochłonięcie przez pracę jest natomiast rozumiane jako koncentracja na pracy, zaabsorbowanie nią, poczucie, że czas szybko mija w trakcie pracy oraz, że trudno się od niej oderwać. Autorzy ci traktują trzy wymiary zaangażowania w pracę jako przeciwstawne trzem symptomom wypalenia: wyczerpaniu, cynizmowi i poczuciu skuteczności, przy czym — w przeciwieństwie do Maslach — wypalenie i zaangażowanie traktują jako dwa oddzielne konstrukty. Tak jak, Maslach postrzega wyczerpanie i cynizm jako rdzeń wypalenia, tak Schaufeli i jego współpracownicy opisują wigor i oddanie się pracy jako kluczowe dla rozwoju zaangażowania. Przy tym wyczerpanie i wigor traktują jako wskaźniki aktywności w pracy, zaś cynizm i oddanie się pracy odnoszą do identyfikacji z pracą. Tak więc zaangażowany pracownik charakteryzuje się wysokim poziomem energii i silną identyfikacją z pracą.

III. Zaangażowanie w pracy a dobrostan psychiczny pracowników

W badaniach nad satysfakcją z pracy dosyć długo dominowało klasyczne podejście Locke'a, zgodnie z którym satysfakcję z pracy określano jako poznawczy (oceny) i afektywny (emocje) stosunek wobec wykonywanej pracy i związanych z nią czynników[22]. Z czasem badacze zaproponowali nieco inne ujęcie, traktując oceny i emocje

---

[21] W.B. Schaufelli, M. Salanova, V. Gonzalez-Roma, A.B. Bakker, *The measurement of engagement and burnout: A two sample confirmatory factor analytic approach*, „Journal of Happiness Studies" 2002, nr 3, s. 71–92.

[22] E.A. Locke, *What is job satisfaction?*, „Organizational Behavior and Human Performance" 1969, nr 4, s. 309–336.

związane z pracą nie jako wymiary satysfakcji z pracy, lecz jako dwa oddzielne, chociaż współzależne od siebie, zjawiska[23]. Ich zdaniem satysfakcja z pracy obejmuje przede wszystkim sądy i oceny na temat pracy, z kolei dla emocji zaproponowali termin afekt w pracy. Satysfakcja i afekt składają się na ogólne zadowolenie z pracy, przy czym satysfakcję uznaje się za poznawczy komponent zadowolenia z pracy, afekt w pracy zaś, za jego komponent emocjonalny. W wielu badaniach wykazano silną dodatnią zależność między satysfakcją z pracy i pozytywnym afektem[24].

Badając wyznaczniki satysfakcji z pracy, autorzy koncentrują się obecnie na dwóch grupach czynników — środowiskowych i osobowościowych. Do pierwszej grupy zaliczają m.in. ekonomiczne aspekty pracy, warunki pracy, relacje interpersonalne, obowiązki i zadania. Czynniki te badacze traktują jako tzw. „satysfakcje cząstkowe", składające się na ogólna satysfakcję z pracy. Okazuje się jednak, że średnie zadowolenie z poszczególnych czynników pracy rzadko jest takie samo jak średni poziom satysfakcji mierzony pojedynczym pytaniem[25]. Ponadto badania pokazały wysoką stabilność satysfakcji z pracy, nawet po zmianie miejsca pracy[26]. Dlatego coraz więcej badaczy zajmujących się tą problematyką, oprócz cech pracy, włącza do swoich badań zmienne osobowościowe. Przeprowadzone badania potwierdzają rolę dyspozycji psychicznych w kształtowaniu satysfakcji z pracy, m.in. temperamentu[27], inteligencji emocjonalnej i optymizmu[28], a także pozytywnej i negatywnej afektywności[29]. Nie do końca znane są mechanizmy, poprzez które dyspozycje psychiczne kształtują satysfakcję z pracy. Niektórzy autorzy podejrzewają, że dyspozycje te nie oddziałują bezpośrednio na satysfakcję, lecz moderują zależność między czynnikami środowiskowymi i satysfakcją z pracy. Potwierdzają to częściowo niektóre badania[30]. Inne badania pokazują dodatnie relacje między doświadczaniem pozytywnego afektu (jako stanu) i satysfakcją z pracy[31].

---

[23] A.P. Brief, H.M. Weiss, *Organizational behavior: Affect in the workplace*, „Annual Review of Psychology" 2002, nr 53, s. 279–307.

[24] T.A. Judge, R. Ilies, *Affect and job satisfaction: A study of their relationship at work and at home*, „Journal of Applied Psychology" 2004, nr 89, s. 661–673.

[25] R. Derbis, A. Bańka, *Poczucie jakości życia a swoboda działania i odpowiedzialność*, Stowarzyszenia Psychologia i Architektura, Poznań 1998, *passim*.

[26] C. Dormann, D. Zapf, *Job satisfaction: A meta-analysis of stabilities*, „Journal of Organizational Behavior" 2001, 22, 483–504.

[27] A. P. Brief, H. M. Weiss, (przyp. 23), s. 297–307.

[28] B. Bajcar, A. Borkowska, A. Czerw, A. Gąsiorowska, *Satysfakcja z pracy w zawodach z misją społeczną*, GWP, Sopot 2011, *passim*.

[29] J.J. Connolly, C. Viswesvaran, *The role of affectivity in job satisfaction: a meta-analysis*, „Personality and Individual Differences" 2010, nr 5, s. 265–281.

[30] T.A. Judge, R. Ilies, (przyp. 24).

[31] H.M. Weiss, J.P. Nicholas, C.S. Daus, *An examination of the joint effects of affective experiences and job beliefs on job satisfaction and variations in affective*, „Organizational Behavior and Human Decision Processes" 1999, nr 6, s. 1–24.

Na znaczenie zaangażowania w pracę dla satysfakcji pracowników zwracali także uwagę Hackman i Lawler[32]. Ich zdaniem wzrost zaangażowania w pracę wzmaga skuteczność organizacyjną, gdyż praca daje wówczas poczucie spełnienia, jest drogą do osobistego rozwoju i zadowolenia. Dodatnie zależności między zaangażowaniem w pracy a satysfakcją wykazano także w nowszych badaniach amerykańskich[33]. Potwierdzony został w nich dodatni związek trzech komponentów zaangażowania (wigoru, oddania się pracy, pochłonięcia przez pracę) z satysfakcją z pracy.

W wielu badaniach prowadzonych w kontekście modelu wymagania w pracy – zasoby zaobserwowano, że zaangażowanie w pracy wiąże się często z posiadaniem bogatych zasobów w pracy, a także pozytywnymi postawami wobec pracy: pozytywnym afektem, satysfakcją z pracy, zachowaniami obywatelskimi, przywiązaniem do organizacji[34]. Na pytania o związki przyczynowo-skutkowe powyższych zjawisk trudno dać jednoznaczną odpowiedź, bowiem różne modele różnie ujmują te zależności. Model wymagania w pracy – zasoby przyjmuje jednakże, że bogate zasoby osobiste (np. poczucie własnej skuteczności) i środowiskowe (np. wsparcie w pracy) prowadzą do wzrostu zaangażowania w pracy, to zaś skutkuje doświadczaniem pozytywnych emocji, zachowaniami obywatelskimi, przywiązaniem do organizacji, a także wzrostem satysfakcji z pracy. Taką zależność potwierdziły badania empiryczne. Zwłaszcza badania Hakanena i współautorów na grupie fińskich nauczycieli, zasługują na uwagę, ponieważ związek zaangażowania w pracy z zasobami oraz postawami wobec pracy testowano w schemacie badań podłużnych pozwalających, w pewnym stopniu, na uchwycenie zależności o charakterze przyczynowym. Wykazano w nich, że zasoby w pracy — takie jak wsparcie ze strony przełożonych, dostępność informacji zwrotnych, przyzwolenie na innowacyjność, klimat psychologiczny — poprzez zaangażowanie w pracę prowadzą do przywiązania organizacyjnego nauczycieli[35]. Replikację tych wyników uzyskał ten sam autor dwa lata później, w badaniach na dużej grupie ponad dwóch i pół tysiąca dentystów. Zaangażowanie w pracę mediowało wpływ zasobów w pracy na silne przywiązanie do organizacji, wysoki poziom innowacyjności oraz niechęć do porzucenia pracy[36].

Inne badania pokazały z kolei, że wysoki poziom zasobów w pracy, poprzez wzrost zaangażowania w pracy, skutkuje wzrostem przywiązania organizacyjnego[37]

---

[32] J.R. Hackman, E.E. Lawler, *Employee reaction to job characteristics*, „Journal of Applied Psychology" 1971, nr 1, s. 259–286.

[33] A.J. Wefald, R.G. Downey, *Construct dimensionality of engagement and its relation with satisfaction*, „The Journal of Psychology" 2009, nr 1, s. 91–111.

[34] S. Sonnentag, (przyp. 7), s. 518–528; W.B. Schaufeli, M. Salanova, (przyp. 1), s. 135–177.

[35] J.J. Hakanen, A.B. Bakker, W.B. Schaufeli, *Burnout and work engagement among teachers*, „Journal of School Psychology" 2006, nr 4, s. 495–513.

[36] J.J. Hakanen, W.B. Schaufeli, K. Ahola, *The job demands-resources model: a three-year cross-lagged study of burnout, depression, commitment and work engagement*, „Work & Stress" 2008, nr 6, s. 224–241.

[37] S. Llorens, A.B., Bakker, W. Schaufeli, M. Salanova, *Testing the robustness of the job demands-resources model*, „International Journal of Stress Management" 2006, nr 4, s. 378–391; J.J. Hakanen, A.B. Bakker, W.B. Schaufeli, (przyp. 35), s. 113–130.

i zachowań obywatelskich w organizacji[38], wydajnością w pracy[39] oraz zadowoleniem z pracy[40], jak również spadkiem tendencji do odejścia z organizacji[41]. W polskich badaniach na dużej próbie pracowników odnotowano negatywny związek zaangażowania ze stresem w pracy i wypaleniem zawodowym[42].

Na przestrzeni ostatnich kilku lat badacze zainteresowali się także zależnościami pomiędzy zaangażowaniem w pracy a konfliktami praca – rodzina i rodzina – praca[43]. Zgodnie z jednym z założeń teorii zachowania zasobów, pula zasobów, jaką człowiek ma do dyspozycji, jest ograniczona i inwestowanie ich w jakimś obszarze może skutkować deficytem w innych obszarach[44]. Możliwe więc, że pracownicy wkładający w pracę szczególnie dużo energii i wysiłku nadmiernie się eksploatują i w konsekwencji dysponują mniejszą pulą zasobów w innych obszarach funkcjonowania, np. w domu. Z drugiej strony badacze donoszą o względnej zgodności pomiędzy typem pracy a rodzajem aktywności pozazawodowych. Pracownicy wykonujący ciekawą, niekonwencjonalną i pełną wyzwań pracę, zwykle poszukują nierutynowych i bardziej aktywnych sposobów spędzania czasu wolnego[45]. Wyniki te sugerują, że ludzie silnie angażujący się w pracę, powinni angażować się również w inne, ważne dla nich obszary. Może stać za tym jakaś względnie trwała predyspozycja osobowościowa. Wyniki badań nie przynoszą jednak spójnych wyników.

Przypuszczenia te potwierdza częściowo jedno z nowszych badań, w którym wykazano, że zaangażowani w pracę pracownicy doświadczają co prawda większego konfliktu praca – rodzina, jednak nie dotyczy to pracowników cechujących się wysokim poziomem sumienności[46]. Polskie badania na grupie pracowników medycznych wykazały jednak, że zaangażowanie w pracy wiąże się ujemnie z konfliktem praca – rodzina[47]. Być może różnice wynikają z faktu, że w modelu testowanym w tych ostatnich badaniach zaangażowanie w pracy zostało potraktowane jako zmienna wyjaśniana, a nie wyjaśniająca. Można wyobrazić sobie, że osoby silnie zaangażowane

[38] S. Sonnentag, (przyp. 7), s. 518–528.

[39] A.B. Bakker, E. Demerouti, E. De Boer, W.B. Schaufeli, *Job demands and job resources as predictors of absence duration and frequency*, „Journal of Vocational Behavior" 2003, nr 5, s. 341–356.

[40] C. Korunka, B. Kubicek, W. Schaufeli, P. Hoonaker, *Work engagement and burnout: testing the robustness of the job demands-resources model*, „The Journal of Positive Psychology" 2009, nr 4, s. 243–255.

[41] W.B. Schaufelli, A.B, Bakker, *Job demands, job resources and their relationship with burnout and engagement: a multi-sample study*, „Journal of Organizational Behavior" 2004, nr 1, s. 293–315.

[42] R. Derbis, Ł. Baka, *Znaczenie wsparcia społecznego i zaangażowania w pracy dla związku stresorów w pracy i wypalenia zawodowego*, „Czasopismo Psychologiczne" 2011, nr 3, s. 277–287.

[43] W. H. Macey, B. Schneider, (przyp. 16), s. 3–30; J.R.B. Halbesleben, J. Harvey, M.C. Bolino, *Too engaged? A conservation of resources view of the relationship between work engagement and work interference with family*, „Journal of Applied Psychology" 2009, nr 2, s. 1452–1465.

[44] S.E. Hobfoll, (przyp. 8).

[45] M.P. Leiter, M.J. Durop, *Work, home, and in between: A longitudinal study of spillover*, „Journal of Applied Behavioral Science" 1996, nr 4, s. 29–47.

[46] .R.B. Halbesleben, J. Harvey, M.C. Bolino, (przyp. 43), s. 1452–1465.

[47] Ł. Baka, R. Derbis, *Job stressors, job burnout and work engagement: Do work-family conflict and type-a behaviour play roles in regulating them?* „Polish Journal of Applied Psychology" 2012, nr 2, s. 131–159.

w pracę odczuwają w konsekwencji silniejszy konflikt praca – rodzina. Z drugiej jednak strony, doświadczanie przez pracowników silnych konfliktów praca – rodzina osłabia zaangażowanie w pracy. Różny znak zależności pomiędzy zmiennymi wynikać będzie w tym przypadku z odmiennego kierunku wpływu tych zmiennych.

IV. Badania własne

1. Ogólne założenia

Poniżej przedstawione są trzy studia empiryczne przeprowadzone w latach 2010–2012 na grupach policjantów, lekarzy i nauczycieli. Wykorzystano w nich pięć narzędzi pomiarowych: kwestionariusz do badania zaangażowania w pracy, dwa kwestionariusze do pomiaru zadowolenia z pracy oraz dwa narzędzia do pomiaru zdrowia: kwestionariusz wypalenia zawodowego i depresji.

Zaangażowanie w pracy. Zmienną tę mierzyłem skalą UWES (*Utrecht Work Engagement Scale*), autorstwa badaczy holenderskich[48]. Zawiera ona siedemnaście pozycji mierzących trzy wskaźniki zaangażowania w pracę — wigor, oddanie się pracy i pochłonięcie przez pracę. Wszystkie pozycje mają siedmiostopniową rozpiętość (od 0 — nigdy do 6 — każdego dnia). Narzędzie to cechuje się zadowalającymi parametrami statystycznymi. Współczynnik rzetelności dla całej skali wyniósł $\alpha = 0{,}93$. Z kolei dla poszczególnych skal wahał się od 0,82 do 0,92. W badaniach posługiwałem się globalnym wskaźnikiem zaangażowania w pracę $\alpha = 0{,}94$.

Zadowolenie z pracy. Było ono mierzone na podstawie dwóch narzędzi. Pierwsze z nich to opracowany przez Bettencourta i jego współpracowników kwestionariusz satysfakcji z pracy mierzy stopień zadowolenia z zewnętrznych i wewnętrznych aspektów związanych z pracą (np. wynagrodzenia, relacji międzyludzkich, możliwości rozwoju)[49]. Narzędzie składa się z dziewięciu pozycji, każda oceniana na siedmiopunktowej skali (od 1 — zupełnie niezadowolony do 7 — całkowicie zadowolony). W badaniach oryginalnych jego rzetelność wyniosła $\alpha = 0{,}88$, w moich badaniach $\alpha = 0{,}89$. Z kolei drugie narzędzie to skala satysfakcji z pracy (SSP), opracowana przez Zalewską która składa się z pięciu siedmiostopniowych pozycji (od 1 — zdecydowanie się nie zgadzam do 7 — zdecydowanie się zgadzam) i mierzy globalną satysfakcję z pracy[50].

Zdrowie psychiczne oceniane było na podstawie dwóch czynników — wypalenia zawodowego i depresji. Wypalenie zawodowe mierzono szesnastopunktową skalą OLBI (*Oldenburg Burnout Inventory*)[51]. Zawiera ona dwie podskale: wyczerpania

---

[48] W.B. Schaufelli, M. Salanova, V. Gonzalez-Roma, A.B. Bakker, (przyp. 21), s. 71–92.

[49] L.A. Bettencourt, K.P. Gwinner, P. Meuter, *A comparison of attitude, personality and knowledge predictors of service-oriented organizational citizenship behaviors*, „Journal of Applied Psychology" 2001, nr 1, s. 29–41.

[50] A. Zalewska, *Skala Satysfakcji z Pracy — pomiar poznawczego aspektu ogólnego zadowolenia z pracy*, „Acta Universitatis Lodziensis, Folia Psychologica" 2003, nr 7, s. 49–61.

[51] E. Demerouti, A.B. Bakker, F. Nachreiner, W.B. Schaufeli, *The job demands-resources model of burnout*, „Journal of Applied Psychology" 2001, nr 5, s. 499–512.

(*exhaustion*) oraz braku zaangażowania w pracę (*disengagement from work*). Najczęściej stosuje się jednak ogólny wskaźnik wypalenia (tak też uczyniono w niniejszym badaniu). Na każdą z podskal przypada po osiem pozycji, w tym po cztery z odwrotnym sposobem kodowania wyników. Skala charakteryzuje się dobrymi parametrami psychometrycznymi i była testowana na grupie polskich pracowników różnych zawodów[52]. Współczynnik rzetelności alfa Cronbacha dla OLBI wahał się od 0,74 do 0,92, w zależności od grupy badawczej. Korelacja pomiędzy dwoma podskalami wypalenia zawodowego wyniosła $r = 0,52$. O trafności teoretycznej narzędzia świadczy m.in. silna korelacja z trzema symptomami wypalenia mierzonego za pomocą kwestionariusza MBI-GS. Depresję z kolei mierzono skalą poczucia beznadziejności Becka (*Beck Hopelesness Scale*)[53]. Narzędzie to odnosi się bezpośrednio do trzeciego elementu depresyjnej triady poznawczej — negatywnej i pesymistycznej oceny przyszłości. Składa się ono z dwudziestu twierdzeń, na które osoba badana odpowiada twierdząco lub przecząco, w zależności od tego, czy się z nimi zgadza, czy też nie.

2. Badania na grupie policjantów

W pierwszych z opisywanych w niniejszym artykule badań mierzono zaangażowanie w pracy oraz zdrowie (za pomocą wypalenia zawodowego i depresji). Osobami badanymi (OB) było 503 policjantów. Zdecydowaną większość OB stanowili mężczyźni ($N = 364$; 72,4%). Wiek OB wahał się od 22 do 58 lat ($M = 37,01$; $SD = 7,66$). Staż pracy w zawodzie wynosił od 1 roku do 35 lat ($M = 13,11$; $SD = 7,74$). Badania przeprowadzono w jedenastu wylosowanych komisariatach na terenie województw śląskiego i świętokrzyskiego. Były one dobrowolne i anonimowe.

Do analizy wyników zastosowałem krokową analizę regresji, w której jako predyktor potraktowałem zaangażowanie w pracy, a jako zmienną wyjaśnianą wypalenie zawodowe i depresję. Wyniki pokazały, że zaangażowanie w pracy jest predyktorem niskiego wypalenia zawodowego, jak i niskiej depresji. Osoby przejawiające wysoki poziom zaangażowania przejawiały jednocześnie niskie poziomy wypalenia zawodowego ($\beta = -0,51$; $p < 0,001$) oraz depresji ($\beta = -0,28$; $p < 0,001$). Zaangażowanie nie wiązało się natomiast ze zmiennymi demograficznymi — wiekiem i stażem pracy.

3. Badania na grupie lekarzy

W kolejnych badaniach mierzyłem zdrowie (wypalenie zawodowe i depresję) oraz zadowolenie z pracy (skalą Wołoskiej, 2008). Osobami badanymi byli pracownicy służby zdrowia z terenu Częstochowy, Łowicza i Skarżyska Kamiennej: lekarze, pielęgniarki, ratownicy medyczni oraz fizjoterapeuci ($N = 282$). Zdecydowaną większość badanych stanowiły kobiety ($N = 240$; 85%). Wiek OB wahał się od 23 do 65

---

[52] R. Derbis, Ł. Baka, (przyp. 42), s. 277–287.
[53] A.T. Beck, A. Weissman, D. Lester, L. Trexler, *The measurement of pessimism: The hopelessness scale*, „Journal of Consulting and Clinical Psychology" 1974, nr 6, s. 861–865.

lat ($M = 41,1$; $SD = 7,96$). Staż pracy w zawodzie wynosił od 1 roku do 40 lat
($M = 19,1$; $SD = 8,77$). Na pracę zawodową osoby badane przeznaczały średnio 46
godzin tygodniowo ($SD = 15,07$).

Do analizy wyników zastosowałem analizę regresji, z zaangażowaniem w pracy
jako predyktorem i wypaleniem zawodowym, depresją oraz zadowoleniem z pracy
jako zmiennymi wyjaśnianymi. Wyniki badań pokazały, że zaangażowanie w pracy
jest wyznacznikiem niskiego poziomu wypalenia zawodowego ($\beta = -0,59$; $p < 0,001$),
depresji ($\beta = -0,34$; $p < 0,001$) oraz wysokiego poziomu zadowolenia z pracy
($0,5$; $p < 0,001$). Ponadto zaobserwowałem ujemny związek zaangażowania w pracy
z wiekiem ($r = -0,16$; $p < 0,05$) i stażem pracy ($r = -0,17$; $p < 0,05$).

4. Badania na grupie nauczycieli

W trzecim badaniu również badano zaangażowanie w pracy, wypalenie zawodowe
oraz zadowolenie z pracy (skala Zalewskiej), tym razem jednak wśród nauczycieli
($N = 316$) ośmiu szkół z terenu województwa łódzkiego. Badania były dobrowolne
i anonimowe. Dominującą grupę stanowili nauczyciele szkół średnich ($N = 171$;
54%), a w dalszej kolejności nauczyciele gimnazjum ($N = 62$; 20%), klas 4–6 ($N = 49$;
15%) oraz klas 1–3 ($N = 34$; 11%). Większość osób badanych stanowiły kobiety ($n =$
250; 79%). Wiek OB wahał się od 22 do 60 lat ($M = 40,67$; $SD = 9,49$). Staż pracy
w zawodzie wynosił od 1 roku do 37 lat ($M = 14,42$; $SD = 9,86$). Na pracę zawodową
osoby badane przeznaczały średnio 30 godzin tygodniowo.

Tabela 1. Wartości β dla zaangażowania w pracy jako predyktora dobrostanu w trzech grupach zawodowych

	Wypalenie zawodowe	Depresja	Zadowolenie z pracy
Policjanci (N = 503)	−0,51***	−0,28***	−
Lekarze (N = 282)	−0,59***	−0,34***	0,50***
Nauczyciele (N = 316)	−0,55***	−0,38***	0,63***

*$p < 0,05$, **$p < 0,01$, ***$p < 0,001$

Analiza danych pokazała, że zaangażowanie w pracy jest predyktorem niskiego poziomu wypalenia zawodowego ($\beta = -0,55$; $p < 0,001$) i depresji ($\beta = -0,38$; $p < 0,001$)
oraz wysokiego poziomu zadowolenia z pracy ($\beta = 0,63$; $p < 0,001$). Zaangażowanie
w pracy ujemnie korelowało z wiekiem ($r = -0,11$; $p < 0,05$) i stażem pracy ($r = -0,13$;
$p < 0,05$). Tabela 1 przedstawia współczynniki regresji dla zaangażowania w pracy jako predyktora dobrostanu w trzech badanych grupach zawodowych.

V. Dyskusja

Trzy przeprowadzone badania pokazały zgodnie, że silnemu zaangażowaniu w pracy
odpowiada wysoki poziom zdrowia oraz zadowolenia z pracy. Oczywiście zastosowana
metodologia nie uprawnia do wyciągania wniosków o zależnościach przyczynowo-
skutkowych. W proponowanym modelu zakładałem, że wzrost zaangażowania w pracy

prowadzi do wzrostu dobrostanu psychicznego w pracy. Dociekając głębiej mechanizmów badanej zależności można przypuszczać, że czynnikiem pośredniczącym w relacji zaangażowanie w pracy – dobrostan są pozytywne emocje, których doświadczają zaangażowani pracownicy. Z drugiej strony kierunek wpływu badanych zmiennych może być odwrotny: osoby zdrowe i zadowolone ze swojej pracy będą przejawiać (właśnie ze względu na te cechy) wyższe zaangażowanie w pracy[54]. Rozstrzygnięcie kierunku związku między zaangażowaniem w pracy i dobrostanem psychicznym w pracy wymaga jednak przeprowadzenia bardziej szczegółowych badań.

Twórcy modelu wymagania w pracy – zasoby w jednym ze swoich artykułów stawiają szereg istotnych pytań o związek zaangażowania ze zdrowiem, na które jak na razie nie udało się badaczom odpowiedzieć[55]. Jednym z nich jest pytanie o konsekwencje długotrwałego zaangażowania w pracę. Czy poziom zaangażowania pracowników, którzy przez długi czas są silnie zaangażowani w pracę, będzie utrzymywał się na podobnym poziomie, czy też z czasem zacznie maleć? Początkowo zaangażowanie daje pracownikom energię do pracy, później jednak tą energię może zabierać. Czy więc silnie zaangażowani pracownicy z czasem wypalają się? A może długofalowym skutkiem zaangażowania jest pracoholizm? Derbis pisze, że nadmierne zaangażowanie w pracę prowadzi do wypalenia zawodowego, a to z kolei — do braku satysfakcji z pracy. Jego zdaniem, zjawisko to zachodzi przede wszystkim wśród pracowników pozbawionych wsparcia społecznego[56]. Powstaje też pytanie o rolę samoregulacji w zaangażowaniu w pracę, czyli o to, w jaki sposób zdolność do samoregulacji różnicuje pozytywne i negatywne skutki silnego zaangażowania w pracę. Być może już w niedalekiej przyszłości pytania te staną się dla badaczy pretekstem do podjęcia studiów empirycznych nad tą problematyką.

Łukasz Baka

The role of work engagement in the psychological well-being of employees

The role of work engagement in the creation of psychological well-being is complex and not clear. Some research shows that high work engagement leads to high workload and high stress (for example, high levels of work-family conflict), while other research shows positive relationships of work engagement with job resources and job satisfaction. The article deals with the relationships between work engagement and selected dimensions of well-being — job satisfaction, depression and job burnout. It includes three research studies conducted on three vocational groups: teachers, medical staff and police officers. The results of the studies show positive relationships between work engagement and psychological well-being.

---

[54] R. Derbis, *Doświadczanie codzienności. Poczucie jakości życia, swoboda działania, poczucie odpowiedzialności, wartości osób bezrobotnych*, Wydawnictwo WSP, Częstochowa 2000, *passim*.

[55] A.B. Bakker, W.B. Schaufeli, (przyp. 2), s. 147–154.

[56] R. Derbis, (przyp. 9).

MONIKA PETERMANDL

Geglückter Berufseinstieg als Grundlage nachhaltiger Lebensqualität: Mitverantwortung von Unternehmen

I. Der Beruf als Basis von Lebensqualität

Die Weltgesundheitsorganisation beschreibt für ihr im Jahr 1991 initiiertes Projekt „WHO Quality of LIFE (WHOQOL)" den Begriff Lebensqualität als die subjektive Wahrnehmung einer Person über ihre Stellung im Leben in Relation zur Kultur und den Wertesystemen in denen sie lebt und in Bezug auf ihre Ziele, Erwartungen, Standards und Anliegen[1]. Diese Definition der Weltgesundheitsorganisation bildet den Schlüssel zu den Fragestellungen, denen ich mich in diesem Beitrag widmen werde.

Im europäischen Kultur- und Wertesystem ist Lebensqualität eng mit Bildungs- und Berufschancen verbunden. Bildung eröffnet den Zugang zu einem gesicherten Berufsleben. Für Menschen mit geringer Bildung ist dagegen der Einstieg in eine nachhaltige Beschäftigung erschwert und sie verlieren schneller ihren Arbeitsplatz als Menschen mit höherer Qualifikation[2].

Trotz eines Wandels im Wertesystem von Jugendlichen[3] bleibt der Beruf auch für sie ein wichtiger gesellschaftlicher Identitätswert. Über 40 % der österreichischen 16- bis 24-jährigen halten Schule, Ausbildung, Weiterbildung und Arbeit für sehr wichtig. „[…] der Stellenwert des Berufs für die Herausbildung der Identität

---

[1] *WHO*, Quality of Life-BREF (WHOQOL-BREF), <www.who.int/substance_abuse/research_tools/ whoqolbref/en/> [Stand 2.02.2014].

[2] *AMS*, Arbeitslose nach Bildungsabschluss, Arbeitsmarkt & Bildung November 2012, S. 1–2.

[3] *B. Heinzlmaier, P. Ikrath*, Bericht zur Jugend-Wertestudie 2011, Institut für Jugendkulturforschung, Wien 2012, S. 31.

wird in der Literatur unterschätzt", stellt Oser[4] fest und betont damit noch einmal die Bedeutung des Berufs für die Positionierung einer Person in der Gesellschaft.

Abgeleitet aus diesen Zusammenhängen lautet die zentrale Fragestellung meines Beitrags: Welche Faktoren beeinflussen den geglückten Berufseinstieg eines Jugendlichen? Dabei lege ich den Fokus auf jene Personen, die nach ihrer Pflichtschulzeit im Rahmen einer dualen Ausbildung in das Berufsleben eintreten. Das betrifft heute rund 40 Prozent der Jugendlichen in Österreich[5] und rund 50 Prozent der Jugendlichen in Deutschland[6]. Diese Form der Ausbildung wird oft kritisch diskutiert, weil sie Jugendliche in ihrem persönlichen Entwicklungsprozess mit Anforderungen der Berufswelt Erwachsener und mit Organisationsformen einer auf Wettbewerb ausgerichteten Wirtschaftswelt konfrontiert. Dabei sind Überforderung und sogar Ausnutzung nicht auszuschließen. Deswegen werde ich die duale Ausbildung aus Sicht der Ausbildungsbetriebe und ihrer Verantwortlichen unter die Lupe nehmen und ihr Bemühen untersuchen, den Jugendlichen einen erfolgreichen Berufseinstieg zu ermöglichen. Eine adaptierte Übertragung der Ergebnisse auf Berufseintritte, die auf anderen Stufen erfolgen (z.B. nach Abschluss einer Fachschule, einer höheren Schule oder eines Studiums) ist durchaus möglich. Ich formuliere für meine Untersuchung folgende Unterfragen: Welchen Beitrag leisten die Akteure der ausbildenden Unternehmen:

— zur passenden Berufswahl der Jugendlichen?
— zu ihrer Integration in die betriebliche Gemeinschaft und in die Arbeitswelt?
— zur Fortsetzung ihres Bildungsweges und die Entwicklung von Kompetenzen?
— zur Wahrnehmung weiterer Bildungschancen?
— zur nachhaltigen Förderung ihrer Berufskarriere?

In Österreich wird vom Bundesministerium für Wirtschaft, Familie und Jugend gemeinsam mit der Wirtschaftskammer Österreich ein Wettbewerb ausgeschrieben, der im Abstand von 1 oder 2 Jahren Ausbildungsbetriebe prämiert, die in der dualen Ausbildung hervorragende Leistungen erbringen. Der Name des Wettbewerbs lautet *Fit for Future*. Ich bin seit 2008 Vorsitzende der Jury dieses Wettbewerbs und konnte auf der Grundlage der eingereichten Bewerbungen einen breiten Einblick in die „gute Praxis" von Ausbildungsbetrieben gewinnen. Im Sinne qualitativer empirischer Forschung und eines bewussten *theoretical sampling*[7], das auf Dokumenten und Interviewaussagen von Bewerbern beruht, die die Forschungsfragen konstruktiv und unter Berücksichtigung vieler Sichtweisen beantworten können, werde ich meine Darstellung auf die positiven Erfahrungen dieser Unternehmen gründen.

---

4   F. *Oser*, Auf der Suche nach einer neuen Berufsidentität, Explizit Magazin Ausgabe 2, 2012, S. 1.

5   H. *Dornmayr*, S. *Nowak*, Lehrlingsausbildung im Überblick 2011. Strukturdaten, Trends und Perspektiven, ibw-research brief, Nr. 70/November 2011, S. 2.

6   N. *Gericke*, A. *Uhly*, J. *Ulrich*, Wie hoch ist die Quote der Jugendlichen, die eine duale Berufsausbildung aufnehmen? Indikatoren zur Bildungsbeteiligung, BBIB, Berufsbildung in Wissenschaft und Praxis Nr. 1/2011, S. 42.

7   S. *Lamnek*, Qualitative Sozialforschung, 4. Auflage, Basel Beltz Verlag, Weinheim 2005, S. 265.

II. Berufsausbildung im dualen System

Bildung ist eine „lebenslange, nie endgültig abschließbare Leistung der Eigentätigkeit und Selbstbestimmung des sich gezielt bemühenden Menschen"[8]. Berufsausbildung wird heute unbestritten als Teil der Bildung gesehen. „Bildung (Allgemeinbildung) und Ausbildung (Berufsausbildung) ergänzen einander"[9].

Die duale Berufsausbildung verbindet das Lernen unmittelbar im beruflichen Handlungsfeld, dem Betrieb, mit dem Lernen in der Berufsschule, die Verallgemeinerung, Überblick und Theorieverständnis vermitteln soll. Es gibt also zwei Lernorte, die den Begriff duale Bildung geprägt haben[10]. Es handelt sich somit um ein komplexes Ausbildungssystem mit vielen Akteuren und aus Sicht der Jugendlichen in unterschiedlichen Lerngemeinschaften. Es ist keine Frage, dass Lernen in diesem System verwässert, eingeengt, unkoordiniert erfolgen, also scheitern kann. Die Akteure im Unternehmen sind nur wenig pädagogisch geschult, der Druck der wirtschaftlichen Prozesse dominiert vielfach das Ausbildungsgeschehen. Die Lehrenden in der Berufsschule können die Anbindung ihrer Lerninhalte an die betrieblichen Erfahrungen der Jugendlichen oft nicht herstellen.

Deswegen wird das duale System der Berufsausbildung immer wieder in Frage gestellt. Überlegt genutzt ist es aber eine Chance für die umfassende Kompetenzentwicklung von Jugendlichen, wie sie die Schule allein kaum bieten kann. Durch frühe Übernahme von Verantwortung, durch Zusammenarbeit mit den Kollegen im Betrieb und mit den Kunden, durch Erwerb von unmittelbar umsetzbarem Wissen und die handelnde Anwendung dieses Wissens können Kompetenzen in allen Bereichen entwickelt werden: personale Kompetenz, sozial-kommunikative Kompetenz, Fach- und Methodenkompetenz, Aktions- und Handlungskompetenz[11]. Kompetenzen begründen Selbstorganisationsfähigkeit. Dieses Merkmal prägt die Definition von Kompetenz, als Fähigkeit in neuen, nicht routinemäßigen, ergebnisoffenen Situationen selbstorganisiert handeln zu können[12]. Kompetenzorientiertes Lernen ist also nachhaltig. Für Suderland ist Nachhaltigkeit das entscheidende Kriterium für Bildung[13].

Bildung ist ein aktiver Prozess des Lernenden. Deswegen sind die Bezeichnungen für die Jugendlichen im dualen Ausbildungssystem als „Auszubildende" oder „Lehrlinge" nicht befriedigend. Sie vermitteln passive und abwartende Haltung der Jugendlichen. Dennoch werde ich in der Folge neben dem Begriff „Jugendliche" auch immer wieder die Bezeichnung „Lehrling" verwenden. Die Jugendlichen in

---

[8] *Meyer's Lexikonverlag*, Bildung, <www.lexikon.meyers.de/meyers/Bildung> [Stand: 1.11.2007].

[9] Fn. 8.

[10] *Bundesministerium für Wirtschaft, Familie und Jugend (BMWFJ)*, Die Lehre. Duale Berufsausbildung in Österreich. Moderne Ausbildung mit Zukunft, Wien 2009, S. 4.

[11] *V. Heyse*, KODE®X-Kompetenz-Explorer, in: *J. Erpenbeck, L. v. Rosenstiel* (Hrsg.), Handbuch Kompetenzmessung, 2. Auflage, Schäffer-Poeschel Verlag, Stuttgart 2007, S. 504, 512.

[12] *V. Heyse*, (Fn. 11), S. 504.

[13] *M. Suderland*, Territorien des Seins, Campus Verlag, Frankfurt am Main 2004, S. 19 f.

den Fallstudien in meiner empirischen Erhebung bezeichnen sich selbst so. Außerdem ist der Begriff geschlechtsneutral.

„Lernen und Entwicklung können […] nur gelingen, wenn die angesprochenen Akteure sich selbst auf den Weg machen, und ihre bisherigen Erfahrungen weiterentwickeln"[14]. Diese Aussage halte ich für wegweisend für gelungene Ausbildungsprozesse. Indem Lernen eine persönliche Leistung auf dem Weg zu Bildung ist, schafft sie auch Identität, also Verortung in unserer Gesellschaft. In treffender Weise wählt Arnold als Titel seines Buchs zum neuen Verständnis von Lernen und zu einer daraus abgeleiteten systemisch-konstruktivistischen Didaktik „Ich lerne, also bin ich".

III. Ausbildung der Berufung

Ich halte die deutschen Begriffe „Beruf" und „Berufsausbildung" für sehr anregend, um sie näher zu reflektieren. Das Wort „Beruf" eröffnet Perspektiven durch seine Nähe zu „Berufung". Ähnlich ist es mit dem englischen Wort „vocation", das außer mit „Beruf" auch mit „Begabung", „Berufung", „Talent" übersetzt wird[15]. Aufschlussreich ist dagegen die englische Übersetzung des deutschen Begriffs „Beruf" außer mit „vocation" und „calling" auch mit „job", „occupation", „profession", „avocation", „business", „career", „trade"[16]. Das macht deutlich, wie sehr „Beruf" in unserer Gesellschaft seine ursprüngliche Bedeutung verloren hat und vor allem als Beschäftigungsgrundlage gesehen wird. Das widerspricht aber dem noch immer beobachtbaren Phänomen der Berufsidentität.

Von Aristoteles wird folgende Aussage überliefert: „Wo sich deine Talente mit den Bedürfnissen der Welt kreuzen, dort liegt deine Berufung"[17]. Das weist darauf hin, dass jeder Mensch seine Berufung finden und entwickeln kann. Es geht dabei um die bewusste Wahrnehmung der eigenen Stellung im Leben. Das stimmt mit der eingangs erwähnten Definition der WHO für Lebensqualität überein.

Das Wort „Berufsausbildung" weist darauf hin, dass bestimmte Talente als Voraussetzung für die Ausübung eines Berufs noch nicht genügen, sondern ausgebildet werden müssen. „Beruflichkeit begründet sich über ein Kompetenzprofil, dessen Vermittlung den Einzelnen befähigen soll, selbstständig die aktuellen Anforderungen und die absehbaren Entwicklungen eines Berufsfeldes zu bewältigen"[18]. Diese Erläuterung der Bertelsmann Stiftung folgt der konstruktivistischen Lerntheorie, die davon ausgeht, dass Lernen ein von einer Person selbst organisierter Prozess ist, der von persönlichen Vorerfahrungen, Werten, Überzeugungen und

---

[14]   *R. Arnold*, Ich lerne, also bin ich. Eine systemisch-konstruktivistische Didaktik, Carl Auer Verlag, Heidelberg 2004, S. 11.

[15]

[16]   Fn. 15.

[17]   *A. Kaiser*, Berufung, Kommunikation und Coaching, Lernende Organisation Nr. 38, Juli/August 2007, S. 41, <www.kirchliche-berufe.ch/ressourcen/download/20071017131247.pdf> [Stand: 2.02.2014].

[18]   *Bertelsmann Stiftung* (Hrsg.), Berufsausbildung 2015. Eine Entwicklungsperspektive für das duale System, Bertelsmann Stiftung Verlag, Gütersloh 2009, S. 40.

Mustern beeinflusst wird und dazu führt, dass in der Auseinandersetzung mit einem angebotenen Lerngegenstand jeder Lerner sein eigenes Bild davon konstruiert. Für Lehrende und Ausbilder ist es wichtig, sich dieser Vorgänge bewusst zu sein und dem Lernenden Eigentätigkeit und Reflexion des eigenen Lernhandelns zu ermöglichen. Das erfordert eine vollkommen neue Sicht auf die Ausbildung und eine Abkehr von ausbilderzentrierten, dirigistischen Lernmethoden[19]. In einer selbstbestimmten und selbsttätigen Lernatmosphäre kann sich die „Berufung" herausbilden, das bedeutet der lernende Jugendliche nimmt seine Stellung im Leben wahr.

IV. Stufen der Berufsausbildung im Unternehmen und die Erfolgsfaktoren

Der geglückte Berufseinstieg hängt im dualen Ausbildungssystem von gezielten Aktionen des Ausbildungsunternehmens ab. Diese sind in der Ausschreibung für den Wettbewerb *Fit for Future* als Erfolgsfaktoren beschrieben. An ihnen wird die Qualität der Ausbildung gemessen. Meine Ausführungen werden sich im Folgenden an diesen orientieren[20].

Es können fünf erfolgsrelevante Stufen der Berufsausbildung im Unternehmen unterschieden werden:

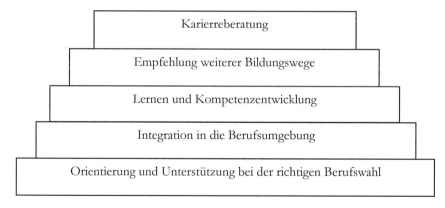

Abbildung 1. Stufen der Berufsausbildung (eigene Darstellung)

Stufe eins schafft die Voraussetzungen, dass Berufsausbildung zur „Ausbildung der Berufung" werden kann. Dabei müssen die Akteure im Unternehmen Berufsinformation und -beratung leisten. Diese Rolle der betrieblichen Ausbilder und Ausbildungsverantwortlichen wird in der Literatur bisher kaum beachtet. Sie erfordert eine realistische Information über die notwendigen Voraussetzungen der jugendlichen Bewerber, über die Anforderungen, Chancen und Risiken des Berufs.

---

[19] *Springer Gabler Verlag* (Hrsg.), Gablers Wirtschaftslexikon, Stichwort: Konstruktivismus, *online* im Internet: <www.wirtschaftslexikon.gabler.de/Archiv/2759/konstruktivismus-v8.html> [Stand: 2.02.2014].

[20] Staatspreis „Beste Lehrbetriebe — Fit for Future" <www.ibw.at/fitforfuture> [Stand: 2.02.2014].

Dabei ist eine breite Öffentlichkeitsarbeit zu betreiben, die Jugendlichen sind bereits schon als Schüler zu erreichen, Begabungs- und Eignungstests sind zu ermöglichen, die Jugendlichen und ihre Eltern in ihrer Berufsentscheidung und schließlich bei der Wahl des Ausbildungsbetriebes zu beraten. Dabei sind innovative Wege zu beschreiten, die sowohl an die Bedürfnisse und Erwartungen der heutigen Generation von Jugendlichen als auch an die Erfordernisse der Unternehmen in einer globalen Wettbewerbsgesellschaft angepasst sind[21].

Stufe zwei sorgt für das „Wohlfühlen" des jugendlichen Lernenden im Ausbildungsumfeld und bei den ersten Handlungen im Berufsfeld. Im dualen System sind Lehrlinge ja gleichzeitig Mitarbeiter, an die bereits Aufgaben übertragen werden. Auch die Verantwortlichen des Unternehmens wollen sich bestätigt fühlen, den richtigen zukünftigen Mitarbeiter ausgewählt zu haben, dem sie vertrauen und etwas zutrauen können. Dieses Zusammenfinden von Lehrlingen, erfahrenen Mitarbeitern, Führungskräften des Unternehmens und seinen Kunden ist ein Prozess, der überlegt gesteuert werden muss. Aber auch die jugendlichen Lernenden sollen ihn aktiv mitgestalten. Dabei geht es um das Verstehen der Unternehmensziele, der betrieblichen Prozesse und ihres Zusammenwirkens sowie der für die Kunden zu erbringenden Leistungen und die Marktposition des Unternehmens. Ebenso geht es um das Verständnis für die Aufgaben, die in dem angestrebten Beruf generell und in den speziellen unternehmerischen Zusammenhängen zu erbringen sind und das erste Erkennen des notwendigen Wissens, der Fertigkeiten und Kompetenzen, die dazu erforderlich sind. Deswegen ist von Bedeutung, dass die Lehrlinge in einer einführenden Phase diesen Überblick gewinnen können, gleichzeitig aber auch erste Aufgaben eigenverantwortlich übernehmen können, die ihnen Erfolgserlebnisse verschaffen und eine gute Zusammenarbeit mit Mitarbeiterinnen und Mitarbeitern begründen. Der Jugendliche kann somit seine Stellung im Unternehmen positiv wahrnehmen[22].

Stufe drei ist das Herzstück der Berufsausbildung im Unternehmen. Sie umfasst die gesamte Zeit der Lehre, die drei bis vier Jahre beträgt. Die betrieblichen Ausbilder und Ausbildungsverantwortlichen sind dabei als Pädagogen und Lernpsychologen herausgefordert. „Heute für morgen ausbilden" beschreibt das IBW (Institut für Bildungsforschung der Wirtschaft) den Erfolgsfaktor für diese Stufe[23]. Damit wird die Nachhaltigkeit der Ausbildung angesprochen, die ein Merkmal von Bildung im eigentlichen Sinn ist. Ausbildung soll über die Aneignung von kurzfristig aktuellem Wissen und von Fertigkeiten hinausgehen und Lernanforderungen gestalten, die die Selbstorganisationsfähigkeit der Jugendlichen entwickeln. Dabei stehen alle Kompetenzbereiche im Blickpunkt: personale Kompetenz (z.B. Einsatzbereitschaft, Eigenverantwortung, Offenheit für Veränderungen, Lernbereitschaft),

---

[21] *IBW — Institut für Bildungsforschung der Wirtschaft* (Hrsg.), Fit for Future. Lehrbetriebe schaffen Zukunft, Band 2, Wien 2010, S. 11–24.

[22] *IBW*, (Fn. 21), S. 25 f.

[23] *IBW*, (Fn. 21), S. 46–59.

sozial-kommunikative Kompetenz (z.B. Teamfähigkeit, Problemlösungsfähigkeit, Kommunikationsfähigkeit, Verständnisbereitschaft), Fach- und Methodenkompetenz (z.B. Wissensorientierung, analytische Fähigkeiten, Beurteilungsvermögen, systematisch-analytisches Vorgehen) und Aktivitäts- und Handlungskompetenz (z.B. Entscheidungsfähigkeit, Innovationsfähigkeit, Belastbarkeit, Ausführungsbereitschaft)[24]. Diese Kompetenzen werden nur durch aktives und selbstorganisiertes Lern- und Arbeitshandeln entwickelt, z.B. durch „Learning by Doing", „Jobrotation", Projektarbeit, Übernahme von Aufgaben in Eigenverantwortung, Erlebnislernen (z.B. „Outdoor Trainings"). Selbstreflexion und Feedbackgespräche müssen diese Formen des Lernens begleiten, damit Kompetenzen gefestigt werden[25].

Stufe vier erfordert von den Verantwortlichen in Unternehmen über die unmittelbare Berufsausbildung hinauszudenken und den Jugendlichen weitere Entwicklungswege aufzuzeigen. Diese können in Richtung vertieftes Expertentum gehen, durch den Besuch von fachlichen Weiterbildungslehrgängen oder in Richtung höhere Allgemeinbildung. Die duale Ausbildung ist heute keine Sackgasse mehr. In Österreich gibt es seit 2008 die Berufsmatura, die der Reifeprüfung einer höheren allgemeinbildenden Schule gleichgestellt ist und den Zugang zu allen Studienrichtungen ermöglicht[26]. Die Vorbereitung zur Ablegung der Berufsmatura kann bereits während der Ausbildungszeit begonnen werden. Ausbilder werden auf dieser Stufe zu Bildungsberatern, die die Weiterbildungsangebote sehr gut kennen und auch die individuellen Begabungen der Jugendlichen abschätzen können[27].

Stufe 5 soll über die Weiterbildungsberatung hinaus Grundlagen für Karrierewege nach der Absolvierung der Ausbildung schaffen. Hier geht es vor allem um die Planung von Karrieren im eigenen Unternehmen. Welche Positionen stehen offen? Welche Führungspositionen können besetzt werden? Diese Fragen erfordern eine gut überlegte Karriereplanung für jeden Absolventen. Damit verbunden sind Teilnahme an Führungstrainings, Fremdsprachenausbildungen im Hinblick auf die internationalen Märkte, Versetzungen in Unternehmensfilialen oder Tochter- bzw. Mutterunternehmen. Ausbilder und die Führungskräfte im Unternehmen wirken hierbei zusammen. Ausbilder übernehmen somit auch die Rolle von Karriereberatern[28].

V. Orientierung an den Besten: 3 Fallstudien

Im Folgenden werde ich an drei ausgewählten Fallstudien zeigen, wie Unternehmen ihre Mitverantwortung wahrnehmen, um Jugendlichen einen geglückten Berufseinstieg zu ermöglichen und sie nachhaltig für ihren Berufsweg auszubilden. Ich greife

---

[24] *V. Heyse*, (Fn. 11), S. 512.

[25] *IBW*, (Fn. 21), S. 83–98.

[26] *Bundesministerium für Unterricht, Kunst und Kultur*, Berufsmatura: Lehre mit Reifeprüfung (2012), <www.bmukk.gv.at/schulen/bw/bm/index.xml> [Stand: 2.02.2014].

[27] *IBW*, (Fn. 21), S. 185–206.

[28] Fn. 27, S. 185–206.

dabei auf Bewerbungsunterlagen zurück, die Unternehmen in den Jahren 2008, 2009 und 2011 für den österreichischen „Staatspreis Beste Lehrbetriebe — Fit for Future"[29] eingereicht haben, sowie auf qualitative Interviews, die ich als Juryvorsitzende in Unternehmen geführt habe, die für den Staatspreis nominiert waren. Es wurden erste Preisträger ausgewählt, von denen im Hinblick auf die eingangs genannten Forschungsfragen besonders aufschlussreiche Antworten zu erwarten sind. Bewusst wurden unterschiedliche Unternehmensgrößen (gemessen an der Gesamtzahl der Mitarbeiter) berücksichtigt, da Kleinstbetriebe und mittlere Betriebe andere Möglichkeiten haben werden als große Betriebe. Es handelt sich also um ein *theoretical sampling*, das folgende Unternehmen umfasst:

Staatspreisträger 2011 Kategorie Kleinbetrieb (bis 19 Mitarbeiter/innen) ENTNER-DACH GmbH & Co KG (Rankweil, Vorarlberg)

Staatspreisträger 2009 Kategorie Mittelbetrieb (20 bis 249 Mitarbeiter/innen) TEST-FUCHS GmbH (Groß-Siegharts, Niederösterreich)

Staatspreisträger 2008 Kategorie Großbetrieb (ab 250 Mitarbeiter/innen): SPAR Österreichische Warenhandels-AG, (Salzburg)

Bei der Beschreibung der von den Unternehmen angebotenen Maßnahmen folge ich den zuvor erläuterten fünf Stufen. Ergänzt wird die Darstellung durch paraphrasierte oder wörtliche Zitate aus den Interviews mit den Lehrlingen und Ausbildern.

1. ENTNER-DACH GmbH & Co. KG

Das Kerngeschäft des Unternehmens ist Spenglerei und Dachdeckerei. Zur Zeit meines Besuchs bildete es 4 Lehrlinge in den Berufen Spengler und Dachdecker aus.

Überblick über die relevanten Maßnahmen

Stufe 1: Orientierung und Unterstützung bei der richtigen Berufswahl	Frühzeitiges und kontinuierliches „Berufsmarketing" durch eine Reihe aufeinander abgestimmter Aktionen, z.B.: Beteiligung an den regionalen Initiativen zur Berufsinformation für SchülerInnen; Berufsinformationstage in Schulen; „Tag der offenen Tür" im Unternehmen, dabei führen die Lehrlinge höherer Jahrgänge durch den Betrieb und zeigen die handwerklichen Fertigkeiten des Berufs; Anbieten von „Schnuppertagen" mit einem ausgearbeiteten Programm für die interessierten jugendlichen Bewerber (jeder fertigt als persönliches Werkstück eine „Kupferrose" an); strukturiertes Eignungsverfahren (Prüfung der Bewerbungsunterlagen, theoretische und praktische Tests, Interviews); Auswahlentscheidung nach festgelegten Kriterien.

---

[29] Fn. 20.

Stufe 2: Integration in die Berufsumgebung	Bewusste Planung des ersten Ausbildungstags; Bieten einer familiären Atmosphäre im familiengeführten Unternehmen; eigener Mitarbeiterraum (informelle Kontaktmöglichkeiten); Mitarbeiten von Beginn an und frühe Erfolgserlebnisse.
Stufe 3: Lernen und Kompetenzentwicklung	„Etwas zutrauen" als leitende Ausbildungsphilosophie; Gestufter, detaillierter Ausbildungsplan, eigene kleine Lehrwerkstätte; „Job Rotation" (Mitarbeit auf wechselnden Baustellen als vollwertige Teammitglieder); Verantwortung bei den Arbeitsaufgaben gezielt steigern; fachliche Weiterbildung in externen Kursen; Abstimmung mit den Ausbildungsinhalten der Berufsschule; Führen einer persönlichen Ausbildungsmappe; nach jedem Teamwechsel Feedbackgespräch (Befähigung zur Selbstkontrolle); Teilnahme an einem Ausbildungsverbund um andere Unternehmen und Arbeitsschwerpunkte kennenzulernen; Übertragung von eigenen Verantwortungsbereichen; Teilnahme an der betrieblichen „Ideenbörse"; Besuch persönlichkeitsbildender Seminare; Durchführung kreativer Projekte im Umweltbereich.
Stufe 4: Empfehlung weiterer Bildungswege	Teilnahme eines Lehrlings am Programm „Lehre mit Matura" Unterstützung bei der Ablegung der Meisterprüfung und der Ausbilderprüfung.
Stufe 5: Karriereberatung	Förderung der Teilnahme an Lehrlingswettbewerben (mehrere Landes- und Staatsmeistertitel); Karrieren im Unternehmen als Meister und Ausbilder.

Die Lehrlinge äußern sich zufrieden mit ihrer Berufswahl: „Ich bin gerne im Freien". Vorbilder spielen ein Rolle: Der Vater oder der Onkel ist Spengler.

Sie schätzen die Abwechslung bei ihrer Tätigkeit, vor allem aber, dass sie selbstständig arbeiten und Verantwortung übernehmen können. Das schließt das Lernen mit ein: „Du musst selbst fragen, wenn du etwas wissen willst." Ein Projekt ist einem Lehrling in guter Erinnerung geblieben: der Entwurf und die selbstständige Ausführung eines Schallschutzzaunes für das Nachbargrundstück.

Im Team zu arbeiten bestärkt sie: „Der Vorarbeiter vertraut mir." Das Betriebsklima wird positiv erlebt: „In unserem Mitarbeiterraum frühstücken wir zusammen und machen gemeinsam Feierabend."

2. TEST-FUCHS GmbH

Es handelt sich um ein Unternehmen zur Entwicklung und Fertigung von Prüf- und Messeinrichtungen für die Luft- und Raumfahrt. Zur Zeit meines Besuchs bildete es 29 Lehrlinge aus in den Berufsfeldern: Mechatronik, Technisches Zeichnen, Bürokaufmann/-frau.

Überblick über die relevanten Maßnahmen

Stufe 1: Orientierung und Unterstützung bei der richtigen Berufswahl	Information zu den angebotenen Lehrberufen unmittelbar im Unternehmen (einschließlich Firmenrundgang); Angebot von „Schnuppertagen" im Ausmaß von einer Woche im Rahmen der berufspraktischen Wochen der Schulen (dabei eigenständige Fertigung eines persönlichen Namensschildes); intensive Öffentlichkeitsarbeit (Mitwirkung beim Ferienspiel für Kinder, Auftritt bei Berufsinformationsmessen, Website, Flugblätter, Plakate); strukturiertes Eignungs- und Auswahlverfahren (Prüfung der Bewerbungsunterlagen, Wissenscheck, persönliches Gespräch).
Stufe 2: Integration in die Berufsumgebung	Durch abgestimmten „Job-Rotation" Plan Lehrlinge von Anfang an vollständig in die laufende Produktion und die Mitarbeiter-Teams integriert.
Stufe 3: Lernen und Kompetenzentwicklung	Persönlicher Ausbildungsplan, jeweils mit Hinweisen zum aktuellen Tätigkeitsbereich und zum Gesamtunternehmen für jeden Jugendlichen (Gesamteinblick in die Produktion durch Mitarbeit in 15 verschiedenen Abteilungen); Vermittlung von Hintergrundwissen, als Unterstützung des in der Berufsschule vermittelten Wissens, in der „TEST-FUCHS Academy"; Arbeiten mit Freiraum für eigene Lösungen (z.B. Reparaturen); Anfertigen persönlicher Lehrlingswerkstücke mit kreativen Anteilen; Teamentwicklungsseminare und Teilnahme an Exkursionen (zu Geschäftspartnern); selbstständiges Schreiben von „Weekly Reports"; individuelles Feedback bei jedem Abteilungswechsel; Vermittlung von allgemeinem Wirtschaftswissen; Englischunterricht (Anwendung unmittelbar bei internationalen Kunden), interkulturelle Erfahrungen bei Montagearbeiten im Ausland; Teilnahme an einem von der EU geförderten mehrwöchigen internationalen Fachkräfteaustausch.
Stufe 4: Empfehlung weiterer Bildungswege	Vorbereitung auf die Berufsmatura parallel zur Ausbildung.
Stufe 5: Karriereberatung	Für 80 Prozent aller Ausbildungsabsolventen Karriere innerhalb des Unternehmens, vielfach international, da das Unternehmen an verschiedensten Standorten europa- und weltweit tätig ist (oft verbunden mit den aktuellsten Entwicklungen der Branche).

Die Lehrlinge schätzen vor allem die Möglichkeit selbstständig zu arbeiten. „Es gibt Projekte mit Freiraum für eigene Ideen, da für die Kunden jeweils individuelle Lösungen entwickelt werden müssen." Über die Gesamtzeit der vier Ausbildungsjahre fertigen sie eine komplexe Anlage, bei der alle Mechatronikfachkenntnisse umgesetzt werden müssen. Sie fühlen sich durch das Vertrauen bestärkt, das ihnen entgegengebracht wird, wenn sie mit High Tech Geräten arbeiten, und zwar unmittelbar in der Produktion und nicht in einer Lehrwerkstätte. Sie begrüßen die guten Karriereaussichten in einer interessanten und zukunftsorientierten Branche.

3. SPAR Österreichische Warenhandels-AG

Das Kerngeschäft von SPAR ist der Lebensmittelhandel im In- und Ausland. Das Unternehmen bildet insgesamt über 2.500 Lehrlinge aus. Jährlich werden 900 neue Ausbildungsplätze angeboten. Die Ausbildung erfolgt in 15 verschiedenen Lehrberufen. Der wichtigste ist Einzelhandelskaufmann/-frau.

Überblick über die relevanten Maßnahmen

Stufe 1: Orientierung und Unterstützung bei der richtigen Berufswahl	Berufsinformationswochen und –veranstaltungen (auch in den Unternehmensfilialen); Informationsveranstaltungen in Schulen (auch im Rahmen von Elternvereinen, für Lehrer, Berufsberater); Angebot von Bewerbungstrainings für Schüler; Aktion „Jugendliche werben Jugendliche"; Einladungen von Schülern zu berufspraktischen Tagen; intensive Öffentlichkeitsarbeit (Medien, Beteiligung bei Kampagnen, Berufsinformationsmessen); strukturiertes Eignungs- und Auswahlverfahren (Bewerbungsunterlagen, Lehrlingsaudit, Einladung zu Schnuppertagen, persönliches Gespräch); Auswahlentscheidung nach festgelegten Kriterien.
Stufe 2: Integration in die Berufsumgebung	Willkommenstag zwei Tage vor Beginn der Ausbildung, Willkommensmappe; besondere Gestaltung des ersten Lehrtages; Bestimmen einer „Vertrauensperson" für Fragen und Tipps (beobachtet fachliche und persönliche Entwicklung des Jugendlichen und stellt Weichen für die zukünftige Karriere.
Stufe 3: Lernen und Kompetenzentwicklung	„Ganzheitliche und nachhaltige Bildung" als Ziel formuliert; individuelle Ausbildungspläne mit „Job Rotation" für jedes Jahr der Ausbildung; auch lernzieldefinierte Ausbildungsmodule eingeplant (monatlich ein fachspezifisches „Lernweltheft" zu bearbeiten); eigene Berufsschule/"SPAR-Akademie" eingerichtet, die neben theoretisch fundiertem Fachwissen die individuelle Entwicklung fördern, soziale Defizite ausgleichen und Allgemeinbildung und Werthaltungen vermitteln soll; Checklisten zur Selbstüberprüfung, Rückmeldebögen, Feedbackgespräche; Zwischenprüfungen; spezielle Ausbildungen mit Zertifikat (z.B. Bioexpert/in, Idee kam aus dem Kreis der Lehrlinge); Persönlichkeitsentwicklung (Präsentieren, Teamarbeit, Verantwortung übernehmen); nachhaltige Themen für das tägliche Leben (z.B. Umgang mit Geld, Gesundheit, Arbeitssicherheit); Durchführung von Projekten (z.B. fairer Handel, Aktionen für Kunden, Sozialprojekte); Exkursionen zu Erzeugerbetrieben; Sprachkurse (Deutsch-/Kommunikationsunterricht für Jugendliche ohne deutsche Muttersprache); internationaler Lehrlingsaustausch (interkulturelle Kompetenzen).
Stufe 4: Empfehlung weiterer Bildungswege	Breite Unterstützung von „Lehre und Matura" (bei positivem Abschluss alle Kosten von SPAR übernommen).

Stufe 5: Karriereberatung	Konkrete Aufstiegschancen im Unternehmen (regelmäßige Karrieregespräche / Karrieregesprächsbogen); zweistufiges innerbetriebliches Karrieresystem (Nachwuchsförderlehrgang für Abteilungsleiter und Marktleiter-Stellvertreter, SPAR-Meisterprüfung für die Übernahme einer Marktleitung).

Die Lehrlinge halten die Weiterbildungs- und Aufstiegsmöglichkeiten, die das Unternehmen bietet, für wichtig. Lehre und Matura beurteilt eine Ausbildungsabsolventin rückblickend als „ein geniales Angebot für Leute, die gerne praktisch arbeiten und dennoch einen höheren Schulabschluss haben wollen". Interessant ist die Aussage eines Ausbilders, der betont, dass großer Wert „auf eine positive Berufseinstellung" gelegt wird. Diese soll durch das Verstehen der Bedeutung einer Tätigkeit in ihrem Zusammenhang vermittelt werden.

VI. Fazit

Zum Abschluss werden die Erkenntnisse aus der Untersuchung zusammengefasst. Sie sind einerseits auf die eingangs gestellte Forschungsfrage und ihre Unterfragen gerichtet, andererseits sollen in Form eines Ausblicks weiterführende Schlussfolgerungen gezogen werden.

1. Beantwortung der eingangs gestellten Fragen

Der qualitative Forschungsansatz erlaubt keine generellen Aussagen zu den Erfolgsfaktoren für den geglückten Berufseinstieg von Jugendlichen und der Wahrnehmung von Verantwortung durch die Akteure der ausbildenden Unternehmen. Er beruht auf der Untersuchung von „Best Practice" Fällen und kann damit nur Hinweise auf positive und anregende Beispiele geben. Diese wurden fünf Stufen zugeordnet. Folgende Maßnahmen konnten beobachtet werden:

— Unternehmen, die in der Berufsausbildung erfolgreich sind, setzen sehr viel Zeit und auch finanzielle Mittel ein, um die Berufswahl der Jugendlichen durch umfangreiche Berufsinformation, Arbeitserprobung und Eignungsfeststellungen auf eine rationale Basis zu stellen. Damit bestärken sie die Jugendlichen in ihrer Entscheidung, den für sie „richtigen Beruf" anzustreben, aber auch als Unternehmen den „richtigen Mitarbeiter" zu gewinnen. Das Ergebnis sollte eine „win-win-Situation" sein.

— Einem positiven, ersten Einstieg in den Beruf wird große Bedeutung beigemessen. Das Programm für die Anfangsphase wird so geplant, dass es Übersicht über die Unternehmensprozesse vermittelt, das Hineinwachsen in Arbeitsteams ermöglicht und für die Jugendlichen das Erleben von Selbstwert und Erfolgen bereitstellt. Große Unternehmen, in denen sich ein neuer Mitarbeiter zunächst verloren fühlen könnte, sorgen auch für eine „Ankerperson" als persönlichen Mentor des Jugendlichen.

— Erfolgreiche Unternehmen wählen Ausbildungsmethoden, die selbstständiges Lernen und Arbeiten von Anfang an fördern. Das setzt die Bereitschaft voraus, den Jugendlichen etwas „zuzutrauen und Vertrauen in sie zu haben". Die Entwicklung von umfassenden Kompetenzen ist die Voraussetzung, dass die entsprechende „Selbstorganisationsfähigkeit" vorhanden ist. Dazu dienen Lernformen wie Job Rotation, Projektarbeit (auch als soziales Engagement), Präsentationen in der Öffentlichkeit, Exkursionen mit Erlebnischarakter. Auf Selbstkontrolle der Lern- und Arbeitsergebnisse wird Wert gelegt, ebenso auch auf die vertiefende Selbstreflexion und auf Feedback.

— Langfristig planende Unternehmen sind sich ihrer Verantwortung bewusst, die Jugendlichen in ihren Bildungsprozessen weiter zu beraten und ihnen eine höhere Allgemeinbildung und eine fachliche Vertiefung und Spezialisierung zu ermöglichen. Das geschieht auch im Interesse des Unternehmens, das auf hochqualifizierte Mitarbeiter angewiesen ist.

— Zukunftsorientierte Unternehmen bieten innerbetriebliche Karrierewege an. Große Unternehmen machen das in strukturierter Form durch Karrieregespräche und ein ausgearbeitetes Karrieresystem. Sie werden durch eine hohe Bleiberate der Ausbildungsabsolventen belohnt.

2. Ausblick

Das duale Ausbildungssystem, wenn es erfolgreich sein soll, stellt hohe Anforderungen an die Ausbilder und die für die Ausbildung Verantwortlichen. Deswegen gibt es bereits eine Zahl von (z.T. gesetzlich vorgeschriebenen) Weiterbildungsprogrammen und Ausbilderprüfungen. Die Rolle der Ausbilder als Berufsinformanten, Berufsberater, Bildungsberater und Karriereberater ist bisher kaum thematisiert worden. Auch diesbezüglich sollte es Weiterbildungsangebote für sie geben. Somit sollte vorschnellen und kurzsichtigen Ratschlägen und Entscheidungen vorgebeugt werden. Ein Ausbilder hat betont, dass eine „positive Berufseinstellung" für ihn von großem Wert ist. Auf ihr gründet Berufsidentität und somit auch Lebensqualität. Die Verbreitung und Prämierung von „Best Practice", so wie es das Ziel des österreichischen Staatspreises „Beste Lehrbetriebe — Fit for Future" ist, kann in diesem Zusammenhang ebenso als „Best Practice" betrachtet werden.

Monika Petermandl

Successful career entry as a basis of quality of life:
the shared responsibility of entrepreneurs

Vocation can be decisive for the self-perception of an individual. A satisfying professional position is one of the most important parameters of quality of life. This article examines how young people successfully begin a professional career and raises the question of how such success can be encouraged. The example considered here is apprenticeship training, which is chosen by more than 40% of the youth in German-speaking countries after they complete compulsory schooling. These countries have a so-called "dual" training system, as apprentices are already employed by a company and work part-time in production or service, but are still part-time students of a vocational school. Entrepreneurs and their companies thus carry some responsibility for the vocational education of young people. This article proposes a phase model which may be used as a guideline for companies offering apprenticeship training. Three best-practice examples, taken from award-winning enterprises in Austria, will illustrate how young people may be supported in their choice of a suitable vocation. They show how apprentices can be successfully introduced to their professional field and integrated into a new company, how they can be trained effectively to develop needed professional and personal competencies, and how they may benefit from counselling with a view to further training and career planning.

BERND-JOACHIM ERTELT
ANDREAS FREY

Berufsentwicklung und Lebensqualität

I. Einleitung und Problemaufriss

Das Thema Lebensqualität gehört seit Jahren zu den engeren Forschungsinteressen von Professor Romuald Derbis. Auch hat er sich früh wissenschaftlich mit Berufsberatung und Berufsentwicklung auseinandergesetzt. Daher soll in der folgenden Dedikation der Versuch unternommen werden, beide Bereiche zu verbinden.

Bei dem Begriff Lebensqualität gehen wir primär von der subjektiv empfundenen Dimension im Sinne der individuellen Lebenszufriedenheit aus. Dabei sind wir uns bewusst, dass Beruf und Arbeit nicht ausschließlich Bedingungsfaktoren dafür sind, wie die Empfehlungen von Bergheim[1] zeigen. Danach tragen folgende Aktivitäten zu einer höheren Lebenszufriedenheit von Menschen bei:
— Stärkung der Verantwortung für das eigene Leben und Verringerung kollektiver Zuständigkeiten.
— Übernahme der Verantwortung für die Entwicklung des eigenen Humankapitals und das der Kinder.
— Engagement in Bezug auf Demokratie im Sinne der Kontrolle über den politischen Prozess und die Eliten.
— Pflege des persönlichen Umfelds, in welchem in allen Gesellschaften Zufriedenheit und Vertrauen ihre Basis haben.
— Arbeiten bis ins höhere Alter, auch wenn es nicht immer im ursprünglichen Beruf ist.

---

[1] *St. Bergheim*, Die glückliche Variante des Kapitalismus — Wie sich Lebenszufriedenheit und wirtschaftlicher Fortschritt beeinflussen, 2009, S. 11: <www.fortschrittszentrum.de/dokumente/2009-03_F_Humanomics_Glueckliche-Variante.pdf> [Stand: 07.02.2014].

International bezogene Untersuchungen zeigen, dass ein hohes Bildungsniveau, Berufstätigkeit, Gesundheit, soziale Einbindung, abwechslungsreiche Aktivitäten und ein gutes Familienleben für das von Menschen empfundene Glück förderlich sind[2].

Im Rahmen dieses Beitrags beschäftigen wir uns schwerpunktmäßig mit der Frage, in welcher Weise die individuelle Lebensqualität direkt oder indirekt in den theoretischen Ansätzen zur Berufswahl und Berufsentwicklung (Objekttheorien) angesprochen wird.

Allokation im Sinne des gesellschaftlichen Zuweisungsprozesses von Menschen und Berufspositionen evoziert zwei wesentliche Fragestellungen: Zum einen geht es um die Mechanismen, die dafür sorgen, dass in einem Gemeinwesen alle wichtigen Positionen möglichst optimal besetzt werden. Zum anderen ist die persönliche Freiheit der Wahl des Berufes und des Arbeitsplatzes sicherzustellen.

In der modernen demokratisch verfassten Leistungsgesellschaft ist davon auszugehen, dass es das zentrale Ziel der Berufsberatung ist, dem Menschen zu einem individuell zufriedenstellenden Berufsleben, als wesentlichem Teil seiner Lebensqualität, zu verhelfen. Kritisch ist jedoch zu fragen, wieweit sich dieser Beitrag zur Lebensqualität an der Beschäftigungsfähigkeit auf dem Arbeitsmarkt (*Employability*) oder an der Herausbildung einer autonomen Berufspersönlichkeit mit eigener Dignität orientiert. Diese Frage muss dann zu einem Spannungsverhältnis führen, wenn der Arbeitsmarkt gerade bei jungen Menschen in einer Reihe von EU-Ländern keine adäquate Beschäftigung bereit hält[3]. Wesentliche Voraussetzung für die Fähigkeit der Berufsberatung, auf solche Situationen konstruktive Antworten zu geben, hängt neben der wissenschaftlichen auch von der politischen Standortbestimmung ab. Letztere gewinnt eine immer stärkere europäische Dimension.

Das führt zu der Frage, welche Berufsauffassung den bestimmenden Theorien der Berufswahl und Berufsentwicklung zu Grunde liegt. Wir beschränken uns hier auf ausgewählte psychologisch orientierte Ansätze[4]. Bei der Analyse ist allerdings zu bedenken, dass darin der Berufsbegriff nicht immer scharf einzugrenzen ist.

---

[2] Vgl. *St. Bergheim*, Was macht Gesellschaften glücklich?, 2009, S. 26, <www.fortschrittszentrum.de/veroeffentlichungen/2009-03_Was-macht-Gesellschaften-gluecklich> [Stand: 07.02.2014].

[3] Vgl. *Bundesministerium für Arbeit und Soziales* (BMAS), Europas Instrumentenkasten gegen die Jugendarbeitslosigkeit, <www.bmas.de/SharedDocs/Downloads/DE/PDF-Meldungen/03-07-2013-infocharts-eu-gipfel-gegen-jugendarbeitslosigkeit-de.pdf?__blob=publicationFile> [Stand 8.02.2014].

[4] Vgl. neuere Gesamtdarstellungen, in: *St. Brown*, *R. Lent* (Hrsg.), Career Development and Counseling — Putting Theory and Research to Work, Verlag John Wiley & Sons, Inc., Hoboken, New Jersey 2005, *passim*; *Sp. Niles*, *J. Harris-Bowlsbey*, Career Development Interventions in the 21st Century, 4. Auflage, Verlag Pearson, Boston 2013, *passim*; *D. Brown*, Career Information, Career Counseling, and Career Development, 10. Auflage, Verlag Pearson, Boston 2012, *passim*.

II. Beruf und Employability — eine kritische Abgrenzung

Bereits Ende der 60er Jahre wies Crites[5] auf die individuelle Bedeutung der Berufstätigkeit hin und machte auf die negativen Folgen von Arbeitslosigkeit für den gesamten Lebensvollzug aufmerksam. Fünf Funktionen der Arbeit seien für das Individuum und seine gesellschaftliche Einbindung wichtig:

— Das Einkommen sichert die materielle Lebensgrundlage und ermöglicht die Erreichung eines höheren Lebensstandards.

— Der notwendige Aufwand an Zeit und Energie ist wichtig für das persönliche Zeitmanagement.

— Die Identifikation mit der Arbeit und der Status sind eine Quelle für Selbstachtung, für die Anerkennung durch andere und für die Rollendefinition.

— Die Einbindung in eine Gemeinschaft ermöglicht Freundschaften, Gruppenbeziehungen sowie Unter- und Überordnungen.

— Die Arbeit ermöglicht wichtige Erfahrungen, die dem Leben Sinn geben sowie Kreativität, Selbst-Ausdruck und den Dienst für andere betreffen.

In Anbetracht der Bedeutung der Arbeit für den Menschen verwundert es nicht, dass psychische und physische Beschwerden hoch korrelieren mit Unbeständigkeit oder Ungewissheit in der Berufslaufbahn und beruflicher Unzufriedenheit. Außerdem hängt Arbeitslosigkeit zusammen mit einer Zunahme von Drogenkonsum, Gewalt, Suizid, Kriminalität und Inanspruchnahme psychiatrischer Behandlungen[6]. Daher kann die individuelle Laufbahn nicht nur auf den Bereich der Arbeit bezogen, sondern als Lebensstil aufgefasst werden, der die Gesamtheit der im Lebenslauf auszufüllenden Rollen umfasst[7].

Aus historischer Sicht erfolgte die Gleichsetzung der „Arbeit" mit „Beruf" im Rahmen der Reformation. Martin Luther übertrug nämlich bei seiner Übersetzung der Bibel die griechischen Wörter „érgon" (Werk) und „pónos" (Mühe) gleichermaßen mit dem Wort „Beruf". Das bedeutete die Gleichsetzung der Arbeit mit Beruf, was bis ins 18. Jahrhundert ihre primär theologische Bedeutung behielt. Erst danach erfolgte im Rahmen der Säkularisierung die gleichbedeutende Verwendung mit „Profession" (im Sinne des lateinischen „professio" — Gewerbe, Geschäft, Kunst). Danach vollzog sich eine immer stärkere definitorische Ausdifferenzierung, so dass man in der neueren Zeit nicht mehr von einem homogenen Berufsbegriff ausgehen kann[8].

---

[5] *J. Crites*, Vocational Psychology — The study of vocational behavior and development, McGraw-Hill Book Company, New York, St. Louis 1969, S. 328 f.

[6] *Sp. Niles, J. Harris-Bowlsbey*, (Fn. 4), S. 12 f.

[7] *Sp. Niles, J. Harris-Bowlsbey*, (Fn. 4), S. 15.

[8] *J. Schneider* in Zusammenarbeit mit *H. J. Bauschke, F. Egle, B. J. Ertelt, G. Flachowsky*, Der Beruf — Ein vielschichtiges Gebilde — Berufskunde im Spannungsfeld der Wissenschaften. Ergebnisse einer Autorengemeinschaft an der Fachhochschule des Bundes für öffentliche Verwaltung — Fachbereich Arbeitsverwaltung — Mannheim: September 1990. Handreichungen für die Aus- und Fortbildung, Heft 8, Bundesanstalt für Arbeit (Hrsg.), S. 74 f.

Für die hier diskutierte Thematik könnte eine ältere Definition von Werner Sombart[9] von Bedeutung sein. Er unterscheidet in einen objektiven und einen subjektiven Berufsbegriff. Ersterer bezeichnet die gesellschaftliche Sicht einer Tätigkeit in einer spezialisierten Gesellschaft, in der das Individuum als „Glied in einer arbeitsteiligen Kette" betrachtet wird. Die subjektive Sicht richtet sich einmal auf die „Vocatio" als Berufung im Sinne einer Entsprechung der Talente, Neigungen und Fähigkeiten (oder im Sinne göttlicher Richtungsweisung). Zum anderen bezieht sie sich auf die Ausübung eines beliebigen Berufs durch das Individuum. Diese aktuelle Berufstätigkeit lässt sich als „Occupation" bezeichnen, die meist auch gemeint ist, wenn man von „Berufswechsel" spricht.

Als kritische Frage stellt sich nun, wieweit sich die grundlegenden Theorien, die international der Berufsberatung zugrunde liegen, an den Begriffen „Arbeit" und „Beschäftigung" festmachen oder eher auf den stärker individualisierten „Berufsgedanken" fokussieren. Dazu soll kurz auf die aktuelle bildungs- und beschäftigungspolitische Diskussion zum Verhältnis von „Berufskonzept" und „Employability" eingegangen werden. Frey und Grill[10] konstatieren im Anschluss an die Studie von Kraus[11], dass in Deutschland das Berufskonzept, vornehmlich in der Umsetzung im „dualen System der Berufsbildung" eine größere Rolle als in anderen Ländern spielt. Dabei wird berufliche Arbeit nicht notwendigerweise nur im Zusammenhang mit Beschäftigung gesehen. Sie stellt vielmehr auch eine wesentliche Grundlage für persönliche Zufriedenheit und eine Identitätsentwicklung mit der Perspektive lebenslanger Beschäftigung dar. *Employability* als „Beschäftigungsfähigkeit" ist dagegen direkt verbunden mit der Verwendung der individuellen Qualifikation auf dem Arbeitsmarkt. Wieweit dieser Ansatz von dem Berufskonzept entfernt ist, wird durch einen kurzen historischen Rekurs deutlich.

Anfang des 20. Jahrhunderts formulierte Georg Kerschensteiner: „Wir können mit vollkommener Sicherheit den Satz festhalten [...], dass bei den meisten Menschen, das ist eben die ungeheure Zahl der vorzugsweise praktisch eingestellten und durch ihr ganzes Leben hindurch praktisch Tätigen, der Weg zur allgemeinen Bildung, zur Menschenbildung, nur über die Berufsbildung geht, über jene Berufsbildung natürlich, die den einzelnen an jedem Punkt seiner Entwicklung zur jeweils möglichen sachlichen Treue, zur Ehrfurcht vor dem eigenen Werk, führt"[12].

---

[9]   *W. Sombart*, in: *R. Luers*, Zum Begriff des Berufs in der Erziehungswissenschaft — Kritik und Rekonstruktion aus analytisch-empirischer Sicht, Europäische Hochschulschriften: Reihe 20, Philosophie; Band 265, Peter Lang Verlag, Frankfurt am Main 1988, S. 176.

[10]   *A. Frey, J. Grill*, Der Arbeitunternehmer — Ein Modell des Arbeitnehmers der Zukunft, Reihe Wissenschaft in gesellschaftlicher Verantwortung, Band 53, *G. Altner, J. Dehler, G. Hofmann, G. Michelsen, K. Ott, M. Schirm* (Hrsg.), Verlag für Akademische Schriften, Bad Homburg 2012, S. 89 f.

[11]   *K. Kraus*, Does Employability Put the German 'Vocational Order' at Risk? An Analysis from the Perspective of Earning Oriented Pedagogy, in: *P. Gonon* et.al. (Hrsg.), Work, education and employability, Peter Lang, Bern 2008, S. 73 f.

[12]   *G. Kerschensteiner*, Berufserziehung im Jugendalter, in: H. *Röhrs* (Hrsg.), Die Bildungsfrage in der modernen Arbeitswelt, Akademische Verlagsgesellschaft, Frankfurt am Main 1963, S. 73.

Diese Gedanken führte Eduard Spranger[13] fort und gliederte die Berufsbildung junger Menschen in Berufskunde, Staatsbürgerkunde und Lebenskunde. Das Organisationsprinzip der „neuen" Berufsschule war somit nicht mehr die Fächertrennung (wie in der Allgemeinbildenden Schule), sondern lag „[...] im Beruf und im Berufsethos, in der Kulturleistung und dem darauf gerichteten spezifischen Bildungsbedürfnis. So sind also auch Berufskunde, Bürgerkunde und Lebenskunde nicht Stufen, die aufeinander folgen, sondern Stoffe, die sich durchdringen [...]. Sie bezeichnen die drei Hauptgesichtspunkte des Wirtschaftlich — Technischen, des Staatlich — Gesellschaftlichen und des Ethisch — Persönlichen"[14].

Diese bis heute im Berufskonzept nachweisbare Auffassung geht deutlich über die Zielsetzung der *Employability* hinaus. Gleichzeitig schließt das Berufskonzept jedoch die Beschäftigungsfähigkeit mit ein, wie die signifikant niedrigeren Arbeitslosenquoten für junge Menschen in den Ländern mit einem dualen System der Berufsausbildung im Vergleich mit Ländern ohne ein solches System zeigen[15].

Baron[16] merkt dazu in Bezug auf die EU-Bildungspolitik kritisch an: „In Deutschland wird über eine duale Ausbildung neben der fachlichen Qualifizierung für eine beruflich orientierte Erwerbstätigkeit in der Wirtschaft auch auf die Persönlichkeits- und die Identitätsentwicklung sowie die Sozialisierungs- und die Allokationsfunktion der Jugendlichen angezielt. Ein entsprechend ganzheitlicher Ansatz von Berufsbildung ist in den gesetzlichen Grundlagen und in dem ausgedrückten Bildungsverständnis der europäischen Berufsbildungspolitik nicht zu finden". So kann die auf EU-Ebene favorisierte Modularisierung der Berufsbildung (nach dem Singularisierungskonzept), die sich wesentlich am britischen System der *National Vocational Qualification* (NVQ) orientiert, als „[...] kontraproduktiv und konfliktreich für die duale Ausbildung in Deutschland bezeichnet werden"[17].

Wenden wir uns nun ausgewählten psychologisch orientierten Theorien der Berufswahl und Berufsentwicklung zu und fragen, in welcher Auffassung darin Beruf und Arbeit repräsentiert sind.

III. Der persönlichkeitstypologische Ansatz

Dieser bis heute sehr populäre Ansatz hat seine Wurzeln in der Idee einer optimalen Zuordnung von Menschen und Berufstätigkeiten nach Frank Parsons[18]. Er geht von drei Annahmen aus:

---

[13]   *E. Spranger*, Berufsbildung und Allgemeinbildung, in: *H. Röhrs* (Fn. 12), S. 31 f.

[14]   *E. Spranger*, (Fn. 13), S. 32; vgl. auch *J. Zabeck*, Geschichte der Berufserziehung und ihrer Theorie, Eusl-Verlagsgesellschaft, Paderborn 2009, S. 485 f. — Dieses Werk bietet eine exzellente Gesamtdarstellung der Geschichte der Berufserziehung und ihrer theoretischen Grundlagen.

[15]   Vgl. *BMAS*, (Fn. 3).

[16]   *S. Baron*, Das Duale Ausbildungssystem unter dem Einfluss der EU-Berufsbildungspolitik, VDM Verlag, Saarbrücken 2008, S. 210.

[17]   *S. Baron*, (Fn. 16), S. 211.

[18]   *F. Parsons*, Choosing a Vocation, Houghton Mifflin, Boston 1909, *passim*.

— Aufgrund spezifischer, psychischer Charakteristika ist jeder Mensch für einen bestimmten Typ von Berufstätigkeit am besten geeignet.
— Die Menschen in den verschiedenen Berufen weisen jeweils spezifische psychische Charakteristika auf.
— Die berufliche Bewährung und Zufriedenheit variieren direkt mit dem Ausmaß der Übereinstimmung zwischen persönlichen Charakteristika der Berufstätigen und den Anforderungen im Beruf.

Diese Zuordnung soll in einem offenen kognitiven Prozess erfolgen, d.h. die bewusste Berufswahl ist besser, als nur nach einem „Job" zu jagen. Die dabei wichtigen Prinzipien lassen sich wie folgt zusammenfassen.
— Die Wahl eines Berufs sollte auf der Basis einer gründlichen, ehrlichen Selbstanalyse und beraterischer Unterstützung erfolgen.
— Bevor man sich entscheidet, sollte man auch einen guten Überblick über die Berufe haben und nicht einfach eine günstige oder zufällige Gelegenheit ergreifen.
— Eine gute Berufswahl vereinigt drei Hauptfaktoren: (1) eine genaue Kenntnis des Selbst, der eigenen Fähigkeiten, Interessen, Ambitionen, Ressourcen und Grenzen; (2) Kenntnis der Anforderungen, der Vorteile und Nachteile, der Entwicklungsmöglichkeiten und Einkommenschancen in verschiedenen Tätigkeitsfeldern; (3) sorgfältiges Nachdenken über die Zusammenhänge zwischen diesen beiden genannten Bereichen.

Bemerkenswert an dem Ansatz von Parsons sind die starke Betonung der individuellen Einzigartigkeit im Allokationsprozess, die Annahme einer prästabilierten Harmonie zwischen Mensch und Berufswelt sowie die Priorität des Berufsgedankens gegenüber einem Job-Denken. Die wohl bekannteste Weiterführung dieses Ansatzes erfolgte durch John Holland[19], der mit seiner Theorie Antworten auf drei grundsätzliche Fragestellungen der Berufswahl geben möchte:
— Welche Charakteristika der Person und der Arbeitsumgebung sind verantwortlich für zufriedenstellende Berufsentscheidungen, hohes Engagement und Leistungsbereitschaft im Beruf?
— Welche dieser Charakteristika sind verantwortlich für Stabilität oder Veränderungen im Berufsleben eines Menschen?
— Welches sind die wirksamsten Hilfsmethoden bei beruflichen Problemen?

Vier Annahmen charakterisieren den Kern dieses Ansatzes:
— In unserer westlich orientierten Industriekultur lassen sich die meisten Menschen einem von sechs Persönlichkeitstypen zuordnen: dem realistischen, dem erforschenden, dem künstlerischen, dem sozialen, dem unternehmerischen oder dem konventionellen Typus. Diese Typen repräsentieren Modellvorstellungen mit Hilfe derer die Bestimmung des individuellen Persönlichkeitsprofils einer

19 *J. Holland*, Making Vocational Choices — A Theory of Vocational Personalities and Work Environments, 3. Auflage, Verlag Psychological Assessment Resources Inc, Odessa/Florida 1997, *passim.*

konkreten Person und vor allem deren Problembewältigungsstrategien einge-
ordnet werden können.

— Auch das beruflich-soziale Umfeld lässt sich modellhaft in die genannten sechs
Typen einteilen. Jede dieser Umwelten wird dominiert von Menschen des entsprechenden Persönlichkeitstypus.

— Die Menschen suchen sich diejenigen Umfeldbedingungen, die es ihnen erlauben, ihre Fähigkeiten und Fertigkeiten anzuwenden, ihre Einstellungen und Interessen wiederzufinden sowie entsprechende Rollen zu übernehmen.

— Das Verhalten wird bestimmt von der Interaktion zwischen Persönlichkeit und
Umwelt. Kenntnisse der Persönlichkeit und des Lebensbereiches ermöglichen
im Prinzip die Vorhersage in Bezug auf Berufswahl, Berufswechsel, Bildungs-
und Sozialverhalten.

IV. Berufslaufbahn als lebenslanger Entwicklungsprozess

In Anbetracht der Notwendigkeit flexibler Anpassungen an die moderne Arbeitswelt gewinnen entwicklungsbezogene Laufbahntheorien an Bedeutung. Donald E.
Super[20], der Hauptvertreter dieser Richtung, machte deutlich, dass sein entwick-
lungsbezogener Ansatz keine in sich geschlossene Theorie darstellt, sondern Aspekte der Entwicklungs-, Differential-, Sozial- und Persönlichkeitspsychologie mitei-
nander verbindet; die Klammer bilden Selbstkonzept-Theorie und Lerntheorie.
Dennoch handelt es sich um einen eigenständigen Ansatz, der in einer Synthese die
beruflichen Lebensräume und -rollen in einem Modell, dem *Life-Career Rainbow*, zu-
sammenbringt. Wie auf einem Regenbogen reihen sich die Lebensstadien „Wachstum" (*growth*): Kindheit bis 14 Jahre, „Erkundung und Erprobung" (*exploration*):
Adoleszenz 14 – 25 Jahre, „Etablierung" (*establishment*): 25 – 45 Jahre, „Erhaltung
des Erreichten" (*maintenance*): 45 – 65 Jahre, „Abbau und Rückzug" (*disengagement*):
über 65 Jahre, auf. Von diesen Stadien abhängig sind Veränderungen in den Le-
bensbereichen bzw. Rollen als Kind, Schüler und Student, als Privatmensch, als
Bürger, als Berufstätiger, als Familienmitglied.

Super fasst seine Theorie der Berufsentwicklung in 15 Grundthesen zusammen[21]:

1. Die Menschen unterscheiden sich hinsichtlich ihrer Fähigkeiten, Bedürfnisse,
    Interessen, Werte und Selbstkonzepte.
2. Daher ist jeder für eine Reihe von Berufen geeignet.

---

[20] *D. Super*, Der Lebenszeit-, Lebensraumansatz der Laufbahnentwicklung, in: *D. Brown, L. Brooks*
(Hrsg.), Karriere-Entwicklung, Verlag Klett-Cotta, Stuttgart 1994, S. 215 f.

[21] Vgl. *D. Super, M. Savickas, Ch. Super*, The Life-Span, Life-Space Approach to Careers, in: *D. Brown,
L.Brooks* et. al. (Hrsg.), Career Choice and Development, 3. Auflage, Verlag Jossey-Bass, San Francisco 1996, S. 123 ff.; *H. Holling, K. Lüken, F. Preckel, M. Stotz*, Berufliche Entscheidungsfindung,
Beiträge zur Arbeitsmarkt- und Berufsforschung 236, Institut für Arbeitsmarkt- und Berufsforschung der Bundesanstalt für Arbeit (IAB/BA), Nürnberg 2000, S. 4–7.

3. Jeder Beruf hat ein charakteristisches Anforderungsprofil (*pattern*) in Bezug auf Fähigkeiten und Persönlichkeitseigenschaften, allerdings mit gewisser Toleranzbreite.

4. Berufliche Präferenzen und Fähigkeiten verändern sich im Laufe der Zeit ebenso wie das Arbeits- und Lebensumfeld des Menschen. Als Folge des sozialen Lernens entwickelt sich auch das Selbstkonzept weiter, allerdings mit zunehmender Stabilisierung von der späten Adoleszenz bis ins reife Alter. Daraus ergibt sich eine gewisse Kontinuität der Wahl und Anpassung.

5. Dieser Veränderungsprozess vollzieht sich als Folge der oben aufgeführten Lebensstadien (Maxizyklus). Bei den Übergängen dieser Stadien oder bei der Bewältigung von besonderen Laufbahnereignissen sind diese Stadien (Stufen) aber jeweils auch als Minizyklus zu durchlaufen.

6. Das individuelle Laufbahnmuster (erreichtes Niveau, Abfolge und Dauer der Tätigkeiten) wird bestimmt von der sozio-ökonomischen Herkunft, den Begabungen, der Ausbildung, den Persönlichkeitsmerkmalen (Interessen, Werte, Selbstkonzept) und den Angeboten an beruflichen Möglichkeiten.

7. Laufbahnerfolg hängt von der Bereitschaft ab, die Entwicklungsaufgaben zu bewältigen, mit denen das Individuum aufgrund seiner biologischen und sozialen Entwicklung und aufgrund gesellschaftlicher Erwartungen auf den jeweiligen Entwicklungsstufen konfrontiert wird. Diese Bereitschaft bezeichnet man als „Berufsreife".

8. Berufsreife als psychosoziales Konstrukt lässt sich nur schwer operationalisieren. Als Hilfsmittel könnte man sie durch den Vergleich der individuellen kognitiven und affektiven Ressourcen zur Lösung einer Aufgabe mit den dafür notwendigen objektiven Anforderungen bestimmen.

9. Auf die Entwicklung der Berufsreife in den einzelnen Lebensstufen kann man Einfluss nehmen, indem man die Entwicklung und Erprobung der Fähigkeiten, Interessen und des Selbstkonzepts fördert.

10. Berufliche Entwicklung bedeutet im Wesentlichen die Herausbildung und Implementierung des beruflichen Selbstkonzepts eines Menschen.

11. Das Selbstkonzept entsteht aus der Interaktion der Begabungen, der Gelegenheiten, verschiedene Rollen zu beobachten und zu spielen und dem Ausmaß, in dem die Ergebnisse dieser probeweisen Rollenübernahmen seitens wichtiger Bezugspersonen positiv verstärkt werden.

12. Synthese und Kompromiss zwischen den individuellen und sozialen Faktoren, zwischen Selbstkonzepten und der Realität beruhen damit auf versuchsweisen Rollenübernahmen und Lernen durch Feedback.

13. Arbeits- und Lebenszufriedenheit hängen ab von den Möglichkeiten, die ein Individuum hat, seinen Begabungen, Interessen, Persönlichkeitseigenschaften und Selbstkonzepten entsprechend zu leben.

14. Das Ausmaß individueller Arbeitszufriedenheit ist proportional zur Möglichkeit, die eigenen Selbstkonzepte einzubringen.

15. Für die meisten Menschen sind Beruf und Arbeit die Hauptorientierungsfelder ihrer Persönlichkeitsausrichtung.

Die Berufsreife markiert den Lebenslauf als beruflichen Maxizyklus; sie bezieht sich also auf die Längsschnittbetrachtung. Berufsreife wird verstanden als affektive und kognitive Bereitschaft zur Bewältigung der Entwicklungsaufgaben, denen sich das Individuum aufgrund seiner Entwicklung und der gesellschaftlichen Erwartungen auf den jeweiligen Entwicklungsstufen konfrontiert sieht[22]. Die Querschnitts-Betrachtung bezieht sich auf die Bewältigung der in der jeweiligen Lebensspanne unterschiedlichen Rollenanforderungen an das Individuum. Neben der Berufsrolle betrifft dies vor allem die Rolle in Partnerschaft und Familie, in Schule und Ausbildung, in Freizeit und im Gesellschaftsverbund. Je nach Phase in der Lebensspanne — Wachstum, Exploration, Etablierung, Aufrechterhaltung oder Rückzug — stellen sich durch die jeweils spezifische Rollen-Interaktion andere Herausforderungen. Diese müssen bei der lebensbegleitenden Berufsberatung berücksichtigt werden.

Um den Prozess der Wahl und Übernahme von Rollen, speziell der Berufsrolle, inhaltlich beschreiben zu können, führt Donald Super die Konstrukte „berufliche Identität" und „berufliches Selbstkonzept" ein. Mit ihrer Hilfe kann die „Passung" von Persönlichkeitsmerkmalen und beruflichen Anforderungen in Bezug auf Fähigkeiten und Interessen bestimmt werden. Berufliche Identität meint die objektive Sicht eines Menschen auf seine beruflichen Ziele, Interessen und Begabungen. Das berufliche Selbstkonzept konzentriert sich dagegen auf die subjektive Gewichtung der wahrgenommenen Fähigkeiten, Interessen und Werte. Eine gute „Passung" von beruflicher Identität und beruflichem Selbstkonzept zieht Berufserfolg, Zufriedenheit und Laufbahnstabilität nach sich.

V. Berufsentwicklung aus konstruktivistischer Sicht

Mark L. Savickas[23] bezieht sich bei seiner Theorie der Laufbahnkonstruktion (*Career Construction*) auf die Aussage von D. Super, dass die „Theorie des Selbstkonzepts" besser zu benennen sei als „Theorie persönlicher Konstrukte". Das bedeutet, dass die individuelle Berufsentwicklung weniger von inneren Reifeprozessen bestimmt wird als vielmehr von Anpassungen an die Umgebungsbedingungen. Daher entfalten sich die individuellen Berufslaufbahnen nicht aus sich selbst, sondern werden vom Menschen konstruiert, indem er seinem beruflichen Verhalten und den Arbeitserfahrungen einen Sinn verleiht. Während die objektive Definition einer Laufbahn (*career*) die Abfolge der Berufspositionen in einem Erwerbsleben bezeichnet, meint die subjektive Definition die Verbindung der individuellen Arbeitserfahrungen zu einem in sich geschlossenen Ganzen, das eine sinnvolle Geschichte ergibt. „Herein, *career* denotes a subjective construction that imposes personal meaning on past

---

[22] *D. Super*, (Fn. 20), S. 228.

[23] *M. Savickas*, Career Construction — A developmental theory of vocational behaviour, in: *D. Brown et al.*, Career Choice and Development, 4. Auflage, Verlag Jossey-Bass, San Francisco 2002, S. 149–205.

memories, present experiences, and future aspirations by weaving them into a life theme that patterns the individual's work life"[24].

Laufbahnschilderungen spiegeln die Thematiken des Lebens wider, unter denen die Individuen ihre Wahlen getroffen und sich an die Berufsrollen angepasst haben. Sie geben also das „Warum" der jeweiligen berufsbezogenen Handlung an[25]. Der Bezug dieses theoretischen Ansatzes zur Förderung der Lebensqualität wird aus einigen der zentralen Merksätze sehr deutlich[26]. Danach hängt der Berufserfolg von dem Ausmaß ab, in dem der Mensch adäquate Entfaltungsmöglichkeiten für seine wichtigsten Charakterzüge findet. Und die Berufszufriedenheit ist proportional zu dem Ausmaß, in dem das tätigkeitsbezogene Selbstkonzept umgesetzt werden kann.

Der Prozess der Laufbahn-Konstruktion besteht im Wesentlichen aus der Entwicklung und Umsetzung des beruflichen Selbstkonzepts in den Berufsrollen. Das Selbstkonzept entwickelt sich durch Interaktion der Begabungen, physischen Bedingungen, Möglichkeiten zur Beobachtung und Ausübung verschiedener Rollen sowie dem Ausmaß, in dem die Ergebnisse dieses Rollenverhaltens die Zustimmung wichtiger Bezugspersonen finden.

Die aktuelle wissenschaftliche Diskussion im Bereich der konstruktivistischen Auffassungen wird bereichert durch den Ansatz „Life designing", der die Theorien der Selbstkonstruktion (*self-constructing*) und der Laufbahnkonstruktion (*career construction*) verbindet[27]. Fünf Annahmen charakterisieren diesen „life-design" — Ansatz der Berufsberatung:

1. Die im ersten Drittel des 20. Jahrhunderts entwickelten und bis heute vorherrschenden sog. „matching–Modelle" mit dem Ziel der optimalen Zuordnung von Mensch und Beruf auf der Basis differenzierter Testverfahren (*Trait- and Factor*) sind nun obsolet. Berufliche Identität ist vielmehr ein komplexer dynamischer Vorgang der gegenseitigen Anpassung von Individuum und seinem Ökosystem. Berufliche Identität formt sich durch Selbstorganisation der vielfältigen Erfahrungen im täglichen Leben.

2. Die Berufsberatung muss sich im Bereich der Berufsinformation von den immer differenzierteren Beschreibungen einzelner Berufe hin zur Vermittlung von Informationsstrategien entwickeln. Zum einen ändern sich die Berufe und Arbeitsbedingungen immer rascher, zum anderen besteht eher die Gefahr des „information-overload" als des Mangels an Informationen. Geboten ist nun die stärkere Ausrichtung an den Entscheidungsheuristiken der Ratsuchenden. Wichtige Voraussetzung für eine erfolgreiche Beratung in diesem Sinne ist die Fähigkeit zur systemischen Betrachtung der komplexen, interaktiven und

---

[24] *M. Savickas*, The theory and practice of career construction, in: *St. Brown, R. Lent*, (Fn. 4), S. 43.

[25] *M. Savickas*, (Fn. 24), S. 43; *Sp. Niles, J. Harris-Bowlsbey*, (Fn. 4), S. 107 f.

[26] *M. Savickas*, (Fn. 23).

[27] *M. Savickas* et al., Life designing: A paradigm for career construction in the 21st century, Journal of Vocational Behavior 2009, S. 239–250; *J. Guichard*, Life-long self-construction, International Journal for Educational and Vocational Guidance 2005, S. 111–124.

dynamischen Prozesse zwischen Individuum und seiner Bezugspersonen bzw. Bezugssysteme[28].

3. Es ist paradox, dass man in der Beratung noch immer von einfachen Kausal-modellen ausgeht, obgleich die Praxis anderes lehrt. So muss das aus der Medi-zin abgeleitete Vorgehen „Diagnose — Indikation — Verschreibung" für die Berufsberatung ersetzt werden durch iterative Strategien der Problemlösung. Ratsuchende und Berater sollten dabei über einen längeren Interaktionszeit-raum die Dynamik des *Life-designing* gestalten, unter Einbeziehung der Bezugs-systeme des Klienten.

4. Die bisherigen Methoden und Instrumente der Berufsberatung zwingen den Berater, die subjektiven Realitätswahrnehmungen ihrer Klienten in eine Fach-sprache zu übersetzen, die von diesen nicht verstanden wird. Aber anstatt die-ser abstrakten und invarianten gesellschaftlichen oder statistischen Normen sollte nun das sprachliche und persönlich relevante Bezugssystem des Ratsu-chenden genutzt werden. Die Berufsmodelle und Beratungsmethoden müssen sich ausrichten an der sich permanent weiterentwickelnden Rekonstruktion des Klienten in seiner subjektiven und komplexen Realität.

5. Stärker als in der Vergangenheit müssen die Evaluationsverfahren für die Wirk-samkeit der Beratung den komplexen Bedingungen angepasst werden. Hierzu sind verstärkt multivariate und prozessorientierte Methoden einzusetzen. Die Hauptkritik richtet sich gegenwärtig auf den Mangel an empirisch abgesicherten Studien zur Effizienz der Berufsberatung.

Als grundlegende Rahmenbedingungen für die *Life-designing* – Beratung betonen die Autoren
— die lebensbegleitende Funktion (*life-long*),
— den holistischen Ansatz, der die Selbst-Konstruktion in allen Rollenbezügen berücksichtigt, nicht nur den der Berufsrolle,
— die Einbeziehung des gesamten Lebensumfeldes des Klienten (*contextual*),
— den präventiven Charakter durch Aufarbeitung der bisherigen Lebensgeschich-te des Klienten.

Erst diese Voraussetzungen ermöglichen die Realisierung der zentralen Ziele der *Life-designing* Beratung:
— Stärkung der Anpassungsfähigkeit des Klienten an die wechselnden Entwick-lungserfordernisse (*Adaptability*).
— Bezug auf die bisherige und gegenwärtige Biographie und Selbst-Konstruktion des Klienten (*Narratability*).
— Stärkung der Eigenaktivität des Klienten, in Bezug auf die Entwicklung neuer Dimensionen der Persönlichkeit, z. B. Selbstwirksamkeitsüberzeugung (*Activity*).

---

[28] Vgl. auch *Chr. Schiersmann, M. Bachmann, A. Dauner, P. Weber*, Qualität und Professionalität in Bil-dungs- und Berufsberatung, W. Bertelsmann Verlag, Bielefeld 2008, S. 15 f.

— Bewusstmachen der individuellen Gestaltungsvorgänge und Entscheidungen im Leben des Klienten, damit diese Zusammenhänge für künftige Selbst-Konstruktionen nutzbar werden (*Intentionality*).

VI. Berufliches Verhalten als sozialer Lernprozess

Im Zusammenhang mit der Diskussion der Lebensqualität ist es sehr wichtig, danach zu fragen, wieweit die berufsrelevanten Sozialisationsbedingungen gestaltet werden müssen, damit das Individuum die Chance zu einem zufriedenstellenden Berufsleben bekommt. Die Anwendung der Theorie des sozialen Lernens auf Berufswahlprozesse durch John D. Krumboltz[29] ist eine Erweiterung der allgemeinen Verhaltenstheorie des sozialen Lernens, wie sie im Wesentlichen von Bandura formuliert wurde. Es wird postuliert, dass die Präferenzen in Bezug auf Ausbildung und Beruf der Ausdruck von verallgemeinerten Selbstbeobachtungen hinsichtlich der Interessen, Wertvorstellungen und Problemlösefähigkeiten sind, die auf unterschiedlichen Lernerfahrungen beruhen. Vier Faktorengruppen beeinflussen das Entscheidungsverhalten in Bezug auf Berufswahl und Berufslaufbahn:

1. Genetische Ausstattung und besondere Begabungen sind Bestimmungsgrößen, die in Bildung und Beruf Handlungsräume eröffnen oder eingrenzen. Dazu zählen ethnische Herkunft, Geschlecht, körperliche Merkmale. Spezielle Fähigkeiten, wie Musikalität, künstlerische Darstellungsfähigkeit, sportliches Talent sind das Ergebnis der Interaktion von Begabung und Umwelterfahrung.

2. Umweltbedingungen und -ereignisse umfassen die Verfügbarkeit von Bildungs- und Ausbildungsmöglichkeiten, von Arbeitsplätzen, Allokationsmechanismen, Lohnsystem in verschiedenen Berufen, Arbeitsgesetze, Technologische Entwicklungen, gesellschaftlich-politische Umwälzungen und Einflüsse der engeren Umgebung, vor allem Bildungserfahrungen in der Familie und der *Peer-group*.

3. Es wird postuliert, dass die individuellen Lernerfahrungen zur Wahl eines jeweils spezifischen Berufsweges führen. Diese Lernerfahrungen lassen sich in zwei Hauptkategorien einteilen[30]: Von „instrumentellen Lernerfahrungen" spricht man, wenn der Mensch für eine bestimmte Verhaltensweise positiv verstärkt wird und er dadurch zur Wiederholung dieser Verhaltensweise neigt. Nach mehrfacher erfolgreicher Wiederholung erhält das Verhalten einen Eigenwert, so dass die externe Verstärkung nicht mehr erforderlich ist, um es dauerhaft zu zeigen. Zu „assoziativen Lernerfahrungen" kommt es, wenn der Mensch, ein ursprünglich affektneutrales Ereignis mit einem emotional beladenen Ereignis verbunden erlebt. So können etwa Präferenzen oder Ablehnungen

---

[29] *J. Krumboltz*, Creating and capitalizing on happenstance in educational and vocational guidance, in: Schweizerischer Verband für Berufsberatung (SVB), Internationaler AIOSP Fachkongress, Schlussbericht, Bern 2003, *passim*.

[30] Vgl. *L. Mitchell*, *J. Krumboltz*, Die berufliche Entscheidungsfindung als sozialer Lernprozess: Krumboltz' Theorie, Verlag Klett-Cotta, Stuttgart 1994, *passim*.

gegenüber bestimmten Berufen durch direktes Erleben von verstärkenden oder bestrafenden Ereignissen im Zusammenhang mit diesen Berufen geprägt werden. Lernen geschieht aber auch durch „mittelbare oder stellvertretende Erfahrungen", etwa durch Beobachtung oder Informationsaufnahme über Medien. Die Ausübung von beobachteten Verhaltensweisen hängt von der Einschätzung der zu erwartenden Belohnung durch das für den Menschen wichtige Umfeld ab.

4. Fähigkeiten zum Lösen von Problemen und Aufgaben bilden sich im Zusammenspiel von Lernerfahrungen, genetischer Ausstattung, speziellen Begabungen und Umfeldeinflüssen. Sie umfassen Arbeitsgewohnheiten, subjektive Arbeitsstandards, Entscheidungsregeln. Es handelt sich allgemein um kognitive und praktische Fähigkeiten und emotionale Voraussetzungen für die Bewältigung von Umfeldereignissen.

Die Interaktion dieser vier Einflussfaktoren führt zu generalisierten Überzeugungen über die eigene Person (Selbstbild) und über die Berufs- und Arbeitswelt (Umweltbild). Diese wirken sich wiederum darauf aus, wie das Erlernen neuer Fähigkeiten, das Setzen von Zielen und das Handeln geschehen. Das berufliche Handeln eines Menschen wird lebenslang bestimmt von seinen Lernerfahrungen, Generalisierungen und den daraus entwickelten Fähigkeiten[31]. Die *Social Learning Theory of Career Decision Making* (SLTCDM) unterstreicht auch, dass die berufliche Entscheidung beeinflusst wird durch komplexe Umgebungsfaktoren, z.B. Arbeitsmarkt, die sich der Kontrolle des Einzelnen entziehen.

Nach Krumboltz[32] wählen Menschen einen bestimmten Beruf, wenn

— sie bei den Aufgaben erfolgreich sind, die für ähnlich mit denen gehalten werden, wie sie durch die Berufsinhaber zu bewältigen sind,

— sie wahrnehmen, dass von ihnen geschätzte Berufsvertreter für ihre Tätigkeit positiv verstärkt wurden,

— ein guter Freund oder Verwandter die Vorteile und das gute Image der Tätigkeit herausstellen.

Andererseits werden solche Berufe abgelehnt, für die sich die genannten Bedingungen in ihr Gegenteil verkehren.

VII. Theorie der Arbeitsangepasstheit

Die Begründer der Theorie der Arbeitsangepasstheit, Dawis, Lofquist und Weis[33], postulieren, dass das Individuum bestimmte biologische und psychische Bedürfnisse

---

[31] Vgl. *L. Subich*, Emerging Directions of Social Learning Theory, in: *M. Savickas, R. Lent* (Hrsg.), Convergence in theories of career development: Implications for science and practice, Consulting Psychologists Press Books, Palo Alto, CA 1994, S. 167–175; *L. Bußhoff*, Berufswahl-Theorien und ihre Bedeutung für die Praxis der Berufsberatung, 2. Auflage, Verlag Kohlhammer, Stuttgart/Berlin 1989, S. 29 f.

[32] *J. Krumboltz*, The Learning Theory of Career Counseling, in: *Sp. Niles, J. Harris-Bowlsbey*, (Fn. 4), S. 83.

hat, die nach seinen Erwartungen durch die Berufsarbeit erfüllt werden. Gleichzeitig verfügt der Mensch über Fähigkeiten zur Erfüllung bestimmter Berufsanforderungen. Die „Arbeitspersönlichkeit" umfasst also sowohl die Bedürfnisse als auch die Fähigkeiten.

Wird ein Berufsinhaber den Anforderungen eines Arbeitsplatzes gerecht, kommt es zur Verstärkung, was zur Arbeitszufriedenheit und zur erneuten positiven Beurteilung des Arbeitsverhaltens durch Vorgesetzte führt. Wandeln sich die Arbeitsanforderungen und kann der einzelne dadurch keine angemessenen Leistungen mehr erzielen, erfolgt negative Rückmeldung bis hin zur Entlassung, wenn eine rechtzeitige Anpassung nicht gelingt. Bevor es zu einer Anpassung kommt, muss der Berufstätige ein gewisses Maß an Nicht-Entsprechung ertragen. Wie viel Nicht-Entsprechung er toleriert ehe er eine Anpassung vornimmt, definiert seine Flexibilität. Aktives Anpassungsverhalten konzentriert sich auf Änderungen der Arbeitsumgebung und ihrer Verstärkermechanismen. Bei reaktivem Verhalten versucht sich der Mensch so zu ändern, dass er besser den Anforderungen gerecht wird. Die sich mit der Zeit herausbildenden Verhaltenstendenzen in Bezug auf solche Angleichungserfordernisse charakterisieren den Anpassungsstil eines Menschen. Wirksame beraterische Hilfe bei der Laufbahnplanung ist ohne Kenntnis der diesen Stil prägenden Faktoren, nämlich Flexibilität, Aktivität oder Reaktivität und Ausdauer (*perseverance*) auch bei schwierigen Anpassungsvorgängen nicht möglich.

Die Theorie der Arbeitsangepasstheit hat zur Entwicklung einer Reihe von Instrumenten zur Messung der Berufszufriedenheit und des Arbeits- und Leistungsverhaltens geführt. Bedeutung gewinnt dieser Ansatz, der sich im Gegensatz zu anderen Theorien nicht nur auf das Individuum, sondern auch auf dessen Berufs- und Arbeitsumgebung bezieht, vor allem hinsichtlich lebenslanger Laufbahnberatung von Berufstätigen auch im betrieblichen Personal-Management[34].

VIII. Der Mensch als „Arbeitsunternehmer"

Diese Ansätze gehen von einer „Entgrenzung beruflich organisierter Arbeit" und von einer daraus folgenden „Individualisierung der Berufsbiografie", einer Erosion

---

[33]   R. *Davis*, L. *Lofquist*, D. *Weis*, A theory of work adjustment (a revision), University of Minneapolis. Industrial Relations Center, Minneapolis 1968, Minnesota Studies in Vocational Rehabilitation (No. XXIII), S. 1–14.

[34]   Vgl. die Darstellungen in: *B. J. Ertelt, A. Frey, Chr. Kugelmeier* (Hrsg.), HR zwischen Anpassung und Emanzipation — Beiträge zur Entwicklung einer eigenständigen Berufspersönlichkeit, Peter Lang Verlag, Frankfurt am Main 2012, Schriftenreihe des Heinrich-Vetter-Forschungsinstituts e.V., Band 3; *passim*, weiterführende Literatur: *D. Brown*, Trait- and Factor Theory, 1994, in: *D. Brown, L. Brooks* (Hrsg.), Karriere-Entwicklung, Verlag Klett-Cotta, Stuttgart 1994, S. 32 f.; *R. Davis*, The Theory of Work Adjustment as Convergent Theory, in: *M. Savickas, R. Lent*, (Fn. 31), S. 33–43; *R. Davis*, The Theory of Work Adjustment and Person — Environment — Correspondence counselling, in: *D. Brown, et al.*, (Fn. 23) S. 77; *J. Rounds, B. Hesketh*, The Theory of Work Adjustment: Unifying Principles and Concepts, in: *M. Savickas, R. Lent*, (Fn. 31), S. 177–186.

der Normalarbeitsverhältnisse, sowie einem häufigen Wechsel des Arbeitgebers und des Berufs aus[35].

Frey & Grill[36] betonen, dass im Vergleich zum bisher vorherrschenden Typus des Arbeitnehmers der Mensch nun als Unternehmer seiner Arbeitskraft mehr Risiko und Verantwortung übernehmen sowie neue Herausforderungen früher wahrnehmen und kreativ bewältigen muss. Es geht um eine erweiterte „Selbst-Ökonomisierung" der Arbeitskraft, die auch eine „Verbetrieblichung des Lebens" einschließt. Dieser Typus des Arbeitnehmers erscheint stark mit dem Konzept der *Employability* verbunden[37].

Der objekttheoretische Ansatz der „proteischen Berufslaufbahn" (*protean career*) ist hier besonders gut anwendbar. Er wurde von D. T. Hall[38] bereits 1976 konzipiert und verwendet den Mythos des griechischen Meeresgottes Proteus, der alle möglichen Gestalten und Formen annahm, um auf bedrohliche Ereignisse optimal reagieren zu können. In einem ersten Zugriff verdeutlicht Hall die Unterschiede zwischen einer traditionellen Laufbahn in Organisationen und der proteischen Laufbahn:

Aspekte	Proteische Laufbahn	Traditionelle Laufbahnmuster in Organisationen
Wer steht im Mittelpunkt?	Individuum	Organisation
Zentrale Werte	Freiheit, persönliche Weiterentwicklung	Weiterkommen, Aufstiegsmöglichkeiten
Ausmaß der Mobilität	Hoch	Niedrig
Erfolgskriterien	Psychischer Erfolg	Position, Bezahlung
Hauptsächliche Einstellungen	Arbeitszufriedenheit, professionelle Selbstverpflichtung	Organisationsbezogene Verpflichtung

In neueren Arbeiten[39] wird die proteische Berufslaufbahn definiert als eine Laufbahn, in der das Individuum (1) sich an einem eigenständigen Wertsystem orientiert und daraus die Maßstäbe für Erfolg gewinnt, (2) die Fähigkeit hat, selbstgesteuert den neuen Herausforderungen in Arbeit und Kompetenzentwicklung zu begegnen. Die Ausprägung der beiden Komponenten *value driven* und *self-directed in career*

---

[35] *F. Egle, W. Bens*, Talentmarketing — Strategien für Job-Search, Selbstvermarktung und Fallmanagement, unter Mitwirkung von *M. Linder, Chr. Scheller*, 2. Auflage, Gabler-Verlag, Wiesbaden 2004, S. 234 f.

[36] *A. Frey, J. Grill*, (Fn. 10).

[37] *B. J Ertelt, A. Frey*, Theorien der beruflichen Entwicklung und Beratung in ihrer Bedeutung für HRM, in: *B. J Ertelt, A. Frey, Chr. Kugelmeier* (Hrsg.), (Fn. 34), S. 126 f.

[38] *D. Hall*, The protean career: A quarter-century journey, in: Journal of Vocational Behavior, Jahrgang 65, 2004, S. 1–13.

[39] *J. Briscoe, D. Hall*, The interplay of boundaryless and protean careers: Combinations and implications, in: Journal of Vocational Behavior Jahrgang 69, 2006, S. 4–18.

management in hoch und niedrig bzw. schwächer und stärker lassen vier grundlegende Kategorisierungen zu:

— „Abhängig" (*dependent*) ist ein Mensch, der in der Berufstätigkeit unfähig ist, Prioritäten zu setzen oder die eigene Laufbahn selbständig zu gestalten. Er ist auf beiden Dimensionen schwach.

— „Reaktiv" (*reactive*) ist ein Mensch, der zwar seine Laufbahn eigenständig gestalten kann, es mangelt ihm jedoch an der Ausrichtung am eigenständigen Wertsystem. Letztlich gelingt dadurch kein zufriedenstellendes Berufsleben.

— „Rigide" (*rigid*) nennt man den Typus, der zwar von eigenen Werten angetrieben ist, jedoch zu keiner selbstgelenkten Aktion fähig ist. Es kommt zu keiner zufriedenstellenden Bewältigung der beruflichen Herausforderungen.

— „Proteisch" (*protean*) ist ein Mensch, der auf beiden Komponenten hohe Ausprägungen aufweist und daher sich und andere zu einem aktiven Verhalten gegenüber Kompetenzentwicklung und beruflichen Transformationsprozessen bewegen kann.

Das Konzept des proteischen Verhaltens gewinnt in einer Zeit des Übergangs von langfristig gesicherten Arbeitsverhältnissen zu immer kurzfristigeren Vertragsgestaltungen und Organisationsentwicklungen immer größere Bedeutung. In einer Studie zur Organisationsentwicklung konnten Hall und Moss eine klare Abkehr von dem bisherigen „psychologischen Vertrag" (*psychological contract*), d.h. den ungeschriebenen gegenseitigen Erwartungen von Arbeitgebern und Arbeitnehmern feststellen[40]. Standen beim traditionellen Kontrakt Sicherheit des Arbeitsplatzes, lebenslange Beschäftigung, interner Aufstieg, gegenseitige Loyalität und Identifikation sowie Spezialisierung im Mittelpunkt, so werden heute die Eigenverantwortung für die Beschäftigung, eigenständige Kompetenzerweiterung, Flexibilität und Ambiguitätstoleranz sowie Zielorientierung betont[41]. Gleichwohl behält der psychologische Vertrag auch bei geänderten Inhalten (Merkmalen) seine Bedeutung für die Arbeitszufriedenheit, das *Commitment* (hohe persönliche Übereinstimmung mit den Zielen und Werten der Organisation, Anstrengungsbereitschaft und Wunsch, im Betrieb zu bleiben) und das Beanspruchungserleben („subjektiv wahrgenommene emotionale und kognitive Beanspruchung im Arbeitskontext durch erlebtes Ungleichgewicht zwischen persönlichen Ressourcen und alltäglichen Belastungen")[42].

Entgegen mancher Annahmen in der Literatur zeigen die Ergebnisse der Studie von Hecker, dass weder die Dauer der Bindung eines Arbeitnehmers an eine Organisation noch instabile oder multiple Zugehörigkeiten signifikante Veränderungen

---

[40] D. Hall, J. Moss, The new protean career contract: Helping organizations and employees adapt, Organizational Dynamics 1998, S. 22–37.

[41] S. Reader, G. Grote, Flexibilität ersetzt Kontinuität. Veränderte psychologische Kontrakte und neue Formen persönlicher Identität, „Zeitschrift für Arbeitsforschung, Arbeitsgestaltung und Politik" Nr. 10/2001, S. 352–362.

[42] D. Hecker, Merkmale psychologischer Verträge zwischen Beschäftigten und Organisationen, Universität Erlangen-Nürnberg, Dissertation, S. 196 f.

in Bezug auf die genannten Kernmerkmale psychologischer Verträge haben. Diese Ergebnisse sind in unserem Kontext deshalb wichtig, weil damit die Bedeutung psychologischer Verträge auch in Zeiten abnehmender „Normalarbeitsverhältnisse" unterstrichen wird.

IX. Zusammenfassung

Die Analyse der psychologisch orientierten Theorien der Berufswahl und Berufs-entwicklung verdeutlicht, dass mit wenigen Ausnahmen in den USA diese Ansätze stark vom „Beruf" und der beruflichen Entwicklung des Individuums her denken. Die Sichtweise des Menschen als Arbeitnehmer in einer Arbeitsorganisation steht dagegen weniger im Fokus der Theoriebildung[43]. Dies legt eine Orientierung an dem oben skizzierten umfassenden Berufsbegriff nahe, und dass sich in diesem Zu-sammenhang „work" eher mit „Beruf" als mit „Erwerbsarbeit" übersetzen lässt. Dies belegen auch die Darstellungen zu *Linking work with worth* in den USA von Niles & Harris-Bowlsbey[44].

Diese Ausrichtung am Berufskonzept macht die aufgeführten theoretischen Ansätze für die berufliche Beratung gerade unter den heutigen Arbeitsmarktbedin-gungen, auch in den sogenannten wirtschaftlichen Krisenländern, interessant. Der Hauptausschuss des Bundesinstituts für Berufsbildung (BIBB), Deutschland, unter-strich 2011 in seiner Stellungnahme zur *European Taxonomy of Skills, Competences and Occupations* (ESCO) „[...] dass die hohen Flexibilitätspotenziale ganzheitlicher, am Berufskonzept ausgerichteter Berufsbildungssysteme die Arbeitsvermittlung in stär-kerem Maße erleichtern können als die Beschränkung auf Matching-Verfahren"[45]. Denn die so vermittelten Qualifikationen stellen „Qualifikationsbündel" dar, die eine Integration in einen Betrieb bedeutend leichter machen. Daher gilt es aus bil-dungspolitischer Sicht als falsche Weichenstellung, „wenn moderne Beruflichkeit durch ein europaweit geltendes Verständnis von „Detailqualifikationen" ersetzt würde"[46].

Die Realisierung des Berufskonzepts bringt jedoch auch weiterreichende Ver-pflichtungen für Wirtschaft, Wissenschaft und Gesellschaft mit sich als das Kon-zept der *Employability*. Hierbei geht es vor allem um die Bereitstellung der theoreti-schen Grundlagen und der Infrastruktur für die Dualität von betrieblichem und berufsschulischem Lernen. *Employability* fokussiert nach unserer Auffassung zu einseitig auf die individuelle Verantwortung zum lebenslangen Kompetenzerwerb. Eine Gesellschaft, die vor allem auf Allgemeinbildung setzt und Berufsbildung eher

---

[43] *B. J. Ertelt, A. Frey,* (Fn. 37), S. 126.

[44] *Sp. Niles, J. Harris-Bowlsbey,* (Fn. 4), S. 11.

[45] *BIBB,* Pressemitteilung 12/2011, Bonn, 16.03.2011; Stellungnahme des Hauptausschusses des BIBB zur „European Taxonomy of Skills, Competences and Occupations", S. 3 <www.bibb.de/dokumente/pdf/Stellungnahme_des_Hauptausschusses_zu_ESCO.pdf> [Stand: 9.02.2014].

[46] Bundesanzeiger Nr. 69 vom 5. Mai 2011: Empfehlung des Hauptausschusses des Bundesinstitutes für Berufsbildung zum weiteren Vorgehen bei der Erarbeitung des Deutschen Qualifikationsrah-mens (DQR), <www.bibb.de/dokumente/pdf/HA140.pdf> [Stand: 9.02.2014].

als marginale Bildung betrachtet, macht den Menschen extrem abhängig von den nicht immer guten Chancen, angemessene Möglichkeiten für berufliche Erfahrungen auf dem Arbeitsmarkt zu finden. Wir betrachten daher das Berufskonzept als einen emanzipatorischen Ansatz, der sich stark in den dargestellten Objekttheorien findet[47].

Und nicht zuletzt mit Blick auf die Bewältigung der psycho-sozialen Folgen von Phasen der Arbeitslosigkeit im Erwerbsleben muss kritisch gefragt werden, wie das vom Einzelnen verinnerlichte Konzept der *Employability* auf eine angemessene Attribuierung wirkt. Möglicherweise werden nämlich nicht im Individuum begründete Ursachen, wie etwa konjunkturelle Gründe, zu gering bewertet und stattdessen fehlenden oder falschen eigenen Kompetenzen zugeschrieben.

Das Berufskonzept bietet die Chance, Menschen auch dann mit einer akzeptierten Berufsrolle zu versehen, wenn sie derzeit keine oder keine angemessene Beschäftigung ausüben können. Hier zeigt sich ein wichtiges Element für die Selbstachtung, das wesentlich zur individuellen Lebensqualität beiträgt.

Bernd-Joachim Ertelt, Andreas Frey

Professional development and the quality of life

As the influence of work and vocation on an individual's quality of life is beyond doubt, the significance of career guidance is obvious. This paper deals with the question of which conception of vocation and work forms the basis of the main theoretical approaches in career guidance. With the emphasis on a holistic concept of "vocation", the notions of "job" and "work" play only marginal roles. In our view, psychology-based approaches offer effective opportunities for professional role awareness, even in times of crisis characterised by unemployment, underemployment or inadequate employment. In the current scientific literature, we see a real danger of excessive orientation of career guidance towards the idea of "employability". This will lead to a marginalisation of unemployed people with their situation being attributed mainly to a lack of personal competences.

---

[47] Siehe auch *J. Ruppert, B. J. Ertelt*, Proposing an Emancipatory Model for Vocational Guidance, in: Journal Career Designing-Research and Counselling, Nr. 2/2013, S. 10–28.

Andrzej Szmajke

Intensywność ingracjacji wobec przełożonego jako predyktor zawodowej reputacji pracowników, czyli o skuteczności podlizywania się szefom

I. Wprowadzenie

Racje ekonomiczno-społeczne uzasadniają zainteresowanie nauk społecznych problematyką szeroko rozumianej diagnozy i oceny rzeczywistych oraz potencjalnych możliwości i osiągnięć ludzi w kontekście różnorodnych form aktywności (praca, nauka, sztuka, edukacja, gospodarka, sport itp.). Diagnoza psychologiczna od dawna jest niemal rutynowym elementem procesu rekrutacji kandydatów do pracy w przemyśle, usługach czy służbach publicznych. W ten sposób pracodawcy dążą do zwiększenia stopnia kontroli nad procesem pracy, a w konsekwencji — zwiększenia rentowności. Poprzez zatrudnianie osób fizycznie, psychologicznie i społecznie „lepiej dostosowanych" do wymogów stanowiska pracy zmniejszają koszty ewentualnych szkoleń, zbyt wysokiej płynności kadr oraz ewentualnych błędów popełnianych przez źle dobranych pracowników. Jedną z konsekwencji tego procesu jest rosnące zapotrzebowanie na rzetelną wiedzę o współzależnościach przeróżnych, mierzalnych parametrów (uzdolnień, cech osobowości itp.) potencjalnych pracowników z ich efektywnością na różnych stanowiskach i w różnych miejscach zatrudnienia. Zapotrzebowanie to realizują nauki o organizacji i zarządzaniu oraz psychologia zarządzania, a także „tradycyjna" psychologia pracy[1].

---

[1] Por. S. Witkowski, *Psychologiczne wyznaczniki sukcesu w zarządzaniu*, t. 1–10, Wydawnictwo UWr, Wrocław 1990/2010, *passim*; A.M. Zawadzka, *Psychologia zarządzania w organizacji*, Wydawnictwo Naukowe PWN, Warszawa 2010, *passim*; N. Chmiel, *Psychologia pracy i organizacji*, GWP, Gdańsk 2003, *passim*.

Rozbudowanie, sformalizowanie oraz sprofesjonalizowanie procesów rekrutacji i selekcji personelu wywołało (kontr)reakcję w postaci pojawienia się rynku usług, których celem jest zwiększenie autoprezentacyjnych sprawności potencjalnych pracobiorców podczas procedur rekrutacyjno-selekcyjnych. Również i w tej dziedzinie nauki społeczne (szczególnie psychologia) stanowią naukowe zaplecze dla rozlicznych działań praktycznych. Z jednej więc strony psychologia i psychologowie działają jako profesjonalni rekruterzy, dążąc (w imieniu pracodawców) do maksymalnie dokładnej, obiektywnej, wolnej od zniekształceń i błędów diagnozy „pracowniczego potencjału" kandydatów do pracy, z drugiej zaś — przygotowują (uczą) kandydatów do pracy sposobów pozwalających im jak najlepiej „wypaść" w procesie oceny i diagnozy. Zarówno media (Internet, prasa), jak i oficjalne szkolenia organizowane przez urzędy pracy oraz inne organizacje (uczelniane centra karier zawodowych, organizacje pozarządowe itp.) oferują wiedzę i warsztatowe szkolenia dotyczące tego, jak postępować podczas procedur rekrutacyjnych, aby zwiększyć swoje szanse na otrzymanie zatrudnienia (jak pisać CV, jak się ubierać na rozmowę, jak i co odpowiadać na niektóre pytania itp.). Naukowym zapleczem dla tej strony działalności na rynku pracy wydają się przede wszystkim niektóre obszary psychologii społecznej (psychologia komunikacji, percepcji interpersonalnej, autoprezentacji, wpływu społecznego itp.)[2].

Zarysowane powyżej procesy uwikłania psychologii i psychologów w społeczną grę nazywaną „rynkiem pracy" przypominają w ogólnym zarysie zjawisko „wyścigu zbrojeń". Z jednej strony psychologia dostarcza coraz doskonalszych narzędzi pozwalających na całkowicie obiektywne „prześwietlenie" potencjalnego kandydata na pracownika, z drugiej — dostarcza potencjalnemu kandydatowi środków pozwalających, przynajmniej w pewnym stopniu, na (korzystne dla niego) zniekształcenie obiektywności wyników owego „prześwietlenia".

Taki stan rzeczy rodzi nowe pytania i problemy. Jednym z nich wydaje się problem skutków „uzbrojenia" potencjalnych pracowników w umiejętności zwiększające szanse w procesie rekrutacji. Czy pracownik wygrywający w procesie rekrutacji dzięki wiedzy nabytej na szkoleniu „autoprezentacyjnym" okaże się „gorszy" (dla pracodawcy) od (załóżmy) kandydata nieco „lepszego obiektywnie", ale mniej sprawnego „autoprezentacyjnie"? Lub ogólniej: czy niektóre społeczne kompetencje pracowników (np. autoprezentacyjne) są współzależne (korelują, przewidują, determinują) z rzeczywistymi osiągnięciami w pracy (tak jak mogą one być, czy też są, oceniane w organizacyjnej rzeczywistości) i jaki jest kierunek tej współzależności?

---

[2] Por. D. Doliński, *Psychologia wpływu społecznego*, Towarzystwo Przyjaciół Ossolineum, Wrocław 2000, *passim*; A. Szmajke, *Autoprezentacja: maski — pozy — miny*, Wydawnictwo Ursa Consulting, Olsztyn 1999, *passim*.

II. Problem

Autoprezentacja (*impression management*) to celowe zachowanie zmierzające do ukształtowania w umyśle zewnętrznego obserwatora (tzw. audytorium) pożądanego w danych warunkach wizerunku/obrazu własnej osoby[3]. Najczęściej działania autoprezentacyjne zmierzają do ukształtowania pozytywnego wizerunku, ale bywają sytuacje, w których wizerunek „aktualnie pożądany" może być negatywny z perspektywy powszechnych norm i społecznych standardów. Zgodnie z współczesnym ujęciem zachowania autoprezentacyjne są wszechobecne w relacjach społecznych[4]. Oznacza to, że praktycznie w każdej sytuacji, w której jednostka wchodzi w bezpośrednie lub symboliczne (np. „wyobrażone") interakcje z innymi ludźmi, podejmuje (najczęściej w trybie zachowań automatycznych) jakieś działania autoprezentacyjne. Mimo ogólnej powszechności i „wszechobecności" można wskazać sytuacyjne i podmiotowe czynniki zwiększające siłę i intensywność zachowań autoprezentacyjnych[5]. Autoprezentacja nasila się, kiedy wzrasta znaczenie wizerunku własnej osoby dla osiągania pożądanych celów, co ma miejsce (przykładowo) w sytuacji silnej zależności społecznej autoprezentera od audytorium (np. relacja przełożony – podwładny), wysokiej subiektywnej wartości celów dążeń autoprezentera (np. sytuacja „jedynej szansy" na otrzymanie pracy po długim okresie bezrobocia) i/lub u autoprezenterów „strukturalnie" (osobowościowo) przekonanych o dużym znaczeniu wizerunku dla osiągania własnych celów (makiawelizm, pragmatyzm, osobowość zależna, potrzeba aprobaty społecznej)[6].

Sytuacyjne wyznaczniki zwiększonej motywacji do podejmowania działań autoprezentacyjnych są wyraźnie obecne w sytuacji pracy, co pozwala oczekiwać, że w tej sytuacji zachowania autoprezentacyjne rzeczywiście występują powszechnie i intensywnie. Oczekiwanie to zostało wielokrotnie potwierdzone empirycznie[7]. Rosenfeld i współautorzy w swojej monografii wykazali, że w sytuacji pracy ludzie (tak podwładni, jak przełożeni) podejmują różnorodne formy autoprezentacji. Bardziej złożoną, mniej jednoznaczną kwestią pozostaje odpowiedź na pytanie o skutki

[3] Zob. D.B. Bromley, *Reputation, image and impression management*, Wydawnictwo Wiley, Chichester 1993, *passim*. E.E. Jones, T.S. Pittman, *Toward a general theory of strategic self-presentation*, [w:] *Psychological perspective on the self*, red. J. Suls, Wydawnictwo Erlbaum, Hillsdale 1982, s. 231–262; M.R. Leary, *Wywieranie wrażenia na innych. O sztuce autoprezentacji*, GWP, Gdańsk 1999, s. *passim*; B.R. Schlenker, *Impression management*, Wydawnictwo Brooks/Cole, Monterey 1980, *passim*; A. Szmajke, *Autoprezentacja — niewinny spektakl dla siebie i innych*, [w:] *Złudzenia, które pozwalają żyć*, red. M. Kofta, T. Szustrowa, Wydawnictwo Naukowe PWN, Warszawa 2001, s. 146–175.

[4] Por. M.R. Leary, (przyp. 3), *passim*; B.R. Schlenker, (przyp. 3), *passim*; B.R. Schlenker, F.M. Weigold, *Interpersonal processes involving impression regulation and management*, „Annual Review of Psychology" 1992, nr 43, s. 133–168; A. Szmajke, (przyp. 2), *passim*.

[5] M.R. Leary, R.M. Kowalski, *Impression management: A literature review and two-component model*, „Psychological Bulletin" 1990, nr 107, s. 34–47.

[6] A. Szmajke, (przyp. 2), *passim*.

[7] Por. P. Rosenfeld, R.A. Giacalone, C.A. Riordan, *Impression management in organizations*, Wydawnictwo Routledge, Londyn i Nowy Jork 1995, *passim*.

autoprezentacji. Czy podejmowane przez ludzi różnorodne zachowania autoprezentacyjne (w tym w sytuacji pracy) są skuteczne? Czy poprawiają reputację autoprezentera w oczach przełożonych, współpracowników lub klientów?

Odpowiedź na pytanie o skuteczność autoprezentacji jest generalnie bardzo złożona[8]. Na ogół skutki podjętej autoprezentacji są określone przez interakcyjne efekty „formy autoprezentacji" (np. skromnie vs. chełpliwie, opis „rezultatu" vs. opis „osobowości" vs. opis „innych osób" lub ich rezultatów), „warunków autoprezentacji" (bezpośrednio „twarzą w twarz" vs. pośrednio np. „na piśmie"), zaangażowania audytorium (np. „biorca skutków" ewentualnych zachowań autoprezentera vs. „neutralny obserwator") i formy reakcji audytorium (np. „opis/ocena osoby" vs. decyzja lub działanie bezpośrednio oddziałujące na autoprezentera)[9]. Skuteczność bądź brak skuteczności konkretnego działania autoprezentacyjnego zleży do tego, jaka była forma autoprezentacji, w jakich warunkach ją zastosowano oraz kto (w jakich warunkach) był jej odbiorcą i jakie miał możliwości zareagowania na daną autoprezentację. Przy czym drobne, subtelne różnice (np. „twarzą w twarz" czy „pośrednio") mogą sprawiać, że taka sama z pozoru autoprezentacja (np. „chełpliwa autopromocja") okazuje się skuteczna lub nieskuteczna. Złożoność mechanizmów decydujących o skutkach autoprezentacji narzuca konieczność prowadzenia wciąż nowych, szczegółowych badań uwzględniających różne, niekiedy subtelne zróżnicowanie warunków i metod pomiaru badaczom, dążącym do uzyskania wiedzy przydatnej do przewidywania skutków różnych form autoprezentacji w sytuacjach pracy.

W niniejszym badaniu poszukiwano odpowiedzi na pytanie o konsekwencje, traktowanej jako właściwość osobnicza, skłonności do podejmowania ingracjacji wobec bezpośredniego przełożonego. Czy pracownicy, którzy podejmują intensywne działania zmierzające do ukształtowania w umyśle przełożonego wizerunku swojej osoby jako „kogoś miłego i sympatycznego", zyskują istotnie korzystniejszą reputację (opinię)? Czy te (ewentualne) zmiany w reputacji dotyczą również specyficznych cech osoby autoprezentera jako „pracownika" czy też ograniczają się wyłącznie do niespecyficznej oceny jako „miłego" bądź „antypatycznego" człowieka? Większość rezultatów uzyskiwanych przez innych badaczy podejmujących podobną problematykę[10] sugeruje pozytywną odpowiedź na postawione pytanie badawcze; uzyskiwano dodatnie współzależności między różnymi miarami osiągnięć w pracy a skłonnościami pracowników do posługiwania się autoprezentacjami

---

[8] Zob. A. Szmajke, *Autoprezentacja: formy, style i skuteczność interpersonalna*, [w:] *Psychologia społeczna w zastosowaniach. Od teorii do praktyki*, red. K. Lachowicz-Tabaczek, Wydawnictwo Atla 2, Wrocław 2001, s. 147–183.

[9] Szerzej zob. A. Szmajke, (przyp. 3), s. 146–175.

[10] Zob. R. Hogan, *Reinventing personality*, „Journal of Social and Clinical Psychology" 1998, nr 17, s. 1–10; P. Rosenfeld, R.A. Giacalone, C.A. Riordan, (przyp. 7), *passim*; Ch. Vivesaran, D.A. Ones, L.M. Hough, *Do impression management scales in personality inventories predict managerial job performance ratings*, „International Journal of Selection & Assessment" 2001, nr 4, s. 277–289.

podporządkowanymi potrzebie aprobaty społecznej (lub miarami natężenia potrzeby aprobaty).

III. Metoda

1. Narzędzie do pomiaru „skłonności do ingracjacji"

K. Kumar i M. Beyerlein[11] skonstruowali skalę zachowań ingracjacyjnych w organizacji (*Measure of Ingratiatory Behaviors in Organizational Settings*; MIBOS), mierzącą częstotliwość stosowania poszczególnych taktyk ingracjacyjnych przez podwładnych w relacjach z przełożonym. Skala pozwala na ustalenie (deklarowanej) częstości posługiwania się wobec przełożonego czterema taktykami ingracjacji: podwyższaniem wartości partnera (*other-enhancement*), konformizmem (*conformity*), podwyższaniem własnej wartości (*self-enhancement*) i świadczeniem przysług i uprzejmości (*favor rendering*). Narzędzie składa się z 24 twierdzeń opisujących różne zachowania autoprezentacyjne, a badany (na 4-stopniowej skali) określa jak często wykorzystuje je w interakcjach z przełożonymi. W niniejszym badaniu wykorzystano eksperymentalną, polskojęzyczną wersję MIBOS do diagnozy „skłonności do ingracjacji" osób badanych (dokonano wstępnych procedur psychometrycznych).

2. Procedura

Zbadano[12] 58 osób, pracowników Gerling Polska Towarzystwo Ubezpieczeń SA. W badaniu uczestniczyło osiem zespołów agentów ubezpieczeniowych wraz z kierownikami tych zespołów, 49 osób stanowili agenci ubezpieczeniowi („pracownicy"), a 9 osób — kierownicy („przełożeni"). Wszyscy pracownicy wypełnili Skalę MIBOS (pomiar „skłonności do ingracjacji"), a przełożeni kwestionariusze do oceny podległych im pracowników („ogólna sympatyczność" i „kwestionariusz oceny zawodowej pracownika").

Oceny ogólnej sympatyczności dokonywano za pomocą 11-itemowego kwestionariusza składającego się z przymiotników / cech prototypowych dla ingracjacji (pogodny, przyjazny, doceniający innych, uroczy, uczciwy, ciepły, delikatny, godny zaufania, wyluzowany, wielkoduszny). Badani kierownicy oceniali każdego ze swoich podwładnych ze względu na natężenie każdej z cech na skali 5-stopniowej. Zestaw przymiotników wykorzystanych w kwestionariuszu ustalono w oparciu o rezultaty badania M. Leary'ego i R. Kowalski[13]. Wskaźnikiem oceny ogólnej sympatyczności była średnia suma ocen na wszystkich wymiarach (alfa Cronbacha = 0,87); możliwy

---

[11] K. Kumar, M. Beyerlein, *Construction and validation of an instrument for measuring ingratiatory behaviors in organizational settings*, „Journal of Applied Psychology" 1991, nr 76, s. 619–627.

[12] Badanie wykonała Sylwia Szczypczyk, „Być atrakcyjnym w organizacji biznesowej: Ingracjacja jako strategia autoprezentacji", (praca magisterska zrealizowana pod kierunkiem A. Szmajke), UJ, Kraków 2001.

[13] M.R. Leary, R.M. Kowalski, (przyp. 5), s. 34–47; zob. również A. Szmajke, (przyp. 2), s. 92–97.

zakres wskaźnika wynosił 1–55: im wyższa wartość, tym wyższa ocena ogólnej sympatyczności.

W kwestionariuszu oceny zawodowej pracownika badani kierownicy („przełożeni") oceniali podległych im pracowników ze względu na cztery parametry „potencjału pracowniczego": motywację do podnoszenia kwalifikacji, kompetencje zawodowe, kontakty zewnętrzne i samodzielność. Ocen dokonywano na czterostopniowych skalach (od „nie spełnia oczekiwań" do „wyróżnia się wyraźnie spośród innych pracowników"). W analizie posłużono się ogólnym wskaźnikiem „oceny zawodowej pracownika", którym była sumaryczna ocena czterech parametrów przy oznaczeniu liczbowym skrajnych punktów skali od 1 („nie spełnia oczekiwań") do 4 („wyróżnia się wyraźnie spośród innych pracowników"); możliwy zakres wskaźnika wynosił 4–16: im wyższa wartość, tym wyższa ocena zawodowa pracownika.

IV. Rezultaty

1. Polska wersja MIBOS

Próba wstępnego zaadaptowania MIBOS do warunków polskich okazała się w pełni udana. Eksploracyjna analiza czynnikowa (ekstrakcja metodą składowych głównych, analiza hierarchiczna czynników ukośnych) ujawniła przejrzystą, czteroczynnikową strukturę narzędzia (por. tabela 1). W polskiej wersji MIBOS odtworzono idealnie czynnikową strukturę oryginału[14], ujawniając istnienie czterech, niezbyt silnie skorelowanych ze sobą komponentów (przejawów) ingracjacji: konformizmu (czynnik I), dowartościowywania partnera (czynnik II), podwyższania własnej wartości (czynnik III) oraz świadczenia przysług i uprzejmości (czynnik IV). Struktura czynnikowa polskiej wersji MIBOS wyjaśnia ponad 62% całkowitej wariancji. Poszczególne czynniki korelowały ze sobą (por. tabela 2), ale słabiej niż w przypadku anglojęzycznego oryginału, gdzie korelacje między poszczególnymi czynnikami wynosiły od 0,22 do 0,60[15]. Nieco zaskakująca wydaje się w polskiej wersji narzędzia ujemna korelacja między czynnikami podwyższania wartości partnera a świadczeniem przysług i uprzejmości.

Tabela 1. Wyniki analizy czynnikowej polskiej wersji MIBOS (ładunki czynnikowe poszczególnych twierdzeń skali)

Twierdzenie	Czynniki			
	I	II	III	IV
Okazujesz swój entuzjazm dla jego/jej nowych pomysłów nawet wtedy, gdy nie są dla ciebie zbyt interesujące (2)	0,11	**0,81**	−0,19	−0,08
Często uśmiechasz się w celu okazania swojego entuzjazmu dla jego/jej zainteresowań nawet wtedy, gdy ci się nie podobają (6)	0,17	**0,79**	−0,01	0,11
Wyraźnie dajesz mu/jej do zrozumienia, że posiadacie podobne postawy w stosunku do pracy (7)	0,17	**0,79**	0,13	0,21

---

[14] Por. K. Kumar, M. Beyerlein, (przyp. 11).

[15] Por. K. Kumar, M. Beyerlein, (przyp. 11).

Twierdzenie	Czynniki			
Nie zgadzasz się, gdy idzie o błahostki i sprawy mało istotne, ale zgadzasz się z nim/nią w tych kwestiach, w których oczekuje twego poparcia (10)	0,18	**0,66**	0,17	0,16
Starasz się aby wiedział/a że podzielasz jego/jej postawy i wartości (16)	−0,04	**0,83**	0,08	−0,08
Śmiejesz się z jego/jej dowcipów, nawet gdy nie są śmieszne (18)	−0,02	**0,81**	0,03	0,19
Poświęcasz swój czas na wysłuchiwanie opowieści o jego/jej osobistych problemach, nawet gdy nie jest to dla ciebie interesujące (23)	−0,05	**0,87**	0,01	−0,03
Dajesz mu/jej do zrozumienia, że tylko on/ona może ci pomóc, ponieważ chcesz, aby poczuł/a się dobrze (1)	**0,70**	0,16	0,14	−0,21
Na spotkaniach służbowych podkreślasz, że pod jego/jej kierownictwem osiągasz duży sukces zawodowy (5)	**0,67**	0,09	0,12	−0,30
Poszukujesz sytuacji, w których możesz go/ją podziwiać (15)	**0,81**	0,06	−0,05	−0,14
Prawisz mu/jej komplementy dotyczące jego/jej osiągnięć (17)	**0,72**	0,12	0,01	0,04
Prosisz o radę w tych kwestiach, w których twój szef/szefowa ma się za osobę kompetentną, aby odczuł, że darzysz go/ją podziwem i uznaniem (13)	**0,76**	−0,01	0,15	−0,12
Mówisz mu/jej, jak wiele skorzystałeś i nauczyłeś się dzięki jego/jej doświadczeniu (8)	**0,57**	−0,10	−0,08	−0,22
Podkreślasz jego/jej zalety, aby wiedział/a, że wysoko go/ją cenisz (9)	**0,62**	0,14	0,06	−0,14
Próbujesz upewnić się, że wie o twoich sukcesach zawodowych (4)	0,04	−0,02	**0,87**	0,12
Demonstrujesz swoją pracowitość (11)	0,11	0,08	**0,75**	0,16
Poszukujesz okazji, dzięki którym mógłby/mogłaby się dowiedzieć o twoich mocnych stronach i zaletach (12)	0,07	−0,03	**0,86**	0,21
Starasz się pokazać swoją sprawność zawodową, aby przekonać go/ją o swoich uzdolnieniach (21)	0,07	0,11	**0,76**	−0,16
Próbujesz pokazać mu/jej, że masz reputację miłej osoby (3)	−0,25	−0,03	0,17	**0,62**
Okazujesz mu/jej bezinteresowną wspaniałomyślność (14)	−0,31	−0,04	0,22	**0,69**
Załatwiasz mu/jej sprawy niezwiązane z pracą (19)	−0,13	0,09	−0,23	**0,77**
Oferujesz mu/jej pomoc wykorzystując swoje osobiste kontakty (20)	−0,11	0,18	−0,02	**0,80**
Zgłaszasz się na ochotnika, aby pomóc mu/jej nawet wtedy, gdy wiąże się z tym wykonanie dodatkowej pracy (24)	−0,22	0,12	0,38	**0,60**
Zgłaszasz się na ochotnika, aby pomóc mu/jej w sprawach wykraczających poza twoje obowiązki zawodowe (22)	−0,29	0,15	0,19	**0,66**
Wartość własna	3,84	4,62	3,12	3,32
% wariancji	16,00	19,23	13,21	14,03

Uwaga: w nawiasach numery poszczególnych twierdzeń oddające ich oryginalną kolejność na arkuszu badawczym; pogrubieniem wyróżniono ładunki czynnikowe większe od 0,50

Tabela 2. Korelacje między podskalami polskiej wersji MIBOS

Podskale MIBOS	Konformizm	Podwyższanie wartości partnera	Podwyższanie własnej wartości	Świadczenie przysług i uprzejmości
Konformizm	1,00	0,10	0,08	0,23
Podwyższanie wartości partnera	—	1,00	0,09	**−0,44**
Podwyższanie własnej wartości	—	—	1,00	0,20
Świadczenie przysług i uprzejmości	—	—	—	1,00

Pogrubieniem wyróżniono korelacje znaczące przy $p < 0,05$

Wzór uzyskanych rezultatów upoważnia do traktowania sumarycznego wyniku polskiej wersji skali MIBOS jako miary ogólnej tendencji do posługiwania się ingracjacją, a wyników poszczególnych podskal — jako miar tendencji do specyficznych form ingracjowania (przez konformizm, podwyższanie wartości partnera itp.). Wskaźniki wewnętrznej konsystencji całej skali i poszczególnych podskal wyodrębnionych w analizie czynnikowej okazały się zadowalające (alfa Cronbacha dla całej skali wynosiła 0,79, a dla poszczególnych podskal odpowiednio: konformizm = 0,91; podwyższanie wartości partnera = 0,85; podwyższanie własnej wartości = 0,85 i świadczenie przysług i uprzejmości = 0,83).

2. Skłonność do ingracjacji (MIBOS) a reputacja pracownika w ocenach przełożonego

a. MIBOS a „ogólna sympatyczność"

Wyniki uzyskiwane w MIBOS przez podwładnych agentów korelowały wyraźnie z ocenami jakie otrzymywali od swoich przełożonych w zakresie „ogólnej sympatyczności": podwładnych uzyskujących wysokie wyniki w polskiej wersji MIBOS ich przełożeni oceniali jako bardziej sympatycznych niż podwładnych uzyskujących relatywnie niskie wyniki w MIBOS (korelacja ogólnego wskaźnika MIBOS z ogólną oceną sympatyczności wyniosła 0,96!; por. tabela 3). Dowodzi to, że podwładni relatywnie skłonni do ingracjacji (uzyskujący wysokie wyniki w MIBOS) byli rzeczywiście spostrzegani przez przełożonych jako osoby „milsze i sympatyczniejsze" od osób uzyskujących w MIBOS wyniki niskie.

Tabela 3. Korelacje wyników MIBOS podwładnego z ocenami jego „sympatyczności" (średnia z: pogodny, przyjazny, doceniający innych, uroczy, uczciwy itd.) dokonywanymi przez przełożonego

Podskale MIBOS	Ocena „sympatyczności" przez przełożonego
MIBOS (wynik ogólny)	0,96
Konformizm	0,74
Podwyższanie wartości partnera	0,27
Podwyższanie własnej atrakcyjności	0,52
Przysługi i uprzejmości	0,49

Wszystkie korelacje znaczące przy $p < 0{,}05$

b. MIBOS a ocena zawodowa pracownika

Dla związków między skłonnościami podwładnego do posługiwania się ingracjacją, a oceną jego kompetencji pracowniczych dokonywaną przez przełożonego uzyskano podobne rezultaty: im silniejsza skłonność podwładnego do ingracjacji (wyższe wyniki podwładnego-agenta w MIBOS), tym korzystniejsza ocena jego pracowniczych walorów dokonywana przez przełożonego. Również i w tym przypadku współczynnik korelacji między ogólnym wskaźnikiem MIBOS a wskaźnikiem oceny zawodowej pracownika osiągnęła wartość rzadko spotykaną w badaniach psychologicznych ($r = 0{,}86$; por. tabela 4.)

Tabela 4. Korelacje wyników MIBOS podwładnego z ocenami jego kompetencji pracowniczych dokonywanymi przez przełożonego

Podskale MIBOS	Ocena zawodowa pracownika
MIBOS (wynik ogólny)	0,86
Konformizm	0,73
Podwyższanie wartości partnera	0,36
Podwyższanie własnej atrakcyjności	0,62
Przysługi i uprzejmości	0,54

Wszystkie korelacje znaczące przy $p < 0{,}05$

c. Analiza mediacji

Układ korelacji między trzema mierzonymi zmiennymi wykazał silne współzależności przedstawione w tabeli 5. W takim przypadku jednoczynnikowe analizy regresji, w których zmienną zależną uczyniono oceny zawodowe pracownika, a predyktorami MIBOS i ocenę sympatyczności, musiały dostarczyć imponujących rezultatów: zarówno MIBOS (skłonność do ingracjacji), jak i ogólna ocena sympatyczności otrzymywana od przełożonego okazały się istotnymi, silnymi predyktorami ocen zawodowych wyjaśniającymi odpowiednio 74% (MIBOS) i 68% (ogólna ocena sympatyczności) wariancji ocen zawodowych pracownika.

Tabela 5. Współczynniki korelacji między ogólnymi wskaźnikami MIBOS podwładnych a ocenami sympatyczności i oceną zawodową pracowników formułowanymi przez przełożonych

Korelowane zmienne	MIBOS	Sympatyczność	Ocena zawodowa pracownika
MIBOS	X	–	–
Sympatyczność	0,96	X	–
Ocena zawodowa pracownika	0,86	0,83	X

Wszystkie korelacje znaczące przy p < 0,05

Posługując się metodą, jaką zaproponowali R.M. Baron i D.A. Kenny[16], przeprowadzono analizę mediacji dla zweryfikowania trafności hipotezy o zapośredniczeniu związku między skłonnością do ingracjacji (MIBOS) i oceną zawodową pracownika poprzez ogólną ocenę sympatyczności. Zgodnie z taką interpretacją osoby skłonne do ingracjacji wobec przełożonych (uzyskujące wysokie wyniki w MIBOS) otrzymują od swoich przełożonych wysokie oceny zawodowe, ponieważ osoby mocniej ingracjujące wydają się przełożonym sympatyczniejsze a to, że wydają się „sympatyczniejsze" skłania do ich korzystniejszego oceniania (ocena sympatyczności pośredniczy między zachowaniem ingracjacyjnym wobec przełożonego a oceną kompetencji zawodowych ingracjującego pracownika przez przełożonego, zob. schemat 1).

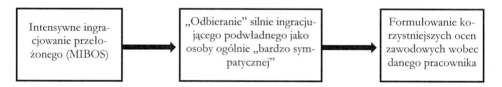

Schemat 1. Mechanizm współzależności skłonności do ingracjacji podwładnego z ocenami zawodowymi jego osoby formułowanymi przez przełożonego przy założeniu istotności mediacji poprzez ocenę sympatyczności

---

16 R.M. Baron, D.A. Kenny, *The moderator-mediator variable distinction in social psychological research: Conceptual, strategic and statistical considerations*, „Journal of Personality and Social Psychology" 1986, nr 51, s. 1173–1182. Zob. również B. Wojciszke, *Systematycznie modyfikowane autoreplikacje: logika programu badań empirycznych w psychologii*, [w:] *Metodologia badań psychologicznych. Wybór tekstów*, red. J. Brzeziński, Wydawnictwo Naukowe PWN, Warszawa 2004, s. 44–68.

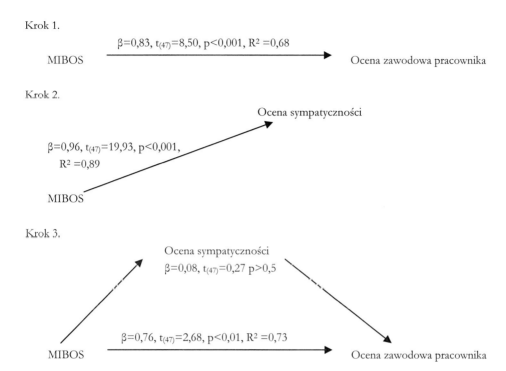

Rysunek 1. Kolejne kroki sprawdzania modelu mediacji przedstawionego na schemacie 1.

Analiza regresji wykonana dla przetestowania istotności mediacji, której rezultaty przedstawiono na rys. 1 jednoznacznie nakazuje odrzucenie hipotezy o istotności mediacji. Nieznaczne obniżenie współczynnika beta (β) ze „ścieżki" MIBOS-ocena zawodowa między krokiem 1 a 3 (0,83 vs. 0,76) jest nieznaczące w świetle rezultatów testu Sobela (z = 1,2), a przede wszystkim nieistotny okazał się efekt regresji w kroku 3 między domniemanym mediatorem (ocena sympatyczności) a zmienną zależną (ocena zawodowa pracownika), co jednoznacznie dowodzi braku istotnej mediacji. Tym samym uzyskane rezultaty przemawiają na rzecz (zilustrowanej na schemacie 2) hipotezy, zgodnie z którą indywidualna skłonność podwładnego do posługiwania się ingracjacją w relacjach z przełożonym jest istotnym, silnym predyktorem zarówno jego (przełożonego) ocen sympatyczności, jak i oceny zawodowej ferowanych wobec osoby podwładnego. Rezultaty przedstawionego badania dowodzą, że im większa skłonność podwładnego do posługiwania się ingracjacją wobec przełożonego, tym korzystniejsze opinie (przełożonego) o ogólnej sympatyczności i tym korzystniejsza ocena zawodowa podwładnego.

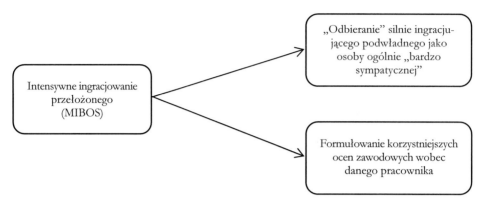

Schemat 2. Stwierdzony w badaniu mechanizm współzależności między skłonnością do ingracjowania przełożonego (MIBOS) a składnikami reputacji u przełożonego (ogólna sympatyczność i ocena zawodowa)

V. Dyskusja i podsumowanie

Pracownicy stosujący ingracjację (wg wyników MIBOS) uzyskali od swojego przełożonego pozytywne oceny w zakresie posiadania cech prototypowych dla ingracjatora (ogólnie sympatyczni), a także uzyskiwali od niego korzystniejsze oceny swoich kompetencji pracowniczych niż pracownicy niestosujący ingracjacji (a przynajmniej deklarujący brak jej stosowania). Tym samym przedstawione rezultaty pozwoliły udzielić jednoznacznej odpowiedzi na postawione na wstępie pytania badawcze. Posługiwanie się ingracjacją w relacjach z przełożonym w świetle przedstawionych rezultatów ma (prawdopodobnie) korzystny wpływ na jego sytuację jako pracownika, sprzyja bowiem kształtowaniu w umyśle przełożonego pozytywnej reputacji. Co ważne, reputacja kształtowana przez ingracjację nie ogranicza się tylko do niespecyficznych z perspektywy sytuacji pracy ocen ogólnej sympatyczności, ale dotyczy również specyficznych ocen „merytorycznych": ingracjatorzy w oczach swoich przełożonych to także lepsi pracownicy, obdarzeni większym potencjałem. Przedstawione rezultaty są zgodne z wcześniejszymi wynikami uzyskiwanymi przez innych badaczy, wskazującymi na korzystne konsekwencje posługiwania się ingracjacją w kontekście organizacyjnym[17].

Wyniki niniejszego badania wydają się również zgodne z ogólniejszą tezą głoszącą, iż zapotrzebowanie na aprobatę społeczną (czego odzwierciedleniem są skłonności do podejmowania ingracjacji) jest skorelowane z niektórymi cechami osobowości np. stabilnością emocjonalną i ugodowością[18]. Jeśli tak, to osoby

---

[17] Np. P. Rosenfeld, R.A Giacalone, C.A. Riordan, (przyp. 7), *passim.*

[18] P.T. Jr. Costa, R.R. McCrae, *From catalogue to classification: Murray's needs and the five-factor model,* „Journal of Personality and Social Psychology" 1988, nr 55, s. 258–265; R.R. McCrae, P.T. Jr. Costa, *Social desirability scales: More substance than style,* „Journal of Consulting and Clinical Psychology" 1983, nr 51, s. 882–888; D.S. Ones, C. Viswesvaran, A.D. Reiss, *Role of social desirability in personality testing for personnel selection. The red herring,* „Journal of Applied Psychology" 1996, nr 81, s. 660–679.

skłonne do zachowań „sterowanych" potrzebą / normą aprobaty społecznej byłyby jednocześnie bardziej stabilne emocjonalnie i ugodowe i właśnie te ich cechy mogłyby decydować o tym, że rzeczywiście okazałyby się lepszymi pracownikami[19]. Innymi słowy, rezultaty uzyskane w niniejszym badaniu można próbować wyjaśniać nie tylko poprzez odwoływanie się do procesów odbywających się w umyśle obserwatora (tu: przełożonego). W świetle hipotez Costy i Mc Crae oraz Hogana osoby skłonne do ingracjacji wobec przełożonych mogą być (po prostu) „obiektywnie" lepszymi pracownikami, a nie tylko być tak ocenianymi przez skutecznie „oczarowanych" ingracjacją przełożonych.

Rezultaty przedstawionego badania, ze względu na (korelacyjny) sposób jego wykonania nie dają niestety większych możliwości interpretacji. Nie wiemy więc dokładnie dlaczego jest tak, że osoby silniej ingracjujące przełożonych (a przynajmniej tak deklarujące) cieszą się u nich korzystniejszą reputacją jako pracownicy. Być może to „tylko" percepcyjny „błąd" przełożonych ulegających „efektowi aureoli" (dobrego nastroju), w jaki wprawia ich częste przebywanie w towarzystwie pracowników-ingracjatorów, ale nie można również wykluczyć, że pracownicy-ingracjatorzy to rzeczywiście obiektywnie lepsi pracownicy dzięki swojemu zrównoważeniu emocjonalnemu i większej ugodowości, które — podobnie jak skłonność do ingracjacji — są korelatami zwiększonego zapotrzebowania na aprobatę społeczną. Gdyby w kolejnych badaniach okazało się, że trafniejsza jest właśnie ta interpretacja, miałoby to paradoksalnie gorzką wymowę w świetle informacji zasłyszanych w mediach, sugerujących, że podczas rekrutacji dość rygorystycznie wyklucza się kandydatów o „zbyt wysokich" wskaźnikach potrzeby aprobaty społecznej, a diagnozy tego „defektu" dokonuje na podstawie ustnych odpowiedzi na jedno lub dwa pytania z kwestionariuszy Marlowa-Crowna lub Kwestionariusza Aprobaty Społecznej (KAS).

Andrzej Szmajke

On the effectiveness of bootlicking — the intensity of ingratiation towards superiors as a predictor of workers' professional reputation

Various self-presentational behaviours are commonly used by both subordinates and superiors in their work settings. An empirical correlational study was carried out to explore the effects of subordinates' ingratiatory behaviours directed at their bosses. The Polish version of MIBOS was applied to measure the subordinates' declared intensity of their ingratiatory activities toward their superiors as well as the superiors' evaluation of their subordinates' likeability and professional potential. The participants were the employees of an insurance company (49 subordinates and 9 managers). Strong correlations were found between the intensity of ingratiation declared by the subordinates (in MIBOS) and the evaluations of the subordinates

---

[19] Por. R. Hogan, (przyp. 10), s. 1–10.

made by their superiors (r = 0.96) as well as between the intensity of the subordi-nates' ingratiation and their bosses' evaluation of their professional competence (r = 0.86). As was revealed by the regression analysis, the ingratiation intensity was a direct and significant predictor of the evaluation of the subordinates' likeability and professional competence without being mediated by the likeability assessments. In their superiors' eyes, intensely ingratiating subordinates earned the reputation of being more competent and likeable than the ones who did not tend to ingratiate.

Barbara Mróz

Kompetencje, autonomia czy relacje? Znaczenie potrzeb w poczuciu jakości życia u kierowników

I. Wstęp

Niniejszy artykuł zawiera omówienie dwóch aktualnych koncepcji psychologicznych oraz prezentację badań wynikających z ich zastosowania. Koncepcja potrzeb R.M. Ryana i E.L. Deciego[1] powstała w latach 80. XX wieku na bazie prac nad motywacją wewnętrzną (*intrinsic motivation*) i jest udaną kontynuacją badań nad potrzebami, zapoczątkowaną jeszcze przez H.A. Murraya[2]. Ryan i Deci[3] sformułowali koncepcję autodeterminacji SDT (od angielskiej nazwy *Self-Determination Theory*), na podstawie trzech podstawowych potrzeb psychologicznych: kompetencji, autonomii i relacji. Z kolei prace nad poczuciem jakości życia M. Straś-Romanowskiej[4] prowadzone od 1992 r. przyniosły wiele ważnych i interesujących ustaleń w modnej obecnie problematyce jakości życia. Autorka koncepcji zauważyła, że analiza jakości życia ograniczająca się do aspektu fizycznego czy psychicznego dobrego samopoczucia człowieka jest niewystarczająca wobec różnorodnych obszarów życia. Subiektywną jakość życia ogólnie ujmuje jako złożoną formę życia psychicznego, indywidualizującą i stabilizującą zachowanie człowieka. Dzięki przeżywaniu i celowemu działaniu człowiek może doznawać, snuć refleksje i rozwijać się.

---

[1] E.L. Deci, R.M. Ryan, *Intrinsic motivation and self-determination in human behavior*, Plenum Publishing Co., Nowy Jork 1985, *passim*.

[2] H.A. Murray, *Explorations in personality*, Oxford University Press, Nowy Jork 1938/2008, *passim*.

[3] R.M. Ryan, E.L. Deci, *Self-determination theory and the facilitation of intrinsic motivation, social development, and well-being*, „American Psychologist" 2000, nr 55, s. 68–78.

[4] M. Straś-Romanowska, *Los człowieka jako problem psychologiczny. Podstawy teoretyczne*, Wydawnictwo UWr, Wrocław 1992, s. 131.

Badania nad wyznacznikami poczucia jakości życia pozwalają stwierdzić, że potrzeby, związane zwłaszcza z aktywnością zawodową, posiadają znaczącą rolę w funkcjonowaniu pracowników. Warto więc ten temat było rozszerzyć o badania potrzeb wyodrębnionych przez Ryana i Deciego i zweryfikować je na grupie polskich kierowników. Zwłaszcza, że ostatnie doniesienia na ten temat były obiecujące[5].

II. Potrzeby psychologiczne i ich rola w osiągnięciach zawodowych

Założenia badawcze współpracownika Murraya[6] przy projekcie „Exploration in Personality", R. White'a[7], okazały się bardzo inspirujące dla następnych pokoleń badaczy roli potrzeb w funkcjonowaniu człowieka. Zdaniem White'a podstawowym i pierwotnym motywem działania jednostki jest skuteczność (*the concept of competence*). Motyw ten skłania do zachowań, które dają przekonanie, że radzimy sobie w otaczającym świecie. Deci, rozwijając myśl White'a stwierdził, że zachowanie wewnętrznie motywowane to zachowanie ukierunkowane przez potrzeby skuteczności i samodecydowania. Potrzeby te realizują się poprzez dwa rodzaje zachowań: poszukiwanie sytuacji, które stanowią dla jednostki optymalne wyzwanie oraz pokonanie sytuacji, która stanowiła wyzwanie. Wydaje się, że szczególnie w grupie kierowników te zależności będą ważne.

Koncepcja autodeterminacji SDT, stworzona przez Ryana i Deciego stała się obecnie ciekawą propozycją wartą szczególnego zbadania na grupie kierowników, gdyż przyczyny zaangażowania się ludzi w różne działania i projekty, bądź też przyczyny niepodejmowania aktywności czy też niechęci do niej, mogą pomóc w zrozumieniu mechanizmów funkcjonowania w roli zawodowej. W tym sensie koncepcja ta odnosi się w znaczącym stopniu do jakości życia człowieka. Ryan i Deci uważają, że choć miara dobrostanu, do jakiego człowiek dąży w różnych dziedzinach życia jest dość subiektywna, to jednak istnieją pewne obiektywne czynniki, które mogą sprzyjać jego powiększaniu. Ryan i Deci utrzymują, że zwiększanie komfortu czy poczucia jakości życia jest jednym z głównych celów człowieka[8].

---

5 B. Mróz, *Hierarchia wartości i poczucie sensu życia u menedżerów w czasach kryzysu*, [w:] *Człowiek w kryzysie — współczesne problemy życiowe i zawodowe*, red. H. Skłodowski, „Przedsiębiorczość i Zarządzanie", t. X, z. 11, Wydawnictwo Społecznej Wyższej Szkoły Przedsiębiorczości i Zarządzania w Łodzi, Łódź 2009, s. 25–40; B. Mróz, *Poczucie jakości życia a styl zarządzania u pracowników na stanowiskach kierowniczych*, [w:] *Psychologiczne konteksty jakości życia społecznego*, red. R. Derbis, Wydawnictwo AJD, Częstochowa 2010, s. 145–159; B. Mróz, *Poczucie jakości życia u pracowników wyższego szczebla — uwarunkowania osobowościowe i aksjologiczne*, Wydawnictwo Naukowe Scholar, Warszawa 2011, s. 301.

6 H.A. Murray, (przyp. 2).

7 R.W. White, *Motivation reconsidered: The concept of competence*, „Psychological Review" 1959, nr 66, s. 297–333.

8 R.M. Ryan, E.L. Deci, *An overview of self-determination theory*, [w:] *Handbook of self-determination research*, red. E.L. Deci, R.M. Ryan, University of Rochester Press, Rochester-NY 2010, s. 3–33.

Jak zostało wspomniane wcześniej, naukowcy najpierw zajęli się zagadnieniem motywacji, zwłaszcza motywacji wewnętrznej. Oznaczała ona nastawienie na poszukiwanie nowości i wyzwań, podejmowanie aktywności, poszerzanie swoich możliwości. Motywacja wewnętrzna opisuje pewną naturalną skłonność człowieka do rozwoju (na przykład zawodowego), dążenie do przyswajania wiedzy. Badania nad motywacją, jej źródłem i uwarunkowaniami doprowadziły Ryana i Deciego do sformułowania koncepcji autodeterminacji, a w jej obrębie do ustalenia trzech podstawowych potrzeb psychologicznych:

— kompetencji (*need for competence*), które są miarą wpływu na przebieg zdarzeń i odnoszą się do efektów podejmowanych działań,
— autonomii (*need for autonomy*), która umożliwia działanie w poczuciu wolności i swobody wyboru,
— relacji (*need for relatedness*), która odzwierciedla potrzebę kontaktowania się z ludźmi, troskę o nich i potrzebę więzi społecznej[9].

Dwie pierwsze potrzeby (kompetencji i autonomii) stanowią podłoże motywacji wewnętrznej. Badania Ryana i Deciego wykazały wyraźny związek autonomii z motywacją wewnętrzną. Jeśli kogoś zachęcano do samodzielności i niezależności, wówczas jego działanie charakteryzowało się wyższą motywacją wewnętrzną, większą ciekawością i chęcią podejmowania wyzwań. Przeprowadzone eksperymenty przez tych badaczy, jak i ich współpracowników, podważyły rozpowszechnioną tezę o znaczeniu nagrody w procesie wzmacniania zachowań. Okazało się, że zewnętrzne nagrody mogą prowadzić do obniżenia poziomu wykonania zadania przez osoby, które mają wewnętrzną motywację do jego wykonania[10]. To ustalenie stało się istotne, kiedy psychologowie zaczęli badać menedżerów i sprawdzać, na ile ich motywację można określić jako wewnętrzną. Dopiero motywacja wewnętrzna stanowiła ona dla zespołów i organizacji cenne wyjaśnienie zdolności kierowników do długotrwałego podejmowania wysiłku, kończącego się sukcesem[11].

Spośród tych trzech potrzeb najbardziej podstawową jest potrzeba autonomii, która kształtuje ludzkie życie już od urodzenia. Zależność dziecka od rodziców przeradza się wraz z rozwojem w działanie autonomiczne. W okresie dorosłości wiele kontaktów z ludźmi zawiera w sobie potrzeby autonomii i kontroli. Wzajemne zależności są przyczyną otrzymywanego wsparcia, ale też i frustracji. Istotą autonomii jest angażowanie się w działanie ze względu na zainteresowanie i swój dobrowolny wybór[12]. W razie braku zaspokojenia potrzeby autonomii rozwijają się zachowania kontrolujące, które są lub mogą być niekorzystne, gdyż przekształcają

---

9 R.M. Ryan, E.L. Deci, (przyp. 3), s. 71.
10 E.L. Deci, R.M. Ryan, *The support of autonomy and the control of behavior*, „Journal of Personality and Social Psychology" 1987, nr 53, s. 1024–1037.
11 R.M. Ryan, C. Frederick, *On energy, personality, and health: Subjective vitality as a dynamic reflection of well-being*, „Journal of Personality" 1997, nr 65, s. 531–565.
12 E.L. Deci, R. Flaste, *Why we do what we do. Understanding self-motivation*, England Penguin Books, Harmondsworth, Middlesex 1995, *passim*.

się w relacje nie partnerskie, a zależnościowe. Zagrożeniem dla autonomii jest według Ryana i Deciego wszelkiego rodzaju nadmierne nagradzanie, szczególnie finansowe i rzeczowe, gdyż osłabia poczucie samodzielności, zaburza wewnętrzne poczucie sprawstwa.

Podejmowanie wyzwań, czy realizacja powierzonych zadań rozwija potrzebę kompetencji, która to potrzeba, zdaniem Ryana i Deciego, motywuje jednostkę do poszukiwania wyzwań. Teoria autodeterminacji zakłada, że ludzie wykazują skłonność do reagowania na nieznane bodźce i podejmowania wyzwań, przez co kształtują swoje umiejętności. Zaspokajanie potrzeby kompetencji umożliwia pełniejszą ekspresję, a jednocześnie powiększa stopień niezależności. Realizacja potrzeby bycia fachowcem w jakiejś dziedzinie prowadzi do poszerzania repertuaru zachowań kompetencyjnych, gdy jednostka otrzymuje pozytywne informacje zwrotne o skuteczności własnego działania.

Trzecia z podstawowych potrzeb — potrzeba relacji — stanowi istotny warunek autodeterminacji. To naturalna potrzeba więzi, przynależności i współdziałania z ludźmi. Realizacja tej potrzeby w sposób szczególny wzmacnia zarazem autonomię, co może wydawać się zależnością paradoksalną. Jednak autonomia nie oznacza izolacji czy egoizmu, ale raczej poczucie sprawstwa, które może towarzyszyć dowolnym działaniom wykonywanym we współpracy z innymi. Osoby zaangażowane w jakieś działanie chętnie współpracują z innymi bez poczucia utraty niezależności czy własnej inicjatywy. Ten rodzaj zaangażowania wzmacnia zarówno autonomię, jak i potrzebę więzi[13].

Związek pomiędzy psychologiczną jakością życia a poziomem autodeterminacji, rozumianej jako realizacja trzech podstawowych potrzeb psychologicznych: autonomii, kompetencji i relacji, potwierdzany był wieloma badaniami, zarówno samych autorów koncepcji autodeterminacji[14], jak i innych[15]. Warto zatem sprawdzić opisywane zależności na polskiej grupie kierowników, gdyż zarówno sama koncepcja, jak i połączenie jej z oceną poczucia jakości życia w tej grupie, może przynieść interesujące rezultaty.

III. Poczucie jakości życia u pracowników jako ocena sfery zawodowej i prywatnej

Subiektywną jakość życia człowieka można ogólnie ująć jako złożoną formę życia psychicznego, indywidualizującą i stabilizującą zachowanie człowieka. Dzięki przeżywaniu i celowemu działaniu człowiek może doznawać, snuć refleksje i rozwijać się.

---

13 M. Artymiak, *Autodeterminacja a psychologiczna jakość życia. Aplikacje dla psychologii zdrowia*, [w:] *Człowiek chory — aspekty biopsychospołeczne*, red. K. Janowski, K. Grzesiuk, t. 3, Centrum Psychologii i Pomocy Psychologicznej w Lublinie, Lublin 2009, s. 11–19.

14 E.L. Deci, R.M. Ryan, (przyp. 1), *passim*; R.M. Ryan, E.L. Deci, (przyp. 3), s. 68–78; R.M. Ryan, C. Frederick, (przyp. 11), s. 531–565.

15 R.M. Ryan, J.H. Bernstein, K.W. Brown, *Weekends, work, and well-being: Psychological need satisfactions and day of the week effects on mood, vitality, and physical symptoms*, „Journal of Social and Clinical Psychology" 2010, nr 29, s. 95–122.

Głównymi i specyficznymi formami poczucia jakości życia są: przeżywanie świata i siebie w świecie, pozostawanie w relacji dialogu z innymi, działanie intencjonalne oraz twórczy rozwój osobowy. Wszystkie wyżej wymienione kryteria mają znaczenie dla aktywności zawodowej. Zarówno subiektywne przeżycia związane z wykonywaniem roli zawodowej, relacja z współpracownikami, jak i działanie celowe odnoszą się do specyfiki pracy[16].

Zdaniem Straś-Romanowskiej przeżywanie (doświadczanie) świata i siebie w świecie to „złożony, całościowy i nieredukowalny proces poznawczy, angażujący wszystkie funkcje psychiczne, zarówno emocjonalne, jak i intelektualne, obrazowe i symboliczne"[17]. Składnikiem przeżywania jest myślenie refleksyjne i uaktywniająca się wraz z wiekiem umiejętność do formowania subiektywnych ocen, m.in. własnego życia. W rezultacie przeżywania treściom poznawczym nadawane są znaczenia i wartości. Najważniejsze przeżycia związane z własną osobą, a także z uniwersalnymi wartościami wyższymi (np. z dobrem, prawdą), tworzą indywidualny klimat psychiczny, zabarwiający i dynamizujący wszelką aktywność człowieka.

Pozostawanie w relacji dialogu z innymi łączy się z dialogiczną ludzką naturą. Komunikacja pozwala człowiekowi uczestniczyć w obustronnym, bezpośrednim kontakcie z innymi osobami, światem kultury i przyrody, bytami transcendentalnymi, a także z samym sobą. Relacja ta, nacechowana autentyczną otwartością i bezwarunkową akceptacją, jest nie tylko sposobem istnienia, ale też warunkiem zgody i harmonii ze światem, realistycznego samopoznania i pełnej samoakceptacji.

Działanie intencjonalne to następna specyficzna forma poczucia jakości życia. Jest ono rozumiane jako świadome, ukierunkowane na cel zachowanie o charakterze adaptacyjnym. W tym ujęciu kładzie się szczególny nacisk na intencję (metacel) rozumianą jako sens zachowania, uzasadniającą wartość, znaną też pod nazwą „zachowań w pełni motywowanych", czyli objętych refleksją nad celowością podjęcia działań i/lub wyższymi racjami podporządkowującymi sobie działania. W efekcie jednostka uzyskuje wgląd w poczucie sensowności swoich zaangażowań.

Straś-Romanowska opisuje jakość życia w kategoriach rodzaju przeżyć i zaangażowania człowieka w relacjach z innymi, z otaczającym światem, z samym sobą. Jeśli jakość życia jest oceniana przez sam podmiot poznający, wówczas mamy do czynienia ze zjawiskiem subiektywnej oceny jakości życia. Jakość życia należy również rozpatrywać jako zjawisko złożone, wielowymiarowe i odnoszące się do głównych sfer egzystencji człowieka: psychofizycznej, psychospołecznej, podmiotowej i metafizycznej. Wszystkie one wpływają na integralność wewnętrzną człowieka w procesie jego rozwoju w ciągu życia, ale jednocześnie są od siebie względnie niezależne[18].

[16] M. Straś-Romanowska, *Jakość życia w świetle założeń psychologii zorientowanej na osobę*, „Kolokwia Psychologiczne" 2005, t. 13, s. 262–274.

[17] M. Straś-Romanowska, (przyp. 16), s. 262–274.

[18] M. Straś-Romanowska, T. Frąckowiak, *Rola relacji międzyludzkich w budowaniu jakości życia osób niepełnosprawnych (perspektywa personalistyczno-egzystencjalna)*, [w:] *Rola więzi w rozwoju dzieci i młodzieży niepełnosprawnej*, red. J. Patkiewicz, Wydawnictwo Towarzystwa Walki z Kalectwem, Wrocław 2007, s. 47–56.

Przedstawiając swój model funkcjonowania człowieka, Straś-Romanowska podkreśla, że prezentuje on harmonijny układ sfer osobowych. W rzeczywistości układ ten stanowi dynamiczną całość, którego elementy pozostają w różnorodnych zmieniających się relacjach, przybierając w konsekwencji różnorodne postacie. Autorka koncepcji wyodrębnia cztery sfery istotne dla poczucia jakości życia, którymi są: sfera psychofizyczna, psychospołeczna, podmiotowa i metafizyczna.

Sfera psychofizyczna zawiera: element strukturalny (potrzeby biologiczne, kondycję, zdrowie, właściwości psychofizyczne); element funkcjonalny (realizacja potrzeb witalnych, dążenie do funkcjonowania w zgodzie z organizmem, z wrodzonymi predyspozycjami); element rozwojowy (dojrzewanie, starzenie się); element dysfunkcjonalny (wrodzone braki zasobów w stosunku do potrzeb organizmu i wymagań środowiska). Wyniki w tej sferze odpowiadają za ocenę stopnia trudności w zaspokajaniu podstawowych potrzeb i ból. W sferze psychofizycznej celem regulacyjnym jest przystosowanie biologiczne i środowiskowe, a specyficznymi emocjami są te o charakterze hedonistycznym (nastawione na odczuwanie przyjemności).

Sfera psychospołeczna zawiera: element strukturalny (role, pozycja w hierarchii społecznej, relacje międzyludzkie); element funkcjonalny, mający na celu realizację potrzeb bezpieczeństwa i więzi (przynależności, miłości, akceptacji, szacunku); element rozwojowy dotyczący uczenia się (wzmocnienia, wzorce), pomnażania kompetencji, podnoszenie statusu; element dysfunkcjonalny mogący wywołać nieadekwatne role, nadmierne wymagania, wadliwe wzorce, brak warunków (np. miłości, akceptacji). Wyniki w tej sferze odpowiadają za wrogość do świata, lęk, agresję i zachowania destrukcyjne. W sferze psychospołecznej celem regulacyjnym jest przystosowanie społeczne, a specyficznymi emocjami są satysfakcja, duma, zadowolenie, poczucie własnej wartości.

Sfera podmiotowa, związana z Ja, obejmuje następujące elementy: strukturalny (samowiedza, samorozumienie, tożsamość Ja); element funkcjonalny (zaspokojenie potrzeby wolności — autentyczności, niezależności, wpływu, spełniania się); element rozwojowy — „bycie na swoim miejscu", urzeczywistnianie wrodzonych możliwości, samoaktualizacja; element dysfunkcjonalny: nieznajomość siebie, bierność, zależność. Wyniki w tej sferze odpowiadają za zniewolenie, a w konsekwencji „tożsamość płynną", zagubienie, zachowania autodestrukcyjne. W sferze podmiotowej celem regulacyjnym jest przystosowanie podmiotowe (do Ja), zgoda z samym sobą, a specyficzną emocją — doświadczanie radości istnienia.

Sfera metafizyczna obejmuje: element strukturalny (wartości, z którymi podmiot się identyfikuje, tożsamość metafizyczna); element funkcjonalny (realizacja pragnienia sensu); element rozwojowy (wrażliwość aksjologiczna, pragnienie sensu, wzorce, przeżycia duchowe, graniczne, autotranscendencja); element dysfunkcjonalny (słaba wrażliwość aksjologiczna, brak refleksyjności), który może powodować odczuwanie pustki duchowej, ból istnienia, nerwice egzystencjalne. W sferze metafizycznej celem regulacyjnym jest przystosowanie duchowe i egzystencjalne oraz zgoda z wartościami, a specyficznymi emocjami są: doświadczanie poczucia sensu życia, zgoda na los, radzenie sobie z sytuacjami granicznymi, absurdalnymi i paradoksalnymi[19].

Koncepcja Straś-Romanowskiej jest propozycją nową, która jednak doczekała się wielu badań przede wszystkim na grupach pracowników i osób zaangażowanych zawodowo[20]. Jej zaletą jest również to, że w jej obrębie powstała metoda, która zostanie zastosowana w niniejszych badaniach.

IV. Metody badań oraz charakterystyka badanej grupy

Badając znaczenie trzech potrzeb wyodrębnionych przez Ryana i Deciego dla poczucia jakości życia w grupie kierowników, postawiono hipotezę pierwszą o predykcji wszystkich trzech potrzeb (kompetencji, autonomii, relacji) na poczucie jakości życia. Hipoteza druga związana jest z siłą poszczególnych potrzeb. Potrzeba kompetencji będzie najsilniejsza dla poczucia jakości życia i będzie dominowała w jego obrazie. Obie hipotezy postawiono w oparciu o literaturę przedmiotu. Zdaniem wielu autorów takie determinanty osobowości, jak potrzeby dodatnio korelują z sukcesami zawodowymi, które mają zwiększać poczucie jakości życia[21]. Trzeba tu nadmienić, że aktywność zawodowa kierowników znacząco wpływa na pozostałe elementy życia. Satysfakcjonująca praca może wzbogacać jakość życia, przynosić zadowolenie, dobrobyt, możliwości rozwoju i samoaktualizacji.

Do badania potrzeb wyodrębnionych w koncepcji SDT posłużył Test Przymiotnikowy ACL (*The Adjective Check List Manual ACL*) H.G. Gougha i A.B. Heilbruna[22], jedna z najbardziej znanych metod służących do opisywania cech osobowości

---

[19] M. Straś-Romanowska, (przyp. 16), s. 262–274.

[20] B. Mróz, *Poczucie jakości życia u osób kierujących giełdową firmą produkcyjną w trakcie reorganizacji*, [w:] *Wokół jakości życia studia psychologiczne*, red. B. Bartosz, J. Klebaniuk, Wydawnictwo Jakopol, Wrocław 2006, s. 163–172; taż, *Osobowość wybitnych aktorów polskich. Studium różnic międzygeneracyjnych*, Wydawnictwo Naukowe Scholar, Warszawa 2008, s. 249; J. Kowal, *Motywacja pracy i czynniki sukcesu zawodowego a poczucie jakość życia pracowników*, [w:] *Oblicza nierówności społecznych*, red. J. Klebaniuk, Eneteia, Wrocław 2007, s. 459–481.

[21] S.A. Witkowski, *Zastosowanie techniki Assessment Center do prognozowania efektywności kierowania*, [w:] tegoż, *Psychologiczne wyznaczniki sukcesu w zarządzaniu*, t. 1, Wydawnictwo UWr, Wrocław 1993, s. 57–72; tenże, *Prognozowanie sukcesów zawodowych na podstawie danych biograficznych*, [w:] tegoż, *Psychologiczne wyznaczniki sukcesu w zarządzaniu*, Acta Universitatis Wratislaviensis, Prace Psychologiczne, t. 6, Wrocław 2003, s. 239–250; S.A. Witkowski, T. Listwan (red.), *Kompetencje a sukces zarządzania organizacji*, Wydawnictwo Difin, Warszawa 2008, *passim*; E. Hornowska, W.J. Paluchowski, *Rozwój zawodowy — podstawowe założenia*, [w:] *Sukces w zarządzaniu. Problemy organizacyjno-zarządcze i psychospołeczne*, Prace Naukowe Akademii Ekonomicznej we Wrocławiu nr 900, red. T. Listwan, St. Witkowski, Wydawnictwo AEW, Wrocław 2001, s. 230–256; B. Kożusznik, *Kierowanie zespołem pracowniczym*, PWE, Warszawa 2005, s. 228; R. Derbis, *Doświadczanie codzienności: poczucie jakości życia, swoboda działania, odpowiedzialność, wartości osób bezrobotnych*, Wydawnictwo WSP, Częstochowa 2000, s. 300.

[22] H.G. Gough, A.B. Heilbrun, *The Adjective Check List Manual*, Consulting Psychologists Press, Palo Alto 1983, *passim*; H.G. Gough, A.B. Heilbrun, *Lista Przymiotnikowa*, Pracownia Testów Psychologicznych PTP, Warszawa 2012, s. 123; K. Martowska, *Lista Przymiotnikowa H.G. Gough, A.B. Heilbrun. Polska normalizacja*, Pracownia Testów Psychologicznych PTP, Warszawa 2012, s. 336.

i zachowania, badający potrzeby i koncepcję siebie ujmowanych z perspektywy obrazu siebie[23]. Test ten oraz otrzymane wyniki autorka artykułu poddała wnikliwej analizie czynnikowej (*Exploratory Factor Analysis* — EFA) a następnie konfirmacyjnej (*Confirmatory Factor Analysis* — CFA*)*, aby zweryfikować strukturę danych. Poszukując zależności oraz nowych odniesień teoretycznych, jak nakazują zasady eksploracyjnej analizy czynnikowej, zauważono, że w największym stopniu korespondują one z koncepcją Deciego i Ryana[24] i wyodrębnieniem potrzeb: kompetencji, autonomii i relacji. Bardziej szczegółowe dane dotyczące wyodrębnienia za pomocą Testu Przymiotnikowego ACL obszaru potrzeb kompetencji, autonomii i relacji znajdują się w innych pracach autorki artykułu[25].

Sam Test ACL charakteryzuje się dobrymi wskaźnikami. Obliczenia w zakresie skal dokonywane są na wynikach standardowych na podstawie norm podanych przez autorów metody. Współczynniki rzetelności określone metodą oceny wewnętrznej zgodności skal testu wahają się od 0,53 dla skali Crs[26] do 0,94 Fav w przypadku kobiet oraz od 0,56 dla skal Cha i Suc do 0,95 Fav w przypadku mężczyzn. Stałość skal, badana w odstępie sześciu miesięcy wynosi od 0,34 A-1 do 0,86 Exh[27]. W polskich badaniach rzetelności posłużono się metodą zgodności wewnętrznej, obliczając Alfa Cronbacha (282 osoby, 155 kobiet, 127 mężczyzn), gdzie dla kobiet uzyskano następujące wyniki: od 0,45 dla skali Crs do 0,93 dla skali Fav, 0,72 dla skali Me 0,75, natomiast dla mężczyzn uzyskano następujące wyniki: od 0,40 dla skali Cha, do 0,94 dla skali Fav, dla skali Me 0,73. W sumie wartości zarówno dla kobiet jak i mężczyzn w badaniach amerykańskich jak i polskich są bardzo zbliżone[28].

[23] M. Matkowski, *Test Przymiotników jako narzędzie dla badania struktury potrzeb jednostki*, „Przegląd Psychologiczny" 1984, nr 27, s. 519–536; Z. Płużek, J. Łazowski, M. Kozioł, A. Kozłowska, *Porównanie pacjentów z chorobą wrzodową z grupami kontrolnymi w badaniach poszczególnymi testami*, [w:] *Problemy psychosomatyczne w chorobie wrzodowej żołądka i dwunastnicy*, red. J. Łazowski, PZWL, Warszawa 1985, s. 78–105; J.M. Wolińska, R.Ł. Drwal, *Test Przymiotnikowy ACL H.G. Gougha i A.B. Heilbruna w badaniach samooceny i percepcji społecznej*, [w:] *Techniki kwestionariuszowe w diagnostyce psychologicznej. Wybrane zagadnienia*, red. R.Ł. Drwal, Wydawnictwo UMCS, Lublin 1987, s. 123–161; A. Juros, P. Oleś, *Struktura czynnikowa i skupieniowa Testu Przymiotnikowego ACL H.G. Gougha i A.B. Heilbruna. Przydatność dla diagnostyki psychologicznej*, [w:] *Z psychometrycznych problemów diagnostyki psychologicznej*, red. J. Brzeziński, E. Hornowska, Wydawnictwo UAM, Poznań 1993, s. 171–202; P. Oleś, *Kryzys „połowy życia" u mężczyzn. Psychologiczne badania empiryczne*, RW KUL, Lublin 1995, *passim*; P. Oleś, *Psychologia przełomu połowy życia*, TN KUL, Lublin 2000, s. 297; K. Tucholska, *Kompetencje temporalne jako wyznacznik dobrego funkcjonowania*, TN KUL, Lublin 2007, s. 195.

[24] E.L. Deci, R.M. Ryan, (przyp. 1), *passim*; R.M. Ryan, E.L. Deci, (przyp. 3) s. 68–78.

[25] B. Mróz, (przyp. 5), *Poczucie jakości życia a styl zarządzania u pracowników na stanowiskach kierowniczych*, s. 32; taż *Poczucie jakości życia u pracowników wyższego szczebla — uwarunkowania osobowościowe i aksjologiczne*, s. 301.

[26] Crs — gotowość na pomoc i poradę innych ludzi; Fav — liczba wybranych przymiotników pozytywnie charakteryzujących osobę badaną; Cha — potrzeba zmienności reagowania; Suc — potrzeba akceptacji.

[27] H.G. Gough, A.B. Heilbrun, *The Adjective Check List Manual*, (przyp. 22), *passim*.

[28] A. Juros, P. Oleś, (przyp. 23), s. 171–202.

Do badania poczucia jakości życia wykorzystano Kwestionariusz Poczucia Jakości Życia autorstwa M. Straś-Romanowskiej, A. Oleszkowicz oraz T. Frąckowiaka[29]. Autorzy zbadali trafność i rzetelność tej metody. Wartość współczynnika W Kendalla wyniosła 0,61 dla wszystkich czterech sfer (psychofizycznej, psychospołecznej, podmiotowej i metafizycznej). Współczynniki korelacji pomiędzy wynikiem dwukrotnego badania uzyskano dla wyniku ogólnego 0,73. Zgodność wewnętrzną Kwestionariusza Poczucia Jakości Życia (KPJŻ) obliczono za pomocą wzoru Alfa Cronbacha na grupie 420 menedżerów[30]. Kowal uzyskała następujące wyniki: wynik średni poczucia jakości życia wyniósł 192,20, przy odchyleniu standardowym 17,43, zaś wartość Alfa Cronbacha wyniosła 0,903, Alfa standaryzowana 0,907, wynik średniej korelacji między pozycjami wyniósł 0,145.

Badana 240-osobowa grupa kierowników pochodziła z miast Dolnego Śląska i była zatrudniona w firmach produkcyjno-handlowych. Stanowiło ją 203 mężczyzn i 37 kobiet. Wszyscy badani posiadali wyższe wykształcenie, najczęściej politechniczne lub ekonomiczne. Wiek badanych wahał się między 29,5 a 45,7 lat, ze średnią wieku 38,9 lat.

V. Wyniki badań

Współzależności między poczuciem jakości życia a potrzebami kompetencji, autonomii i relacji stanowią pierwszą część analiz. Ocena zakresu znaczenia poszczególnych potrzeb na podstawie wyników całej grupy kierowników była możliwa dzięki zastosowaniu analizy korelacji. Tabela 1 przedstawia korelacje uzyskane między wynikami poczucia jakości życia a strukturą potrzeb.

Tabela 1. Korelacje Pearsona między wynikami poczucia jakości życia a strukturą potrzeb: kompetencji, autonomii, relacji

Wymiar struktury potrzeb	Sfera				Wynik ogólny
	psycho-fizyczna	psycho-społeczna	podmiotowa	metafizyczna	
Potrzeba kompetencji	0,283**	0,380**	0,405**	0,250**	0,416**
Potrzeba autonomii	0,272**	0,060	0,314**	0,081	0,197**
Potrzeba relacji	0,310**	0,401**	0,289**	0,275**	0,404**

* Korelacja jest istotna na poziomie 0,05
** Korelacja jest istotna na poziomie 0,01

Przedstawione korelacje wskazują, jaka jest zależność pomiędzy wymiarami struktury potrzeb a sferami poczucia jakości życia w całej grupie kierowników. Okazuje

---

[29] M. Straś-Romanowska, A.Oleszkowicz, T. Frąckowiak, *Kwestionariusz Poczucia Jakości Życia*, materiały wewnętrzne Instytutu Psychologii UWr, Wrocław 2004.

[30] J. Kowal, (przyp. 20), s. 459–481.

się, że korelacje te w strukturze potrzeb (kompetencji, autonomii i relacji) są dodatnie, istotne na poziomie 0,01 i wskazują na związek z poczuciem jakości życia. Wszystkie uzyskane korelacje pomiędzy strukturą potrzeb (kompetencji, autonomii, relacji) są silne oprócz dwóch związków, w których między potrzebą autonomii a sferą psychospołeczną oraz potrzebą autonomii a sferą metafizyczną korelacji nie stwierdzono. Największa istotna korelacja wystąpiła między potrzebą kompetencji a ogólnym wynikiem poczucia jakości życia (r = 0,416), a najmniejsza istotna korelacja między potrzebą autonomii a wynikiem ogólnym (r = 0,197). Powyższe wyniki potwierdzają prace Ryana i Fredericka[31], w których autorzy podkreślają znaczenie cech osobowości, w tym zgodności potrzeb, dla dobrego funkcjonowania. W Polsce prace A. Bańki[32] i R. Derbisa[33] dały zaczątek myślenia o jakości życia jako przejawu zintegrowanej, świadomej siebie i swoich cech osobowości. Wyniki przeprowadzonych badań korelacyjnych w obrębie zmiennych, jakimi są potrzeby, potwierdzają znaczenie dodatnich korelacji między zmiennymi a poczuciem jakości życia u kierowników. Jest to tym samym potwierdzenie Hipotezy 1.

W celu zweryfikowania Hipotezy 2 konieczne było przeprowadzenie krokowej analizy regresji wyników wymiarów potrzeb, które posiadają wartość predykcyjną dla poczucia jakości życia oraz jego poszczególnych sfer (psychofizycznej, psychospołecznej, podmiotowej i metafizycznej). Wartość Beta w korelacji krokowej można interpretować w kategoriach kierunku, siły i zależności. Dzięki temu można stwierdzić, który z predyktorów ma większy związek z poczuciem jakości życia.

Krokową analizę regresji przeprowadzono na wynikach wszystkich badanych kierowników, kolejno, dla wyniku ogólnego KPJŻ oraz dla czterech sfer: psychofizycznej, psychospołecznej, podmiotowej i metafizycznej. Krokowa analiza regresji zmierza do ustalenia, jaki procent wariancji zmiennej, która została określona jako zależna w modelu korelacyjno-regresyjnym, jest wyjaśniany przez liniową kombinację zmiennych niezależnych. O sile związku między zmienną zależną a zmiennymi niezależnymi informuje współczynnik regresji wielokrotnej. Kwadrat tego współczynnika — współczynnik wielokrotnej determinacji — określa procent wyjaśnianej wariancji zmiennej zależnej. W wyniku analizy otrzymuje się też informacje, które zmienne i w jakim stopniu są istotne w równaniu regresyjnym, czyli jaki układ zmiennych niezależnych ma znaczenie w wyjaśnianiu zmiennej zależnej. Stopnie krokowej analizy regresji wielokrotnej pokazują, w jakiej kolejności zmienne wprowadzane są do równania regresyjnego ze względu na to, jak kształtuje się ich moc wyjaśniania oraz wkład[34].

[31] R.M. Ryan, C. Frederick, (przyp. 11), s. 531–565.

[32] A. Bańka, *Jakość życia w psychologicznych koncepcjach człowieka i pracy*, [w:] *Psychologiczne i pedagogiczne wymiary jakości życia*, red. A. Bańka, R. Derbis, Gemini s.c., Poznań–Częstochowa 1994, s. 19–40.

[33] R. Derbis, *Forma własności organizacji a jakość życia pracowników*, [w:] *Kompetencje a sukces zarządzania organizacją*, red. S.A. Witkowski, T. Listwan, Wydawnictwo Difin, Warszawa 2008, s. 264–274.

[34] J. Brzeziński, *Zmienne jakościowe w psychologicznych zastosowaniach modelu wielokrotnej regresji liniowej*, [w:] *Wielozmiennowe modele statystyczne w badaniach psychologicznych*, red. J. Brzezieński, PWN, Warszawa-Poznań 1987, s. 12–81.

Wyniki przeprowadzonej analizy regresji krokowej zostały zaprezentowane w pierwszej kolejności dla czterech sfer poczucia jakości życia (psychofizycznego, psychospołecznego, podmiotowego i metafizycznego), a na końcu dla wyniku ogólnego.

Tabela 2. Rola potrzeb w poczuciu jakości życia w wyjaśnianiu sfery psychofizycznej w wielokrotnej regresji krokowej

Zmienne osobowościowe	B	Błąd standardowy	Beta	T	P
Stała	47,710	3,401	–	12,226	0,001
Potrzeba autonomii	0,021	0,004	0,262	6,567	0,001
Potrzeba relacji	0,016	0,004	0,193	4,109	0,001
Potrzeba kompetencji	0,005	0,002	0,108	2,222	0,025

Współczynnik korelacji wielokrotnej: $R = 0,502$
Współczynnik wielokrotnej determinacji $R^2 = 0,241$
Istotność równania: $F = 4,373$, $p < 0,001$
$df_1 = 1$, $df_2 = 236$

Liniowa kombinacja wyników w trzech zmiennych wyjaśnia 24% wariancji w wynikach poczucia jakości życia w sferze psychofizycznej. Siła związku między sferą psychofizyczną poczucia jakości życia (zmienna zależna) a zespołem trzech zmiennych niezależnych wynosi $R = 0,502$. W równaniu regresyjnym wszystkie zmienne okazały się istotne dla predykcji zmiennej zależnej. Na poziom sfery psychofizycznej poczucia jakości życia największą predykcję w kolejności wyjaśniania poczucia jakości życia wykazały: potrzeba autonomii, potrzeba relacji oraz potrzeba kompetencji.

Do najsilniejszej grupy predyktorów poczucia jakości życia dla sfery psychofizycznej należy potrzeba autonomii; do grupy o przeciętnej predykcji należy potrzeba relacji; a do najsłabszych predyktorów można zaliczyć potrzebę kompetencji.

Rezultat kolejnej analizy regresji krokowej dla sfery psychospołecznej przedstawia tabela 3.

Tabela 3. Rola potrzeb w poczuciu jakości życia w wyjaśnianiu sfery psychospołecznej w wielokrotnej regresji krokowej

Zmienne osobowościowe	B	Błąd standardowy	Beta	T	P
Stała	48,888	3,161	–	20,551	0,001
Potrzeba kompetencji	0,015	0,003	0,193	4,716	0,001
Potrzeba relacji	0,014	0,005	0,141	3,331	0,001

Współczynnik korelacji wielokrotnej: $R = 0,632$
Współczynnik wielokrotnej determinacji $R^2 = 0,381$
Istotność równania: $F = 4,001$, $p < 0,001$
$df_1 = 1$, $df_2 = 228$

Liniowa kombinacja wyników dwóch zmiennych wyjaśnia 38% wariancji w wynikach poczucia jakości życia w sferze psychospołecznej. Siła związku między sferą psychospołeczną poczucia jakości życia (zmienna zależna) a zespołem trzech zmiennych niezależnych wynosi $R = 0,632$. W równaniu regresyjnym dwie zmienne niezależne okazały się istotne dla predykcji zmiennej zależnej. Na poziom sfery psychospołecznej poczucia jakości życia największą predykcję wykazały, w kolejności wyjaśniania zmiennej zależnej: potrzeba kompetencji oraz potrzeba relacji. Nie ma silnego predyktora poczucia jakości życia dla sfery psychospołecznej, przeciętnym predykatorem są: potrzeba kompetencji oraz potrzeba relacji.

Przedmiotem kolejnych analiz była zależność między sferą podmiotową w poczuciu jakości życia a badanymi potrzebami. Są one zaprezentowane w tabeli 4.

Tabela 4. Rola potrzeb w poczuciu jakości życia w wyjaśnianiu sfery podmiotowej w wielokrotnej regresji krokowej

Zmienne osobowościowe	B	Błąd standardowy	Beta	T	P
Stała	48,663	3,102	–	16,323	0,001
Potrzeba kompetencji	0,023	0,004	0,284	7,678	0,001
Potrzeba autonomii	0,020	0,004	0,288	7,603	0,001

Współczynnik korelacji wielokrotnej: R = 0,602
Współczynnik wielokrotnej determinacji R^2 = 0,344
Istotność równania: F = 4,001, p<0,001
df_1 = 1, df_2 = 228

Liniowa kombinacja wyników dwóch zmiennych wyjaśnia 34% wariancji w wynikach poczucia jakości życia w sferze podmiotowej. Siła związku między sferą podmiotową poczucia jakości życia (zmienna zależna) a zespołem zmiennych niezależnych wynosi R = 0,602. W równaniu regresyjnym dwie zmienne okazały się istotne dla predykcji zmiennej zależnej. Na poziom sfery podmiotowej poczucia jakości życia największą predykcję wykazały, w kolejności wyjaśniania, takie zmienne jak: potrzeba kompetencji oraz potrzeba autonomii. Do najsilniejszej grupy predyktorów poczucia jakości życia dla sfery podmiotowej należą: potrzeba kompetencji i potrzeba autonomii. Przedmiotem kolejnych analiz była zależność między sferą metafizyczną w poczuciu jakości życia a potrzebami. Zostały one zaprezentowane w tabeli 5.

Tabela 5. Rola potrzeb w poczuciu jakości życia w wyjaśnianiu sfery metafizycznej w wielokrotnej regresji krokowej

Zmienne osobowościowe	B	Błąd standardowy	Beta	T	P
Stała	43,314	3,132	–	15,722	0,001
Potrzeba kompetencji	0,009	0,003	0,133	2,954	0,003
Potrzeba relacji	0,007	0,004	0,076	1,704	0,089

Współczynnik korelacji wielokrotnej: R = 0,342
Współczynnik wielokrotnej determinacji R^2 = 0,127
Istotność równania: F = 5,003, p<0,001
df_1 = 1, df_2 = 235

Liniowa kombinacja wyników dwóch zmiennych wyjaśnia ponad 12% wariancji w wynikach poczucia jakości życia w sferze metafizycznej. Siła związku między sferą metafizyczną poczucia jakości życia (zmienna zależna) a zmiennymi niezależnymi wynosi R = 0,342. W równaniu regresyjnym dwie zmienne okazały się istotne dla predykcji zmiennej zależnej. Na poziom sfery metafizycznej poczucia jakości życia największą predykcję wykazały takie zmienne jak: potrzeba kompetencji oraz potrzeba relacji. Nie ma grupy najsilniejszych predyktorów poczucia jakości życia, do grupy o przeciętnej predykcji należy potrzeba kompetencji, a do najsłabszych predyktorów można zaliczyć potrzebę relacji.

Przedmiotem ostatnich analiz jest zależność między wynikiem ogólnym poczucia jakości życia a wyodrębnionymi trzema potrzebami. Zostały one zaprezentowane w tabeli 6.

Tabela 6. Rola potrzeb w poczuciu jakości życia w wyjaśnianiu wyniku ogólnego w wielokrotnej regresji krokowej

Zmienne osobowościowe	B	Błąd standardowy	Beta	T	P
Stała	168,310	8,473	—	14,531	0,001
Potrzeba kompetencji	0,049	0,009	0,235	5,627	0,001
Potrzeba autonomii	0,043	0,009	0,177	4,833	0,001
Potrzeba relacji	0,044	0,013	0,142	3,450	0,001

Współczynnik korelacji wielokrotnej: R = 0,622
Współczynnik wielokrotnej determinacji R^2 = 0,405
Istotność równania: F = 4,005, p<0,001
df_1 = 1, df_2 = 239

Liniowa kombinacja wyników trzech zmiennych wyjaśnia 40% wariancji w wyniku ogólnym poczucia jakości życia. Siła związku między poczuciem jakości życia (zmienna zależna) a zespołem trzech zmiennych niezależnych wynosi R = 0,622. W równaniu regresyjnym wszystkie trzy zmienne okazały się istotne dla predykcji zmiennej zależnej. Na poziom ogólnego poczucia jakości życia największą predykcję wykazały takie zmienne, jak: potrzeba kompetencji, potrzeba autonomii oraz potrzeba relacji.

Okazało się, że poczucie jakości życia u kierowników w dużym stopniu zależy od nasilenia wszystkich trzech potrzeb, co jednocześnie stanowi potwierdzenie Hipotezy 2. Do najsilniejszej grupy predyktorów poczucia jakości życia należy potrzeba kompetencji, do grupy o przeciętnej predykcji należą: potrzeba autonomii oraz potrzeba relacji.

Krokowa analiza regresji wyodrębniła następujące zmienne niezależne osobowościowe mające udział w predykcji poczucia jakości życia:
— potrzeba kompetencji,
— potrzeba autonomii,
— potrzeba relacji.

Podsumowując należy powiedzieć, że zastosowana krokowa analiza regresji wyodrębniła zmienne niezależne warunkujące poczucie jakości życia i pozwoliła na predykcję tych zmiennych.

VI. Omówienie wyników i podsumowanie

Poczucie jakości życia, jak przewidywano, winno ujawnić istotne związki z jednym z wymiarów osobowości, jakim są potrzeby. Zakładano pozytywną korelację zmiennych oraz ich predykcję na poczucie jakości życia, a także jego czterech sfer (psychofizycznej, psychospołecznej, podmiotowej, metafizycznej).

W celu weryfikacji założeń zastosowano eksploracyjną i konfirmacyjną analizę czynnikową wyników Testu Przymiotnikowego ACL, chcąc sprawdzić zmienne w obrębie potrzeb. Okazało się, że badana grupa kierowników jest grupą o znacznej specyfice[35]. Na podstawie analiz ustalono strukturę potrzeb i okazało się, że na zakres treściowy skal składają się wymiary: potrzeb kompetencji, potrzeb autonomii oraz potrzeb relacji. W związku z tym, postanowiono posiłkować się bliską znaczeniowo koncepcją Ryana i Deciego[36].

W następnym etapie za pomocą korelacji Pearsona określono siłę związku między poczuciem jakości życia a strukturą potrzeb. Następnie za pomocą krokowej analizy regresji ustalono wśród zmiennych potrzeb te, które posiadają wartość predykcyjną dla poczucia jakości życia oraz jego poszczególnych sfer (psychofizycznej, psychospołecznej, podmiotowej i metafizycznej).

Liniowa kombinacja wyników trzech potrzeb wyjaśniła 40% wariancji w wyniku ogólnym poczucia jakości życia. Jest to znaczący wynik, który potwierdzają dotychczasowe badania. Prace Lykkena i Tellegena[37] wskazują na czynniki osobowościowe, jako na silne predyktory zadowolenia z życia. Także w polskich badaniach podkreśla się rolę cech osobowości w badaniu dobrostanu psychicznego[38].

W zakresie badanych istotnych dla funkcjonowania kierowników potrzeb należy podkreślić znaczenie kompetencji, które jednoznacznie łączą się z zadowoleniem z pracy i z życia. W podobnym duchu wypowiada się A. Bańka, który zauważa ponadto, że menedżerowie dla satysfakcji z pracy zdolni są do wysiłku i poświęcania nawet relacji rodzinnych na rzecz pracy[39]. Równie ważne dla kierowników są potrzeby autonomii i relacji. Trudno wyobrazić sobie, aby menedżer odpowiedzialny za ludzi i zadania nie cenił sobie niezależności (nie dziwi więc wysoka wartość autonomii w badanej grupie). Także kontakty w pracy związane są z założenia z umiejętnościami komunikacyjnymi. I te stają się w obecnym czasie coraz istotniejsze bez względu na to, czy mówimy o sprzedawcy, księgowym, czy o pracowniku produkcji.

---

[35] A. Juros, P. Oleś, (przyp. 23), s. 171–202.

[36] E.L. Deci, R.M. Ryan, (przyp. 1), *passim*; R.M. Ryan, E.L. Deci, (przyp. 3) s. 68–78.

[37] D. Lykken, A. Tellegen, *Happiness is a stochastic phenomenon*, „Psychological Science" 1996, nr 7, s. 186–189.

[38] J. Czapiński, *Ekonomiczne przesłanki i efekty dobrostanu psychicznego*, [w:] *Psychologia ekonomiczna*, red. T. Tyszka, GWP, Gdańsk 2004, s. 192–242; J. Strelau, *Kilka refleksji na temat różnic indywidualnych — z perspektywy psychologa*, „Nauka" 2006, nr 4, s. 13–19.

[39] A. Bańka, *Jakość życia a jakość rozwoju. Społeczny kontekst płci, aktywności i rodziny*, [w:] *Psychologia jakości życia*, red. A. Bańka, Wydawnictwo Stowarzyszenie Psychologia i Architektura, Poznań 2005, s. 11–78.

Także wielu naukowców podkreśla w swoich badaniach znaczenie cech osobowości powiązanych z analizowanymi potrzebami[40].

Praca, jak pisze A. Bańka, jest najlepszym predyktorem jakości życia. Jest to ten aspekt wyników badań empirycznych, który w największym stopniu dezaktualizuje klasyczne teorie funkcjonalistyczne, biologiczno-ewolucyjne i psychodynamiczne rozwoju rodziny i szczęścia. „W przeważającej liczbie badań wariancję zdrowia psychicznego i dobrostanu wyjaśnia w największym stopniu praca zawodowa"[41]. Ta opinia oparta na badaniach empirycznych jest wymownym przykładem znaczenia badań nad pracą i jakością życia.

Brak zadowolenia z pracy i życia, stres i nadmierne obciążenie obowiązkami zawodowymi mogą przynieść wyczerpanie i rozczarowanie. Praca jest więc niewątpliwie ważnym czynnikiem nadającym życiu sens, jednak może także stanowić źródło niezadowolenia, stresu i frustracji[42]. Warto zatem te zagadnienia badać i z rezultatów analiz czynić praktyczny użytek. Zarówno wśród naukowców, jak i praktyków panuje zgodne przekonanie, że rola badań w tym obszarze nie będzie w najbliższym czasie malała, że zarówno teoretycy, jak i praktycy będą potrzebowali coraz to nowych ustaleń w tej dziedzinie.

Barbara Mróz

Competence, autonomy or relatedness? The role of needs in the sense of quality of life among senior managers

The notion of the quality of life and the sense of the quality of life are so inspiring that the author of this paper considered it worthwhile to examine the sense of the quality of life among senior managers in relation to its possible personality determinants. The personality theories selected as the basis of this study have previously served as a basis for a number of other research studies and contributed to finding interesting regularities in management groups. The sense of quality of life concerns four spheres of our functioning: psychophysical, psychosocial, subjective and metaphysical one. This paper presents verification of the author's personality model of the sense of the quality of life.

[40] S.A. Witkowski, *Zastosowanie techniki Assessment Center do prognozowania efektywności kierowania*, (przyp. 21), s. 57–72; S.A. Witkowski, T. Listwan (red.) (przyp. 21), *passim*; E. Hornowska, W.J. Paluchowski (przyp. 21), s. 230–256, B. Kożusznik (przyp. 21), s. 228; R. Derbis, (przyp. 21), s. 300; A. Juros, P. Oleś, (przyp. 23), s. 171–202; A. Bańka, (przyp. 32), s. 19–40.

[41] A Bańka, (przyp. 39), s. 11–78.

[42] N. Ogińska-Bulik, *Stres zawodowy w zawodach usług społecznych. Źródła konsekwencje — zapobieganie*, Wydawnictwo Difin, Warszawa 2006, s. 294; J.F. Terelak, *Stres zawodowy: charakterystyka psychologiczna wybranych zawodów stresowych*, Wydawnictwo UKSW, Warszawa 2007, s. 295; S. Tucholska, *Wypalenie zawodowe nauczycieli. Psychologiczna analiza zjawiska i jego osobowościowych uwarunkowań*, Wydawnictwo KUL, Lublin 2009, s. 266; E. Hornowska, W.J. Paluchowski (przyp. 21), s. 230–256.

Ernst Deuer

Betriebliches Gesundheitsmanagement als Beitrag zur Lebensqualität in der Berufstätigkeit

I. Gesundheitsförderung als betriebliche Herausforderung

Unternehmen, die sich im Bereich der Gesundheitsförderung engagieren, handeln keineswegs ohne Eigennutz. Schließlich muss Deutschland als rohstoffarmes Land in besonderem Maße auf das Humanvermögen, also die Kompetenzen und das Wissen der Beschäftigten, setzen, was vor dem Hintergrund der demographischen Entwicklung eine besondere Herausforderung darstellt. Dies erfordert auch, dass die Mitarbeiter unter physischen wie psychischen Gesichtspunkten auch tatsächlich dauerhaft in der Lage sind, ihren Leistungsbeitrag zu erbringen. Genau an dieser Stelle sind jedoch Zweifel angebracht — schon heute klagen die Beschäftigten nicht selten über physische sowie in zunehmendem Maße auch über psychische Belastungen und es sind vielfältige Krankheitsmuster beobachtbar. Entsprechend ist die Gesundheit der Mitarbeiter bereits „in vielen Bereichen zu einem Engpassfaktor der Leistungserstellung geworden"[1]. Vor dem Hintergrund der Tendenz zu älteren Belegschaften und dem weiter zunehmenden Arbeitsdruck (dank globalem Wettbewerb, verkürzten Innovationszyklen etc.) dürfte sich dies künftig noch verstärken.

Der vorliegende Beitrag widmet sich dem betrieblichen Gesundheitsmanagement, welches die Leistungsfähigkeit wie die Leistungsbereitschaft der Beschäftigten erhalten und fördern kann. Hierbei wird auch deutlich, dass ein betriebliches Gesundheitsmanagement auch einen maßgeblichen Beitrag für die individuell empfundene Lebensqualität zu leisten vermag. Im Fokus stehen neben der Analyse der Krankheitsursachen insbesondere die Maßnahmen zur gesundheitsgerechten

---

[1] *K. Möller, B. Köper, M. Braun, M. Kastner*, Strategische Steuerung der betrieblichen Gesundheitsförderung mit Strategy Maps, in: Zeitschrift für Management Nr. 3/2008, S. 247.

Gestaltung von Arbeitsplätzen sowie die Stärkung der Gesundheitsressourcen der Beschäftigten.

1. Gesundheit, Work-Life-Balance und Lebensqualität

Die Weltgesundheitsorganisation (WHO) betrachtet Lebensqualität als übergeordnetes Ziel der Gesundheitsförderung. In der Bangkok-Charta der WHO heißt es hierzu, „dass das Erreichen der höchstmöglichen Gesundheitsstandards eines der fundamentalen Rechte aller Menschen ohne Unterschied darstellt. Gesundheitsförderung basiert auf diesem wesentlichen Menschenrecht, denn Gesundheit ist „in diesem Kontext ein wesentlicher Bestimmungsfaktor für Lebensqualität einschließlich des psychischen und geistigen Wohlbefindens"[2].

Gesundheit ist hierbei keineswegs als reine Privatsache anzusehen, schließlich verbringt eine Mehrheit der Bevölkerung einen ganz wesentlichen Teil ihrer Lebenszeit am Arbeitsplatz und nicht selten tragen die Umstände der Arbeitstätigkeit zu individueller Gesundheit und Krankheit bei und beeinflussen somit das körperliche und psychische Wohlbefinden des Einzelnen und ggf. auch dessen Umfeld nachhaltig. Vor diesem Hintergrund geraten das betriebliche Gesundheitsmanagement und dessen Potenziale ins Blickfeld. Entsprechend hob die Ottawa Charta der WHO bereits 1986 darauf ab, dass auch explizit den Betrieben eine wichtige Funktion im Rahmen der Gesundheitsförderung zukommt. Schließich gehe es um die „Schaffung gesundheitsfördernder Lebenswelten" und um „die Art und Weise, wie eine Gesellschaft die Arbeit, die Arbeitsbedingungen und die Freizeit organisiert"; in diesem Kontext sollte Arbeit „eine Quelle der Gesundheit und nicht der Krankheit sein"[3].

Ein betriebliches Gesundheitsmanagement beeinflusst auch die *Work-Life-Balance* der Beschäftigten. *Work-Life-Balance* steht für ein ausgewogenes Verhältnis von Berufs- und Privatleben. Ziel ist es hierbei, private Interessen und Familienleben einerseits mit den Anforderungen der Arbeitswelt andererseits in Einklang zu bringen. Dieser Ausdruck erfreut sich wachsender Beliebtheit und beeinflusst in zunehmendem Maße die betriebliche Personalarbeit. So ergab eine Google-Suchanfrage vor gut drei Jahren[4] mehr als 50 Millionen Verweise, davon rund 600.000 allein aus Deutschland; zu Beginn dieses Jahres waren es bereits 308 Millionen, wovon 1,26 Millionen aus Deutschland stammen[5]. Eine wörtliche Übersetzung des Begriffs erscheint hierbei jedoch wenig hilfreich zu sein, da „Arbeit" und „Leben" schon deshalb kein Gegensatzpaar markieren können, weil Arbeit

---

[2] *Weltgesundheitsorganisation* (Hrsg.), Bangkok Charta für Gesundheitsförderung in einer globalisierten Welt, Bangkok 2005, S. 1; <www.who.int/healthpromotion/conferences/6gchp/BCHP_German-_version.pdf> [Stand: 2.02.2014].

[3] *K. Priester*, Betriebliche Gesundheitsförderung. Voraussetzungen – Konzepte – Erfahrungen, Mabuse Verlag, Frankfurt am Main 2003, S. 372.

[4] *E. Deuer*, Work-Life-Balance in der dualen Berufsausbildung, in: *G. Cramer, H. Schmidt, W. Wittwer* (Hrsg.), Ausbilderhandbuch, Ergänzungslieferung, Wolters Kluwer Verlag, Köln 2010, S. 1.

[5]   Die letzte Abfrage erfolgte am 5.01.2014.

notwendigerweise ein Teil des Lebens ist. Vielmehr geht es um die Herausforderung, Rahmenbedingungen zu schaffen, damit Arbeit im positiven Sinne zur Lebensqualität beitragen kann. In diesem Kontext kommt auch der Gesundheit eine wichtige Rolle zu, denn diese ist ein wichtiger Einflussfaktor auf die *Work-Life-Balance* und umgekehrt gilt dies im Übrigen auch.

2. Gesundheitsförderung als betriebliche Aufgabe

Ein betriebliches Gesundheitsmanagement kann nicht zuletzt dazu beitragen, den betrieblichen Krankenstand und die damit einhergehenden Kosten zu senken. Neben den wirtschaftlichen Gesichtspunkten kommen aber auch soziale Faktoren zum Tragen, deren Bedeutung nicht übersehen werden darf. Schließlich kann ein betriebliches Gesundheitsmanagement auch als Ausdruck der persönlichen Wertschätzung aufgefasst werden und die wahrgenommene Lebensqualität positiv stimulieren.

Gesunde Arbeitsbedingungen tragen neben der Reduktion krankheitsbedingter Ausfälle auch zu einem leistungsfördernden Betriebsklima, besseren Arbeitsbedingungen und einem bewussteren Gesundheitsverhalten bei. Auf diese Weise beeinflussen die Maßnahmen der Gesundheitsförderung auch den wirtschaftlichen Erfolg eines Unternehmens, „denn nur mit hoch motivierten und gesunden Mitarbeitern können Unternehmen langfristig im Wettbewerb bestehen"[6]. Darüber hinaus erhöht sich auch die Attraktivität als Arbeitgeber und die Chancen bei der Personalbeschaffung und die Mitarbeiterbindung steigen. In diesem Sinne trägt ein betriebliches Gesundheitsmanagement dazu bei, dass einer erfolgreichen Rekrutierung eine möglichst lange Phase körperlicher und psychischer Leistungsfähigkeit folgen kann, wovon nicht nur die Betriebe, sondern auch ganz unmittelbar die betroffenen Beschäftigten profitieren.

Gesundheit wird allerdings in erster Linie dadurch bestimmt, was man selbst dafür tut — dies räumte auch die große Mehrheit der befragten Jugendlichen im Rahmen einer Studie der Deutschen Angestellten Krankenkasse (DAK) ein[7]. Aus betrieblicher Sicht wäre es jedoch kurzsichtig, die individuelle Gesundheit der Beschäftigten als reine Privatangelegenheit anzusehen — zu offensichtlich sind die positiven Aspekte, die sich für die Betriebe aufgrund der Mitarbeitergesundheit erschließen lassen. Letztlich ziehen die Beschäftigten wie die Betriebe gleichermaßen ihren Nutzen aus diesen Maßnahmen zur Gesundheitsförderung, wie in Abbildung 1 dargestellt.

---

[6] *Enterprise for Health* (Hrsg.), Mission Statement, Essen 2002, S. 2.
[7] *DAK* (Hrsg.), DAK-Gesundheitsreport 2011. Analyse der Arbeitsunfähigkeitsdaten. Schwerpunktthema: Wie gesund sind junge Arbeitnehmer?, Hamburg 2011, S. 59.

Abbildung 1. Nutzen eines betrieblichen Gesundheitsmanagements für Ausbildungsbetriebe und Beschäftigte[8]

Die Betriebe sind daher im Sinne ihrer Beschäftigten sowie im eigenen Interesse aufgefordert, Maßnahmen der Gesundheitsförderung zu etablieren, zumal sie als geeignete und relevante Settings im Sinne der Gesundheitsförderung erscheinen. Schließlich beziehen sich beim Setting-Ansatz gesundheitsfördernde und präventive Maßnahmen und Interventionen nicht auf Individuen, sondern auf ganze Lebensräume, in denen Menschen große Teile ihrer Zeit verbringen. So bezeichnet die Weltgesundheitsorganisation als „Setting für Gesundheit" einen Ort oder sozialen Kontext, „in dem Menschen ihren Alltagsaktivitäten nachgehen, im Verlauf derer umweltbezogene, organisatorische und persönliche Faktoren zusammenwirken und Gesundheit und Wohlbefinden beeinflussen"[9]. Im Zentrum des Setting-Ansatzes stehen somit die Rahmenbedingungen, unter denen Menschen leben, lernen, konsumieren und arbeiten. Die Hilfestellungen können daher dort angeboten werden, wo sich die Menschen ohnehin aufhalten. Darüber hinaus ermöglicht der Setting-Ansatz jeweils ganze Personengruppen zu erreichen, unabhängig vom individuellen

---

[8] Vgl. *E. Deuer*, Betriebliches Gesundheitsmanagement — Rahmenbedingungen und Handlungsfelder, in: *G. Cramer, H. Schmidt, W. Wittwer* (Hrsg.), Ausbilderhandbuch, Ergänzungslieferung, Wolters Kluwer Verlag, Köln 2012, S. 6.

[9] Vgl. *E. Deuer*, Suchtmittelkonsum und Suchtmittelprävention, in: *G. Cramer, H. Schmidt, W. Wittwer* (Hrsg.), Fn. 8, S. 19.

Risikoprofil oder den jeweiligen Einstellungen oder Präferenzen der Betroffen. Dies ist auch im Hinblick auf eine etwaige Suchtprophylaxe sehr bedeutsam, da Betroffene meist dazu neigen, eine eigene Sucht zu leugnen und sich diese nur schwer eingestehen können. Die Hemmschwelle, bestehende Beratungsangebote auch tatsächlich in Anspruch zu nehmen, sinkt daher durch den Setting-Ansatz spürbar[10].

3. Krankheit, Gesundheit, Präsentismus

Krankheit und Gesundheit beschreiben auf den ersten Blick Gegensätze, die Übergänge zwischen beiden Phänomenen sind jedoch fließend und komplexer Natur. Die WHO definierte bereits 1946 in ihrer Verfassung Gesundheit als einen „Zustand vollkommenen körperlichen, geistigen und sozialen Wohlbefindens und nicht allein das Fehlen von Krankheit und Gebrechen"[11]. Entsprechend kann sich ein betriebliches Gesundheitsmanagement nicht damit begnügen, Krankheiten und deren Folgen zu bekämpfen (reaktiver Ansatz, pathogenetische Perspektive), vielmehr geht es auch darum, zur Gesunderhaltung und zum Wohlbefinden beizutragen (aktiver Ansatz, salutogenetische Perspektive). Letzteres gelingt insbesondere durch eine menschengerechte Arbeitsgestaltung, die zum Aufbau von Gesundheitsressourcen und zum Abbau unausgewogener Arbeitsbelastungen beiträgt[12].

Die hierbei jeweils handlungsleitenden Fragestellungen sind in Abbildung 2 skizziert. Im Folgenden soll beiden Perspektiven Rechnung getragen werden und es werden daher sowohl die Ermittlung der Krankheitsursachen und mögliche Gegenmaßnahmen als auch Maßnahmen und Rahmenbedingungen der expliziten Gesundheitserhaltung thematisiert.

pathogenetische Perspektive	salutogenetische Perspektive
• Warum und woran erkranken Menschen? • Was sind Krankheitsverläufe und -bedingungen? • Welche Schlussfolgerungen lassen sich daraus für präventive Krankheitsvermeidung und Gesunderhaltung ziehen?	• Warum bleiben Menschen trotz einer Vielzahl von Krankheitserregenden Risikokonstellationen gesund? • Unter welchen Rahmenbedingungen können Menschen ihre Gesundheit bewahren und fördern?

Abbildung 2. Typische Fragestellungen einer Gesundheitsförderung aus pathogenetischer und salutogenetischer Perspektive[13]

---

[10] Fn. 9, S. 19–20.

[11] Fn. 8, S. 4.

[12] Fn. 1, S. 248.

[13] *P. Franzkowiak*, Salutogenetische Perspektive, in: *Bundeszentrale für gesundheitliche Aufklärung* (Hrsg.), Leitbegriffe der Gesundheitsförderung, Fachverlag Peter Sabo, Schwabenheim a. d. Selz 2006, S. 198.

Nicht zu vernachlässigen sind zudem verschiedenste subjektive Einflüsse, die darüber entscheiden, ob man sich krank fühlt, krank ist, sich krankschreiben lässt oder trotz Beschwerden zur Arbeit geht. Letzteres Phänomen bezeichnet man als Präsentismus und sollte durchaus kritisch betrachtet werden. Denn so vorteilhaft und vorbildlich es auf den ersten Blick erscheinen mag, dass Mitarbeiter lieber arbeiten als sich krank zu melden, so wenig rechnet es sich für die Betriebe und die Beschäftigten, wenn beispielsweise Krankheiten verschleppt werden und somit einen schlimmeren Verlauf nehmen oder andere Beschäftigte sich anstecken können, aber auch weil die Betroffenen nicht mit voller Kraft und Energie im Einsatz sind und aufgrund von Konzentrationsschwierigkeiten das Fehler- und Unfallrisiko ansteigt. Verschiedene Studien haben berechnet, dass die „unsichtbaren Verluste", die den Betrieben aufgrund von Präsentismus entstehen, deutlich über den „sichtbaren Kosten" der Krankheiten und dem damit verbundenen Arbeitsausfall liegen. Letztlich ist es daher für alle Beteiligten besser, wenn Krankheiten auskuriert werden, um danach wieder mit voller Leistungskraft und vollem Engagement im Einsatz sein zu können[14].

4. Gesundheitsförderung als Führungsaufgabe

Den Führungskräften kommt in diesem Kontext eine doppelte Funktion zu: einerseits aufgrund der Verantwortung für ihre Mitarbeiter, andererseits ist davon auszugehen, dass ihr eigenes Verhalten als gutes oder schlechtes Vorbild wahrgenommen wird. In diesem Sinne müssen die Führungskräfte auf ihre eigene Gesundheit achten und eine Unternehmenskultur prägen, in der die Gesunderhaltung der Mitarbeiter und entsprechende Präventionen für die Beschäftigten „fühl- und erlebbare Ziele" sind[15].

Trotzdem neigen Führungskräfte oftmals dazu, den eigenen Einfluss auf die Gesundheit der Mitarbeiter zu unterschätzen. Da sie aber ganz wesentlichen Einfluss auf die Gestaltungsmöglichkeiten der Arbeitstätigkeit und die daraus resultierende Unter- bzw. Überforderung haben, sollten sie sich dieser Verantwortung durchaus bewusst sein. Bemerkenswert ist in diesem Zusammenhang auch, dass Führungskräfte nach Auswertungen aus dem Volkswagen-Konzern ihre Fehlzeiten mitnehmen. Bei einer Versetzungsaktion zahlreicher Führungskräfte wurde nämlich u.a. festgestellt, dass Vorgesetzte die aus einem Bereich mit hohen in einen Bereich mit niedrigen Fehlzeiten versetzt wurden, relativ schnell wieder hohe Fehlzeiten hatten[16].

Die Führungskräfte beeinflussen die Rahmenbedingungen, die Ausgestaltung und die Nutzung der gesundheitsförderlichen Maßnahmen wesentlich und nehmen

---

[14] Vgl. *Booz & Co.* (Hrsg.), Vorteil Vorsorge. Die Rolle der betrieblichen Gesundheitsvorsorge für die Zukunftsfähigkeit des Wirtschaftsstandortes Deutschland, München 2011, S. 7 f.

[15] *A. Lohmann-Haislah, M. Morschhäuser, U. Stilijanow*, Immer schneller, immer mehr...? Psychischen Belastungen in der Arbeitswelt begegnen, in: Deutsche Gesellschaft für Personalführung (Hrsg.), Personalführung, Heft 1/2012, Düsseldorf 2012, S. 49.

[16] *P. Nieder*, Führung und Gesundheit. Die Rolle der Vorgesetzten im Gesundheitsmanagement, in: *U. Brandenburg, P. Nieder, B. Susen*, Gesundheitsmanagement im Unternehmen, Juventa-Verlag, Weinheim/München 2000, S. 156.

hierbei auch explizit eine Vorbildfunktion ein. Aus verschiedenen Studien sind zudem direkte Zusammenhänge zwischen dem Vorgesetztenverhalten und der Ausprägung von Belastungen und Krankheiten bekannt[17]. So kamen bereits Seibel und Lühring zu dem Ergebnis, dass bei Arbeitnehmern, die häufig Schwierigkeiten und Ärger mit Vorgesetzten haben, ein überdurchschnittlich hohes Maß an psychischen Beschwerden festzustellen ist, während in einer Studie von Strobel und von Krause die befragten Bauleiter explizit den fehlenden Rückhalt durch Vorgesetze als relevante Stressursache gesehen haben[18].

Darüber hinaus gibt es weitere Studien, die auf einen direkten Zusammenhang zwischen dem Führungsverhalten bzw. dem Führungsstil einerseits und den auftretenden Fehlzeiten andererseits hinweisen. Hierbei zeigte sich insbesondere, dass partizipative Führungsstile mit geringeren Fehlzeiten einhergingen[19]. Badura et al. konnten zudem explizit belegen, dass mit zunehmenden Partizipationsmöglichkeiten die Häufigkeiten von Kopf- und Magenschmerzen sowie Konzentrationsstörungen bei den Beschäftigten deutlich abnehmen[20]. Auch Kuoppala et al. bestätigen den Zusammenhang zwischen positivem, unterstützendem Führungsverhalten und niedrigen Werten für Erschöpfung, Angst und Depression der Mitarbeiter, aber auch weniger Krankheitstagen und Frühberentungen[21]. Diese Befunde deuten darauf hin, dass ein Führungsstil, der sich durch Zielklarheit, Anerkennung, Respekt, offene Diskussion und guten Informationsfluss auszeichnet, Stress vermeiden und Ressourcen stärken kann. Vor diesem Hintergrund überrascht es nicht, dass das von der „Initiative Neue Qualität der Arbeit" konzipierte „Screening Gesundes Arbeiten" mögliche physische und psychische Gefährdungen am Arbeitsplatz abfragt und hierbei explizit die Dimensionen „Partizipation" und „Führungsstil", also zwei elementare Facetten des Führungshandelns, aufgreift und bewertet[22].

5. Zielgruppen betrieblicher Gesundheitsförderung

Das betriebliche Gesundheitsmanagement hat in den letzten Jahren an Bedeutung gewonnen, was nicht zuletzt dem demographischen Wandel und dessen Folgen für

---

[17] Vgl. Fn. 14, S. 12.

[18] *H. Seibel, H. Lühring*, Arbeit und psychische Gesundheit, Verlag für Psychologie, Göttingen 1984, S. 163; *G. Strobel, J. v. Krause*, Psychische Belastung von Bauleitern, Wirtschaftsverlag NW, Dortmund/Berlin 1997, S. 276 f.

[19] Vgl. *K. H. Schmidt*, Wahrgenommenes Vorgesetztenverhalten, Fehlzeiten und Fluktuation, in: Zeitschrift für Arbeits- und Organisationspsychologie, Heft 2/1996, S. 54; *G. Strobel, J. v. Krause*, Psychische Belastung von Bauleitern, Wirtschaftsverlag NW, Dortmund/Berlin 1997, S. 136 f.

[20] *B. Badura, W. Greiner, P. Rixgens, M. Ueberle, M. Behr*, Sozialkapital. Grundlagen von Gesundheit und Unternehmenserfolg, Springer Verlag, Berlin/Heidelberg 2008, S. 84 ff.

[21] Fn. 15, S. 48.

[22] *Bundesanstalt für Arbeitsschutz und Arbeitsmedizin* (Hrsg.), Der Leitfaden zum Screening Gesundes Arbeiten, Berlin 2010, S. 15 f.

die Altersstruktur der Beschäftigten geschuldet ist. Vor diesem Hintergrund werden vielfach die Besonderheiten und Bedürfnisse der älteren Beschäftigten diskutiert, während anderen Zielgruppen wie beispielsweise den Auszubildenden nur ein nachrangiges Gewicht beigemessen wird. Ein derartiges Priorisieren mag auf den ersten Blick einleuchten, es blendet jedoch wichtige Fakten aus. Schließlich wird bereits in jungen Jahren das Fundament für das spätere und langfristige Gesundheitsverhalten und den Gesundheitszustand gelegt. Erschwerend kommt hinzu, dass sich dieses Fundament oftmals schon frühzeitig als brüchig erweist, so leiden beispielsweise auch immer mehr Jugendliche und Auszubildende unter (auch arbeitsbedingtem) Stress oder psychischen Krankheiten und die Fallzahlen der Krankmeldungen sind bei jüngeren Beschäftigten sogar überdurchschnittlich hoch. Als Zielgruppe für die Maßnahmen des betrieblichen Gesundheitsmanagements kommen somit keineswegs nur die älteren Beschäftigten in Frage, vielmehr gibt es Handlungsbedarf bei allen Altersgruppen.

deutlich **höhere** Diagnosehäufigkeit bei jüngeren Beschäftigten	deutlich **geringere** Diagnosehäufigkeit bei jüngeren Beschäftigten
• Infektionen (plus 16%; 37% vs. 32%) • Erkrankungen des Atmungssystems (plus 12%; 70% vs. 62%) • Verletzungen (plus 10%; 36% vs. 33%) • Verdauungssystem (plus 10%; 36% vs. 33)	• Erkrankungen des Kreislaufsystems (minus 49%; 19% vs. 38%) • Ernährungs- und Stoffwechselerkrankungen (minus 43%; 22% vs. 39%) • Erkrankungen des Muskel-Skelett-Systems (minus 21%; 45% vs. 58%) • Psychische und Verhaltensstörungen (minus 20%; 27% vs. 34%)

Abbildung 3: unterschiedliche Diagnosehäufigkeiten für jüngere und ältere Beschäftigte[23]

Die Altersgruppen unterscheiden sich allerdings im Hinblick auf die Häufigkeit einzelner Erkrankungsarten (siehe Abbildung 3). Vor diesem Hintergrund ist es erforderlich, sämtliche betrieblichen Zielgruppen einzubeziehen und anzusprechen, denn der Erfolg eines Betrieblichen Gesundheitsmanagements wird ganz wesentlich davon abhängen, in welchem Umfang die Beschäftigten tatsächlich erreicht werden. Schließlich geht es nicht zuletzt auch darum, „gesünder älter zu werden",

---

23 Vgl. Fn. 7, S. 77.

damit die Beschäftigten ihre *Employability* langfristig erhalten und arbeitsfähig bleiben können[24].

Darüber hinaus gilt es grundsätzlich, dass die betrieblichen Maßnahmen nicht nur auf Freiwilligkeit setzen sollten, sondern möglichst auch obligatorisch verankert werden. Ansonsten besteht die Gefahr, dass ausgerechnet solche Zielgruppen erreicht werden, die derartiger Maßnahmen eigentlich gar nicht oder kaum bedürfen, da sie bereits einen vergleichsweise gesunden Lebensstil pflegen und daher für diese Fragestellungen besonders aufgeschlossen sind. So zeigte eine Studie der DAK, dass die Jugendlichen, die gesundheitsförderliches Verhalten als zusätzliche Belastung empfinden, durch ungesündere Ernährungsgewohnheiten und geringere Sportaktivitäten auffallen[25]. Dies verdeutlicht, dass Appelle und Angebote für Freiwillige nicht ausreichen. Auf diese Weise erreicht man v.a. (und es steht zu befürchten, fast ausschließlich) die Beschäftigten, die bereits für diese Fragen sensibilisiert sind und ohnehin auf ausgewogene Ernährung und sportliche Betätigung und Bewegung achten und dies nicht in erster Linie als zusätzliche Belastung empfinden. Aber ausgerechnet diejenigen, die von den Maßnahmen am meisten profitieren würden, erreicht man auf diese Weise kaum.

II. Analyse des Kranken- und Gesundheitsstandes

Der Konzeption und Etablierung eines betrieblichen Gesundheitsmanagements sollte zunächst eine umfassende Analyse der betrieblichen Ausgangsituation vorangehen. Auf diese Weise werden die erforderlichen Schwerpunkte und relevanten Zielgruppen für die späteren Maßnahmen deutlich[26].

1. Betriebliche Fehlzeitenanalyse

Die Analyse der Fehlzeiten ist relativ einfach zu bewerkstelligen, weil diese Daten bereits vorliegen und beispielsweise nach Altersgruppen oder Abteilungen differenziert ausgewertet werden können. Wenn allerdings Krankmeldungen nicht bereits mit dem ersten Krankheitstag vorzulegen sind, besteht eine gewisse Erfassungslücke, die nachträglich nicht mehr geschlossen werden kann. Bedeutender ist jedoch die Einschränkung, dass aus den Krankmeldungen lediglich das Ausmaß der Fehlzeiten hervorgeht, nicht aber die Gründe und Ursachen. Die ärztliche Diagnose ist dagegen nur auf den Exemplaren, die bei den Krankenkassen landen, ersichtlich und bleibt somit dem Betrieb verborgen. Die Betriebe bewegen sich sogar in einer

---

[24] *B. Badura*, Gesünder älter werden — Betriebliche Personal- und Gesundheitspolitik in Zeiten demographischen Wandels, in: *B. Badura, H. Schellschmidt, C. Vetter*, Fehlzeitenreport 2002, Springer Verlag, Berlin u.a. 2003, S. 36.

[25] Fn. 7, S. 60.

[26] *E. Deuer*, Fn. 8, S. 8 ff.

kritischen rechtlichen Grauzone, wenn sie neben den Fehlzeiten auch deren Gründe strukturiert erfassen, da die Auslegungen des Datenschutzrechtes und ggf. auch des Allgemeinen Gleichbehandlungsgesetzes hohe Hürden und ggf. Sanktionen vorsehen.

2. Gesundheitsberichte der Krankenkassen

Aufgrund der mangelnden Aussagekraft der im Betrieb vorliegenden Krankmeldungen empfiehlt es sich, auch direkt auf die Unterstützung der Krankenkassen zurückzugreifen. Diese können das Arbeitsunfähigkeitsgeschehen der jeweiligen Versicherten eines Betriebes in Form eines Gesundheitsberichts analysieren und diesen Bericht den Betrieben zur Verfügung stellen. Diese Berichte dokumentieren in anonymer Form, aus welchen Gründen sich Mitarbeiter krank gemeldet haben und differenzieren dabei nach Alter, Geschlecht und Berufsgruppen. Um aussagefähige Daten zu gewinnen und auch um den Datenschutz der Betroffenen zu wahren, müssen jedoch im Betrieb ausreichend viele Versicherte der jeweiligen Krankenkasse beschäftigt sein.

3. Gesundheitszirkel, Arbeitssituationsanalyse und Mitarbeiterbefragungen

Im Rahmen eines Gesundheitszirkels können belastende Faktoren am Arbeitsplatz ebenso erhoben werden, wie die hieraus resultierenden Folgen für die Gesundheit. Hierbei handelt es sich um einen regelmäßig einzuberufenden Gesprächskreis, der sich explizit mit Gesundheitsfragen beschäftigt und es werden beispielsweise gesundheitsfördernde Maßnahmen geplant, ausgewertet und weiterentwickelt. Mitwirken können in diesem Zirkel Vertreter der Personalabteilung, des Betriebsrates, der Auszubildenden sowie Führungskräfte und ggf. der Betriebsarzt und/oder Vertreter von betrieblich relevanten Krankenkassen. Darüber hinaus können in diesem Rahmen auch konkrete Maßnahmen zur Förderung von Gesundheit und Wohlbefinden entwickelt und vorangetrieben werden.

Auf Abteilungsebene kann eine Arbeitssituationsanalyse in Form eines strukturierten Gruppengesprächs hilfreich sein. Die Mitarbeiter können in einem moderierten Rahmen Belastungen beschreiben, die sie bei der Arbeit empfinden und adäquate Lösungsvorschläge erarbeiteten. Die Durchführung kann in Eigenregie oder mithilfe der Krankenkassen erfolgen. Die Allgemeine Ortskrankenkasse (AOK) berechnet beispielsweise 400,- EUR für die Moderation einer dreistündigen Sitzung, die Mittels eines Interviewleitfadens vor allem die Themen Arbeitsumgebung, Tätigkeit, Gruppen-/ Betriebsklima, Organisation und Führungsverhalten behandelt.

Auch gezielte Mitarbeiterbefragungen können relevante Informationen liefern. Für diese Methode spricht, dass ein großer Teilnehmerkreis berücksichtigt werden kann und die Anonymität gewahrt bleibt, was bei sensiblen Gesundheits- und Krankheitsfragen nicht zu unterschätzen ist. Eine Schlüsselrolle kommt hierbei dem Erhebungsinstrument, dem Fragebogen, zu. Bei der Erstellung des Fragebogens kann beispielsweise auf die Unterstützung des wissenschaftlichen Instituts der AOK zurückgegriffen werden[27]. In Zusammenarbeit mit ausgewählten Betrieben (Betriebsärzten, Personalleitern und Betriebsräten) wurde dort ein mehr als einhundert Fragen umfassender Fragenkatalog entwickelt, aus dem ein unternehmensspezifischer Fragebogen gestaltet werden kann. Die Datenerfassung und -auswertung, die Erstellung eines Ergebnisberichts sowie die Erarbeitung von Präsentationsfolien wird vom Wissenschaftlichen Institut der AOK übernommen, außerdem werden die ermittelten Werte mit anderen Befragungen verglichen, was eine Bewertung der Befunde erheblich erleichtert. Die Kosten werden meist von der örtlichen AOK übernommen.

III. Maßnahmen der Gesundheitsförderung

Die vorangegangene Analyse der Krankheitsursachen und -verläufe liefert die Basis für ein betriebliches Gesundheitsmanagement, die konkreten Maßnahmen der Gesundheitsförderung, die im Folgenden thematisiert werden, bilden dagegen dessen Herzstück.

1. Gesundheitskompetenz etablieren

Der Erfolg eines betrieblichen Gesundheitsmanagements ist nicht zuletzt davon abhängig, ob und in welchem Ausmaß die Beschäftigten für diese Fragestellungen offen und sensibilisiert sind und darüber hinaus auch bereit sind, einen eigenen, aktiven Beitrag für die Erhaltung und Förderung ihrer Gesundheit zu leisten.

In einem ersten Schritt geht es daher darum, zielgruppengerechte Informationen zu vermitteln um zu sensibilisieren und Interesse zu wecken. Dass sich dieser Aufwand lohnt, deutet eine Studie der gesetzlichen Krankenversicherung (Barmer GEK) an[28]. Diese zeigte, dass zwischen der individuellen Gesundheitskompetenz und dem Ausmaß von Absentismus und Präsentismus jeweils ein negativer Zusammenhang besteht. Ein besonderer Handlungsbedarf zeigte sich v.a. für die Gruppe mit niedrigerem Bildungsstand, deren Informationsverhalten und Gesundheitskompetenz unterdurchschnittlich ausgeprägt sind[29]. Bemerkenswert ist auch, dass den Jugendlichen (wie eine andere Studie zeigt) diese Informationsdefizite durchaus bewusst sind und je niedriger der Bildungsabschluss ist, desto höher wird die Bedeutung von gesundheitsbezogenen Informationen und Beratungen am Arbeitsplatz eingeschätzt: Unter den Hauptschulabsolventen finden diese 41,8 % sehr wichtig, unter den Befragten mit Abitur bzw. Hochschulabschluss hingegen nur

---

[27] Mehr dazu <www.wido.de/mitarbeiterbefragung.html> [Stand: 2.02.2014].

[28] *Barmer GEK* (Hrsg.), Gesundheitsreport 2010. Teil 2 – Ergebnisse der Internetstudie zur Gesundheitskompetenz, Berlin 2010, S. 72.

[29] Fn. 28, S. 54 f.

25,3 %[30]. Allerdings zeigte die selbe Studie wie bereits oben angesprochen, dass sich zwar die große Mehrheit (ca. 84 %) der Jugendlichen bewusst ist, dass Gesundheit in erster Linie dadurch bestimmt wird, was man selbst dafür tut und somit eine wesentliche Voraussetzung für die Entwicklung einer persönlichen Gesundheitskompetenz gegeben ist[31]. Es wurde aber ebenso deutlich, dass sich dies (noch) nicht in ähnlichem Ausmaß im konkreten Handeln (gesunde Ernährung, Sport und Bewegung) niederschlägt.

2. Verhaltens- und Verhältnisprävention

Hinsichtlich der Bereiche, in denen präventive Maßnahmen ansetzen können, lässt sich zwischen Verhaltens- und Verhältnisprävention unterscheiden:

Verhaltensprävention (personenbezogene Maßnahmen)	Verhältnisprävention (tätigkeitsbezogene Maßnahmen)

• **Stärkung individueller Gesundheitskompetenzen**
    • Stressbewältigung
    • Bewegung und Sport
    • gesunde Ernährung
 	
 • **Vermeidung gesundheitsgefährdender Verhaltensweisen**
	• **gesundheitsförderliche Ressourcen stärken**
	 • **gesundheitsbeeinträchtigende Arbeitsbedingungen vermeiden**
	
	    • Neu-/Umgestaltung von Arbeitsaufgaben bzw. der Arbeitsorganisation
	    • ergonomische Maßnahmen

Abbildung 4. Ausgewählte Präventionsmaßnahmen und Handlungsfelder (eigene Darstellung)

Die Maßnahmen der Verhaltensprävention setzen bei den Betroffenen und deren Verhaltensweisen an und vermitteln geeignete Präventionstechniken wie beispielsweise Kurse zu rückengerechtem Arbeiten, Entspannungs- und Fitnesstraining oder Ernährungsberatung. Auch verschiedensten Suchtformen kann hierbei präventiv begegnet werden, in dem beispielsweise die Risikowahrnehmung verbessert wird oder konkrete Therapien ermöglicht und unterstützt werden.

Grundsätzlich ist hierbei zu beachten, dass der Adressatenkreis möglichst groß ausfällt, da manche Zielgruppen nur begrenzt sensibilisiert sind — so etwa jüngere Arbeitnehmer, die Gesundheit noch als weitgehend selbstverständlich und gegeben ansehen. Ebenso wichtig ist es, dass es nicht bei Informationen und Appellen bleibt, sondern dass das individuelle Handeln auch ganz konkret ermöglicht bzw. unterstützt wird. In diesem Sinne sollten eben nicht nur Ernährungshinweise

---

[30] Fn. 7, S. 104.
[31] Fn. 7, S. 59.

(z.B. Reduzierung der Fettaufnahme durch fettsparende Garverfahren oder verstärkte Empfehlung von Salaten, Obst und Gemüse) gegeben werden, vielmehr sollten diese Ratschläge beispielsweise in der Kantine umgesetzt und somit veranschaulicht und verstärkt werden. Und auch eine gesundheitsförderliche Bewegung lässt sich oftmals in den Arbeitsalltag integrieren. Damit ist nicht zwingend der klassische Betriebssport mit festen Trainingszeiten etc. gemeint, sondern eher betriebliche Impulse die zur sportlichen Aktivität anregen, beispielsweise im Rahmen organisierter Lauftreffs, Aktionen im Fitnessstudio oder die Beteiligung bei übergeordneten Aktionen wie „mit dem Rad zur Arbeit" der AOK und des Allgemeinen Deutschen Fahrradclubs. Auf große Resonanz stieß auch eine Aktion der Siemens AG, bei der sich mehr als fünftausend Mitarbeiter beteiligten und kostenlos einen Schrittzähler erhielten und in der Folge Schritte sammelten, indem sie auf dem Weg ins Büro eine Station eher aus Bahn oder Bus ausstiegen, die Treppe statt den Aufzug nahmen oder in der Mittagspause einen Spaziergang nach dem Essen absolvierten[32]. Dies verdeutlicht, dass es keineswegs nur um das individuelle Verhalten alleine geht, sondern dass hierbei jeweils auch die Betriebe gefragt sind. Dies gilt umso mehr im Bereich der Verhältnisprävention.

Die Maßnahmen der Verhältnisprävention zielen auf die Kontrolle, Reduzierung oder Beseitigung von Gesundheitsrisiken und es wird hierbei versucht, die Ursachen von Krankheit und Stress in der Arbeitssituation selbst zu beseitigen bzw. zu vermeiden. Aufgrund der häufigen Klagen der Beschäftigten über Stress und Überforderung im Arbeitskontext rücken die konkreten Arbeitsbedingungen und die Arbeitsgestaltung ohnehin ins Blickfeld. Hierfür sprechen beispielsweise Studien, die Zusammenhänge zwischen dem Stressempfinden und dem häufigen bis regelmäßigen Vorkommen von Wochenends- und Feiertagsarbeit, Bereitschaftsdiensten und Schichtarbeit zeigen[33]. Außerdem zeigten Mitarbeiterbefragungen im Bertelsmann-Konzern (an denen sich mehr als fünfzigtausend Mitarbeiter beteiligten), dass sich Gesundheit durch folgende Faktoren erklären ließ: Autonomie in der eigenen Arbeit, Transparenz und Einschätzbarkeit der Unternehmensstrategie, Sicherheit des Arbeitsplatzes und Zufriedenheit mit der Arbeitszeitregelung[34]. Entsprechende präventive Maßnahmen können daher im Bereich der Gestaltung von Arbeitsplätzen, Arbeitsaufgaben oder der Arbeitsorganisationen ansetzen und somit dem weiten Maßnahmespektrum der Personal- und Organisationsentwicklung zugeordnet werden, wie auch die Ausführungen in den folgenden Abschnitten zeigen.

---

[32] Mehr dazu <www.siemens.com/sustainability/de/themenfelder/gesundheitsmanagement/referenzen/index.php> [Stand 5.01.2014].

[33] Fn. 7, S. 45.

[34] *F. Netta*, Gesunde Mitarbeiter — gesunde Bilanz, in: *W. Kromm, G. Frank*, (Hrsg.), Unternehmensressource Gesundheit. Weshalb die Folgen schlechter Führung kein Arzt heilen kann, Symposion, Publishing Verlag, Düsseldorf 2009, S. 74.

Bei der konkreten Organisation und Durchführung der Maßnahmen zur Gesund-heitsförderung (unabhängig davon, ob es sich um Verhaltens- oder Verhältnisprä-vention handelt) gibt es verschiedenste Unterstützungsangebote, auf welche die Betriebe zurückgreifen können. Die Krankenkassen haben sogar den expliziten Auftrag, betriebliche Vorsorgemaßnahmen im Rahmen der allgemeinen Präven-tionsförderung mit jährlich 3,02 EUR je Beschäftigtem (Jahresrichtwert, Stand 2013) zu unterstützen (§ 20 Abs. 2 SGB V[35]). Außerdem bleiben bestimmte Maß-nahmen der betrieblichen Gesundheitsförderung bis zu 500,- EUR jährlich je Mitarbeiter steuer- und sozialversicherungsfrei (§ 3 Nr. 34 EStG[36]). Hierzu zählen Maßnahmen zur Verbesserung des allgemeinen Gesundheitszustandes (z. B. Er-nährung, Bewegung, Stressbewältigung, Nichtraucherkurse) und ggf. sogar die Gebühren des Fitnessstudios. Letzteres setzt allerdings voraus, dass der Arbeit-nehmer einen Vertrag geschlossen hat, welcher lediglich Maßnahmen umfasst, die den fachlichen Anforderungen des „Leitfadens Prävention" der Krankenkassen gerecht werden.

3. Über- und Unterforderungen vermeiden

Bei der Gestaltung der Arbeitsbedingungen kommt es darauf an, Belastungen, An-forderungen sowie die erforderliche Übernahme von Verantwortung und/oder Routineaufgaben sensibel und möglichst individuell anzupassen. Schließlich können andauernde Über- wie Unterforderungen Stress erzeugen, Frustrationen auslösen und die Betroffenen sind anfälliger für Krankheiten. Dies zeigte eine Studie im Auf-trag der Deutschen Universität für Weiterbildung, welche die Gründe von Über- bzw. Unterforderung im Arbeitsalltag untersuchte. Hierbei zeigte ein Vergleich der von den Betroffenen genannten Ursachen, dass es hinsichtlich der Arbeitsorganisa-tion v.a. eine Frage der richtigen Dosierung ist, schließlich wurde hierbei zu viel Routine ebenso beklagt wie zu wenig Routine, zu viel Verantwortung ebenso wie zu wenig Verantwortung[37]. Entsprechend geht es darum, dass die jeweiligen Anforde-rungen der Arbeitssituation den Fähigkeiten der Beschäftigten möglichst entspre-chen — auf diese Weise verspüren die Mitarbeiter idealerweise ein „Flow-Erleben"[38] und fühlen sich gefördert wie gefordert.

---

[35] Das Fünfte Buch des Sozialgesetzbuches (SGB V) — Gesetzliche Krankenversicherung — (Art. 1 des Gesetzes vom 20.12.1988, BGBl. I S. 2477, 2482), das zuletzt durch Art. 1 des Gesetzes vom 22.12.2013 (BGBl. I S. 4382) geändert worden ist.

[36] Einkommensteuergesetz (EStG) in der Fassung der Bekanntmachung vom 8.10.2009 (BGBl. I S. 3366, 3862), das zuletzt durch Art. 11 des Gesetzes vom 18.12.2013 (BGBl. I S. 4318) geändert worden ist.

[37] *Deutsche Universität für Weiterbildung* (Hrsg.), Kompetenz- und Talentmanagement in deutschen Un-ternehmen, Berlin 2011, S. 3.

[38] *M. Csikszentmihalyi*, Das Flow-Erlebnis. Jenseits von Angst und Langeweile im Tun aufgehen, Klett-Cotta Verlag, Stuttgart 2000, *passim*.

Wird allerdings aus einzelnen oder sporadischen Belastungs- und Stresssituationen ein regelmäßiger oder Dauerzustand, so besteht die Gefahr gesundheitlicher Belastungen bis hin zum *Burnout*. Dieser ergibt sich nicht als Reaktion auf eine bestimmte Einzelsituation, sondern steht vielmehr am Ende eines längeren Prozesses. Idealtypisch lässt sich beobachten, dass sich bei den Betroffenen nach einer Phase sehr engagierten Arbeitens ein Zustand schwerer psychischer Erschöpfung entwickelt, der sich auf vielfältige Weise äußern kann: emotionale Erschöpfung und Kraftlosigkeit, Apathie, Depressionen und sogar Aggressionen können am Ende einer meist über längere Zeit andauernden Entwicklung stehen[39]. Aufgrund dieses mehrphasigen Prozesses besteht daher die Herausforderung, aber auch durchaus die Chance, möglichst frühe Warnsignale wahrzunehmen und präventiv einzugreifen.

Neben der Überforderung kann sich im Arbeitsalltag auch Unterforderung einstellen. Hiervon können insbesondere neue Mitarbeiter betroffen sein, denen in der Anfangsphase häufig zunächst einmal eher einfache Aufgaben übertragen werden, die zwar einerseits nicht überfordern, aber andererseits auch keine frühzeitigen, kleinen Erfolgserlebnisse erlauben. Ändert sich dies nicht innerhalb eines angemessenen Zeitraums, so besteht die Gefahr, dass sich die Beschäftigten Herausforderungen auf anderen Gebieten suchen werden. In der Folge kommt es zu einer Entfremdung von der eigenen Arbeit, während das Interesse und die Motivation zurückgehen. Dies zeigen auch die Ergebnisse einer Studie der Technischen Universität Clausthal, welche nach den Stressfaktoren bei Auszubildenden und Studierenden fragte[40]. Hierbei zeigte sich, dass die Jugendlichen weniger aufgrund „unbekannter, neuer Aufgaben" Stress empfinden, sondern viel häufiger aufgrund der eigenen Ansprüche. Dies deutet darauf hin, dass sich die Jugendlichen ehrgeizig und motiviert den Aufgaben in Ausbildung und Studium stellen und es kann somit ausdrücklich von einer Leistungsbereitschaft der Jugendlichen und ebenso von entsprechenden Frustrationen ausgegangen werden, sofern diese Leistungsbereitschaft nicht abgerufen bzw. nicht eingefordert wird[41]. Dauerhaft empfundene Langeweile und Unterforderung kann ebenfalls Stress auslösen und sich zum *Boreout* entwickeln, die Betroffenen sind dann nicht „ausgebrannt" sondern „ausgelangweilt". Die Folgen eines *Boreouts* sind ähnlich schlimm, denn die Betroffenen erleben Langeweile und Unterforderung als Stress. Entsprechend ähneln sich daher die Symptome im Alltag durchaus[42].

---

[39] *A. Brenner*, Erst Praxisschock, dann Burn-out, in: ZEIT Online, 2011, <www.zeit.de/karriere/-2011-06/burn-out-berufsanfaenger> [Stand: 2.02.2014].

[40] *S. Wruck*, Work-Life-Balance in Studium und Ausbildung, unveröffentlichte Bachelorarbeit an der Technischen Universität Clausthal, Clausthal-Zellerfeld 2008, S. 59 bzw. 69.

[41] *E. Deuer*, Ausbildungsorganisation und Gesundheitsmanagement — Zusammenhänge und Gestaltungspotenziale, in: *G. Cramer, H. Schmidt, W. Wittwer* (Hrsg.), Fn. 8, S. 11–12.

[42] *E. Deuer*, Fn. 41, S. 12.

4. Kohärenzerleben und Gratifikationskrisen

Ob und in welchem Ausmaß die Herausforderungen im Arbeitskontext als negative Belastung oder positive Inspiration empfunden werden, hängt neben der konkreten Arbeitsgestaltung von individuellen Einstellungen und Bewertungsmaßstäben ab. Nach Antonovsky kommt der individuellen Einstellung, dem Kohärenzerleben, eine besondere Bedeutung zu[43]. Dieses Kohärenzerleben ist das Resultat von empfundener Begreifbarkeit, Machbarkeit und Sinnhaftigkeit und schließlich ein Maß dafür, wie die Individuen die an sie gerichteten Anforderungen und Herausforderungen erleben. Je größer und stabiler es ausgeprägt ist, desto besser gelingt es den Betroffenen mit Belastungen, Stress etc. umzugehen (*Coping*) und gesund zu bleiben.

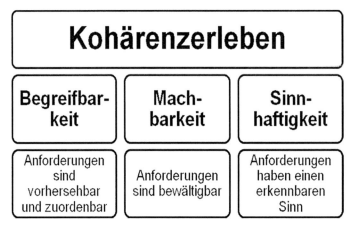

Abbildung 5: Determinanten des individuellen Kohärenzerlebens nach Antonovsky (eigene Darstellung)

Für die Gestaltung der Arbeitsbedingungen kommt es daher darauf an, dass die Aufgaben als zuordenbar und nicht als zufällig, willkürlich oder unerklärlich wahrgenommen werden. Außerdem müssen die Aufgaben bewältigbar sein, was ggf. erforderliche Hilfestellungen von Vorgesetzten oder Kollegen ausdrücklich und bewusst mit einschließt. Es geht somit darum, ob die Beschäftigten objektiv und subjektiv in der Lage sind, interne und externe Ressourcen zu mobilisieren, um die gestellten Anforderungen zu erfüllen. Und schließlich geht es darum, dass die jeweiligen Anforderungen als sinnvoll erachtet werden. Bei fehlendem Gefühl der Sinnhaftigkeit werden die Anforderungen schnell als Last empfunden und lösen Stress aus.

Einen anderen Erklärungsansatz wählte Siegrist der in vielen Studien belegen konnte, dass beispielsweise Herzkrankheiten nicht selten die Folge von starker

---

[43] *A. Antonovsky*, Salutogenese. Zur Entmystifizierung der Gesundheit, Erweiterte deutsche Ausgabe von *A. Franke*, dgvt-Verlag, Tübingen 1997, *passim*.

Verausgabung ohne angemessene Entschädigung bzw. Belohnung sind[44]. Das von ihm entwickelte Modell beruflicher Gratifikationskrisen stellt daher die Relation von arbeitsbezogenen Anforderungen und erhaltenen Belohnungen in den Vordergrund. Ein Missverhältnis wird als Stress erzeugende Gratifikationskrise betrachtet. Als Belohnungen für erbrachte Leistungen kommen hierbei nicht nur monetäre Aspekte in Frage, sondern auch Anerkennung und Wertschätzung sowie berufliche Aufstiegsmöglichkeiten und die Sicherheit des Arbeitsplatzes[45].

Belohnungen
Entgelt & Benefits
Wertschätzung
Erfolgserlebnisse
Perspektiven

körperliche und intellektuelle
Anforderungen
Zeitaufwand
Zeitdruck etc.

Abbildung 6: Anforderungen und Belohnungen determinieren Gratifikationskrisen (eigene Darstellung)

Bei der Gestaltung der Arbeitsbedingungen sollte somit im Vordergrund stehen, einen akzeptablen Mix zu schaffen, der aus Sicht der Beschäftigten Anforderungen und Belastungen in eine Balance (im Sinne einer angemessenen Relation) bringt. Dies setzt voraus, beide Aspekte aus der Perspektive der Beschäftigten zu betrachten, um hieraus die geeigneten Schlussfolgerungen zu ziehen. Als Instrumente kommen hierbei u.a. die bereits beschriebenen Gesundheitszirkel oder Mitarbeiterbefragungen in Betracht. Darüber hinaus geht es darum, eine offene Gesprächskultur zu etablieren, die es den Beschäftigten erlaubt, etwaige Probleme offen anzusprechen.

---

[44] *J. Siegrist*, Soziale Krisen und Gesundheit: eine Theorie der Gesundheitsförderung am Beispiel von Herz-Kreislauf-Risiken im Erwerbsleben, Hogrefe Verlag, Göttingen 2006, *passim*.

[45] *GKV-Spitzenverband* (Hrsg.), Leitfaden Prävention. Handlungsfelder und Kriterien des GKV-Spitzenverbandes zur Umsetzung von § 20 und § 20a SGB V vom 21. Juni 2000 in der Fassung vom 27. August 2010, Berlin 2010, S. 70.

IV. Fazit und Ausblick

In Zeiten knapper Fachkräfte wird zunehmend „die Kompetenz eines Unternehmens, die Gesundheit der Beschäftigten zu erhalten und zu fördern und die Gesundheit beeinträchtigende psychische Fehlbeanspruchungen zu vermeiden" über die „Wettbewerbsfähigkeit eines Unternehmens entscheiden"[46]. Die Unternehmen müssen sich daher die Frage stellen, ob ihre Mitarbeiter eine zielgruppenadäquate Förderung erfahren und ein ansprechendes und gesundheitsförderliches Arbeitsumfeld vorfinden. Hiervon wird es in zunehmendem Maße abhängen, ob es den Unternehmen gelingt, Mitarbeiter nachhaltig zu binden (interne Perspektive) oder neue Mitarbeiter zu rekrutieren (externe Perspektive).

Auch der Deutsche Bundestag beschäftigt sich bereits mit den zunehmenden psychischen Belastungen im Arbeitskontext, welche auch vor dem Hintergrund zunehmender prekärer Arbeit an Bedeutung gewonnen haben. So wurde in einer aktuellen Debatte deutlich, dass Arbeits- und Gesundheitsschutz „entscheidend für die Lebensqualität in unserem Land" sind. Hiermit verbunden war die Forderung, dass Arbeit nicht krank machen dürfe und stattdessen so zu gestalten sei, „dass die Menschen ihr Leben genießen können und genug Freizeit und Zeit für ihre Familie haben". Hierfür bedarf es guter und gesunder Arbeit, „um die Lebensqualität in unserem Land zu steigern"[47].

Aus den vorangegangenen Ausführungen wurde deutlich, dass der Arbeitsgestaltung und den Rahmenbedingungen des Arbeitens eine große Bedeutung zukommt, wenn man nach den Ursachen für Über- und Unterforderung, für Stress oder letztlich für Krankheit und Gesundheit sucht. So haben die angeführten medizinischen Studien exemplarisch gezeigt, dass empfundene Gratifikationskrisen und das Kohärenzerleben durch die konkrete Arbeitsgestaltung beeinflusst werden und nicht selten die Ursachen für die individuelle Ausprägung von Gesundheit und Krankheit sind. Konkret kommt es daher insbesondere darauf an, das richtige Maß an Anforderungen zu finden, welches die Mitarbeiter einerseits als begreifbar, machbar und sinnvoll und andererseits in Relation zu den (potenziellen) Belohnungen als angemessen empfinden. In Frage kommen daher insbesondere ganzheitlich gestaltete Arbeitsaufgaben, welche den Mitarbeitern die Bedeutung und den Stellenwert ihrer Tätigkeit aufzeigen und Rückmeldung über die eigenen Arbeitsfortschritte geben. In Abbildung 7 findet sich eine Auswahl möglicher Gestaltungsfelder, die eine Orientierungshilfe für konkrete betriebliche Maßnahmen darstellen kann.

---

[46] *Barmer GEK* (Hrsg.), Gesundheitsreport 2010. Teil 1 — Gesundheitskompetenz in Unternehmen stärken, Gesundheitskultur fördern, Berlin 2010, S. 42.

[47] *J. Juratovic*, Plenarrede am 25.10.2012 im Deutschen Bundestag zu Anträgen zu psychischen Belastungen in der Arbeitswelt, in: Deutscher Bundestag (Hrsg.), Plenarprotokoll 17/201, Berlin 2012, S. 24306, <www.dip21.bundestag.de/dip21/btp/17/17201.pdf> [Stand 2.02.2014].

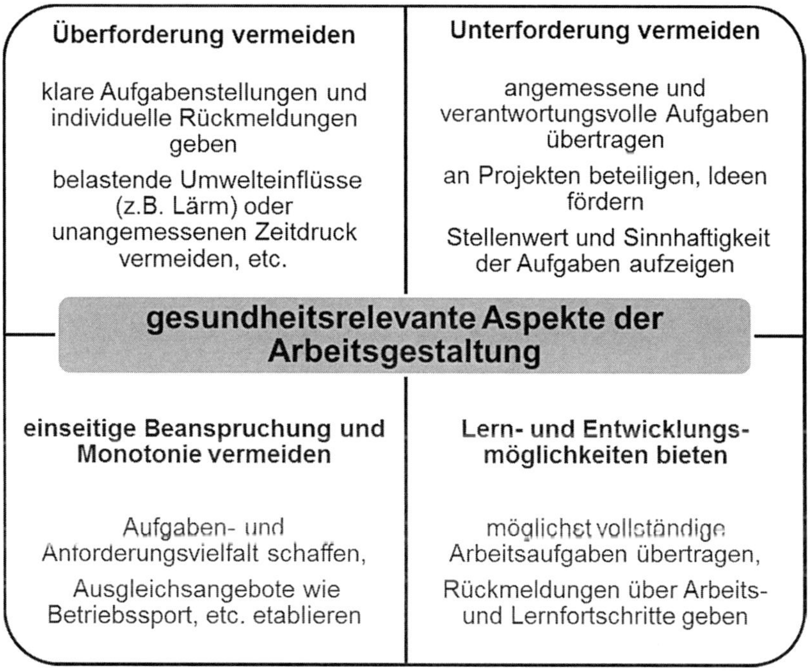

Abbildung 7: gesundheitsrelevante Aspekte der Arbeitsgestaltung (eigene Darstellung)

Neben den genannten Chancen und Potenzialen sollte ebenfalls bedacht werden, dass die Maßnahmen der betrieblichen Gesundheitsförderung aus der Perspektive der Beschäftigten auch als Ausdruck von Personalfürsorge und Personalverantwortung aufgefasst werden können, da sie den Charakter einer zukunftsorientierten Investition in Gesundheit, Arbeitsfähigkeit und Lebensqualität haben[48]. Diese Bedeutung kann kaum überschätzt werden — völlig unabhängig davon, dass sich dies auch wiederum positiv auf die Leistungsmotivation auswirken dürfte.

Ernst Deuer

Corporate health policies and quality of life

Health management in the workplace serves to sustain and improve the efficiency and motivation of employees, and can in addition make a significant contribution to an individual's quality of life. The majority of people spend a significant part of their lives at work; employment conditions can thus negatively influence individual health, which can result in physical and mental illness. This paper reviews common causes of illness, and in particular, examines the measures intended to create a healthy place

---

[48] Vgl. *A. Schmidt, I. Bensieck*, Bundesmodellprojekt Prev@WORK. Suchtprävention in der Berufsausbildung systematisch verankern, in: Konturen - Fachzeitschrift zu Sucht und sozialen Fragen, Heft 2/2011, S. 22–27.

of work, as well as the issue of improving occupational health resources. If the improvements considered here were to be achieved, this would meet the demands of the Ottawa Charter for Health Promotion (World Health Organization 1986) that "work and leisure should be a source of health", so "the way society organizes work should help create a healthy society". Enterprises will also benefit, due to an improved ability to compete.

ANDRZEJ TARNOPOLSKI

Filozofia psychoterapii na przykładzie otwartości jako stopnia swobody

I. Wstęp

Istotą pracy psychologa — praktyka, psychologa, terapeuty — jest niesienie pomocy ludziom. Zadanie to związane jest z funkcjami zawodowymi i intelektualnymi, jakie nałożone są na psychologię jako naukę. Realizuje się ono poprzez ułatwianie ludziom życia, wspieranie ich w ważnych życiowych chwilach, pomaganie w sytuacjach trudnych, którym człowiek sam nie jest w stanie podołać[1]. Psycholog-praktyk należy do tak zwanych zawodów pomocowych. Nakłada to na przedstawicieli tej profesji dodatkowe obowiązki i jest źródłem istotnych problemów, bo „pomaganie profesjonalne wymaga posiadania przez ludzi wykonujących te zawody: lekarza, psychologa, adwokata, pedagoga-wychowawcy, terapeuty, pracownika socjalnego, policjanta, radcy itp. określonych umiejętności społecznych, interpersonalnych i merytorycznych. Umiejętności merytoryczne dotyczą sposobów i technik udzielanej pomocy, interpersonalne — umiejętności kontaktowania się z innymi ludźmi w procesie pomagania, osobowościowe określają zbiór osobowościowych cech, jakimi powinien charakteryzować się pracownik niosący pomoc"[2].

Istota teoretycznego rysu sprawności zawodowych mieści się w idei profesjonalizmu. Pracownik pomocowy musi być profesjonalistą, co oznacza, że musi się sprawnie poruszać w obszarze kulturowych wzorów profesjonalizmu[3]. Do wzorów tych należą:

---

[1] S. Kratochvil, *Podstawy psychoterapii*, Wydawnictwo Zysk i S-ka, Poznań 2003, s. 18.

[2] A. Woźniak-Krakowian, A. Tarnopolski, *Anomia i człowiek postmodernizmu*, Wydawnictwo WSP, Częstochowa 2003, s. 12.

[3] C. Sikorski, *Profesjonalizm. Filozofia zarządzania nowoczesnym przedsiębiorstwem*, Wydawnictwo Naukowe PWN, Warszawa 1995, s. 58.

— niezależność, której personifikacją jest „niezależny fachowiec, samodzielnie wykonujący kompleksowe zadania, bez oglądania się na innych. Bardzo ważne jest w tym przypadku wyraźne określenie granic pełnionych funkcji organizacyjnych, w obrębie których uczestnik organizacji może «chodzić własnymi ścieżkami» i czuć się suwerennym gospodarzem na swoim odcinku pracy"[4];

— odpowiedzialność, bo „[...] w kulturze profesjonalizmu niezależność działań wiąże się ściśle z odpowiedzialnością za jej wyniki. Poczucie odpowiedzialności jest szczególnie mocno eksponowane w tradycji wolnych zawodów, gdzie opiekuńczość i lojalność w stosunku do klienta, który zaufał wiedzy i umiejętnościom profesjonalisty, należy do podstawowych kanonów moralnych"[5]. Odpowiedzialność taka jest tym bardziej ważna, że zawody pomocowe mają wymiar supererogacyjny[6];

— pragmatyzm, „wyrażający się przede wszystkim w umiejętności oddzielenia sfery zawodowej od innych sfer życia jednostki [...] umiejętności określenia wymagań dopasowanych do konkretnej sytuacji i oceniania informacji z punktu widzenia konkretnego zadania"[7]. Na tej płaszczyźnie również ujawnia się problem odpowiednio dobranego stopnia tolerancyjnej swobody;

— racjonalizm, rozumiany jako konieczność kierowania się w pracy racjonalnością naukową i zasadą obiektywizmu[8]. Autor jednakże zastrzega, że metody naukowe nie gwarantują pełnej skuteczności, ale przyjmując pewien stopień swobody będą akceptowalnie i zadowalająco skuteczne;

— identyfikacja z zawodem, oznaczająca, „[...] że dla profesjonalisty grupą odniesienia są przede wszystkim przedstawiciele danego zawodu, [...] co skłania pracownika do większej lojalności wobec norm zawodowych aniżeli obowiązujących w instytucji, w której jest zatrudniony [...]"[9]. Profesjonalista musi znaleźć złoty środek pomiędzy wymaganiami pracy i normami zawodowymi. W momencie konfliktu norm wybiera jednak normy zawodowe;

— potrzeba osiągnięć, czyli możliwość samorealizacji rozumianej bardziej jako awans poziomy polegający na podejmowaniu się coraz trudniejszych wyzwań zawodowych niż dążenie do awansu pionowego. Natomiast w przypadku konfliktu oznacza to wybieranie takiej równowagi pomiędzy obydwoma sposobami rozwoju, ażeby stopień swobody odpowiadający za zrównoważony rozwój nie był naruszony.

Do wymienionych aspektów należy dodać jeszcze jeden istotny merytoryczny wymiar. Od pracy takiego specjalisty zależy jakość życia ludzi, którym udzielana jest

---

4 C. Sikorski, (przyp. 3), s. 58. Funkcje organizacyjne dalej definiuję jako stopnie swobody.
5 C. Sikorski, (przyp. 3), s. 60. Zawody pomocowe zaliczamy do wolnych zawodów.
6 Szerzej „II.2. Czyny supererogacyjne", s. 7–9.
7 C. Sikorski, (przyp. 3), s. 62.
8 C. Sikorski, (przyp. 3), s. 63.
9 C. Sikorski, (przyp. 3), s. 64.

pomoc, co stanowi sprawę ważną i niebanalną[10]. Istotne znaczenie ma tutaj wymiar etyczny pracy psychoterapeuty, na co zwraca się uwagę w kodeksach etycznych. Zasady wymienione w kodeksie psychoterapeuty wzmacniają wymiar etyczny pracy korelując z wymienionymi powyżej zasadami profesjonalizmu. W zasadach ogólnych kodeks wymienia konieczność uczciwej i rzetelnej pracy (co odpowiada zasadom odpowiedzialności, pragmatyzmu i racjonalizmu), szacunek wobec osób pozostających w terapii oraz osób współpracujących (co odpowiada zasadom niezależności i odpowiedzialności), uwzględnianie przede wszystkim dobra osób pozostających w terapii (co należy do zasad pragmatyzmu i racjonalności), konieczność rozwijania swoich umiejętności zawodowych (co przekłada się na potrzebę osiągnięć i racjonalizm), oraz zakaz przenoszenia relacji z osobą leczoną poza obszar terapii (zasada odpowiedzialności i pragmatyzmu)[11].

Jak sądzę, podstawowym wymiarem etycznym pracy pracownika pomocowego — w tym psychoterapeuty — jest jednak konieczność podejmowania się czynów ponadobowiązkowych, czyli czynów supererogacyjnych. Ustalenie rozsądnych granic tolerancyjnej swobody (stopnia swobody) pomiędzy tym, co musimy zrobić a czego nie musimy, choć z jakichś powodów powinniśmy, jest istotą tego problemu. Zbytnia otwartość na czyny supererogacyjne może być odbierana jako nadmierna naiwność, natomiast niepodejmowanie ich jako zabieg manipulacyjny i nieuczciwy. Jest to istotny filozoficzny wymiar problemu podkreślający intelektualny wymiar terapii i wzrastającą rolę filozofii w tym zakresie.

II. Podstawowy problem związany z pomaganiem innym

1. Naiwność i otwartość

Podstawowym problemem pracy w zawodzie pomocowym wydaje się być trudność z autentycznym dotarciem do pacjenta, czyli nawiązaniem z nim specyficznej nici podmiotowego porozumienia, na której będzie można budować terapeutyczną więź[12]. Jest to sprawa wyjątkowa, wymagająca zbudowania odpowiedniego pola zaufania, a także przekonania pacjenta o uczciwości w swoich działaniach i kompetencji w rozwiązywaniu problemów. Kwestia ta wiąże się jednak z pewnym problemem, ponieważ w tradycji nauk pozytywnych — a psychologia naukowa taką tradycję kontynuuje — profesjonalizm ma być z istoty swej obiektywny a więc zimny, bezprzedmiotowy i zdystansowany. Czy możliwe jest więc zbudowanie prawidłowej więzi interpersonalnej wymagającej utworzenia pewnej płaszczyzny wzajemnego zaufania — a tę buduje się na bliskości i cieple — i jednocześnie pozostanie chłodnym

---

[10] S. Kratochvil, (przyp. 1) s. 19.

[11] *Kodeks Etyki Psychoterapeuty*, § 10 Relacje między terapeutą a pacjentem/klientem, <www.psychoterapia-polska.org/kodeks-etyczny-pfp> [4.02.2014].

[12] D. Ortenburger, A. Tarnopolski, *Wybrane podmiotowe czynniki w relacji pacjent-lekarz*, [w:] *Czyja edukacja? Refleksje o podmiotowości*, t. III, cz. 1, red. A. Pluta, T. Michalewski, K. Niewiadomski, Wydawnictwo WSL, Częstochowa 2010, s. 67.

profesjonalistą? Sprzeczność tego typu postaw sygnalizują często pracownicy np. ośrodków penitencjarnych i nauczyciele instytucji wychowawczych dla trudnej młodzieży. Przesunięcie akcentów na jedną ze stron owej huśtawki generuje najczęściej duże problemy[13].

Kontakt terapeutyczny wymaga bardzo specyficznej postawy, którą nazywam postawą otwartości (a nawet naiwnej otwartości), w przeciwieństwie do instrumentalnej i wyrachowanej manipulacji.

Naiwność nie jest jednoznacznym terminem naukowym, choć może się pojawiać w obszarze nauk społecznych, określając pewnego rodzaju postawę i stosunek do świata. Może dotyczyć również relacji interpersonalnych zachodzących między ludźmi. Naiwność możemy także rozumieć jako rodzaj nieuprawnionego lub źle uzasadnionego twierdzenia akceptującego jakiś stan rzeczy, np. nieuprawnionego, a jednak bardzo otwarcie ujawnionego przekonania o prawdziwości jakichś sądów. Czasem, w wymiarze społecznym naiwność rozumiana jest tak samo jak łatwowierność i może być odczytywana jako niedostosowanie społeczne, nieumiejętność po prawnego społecznego funkcjonowania czy słabość będąca wynikiem złej socjalizacji i nieradzenia sobie z problemami życiowymi lub z ludźmi. Wiąże się ją z nieznajomością reguł życia, zasad często inspirowanych nieuczciwymi zamiarami.

Ludzi naiwnych bądź łatwowiernych traktujemy z pobłażliwością, czasem z wyrozumiałością, częściowo jest nam ich żal, ale niejednokrotnie denerwują nas swoją otwartością, bezbronnością, nieumiejętnością zdystansowania się do świata, innych ludzi oraz ich problemów. Wydaje nam się, że w pewnym sensie robią źle, a skutki ich naiwności są ceną niezasłużoną i nadmierną (na pewno niepotrzebną), oraz, że gdyby byli bardziej nieufni i bardziej rozsądni, to negatywne skutki ich postępowania byłyby mniejsze, a być może nawet udałoby się ich uniknąć.

Naiwność jako postawę utożsamia się czasem z prostotą i z pewną naturalnością, gdyż w pewien sposób wiąże się ją z naturą i naturalnym, prostym, sposobem życia. Życie zgodne z naturą i w jej bliskości jest, jak nam się wydaje, pełne naiwności, a nawet wręcz prostackie. Kultura — rozumiana jest w tym zestawieniu jako przeciwieństwo natury — jest skomplikowana, złożona, zaawansowana, ale również zawikłana, oparta na specjalnych grach wymagających posiadania odpowiednich predyspozycji, wiedzy i czasem sporego doświadczenia. Znajomość reguł gry oraz umiejętność posługiwania się tymi regułami, nie zawsze prostymi, niekiedy manipulatorsko niejawnymi, będącymi, w wersji specyficznie pozytywnej jakby wyższym etapem społecznego funkcjonowania, rozumiana jest tutaj jako miara postępu społecznego i cywilizacyjnego. Tak jakby niejawna manipulacja, której niesprostanie jest często utożsamiane z naiwnością, mogła być wyznacznikiem postępu i koniecznym symbolem społecznego rozwoju. Często życie społeczne społeczeństw kulturowo zaawansowanych charakteryzuje się całą gamą niejawnych zasad, oddziaływań,

---

[13] P. Pluta, *Podmiotowość skazanych w opinii wybranych grup społecznych*, [w:] *Czyja edukacja? Refleksje o podmiotowości*, t. III, cz. 2, red. A. Pluta, A. Tarnopolski, M. Kalaman, Wydawnictwo WSL, Częstochowa 2011, s. 183–184.

ukrytych manipulacji, podwójnego życia, celów i motywów postępowania, których ich autorzy i posiadacze nigdy wprost nie chcą ujawnić (jeżeli oczywiście zdają sobie z nich sprawę). Reguły dobrze funkcjonującej gry manipulacyjnej nie powinny być uświadamiane przez tych, przeciw którym (lub, wobec których) są stosowane. W tym sensie naiwność ma wynikać z niewiedzy, z tej specyficznej niewiedzy polegającej na nieznajomości reguł gry — niewiedzy, którą w pobłażliwie paternalistyczny sposób wykpiwamy.

Zgadzając się na te reguły musimy prezentować postawę, która w swych niektórych aspektach jest eksplikacją naiwności, naiwności świadomej, świadomie założonej. Z kolei nie zgadzając się na nie musimy zgodzić się na pewną formę gry i manipulacyjnego formalizowania kontaktów lub (przynajmniej w pewnym stopniu) autokratyzm. Naiwność tak rozumiana może być traktowana jako niedojrzałość społeczna lub słabość terapeuty, lecz tylko wtedy, gdy *a priori* założymy, że życie społeczne jest pewnego rodzaju grą, a uspołecznienie jest umiejętnością uczestniczenia w tej grze i jak najczęstszego wygrywania. Takie podejście musi zakładać, że podstawowymi mechanizmami oddziaływań są mechanizmy zewnątrzsterowne a terapia opiera się na zewnątrzsterowności. Skuteczna terapia musi jednak unikać zewnątrzsterowności, ponieważ mechanizm taki zakłada teatralność, umowne spełnianie oczekiwań i w konsekwencji utrwalanie się zachowań, nad którymi terapeuta nie ma kontroli.

Jest jeszcze jeden aspekt tego zagadnienia, w którym ujawnia się również problem świadomej naiwności terapeuty. Zasady te dobrze współgrają z wychowawczymi założeniami psychologii humanistycznej. Nurt psychologii humanistycznej, niejednoznaczny programowo i metodologicznie to nurt „[…] formujący się w opozycji do psychoanalizy i behawioryzmu [...] świadomie korzystający z dokonań antyholistycznej, indywidualistycznej filozofii europejskiej, z egzystencjalizmu, personalizmu, fenomenologii [...] także psychoanalityków kultury. Bardziej bezpośrednim źródłem psychologii humanistycznej, szczególnie terapeutycznych jej form jest, rozwijający się z początkiem lat czterdziestych ruch tzw. grup treningowych, grup spotkaniowych itp. Jednak zasadnicze swe tezy teoretyczne i terapeutyczno-normatywne opiera psychologia humanistyczna na filozofii Wschodu, przede wszystkim na buddyźmie zen"[14]. W wersji europejskiej jest to bardzo często nawiązanie do tradycji naturalizmu, w różnych kombinacjach[15]. Założenie, że człowiek jest z natury dobry, ujawnia również jedną z istotnych, lecz jednocześnie bardzo eklektycznych wersji psychologii humanistycznej. W tej kombinacji traktowana jest ona nie jako twardy nurt psychologiczny, lecz bardziej jako wyznacznik pewnego rodzaju etosu zawodowego psychologa, terapeuty, nauczyciela-wychowawcy.

Zgodnie z założeniami psychologii humanistycznej człowiek jest z natury dobry, ujawnia jednak czasem swe złe oblicze. Jego konstytucja jest wynikiem niekorzystnego

---

[14] K. Ruszczak, E. Zubrzycka-Pyrkacz, J. Maryańska, *Cele edukacji w świetle psychologii*, [w:] *Zagadnienia celów edukacyjnych*, red. J. Rutkowiak, Wydawnictwo UG, Gdańsk 1987, s. 128.

[15] A. Leszczyński, *Pojęcie osoby w psychologii humanistycznej*, „Studia Filozoficzne" 1989, nr 2, s. 167–168.

kumulowania się zewnętrznych bodźców środowiskowych[16]. Zło jest elementem w stosunku do człowieka zewnętrznym, nabytym. W tej kwestii psychologia humanistyczna mocno współgra z konstruktywizmem społecznym.

Na płaszczyźnie terapeutycznej takie założenie wyznacza specyficzne postawy i stawia terapeutom konkretne zadania. Zadanie to polega bowiem na wydobyciu z człowieka tego, co w nim najlepsze, i ujawnieniu tego przed nim i przed innymi. Terapeuta ma dotrzeć do istoty jego natury. Wymaga to specjalnej postawy, którą Alan McGinnis zawarł w sentencji „Od ludzi, którymi kierujesz, oczekuj tego, co najlepsze"[17]. To samo dotyczy ludzi, których uczysz, których leczysz, którym pomagasz.

Ta wiara w dobre intencje innych ludzi, przekonanie, że są dobrzy i że warto o ten aspekt ich osobowości walczyć, ma również swoje ujemne strony, a więc swoją cenę. Postawa taka wymaga od terapeuty bardzo specyficznego otwarcia się na innych ludzi — otwarcia, które powoduje, że staje się on niejednokrotnie zupełnie bezbronny wobec innych, zwłaszcza tych, którzy wybierają grę, manipulację, teatralizację życia społecznego i zewnątrzsterowność jako podstawowy sposób konstruowania skutecznych oddziaływań. Jak wspomniano wcześniej otwarcie to, konieczne przy postawach demokratycznych i partnerskich, odbierane może być często przez innych jako naiwność, niedojrzałość społeczna, nieumiejętność odnajdywania się w dorosłym świecie. Taki odbiór będzie oczywiście typowy dla ludzi przekonanych, że życie jest grą i instrumentalną manipulacją. Warto jednak podkreślić, że postawa naiwności interpersonalnej, specyficznego otwarcia się na innego człowieka, zawierzenia mu i zaufania jest konieczna, jeśli chcemy, aby terapia była prawidłowa i skuteczna. Cena, jaką trzeba zapłacić za takie postępowanie, nazywana jest również łatwowiernością, ma szerokie oparcie teoretyczne w bardzo wielu źródłach naukowych i jest być może ceną zbyt wysoką. Ale czy praca terapeuty nie wymaga czasem przekroczenia granic minimalnego obowiązku?[18]

Wreszcie terapeuta, spotyka się z sytuacjami i wyzwaniami, które wymagają od niego specjalnych postaw i specyficznego zachowania. W procesie terapii polegającej na aktywnej ingerencji w sferę osobowości człowieka, może dojść do relacji i naruszenia bardzo wrażliwych obszarów życia pacjenta. Zrozumienie intencji innych ludzi wymaga bardzo głębokiego wewnętrznego i życzliwego zaangażowania się. Daje się więcej niż powinno i nie zawsze jest się za to chwalonym, a czasem dużo się traci[19]. Na tym polega etyczny problem supererogacji. Terapeuta to zawód supererogacyjny, to znaczy taki, wobec którego formułowane są oczekiwania realizowania przez terapeutów czynów nadobowiązkowych (tradycyjnie nazywanych czynami chwalebnymi). Warto przyjrzeć się problemowi supererogacji i etyce czynów chwalebnych, nazywanych również czynami doskonałymi.

---

[16] A.L. McGinnis, *Sztuka motywacji*, Oficyna Wydawnicza Vocatio, Warszawa 1993, s. 11–19.

[17] A.L. McGinnis, (przyp. 16), s. 22.

[18] Zob. A.M. Kaniowski, *Supererogacja. Zagubiony wymiar etyki*, Oficyna Naukowa, Warszawa 1999, s. 17.

[19] A.M. Kaniowski, (przyp. 18), s. 18.

2. Czyny supererogacyjne

Czyny ludzkie według klasyfikacji etycznej można podzielić w uproszczeniu, na trzy rodzaje: czyny dobre, czyny złe i czyny moralnie obojętne (jednakże istnienie tych ostatnich jest kwestią sporną). Czyny supererogacyjne natomiast są to zachowania, które skłonni jesteśmy traktować jako moralnie nadobowiązkowe, wykraczające poza społecznie uznane ramy powinności moralnych, choć są one zarazem powszechnie aprobowane, pożądane społecznie i wzbudzają podziw otoczenia. „We współczesnej literaturze etycznej zachowania te noszą nazwę aktów supererogacyjnych. Kategoria ta obejmuje wszelkie akty wykraczające poza akceptowane w danej wspólnocie rozumienie moralnego obowiązku, lecz oceniane z punktu widzenia tego samego systemu wartości, który obowiązek ten określa. Są to więc działania, które w ramach owego systemu dobrze jest spełnić, lecz nie jest źle nie spełnić"[20].

To ostatnie stwierdzenie nie zawsze odpowiada praktyce społecznej. Czasem okazuje się, że niepodjęcie tych czynów nie jest niby niczym nagannym, lecz nie do końca ujawnione oczekiwania sygnalizują, że należałoby je spełnić. Problem z supererogacją polega po prostu na tym, że nie ma oficjalnych (normatywnych) powodów, ażeby takiego czynu wymagać. W szczególnych przypadkach, takich właśnie jak zawody pomocowe, formułuje się te oczekiwania poniekąd nieformalnie, poza obowiązkiem zawodowym. Aby ludzi zmotywować do takich czynów, należy w przekonaniach np. terapeutów budować poczucie winy oparte o niejasno określony obowiązek i nie do końca określone wymagania. Jest to częsta praktyka. Pracownikom pomocowym nie udaje się uciec w świat sformalizowanych przepisów postępowania i prawnych zasad, które mogłyby zobiektywizować zawód (lub tylko sztucznie sformalizować), tak jak udało się to zrobić polskim prawnikom. Przykład prawników (np. komorników) jest tutaj bardzo pouczający, ponieważ ich działania formalizujące obowiązki zawodowe — przestrzeganie wyłącznie przepisów i odwoływanie się do prawa kodeksowego jako jedynego kryterium postępowania — mocno osłabiły prestiż tego zawodu w opinii społecznej.

Wynika z tego, że od wykonujących zawody pomocowe oczekuje się niekiedy działań daleko wykraczających poza ramy ustalonego instytucjonalnie obowiązku. Nie można takich działań oficjalnie wymagać, w pewnych sytuacjach być może nie byłyby one pożądane, lecz jednocześnie oczekiwania zwłaszcza jednostkowe, co do tego, że terapeuci powinni i muszą pracować ponad ustalony dla nich obowiązek zawodowy, są silne.

Problem supererogacji ma długie tradycje historyczne i bogate źródła filozoficzne. Wspomina się o tym problemie w Nowym Testamencie w przypowieści o litościwym Samarytaninie, który opatrzywszy rany napadniętego przez zbójców człowieka zawiózł go do gospody i pielęgnował, następnego zaś dnia wyjął dwa denary dał gospodarzowi i rzekł: *Miej o nim staranie, a jeśli coś więcej wydasz*

---

[20] J. Górnicka, *O istocie czynów moralnie nadobowiązkowych*, „Studia Filozoficzne" 1987, nr 6, s. 99.

(*quodcumque supererogaveris*) ja oddam tobie, gdy będę wracał /Łk 10,35/[21]. Widać to również w przypowieści o bogatym młodzieńcu: Na postawione Jezusowi pytanie: Nauczycielu co dobrego mam czynić aby otrzymać życie wieczne? Jezus odpowiedział: [...] jeśli chcesz osiągnąć życie, zachowaj przykazania, ale jednocześnie dodał: Jeśli chcesz być doskonały, idź sprzedaj co posiadasz, i rozdaj ubogim, a będziesz miał skarb w niebie. Potem przyjdź i chodź ze mną /Mt 19, 16–21/[22].

Supererogacja zawarta jest wreszcie w najważniejszym przykazaniu chrześcijan nakazującym miłować swoich nieprzyjaciół i ma swój głęboki kontekst teologiczny (miłości do Boga) oraz istotny kontekst antropologiczny. W tym ostatnim przypadku wynika to z wolności człowieka, czyli koncepcji człowieka rozumianego jako bytu kierującego się wolną wolą i wybierającego z własnej woli czyny chwalebne, etycznie doskonałe jako drogę do pełni człowieczeństwa, a w konsekwencji do zbawienia.

Czyny chwalebne i oparta na nich etyka doskonałości kryje w sobie jednak szereg niespodzianek. Najważniejszą z nich jest kwestia ceny, jaką należy ponieść dokonując czynu supererogacyjnego. Bardzo często cena jest bardzo wysoka — tak wysoka, że nie mamy odwagi wpisać takiego postępowania w zestaw obowiązków, czyli w strukturę prawa. Ta odwaga może mieć wymiar jedynie jednostkowy, oparty na decyzji pojedynczego, wolnego człowieka i może wynikać tylko z jego wewnętrznego przekonania o słuszności takiego czynu. Nie jest czynem supererogacyjnym uratowanie komuś życia, ale uratowanie życia z narażeniem własnego traktujemy najczęściej jako działanie supererogacyjne. Nie jest czynem chwalebnym miłowanie ludzi, ale nieprzyjaciół tak. Dokonując czynu supererogacyjnego musimy więc liczyć się z tym, że stracimy wiele, i że strata nie zawsze zrekompensuje nam psychologiczny fakt poczucia bardzo dobrze i z nadmiarem wykonanego obowiązku. Dokonywanie czynów doskonałych często wywołuje w nas zrozumiałą chęć uzyskania większego prestiżu społecznego. Niekiedy chęć skrywaną lub nieuświadamianą, ale jak się wydaje występującą. Czujemy się lepsi niż inni, bo przecież postąpiliśmy lepiej, zdecydowanie lepiej niż inni. W czasach średniowiecza sprawa była dość prosta. Etyki rycerskie, najlepiej w tym czasie rozwinięte, oparte były na pojęciu doskonałości wewnętrznej i zewnętrznej, i wymagały od rycerzy czynów supererogacyjnych. Ale też bycie rycerzem uważano za najwyższy etap rozwoju człowieka. Sami rycerze także uważali się za ludzi moralnie doskonałych, co mogło im rekompensować poczucie straty wynikające z dokonywania czynów chwalebnych (zewnętrznie często tracili) i satysfakcjonować ich wewnętrznie. Odbiór społeczny nie musiał być już tak optymistyczny, przykład Don Kichota jest tu dość pouczający. Rycerz ten ciągle dokonywał, lub chciał dokonać czynów chwalebnych i ciągle spotykały go za to nieprzyjemności. W najlepszym przypadku była to śmieszność i kpiny ze strony ludzi.

---

[21] A.M. Kaniowski, (przyp. 18), s. 25.
[22] A.M. Kaniowski, (przyp. 18), s. 26.

Co prawda opinia społeczna nie może wymusić ani nakazać dokonania czynu chwalebnego, lecz często oczekuje takiego postępowania, ażeby niejako w zastępstwie skorzystać z odbitego blasku doskonałości. Życie w cieniu doskonałości buduje w nas uzasadnione być może przekonanie, że część tej doskonałości spłynie na nas i oświetli nas swym blaskiem. Lubimy, gdy ktoś dokonuje czynu supererogacyjnego, bo robi to niejako za nas, w imię ludzkości, jej najwspanialszych ideałów, więc zyskujemy wiele nic nie tracąc, ponieważ przypisujemy sobie nie swoje zasługi, a negatywne skutki supererogacji nas nie dotykają. To bardzo komfortowa sytuacja: otrzeć się o doskonałość i jednocześnie nie ponosić jej negatywnych skutków. Ekonomicznie to najbardziej optymalna sytuacja, gdyż mamy same zyski, nie ponosząc żadnych kosztów czy nakładów.

Myślenie takie również ma długą tradycję i na trwałe weszło do europejskiej skarbnicy kulturowej. Po raz pierwszy pojawiło się przy filozoficznych i teologicznych analizach dotyczących odpustów, a konkretnie uzasadnienia ich istnienia. Od około XIII w. teologowie propagowali tezę, popartą w roku 1343 przez papieża Klemensa VI w tzw. Bulli Jubileuszowej, że Kościół posiada tak zwany przez teologów skarbiec zasług, nazywany również skarbcem łask, „który jest do dyspozycji kościoła i wypełniony jest nieskończonymi zasługami Chrystusa oraz pomniejszymi zasługami tych, którzy dochowując wierności radom ewangelicznym uczynili byli więcej, aniżeli było to wymagane do ich zbawienia"[23]. Z obliczeń zasług i win wynikać ma, że czyny supererogacyjne stanowią nadwyżkę dobra, którą Kościół może obdarować innych, w formie odpustu. Nadwyżka wypracowana jest przez świętych, którzy dokonali (dokonywali) czynów supererogacyjnych, a więc z definicji czynów z nadwyżką dobra, którego nie musieli już spożytkować dla własnego zbawienia. Jest to ciekawa filozoficznie koncepcja, nie wiadomo tylko czy prawdziwa, bo czy dobro podlega prawom ludzkiej logiki i stosuje się do niego prawo przechodniości? Oto pytanie, na które nie znajdziemy chyba nigdy odpowiedzi. W każdym razie nie ma tej odpowiedzi w obszarze ludzkiej nauki, znajdziemy ją jedynie w kompetencji wiary.

Lubimy więc ludzi dokonujących czynów chwalebnych, bo sądzimy, że robią je trochę za nas i my zawsze jakoś na tym skorzystamy. Jednocześnie nie mamy odwagi ani też instytucjonalnych powodów, ażeby na kimś dokonywanie takich czynów w jakikolwiek sposób wymuszać. Pozostaje więc działanie pozorowane, nie do końca czytelne, niejasna gra motywów nie do końca precyzyjnie określonych celów. Mętna strategia kombinacji i manipulacji najlepiej się sprawdza w takich sytuacjach. Wszyscy chcemy, ażeby w sprawie pomagania innym zrobić jak najwięcej. W zasadzie nie są nawet precyzyjnie określone granice tego obowiązku. Zawsze można oczekiwać i żądać następnych działań i kolejnych poświęceń. Nawet dobrze, że nie są one dokładnie dookreślone, wtedy przecież nie można by bezkarnie budować poczucia zawodowej winy. A to często jest warunkiem koniecznym do niejawnego wymuszania

---

[23] Zob. A.M. Kaniowski, (przyp. 18), s. 33.

działań supererogacyjnych. Osobiście nie uważam tego typu sytuacji za celowo wygenerowaną. Myślę, że jest istotą tego zawodu i stanowi jego immanentną cechę.

3. Naiwne otwarcie i manipulacje w terapii

Idee supererogacji bliskie są psychologii humanistycznej. Filozoficzne założenie leżące u podstaw tego stanowiska a zakładające, że człowiek z natury jest dobry i że ma dobre intencje, wymaga postawy bardzo specyficznego otwarcia, łatwowierności i bezbronności. Bez wątpienia wielu terapeutów płaci za tak otwartą postawę wysoką cenę, cenę niezrozumienia, czasem śmieszności lub lekceważenia. Naiwnością jest bowiem przekonanie wielu, że płacenia ceny tej da się uniknąć. Albo jesteśmy dobrymi ludźmi, naiwnie i bezbronnie otwierając się przed innymi (w sensie niebrania pod uwagę gier i manipulacji interpersonalnych) lub też zamykamy się i oczekujemy od innych stosowania się do naszych reguł.

Konsekwencją pedagogiczną wyrażającą się w takim nastawieniu powinna być postawa daleko idącej pokory wobec możliwości ludzkiego umysłu i szacunku dla wielkości świata oraz nieskończonej różnorodności jego przejawów. Aby taką postawę prezentować należy cenić postawy tolerancji poznawczej i światopoglądowej, bo tylko takie stanowisko może współistnieć z wymienionymi wyżej założeniami i tylko takie widzenie świata może podołać wyzwaniom poznawczym, które współczesna nauka i naukowy obraz świata niosą ze sobą.

W kontaktach interpersonalnych może dojść do niezwykle istotnego, ale w tych warunkach zupełnie koniecznego zbliżenia. Autentyczność tych relacji, ich istotna skuteczność, ujawnić się może tylko w atmosferze wzajemnego zaufania, założenia, że dążymy do wspólnego celu i że cel ten jest najważniejszym inspiratorem naszych działań i zamierzeń.

Wybory, których dokonujemy w swoim życiu to kwestia zysków i strat. Nawet najbardziej korzystne rozwiązanie ma swoją cenę, za wszystko trzeba kiedyś zapłacić. Nie ma, nie będzie i nie może być rozwiązań idealnych i jednoznacznie korzystnych. Problem, z którym się tutaj spotykamy dotyczy tego, jak to zbliżenie (naiwne otwarcie) rozumiemy i jakie są jego granice.

Choć otwarcie to, przy terapii konieczne, odbierane jest często jako naiwność, to warto jednak powiedzieć, że jakaś forma naiwności świadomie zamierzonej jest konieczna, jeśli chcemy, aby relacje wychowawcze (terapeutyczne) były prawidłowe i skuteczne. Czy da się w takim razie uniknąć manipulacji w procesie terapii? Wydaje się, że nie. Wszelkiego rodzaju manipulacje wpisane są w nasze życie, towarzyszą nam zawsze i w jakimś sensie nierozerwalnie związane są z naszym bytowaniem.

> W rzeczywistości w przeciwieństwie do wielu nieuzasadnionych przekonań manipulacje istnieją, odkąd istnieli ludzie próbujący wywierać wpływ na innych. Już w *Księdze Rodzaju* możemy odnaleźć mnóstwo manipulacji, że wspomnę choćby kuszenie Ewy, urażoną samoocenę Kaina, występek córek Lota, podstępnie wyłudzone przez Jakuba błogosławieństwo.

Za klasykę w tej dziedzinie uznawana jest również *Retoryka* Arystotelesa. Psychologia nie wynalazła manipulacji, jedynie je opisuje, poszukuje mechanizmów wyjaśniających i klasyfikuje[24].

Niektórzy autorzy, chcąc uniknąć negatywnych etycznych konotacji, zamiast terminu „manipulacja" używają pojęcia „wywieranie wpływu". Sądzą oni, że w ten sposób unikną kłopotów z dwoistością postaw terapeuty oraz że dochowają zasady neutralności moralnej[25]. Pomijając jednak spory teoretyczne należy zauważyć, że wywieranie wpływu społecznego, tak jak i manipulacje, może być stosowane bez obaw, jeżeli będziemy przy tym przestrzegać pewnych istotnych założeń. Podstawowa zasada dotyczy powodu, dla którego dokonujemy tego typu czynności. Jeżeli formułujemy wpływ manipulacyjnie bez zgody i wiedzy osoby poddawanej próbie i mamy na względzie maksymalizację własnego interesu (grup, instytucji, itp.) a nie dobro pacjenta, przekraczając w ten sposób granice ustalone dobrym obyczajem i/lub prawem, to na takie działania nie ma zgody. Jednak zdając sobie sprawę z tego, że wpływów o charakterze manipulacyjnym nie da się uniknąć zgadzamy się na to, aby je stosować, jednak w określonych odpowiednim stopniem swobody warunkach.

III. Pojęcie stopnia swobody

1. Stopień swobody a tolerancja

Pojęcie stopnia swobody zaczerpnięte jest z nauk fizycznych:

> To minimalna liczba niezależnych zmiennych opisujących jednoznacznie stan (modelu) układu fizycznego, w termodynamice liczba niezależnych zmiennych stanu, które można zmieniać nie powodując zmiany stanu (rodzaju i liczby faz). W praktyce stopień swobody określa liczba zmiennych, które można zmieniać nie powodując zmiany pozostałych zmiennych[26].

Tak zdefiniowane pojęcie stopnia swobody koreluje, jak sądzę, z pojęciem tolerancji. Termin fizyczny może więc znaleźć się w obszarze zainteresowań nauk o człowieku. Tolerancja jest pojęciem mającym dwojakie znaczenie. Po pierwsze rozumiana jest jako postawa oznaczająca znoszenie. W tym znaczeniu nazywana jest również tolerancją antropologiczną, ponieważ opisuje pewien specyficzny dla ludzi rodzaj wzajemnego kontaktu ujawnionego postawą znoszenia (akceptowania) odmienności innych (obcych). Po drugie, pojęcie to opisuje akceptowany procesem poznawczym, decyzyjnym czy technicznym, dopuszczalny stopień niedokładności.

Sądzę, że z tych dwóch pojęć można wygenerować trzecie. Tolerancję możemy bowiem rozumieć również jako pewien konieczny stopień swobody, potrzebny do sprawnego i poprawnego funkcjonowania człowieka jako jednostki i części społeczeństwa, stopień pełniący rolę elementu (czynnika) otwierającego człowieka na nowe doświadczenia, nowe wyzwania, nowe sytuacje, na nieznany, a niekiedy nieakceptowany

---

[24] T. Witkowski, *Psychomanipulacje*, Biblioteka Moderatora, Wrocław 2000, s. 16.

[25] R. Cialdini, *Wywieranie wpływu na ludzi*, GWP, Gdańsk 1999, s. 10.

[26] L.D. Landau, E.M. Lifszyc, *Krótki kurs fizyki teoretycznej*, T. 1 Mechanika – Elektrodynamika, PWN, Warszawa 1980, s. 14.

do tej pory świat. Tak rozumiana tolerancja — jako stopień swobody — jest (może być) ważnym czynnikiem kształtującym podmiotową otwartość człowieka.

2. Tolerancja w pierwszym znaczeniu

a. Klasyfikacja pojęcia tolerancji według Pawłowskiej

Pierwotne pojęcie tolerancji dotyczyło zagadnień światopoglądowych i związane było z wolnością religijną. Tak to widział John Locke, jeden z pierwszych znaczących filozofów, którzy wypowiedzieli się obszernie o tolerancji[27]. Dla niego była to wyłącznie kwestia stosunku do religii, ludzi wierzących, ich religijnej odmienności[28]. Locke ograniczył się do problemów wiary i ludzi kościoła. Dopiero John Stuart Mill poszerzył pojęcie tolerancji, przeniósł je na inne obszary naszego życia[29]. W ten sposób Mill ustalił nowoczesne pojęcie tolerancji światopoglądowej, którego konsekwencje widoczne są w myśli filozoficznej do dziś.

Współcześnie najpełniej na temat tak rozumianej tolerancji wypowiedziała się Ija Lazari-Pawłowska. Zdefiniowała ona tolerancję jako rodzaj postawy i wynikające stąd nasze zachowania, gdy „konfrontowani jesteśmy z jakąś cudzą odmiennością"[30]. Przykładem mają być postawy wobec odmienności religijnych i tradycji kulturowych. U Pawłowskiej występują trzy rodzaje tolerancji:

— Tolerancja negatywna — charakteryzuje się brakiem ingerencji, pomimo dokonania negatywnej oceny zastanej sytuacji. Pawłowska nazywa taką tolerancję bierną, ponieważ pomimo braku akceptacji (braku tolerancji w sensie psychologicznym) nie dokonujemy ingerującej korekty, postawa nasza nie ujawnia się w postaci czynu, aktywności korekcyjnej, choć dokonujemy negatywnej oceny. Tolerujemy taki stan rzeczy, choć go nie akceptujemy.

— Tolerancja pozytywna — pojęcie to poszerza pierwotne znaczenie słowa tolerancja zawarte w definicji tolerancji negatywnej. Zakłada nie tylko „niesprzeciwianie się cudzej odmienności, biernego jej znoszenia", ale także oczekuje „sprzyjającej akceptacji, lub nawet życzliwego popierania cudzej odmienności"[31]. Takie rozumienie tolerancji wymaga już wewnętrznej akceptacji, czyli tolerancji w sensie psychologicznym, oraz działania i aktywności prospołecznej.

— Tolerancja jako nierepresyjna ingerencja — pojęcie to Pawłowska definiuje następująco: „Zarówno w tolerancji negatywnej, jak pozytywnej mieliśmy do czynienia z sytuacją, gdy człowiek nie sprzeciwia się cudzej odmienności, różnica zaś polegała na tym, że raz występowało niechętne a raz sprzyjające ustosunkowanie się do

---

27   A. Tarnopolski, *Człowiek wobec niewiedzy*, Wydawnictwo AJD, Częstochowa 2010, s. 200–205.

28   A. Tarnopolski, (przyp. 27), s. 200.

29   A. Tarnopolski, (przyp. 27), s. 201.

30   I. Lazari-Pawłowska, *W obronie światopoglądowej tolerancji*, [w:] *Humanistyczne podstawy tolerancji*, red. S. Folaron, Wydawnictwo WSP, Częstochowa 1992, s. 15; taż, *Jeszcze o pojęciu tolerancji*, „Studia Filozoficzne" 1987, nr 1, s. 166.

31   I. Lazari-Pawłowska, (1992, przyp. 30), s. 18.

odmienności. W trzecim pojęciu tolerancji chodzi o to, aby przeciwstawianie się nie przebiegało agresywnie, lecz miało w sobie jak najwięcej cech dialogu. Nie każde bowiem przeciwstawianie się ludzie chcieliby traktować jako oznakę nietolerancji"[32]. Taką tolerancję autorka nazywa opartą na łagodnej ingerencji, zdając sobie sprawę, że kłóci się to z pojęciem tolerancji w sensie negatywnym. Jest przecież w jakimś sensie, definicyjnym pojęciem nietolerancji negatywnej[33].

b. Klasyfikacja pojęcia tolerancji według Walzera

Natomiast M. Walzer wymienia pięć rodzajów tolerancji:

— Tolerancja z konieczności — jest to „[…] postawa zrezygnowanej akceptacji odmienności, w imię zachowania pokoju społecznego"[34]. Według autora postawa ta — zrezygnowanej akceptacji — pojawiła się, gdy ludzie zrozumieli, że dalsze zabijanie się z powodów światopoglądowych (np. religijnych) nie ma sensu, ponieważ nie przynosi żadnych rozsądnych rozwiązań i nie spełnia pokładanych w tych działaniach nadziei (np. na to, że oponenci zmienią swe przekonania). Dalsze kontynuowanie takiej polityki okazywało się wysoce nieracjonalne i nieekonomiczne.

— Tolerancja z życzliwej obojętności — to przykład tolerancji biernej. Jak pisze Walzer, jest to „[…] bierna, łagodna, życzliwa obojętność wobec odmienności. Świat musi się składać z wszelkich odcieni"[35].

— Tolerancja z filozoficznej rezygnacji — ten rodzaj tolerancji „[...] wynika z pewnej odmiany moralnego stoicyzmu: z pryncypialnego uznania, że «inni» mają takie same prawa, nawet jeśli korzystają z owych praw w sposób, który nie budzi naszej sympatii"[36]. Taką tolerancję możemy nazwać tolerancją wynikającą z filozoficznej, stoickiej rezygnacji (w sensie pozytywnym).

— Tolerancja z zaciekawienia — „Czwarta postawa jest wyrazem otwartości wobec innych, ciekawości, a nawet szacunku; gotowości do słuchania a nawet uczenia się"[37]. To tolerowanie odmienności z zaciekawienia.

— Tolerancja z nadmiernego optymizmu — piąta postawa to entuzjastyczna aprobata dla odmienności: „[...] aprobata estetyczna, jeżeli odmienność traktuje się jako kulturową formę, która wyraża bogactwo i różnorodność Bożego stworzenia lub świata przyrody; albo aprobata funkcjonalna, jeśli odmienność uważana jest, jak w liberalnej argumentacji na rzecz wielokulturowości, za warunek konieczny ludzkiego rozwoju, który stwarza poszczególnym ludzkim jednostkom możliwość dokonywania wyborów nadających sens ich autonomii"[38].

---

[32] I. Lazari-Pawłowska, (1992, przyp. 30), s. 19.
[33] I. Lazari-Pawłowska, (1987, przyp. 30), s. 167.
[34] M. Walzer, *O tolerancji*, PIW, Warszawa 1999, s. 22.
[35] M. Walzer, (przyp. 34), s. 22.
[36] M. Walzer, (przyp. 34), s. 22.
[37] M. Walzer, (przyp. 34), s. 22.
[38] M. Walzer, (przyp. 34), s. 22.

Zrozumienie tych uwarunkowań, zrozumienie, czym jest i jak działa tolerancja jako regulator życia społecznego i jednostkowego, ułatwi nam sprawne funkcjonowanie w świecie, umożliwi określenie granic stopnia swobody definiujących nasze działania w binarnym układzie otwartości, naiwności i manipulacji, wywierania wpływu.

3. Tolerancja w drugim znaczeniu

Pojęcie tolerancji pojawia się również w naukach technicznych. Rozumiane jest tutaj trochę inaczej, jednak są również zaskakujące podobieństwa, które dotyczą przede wszystkim definiowanego wcześniej stopnia swobody.

Otóż w naukach technicznych pojęcie tolerancji kojarzone jest z błędem, który jest dopuszczalny w procesie technologicznym przy obróbce jakiegoś przedmiotu, lub przy ustalaniu warunków brzegowych, dotyczących poprawnego wykonania danej czynności, przeprowadzenia procesu technologicznego, czy dopasowania współpracujących ze sobą elementów, bo „[…] wtedy zawsze występuje pomiędzy tymi elementami luz [...]"[39]. Natomiast według definicji: „Tolerancja, w technice różnica pomiędzy górnym i dolnym wymiarem granicznym danej wielkości technicznej (tolerancja wymiaru liniowego) lub największe dopuszczalne odchylenie kształtu bądź położenia (tolerancja kształtu, tolerancja położenia)"[40].

W początkowym okresie rozwoju cywilizacji wielkoprzemysłowej problem ten nie istniał i wszelkie potrzebne wymiary podawano w liczbach okrągłych, zakładając milcząco, że wykonujący daną rzecz robotnik wykona ją z odpowiednim luzem „na wyczucie". Więc „[...] rzeczywiste wymiary poszczególnych elementów były w takich warunkach poniekąd sprawą przypadku; jeśli budowano kilka maszyn jednakowych, o wzajemnej zamienności ich części nie mogło być mowy; podobnie i późniejsze dostawy części zapasowych mogły być dokonywane tylko drogą dopasowywania"[41]. Oznacza to, że w początkowym okresie rozwoju produkcji przemysłowej produkowano, w zasadzie pojedyncze, niepowtarzalne przedmioty. Nawet, jeśli były to serie produktów, to i tak nie były to przedmioty jednakowe.

Masowa produkcja, która jest istotą gospodarki wielkoprzemysłowej, nie mogła opierać się na takich niepowtarzalnych produktach. Problem był istotny, przede wszystkim dla wojskowych, którzy domagali się zamienności produkowanych do uzbrojenia części. W 1750 roku Joseph Batrholomeus Kuchenreuter, rusznikarz z Regensburga wychodzi naprzeciw tym oczekiwaniom, produkując broń, której części są wzajemnie zamienne. „Dotąd jako wytwór indywidualnego rękodzieła, [broń] zaczyna być towarem masowym dzięki produkcji seryjnej. [...] Główną

---

[39] B. Konorski (red.), *Poradnik inżyniera elektryka*, WNT, Warszawa 1968, s. 32.

[40] Z. Jazukiewicz, *Tolerancja*, „Przegląd Techniczny. Gazeta Inżynierska", <www.przeglad-techniczny.pl/index.php?option=com_content&view=article&id=1246:tolerancja&catid=116:filozofia-poj-technicznych&Itemid=44> [3.02.2014].

[41] W. Moszyński, *Pasowania w budowie maszyn na tle Międzynarodowego Układu Tolerancyj Średnic*, Instytut Wydawniczy SIMP, Warszawa 1948, s. 1.

zasługą Kuchenreutera jest ujednolicenie części, które przez to stają się wymienialne. Umożliwia to dokonywanie szybkich napraw w warsztatach rzemieślniczych i pozwala wyraźnie obniżyć koszty produkcji broni palnej"[42]. Stało się to możliwe dzięki konceptualizacji pojęcia tolerancji, rozumianej jako dopuszczalny błąd technologiczny, dozwolony przy produkowaniu poszczególnych części, a nawet więcej, wskazany i zalecany w procesie technologicznym. Takie podejście (to znaczy wpasowanie pojęcia błędu w proces technologiczny) umożliwiło masową produkcję przemysłową i daleko posuniętą unifikację nie tylko procesów technologicznych i ich wytworów, ale również towarów konsumpcyjnych. Stawały się one nie tylko podobne do siebie, nieodróżnialne, ale również tanie i coraz bardziej dostępne szerokim masom społecznym[43].

W świecie techniki, pojęcie dopuszczalnego błędu, rozumianego jako pewnego rodzaju niedokładność akceptowana w ściśle określonych granicach, jako stopień swobody, jest więc stałym elementem gry. W biznesie i naukach o zarządzaniu tolerancja jako odchylenie, a więc planowany i kontrolowany stopień swobody, jest tak samo stałym składnikiem analiz i badań.

Można przypuszczać, że tak rozumiana tolerancja funkcjonuje również w innych obszarach naszego życia, pełniąc, pomimo odmienności, taką samą rolę — stopnia swobody umożliwiającego sprawne funkcjonowanie. Ujawniać się ona może w życiu jednostki — w wymiarze psychologicznym, i w życiu społecznym — w wymiarze socjologicznym. W filozofii tolerancja rozumiana jako pewien stopień swobody może mieć wymiar indywidualny jako postawa intelektualna, generująca poznawczą otwartość, i wymiar uniwersalny — jako założenie metodologiczno poznawcze[44].

4. Tolerancja w trzecim znaczeniu

a. Tolerancja a akceptacja

Tolerancję w trzecim znaczeniu będziemy w takim razie rozumieć jako postawę opartą na akceptowaniu odmienności (w szerokim znaczeniu terminu odmienności), w określonych odpowiednim stopniem swobody granicach. Jeżeli wymagająca tolerancyjnego znoszenia odmienność mieści się w tych granicach, następuje tolerancyjna akceptacja. Natomiast, gdy granice są przekroczone, wtedy w przypadku pełnej, czy nadmiernej akceptacji mamy do czynienia z sytuacją tolerancyjną, a w przypadku nadmiernej nieakceptacji — z postawą nietolerancyjną.

Tolerancyjnymi będziemy nazywać takie postawy, które oparte będą na głębokim, immanentnym przekonaniu, że warto i należy pozytywnie zaakceptować czyjąś odmienność i wynikające stąd konsekwencje. Taka postawa wewnętrznej tolerancyjnej akceptacji powinna być oparta na mechanizmach wewnątrzsterownej zgody,

---

[42] M.B. Michalik (red.), *Kronika techniki*, Wydawnictwo „Kronika", Warszawa 1992, s. 144.
[43] A. Tarnopolski, (przyp. 27), s. 206–208.
[44] Szczegółowy opis zob. A. Tarnopolski, (przyp. 27), s. 199–229.

wynikającej nie z umowy społecznej, lecz z przekonania. Interesujący dla takiego rozumienia tolerancji jest stopień wewnętrznej akceptacji odmienności, a nie to, jaki prezentujemy wobec tej odmienności zestaw zewnętrznych zachowań. Co prawda, wewnętrzna akceptacja może uruchamiać odpowiednie działania (aktywność zewnętrzną), które będą zobiektywizowaną i intersubiektywnie sprawdzalną formą prezentacji przekonań, lecz o postawach tolerancyjnych decydują na tej płaszczyźnie przekonania, a nie jakieś formy zewnętrznych zachowań. Rozróżnienie obu form: zewnętrznego zachowania i aktywności wynikającej z przekonania, aktywności opartej na konwencji i aktywności z wewnętrznego przekonania, jest dla postronnego obserwatora często niemożliwe. Dla istoty sprawy jest to jednak różnica zasadnicza.

Dla zgłębienia tego zagadnienia, jak sądzę, decydujące znaczenie ma tolerancja z życzliwej obojętności, tolerancja z filozoficznej rezygnacji oraz tolerancja z zaciekawienia.

b. Tolerancja z życzliwej obojętności

Taka postawa polega na tym, że akceptujemy odmienności, ponieważ niezbyt mocno interesują nas inni ludzie i ich cechy. Jednocześnie nie ma w nas niechęci, agresji, zaprzeczenia, i nie wynika to jedynie z obojętności, lecz również z prospołeczności, z doceniania postaw prospołecznych jako istotnie ważnych dla nas. Idea prospołeczności jakkolwiek byłaby naturalna, generalnie jest efektem uczenia się. W pewnym momencie naszego jednostkowego, a wreszcie w sensie szerszym społecznego życia, uzyskuje status mechanizmu wewnątrzsterownego, aby w ten sposób wkomponować się w zasady tolerancji w sensie psychologicznym.

Poziom akceptacji w tym typie tolerancji jest znaczny, gdyż jest on zauważalny przez podmiot. Wielu specjalistów uważa ten typ postawy oraz ten poziom akceptacji za definicyjnie wręcz odpowiedni dla postawy tolerancji[45]. Jest to również ważne dla nas, ponieważ ten stopień akceptacji odmienności ujawnia regulacyjną funkcję tolerancji jako pewnego rodzaju stopnia (niewymuszonej) swobody[46].

c. Tolerancja z filozoficznej rezygnacji

Postawa ta polega na tym, że nie rezygnujemy z czegoś, czego nie powinniśmy stracić a straciliśmy, i odczuwamy żal straty. Stoicka rezygnacja ma w sobie coś z relacji dorosłego mędrca w kontakcie z niedojrzałą młodością. Jest tu wyrozumiałość i paternalistyczny, życzliwy dystans terapeuty, zrozumienie sytuacji, ale również smutek przemijania i wreszcie życzliwy uśmiech. Ten typ tolerancji podobny bardzo do wymienianego poprzednio, różni się jednak od niego dwoma cechami.

Pierwsza różnica polega na tym, że o ile cechą definicyjną poprzedniego pojęcia tolerancji jest obojętność, to cechą tej drugiej jest niewątpliwie dystans. Druga

---

[45] G. Simmel, *Filozofia pieniądza*, Wydawnictwo Fundacji Humanitora, Poznań 1997, s. 455–457.

[46] A. Tarnopolski, (przyp. 27), s. 211–213.

różnica to ta, że w tolerancji opartej na stoickiej akceptacji (stoickiej rezygnacji) pojawia się, jako istotny, intelektualny wymiar takiej postawy.

Intelektualizm nadaje tolerancji specyficznego znaczenia. Jest również elementem uczenia się, lecz jednocześnie konstytuuje charakterystyczny stosunek człowieka do świata. Jednym ze znaczących elementów takiej postawy jest strategiczność myślenia wykraczającego poza granice nominalnego konkretyzmu, praktycznego instrumentalizmu, ideologicznego pragmatyzmu. Ten typ tolerancji komponuje się z niewiedzą filozoficzną w sensie intelektualnym. Natomiast w naszym obszarze dociekań jest sztandarowym przykładem tolerancji będącej przeciwieństwem nietolerancji opartej na arogancji.

Poziom i zakres akceptacji w przypadku tej tolerancji jest, jak się wydaje, bliski akceptacji towarzyszącej tolerancji drugiego rodzaju, to znaczy tolerancji z obojętności. Różnica polega na tym, że w przypadku tolerancji z obojętności akceptacja może mieć charakter niecelowy, a w szczególnym przypadku nieświadomy. W przypadku tolerancji stoickiej akceptacja, jak się wydaje, powinna być świadoma i być efektem świadomego wyboru. Postawa taka (stoicyzmu) może być kwestią strategicznego wyboru drogi życiowej, a w przypadku postaw filozoficznych raczej nie spotykamy się ze ślepymi przypadkowymi wyborami, gdyż to przeczyłoby istocie filozofii. Ponieważ tak definiowana tolerancja jest immanentnym składnikiem owej postawy, to również, interesujący nas stopień tolerancyjnej swobody, powinien być świadomie wybierany i akceptowany[47].

d. Tolerancja z zaciekawienia

Ten typ tolerancji opiera się w znaczącym stopniu na wewnętrznej akceptacji. Co interesujące, pozytywna akceptacja pojawia się tutaj jakby przed ujawnieniem się czy wypracowaniem w sobie postawy tolerancji. Można nawet rzec, że ciekawość jest cechą przeddefinicyjną, konstytuującą, a może nawet determinującą postawę tolerancji. Budując w sobie ciekawość, pielęgnując jej objawy czy też w najsłabszej formie świadomie generując tego typu stosunek do świata — czyli konstruując swoją strategię racjonalności w oparciu o idee ciekawości (zaciekawienia) — niejako automatycznie zgadzamy się na tolerancję. Tolerancja i ciekawość to cechy nierozerwalnie ze sobą związane, gdyż obie łączy otwartość. W wersji podstawowej jest to otwartość poznawcza (w szerokim znaczeniu terminu poznawczości, to znaczy nieograniczona wyłącznie do zdobywania wiedzy według standardów scjentystycznych) — a więc generująca pewien intelektualnie zaangażowany, uniwersalnie otwarty, dynamiczny, niedokończony, czynny, stosunek do świata (i do samego siebie)[48].

Poziom akceptacji w tego typu postawie jest równie znaczny, co w przypadku poprzednich rodzajów tolerancji. Różnica polega jedynie na powodach takiej akceptacji.

---

[47] A. Tarnopolski, (przyp. 27), s. 211–213.
[48] K. Obuchowski, *Przez galaktykę potrzeb*, Wydawnictwo Zysk i S-ka, Poznań 1995, s. 178.

Tutaj powodem akceptacji odmienności jest otwartość, chęć poznawania, zaspokajania potrzeby ciekawości[49].

IV. Tolerancja a terapia

Słowo „odmienność" opisuje wszelkiego rodzaju sytuacje społecznego i jednostkowego życia, pojedynczych zdarzeń i ich sekwencji a także pewnego rozumienia
harmonii, które odbiegają od przyjętego wzorca. W tym sensie terapia w swym wymiarze interpersonalnym jest spotkaniem z ową „odmiennością".

Natomiast istotą pojęcia „akceptacji" jest wewnętrzna, psychologiczna zgoda
lub niezgoda na ową odmienność i znoszenie jej (zgodnie z definicją tolerancji
w pierwszym znaczeniu). Jest więc możliwa sytuacja, że znosimy jakąś odmienność
wykazując to obiektywnym działaniem, a jednocześnie nie akceptujemy jej wewnętrznie. Akceptacja i nieakceptacja nie pokrywają się z postawą znoszenia rozumianą jako fakt intersubiektywnie ujawniony praktycznym działaniem. Terapeuta,
zdając sobie sprawę z powyższych uwarunkowań ustala w toku swojego działania
granice tolerancyjnego oddziaływania (w znaczeniu trzecim tolerancji). To znaczy,
akceptując odmienność swojego pacjenta stara się wybrać jakąś drogę dotarcia do
niego, będącą kompromisem pomiędzy naiwnym otwarciem a manipulacyjnym
wywieraniem wpływu. Od jego wiedzy, doświadczenia oraz osobistej kultury zależy, czy ów „złoty środek" będzie odpowiednio dobrany, a oddziaływania skutecznie wyważone.

Zdając sobie sprawę z idealizacyjnego wymiaru powyższych założeń należy jednak pamiętać, że przekraczanie owych granic może wywołać negatywne skutki
i mieć wpływ na pracę terapeuty. W jakimś sensie może to obniżyć jego skuteczność, a przez to wpływać na efektywność terapii i jakość życia pacjentów. Przekraczając granice swobody (ustalając je jako nadmiernie otwarte) stajemy się śmiesznie
naiwnymi, natomiast zawężając je (lub nawet likwidując) stajemy się nieznośnie ma-
nipulacyjnymi graczami. W obu przypadkach, zbyt łagodnego (nadmiernie liberalnego) wpływu, ale także w sytuacji zbyt dokładnej i nadmiernie ścisłej kontroli stajemy
się nie do zniesienia i będziemy odbierani jako ludzie niezbyt mądrzy, nieskuteczni,
a czasem nawet aspołeczni.

Andrzej Tarnopolski

Openness, tolerance, and the philosophy of psychotherapy

This paper aims to analyze the problem of the relationship between the
psychologist-therapist and the patient. The author argues that a proper relationship
between a therapist and a patient is built on a balance between open naivety on the
one hand and manipulative influence on the other. The author focues on the role of
openness, which is defined as the degree of freedom associated with the concept

---

[49] A. Tarnopolski, (przyp. 27), s. 211–213.

of tolerance. The therapist determines the limits of tolerance's impact: he accepts the uniqueness of his patient but tries to find a way to reach him, a way which is a compromise between naive openness and manipulative influence. Whether this 'golden mean' is achieved will depend on the therapist's knowledge, experience and personal culture. If we exceed the boundaries of tolerant freedom (that is to say, if we are too open) we become ridiculously naive, while narrowing them excessively (or eliminating them entirely) makes us into manipulative players. In both of these cases, the therapist is likely to be perceived as a not-too-clever, ineffective or perhaps even antisocial person.

ANNA BRONOWICKA

Stres zawodowy pracowników naukowo-dydaktycznych wyższych uczelni

I. Wstęp

Stres związany z pracą wpływa na wszystkie sfery funkcjonowania jednostki. „Dobry" stres (eustres) mobilizuje i motywuje jednostkę do działania, realizowania wytyczonych celów, a dystres powoduje różnorodne negatywne skutki, które prowadzą do obniżenia jakości życia zawodowego i osobistego. Satysfakcja z pracy zawodowej i odnoszenie sukcesów zawodowych istotnie warunkują poziom poczucia jakości życia zarówno mężczyzn, jak i kobiet[1].

Z licznych badań wynika, że stres zawodowy istotnie obniża jakość pracy i jakość życia pracownika[2]. Negatywne konsekwencje stresu, takie jak rotacja kadr, niska efektywność pracy, choroby psychosomatyczne, depresje i nerwice, są kosztowne ekonomicznie. Stres zawodowy jest zjawiskiem szkodliwym zarówno z perspektywy pracownika (słabnie jego zdrowie psychiczne i fizyczne), jak i organizacji (obniża się jej efektywność).

Wśród publikacji weryfikujących różne modele stresu zawodowego stosunkowo niewiele znajdujemy prac poświęconych stresowi doświadczanemu przez pracowników naukowo-badawczych wyższych uczelni. Przegląd dostępnej literatury pozwala stwierdzić szereg badań przeprowadzonych w tym obszarze w USA i Europie

---

[1] M. Kowalska, U. Marcinkowska, J. Jośko, *Satysfakcja z pracy zawodowej a jakość życia kobiet w wieku 45–60 lat w województwie śląskim*, „Medycyna Pracy" 2010, nr 3, s. 277–285; B. Tobiasz-Adamczyk, P. Brzyski, *Bilans satysfakcji z pracy zawodowej lekarzy w wieku emerytalnym. Relacja pomiędzy satysfakcją z pracy zawodowej a ogólną jakością życia*, „Gerontologia Polska" 2006, nr 2, s. 77–83; G. Bartkowiak, *Człowiek w pracy: od stresu do sukcesu w organizacji*, PWE, Warszawa 2009, *passim*.

[2] N.A. Gillespie, M. Walsh, A.H. Winefield, J. Dua, C. Stough, *Occupational stress in universities: staff perceptions of the causes, consequences and moderators of stress*, „Work & Stress" 2001, nr 1, s. 53–72., P. Le Blanc, J. de Jonge, W. Schaufeli, *Stres zawodowy a zdrowie pracowników*, [w:] *Psychologia pracy i organizacji*, red. N. Chmiel, GWP, Gdańsk 2007, s. 185–187.

Zachodniej[3]. W Polsce ukazały się nieliczne publikacje na ten temat: jedna dotyczy mechanizmów wypalenia zawodowego nauczycieli akademickich[4], dwie publikacje prezentują wyniki badań w zakresie jakości kształcenia na wyższych uczelniach (główne stresory w tym zawodzie)[5] oraz uwarunkowań wypalenia zawodowego[6].

Analizy sytuacji kadry naukowo-dydaktycznej wyższych uczelni po zmianie systemowej w 1989 roku dokonuje H. Sęk[7]. Opisując proces wypalenia zawodowego, jego mechanizmy i uwarunkowania wykorzystuje wiedzę zdobytą w wieloletnich badaniach wypalenia zawodowego nauczycieli szkół podstawowych i średnich. Autorka proponuje strategie skutecznego przeciwdziałania procesom wypalenia nauczycieli akademickich. Natomiast badania zespołu UJ, Z. Łącały i Cz. Noworola[8], dotyczące adaptacji kwestionariusza „Satysfakcja z pracy" nauczycieli akademickich pozwoliły na opracowanie wstępnych danych na temat źródeł stresu kadry naukowo-dydaktycznej.

W świetle tych badań szczególnie młoda kadra, asystenci i adiunkci, wydają się grupą wysokiego ryzyka[9]. Sytuacja młodej kadry naukowej w Polsce jest trudna. Pracuje ona w warunkach przewlekłego stresu związanego z niskim statusem ekonomicznym przy jednocześnie wysokich oczekiwaniach społecznych. Otrzymuje niskie wynagrodzenia w uczelniach państwowych i jeśli ma możliwość zatrudnienia na dodatkowych etatach, podejmuje dodatkową pracę. Sytuacja ekonomiczna i konieczność „dorabiania" do pensji bywają przyczyną niskiego poziomu rozwoju naukowego bądź rozwoju pozorowanego. Można przypuszczać, że oprócz obniżenia jakości pracy zawodowej, konsekwencją chronicznego stresu jest wypalenie zawodowe, depresje, słaba kondycja psychofizyczna. Według badaczy:

> Sytuacja społeczna i psychologiczna kadry nauczającej w szkołach wyższych jest skrajnie trudna. Narastające wymagania, stres roli zawodowej, frustracja potrzeb, brak zasobów i zagrożenie kontrolą oraz oceną jakości poziomu naukowego i dydaktycznego tworzą sytuację

---

3 W.H. Gmelch., P.K. Wilke, N.P. Lovrich, *Dimensions of stress among university faculty: Factor-analytic results from a national study*, „Research in Higher Education" 1986, nr 3, s. 266–286; G.V. Richard, S.T. Krieshok, *Occupational stress, strain, and coping in university faculty*, „Journal of Vocational Behavior" 1989, nr 34, s. 117–132; P. Seldin, *Research findings on causes of academic stress*, [w:] tegoż, *Coping with faculty stress*, Wydawnictwo Jossey-Bass, San Francisco, Londyn 1987, s. 13–21; R. Abousiere, *Stress, coping strategies and job satisfaction in university academic staff*, „Educational Psychology" 1996, nr 1, s. 49–58; N. A. Gillespie, M. Walsh, A. H. Winefield, J. Dua, C. Stough, (przyp. 2), s. 53–72.

4 H. Sęk, *Zespół wypalenia zawodowego u nauczycieli akademickich: uwarunkowania — przejawy, konsekwencje*, [w:] *Ewaluacja procesu kształcenia w szkole wyższej*, red. A. Brzezińska, J. Brzeziński, Wydawnictwo Fundacji Humaniora, Poznań 2000, s. 239–263.

5 Z. Łącała, Cz. Noworol, *Ocena jakości kształcenia w kontekście zarządzania uczelnią wyższą*, [w:] A. Brzezińska, J. Brzeziński, (przyp. 4), s. 175–207.

6 W. Świętochowski, *Wypalenie zawodowe nauczycieli akademickich i nauczycieli szkoły średniej — analiza porównawcza*, „Medycyna Pracy" 2011, nr 2, s. 133–143, <www.medpr.imp.lodz.pl> [10.10.2012].

7 H. Sęk, (przyp. 4), s. 239–261.

8 Z. Łącała, Cz. Noworol (przyp. 5), s. 187–188, 198–203.

9 W.H. Gmelch., P.K. Wilke, N.P. Lovrich (przyp. 3); R. Abousiere (przyp. 3); Z. Łącała, Cz. Noworol, (przyp. 5), 198–203.

wysokiego ryzyka dla tego zawodu, a w konsekwencji także dla jakości edukacji w szkołach wyższych. Może to ujawniać się brakiem naboru do tego zawodu najzdolniejszych i kreatywnych, odchodzeniem z zawodu lub przenoszeniem się do uczelni prywatnych, a dla najbardziej zaangażowanych — pogorszeniem stanu zdrowia lub procesem wypalenia zawodowego[10].

Statystyki wskazują na zjawisko tzw. odpływu adiunktów z wyższych uczelni. Odchodzą oni do firm, gdzie z tytułem doktora mogą zarabiać tyle, aby utrzymać siebie i rodzinę. Doktorat w Polsce jest najczęściej efektem wielu wyrzeczeń, a awans na adiunkta nie wiąże się z odpowiednimi gratyfikacjami materialnymi. Adiunkt żyje w poczuciu zagrożenia, wewnętrznego rozdarcia w związku z koniecznością „dorabiania" z jednej strony i koniecznością rozwoju naukowego, gdyż w przypadku braku postępów straci pracę. „Ciągle to uczucie rozerwania, wyrzuty sumienia, że pracuję naukowo na pół gwizdka i zarabiam pieniądze na pół gwizdka"[11].

Zajmując się problematyką stresu akademickiego warto zadać sobie cztery podstawowe pytania. Dotyczą one:

— natury stresu: jakie obszary pracy nauczyciela akademickiego są przyczyną negatywnych reakcji i napięć oraz negatywnych konsekwencji dla dobrostanu i efektywności w pracy?

— konsekwencji specyficznych i ogólnych stresu zawodowego: jak trwałe i na ile powszechne są takie negatywne efekty stresu pracy nauczyciela akademickiego, wypalenie zawodowe i brak satysfakcji z pracy (specyficzne) czy brak zadowolenia z życia (ogólne)?

— mediatorów: jakie psychologiczne mechanizmy pośredniczą między stresorami a symptomami stresu? Z przeglądu literatury wynika, że do głównych mediatorów należą poczucie własnej skuteczności jako badacza i dydaktyka[12], strategie radzenia sobie ze stresem[13] i wewnętrzna motywacja związana z pracą[14];

— moderatorów: jakie społeczne i środowiskowe czynniki zmieniają relację między stresem a jego konsekwencjami, pomiędzy stresem a reakcjami (mediatorami), między reakcjami a konsekwencjami? Z badań wynika, że należy wziąć pod uwagę dwa czynniki: wsparcie społeczne ze strony przełożonego (kierownika

---

10 H. Sęk (przyp. 4), s. 240–241.

11 Wypowiedź adiunkta [w:] E. Nowakowska, M. Kołodziejczyk, *Raport Polityki. Desperados czyli z życia młodego naukowca*, „Polityka" 2000, nr 10, s. 42.

12 H. Sęk, *Uwarunkowania i mechanizmy wypalenia zawodowego w modelu społecznej psychologii poznawczej*, [w:] tejże, *Wypalenie zawodowe. Przyczyny, mechanizmy, zapobieganie*, Wydawnictwo Naukowe PWN, Warszawa 2000, s. 83–112.

13 R. Abousiere, (przyp. 3), s. 49–58.

14 S.N. Singh, S. Mishra, *Research-related burnout among faculty in higher education*, „Psychological Reports" 1998, nr 83, s. 467–473.

zakładu, katedry, dyrektora instytutu), współpracowników, rodziny, przyjaciół[15] oraz klimat organizacyjny instytutu[16].

Wyżej postawione pytania są punktem wyjścia do przedstawienia w następnych rozdziałach przeglądu publikacji w wymienionych obszarach.

II. Natura stresu akademickiego

1. W poszukiwaniu głównych wymiarów stresu akademickiego — badania w USA

Pierwsze badania dotyczące źródeł stresu akademickiego przeprowadzone w Stanach Zjednoczonych w latach siedemdziesiątych, a kolejne w latach 80. i 90.[17] Wyniki tych badań pozwoliły określić główne stresory występujące w zawodzie nauczyciela akademickiego na amerykańskich uczelniach.

a. wymiary stresu akademickiego wg Gmelcha i współautorów

Przeprowadzony w roku 1984 w USA ogólnokrajowy sondaż na reprezentatywnej próbie 80 instytucji prowadzących studia doktoranckie (40 publicznych i 40 prywatnych uniwersytetów) objął 1 200 pracowników i pozwolił na określenie pięciu wymiarów specyficznych dla stresu pracowników wyższych uczelni[18]:

— nagrody i uznanie (*reward and recognition*): wymiary ten obejmuje takie stresory jak brak wystarczającego uznania za osiągnięcia naukowo-badawcze, dydaktyczne oraz różne inne prace wykonywane na rzecz uniwersytetu; brak odpowiednich nagród (np. pensji) za pracę; brak jasnych kryteriów oceny aktywności badawczej i usługowej na rzecz uczelni;

— presja czasu (*time constraints*): wymiar ten obejmuje takie stresory jak brak czasu na to, aby być na bieżąco z osiągnięciami w swojej dziedzinie oraz na przygotowanie zajęć; poczucie nadmiernego przeciążenia pracą, dodatkowymi obowiązkami (takimi jak np. uczestniczenie w zebraniach, pisanie listów i inne „prace papierkowe"), które zabierają czas przeznaczony na pracę naukowo-badawczą;

— wpływ instytutu (*departmental influence*): obejmuje takie stresory jak poczucie braku wpływu na podejmowane decyzje na poziomie instytutu, wydziału bądź uczelni;

[15] J.C. Quick, *Institutional preventive stress management*, [w:] P. Seldin, (przyp. 3), s. 75–84; A.F. Grasha, *Short-term coping techniques for managing stress*, [w:] tamże, s. 53–64; M.D. Sorcinelli, M.W. Gregory, *Faculty stress: The tension between career demands and „having it all"*, [w:] tamże, s. 43–52.

[16] P.M. Muchinsky, *Psychology applied to work*, Brooks/Cole Publishing Company, California 1989, s. 363–365; M. West, H. Smith, W. L. Feng, R. Lawthom, *Research excellence and departmental climate in British universities*, „Journal of Occupational & Organizational Psychology" 1998, nr 3, s. 261–281.

[17] W.H. Gmelch., P.K. Wilke, N.P. Lovrich, (przyp. 3), s. 266–286; P. Seldin, (przyp. 3), s. 13–21; C. Leatherman, *Despite their gripes, professors are generally pleased with careers. The American faculty poll*, „The Chronicle of Higher Education" 2000, nr 26, s. 19.

[18] W.H. Gmelch., P.K. Wilke, N.P. Lovrich, (przyp. 3), s. 270–275.

— tożsamość zawodowa (*professional identity*): obejmuje takie stresory jak problemy związane z wystąpieniami na konferencjach, pisaniem publikacji i zabezpieczaniem środków na badania, oraz problem nadmiernie wysokich oczekiwań wobec siebie;

relacje ze studentami (*student interaction*): wymiar ten dotyczy stresu związanego z ocenianiem studentów, rozwiązywaniem sporów ze studentami, prowadzeniem zajęć.

W wyniku tego ogólnokrajowego sondażu na próbie pracowników uniwersytetów stwierdzono ponadto, że pracownicy samodzielni (*tenured*) odczuwają mniejszy stres w zakresie wszystkich pięciu wymiarów niż pracownicy niesamodzielni (*not tenured*), a im wyższy stopień akademicki, tym niższy poziom stresu. Wyniki pokazują, że w dwóch wymiarach: „presja czasu" i „tożsamość zawodowa" wraz z wiekiem zmniejsza się poziom stresu. Nie stwierdzono różnicy w poziomie doświadczanego stresu między kobietami i mężczyznami w zakresie większości wymiarów.

b. Kategoryzacja źródeł stresu akademickiego wg Seldina

W drugiej połowie lat osiemdziesiątych ukazała się kolejna publikacja podsumowująca rezultaty badań w USA w zakresie stresu akademickiego. Seldin[19] na podstawie przeglądu publikacji proponuje własną kategoryzację źródeł stresu doświadczanego przez nauczycieli akademickich oraz opisuje naturę poszczególnych stresorów.

aa. Nieadekwatny udział w instytucjonalnym planowaniu i zarządzaniu

Z badań wynika, że większość kadry jest przekonana o bardzo małym wpływie na politykę instytucji, w której pracuje. Amerykańscy profesorowie sądzą, że w coraz mniejszym stopniu są angażowani w planowanie i zarządzanie instytucjami, w których są zatrudnieni.

bb. Zbyt dużo zadań, zbyt mało czasu

Jednym z ważniejszych źródeł stresu amerykańskich nauczycieli akademickich są liczne oczekiwania związane z pełnioną przez nich rolą. W tym samym czasie muszą oni skutecznie radzić sobie z bardzo różnorodnymi zadaniami: przygotowywać się do zajęć dydaktycznych, śledzić rozwój swojej dyscypliny, przeprowadzać badania, pisać publikacje, uczestniczyć w posiedzeniach różnych komisji, świadczyć różne usługi na rzecz społeczności akademickiej, uczestniczyć w konferencjach naukowych. Oprócz tego, większość z nich ma zobowiązania rodzinne oraz potrzebę znalezienia czasu wolnego na własne zainteresowania i relaks. Profesorowie często mają poczucie, iż wykonując jedno zadanie, zaniedbują inne. Jeżeli skoncentrują się na pisaniu publikacji, to zbyt mało czasu poświęcają na przygotowanie się do zajęć oraz nie mają czasu dla rodziny. Z badań wynika, że prawie 50% kadry uniwersyteckiej

---

[19] P. Seldin, (przyp. 3), s. 16–19.

jako źródło poważnego stresu zgłasza konieczność godzenia różnych obowiązków dydaktycznych, naukowych, badawczych, organizacyjnych i rodzinnych.

cc. Niska pensja i złe warunki pracy

Z badań wynika, że amerykańscy profesorowie oceniają swoje pensje jako stosunkowo niskie, a warunki pracy jako pogarszające się z roku na rok. Np. z badań na próbie 5 000 profesorów w 1985 roku wynika, że większość z nich uważała swoje pensje i warunki pracy za nieadekwatne w stosunku do kwalifikacji i wysiłku. Stres nasilają dodatkowo porównania między przedstawicielami różnych dyscyplin. Zauważyć można tu liczne rozbieżności, które osłabiają morale. Znacznie lepiej zarabia kadra, której obszar zainteresowań naukowych związany jest z biznesem.

dd. Nieadekwatne uznanie i nagradzanie kadry profesorskiej

W tym obszarze źródłem stresu są: polityka i procedury w zakresie oceny osiągnięć kadry, atmosfera w uczelni związana z przeprowadzaniem ewaluacji oraz tempo awansowania i otrzymywania stopni. Wielu profesorów poświęca dużo czasu dydaktyce, ale system wynagradzania promuje tych, którzy koncentrują się na badaniach i publikacjach. Pracownicy naukowi często czują presję na różnych płaszczyznach działalności. Równie często nie są świadomi przyjętych standardów dotyczących dydaktyki, badań czy innych prac na rzecz uczelni. Nie znają kryteriów stosowanych do oceny ich osiągnięć. Narzekają na brak informacji zwrotnej dotyczącej ich zawodowych dokonań.

ee. Niezrealizowane oczekiwania i cele związane z własną karierą

Reputacja profesorów zależy w głównej mierze od publikacji, wystąpień na spotkaniach, konferencjach naukowych, liczby otrzymanych grantów. Te oczekiwania powodują, że większość przedstawicieli kadry naukowej charakteryzuje nierealistycznie wysoki poziom oczekiwań wobec siebie i stawianie sobie nierealnych, zbyt ambitnych celów. Źródłem depresji są porażki związane z nieprzyjęciem do druku publikacji bądź wystąpienia konferencyjnego lub odrzuceniem wniosku o grant. Dla młodej kadry źródłem głębokich rozczarowań jest porażka związana z brakiem możliwości awansu na samodzielne stanowisko naukowe.

ff. Brak satysfakcji w relacjach ze studentami, współpracownikami, przełożonym

Innym źródłem napięć kadry uczelni są niezadowalające kontakty ze studentami, kolegami z pracy i przełożonym. Bierność i nieuzasadnione oczekiwania wysokich ocen ze strony studentów są ważnym źródłem stresu. Ewaluacja prowadzonych zajęć — ocena poziomu wykładów, seminariów — to okresy napięć i irytacji. Z badań wynika, że pracownicy uczelni są przekonani o obniżaniu się standardów akademickich. Narzekają, że kolejne generacje studentów są coraz gorzej przygotowane i mniej zainteresowane studiowaniem. Dominującym źródłem stresu w zakresie interakcji z kolegami z pracy jest brak wzajemnego zaufania i szacunku. Instytuty są skłócone politycznymi podziałami i zawodową zazdrością. Poważnym problemem jest brak pracy zespołowej w ramach poszczególnych instytutów.

Źródłem stresu w interakcjach z przełożonym są rosnące przeciążenia, napięcia budżetowe, brak wpływu na decyzje przełożonego oraz niezrozumienie (lub nieznajomość) kryteriów służących przełożonemu do ewaluacji osiągnięć pracowników. Ponadto kadra naukowo-dydaktyczna narzeka na pracę administracji uczelni: brak zrozumienia potrzeb i odpowiedniej pomocy z jej strony.

c. Stres kadry profesorskiej w USA na podstawie sondażu na reprezentatywnej próbie z 1999 r.

Raport z telefonicznego sondażu przeprowadzonego w 1999 r. pozwala poznać poglądy kadry profesorskiej w USA 10 lat później[20]. Przebadano reprezentatywną dla USA próbę 1 511 pełnoetatowych profesorów. Sondaż nie obejmował profesorów zatrudnionych czasowo (*part-timers*), których zatrudnia się w USA znacznie więcej niż pełnoetatowych.

Z sondażu wynika, iż amerykańscy profesorowie są generalnie zadowoleni ze swoich karier. Większość profesorów, mając możliwość ponownego startu zawodowego, znów zdecydowałaby się na karierę akademicką — 90% profesorów było zadowolonych ze swojego wyboru. Odnotowując gwałtowne zmiany technologiczne i inne zjawiska negatywnie oddziałujące na szkolnictwo wyższe, przewodniczący organizacji, która sponsorowała badania powiedział: „Zwykle kiedy zachodzi wiele zmian ludzie nie są szczęśliwi. Co jest interesujące w tych wynikach, to fundamentalna satysfakcja"[21]. Mężczyźni są bardziej zadowoleni z pracy niż kobiety.

Jednocześnie 40% badanych rozważało zmianę zajęcia ze względu na niskie zarobki i złą politykę uczelni. Profesorowie decydują się pozostać, ponieważ mają sposobność nauczania studentów; mają pracę, która jest intelektualnym wyzwaniem i stymuluje intelektualnie środowisko; mają wolność nauczania tego, co ich interesuje; mają możliwość poświęcania czasu rodzinie (wybierano z 17 możliwych powodów). Na ostatnich pozycjach tego rankingu znalazły się: reputacja ich instytucji, fizyczne warunki pracy w campusie, sposobność na uznanie zawodowe. Profesorowie są najbardziej zadowoleni z możliwości bycia niezależnymi w pracy oraz ruchomego czasu pracy. Pytani o problemy, które powodowały w ostatnim roku stres, 50,4% respondentów jako najważniejszą kwestię wskazało brak przygotowania i zaangażowania studentów. Zdaniem profesorów, ich uczelnie kładą zbyt duży nacisk na wzrost liczby przyjmowanych studentów a zbyt mały na zabezpieczenie finansowych potrzeb pracowników.

---

[20] C. Leatherman, (przyp. 17), s. 19.
[21] C. Leatherman, (przyp. 17), s. 19.

2. Badania nad stresem akademickim w innych krajach

Badania nad stresem akademickim prowadzono również w innych krajach, w tym w Polsce. Celem badań przeprowadzonych w Walii na 414 nauczycielach akademickich była identyfikacja źródeł i poziomu stresu pracowników uniwersytetu oraz określenie strategii radzenia sobie ze stresem w pracy[22]. Wyniki tych badań wskazują, że im wyższy poziom odczuwanego stresu, tym niższa satysfakcja z pracy. Kadra naukowo-dydaktyczna Uniwersytetu Walijskiego uznaje pracę za najbardziej znaczącą przyczynę stresu w swoim życiu (74%), a przeprowadzanie badań wskazuje jako główną przyczynę stresu w pracy (40,3%). Znakomita większość, trzy czwarte badanych, doświadcza stresu na poziomie umiarkowanym, a prawie piętnaście procent odczuwa poważny stres. Nie stwierdzono istotnych różnic między mężczyznami i kobietami w poziomie odczuwanego stresu. Najwyższy poziom stresu przeżywają wykładowcy i starsi wykładowcy, nieco niższy — tutorzy i asystenci, a najmniejszy stres zawodowy odczuwają profesorowie.

W opinii H. Sęk[23] w Polsce w sytuacji zawodowej nauczyciela akademickiego dominują zjawiska negatywne, takie jak zwiększone obciążenia i konflikt roli zawodowej. Przyczyn podwyższonego stresu zawodowego H. Sęk szuka we wzrastających wymaganiach wobec nauczycieli akademickich. Od nauczycieli akademickich oczekuje się szybkich postępów w pracy naukowej, podwyższania kompetencji dydaktycznych, tworzenia nowych programów, egzaminowania dużych grup studentów, organizowania praktyk zawodowych dla studentów, przejmowania większej ilości czynności organizacyjnych. Przyczyną napięć przeżywanych przez akademików jest sytuacja, w której z jednej strony działania na rzecz jakości kształcenia i procedury akredytacyjne stawiają na wysoki poziom naukowy i indywidualny kontakt ze studentem, z drugiej strony kładzie się nacisk na masowość edukacji akademickiej. Innym źródłem napięć jest system ewaluacji wewnętrznej, który powoduje poczucie zagrożenie m.in. postawą roszczeniową studentów. Sęk dostrzega też pozytywne zjawiska na wyższych uczelniach zachodzące w wyniku transformacji systemowej: odzyskanie wolności badań, autonomię uczelni i demokratyzację stosunków w społeczności akademickiej.

Wstępnie źródła stresu kadry naukowo-dydaktycznej uniwersytetu zostały określone w badaniach na UJ w Katedrze Psychologii Zarządzania i Ergonomii[24]. W ramach oceny jakości kształcenia w latach 1998–2000 przeprowadzono prace adaptacyjne nad kwestionariuszem „Satysfakcja z pracy". Z badań na próbie 898 nauczycieli akademickich wynika, że są oni niezadowoleni z systemu wynagradzania: z wysokości pensji, braku jasnych kryteriów wynagradzania za pracę, łamania zasady „za taką sama pracę jednakowe wynagrodzenie". Respondenci — pracownicy UJ — mówią o „feudalnym" systemie promowania i awansów oraz systemie wynagradzania zmuszającym do poszukiwania dodatkowych źródeł dochodu. Przykładowe wypowiedzi brzmią

---

[22]　R. Abousiere, (przyp. 3), s. 49–58.
[23]　H. Sęk, (przyp. 4), s. 239–261.
[24]　Z. Łącała, Cz. Noworol (przyp. 5), s. 192–200.

następująco: „Dorabianie do pensji pożera czas i hamuje rozwój naukowy", „Żeby mieć czas na badania trzeba godziwie zarabiać". Ponadto wśród stresorów wymieniają: brak dofinansowania udziału w zjazdach i sympozjach naukowych czy konieczność angażowania własnych skromnych środków na zakup narzędzi do pracy.

Do zagrożeń dla rozwoju młodej kadry naukowej zaliczono kontrolowanie i opóźnianie awansów, małą efektywność studiów doktoranckich, przetrzymywanie pracowników z tytułem doktora na stanowisku asystenta[25]. Młodsza kadra naukowa odczuwa brak wsparcia instytucjonalnego w zakresie doskonalenia umiejętności dydaktycznych i rozwijania warsztatu naukowego. Poniżej przedstawiono przykładowe wypowiedzi badanych przez Z. Łącałę i Cz. Noworola: „Brak w zakładzie zorganizowanej możliwości rozwoju zawodowego"; „Nie ma żadnych seminariów ani spotkań naukowych"; „Brak opieki merytorycznej ze strony kierownika katedry"; „Uczelnia nie stwarza możliwości doskonalenia umiejętności dydaktycznych"; „Limit czasu dla adiunktów powoduje stresy, poza tym sugeruje ignorowanie ważnej pracy dydaktycznej"; „90% habilitacji powstaje tylko po to, aby utrzymać się w miejscu pracy, a ich jakość jest bardzo mierna". Zastrzeżenia kadry UJ budzi także przepływ informacji w uczelni, w tym brak informacji o bieżących sprawach uczelni, opóźnienia w przekazywaniu ważnych informacji. Wśród innych stresorów badani wymieniają: układy (tzw. znajomości) ważniejsze niż kompetencje, biurokrację, przerost sprawozdawczości, braki w organizacji pracy, brak podziału obowiązków, brak pewności, stabilizacji, lęk o jutro w związku z systemem kontraktowym.

3. Stres pracy na uczelni wg ogólnych modeli stresu zawodowego

Kolejne badania przeprowadzone w USA na jednym z dużych środkowozachodnich uniwersytetów na próbie 87 pracowników weryfikowały interakcyjny model stresu zawodowego Osipowa i Spokane'a[26]. Według tego modelu napięcie jest funkcją stresu i radzenia sobie. Napięcie pojawia się wówczas, gdy brakuje zdolności do radzenia sobie ze stresorami. Wyróżnia się napięcie psychologiczne, fizyczne, zawodowe i interpersonalne. G. Richard i S. Krieshok uznali, że stresory w pracy na uczelni są zasadniczo podobne do stresorów występujących w innych zawodach i dlatego można je rozpatrywać w kategorii psychospołecznych ról związanych z pracą. Źródłem stresu może być konflikt, ambiwalencja lub przeciążenie roli, nadmierna odpowiedzialność oraz środowisko fizyczne. Kiedy jednostka nie radzi sobie skutecznie z tymi stresorami, może pojawiać się napięcie.

Posługując się modelem Osipowa i Spokane'a, G. Richard i S. Krieshok testowali hipotezę różnic między kobietami i mężczyznami na trzech kolejnych etapach kariery zawodowej (asystent, adiunkt, profesor). Nie stwierdzono różnic w tym zakresie. Wszyscy pracownicy doświadczają tych samych stresorów ról w swojej pracy, niezależnie od płci i stanowiska. Podobnie nie stwierdzono istotnych różnic w zakresie

---

[25] Z. Łącała, Cz. Noworol, (przyp. 5), s. 201.
[26] G.V. Richard, S.T. Krieshok, (przyp. 3), s. 117–132.

radzenia sobie ze stresem. Natomiast interesujący wynik uzyskano w zakresie przewidywania poziomu napięcia na podstawie interakcji płci i pozycji zawodowej. Wśród mężczyzn napięcie maleje wraz z awansem (profesorowie-mężczyźni odczuwają niższy poziom stresu niż adiunkci i asystenci-mężczyźni), wśród kobiet stwierdzono przeciwny trend: poziom napięcia rośnie wraz z awansem. Podczas gdy mężczyźni-asystenci odczuwają znacząco wyższy poziom napięcia niż kobiety-asystentki, kobiety-profesorki odczuwają istotnie wyższy poziom napięcia niż mężczyźni-profesorowie.

4. Podsumowanie: dwa podejścia w badaniu stresu akademickiego

Reasumując, przegląd literatury dotyczącej natury stresu doświadczanego przez nauczycieli akademickich pozwala stwierdzić, że istnieją dwa podejścia w badaniu tego zjawiska. Pierwsze zakłada, że stres akademicki ma swoją specyfikę i dlatego należy określić stresory specyficzne dla tego rodzaju aktywności zawodowej[27]. Drugie podejście zakłada, że stresory w pracy na uczelni są zasadniczo podobne do stresorów występujących w innych zawodach[28]. Zgodnie z tym drugim podejściem, planując kolejne badania należałoby raczej wykorzystywać istniejące klasyczne modele stresu zawodowego jak np. model wymagań pracy – kontroli pracy Karaska i Theorella[29] czy witaminowy model Warra[30], niż tworzyć nowe. Mimo wielu intensywnie prowadzonych w ostatnich dekadach badań nie został opracowany jeden uniwersalny model stresu zawodowego. Istniejące modele raczej się uzupełniają niż wykluczają. Badacz, który pragnie opisać i wyjaśnić stres doświadczany przez pracowników naukowo-dydaktycznych może wybrać jedną z opisanych już i zweryfikowanych empirycznie teorii stresu zawodowego lub zastosować podejście eklektyczne[31]. To drugie podejście jest mi bliższe, gdyż pozwala na skorzystanie z całego nurtu teorii i badań nad stresem zawodowym w kontekście rozwiązywania nowych problemów.

W kolejnym rozdziale zajmę się przeglądem literatury na temat konsekwencji długotrwałego stresu zawodowego doświadczanego przez pracowników wyższych uczelni.

III. Negatywne konsekwencje długotrwałego stresu zawodowego pracowników naukowo-dydaktycznych

Stres zawodowy negatywnie wpływa na jakość życia i jakość pracy jednostki. Negatywne konsekwencje przewlekłego stresu zawodowego, takie jak wypalenie zawodowe czy brak satysfakcji z pracy, stwierdzono także wielokrotnie w kontekście stresu akademickiego[32]. W Polsce szczególnie trudna wydaje się sytuacja zawodowa

---

[27] W. H. Gmelch, P.K. Wilke, N. P. Lovrich, (przyp. 3), s. 266; P. Seldin, (przyp.3), s. 13.

[28] G.V. Richard, S.T. Krieshok, (przyp. 3), s. 117.

[29] P. Le Blanc, J. de Jonge, W. Schaufeli, (przyp. 2), s. 185–187.

[30] P. Le Blanc, J. de Jonge, W. Schaufeli, (przyp. 2), s. 182–185.

[31] P. Le Blanc, J. de Jonge, W. Schaufeli, (przyp. 2), s. 197–198.

[32] W.H. Gmelch., P.K. Wilke, N.P. Lovrich, (przyp. 3); G.V. Richard, S.T. Krieshok, (przyp. 3); P. Seldin, (przyp. 3), R. Abousiere, (przyp. 3); M. Jamal, *Job stress, type-A behavior, and well-being:*

młodej kadry naukowej, asystentów i adiunktów, choć brak w tym zakresie odpowiednich, systematycznych danych. Można przypuszczać, że większość z nich pracuje w warunkach przewlekłego i narastającego stresu, który prowadzi do takich negatywnych konsekwencji jak: problemy ze zdrowiem fizycznym, zespół wypalenia zawodowego (w tym wypalenia dydaktycznego i badawczego), depresje, niezadowolenie z życia, mniejsza wydajność (efektywność) naukowa mierzona liczbą publikacji czy niższa średnia ocen uzyskiwanych od studentów podczas ewaluacji (efektywność dydaktyczna). Syndrom wypalenia zawodowego polskich nauczycieli akademickich opisuje H. Sęk[33], która posługuje się koncepcją wypalenia C. Maslach. Jej zdaniem wypalenie nauczycieli akademickich, tak jak w przypadku innych profesji, przejawia się w:

— ogólnym wyczerpaniu związanym z pracą: zwiększanie wysiłku, intensywniejsza praca jak np. częstsze konsultacje, doskonalenie programów dydaktycznych, nie przynoszą zamierzonych efektów, narasta zmęczenie i zniechęcenie, pojawia się uczucie wyczerpania. Następnie uruchamiane są nieracjonalne sposoby radzenia sobie z przeciążeniem takie jak używki, środki obniżające napięcie, dystansowanie się do zadań zawodowych; słabnie troska o rozwój studentów;

— depersonalizacji: studenci są spostrzegani jako „bezosobowa masa", nadaje się im etykiety typu „niedojrzali", „głupole", „apatyczni", „roszczeniowi", stosuje się nietaktowne, upokarzające żarty, narusza godność podczas egzaminowania;

— obniżonej satysfakcji zawodowej i utracie zaangażowania zawodowego: pojawia się poczucie krzywdy, braku sensu pracy, tendencje do zmiany zawodu, odejścia na rentę lub wcześniejszą emeryturę.

Sęk koncentruje się w swojej analizie na wypaleniu dydaktycznym pracowników naukowo-dydaktycznych, tymczasem można przypuszczać, że znaczna część kadry wyższych uczelni w Polsce doświadcza także wypalenia badawczego. Jak stwierdził Singh i Mirsha, długotrwały stres związany z pracami badawczymi i procesem pisania publikacji prowadzić może do wypalenia badawczego (*research-related burnout*)[34]. Symptomy tego zjawiska to niechęć do angażowania się w prace badawcze, poczucie wyczerpania intelektualnej energii potrzebnej do dalszych badań i pisania publikacji, negatywna ocena własnych osiągnięć w tej sferze. Wyniki tych badań pokazują, że ważnym czynnikiem wyjaśniającym powstanie i rozwój wypalenia badawczego jest brak wewnętrznej motywacji do prowadzenia badań oraz brak odpowiednich nagród zewnętrznych za tę aktywność.

Przeprowadzone przez W. Świętochowskiego[35] w 2008 roku badania nad uwarunkowaniami osobowościowymi i temperamentalnymi wypalenia zawodowego oraz rolą odczuwanego wsparcia społecznego w radzeniu sobie z wypaleniem na próbie pracowników naukowo-dydaktycznych z trzech łódzkich uczelni państwowych

---

A *cross-cultural examination*, „International Journal of Stress Management" 1999, nr 1, s. 57–67; H. Sęk, (przyp. 4), s. 239–263.
[33] H. Sęk, (przyp.4), s. 245–246.
[34] S.N. Singh, S. Mishra, (przyp. 14), s. 463–473.
[35] W. Świętochowski, (przyp. 6), s. 142.

wskazują na znacznie niższe zagrożenie syndromem wypalenia zawodowego u na-uczycieli szkół wyższych w porównaniu z nauczycielami liceum. Wyniki tych badań potwierdzają istotną rolę takich indywidualnych czynników wypalenia jak płeć i wiek oraz pewnych cech temperamentu i osobowości (reaktywność emocjonalna, persewe-ratywność i ekstrawersja). W badaniu uzyskano także zaskakujący wynik: nie stwier-dzono związku odczuwanego wsparcia społecznego z niższym poziomem wypalenia zawodowego nauczycieli akademickich.

IV. Rola wsparcia społecznego i klimatu organizacyjnego w radzeniu sobie ze stresem zawodowym

1. Wsparcie społeczne

W skutecznym radzeniu sobie ze stresem zawodowym kadry wyższych uczelni szczególnie ważnym czynnikiem wydaje się wsparcie społeczne ze strony przełożo-nego[36], współpracowników[37] i wyższej uczelni jako instytucji[38]. W wielu badaniach wykazano, że wsparcie społeczne ma korzystny wpływ na dobrostan i zdrowie fizyczne[39]. Wsparcie społeczne jest także często analizowanym czynnikiem w bada-niach dotyczących stresu zawodowego. W Polsce badania nad rolą wsparcia w ra-dzeniu sobie ze stresem zawodowym przeprowadzała H. Sęk[40]. Wyniki jej badań wskazują na to, iż wsparcie społeczne obniża ogólny poziom wypalenia i jest pozy-tywnie skorelowane z satysfakcją zawodową.

Kolejne badania Sęk poświęcone uwarunkowaniom wypalenia zawodowego wśród pielęgniarek i nauczycieli szkół podstawowych i średnich, gdzie mierzono tzw. wsparcie strukturalne, nie potwierdziły istotnego wpływu wsparcia na poziom stresu i większość wskaźników wypalenia[41]. Uzyskano tylko jeden istotny wynik w badanej próbie nauczycieli: deklarowane wsparcie strukturalne wpływa istotnie na poziom satysfakcji zawodowej. Stwierdzono też, że źródła wsparcia pochodzące ze środowiska zawodowego działają najkorzystniej (w porównaniu do źródeł pozaza-wodowych) na wypalenie zawodowe nauczycieli.

W opinii Sęk obok wsparcia strukturalnego równie istotne w radzeniu sobie ze stresem zawodowym może być wsparcie rzeczowe (materialne, instrumentalne). Odpowiednie wyposażenie szkół wyższych (swobodny dostęp do bibliotek, komputerów, kserokopiarek, rzutników, aparatura do badań) również odgrywa istotną rolę w radzeniu sobie z negatywnymi konsekwencjami stresu wśród kadry

---

[36] J.C. Quick, (przyp. 15), s. 80; H. Sęk (przyp. 4), s. 258–261.
[37] A.F. Grasha, *Short-term Coping Techniques for Managing Stress*, [w:] P Seldin, (przyp. 3), s. 53–64.
[38] J.C. Quick, (przyp. 15), s. 75.
[39] B. Wojciszke, *Psychologia społeczna*, Wydawnictwo Naukowe SCHOLAR, Warszawa 2011, s. 48.
[40] H. Sęk, *Wypalenie zawodowe u nauczycieli*, [w:] *Wypalenie zawodowe. Przyczyny, mechanizmy, zapobieganie*, red. H. Sęk, Wydawnictwo Naukowe PWN, Warszawa 2000, s. 149–167.
[41] H. Sęk, (przyp. 12), 111.

w radzeniu sobie z negatywnymi konsekwencjami stresu wśród kadry naukowo-dydaktycznej uniwersytetu[42].

Z punktu widzenia diagnozy wsparcia społecznego udzielanego pracownikom naukowo-dydaktycznym przez wyższe uczelnie w Polsce warto przytoczyć wyniki analiz, które nie są efektem badań, lecz przeglądu publikacji opisujących problemy szkolnictwa wyższego, dokonanych przez K. Wojtaszczyk[43]. Jej ocena poziomu wsparcia instytucjonalnego jest jednoznacznie negatywna: „[...] organizacja nie spełnia wymogów elastyczności — biurokracja posunięta jest do granic absurdu; stosowane rozwiązania w zakresie motywowania — demotywują; formalizacja i nadmiar kontroli ograniczają możliwości podejmowania działań przedsiębiorczych"[44]. W opinii Wojtaszczyk można wskazać kilka istotnych słabości zarządzania zasobami ludzkimi w uczelni wyższej, które tworzą środowisko pracy niesprzyjające prawidłowej realizacji ról zawodowych. Występuje tu m.in. zjawisko negatywnej selekcji ze względu na niskie wynagrodzenia, brakuje wsparcia w zakresie szkoleń umiejętności dydaktycznych, szczególnie przydatnych na początku kariery dydaktycznej, a narzędzia służące ocenie pracownika są mało rzetelne. Należy wyrazić nadzieję, że przynajmniej niektóre słabości systemu wyeliminuje wprowadzona w 2011 r. reforma.

Rolą wsparcia społecznego na poziomie organizacji zajmuje się również J. Quick[45], który proponuje rozróżnienie trzech rodzajów wsparcia na poziomie instytucji akademickich: wsparcie strukturalne, informacyjne i oceniające. Poniższa tabela zawiera definicje poszczególnych typów oraz przykłady.

Tabela 1. Wsparcie społeczne w instytucjach akademickich

Typ	Definicja	Przykłady
Wsparcie strukturalne (przełożony, specjaliści komputerowi, bibliotekarze, obsługa techniczna i inni)	Umożliwia kadrze akademickiej poprzez formalne mechanizmy wykonanie pracy i radzenie sobie z jej wymaganiami	Personel biblioteki może pomóc w przygotowaniu różnych artykułów, książek i cytatów potrzebnych do projektów badawczych
Wsparcie informacyjne	Dostarcza kadrze informacje, które mogą być zastosowane w radzeniu sobie z wymogami pracy	Pracownik otrzymuje kryteria awansu oraz zdobycia pozycji samodzielnego pracownika nauki
Wsparcie oceniające	Dostarcza kadrze informacje ewaluacyjne odnośnie skuteczności w radzeniu sobie z wymogami pracy	Pracownik otrzymuje rezultaty procesu recenzowania jego awansu

---

[42] H. Sęk, (przyp. 4), s. 352.

[43] K. Wojtaszczyk, *Employer branding po polsku na przykładzie uczelni wyższych, czyli jak wykreować wizerunek pracodawcy, który nie dba o swoich pracowników*, „E-mentor" 2008, nr 3, <www.e-mentor.edu.pl/artykul/index/numer/25/id/547> [3.07.2013].

[44] K. Wojtaszczyk, (przyp. 43), s. 1.

[45] J.C. Quick, (przyp. 15), s. 82.

Kluczową rolę wg Quicka jako element instytucjonalnego wsparcia strukturalnego odgrywa przełożony. Ważny jest styl kierowania, jaki stosuje wobec swoich podwładnych. Przełożony może być bardzo ważnym źródłem wsparcia, ale to zależy od sposobu, w jaki wypełnia swoją rolę. Poza szefem, istotną rolę odgrywa personel pomocniczy: specjaliści komputerowi, bibliotekarze, obsługa techniczna laboratorium i inni, którzy mogą wykonywać specyficzne zadania efektywniej niż kadra naukowo-dydaktyczna.

Bez dokładnej, na czas dostarczonej informacji instytucje nie mogą funkcjonować efektywnie, a więc drugą istotną formą wsparcia społecznego jest informacja. Instytucja odpowiada za zapewnienie kanałów do dystrybucji kluczowych informacji takich jak: sprawy proceduralne dotyczące studentów (przydziały i grafiki zajęć), informacje o osiągnięciach kadry wewnątrz instytutu oraz w pozostałych jednostkach organizacyjnych, możliwości grantów a także ważne sprawy dotyczące całej społeczności akademickiej.

Według Quicka trzecią istotną formą wsparcia społecznego w instytucjach akademickich jest ocena. Kadra uniwersytetu potrzebuje krytycznej oceny swoich osiągnięć i poziomu wykonania zadań zawodowych. Informacja zwrotna powinna pochodzić z czterech źródeł: administracji, kolegów, studentów i wyselekcjonowanych specjalistów (ekspertów) funkcjonujących na zewnątrz instytucji. Ocena jest szczególnie ważna w odniesieniu do działań związanych z rozwojem kariery, ponieważ pomaga zmieniać zachowania nieproduktywne. Wsparcie oceniające jest też ważne w kontekście systemu wynagradzania. Kadra powinna być przekonana, że ewaluacje przeprowadza się w celu oparcia wysokości wynagrodzenia na rzeczywistych osiągnięciach pracownika. Oznacza to, że dostarczanie wsparcia oceniającego jest w interesie i samego ocenianego, i instytucji.

Innym ważnym źródłem wsparcia społecznego w środowisku pracy są nasi współpracownicy, koledzy uprawiający ten sam zawód[46]. S. Kozlowski i B. Hults[47] stwierdzili w swych badaniach istotną zależność między poszukiwaniem i otrzymywaniem wsparcia informacyjnego naukowców a ich efektywnością. Dzielenie się informacjami wspierającymi realizację zadań sprzyja efektywności w pracy naukowej — najbardziej efektywni naukowcy zarówno więcej poszukują, jak i więcej utrzymują kontaktów z innymi kolegami. Inne wyniki wskazują na rolę wsparcia emocjonalnego: R. Eisenburger[48] i współpracownicy stwierdzili, że ciepłe i przyjazne stosunki w pracy istotnie korelują z osiągnięciami badawczymi.

W związku z udowodnionym pozytywnym wpływem wsparcia ze strony kolegów z pracy czyniono próby tworzenia grup wsparcia złożonych z osób będących współpracownikami, nauczycielami tego samego przedmiotu. Pozytywna ewaluacja

---

[46] A.F. Grasha, (przyp. 37), s. 58.

[47] S.W. Kozlowski, B.M. Hults, *An exploration of climates for technical updating and performance*, „Personnel Psychology" 1987, nr 40, s. 539–563.

[48] R. Eisenburger, P. Fasalo, V. Davis-LaMastro, *Perceived organizational support and employee diligence, commitment and innovation*, „Journal of Applied Psychology" 1990, nr 75, s. 51–59.

tego typu działań (na poziomie szkół podstawowych i średnich) prowadzi do wniosku, że systemy koleżeńskich grup wsparcia mogłyby skutecznie funkcjonować również na wyższych uczelniach. W takiej małej grupie mogłyby odbywać się konsultacje w zakresie problemów związanych z nauczaniem, np. dyskusje wokół programów oraz trudności napotykanych podczas ich realizacji. Dla rozwoju naukowego bardzo ważne jest podtrzymywanie i rozwijanie (w niektórych instytutach — wznowienie) tradycji seminariów naukowych. Regularne spotkania (np. w ramach zakładu), podczas których prezentuje się pomysły projektów badawczych lub referaty z aktualnie prowadzonych prac, mogłyby być ważnym elementem stymulującym rozwój. Mniej istotne, ale ważne dla kadry uniwersytetu jest również wsparcie ze strony rodziny[49].

2. Klimat organizacyjny

Różnego rodzaju wsparcie jest istotnym elementem klimatu instytucji. Pozytywny klimat organizacyjny koreluje z efektywnością organizacji oraz satysfakcją z pracy osób w niej zatrudnionych[50]. M. West, H. Smith, W.L. Feng i R. Lawthom[51] w latach 1992–1994 przeprowadzili longitudinalne badania na 14 brytyjskich uniwersytetach, aby sprawdzić naturę związku między klimatem a efektywnością organizacji. Miarą efektywności były wskaźniki w zakresie osiągnięć badawczych 46 instytutów, w których przeprowadzano badania. Mierzono 11 wymiarów klimatu, w tym m.in.:
— spostrzeganą spójność instytutu, liczbę kontaktów i współpracę (*departmental participation*);
— spostrzeganą jasność celów instytutu;
— wsparcie dla innowacji, czyli spostrzegane werbalne i praktyczne wsparcie dla zmian i nowych idei na terenie instytutu;
— orientację na zadania (*task orientation*), czyli spostrzegany monitoring i ocenę wykonanej pracy;
— nagradzanie (*reward*), czyli percepcję systemu wynagradzania za osiągnięcia i ekspresji uznania dla pracowników;
— relacje między pracownikami i rozwój kariery, czyli sposób, w jaki pracownicy instytutu spostrzegają atmosferę relacji między pracownikami oraz możliwości rozwoju własnej kariery, a także efektywność procedur awansu.

Wyniki tych badań pokazują, że osiągnięcia badawcze istotnie korelują z takimi wymiarami klimatu, jak rozwój kariery i wsparcie dla innowacji. Szczególnie silne korelacje uzyskano z wymiarem „formalizacji" — im mniej zbiurokratyzowany i sformalizowany jest instytut, tym wyższy stopień osiągnięć badawczych kadry. Analizy regresji pokazały, że dobry klimat jest raczej rezultatem efektywności, niż jej przyczyną.

---

[49] M.D. Sorcinelli, M.W. Gregory, (przyp. 15), s. 43–52.
[50] P.M. Muchinsky, (przyp. 16), s. 364.
[51] M. West, H. Smith, W.L. Feng, R. Lawthom, (przyp. 16), s. 261–281.

V. Mediatory relacji stres akademicki — negatywne konsekwencje

Na zakończenie pragnę krótko przedstawić główne mediatory, czyli czynniki pośredniczące między stresorami a konsekwencjami odczuwanego stresu zawodowego. Wydaje się, że jednym z ważniejszych mediatorów w analizowanej relacji może być poczucie własnej skuteczności (koncepcja własnej skuteczności Bandury)[52]. Wiadomo, że sytuacje są oceniane jako mniej stresujące, kiedy ludzie są przekonani, że mogą sobie skutecznie z nimi radzić. Jeżeli jednostka ma poczucie, że jest skuteczna w osiąganiu ważnych celów zawodowych, może uniknąć wypalenia zawodowego[53]. Oznacza to, że do pracy na wyższej uczelni powinny być rekrutowane osoby posiadające odpowiednie predyspozycje i umiejętności, które zapewnią wstępnie możliwość skutecznej realizacji licznych zadań, jakie są związane z karierą naukowca i nauczyciela akademickiego. Tymczasem zarówno w Polsce, jak i innych krajach karierę akademicką podejmują często osoby w wyniku selekcji negatywnej.

Innym ważnym mediatorem może być rodzaj motywacji towarzyszący podejmowaniu kariery akademickiej. Częściej na negatywne konsekwencje przeżywanego stresu narażeni są pracownicy, u których dominuje motywacja zewnętrzna. Z badań Singha i Mishra[54] wynika, że motywacja wewnętrzna, czyli prowadzenie badań w celu zaspokojenia ciekawości intelektualnej, czerpanie podniecenia i stymulacji z badawczego procesu, koreluje negatywnie z wypaleniem badawczym.

Obok poczucia własnej skuteczności jako badacza i dydaktyka, wewnętrznej motywacji do prowadzenia badań i pisania publikacji i dzielenia się swoją wiedzą w procesie nauczania studentów także skuteczne strategie radzenia sobie ze stresem mogą osłabiać negatywne konsekwencje stresu zawodowego. Według Y. Gold[55] skutecznym sposobem walki z wypaleniem akademickim są strategie osobiste zawierające zarządzanie stresującymi uczuciami i sytuacjami. Kreatywność i produktywność kadry może być osiągnięta, kiedy jednostka jest świadoma ważności przejęcia kontroli nad swoim życiem. Do efektywnych strategii zalicza m.in.: redefiniowanie celów krótko- i długoterminowych; zmianę rozkładu zajęć, aby zapewnić różnorodność; skuteczne zarządzanie czasem, aby poczuć większą kontrolę nad swoim życiem; branie krótkich wakacji w celu zachowania równowagi między pracą a odpoczynkiem.

---

[52] A. Bandura, *Self-efficacy mechanism in human agency*, „American Psychologist" 1982, nr 37, s. 122–147.

[53] H. Sęk, (przyp. 12), s. 88.

[54] S.N. Singh, S. Mishra, (przyp. 14), s. 463.

[55] Y. Gold, *Recognizing and coping with academic burnout*, „Contemporary Education" 1988, t. 59, nr 3, s. 58–67.

VI. Jakość pracy i życia nauczycieli akademickich w kontekście reformy szkolnictwa wyższego w Polsce oraz „demograficznego tsunami"

Od 1 października 2011 r. obowiązuje znowelizowane prawo o szkolnictwie wyższym[56]. Zmiany zaproponowane w ramach reformy to m.in. unowocześnienie systemu kształcenia, więcej praw dla studentów, uproszczenie ścieżki kariery akademickiej oraz dostosowanie kształcenia do potrzeb rynku pracy. Ponadto zagwarantowany został wzrost wynagrodzeń dla pracowników uczelni[57]. Czy reforma zmieni istotnie sytuację pracowników wyższych uczelni w Polsce wpływając pozytywnie na jakość życia kadry naukowo-dydaktycznej? Czy zmniejszy poziom doświadczanego stresu zawodowego oraz stworzy mechanizmy lepszego radzenia sobie z rolą naukowca, badacza i dydaktyka? Czy obiecany wzrost wynagrodzeń polepszy sytuację materialną, szczególnie młodej kadry? Czy zniknie zjawisko wieloetatowości, bo jedna pensja wystarczy na zaspokojenie podstawowych potrzeb? Czy reforma stwarza lepsze warunki pracy w zakresie doskonalenia warsztatu naukowego i dydaktycznego? Należy przypuszczać, iż wśród znanych już stresorów pojawią się nowe, takie jak np. lęk przed utratą pracy spowodowany zmianami wprowadzanymi przez reformę oraz niż demograficzny.

Rada Unii Europejskiej i Komisja Europejska pozytywnie oceniły Polskę za wprowadzenie reform w dziedzinie nauki i szkolnictwa wyższego[58]. Natomiast środowisko akademickie jest podzielone w opiniach o reformie i wydaje się, że w dyskusjach i różnych wypowiedziach medialnych przeważają oceny krytyczne oraz więcej obaw niż radości związanych z wprowadzanymi zmianami. Ten niepokój i napięcie związane z przyszłością szkolnictwa wyższego w Polsce odczuwają nie tylko rektorzy, szczególnie szkół niepublicznych, których większość wg prognoz ma zbankrutować do roku 2015, ale też kadra naukowo-dydaktyczna niepewna co przyniosą najbliższe lata. Polska Konfederacja Pracodawców Prywatnych „Lewiatan" ocenia, że do 2025 roku przetrwa tylko ok. 50 najlepszych niepublicznych uczelni, a według prognoz raportu „Demograficzne tsunami"[59] opublikowanego na stronie Instytutu Rozwoju Kapitału Intelektualnego im. Sokratesa, do 2020 r. liczba studentów spadnie tak drastycznie, że wszyscy znajdą miejsca na uczelniach publicznych.

---

[56] Ustawa z 18.03.2011 r. o zmianie ustawy — Prawo o szkolnictwie wyższym, ustawy o stopniach naukowych i tytule naukowym oraz o stopniach i tytule w zakresie sztuki oraz o zmianie niektórych innych ustaw, Dz.U. z 2011 r., nr 84, poz. 455.

[57] Założenia reformy szkolnictwa wyższego; <www.nauka.gov.pl/fileadmin/user_upload/szkolnictwo/Reforma/20110628_MNISW_broszura_200x200.pdf> [15.11.2012].

[58] <www.pi.gov.pl/PARP/chapter_86197.asp?soid=FA174A13CE74466E8430933B4D7DF9EC> [10.11.2012].

[59] <wiadomosci.gazeta.pl/wiadomosci/1,114871,12909478,Upadla_znana_uczelnia__Wszystko_przez_niz_demograficzny.html>; <www.instytutsokratesa.pl/pliki/Demograficzne_Tsunami_Instytut_Sokratesa.pdf> [10.11.2012].

Należy przypuszczać, że założona przez reformę większa konkurencyjność może spowodować przede wszystkim wzrost jakości życia naukowców najlepszych, najbardziej utalentowanych, z największymi zasobami — oni pozostaną zatrudnieni na stosunkowo dobrych warunkach na najlepszych uczelniach oraz będą pozyskiwać granty na prowadzenie badań. Natomiast można przypuszczać, że jakość życia i poziom satysfakcji zawodowej znacząco będzie się obniżał wśród tych pracowników, którzy nie poradzą sobie w tym wyścigu. One też mogą w większym stopniu odczuwać lęk przed utratą pracy w wybranym zawodzie.

Celem dokonanego przeglądu literatury było stworzenie ram do badań stresu zawodowego kadry naukowo-dydaktycznej w Polsce w kontekście wprowadzanej reformy. Badania takie pozwoliłyby odpowiedzieć na pytanie, jakie czynniki osłabiają satysfakcję z pracy, a co za tym idzie, również jakość życia pracowników wyższych uczelni. Wydaje się, że warto w pierwszym okresie doświadczania reformy systemowej sprawdzić, czy wprowadzane zmiany rzeczywiście służą podnoszeniu jakości pracy nauczycieli akademickich oraz zwiększeniu jakości kształcenia na wyższych uczelniach w Polsce.

Szczególnie podjęcie badań nad przyczynami stresu zawodowego w momencie wprowadzania zmian związanych z reformą szkolnictwa wyższego pozwoliłoby na dokonanie cennej diagnozy. Kompleksowe i rzetelne opisanie stresorów znajdujących się aktualnie w środowisku pracy nauczyciela akademickiego pozwoliłoby na wprowadzanie ewentualnie dalszych korekt do istniejącego systemu. Wydaje się, że pewne zmiany nie wymagają nawet dodatkowych nakładów finansowych, lecz większej świadomości wagi określonych czynników. Dobrym tego przykładem jest troska o rozwój systemów wsparcia społecznego, np. w formie grup wsparcia dla nowo zatrudnianych asystentów czy propagowanie idei pracy zespołowej przy realizacji projektów badawczych.

Anna Bronowicka

Occupational stress among university faculty

This article presents a literature review on occupational stress as experienced by university faculty in the U.S., Western Europe and Poland. Questionnaire surveys carried out in many countries have allowed researchers to describe the main dimensions of academic stress, consider position and sex as determinants of stress level, and examine the negative consequences of stress, such as teaching-related and research-related burnout, low efficiency and low job satisfaction. Social support and the organizational climate of the institution (department) are analyzed as important moderators, and self-efficacy and intrinsic motivation are considered as mediators of the relationship between academic stress and long-term consequences. The author emphasizes the need to take into account a new context in the study of academic stress in Poland, namely the reform of higher education and increasingly severe demographic decline.

De societate humana

Adam Rosół

Więzy społeczne a szanse życiowe jednostki

I. Wprowadzenie

Problem relacji jednostki i całości społecznej to kluczowy problem teoretyczny myśli społecznej, jak i kluczowy problem praktyczny, który każda jednostka i każda ludzka zbiorowość musi na własny użytek w każdej chwili swego funkcjonowania rozstrzygać. Jednym z aspektów tego problemu jest możliwość realizowania szans życiowych przez jednostki w danym społeczeństwie. Szanse życiowe to prawdopodobieństwo osiągnięcia tego, co dany człowiek uważa za ważne w swoim życiu, co chciałby zrealizować, aby móc powiedzieć, że jest zadowolony ze swojego życia. Zagadnienie to obejmuje dwa aspekty. Pierwszym z nich jest problem szans na osiągnięcie pozycji społecznej. Tym zagadnieniem zajmowałem się w innym tekście[1].

Obok pozycji społecznych czynnikiem określającym szanse życiowe są więzi społeczne stanowiące naturalną potrzebę człowieka jako gatunku gromadnego. Rolę więzi społecznych w realizacji szans życiowych każdego człowieka dobrze opisuje sformułowanie R. Dahrendorfa dotyczące dwóch aspektów, które mają tutaj zasadnicze znaczenie, tj. systemu więzów czy powiązań i systemu możliwości: „Historia, dom, rodzina, wiara są typowymi elementami społecznych powiązań, które odsuwają jednostkę od próżni ledwie tylko «dającego możliwości» społeczeństwa, skierowanego na osiągnięcie i konkurencję, i określają jej miejsce w ścisłym tego słowa znaczeniu". I dalej, „Szanse życiowe są (w zasadzie) mierzalnymi możliwościami realizowania potrzeb, pragnień i interesów w danym kontekście społecznym lub

---

[1] Zob. A. Rosół, *Dwadzieścia lat transformacji — między indywidualizmem a kolektywizmem*, [w:] *Aksjologiczne i pragmatyczny wymiar współczesnej polityki*, red. Danuta Walczak-Duraj, Wydawnictwo UŁ, Łódź 2011, s. 47–61.

czasami przeciwko niemu"[2]. Rolę więzów społecznych dla subiektywnej jakości życia pokazują badania prowadzone w ramach diagnozy społecznej[3].

Niniejszy tekst poświęcony jest udzieleniu odpowiedzi na pytanie o model organizacji życia zbiorowego najbardziej sprzyjający realizacji szans życiowych w aspekcie więzów społecznych. Dla udzielenia odpowiedzi na to pytanie istnieje potrzeba określenia charakteru całości społecznych, w ramach których przebiegają więzi społeczne. Najbardziej przydatną wydaje się koncepcja kategorii jednostek ochrony i oporu lub jednostek przetrwania N. Eliasa.

II. Społeczne jednostki ochrony i oporu

Jak stwierdza Elias, funkcja takich całości polega na wspólnej obronie życia i przetrwania przed atakami ze strony obcych oraz na wspólnym atakowaniu tychże obcych (wrogów).

> Pierwotną funkcja łączenia się jest zatem obrona przed fizycznym unicestwieniem przez innych lub fizyczne unicestwienie tych innych. Obronny potencjał takich jednostek nie daje się oddzielić od zaczepnego. Nazwijmy je, więc „jednostkami ochrony i oporu" lub „jednostkami przetrwania"[4].

W tradycyjnych wspólnotach, łącznie ze starożytnymi miastami-państwami, bądź to nie rozróżniano tego, co indywidualne od tego, co całościowe lub nawet jeżeli odróżniano, to można było dostrzec w sposób bezpośredni związek pomiędzy działaniem jednostek a przetrwaniem całości. Stąd też w dawnych tradycyjnych, wspólnotowych społeczeństwach, przynależności kulturowe czy etniczne, stanowiły podstawę tworzenia struktur dla zaspokajania potrzeb i przetrwania danej grupy kulturowej. Jak wskazał Elias, chodziło w nich o „[...] łączenie się ludzi w celu wspólnej obrony swego życia i przetrwanie ich grupy przed atakami innych grup lub w celu wspólnego atakowania tych grup [...]"[5]. To łączenie się ludzi w celu przetrwania na podstawie wspólnoty kulturowej zostało zastąpione, czy uzupełnione, przez dążenia grup i jednostek do dominacji nad danym terytorium, tworzenia organizacji zapewniającej przeżycie w warunkach podporządkowania się dominującym jednostkom czy grupom w ramach państwowej organizacji życia zbiorowego. N. Elias, zastanawiając się nad tym, co decyduje o tym, że plemiona i państwa stanowią społeczne całości ochrony i oporu, stwierdził, że charakteryzują się one poddawaniem swoich członków intensywnej kontroli, również z użyciem przemocy fizycznej we wzajemnych stosunkach i w relacjach z obcymi. Te jednostki ochrony

2   R. Dahrendorf, *O pojęciu szans życiowych*, [w:] *Socjologia. Lektury*, red. P. Sztompka, M. Kucia, Wydawnictwo Znak, Kraków 2005, s. 428.

3   Zob. J. Czapiński, *Waga wybranych wyznaczników warunków życia dla subiektywnej jakości życia*, [w:] *Diagnoza społeczna 2011. Warunki i jakość życia Polaków. Raport*, red. J. Czapiński, T. Panek, Rada Monitoringu Społecznego, Warszawa 2011, s. 168.

4   N. Elias, *Czym jest socjologia?*, Wydawnictwo Aletheia, Warszawa 2010, s. 182.

5   N. Elias, (przyp. 4), s. 182.

i oporu tworzone są zarówno naturalnie we wspólnocie i państwie narodowym, jak również poprzez dominację i kontrolę nad zbiorowością i terenem zdobywanym w drodze przemocy. Dla charakterystyki funkcjonowania owych całości zaczepno-obronnych istotny jest stosunek do terytorium i sposób upodmiotowienia działań zbiorowych poprzez ustalenie, czyje jest terytorium i kto jest suwerenem w ramach całości społecznej. Kontrolująca terytorium makrostruktura decyduje o tym, kto i na jakich warunkach może na danym terytorium przebywać. Jednym z podstawowych uprawnień całości jest przyznawanie członkostwa w grupie ochrony i oporu.

> Naczelnym dobrem, które rozdzielamy między sobą, jest przynależność do jakiejś wspólnoty ludzkiej. I to, co czynimy odnośnie do przynależności, kształtuje wszystkie inne nasze decyzje dystrybucyjne: określa, z kim podejmujemy te decyzje, od kogo wymagamy posłuszeństwa i ściągamy podatki, komu przydzielamy dobra i usługi[6].

Dla współczesnych państw podstawową kategorią jest posiadanie obywatelstwa. Bycie obywatelem zapewnia korzystanie z wszelkich praw, w tym z prawa wypowiadania się na temat, komu i jakie prawa można przyznać na danym terytorium. Problem polega jednak na tym, że państwa współczesne jako jednostki ochrony i oporu niebędące wspólnotami w tradycyjnym rozumieniu, konfrontowane są z problemem określenia zakresu swego zaangażowania we wspólne życie. W okresie kształtowania się państw narodowych rozwiązanie tego problemu polegało na oparciu się o dominującą kulturę narodową, która określała ramy wspólnego życia i pozwalała na połączenie organizacji terytorialnej ze wspólnotą kultury obejmującą przedstawicieli narodu. Kształtowanie to, jak słusznie zauważyła H. Arendt, związane było z opozycją jednostka — grupa. Inaczej mówiąc, państwa stawały się państwami narodowymi właśnie dlatego, że pozwalały połączyć dwie sprzeczne zasady: zasadę równości wszystkich obywateli jako jednostek ludzkich z zasadą odrębności wspólnoty narodowej. Dlatego też, zdaniem Arendt „[c]ała kwestia praw człowieka została zatem szybko i nierozerwalnie związana z kwestią usamodzielnienia narodu; tylko wyzwolona suwerenność narodu, własnego narodu, miała być zdolna do ich zabezpieczenia"[7]. Zasada równości praw negowała zasadę integralnego postrzegania innych, traktowania ich w kategoriach całościowych jako swoich i obcych. Stanowi ona odejście od całościowego widzenia jednostek i zbiorowości. U podstaw tej zasady leży przekonanie, że różnimy się jako jednostki i jako zbiorowości, oraz że tych różnic nie przenosimy na inne dziedziny działalności społecznej, gdzie występujemy w innych rolach społecznych.

Państwa narodowe przez pewien czas skłaniały się do tego, o czym pisała Arendt, aby ochroną i opieką objąć tylko jedną grupę etniczną, pozostałe całkowicie zmarginalizować i jednych doprowadzić do asymilacji, a innych po prostu usunąć. Odejście od budowania jednostek ochrony i oporu na przynależności do niej

---

6 M. Walzer, *Sfery sprawiedliwości. Obrona pluralizmu i równości*, Wydawnictwo UW, Warszawa 2007, s. 61.

7 H. Arendt, *Korzenie totalitaryzmu*, Biblioteka Kwartalnika Politycznego „Krytyka", Wydawnictwo NOWA, Warszawa 1989, s. 224.

ludzi jednej kultury i postawienie w centrum problemu jednostki jako indywiduum i jej praw skomplikowało problem określenia relacji między wspólnotą a jednostką. Rozwiązanie w postaci państwa jednego narodu musiało zostać zarzucone, gdyż było ono niezgodne z koncepcją prawa wszystkich do swobodnego szukania sobie miejsca dla siebie na całej planecie. Pojawiło się więc nowe rozwiązanie, zgodnie z którym wybór „dobrego życia" jest wolnym wyborem poszczególnych jednostek, niezależnie od organizacji politycznej zbiorowości na określonym terytorium. Organizacja ta ma zapewnić obronę przed zewnętrznymi zagrożeniami i w przeciwieństwie do państwa narodowego nie ma ingerować w realizację dobrego życia, więzi między obywatelami, czy w sferę wzajemnych zobowiązań pomiędzy nimi. Jedyne zobowiązania, jakie nakładane są na jednostki przez wspólnotę mogą dotyczyć organizacji i przestrzegania reguł przez nią ustalonych. Rozwiązanie to powszechnie określane jest mianem społeczeństw liberalnych, indywidualistycznych. Jeszcze innym rozwiązaniem było utworzenie jednostek ochrony i oporu o charakterze totalitarnym, w których zlikwidowano uprawnienia poszczególnych jednostek, a podstawą funkcjonowania takiej jednostki ochrony i oporu była wszechobecna kontrola zachowań ludzi, sprawowana przy użyciu różnych instrumentów w imię określonej ideologii i/lub pod przywództwem wodza. Oba te rozwiązania nie tworzą jednak sprzyjających ram dla realizacji szans życiowych w zakresie więzi społecznych. Wynika to z faktu wieloaspektowości ludzkiej tożsamości i związanego z nią zróżnicowania społecznych więzi.

III. Rodzaje więzi społecznych a tożsamość jednostki

Dobrym podłożem teoretycznym dla analizy rodzajów więzi międzyludzkich i rodzajów indywidualnej tożsamości jest koncepcja Ch. Taylora na temat dóbr, jakich ludzie żyjąc razem sobie dostarczają. W swojej analizie Taylor posługuje się rozróżnieniem dóbr zbieżnych i wspólnych, które dzielą się na dobra pośrednio wspólne i bezpośrednio wspólne[8]. Dobra pośrednio wspólne, to takie dobra, które nie są wartościowe dla poszczególnych jednostek, lecz są wartościowe w kategorii „dla nas". Są wartościowe dlatego, że stanowią wartość ze względu na relację między nami, a nie są dobrami oddzielnymi, tak samo być może ważnymi dla każdego z osobna. „W mało prawdopodobnym przypadku, gdyby jednostka mogła zapewnić je sobie indywidualnie, uzyska w ten sposób dobro mające taką samą wartość jak to, w które my wszyscy jesteśmy teraz zaopatrywani społecznie"[9]. Dobra bezpośrednio wspólne, to takie dobra, które są wspólnym działaniem i podzielaniem wspólnych znaczeń.

> Ale więzy solidarności, które we właściwie funkcjonującej republice łączą mnie ze współpatriotami, są oparte na poczuciu, że dzielimy wspólny los, przy czym wartością jest sam fakt

---

8   Ch. Taylor, *Nieporozumienia wokół debaty liberalno-komunitariańskiej*, [w:] *Komunitarianie. Wybór tekstów*, red. P. Śpiewak, Wydawnictwo Fundacji Aletheia, Warszawa 2004, s. 52.
9   Ch. Taylor, (przyp. 8), s. 51.

owego dzielenia. To właśnie czyni te więzy szczególnie ważnymi, to właśnie czyni związki łączące mnie z tymi ludźmi i z tym przedsięwzięciem szczególnie mocnymi, to właśnie ożywia moją „vertu" czy też patriotyzm…[10]

Możemy więc przyjąć, że ludzie żyjący w ramach organizacji życia zbiorowego jednostek ochrony i oporu, mogą realizować dobra zbieżne, rozumiane jako zaspokojenie indywidualnych potrzeb niezależnie od innych, mogą realizować dobra uwarunkowane wspólnymi interesami, które nie mogą być zaspokojone w sposób indywidualny, oraz mogą realizować dobra związane z podzielanymi wartościami. Pozostaje się zastanowić jak te rodzaje dóbr mają się do indywidualnej tożsamości i rodzajów więzi międzyludzkich.

Interesująca wydaje się w tym kontekście propozycja W. Wesołowskiego o podziale więzi społecznej na trzy typy. Wesołowski wykorzystuje tradycyjne pojmowanie różnych typów więzi, odchodzi jednak od częściej stosowanej klasycznej typologii dychotomicznej. Obok tradycyjnie definiowanych więzi zrzeszeniowych oraz wspólnotowych, które odpowiadają podziałowi na więzi z przynależności integralnej i przynależności z ról społecznych Ossowskiego („[…] oto przynależność jednostki do zbiorowości może być traktowana bądź jak przynależność integralna, bądź jak przynależność w jednej z możliwych ról społecznych"[11]), dodaje trzeci rodzaj więzi, więzi komunitarne. Są to takie więzi, które łączą w sobie pewne cechy więzi zrzeszeniowych i wspólnotowych, a konkretnie wolność dostępu do grupy ze wspólnotową wizją wartości, dobrem wspólnym[12]. W świecie, w którym nastąpiło tak duże zróżnicowanie sytuacji społecznych, w jakich znajdują się ludzie, wyróżnianie więcej niż dwóch sytuacji modelowych wydaje się tworzyć bardziej adekwatny zestaw narzędzi do opisu świata. Pożytecznym, wobec tego, wydaje się uzupełnienie pomysłu Wesołowskiego, dotyczącego trzech rodzajów więzi, jakie występują pomiędzy ludźmi, koncepcją trójaspektowości ludzkiej tożsamości. W rozważaniach Szczurkiewicza[13] znajdujemy charakterystykę posiadanej przez człowieka modalności Ja i modalności My. Przy czym nie jest możliwe, aby człowiek posiadał modalność Ja nieodnoszącą się do innych, gdyż ja wyabstrahowane z życia społecznego nie może istnieć, chyba że w pewnych klinicznych stanach chorobowych. Człowiek może się określić jako Ja tylko w odniesieniu do innych. Ten stan tożsamości, niezawierający żadnych konkretnych innych, możemy więc nazwać Ja/Inni. W drugim przypadku mówimy o tożsamości w odniesieniu do innych, z którymi łączą nas konkretne sprawy i interesy. W tym znaczeniu My oznacza zbiór, w którym zgodnie z rozumieniem liberalnym jednostka jest jedynym podmiotem, czyli bytem realnym. To My nie rodzi żadnych innych zobowiązań, poza oczekiwaniem nieprzeszkadzania. Tak będzie w przypadku więzi zrzeszeniowych opartych o interesy; ten aspekt

---

[10] Ch. Taylor, (przyp. 8), s. 52.

[11] S. Ossowski, *O nauce. Dzieła*, t. 4, PWN, Warszawa 1967, s. 170.

[12] W. Wesołowski, *Typy więzi społecznych a przejście od komunizmu do demokracji*, [w:] *Indywidualizm a kolektywizm*, red. A. Morstin, Wydawnictwo Instytutu Filozofii i Socjologii PAN, Warszawa 1999, s. 92–95.

[13] T. Szczurkiewicz, *Studia socjologiczne*, PWN, Warszawa 1970, s. 348–349.

naszej tożsamości można określić mianem Ja/My. Ten aspekt tożsamości będzie uruchamiany również w więzi komunitariańskiej, w której chodzi o podzielanie z innymi ludźmi wspólnych wartości, przekonania o wspólnocie spraw, najczęściej wynikających z realizacji wspólnych przedsięwzięć. Trzeci aspekt tożsamości, My/Ja, wynika z więzi wspólnotowych. Dotyczy podzielanej z innymi wspólnej tożsamości kulturowej, podzielania wspólnej koncepcji „dobrego życia", a więc realizacji dóbr bezpośrednio wspólnych.

Trzem aspektom tożsamości człowieka odpowiadają trzy różne rodzaje więzów z innymi i trzy typy dóbr Taylora: dobra zbieżne z innymi, dobra pośrednio wspólne możliwe do realizacji z tymi, z którymi je realizujemy i dobra bezpośrednio wspólne, które możemy realizować z tymi, z którymi podzielamy wspólność znaczeń naszych działań. Z tej typologii wynika, że będąc członkami jednostek ochrony i oporu możemy być zaangażowani w życie wspólnoty w zakresie realizacji wspólnych interesów, ale również mogą nas łączyć wspólne wartości i dążenia. Wydaje się, że ten drugi aspekt jest niezbędny dla możliwości realizacji szans życiowych w aspekcie więzów społecznych. Dlatego należy zastanowić się, jakie modele organizacji życia zbiorowego w jednostki ochrony i oporu będą sprzyjały więziom wspólnotowym umożliwiającym uruchomienie aspektu tożsamości My/Ja i zaspokojeniu potrzeby podzielania wspólnego losu z innymi członkami naszej kultury.

IV. Typologia społecznych jednostek ochrony i oporu

Przyglądając się historycznym formom jednostek ochrony i oporu możemy podjąć trud wyodrębnienia kilku modelowych sytuacji. Pierwsze jednostki ochrony i oporu, w ramach których tworzyła się ludzka kultura, posiadały cechy umożliwiające wyodrębnienie modelu, który określiłbym jako model wspólnotowo-kolektywistyczny. Model ten odnosi się do sytuacji, w której w ramach takiej jednostki ochrony i oporu realizowane są wszystkie potrzeby jej członków. Mamy w takim modelu do czynienia z dominacją tożsamości My/Ja i dominacją realizacji dóbr bezpośrednio wspólnych.

Pierwsza rewolucja indywidualistyczna nowoczesności, przynosi zestaw zjawisk i procesów, które wytworzyły nowy model jednostki ochrony i oporu, który można opisać jako model indywidualistyczno-wspólnotowy. Wspomniana rewolucja odnosi się przede wszystkim do sfery ekonomicznej i politycznej. W tych dwóch dziedzinach następuje pogłębienie autorefleksji i specyfikacji, przez co stają się one dziedzinami, w których praktykuje się autonomię jednostki. Jednostka ma kierować się własnymi celami, a konkretnie ma dążyć do realizacji własnych korzyści. W sferze politycznej jest wolnym, niczym nieskrępowanym decydentem w wybieraniu, w ramach demokratycznych procedur, przedstawicieli do władz. W ten sposób, poszerzając na kolejne kategorie uprawnienia polityczne, system jest postrzegany jako demokratyczny, gdzie lud-naród staje się suwerenem. W ramach owego pierwszego liberalizmu i związanego z nim indywidualizmu pozostałe dziedziny życia traktowane są w inny sposób. Pozostają one pod władzą tradycji i mają charakter wspólnotowy.

Klasycy liberalizmu wręcz podkreślają rolę rodziny i religii jako tych instytucji, których wpływ na kształtowanie, przede wszystkim moralnej postawy jednostek, jest niezbędnym warunkiem sprawnego funkcjonowania gospodarki i polityki opartych o liberalne, a więc indywidualistyczne wartości, do których należą przede wszystkim wolność jednostki, prawa polityczne jednostki oraz wolność gospodarcza. W swoich założeniach model ten opierał się na relacji pomiędzy Ja/My jednostkowym i My/Ja wspólnotowym, w której owo Ja/My jednostkowe miało odpowiadać za ekonomiczny i polityczny aspekt funkcjonowania człowieka i zbiorowości, zdominowanej przez działania racjonalne. W modelu tym człowiek realizował własne interesy i odpowiadał za interesy zrzeszeniowe zorganizowanej jednostki ochrony i oporu w postaci państwa, w Europie — państwa narodowego. Natomiast My/Ja wspólnotowe zanurzone było we wspólnocie, w postaci rodziny i religii, uznawanych przez pierwsze pokolenie liberałów za instytucje podstawowe dla utrzymania spójności życia społecznego. To My/Ja wspólnotowe umożliwiało zachowania utrzymujące ciągłość kulturową i tworzyło drugą twarz całości ochrony i oporu, czyli spójność w postaci jedności kulturowej. Z jednej strony model ten zakładał jednostkowe interesy i organizację z drugiej zaś wspólne wartości i wspólną kulturę wspomagającą interesowny wymiar organizacji politycznej.

Inspiracji do określenia kolejnego modelu jednostek ochrony i oporu dostarcza próba tzw. budowy społeczeństwa socjalistycznego. Przesłanką do owej budowy stały się pomysły zastąpienia kapitalizmu przez nowe społeczeństwo, w którym miało nastąpić zrównanie jednostek pod względem ekonomicznym, politycznym i społecznym. To jednak nie te utopijne idee stanowią podstawę do wyodrębnienia tego modelu, lecz praktyka społeczna zwana budową socjalizmu. To właśnie ona jest podstawą modelu, który proponuję określić mianem totalitarnego kolektywizmu. W tym modelu, organizacja życia zbiorowego, czyli organizacja grupy ochrony i oporu polega na zubożeniu ludzkiej tożsamości zarówno o element indywidualistyczny, czyli owe Ja/My, jak również o element wspólnotowy My/Ja. Model ten zakłada bowiem podporządkowanie jaźni jednostki całkowicie celom narzuconym przez władze. Inaczej mówiąc, w modelu tym ludzie nie mają możliwości kierowania się w swoim postępowaniu indywidualnymi motywami, lecz muszą kierować się celami podanymi przez decydentów politycznej struktury ochrony i oporu. Innymi słowy jednostka jest własnością państwa totalitarnego. Oczywiście jako organizacja ochrony i oporu państwo totalitarne próbowało tworzyć pseudowspólnotowe aspekty. Próbowano wywołać „ducha" wspólnoty odwołując się do umiłowania przywódcy, czy organizując zbiorowe seanse nienawiści wobec tzw. wrogów klasowych. Problem związany z takim modelem polega jednak na tym, że inaczej niż państwo totalitarne, charakterystyczne dla ładu przedindywidualistycznego wspólnoty plemienne były „tylko" wspólnotami i nie odnosiły się w żaden sposób do szerszych struktur i skomplikowanej organizacji życia zbiorowego, charakterystycznych dla społeczeństw nowoczesnych. Natomiast w socjalizmie wszelkie autentyczne wspólnoty kulturowe, jak rodzina czy naród, były bezwzględnie zwalczane lub instrumentalnie wykorzystywane przez władzę. Dlatego też członkowie takich społeczeństw starali się w miarę możliwości zarówno realizować swoje interesy, jak również tworzyć pewne wspólnoty, czyli „wewnętrzne" grupy ochrony i oporu. W grupach tych odwoływali się do aspektu jaźni My/Ja, co w praktyce prowadziło do jej „wynaturzonego" funkcjonowania i poszerzania się sfery zjawisk patologicznych.

Drugi patologiczny model życia społecznego, w którym także próbuje się wyeliminować jedną z modalności indywidualnej tożsamości to totalitaryzm indywidualistyczny. Jego celem jest likwidacja aspektu tożsamości My/Ja, a całość społeczna, czyli jednostka ochrony i oporu ma zostać zorganizowana na zasadach wyłącznie instrumentalnych. W modelu takim dążące do realizacji swego jedynego indywidualnego Ja/Inni jednostki mają mieć zapewnione prawo do nieulegania żądaniom innych. W takim modelu nie ma wspólnot, nie ma My/Ja, lecz realizowane są tylko dobra zbieżne i pośrednio wspólne.

U podłoża tego modelu leży druga rewolucja indywidualistyczna, która dokonała się w drugiej połowie XX wieku. Rewolucja ta spowodowała zakwestionowanie wspólnotowości człowieka i podważyła przekonanie o słuszności posiadania wspólnej kultury i wspólnych wartości. Podważyła także sens i wartość wspólnot kulturowych oskarżając je o tłamszenie indywidualności poprzez podporządkowywanie jednostki wspólnym wartościom i realizację wspólnych wzorców kulturowych.

> Ponieważ zasadniczo sprawiedliwe społeczeństwo[liberalne] stwarza swoim członkom największe możliwości spełnienia się, […], musimy się spodziewać, że jego instytucje oparte będą na podziale pracy, a jego procedury socjalizacyjne będą pod tym kątem wyspecjalizowane. Taki podział pracy nie będzie, oczywiście, wiązał się ze stawianiem jednostki wobec wymogów mających pierwszeństwo względem indywidualnych autonomii. Nie będzie on oparty na przymusie[14].

Podążając tą droga dochodzimy do modelu człowieka „wyzwolonego" ze wspólnoty, będącego autonomicznym podmiotem, nieulegającym żądaniom ze strony innych. Człowiek miał sam „wytwarzać kulturę w sobie", kreować własną tożsamość, co doprowadziło do tzw. rewolucji podmiotów[15]. Jest to równie abstrakcyjna konstrukcja jak człowiek nieodróżnialny od wspólnoty. W praktyce model ten ma prowadzić do realizacji przez jednostki ochrony i oporu dóbr zbieżnych i pośrednio wspólnych. Te drugie jednakże mają być realizowane tylko pod warunkiem, że nie będę miały charakteru nieaprobowanego przez decydentów. Orężem zapewniającym jednostkom wolność od przymusu stanowi idea poprawności politycznej. Ze względu na tę właśnie ideę w modelu tym nie jest możliwe realizowanie dóbr bezpośrednio wspólnych, a więc wynikających z wartości podzielanych przez jakąś wspólnotę. Człowiekowi nie wolno mieć nic poza jaźnią indywidualną, poza Ja egoistycznym i Ja/My posiadającym wspólne interesy, które mogą być zrealizowane w dowolnej grupie ochrony i oporu. W modelu tym tylko takie wspólne potrzeby

---

14 D. Gautier, *Liberalne indywiduum*, [w:] P. Śpiewak, (przyp. 8), s. 125.

15 K. Obuchowski, *Od przedmiotu do podmiotu*, [w:] A. Morstin, (przyp. 12), s. 186.

pośrednie charakteryzują człowieka jako członka społeczeństwa. Każdy może przybierać dowolną tożsamość i nie jest „uwikłany" na stałe w żadne społeczne więzy poza instrumentalnymi. Jak widzimy totalitaryzm indywidualistyczny przeciwstawia się ludzkiej podmiotowości, ograniczając ją do wyboru koloru samochodu lub kolejnego życiowego partnera, a totalitaryzm kolektywistyczny czynił to samo poprzez zagospodarowanie tożsamości wspólnotowej dla realizacji celów ideologicznych, poprzez identyfikację z nimi lub z wodzem w ramach pseudowspólnot.

V. Model organizacji życia zbiorowego a wartościowe życie

Stajemy więc wobec problemu określenia takich zasad organizacji życia zbiorowego (całości ochrony i oporu), aby stworzyć największe możliwości realizacji szans życiowych jednostek w aspekcie zadowolenia z więzów społecznych. Pojawiają się jednak pytania: Czy możemy realizować swoje szanse życiowe w ramach organizacji ochrony i oporu nie będąc z członkami takiej zbiorowości połączeni w obrębie trzeciego aspektu tożsamości, czyli nie podzielając ich wartości i celów wspólnotowych? Czy w zbiorowości realizującej tylko dobra zbieżne i dobra pośrednio wspólne możliwe jest dobre życie? Co powinna zapewniać taka jednostka ochrony i oporu? Czy dla realizacji szans życiowych w obszarze więzi społecznych wystarczy stworzyć warunki do realizacji potrzeb zbieżnych, instrumentalnych, czyli dóbr pośrednio wspólnych? Czy taka jednostka ochrony i oporu nie powinna zapewnić możliwości zaspokajania potrzeb bezpośrednich, a więc realizacji wspólnego wartościowego życia opartej na podzielanej kulturze i realizowanej w ramach wspólnot rodzinnych i narodowych Odpowiedź na te pytania ma podstawowe znaczenie dla opowiedzenia się za określonymi modelami jednostek ochrony i oporu. Natomiast takie jednostki ochrony i oporu, które upatrują zagrożenie w realizacji dóbr wspólnotowych, co jest charakterystyczne dla ideologii komunistycznych i liberalnych, nie dają swoim członkom możliwości realizacji tychże dóbr wspólnotowych. Przyjęcie owych ideologii grozi pozbawieniem społeczeństw możliwości realizacji potrzeby bycia zakorzenionym we wspólnocie kulturowej. W tym właśnie tkwi podstawowe zagrożenie dla wolności ludzi i istnienia wolnych społeczeństw. Jeżeli bowiem uda się przekonać ludzi, że jedyne co dzielą z innymi to owo Ja/My instrumentalne, któremu wystarcza, aby jednostka ochrony i oporu zapewniała swoim członkom zaspokojenie pośrednio wspólnych potrzeb czy też potrzeb niższego rzędu, tak by mieli oni co jeść, z kim się bawić i nie musieli podejmować trudnych decyzji, to znikną wolne społeczeństwa i szczęśliwi ludzie, zadowoleni z więzów z innymi. To właśnie na takiej tendencji opierają swoje nadzieje wszyscy ci, którzy dążą do posiadania pełnej władzy nad jednostkami pozbawionymi własnej podmiotowości wynikającej z tożsamości wspólnotowej My/Ja; jednostkami pozbawionymi więzów solidarności z innymi przynależącymi do tej samej kultury. Pozbawienie ludzi wspólnotowej tożsamości My/Ja, opartej na wspólnej kulturze i dobrach wspólnych, bezpośrednio otwiera pole dla totalitaryzmu indywidualistycznego i totalitaryzmu kolektywistycznego.

Zorganizowane na bazie tych ideologii jednostki ochrony i oporu narażone są na „niebezpieczeństwo" porozumienia się obywateli niezależnie od takich czy innych decydentów. Innymi słowy, brak jednolitej kultury wśród członków takich jednostek ochrony i oporu praktycznie likwiduje suwerenność obywateli we własnym państwie. O suwerenności można bowiem mówić wtedy, kiedy władza realizuje wolę wspólnoty. Natomiast kiedy tej wspólnoty brak, to władza realizuje swoją wolę. Zbiorowość jednostek niepołączonych wspólnotową więzią nie może przyjąć wspólnej postawy My, nie może więc stać się suwerenem. Model totalitarnego kolektywizmu, poza nielicznymi przypadkami jego realizowania w naszym kręgu kulturowym, w oficjalnym dyskursie nie cieszy się uznaniem. Inaczej jednak wygląda sprawa totalitaryzmu indywidualistycznego, który jest szeroko propagowany pod hasłami wolności, rewolucji podmiotów, samodzielnego wyboru tożsamości przez izolowane, atomistycznie postrzegane egzemplarze gatunku ludzkiego.

Złożone aspekty indywidualnej tożsamości zawierające w sobie jako część integralną, wynikającą z charakteru stawania się człowiekiem, tożsamość wspólnotową My/Ja, która pochodzi z kultury, i która uczyniła mnie człowiekiem, domagają się uzupełnienia i posiadania wspólnoty dla mojego ja wspólnotowego, i to zarówno na poziomie mikro jak i na poziomie makro. Stąd wynikają różnego rodzaju wątpliwości: Czy łączenie się z innymi na poziomie instrumentalnych wartości w aspekcie mojego Ja/My może zapewnić mi realizację potrzeby więzów społecznych? Czy więzy społeczne – instrumentalne z racji zaspokajania zbieżnych potrzeb zbiorowych pośrednich, jak np. dostarczania zaopatrzenia, czy ochrona przed napadem, mogą wystarczać dla realizacji dobrego życia z tytułu więzów społecznych?

A co wobec tego z tożsamością My/Ja, której potrzeby mogą być zaspokojone tylko poprzez więzy z grupami wspólnotowymi, pierwotnymi, gdzie wspólne dobra mają charakter bycia razem, podzielania kulturowych doświadczeń, bycia u siebie? Czy człowiek niebędący nigdzie u siebie i żyjący w organizacji ochrony i oporu ograniczającej swoją rolę do zaspokajania owych instrumentalnych dóbr może być człowiekiem szczęśliwym? Czy podmiot w pełni uwolniony od wspólnoty, czyli będący w stanie anomii może osiągnąć szczęście dzięki temu, że nie będzie spełniał żądań innych?

Możliwość odrzucenia każdej więzi i każdej tożsamości prowadzi do uznania, że jednostka ma możliwość zakwestionowania swojego człowieczeństwa wynikającego z kultury, jaka stała u jego początków. Dobre życie i realizacja szans życiowych musi się odwoływać zarówno do indywidualnego namysłu jak i do wspólnotowych wartości, które nie będą kwestionowane. Wartości i narracje dobrego życia mogą bowiem być przyjmowane, zmieniane i odrzucane nie w wyniku indywidualnych decyzji, lecz w wyniku wewnątrzgrupowych uzgodnień. Dobre życie, to życie według grupowej narracji. Nasz indywidualny wybór jest tylko propozycją, która wymaga akceptacji i włączenia się wszystkich w kulturę. W przeciwnym razie jesteśmy skazani na alienację i rozpad własnej osobowości. Kim jesteśmy porzucając własną kulturę? Nie możemy dowolnie wybierać swojego stylu życia, gdyż wybory poszczególnych członków społeczeństwa nie złożą się na społeczną całość. Postępując w ten sposób dopuścilibyśmy do likwidacji ponadjednostkowej całości będącej jednostką ochrony i oporu, decydującej o naszym zbiorowym, a więc i indywidualnym przetrwaniu. Stalibyśmy się wtedy zbiorem jednostek i przestalibyśmy istnieć jako całość. Jak pisał Szczurkiewicz:

> Praktyczną i teoretyczną konsekwencją radykalnego nominalizmu — stanowiska, że istnieją tylko pojedyncze osobniki ludzkiego gatunku — może być jedynie wizja ludzkości jako całkowicie luźnego i chaotycznego zbioru jednostek, w którym nie można by wykryć żadnego ładu... wizja skrajnie anarchistycznego obcowania ludzkiego[16].

W przypadku zaistnienia takiej anarchii, musielibyśmy oddać się w ręce „Rządu Światowego", który zajmowałby się hodowlą i tresurą ludzkich jednostek, niczym dzikich zwierząt w ZOO. W najlepszym razie wystarczający byłby rząd Związku Radzieckiego lub Euroazji.

VI. Równowaga między dobrem wspólnotowym i indywidualnym

Jaki model organizacji jednostek ochrony i oporu warto wobec tego propagować, za jakim warto się opowiadać jako tym, który najlepiej będzie się przyczyniał do rozwoju więzi społecznych dających możliwość realizacji szans życiowych w obszarze społecznych kontaktów? Proponuję model, który określam jako indywidualistyczno-wspólnotowo-autonomiczny. Model ten zakłada zarówno zakorzenienie we wspólnotach jak i indywidualną autonomię, co pozwala jednostkom mieć poczucie autonomii i cieszyć się wspólnotowymi więzami. W modelu tym aktorzy indywidualni i zbiorowi odnajdują w danej jednostce ochrony i oporu pole do autonomicznych zachowań wspólnotowych i autonomicznych zachowań indywidualnych. Idea społeczeństwa, w którym nie będzie się od nikogo wymagać rezygnacji ze swoich dążeń na rzecz innych, jest delikatnie mówiąc równie absurdalna jak koncepcja pozbawienia ludzi ich indywidualności i oczekiwanie, że będę się zachowywać zgodnie z oczekiwaniami centrum decyzyjnego. Każda forma życia wspólnego, nie tylko w ludzkiej społeczności, musi prowadzić do częściowego rezygnowania z własnych dążeń na rzecz innych. Tylko w utopiach można wyhodować jednostki bezwolne, niepopadające w konflikty interesów z innymi. W świecie autonomicznych ludzkich podmiotów, rezygnacja z własnych dążeń na rzecz innych jest nieunikniona. Umiejętność zawierania takich kompromisów jest podstawą realizacji szans życiowych i dobrego życia. Jest też praktyczną realizacją części naszej istoty wyrażanej w modalności My/Ja.

Kultura ludzka kształtowała się w wyniku procesu, którego dwoma biegunami były jednostka i całość społeczna.

> Bez przejścia przez oddziaływanie najbardziej scalającej sfery społecznej jednostka nie byłaby w stanie wyzwolić się z panowania natury. Musiała ona [...] rozpuścić się w masie

---

16 T. Szczurkiewicz, (przyp. 13), s. 359.

społecznej [...], aby móc następnie pojawić się w dziejach jako jednostka umacniająca swoją niezależność, odpowiedzialność, racjonalność, itp.[17]

Cytat ten dobrze obrazuje tok rozumowania Kaufmanna i dobrze oddaje charakter mistyfikacji związany z przekonaniem o rzekomym rezlizowaniu przez autonomiczne jednostki decyzji o prowadzeniu wspólnego życia.

Problemem fundamentalnym dla funkcjonowania jednostki ochrony i oporu o charakterze indywidualistyczno-wspólnotowo-autonomicznym jest sposób rozstrzygania możliwych sporów pomiędzy autonomią podmiotów indywidualnych i autonomią podmiotów wspólnotowych. Dylemat ten dobrze opisuje kategoria „odwracającej się symbiozy", tak oto charakteryzowana przez A. Etzioniego: „Relacja pomiędzy występującymi we wspólnotach siłami dośrodkowymi i odśrodkowymi stanowi relację odwracającej się symbiozy: obie siły do pewnego momentu wzajemnie się wspierają, potem zaś mogą stać się antagonistyczne"[18].

Przy czym tendencje odśrodkowe to takie, które znoszą elementy wspólnotowości i ograniczają funkcjonowanie takiej jednostki ochrony i oporu do zadań instrumentalnych i zwalczają tym samym tendencje wspólnotowe, dośrodkowe. Komunistyczna koncepcja zakładała sztuczną wspólnotę obywateli socjalistycznej ojczyzny. Sztuczną, ponieważ to nie wspólna kultura miała określać wspólnotę, lecz miała ją określać wola decydentów. W skrajnych przypadkach taka wola doprowadzała do likwidacji podmiotowości zarówno jednostek, jak i wspólnot, aż do fizycznej eksterminacji wybranych członków wspólnoty. Stąd potrzebne jest dążenie do równowagi, która jednakże jest nieosiągalna jako stan trwały. W koncepcji odwracającej się symbiozy wzajemne relacje pomiędzy kierunkiem ku indywidualizmowi i kierunkiem ku wspólnotowości mogą mieć dwojaki charakter. Mogą się wzajemnie wspierać lub mogą pozostawać w relacji antagonistycznej. Balans uzyskujemy wtedy, gdy potrafimy dostrzec granice, w których z jednej strony indywidualizacja zagraża wspólnotom, a z drugiej wspólnotowość prowadzi do dyskryminacji członków grup ochrony i oporu. Konkretnie: im w takiej grupie ochrony i oporu więcej jest odmienności, tym trudniej zapewnić w niej indywidualną wolność bez ograniczenia wolności wspólnot. Możemy tutaj znaleźć odpowiedź na pytanie, dlaczego tak popularne stały się grupy ochrony i oporu w postaci państw narodowych. Stało się tak dlatego, że stosunkowo łatwo mogły one stanowić „wspólnotę wspólnot".

> Kiedy między wchodzącymi tu w grę wspólnotami dojdzie do konfliktów w kwestii norm wiążących się z jakimś wybranym zagadnieniem dotyczącym porządku i autonomii, we wszelkich wspólnotach członkowskich lojalność względem wspólnoty ogólniejszej musi mieć pierwszeństwo względem lojalności wobec wspólnoty bezpośredniej. To zagwarantuje, że „wspólnota wspólnot" — czyli omawiana tu jednostka ochrony i oporu — będzie wrażliwa na potrzeby wspólnot członkowskich; że nie będzie czymś narzuconym z góry ani zjawiskiem o marginalnym znaczeniu[19].

---

[17] J.C. Kaufmann, *Ego. Socjologia jednostki*, Oficyna Naukowa, Warszawa 2004, s. 75.
[18] A. Etzioni, *Wspólnota responsywna: perspektywa komunitariańska*, [w:] P. Śpiewak, (przyp. 8), s. 194.
[19] A. Etzioni, (przyp. 18), s. 201.

Wspólnota narodowa jako wspólnota kulturowa dla członków jednostki ochrony i oporu pozwalała na podtrzymywanie wielu więzi wspólnotowych, pozwalając na realizację potrzeb wspólnotowych, potrzebę wspólnej realizacji dobrego życia. Jednostki ochrony i oporu pozbawione takich podstaw wspólnotowych mogą łatwo przerodzić się (i tak też się staje!) w totalitarne systemy, które nie tylko ograniczają wspólnoty, ale likwidują również wolność. Aby zapewnić w zbiorowości stan równowagi między dobrem wspólnotowym i indywidualnym trzeba znaleźć w niej siły społeczne, których dążenia byłyby na tyle zrównoważone, aby całość nie uległa trwałemu przechyłowi bądź to w kierunku braku indywidualnej wolności, bądź to w kierunku braku autonomii wspólnot. Nie ma też innej drogi dla optymalizacji więzi społecznych decydujących o szansach życiowych niż równowaga między tym, co wspólnotowe i tym, co indywidualne.

Adam Rosół

Social bonds and the life opportunities of an individual

The life opportunities of individuals are constituted by opportunities to achieve a fulfilling social position and satisfaction with social bonds. Accomplishing these two objectives depends to a high degree on the rules of organization of the social groups in which we live. This article analyses the influence that the functioning of social groups has on an individual's satisfaction with his or her social bonds. According to the author, an organization of social life which allows autonomy of individual behavior and autonomy of actions for community-based social groups is the best environment in which to achieve fulfillment from social bonds.

Krzysztof Śmigórski
Andrzej E. Sękowski

Wgląd jako proces interakcji jednostki z otoczeniem. Argumenty na podstawie przeglądu literatury

I. Wstęp

O funkcjonowaniu poznawczym osób twórczych zgromadzono stosunkowo dużą wiedzę, ale ma ona w większym stopniu charakter opisowy niż wyjaśniający. Wiadomo, że osoby wysoce uzdolnione twórczo w wielu aspektach funkcjonowania różnią się od tych mniej uzdolnionych, ale nieznane są przeważnie przyczyny tych zjawisk. Punktem wyjścia dla niniejszej pracy są spostrzeżenia Geralda Mendelsohna[1], przedstawiciela podejścia asocjacjonistycznego, twierdzącego, iż osoby wysoce uzdolnione twórczo w czasie pracy nad problemem stosują mechanizm wykorzystywania incydentalnych wskazówek — wprowadzają w pole uwagi przypadkowe bodźce, co pozwala im łatwiej dokonywać odrębnych skojarzeń. Bodźce te mogą służyć jako czynniki torujące aktywizację podobnych do nich pojęć przez rozprzestrzeniającą się automatyczną aktywację sieci semantycznej[2].

Artykuł został napisany w ramach grantu promotorskiego o sygnaturze 1 H01 F088 30, przyznanego przez Ministerstwo Edukacji Narodowej.

[1] G. Mendelsohn, *Associative and attentional processes in creative performance*, „Journal of Personality" 1976, nr 2, s. 341–396; E. Nęcka, *Psychologia twórczości*, GWP, Gdańsk 2002, s. 54–55.

[2] A.M. Collins, E.F. Loftus, *A spreading activation theory of semantic processing*, „Psychological Review" 1975, nr 6, s. 407–429; J.H. Neely, *Semantic priming and retrieval from lexical memory: Role of inhibitionless spreading activation and limited-capacity attention*, „Journal of Experimental Psychology: General" 1977, nr 3, s. 226–254; R. Ratcliff, G. McKoon, *A retrieval theory of priming in memory*, „Psychological Review" 1988, nr 3, s. 385–408.

Źródła powyższych właściwości należy prawdopodobnie szukać w mniej lub bardziej odmiennym sposobie korzystania z docierających informacji przez umysły osób uzdolnionych twórczo przy konstrukcji reprezentacji otaczającego świata. Za tym, że może to być jednym z możliwych wyjaśnień przemawiają wyniki badań osób kreatywnych dotyczące alokacji zasobów uwagi[3], osłabienia jej właściwości selekcyjnych[4] i sposobów organizacji struktur pojęciowych[5].

Celem autorów jest przeanalizowanie zjawiska wglądu w ramach różnych koncepcji, wykazanie tendencji rozwojowych w tym nurcie wiedzy oraz ustalenie aktualnego stanu wiedzy na temat omawianego problemu.

II. Zjawisko wglądu w koncepcjach psychologicznych — przegląd sposobów konceptualizacji zjawiska

1. Cechy wglądu

Niezależnie od podejścia teoretycznego można wyróżnić kilka cech wglądu, które są przytaczane przez badaczy tego zagadnienia. Są to: 1) nagłość — olśnienie wydaje się następować niespodziewanie i polega na jakościowym skoku w rozumieniu, a nie na stopniowym przyroście wiedzy; 2) spontaniczność — zachodzi niezależnie od intencji osoby go przeżywającej; 3) nieoczekiwaność — zawsze jest zjawiskiem zaskakującym, pojawiającym się bez wcześniejszych sygnałów, wskazówek; 4) satysfakcja — wgląd rozwiązuje poprzednio nierozwiązane problemy, jego efektem jest doświadczenie „Aha!"[6]. W gruncie rzeczy w zakresie definicji pojęcia wglądu panuje niespotykana zazwyczaj wśród psychologów zgodność, co poświadcza poniższy przegląd ujęć teoretycznych.

---

[3] E. Nęcka, M. Kossowska, *Do it your own way: Cognitive strategies, intelligence, and personality*, „Personality and Individual Differences" 1994, nr 1, s. 33–46; E. Nęcka, R. Polczyk, *Capacity and retention capability of working memory modify the strength of the RT/IQ correlation: a short note*, „Personal and Individual Differences" 1994, nr 6, s. 1081–1091; P.I. Ansburg, K. Hill, *Creative and analytic thinkers differ in their use of attentional resources*, „Personality and Individual Differences" 2003, nr 7, s. 1141–1152.

[4] J. Kasof, *Creativity and breadth of attention*, „Creativity Research Journal" 1997, nr 4, s. 303–315; A. Słabosz, *Elementarne składniki procesu twórczego — aktywacja semantyczna i inhibicja poznawcza*, (niepublikowana praca doktorska pisana pod kierunkiem prof. dr hab. E. Nęcki), Instytut Psychologii UJ, Kraków 2000; E. Nęcka, (przyp. 1), s. 56–59.

[5] S.A. Mednick, *The associative basis of the creative process*, „Psychological Review" 1962, nr 3, s. 220–232; A. Abraham, S. Windmann, I. Daum, O. Gunturkun, *Conceptual expansion and creative imagery as a function of psychoticism*, „Consciousness and Cognition" 2005, nr 3, s. 420–534.

[6] C.M. Seiffert, D.E. Meyer, N. Davidson, A.L. Patalano, I. Yaniv, *Demystification of cognitive insight: opportunistic assimilation and the prepared-mind perspective*, [w:] *The nature of insight*, red. R.J. Sternberg, J.E. Davidson, The MIT Press, Cambridge 1996, s. 65–124; D.K. Simonton, *Creativity in science. Chance, logic, genius and zeitgeist*, Cambridge University Press, Cambridge 2004, *passim*.

2. U źródeł — pierwsze ujęcia naukowe: würzburska szkoła myślenia i psychologia Gestalt

Jedną z najstarszych psychologicznych koncepcji wglądu jest koncepcja Otto Selza, pierwszego przedstawiciela szkoły nie-asocjacjonistycznej w latach 1910–1920[7]. Autor ów był zwolennikiem rozumienia wglądu jako procesu uzupełniania schematu. Zgodnie z tym podejściem osoba kreatywna w swoim postępowaniu ma odkryć, w jaki sposób dane wejściowe oraz cele zadania pasują razem w ramach spójnej struktury. Kiedy więc osoba uzupełni luki w ramach takiej struktury, doświadcza wglądu. Selz nazywał to antycypacją schematyczną — rozwiązanie cechujące się nowością i użytecznością pojawiało się wtedy, gdy osoba go poszukująca odkryła, w jaki sposób wpasowuje się jako zintegrowany komponent w ramach większego systemu. W celu weryfikacji empirycznej autor stosował metody szkoły würzburskiej, np. protokoły głośnego myślenia. Na podstawie wyników stwierdził, iż badani nie szukają rozwiązania podążając ślepo łańcuchami skojarzeń, ale starają się zbudować zintegrowaną strukturę problemu. Selz jest uważany za pierwszego badacza, który wyraźnie, *explicite*, wyszedł poza paradygmat asocjacjonizmu.

Dużym echem odbiły się ustalenia psychologów Gestalt na temat wglądu. Generalnie w tym nurcie psychologii uznaje się, że wgląd zachodzi, gdy osoba rozwiązująca problem spojrzy na niego w zupełnie nowy sposób. Nowe spojrzenie jest rozumiane tutaj dosłownie — chodzi bowiem o zmiany w ramach struktury reprezentacji wizualnej[8]. Jak pisze Richard Mayer „to ujęcie podkreśla wzrokową naturę wglądu: tak jak percepcja zakłada budowanie zorganizowanej struktury z wejścia wzrokowego, tak kreatywne myślenie często zakłada reorganizację lub restrukturalizację informacji wzrokowej"[9]. Nośność koncepcji Gestalt zapewniły robiące wrażenie badania Wolfganga Köhlera nad zachowaniem się szympansów[10]. Stanowiły one odpowiedź na wnioski Edwarda Thorndike'a dotyczące zachowania inteligentnego zwierząt. Stwierdził on, iż zwierzęta nie doświadczają wglądu, lecz uczą się stopniowo, metodą prób i błędów właściwych rozwiązań[11], co stanowiło poważne wyzwanie dla omawianego podejścia.

Köhler na podstawie obserwacji zachowania szympansów w sytuacjach problemowych (np. znalezienie sposobu sięgnięcia banana wiszącego poza zasięgiem łap czy leżącego poza klatką) stwierdził, że można dostrzec u tych zwierząt

---

[7] R.E. Mayer, *The search for insight: Grappling with gestalt psychology's unanswered questions*, [w:] R.J. Sternberg, J.E Davidson, (przyp. 6), s. 1–32.

[8] R.E. Mayer, (przyp. 7), s. 1–32.; Z. Piskorz, *Natura i determinanty wglądu*, [w:] *Twórcze przetwarzanie informacji*, red. Cz. Nosal, Wydawnictwo Agencja Delta, Wrocław 1992, s. 60–72; R. Weisberg, *Creativity: Understanding innovation in problem solving, science, invention and the arts*, John Wiley & Sons, Hoboken, Nowy Jork 2006, *passim*; J. Kozielecki, *Koncepcje psychologiczne człowieka*, Wydawnictwo ŻAK, Warszawa 1997, *passim*.

[9] R.E. Mayer, (przyp. 7), s. 10.

[10] J. Kozielecki, (przyp. 8).

[11] R. Weisberg, (przyp. 8), s. 310–329.

doświadczenie wglądu, jak je nazwał — „doświadczenie «Aha!»". Omawiany autor stwierdził, iż rozwiązanie oparte na wglądzie cechuje zachowania, które: 1) reprezentują kompletne metody rozwiązania, zamknięte całości, a nie pojedyncze reakcje, 2) które pojawiają się niespodziewanie zamiast drogą stopniowego wzmacniania oraz 3) które nigdy nie były stosowane uprzednio.

W literaturze psychologicznej rzadko jednak wspomina się, iż ustalenia Köhlera zostały podważone 20 lat później, w latach 40. przez Herberta Bircha[12]. Jednym z głównych wniosków niemieckiego badacza było, iż wgląd jest procesem polegającym wyłącznie na przekształceniu istniejącej struktury, niezależnym od przeszłego doświadczenia. Okazało się jednak, że jeśli szympansy, które wychowywały się w otoczeniu, w którym nigdy nie stosowano żadnych patyków jako przedłużenia ramion, poddane zostały zadaniom wykorzystanym przez Köhlera, nie potrafiły spontanicznie wpaść na rozwiązanie z ich zastosowaniem. Tak więc ustalenia te wskazywały, że wgląd był procesem wymagającym zastosowania posiadanego doświadczenia. Było to o tyle paradoksalne, że w ramach psychologii Gestalt za główną przeszkodę w osiągnięciu wglądu uważano mentalne blokady wynikające z niewłaściwego polegania przez jednostkę na własnym przeszłym doświadczeniu. Przykładem mogło być zjawisko tzw. fiksacji funkcjonalnej.

3. Spadkobiercy Köhlera — propozycje Ohlssona, Malztmana oraz Dominowskiego i Dalloba

Wnioski Köhlera wywarły duży wpływ na rozwój psychologicznych koncepcji wglądu — przykładem jest koncepcja Karla Dunckera[13] czy bardziej współczesne podejście reprezentowane przez Stellana Ohlssona[14]. Duncker rozwinął pojęcie reorganizacji obejmujące nie tylko reprezentację wzrokową, ale reprezentację całego problemu w całości. Opisał zjawisko fiksacji funkcjonalnej, które po części pozwala pogodzić wyniki Bircha z osiągnięciami gestaltystów.

W neo-gestaltowskiej propozycji Ohlssona mechanizmem wglądu nadal jest restrukturyzacja. Nie polega ona jednak wyłącznie na przekształceniach reprezentacji wizualnej, ale na stosowaniu rozmaitych heurystyk, które służą zmianom w ramach reprezentacji problemu, która nie musi mieć wzrokowej natury. Ohlsson ponadto kładzie nacisk na bliskie relacje między doświadczeniami impasu, restrukturyzacją i wglądem[15].

---

[12] R. Weisberg, (przyp. 8), s. 230–340.

[13] R.E. Mayer, (przyp. 7), s. 1–32; R. Weisberg, (przyp. 8), s. 309; T. Maruszewski, *Psychologia Poznawcza*, Biblioteka Polskiego Towarzystwa Semiotycznego, Warszawa 1996, *passim*.

[14] P. Langley, R. Jones, *A computational model of scientific insight*, [w:] *The nature of creativity. Contemporary psychological perspectives*, red. R.J. Sternberg, Cambridge University Press, Nowy Jork 1988, s. 177–201; R. Weisberg, (przyp. 8), s. 327–329.

[15] R. Weisberg, (przyp. 8), s. 327–329.

Irving Maltzman, przedstawiciel behawioryzmu, stosując typowy dla swojej szkoły redukcjonizm, definiował wgląd jako nic więcej jak uruchamianie nowych kombinacji odpowiedzi skojarzonych z sytuacją problemową[16]. Kontynuatorem tego podejścia jest poniekąd Robert Weisberg, który podważa potrzebę używania pojęcia wglądu — jego zdaniem tak naprawdę znalezienie rozwiązania opiera się o mechanizmy pamięciowe. Jednostka, szukając rozwiązania danego problemu, przeszukuje zasoby posiadanego doświadczenia, które odpowiednio modyfikuje do wymogów bieżącej sytuacji[17].

Roger Dominowski i Pamela Dallob[18] definiują wgląd w tradycji wypracowanej w ramach psychologii Gestalt. Według nich rozważane pojęcie może być charakteryzowane jako forma rozumienia problemu i jego rozwiązania, która wynika z ponownego ustrukturalizowania, nowego spojrzenia przez osobę na sytuację problemową. Uzyskać wgląd to zrozumieć coś bardziej kompletnie, ruszyć od stanu względnego pomieszania do pojmowania[19]. Wgląd nie jest w tym ujęciu procesem, lecz stanem wiedzy.

4. W stronę taksonomii — trzy właściwości koncepcji psychologicznych wglądu

Colleen Seifert i współautorzy[20] zaproponowali trójwymiarową taksonomię koncepcji rozważających zjawisko wglądu. Uporządkowali je uwzględniając następujące wymiary: 1) skupiający się na zagadnieniu, czy wgląd istnieje jako odrębne, istotne zjawisko poznawcze; 2) rozważający kwestię możliwości naukowego poznania wglądu; 3) dotyczący natury procesów poznawczych uczestniczących we wglądzie, ich niezwykłości *vs.* typowości. Bazując na swoim podziale wyróżniają trzy główne podejścia, które nazywają: Perspektywa „Nic Nadzwyczajnego" (*The Business-as-Usual Perspective*), Perspektywa Czarodzieja Merlina (*The Wizard Merlin Perspective*) oraz Perspektywa Przygotowanego Umysłu (*The Prepared-Mind Perspective*).

W ramach pierwszego podejścia wgląd traktowany jest jako proces względnie nieważny lub w ogóle nieistniejący jako niezależne zjawisko poznawcze, który jest powiązany z mechanizmami wnioskowania, planowania, rozwiązywania problemów itd. Zwolennikiem takiego sposobu ujmowania rozważanej problematyki jest m.in. Robert Weisberg[21] oraz Thomas Ormerod[22]. Swoje wnioski wyciągają z eksperymentów

16 R.E. Mayer, (przyp. 7), s. 1–32.

17 R.E. Mayer, (przyp. 7), s. 1–32; R. Weisberg, (przyp. 8), s. 321–326; tenże, *Problem solving and creativity*, [w:] R.J. Sternberg, (przyp. 14), s. 148–176; tenże, *Creativity: Beyond myth of genius*, Freeman, Nowy Jork 1993, *passim*; tenże, *Prolegomena to theories of insight in problem solving: A taxonomy of problems*, [w:] R.J. Sternberg, J.E. Davidson, (przyp. 6), s. 157–196.

18 R.L. Dominowski, P. Dallob, *Insight and problem solving*, [w:] R.J. Sternberg, J.E. Davidson, (przyp. 6), s. 33–62.

19 R.L. Dominowski, P. Dallob, (przyp. 18), s. 37.

20 C.M. Seiffert, D.E. Meyer, N. Davidson i in., (przyp. 6), s. 65–124.

21 R. Weisberg, (przyp. 8), s. 313–316; R. Weisberg, *Creativity: Beyond myth of genius*, (przyp. 17).

laboratoryjnych, np. problemu dziewięciu kropek (ang. *nine dots* — 9D) itd. Stwierdzają, iż w czasie rozwiązywania przez badanych poszczególnych zadań nie obserwują zjawiska spontanicznego znalezienia prawidłowego rozwiązania, które jest typowe dla wglądu. Podważają tradycyjną interpretację gestaltowską, w ramach której wgląd zachodzi na skutek restrukturyzacji reprezentacji wizualnej problemu.

Potwierdza to manipulacja eksperymentalna polegająca na cieniowaniu części obszaru. Autorzy stwierdzają, że wskazówki wzrokowe w problemie 9 kropek w takiej formie nie przyczyniają się do polepszenia efektów rozwiązania zadania i konkludują, że wyzwolenie się z ograniczeń percepcji wzrokowej nie jest koronnym procesem, poprzez który dochodzi do wglądu. Najwyższy odsetek badanych, którzy rozwiązali problem wyniósł 9,4% — natomiast przeważnie jest to 0%[23].

Badania Roberta Weisberga i Josepha Alby[24] wskazują, że źródłem trudności w facilitacji poprawnego rozwiązania nie jest fiksacja na figurze kwadratu. Według tych autorów źródłem błędu jest zakotwiczenie w przeszłym doświadczeniu. Taki wniosek jest zbieżny w pewnym stopniu z ustaleniami podejścia neo-Gestalt, którego przedstawicielem jest Ohlsson[25]. Jak podsumowują to Seifert i współpracownicy[26], restrukturyzacja mentalnej reprezentacji problemu bazuje na mechanizmach wydobywania informacji z pamięci semantycznej. Trudność w rozwiązaniu problemu polega na porażce w uzyskaniu poprawnych planów rozwiązania z pamięci.

Edward Chronicle i współpracownicy[27] uważają, że należy to interpretować inaczej. Mianowicie, gdy pokazujemy elementy rozwiązania, zmienia to sytuację jakościowo — ogranicza przestrzeń problemową. Taka manipulacja eksperymentalna nie wpływa na organizację percepcyjną w rozwiązywaniu problemu. Model rozwiązania problemu proponowany przez Ormeroda[28] bazuje na modelach związanych z przetwarzaniem informacji[29] i składa się z trzech głównych komponentów:
— zasięgu przeszukiwania — czyli ilości linii, które osoba rozważa naprzód; w przypadku problemu 9D wynosi ona od 1 do 4;
— selekcji ruchu;

22 E.P. Chronicle, T.C. Ormerod, J.N. MacGregor, *What makes an insight problem? The roles of heuristics, goal conception, and solution recording in knowledge-lean problems*, „Journal of Experimental Psychology: Learning, Memory, and Cognition" 2004, nr 1, s. 14–27.

23 C.T. Lung, R.L. Dominowski, *Effects of strategy instructions and practice on nine-dot problem solving*, „Journal of Experimental Psychology: Learning, Memory, and Cognition" 1985, nr 4, s. 804–811.

24 R.W. Weisberg, J.W. Alba, *An examination of alleged role of "fixation" in the solution of several "insight" problems*, „Journal of Experimental Psychology: General" 1981, nr 2, s. 169–192.

25 S. Ohlsson, *Restructuring revisited: Summary and critique of the gestalt theory of problem solving*, „Scandinavian Journal of Psychology" 1984, nr 1, s. 65–78; R.E. Mayer, (przyp. 7), s. 1–32.

26 C.M. Seiffert, D.E. Meyer, N. Davidson, A.L. Patalano, I. Yaniv, (przyp. 6), s. 65–124.

27 E.P. Chronicle, T.C. Ormerod, J.N. MacGregor, *When insight just won't come: The failure of visual cues in the nine-dot problem*, „The Quaterly Journal of Experimental Psychology" 2001, nr 3, s. 903–919; E.P. Chronicle, T.C. Ormerod, J.N. MacGregor, (przyp. 22), s. 14–27.

28 E.P. Chronicle, T.C. Ormerod, J.N. MacGregor, (przyp. 22), s. 14–27, (przyp. 27), s. 903–919.

29 A. Newell, H.A. Simon, *Human problem solving*, Prentice Hall, Englewood Cliffs 1972, *passim*.

— ewaluacji ruchu bazującej na kryterium zbliżania się do celu.

Zgodnie z tym modelem każda próba rozwiązania, która ujmuje mniej niż 4 kropki naprzód przyniesie porażkę, przynajmniej w początkowych próbach. Wynika to z faktu, że kryterium porażki nie występuje wystarczająco wyraźnie, aby zmuszało do poszukiwania alternatywy. Aby problem został rozwiązany, wymagana jest fundamentalna rekonceptualizacja tego, jak można do niego podejść. Samo zwolnienie z ograniczeń nałożonych na niego nie jest wystarczające do osiągnięcia sukcesu. Do wglądu prowadzi proces działania wewnętrznego operatora, który stara się zakreślić jak największą liczbę kropek. Jeśli jego pierwszy komponent — zasięg przeszukiwania — ujmie odpowiednią liczbę kropek, wtedy możliwe jest szukanie rozwiązań, które okażą się dobre.

Perspektywa Czarodzieja Merlina przedstawia zupełnie odmienny sposób postrzegania zjawiska wglądu. Zgodnie z nią wgląd rzeczywiście zachodzi, a jego efekty mogą być spektakularne. Ponadto zakłada się, iż wynika on z działania niezwykłych procesów psychicznych, które są dostępne jedynie nielicznym, uzdolnionym jednostkom. Ich umysły nie mogą być naśladowane ani poznane metodami naukowymi[30]. Jest to więc powrót do elitarnej koncepcji kreatywności[31]. Postulat niepoznawalności wybitnych umysłów lokuje to podejście wśród archaicznych dziś koncepcji. Materiałem, na którym bazuje, są studia przypadków wybitnych osób świata nauki, sztuki etc. Ograniczenia narzucane przez tę perspektywę powodują, że może ona zapewnić jedynie skatalogowanie danych o geniuszach, bez możliwości dalszej obróbki.

Perspektywa Przygotowanego Umysłu stanowi kompromis między dwoma poprzednimi. Jej zwolennicy uznają, że wgląd jest realnym, odrębnym zjawiskiem poznawczym, które może występować w pewnych okolicznościach. Jednocześnie traktują go jako całkowicie poznawalny metodami naukowymi, gdyż wyrastający z funkcjonowania zwykłych mechanizmów poznawczych — poznawczych, a nie nadludzkich uzdolnień[32]. Do tego nurtu zaliczyć można często cytowaną czteroetapową koncepcję Grahama Wallasa[33]. Przeprowadzono wiele badań skupiających się na poszczególnych etapach wyróżnionych przez tego badacza. Dzięki uzyskanym wynikom uzyskano wiedzę o ciekawych cechach funkcjonowania poznawczego odróżniających osoby bardziej od mniej twórczych.

Pierwsze rozbieżności występują już na etapie preparacji. Mary Gick i Keith Holyoak[34] wykazali, że większość osób nie korzysta z odpowiednich informacji, mogących pomóc im w rozwiązaniu problemu. Wspomniani autorzy prosili badanych o rozwiązanie problemu Dunckera. Zanim jednak przystąpiono do właściwego zadania, uczestnicy czytali krótkie historie, które pod względem struktury przedstawianego w nich problemu były analogiczne do zadania właściwego (np. opowiadanie o ataku

[30] C.M. Seiffert, D.E. Meyer, N. Davidson i in., (przyp. 6), s. 65–124.

[31] E. Nęcka, (przyp. 1), s. 19–23.

[32] C.M. Seiffert, D.E. Meyer, N. Davidson i in., (przyp. 6), s. 65–124.

[33] E. Nęcka, (przyp. 1), s. 42–43.

[34] M.L. Gick, K.J. Holyoak, *Analogical problem solving*, „Cognitive Psychology" 1980, nr 3, s. 306–355.

na twierdzę, w którym wojsko zostało przegrupowane i podzielone na kilka mniejszych oddziałów atakujących z kilku stron). Okazało się, że takie informacje nie były przez badanych wykorzystywane, ich wskaźnik rozwiązania zadań nie różnił się istotnie od wyniku grupy kontrolnej, która nie czytała historii. Seifert[35] uważa, że ta sytuacja wynika z braku automatycznego dostępu do takich informacji w trakcie rozwiązywania zadania, co negatywnie wpływa na dalszy rozwój procesu wglądu.

Drugim rodzajem blokady może być zjawisko „blokady funkcjonalnej" — nawet, jeśli osoba potrafi wydobyć uprzednio posiadaną wiedzę, to korzysta z niewłaściwych jej elementów. Powoduje to, że reprezentacja sytuacji problemowej jest nieużyteczna, ograniczająca możliwości znalezienia rozwiązania. Douglas Needham i Ian Begg[36] odkryli jednak, że jeśli informacja poprzedzająca zostanie ujęta jako mająca powiązanie z problemem, uczestnicy potrafią ją efektywnie użyć jako wskazówkę. Tak więc samo zjawisko wglądu, które jest udziałem twórczych jednostek, może w części mieć źródło w specyficznej organizacji wiedzy w pamięci długotrwałej.

Następująca po fazie preparacji inkubacja uważana była za etap, w którym zachodzą niezwykłe procesy — nieświadoma praca umysłu. Badania laboratoryjne sugerują, iż wyróżnianie etapu inkubacji nie jest prawdopodobnie konieczne do prawidłowego opisu i zrozumienia procesu wglądu[37]. Seifert i współpracownicy uważają, iż napotkany impas w czasie próby rozwiązania problemu jest zapisywany w pamięci. Struktury semantyczne związane z reprezentacją przestrzeni problemowej są aktywne przez pewien okres. Zgodnie z hipotezą oportunistycznej asymilacji, ślady te mogą być aktywowane w przypadku napotkania relewantnej informacji. Wpasowanie jej w reprezentację problemu pozwala go rozwiązać, co jest doświadczane jako wgląd. Wyraźnie więc widać, iż inkubacja w omawianej koncepcji stanowi stosunkowo bierny etap procesu wglądu. Stanowi przerwę następującą w wyniku impasu, którym kończy się etap preparacji. Konsekwencją takiego podejścia jest stwierdzenie, iż tajemnicy funkcjonowania poznawczego twórczych jednostek nie należy szukać w nietypowej nieświadomej pracy ich umysłów, ale w procesach wydobywania informacji z magazynu pamięci długotrwałej. Ciekawe są wyniki uzyskane przez Janet Davidson[38], zgodnie z którymi istnieją różnice indywidualne w zakresie zdolności doświadczania wglądu. Mianowicie autorka ustaliła, iż osoby o wysokim ilorazie inteligencji są bardziej skłonne niż osoby o niższym IQ spontanicznie wybierać i stosować odpowiednie informacje w rozwiązywaniu problemów oraz częściej doświadczają nagłego znalezienia odpowiedzi na pytanie problemowe. Wysoka inteligencja nie wiąże się z występowaniem odmiennych jakościowo procesów poznawczych. Wyniki Davidson są więc kolejnym dowodem, iż proces wglądu nie wiąże się z niezwykłymi procesami. Związek inteligencji ze stosowanymi strategiami

---

[35] C.M. Seiffert, D.E. Meyer, N. Davidson i in., (przyp. 6), s. 65–124.

[36] D.R. Needham, I.M. Begg, *Problem-oriented training promotes spontaneous transfer, memory-oriented training promoted memory for training*, „Memory & Cognition" 1991, nr 6, s. 543–557.

[37] C.M. Seiffert, D.E. Meyer, N. Davidson i in., (przyp. 6), s. 65–124.

[38] J.E. Davidson, *The suddenness of insight*, [w:] R.J. Sternberg, J.E. Davidson, (przyp. 6), s. 65–124.

został już stwierdzony przez Małgorzatę Kossowską i Edwarda Nęckę[39]. Osoby inteligentne częściej stosowały strategie analityczne, co wiązało się również z większą pojemnością pamięci roboczej. Kreatywność jest skorelowana pozytywnie z inteligencją (przynajmniej do IQ = 120)[40] więc możliwe, że od osób twórczych również możemy oczekiwać większych zasobów pamięci roboczej.

Z punktu widzenia koncepcji oportunistycznej asymilacji można również wyjaśnić zjawisko „Aha!". Pozytywny afekt, który mu towarzyszy, może być wynikiem znalezienia brakującego elementu informacji. Wzmożony nastrój wiąże się z podwyższonym poziomem aktywacji korowej, która może sprzyjać konsolidacji śladów pamięciowych[41].

III. Wgląd jako zjawisko związane z przetwarzaniem informacji zewnętrznych: koncepcja oportunistycznej asymilacji

1. Dynamika zmian rozumienia wglądu

Przyglądając się historii badań nad zjawiskiem wglądu można dostrzec ciekawą dynamikę: zdolności twórcze początkowo przypisywane były czynnikom pozaludzkim (bogom, muzom etc.). Rozwój naukowego zainteresowania procesami twórczymi, w tym wglądem, zaowocował umiejscowieniem aktywności w jednostce. Proces twórczy został „zakopany" jednak tak głęboko, iż jego przebieg stał się niedostępny oglądowi osoby, w której zachodził. Koncepcje psychoanalityczne traktowały proces kreacji jako nieświadomą wędrówkę jednostki we własną przeszłość, cofnięcie do bardziej prymitywnych poziomów funkcjonowania — nazwano to „regresją w służbie ego"[42]. Psychologowie Gestalt powiązali wgląd ze zmianami w strukturze reprezentacji problemu. Obecne koncepcje powiązały wgląd ze środowiskiem zewnętrznym — traktowanym jako źródło potencjalnie korzystnej informacji. W ten sposób omawiane zjawisko wydaje się być ponownie umiejscowione poza jednostką. Mimo iż powierzchownie wydaje się to być sprzeczne, omówione zostaną dwie współczesne koncepcje, które wykażą, iż taka perspektywa jest bardzo korzystna z heurystycznego punktu widzenia, gdyż oferuje przełamanie impasu w rozważaniach nad wglądem i procesem twórczym w ogóle. Najpierw przedstawiona zostanie koncepcja Sternberga i Davidson, następnie propozycja Seifert i współpracowników.

---

[39] E. Nęcka, M. Kossowska, (przyp. 3), s. 33–46.

[40] E. Nęcka, (przyp. 1), s. 122.

[41] A. Baddeley, *Pamięć. Podręcznik użytkownika*, Wydawnictwo Prószyński i S-ka, Warszawa 1998, *passim*.

[42] E. Kris, *Psychoanalytic interpretations of art*, International Universities Press, Nowy Jork 1952, *passim*; B. Wolman, *Creative art and psychopathology*, „American Imago" 1967, nr 1–2, s. 140–150.

2. Teoria trzech procesów

Teoria trzech procesów Sternberga[43] i Davidson[44] zakłada, iż wgląd składa się z trzech procesów: selektywnego kodowania, selektywnej kombinacji oraz selektywnego porównywania. Autorzy uważają, że wgląd zachodzi w sytuacjach, kiedy jednostka stosuje powyższe trzy procesy, kiedy nie dysponuje gotowymi procedurami rozwiązania problemu[45].

Selektywne kodowanie polega na dostrzeżeniu przez jednostkę informacji, które wcześniej uważała z irrelewantne. Jest to wynikiem procesu restrukturyzacji reprezentacji poznawczej. Cechy, które dotychczas były pomijane, w nowym kontekście uzyskują znaczenie. Selektywna kombinacja jest procesem, który zachodzi, gdy osoba łączy ze sobą elementy sytuacji problemowej, dotychczas pomijane lub niejasne. Przykładem może być opracowanie przez Karola Darwina teorii ewolucji — połączył w nowy sposób fakty, które dostępne były większości badaczy. Selektywne porównywanie zachodzi, gdy jednostka odkrywa relacje między nową informacją a danymi zdobytymi w przeszłości. Na tym procesie bazują metody rozwiązywania problemów przez analogię.

Sternberg i Davidson uważają, że aby powyższe trzy procesy doprowadziły do wglądu, muszą wystąpić w bardzo krótkim czasie, w sposób niespodziewany dla jednostki. W przeciwieństwie do Weisberga[46] stwierdzają, że nie ma czegoś takiego jak problemy wymagające wglądu — jedna osoba rozwiąże dane zagadnienie doświadczając wglądu, podczas gdy druga w sposób tradycyjny. Każdy z trzech omówionych procesów może zachodzić niezależnie od innych i nie musi automatycznie doprowadzić do wglądu, może stanowić tylko etap w rozwiązywaniu zadania. Warty zaznaczenia jest jeden aspekt — źródło stymulacji prowadzącej do wglądu znajduje się na zewnątrz osoby.

Seifert i współpracownicy[47] opracowali całościową koncepcję wyjaśniającą zjawiska zachodzące w procesie wglądu, nazwaną przez nich koncepcją oportunistycznej asymilacji. Podobnie jak autorzy poprzedniej koncepcji zakładają oni, iż zjawisko wglądu jest procesem interakcji między jednostką a otoczeniem. Jego przebieg podzielili na kilka następujących po sobie faz:

Etap I, preparacji, obejmuje całość procesów — od pierwszego zetknięcia się z problemem aż po doświadczenie impasu. Różne okoliczności mogą zatrzymać procesy wiodące ku temu doświadczeniu: 1) problem może w ogóle nie być dostrzeżony, 2) może zostać dostrzeżony, ale jednostka nie podejmuje prób jego rozwiązania, 3) człowiek może próbować szukać rozwiązania, ale niewystarczające

---

[43]   R.J. Sternberg (red.), (przyp. 14), *passim*.

[44]   R.J. Sternberg, J.E. Davidson, (przyp. 6), *passim*; E. Nęcka, (przyp. 1), s. 110–113; E. Nęcka, *Twórczość*, [w:] *Psychologia. Podręcznik akademicki*, t. II, red. J. Strelau, GWP, Gdańsk 2000, s. 783–807.

[45]   J.E. Davidson, (przyp. 38), s. 65–124.

[46]   R. Weisberg, *Creativity: Beyond myth of genius*, (przyp. 17).

[47]   C.M. Seiffert, D.E. Meyer, N. Davidson i in., (przyp. 6), s. 65–124.

zrozumienie uniemożliwia mu znalezienie przyczyn porażki, 4) osoba może zostać zajęta inną czynnością w trakcie pracy nad zadaniem, 5) uzyskane rozwiązanie jest niewłaściwe, ale jednostka nie jest tego świadoma.

Stworzony przez omawianych autorów model odnosi się do sytuacji, które są trudne i wymagają wysokiego poziomu motywacji od jednostki. Autorzy zgadzają się w tym punkcie ze wszystkimi teoriami, które podkreślają rolę analizy problemu i stworzenia jego reprezentacji poznawczej[48]. Kiedy jednostce nie udaje się znaleźć rozwiązania, zostaje to zapisane w jej pamięci (stanowi to istotę podetapu „konstrukcji porażki"). Badania wskazują, iż najlepiej pamiętane są problemy, których rozwiązanie zostało prawie osiągnięte[49]. Autorzy zakładają, że wskaźniki porażki mogą utrzymywać się w pamięci nawet przez lata.

Kiedy osoba zaprzestaje pracy nad problemem, zaczyna się etap drugi — inkubacji. Jest on często związany z zajęciem się inną aktywnością. Seifert i współpracownicy[50] *explicite* stwierdzają, że faza ta przynosi korzyści jedynie w przypadku dostarczenia jednostce nowych, adekwatnych informacje. Koncepcja oportunistycznej asymilacji odróżnia się od konkurencyjnych teorii tym, iż źródło wglądu umiejscawia w otoczeniu, a nie w pracy jednostki. Duncker czy Köhler widzieli rozwiązanie problemu w zasobach umysłu. Zgodnie z tymi klasycznymi koncepcjami, osoba po zakończeniu fazy preparacji zrywała kontakt ze światem zewnętrznym z punktu widzenia rozwiązania. Kiedy twórca wchodził w fazę inkubacji, nie potrzebował już zewnętrznej stymulacji, gdyż cały proces lokował się w nieświadomości. W koncepcji Seifert kontakt ze światem zewnętrznym jest niezbędnym warunkiem rozwoju procesu twórczego, gdyż tylko zewnętrzne wskazówki, przeważnie przypadkowo spostrzeżone, mogą aktywować ślady pamięciowe porażki.

Niektórzy autorzy, np. Anton Lawson[51] uważają, iż faza inkubacji dostarcza materiału do myślenia analogicznego. Użycie analogii — rozumiane tutaj jako akt wybrania elementów starych idei i zastosowania ich do nowych sytuacji celem dokonania wglądu i znalezienia nowych rozwiązań — nazywane jest wnioskowaniem przez analogię[52]. Mechanizm wnioskowania przez analogię wydaje się odgrywać ważną rolę w procesie inkubacji, przynajmniej w obszarze problemów naukowych, co potwierdzają relacje biograficzne i autobiograficzne. Dla przykładu Ilja Miecznikow, odkrywca mechanizmu obrony organizmu polegającego na użyciu białych krwinek, dokonał tego odkrycia w przypadkowych okolicznościach, obserwując larwy w akwarium odżywiające się kilkoma kolcami róży, które wrzucił do akwarium. Sposób, w jaki wchłaniały, a następnie trawiły kolec nasunął mu skojarzenie białych krwinek niszczących ciało obce. Badacz dostrzegł pewne strukturalne

---

[48] C. Kaplan, H.A. Simon, *In search of insight*, „Cognitive Psychology" 1990, nr 3, s. 374–419.

[49] C.M. Seiffert, D.E. Meyer, N. Davidson i in., (przyp. 6), s. 65–124.

[50] C.M. Seiffert, D.E. Meyer, N. Davidson i in., (przyp. 6), s. 65–124.

[51] A.E. Lawson, *Promoting creative and critical thinking skills in college biology*, „Bioscene: Journal of College Biology Teaching" 2001, nr 1, s. 13–24.

[52] A. Biela, *Psychology of analogical inference*, Hirzel Verlag, Stuttgart 1998, *passim*.

elementy w zachowaniu larw i przeniósł je do nowej płaszczyzny — funkcjonowania wybranych elementów ludzkiego organizmu[53]. Ewentualny udział procesów poznania utajonego może więc polegać na dostarczaniu danych, które są poddawane dalszemu przetwarzaniu w ramach wnioskowania przez analogię. O tym, że proces ten może mieć charakter nieświadomy świadczy fakt, iż podmiot uświadamia sobie jego przebieg w momencie dostrzeżenia analogii. Kiedy zajdzie to zjawisko, kończy się faza inkubacji, a zaczyna iluminacja.

Trzecia faza wiąże się z dwoma procesami. Pierwszy obejmuje zinterpretowanie informacji w kontekście tych zmagazynowanych w pamięci długotrwałej. Wiąże się to z ponownym przejęciem kontroli przez procesy strategiczne. Automatyczne procesy poznawcze związane z percepcją i rozumieniem ustępują miejsca procesom związanym z rozwiązywaniem problemu. Kiedy zewnętrzna informacja zostanie zinterpretowana i wpasowana, następuje wgląd. Ten etap wiąże się z pojawieniem się dwóch efektów — poprawionej reprezentacji poznawczej problemu zawierającej rozwiązanie oraz pozytywnego stanu afektywnego („Aha!"), któremu towarzyszy wzbudzenie fizjologiczne.

Powyższy model jest szczególnie istotny, gdyż zarysowuje nowe obszary badawcze. Zgodnie z metodologiczną zasadą „brzytwy Ockhama" pozwala pozbyć się niepotrzebnych bytów — hipotetycznych, niezwykłych procesów poznawczych zachodzących w fazie inkubacji — na rzecz interakcji automatycznych procesów pamięci i percepcji. Ponadto ukierunkowuje uwagę badaczy na konkretne obszary: wspomniane wcześniej mechanizmy pamięci oraz spostrzegania, oferując prostsze rozwiązanie.

3. Poznawcze uwarunkowania oportunistycznej asymilacji

Powyżej opisano teorię trzech procesów oraz koncepcję oportunistycznej asymilacji. Obecnie przedstawione zostaną cechy funkcjonowania poznawczego osób twórczych, które mogą stanowić przesłanki pomocne w wyjaśnieniu mechanizmów odpowiedzialnych za zdolność korzystania z zewnętrznej stymulacji. W literaturze przedmiotu można spotkać koncepcje skupiające się na różnych aspektach systemu kognitywnego człowieka — począwszy od drobiazgowych analiz poszczególnych komponentów, takich jak ruchy oczu[54] czy kategoryzacja pojęciowa[55] przez bardziej złożone koncepcje heurystyk[56], po globalne koncepcje wyjaśniające całość funkcjonowania umysłowego jednostek kreatywnych, takie jak koncepcja typów umysłu

[53] A.E. Lawson, (przyp. 51), s. 13–24.

[54] T. Marek, M. Fąfrowicz, *U podstaw twórczej percepcji wzrokowej*, [w:] Cz. Nosal, (przyp. 8), s. 79–86.

[55] A. Abraham, S. Windmann, I. Daum, O. Gunturkun, (przyp. 5), s. 420–534.

[56] E. Nęcka, *Proces twórczy i jego ograniczenia*, Oficyna Wydawnicza Impuls, Kraków 1995, *passim*; T.I. Lubart, I. Getz, *The influence of heuristics on psychological science: A case study of research on creativity*, „Journal for the Theory of Social Behaviour" 1998, nr 4, s. 435–457.

Czesława Nosala, bazującego na teorii Karola Junga[57], czy dychotomia Ronalda Finke'a[58] wyróżniającego myślicieli chaotycznych i uporządkowanych. Ze względu na ograniczone ramy tematyczne niniejszej pracy omówione zostaną tylko pewne komponenty systemu poznawczego.

Kryterium wyboru tych elementów zawarte jest w odkryciu Mendelssohna z 1976 roku[59]. Badacz ten stwierdził, że osoby twórcze różnią się pod pewnym istotnym względem od mniej twórczych — mają zdolność korzystania z przypadkowych wskazówek w trakcie rozwiązywania problemów. Tłumaczył on to zjawisko z asocjacjonistycznego punktu widzenia. Przypadkowy bodziec może uruchomić odległą semantycznie reprezentację, co może ułatwić znalezienie rozwiązania. A taka zdolność wymaga szczególnych cech organizacji pamięci długotrwałej oraz funkcjonowania uwagi.

IV. Specyfika funkcjonowania mechanizmów uwagi u osób twórczych. Dane z badań z wykorzystaniem procedury cieniowania dychotycznego

Różne teorie uwagi, począwszy od najstarszych propozycji Donalda Broadbenta, zakładały istnienie filtru selekcjonującego informacje na wejściu do systemu poznawczego. Badacze zajmujący się problematyką różnią się w poglądach na dzieje bodźców odrzucanych przez filtr uwagi[60]. Klasyczna teoria Broadbenta zakładała jego całkowite usunięcie na wejściu — stanowiła przykład teorii tzw. wczesnej selekcji.

Teorie późnej selekcji, do których można zaliczyć propozycję Anthony'ego i Diany Deutschów czy Johna Duncana, zakładają z kolei, że wszystkie bodźce zarejestrowane przez receptory są do pewnego stopnia opracowywane, nawet pod względem semantycznym. Ich selekcja następuje później.

Kompromisowe rozwiązanie zaproponowała Anne Treisman[61]. Zgodnie z jej podejściem bodziec odrzucany przez filtr uwagi jest do pewnego stopnia przetwarzany, aczkolwiek jest to przetwarzanie złagodzone w porównaniu z bodźcem, który jest opracowywany całościowo. Autorka uważała ponadto, iż informacja odrzucona może zostać zidentyfikowana przez system poznawczy, jeśli aktywacja przez nią wywoływana przekroczy pewien minimalny próg. Może się jednak zdarzyć, że dane pojęcie, które zostało pobudzone przez bodziec będący w centrum uwagi,

---

[57] Cz. Nosal, *Różnorodność twórczych umysłów — ujęcie holistyczne*, [w:] tegoż (przyp. 8), s. 11–42; tenże, *Diagnoza typów umysłu: rozwinięcie i zastosowanie teorii Junga*, Wydawnictwo Naukowe PWN, Warszawa 1992, *passim*; K.G. Jung, *Typy psychologiczne*, Wydawnictwo KR, Warszawa 1997, *passim*.

[58] R.A. Finke, *Creative insight and preinventive forms*, [w:] R.J. Sternberg, J.E. Davidson, (przyp. 6), s. 255–280.

[59] G. Mendelssohn, (przyp. 1), s. 341–396; E. Nęcka, (przyp. 1), s. 54–55.

[60] H. Pashler, *Psychology of attention*, The MIT Press, Londyn 2002, *passim*; E. Nęcka, *Procesy uwagi*, [w:] J. Strelau, (przyp. 44), s. 77–96.

[61] A. Treisman, *The effect of irrelevant material on the efficiency of selective listening*, „American Journal of Psychology" 1964, nr 77, s. 533–546; H. Pashler, (przyp. 60), *passim*.

poprzez związki skojarzeniowe pobudzi inne znajdujące się w pamięci długotrwałej. Treisman uważała, że taka aktywacja może obniżyć próg wymaganego pobudzenia, co umożliwia wzbudzenie elementu sieci semantycznej przez słabo przetworzone informacje. Takie pobudzenie sieci przez bodźce odrzucone nazywała *primingiem*[62].

Zgromadzono wiele danych empirycznych obrazujących proces selekcji bodźców oraz los informacji odrzuconych. Pomysłowe i często cytowane badania przeprowadził Colin Cherry w 1953 r.[63] Zastosował tzw. procedurę cieniowania dychotycznego — badani mieli do obu uszu prezentowane różne komunikaty słowne, a ich zadaniem było skupić się tylko na jednym („wycieniować" drugi, stąd wzięła się nazwa procedury). Autor stwierdził, że uczestnicy, którzy efektywnie cieniowali bodźce z jednego kanału, nie byli w stanie nic o nich powiedzieć, poza tym, że były przez nich spostrzeżone. Nie dostrzegali zmiany języka z angielskiego na niemiecki. Zauważali jednak zmianę płci lektora. Neville Moray stwierdził, że badani nie rozpoznawali słów prezentowanych im w kanale dychotycznym, nawet jeśli prezentacja miała miejsce trzydzieści pięć razy[64].

W dalszych badaniach, stosując bardziej wyrafinowane metody, stwierdzono, że zachodzi przetwarzanie semantyczne bodźców odrzuconych, aczkolwiek jest ono ograniczone. R.S. Corteen i B. Wood[65] przeprowadzili dwuetapowe badania: w pierwszej fazie warunkowali negatywnie nazwy miast — ich prezentacji (były czytane przez lektora: badani słyszeli je za pośrednictwem słuchawek) towarzyszył nieprzyjemny szok elektryczny. W drugiej fazie badani cieniowali w prawym uchu fragment prozy starając się ignorować słowa puszczane im do lewego ucha, wśród których znajdowały się warunkowane nazwy miast. Stwierdzono reakcję skórno-galwaniczną w przypadku nazw skojarzonych z szokiem elektrycznym (38%) i dla niewarunkowanych (23%). W przypadku słów niepowiązanych reakcja fizjologiczna ujawniła się tylko w 10% bodźców. Corteen i Wood na podstawie wyników tych badań stwierdzili, że cieniowane słowa były przetwarzane semantycznie.

Joe Lewis[66] skupił się bardziej na szybkości reakcji. Cieniowane słowa były czasami synonimami słów z grupy przetwarzanej centralnie. Stwierdził, że w przypadku relacji semantycznej między dwoma bodźcami jednocześnie puszczanymi do uszu, reakcja była średnio 30ms szybsza.

---

[62] A. Treisman, (przyp. 61), s. 533–546.

[63] E.C. Cherry, *Some experiments on the recognition of speech, with one and with two ears*, „Journal of the Acoustical Society of America" 1953, nr 5, s. 975–979; H. Pashler, (przyp. 60), *passim*.

[64] N. Moray, *Attention and dichotic listening: Affective cues and the influence of instructions*, „Quarterly Journal of Experimental Psychology" 1959, nr 1, s. 56–60.

[65] R.S. Corteen., B. Wood, *Autonomic responses to shock-associated words in an unattended channel*, „Journal of Experimental Psychology" 1972, nr 3, s. 308–313.

[66] J.L. Lewis, *Semantic processing of unattended messages using dichotic listening*, „Journal of Experimental Psychology" 1970, nr 2, s. 225–228.

Podobne badania (np. Charles Eriksen i James Hoffman[67] i inne) przeprowadzono również z użyciem kanału wzrokowego, gdzie wykorzystywano kryterium lokalizacji przestrzennej (znajdowanie określonych bodźców wśród innych prezentowanych na ekranie). Jednym z najbardziej znanych przykładów przetwarzania odrzuconego bodźca wzrokowego jest zjawisko zwane efektem Stroopa, zademonstrowane po raz pierwszy w 1935 roku[68]. Zadaniem badanych jest czytać nazwy kolorów, przy czym czcionka napisu jest innej barwy niż desygnowana przez samo słowo (np. „czerwony" napisany zielonymi literami). Stosowano różne wersje analogiczne, np. podawanie ilości cyfr znajdujących się na ekranie (np. prezentowane są cztery trójki) lub określanie kierunku strzałki prezentowanej na ekranie (strzałka wskazuje w lewo, a pod nią znajduje się napis „W prawo"). W obu przypadkach stwierdzono spowolnienie reakcji, często ponad 100 ms, gdy zachodzi konflikt między cechami bodźca wymagającymi różnego opracowania semantycznego.

Inną miarą przetwarzania odrzuconego bodźca jest priming semantyczny, który zostanie omówiony wyczerpująco w następnym rozdziale. Podsumowując można stwierdzić, iż wykazano empirycznie, zarówno w przypadku kanału wzrokowego, jak i słuchowego, iż bodźce odrzucane przez filtr uwagi mogą być przetwarzane semantycznie.

Pamela Ansburg i Katherine Hill[69] przytaczają wyniki badań wskazujące, że w eksperymentach wykorzystujących metodę dychotycznego słuchania osoby uzdolnione twórczo gorzej wypadają przy cieniowaniu jednego ucha, ale też lepiej pamiętają płynące do niego informacje niż osoby nisko uzdolnione twórczo. Margaret Dykes i Andrew McGhie podsumowują to stwierdzeniem, że „nawykowe strategie uwagowe stosowane przez twórcze osoby […] wydają się odbierać z otoczenia szerszy zakres danych wejściowych niż w przypadku pozostałych badanych"[70]. Finke[71] uważa, że skupiona uwaga sprzyja aktywacji jedynie najsilniejszych skojarzeń, a zmniejsza prawdopodobieństwo dostępu do odległych, słabych skojarzeń. Rozproszona uwaga z kolei wywołuje całkowicie odwrotne efekty. Aleksandra Słabosz[72] wykazała, iż osoby twórcze dysponują osłabionym mechanizmem hamowania poznawczego, są bardziej podatne na interferencje ze strony bodźców, które są ignorowane przez jednostki o niższych zdolnościach kreatywnych.

---

[67] C.W. Eriksen, J. E. Hoffman, *The extent of processing of noise elements during selective encoding from visual displays*, „Perception and Psychophysics" 1973, nr 1, s. 155–160.

[68] J.R. Stroop, *Studies of inference in serial verbal reactions*, „Journal of Experimental Psychology" 1935, nr 6, s. 648–662.

[69] P.I. Ansburg, K. Hill, (przyp. 3), s. 1141–1152.

[70] M. Dykes, A. McGhie, *A comparative study of attentional strategies of schizophrenic and highly creative normal subjects*, „British Journal of Psychiatry" 1976, nr 1, s. 50–56; P.I. Ansburg, K. Hill, (przyp. 3), s. 1011.

[71] R.A. Finke, (przyp. 58), s. 255–280.

[72] A. Słabosz, (przyp. 4), *passim*; E. Nęcka, (przyp. 1), s. 58.

Wartościowa z punktu widzenia niniejszej pracy jest koncepcja Aliny Kolańczyk[73] wyróżniającej dwa typy uwagi: intensywną i ekstensywną. Różnicuje je zasięg, jaki obejmują oraz stopień uświadomienia ujmowanych obiektów. Uwaga intensywna wiąże się z aktywacją małej liczby elementów, aczkolwiek głęboko przetworzonych semantycznie. Z kolei uwaga ekstensywna ma charakter bardziej rozproszony, obejmujący całe postrzegane pole, przy czym bodźce znajdujące się w jej zasięgu są słabiej opracowywane. Taka forma uwagi występuje w stanach relaksacji, w czasie zabawy etc. Według autorki może ona towarzyszyć intuicyjnemu stylowi myślenia, sprzyjającemu procesom twórczym[74].

Należy jednak zaznaczyć, że myślenie twórcze wymaga również zdolności skupiania uwagi. Nadmierne jej rozproszenie spotykane u osób chorych na schizofrenię ma charakter dezadaptacyjny[75]. Antonia Stavridrou i Adrian Furnham[76] wykazali, że osoby wysoko uzdolnione twórczo potrafią strategicznie hamować informacje peryferyjne. Cechują się więc swoistą elastycznością alokacji zasobów uwagowych — ale nawykowo stosują strategię rozproszoną.

V. Odmienna organizacja zasobów pamięci długotrwałej jako element zdolności twórczych

Dean Simonton uważa, że proces twórczy zachodzący w umyśle jednostki ma charakter losowy[77]. Autor podaje, że bardzo istotną kwestią, zwłaszcza w przypadku wybitnych osiągnięć, jest zgromadzenie odpowiednio dużej bazy próbek z danej dziedziny, które mogłyby być wykorzystane w procesie kombinatorycznym. Zwracał na to uwagę już Ernest Mach[78]. Jednakże sama pojemność pamięci nie wyjaśnia zdolności twórczych, takich jak np. dokonywanie odległych skojarzeń, elastyczność kategoryzacji pojęciowej itd.

Pamięć nie jest bezwładnym magazynem, lecz dynamiczną, zorganizowaną strukturą, która zmienia się wraz z nabywaniem nowych doświadczeń[79]. Jednym z ważnych wymiarów uporządkowania zasobów pamięci semantycznej jest tzw. bogactwo

---

[73] A. Kolańczyk, *Dlaczego intuicja bywa twórcza?*, [w:] Cz. Nosal, (przyp. 8), s. 43–59; A. Kolańczyk, *Czuję — myślę — jestem. Świadomość i procesy psychiczne w ujęciu poznawczym*, GWP, Gdańsk 1997, *passim*.

[74] Cz. Nosal, (przyp. 57), s. 11–42; A. Kolańczyk, *Umysł afektywnie zdeterminowany. Jak afekt i nastrój kształtują celowe spostrzeganie?*, [w:] *Psychologia umysłu*, red. Z. Piskorz, T. Zaleśkiewicz, GWP, Gdańsk 2003, s. 160–182.

[75] D. Rosenhan, E.P. Seligman, E.F. Walker, *Psychopatologia*, Wydawnictwo Zysk i S-ka, Poznań 2003, *passim*; P.I. Ansburg, K. Hill, (przyp. 3), s. 1141–1152.

[76] A. Stavridrou, A. Furnham, *The relationship between psychoticism, trait-creativity and the attentional mechanism of cognitive inhibition*, „Personality and individual Differences" 1996, nr 1, s. 143–153.

[77] D.K. Simonton, *Foresight in Insight? A Darwinian Answer*, [w:] R.J. Sternberg, J.E. Davidson, (przyp. 6), s. 465–494; D.K. Simonton, *Origins of Genius: Darwinian perspectives on creativity*, Oxford University Press, Oxford 1998, *passim*.

[78] D.K. Simonton, (przyp. 77), s. 465–494.

[79] A. Baddeley, (przyp. 41), *passim*.

skojarzeniowe. Każde pojęcie, jakie człowiek posiada, może być połączone z innymi. Aktywacja jednego pociąga wzbudzenie drugiego. Niektóre połączenia są łatwiej uruchamiane, inne wymagają większej energii. Asocjacje łatwo aktywowane określane są mianem silnych, pozostałe nazywane są słabymi. Sarnoff Mednick w 1962 roku opublikowała teorię, zgodnie z którą kreatywność polega na zdolności dokonywania odległych skojarzeń[80]. Wymaga ona dysponowania tzw. płaską hierarchią skojarzeń — w takim układzie większość pojęć ma mniej więcej równe prawdopodobieństwo aktywacji. W przypadku hierarchii stromej, typowej dla ludzi mało kreatywnych, pewne skojarzenia są znacznie łatwiej, a przez to również częściej, uruchamiane. Taka sytuacja utrudnia dokonanie odległych asocjacji. W stromych sieciach jeden bodziec wzbudza jedną lub dwie wysoko przewidywalne odpowiedzi. Na tej zasadzie, reakcje osób twórczych są bardziej nieprzewidywalne — na dany bodziec, w przeciwieństwie do mało kreatywnych, mogą za każdym razem zareagować inaczej. Ponadto w swojej książce „Origins of genius" Simonton[81] wykazał, że osoby dysponujące płaskimi hierarchiami są bardziej podatne na procesy poprzedzania. Zdolność generowania odległych skojarzeń jest również związana z umiejętnością angażowania się w myślenie dywergentne[82]. Warto wspomnieć, iż — przynajmniej w przypadku twórczości naukowej — bogactwo skojarzeniowe nie musi dotyczyć każdej dziedziny. Twórczy naukowcy wykazują wysoką złożoność poznawczą, jeśli chodzi o swoją dziedzinę specjalizacji, natomiast w pozostałych funkcjonują jak przeciętni ludzie[83].

Sposób zakodowania danych w pamięci ma duże znaczenie w problemach wglądowych, jak wykazał to Edward Bowden na przykładzie anagramów[84]. Autor ten zauważył, że ludzie często próbują rozwiązać problem prowadzący do wglądu przez wydobywanie i stosowanie nieodpowiednich informacji lub metod rozwiązań. Aby problem został rozwiązany, informacja w pamięci i problem muszą mieć wspólne przynajmniej następujące charakterystyki: podobne cechy powierzchniowe, podobne cele lub podobne relacje strukturalne. Spośród nich największy wpływ na to, jakie informacje będą wydobyte na początku, wydają się mieć cechy powierzchniowe. Problemy „wglądowe" różnią się więc od „nie-wglądowych" tym, że powodują na początku wydobycie niewłaściwych informacji — nie sprawdza się w ich przypadku strategia „powierzchniowa".

Anna Bobłowska[85] zainteresowała się strategiami pamięciowymi, jakie stosują osoby twórcze. Strategie pamięciowe traktuje jako „określone sposoby kodowania

[80] S.A. Mednick, (przyp. 5), s. 220–232.

[81] D.K. Simonton, (przyp. 77), s. 465–494.

[82] J.P. Guilford, *Natura inteligencji człowieka*, PWN, Warszawa 1978, *passim*.

[83] G.J. Feist, *Structural model of scientific eminence*, „Psychological Science" 1993, nr 4, s. 366–371.

[84] E.M. Bowden, *The effect of reportable and unreportable hints on anagram solution and the aha! experience*, „Consciousness and Cognition" 1997, nr 6, s. 545–573.

[85] A. Bobłowska, *Strategie pamięci stosowane przez osoby o różnym poziomie dyspozycji twórczych*, [w:] Cz. Nosal, (przyp. 8), s. 73–78.

i przetwarzania informacji w celu ułatwienia późniejszego odtwarzania"[86]. Są one według niej przejawem ogólnego stylu poznawczego preferowanego przez jednostkę. W swoich badaniach autorka stwierdziła, że osoby twórcze, w porównaniu z mniej twórczymi, w większym stopniu preferują używanie strategii niewerbalnych, tzw. kodowanie epizodyczne. Jest to zbieżne z ustaleniami Finke'a[87], który stwierdza, że ludzie używają mentalnych obrazów do wydobywania informacji i przypadkowych szczegółów, które nie były intencjonalnie powierzone pamięci. Dzięki temu można odkrywać właściwości obrazu, których nie było się świadomym w chwili początkowego formowania obrazu.

VI. Podsumowanie

Z dokonanego przeglądu literatury wyłania się obraz funkcjonowania systemu poznawczego osób twórczych jako cechującego się osłabionymi zdolnościami selekcji informacji, podatnego na wpływ bodźców zazwyczaj odrzucanych przez umysły większości ludzi, co w efekcie pozwala mu tworzyć reprezentacje świata oparte na odległych, nietypowych skojarzeniach pojęciowych, ujmujących rzeczywistość, problem lub zjawisko w sposób nieco odmienny, dopuszczający odmienne interpretacje i angażujący inne zasoby semantyczne magazynu pamięci długotrwałej. Najnowsze trendy w badaniu wglądu — stosujące podejście interakcyjne — wydają się oferować bardzo przydatne heurystycznie ramy, które mogą pomóc w przełamaniu impasu w badaniach nad kreatywnością. Podejście takie jest zgodne z nowoczesnymi sposobami ujmowania umysłu, na przykład koncepcją rozszerzonego umysłu (*extended mind hypothesis*).

Krzysztof Śmigórski, Andrzej E. Sękowski

Insight as a process resulting from an individual's interaction with the environment. Arguments on the basis of literature review

The purpose of this article is to discuss the problem of insight in the creative process from two perspectives: a historical perspective, and as a phenomenon increasingly understood as an interactive process. Insight is treated as a phenomenon grounded in cognitive processes. In the course of the analysis, it is demonstrated that a change has occurred in the approach to the problem of insight — from seeing it as a process so deeply grounded in an individual that it is unavailable even to him- or herself, to its localization in the space of relations between an individual and his or her environment. An almost mystical perception of insight as available only to outstanding individuals and always resulting in an exceptional achievement has given way to a perception that it is a process available to all, occurring relatively often and not necessarily ending with breakthrough discoveries.

---

[86] A. Bobłowska, (przyp. 85), s. 73.

[87] R.A. Finke, *Imagery, creativity, and emergent structure*, „Consciousness and Cognition" 1996, nr 5, s. 381–393.

WILLIAM E. SCHULZ

Improving your personal quality of life through helping others

I. Introduction

Before beginning to write down my own thoughts on improving personal quality of life, I decided to do a quick check on the Internet. I was totally inundated with procedures for measuring quality of life, lists of the main determinants of quality of life and methods for improving the quality of life. Many sources suggested the following methods:
— Meditate
— Get in the present
— Make a point to do something bold each day
— Learn something new
— Debate something
— Spend time with a child
— Go outside
— Recognize what makes you happy
— Stop broken thoughts
— Don't stress about it
    Other sources focused more on personal ways of improving the quality of life. Some of the activities suggested include:
— Clarify what is important for you
— Be in the present
— Celebrate your life
— Love yourself
— Be optimistic

— Get totally engaged in activities
— Connect with other people
— Practice random acts of kindness

There are literally hundreds of these kinds of lists. Few people will disagree with their many suggestions for improving personal quality of life. There were, however, far fewer in-depth discussions of these activities. So, where to begin? I decided that by focusing on a few of these activities, I could begin to understand how to actually improve quality of life in a more detailed and meaningful way. I particularly liked the following activities: practice random acts of kindness, and connect with other people, since they fit well with my background in counselling and reflect my own sense of the rewards that come from connecting with and helping others.

II. Some role models

When I think of people who have been selfless and have greatly helped others, names like Mahatma Gandhi, Mother Theresa, Nelson Mandela and many others come to mind. In this discussion, I want to briefly focus on three men whose lives and writings have been particularly relevant for me in better understanding the improvement of life's quality through helping others.

1. Carl Rogers (1902–1987)

Carl Rogers, one of the most prominent American psychologists, changed the way counselling and psychotherapy was done. He took the main ingredients of a good relationship and applied them to his work as a psychologist. Rogers researched the idea that three key conditions were needed in order for a climate to be "growth-promoting"[1]. These conditions were crucial in all therapeutic and professional relationships, e.g. counsellor-client, group leader-group members, teacher-student, and administrator-staff.

The first of these conditions is genuineness. That is to say, the counsellor/psychotherapist, group leader or administrator has to be herself or himself in the relationship. The leader must be transparent and totally open. The second condition is caring and acceptance. It is an attitude that Rogers calls "unconditional positive regard," which means prizing other people. The third condition is empathic understanding. This means that the helper accurately reflects the feelings and personal meanings that the helpee is experiencing.

This relationship model became widely accepted and Rogers's impact was acknowledged far beyond the counselling field. He was the author of sixteen books

---

[1] C.R. Rogers, *On becoming a person*, (Boston: Houghton Mifflin 1961); C.R. Rogers, *A way of being*, (Boston: Houghton Mifflin 1980).

and over 200 professional articles and research studies. There are more than sixty foreign-language editions of his work[2].

One of his most powerful examples of the importance of relationship is his work in a filmed counselling episode with a client called Gloria. In this short counselling session, Rogers, through empathy, unconditional positive regard and genuineness, really connects with Gloria. Near the end of the session, Gloria says to Rogers that she cannot expect him to feel close to her since he barely knows her. Rogers replies, 'I only know what I feel and I feel very close to you at this moment'. Years later, Rogers revealed that on the basis of that thirty-minute session with Gloria, she kept in touch with him for over eight years. Rogers also said that this counsellor/client relationship had enriched him and had improved his own personal quality of life in a very meaningful way. As he once wrote, "I rejoice at the privilege of being a midwife to a new personality — as I stand by with awe at the emergence of a self, a person …"[3].

In the last decades of his life (notably the 1970's and 1980's), Rogers increased his efforts to expand relationships beyond the traditional counselling relationship. He used the well-known 1972 Camp David talks to explain the power of relationships. During these talks, President Carter of the United States, Prime Minister Begin of Israel, and President Sadat of Egypt met to try to resolve some of the most difficult issues of Middle Eastern politics. For thirteen days, they got nowhere. Then an unrelated act changed everything. Begin gave Carter photos of his grandchildren and asked Carter to autograph them. Carter wrote each child a lengthy, personal note. Begin was very moved when the photos were returned to him, and he and Carter sat down and talked not about peace issues, but about children, grandchildren, wars, their hopes and so forth. Within an hour of this episode, Begin walked towards Sadat's cabin. Sadat saw him coming, went to meet him, and the two men embraced. Begin relented on key issues and the Peace Accord was signed, not because of skilled negotiations, but because these men established a warm, meaningful relationship. Each man was enriched by the human contact that occurred. Each man improved his personal quality of life as a result of helping the others.

2. Jean Vanier (1928–)

> he who clutches desperately to security - - -
> to every day habits, work organizations,
> friends, family - - -
> closed off - - -
> no longer lives
> more than security

---

[2] H. Kirschenbaum, V. Henderson, *Carl Rogers dialogues*, (Boston: Houghton Mifflin 1989).
[3] C.R. Rogers, *On becoming a person*, (Boston: Houghton Mifflin 1961), p. 5.

life needs
adventure
risk
dynamic activity
self-giving
presence to others[4]

Jean Vanier, now in his eighties, continues to show what self-giving and presence to others is all about. After leaving promising careers in both the Navy and in teaching, Vanier felt a need to be more "present" to people less fortunate.

In 1964, Jean Vanier bought a dilapidated house in Trosly-Breuil, just north of Paris. He invited three broken, rejected people to leave the institution for the disabled where they were housed, but not cared for. This naïve but irreversible step was taken because of his desire to "be good" and "do good" to people with disabilities[5]. Vanier had no idea at the time that the "wounded" people would "do good" to him, greatly enhancing his own personal quality of life. Often Vanier emphasized this great discovery of his life, "that we are healed by the poor and weak, that we are transformed by them if we enter into a relationship with them, that the weak and vulnerable have a gift to give to our world. They call us together, in unity and peace, to build community"[6].

This was the beginning of the international organization of L'Arche communities, and today L'Arche International has more than 135 communities in 36 countries, comprising more than five thousand people. Vanier's influence continues, and recently in Poland, the Poznan L'Arche community put together a program (entitled "The Meaning of Hope") of songs and readings inspired by the work of Jean Vanier[7]. Vanier often commented on the fact that working with the disabled had done so much for his personal quality of life and showed him the power of really connecting with other people.

an encounter
is a strange
and wonderful thing
presence
one person to another
present
one to another
life flowing
one to another[8]

---

[4]   J. Vanier, *Tears of silence*, (Toronto: Griffin House 1970), p. xx.
[5]   K. Spink, *The miracle, the message, the story*, (Mahwak, New Jeresey: Hidden Spring 2006), p. 1.
[6]   C. Whitney-Brown, *Jean Vanier: Essential writings*, (Maryknoll, New York: Orbis Books 2008), p. 13.
[7]   K. Spink, *The miracle, the message, the story*, (Mahwak, New Jeresey: Hidden Spring 2006).
[8]   J. Vanier, *Tears of silence*, (Toronto: Griffin House 1970), p. xx.

3. Viktor Frankl (1905–1997)

Viktor Frankl, a professor of psychiatry at the University of Vienna for many years, lectured and wrote about what became truly meaningful in his life. He spent three years in Auschwitz, a Nazi concentration camp. He learned that to survive he needed to find meaning in his suffering. Frankl often quoted Nietzsche, who said, "He who has a why to live can bear with almost any how"[9]. Frankl saw the last of human freedoms as each individual's ability to choose her or his attitude in a given set of circumstances[10]. Frankl found that the prisoners who helped others and tried to improve others' quality of life often survived. Even the guards of the camp sometimes demonstrated the power of concern for others. Frankl told of a guard who showed real human kindness in spite of the camp's Nazi influence[11]. The guard gave him some bread that he had saved from his own breakfast. Frankl was moved to tears not only by the bread he received, but also by the "word and look" that came with the gift of bread.

Frankl provided another example of how personal quality of life can be improved by finding meaning in helping others[12]. A communist psychiatrist described in Frankl's work found very high levels of meaninglessness in his Czech students. A year later the level of meaninglessness became remarkably lower. Most of his students that year had become very involved in Dubcek's movement for political liberalization. They had been given a cause to fight for, to live for, and, in some cases, to die for. Frankl felt that meaning is available even under terrible conditions when people are suffering both physically and mentally. This suffering can have meaning if it changes the person for the better[13].

In summary, I believe that the elements needed to improve personal quality of life are the power of relationship, as described by Rogers, the giving of self, as exemplified by Vanier, and the search for meaning, as explained by Frankl.

III. Principles for ethical behaviour

When several colleagues and I[14] were asked to write a casebook for counselling ethics, we felt it was important to describe some basic principles for ethical behavior. The short list that we came up with was:
— Beneficence (doing good)
   Nonmaleficence (not harming others)

---

9   V.E. Frankl, *Man's search for meaning*, (New York: Pocket Books 1959), p. xi.
10   V.E. Frankl, *The unheard cry for meaning*, (New York: Simon & Shuster 1978); V.E. Frankl, *Man's search for ultimate meaning*, (Cambridge, Massachusetts: Perseus 2000).
11   V.E. Frankl, *Man's search for meaning*, (New York: Pocket Books, 1959), pp. 136–137.
12   V.E. Frankl, *Man's search for ultimate meaning*, (Cambridge, Massachusetts: Perseus 2000), p. 95.
13   V.E. Frankl, *The unheard cry for meaning*, (New York: Simon & Shuster 1978), p. 39.
14   W. Schulz, G. Sheppard, R. Lehr, and B. Shepard, *Counselling ethics: Issues and cases*, (Ottawa: Canadian Counselling Association 2006).

— Fidelity (integrity in relationships)
— Justice (respecting the equal treatment of all persons)
— Autonomy (respecting the individual's freedom of choice)
— Societal Interest (respecting the need to be responsible to society)

More and more I am convinced that these principles could also be general principles for living. I believe that by helping others (beneficence) with integrity and justice, and not harming others (nonmaleficence), while keeping in mind people's autonomy and respecting the needs of society, I can improve my own personal quality of life.

1. Beneficence

Each day I see many examples of beneficence, of people doing good deeds. In the local newspaper that I read, a page is devoted each Saturday to random acts of kindness. As a former teacher, I remember many acts of kindness by teachers in the schools. One small example comes to mind. A young first-year teacher decided to have a Friday afternoon tea for the mothers of all the children in her second-grade class. All week the children practiced their manners and received instructions on how to escort their mothers to the tables and to serve them tea and pastries. The teacher also invited her own mother to the tea. Friday afternoon arrived and all the mothers came, except for that of one boy, Tim. The teacher saw the sadness and embarrassment on Tim's face. She quietly walked over to him and said, "Tim I'm going to be very busy with making the tea and filling pastry plates, so I wonder if you could help me. Would you please be my mother's escort?" Tim eventually became a teacher himself, and he never forgot this thoughtful, kind act. As an adult, he wrote his former teacher a letter, thanking her for her action and for making him want to be a teacher, just like her.

At my university, a professor friend of mine told me the following story of beneficence. Again, it is a small act of kindness, but both people were enriched by the act of "doing good". A week before a certain course ended, one student's father got very ill. She hesitatingly went to her professor, and with tears in her eyes, asked whether she could miss the last few classes and make up the work later. The kind professor told her to go home and be with her father, and that her course ended today. In later years, the student remembered some aspects of the course material, but what she never forgot was the professor's compassion and kindness. No act of kindness, no matter how small, is ever wasted.

2. Nonmaleficence

Nonmaleficence means refraining from actions that risk harm to others. This principle obligates people to avoid actions that could hurt others. The following are just a few examples of issues that need to be examined in this respect:

— Not speaking out when colleagues are engaged in legal or ethical indiscretions
— Not giving foreign workers an opportunity for citizenship
— Racial profiling
— Restricting the freedoms of gays and lesbians
— Nonintervention in suspected child abuse
— Working in areas where the helper has had no training
— Quota systems

In the helping professions, nonmaleficence is probably the most fundamental principle. This principle requires helpers to use only the skills in which they have had training and to use activities with helpees that will not cause harm to them. In counselling and psychotherapy, this principle of nonmaleficence would mean that helpees are provided with informed consent, dual relationships are avoided, and counselling skills are upgraded and maintained.

3. Fidelity

Other words that capture the meaning of fidelity are truthfulness, the keeping of promises, honesty and trust. Probably few people would argue against truthfulness, but at times people are put in positions where the rules of confidentiality can get in the way of fidelity. The following example that I presented at a workshop for addiction counselors generated much debate:

"Phil is a counsellor in the same agency where you also work as an addictions counsellor. He has been there for three years, and has been on his own personal recovery for six years. You are good friends. A month ago Phil's son was killed in a car accident. In his grief, Phil went out and got drunk. He immediately went for recovery and bereavement counselling. He has confided only to you about the situation. The agency that you both work at mandates that all counsellors have totally uninterrupted "clean time" and that knowledge of indiscretions must be reported. Phil is afraid that if found out he will lose his job. What would you say to Phil, keeping in mind the principles of nonmaleficence (do no harm) and being truthful (fidelity)?"

4. Justice

Justice means promoting fairness and equality in dealings with others. When I was doing volunteer counselling at an addiction centre in my city, I came face to face with issues of justice. A variety of services were offered to addiction clients. One day, a well-dressed, well-respected member of the community came in wanting help with his alcohol addiction. The head counsellor put the man into the most successful, but also quite expensive individual counselling program. A short time later, another client, somewhat down-and-out, unemployed, and not dressed well, came to the centre. After a very short interview, the head counsellor sent him to a large group information centre. Several of us felt that this was unjust, and commented that equal access to resources and services should be available to all who came for help. Changes were made, and all the counsellors, including the head counsellor, felt better knowing that justice had been served.

5. Autonomy

Autonomy is often used as the basis for determining moral responsibility for individual actions. It is very much a modern concept and it ties in with humanism as well as with feminist thinking. In my opinion, one of the best examples of autonomy in action is provided by Viktor Frankl. As mentioned earlier, Frankl was imprisoned for three years in the Auschwitz concentration camp, and he saw all types of prisoners and guards. Some men walked through the prison huts comforting other prisoners; others gave up even their own meager food rations. These decent men gave proof that everything can be taken from people, except one thing, the last of the freedoms: namely, the freedom to choose "one's attitude in any given set of circumstances, to choose one's own way"[15].

The principle of autonomy can clash with the principles of beneficence and nonmaleficence. In the following example, an addiction counsellor has been seeing a client for six months. Not much progress is being made and the counsellor tells the client that arrangements have been made to have the client join the agency's group treatment program. The client is visibly upset at this news and replies that she has no desire to be in the group program. The counsellor replies, "For your own good you have already been enrolled in the program". This is a clear example of violating a client's autonomy, even knowing that the group program may be very good (beneficent) for the client.

6. Societal interest

One must always respect the need to be responsible to society, to abide by societal rules and requirements. In the earlier-mentioned ethical guidelines for counsellors and psychotherapists (Schulz, Sheppard, Lehr and Shepard), many situations are described in which client autonomy, professional confidentiality and informed consent need to be waived in order to be responsible to the greater society. There is a duty to warn responsible authorities when someone is in danger, for example. If a client is threatening suicide, intervention is needed. For the good of society, there may be a need to report unlawful activity such as drug use, theft or parental negligence. Children need to be protected at all times, and in Canada, helpers are, by law, compelled to report all instances of suspected child abuse, and all instances of risk of violence to others. Other areas where societal interests may take precedence over individual autonomy include:

---

[15] V.E. Frankl, *Man's search for meaning*, (New York: Pocket Books 1959).

— Sexual harassment
— Special needs students
— Gay, lesbian and bisexual individuals
— Women's rights
— Age discrimination

Abiding by the six principles I've discussed in this section can be much more than simply having principles for ethical decision making. By promoting a better quality of life (beneficence), protecting all people (nonmaleficence), being truthful (fidelity), fostering equality (justice), fostering independence (autonomy) and abiding by rules and requirements (societal interest), you and I can help others, and at the same time, enhance our own personal quality of life.

IV. Concluding comment

I am very hopeful that quality of life issues will become increasingly important in the future. I learned about this next and final example of personal improvement and quality of life in the essay "Compassion on the Playground"[16]. In this essay, a mother, Carmen Farrell, described what happened to her special needs son, Ges, when a majority of grade four students volunteered to be with him during recess and lunchtime. On their own, these nine- and ten-year olds formed a club and adapted play activities so that Ges could participate fully. Reflecting on what these children got out of helping her son, Carmen Farrell concluded that it gave them an opportunity "to care, to give and to make a difference". These children also improved their own personal quality of life, because by helping Ges, they discovered the real satisfaction that comes from helping others, and they learned that life is tougher for some people than it is for them. What they learned, in fact, is that compassion for others elevates everyone's quality of life.

William E. Schulz

Poprawianie jakości własnego życia przez pomoc innym

Wychodząc z założenia, że łączność z innymi ludźmi oraz spełnianie dobrych uczynków może stanowić bezcenną wartość, autor przedstawia sylwetki trzech ważnych postaci, których życie było przykładem bezinteresowności. Carl Rogers zmienił oblicze poradnictwa, czyniąc pomaganie siłą relacji doradca – klient; Jean Vanier, założyciel ruchu L'Arche, nadał nowy sens dzieleniu życia z innymi; Viktor Frankl odnalazł lepszą jakość życia w pomaganiu innym. W ostatniej części pracy autor przedstawia szczegółowy, poparty przykładami, opis sześciu zasad etycznego zachowania: dobroczynność, nieszkodzenie, wierność, sprawiedliwość, autonomię i interes społeczny.

---

[16] C.G. Farrell, "Compassion on the playground", *Globe and Mail*, September 18, 2012.

Jean Guichard

Le dialogue de conseil : une manière privilégiée d'aider les individus des sociétés liquides à s'orienter

I. Introduction

Comment aider les personnes vivant dans nos sociétés d'aujourd'hui à orienter leur vie professionnelle et, plus généralement, à s'orienter dans la vie ? Répondre à cette question suppose de rappeler d'abord que les problèmes d'orientation que rencontrent les personnes sont des construits sociétaux. Produits dans le cadre d'une certaine société, leur formulation dépend étroitement de certaines caractéristiques fondamentales de ces sociétés. Ainsi, nos sociétés sont des « sociétés d'individus »[1]. Chacun y est considéré comme devant faire face par lui-même aux problèmes d'orientation qu'il rencontre dans sa vie. Chacun est responsable du gouvernement de soi[2]. Par ailleurs, nous considérons le travail — l'activité professionnelle — comme une occasion majeure donnée aux personnes de se réaliser[3]. Par conséquent, l'orientation par la personne de son parcours professionnel — de sa « carrière » — est vue comme un élément central de ce gouvernement de soi.

Or, nos sociétés ont connu, au cours de ces trois dernières décennies, d'importantes transformations que résume le terme de « mondialisation ». Les sociologues Giddens[4] et Bauman[5] ont décrit ces changements en parlant

---

[1] N. Elias, *Die Gesellschaft der Individuen*, Suhrkamp Verlag, Frankfurt am Main 1987.

[2] M. Foucault, *The government of self and others: Lectures at the College de France, 1982–1983*, Palgrave Macmillan, New York 2010.

[3] J. Schlanger, *La vocation* (2ème ed. augmentée), Hermann, Paris 2010.

[4] A. Giddens, *Modernity and self-identity. Self and society in the late modern age*, Polity Press, Cambridge 1991.

[5] Z. Bauman, *Liquid modernity*, Polity Press, Cambridge 2000.

respectivement de « modernité tardive » (*late modernity*) et de « modernité liquide ». Par-delà leurs différences, ces deux chercheurs se rejoignent pour souligner que ce type d'organisation sociétale est fondamentalement déterminé par l'émergence d'une nouvelle économie capitaliste reposant sur la possibilité de faire circuler rapidement les informations, les capitaux et les marchandises dans le monde entier. Ce changement a eu, entre autres conséquences, un affaiblissement du rôle des Etats, le remplacement progressif des systèmes sociaux et collectifs d'aide, d'assistance et de soutien par des services privés, l'attribution aux individus d'une responsabilité accrue quant à la conduite de leur vie, et l'émergence d'un sentiment majeur d'incertitude relatif à l'avenir que résume le titre de l'ouvrage de Bauman[6] : « Liquid time. Living in an age of uncertainty ».

Comme la première partie de ce chapitre le souligne, cette mondialisation a aussi profondément transformé les problèmes d'orientation professionnelle. Elle a, par ailleurs, fait émerger un problème plus général d'orientation, un problème qui, jusqu'alors, restait du domaine de l'évidence ou de l'implicite: celui de la direction à donner à sa vie. Ce double constat a conduit les professionnels du conseil en orientation à renouveler les différentes formes d'accompagnement qu'ils offrent aux personnes qui s'adressent à eux. En particulier, comme le montre la deuxième partie de ce chapitre, le « dialogue de conseil » se développe peu à peu. L'entretien constructiviste de conseil en orientation — qui en constitue un exemple — est ensuite décrit. Si, comme on le relève pour conclure, ces formes d'accompagnement apparaissent bien adaptées aux demandes des membres de sociétés liquides, on peut cependant douter qu'elles puissent contribuer à aider l'humanité dans son ensemble à faire face aux crises majeures qui se profilent.

II. S'orienter dans les organisations flexibles et les sociétés liquides

1. Travail et emploi dans des organisations flexibles

La mondialisation a entraîné des transformations majeures dans le domaine du travail et de l'emploi. La rapidité des échanges d'informations a permis le développement d'un capitalisme financier fondé sur des achats et ventes quasi instantanés — censés générer des rapports élevés — de produits boursiers. Cela se manifeste par une intense circulation de masses considérables de capitaux cherchant à s'investir dans des entreprises susceptibles de créer rapidement d'importantes plus-values. L'une des manières privilégiées d'atteindre cet objectif a été de développer un marketing d'innovation. Les entreprises qui s'y adonnent mettent sans cesse sur le marché des produits que les consommateurs doivent considérer comme tellement nouveaux qu'il leur faut en remplacer de semblables, censés être devenus obsolètes. De son côté, le développement des transports (notamment des

---

[6] Z. Bauman, *Liquid times: Living in an age of uncertainty*, Polity Press, Cambridge 2007.

porte-containers) a permis de délocaliser de nombreuses activités productives dans des pays où la main d'œuvre est bon marchée et où le droit du travail est embryonnaire.

Dans ce contexte, les spécialistes de l'organisation du travail ont proposé aux entreprises des modes d'organisation extrêmement flexibles leur permettant d'être très « réactives ». Ceux-ci reposent sur l'idée que les organisations « bureaucratiques » ne leur permettent pas de l'être suffisamment. Accroître la réactivité du processus de production suppose d'estomper les distinctions entre les différents métiers et services, ainsi que certaines hiérarchies professionnelles. Les notions de métier, de profession (au sens d'ensembles d'activités professionnelles formant un tout relativement circonscrit) et de carrière (entendue comme une trajectoire professionnelle faite d'une succession d'emplois de plus en plus qualifiés relevant d'une même famille de métiers) sont ainsi remises en cause. On parle désormais de « *self-designing organisations* »[7] ou de « *boundaryless organisations* »[8]. Dans de telles organisations, le travail est effectué par des équipes flexibles constituées pour la durée d'une mission dont elles ont l'entière responsabilité. Chacune d'elle s'organise de manière autonome avec l'aide d'un cadre intermédiaire ayant une fonction d'animateur. Chaque équipe définit les temps nécessaires pour atteindre les différents objectifs et répartit entre ses membres les diverses activités et opérations à effectuer, compte tenu du portefeuille de compétences de chacun[9]. L'activité professionnelle de chaque travailleur devient ainsi une fonction dont les particularités dépendent de son capital de compétences et des caractéristiques du réseau de travail dans lequel elle s'inscrit pour un temps.

De son côté, la flexibilité de l'emploi a été accrue, d'une part, par le développement du travail périphérique et, d'autre part, par une transformation de ce qui a été parfois nommé la « dimension psychologique »[10] du contrat de travail. Une différence majeure a ainsi été établie entre emplois centraux et périphériques[11]. Les premiers correspondent à des fonctions professionnelles où la mémoire du savoir-faire de l'entreprise est en jeu. Ils sont exercés par des personnes qualifiées et polyvalentes qui ne courent que des risques assez faibles d'être licenciés. Les emplois périphériques — généralement (mais pas toujours) peu qualifiés — sont offerts pour une durée limitée à des personnes recrutées quand la conjoncture économique est bonne et licenciées quand elle se détériore. Les changements

---

[7] K.E. Weick, *Organization design: Organizations as self-designing systems*, « Organizational Dynamics », 1977, vol. 6, éd. 2, pp. 30–46.

[8] R. N. Ashkenas, D. Ulrich, T.Jick, S. Kerr, *The boundaryless organization. Breaking the chains of organizational structure*, Jossey-Bass, San Francisco 1995.

[9] K. Shimizu, *Le toyotisme*, La Découverte, Paris 1999 ; S. Kamata, *Toyota, l'usine du désespoir*, Demopolis, Paris 2008.

[10] D. Rousseau, *Psychological contracts in organizations: Understanding written and unwritten agreements*, Sage Publications, Thousand Oaks, 1995.

[11] R.C. Edwards, M. Reich, D.M. Gordon, *Labor market segmentation*, D.C. Heath Co, Lexington, 1975.

relatifs à la « dimension psychologique » du contrat de travail ont consisté à remettre en cause l'idée de faire carrière au sein d'une même entreprise. Précédemment, on considérait qu'en échange d'un dévouement à la réussite de l'entreprise, celle-ci s'engageait à offrir à ses salariés un emploi stable et certaines opportunités de promotion en son sein, dans des trajectoires professionnelles relativement bien définies. Dans les nouvelles formes d'organisation, le travailleur peut au plus espérer développer son capital de compétences[12].

2. Une orientation professionnelle centrée sur l'individu

Ces changements ont eu des conséquences majeures sur la manière de concevoir l'activité de s'orienter. Depuis la fin du dix-neuvième siècle, on considérait qu'elle consistait à chercher à mettre en correspondance — à apparier — certaines caractéristiques relatives aux individus (par exemple : des aptitudes) avec des caractéristiques analogues (par exemple : des habiletés professionnelles) définissant un métier, une profession, un collectif de travail, une carrière ou encore une formation. C'est ainsi que Dawis et Lofquist[13] ont construit un cadre d'analyse visant à apparier « objectivement », d'un côté, les personnes et, de l'autre, les métiers et les professions en termes d'aptitudes, de valeurs et de styles de personnalités. Holland[14] a, de son côté, proposé un modèle visant à apparier « objectivement » les personnes et les collectifs ou les contextes de travail (ou d'autres activités). Super[15] a montré comment les personnes appariaient subjectivement leur concept de soi professionnel à certaines fonctions professionnelles dont la succession pouvait former une carrière professionnelle.

Ces modèles d'appariement entre, d'une part, la personne et, d'autre part, le métier, la profession, le collectif de travail, la fonction ou la carrière ont été remis en question par la flexibilité du travail et de l'emploi qu'impliquent les nouvelles formes d'organisation du travail. Dans celles-ci, comme on l'a vu, les activités professionnelles d'une personne sont fonction du réseau dans lequel elles s'inscrivent pendant la durée d'une mission. Elles sont — par principe — instables. Il devient donc quasi impossible de décrire des ensembles de caractéristiques stables définissant un métier, une profession, une fonction ou une carrière professionnelle.

Le point d'ancrage du conseil en orientation s'en est trouvé changé. Précédemment, le conseil portait sur une relation — pensée comme relativement stable — entre une certaine personnalité individuelle et certains métiers,

---

[12] D. Rousseau, (réf. n° 10).

[13] R.V. Dawis, L.H. Lofquist, *A psychological theory of work adjustment. An individual-differences model and its applications*, University of Minnesota Press, Minneapolis 1984.

[14] J. L. Holland, *Making vocational choices: a theory of vocational personalities and work environments* (2 ème éd.), Prentice-Hall, Englewoods Cliffs 1985.

[15] D.E. Super, *Self-concepts in vocational development*, in: *Career development: Self-concept theory. Essays in vocational development*, édit. : D.E. Super, R. Starishevsky, N. Matlin, J.P. Jordaan, College Entrance Examination Board, New York 1963, pp. 17–32.

professions, collectifs, fonctions ou carrières. Désormais, compte tenu de l'instabilité du pôle « travail », le conseil ne peut plus se centrer sur une telle relation. Il se centre sur l'individu lui-même : il s'agit de l'aider à construire un « soi professionnel » flexible, fait d'un ensemble de compétences pouvant être investies dans diverses activités de travail (c'est-à-dire dans une variété de fonctions professionnelles susceptibles de s'inscrire dans une certaine collection de réseaux de travail potentiels). Ce « soi professionnel » doit donc, par principe, être susceptible d'adaptations et, le cas échéant, de modifications plus importantes encore.

Dans ce nouveau contexte, orienter son parcours professionnel signifie savoir investir judicieusement ce capital de compétences. Cela suppose, d'abord, de s'être formé un tel capital au cours de l'ensemble de ses expériences de vie. Cela implique, par ailleurs, de savoir repérer certaines opportunités qui se présentent à soi, à un certain moment, dans un contexte professionnel[16] : des opportunités qui ne peuvent être perçues par l'individu qu'en fonction d'une connaissance précise de ses propres compétences, possibilités, contraintes, attentes et désirs. S'orienter devient ainsi fondamentalement une conduite stratégique, où, comme le souligne Delory-Momberger[17] l'individu doit « se faire 'l'entrepreneur' de lui-même » (Ehrenberg[18]). Une telle conduite suppose que la personne fasse retour sur ses propres expériences, les analyse, et les mette en perspective, d'une part, en fonction des normes économiques et sociales contemporaines de « l'employabilité » et, d'autre part, en relation avec la définition des anticipations qui importent pour elle.

3. Concevoir et construire sa vie

Une telle activité réflexive apparaît d'autant plus complexe qu'elle doit désormais être conduite dans le contexte « liquide »[19] des sociétés de la modernité tardive[20]. Celles-ci se caractérisent par l'affaiblissement de la fonction de « *holding* »[21] qu'assuraient précédemment des institutions sociétales établies, telles que les systèmes idéologiques, les organisations syndicales, sociales, politiques, religieuses, certaines représentations collectives, certains collectifs, etc. De telles institutions et systèmes représentatifs fournissaient aux individus des modèles de vie considérés comme « une vie normale » pour quelqu'un de cet âge, de ce sexe et de cette condition, des ensembles de présomptions sur le monde, certaines croyances relatives à un avenir meilleur, etc., qui donnaient un sens quasi immédiat à leur vie quotidienne. Ces repères établis leur permettaient de s'orienter dans la vie.

---

[16] J.D. Krumboltz, A.S. Levin, *Planned happenstance: Making the most of chance events in your life and your career*, Impact Publishers, Atascadero 2002.

[17] C. Delory-Momberger, *Insertion, biographisation, éducation. Champs et problématiques de l'insertion*, « L'Orientation Scolaire et Professionnelle » 2007, vol. 36, pp. 12–13.

[18] A. Ehrenberg, *Le culte de la performance*, Calmann-Lévy, Paris 1991.

[19] Z. Bauman, (réf. n° 5).

[20] A. Giddens, (réf. n° 4).

[21] D.W. Winnicott, *Holding and interpretation*, Hogarth Press, London 1986.

Désormais, dans les sociétés liquides, chacun doit faire face, plus que jamais, à l'exigence de déterminer par lui-même ce qui importe dans son existence : à l'impératif de définir les principes et valeurs primordiaux qui lui permettent d'effectuer les choix majeurs marquant le cours de sa vie[22]. Comme le résume Giddens[23] : "Because of the 'openness' of social life today, the pluralisation of contexts of actions and the diversity of 'authorities', lifestyle choice is increasingly important in the constitution of self-identity and daily activity. Reflexively life-planning, which normally presumes consideration of risks as filtered through contact with expert knowledge, become a central feature of the structuring of self-identity." La réflexion sur soi et ses propres expériences — formant une activité continuée de personnalisation[24] — devient ainsi un impératif social. L'orientation ne désigne, par conséquent, plus seulement la direction d'un parcours professionnel. Elle devient une activité de conception et de construction de sa vie: un « *life designing* »[25].

Il n'est pas étonnant, dans ce contexte, que les compétences considérées comme requises pour s'orienter aujourd'hui comprennent un ensemble de dimensions relatives au sens de l'existence ou à la construction de l'identité individuelle. Ainsi, DeFillippi et Arthur[26] isolent une catégorie de compétences — qu'ils nomment le « *knowing-why* » (savoir pourquoi) — faisant référence au sens que la personne accorde à ses différents investissements dans ses différents domaines de vie, en relation avec ses attentes majeures relatives à son existence. Cette catégorie s'articule aux « *knowing how* » (savoir comment) qui désignent tous les savoirs, connaissances, savoir-faire, savoirs pratiques, attitudes, etc., permettant à la personne d'effectuer les activités qu'elle sait faire, et au « *knowing whom* » (connaître qui) qui se rapporte aux réseaux de relations sociales sur lesquels elle peut s'appuyer. De son côté, Hall[27] a décrit deux méta-compétences: l'identité et l'art de l'adaptation. L'identité est définie comme un sens de soi — de ce qui importe pour soi — nécessaire pour anticiper certaines perspectives pour soi dans un contexte déterminé, c'est-à-dire pour y repérer les opportunités qui font sens pour l'individu. L'art de l'adaptation est considéré comme une habileté à tirer parti de ce qu'offrent les contextes dans lesquels l'individu interagit. Inspiré, notamment, par les concepts

---

[22] C. Taylor, *Sources of the self: the making of the modern identity*, Harvard University Press, Cambridge (Mass) 1989.

[23] A. Giddens, (réf. n° 4), p. 5.

[24] P. Malrieu, *La construction du sens dans les dires autobiographiques [The construction of meaning in the autobiographical narratives]*, Erès, Toulouse 2003.

[25] M.L. Savickas, L. Nota, J. Rossier, J.-P. Dauwalder, M.E. Duarte, J. Guichard, S. Soresi, R. Van Esbroeck, A.E.M. Van Vianen, *Life designing: A paradigm for career construction in the 21st century*, « Journal of Vocational Behavior » 2009, vol. 75, pp. 239–250.

[26] R.J. DeFillippi, M.B. Arthur, *Boundaryless contexts and careers: A competency-based perspective*, in: *The boundaryless career*, édit. : M.B. Arthur, D.M. Rousseau, Oxford University Press, Oxford 1996, pp. 116–131.

[27] D.T. Hall, *Careers in and out organizations*, Sage, London 2002.

de Bourdieu, Côté [28] a, pour sa part, proposé de subsumer l'ensemble de ces compétences requises pour s'orienter aujourd'hui dans une seule grande catégorie qu'il nomme «*identity capital*» et dont il donne la définition suivante: „identity capital denotes what individuals invest in who they are. These investments potentially reap future dividends in the identity markets of late-modern communities. To be a player in these markets, one must first establish a stable sense of self which is bolstered by the following: social and technical skills in a variety of areas; effective behavioural repertoires; psychosocial development to more advanced levels; and associations in key social and occupational networks".

III. Comment aider les personnes à faire face à cette exigence sociale de gouverner leur parcours professionnel et leur vie ?

L'exigence sociétale majeure en matière d'orientation dans les sociétés liquides est donc que les individus développent un sens de soi s'appuyant sur un ensemble de compétences — ou encore un capital d'identités — leur permettant de faire face aux multiples adaptations requises pour conduire leur vie personnelle et professionnelle. Cette observation conduit les praticiens du conseil en orientation à se demander comment aider les personnes à développer un tel capital de compétences. Ce qui suppose de connaître d'abord les processus de formation de ces compétences.

1. Facteurs et processus de construction des compétences requises pour orienter son parcours professionnel et s'orienter dans la vie

De nombreuses recherches (par exemple: Bronfenbrenne; Law; Vondracek, Lerner, & Schulenberg; Côté; Young, Valach & Collin) [29] ont montré que les activités, interactions et interlocutions qu'effectuent les individus dans leurs différents contextes de vie jouent un rôle déterminant dans la construction des compétences requises pour s'orienter. Dans chacun des contextes (familial, professionnel, scolaire, sportif, associatif, etc.) où l'individu interagit et dialogue : (1) certaines

---

[28] J. Côté, *Sociological perspectives on identity formation: the culture-identity link and identity capital*, « Journal of Adolescence » 1996, vol. 19, p. 425.

[29] U. Bronfenbrenner, *The ecology of human development*, Harvard University Press, Cambridge (Mass) 1979; B. Law, *Community interaction: A "mid-range" focus for theories of career development in young adults*, « British Journal of Guidance and Counselling » 1981, vol. 9, pp. 142–158; F.W. Vondracek, R.M. Lerner, J.E. Schulenberg, *Career development: A life span developmental approach*, Lawrence Erlbaum, Hillsdale, 1986.; J. Côté, *An empirical test of the identity capital model*, « Journal of Adolescence » 1997, vol. 20, pp. 577-597; R.A. Young, L. Valach, A. Collin, *A contextualist explanation of career*, in: *Career choice and development (4 ème éd.)*, édit. : D. Brown et al., Jossey-Bass, San Francisco 2002, pp. 206–252.

représentations sociales dominent (par exemple, sur les rôles sociaux des hommes et des femmes, ou sur ce que cela signifie que de « réussir sa vie »); (2) certaines valeurs ont cours; (3) certains modèles (des personnes connues effectivement ou des personnages vus dans les médias) sont valorisés ; (4) certains types d'activités sont obligés, encouragés, découragés, interdits à tel ou tel, en fonction de sa position, de son âge, de son sexe; (5) certaines d'interlocutions se pratiquent (on parle ou non de telle question et on en parle ainsi); (6) certaines rétroactions adviennent (on est reconnu ou non pour telle activité, encouragé ou dissuadé de s'engager dans telle autre, etc.); (7) certains positionnements sont plus ou moins strictement définis pour les différents acteurs, etc.

Cependant, la participation de l'individu à tel ou tel contexte d'interactions et de dialogues est étroitement liée, d'une part, au volume des différents types de capital (économique, culturel et social) qu'il détient (ou que sa famille possède, quand il s'agit d'un adolescent ou d'un adulte émergent)[30] et, d'autre part, à son sexe[31]. Or, certains contextes constituent, pour les individus, des domaines d'expériences qui leur permettent de construire des compétences pour s'orienter ayant une plus grande utilité – ou valeur – sociale que d'autres. Par ailleurs, les individus peuvent interagir et dialoguer dans un nombre plus ou moins important de contextes (en général : les personnes les mieux dotées dans les différents types de capital interagissent dans un plus grand nombre de contextes). Ceux-ci peuvent être plus ou moins dissonants ou consonants entre eux. Plus ils sont dissonants, plus la personne doit s'engager dans ce que Bronfenbrenner[32] a nommé des transitions méso-systémiques, c'est-à-dire dans des va-et-vient d'un contexte à un autre, qui l'oblige à une grande flexibilité dans ses manières d'être, d'agir, d'interagir et de se rapporter à elle-même. Tous ces facteurs se conjuguent pour aboutir à un même résultat : pour s'orienter, chaque personne peut s'appuyer sur un capital de compétences qui peut différer considérablement — en termes de nature et de volume — de celui d'une autre personne. Les pouvoirs d'agir des individus en cette matière — notablement différents — apparaissent étroitement liés à leur position dans l'espace des rapports sociaux.

2. Trois formes d'accompagnement visant à réduire les inégalités interindividuelles en matière « d'habiletés à s'orienter »

S'attacher à réduire ces inégalités interindividuelles en matière « d'habiletés à s'orienter » supposerait de s'engager dans des réformes sociales visant à permettre à chacun (et, tout particulièrement, aux jeunes) d'effectuer une diversité d'expériences (formations, stages, voyages, activités artistiques ou sportives, engagements associatifs, politiques ou religieux, etc.) susceptibles de les conduire

---

[30]   P. Bourdieu, L. Wacquant, *An invitation to reflexive sociology*, The University of Chicago Press, Chicago 1992.

[31]   A. Oakley, *Sex, gender and society*, Temple Smith, London 1972.

[32]   U. Bronfenbrenner, (réf. n° 28).

à construire les vastes répertoires des compétences requises. Une seconde manière de réduire ces inégalités interindividuelles, complémentaire de la précédente, consisterait à offrir à tous (et pas seulement à ceux pouvant s'adresser à des services privés d'accompagnement en orientation) des dispositifs leur permettant de développer leurs connaissances et leur réflexivité en cette matière. Ces dispositifs pourraient offrir aux bénéficiaires trois grands types d'interventions. Celles-ci peuvent être différenciées en fonction de l'intensité et de la nature de la réflexion qu'elles sollicitent de la part des bénéficiaires : l'information, le conseil de guidance et le dialogue de conseil.

a. Informer et apprendre à s'informer sur le monde du travail

Les interventions visant à informer et à apprendre à s'informer aident les bénéficiaires à mieux connaître le travail d'aujourd'hui (activités et fonctions professionnelles, réseaux de travail, emplois, parcours professionnels, etc.), ainsi que les diverses voies de formation qui y préparent. Il s'agit de leur permettre de trouver des réponses à des questions telles que : Quelles activités majeures effectue-t-on quand on exerce cette fonction professionnelle ? Quelles sont les perspectives d'emploi dans ce domaine professionnel ? Quelles sont les exigences pour exercer ce type d'emploi ? Comment s'y préparer ? L'information sur les procédures et les modalités concrètes de recrutement fait partie de cet ensemble, de même que les formations destinées à apprendre aux bénéficiaires à trouver et à sélectionner par eux-mêmes des informations exactes et pertinentes pour eux sur le WEB. Etant fondamentalement de nature pédagogique, ces interventions n'exigent pas que les bénéficiaires s'engagent dans un important travail de réflexion sur eux-mêmes et sur leurs expériences, bien qu'elles les prédisposent à le faire. Elles les incitent en effet à se poser des questions sur eux-mêmes en fonction des informations qu'ils reçoivent sur le monde du travail.

b. Le conseil de guidance

Les interventions de « conseil de guidance » forment une deuxième catégorie. Il s'agit de conseil, dans la mesure où son objectif est d'aider les bénéficiaires à développer leur réflexion sur eux-mêmes et sur leurs différentes expériences. Cependant, la réflexion dans laquelle elles les engagent est particulière : il s'agit de les conduire à se forger certains modes de rapports à eux-mêmes et à leurs diverses expériences en vue de construire un concept de soi professionnel correspondant aux normes sociales actuelles de l'employabilité. A savoir : un concept de soi adaptable — fait des divers types de compétences de carrière listées précédemment — inscrit dans un certain capital d'identités. C'est en ce sens que l'on peut parler de guidance. La réflexivité que ces interventions visent à développer est un moyen en vue d'aider la personne à construire un concept de soi professionnel répondant à certaines normes : c'est une réflexivité guidée par ces normes.

Ces interventions ont pour thèmes centraux : (1) les compétences requises pour exercer telle ou telle activité professionnelle, (2) la manière dont les personnes qui les effectuent ont construit ces compétences, (3) les compétences que le bénéficiaire de l'intervention a déjà construites, (4) les expériences qui, dans ses différents domaines de vie (école, formation, activités de loisirs, sports, activités de travail, couple, famille, etc.) lui ont permis de construire ces compétences, (5) les compétences qu'il pourrait désormais développer et la nature des expériences susceptibles de le lui permettre. Certains ateliers d'éducation à l'orientation (par exemple: les méthodes DAPP. Cf. Guichard, Collin & Guichard)[33], de même que la plupart des formes de bilan de compétences (par exemple, les porte-folios de compétences; cf. Aubret[34]), sont des exemples prototypiques de telles activités de conseil de guidance.

c. Le dialogue de conseil

La dernière catégorie d'intervention est celle des dialogues de conseil. Comme on l'a souligné, les individus des sociétés liquides contemporaines doivent s'engager dans une attitude réflexive en vue de déterminer les anticipations majeures qui, aux différents moments de leur existence, lui donnent un sens et qui leur permettent, par ailleurs, d'adopter les attitudes stratégiques qu'on exige d'eux en matière de management de leur parcours professionnel (*knowing why*). Les interventions de conseil dialogique se centrent sur ce point : elles visent à aider les personnes à développer une telle réflexivité. A la différence des conseils de guidance, les dialogues de conseil ne s'attachent pas fondamentalement à aider les bénéficiaires à réfléchir sur leur existence en se plaçant au point de vue de la norme sociale actuelle de l'employabilité. Leur objectif est plus fondamental. Il est d'accompagner les personnes dans la définition des normes (de leurs propres normes) leur permettant de donner un sens à leur existence et de construire leur vie. Il s'agit donc de les aider à poser certains repères de vie aujourd'hui fondamentaux pour elles, des repères qui assureront la fonction de soutien que des cadres sociaux, idéologiques et routiniers relativement stables fournissaient aux individus des sociétés solides. Une telle réflexion suppose que la personne s'engage dans des dialogues avec autrui et avec elle-même. Par conséquent, les interventions visant à aider les personnes à développer cette réflexivité prennent la forme d'interlocutions de conseil. Elles constituent un « tenir conseil »[35].

---

[33] J. Guichard, *Career education in France: New objectives and new methods*, « British Journal of Guidance and Counselling » 1989, vol.17, éd. 2, pp. 166-178; A. Collin, J. Guichard, *Constructing self in career theory and counseling interventions*, in: *Constructing self in work and career. Concepts, cases and contexts*, édit. : P.J. Hartung, L.M. Subich, American Psychological Association, Washington 2011, pp. 89–106.

[34] J. Aubret, *Le portefeuille de compétences. Le portefeuille de compétence des acquis de formation et d'expériences*, Editions Qui Plus Est, Paris 2001.

[35] A. Lhotellier, *Tenir conseil ; délibérer pour agir*, Seli Arslan, Paris 2001.

IV. Une forme de dialogue de conseil: l'entretien constructiviste de conseil en orientation

Dans le contexte des sociétés liquides, le dialogue de conseil prend une importance croissante. Celle ci devrait s'accroître encore dans un proche avenir. En effet, comme on l'a souligné, les membres de ces sociétés ne trouvent plus les modèles de vie indiscutés, les routines, les idéologies et les représentations collectives stables, les institutions fermes, etc., qui constituaient pour les membres de sociétés solides des repères fondamentaux leur permettant de s'orienter dans la vie. Désormais, les personnes ne peuvent déterminer leur orientation professionnelle que si elles ont aussi profondément réfléchi à ce qui donne sens à leur vie.

L'entretien de conseil constructiviste en orientation[36] vise à les aider à conduire une telle réflexion. Sa forme générale est semblable à tous les dialogues de conseil[37]. Il comprend une phase de construction d'une alliance de travail, au cours de laquelle le bénéficiaire formule progressivement les interrogations qui l'amènent et s'accorde avec le conseiller sur la manière de procéder au cours de l'interaction de conseil. La deuxième phase est celle des analyses et des réflexions du bénéficiaire, le conseiller lui proposant un cadre et des relances en vue de l'aider à conduire sa propre réflexion (qui porte généralement sur les domaines de vies tenant une importance majeure dans son existence). La troisième phase vise à arrêter certaines anticipations qui semblent primordiales à réaliser, à définir des moyens d'y parvenir et à conclure l'interaction de conseil, en se demandant, notamment, si elle a bien répondu aux attentes du bénéficiaire.

Cet entretien se réfère à une synthèse de travaux contemporains en sociologie et psychologie qui considèrent l'individu des sociétés liquides comme un être pluriel[38] s'unifiant en totalisant ses différentes expériences, dans certaines mises en perspectives de soi, qui sont alors fondamentales pour lui. Dans ces sociétés, l'individu interagit et dialogue dans des contextes qui ne sont pas nécessairement consonants entre eux. Il développe ainsi un répertoire d'expériences plus ou moins nombreuses et plus ou moins hétérogènes qui le conduisent à produire des représentations diversifiées de soi.

Pour décrire cette pluralité, le modèle décrit ce qu'on nomme habituellement « l'identité individuelle » comme un « système dynamique de formes identitaires

---

[36] J. Guichard, *Proposition d'un schéma d'entretien constructiviste de conseil en orientation pour des adolescents ou de jeunes adultes [Outline of a life designing counseling interview for adolescents and young adults]*, « L'Orientation Scolaire et Professionnelle » 2008, vol. 37, pp. 413–440; J. Guichard, J. Pouyaud, B. Dumora, *Self-identity construction and reflexivity*, in: *Career counselling and constructivism: Elaboration of Constructs*, édit. : M. McMahon, M. Watson, Nova Science Publishers, New York 2001, pp. 57–72.

[37] N.C. Gysbers, M.J. Heppner, J.A. Johnston, *Career counseling: Contexts, processes, and techniques* (3 ème éd.), American Counseling Association, Alexandria 2009.

[38] K. Gergen, *The saturated self. Dilemmas of identity in contemporary life*, HarperCollins, BasicBooks, New York 1991; B. Lahire, *L'homme pluriel. Les ressorts de l'action. [Plural (wo)man. The agency's impulses]*, Nathan, Paris 1998.

subjectives ». L'un des concepts fondamentaux de cette approche est donc celui de « forme identitaire subjective ». Ce terme vise à décrire ce que les psychologues nomment parfois un « concept de soi » ou un « schéma de soi », mais en articulant à ces approches traditionnelles en psychologie, les apports des travaux de sociologues, de philosophes, de psychanalystes et de spécialistes des sciences de la cognition ou de la sémiologie. Sans pouvoir entrer ici dans le détail de cette synthèse, on mentionnera, à titre d'exemple, les travaux de certains sociologues[39] qui ont montré que toute société propose à ses membres des systèmes d'étiquettes sociales leur permettant de reconnaître autrui, de se reconnaître et de se construire en s'appropriant certaines d'entre elles, et parfois, d'en élaborer de nouvelles ayant initialement une valeur communautaire. De même, les recherches « généalogiques » de Foucault[40] sur le gouvernement de soi ont mis en évidence que celui-ci passait par la construction de certains modes de rapports à soi, tels que l'individu s'y définit en relation avec une certaine norme d'excellence constituant pour lui un état de perfection qu'il souhaite atteindre.

Ce sont de tels apports que vise à intégrer le concept de « forme identitaire subjective » (FIS). On peut définir en première approximation une FIS comme un ensemble — plus ou moins clairement conscient à l'esprit d'une personne — de manières d'être, d'agir et d'interagir en lien avec une certaine représentation — elle-même plus ou moins clairement consciente — d'elle-même dans un certain contexte. Par exemple, une fille de dix-sept ans, scolarisée dans un lycée, peut se percevoir, dans ce contexte, comme « lycéenne » (comme « cette lycéenne-ci ») et interagir d'une certaine façon en relation avec cette vue de soi plus ou moins explicite à ses yeux. Cela signifie qu'en tant que telle, cette jeune fille (1) agit d'une certaine façon (par exemple, elle travaille de cette manière-ci telle discipline, et de cette manière-là telle autre discipline), (2) considère les différents «objets» de ce monde de telle ou telle manière (par exemple, elle juge que les mathématiques et l'anglais sont plus importants que l'histoire), (3) se rapporte de manière différenciée aux autres personnes avec lesquelles elle interagit dans ce contexte (par exemple, elle travaille les mathématiques avec une amie et, à son contact, apprend à travailler cette matière d'une certaine manière; elle n'aime pas le professeur de maths; elle est amoureuse d'un garçon excellent en natation, etc.), (4) construit certains modes de rapport à elle-même et à ses expériences dans ce contexte. Elle élabore ainsi certaines généralisations d'observations de soi, certains sentiments de compétences, un certain sentiment d'autodétermination, une certaine estime de soi, etc.

Certaines FIS renvoient à des contextes actuels d'activités, d'autres à des interactions et interlocutions passées jouant toujours un rôle dans la vie présente de l'individu, d'autres encore à certaines anticipations permettant à l'individu de donner à ce système une unité ancrée dans une certaine perspective future. Ces

---

[39] C. Dubar, *La socialisation. Construction des identités sociales et professionnelles (2ème édition revue)*, Armand Colin, Paris 1998.

[40] M. Foucault, (réf. n° 2).

différentes FIS sont organisées pour former un système où, d'une manière générale, certaines tiennent une place centrale, alors que d'autres sont périphériques. Par exemple, pour un certain cadre d'entreprise, la FIS correspondant à cette activité peut tenir une place centrale à un moment de sa vie, alors que d'autres de ses FIS, telles que « père de famille se préoccupant de l'éducation de ses enfants », ou encore « pratiquant la natation », n'ont qu'une place périphérique. Les FIS centrales sont celles dans lesquelles la personne souhaite atteindre une certaine excellence, ou celles correspondant à certaines anticipations futures (tel ce jeune homme, décrit par Pouyaud[41], qui s'entraîne aujourd'hui comme pompier volontaire en « se voyant » exercer demain le métier de pompier professionnel).

Compte tenu, d'une part, des événements marquant la vie de la personne et, d'autre part, des activités réflexives dans lesquelles celle-ci s'engage, le système de FIS formant son identité individuelle se modifie. Deux formes de réflexivité — ternaire et duelle — apparaissent jouer un rôle majeur dans cette transformation. La forme ternaire de réflexivité est un processus « d'interprétation dialogique de la personne ». Elle s'ancre dans les processus sémiotiques et renvoie au modèle de la personne décrit par Peirce[42] et développé par Jacques[43]. La réflexion prend alors la forme d'un dialogue continué — intérieur et/ou avec d'autres personnes — articulant les trois positions du « je », du « tu » et du « il/elle ». Les tours de parole sont ceux d'un « je » qui dit à « tu », d'un « tu » qui répond à « je », d'un « je et d'un tu » qui se rapportent à « il/elle ». Chaque énoncé donne lieu à la production d'un certain interprétant, c'est-à-dire d'une certaine compréhension de l'énoncé précédent (et non pas d'une compréhension de ce que signifierait l'énoncé dans l'absolu). Chaque interprétant, repris dans le tour de parole suivant, conduit à la production d'un nouvel interprétant. Cette forme de réflexivité constitue un processus indéfini d'interprétation et de réinterprétation, par la personne, de ses expériences passées et présentes et de création de nouvelles mises en perspectives d'avenirs potentiels pour elle-même.

La réflexivité duelle va, au contraire, dans le sens d'une stabilisation de soi en référence à une certaine image de soi que l'individu veut faire advenir. L'individu anticipe son avenir en s'identifiant à cette image qui joue alors un rôle déterminant dans l'organisation de son système de formes identitaires subjectives. Cette forme duelle de réflexivité semble trouver son origine dans des phénomènes pré-langagiers d'unification du « je » humain, que Jacques Lacan[44] décrit sous le nom de

---

[41] J. Pouyaud, *Transition, construction de soi et développement vocationnel. L'exemple des collégiens s'orientant en lycée professionnel [Transition, self-construction and vocational development. The case of junior high-school students in their transition to vocational High schools]. Thèse de doctorat nouveau régime [Doctoral Dissertation],* Conservatoire National des Arts et Métiers, Paris 2008.

[42] V.M. Colapietro, *Peirce's approach to the self. A semiotic perspective on human subjectivity,* State University of New York Press, Albany 1989.

[43] F. Jacques, *Difference and subjectivity: dialogue and personal identity,* Yale University Press, New Haven 1991.

[44] J. Lacan, *Écrits, éditions du Seuil, deux volumes,* Paris 1966.

« stade du miroir ». Cette unification de soi se fonde sur une anticipation de soi dans le désir d'être comme une image unifiée de soi — éminemment désirable — qui fascine l'individu et le constitue comme tel.

Différents entretiens de conseil étudiés à l'occasion de travaux de recherche ont montré l'importance de chacune de ces deux formes de réflexivité et certaines de leurs manières de se combiner. Par exemple, la réflexivité duelle s'avère centrale dans la vie de certains jeunes s'engageant dans des activités leur demandant de gros efforts. Ils ne les accomplissent avec succès qu'en s'anticipant dans une FIS correspondant à celui qu'ils rêvent de devenir (à l'image de ces étudiants en sociologie décrits par Piriou et Gadéa qui se voient « sociologues », à l'image qu'ils se forgent de Pierre Bourdieu)[45]. A l'inverse, la réflexivité ternaire est privilégiée quand la personne s'interroge sur les perspectives futures qui pourraient donner sens à sa vie: elle passe alors en revue ses différentes expériences pour sélectionner différents évènements qu'elle articule de diverses manières en vue de construire certaines anticipations potentielles. Piraud[46] a ainsi transcrit une série d'entretiens de conseil constructiviste avec un jeune homme qui, activant cette forme de réflexivité, élabore une série d'avenirs professionnels potentiels susceptibles de donner un sens à son existence : militaire ? Footballeur professionnel ? Diététicien ? Coach sportif ? Etc. Ces deux formes de réflexivité peuvent aussi se combiner. Bangali[47] décrit ainsi — dans sa thèse de doctorat — le cas d'un docteur récemment diplômé qui, s'appuyant sur l'anticipation professionnelle de « chercheur en », construite au moment de la rédaction de sa thèse (à l'occasion donc de processus de réflexivité duelle), met en œuvre une réflexivité ternaire lors des sessions de conseil pour transformer cette FIS anticipée, afin de la détacher du contexte académique et de l'ancrer dans le monde d'une entreprise susceptible de le recruter.

Les observations faites à l'occasion de mises en œuvre contrôlées (à l'occasion de travaux de recherche) des entretiens constructivistes de conseil en orientation montrent qu'ils tendent à atteindre leurs objectifs avec des adultes émergeants et des adultes (notamment des demandeurs d'emploi). La clé du succès en cette matière semble être le désir du bénéficiaire de s'engager dans une réflexion relativement longue : quatre rendez-vous d'une heure et demi s'étalant sur environ deux mois sont généralement nécessaires.

---

[45] O. Piriou, C. Gadéa, *Devenir sociologue: Formations, emplois et identités des diplômés en sociologie [On becoming a sociologist: Education, employment and occupational identity among sociology graduates]*, « L'Orientation Scolaire et Professionnelle » 1999, vol. 28, pp. 447–474.

[46] C. Piraud, *Mise à l'épreuve d'un schéma d'entretien de conseil en orientation. [Test of a form of career counselling interview]. Mémoire de Master [Master Dissertation]*, Conservatoire National des Arts et Métiers, Paris 2009.

[47] M. Bangali, J. Guichard, *The role of dialogic processes in designing career expectations*, « Journal of Vocational Behavior » 2012, vol. 81, pp. 183–190.

V. Conclusion. Le dialogue de conseil pour concevoir et construire sa vie : un accompagnement indispensable mais insuffisant

Comme on l'a noté, l'entretien de conseil constructiviste en orientation constitue une forme de dialogue de conseil, fondée sur une synthèse de recherches contemporaines sur les facteurs et processus de construction de soi. De tels dialogues de conseil, visant à aider les personnes à concevoir et construire leur vie, apparaissent répondre aux demandes que formulent les membres des sociétés liquides à certains moments de leur existence. Il les conduit à découvrir que le sens qu'elles donnent à leur vie est le produit toujours provisoirement stabilisé des diverses expériences qu'elles ont vécues et de certaines qu'elles anticipent (en les désirant ou les craignant) de manière plus ou moins précise. Il les aide ainsi à construire un récit à propos d'elles-mêmes et des autres qui comptent pour elles, fait à elles-mêmes, leur permettant de définir, à un moment donné, certaines perspectives de vie alors fondamentales pour elles.

Cette exigence faite aux personnes vivant dans les sociétés modernes liquides de construire — et de reconstruire — le sens qu'elle donne à leur vie est une tâche particulièrement complexe. C'est la raison pour laquelle, dans ces sociétés, où l'avenir apparaît fondamentalement incertain et où la précarité s'accroît, le risque est grand qu'un nombre grandissant d'individus croient trouver immédiatement les repères qui leur manquent pour s'orienter dans la vie dans des systèmes de croyances indiscutables. Par exemple, dans des systèmes religieux ou politiques « intégristes », reposant sur des oppositions simplistes « nous » — « eux », conduisant à des adhésions inconditionnées et pouvant aboutir, comme on l'a vu dans différents pays, au cours du XXème siècle, à l'extermination de populations entières.

Le dialogue de conseil vise à engager les personnes dans une forme de réflexivité les aidant à questionner de telles cristallisations identitaires. C'est la raison pour laquelle de telles propositions d'accompagnement des personnes apparaissent non seulement utiles aux individus, mais aussi indispensables en tant que contribuant au maintien d'une vie sociétale commune, fondée sur des idéaux démocratiques.

Il reste que ces dialogues de conseil — de même que les deux autres formes d'accompagnement en orientation décrites ci-dessus : l'information et le conseil de guidance — sont centrés sur l'individu et sur la question de sa « réalisation de soi » en tant qu'individu. On peut, par conséquent, se demander si ces formes d'accompagnement sont bien suffisantes pour permettre à l'humanité de faire face aux immenses défis auxquels elle est confrontée aujourd'hui. Ceux-ci sont d'ordres divers: économique (crise financière, chômage, déficit de travail décent, etc.), démographique (croissance extrêmement rapide de la population mondiale, persistance de famines endémiques, etc.), écologique (réchauffement climatique, montée des océans, manque d'eau potable, etc.), … Il est loin d'être exclu que ces défis ne se transforment en crises majeures, à court ou moyen termes. Actuellement, il arrive que de telles préoccupations se trouvent au centre des réflexions et analyses de telle ou telle personne réfléchissant à ce qui donne sens à sa vie. Mais ce n'est pas nécessairement le cas: d'autres personnes s'engagent dans ces opérations de « gouvernement de soi » en se fondant sur un « souci de soi », négligeant la question du souci des autres lointains et du bien commun.

Il semble ainsi peu probable qu'une telle centration des individus sur la réalisation d'eux-mêmes en tant qu'individus puisse permettre de résoudre les crises mondiales majeures qui se profilent. La question est donc posée de la formalisation de modes d'accompagnement qui conjugueraient à ce souci de soi, le souci des autres lointains et des institutions justes (ce qui, selon Ricoeur[48], définit fondamentalement l'intention éthique), ainsi que le thème de la préservation d'une vie authentiquement humaine sur terre (Jonas[49]).

Jean Guichard

The counseling dialogue: A preferable way to help individuals to guide themselves in liquid societies

This article refers to the concept of "liquid society" and asks how we can help individuals to find their professional place in a liquid society, understand what is expected from them here and now, and plan their professional and personal lives. The author outlines three kinds of assistance which can be offered to help them cope with this task. Firstly, they can be shown how to construct a realistic picture of the world of work. Secondly, they can be helped to develop self-reflection and a personal self-concept, and thirdly, they can be offered a special counselling dialogue. The methodology of the counselling dialogue is based on the constructivist approach. The article concludes with the question of how counselling can balance a focus on the self-realization with the demands of external constraints such as societal factors.

---

[48]   P. Ricœur, *Ethique ; de la morale à l'éthique et aux éthiques*, in : *Dictionnaire d'éthique et de philosophie morale*, édit. : M. Canto-Sperber, PUF, Paris 2004, vol. I, pp. 689–694.

[49]   H. Jonas, *Das Prinzip Verantwortung. Versuch einer Ethik für die technologische Zivilisation*, Insel, Frankfurt 1979.

Danuta Borecka Biernat

Emocjonalny wymiar strategii agresji radzenia sobie młodzieży w sytuacjach konfliktu społecznego

I. Część teoretyczna

W psychologii pojęcie „sytuacja trudna" ściśle wiąże się z czynnościami, jakie człowiek wykonuje, aby uregulować swoje relacje z otoczeniem. W tych działaniach często napotyka na przeszkody, ulega zahamowaniom i bywa, że nie udaje mu się osiągnąć zamierzonego celu. Niekiedy, jak uważał T. Tomaszewski, sytuacje trudne, przy pewnym układzie zdarzeń i właściwościach osoby, nabierają cech sytuacji zagrożenia, w których „zagrożony jest system wartości człowieka lub jakaś pojedyncza wartość wchodząca w skład tego systemu. […] Działają jakieś czynniki przeciwstawne czemuś, na czym człowiekowi zależy, sytuacje pod jakimś względem dla człowieka niebezpieczne"[1]. Jako zagrożenia człowiek odbiera wszystko, co stanowi potencjalne niebezpieczeństwo dla jego życia, zdrowia, dobrego samopoczucia, pozycji społecznej czy samooceny.

Sytuacje trudne stanowią grupę wewnętrznie wyraźnie zróżnicowaną. Na uwagę zasługują zwłaszcza trudne sytuacje społeczne, w których, jak twierdzi M. Tyszkowa „wartości i dążenia jednostki podlegają zagrożeniu lub udaremnieniu przez innych ludzi przez sam fakt ich obecności bądź też wskutek szczególnych form ich oddziaływania przeciwstawnego lub tylko niezgodnego z własnymi dążeniami (celami) jednostki"[2]. Wśród sytuacji tego typu M. Tyszkowa wyodrębnia sytuacje społecznego konfliktu, w których dążenia jednostki są sprzeczne lub niezgodne z dążeniami innych ludzi i zagrożona jest realizacja jej własnych dążeń.

---

[1] T. Tomaszewski, *Ślady i wzorce*, WSiP, Warszawa 1984, s. 142.

[2] M. Tyszkowa, *Funkcjonowanie dzieci w sytuacjach trudnych*, „Oświata i Wychowanie" 1979, nr 2, s. 211.

W życiu nastolatków szczególnie częste są trudne sytuacje społecznej interakcji zawierające element zagrożenia poczucia bezpieczeństwa, realizacji dążeń czy osiągnięcia celu (zaspokojenia potrzeb). Rezultaty badań wskazują, że młodzież w okresie adolescencji za źródło silnego stresu uznaje konflikty interpersonalne: konflikt z nauczycielem, sprzeczki z kolegami ze szkoły i z sympatią oraz kłótnie z jednym z lub obojgiem rodziców, a także innymi członkami rodziny[3]. Konflikt szkolny jest interpretowany jako zderzenie się sprzecznych lub niezgodnych dążeń i zachowań nauczycieli i uczniów lub uczniów między sobą, występujące w związku z procesem nauczania i wychowania w szkole[4]. Z. Plewicka[5], M. Guszkowska i inni[6] oraz G. Mikołowska[7] badały szkolne sytuacje konfliktowe uczniów w wieku od 14 do 19 lat. Były to zatargi z nauczycielami i rówieśnikami w klasie.

W opisach konfliktów szkolnych 68% stanowiły zatargi z nauczycielami. Najbardziej kontrowersyjnymi sytuacjami w układzie uczeń – nauczyciel są oceny szkolne. Uczniowie z reguły obwiniają nauczycieli o zaniżanie ocen, niedocenianie wysiłku, niezauważenie poprawy, stawianie ocen niedostatecznych nie za wyniki w nauce, ale za inne wykroczenia oraz o faworyzowanie wybranych. Drugą z kolei grupę czynników konfliktotwórczych opisanych przez uczniów jest nietaktowne zachowanie się nauczycieli. Przejawia się ono w kpinach, wyzwiskach, ośmieszaniu, dewaloryzacji cech wyglądu, zachowania, charakteru i ogólnej wartości ucznia jako człowieka. Trzecią grupę czynników konfliktotwórczych stanowi władczy nacisk i sztywność wymagań nauczyciela. Oczekuje się od uczniów asymilacji i odtwarzania wiedzy z każdego zakresu, bez uwzględnienia ich indywidualnych cech, zainteresowań i zdolności[8]. Warto zaznaczyć, jak zauważa Z. Plewicka[9], iż konflikty uczniów z nauczycielami są z reguły sytuacjami trudnymi dla ucznia, a mało znaczącymi dla nauczyciela, który najczęściej ich nie dostrzega lub je lekceważy. Jednak w miarę pobytu uczniów w szkole zwiększa się częstotliwość występowania zatargów uczeń – nauczyciel.

---

[3]   R. Jaworski, *Konflikt pokoleń w okresie adolescencji. Psychologiczne aspekty radzenia sobie ze stresem*, [w:] *Problemy człowieka w świecie psychologii*, red. R. Jaworski, A. Wielgus, J. Łukjaniuk, Wydawnictwo Naukowe NOVUM, Płock 2000, s. 27–54; M. Guszkowska, A. Gorący, J. Rychta-Siedlecka, *Ważne zdarzenia życiowe i codzienne kłopoty jako źródło stresu w percepcji młodzieży*, „Edukacja Otwarta" 2001, nr 4, s. 155–164; M. Cywińska, *Przyjaźń i konflikty*, „Życie Szkoły" 2005, nr 1, s. 4–9.

[4]   M. Tyszkowa, *Zachowanie się dzieci i młodzieży w sytuacjach trudnych. Teoretyczno-metodologiczne podstawy badań*, [w:] tejże, *Zachowanie się młodzieży w sytuacjach trudnych i rozwój osobowości*, Wydawnictwo UAM, Poznań 1977, s. 7–17.

[5]   Z. Plewicka, *Sytuacje konfliktowe uczniów w szkole*, [w:] *Zachowanie się młodzieży w sytuacjach trudnych i rozwój osobowości*, red. M. Tyszkowa, Wydawnictwo UAM, Poznań 1977, s. 37–50.

[6]   M. Guszkowska, A. Gorący, J. Rychta-Siedlecka, (przyp. 3).

[7]   G. Miłkowska, *Agresja w okresie dorastania-charakterystyka, przejawy, przeciwdziałanie*, [w:] *Zagrożenia okresu dorastania*, red. Z. Izdebski, Oficyna Wydawnicza UZ, Zielona Góra 2012, s. 91–110.

[8]   A. Woźniak-Krakowian, G. Wieczorek, *Przemoc w szkole jako zjawisko społeczne*, [w:] *Problemy marginalizacji dzieci i młodzieży*, red. A. Woźniak-Krakowian, E. Napora, I. Gomółka-Walaszek, Wydawnictwo AJD, Częstochowa 2009, s. 125.

[9]   Z. Plewicka, (przyp. 5), s. 39–43.

Z kolei opisy zatargów rówieśniczych w szkole stanowią 32% materiału zebranego przez Z. Plewicką[10]. Dzieli je ona na zatargi indywidualne i indywidualno-grupowe oraz konflikty między grupami nieformalnymi i formalnymi. Najwięcej opisów zatargów indywidualnych przypada na szkołę podstawową (45%). Główne ich powody to: zaczepki i wyśmiewanie, niesłuszne posądzenia, obmowa, zdrada, niedyskrecja, rywalizacja o stopnie, o powodzenie u płci przeciwnej czy brak kultury w zachowaniu. Konflikty indywidualno-grupowe wykazują tendencję malejącą w miarę upływu lat w szkole. W ostatnich dwóch klasach szkoły podstawowej stanowią one 37% zebranego materiału. Do częstszych należą zatargi na tle izolacji społecznej ucznia od grupy, różnic pochodzenia społecznego między uczniem a większością osób w grupie oraz nieprzeciętności ucznia w zestawieniu z grupą. W wyniku badań przeprowadzonych przez tę autorkę okazało się, że niewielka liczba uczniów silnie identyfikowała się z grupą i opisała konflikty międzygrupowe jako swoje przykre przeżycia szkolne. Okazuje się, że zatargi między „paczkami" dziewcząt powstają na tle rywalizacji o względy chłopców i o stopnie w szkole. Z kolei antagonistyczne „paczki" chłopców rywalizują głównie o władzę nad klasą i o prestiż sportowy. Zdaniem tej autorki konflikty rówieśnicze, mimo silnego ładunku emocjonalnego, są krótkotrwałe, przy czym ich częstotliwość ulega zmniejszeniu w miarę pobytu uczniów w szkole. Nie znaczy to, że konflikty to zjawisko marginalne w życiu społecznym uczniów.

Oprócz zwyczajnych trudności związanych ze szkołą, kolejnym źródłem codziennych kłopotów młodych ludzi są kontakty z rodzicami[11]. Konflikty w relacjach rodzic – dziecko, dziecko – rodzic stanowią w okresie adolescencji zjawisko powszechne i ważne źródło napięć w miarę dorastania. Wyniki badań I. Pufal-Struzik[12], M. Krzyśko[13] i R. Jaworskiego[14] wykazują, że młodzież przeżywa silny stan stresu w związku z problemami rodzinnymi. Źródłem stresu jest tu poczucie braku porozumienia i zaburzone kontakty z rodzicami oraz nadmierne wymagania z ich strony. Wiele z tych konfliktów dotyczy codziennych sytuacji: różnic w opiniach, w gustach, np. w sprawach związanych z ubiorem, muzyką, spędzaniem czasu wolnego oraz czasu powrotu do domu. Mamy tu do czynienia ze ścieraniem się narastającej u młodych potrzeby samodzielności z ustanowionymi przez rodziców normami, nakazami i zakazami oraz tendencjami do kontrolowania, nadzorowania postępowania i życia zbliżających się do dorosłości dzieci. Ponadto okres dorastania

---

[10] Z. Plewicka, (przyp. 5), s. 43.

[11] K. Kobus, O. Reyes, *A descriptive study of urban Mexican American adolescents' perceived stress and coping*, „Hispanic Journal of Behavioral Sciences" 2000, nr 22, s. 163–178.

[12] I. Pufal-Struzik, *Niektóre cechy osobowości młodzieży agresywnej*, „Psychologia Wychowawcza" 1997, nr 2, s. 151–156.

[13] M. Krzyśko, *Styl atrybucyjny a sposoby radzenia sobie młodzieży w trudnych sytuacjach szkolnych i pozaszkolnych*, [w:] *Młodzież w sytuacjach zmian gospodarczych, edukacyjnych, społecznych i kulturowych*, red. W. Kojsa, R. Mrózka, R. Studenski, Wydawnictwo UŚ Filia w Cieszynie, Cieszyn 1999, s. 265–276.

[14] R. Jaworski, (przyp. 3), s. 40–43.

to etap odkrywania nowych autorytetów, nowych potrzeb oraz zmian w systemie wartości. Dlatego na powstawanie konfliktu pokoleń wpływa również odrębność systemu wartości preferowanych przez świat dorosłych i dorastające dzieci. W związku z dojrzewaniem wzrasta zainteresowanie płcią przeciwną. Wybór sympatii przez dziecko może wyzwalać niezadowolenie rodziców i stanowić zarzewie konfliktu. Dorastające dziecko żąda bezwzględnej tolerancji i akceptacji dla wybranej osoby i zupełnej swobody w sprawach sercowych. Podobnie brak akceptacji przez dzieci dorastające własnego wyglądu zewnętrznego, wyolbrzymianie swoich wyimaginowanych wad i defektów urody, powoduje pretensje nie tylko do swojej figury, ale i do rodziców. Niewątpliwie wyzwolone burzą hormonalną zmienne samopoczucie, huśtawka nastrojów, impulsywność czy drażliwość u nastolatków denerwują rodziców, ponieważ nie są w stanie kontrolować procesów emocjonalnych swoich dzieci, a to z kolei stanowi podłoże konfliktów. Warto zaznaczyć, jak zauważa Cz. Matusewicz[15], że nieporozumienia i konflikty z matką, ojcem i starszą rodziną występują u około 55–65% populacji uczniów szkoły podstawowej i średniej, przy czym bardziej konfliktowi są chłopcy niż dziewczęta. Również intensywność konfliktów rodzinnych osiąga duże nasilenie.

Sytuacji trudnych nie da się wykluczyć z życia człowieka. Od chwili narodzin każdy musi nauczyć się radzić sobie z trudnościami i wyzwaniami, które przed nim stoją. Sytuacja trudna pobudza młodego człowieka do aktywności ukierunkowanej na odzyskanie równowagi pomiędzy wymaganiami sytuacji a możliwościami przystosowawczymi i/lub na poprawę stanu emocjonalnego. Aktywność, którą podejmuje on w trudnej sytuacji, rozpatruje się w konkretnym kontekście sytuacyjnym jako strategię radzenia sobie w aktualnej sytuacji trudnej[16]. Liczne badania i potoczna nawet obserwacja wskazują, że dorastająca młodzież dysponuje niemałym repertuarem strategii radzenia sobie w trudnych sytuacjach społecznych[17]. Jest wśród nich strategia obrony w postaci agresji, przybierająca formę inicjowanego ataku fizycznego lub werbalnego skierowanego przeciwko określonym osobom, wyrządzająca szkody w fizycznym, psychicznym i społecznym dobrostanie innych osób (tj. wywołująca ból, cierpienie, destrukcję, prowadząca do utraty cenionych wartości). Pojawia się wówczas, gdy sytuacja, w jakiej znalazła się jednostka, jest oceniana przez

[15] Cz. Matusewicz, *Konflikty w zespołach uczniowskich*, [w:] *Encyklopedia Pedagogiczna*, red. W. Pomykało, Fundacja Innowacja, Warszawa 1997, s. 285–287.

[16] K. Wrześniewski, *Style a strategie radzenia sobie ze stresem. Problemy pomiaru*, [w:] *Człowiek w sytuacji stresu. Problemy teoretyczne i metodologiczne*, red. I. Heszen-Niejodek, Z. Ratajczak, Wydawnictwo UŚ, Katowice 1996, s. 44–64.

[17] E. Pisula, M. Baum, *Jak dzieci radzą sobie ze stresem*, „Edukacja i Dialog" 1992, nr 8, s. 11–14; D. Skowrońska, *Zachowania agresywne w sytuacjach frustracyjnych młodzieży upośledzonej umysłowo w stopniu lekkim*, „Annales Universitatis Maria Curie-Skłodowska Lublin" 1994, Sectio J, t. VII, nr 6, s. 57–63; J. Kossewska, *Młodzież studiująca i stres: problemy stresotwórcze i sposoby radzenia sobie ze stresem*, „Roczniki Komisji Nauk Pedagogicznych" 1995, t. XLVIII, s. 115–129; A. Frączek, *Wszystko o twojej agresji*, „Charaktery" 2003, nr 7, s. 28–30.

nią jako zagrażająca jej dobrostanowi[18]. Strategia obrony w sytuacjach trudnych w postaci agresywnego reagowania na trudności nie jest ukierunkowana na rozwiązanie i przezwyciężenie trudnej sytuacji, pozwala człowiekowi jedynie obniżyć przykre napięcie emocjonalne. Natomiast cel, który sobie początkowo stawiał, zostaje zastąpiony innym — osiągnięciem dobrego samopoczucia. Oprócz tego, pod wpływem dużego napięcia emocjonalnego obniża się zdolność prawidłowej percepcji, człowiek przestaje dostrzegać inne możliwości działania. Chęć uwolnienia się od przykrego napięcia emocjonalnego przesłania mu fakt, że traci możliwość realizacji stojącego przed nim celu, jakim jest zmiana lub usunięcie zagrażających okoliczności. Człowiek przyjmujący strategię obrony w postaci agresji, nie obciąża siebie trudnościami rozwiązywania problemu. Tymczasem nierozwiązany problem w dłuższej perspektywie czasowej wywołuje w nim poczucie niezadowolenia na tle osiągnięć innych ludzi oraz poczucie bezradności i braku kontroli nad sytuacją trudną[19].

Dotychczasowe wyniki badań wskazują, że szczególnie stresujące dla dorastającej młodzieży jest środowisko szkolne, zwłaszcza sytuacje konfliktu z nauczycielami i kolegami ze szkoły. Wśród wymienianych przez młodych ludzi strategii radzenia sobie z problemami szkolnymi, wyróżnić można zachowania agresywne w stosunku do osób i przedmiotów. Z danych uzyskanych przez E. Nitendel-Bujakową[20], A. Woźniak-Krakowian i G. Wieczorek[21] oraz G. Miłkowską[22] wynika, że lekcje przedmiotowe są sytuacjami szczególnie sprzyjającymi agresywnym sposobom odreagowania stanu stresu. Zapytani o przyczyny agresji w czasie lekcji, badani uczniowie wymieniali m.in. obawę przed niską oceną, lęk przed niepowodzeniem, dużą ilość zadań domowych, niezapowiedziane klasówki, antypatię nauczyciela do ucznia, lęk przed naganą, obawę przed złośliwymi uwagami pod swoim adresem, obawę przed pogorszeniem opinii i stosunków z kolegami. Agresja uczniów polegała między innymi na celowym utrudnianiu nauczycielom prowadzenia lekcji, niszczeniu osobistych przedmiotów pozostawionych na biurku nauczycielskim, wypowiadaniu złych opinii o nauczycielu do kolegów i rodziców.

Warto jeszcze dodać, że ponad połowa badanych uczniów przyznała się, że podejmuje zachowania agresywne podczas przerw międzylekcyjnych. Dominują tu przejawy agresji fizycznej (szturchanie, popychanie, kopanie), a spośród form agresji słownej występują przezwiska, wyśmiewanie osoby lub jej rzeczy, drwiny. Szczególne zagrożenie podczas przerw międzylekcyjnych stanowią pomieszczenia odosobnione, w których uczniowie przebywają najczęściej bez obecności nauczyciela (szatnia, korytarz, toaleta). Uczniowie zapytani o przyczyny agresji na przerwie wskazują

---

[18] R. Stach, *Zachowanie agresywne*, Wydawnictwo Ossolineum, Wrocław 1989, s. 32.

[19] D. Borecka-Biernat, *Strategie radzenia sobie młodzieży w trudnych sytuacjach społecznych. Psychospołeczne uwarunkowania*, Wydawnictwo UWr, Wrocław 2006, s. 62.

[20] E. Nitendel-Bujakowa, *Lęki szkolne jako wyznacznik funkcjonowania dziecka*, „Problemy poradnictwa psychologiczno-pedagogicznego" 2001, nr 1, s. 15–37.

[21] A. Woźniak-Krakowian, G. Wieczorek, (przyp. 8).

[22] G. Miłkowska, (przyp. 7).

m.in. na załatwianie porachunków i konflikty. Znaczna część uczniów popada w konflikty z innymi uczniami i z tych powodów przeżywa stany przykrych napięć emocjonalnych. Napięcia te uczniowie najczęściej rozładowują poprzez kłótnie, stosowanie przezwisk, wyśmiewanie lub bójki.

Interesujące badania nad strategiami radzenia sobie z sytuacjami konfliktowymi w grupie rówieśniczej przeprowadził A. Frączek[23]. W badaniach wzięły udział dorastające dzieci dziewięcio-, jedenasto- i piętnastoletnie mieszkające w Izraelu, Finlandii, Polsce i we Włoszech. Wyniki tych badań dowodzą, że dziewczynki lepiej niż chłopcy radzą sobie z konfliktami i częściej dążą do porozumienia. U chłopców zaś częściej występuje strategia agresywna niż u dziewcząt. Agresja chłopców i dziewcząt przyjmuje odmienne formy. U tych ostatnich bywa bardziej pośrednia, jest skrywana, służy do obrony. Ma ona charakter bierny, przyjmuje postać skarżenia, oskarżania, dąsania się i uczuciowego odrzucania. Chłopcy stosują jawne, fizyczne, bardziej aktywne i bezpośrednie formy agresywnego zachowania. Badania te wykazały, że u dzieci młodszych częściej występuje agresja fizyczna i instrumentalna, u starszych — agresja słowna oraz wroga.

Sytuacje konfliktowe z rodzicami stanowią w miarę dorastania coraz ważniejsze źródło napięć. R. Jaworski[24] zauważa, że konflikty w relacjach dziecko – rodzic stanowią w okresie adolescencji zjawisko powszechne. Dzieci w starszym wieku szkolnym pragną się wyzwolić spod kurateli rodziców i całym swym postępowaniem domagają się przyznania większych niż dotychczas praw. Napotkane przeszkody i niepowodzenia oraz stawiane przez rodziców zakazy i ograniczenia powodują reakcje złości, wyrażające się w aroganckich odpowiedziach, trzaskaniu drzwiami, czasami w płaczu lub bezpośrednich aktach agresji skierowanej na przedmioty lub osoby. W stosunku do rodziców agresja dorastających dzieci przejawia się w słowach, ironicznych wypowiedziach, ignorowaniu poleceń lub milczeniu. Autor ustalił, że w sytuacjach konfliktowych nastolatek często wykazuje wiele bezwzględności, agresywności, brutalności, obojętności a nawet cynizmu.

Człowiek na sytuację zagrożenia reaguje emocjonalnie. Reakcje emocjonalne w sytuacji zagrożenia są związane z cechami osobowości człowieka, a także ze sposobem spostrzegania przez niego sytuacji[25]. W sytuacji trudnej emocje są intensywne i mają przeważnie zabarwienie negatywne. Utrzymujące się pobudzenie emocjonalne o dużym nasileniu i zabarwieniu negatywnym stanowi podstawę do zachowań agresywnych, irytacji, wybuchów wściekłości i innych, z pozoru nieuzasadnionych, reakcji emocjonalnych, które można zaobserwować w różnego typu zachowaniach o charakterze destrukcyjnym[26]. Emocje, które prowadzą do zachowań agresywnych, są zgodne z sekwencją: irytacja – złość – gniew. Ich natężenie określa nasilenie

---

[23] A. Frączek, (przyp. 17), s. 29.

[24] R. Jaworski, (przyp. 3), s. 24.

[25] W. Łosiak, *Umiejscowienie kontroli, percepcja sytuacji a lęk w sytuacji egzaminacyjnej*, „Rocznik Komisji Nauk Pedagogicznych" 1995, t. XLVII, s. 107–114.

[26] J. Terelak, *Psychologia stresu*, Oficyna Wydawnicza „Branta", Bydgoszcz 2001, s. 251–256.

i formę agresji. Jak zauważa W. Łosiak[27], emocje złości i gniewu są pokrewnymi stanami emocjonalnymi, które łączy podobieństwo na poziomie subiektywnego przeżywania, a także powiązanie z zachowaniami agresywnymi. Doświadczanie gniewu zawiera specyficzne doznania somatyczne, np. „wrzenie", „gotowanie się" czy relacje o przeżywaniu silnych tendencji do działania o charakterze agresywnym, np. by kogoś skrzywdzić czy coś uszkodzić. Warto zauważyć, że gniew (złość) jest jedną z możliwych reakcji emocjonalnych o znaku ujemnym, która pojawia się podczas doświadczania sytuacji stresowej, postrzeganej jako zagrożenie lub strata (krzywda)[28]. Zdaniem L. Rosenzweiga[29] i S. Berkowitza[30] emocje gniewu i złości uruchamiają działania ukierunkowane na odzyskanie zagrożonych lub utraconych celów działania i prowadzą do zachowań agresywnych. Do tego stanowiska skłania się także Z. Skorny, mówiąc: „subiektywnym odpowiednikiem agresji jest występowanie emocji gniewu i złości, chęci szkodzenia, dokuczania, wyrządzenia przykrości lub zadawania bólu"[31].

Z kolei emocje w sekwencji: niepokój – lęk – strach na ogół prowadzą do wycofania się, ucieczki[32]. Wydaje się, że w warunkach naturalnych gniew jest emocją wzmacniającą czynności walki, natomiast strach facyliruje czynność ucieczki. Jednakże obserwacje wskazują, że kiedy człowiek nie ma już gdzie uciekać, kiedy nie ma już żadnej możliwości poza samą agresją albo atakowaniem, wtedy lęk może być powodem ataku. Generalnie lęk stanowi jedną z możliwych reakcji emocjonalnych o znaku ujemnym, wywołanych przez sytuację zagrożenia obiektywnego lub subiektywnego, zewnętrznego lub wewnętrznego, działającego aktualnie lub w przyszłości[33]. M. Kostecka[34] twierdzi, że lęk powstaje na skutek postawienia człowieka w sytuacji, z którą nie może sobie poradzić, nad którą ma małą kontrolę lub której nie kontroluje. Powszechnie znane jest stwierdzenie, że u podłoża zachowania agresywnego tkwi lęk. Jest on jednym z istotniejszych determinantów zachowań agresywnych. Na współwystępowanie relacji lęk – agresja zwraca uwagę J. Ranschburg, porównując lęk i agresję do dwustronnego płaszcza:

> Agresja i lękliwość są dwiema stronami tego samego zjawiska, […] jest to podobne do dwustronnego płaszcza: jeżeli strona lękliwa jest na zewnątrz, agresja skierowuje się do wewnątrz,

---

[27] W. Łosiak, *Stres i emocje w naszym życiu*, Wydawnictwa Akademickie i Profesjonalne, Warszawa 2009, s. 54–55.

[28] R. Lazarus, *Paradygmat stresu i radzenia sobie*, „Nowiny Psychologiczne" 1986, nr 3–4, s. 2–40.

[29] S. Rosenzweig, *Aggressive behavior and the Rosenzweig Picture-Frustration (P-F) Study*, „Journal of Clinical Psychology" 1976, nr 32, s. 885–891.

[30] L. Berkowitz, *O powstawaniu i regulowaniu gniewu i agresji*, „Nowiny Psychologiczne" 1992, nr 1–2, s. 87–105.

[31] Z. Skorny, *Dziecko agresywne-objawy, przyczyny, przeciwdziałanie*, [w:] *Vademecum dla rodziców dzieci od lat 6 do 10*, red. W. Pomykało, Wydawnictwo Współczesne, Warszawa 1987, s. 97.

[32] W. Łosiak, (przyp. 27), s. 50–52; D. Borecka-Biernat, (przyp. 19), s. 118.

[33] K. Wrześniewski, *Wybrane zagadnienia lęku. Teoria i pomiar*, Wydawnictwo Warszawskiej Akademii Medycznej, Warszawa 1983, s. 44–52; W. Łosiak, (przyp. 25), s. 51; D. Doliński, *Emocje, poznanie i zachowanie*, [w:] *Psychologia. Podręcznik akademicki*, red. J. Strelau, GWP, Gdańsk 2000, t. 2, s. 369–394.

[34] M. Kostecka, *O pojęciu lęku*, „Materiały do Nauczania Psychologii" 1969, seria IV, t. 3, s. 221–236.

jeśli natomiast agresja znajduje się na wierzchu, wewnątrz z pewnością będzie można odnaleźć lękliwość[35].

Warto jeszcze nawiązać do wypowiedzi A. Kępińskiego:

> W agresji bowiem człowiek wychodzi z lękowej pozycji zaszczucia i maksymalnego skurczenia się własnej czasoprzestrzeni, z wściekłością i rozpaczą uderza w świat otaczający. Zniszczenie jakiegoś fragmentu tego świata przynosi mu ulgę i poczucie, że jest zwycięzcą, że nie tylko klęska jest jego przeznaczeniem[36].

Jak widać agresja stanowi skuteczną formę radzenia sobie z lękiem odczuwanym w sytuacjach społecznych. Reakcja ta pomaga rozładować napięcie lękowe lub też ukryć lęk. Warto jednak zauważyć, że wpływ lęku na zachowanie zależy od jego nasilenia[37]. Lęk, osiągając wysoki poziom intensywności, uniemożliwia skuteczne przezwyciężenie trudności, hamuje spontaniczną aktywność ludzką, zmniejsza motywację do transgresyjnych czynów, wywołuje u człowieka utratę kontroli nad własnym zachowaniem, agresywny wzór zachowania lub wycofanie się oraz ucieczkę z trudnej sytuacji, natomiast przy słabym i umiarkowanym poziomie lęku jednostka podejmuje wysiłek zmierzający do rozwiązania problemu poprzez reorganizację ukierunkowanej na cel czynności. Z tego wynika, że o ile niskie nasilenie lęku może działać mobilizująco na zachowanie człowieka, to jego duże nasilenie je dezorganizuje, ponieważ sprzyja spostrzeganiu wielu sytuacji jako zagrażających, nawet jeśli obiektywnie takimi nie są. Ogólnie można powiedzieć, że człowiek na sytuację zagrożenia reaguje emocjonalnie. Może odczuwać złość, lęk, a czasem pojawia się u niego zadowolenie z możliwości przezwyciężenia trudności. Jak widać sytuacje trudne generują emocje pozytywne, które sprzyjają aktywnemu zmaganiu się z trudnościami, oraz emocje negatywne[38]. Przy czym te ostatnie są na ogół stanem przykrym dla człowieka i dlatego dąży on do uwolnienia się od tego rodzaju emocji. Broniąc się przed nimi, stosuje agresję, która zakłada konieczność zbliżenia się do przedmiotu zagrożenia, aby go zniszczyć, co umożliwia zredukowanie napięcia emocjonalnego.

II. Część badawcza

1. Problemy badawcze

Badania zmierzały do odpowiedzi na następujące pytania badawcze:
— Jaka jest zależność między poziomem i treścią emocji a strategią agresji radzenia sobie młodzieży w sytuacji konfliktu społecznego?

---

[35] J. Ranschburg, *Lęk, gniew, agresja*, WSiP, Warszawa 1993, s. 137.

[36] A. Kępiński, *Lęk*, Wydawnictwo Sagittarius, Kraków 1992, s. 292.

[37] D. Kubacka-Jasiecka, *Adaptacyjno-obronne mechanizmy i funkcje młodzieżowych zachowań agresywnych*, [w:] *Agresja wśród dzieci i młodzieży*, red. A. Frączek, I. Pufal-Struzik, Wydawnictwo Pedagogiczne ZNP, Kielce 1996, s. 19–36; M. Leary, R. Kowalski, *Lęk społeczny*, GWP, Gdańsk 2001, s. 18; M. Eysenck, *Sprawdź swoje lęki*, „Charaktery" 2001, nr 1, s. 29–30; E. Nitendel-Bujakowa, (przyp. 20), s. 30–36.

[38] D. Doliński, (przyp. 33), s. 379–381; W. Łosiak, (przyp. 27), s. 70–73.

— Jaki zespół zmiennych emocjonalnych ma związek z faktem, że w trakcie sytuacji konfliktu społecznego nasila się stosowanie strategii agresji u młodzieży?

2. Metody badań własnych, grupa badawcza

a. Pomiar

W badaniach posłużono się Trójczynnikowym Inwentarzem Stanów i Cech Osobowości (TISCO) C. Spielbergera, K. Wrześniewskiego oraz autorskim kwestionariuszem do badania strategii radzenia sobie młodzieży w sytuacji konfliktu społecznego (KSMK). Trójczynnikowy Inwentarz Stanów i Cech Osobowości TISCO jest polską wersją[39] amerykańskiego testu Saint-Trait Personality Inventory (STPI) opracowanego przez zespół C. Spielbergera. TISCO składa się z dwóch niezależnych części. Część pierwsza (SPI) jest przeznaczona do pomiaru lęku, gniewu i ciekawości, traktowanych jako stany emocjonalne, odczuwane w danym momencie. Część druga (TPI) używana jest do badania tych samych emocji, traktowanych jako cechy osobowości. Tak więc test zawiera 6 podskal: lęk jako stan i lęk jako cecha, gniew jako stan i gniew jako cecha oraz ciekawość jako stan i ciekawość jako cecha. Każda z podskal składa się z 10 krótkich, prostych stwierdzeń, odnoszących się do subiektywnych odczuć jednostki. Wyniki dotyczące rzetelności i trafności TISCO są zadawalające i są zbliżone do oryginalnej wersji STPI.

Kwestionariusz autorski KSMK przeznaczony jest do badania strategii radzenia w sytuacji konfliktu społecznego podejmowanej przez młodzież w wieku dorastania. Składa się z opisu 33 sytuacji trudnych konfliktu społecznego. Do każdej sytuacji podano 4 zachowania wyrażające radzenie sobie z sytuacją konfliktu społecznego: pierwsze odnosi się do agresywnego radzenia (A), drugie do unikowego radzenia (U), trzecie do uległego radzenia (Ul), a czwarte do zadaniowego radzenia sobie w sytuacji konfliktu społecznego (Z). Wyniki uzyskuje się dla każdej skali oddzielnie, poprzez sumowanie zaznaczonych zachowań w 40 sytuacjach, należących do danej skali. Ponieważ skale składają się z 33 pozycji, osoby badane mogą w każdej z nich uzyskać od 0 do 33 punktów. Kwestionariusz KSMK charakteryzuje się korzystnymi parametrami psychometrycznymi. Współczynniki rzetelności skal wyznaczone metodą wewnętrznej zgodności (alfa Cronbacha) wynoszą od $\alpha = 0,73$ (dla skal „Agresja", „Uległość" i „Zadanie") do $\alpha = 0,694$ (skala „Unik"). Trafność skal sprawdzono na wiele sposobów, między innymi potwierdzono trafność zbieżną w odniesieniu do rezultatów kwestionariusza A-R (Atak – Rezygnacja) K. Ostrowskiej, Skali Zachowań Asertywnych dla Dzieci CABS L. Michelsona i R Wooda w adaptacji M. Oleś i kwestionariusza stylu rozwiązywania konfliktów przez adolescentów T. Honessa i współpracowników w adaptacji B. Lachowskiej. Normy w skali stenowej opracowano na podstawie badania próby 1877 uczniów, w tym

---

[39] Por. K. Wrześniewski, *Trójczynnikowy inwentarz stanów i cech osobowości*, „Przegląd Lekarski" 1991, t. 48, nr 2, s. 222–225.

975 dziewcząt i 902 chłopców w wieku 13–15 lat z klas pierwszych, drugich i trzecich szkół gimnazjalnych ze wszystkich szesnastu województw w Polsce.

b. Próba osób badanych

Przebadano grupę 468 dziewczynek i 425 chłopców w wieku 13–15 lat. Ogółem w przeprowadzonych badaniach wzięło udział 893 osób. Badani byli uczniami pierwszych, drugich i trzecich klas gimnazjalnych z Wrocławia i okolicznych miejscowości. Badania miały charakter grupowy i przeprowadzono je na terenie szkół.

3. Analiza wyników badań

W celu sprawdzenia możliwych zależności między poziomem lęku, gniewu i ciekawości, rozumianych jako aktualny stan emocjonalny i jako cecha osobowości, a strategią agresji radzenia sobie w sytuacji konfliktu społecznego, skorelowano wyniki w skalach Inwentarza TISCO i w skali Agresja (A) kwestionariusza KSMK. Współczynniki korelacji r Pearsona dla całej grupy oraz dla grup wydzielonych ze względu na płeć przedstawiono w tabeli 1.

Tab. 1. Zestawienie wartości współczynnika korelacji r Pearsona między skalami Inwentarza TISCO a skalą Agresja (A) kwestionariusza KSMK dla całej grupy (N = 893) oraz dla dziewcząt (N = 468) i chłopców (N = 425)

Skale kwestionariusza TISCO	Skala A kwestionariusza KSMK		
	Dziewczęta	Chłopcy	Ogółem
Gniew — stan	0,25 $p < 0,001$	0,28 $p < 0,001$	0,27 $p < 0,001$
Gniew — cecha	0,30 $p < 0,001$	0,33 $p < 0,001$	0,32 $p < 0,001$
Lęk — stan	0,002 n.i.	0,17 $p < 0,001$	0,08 $p < 0,02$
Lęk — cecha	0,109 n.i.	0,22 $p < 0,001$	0,13 $p < 0,001$
Ciekawość — stan	−0,03 n.i.	−0,09 n.i.	−0,06 n.i.
Ciekawość — cecha	−0,03 n.i.	−0,06 n.i.	−0,04 n.i.

n.i. — nieistotne

Z tabeli 1 wynika, że korelacja między gniewem jako stanem emocjonalnym, odczuwanym w danym momencie a skalą strategii agresji jest istotna statystycznie dla całej grupy (r = 0,27) oraz dla dziewcząt (r = 0,25) i chłopców (r = 0,28) oddzielnie (p < 0,001). Daje się zauważyć niską zależność: im wyższy poziom gniewu rozumiany jako chwilowy stan przeżywany w związku z sytuacją konfliktu społecznego, w jakiej młodzież szkolna się znajduje, tym częściej wykorzystuje ona w działaniu strategię agresji. Można przyjąć, iż wraz ze wzrostem gniewu o charakterze sytuacyjnym będzie rosnąć wartość agresywnego sposobu radzenia sobie z sytuacją konfliktu społecznego. Ponadto uzyskano znaczącą niską dodatnią korelację między gniewem jako cechą osobowości a skalą strategii agresji radzenia sobie dla całej grupy (r = 0,32) oraz dla dziewcząt (r = 0,30) i chłopców (r = 0,33). Wydaje się więc, że u młodzieży poziom cechy gniewu decyduje o nasileniu strategii agresji. Interpretacja uzyskanej zależności jest następująca: im wyższy poziom wyuczonej dyspozycji do reagowania gniewem, tym częściej dorastająca młodzież w sytuacji konfliktu społecznego stosuje strategię agresji.

Na podstawie tabeli 1 daje się zauważyć słabą zależność między lękiem jako aktualnym stanem emocjonalnym a strategią agresji w całej grupie badanej młodzieży (r = 0,08). Wyniki analiz statystycznych pozwalają jednocześnie sądzić, iż wspomniane relacje w pewnym stopniu determinowane są czynnikiem płci badanych osób, bowiem istotne są one w gronie chłopców (r = 0,17), natomiast nie są istotne dla dziewcząt. Współzależności dają się zinterpretować w ten sposób: im wyższy poziom lęku rozumianego jako stan emocjonalny odczuwany w danym momencie, tym wyższy poziom strategii agresji radzenia sobie w sytuacji konfliktu społecznego. Uzyskano słaby współczynnik korelacji, statystycznie istotny (p < 0,01), między poziomem lęku rozumianego jako cecha osobowości a strategią agresji dla całej grupy (r = 0,13), który potwierdza się w grupie chłopców (r = 0,22), natomiast w grupie dziewcząt nie osiąga poziomu istotności. Interpretacja uzyskanej zależności jest następująca: im wyższy poziom cechy lęku, tym częściej dorastający w sytuacji konfliktu społecznego stosuje strategię agresji. Należy sądzić, iż wyuczona dyspozycja do spostrzegania sytuacji społecznych obiektywnie niegroźnych jako zagrażających i reagowania na nie lękiem nieproporcjonalnym do wielkości zagrożenia, ma związek z wyuczoną dyspozycją do agresywnego radzenia sobie z sytuacją konfliktu społecznego.

Z tabeli 1 wynika, że korelacja między ciekawością jako aktualnym stanem emocjonalnym a skalą strategii agresji jest nieistotna statystycznie dla całej grupy oraz dla dziewcząt i chłopców oddzielnie (p < 0,05). Nie ma także istotnej współzależności między ciekawością rozumianą jako względnie stała cecha osobowości a strategią agresji dla całej grupy badanej młodzieży i dla obu grup wydzielonych ze względu na płeć. Pozwala to sądzić, że wyuczona dyspozycja do spostrzegania sytuacji trudnych jako wyzwanie i reagowanie na nie ciekawością nie ma związku z wyuczoną dyspozycją do agresywnego sposobu radzenia sobie z sytuacją konfliktu społecznego.

Z tego co już wiemy, współczynniki korelacji r Pearsona kształtują się na poziomie słabym i niskim, jednakże są istotne statystycznie (p < 0,001) i przemawiają za tym, że podatna na przeżywanie gniewu i lęku o zróżnicowanej genezie (stan, cecha) okazuje się młodzież stosująca w sytuacjach konfliktu społecznego strategię agresji. Oznacza to, iż jest ona skłonna reagować emocjami negatywnymi (gniew, lęk) w sytuacjach konfliktu społecznego.

W celu dokładniejszego przeanalizowania, jaki zespół zmiennych emocjonalnych współdeterminuje poziom strategii agresji radzenia sobie w sytuacji konfliktu społecznego u młodzieży, przeprowadzono analizę krokowej regresji wielokrotnej.

Za zmienną zależną przyjęto wyniki w skali Agresja kwestionariusza KSMK; jako zbiór zmiennych niezależnych potraktowano wyniki w sześciu skalach: gniew — stan i gniew — cecha, lęk — stan i lęk — cecha oraz ciekawość — stan i ciekawość — cecha Inwentarza TISCO. Wyniki przedstawiono w tabeli 2.

Tab. 2. Krokowa regresja wielokrotna wyniku skali Agresji KSMK względem skal Inwentarza TISCO: wyniki dla całej grupy (N = 893) oraz dla dziewcząt (N = 468) i chłopców (N = 425)

Osoby badane	Zmienna	Beta	B	Błąd st. B	t	Poziom p <
Ogółem	Gniew — stan	0,19	0,14	0,03	4,49	0,000008
	Lęk — stan	−0,09	−0,13	0,06	−2,35	0,02
	Gniew — cecha	0,27	0,20	0,03	7,43	0,000001
	Ciekawość — cecha	−0,09	−0,08	0,03	−2,62	0,009
	W. Wolny	−	3,29	1,36	2,42	0,02
Współczynnik korelacji wielokrotnej: R = 0,37 Współczynnik wielokrotnej determinacji: R^2 = 0,13 Istotność równania: $F_{(4, 888)}$ = 34,03; p < 0,00001 Błąd standardowy estymacji: 4,34						
Dziewczęta	Gniew — stan	0,23	0,17	0,04	4,01	0,00007
	Lęk — stan	−0,17	−0,23	0,07	−3,09	0,002
	Gniew — cecha	0,33	0,24	0,04	5,56	0,000001
	Lęk — cecha	−0,11	−0,10	0,05	−1,98	0,05
	Ciekawość — cecha	−0,10	−0,09	0,04	−2,18	0,03
	W. Wolny	−	6,12	1,85	3,31	0,001
Współczynnik korelacji wielokrotnej: R = 0,39 Współczynnik wielokrotnej determinacji: R^2 = 0,15 Istotność równania: $F_{(5, 462)}$ = 16,18; p < 0,00001 Błąd standardowy estymacji: 4,31						
Chłopcy	Gniew — stan	0,15	0,11	0,04	2,91	0,004
	Ciekawość — stan	−0,11	−0,11	0,05	−2,39	0,02
	Gniew — cecha	0,26	0,20	0,04	5,05	0,000001
	W. Wolny	−	2,20	1,46	1,51	0,13
Współczynnik korelacji wielokrotnej: R = 0,37 Współczynnik wielokrotnej determinacji: R^2 = 0,14 Istotność równania: $F_{(3, 421)}$ = 22,44; p < 0,00001 Błąd standardowy estymacji: 4,31						

Pierwszą analizę przeprowadzono na wynikach całej grupy badanej młodzieży, bez względu na płeć. Jak widać w tabeli 2, cztery zmienne niezależne miały istotny wpływ na strategię agresji radzenia sobie młodzieży w sytuacji konfliktu społecznego: gniew — stan, lęk — stan, gniew — cecha i ciekawość — cecha. Zmienne te wyjaśniają 13% wariancji zmiennej zależnej. Wartości *Beta* wskazują, że im wyższy poziom gniewu rozumiany jako chwilowy stan przeżywany w związku z konfliktem i wyższy poziom gniewu jako cecha osobowości a niższy poziom lęku o charakterze sytuacyjnym i niższy poziom wyuczonej dyspozycji do reagowania ciekawością, tym częściej młodzież w radzeniu sobie w sytuacji konfliktu społecznego stosuje strategię agresji.

Przeprowadzono odrębne analizy dla grup wydzielonych ze względu na płeć (tabela 2). Krokowa analiza regresji wykazała, że spośród wprowadzonych do modelu regresji zmiennych niezależnych, pięć miało istotne znaczenie w wyjaśnianiu agresywnej strategii radzenia sobie stosowanej przez dziewczęta w sytuacji konfliktu społecznego: gniew — stan, lęk — stan, gniew — cecha, lęk — cecha i ciekawość — cecha. Łącznie te pięć zmiennych wyjaśnia 15% zmienności wyników w skali Agresja kwestionariusza KSMK. Wartości *Beta* wskazują, że im wyższy poziom gniewu jako stan emocjonalny odczuwany w danym momencie i wyższy poziom gniewu rozumianego jako względnie stała cecha osobowości a niższy poziom lęku o charakterze sytuacyjnym i niższy poziom cechy lęku oraz niższy poziom wyuczonej dyspozycji do reagowania ciekawością, tym częściej dziewczęta w radzeniu sobie w sytuacji konfliktu społecznego stosują strategię agresji.

Sprawdzono też, jaki zespół zmiennych niezależnych ma wpływ na poziom strategii agresji w sytuacji konfliktu społecznego u chłopców (por. tabela 2). Trzy zmienne niezależne okazały się istotne w równaniu regresyjnym. Są nimi: gniew — stan, ciekawość — stan i gniew — cecha. Wartości *Beta* wskazują, że im wyży poziom gniewu o charakterze sytuacyjnym i wyższy poziom wyuczonej dyspozycji do reagowania gniewem, a niższy poziom ciekawości rozumianej jako stan emocjonalny odczuwany w danym momencie, tym częściej chłopcy w radzeniu sobie z konfliktową sytuacją społeczną stosują strategię agresji. Współczynnik determinacji wielokrotnej $R^2 = 0,14$ i wskazuje, że 14% wariancji zmiennej zależnej „strategia agresywna" w grupie chłopców wyjaśnia przewidziane w teoretycznym modelu zmienne niezależne. Pozostałe zmienne niezależne uwzględnione w badaniu okazały się nieistotnymi wyznacznikami strategii agresji.

Reasumując: analiza regresji wielokrotnej wskazuje, że wpływ na strategię agresji radzenia sobie w sytuacji konfliktu społecznego ma przede wszystkim gniew jako stan emocjonalny, odczuwany w danym momencie i wyuczona dyspozycja do reagowania gniewem. Można przypuszczać, iż wraz ze wzrostem poziomu stanu gniewu i cechy gniewu będzie rosło nasilenie strategii agresji radzenia sobie młodzieży (ujmując grupę całościowo i ze względu na płeć) w sytuacji konfliktu społecznego. Ponadto odnotowano istotne ujemne związki między strategią agresji a lękiem jako aktualnym stanem emocjonalnym i lękiem rozumianym jako cecha osobowości oraz ciekawością jako stanem emocjonalnym, odczuwanym w danym momencie, i ciekawością rozumianą jako względnie stała cecha osobowości. Można oczekiwać, że im większe nasilenie strategii agresji radzenia sobie młodzieży w sytuacji konfliktu społecznego, tym niższy o zróżnicowanej genezie poziom lęku (stan, cecha) i poziom ciekawości (stan, cecha). Warto także zwrócić uwagę, iż zmienne emocjonalne są dość słabymi predykatorami agresywnej strategii radzenia sobie młodzieży w sytuacji konfliktu społecznego, o czym świadczy niski współczynnik determinacji wielokrotnej $R^2 = 0,13–0,15$.

III. Podsumowanie

Wyniki przeprowadzonych badań umożliwiają wysunięcie następujących wniosków:

1. Młodzież (ujmując badanych całościowo i ze względu na płeć) stosująca w sytuacjach konfliktu społecznego strategię agresji przejawia wyższy poziom gniewu jako stanu emocjonalnego, przeżywanego w związku z tą sytuacją i wyższy poziom wyuczonej dyspozycji do reagowania gniewem. Oznacza to, że im większe nasilenie strategii agresji radzenia sobie młodzieży w sytuacji konfliktu społecznego, tym wyższy poziom gniewu o zróżnicowanej genezie (stan, cecha)[40].

2. Podatna na przeżywanie lęku o zróżnicowanej genezie (stan, cecha) jest młodzież (ujmując badanych całościowo i w grupie chłopców) stosująca w sytuacjach konfliktu społecznego strategię agresji. Warto podkreślić, że wyuczona dyspozycja do spostrzegania różnych sytuacji jako zagrażających i reagowanie na nie stanem lęku nieproporcjonalnym do wielkości faktycznego zagrożenia ma bezpośredni związek z wyuczoną dyspozycją do agresywnego radzenia sobie z sytuacją konfliktu społecznego. Oznacza to, iż wraz ze wzrostem poziomu lęku (stan, cecha) u osób dorastających w sytuacjach interpersonalnych stwarzających zagrożenie dla realizacji ich własnych dążeń, będzie rósł poziom strategii agresji[41].

3. Analiza regresji ujawniła wyższy poziom gniewu jako stanu emocjonalnego, przeżywanego w związku z sytuacją konfliktu i wyższy poziom wyuczonej dyspozycji do reakcji gniewu oraz niższy poziom stanu i cechy lęku i niższy poziom ciekawości jako stanu i cechy u młodzieży (ujmując badanych całościowo i ze względu na płeć), która w radzeniu sobie w sytuacji konfliktu społecznego stosuje strategię agresji.

Uogólniając powyższe wyniki można stwierdzić, że agresja pomaga rozładować dorastającej młodzieży negatywne emocje pojawiające się w sytuacji stwarzającej zagrożenie dla realizacji ich własnych dążeń. Strategia ta przede wszystkim stanowi formę radzenia sobie z gniewem odczuwanym w sytuacji konfliktu społecznego. Należy także odnotować, że wraz ze wzrostem poziomu gniewu jako dyspozycji u adolescentów w sytuacjach konfliktu społecznego wzrasta nasilenie strategii agresji. Świadczy to o tym, że wyuczona dyspozycja do spostrzegania sytuacji, w których dążenia osobiste są sprzeczne z dążeniami innych jako zagrażających i reagowanie na nie gniewem, ma związek z wyższym poziomem strategii agresji radzenia sobie w sytuacji konfliktu społecznego.

---

[40] J. Ranschburg, (przyp. 35), s. 77–87; I. Pufal-Struzik, (przyp. 12), s. 152–153.

[41] D. Kubacka-Jasiecka, *Struktura ja a związek między agresywnością i lękliwością*, Wydawnictwo UJ, Kraków 1986, s. 23; J. Ranschburg, (przyp. 35), s. 114–116.

Danuta Borecka-Biernat

The emotional dimension of the strategy of aggression in adolescents coping with social conflict situations

The aim of this study was to evaluate how emotions in adolescents contribute to generating an aggressive coping strategy in situations of social conflict. The study was based on a proprietary questionnaire (KSMK) to examine the coping strategies of youths in a social conflict situation and the Three-Factor State and Trait Personality Inventory (TFSTPI; in Polish TISCO) by C. Spielberger and K. Wrześniewski. Empirical studies were carried out in gymnasium schools in Wrocław and the surrounding area. They involved 893 adolescents (468 girls and 425 boys) aged 13–15. These studies indicate that aggression helps adolescents release negative emotions experienced in situations which pose a threat to the achievement of their own objectives. This strategy primarily constitutes a way of dealing with anger felt in a social conflict situation. The studies also show that the acquired disposition to perceive situations in which personal aspirations are in conflict with the aspirations of others as threatening, and to react to them with anger, is associated with a higher level of aggressive coping in a situation of social conflict.

Augustyn Bańka

Trauma powojnia jako wyobcowanie transformowane w procesie definiowania dobrostanu marzeń i jakości życia

I. Wprowadzenie

Wojny są nieodłączną częścią życia społecznego i nie ma właściwie takiego dnia, w którym nie toczyłaby się na świecie jakaś mniej lub bardziej okrutna wojna. Tak jak nie do uniknięcia jest to, że wojny wybuchają, tak samo nie do uniknięcia jest to, że nie kończą się one w jednym momencie, lecz przechodzą w to, co Peter Sloterdijk określa mianem „powojnia" (*post-war period*)[1]. Są to długie okresy wychodzenia z syndromu traumy przeżyć wojennych nazwanego przez Tony Judta *post-war syndrome*[2]. Jest to proces stopniowego przywracania równowagi psychicznej (*recovery*) i normalizowania życia poprzez osiąganie powojennego dobrostanu (*post-war well-being*[3]), którego docelowym optimum jest „dobrostan marzeń" (*well-enough*[4]). Wojna i powojnie tworzą zatem w miarę spójny cykl, którego zakończeniem nie jest bynajmniej wieczny pokój, ale ewoluujący proces redefiniowania dobrostanu marzeń[5],

---

[1] P. Sloterdijk, *Theory of the post-war periods: Observations on Franco-German relations since 1945*, Springer, Wiedeń 2009, *passim*.

[2] T. Judt, *Powojnie. Historia Europy od 1945*, Wydawnictwo Rebis, Poznań 2008, *passim*.

[3] Z. Deacon, C. Sulivan, *An ecological examination of rural Mozambican women's attainment of postwar well-being*, „Journal of Community Psychology" 2010, t. 38, nr 1, s. 115–130.

[4] R.P. Lorion, *Theorethical and evaluation issues in the promotion of wellness and the protection of „well-enough"*, [w:] *The promotion of wellness in children and adolescents*, red. D. Cichetti, J. Rappaport, I. Sandle, R.P. Weisberg, CWLA Press, Waszyngton 2000, s. 1–28.

[5] S. Barakat, S.A. Zyck, *The evolution of post-conflict recovery*, „Third World Quarterly" 2009, t. 30, nr 6, s. 1069–1086.

którego efektem jest najczęściej kolejna wojna[6]. Co więcej, nieprzezwyciężone skutki wojen poddawane są różnym narracjom[7], co komplikuje procesy powojennej normalizacji i budowania dobrostanu marzeń, zarówno na poziomie jednostek, jak i narodów oraz społeczności międzynarodowych.

Przyczyny powstawania wojen są złożone. Jedną z najważniejszych pozostaje syndrom mentalny powstający w umysłach ludzi w efekcie nieprzezwyciężonych różnic zdań oraz konfliktów[8]. Przykładem tego jest II wojna światowa, która wybuchła w wyniku resentymentu sprowokowanego skutkami I wojny światowej, które skumulowały się w konstrukcie mentalnym, społecznym i finansowym zwanym syndromem weimarskim[9]. Pamięć wojny i związany z nią resentyment[10] są jednymi z najwcześniej rozpoznanych i najlepiej opisanych mechanizmów procesu normalizacji powojennej oraz budowania dobrostanu marzeń. Dzieje się tak m.in. ze względu na paradoksy tego procesu, które najogólniej polegają na irracjonalnym odtwarzaniu i wzmacnianiu urazów psychicznych, mających źródło w działaniach wojennych, zamiast na ich usuwaniu[11]. W artykule tym przedstawione zostaną mechanizmy psychologiczne konstruowania i rekonstruowania dobrostanu marzeń jako środka osiągania jakości życia w następujących po sobie poszczególnych okresach powojnia. Podstawową tezę niniejszego artykułu stanowi podzielane przez coraz większą liczbę badaczy założenie[12], iż towarzyszące wojennym doświadczeniom traumy tak naprawdę nigdy nie kończą się jednorazowym procesem normalizacji, poczucia zdrowia psychicznego i realizacji dobrostanu marzeń. O ile dobrostan marzeń bezpośredniego powojnia może oznaczać zdolność jednostek do wytrzymywania i przezwyciężania trudności życiowych i dążenia do zdrowia oraz jakości życia[13], o tyle dobrostan w bardziej odległych okresach powojnia staje się coraz bardziej skomplikowaną i irracjonalną konstrukcją umysłową. Główną tego przyczyną jest, następująca wraz z upływem czasu od zakończenia wojny, przemiana konfliktu rzeczywistego na konflikt nierzeczywisty, i co za tym idzie, wypieranie z życia umysłowego czynników racjonalnych przez czynniki irracjonalne. Artykuł ten skupia się więc głównie na analizie ewolucji syndromu powojnia w kontekście kreowania czynników irracjonalnych, których skutkiem są kolejne metamorfozy definicji obcych i obcości.

---

[6] T. Judt, (przyp. 2).

[7] C. Nordstrom, *A different kind of war story*, University of Pennsylvania Press, Filadelfia 1997, *passim*.

[8] Zob. L.A. Coser, *Funkcje konfliktu społecznego*, NOMOS, Kraków 2009, *passim*.

[9] Zob. P. Sloterdijk, *Krytyka cynicznego rozumu*, Wydawnictwo DSW, Wrocław 2008, *passim*.

[10] C. Nordstrom, (przyp. 7); T. Sakai, *Trans-generation memory: Narratives of world wars in post-conflict Northern Ireland*, „Sociological Research Online" 2009, t. 14, nr 5, s. 1–14.

[11] L.A. Coser, (przyp. 8).

[12] T. Judth, (przyp. 2).

[13] R.P. Lorion, (przyp. 4).

Skutki psychologiczne[14] i społeczne[15] takich totalnych wojen jak II wojna światowa nie tylko długo się utrzymują, ale także ewoluują w kolejnych okresach powojnia. Jak wykazały obserwacje Johna Bolwby'ego[16] i Mary Ainsworth[17] II wojna światowa dokonała ogromnego spustoszenia w sferze więzi międzyludzkich, co sprowokowało m.in. powstanie jednego z najważniejszych w drugiej połowie dwudziestego wieku nurtu badawczego w psychologii dotyczącego teorii przywiązania. Poszczególne okresy powojnia stanowią krytyczne momenty ewolucji procesu powojennej normalizacji i budowania wizji dobrostanu marzeń oraz jakości życia. W każdym z tych okresów pojawia się inna gramatyka moralna i dominuje inna narracja psychologiczna[18], co przejawia się m.in. w innym definiowaniu takich pojęć jak wróg, obcy, alienacja i obcość. Ewoluowanie okresów powojnia polega więc na stałym rekonstruowaniu kategorii obcego i obcości w niekończących się próbach uchwycenia istoty dobrostanu marzeń i zdefiniowania prawdziwej jakości życia. W każdym okresie powojnia ludzie inaczej odczuwają dobrostan marzeń i inaczej definiują jakość życia, a sposób identyfikacji tych zjawisk w doświadczeniu codzienności staje się znakiem rozpoznawczym osiągnięć jednostek i grup ludzkich w sferze normalizacji oraz zdrowia psychicznego.

II. Spuścizna wojny — trauma, wyobcowanie i nienawiść

II wojna światowa, choć zakończyła się w 1945 r., to jej skutki tkwią w umysłach ludzi w większości krajów europejskich po dzień dzisiejszy. Ewolucję badań nad wpływem traumy doświadczenia wojennego na zdrowie i codzienne funkcjonowanie ludzi w kolejnych okresach powojnia przedstawiła m.in. Maria Lis-Turlejska[19]. Jak to zostanie udowodnione w dalszej części artykułu, paradoks powojnia polega na tym, że psychiczne skutki wojny są dziedziczone transgeneracyjnie i emocje związane z pamięcią wojny są często silniejsze w generacjach, które nie miały bezpośredniego kontaktu z pierwotnymi skutkami wojny[20]. Wojna zmienia kulturę i zmiana ta stale uwidacznia się w świadomości ludzi poszukujących dla siebie wzorów tożsamości oraz znaczeń, które łączyłyby ich między sobą i ze środowiskiem.

Społeczeństwa i jednostki dotknięte syndromem traumy powojnia ulegają charakterystycznej dwuznaczności, której nieodłączną cechą jest zmaganie się ze sobą

---

[14] Zob. J. Bowlby, *The making and breaking of affectional bonds*, Routledge, Nowy Jork 1979, *passim*; M.D.S. Ainsworth, M.C. Blehar, E. Waters, S. Wall, *Patterns of attachment: A psychological study of the strange situation*, Erlbaum, Hillsdale 1978, *passim*.

[15] Zob. F. Wheen, *Strange days indeed: The golden age of paranoia*, Fourth Estate, Londyn 2009, *passim*.

[16] Zob. J. Bowlby, *Attachment and loss: Separation, anxiety and anger*, Basic Books, Nowy Jork 1973, *passim*.

[17] M.D.S. Ainsworth, M.C. Blehar, E. Waters, S. Wall, (przyp. 14).

[18] Zob. C. Nordstrom, (przyp. 7); M. Seeman, *The urban alienations: some dubious theses from Marx to Marcuse*, Performing Pedagogy, Shamefaced 1971, *passim*.

[19] M. Lis-Turlejska, *Traumatyczny stres. Koncepcje i badania*, Wydawnictwo Instytutu Psychologii PAN, Warszawa 1998, *passim*.

[20] T. Sakai, (przyp. 10).

w kategoriach realnie i potencjalnie doznawanego dobrostanu, w relacji do bezpośredniego i dalszego otoczenia społecznego. Społeczeństwa dotknięte syndromem powojennej traumy bezwiednie i automatycznie kreują sobie wrogów, jak też konstruują stany wyobcowania czy to od siebie samych, swojego środowiska, innych ludzi, czy też z istotnych znaczeń życia codziennego.

Przyczyny doświadczania alienacji — w sensie kulturowego odłączenia (*cultural estrangement*), samoodłączenia (*self-estrangement*), bezsilności (*powerlessness*) i izolacji społecznej (*social isolation*)[21] — oraz kreowania wrogów są we współczesnych społeczeństwach złożone. Procesy te wiążą się ze wzrastającą złożonością społeczną, wielością wyborów, technologią, urbanizacją oraz biurokracją. Alienacja jest jednak największym problemem w społeczeństwach najsilniej dotkniętych skutkami II wojny światowej, bowiem wciąż jest żywotnym wyznacznikiem normalności. Syndrom powojnia wyrasta z doświadczonej oraz odziedziczonej traumy, jak też z pamięci indywidualnej i zbiorowej miejsca[22].

Jeśli chodzi o Europę, poszczególne społeczeństwa różnią się doświadczeniem wojny, rozległością pamięci o wojnie i potrzebą rozliczenia się z nią w sferze koherencji oraz ciągłości własnej tożsamości[23]. Społeczeństwo polskie, jak niewiele społeczeństw na świecie, doznało szczególnie rozległych i głębokich zniszczeń psychicznych pod wpływem zdarzeń wojennych, które Marcin Zaremba[24] ujmuje terminem „wielkiej trwogi", obejmującej lata 1944–1947. Pojęcie to wg autora obejmuje nie tylko alienację, lęk, strach, traumę, ale także anomię przemieszaną ze świadomością braku wyraźnych granic między zbrodnią a zwykłym odruchem obronnym. Holokaust dokonany na społeczeństwie polskim[25] nie skończył się wraz z zakończeniem okupacji przez Niemcy. Na miejsce okupanta niemieckiego wkraczały wojska sowieckie, których okrucieństwo dla ogromnej liczby Polaków nie różniło się wiele od brutalności poprzedników.

II wojna światowa to konflikt między państwami i narodami, w którym strony definiują wroga i obcość z różnych perspektyw. Niemcy jako główni sprawcy wojny pozycjonowali obcych odwołując się do resentymentu, który w intencji narodu i jednostek miał być pamięcią, a stał się historią[26]. Obcy to wszyscy ludzie, którzy w świadomości społecznej byli winni upokorzenia Niemiec po I wojnie światowej, a więc przede wszystkim Żydzi i Polacy. Proces kreowania obcych przez społeczne, kulturowe i humanitarne wykluczenie sprawców nieszczęść przybrał w świadomości

[21] M. Seeman, (przyp. 18).

[22] Zob. J. de Jong, *Trauma, war and violence: Public mental health in sociocultural context*, Kluwer Academic/Plenum Publishers, Nowy Jork 2002, *passim*.

[23] T. Judt, (przyp. 2).

[24] M. Zaremba, *Wielka trwoga. Polska 1944–1947*, Wydawnictwo Znak, Kraków 2012, *passim*.

[25] R.C. Lukas, *Zapomniany holokaust. Polacy pod okupacją niemiecką 1939–1944*, Wydawnictwo Rebis, Poznań 2012, *passim*.

[26] P. Sloterdijk, (przyp. 9).

Niemców charakter, który Sloterdijk[27] określa jako epicki. Skutkiem tego ukształtowała się w społeczeństwie niemieckim fałszywa świadomość wskazująca winowajców własnych nieszczęść, jak też powodująca wyobcowanie nie tylko od Żydów i Polaków, ale od większości sąsiadów. Na poziomie afektywnym kreowaniu wrogów i wyobcowaniu towarzyszy występowanie najsilniejszych emocji i eskalacja uczuć wrogości do skrajnej nienawiści[28].

Ludzie z takich krajów jak Polska poddani zostali fizycznej eksterminacji na niespotykaną dotąd w historii wojen skalę. Z momentem wybuchu wojny tożsamość jednostek i grup etnicznych zaliczonych do kategorii wroga i obcości została jednocześnie zdefiniowana z pozycji patologicznej nienawiści. Ludzie ci w obliczu okrucieństwa i dehumanizacji swojej tożsamości, jak również przestrzennej gettoizacji, zareagowali obronnie. Pierwszą reakcją było kreowanie kategorii wroga i obcości na swój własny sposób. Dla ludzi dotkniętych terrorem, doświadczających ludobójstwa, pozbawionych cech człowieczeństwa, obcy to przede wszystkim oprawcy, ale nie tylko. Część ludności poddanej terrorowi wojennemu, jak np. Żydzi, została automatycznie wykluczona ze społeczeństwa, któremu przysługują ludzkie prawa. Część, jak w przypadku Polaków z Wielkopolski, została potraktowana jako podludzie i wypędzona do getta na skalę semi-państwową, jaką stanowiła Generalna Gubernia. Natomiast jeszcze inna część postawiona została w sytuacji bądź wymuszonego wyboru narodowego statusu, bądź wyboru dobrowolnego. Tak np. Ślązacy i Kaszubi dostali nie do odrzucenia ofertę wyboru, czy chcą być Niemcami drugiej kategorii jako *Volksdeutsche* i w ten sposób uchronić się przed eksterminacją, czy też godzą się na status podludzi poddanych eksterminacji[29]. Część rdzennie polskiej ludności z Podhala wybrało natomiast drogę konwersji dobrowolnej przyjmując status *Volksdeutscha*, stając się tym samym obcymi i oprawcami dla swoich sąsiadów i krewnych, którzy nie poszli drogą zdrady[30].

O ile wyobcowanie ludzi zaliczonych przez Niemców do kategorii wrogów było definiowane głównie w relacji do agresora, o tyle w przypadku innych grup Polaków było to samoodłączenie w relacji do swojego *etnica*. Zjawisko to nosi nazwę nienawiści do własnej grupy etnicznej (*self-hating*) i jest efektem patologicznej różnicy zdań w odniesieniu do poczucia tożsamości wewnątrz grupy etnicznej oraz reakcją na członkostwo w grupie dyskryminowanej[31]. Pojęcie nienawiści do własnej grupy etnicznej jako specyficznego syndromu wrogości wobec własnej grupy etnicznej wprowadził do psychologii Kurt Lewin[32]. Początkowo pojęcie to Lewin

---

[27] P. Sloterdijk, (przyp. 1).

[28] L.A. Coser, (przyp. 8).

[29] J. Bahlcke, D. Gawrecki, R. Kaczmarek (red.), *Historia Górnego Śląska*, Dom Współpracy Polsko-Niemieckiej, Gliwice 2011, s. 260.

[30] W. Szatkowski, *Goralenvolk. Historia zdrady*, Wydawnictwo Kanon, Zakopane 2012, s. 262.

[31] W.M.L. Finlay, *Pathologizing dissent: Identity politics, Zionism and the 'self-hating Jew'*, „British Journal of Social Psychology" 2005, t. 44, nr 2, s. 201–222.

[32] K. Lewin, *Self-hatred among Jews*, [w:] *Resolving social conflicts and field theory in social science*, red. K. Lewin, American Psychological Association, Waszyngton 1940/1997, s. 133–142.

odnosił tylko do nienawiści w społeczności żydowskiej, ale jak zauważył po swoim przeniesieniu się do USA, syndrom „etnofobii", czyli nienawiści wobec swoich, cechuje również inne grupy etniczne, takie jak Polaków czy Włochów. Z jednej strony, jest to naturalna reakcja na dyskryminację zewnętrzną przez inne grupy etniczne oraz na konflikt wewnątrzgrupowy nią spowodowany[33]. Z drugiej strony, jest to reakcja na przynależność do grupy pokrzywdzonej w statusie społecznym i poddanej silnej dyskryminacji, w której rodzi się konflikt między mobilnymi w strukturze społecznej zwolennikami ideologii merytokracji a członkami grupy, którzy nie widzą szans na wyjście i awans w strukturze grup społecznych[34]. Pierwsi hołdują przekonaniu, że wyjście poza niski status społeczny własnej grupy leży w zasięgu osób zdolnych do wysiłku, czynu oraz posiadających umiejętności wykazania się innymi uzdolnieniami. Drudzy są raczej zdania, że granice międzygrupowe są nieprzekraczalne i w związku z tym jedynym możliwym ruchem jest wzmocnienie tożsamości społecznej i spójności grupowej[35].

Okres II wojny światowej w równym stopniu jak w przypadku społeczności żydowskiej wystawił na próbę spójność społeczną Polaków oraz poczucie wartości wynikające z przynależności etnicznej. Brutalność działań wojennych, totalny terror okupacji, skrajne upokorzenie spostrzegane przez bardziej subtelne umysły jako zezwierzęcenie rodzaju ludzkiego wywoływało różne reakcje u różnych ludzi: od adaptacji, poprzez samoobwinianie się, po skrajne reakcje związane z samobójstwem. W okresie wojny pojęcie dobrostanu marzeń dla większości nie sięgało dalej niż przetrwać fizycznie konflikt wojenny, a materialna jakość życia rzadko przekraczała przysłowiową pełną miskę. Ci z kolei, których los rzucił w zawierusze wojennej daleko od domu, mieli trudne do przezwyciężenia bariery przystosowania się na obczyźnie. Najbardziej wymowne są w tym kontekście zapiski doświadczeń wojennych Marii Pawlikowskiej-Jasnorzewskiej wydane pod znamiennym tytułem „Wojnę szatan spłodził"[36]. Poetka w obliczu takich katastrof osobistych, jak kryzys w małżeństwie z oficerem lotnictwa, choroba i udręka emigracji, odbiera czas wojny w środowisku angielskim jako upokorzenie nie do zniesienia, którego źródłem są nie tyle zachowania agresora, co zachowania rodaków w sytuacji upokorzenia. Jej gorzkie obserwacje dotyczące natury ludzkiej w sytuacjach emigracyjnego życia wojennego przywiodły ją do trudnego do zaakceptowania odkrycia, że w sytuacjach granicznych ludzie myślą bardziej kategoriami „mieć" niż „być". Stąd też wzięły się

---

[33] M. Monteith, J. Winters, *Why we hate*, „Psychology Today" 2002, t. 35, nr 3, s. 44; M.D. Robinson, B.N. Wilkowski, *Loving, hating, vacillating: Agreeableness, implicit self-esteem, and neurotic conflict*, „Journal of Personality" 2006, t. 74, nr 4, s. 935–977.

[34] R.N. Lalone, R.A. Silverman, *Behavioral preferences in response to social injustice: The effects of group permeability and social identity salience*, „Journal of Personality and Social Psychology" 1994, t. 66, nr 1, s. 78–85.

[35] H. Tajfel, J.C. Turner, *An integrative theory of intergroup conflict*, [w:] *The social psychology of intergroup relations*, red. W.G. Austin, S. Worchel, Wydawnictwo Brooks/Cole, Monterey 1979, s. 33–47.

[36] M. Pawlikowska-Jasnorzewska, *Wojnę szatan spłodził. Zapiski 1939–1945*, Biblioteka Gazety Wyborczej, Warszawa 2012, *passim*.

jej skrajnie nienawistne opinie, jak „wstydzę się swojego plemienia", w których rodaków nazywa „Polactwo", a żony oficerów „kurwami".

W obecnych czasach nienawiść do swojej grupy etnicznej i etnofobia rozciągają się na wszystkie grupy oraz wszystkie narody, poczynając od Żydów[37] i Polaków[38], a skończywszy na Japończykach[39] oraz Amerykanach[40]. II wojna światowa uruchomiła na niespotykaną skalę samonapędzający się mechanizm samonienawiści oraz etnofobii, w którym rolę bohaterów odgrywają zarówno sprawcy holokaustu, jak i ich ofiary.

III. Okresy powojnia jako czas samoregulacji i rachunku sumienia

Jak zauważa Tony Judt, powojnie jako czas następujący po wielkiej traumie wojennej jest dla zwykłych ludzi czasem psychicznej samoregulacji w znaczeniu powrotu do psychicznej równowagi i zdrowia oraz normalizacji życia w sensie materialnej jakości życia[41]. W różnych krajach i grupach dotkniętych wojną proces ten przebiega inaczej i w różnym tempie, ale mniej więcej według tych samych uniwersalnych reguł psychologicznych zmagania się z potraumatycznym stresem[42]. Jak zwraca uwagę Peter Sloterdijk, okresy powojnia z punktu widzenia samoregulacji kulturowej są czasem, w którym następuje proces normalizacji zdeformowanej przez wojnę świadomości społecznej i kulturowej[43]. Jest to czas, w którym zachodzą procesy rozliczania skutków wojny przez tych, co ją przegrali i tych, co ją wygrali. Mentalne budowanie uzasadnień dla wyniku wojny jest ważnym czynnikiem warunkującym spostrzeganie siebie i definiowanie tego, co znaczy być zwycięzcą, a co pokonanym. Zwycięzcy i pokonani mają tendencję do przypisywania różnych faktów byciu zwycięzcą i pokonanym[44]. W powojennej Europie te dwa poziomy rozliczeń z wojną, to jest indywidualny i kulturowy, wzajemnie się nakładają, ale czasami idą innymi ścieżkami. O ile na poziomie reakcji psychologicznych jednostek wszyscy liczą straty według w miarę podobnej miary bólu i cierpienia, o tyle na poziomie kulturowym bilans fałszowany jest już na samym początku kontrowersją, kto jest wygranym, a kto przegranym.

W Europie powojnia nie wszystko było jasne, a kontrowersje tłumione były przez entuzjazm końca wojny. Dlatego też nie dyskutowano specjalnie o tym, kiedy

---

[37] Zob. T. Segev, *Siódmy milion. Izrael — piętno zagłady*, Wydawnictwo Naukowe PWN, Warszawa 2012, *passim*.

[38] W. Szatkowski, (przyp. 30), *passim*.

[39] R. Kersten, *The intellectual culture of postwar Japan and the 1968–1969 University of Tokyo struggles: Repositioning the self in postwar thought*, „Social Science Japan Journal" 2009, t. 12, nr 2, s. 227–245.

[40] P. Hollander, *Anti-Americanism: Critiques at home and abroad 1965–1990*, Oxford University Press, Nowy Jork 1992, *passim*.

[41] T. Judt, (przyp. 2).

[42] M. Lis-Turlejska, (przyp. 19).

[43] P. Sloterdijk, (przyp. 1).

[44] Zob. A. Riding, *A zabawa trwała w najlepsze*, Wydawnictwo Świat Książki, Warszawa 2012, *passim*.

i po której stronie konfliktu wojennego były Włochy czy Związek Sowiecki. Ostatni temat jest tematem tabu dla środowisk lewicowych niemal do chwili obecnej. Odczucia zwykłych ludzi, którzy przeżyli wojnę oraz polityków i ideologów obserwujących wojnę z oddali jako grę, znacząco się różniły. Na przykład we Włoszech zabicie Mussoliniego wystarczyło do budowania fałszywej świadomości, że kraj ten jest po stronie aliantów. W Izraelu natomiast siedem milionów żydowskich ocalałych z holokaustu zostało okrzykniętych pogardliwą etykietą: „mydło" (hebr. *sabon*)[45].

Przykładem samoregulacji powojnia jest mechanizm czyszczenia zbiorowego sumienia i budowania uzasadnień dla skutków działań wojennych. Francuska i niemiecka droga do równowagi psychicznej i normalizacji codziennego życia są najbardziej wymowne, a zarazem diametralnie różne. Niemcy jako strona przegrana poszły drogą, którą Peter Sloterdijk[46] nazwał *metanoia*, a Francuzi jako strona wygrana poszli drogą afirmacji. *Metanoia* jest procesem przywracania równowagi i zdrowia w następstwie działań wojennych, w trakcie którego ma miejsce reewaluacja normatywnych postaw wchodzących w skład syndromu metanoetycz nego (*metanoethical*), będącego przyczyną wojny. Jak wiadomo, w przypadku Niemiec był to syndrom weimarski, jako skutek i przyczyna klęski. *Metanoia* jest więc nie tylko zwykłym diagnozowaniem zakresu winy i odpowiedzialności, ale też swoistym definiowaniem gramatyki moralnej z perspektywy „co dalej?". Francuska droga do równowagi i zdrowia psychicznego po stresie wojny była rozładowywaniem traumy przez afirmację, czyli drogą budowania uzasadnień oraz wyzwalania wyobraźni dla bycia zwycięzcą wbrew faktom i zdrowemu rozsądkowi[47].

Reinterpretacja wyniku wojny przez Niemców jest re-definiowaniem wrogów i obcości w łonie własnej wspólnoty narodowej. Bezpośrednie powojnie uniemożliwiało przeniesienie winy i odpowiedzialności na zewnątrz oraz odrzucenie faktu bycia winnym zarzucanym czynom. Ta sytuacja, jako stan swoistej konieczności, była wbrew pozorom dla Niemców szczęśliwym trafem, bowiem przekierowywała energię z metanoetycznego mesjanizmu na racjonalne działania związane z codzienną odbudową i realizowaniem normalności przez materialną jakość życia. Odwrotny proces repozycjonowania tożsamości w reinterpretacji wyników wojny wykonali Francuzi. Wstawieni w obiektywnie nieoczywistą rolę zwycięzców, Francuzi zmuszeni byli przepracować swoją rolę w historii wojny z kolaborantów — cieszących się w czasie wojny niebywale wysokim poziomem jakości życia — i współuczestników Holocaustu w niewinnego baranka układającego nowy porządek moralny świata[48]. W procesie afirmacji pozytywnego dla siebie wyniku wojny musieli odłączać się od poczucia winy i dostrzegania we własnej grupie narodowej obcych i obcości. Prowadziło to w prostej linii do przywracania Francji jej

---

[45] T. Segev, (przyp. 37).
[46] P. Sloterdijk, (przyp. 1).
[47] P. Sloterdijk, (przyp. 1); A. Riding, (przyp. 44).
[48] A. Riding, (przyp. 44).

wcześniejszej narodowej wielkości ku zadowoleniu samych Francuzów, jak i paradoksalnie, także Niemców[49].

Po II wojnie światowej wszystkie narody podjęły trud przezwyciężenia i przepracowania jej rezultatów, ale w najgorszym położeniu znaleźli się Polacy. Jeszcze się wojna nie skończyła, a Polska z czwartą pod względem liczebności armią aliancką została spozycjonowana w schizofrenicznej sytuacji ni to zwycięzców, ni to przegranych. Okupacja niemiecka zastąpiona została okupacją sowiecką, a status narodu wolnego zamienił się w status narodu podbitego i postkolonialnego[50]. Wielki entuzjazm walki z jasno zdefiniowanym wrogiem zastąpiło poczucie zdrady, opuszczenia i obiektywnego zawieszenia między doznanym holokaustem a bezgranicznym poświęceniem. W sytuacji, gdy wczorajsi bohaterowie z dnia na dzień stali się „plugawymi karłami reakcji", walka zbrojna o definicję człowieczeństwa została uznana za absolutny nonsens, uniemożliwiła proces samoregulacji i oczyszczania sumienia. W miejsce dawnych wrogów i obcych pojawili się „nowi obcy", którymi nieoczekiwanie stali się „sąsiedzi", dawni współobywatele. Kto i jak kogo pozycjonował w kategoriach obcego zależało od dowolnie przyjmowanej perspektywy[51]. Obiektywne fakty i czyny niewiele miały wspólnego z prawdą, gdyż fakty zastępowały słowa[52]. Totalne przestawienie kryteriów ewaluacji czynów i postaw doprowadziło do konstruowania przez Polaków obcości w kontrze do wszystkich możliwych procesów: komunizacji kraju, pojednania, poczucia patriotyzmu, poczucia przyzwoitości, dobra i zła. Gdy patriota walczący o godność i fizyczne przetrwanie stawał się zbrodniarzem, a zbrodniarz bohaterem wynoszonym na pomniki, ludziom trudno było zdefiniować sens życia i sens wojny. Poczucie zdrady, upokorzenia i opuszczenia zamknęły umysł Polaków w schizofrenicznej pułapce, której skutki odczuwamy do dzisiaj.

IV. Powojnie jako wypracowywanie nowych wzorów myślenia

Każda pamięć z upływem czasu blednie i im dalej oddalamy się od pierwotnego zdarzenia, tym więcej jest do niego dołączanych nowych informacji. Również pamięć wojny nie jest prostą podróżą w czasie do pierwotnych zdarzeń, ale wybiórczym przypominaniem sobie faktów w nowej atmosferze, nowym otoczeniu i nowym nastroju. Pierwsza faza powojnia w interpretacji skutków wojny to etap mentalnej dekonstrukcji rzeczywistości leżącej u podłoża konfliktu[53]. Jej składnikiem jest stan przywracanej równowagi zdrowotnej, a więc przezwyciężenie nierównowagi emocjonalnej i duchowej, umożliwiającej normalne działanie oraz pojednanie między

---

[49] P. Sloterdijk, (przyp. 1).

[50] Zob. T. Judt, *Wielkie złudzenie. Esej o Europie*, Rebis, Poznań 2012; R.C. Lukas, (przyp. 25).

[51] T. Gross, *Neighbors: The destruction of the Jewish community in Jedwabne, Poland*, Princeton University Press, New Jersey 2001, *passim*; M. Zaremba, (przyp. 24).

[52] Zob. P. Manent, *Racja narodów. Refleksje na temat demokracji w Europie*, Wydawnictwo Sprawy Polityczne, Elbląg 2008, *passim*.

[53] L.A. Coser, (przyp. 8).

narodami. Faza druga jest to okres latentnego powojnia, a więc okres reinterpretacji rezultatów wojny nie pod wpływem bezpośrednich odczuć i wspomnień, ale pod wpływem procesów poznawczych o charakterze rekonstrukcyjnym i prospektywnym. Obrazy wojny tracą status pierwotnych zdarzeń na rzecz zdarzeń konstruowanych w umyśle. Mówiąc językiem Lewisa Cosera, konflikt rzeczywisty zastępowany jest konfliktem nierzeczywistym[54]. Pamięć retrospektywna ustępuje pamięci prospektywnej, co oznacza coraz większą dominację w świadomości społecznej powinności wobec przyszłości niż obligacji moralnych wynikających z przeszłości. W nowej pamięci wojny definiowanie kategorii obcego i obcości coraz bardziej staje się zabiegiem abstrakcyjnym opartym nie na logice dwuwartościowej, ale na heurystykach zbiorów rozmytych. Kategorie czarno-białe, My i Oni, zastępowane są kategoriami rozmytymi, w ramach których wrogiem może być każdy, kogo pod tę kategorię się podstawi. Na tej podstawie faszysta nie musi być Włochem, Niemiec nazistą, a nazista nie musi być narodowym socjalistą. W konflikcie nierzeczywistym będącym przedłużeniem konfliktu rzeczywistego następuje przeniesienie agresji na obiekt zastępczy. I chociaż nie znajduje tu jeszcze zastosowania postmodernistyczna płynność, lecz moralna gramatyka przebaczenia, to i tak w tej logice zbiorów rozmytych prawda i fałsz czy dobro i zło wymykają się jednoznacznej kategoryzacji na rzecz kategoryzacji hierarchicznej.

Po osiągnięciu podstawowego poziomu normalizacji życia codziennego na zadowalającym poziomie materialnej jakości życia i uchwyceniu podstawowej równowagi psychicznej, Europa powojnia przeszła z etapu odbudowy do etapu re-konstrukcyjnego, który charakteryzuje dążenie do wytworzenia nowych wzorów myślenia dotyczących szczęścia, moralności i jakości relacji międzyludzkich. Pamięć podstawowej przyczyny wojny związanej z syndromem weimarskim, wciąż silna w środowisku elit politycznych, nakazywała redefinicję pojęcia „ojczyzny w czasach powojnia" (*postwar homeland*). Uznano, że jako warunek tego, aby nie mogły powtórzyć się katastrofy takie jak II wojna światowa, należy wtopić pojęcie „ojczyzna" w struktury ponadnarodowe wyższego rzędu. Uznano też, że dla przeciwdziałania konfliktom narodowym należy dążyć do integracji europejskiej. W ten sposób rozwinęła się idea „europeizacji", której pierwszym etapem było utworzenie Wspólnoty Węgla i Stali, z której zrodziła się współczesna Unia Europejska.

Konstruowane na poprzednim etapie normalizacji powojnia kategorie wroga i obcości stały się dysfunkcjonalne. W nowym trendzie poszukiwania wspólnot ponadnarodowych jako gwaranta przeciwdziałającego nawrotowi egoizmów narodowych, obcy to ci, co nadal czują sentyment do państwa narodowego, a wyobcowanie oznacza dobrowolne samoodłączenie się od państwa narodowego. Podmiotowość i umocnienie obywateli są rozumiane jako proces stymulowany z zewnątrz na

---

[54] L.A. Coser, (przyp. 8).

poziomie państwowym i transnacjonalnym[55]. W nowym trendzie normalizacji dawne kategorie wroga jako faszysty czy nazisty nie mają znaczenia. Liczy się motywacja przyłączenia się do procesu europeizacji, rozumianej jako idea socjalizacji, rozwoju dobrobytu materialnego i dobra wspólnego. Dlatego też w dzieło budowania tak rozumianej zjednoczonej Europy, tzn. zjednoczonej na fundamencie przebaczenia, włączają się zarówno ugrupowania chadeckie, którym zawsze były bliskie idee jedności chrześcijańskiej, jak i ugrupowania socjalistów, komunistów, a nawet dawnych narodowych socjalistów.

Europeizacja jako alternatywa dla powojennej „ojczyzny" w istotny sposób zamieniła dawnych sobie wrogów na quasi wspólnotę o bliżej nieokreślonej jeszcze tożsamości europejskiej. Repozycjonowanie tożsamości przez niedawnych zwycięzców i pokonanych w kierunku wspólnej tożsamości na bazie pragmatycznych idei wspólnego celu było realnym osiągnięciem. W obliczu skutecznej socjalizacji społeczeństw i mentalności silna tożsamość narodowa ulega istotnemu osłabieniu na rzecz ideologii dobra wspólnego. Dostrzegane przez zwykłych ludzi korzyści super-państwa socjalnego i integracji transnacjonalnej prowadzą do przyjmowania przez nich uniwersalizacji wartości europejskich za dobrą monetę. Struktury wspólnoty europejskiej są spostrzegane jako przyjazne obywatelom, działające pragmatycznie i przybliżające obywateli poprzez jakość życia do ich dobrostanu marzeń.

Sytuacja ta uległa jednak zmianie, gdy integracja pragmatyczna przekształciła się w projekt polityczny rozbudowujący machinę super-państwa europejskiego. Pragmatyczna polityka bezpieczeństwa socjalnego jako gwaranta jakości życia zaczęła ustępować działaniom powracającym do mesjanizmu, opartym na przekonaniu, że wrażliwość społeczna państwa i instytucji europejskich posiada niemal naturalne prawo do ingerowania w poczynania obywateli. Myślenie elit politycznych i zwykłych Europejczyków odnośnie do dobrostanu marzeń stopniowo oddala się od siebie. Mimo że europeizacja jako wizja rozwoju poprzez bezpieczeństwo gwarantowane z zewnątrz stała się wspólnym wzorem mentalnym Europejczyków, to jednak w miarę wzmacniania integracji biurokracja unijna pozycjonowana jest w kategoriach obcości. Budowanie europejskiego systemu dobrobytu i „nowego człowieka" zaczyna być przyjmowane przez obywateli z jednej strony jako coś, czego ciągle za mało, a z drugiej jako coś, co wywołuje w nich poczucie wyobcowania. Ludzie coraz bardziej potrzebują wsparcia i coraz bardziej się od niego uzależniają, a jednocześnie żywią wobec systemu transnacjonalnego coraz większą niechęć i obcość. Partycypacja obywatelska zanika, a w jej miejsce pojawia się europejska biurokracja i partycypacja międzyrządowa. Największym paradoksem powojnia w okresie zwiększającego się dobrobytu jest przybywanie najbardziej licznych

[55] A. Bańka, B.J. Ertelt, *Transnational vocational counseling*, [w:] *Professionalization of career guidance in Europe. Training, guidance research, service organization and mobility*, red. S. Kraatz, B.J. Ertelt, DGVT-Verlag, Tybinga 2011, s. 137–152.

rzesz niezadowolonych[56]. Przyczyną tego stanu rzeczy jest rozwój nowych prądów myślowych, takich m.in. jak postmodernizm i postkomunizm[57].

V. Postkomunizm a przemontowanie powojennego porządku transnacjonalnego

Projekt europeizacji, jako przeciwstawny do „amerykańskiego stylu życia", w sytuacji upadku bloku sowieckiego wymagał zasadniczej przebudowy koncepcji dobrostanu marzeń i jakości życia. Upadek dawnego porządku transnacjonalnego jako zakonserwowanego stanu powojnia zburzył spokój, stagnację i wizję rozwoju. Do starej Europy wraca odłączona przez żelazną kurtynę środkowo-wschodnia część kontynentu, zwana nową Europą. Dla Niemiec oznacza to zadanie zjednoczenia państwa, a więc zawrócenia z drogi *metanoi* i przypomnienia sobie drogi metanoetycznej silnie zabarwionej mesjanizmem. Zjednoczenia państwa nie da się zrealizować bez myślenia kategoriami narodowymi, a więc takimi, które stoją w sprzeczności z zasadą integracji transnacjonalnej. Postkomunistyczna rzeczywistość europejska wymaga re-montażu porządku transnacjonalnego, co z perspektywy niemieckiej oznacza repozycjonowanie swojej tożsamości z abstrakcji ulokowanej w przestrzeni paneuropejskiej w kierunku egoistycznie zdefiniowanej przestrzeni narodowej.

Z kolei dla Unii Europejskiej upadek Muru Berlińskiego oznacza zadanie zagospodarowania nowego porządku transnacjonalnego poprzez zdefiniowanie na nowo granic Europy i ich przepuszczalności dla swoich i obcych. Stare pojęcia jak Wschód i Zachód tracą moc porządkującą. Modyfikacja rozwijanego przez dekady projektu musi uwzględnić na nowo nie tylko większą liczbę i różnorodność członków powiększającej się Wspólnoty, ale także nową architekturę okresu późnego powojnia. Podejmowane w tym względzie przez elity polityczne decyzje są improwizacją i przez sam ten fakt są zaskakujące dla obywateli starej części Europy, przyzwyczajonej do rosnącego dobrobytu. Wprowadzenie takiej zmiany jak Unia Monetarna spowodowało *de facto* podział Europy na dwie części, a niekonsultowanie tej kwestii z obywatelami wzmocniło jedynie ich poczucie odłączenia, izolacji od biurokracji, oraz poczucie bezsilności.

Frustracja obywateli starej Unii, spowodowana poczuciem blokowania przez biurokrację europejską rozwoju ich podmiotowości oraz poczuciem braku wpływu na przebieg zdarzeń, stała się impulsem do pozycjonowania obywateli z nowych krajów jako obcych. Święcąca w niedalekiej przeszłości triumfy europeizacja jako postępująca socjalizacja przekształciła się z idei wspólnoty narodów w ideę wspólnoty międzyrządowej opartej w coraz większym stopniu na narodowym samoodłączeniu. Obcość staje się u Sloterdijka generalnie eufemistycznym określeniem

---

[56] T. Judt, (przyp. 2).

[57] Zob. P. Hollander, *Discontents: Postmodern & postcommunist*, Transaction Publishers, New Brunswick 2002, *passim*.

normalizacji[58]. W miarę jak u odłączonej od społeczeństw europejskich biurokracji unijnej rośnie złudzenie misji zbawiania świata, u Europejczyków pryska złudzenie, że super-państwo jest w stanie się o nich zatroszczyć. W ten sposób ostateczne przezwyciężenie dziedzictwa II wojny światowej, którego symbolem był podział Europy żelazną kurtyną[59], kończy się dziwacznym paradoksem. Normalizacja, która oznaczała dla wszystkich pragmatyczną drogę niekonfliktowej koegzystencji między narodami, przekształca się po upadku komunizmu w obcość wobec pozornie zasymilowanej na stałe w mentalności Europejczyków idei europeizacji. Jest to początek rozchodzenia się idei transnacjonalnego dobrostanu marzeń oraz idei dobrostanu marzeń zakotwiczonej w interesach narodowych.

VI. Post-historyczny *modus vivendi* i rozkwit politycznej paranoi

Choć upadek komunizmu jest ogłoszony jako koniec historii, to tak naprawdę jest on kontynuacją historii w najlepsze. O ile wojny w okresie historycznym polegały na mobilizacji afektywno-militarnej, w okresie post-historycznym ustępują miejsca nowym wojnom symbolicznym, w których mobilizowana jest afektywna przemoc symboliczna[60]. Rozpad komunizmu jako początek post-historycznego *modus vivendi* wprowadza niestabilne czasowe porozumienia. Świadomość tego rodzi potrzebę przeprowadzania nowych narracji powojnia. Potrzeba ta podsycana jest utwierdzającą się świadomością płynnej integracji. Powtarzane w kółko przekonanie, że lekarstwem na niedomaganie integracji jest więcej integracji brzmi coraz bardziej fałszywie, toteż powraca stare i najbardziej fundamentalne pytanie powojnia: „Co dalej?".

Powrót narracji powojnia wraz z upadkiem komunizmu nie dziwi, zważywszy na fakt, że przepracowanie historii nie było ostateczne, a w niektórych krajach, jak np. Polska, rozliczenia blokowane na wcześniejszych etapach normalizacji zostały dopiero umożliwione po roku 1989. W nowych narracjach II wojny światowej pojawiają się więc te same kwestie, jak w pierwszych okresach powojnia, czyli winy i odpowiedzialności, zbrodni i kary, pamięci i przebaczenia, miłości i nienawiści. Głos w dyskusji zabierają ci sami aktorzy, zarówno zwycięzcy, jak i pokonani, będący bezpośrednimi sprawcami oraz ofiarami wojny. Pokonani powracają do tematu winy i kary w bardziej refleksyjny i osobisty sposób, z nieodpartą potrzebą dokończenia oczyszczania sumienia, jakby na potwierdzenie tezy Fiodora Dostojewskiego, że jeżeli jest zbrodnia, musi być i kara.

Dla post-historycznych narracji powojnia charakterystyczne są dwie nowe okoliczności. Pierwsza to ta, że na temat rezultatów wojny zaczynają się wypowiadać nowi aktorzy, którzy wojny nie przeżyli, ale których zaangażowanie emocjonalne

---

[58] P. Sloterdijk, (przyp. 1).

[59] J. Holzer, *Europa zimnej wojny*, Wydawnictwo Znak, Kraków 2012, s. 67.

[60] E. Illouz, *Uczucia w dobie kapitalizmu*, Oficyna Naukowa, Warszawa 2010, s. 155.

jest tak duże, że wręcz paranoiczne[61]. Dla Francisa Wheena[62] zastąpienie rzeczywistego konfliktu wojennego konfliktami zastępczymi, nierzeczywistymi stało się
asumptem do nazwania całego tego okresu wymownym określeniem „złotego wieku
paranoi" (*golden age of paranoia*). Drugą ważną okolicznością nowych narracji powojnia jest postmodernizm[63] i związane z nim przemiany kulturowe, takie jak narodziny
„kultury terapeutycznej" oraz „kultury celebryckiej"[64]. Post-historczna reinterpretacja skutków wojny cechuje się pewnym chaosem, gdyż współczesne cele dążeń
są determinowane przez granice suwerenności, integracji i globalizacji. Te trzy cele
są sprzeczne i nigdy nie mogą być osiągnięte jednocześnie, a w dyskursie górę muszą
brać raz jedne cele, a raz inne. Od czasu wojny, przez kolejne krytyczne momenty
powojnia, pamięć zbiorowa w Europie zmienia się. Jest to zmiana od minimalnego
wspólnego mianownika podobnych obrazów wojny kategoryzowanych jako „nie-
normalność" do całkowicie rozbieżnych obrazów wojny jako normalności
„na opak". Wspólna pamięć rozpada się na pamięci cząstkowe i konkurencyjne.

Udana na wcześniejszych etapach powojenna normalizacja i integracja europejska w pamięci przywoływanej w dyskursie post-historycznym ulega deformacji.
W Europie zawsze istniały dwie drogi prowadzące do tzw. „początku założyciel-
skiego"[65]. Jedna to droga „pożyczki kulturowej", czyli poczucia niższości, a druga to
„droga autochtoniczności", czyli poczucia własnej wartości i źródeł własnej autonomicznej kultury. W post-historycznym *modus vivendi* zapomina się, że założenie
EWG było wzorowane na wcześniejszej chrześcijańskiej integracji Europy. W akcie
założycielskim aktywną rolę odegrali chrześcijańscy demokraci i akt ten był niczym
innym jak realizacją pożyczki kulturowej (wcześniejszych pomysłów i wzorców). Integracja post-historyczna w Traktacie Lizbońskim zmienia drogę rozwoju Europy
na autochtoniczną, która jest jednak uwarunkowana poczuciem wyższości. Poczucie
wyższości jako wrażenie o charakterze uczuciowym a nie faktycznym przejawia się
poprzez wyższość wobec opozycji, czyli źródła swojego uczucia. Nakazywało ono
twórcom Traktatu Lizbońskiego wyobcowanie chrześcijaństwa z aktu założycielskie-
go integracji europejskiej, gdyż kłóciłoby się to z tym, że to nie jego autorzy mogliby
być protagonistami dalszej drogi do normalizacji i realizacji dobrostanu marzeń.
W ten sposób chrześcijanie spozycjonowani zostali w roli obcych i tym samym zostali
uznani za głównych wrogów w nierzeczywistych konfliktach symbolicznych.

W ten sposób wszystko, co dla chrześcijan było i jest święte, stało się wartością
i dobrem nie tylko nie bronionym, ale wręcz niechcianym. Łamanie tabu odnoszących się do znaczących symboli chrześcijańskich stało się pożądanym elementem

---

61 Zob. R.S. Robins, J.M. Post, *Paranoja polityczna. Psychopatologia nienawiści*, Książka i Wiedza, Warszawa
    1999, *passim*.
62 F. Wheen, (przyp. 15).
63 P. Hollander, (przyp. 57).
64 Zob. F. Furedi, *Therapy culture: Cultivating vulnerability in an uncertain age*, Routledge, Londyn 2003, *passim*;
    F. Furedi, *Celebrity culture*, „Society", t. 47, nr 6, s. 493–497,
65 R. Brague, *Europa. Droga rzymska*, Teologia Polityczna, Warszawa 2012, s. 47.

poprawności politycznej i nowej kultury masowej — wszechstronnym narzędziem zamazywania granic między przeżywaniem emocji a konstruowaniem emocji. Religia wykorzystywana jest zarówno do upokarzania obcych, jak i do cywilizowanego wyzwalania emocji w ramach działań kulturowych, które określane są mianem terroru symbolicznego[66]. Łamanie tabu przekierowywane jest przede wszystkim na tradycję jako głównego wroga postępu, przybierając różne formy bluźnierstwa w sztuce, agresywnego języka w polityce czy brutalnych zachowań w codziennych relacjach między ludźmi. Konstruowanie obcych oraz obcości w relacji do konserwatyzmu i tradycji z jednej strony osuwa pojęcie normalności w pułapkę patologicznej różnicy zdań[67], a z drugiej strony prowadzi do inwersji znaczeń tabu z historycznego okresu procesów powojennej normalizacji.

W normalizacji post-historycznej korekcie podlegają, jak to eufemistycznie ujmuje P. Sloterdijk, oczekiwania odwrócenia trendów, które spowodowały deformację historii[68]. Ten etap normalizacji jest przepracowywaniem historii według zasady "przebacz i zapomnij". Ostatni akord post-historycznej powojennej normalizacji w nurcie „integral realization" prowadzi do reinterpretacji skutków wojny przez odwracanie znaczeń, zaprzeczanie faktom i konstruowanie faktów. Z jednej strony, pokonani na gruncie nowej „kultury terapii" domagają się prawa do zastosowania reguły „wybacz i zapomnij", a z drugiej wstawiają siebie w rolę głównej ofiary wojny, pozycjonując innych bądź jako winowajców tragicznych dla siebie skutków, bądź jako oddanych chorobliwej pamięci.

Przykładem zastosowania reguły „wybacz i zapomnij" jako nowej drogi do normalizacji i dobrostanu marzeń są kontrowersyjne tezy myślicieli niemieckich, domagających się nie tyle ostatecznego zakończenia rozliczeń wojennych, co uznania realnych czynów popełnionych w trakcie wojny za moralnie „oczyszczone" w myśl zasady „co było i nie jest nie liczy się w rejestr". Główna argumentacja wskazuje na zasadę, że każda jednostka ludzka ma prawo do wymazania winy po uprzednio odbytej drodze odkupienia. Problem jednak tkwi w tym, że Niemcy pochodzenia żydowskiego, którzy ocaleli z Holokaustu, mają zupełnie inną wrażliwość w tej kwestii, która co prawda obejmuje wybaczenie, ale nie zakłada zapomnienia. Dlatego też zanurzone w kulturze terapeutycznej wyznanie Günthera Grassa[69], dotyczące jego zaangażowania w Waffen-SS w latach młodzieńczych, spotkało się z tak ostrym sprzeciwem. Grass domaga się wymazania tego faktu z kategorii tabu i przeniesienia go do kategorii normalności. Re-konstruowana przez niego wizja nowego dobrostanu marzeń, zgodnie z rozpowszechnioną w świecie zachodnim kulturą terapeutyczną, lokuje jego oczekiwania do bycia zaliczonym w poczet ofiar wojny, a nie tylko jej sprawców. W re-konstruowanej wizji własnego losu jest on ofiarą cierpienia spowodowanego koniecznością skrywania prawdy przed tłumem

---

[66] G.G. Harpham, *Symbolic terror*, „Critical Inquiry", t. 28, nr 2, s. 573–579.

[67] W.M.L. Finlay, (przyp. 31), s. 201–222.

[68] P. Sloterdijk, (przyp. 1), s. 38.

[69] G. Grass, *Przy obieraniu cebuli*, Wydawnictwo Oskar, Gdańsk 2007, *passim*.

niezdolnym do przebaczenia. Jego zdaniem, takie cierpienie czyni go bezbronną ofiarą i z tego powodu powinno spotkać się z powszechnym zadośćuczynieniem w postaci uznania go za bohatera. A zatem, w post-historycznej narracji obcość jest skojarzona z niezdolnym do wybaczenia i zapomnienia „ciemnym tłumem", który stoi na przeszkodzie w urzeczywistnieniu wyższej formy, niż z materialną jakością życia. Post-historyczna wizja dobrostanu marzeń u tych, którzy wojnę przegrali definiuje go jako pełnię poczucia integralności, w ramach której poszczególne tożsamości nie stoją we wzajemnym konflikcie.

O ile proces budowania wizji dobrostanu marzeń w pełni rozgrzeszający jednostkę z czynów popełnionych w innym czasie i przestrzeni można uznać za zrozumiały z punktu widzenia psychologicznych zasad bilansowania życia, o tyle z punktu widzenia relacji między różnymi stronami konfliktu wojennego jest on niebezpieczny. Przede wszystkim w relacjach międzygrupowych proces „wybielania" swojej przeszłości prowadzi konsekwentnie do odwracania win, zasług, znaczeń etc. Przykładem odwracania znaczeń skutków wojny jest działalność Eriki Steinbach z niemieckiego Związku Wypędzonych (*Bund der Vertriebenen*). Związek odwraca rolę zwycięzców i pokonanych. Z jego perspektywy Niemcy są głównymi ofiarami wojny i to na przekór faktom, jakie pokazuje ostatni raport Michaela Schwartza z Institut für Zeitgeschichte z Monachium[70], iż na trzynastu członków założycieli Związku jedenastu miało legitymacje NSDAP lub SS. Proponowane przez Związek Wypędzonych rozliczenia wojenne w Niemczech powracają na tory dobrze znanego z przeszłości resentymentu, zarówno w płaszczyźnie re-konstrukcji mentalnej, jak i kulturowej[71]. Przypisywana Karolowi Marksowi maksyma, że jeżeli historia się powtarza, to zazwyczaj w formie farsy, znajduje w tym przypadku całkowite potwierdzenie.

VII. Odreagowywanie kompleksów — polska droga do dobrostanu marzeń i jakości życia

W Polsce normalizacja po upadku komunizmu była spóźnionym psychologicznym przepracowaniem skutków wojny zarówno na poziomie indywidualnym, jak i zbiorowym. Oprócz reinterpretacji samej II wojny światowej i następujących po niej okresów powojnia debata objęła również kwestie powojnia w perspektywie prospektywnej. W związku z tym narracje reinterpretacyjne przybrały charakter sporu zarówno o zdarzenia z przeszłości wojennej i bezpośredniego powojnia[72], jak i o rolę ciągłości tradycji w zjednoczonej i integrującej się „w dwóch prędkościach" Europie.

---

[70] P. Jendroszczyk, *Brunatna przeszłość wypędzonych*, „Rzeczpospolita" 21.11.2012, s. 10.

[71] B.D. Melendy, *Narratives, festivals, and reinvention: Defining the German postwar homeland in Waldkraiburg*, „Journal of Popular Culture", t. 39, nr 6, s. 1049–1076; S. Macdonald, *Reassembling Nuremberg, reassembling heritage*, „Journal of Cultural Economy", t. 2, nr 1–2, s. 117–134.

[72] T. Gross, (przyp. 51); M. Zaremba, (przyp. 24).

W tym spóźnionym w Polsce powojennym odkrywaniu własnej tożsamości jako produktu traumy powojnia poziom emocjonalności nabrał szybko samonapędzającej się różnicy zdań. W przeciwieństwie do Niemiec, gdzie konstrukcja obcych i obcości ewoluowała w kierunku samooczyszczania indywidualnych i zbiorowych sumień, w Polsce konstruowanie obcych i obcości poszło drogą postępującego samoobwiniania się oraz pedagogiki wstydu[73]. Reinterpretacja skutków wojny i powojnia w kategoriach moralnej odpowiedzialności, dokonująca się w ramach repozycjonowania polskiej tożsamości w tak odległym czasie w kategoriach winy i wstydu, jest specyficznie polskim fenomenem. Wiąże się on bezpośrednio z faktem, że Polska po zakończeniu działań wojennych znalazła się w „szarej strefie" ani zwycięzców, ani przegranych. Nierozstrzygnięcie kwestii przynależności do jednej z tych dwóch kategorii powoduje, że z chwilą gdy konflikt wojenny przestał być konfliktem rzeczywistym, a stał się konfliktem nierzeczywistym, obydwie opcje stały się jednakowo możliwe.

Wstyd jest uczuciowym wzorem, który można w bardzo dowolny sposób przypisywać różnym grupom społecznym, arbitralnie uznając je wpierw za winne określonych czynów, a następnie utwierdzając je w tym przekonaniu w nadziei, że w wyniku doznawanych afektów zmienią swój stan świadomości, a nawet zachowania. W okresie powojnia bezpośrednio po zakończeniu działań wojennych rozliczenia w kategoriach winy i obcości przybierały bardzo gwałtowny i emocjonalny charakter, ale sentymenty te były oparte na realnych podstawach, a więc nieoderwane od pierwotnego źródła. Sądzenie winnych, tak jak np. we Francji[74], przybierało charakter odgrywania się na ideologicznych przeciwnikach. Konstruowanie kategorii obcego i obcości było procesem, w którym dawni wrogowie, jak np. komuniści i narodowcy, toczyli mniej lub bardziej otwarty spór o rozmiary i rodzaj klęski lub zwycięstwa, jak też o zasługi wojenne we wzajemnym spostrzeganiu siebie i swojego zaangażowania.

Rozliczenia wojenne w Polsce zostały stosunkowo szybko zastopowane i spłaszczone ze względu na to, że strony sporu miały niesymetryczny w nich udział. Emigranci wojenni zamknięci zostali na marginesie życia na uchodźstwie, w kulturze swój głos eksponowali zwolennicy tylko jednej opcji: postępu, obozu zwycięstwa, wizji dobrostanu marzeń według nowego wspaniałego świata. Wizja dobrostanu marzeń obozu „zwycięzców" z perspektywy jeszcze nieprzebrzmiałych do końca działań wojennych sprowadzała się do dwóch ofert — korzystania z jakości życia, której synonimem jest w miarę „pełna miska" oraz delektowanie się symbolami nowego wspaniałego świata, jaki chciano by budować. Fizyczne wyczerpanie wojenne oraz trauma powojnia przepełniona koszmarami ciągłej trwogi i absurdu codzienności sprawiały, że narodowe przepracowanie skutków wojny było płytkie, jednostronne i realizowane w formie koncesjonowanego monologu. Świat kultury

---

[73] S.L. Bartky, *The pedagogy of shame*, [w:] *Feminisms and pedagogies of everyday life*, red. C. Luke, State University of New York, Albany 1996, s. 225–241.

[74] A. Riding, (przyp. 44).

opanowany przez jedną tylko opcję ideologiczną szybko wylansował kategorie obcego i obcości, którymi stały się: niedawna przeszłość, reprezentujący ją ludzie, wrogowie postępu, stracone pokolenie upierające się przy paskudnej rzeczywistości[75] i opierające się przed niebiańską przyszłością.

Powojenna bieda, zniszczenia i przemieszczenia przestrzenne podsuwały ludziom na niebywałą skalę szukanie schronienia dla swojej godności oraz równowagi psychicznej nie w wizjach dobrostanu marzeń, ale w codziennym aktywizmie zapewniającym jakość życia na poziomie elementarnego przetrwania. Pod tym względem proces normalizacji i oswajania traumy wojennej trochę przypomina w Polsce proces *metanoi* niemieckiej, a więc separacji życia wewnętrznego i wspólnotowo-praktycznego. Jest to proces, który prowadzi co prawda do specyficznej schizofrenii, jednak dzięki odciąganiu jałowych myśli ludzi od tego, jak i po jakiej stronie oraz z jakim skutkiem byli zaangażowani, z pożytkiem koncentruje ich uwagę na działaniach codziennych i na materialnych wartościach życia. Sfera idei i ideologii zostaje zepchnięta do podziemia, tak jak spory na temat tego, co ludzie wiedzą. Z kolei spory na temat tego, w co ludzie wierzą i w co chcieliby wierzyć, w pierwszych okresach powojnia były jeszcze czymś nie do pomyślenia.

Wraz z upływem czasu i zacierania się w pamięci bezpośredniej wojny jako konfliktu rzeczywistego, rodził się w umysłach ludzi i w przestrzeni kultury nowy konflikt nierzeczywisty, w którym konstruowane są nowe obiekty wroga i obcości, jak reakcjoniści, rewizjoniści czy zwolennicy liberalnej demokracji. Tzw. system (socjalistyczny) sprytnie wykorzystał traumę powojnia, zmuszającą ludzi do praktycznego życia w oderwaniu od ideologii, do oswajania i przejmowania za własne celów i wartości, które nakazywałyby im czujność wobec działań wroga[76].

I choć w Niemczech i w Polsce w procesie normalizacji powojnia prym wiedzie metanoja, to jednak z istotną różnicą. *Metanoia*, oznaczająca na poziomie materialnej jakości życia koncentrację na aktywizmie, a na poziomie duchowym rezygnację z ideologicznej (epickiej) bazy narodowej, w wydaniu niemieckim realizowana jest przez pożyczkę kulturową[77] z myśli francuskiej (francuska strefa okupacyjna). Natomiast *metanoia* w wydaniu polskim realizowana jest przez pożyczkę kulturową stalinizmu z jego „paranoją odgórną"[78], czyli paranoiczną podejrzliwością, cenzurą oraz „psychuszką". I choć dzięki inercji obyczajów zapożyczenia te, jak choćby zamykanie przeciwników politycznych w szpitalach psychiatrycznych (psychuszka), nie zostały przez Polaków nigdy wprowadzone do praktyki, to jednak ten szczególny wynalazek totalitaryzmu daje o sobie znać w „paranoi oddolnej", czyli w hodowaniu

---

[75] A. Pawełczyńska, *Koniec kresowego świata*, Wydawnictwo Polihymnia, Lublin 2012, *passim*.

[76] R.S. Robins, J.M. Post, (przyp. 61); R.M. Kramer, *Paranoja zbiorowa: nieufność między grupami społecznymi*, [w:] *Socjologia codzienności*, red. P. Sztompka, M. Bogunia-Borowska, Wydawnictwo Znak, Kraków 2008, s. 258–325.

[77] R. Brague, (przyp. 65).

[78] R.M. Kramer, (przyp. 76).

podejrzliwości i czujności wobec wyobrażonego wroga[79]. Jak zwraca uwagę Judt, polityka strachu jest zaraźliwa i syndrom chorobliwej podejrzliwości oraz strachu przejmowany jest przez grupy, które nie mają powodów, aby do niej sięgać w nowym kontekście sporów[80]. A jednak zaraźliwość działa, czego dowodem jest to, że coraz częściej słyszy się w Polsce nawoływania do zamykania opozycjonistów politycznych w zakładach psychiatrycznych, izolowania ich (gettoizacji) od reszty społeczeństwa, a nawet fizycznej eliminacji jako elementu psychicznie niestabilnego.

Po 1989 roku wraz z upadkiem żelaznej kurtyny i symbolicznym zakończeniem zimnej wojny[81] rozgorzał w Polsce na nowo proces ponownego i przyspieszonego przerabiania historii i przepracowywania skutków wojny w kategoriach przynależności Polaków do kategorii zwycięzców i pokonanych, a co za tym idzie — spór o osądzenie winy i kary. Zaliczenie Polaków do kategorii przegranych i współwinnych Holokaustu na równi z Niemcami, albo nawet w jeszcze większym stopniu[82], było istnym szokiem. Powojenna trauma odżywa więc z niesamowitą energią i w nieoczekiwanym momencie dziejowym, gdyż w tej perspektywie historycznej Polacy dowiadują się, że nie byli po tej stronie konfliktu, co wcześniej myśleli i że muszą się oswajać z tym, iż są obcymi i wrogami cywilizacji. Rozpętana przez historyków akcja przepracowywania historii wojny i okresów powojnia przybiera coraz bardziej niesamowite warianty, co specjalnie nie dziwi, gdy weźmie się pod uwagę choćby wcześniejsze badania Lewisa Cosera[83], który wskazuje na to, że konflikty powojnia jako nierzeczywiste w stosunku do rzeczywistego konfliktu wojennego są odreagowywaniem emocji na obiekcie zastępczym, w całkowitym oderwaniu od źródeł konfliktu rzeczywistego i jako takie oparte są na czynnikach w większości irracjonalnych. Co więcej, konflikty nierzeczywiste w przeciwieństwie do konfliktów rzeczywistych nie muszą mieć dwóch stron, gdyż wystarczy, że tylko jedna strona odczuwa potrzebę afektywnego odreagowania swoich frustracji na kanwie pozostałości konfliktu rzeczywistego i po prostu to robi.

Wybór i ustanawianie celów konfliktu nierzeczywistego jest kreowaniem wroga i obcości, a więc sytuacji, w której agresja i rozładowanie napięć stają się bardziej znaczące, a to z kolei umacnia potrzebę agresywnego napięcia[84]. W przepracowywanej przez historyków wersji konfliktu wojennego oraz traumy powojnia „obcy" pojawiają się jako dyżurne „kozły ofiarne". W „Sąsiadach" Tomasza Grossa[85] i w „Wielkiej trwodze" Marcina Zaremby[86] są to ciemni chłopi, motłoch etc., ale nie bynajmniej „inteligencja" czy generalnie „my sami". Z kolei w konfabulowanej

---

[79] T. Judt, *Aż strach się bać*, „Forum" 2010, nr 5, s. 17–23.

[80] T. Judt, (przyp. 79).

[81] J. Holzer, (przyp. 59).

[82] T. Gross, (przyp. 51).

[83] L.A. Coser, (przyp. 8), s. 42.

[84] L.A. Coser, (przyp. 8), s. 39.

[85] T. Gross, (przyp. 51).

[86] M. Zaremba, (przyp. 24).

przez Piotra Zychowicza[87] alternatywnej historii II wojny światowej i jej powojennych skutków, ujętej pod znamiennym tytułem „*Pakt Ribbentrop-Beck, czyli Polacy mogli u boku III Rzeszy pokonać Związek Sowiecki*", dyżurnymi obcymi są „głupie" elity intelektualne, które nie opowiedziały się po tej stronie konfliktu, co trzeba.

Drugi nurt ponownego przeżywania traumy powojnia w Polsce w ostatnich dwóch dekadach, może nawet ważniejszy od pierwszego, to nurt rozliczeń podejmowanych przez jednostki i grupy na kanwie potrzeby oczyszczenia się z przeszłości, która skończyła się po upadku Muru Berlińskiego. O ile pierwszy nurt jest nurtem budowania kompleksów poprzez konstruowanie i utwierdzanie obcości (etnofobii) w stosunku do swoich, drugi nurt jest procesem odreagowywania kompleksów niższości wyprodukowanych przez gettoizację w tzw. „obozie socjalistycznym". Jest to żywotny konflikt o granice grupowe, czyli spór o drogi wyboru możliwych tożsamości, wartości i idei. Najważniejszy dylemat powojnia „co dalej?" w latach dziewięćdziesiątych przyjął formę konfliktu o to, jaką drogą pójść — europeizacji vs. finlandyzacji, modernizacji vs. sanacji, postępu vs. konserwatyzmu etc.

Polskie kompleksy w epoce post-historycznej dały o sobie znać najsilniej w związku z traumą długotrwałego odłączenia od tzw. właściwej Europy (Zachodniej) i życia w cieniu dobrostanu marzeń, jakim na co dzień cieszyli się tam obywatele. Dla większości Polaków wolność skojarzona została z europeizacją jako możliwością przekroczenia granic grupowych świata społecznego „lepszych", niezamkniętego w granicach geograficzno-ideologicznych powojennego podziału świata. W tym kontekście dobrostan marzeń to powrót do Europy marzeń — indywidualnych wolności, perspektyw rozwoju, stałego postępu. W płaszczyźnie materialnej jakości życia dobrostan marzeń kojarzył europeizację jako wizję rozwoju poprzez bezpieczeństwo socjalne oraz konsumpcję indywidualną. Dawni członkowie realnego socjalizmu dostrzegli w europeizacji „socjalizację umysłu" w postaci nastawienia i potrzeby otrzymywania wsparcia w osiąganiu dobrobytu.

Przekroczenie granic grupowych i dołączenie do europejskiego „my" społeczeństwa było elementem procesu odreagowywania kompleksu niższości i realizacji dobrostanu marzeń. Przyłączenie do nowej tożsamości grupowej wymagało jednak symetrycznie odłączenia się od dotychczasowych afiliacji grupowych, od wartości i idei spajających je w naród. I tutaj pojawiła się podstawowa kwestia konfliktowa, a mianowicie od czego się odłączamy: narodu, polskości, religii, tradycji, zwyczajów, grup nienadążających za postępem i wiecznie słabych, grup niezdolnych do uczestnictwa w rozwoju dla przyszłości. Spór dotyczył więc tego, które z tych elementów, w jakim stopniu i w jakiej konstelacji użyty w uwalnianiu się z kompleksów, w odbudowie nadziei na lepszy los, jakość życia i realizację dobrostanu marzeń, przesądzają o tym, że mamy do czynienia już nie ze zwykłym włączaniem się w europeizację kraju, ale apostazją narodową.

---

[87] P. Zychowicz, *Pakt Ribbentrop-Beck, czyli Polacy mogli u boku III Rzeszy pokonać Związek Sowiecki*, Wydawnictwo Rebis, Poznań 2012, *passim*.

Powojenne rozliczenia na etapie pokomunistycznego rozkładu państwa prowadzą w Polsce do wyobcowania z własnej tradycji, która dla zapatrzonych jednostronnie w przyszłość Polaków staje się wręcz wrogiem w realizacji celów związanych z postępem i budowaniem nowej świadomości europejskiej w granicach przestrzennych dopasowanych do nowych czasów. Powojennej normalizacji na fali powrotu do Europy towarzyszy brak scalających funkcji państwa w sferze historii, stwarzających równowagę dla jej indywidualnej interpretacji. Ostry podział na modernistów upatrujących w swojej własnej historii grupowej jedynie źródła klęsk, niepowodzeń, „obciachu" i generalnie niskiej jakości życia z jednej strony, oraz z drugiej strony na tradycjonalistów, upatrujących w procesach kontynuacji tożsamości zbiorowej źródła przepływu pozytywnej energii sprawia, że mamy do czynienia z konfliktem, którego rozmiary przybierają formę wojny symbolicznej.

Nieprzekraczalna różnica zdań i niezdolność dwóch stron konfliktu do rezygnacji ze swojej interpretacji pamięci zbiorowej prowadzi do eskalacji w stosowaniu nowych narzędzi walki wewnątrzgrupowej jakimi są różnorodne techniki naruszania tabu podsycające nienawiść do nowego wroga. Polskość i wszystkie związane z nią symbole sytuują się od tej pory między dumą a obciachem. Bluźnierstwo i mowa nienawiści jako oręż walki wewnątrzplemiennej powoduje, że od tej wojny symbolicznej nie ma odwrotu, bo nikt nie zrezygnuje ze swojej wizji realizacji dobrostanu marzeń. Dość typowym i jednocześnie krańcowym przykładem zastosowania techniki łamania tabu jest dokonana przez Jana Klatę (dyrektora Narodowego Teatru Starego w Krakowie) reinterpretacja sztuki Szekspira pt. „Titus Andronicus" wystawionej w Dreźnie w 2012 r. W szekspirowskim oryginale Tytus ratuje Rzym przed barbarzyńskimi Gotami, natomiast w farsie Klaty Rzymianie to bohaterscy Niemcy, noszący na scenie koszulki ze słynnymi wojennymi zdjęciami żołnierzy Wermachtu przełamującymi szlaban na polskiej granicy w 1939 r. Z kolei Polacy to prymitywni Goci reprezentujący polski gen klęsk, naród dziwek i ich synów gangsterów w kiczowatych przebraniach. I choć być może twórca ten miał w zamiarze złamanie stereotypów, to jak to u Szekspira, droga ta okazała się drogą do piekła wybrukowaną dobrymi intencjami.

Skąd się bierze tak totalne samobiczowanie się i tak głęboko patologiczna nienawiść do swoich wymaga bardziej dokładnych studiów. Jednak już dzisiaj można na gorąco pokusić się o diagnozę *ad hoc*. Przede wszystkim powrót, tak jak to było w przypadku J. Klaty, do elementów konfliktu wojennego na kanwie wykluczenia możliwości powrotu do konfliktu rzeczywistego (oczywiście w relacjach międzyetnicznych) ma swoje źródło w odczuciach, które zakłócają rzeczywiste stosunki społeczne. W rezultacie odczucie jest spostrzegane jako „uraz", którego źródło jest przenoszone na inne obiekty i dla którego poszukiwany jest „środek terapeutyczny". Konstruowanie i pielęgnowanie uraźliwości (*vulnerability*) świadczy o szczególnej wrażliwości, jest sentymentem nierzeczywistym, na który stać jedynie ludzi wybranych lub stojących na wyższym poziomie rozwoju. Sentymenty związane z uraźliwością wymagają specjalnych przywilejów i trosk, jak też bezwzględnej walki z tym, co jest jego źródłem — tradycją, „polactwem" i tym wszystkim, jakkolwiek by się to nie nazywało, co by stało na przeszkodzie w realizacji dobrostanu marzeń.

Pod wpływem obróbki medialnej w ramach kultury celebryckiej[88] Polacy stali się obcymi dla samych siebie i odłączeni od swojej dotychczasowej tożsamości narodowej, która uznana została za głównego wroga. Tak więc na polskiej drodze do normalności i równowagi psychicznej przekroczona została subtelna granica między samokrytycyzmem i samonienawiścią. O ile w Niemczech oczyszczenie sumienia przebiegało w ramach kultury wysokiej[89], o tyle w Polsce „oczyszczanie sumień" dokonuje się w ramach kultury celebryckiej. W tej kulturze, tj. kulturze medialnej i Facebooka, wszystkie wartości i kryteria prawdy są płynne, a nawet postawione na głowie. Sędziowie i arbitrzy wojny symbolicznej rozstrzygają spory w sposób charakterystyczny dla poziomu kultury niskiej, gdzie debatę i wymianę argumentów zastępuje wrzawa, krzyki i lincze medialne.

VIII. Wnioski

II wojna światowa była w dziejach świata wielką katastrofą, której następstwem była wielka trauma. Jej skutki były tak rozległe i głębokie, że ich przezwyciężanie trwa do dnia dzisiejszego. Im dalej oddalamy się czasowo od bezpośrednich zdarzeń będących przyczyną traumy, tym mniejszy jest zakres konsensusu odnośnie do tego, czym owe zdarzenia były, jak je interpretować i jak je przeżywać.

Trauma powojenna jest pokonywana na poziomie indywidualnym i na poziomie całych społeczeństw w sposób charakterystyczny dla ich sekwencji punktów krytycznych oraz roli odgrywanej w konflikcie wojennym po stronie przegranych lub wygranych. Przełamywanie traumy wojennej jest procesem odzyskiwania równowagi psychicznej i normalizacji, który na poziomie generacyjnym i kulturowym jest cyklicznie podejmowany na nowo i korygowany w ramach reinterpretacji tożsamości indywidualnych i zbiorowych.

Rekonstrukcja powojenna tożsamości zbiorowych (narodowych), nawet gdy jest uwarunkowana najlepszymi intencjami, w dłuższym okresie może prowadzić do tak dużych zniekształceń zdarzeń wyjściowych, że proces przywracania równowagi i normalizacji przekształca się w swoje zaprzeczenie. Zaprzeczeniem tym jest wojna symboliczna, którą charakteryzują trzy cechy. Po pierwsze, stroną atakującą jest zazwyczaj agresywna mniejszość, której głos staje się *vox populi*, a głos większości — defensywnym milczeniem i wyobcowaniem. Po drugie, atakująca mniejszość w mowie nienawiści pozycjonuje większość jako wroga (obcych) pozbawionego ludzkich cech, domagając się jego gettoizacji, objęcia obowiązkową opieką psychiatryczną i penalizacją nawet nie konkretnych czynów, ale imputowanych mu zamiarów. Po trzecie, dominującą stroną w wojnach medialnych jest ta posiadająca media, poprzez które mobilizuje afektywnie masy. Dopóki mobilizacja ta zatrzymuje się

---

[88] F. Furedi, *Celebrity culture*, (przyp. 64), s. 493–497.
[89] G. Grass, (przyp. 69); P. Sloterdijk, (przyp. 1).

na poziomie symboli i łamania nawet najświętszych tabu, dopóty jest to tylko konflikt symboliczny i zastępczy. Jeżeli jednak do mobilizacji afektywnej dołączy się mobilizacja militarna, wtedy media stają się wehikułem do naśladownictwa i być może prawdziwej wojny. Siejący wiatr czasami mogą zbierać burzę. Niektórym się wydaje, że można w nieskończoność eskalować konflikt i nienawiść w imię realizacji swojej egoistycznej wizji dobrostanu marzeń, ale zapominają o tym, że istnieje zawsze realna groźba przekroczenia progu nadziei, czyli granicy, po przekroczeniu której nie ma już powrotu do punktu wyjścia. Rzeczywiste wojny i materialne zbrodnie są przekroczeniem granicy złudzeń, podobnej do tej, jaką żywi się samobójca mający mimo wszystko nadzieję, że jeszcze wróci do świata żywych.

Augustyn Bańka

Post-war trauma as estrangement transformed in the process of defining well-being of dreams and quality of life

This article describes the problem of post-war trauma as a trans-generational stress syndrome, which manifests itself in various forms of estrangement. The mechanisms of estrangement in different post-war periods are analyzed in relation to defining the well-being of dreams and quality of life. Special attention is focused on the gradual, generations-long process of recovery and normalization that took place in Poland in the aftermath of the Second World War.

Ольга Васильевна Артемова
Наталья Модестовна Логачева

Развитие социальной инфраструктуры — важный фактор повышения качества жизни населения в регионах России

I. Развитие социальной инфраструктуры регионов РФ как фактор повышения качества жизни населения

Качество жизни — важнейший показатель социального благосостояния и благополучия общества и индивида. Термин «качество жизни» учитывает два взаимодополняющих аспекта: во-первых, совокупность материальных, социальных, демографических и прочих условий жизни и уровень их развитости, во-вторых, субъективную оценку своей жизни человеком. В связи с этим, индекс качества жизни (количественная оценка) основывается на методологии, которая связывает результаты исследований субъективной оценки жизни с объективными оценками параметров социально-экономических условий.

Развитие человеческого потенциала представляет собой процесс расширения возможностей людей жить долгой, здоровой, обеспеченной жизнью и удовлетворять свои потребности. Это путь к улучшению качества жизни.

Таким образом, повышение качества жизни и развитие человеческого потенциала — процессы взаимообусловленные. Важно подчеркнуть, что они не происходят автоматически, требуется создать условия для того, чтобы эти процессы стали возможны. В структуре общественного производства существуют специализированные социальные институты, деятельность которых направлена на формирование и развитие человеческого потенциала, на удовлетворение физических и духовных потребностей. К числу таких институтов следует отнести учреждения здравоохранения и образования, входящие в социальную инфраструктуру. Полученное образование, профессиональная квалификация, здоровье и физическое развитие предопределяют конкурентоспособность личности, возможность успешного трудоустройства и получения дохода. Исследования, проведенные Б.С. Павловым, доказывают, что чем выше уровень инвестиций в развитие человеческого потенциала лиц дотрудового возраста, тем больше вероятность (при прочих равных условиях) получения ими более высокого дохода в трудовом возрасте и повышения качества жизни[1].

Научный подход к проблеме требует определения объекта и цели исследования. В рамках данной работы объектом является социальная инфраструктура регионов РФ (на примере сфер здравоохранения и образования). Цель определяется как разработка методических подходов к оценке уровня развития социальной инфраструктуры и изучение ее воздействия на качество жизни населения.

Разработка новых подходов к оценке уровня развития социальной инфраструктуры является важнейшим направлением создания информационной базы для принятий управленческих решений в сфере развития социальной среды регионов. Необходимость учета региональной составляющей обусловлена различиями российских регионов по многим социально-экономическим характеристикам. Это должно приниматься во внимание при определении направлений развития социальной инфраструктуры в рамках региональной политики.

Под «социальной инфраструктурой региона» авторы понимают подсистему региона, формирующую условия жизнедеятельности населения и развития человеческого потенциала, с территориальной локализацией, отраслевой и объектной структурой, ориентацией на интересы потребителей (население региона).

Следует отметить, что федеративное устройство России предполагает деление на субъекты РФ (республики, края, области, города федерального значения, автономные области и округа). Они группируются в более крупные территориальные образования — федеральные округа. «Регион» мы рассматриваем как территорию в административных границах субъекта РФ, характеризующуюся комплексностью, целостностью, управляемостью, то есть представляющую собой социально-экономическую систему.

Для изучения развития социальной инфраструктуры использован системный подход, который реализован:

— во-первых, с учетом экономических условий, сложившихся в регионе и влияющих на уровень развития социальной инфраструктуры;

---

[1] Павлов Б.С., Александрова Ж.П. К вопросу о развитии человеческого потенциала на Уральском Севере // Журнал экономической теории, 2009, № 3, с. 52.

— во-вторых, на основе оценки базовых отраслей социальной инфраструктуры (здравоохранения и образования), которые непосредственно влияют на возможности населения по развитию человеческого потенциала;
— в-третьих, включением субъективных оценок, полученных на основе мониторинга мнения потребителей относительно доступности услуг социальной инфраструктуры.

В основу предлагаемых методических подходов оценки развития социальной инфраструктуры регионов РФ положен методологический подход, который позволяет учесть объективные оценки (на основе статистических показателей) и субъективные (на основе изучения мнения населения).

Авторами разработан комплекс методик, применяемый инструментарий по каждому методическому направлению (рисунок 1).

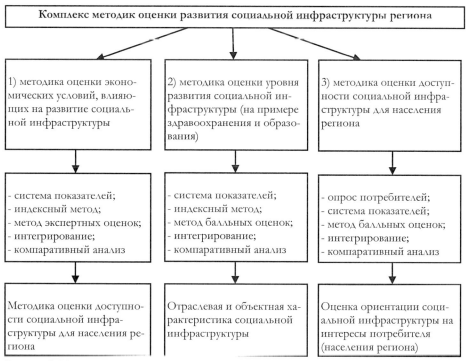

Рисунок 1. Методики оценки развития социальной инфраструктуры регионов

В рамках комплекса методик предложена система показателей, позволяющая оценить: экономические условия, в которых осуществляется развитие социальной инфраструктуры, уровень развития самой социальной инфраструктуры и уровень ее доступности для населения регионов. Такой синтез показателей не случаен. Это объясняется тем, что экономические условия, возможности региона и потребительский запрос со стороны населения, с одной стороны оказывают влияние на развитие социальной инфраструктуры, а с другой — предопределяют потребность в ней и уровень ее развития[2].

Система показателей сформирована с учетом следующих требований: представительности, минимальной достаточности, информационной доступности, достоверности. Это означает, что отобранные показатели являются официальными статистическими индикаторами, либо могут вычисляться на основе них.

II. Оценка экономических условий, влияющих на развитие социальной инфраструктуры в регионах РФ

Авторами исследования были разработаны методика и алгоритм оценки экономических условий, влияющих на развитие социальной инфраструктуры в регионах РФ в сфере образования и здравоохранения.
Методика включает:
1) формирование системы показателей;
2) расчет индексов для приведения показателей в сопоставимый вид;
3) определение интегрированного показателя;
4) оценку экономических условий и компаративный анализ.

В рамках первого этапа для определения территориальных, региональных особенностей, в которых происходит развитие социальной инфраструктуры, применена следующая система показателей:
1) валовой региональный продукт на душу населения, тыс. руб. на человека ($K_{врп}^{p}$):

$$K_{врп}^{p} = ВРП_p / Ч_p \tag{1}$$

где $ВРП_p$ — валовой региональный продукт соответствующего региона, млн. руб.;

$Ч_p$ — численность населения региона, тыс. человек;
2) бюджетная обеспеченность региона на душу населения, тыс. руб. на человека ($K_{бо}^{p}$):

$$K_{бо}^{p} = ДБ_p / Ч_p \tag{2}$$

где $ДБ_p$ — доходы консолидированного бюджета региона, млн. руб.;
  — численность населения региона, тыс. человек;
3) среднедушевые денежные доходы населения региона, руб. ($K_{сд}^{p}$)

---

2 Взаимосвязь и взаимовлияние экономических и социальных факторов исследованы в работах: Татаркин А.И., Куклин А.А., Черепанова А.В. Социально-демографическая безопасность регионов России: текущее состояние и проблемы диагностики // Экономика региона, 2008, № 3(15), с. 153–162; Сухарев О.С. Социальные результаты и факторы экономического роста (теоретические и практические вопросы) // Экономика региона, 2011, № 1, с. 23–31.

4) коэффициент воспроизводства населения ($K_{вн}^p$):

$$K_{вн}^p = OKP_p / OKC_p$$

(3)

где OKP_p — общий коэффициент рождаемости, число родившихся на тыс. человек населения;

OKC_p — общий коэффициент смертности, число умерших на тыс. человек населения;

5) коэффициент равномерности распределения доходов населения ($K_{ррд}^p$):

$$K_{ррд}^p = 1 - K_{дж}$$

(4)

где $K_{дж}$ — индекс Джини.

Система показателей, используемая в методике, представлена в таблице 1.

Таблица 1. Показатели, характеризующие экономические условия, которые влияют на развитие социальной инфраструктуры региона[3]

Показатель	Обозначение	Предмет оценки
1. Валовой региональный продукт на душу населения, тыс. руб. на человека	$K_{врп}^p$	уровень экономического развития региона
2. Бюджетная обеспеченность региона на душу населения, тыс. руб. на человека	$K_{бо}^p$	финансовые возможности региона (его бюджета) в целом и возможности предоставления социальных услуг населению, в том числе на безвозмездной основе
3. Среднедушевые денежные доходы населения региона, руб.	$K_{сд}^p$	финансовые возможности населения региона в целом и возможности приобретения услуг, предоставляемых социальной инфраструктурой в частности
4. Коэффициент воспроизводства населения	$K_{вн}^p$	демографические условия региона, предопределяющие потребности региона в социальной инфраструктуре
5. Коэффициент равномерности распределения доходов населения	$K_{ррд}^p$	равнодоступность для населения объектов и услуг, предоставляемых социальной инфраструктурой региона

Указанная система показателей характеризует условия, сложившиеся в регионе и оказывающие воздействие на развитие социальной инфраструктуры, как территориально локализованной подсистемы региона.

Второй этап. Предложенные для оценки экономических условий показатели являются относительными, для того чтобы в дальнейшем осуществлять их сравнение по регионам, необходимо, чтобы они были сопоставимы.

---

[3] Для определения показателей использованы коэффициенты, входящие в перечень официальных статистических индикаторов, регулярно публикуемых по регионам РФ. См., например, Регионы России. Социально-экономические показатели. 2012: Стат. сб. Росстат. Москва, 2012, с. 990.

В качестве базы для формирования сопоставимых показателей — индексов — использовалось соответствующее среднероссийское значение. С использованием формулы 5 были получены соответствующие индексы показателей:

$$И_i = К_i^р / К_i^{рф}$$

(5)

где $И_i$ — i-ый индекс региона;

$К_i^р, К_i^{рф}$ — значение i-го коэффициента региона и среднероссийское значение, соответственно.

На третьем этапе на основе рассчитанных индексов определялся интегрированный показатель. Учитывая, что значимость воздействия взятых показателей на развитие социальной инфраструктуры различно, для их интегрирования был определен вес каждого показателя методом экспертных оценок[4]. По мнению экспертов, наивысшую весомость среди показателей имели индекс бюджетной обеспеченности региона на душу населения, а именно 0,3, далее по степени убывания значимости: индекс валового регионального продукта на душу населения — 0,25; индекс среднедушевых доходов населения — 0,2; индекс воспроизводства населения — 0,125; индекс равномерности распределения доходов населения — 0,125. Таким образом, с учетом установленных весовых коэффициентов для итоговой характеристики влияния экономических условий определен интегрированный показатель — $И_1$ (формула 6):

$$И_1 = 0{,}25И_{врп} + 0{,}3И_{бо} + 0{,}2И_{сд} + 0{,}125И_{вн} + 0{,}125И_{ррд}$$

(6)

где $И_1$ — интегрированный показатель, характеризующий экономические условия в регионе;

$И_{врп}$ — индекс валового регионального продукта на душу населения;

$И_{бо}$ — индекс бюджетной обеспеченности на душу населения;

$И_{сд}$ — индекс среднедушевых доходов населения;

$И_{вн}$ — индекс воспроизводства населения;

$И_{ррд}$ — индекс равномерности распределения доходов населения.

Четвертый этап предполагал использование полученных частных и интегрированных показателей для оценки и анализа экономических условий регионов РФ.

Предложенная система индикаторов, характеризующих экономические условия, влияющие на развитие социальной инфраструктуры, на этом этапе позволила:

— провести оценку регионов РФ по соответствующим показателям (на определенный период или в динамике);

---

[4] В качестве экспертов были опрошены доктора экономических наук, специалисты в сфере здравоохранения и образования, представляющие различные регионы РФ, среди которых: г. Москва, г. Санкт-Петербург, Курганская, Свердловская, Тюменская, Челябинская области.

— осуществить ранжирование регионов в российском пространстве (выявляя тем самым место каждого региона по экономическим условиям развития);

— выявить возможности и направления изменения экономических условий, с целью их воздействия на развитие социальной инфраструктуры регионов, имеющих разные позиции.

III. Оценка уровня развития социальной инфраструктуры (на примере здравоохранения и образования) в регионах РФ

Методика включает следующие этапы:

1) формирование системы показателей;
2) расчет индексов для приведения показателей в сопоставимый вид;
3) определение интегрированного показателя;
4) оценка уровня развития социальной инфраструктуры (в сфере здравоохранения и образования) и компаративный анализ.

Первый этап. В работе исследовались виды социальной инфраструктуры, которые обеспечивают предоставление базовых, основополагающих услуг населению, непосредственно влияющих на развитие человеческого потенциала, а именно услуги образования и здравоохранения, что позволило учесть принцип структурности в отраслевом разрезе.

Таким образом, система показателей, предложенных для применения в этой методике – это совокупность индикаторов, позволяющих оценить уровень развития объектов социальной инфраструктуры регионов (блок 1 характеризует уровень развития инфраструктуры в сфере здравоохранения, блок 2 — в сфере образования).

В блоке 1 были представлены следующие показатели:

1) мощность больничных учреждений региона, количество больничных коек на 10 тыс. человек населения региона ($K_{мб}^p$);
2) мощность врачебных амбулаторно-поликлиничных учреждений региона, количество посещений в смену на 10 тыс. человек населения региона ($K_{мп}^p$);
3) инвестиции региона в здравоохранение на душу населения, тыс. руб. на человека ($K_{из}^p$):

$$K_{из}^p = ИЗ_p / Ч_p \tag{7}$$

где $ИЗ_p$ — инвестиции в здравоохранение региона, млн. руб.;

$Ч_p$ — численность населения региона, тыс. человек;

4) ввод в действие больничных учреждений региона, количество коек на 100 тыс. человек населения региона ($K_{вб}^p$);

5) ввод в действие врачебных амбулаторно-поликлиничных учреждений региона, количество посещений в смену на 100 тыс. человек населения региона ($K_{вп}^p$).

В блок 2 вошли показатели, характеризующие уровень развития элементов инфраструктуры в сфере образования:

1) охват детей дошкольными образовательными учреждениями региона, доля от численности детей соответствующего возраста в регионе, ($K_{ду}^p$);

2) охват общеобразовательными учреждениями региона, доля учащихся общеобразовательных учреждений от общей численности населения региона ($K_{оу}^p$):

$$K_{оу}^p = ЧУ_p / Ч_p \qquad (8)$$

где $ЧУ_p$ — численность учащихся в общеобразовательных учреждениях региона, тыс. человек;

$Ч_p$ – числснность населения региона, тыс. человек;

3) обеспеченность общеобразовательных учреждений региона персональными компьютерами, количество рабочих мест с ЭВМ на 100 учащихся ($K_{пк}^p$);

4) охват учреждениями профессионального образования региона, доля студентов начального профессионального, среднего профессионального и высшего профессионального образования от общей численности населения региона ($K_{пу}^p$):

$$K_{пу}^p = (ЧНУ_p + ЧСУ_p + ЧВУ_p)/Ч_p \qquad (9)$$

где $ЧНУ_p$ — численность студентов учреждений начального профессионального образования региона, тыс. человек;

$ЧСУ_p$ — численность студентов учреждений среднего профессионального образования региона, тыс. человек;

$ЧВУ_p$ — численность студентов учреждений высшего профессионального образования региона, тыс. человек;

— численность населения региона, тыс. человек;

5) инвестиции региона в образование на душу населения, тыс. руб. на человека ($K_{ио}^p$):

$$K_{ио}^p = ИО_p / Ч_p \qquad (10)$$

где $ИО_p$ — инвестиции в образование региона, млн. руб.;

— численность населения региона, тыс. человек;

6) ввод в действие дошкольных учреждений региона, количество мест на 10 тыс. детей дошкольного возраста региона ($K_{вду}^p$);

7) ввод в действие общеобразовательных учреждений, количество ученических мест на 10 тыс. детей школьного возраста региона ($K_{воу}^p$).

Таким образом, для оценки объектов социальной инфраструктуры (образования и здравоохранения) и их развития в регионах была разработана следующая система показателей (таблица 2).

Таблица 2. Показатели, характеризующие уровень развития социальной инфраструктуры (на примере сферы здравоохранения и образования)[5]

Показатель	Обозначение	Предмет оценки
Блок 1 «Здравоохранение»		
1. Мощность больничных учреждений региона, количество больничных коек на 10 тыс. человек населения региона	$K_{мб}^{р}$	текущая способность (возможность) больничных учреждений региона удовлетворять потребности населения
2. Мощность врачебных амбулаторно-поликлинических учреждений региона, количество посещений в смену на 10 тыс. человек населения региона	$K_{мп}^{р}$	текущая способность (возможность) врачебных амбулаторно-поликлинических учреждений региона удовлетворять потребности населения
3. Инвестиции региона в здравоохранение на душу населения, тыс. руб. на человека	$K_{из}^{р}$	*возможности развития социальной инфраструктуры в сфере здравоохранения, инвестиционная активность региона в сфере здравоохранения*
4. Ввод в действие больничных учреждений региона, количество коек на 100 тыс. человек населения региона	$K_{вб}^{р}$	*уровень развития (создания новых) больничных учреждений региона*
5. Ввод в действие врачебных амбулаторно-поликлиничных учреждений региона, посещений в смену на 100 тыс. человек населения региона	$K_{вп}^{р}$	*уровень развития (создания новых) врачебных амбулаторно-поликлинических учреждений региона*
Блок 2 «Образование»		
1. Охват детей дошкольными образовательными учреждениями региона, доля от численности детей соответствующего возраста в регионе	$K_{ду}^{р}$	текущая способность (возможность) дошкольных образовательных учреждений региона удовлетворять потребности населения
2. Охват общеобразовательными учреждениями региона, доля учащихся общеобразовательных учреждений от общей численности населения региона	$K_{оу}^{р}$	*текущая способность (возможность) общеобразовательных учреждений региона удовлетворять потребности населения*
3. Обеспеченность общеобразовательных учреждений региона персональными компьютерами, количество рабочих мест с ЭВМ на 100 учащихся	$K_{пк}^{р}$	*возможность получения образовательных услуг с использованием более прогрессивных технологий, способов обучения*

---

[5] Для определения показателей использованы коэффициенты, входящие в перечень официальных статистических индикаторов регулярно публикуемых по регионам РФ.

4. Охват учреждениями профессионального образования региона (НПО, СПО, ВПО), доля студентов НПО, СПО, ВПО от общей численности населения региона	K_{ny}^{p}	текущая способность (возможность) учреждений профессионального образования региона различных видов удовлетворять потребности населения
5. Инвестиции региона в образование на душу населения, тыс. руб. на человека	K_{uo}^{p}	возможности развития социальной инфраструктуры в сфере образования, инвестиционная активность региона в сфере образования
6. Ввод в действие дошкольных учреждений региона, количество мест на 10 тыс. детей дошкольного возраста региона	$K_{вду}^{p}$	уровень развития (создания новых) дошкольных учреждений региона
7. Ввод в действие общеобразовательных учреждений, количество ученических мест на 10 тыс. детей школьного возраста региона	$K_{воу}^{p}$	уровень развития (создания новых) общеобразовательных учреждений региона

Предложенная система показателей позволила оценить уровень развития социальной инфраструктуры регионов (на примере сферы здравоохранения и образования) и выявить их возможности по развитию человеческого потенциала на основе инвестиций в социальную инфраструктуру[6].

Второй этап предполагал приведение отобранных в блоках 1 и 2 показателей в сопоставимый вид, посредством определения индексов (используя формулу 5). За базу сравнения (по аналогии с методикой оценки экономических условий) был взят соответствующий среднероссийский показатель.

На третьем этапе применялся метод балльных оценок, при этом по каждому индексу каждому региону присваивались баллы в соответствии со следующей схемой. Если индекс региона:

1) равен 0, то регион получал 0 баллов;
2) попал в интервал от 0,01 до 0,89, то региону присваивался 1 балл;
3) находился в интервале от 0,90 до 1,10 (то есть на уровне среднероссийского показателя плюс/минус 10%), то регион получал 2 балла;
4) попал в интервал от 1,11 и более, то присваивалось 3 балла.

Для получения интегрированного показателя, характеризующего отдельную отрасль социальной инфраструктуры, соответствующие баллы, полученные регионом, суммировались и определялись показатели оценки состояния образовательной инфраструктуры и инфраструктуры здравоохранения.

---

[6] При формировании системы показателей планировалось ввести дополнительно, например, износ основного капитала в сфере здравоохранения, образования, показатели кадровой обеспеченности указанных сфер, но подобные статистические данные оказались недоступны, либо имелись только для отдельных регионов, что не позволило их использовать.

Поскольку подход к расчету интегрированного показателя каждой отрасли идентичный, то для вычисления общей оценки социальной инфраструктуры регионов (совместно по двум отраслям) проводилось их суммирование. Таким образом, была определена оценка уровня развития социальной инфраструктуры (на примере здравоохранения и образования).

В рамках четвертого этапа проводилась оценка уровня развития социальной инфраструктуры (в сфере здравоохранения и образования) и компаративный анализ по регионам России.

Предложенная авторами методика оценки уровня развития социальной инфраструктуры регионов на последнем этапе позволила осуществить:

— оценку и анализ регионов России по соответствующим показателям (как частным, так и интегрированным; в статике и динамике);

— группировка регионов по уровню развития социальной инфраструктуры в российском пространстве (в статике и/или динамике);

— выявление возможностей и направлений дальнейшего развития социальной инфраструктуры регионов РФ.

IV. Оценка доступности социальной инфраструктуры для населения в регионах РФ

Качество жизни определяется уровнем развития и степенью удовлетворения всего комплекса потребностей и интересов людей, прежде всего в здравоохранении и образовании (сферах, исследуемых в работе). Именно эти услуги должны быть доступны для населения[7].

Учитывая тот факт, что развитие социальной инфраструктуры ориентировано на потребителя, недостаточно оценить территориальные и объектно-отраслевые особенности ее развития, необходима оценка непосредственного потребителя услуг социальной инфраструктуры. В связи с этим предложена методика оценки, позволяющая выяснить мнение потребителей[8], и разработан интегрированный показатель доступности социальной инфраструктуры регионов, позволяющий учесть потребности населения.

Методика оценки доступности социальной инфраструктуры для потребителей включала несколько этапов:

Первый этап — разработка анкеты для проведения мониторинга мнения населения региона с целью получения первичной информации о доступности социальной инфраструктуры региона.

В рамках второго этапа была сформирована система показателей для оценки доступности социальной инфраструктуры. Категория «доступность»

---

7   Сухарев О.С. (см. ссылку № 2).

8   В статье Лавриковой Н.И. Разработка механизма оценки качества жизни населения в аграрном регионе // Региональная экономика: теория и практика, 2010, № 17(152), с. 53–58, также используется опрос для определения субъективной оценки, данной населением.

(предполагающая наличие объекта и возможность его использования), исследовалась в отраслевом разрезе (в сфере здравоохранения и образования) и оценивалась посредством включения трех составляющих: территориальной, финансовой и объектной доступности. Таким образом, была предложена система показателей, позволяющая осуществить оценку доступности инфраструктуры здравоохранения и образования (таблица 3).

Таблица 3. Показатели, характеризующие доступность социальной инфраструктуры с позиции потребителей

Показатель	Какой аспект социальной инфраструктуры характеризует	Как определяется потребителем
1. Территориальная доступность	территориальную локализацию	удобством транспортных маршрутов, шаговой доступностью
2. Финансовая доступность	ориентацию на потребителя	стоимостью услуг и возможностью их приобретения
3. Объектная доступность	объекты социальной инфраструктуры	фактом наличия объектов на территории

При оценке доступности социальной инфраструктуры учитывалась ее объектная и отраслевая структура:
— в сфере здравоохранения исследовались наличие и возможность получить услуги больничных и амбулаторно-поликлинических учреждений;
— в сфере образования — наличие и возможность получить услуги следующих образовательных учреждений: дошкольных, общеобразовательных учреждений начального, среднего и высшего профессионального образования.

Третий этап — приведение параметров доступности по каждой сфере в сопоставимый вид (оценка в баллах) и определение интегрированного показателя доступности социальной инфраструктуры (по каждой сфере и совместно).

Для определения интегрированного показателя, то есть оценки общей доступности социальной инфраструктуры, использовалась формула 11:

$$O_{Д}^{i} = O_{ОД}^{i} + O_{ФД}^{i} + O_{ТД}^{i}$$

(11)

где $O_{Д}^{i}$ — общая балльная оценка доступности инфраструктуры в i-ой сфере социальной инфраструктуры региона;

$O_{ОД}^{i}$ — балльная оценка объектной доступности инфраструктуры i-ой сферы региона;

$O_{ФД}^{i}$ — балльная оценка финансовой доступности инфраструктуры i-ой сферы региона;

$O_{ТД}^{i}$ — балльная оценка территориальной доступности инфраструктуры i-ой сферы региона.

Так как в рамках объектной доступности учитывались различные типы объектов инфраструктуры здравоохранения, то для ее расчета использовались следующие формулы: базовая (12) и расширенная (13):

$$O_{ОД}^{здр} = O_{ДП} + O_{ДБ}$$

(12)

где $O_{ОД}^{здр}$ — балльная оценка объектной доступности инфраструктуры здравоохранения региона;

$O_{ДП}$ — балльная оценка доступности амбулаторно-поликлинических учреждений региона;

$O_{ДБ}$ — балльная оценка доступности больничных учреждений региона.

Расширенная объектная доступность оценивалась с учетом введения дополнительных объектов, таких как диагностические центры, профилактории, санатории, то есть учреждений, оказывающих профилактическую и оздоровительную помощь населению, которые в мировой практике признаются наиболее значимыми для поддержания здоровья населения[9]:

$$O_{ОД2}^{здр} = O_{ДП} + O_{ДБ} + O_{ДДЦ} + O_{ДС} + O_{ДП}$$

(13)

где $O_{ОД2}^{здр}$ — балльная оценка расширенной объектной доступности инфраструктуры здравоохранения региона;

— балльная оценка доступности амбулаторно-поликлинических учреждений региона;

$O_{ДБ}$ — балльная оценка доступности больничных учреждений региона;

$O_{ДДЦ}$ — балльная оценка доступности диагностических центров региона;

$O_{ДС}$ — балльная оценка доступности санаториев региона;

— балльная оценка доступности профилакториев региона.

Для расчета объектной доступности учитывались различные типы объектов инфраструктуры образования, согласно формуле 14:

$$O_{ОД}^{обр} = O_{ДД} + O_{ДО} + O_{ДНПО} + O_{ДСПО} + O_{ДВПО}$$

(14)

где $O_{ОД}^{обр}$ — балльная оценка объектной доступности инфраструктуры образования региона;

$O_{ДД}$ — балльная оценка доступности дошкольных образовательных учреждений региона;

$O_{ДО}$ — балльная оценка доступности общеобразовательных учреждений региона;

$O_{ДНПО}$ — балльная оценка доступности учреждений начального профессионального образования региона;

---

[9] Эти объекты не учитывались нами в методике оценки уровня развития социальной инфраструктуры (на примере здравоохранения и образования), так как необходимые для этого статистические данные по субъектам РФ за 2005–2010 гг. оказались недоступны.

$O_{ДСПО}$ — балльная оценка доступности учреждений среднего профессионального образования региона;

$O_{ДВПО}$ — балльная оценка доступности учреждений высшего профессионального образования региона.

Этапы и методические подходы к определению балльной оценки доступности аналогичны как для сферы образования, так и сферы здравоохранения, поэтому для получения общей оценки доступности социальной инфраструктуры двух сфер использовалась формула 15:

$$O_Д^{общ} = O_Д^{здр} + O_Д^{обр}$$

$$(15)$$

где $O_Д^{общ}$ — общая балльная оценка доступности социальной инфраструктуры в сфере здравоохранения и образования региона;

$O_Д^{здр}$ — общая балльная оценка доступности инфраструктуры в сфере здравоохранения региона;

$O_Д^{обр}$ — общая балльная оценка доступности инфраструктуры в сфере образования региона.

В рамках четвертого этапа была введена оценочная шкала уровня доступности социальной инфраструктуры, с использованием которой проводилась оценка уровня доступности и компаративный анализ по регионам России.

При введении оценочной шкалы мы исходили из тезиса, о том, что чем выше уровень доступности социальной инфраструктуры, тем лучше для потребителей ее услуг, так как это способствует более полноценному удовлетворению их потребностей, развитию человеческого потенциала населения региона, а значит и повышению качества жизни. Этот тезис сформулирован на основе подхода к оценке социального потенциала, предложенного Н.В. Лаженцевым, суть которого сводится к тому, что эталонный потенциал, принятый за 100%, означает максимальную комфортность условий жизни, обеспеченную самыми высокими на исследуемой территории значениями выбранных показателей[10].

Исходя из этого, шкала была определена следующим образом, если балльная оценка доступности социальной инфраструктуры региона России по отношению к максимальной балльной оценке доступности попала в интервал:

1) от 0% до 25% — критический уровень;
2) от 26% до 50% — низкий уровень;
3) от 51% до 75% — средний уровень;
4) от 76% до 100% — высокий уровень.

---

[10] Лаженцев Н.В. Экономико-географический подход к территориальной организации хозяйства // Человек — общество — окружающая среда: пленарные доклады межд. эконом. конф. / под ред. А.И. Татаркина. Екатеринбург: УрО РАН, 2001, с. 65–79.

Определив уровень доступности инфраструктуры (по каждой сфере в отдельности и по сферам совместно), авторы провели компаративный анализ по регионам РФ. Было выявлено, что методика позволяет проводить анализ данных по конкретному региону в динамике и определять тенденции изменений, происходящих в оценках потребителей услуг социальной инфраструктуры здравоохранения и образования регионов России.

Предложенный авторами комплекс методик позволил системно, комплексно оценить развитие социальной инфраструктуры регионов России и выделить ряд положительных моментов:

— высокую степень информационной доступности и достоверности используемых показателей;
— простоту использования методик;
— возможность корректного межрегионального сравнения и осуществления ранжирования, позиционирования регионов по различным критериям;
— возможность использования методик для проведения динамического анализа, определения тенденций социально-экономического развития;
— гибкость методики (за счет возможности изменения отобранных показателей, расширения и сужения их перечня, введения новых характеристик с учетом дополнительно вводимых).

Представляется, что использование предлагаемого комплекса методик по оценке уровня развития социальной инфраструктуры на региональном уровне будет содействовать становлению в РФ системы управления развитием социальной инфраструктуры регионов.

Предложенный комплекс методик позволяет изучать социальную инфраструктуру с позиции системного подхода, то есть как подсистему региона, основной целью функционирования которой является удовлетворение потребностей населения на конкретной территории. С целью конкретизации и углубления исследования особенностей развития социальной инфраструктуры использован синергетический подход. Авторами были сформулированы гипотезы с целью определения, возникают ли синергетические эффекты, связанные с развитием социальной инфраструктуры регионов, в чем они проявляются, влияют ли на качество жизни.

Результаты, полученные при апробации методик с использованием данных по 76 субъектам РФ, при оценке и анализе экономических условий и уровня развития социальной инфраструктуры регионов, заставили задуматься о возможном взаимовлиянии этих параметров[11]. В связи с чем была сформулирована гипотеза о взаимовлиянии экономических условий и развития социальной инфраструктуры в регионах РФ.

---

[11] Логачева Н.М. Социальная инфраструктура и ее значение для социально-экономического развития регионов России: монография. Екатеринбург: Уральский институт экономики, управления и права, 2012, с. 68–81, 89–96, 103–109.

Результаты изучения уровня развития социальной инфраструктуры и уровня ее доступности для населения актуализировали исследование гипотезы о влиянии социальной инфраструктуры на уровень развития человеческого потенциала населения региона, а посредством этого и на качество жизни.

Гипотеза о взаимовлиянии экономических условий и уровня развития социальной инфраструктуры.

Для определения силы и направления линейной зависимости между исследуемыми параметрами использовался коэффициент линейной корреляции Пирсона. В процессе проведения корреляционного анализа были использованы данные за 2010 год по 76 субъектам РФ, полученные авторами во время апробации методик и представленные в таблице 4.

Таблица 4. Оценки уровня развития социальной инфраструктуры и экономических условий регионов РФ, 2010 г.

Регион	$И_2+И_3$, баллы	$И_1$	Регион	$И_2+И_3$, баллы	$И_1$
ЦФО			**ПФО**		
Белгородская область	27	0,935	Республика Башкортостан	18	0,827
Брянская область	15	0,640	Республика Марий Эл	21	0,654
Владимирская область	14	0,701	Республика Мордовия	24	0,703
Воронежская область	22	0,695	Республика Татарстан	28	1,019
Ивановская область	17	0,606	Удмуртская Республика	19	0,768
Калужская область	16	0,816	Чувашская Республика	24	0,670
Костромская область	18	0,712	Пермский край	26	0,932
Курская область	15	0,756	Кировская область	22	0,722
Липецкая область	20	0,817	Нижегородская область	20	0,797
Московская область	20	1,016	Оренбургская область	20	0,848
Орловская область	18	0,672	Пензенская область	15	0,667
Рязанская область	20	0,718	Самарская область	16	0,890
Смоленская область	13	0,703	Саратовская область	18	0,673
Тамбовская область	18	0,665	Ульяновская область	13	0,678
Тверская область	19	0,744	**УрФО**		
Тульская область	12	0,717	Курганская область	20	0,725
Ярославская область	21	0,820	Свердловская область	25	0,966
СЗФО			Тюменская область	30	1,877
Республика Карелия	17	0,928	Челябинская область	25	0,823
Республика Коми	23	1,234	**СФО**		
Архангельская область	21	1,066	Республика Алтай	28	1,039
Вологодская область	21	0,843	Республика Бурятия	23	0,867
Калининградская область	17	0,884	Республика Тыва	20	0,991
Ленинградская область	19	0,920	Республика Хакасия	22	0,818
Мурманская область	28	1,236	Алтайский край	22	0,689

Новгородская область	18	0,805	Забайкальский край	18	0,843
Псковская область	15	0,680	Красноярский край	21	1,227
ЮФО			Иркутская область	22	0,914
Республика Адыгея	17	0,679	Кемеровская область	21	0,891
Республика Калмыкия	15	0,705	Новосибирская область	18	0,854
Краснодарский край	18	0,828	Омская область	19	0,795
Астраханская область	24	0,749	Томская область	22	0,965
Волгоградская область	20	0,742	**ДФО**		
Ростовская область	17	0,720	Республика Саха (Якутия)	29	1,718
СКФО			Камчатский край	23	1,766
Республика Дагестан	14	0,963	Приморский край	18	0,980
Республика Ингушетия	14	1,393	Хабаровский край	23	1,111
Кабардино-Балкарская Республика	11	0,731	Амурская область	26	0,982
Карачаево-Черкесская Республика	15	0,712	Магаданская область	28	1,784
Республика Северная Осетия - Алания	21	0,729	Сахалинская область	25	2,228
Ставропольский край	17	0,689	Еврейская автономная область	21	0,951

Примечание: И$_1$ — интегрированный индекс, характеризующий экономические условия региона, влияющие на развитие социальной инфраструктуры, И$_2$ — балльная оценка уровня развития социальной инфраструктуры в сфере здравоохранения, И$_3$ — балльная оценка уровня развития социальной инфраструктуры в сфере образования, И$_2$+И$_3$ — общая оценка уровня развития социальной инфраструктуры (двух сфер).

В результате проведения корреляционного анализа по указанному массиву данных был определен коэффициент линейной корреляции Пирсона, равный 0,5364. Для того, чтобы судить о наличии связи между исследуемыми параметрами, следует полученный коэффициент сравнить с критическим значением коэффициента. Для этого был выбран уровень значимости и определено число степеней свободы: уровень значимости установлен как α = 0,05 (то есть вероятность подтверждения события 95%), количество степеней свободы рассматривалось равным 75, так как это было ближайшее значение по отношению к необходимому (в рамках исследования количество степеней свободы df = n−2 = 74, где n — число наблюдений). Таким образом, на основе таблицы критических значений коэффициента корреляции Пирсона, определено критическое значение: r$_{75;\ 0,95}$ = 0,1889[12]. Так как рассчитанное значение больше критического, то был сделан вывод о значимой корреляции (тесной положительной связи), то есть обосновано взаимовлияние экономи-

---

[12] Мюллер П., Нойман П., Шторм Р. Таблицы по математической статистике. Москва: Финансы и статистика, 1982, с. 169.

ческих условий, характеризующих особенности региона, и уровня развития социальной инфраструктуры, как подсистемы региона.

Таким образом, было выявлено, что развитие социальной инфраструктуры способствует улучшению экономических условий в регионе и наоборот. Следовательно, регионы заинтересованы в улучшении как экономических условий, так и социальной инфраструктуры в интересах социально-экономического развития, чтобы повысить уровень и качество жизни населения.

Авторами сформулирована гипотеза о том, что уровень развития социальной инфраструктуры региона (в сфере здравоохранения и образования) оказывает воздействие на уровень развития человеческого потенциала населения в регионе.

Для проверки этой гипотезы была проанализирована взаимосвязь между индексом развития человеческого потенциала (ИРЧП), представляющим собой количественную оценку уровня развития человеческого потенциала, и уровнем развития социальной инфраструктуры отраслей здравоохранения и образования, рассчитанным по авторской методике (данные представлены в таблице 5).

Таблица 5. Оценки уровня развития социальной инфраструктуры российских регионов и индекс развития человеческого потенциала субъектов РФ, 2009 г.[13]

Регион	И$_2$+И$_3$, баллы	ИРЧП	Регион	И$_2$+И$_3$, баллы	ИРЧП
ЦФО			**ПФО**		
Белгородская область	14	0,852	Республика Башкортостан	21	0,827
Брянская область	23	0,791	Республика Марий Эл	17	0,788
Владимирская область	17	0,795	Республика Мордовия	21	0,809
Воронежская область	19	0,817	Республика Татарстан	17	0,864
Ивановская область	19	0,776	Удмуртская Республика	22	0,823
Калужская область	17	0,811	Чувашская Республика	28	0,81
Костромская область	16	0,792	Пермский край	17	0,817
Курская область	19	0,823	Кировская область	22	0,792
Липецкая область	21	0,829	Нижегородская область	25	0,818
Московская область	23	0,82	Оренбургская область	18	0,831
Орловская область	14	0,815	Пензенская область	18	0,806
Рязанская область	22	0,807	Самарская область	21	0,825
Смоленская область	15	0,795	Саратовская область	22	0,82
Тамбовская область	21	0,804	Ульяновская область	15	0,807
Тверская область	17	0,789	**УрФО**		
Тульская область	12	0,8	Курганская область	15	0,796
Ярославская область	18	0,823	Свердловская область	24	0,828
СЗФО			Тюменская область	29	0,882
Республика Карелия	19	0,799	Челябинская область	21	0,826

---

[13] Оценка проводилась по данным на 2009 год, так как это последние доступные на момент исследования данные по ИРЧП субъектов РФ.

Республика Коми	24	0,832	**СФО**		
Архангельская область	28	0,828	Республика Алтай	18	0,763
Вологодская область	20	0,821	Республика Бурятия	27	0,791
Калининградская область	20	0,812	Республика Тыва	14	0,732
Ленинградская область	20	0,805	Республика Хакасия	15	0,809
Мурманская область	21	0,809	Алтайский край	21	0,796
Новгородская область	25	0,798	Забайкальский край	22	0,782
Псковская область	15	0,772	Красноярский край	21	0,834
ЮФО			Иркутская область	20	0,811
Республика Адыгея	19	0,795	Кемеровская область	18	0,812
Республика Калмыкия	18	0,782	Новосибирская область	25	0,828
Краснодарский край	20	0,828	Омская область	14	0,834
Астраханская область	20	0,808	Томская область	22	0,85
Волгоградская область	19	0,81	**ДФО**		
Ростовская область	18	0,818	Республика Саха (Якутия)	31	0,836
СКФО			Камчатский край	20	0,798
Республика Дагестан	19	0,81	Приморский край	17	0,804
Республика Ингушетия	13	0,762	Хабаровский край	17	0,804
Кабардино-Балкарская Республика	17	0,788	Амурская область	29	0,789
Карачаево-Черкесская Республика	14	0,8	Магаданская область	24	0,817
Республика Северная Осетия - Алания	17	0,812	Сахалинская область	25	0,855
Ставропольский край	17	0,801	Еврейская автономная область	18	0,762

Примечание: $И_2$ — балльная оценка уровня развития социальной инфраструктуры в сфере здравоохранения, $И_3$ — балльная оценка уровня развития социальной инфраструктуры в сфере образования, $И_2+И_3$ — общая оценка уровня развития социальной инфраструктуры (двух сфер), ИРЧП — индекс развития человеческого потенциала.

На основе указанных данных был проведен корреляционный анализ, при этом коэффициент линейной корреляции Пирсона составил 0,3564 (критическое значение составляет r_{75}; $_{0,95}$=0,1889[14]), что подтвердило гипотезу о наличии связи между уровнем развития социальной инфраструктуры региона и уровнем развития человеческого потенциала с вероятностью более 0,95. Положительное значение коэффициента корреляции означает прямую зависимость между развитием социальной инфраструктуры региона и уровнем развития человеческого потенциала[15].

---

[14] Мюллер П., Нойман П., Шторм Р. (см. ссылку № 12).

[15] По данным за 2008 год проводилось аналогичное исследование с использованием другого методического инструментария, которое дало схожие результаты. См. Жихаревич Б.С., Логачева Н.М. Социальная инфраструктура и человеческий капитал российских регионов: подход к оценке взаимовлияния, // Экономика и управление, 2012, № 3, Санкт-Петербург, с. 150–156.

В Концепции долгосрочного социально-экономического развития РФ до 2020 г., Стратегии национальной безопасности Российской Федерации на период до 2020 г., «Стратегии 2020» определена необходимость социально-ориентированного развития страны и ее регионов, соответственно признается важность развития человеческого потенциала и повышения качества жизни населения. Обоснование и количественное подтверждение наличия исследуемой взаимосвязи позволило утверждать, что субъекты РФ заинтересованы в улучшении социальной инфраструктуры региона как одном из факторов, повышающих уровень развития человеческого потенциала и, следовательно, формирующих возможности повышения качества жизни.

Наличие корреляции изученных характеристик (экономические условия, уровень развития социальной инфраструктуры, уровень развития человеческого потенциала) доказало существование спирали прямых и обратных связей: более образованное и здоровое население способствует социально-экономическому развитию региона, повышая его конкурентоспособность. Одновременно являясь более успешными и материально обеспеченными, такие люди более настойчивы в требовании лучшей инфраструктуры, что способствует появлению предложения более качественных услуг учреждений государственной и негосударственной социальной инфраструктуры.

Не требует особых доказательств то, что социальная инфраструктура региона выступает в качестве материальной базы воспроизводства человека, его интеллектуального и физического развития, позволяет повысить качество жизни населения и качество самих человеческих ресурсов, проживающих на конкретной территории. Она способствует снижению социальной напряженности в регионе и сохранению («удержанию») собственных трудовых ресурсов региона. Следовательно, те регионы, которые имеют готовность, и возможность развивать ее, с течением времени будут выигрывать в конкурентной борьбе за человеческие ресурсы[16].

Таким образом, учитывая доказанность выдвинутых гипотез, стало очевидным, что требуется фундаментальное переосмысление роли социальной инфраструктуры, которая становится фактором не только способствующим развитию человеческого потенциала, но и расширяющим возможности социально-экономического развития регионов и повышения качества жизни населения.

---

[16] Жихаревич Б.С., Логачева Н.М. (см. ссылку № 15).

Olga Vasilyevna Artyomova, Natalya Modestovna Logachyova

The development of social infrastructure as an important factor in improving quality of life in the regions of the Russian Federation

The Russian Federation has a complex administrative and territorial arrangement. In it there are eight Federal districts and 83 Federal subjects. Regions that are Federal subjects vary widely in their socioeconomic conditions and development of social infrastructure (mainly in the health care and educational spheres). The heterogeneity of economic space among the regions results in differences in the living standards of their populations. Research undertaken by the authors, the results of which are presented in this paper, analyses the level of development of social infrastructure in the various regions. Methods of estimating the level of development of the health care and educational spheres are also offered. All of this enables the formulation of effective social policy aimed at improving the quality of life of the populations in the regions.

Marek S. Szczepański
Anna Śliz

Les régions polonaises : différenciation en fonction de la qualité de vie

I. Introduction

Depuis plus d'une dizaine d'années, nous sommes les témoins du renouveau des particularismes locaux, des régionalismes, de la révolution des minorités ethniques et religieuses ou de la revitalisation des mouvements séparatistes. « Comment aujourd'hui ne pas parler du « local » ? demandait, il y a un quart de siècle, Bernard Ganne — tout autour de nous, que ce soit dans les recherches scientifiques, dans la politique ou dans le rapport que l'on a à la campagne ou la ville, sur le plan économique ou culturel, dans l'histoire, la sociologie, et même l'anthropologie, tout indique le local comme étant une nouvelle évidence, un nouveau champ qui s'impose. Le local nous envahit »[1]. En d'autres termes, suite aux processus de mondialisation et de métropolisation, nous devenons des citoyens du monde tout en restant attachés à notre « patrie privée » et à notre particularité sociale irremplaçable, à ce lieu nostalgique qui forme notre personnalité et, avant tout, à notre identité. La campagne familiale, le village ou la ville, le *hic et nunc* existant, sont plus proches des hommes qu'un monde ou qu'un continent amorphe, non concrétisé, illisible et foncièrement étranger.

La création d'une trame de système mondial et le retour des localismes que l'on peut observer dans le même temps sont des phénomènes et des processus auxquels sont confrontés les chercheurs qui s'intéressent au développement social. Et même s'ils s'accomplissent à des niveaux différents, ils sont inséparables et tout à fait

---

[1] B. Ganne, *Du notable au local. Transformations d'un modèle politique*, « Les annales de la recherche urbaine », 1985, n° 28, Octobre, p. 23.

complémentaires. Dans la réalité, il existe une certaine continuité des changements et les transformations globales se transforment en transformations locales et *vice versa*. Le développement local n'est, en effet, pas une alternative aux processus de mondialisation, il constitue plutôt son complément.

Les processus globaux modernes transforment les systèmes locaux, mais menacent moins leurs existences qu'ils ne créent des communautés nouvelles, ces dernières différant par leur caractère des communautés traditionnelles. Les sociétés traditionnelles locales reposant sur une manifestation commune de l'unité culturelle sont remplacées par une société que l'on peut qualifier d'hybride. C'est une réalité sociale rassemblant dans un espace défini plusieurs cultures qui ne sont pas unies par une communauté de valeurs et de normes.

La notion essentielle qui permet de décrire les bases territoriales de la vie sociale, en dehors de la société locale, est la « région ». Ce terme, utilisé traditionnellement en géographie, en sociologie ou en sciences politiques, a été valorisé de manière univoque à l'heure des processus intensifs de la globalisation. La notion de « région » est liée aux recherches économiques sur l'influence de l'espace sur l'économie, habituellement au niveau de la division de l'économie nationale en unités administratives et politiques. Une telle approche a vu le jour dans la deuxième moitié du XXᵉ siècle. Auparavant, comme le remarque Gerhard Brunn, le mot « région » faisait principalement penser à une spécificité culturelle reflétée dans les belles lettres. Ensuite, Pierre Bourdieu a souligné que la région et ses frontières sont la trace d'un acte de pouvoir qui consiste à définir un territoire. C'est un acte qui établit juridiquement les limites d'un territoire, c'est-à-dire la division d'un territoire entre ce qui est nôtre et ce qui est étranger. Cet acte qui détermine une région a un caractère universel et les mouvements régionaux tendent à la reproduire. La notion de région permet également d'analyser les transformations des processus de production, en les référant à un niveau plus abstrait. Ainsi définie, la région devient une unité de planification et d'analyse économique[2].

Dans le présent texte, nous consacrerons notre attention à la description théorique de la compréhension de la société locale, aux éléments qui la constituent et aux transformations auxquelles sont soumises les sociétés locales à cause des processus globaux. Nous nous concentrerons, en effet, sur l'analyse de la diversification régionale de la Pologne dans sa dimension économique et, dans une moindre mesure, dans sa dimension culturelle et économique.

II. La société locale et ses transformations

La société locale, de même que la famille, constitue l'élément essentiel de la structure sociale dont l'expression institutionnelle et politique est la commune. « La

---

[2]   M.S. Szczepański, A. Śliz, R. Geisler, B. Cymbrowski, *Region i społeczności lokalne. Słowo wprowadzające*, in : *Socjologia regionu i społeczności lokalnych*, édit. : M.S. Szczepański, A. Śliz, R. Geisler, B. Cymbrowski, Wydawnictwo UO, Opole 2011, pp. 9–11.

commune — écrivait Alexis de Tocqueville — est la seule association qui soit si bien dans la nature, que partout où il y a des hommes réunis, il se forme de soi-même une commune. La société communale existe donc chez tous les peuples, quels que soient leurs usages et leurs lois ; c'est l'homme qui fait les royaumes et crée les républiques ; la commune paraît sortir directement des mains de Dieu »[3]. Cet hymne historique à la gloire de la commune illustre bien l'opinion toujours actuelle sur le rôle potentiel des sociétés locales, « trou perdu » ou « patelin abandonné » dans les processus de développement. Sans pour autant se lancer dans une tentative de définition qui a plus de chances d'être infructueuse et conflictuelle qu'exhaustive, il est possible d'exposer quelques traits constitutifs qui conditionnent l'existence des sociétés locales. Avant tout, elles sont attachées à un lieu concret que Yi-Fu Tuan perçoit comme « […] un centre calme de valeurs définies. […] Ce lieu c'est la sécurité »[4]. Un lieu qui personnifie un microcosme, ordonné, familier, un peu embarrassant mais complètement sécurisé. Les hommes y marquent leur présence, dans son aspect quotidien et festif, et, en conséquence, ils s'approprient ce lieu.

Les sociétés locales se caractérisent par un nombre limité d'acteurs et les relations qui se produisent entre eux ont un caractère direct — *face to face relations*. Du point de vue du modèle, une société locale rassemble environ 5 000 habitants. C'est Platon qui a été le premier à indiquer, de manière intuitive sans doute, cette dimension sociale de la *polis* idéale, fasciné qu'il était par le pythagorisme et la magie des chiffres. Aujourd'hui, nous savons que les hommes qui vivent dans une telle société se connaissent et que la plupart d'entre eux entretiennent des contacts directs. Au-delà de ce chiffre, l'anonymat prend le dessus et le contrôle social est plus faible. Le syndrome de « solitude dans la foule » apparaît. Il consiste en une proximité physique concomitante à un éloignement social manifesté par une carence de connaissances et de contacts directs. Différents phénomènes de nature pathologique apparaissent alors. Cela ne veut pas dire pour autant qu'ils sont absents au sein des petites sociétés, mais le renforcement — bien que souvent sélectif — du contrôle social, limite efficacement l'apparition d'au moins une partie d'entre eux, comme la toxicomanie ou le vol. Un nombre limité d'acteurs de la scène locale sont unis par une communauté de buts et de moyens qui découle de la communauté de la vie quotidienne.

« La longue durée » de ces sociétés fait que l'on peut leur associer des univers symboliques, comme ceux qui ont été définis, il y a plusieurs années, par Peter Berger et Thomas Luckmann[5]. Il s'agit ici d'un ensemble de valeurs et de normes qui résiste dans une large mesure aux transformations et qui régule les comportements quotidiens en fixant leurs rythmes et leurs cycles.

[3] A. De Tocqueville, *O demokracji w Ameryce*, trad. de B. Janicka, M. Król, Fundacja Aletheia, Warszawa 2005, p. 57.

[4] Yi-Fu Tuan, *Przestrzeń i miejsce*, trad. de A. Morawińska, PIW, Warszawa 1987, p. 13.

[5] P. Berger, T. Luckmann, *Społeczne tworzenie rzeczywistości*, trad. de J. Niżnik, PIW, Warszawa 1983, *passim*.

Chaque société locale a besoin de ce que Raymond Aron, philosophe et sociologue français décédé en 1985, appelait un encadrement institutionnel. Il s'agit ici notamment d'un hôpital avec une salle d'accouchement symbolique, d'une école maternelle, d'une école, d'un établissement de travail, d'une église, de services, de centres de loisir et, pour finir, d'un cimetière. La vie de la société locale est conforme à la trajectoire générale des destins de l'individu. L'homme naît, il va à l'école, il travaille, il se repose, il tombe malade et, pour finir, il meurt. Le cimetière est alors une forme particulière de mémoire sociale, servant d'ancre à l'identité locale. Chaque nécropole, pour employer une métaphore, rassemble ceux qui ont quitté la société locale, ceux qui y restent et ceux qui y viendront. En dehors du cimetière, l'histoire des communautés locales est constituée d'événements plus ou moins importants, elle est faite par les héros locaux. Les traces, réelles ou légendaires, ont été laissées par de grandes personnalités qui ont rejoint la société par hasard ou de manière intentionnelle. Nous avons ici affaire à la longue durée de cette société et à l'entassement de faits, de mythes, de représentations et de convictions collectives, de coutumes, d'habitudes, de destins individuels et familiaux. Dans ce contexte, on peut dire que la société locale se caractérise par une sorte d'autarcie et pratiquement toute la vie des personnes qui en font partie peut se dérouler dans ses limites. « The mark of community — écrivaient Robert M. MacIver et Charles H. Page — is that one's life may be lived wholly within it »[6].

Les sociétés locales assignées à un lieu disposant d'un nombre limité d'acteurs sociaux et d'un ensemble complet d'institutions constituent un monde relativement clos — un système local. Quelque part, au-dessus d'eux, dans un autre espace, une histoire accélérée avait lieu, des guerres se déroulaient, des monarchies étaient renversées, des macrostructures politiques et économiques se constituaient. Dans les systèmes locaux, le temps s'écoulait à un autre rythme. Les processus de changement et de développement passaient pratiquement inaperçus, mais au même moment, dans les sociétés locales, des innovations imperceptibles avaient tout de même lieu et, au fil du temps, elles finissaient par emporter l'adhésion de tout le monde, sans que personne ne soit capable d'indiquer la date de leur apparition. « Derrière l'histoire bousculée des gouvernements, des guerres et des famines — écrivait Michel Foucault —, se dessinent des histoires, presque immobiles sous le regard, des histoires à pente faible : histoires de voies maritimes, histoire du blé ou des mines d'or, histoire de la sécheresse et de l'irrigation, histoire de l'assolement, histoire de l'équilibre, obtenu par l'espèce humaine entre la faim et la prolifération »[7].

Pendant ce temps, la civilisation contemporaine intégrait les systèmes locaux dans les structures mondiales, ce qui provoquait leur transformation et, dans

---

[6]   R.M. MacIver, Ch.H. Page, *Society: An introductory analysis*, New York 1961, p. 8.
[7]   M. Foucault, *Archeologia wiedzy*, PIW, Warszawa 1977, *passim*.

certains cas menaçait leur existence sous leur forme traditionnelle. En parallèle, le fait d'être coupé des processus globaux repoussait les sociétés locales vers les marges mondiales de l'économie et de la politique et entraînait les hommes dans la pauvreté. Nous avons donc, d'un côté, des sociétés locales qui participent activement aux processus globaux, et de l'autre, des *outsiders* du monde. La logique des processus économiques implique, en effet, une concentration spatiale des biens et des hommes ainsi qu'une centralisation des dispositions, de l'administration et du pouvoir. L'industrialisation, et aujourd'hui l'informatique, transforment l'économie et causent une migration de la population vers les centres mondiaux que sont aujourd'hui les plus grandes et les plus riches métropoles — *global cities*, c'est-à-dire des espaces organisés par les hommes qui deviennent des espaces sans frontières. Les murs qui, autrefois, jouaient un rôle protecteur, symbolique, et qui permettaient de distinguer les siens des étrangers ont disparu du paysage des villes d'aujourd'hui, et les espaces métropolitains contemporains sont caractérisés par un espace de flux (*space of flows*)[8]. L'absence de frontières physiques confère aux métropoles mondiales une portée illimitée et induit des expansions aussi bien par le biais d'Internet que par celui d'une expansion territoriale.

Les sociétés locales se caractérisent par une dynamique reposant principalement sur un développement endogène, c'est-à-dire sur l'accentuation des facteurs internes au système. Un système dans lequel les petites sociétés constituent l'entité la plus importante et sont à l'origine des transformations. C'est justement ce type de développement, — mis à profit par le potentiel interne des petites sociétés et qui, pendant des années, n'avait pas été perçu par les institutions —, qui organise et assure la promotion des changements sociaux, économiques, politiques et culturels. On admet généralement que la participation des unités et des communautés est une condition indispensable pour obtenir un tel développement. Cette notion n'est pas univoque et elle apparaît dans un contexte au moins triple. Premièrement, l'identification va de pair avec le processus de mobilisation qui englobe aussi bien le processus de mobilisation sociale que le processus de mobilisation politique. Le premier d'entre eux sert à préparer la société ou certaines de ses fractions au changement de l'ordre social ou économique établi et à son remplacement par un autre, meilleur ou plus efficace. La mobilisation politique, quant à elle, présuppose le plus souvent l'existence et l'action de groupes de personnes, de gouvernements et d'élites au pouvoir, de parlement, de groupes de pression, d'élites partisanes, de partis cherchant à obtenir un soutien social pour formuler des programmes, des doctrines et des idéologies. Deuxièmement, la participation est souvent identifiée à la décentralisation du pouvoir et de l'administration. Ceci implique de transmettre des prérogatives attribuées jusqu'alors aux institutions et aux organisations centrales à des institutions et des organisations d'un niveau inférieur, c'est-à-dire au niveau

---

[8] M. Castells, *Społeczeństwo sieci*, trad. de M. Marody et al., Wydawnictwo Naukowe PWN, Warszawa 2007, pp. 381–429.

local. Troisièmement, la participation est perçue comme un processus qui consiste à associer à l'action sociale des personnes qui étaient jusqu'alors marginalisées, privées de pouvoir.

Au XVIIIème siècle, les transformations des sociétés locales sont déclenchées par les personnes individuelles qui les composent. Il s'agit ici, avant tout, d'individus qui se caractérisent par un haut niveau de créativité, un besoin de se dépasser et un anticonformisme spectaculaire. Ce sont des individus qui possèdent ce qu'ilconvient d'appeler une personnalité moderne[9]. C'est aussi la conception d'un « nouvel individualisme » qui souligne que « […] les entités individuelles et non les collectivités ou d'autres groupes de personnes constituent la source déterminante des actions individuelles, des conceptions de valeurs et de nombreuses formes sociales et de doctrines morales radicalement différentes et qui rivalisent les unes avec les autres dans les société pluralistes. L'individualisme place l'individu à la première place »[10]. Cette notion de nouvel individualisme est liée à l'expansion des formes développées du libéralisme, telle qu'on peut la percevoir depuis le début des années soixante-dix et qui perdure jusqu'à aujourd'hui. C'est à dessein que nous employons l'adjectif « nouvel », afin de le distinguer de l'individualisme inscrit dans le libéralisme classique et dont la naissance remonte au XVIIIe siècle. Ce nouvel individualisme a, quant à lui, été développé au cours du XIXe siècle et au cours des premières décennies du XXe siècle. Dans le cas de l'individualisme classique, l'homme était plutôt perçu dans une seule dimension, principalement comme *homo economicus* ; par contre, dans le néo-individualisme, il est considéré comme un être possédant plusieurs dimensions et qui affiche des besoins et des aspirations autres qu'économiques : culturelles, religieuses, affiliatives et politiques. Ce sont les néo-individualistes — qui se réfèrent à divers courants du libéralisme contemporain — qui ont estimé que les forces motrices des transformations sont dans les individus et que les besoins humains sont des stimulateurs d'actions.

Le développement endogène doit s'accompagner d'une totale conscience et d'une bonne connaissance des écosystèmes locaux et des conséquences de la violation des équilibres qui y existent. En d'autres termes, le développement, *hic et nunc*, ne peut pas se faire au détriment des générations futures et de l'environnement naturel. Il doit donc avoir le caractère d'un « éco-développement » et il doit traiter le milieu naturel comme une sorte de valeur culturelle constitutive de l'identité sociale. Il s'agit, en définitive, d'un développement social strictement coordonné avec les conditions environnementales et qui n'aboutit pas à la dégradation de la nature, mais qui exploite ses ressources de la meilleure façon possible. Par conséquent, l'homme, en tant que partie organique de la nature, doit diriger avec attention les transformations qui y ont lieu.

---

[9]   K. Krzysztofek, M.S. Szczepański, *Zrozumieć rozwój. Od społeczeństw tradycyjnych do informacyjnych*, Wydawnictwo UŚ, Katowice 2005, pp. 39–51.

[10]   Z. Bokszański, *Indywidualizm a zmiana społeczna*, Wydawnictwo Naukowe PWN, Warszawa 2007, p. 82.

Ainsi défini, le processus de développement local doit remplir une importante exigence de catégorie, qui a pour but et pour sens de protéger l'identité culturelle d'une collectivité concrète. « La société — écrivait Hyúnh Caõ Tri — pour se développer, ne peut pas arrêter d'être elle-même, ce qui n'existe pas ne peut pas se développer. Le processus de développement ne peut pas aboutir à la destruction et/ou à l'aliénation de la personnalité des peuples »[11]. L'identité culturelle, quant à elle, doit être perçue comme une identification relativement durable d'un certain groupe de personnes et de ses membres individuels avec un ensemble d'opinions, d'idées, de convictions définies, avec des habitudes et des coutumes concrètes, avec un système axiologique et normatif donné. Cette définition doit renforcer l'unité du groupe et la conscience de sa particularité.

Pour conclure les réflexions sur les sociétés locales, nous admettrons qu'elles se caractérisent par un lieu concret, un nombre limité d'acteurs sociaux et un système d'institutions. Ainsi créé, ce système local associe une communauté d'objectifs et de moyens nécessaires à leur réalisation. Mais, simultanément, les sociétés locales sont soumises à des transformations causées par les processus globaux contemporains — la mondialisation et la métropolisation — de même qu'à l'activation des facteurs endogènes qui contribuent au développement souhaité d'une société locale en particulier. Il convient toutefois de ne pas oublier que le développement ne peut pas perturber l'écosystème local, ni détruire l'identité d'une société concrète. Ce sont là, en effet, les fondements d'une société locale viable.

III. Les disparités régionales de la Pologne

La construction des nouvelles structures administratives en Pologne au moment des transformations consécutives à la chute du socialisme réel, c'est-à-dire après 1989, a connu son tournant dix ans plus tard. À cette époque, en juin et juillet 1998, les lois sur les collectivités locales des districts et des *voïvodies* préparées par le gouvernement de Jerzy Buzek[12] ont été adoptées. Elles instauraient un système de division du territoire à trois niveaux dont les éléments sont : les communes (*gmina*), les districts (*powiat*) et les voïvodies (*województwo*). L'entrée en vigueur de ce nouveau partage a eu lieu le 1er janvier 1999 et elle a mis fin aux discussions qui portaient sur la décentralisation du pays et les moyens de la mettre en œuvre. L'un des thèmes les plus importants de ce débat concernait le modèle de régionalisation et les compétences de ces futures régions. C'est finalement le modèle de collectivités locales régionales[13] qui a été retenu, même si au départ, il était assez largement

[11] H. Caõ Tri, *Identité culturelle et développement : portes et signification*, in : *Stratégies de développement endogène*, H. Caõ Tri et al., Paris 1984, p. 14.

[12] La réforme administrative était l'une des quatre réformes élaborées et mises en œuvre par le gouvernement de Jerzy Buzek (1997–2001). Les autres réformes portaient sur le système de retraite, le système de santé et l'éducation.

[13] Z. Zagała, *Reforma administracyjna z 1999 roku i jej konsekwencje w opinii elit centralnej części województwa*, in : *Razem i osobno. Społeczności regionalne wobec skutków reformy administracyjnej z 1999 roku. Przypadek*

décrié : « Les collectivités locales font apparaître toutes les faiblesses et les insuffisances de la démocratie polonaise. Elles sont plus perceptibles et elles éveillent plus d'émotions, car elles touchent des questions plus proches des observateurs »[14]. De même, il fut souligné que « la collectivité locale est uniquement une forme institutionnelle de gestion des affaires locales et régionales. Elle repose sur le principe selon lequel les habitants d'une certaine zone constituent une communauté consciente de ses besoins et de ses objectifs, capable de gérer de manière indépendante ses propres affaires locales. La collectivité locale ne peut donc fonctionner efficacement que lorsque de telles communautés existent, et donc seulement dans le cadre d'une société civique. La collectivité locale est à l'image de la société. Elle n'est pas la seule à répondre de ses agissements ; ceux qui l'on élue en sont également responsables »[15]. En 1998, il fallait également décider du nombre de voïvodies et du critère de division territoriale de la Pologne. De nombreux représentants de la vie publique, notamment les milieux d'opinion et les élites de la voïvodie de Katowice se prononcèrent pour le nombre de douze, leur principal argument pour cette conception reposant sur la tradition historique et culturelle des régions polonaises. Les habitants des voïvodies qui devaient disparaître (le découpage administratif en vigueur de 1975 à 1998 reposait sur un partage du territoire en quarante-neuf voïvodies — NDT) ne partageaient pas ce point de vue — la défense de la région d'Opole en est un bon exemple — et en conséquence, l'option qui a été retenue est celle qui prévoyait de créer seize voïvodies ou « nouvelles régions » sur la base de facteurs économiques et non pas culturels. Le problème qui se posait alors était de mettre en place de fortes structures de collectivités locales qui seraient coresponsables du développement de ces régions nouvellement créées. Cette conception est conforme à la signification contemporaine de la région — c'est-à-dire une région aménagée en commun, malgré le fait que de nombreux analystes n'acceptent pas l'idée de région au sens de collectivité locale. Ils sont convaincus de la pertinence de la région définie du point de vue historique et culturel. Ce problème touche notamment la voïvodie de Silésie. Toutefois, pour les besoins du présent texte, nous considérerons comme unité d'analyse les collectivités territoriales, c'est-à-dire que nous définirons les régions en termes de catégories administratives et économiques. En conséquence, nous nous concentrerons sur les disparités régionales de la Pologne en nous basant sur les seize voïvodies existantes. Avant de passer à ces réflexions, nous ferons quelques remarques d'ordre général.

Nous sommes conscients du fait que le monde contemporain, imbriqué dans les processus de mondialisation et de métropolisation, valorise certains mondes

---

Bielska-Białej, Częstochowy, Katowic, Opola, édit. : R. Geisler, B. Pawlica, M.S. Szczepański, Śląskie Wydawnictwa Naukowe, Tychy – Częstochowa 2004, p. 137.

[14] C. Obracht-Prondzyński, *Społeczeństwo obywatelskie a samorządy w RP*, in : *Lech Bądkowski a samorządna Rzeczypospolita*, édit. : B. Synak, Samorząd Pomorza 2009, n° 1, p. 60.

[15] C. Obracht-Prondzyński, (réf. n° 14), pp. 60–61.

sociaux, tout en en marginalisant d'autres. De même, certaines sociétés locales ou certaines régions contribuent et participent activement au développement mondial, d'autres, par contre, non. Les exemples des tribus africaines ou des Indiens d'Amérique du Nord rendent crédible la thèse de la marginalisation de certaines sociétés locales. De l'autre côté, nous avons les exemples des sociétés qui participent activement aux processus globaux et qui se transforment sous leur influence. La Silicon Valley, de même que la route 128 de Boston ou que le Research Triangle Park de la Caroline du Nord, Seattle et Austin en sont de parfaits exemples. Des métamorphoses d'une ampleur similaire ont eu lieu dans le Bassin de la Ruhr (*Ruhrgebiet*), en Allemagne ou le Bassin d'Anthracite de Pittsburg en Amérique[16].

Ces transformations des sociétés locales, régionales ou autres concernent également la Pologne. Des disparités notables y apparaissent dès que nous prenons en compte quelques indicateurs témoignant du rythme de développement des régions polonaises et de leur place parmi les régions les plus développées de l'Union Européenne. Le niveau du PIB et le degré d'informatisation est un important indicateur économique pour mesurer les disparités entre les régions. Si nous nous penchons sur la carte de la Pologne, nous pouvons voir que les disparités des espaces prennent différentes formes. Au lieu de parler d'un seul pays fortement intégré, il conviendrait plutôt de faire ressortir ses diversités régionales, ce qui nous permettrait d'utiliser la terminologie métaphorique de « PluriPologne » (*WieloPolska*)[17]. Dans le même temps, il convient de faire attention à la place des régions polonaises dans l'Union Européenne. Selon les données de l'année 2007, quinze régions polonaises font partie des régions les plus pauvres de l'UE, c'est-à-dire les régions dont le PIB ne dépasse pas 75% de la moyenne de l'UE. La seule exception était la région de Mazovie pour laquelle ce pourcentage atteignait les 87,1%. À titre de comparaison, la région la plus riche d'Europe était l'Inner London en Grande-Bretagne dont le PIB représentait 334% de la moyenne de l'Union Européenne[18].

Parmi les seize régions polonaises, nous pouvons distinguer celles qui dominent économiquement et celles que nous pouvons considérer comme des régions périphériques. Dans le premier groupe se trouvent la Mazovie, la Grande-Pologne, ou encore la Silésie. Tandis que le second groupe compte les Basses-Carpates, la

---

[16] Zob. M.S. Szczepański, A. Śliz, *Stare okręgi przemysłowe w procesie metropolizacji. Awangarda i spóźniony przybysz: Pittsburgh, Zagłębie Ruhry i Donieck*, in : *Czy metropolia jest miastem?*, édit. : B. Jałowiecki, Wydawnictwo Naukowe Scholar, Warszawa 2009, pp. 173–191.

[17] B. Jałowiecki, M.S. Szczepański, *Dziedzictwo polskich regionów*, in : *Jedna Polska? Dawne i nowe zróżnicowania społeczne*, édit. : A. Kojder, Komitet Socjologii PAN, Wydawnictwo WAM, Kraków 2007, pp. 59–89; K. Bondyra, P. Śliwa, M.S. Szczepański (édit.), *WieloPolska regionalna. Regionalizm w Polsce a polityka strukturalna Unii Europejskiej*, Wydawnictwo WSB, Poznań 2009, *passim*.

[18] « *15 polskich województw wśród najbiedniejszych regionów UE* » Podatki.biz. [en ligne] 19.02.2010. <www.podatki.biz/artykuly/16_9736.htm> [page consultée le 2011.08.08].

voïvodie de Sainte-Croix, la Podlachie et la voïvodie d'Opole. Le classement des régions contemporaines de la Pologne repose d'une part sur des données statistiques, et, d'autre part, sur la qualité de vie des habitants, qui peut être mesurée aussi bien par des indicateurs objectifs que par des indicateurs subjectifs[19].

IV. Les leaders régionaux de la Pologne et les métropoles nationales

La force et le niveau du développement économique d'une région sont mesurés, avant tout, par sa position dans le classement en pourcentage des contributions de chaque région au PIB global polonais. Il n'est pas surprenant de constater que c'est la Mazovie qui génère la plus grande part du PIB polonais (21,6%). Il convient toutefois de rappeler qu'il s'agit de la plus grande région de Pologne, tant du point de vue de la population que de la superficie. Il convient également d'ajouter que cette région est très diversifiée du point de vue économique et qu'elle se caractérise par une distance de plus en plus marquée entre Varsovie et le reste de la région. Les paysages de la Mazovie se composent aussi bien de terrains agricoles, de sites industriels que d'îlots d'entreprises de nouvelles technologies principalement localisés dans la ville-capitale : la métropole de Varsovie. La région de Mazovie accueille 627 000 entreprises et 30% des investisseurs étrangers en Pologne ont installé le siège de leur société dans la capitale. Ceci s'explique par les conditions de transport relativement favorables — pour les conditions polonaises — offertes par cette ville. Il s'agit ici, avant tout, de l'Aéroport International d'Okęcie. Les secteurs économiques les plus importants de la région sont le commerce, les télécommunications, les services financiers, les assurances, l'informatique, l'industrie automobile, mais aussi la plus grande raffinerie de pétrole de Pologne localisée à Płock. Dans l'espace d'une capitale de presque deux millions d'habitants est concentré, à une échelle réduite, ce que l'on appelle dans le monde des métropoles mondialisées, *toutes proportions gardées*, un espace de circulation. C'est un espace consacré au savoir contemporain, à l'information et aux nouvelles technologies. C'est également un centre de l'hédonisme et de l'eudémonisme de l'élite intellectuelle et artistique polonaise, ainsi que de la classe politique. Cet espace de circulation abrite notamment un centre de congrès et de conférences. De plus, Varsovie et Cracovie sont des villes qui représentent la Pologne au-delà de ses frontières. Varsovie est la seule ville polonaise a avoir été classée — en dix-neuvième position — dans le réseau des villes globales réunissant les métropoles mondiales sous la dénomination de *global cities*[20].

---

[19] Toutes les données qui caractérisent les régions proviennent de deux sources principales : « *Raporty gospodarcze z województw* » Money.pl. [en ligne] <www.money.pl/gospodarka/regiony-polski> [page consultée le 2011.08.08], et du travail de édit. J. Czapiński, T. Panek, *Diagnoza społeczna 2009. Warunki i jakość życia Polaków*, Rada Monitoringu Społecznego, Warszawa 2009, *passim*.

[20] A. Olechnicka, A. Płoszaj, *Metropolie a innowacyjność*, in : B. Jałowiecki, (réf. n° 16), p. 141.

Cracovie, avec toute la région de Petite-Pologne, représente 7,4% du PIB polonais, portant ainsi la région à la cinquième place nationale. Mais Cracovie représente aussi une grande partie de l'histoire polonaise et est un centre scientifique, culturel et historique. La capitale de la région est une ville célèbre pour ses nombreux théâtres, musées, cafés et pour d'autres lieux liés au passé et au présent de la Pologne, faisant d'elle un lieu de passage obligé pour tous les touristes en visite dans la région. Le château royal du Wawel, la Halle aux draps (*Sukiennice*) et les bretzels sont des symboles de la ville et sa région, ainsi le territoire de la Petite-Pologne est notamment occupé par des terrains agricoles historiquement affectés à ce type d'activités. Aujourd'hui, cette ville des Rois de Pologne et ses alentours héberge les secteurs des technologies informatiques, de la banque, de l'agroalimentaire et de l'industrie du tabac, mais aussi le magnifique massif des Tatras et l'atmosphère unique de Zakopane, avec la célèbre rue Krupówki, noire de monde et très animée durant toute l'année. Cette image idyllique est perturbée par les terrains industriels non entretenus de l'ancien Complexe Métallurgique Lénine (*Huta im. Lenina*), une des « perles » de la période du socialisme réel. Sa modernisation partielle a consisté à changer son nom en Complexe Métallurgique Sedzimir et à revendre ses parts à Mittal Steel, le leader mondial de la production d'acier.

A l'autre extrémité des représentations des espaces sociaux, quoique relativement proche géographiquement, se trouve la Silésie dont l'image continue d'évoquer les temps pionniers de l'industrialisation. C'est la région la plus industrialisée de Pologne et même de toute l'Europe, à l'exception des bassins industriels ukrainiens et russes. C'est ici que l'on trouve les secteurs économiques qui dépendent de l'extraction du charbon — 90,2% de la production nationale, le secteur sidérurgique, celui des machines-outils, la métallurgie, la chimie, l'industrie agroalimentaire, la production de voitures individuelles — FIAT, General Motors Corporation — et d'acier brut. C'est ici qu'était visible, il y a encore quelques années, depuis la fenêtre d'un tramway ou d'une voiture, les hauts fourneaux brûlants dont l'image se mêlait avec celle des puits de mines encore exploités ou déjà fermés. C'est le symbole de la Silésie qui, comme dans le cas du Silesia City Center, a pris une dimension contemporaine en tant que centre commercial, moderne et célèbre, se distinguant des autres établissements de ce type par une chapelle située en son centre. La Silésie occupe la deuxième place en termes de contribution au PIB de la Pologne (12,6%). De plus, la région actuelle de Silésie accueille de nombreuses écoles supérieures qui construisent le réseau éducatif de la région dont le centre est occupé par l'Université Silésienne, l'Université Technologique de Silésie, l'Académie de Médecine de Silésie ou encore l'Académie d'Economie de Katowice. Lorsque l'on traverse les villes de Silésie, il est difficile de ne pas remarquer les transformations importantes qui ont lieu dans les infrastructures de transport ou de logement. A côté des lotissements industriels traditionnels sortent de terre de nouvelles maisons d'habitation. Le cœur de la Silésie est constitué par une concentration de quatorze villes dont l'ambition actuelle est de mettre en place la Stratégie de développement de la Métropole « Silesia » Górnośląsko-Zagłębiowskiej « Silesia » pour l'année 2025[21].

La région de Grande-Pologne occupe la troisième place en Pologne pour sa contribution au PIB national (9,2%). Cette région dont la capitale est à Poznań, évoque, pour le grand public, les foires et expositions nationales et internationales. Mais Poznań est aussi le centre économique, scientifique et culturel de la région. La Grande-Pologne accueille 9,2% de toutes les entreprises polonaises.

L'agroalimentaire est le secteur dominant, néanmoins la production automobile connaît un développement rapide, de même que l'industrie pharmaceutique, la production de meubles, de céramique, de matériel d'éclairage et d'appareils électroménagers. L'exploitation du lignite, à proximité de la ville de Konin, est une activité importante de la région. On y produit également de l'aluminium. La Grande-Pologne occupe la deuxième place nationale en termes d'exportations des PME. Les enseignes lumineuses des grandes marques étrangères ayant décidé d'installer leur siège dans la région attirent le regard des passants : Volkswagen, Nestlé ou Philips. Mais n'oublions pas que, pour de nombreuses personnes, la Grande-Pologne est, avant tout, une grande zone d'exploitation agricole, activité associée à son image comme étant l'héritage de la période de domination prussienne.

La part de la région de Basse-Silésie dans le PIB de la Pologne est de 8,1%, ce qui situe cette région à la quatrième place du classement. La capitale de la région est Wrocław, c'est le centre économique, scientifique et culturel de la Basse-Silésie. Wrocław est l'une des villes les plus dynamiques de Pologne. En septembre 2011, elle a accueilli le Congrès Européen de la Culture et sera, en 2016, capitale européenne de la culture. Certes, les tentatives faites par la capitale de Basse-Silésie pour organiser une exposition internationale EXPO 2012 n'ont pas été couronnées de succès, mais les investissements qui ont été accomplis ont conféré à la ville un climat spécifique et ont contribué à faire d'elle l'une des plus belles et plus dynamiques villes d'Europe. Wrocław a su créer une ambiance à nulle autre pareille, capable d'attirer les nombreux touristes qui viennent y dépenser leurs dollars, leurs euros et bien d'autres devises encore. Mais la Basse-Silésie, c'est aussi un secteur tertiaire qui se développe à un rythme rapide. En effet, les services représentent 60% du PIB de la région, 45,7% pour les services marchands, alors que l'industrie représente 32%, et l'agriculture seulement 2,2%. La Basse-Silésie attire des capitaux d'affaires internationaux : britannique, américain, allemand et français. Les villes les plus développées de la région sont Wrocław et Lubin, tandis que Wałbrzych en est la ville la moins développée.

La région de Łódź occupe une part significative du développement économique de la Pologne (6,2%). Cette région est connue avant tout pour son industrie textile qui a connu de graves difficultés au cours de la période des transformations des

---

Strategia Rozwoju Górnośląsko-Zagłębiowskiej Metropolii „Silesia" do 2025 roku. Górnośląski Związek Metropolitalny, Katowice, le 30 mars 2010.

années 90, à partir du moment où les exportations vers les marchés des anciens pays de l'Union Soviétique ont subi un grand coup de frein. Cette région est relativement peu étendue, mais sa structure sociale est assez originale. La ville de Zelów en est un bon exemple : on y trouve la communauté tchèque la plus nombreuse de Pologne. Łódź, la capitale de la région, est un grand centre économique, scientifique et culturel. Le nom de cette ville évoque en premier lieu l'une des rues les plus célèbres de Pologne — la rue Piotrowska, le long de laquelle se concentrent les événements importants de la vie de la ville. Mais la région de Łódź, c'est aussi l'industrie légère qui est concentrée aujourd'hui dans trois villes principales : Łódź, Zgierz et Pabianice. La ville de Łódź représente 70% de la production polonaise de textiles, la région occupant une place de leader pour cette branche d'activité. D'autres secteurs industriels y sont aussi présents : l'énergie, le charbon, la chimie, les matériaux de construction, mais l'iconosphère de Łódź et de ses alentours est toujours associée aux usines de textile et de confection qui font penser aux images du film « La Terre de la Grande Promesse » réalisé par Andrzej Wajda et dans lequel jouent Andrzej Seweryn, Wojciech Pszoniak et Daniel Olbrychski. Même si beaucoup de manufactures du XIXᵉ siècle ont été transformées en superbes appartements ou en espaces d'utilité publique, elles continuent à faire vivre la mémoire du Łódź précapitaliste. Ces souvenirs du XIXᵉ siècle s'accompagnent aujourd'hui d'un centre d'extraction de lignite et de production d'énergie qui est situé à Bełchatów.

Les régions que nous venons de présenter constituent le centre économique de la Pologne, elles sont la force motrice de son développement. Nous sommes également convaincus que les centres urbains de ces régions connaissent des transformations importantes qui vont finir par faire d'elles des métropoles, c'est-à-dire de grandes villes de plus de 500 000 habitants. Mais la caractéristique la plus importante de ces régions repose sur le fait qu'elles accueillent sur leur territoire des centres d'information, de savoir, de décision et d'innovation[22]. Il convient de souligner que les plus grandes villes de Pologne, qui jouent le rôle positif de leaders régionaux de notre pays, concentrent sur leur territoire des personnes caractérisées par leur créativité, leurs compétences élevées, leurs capacités à prendre des risques et leur ouverture d'esprit envers tous les changements et mutations sociales. Savoir attirer et mobiliser de telles individualités sur le territoire des métropoles, c'est être à même d'assurer leur développement. Une telle concentration de potentiel social créatif est favorisée par la centralisation des plus grandes écoles supérieures dans les grandes villes, mais aussi par celle des nouveaux investissements polonais et étrangers. C'est de cette façon que l'on donne à ces individualités un large champ d'action dans le domaine de la création, ce qui favorise le développement de la ville, puis de la région. Cela favorise également la concurrence positive qui est le moteur du développement. Savoir regrouper et mobiliser des individualités hautement

---

22 M. Castells, (réf. nº 8), pp. 381–429.

qualifiées et créatives dans les métropoles est le facteur le plus important du développement social. Aujourd'hui, le terme de métropole est utilisé le plus souvent pour désigner Varsovie, bien qu'il soit, même dans ce cas, sans doute exagéré. On l'utilise également pour parler des plus grandes villes polonaises : la Métropole de Silésie, Cracovie, Poznań, Wrocław ou Łódź. Comme nous avons pu le voir plus haut, ce sont justement ces villes et ces régions, et, avant tout, leurs habitants qui sont la base du changement et du développement.

Les autres villes et régions ne disposent pas d'une telle dynamique de développement, ni d'une telle attractivité du point de vue de l'éducation, de l'économie ou de la culture qui leur permettrait de devenir un aimant susceptible d'attirer les individualités socialement les plus précieuses. Parmi les plus grandes villes, c'est Varsovie qui correspond le mieux aux critères généralement admis pour définir une métropole internationale. Il est toutefois difficile de l'inclure dans le cercle des *global cities* les plus resplendissantes et les plus puissantes, c'est-à-dire dans les zones qui connaissent le plus fort développement économique du monde et dans le marché qui enregistre les indicateurs de consommation les plus élevés au monde. Remarquons toutefois que Varsovie est visiblement devenue une « île solitaire » qui existe indépendamment de sa région et qui, simultanément, trouve sa place d'une façon de plus en plus évidente dans son réseau de relations avec les autres métropoles mondiales. Par ailleurs, elle a perdu ses limites physiques précises pour déborder de manière croissante sur l'espace environnant et ses habitants constituent un regroupement d'individus et de consommateurs de plus en plus individualisés[23]. On constate très nettement l'apparition de nouvelles catégories de personnes que l'on peut qualifier d'élite métropolitaine et dont les représentants, adeptes d'un certain style de vie, constituent des micro-réseaux avec l'élite des métropoles mondiales.

Ces transformations, qui vont dans le sens de la constitution de métropoles, peuvent également être nettement perçues dans les autres grandes villes polonaises qui, elles aussi, se rapprochent des métropoles européennes. Et, la stratégie du développement métropolitain de la région de Silésie, que nous avons déjà évoquée, illustre la détermination des autorités locales et nationales pour faire participer les villes polonaises à ce processus global de métropolisation. Il reste encore beaucoup de choses à faire, mais lorsque l'on traverse les villes polonaises, il est difficile de ne pas voir les progrès des restructurations et les investissements d'infrastructure qui sont effectués. C'est justement sur le territoire de ces quelques villes que les multinationales ont leurs représentations. Et les touristes venus du monde entier sont de plus en plus nombreux à venir y passer leurs vacances, ce qui leur permet de découvrir l'histoire tumultueuse de ce pays et de prendre part aux événements socioculturels, mais aussi sportifs qui y ont lieu. Nous ne pouvons toutefois pas oublier que les villes polonaises, y compris Varsovie, sont encore loin des plus

---

[23] B. Jałowiecki, *Czy metropolia jest miastem?*, in : B. Jałowiecki, (réf. n° 16), p. 7.

grands espaces urbains du monde, en l'occurence les centres du savoir, de l'information et de l'innovation. Nous nourrissons néanmoins l'espoir que cette distance se réduira peu à peu et que d'autres villes créeront leurs propres stratégies de développement métropolitain et seront capables de les mener à bien.

V. Les périphéries régionales de la Pologne

Les régions présentées plus haut sont les espaces géographiques de la Pologne qui connaissent le développement le plus fort et le plus rapide. Mais la Pologne compte également des régions dont le rythme de développement est loin des attentes, même si les décideurs politiques et les habitants font beaucoup pour changer cette situation. Parmi ces régions, on trouve la Poméranie dont la part dans le PIB national est de 5,7%. La capitale de cette région est Gdańsk qui est célèbre pour sa Foire de la Saint-Dominique et pour sa statue de Neptune située dans le centre historique de la vieille ville. Mais la Poméranie ce n'est pas que Gdańsk, c'est aussi la « triville » de Gdańsk, Sopot et Gdynia, qui est très populaire parmi les Polonais et les visiteurs étrangers charmés par le cadre géographique. La région de Poméranie fait penser avant tout aux chantiers navals et à ses deux principaux sites : le chantier naval de Gdynia et celui de Gdańsk, symboles mondialement connus de la naissance du mouvement social « Solidarité ». Malheureusement, ces deux sites, tout comme l'ensemble des activités de construction navale, traversent une grave crise économique consécutive à leur modernisation et à leur privatisation. Mais à proximité de Gdańsk se situent également des secteurs industriels importants pour l'économie polonaise, comme la filière bois et papier, la pétrochimie, l'électrotechnique. Cette région représente 24% de la production polonaise de papier et de carton et 41% des postes de télévision. La branche téléinformatique y est très prospère et c'est de la ville de Gdańsk qu'est originaire la plus grande entreprise informatique polonaise, Prokom. On trouve également en Poméranie des sites qui rappellent la politique démesurée de la période d'industrialisation : des raffineries (le Groupe Lotos), des papeteries (International Paper Kwidzyn) et les chantiers navals dont nous avons déjà parlé. C'est dans cette région que des grandes entreprises internationales, comme General Electric ou Nestlé, ont investi leurs capitaux. Pour la majorité de Polonais, la région de Poméranie évoque avant tout le repos et les congés au milieu des monuments de la Triville, ainsi que le bruit de la mer dans la Baie de Puck.

La région de Cujavie-Poméranie est voisine de la Poméranie. Elle possède deux grands centres administratifs : Bydgoszcz, où réside le voïvode (le représentant du gouvernement polonais dans chaque voïvodie — NDT), et Toruń, où réside le maréchal de la voïvodie (le chef de l'exécutif régional — NDT). La contribution de la région Cujavie-Poméranie dans le PIB de la Pologne s'élève à 4,7%. Le conflit, de nature presqu'exclusivement symbolique, qui oppose Bydgoszcz et Toruń pour savoir qui aura la primauté dans cette région après la mise en œuvre de la réforme de 1999, a eu pour conséquence de partager les compétences administratives entre deux centres. La région de Cujavie-Poméranie est dominée par l'agroalimentaire, mais elle est également connue pour son « Parc de Cristal » (*Park Kryształowy*), où SHARP a installé son site qui produit des modules à cristaux liquides pour écrans LCD. Ce parc est l'un des éléments de la Zone Economique Spéciale de Poméranie dans laquelle sont regroupées des entreprises telles que Bonduelle ou Azko Nobel. L'agriculture, et en particulier l'élevage porcin, reste un atout important pour cette région. Nous avons donc, d'un côté, des activités dynamiques de production de nouvelles technologies qui ont abouti à la création de parcs technologiques à Toruń, Bydgoszcz ou Grudziądz, et, de l'autre, une agriculture et un élevage plus ou moins modernisé. C'est l'association de deux secteurs économiques situés à deux points extrêmes : l'agriculture et les services modernes. Il semble que c'est une image qui correspond à de nombreuses zones du monde moderne.

Le Nord-Ouest de la Pologne est dominé par la région de Poméranie Occidentale qui génère 4,5% du PIB national. La capitale de cette région est Szczecin. C'est une ville administrative, mais également un important centre pour l'économie, le transport et la distribution à l'échelle régionale aussi bien que nationale. Les frontières maritimes que cette région possède avec le Danemark et la Suède confèrent à cette région de magnifiques paysages qui constituent d'importants atouts touristiques. La localisation de cette région détermine en grande partie son profil économique. La construction navale est la branche la plus importante de l'économie régionale. En outre, la Poméranie Occidentale compte quatre ports de commerce, dix ports de pêche et treize localités de pêche. Cette région, située sur la Baltique, représente 90% du trafic par ferries et 47% du flux maritime de marchandises de la Pologne. Les silhouettes des chantiers navals avec leurs navires et leurs mats sont fortement présentes dans l'image que l'on se fait de cette région. Mais elle est également célèbre pour sa production agroalimentaire, ses brasseries et pour les activités liées à la pêche. L'énergie est également un secteur important, tout comme la chimie, la papeterie et la filière bois. Mais ce sont toutefois les chantiers navals de Szczecin qui dominent l'économie de cette région et qui en sont l'un des symboles les plus spectaculaires.

Sur la rive Est de la Vistule, on trouve la région de Lublin qui est voisine des Basses-Carpates. Ces deux régions sont les plus faiblement développées de la Pologne, tout en occupant une part importante de son territoire que l'on peut qualifier de périphérique. Ce sont des espaces qui, géographiquement et socialement, sont éloignés des régions centrales et occidentales plus développées économiquement. La région de Lublin est la zone la plus à l'Est, non seulement de la Pologne, mais aussi de toute l'Union Européenne. La ville de Lublin est le centre économique, scientifique et culturel de la région. Elle est célèbre pour son Université Catholique qui, pendant la période du socialisme réel, était un lieu unique en son genre pour toute la communauté universitaire. D'un autre côté, c'est une région qui représente 3,9% du PIB national, ce qui la classe au dixième rang. Son image est avant tout associée aux terres fertiles recouvertes de champs de blé, de betteraves, de pommes de terre, et surtout de houblon dont 80% de la production polonaise est concentrée dans la seule région de Lublin. La localité de Janów Podlaski, qui se trouve sur le territoire le plus oriental de la Pologne, est un point important sur la carte du pays ; on y trouve un élevage de purs sangs arabes connu dans le monde entier. Il convient également de mentionner le développement de la production de poids lourds et de tracteurs ainsi que celui de l'industrie aérienne — production d'hélicoptères et de planeurs de la société PZL Świdnik. La région de Lublin compte aussi d'immenses espaces verts.

Au Sud de la région de Lublin s'étend la région des Basses-Carpates, une région attractive pour le tourisme et les activités de repos, mais qui est faiblement développée économiquement. C'est une région qui réalise 3,8% du PIB de la Pologne. C'est peu, et c'est donc une région qui enregistre de faibles résultats économiques au niveau national. Bien que l'industrie aéronautique y joue un rôle de plus en plus important, les paysages des Basses-Carpates sont de plus en plus souvent dominés par l'industrie agroalimentaire, qui fait rarement l'objet d'investissements étrangers, même si on peut y rencontrer des entreprises telles que Phillip Morris, Goodyear ou Delphi. C'est véritablement l'union de deux branches opposées de l'économie : l'agriculture et les services.

En se déplaçant jusqu'à l'autre extrémité de la Pologne, nous pouvons y trouver une région que tous les Polonais connaissent : la Varmie-Mazurie, c'est le lieu où ils viennent passer leurs vacances pour y faire de la voile. Cette région est dotée de magnifiques paysages avec de nombreux lacs dans lesquels se reflètent les mille couleurs des levers et des couchers de soleil. Elle attire environ 800 000 touristes chaque année. Du point de vue économique, elle peut être considérée comme une des périphéries du pays avec une contribution de 2,8% dans le PIB national, ce qui la situe à la douzième place sur les seize régions. La région de Varmie-Mazurie, dont la capitale est Olsztyn, a un statut de territoire agricole dominé par l'industrie agroalimentaire. La production de boissons alcoolisées y connaît un fort développement. La production de machine d'usinage des métaux — 46% de la production nationale et première place — est une des images de marque de la région. Il serait toutefois difficile de trouver une identification de la région autre que celle des lacs et des bateaux amarrés, même si de grandes entreprises étrangères y ont trouvé leur terre d'élection : Michelin, Texel ou Ikea.

La région de Sainte-Croix, dont le centre administratif, culturel et économique est la ville de Kielce, présente un visage totalement différent : les monts Sainte-Croix sont recouverts de débris rocheux appelés « *gołoborze* ». Néanmoins, l'économie régionale avec une contribution au PIB polonais de seulement 2,6% n'est pas à la hauteur de ce magnifique paysage. L'industrie de la région est directement liée aux ressources naturelles que l'on peut y trouver. Il s'agit notamment de matériaux de construction produits à partir du calcaire et du gypse. C'est dans cette région que l'on trouve les plus grandes entreprises de bâtiment du pays, qui élaborent et réalisent des projets à l'échelle nationale.

La région de Lubusz génère 2,4% du PIB polonais et fait partie des zones les plus urbanisées du pays. Le pourcentage de la population urbaine est de 63,9%, contre 61,2% pour la moyenne nationale. Cette région a également deux principaux centres urbains qui se partagent les pouvoirs locaux : Gorzów Wielkopolski est le siège du voïvode et Zielona Góra, celui du maréchal de la voïvodie. Le faible développement économique de la région est notamment le résultat du nombre peu élevé des employées dans l'industrie. Les quelques entreprises de production que compte la région exercent principalement leurs activités dans le commerce, la transformation du bois et l'agroalimentaire. La spécificité de cette région repose sur le fait que 70% des marchandises et services qu'elle exporte partent en direction de l'Allemagne. Les terrains situés aux alentours de Zielona Góra constituent le bassin polonais de production du vin.

En dernière place du classement économique des régions polonaises, nous trouvons la région d'Opole. C'est la plus petite région territoriale dont la capitale est située à Opole, l'ancien siège des Piasts de Silésie. La région d'Opole se caractérise par une part de l'industrie plus importante que la moyenne nationale dans la valeur ajoutée brute. L'économie régionale se distingue également par une forte diversité sectorielle et 33,2% de la population active est employée dans l'industrie. Les principaux secteurs économiques de la région sont les carburants et l'énergie, les machines électriques, l'industrie alimentaire, mais, avant tout, le secteur du ciment et de la chaux qui représente un cinquième de la production de ciment et un tiers de la production de coke et de semi-coke. Toutefois, dans l'esprit des Polonais, la région d'Opole s'inscrit dans un espace dominé par l'émigration économique, espace dans lequel se concentre la minorité allemande de Pologne. Une partie des Silésiens réclame le statut de minorité nationale en République de Pologne.

La région de Podlachie occupe les terrains situés au nord et à l'Est de la Pologne. Elle représente 2,3% du PIB polonais. Białystok — la plus grande ville — joue le rôle de centre économique, scientifique et culturel de cette région qui s'étend le long de la pittoresque Plaine de Podlachie et se trouve à proximité de la région des lacs de Mazurie et de la Plaine de Mazovie. Comme cela est souvent le cas pour les régions périphériques, l'économie est dominée par le secteur agroalimentaire avec une place importante accordée à la production laitière. La production de spiritueux et de bière connaît également un essor important. Les minorités ukrainienne et biélorusse jouent un rôle majeur dans la vie de la région et contribuent à la diversité religieuse et linguistique de la Podlachie.

VI. Les disparités politiques des régions polonaises

Le niveau de développement économique de la Pologne du point de vue régional est un aspect important de la diversification du pays. Il convient toutefois de ne pas oublier que les disparités économiques ne sont pas les seules et qu'il en existe de nombreuses autres. Par exemple, les disparités politiques, qui reposent notamment sur la mobilisation politique des habitants ou sur les leaders sociaux fortement impliqués dans les pouvoirs locaux. Les différentes régions sont reconnues comme étant le centre de l'électorat et des préférences électorales entre les différents partis politiques. La carte politique de la Pologne fait ressortir les traditions qui illustrent les sources de continuité des comportements. De même, elle permet de mieux comprendre les mécanismes de changement de la culture politique, un phénomène qui a une signification actuelle, mais qui est enraciné dans le passé[24]. La tradition a pour fonction de légitimer le présent, mais aussi de mettre à profit l'héritage culturel en tant que source d'identité collective. La culture politique[25] des régions polonaises est donc la conséquence des différents destins historiques, et le transfert des modèles de postures politiques aux futures générations ne se fait pas seulement avec la participation du groupe initial — la famille —, mais aussi avec celle des institutions et des élites régionales[26]. Dans ce domaine, la conscience que l'on a de la tradition joue un rôle important, car le modèle culturel est perçu comme étant collectif et c'est ainsi qu'il est cultivé. Ce modèle acquiert le statut d'élément de l'identité régionale et il se traduit au niveau de chaque individu par le comportement électoral. La pérennité des traditions politiques dans une longue perspective se fait grâce à la pérennité — élaborée au cours du passé — des caractéristiques de la culture sociale, de la transmission des habitudes de coopération et d'auto-organisation et des règles du jeu institutionnalisées[27]. La dimension politique de la région constitue donc un élément important de l'identité et elle se retrouve dans les formes d'activisme politique, les partis politiques dominants dans cette région, les préférences électorales de ses habitants et les institutions politiques, qu'elles soient historiques ou nouvelles. Le niveau d'engagement des habitants d'une région dans la vie politique s'évalue avant tout par le taux de participation, l'intérêt déclaré pour les acteurs de la vie politique, les phénomènes publics et cachés liés à l'exercice du pouvoir. De la manière la plus évidente, l'engagement politique s'exprime par la participation des habitants d'une région aux élections à tous les niveaux, à commencer par le niveau local, en passant par les élections présidentielles pour aller jusqu'aux élections des candidats au Parlement Européen. Les disparités que l'on observe au niveau de la participation au marathon électoral se doublent d'un

---

[24] J. Bartkowski, *Tradycje i polityka. Wpływ tradycji kulturowych polskich regionów na współczesne zachowania społeczne i polityczne*, Wydawnictwo Akademickie „Żak", Warszawa 2003, p. 46.

[25] La culture politique est une idée dont la signification est assez proche de celle de l'acception usuelle du terme culture. Elle peut donc être considérée comme un ensemble de valeurs et d'orientations politiques liées à un système politique. On peut voir ici un lien évident, et même une dépendance entre les convictions des citoyens et leur rapport au pouvoir, ou plus largement, au système de l'Etat et aux institutions d'un système donné. Si le système correspond aux convictions des citoyens et s'il met en œuvre les valeurs qui sont considérées comme importantes pour eux, il a des chances de durer.

[26] A. Śliz, M.S. Szczepański, *Społeczności lokalne: od platońskiego polis do systemów lokalnych* in : *Polityka lokalna. Właściwości, determinanty, podmioty*, édit. : E. Ganowicz, L. Rubisz, Wydawnictwo Adam Marszałek, Toruń 2008, p. 48.

[27] J. Bartkowski, (réf. n° 24), p. 50.

partage de la Pologne, durablement installé dans la conscience des Polonais, entre l'Est, très lié aux idées de droite, et l'Ouest, plutôt proche des opinions du centre et de la gauche. Mais, dans le contexte politique, on observe également de manière très nette des disparités dans le comportement des électeurs entre les habitants des villes et des campagnes.

Les thèses présentées ci-dessus trouvent leur confirmation dans les données statistiques qui prennent en compte la répartition des élections en Pologne. En se remémorant les élections parlementaires, les élections présidentielles et les élections européennes, il apparaît que les cartes politiques de la Pologne sont très proches les unes des autres. Pour simplifier les choses, il est possible de dire que l'Ouest et une grande partie du centre de la Pologne soutiennent la Plateforme Civique (*Platforma Obywatelska*), alors que l'Est et le Sud sont du côté du parti Droit et Justice (*Prawo i Sprawiedliwość*). Néanmoins, il convient de se souvenir que chaque région ne soutient pas uniquement un seul côté de la scène politique. Une analyse plus détaillée des districts permet de prendre conscience du fait que, dans chaque région, il existe des disparités plus ou moins importantes en ce qui concerne les préférences politiques des habitants. La région des Basses-Carpates, certains districts de la Petite Pologne, de la région de Lublin et la Podlachie sont considérés comme des bastions de la droite. C'est dans ces régions que le parti Droit et Justice triomphe. Ces régions sont traversées de territoires qui ont clairement soutenu le parti Autodéfense (*Samoobrona*) ou la Ligue des Familles Polonaises (*Liga Polskich Rodzin*). Les partisans de l'autre plus grand parti de la scène polonaise — la Plateforme Civique — habitent le plus souvent la région de Grande-Pologne, la Poméranie, la Basse-Silésie, mais surtout la Mazovie, avec un rôle particulier joué par la ville de Varsovie. Le partage politique de la Pologne au cours des élections parlementaires de 2007 a montré que la Pologne de l'Ouest, et avant tout la Poméranie, la Poméranie Occidentale, la Grande-Pologne et la Mazovie — y compris Varsovie — ont pris résolument position pour la Plateforme Civique, c'est-à-dire pour une idéologie assez proche du centrisme. De même, les régions de l'Est ont de nouveau affiché leurs préférences politiques en confirmant leur attachement aux traditions de la droite qui, dans une large mesure, ont des racines religieuses.

Bien que la Plateforme Civique et le parti Droit et Justice occupent les sommets de la vie politique en Pologne, il convient de se souvenir que les électeurs peuvent appartenir, réellement ou idéologiquement, à de nombreuses autres options politiques. La gauche polonaise — identifiée, à tort ou à raison, comme l'héritière du Parti Ouvrier Unifié Polonais et la période du socialisme réel — possède aussi des régions qui sont ses fiefs électoraux, c'est notamment le cas du bassin houiller de Silésie. On trouve également des ilots de soutien pour les idées de gauche dans la région de Basse-Silésie, la région d'Opole, la Podlachie et la Mazovie.

Lors de l'analyse du paysage politique polonais, des zones se distinguent par le fait que le parti y est univoquement associé à l'électorat rural. Il s'agit du Parti Populaire Polonais dont le soutien ne se limite pas à une seule région en particulier, mais qui est dispersé dans de nombreuses régions : d'une manière générale, dans toutes les régions où l'agriculture reste une activité importante. Cela concerne donc la région de Lublin, la région de Sainte-Croix, celle de la Varmie-Mazurie, mais aussi quelques districts de la région de Grande-Pologne associés à la tradition des grandes exploitations agricoles de l'époque de l'occupation prussienne.

Sur la carte politique de la Pologne, il est possible d'observer la différence qui existe entre les préférences et les choix partisans dans les grandes villes polonaises et les zones rurales. Les disparités sont déjà visibles au niveau du taux de participation électorale : les habitants des villes se déplacent plus volontiers vers les bureaux de vote les jours d'élection. Par ailleurs, il serait faux d'affirmer que les habitants des zones rurales ne votent que pour les partis paysans. Il existe de grandes disparités, même si, avec toute la prudence scientifique requise, il est possible de constater que le vote pour le parti paysan découle d'une tradition rurale, liée à la culture de la terre, à la région et à la foi profonde des Polonais. On peut, en effet, facilement voir que les Polonais enracinés historiquement dans le catholicisme votent pour les partis de droite et pour les partis paysans. L'électorat urbain, qui est davantage laïque et moins religieux, vote plus volontiers pour le centre et pour la gauche. Mais nous devons également garder en mémoire le fait que les habitants des régions ou des villes ne favorisent pas seulement telle ou telle autre option politique. De nombreux exemples — Wrocław, Poznań ou Cracovie — montrent que ce ne sont pas les partis ni leurs représentants qui jouent le rôle de leaders sociaux, mais des personnes sans étiquettes politiques qui ont obtenu un grand soutien et une grande reconnaissance parmi les habitants de leur ville, de leur commune ou de leur région. Ce sont des hommes qui, tout en jouant leur rôle de membres des pouvoirs locaux, ont réussi à se distinguer par leur engagement et leur détermination dans leur travail au profit d'une communauté locale ou régionale précise.

Le schéma des partages politiques de la Pologne présenté ci-dessus est très simplifié. Toutefois, notre ambition n'était pas d'effectuer une analyse profonde des partages politiques mais, plus simplement, de saisir les principales tendances régionales qui se dessinent au niveau des opinions politiques des Polonais. Avec une grande dose de prudence, nous pouvons donc dire que, du point de vue politique, la Pologne peut être divisée — d'une manière légèrement stéréotypée et inscrite durablement dans la conscience des Polonais — en régions orientales et méridionales, catholiques et de droite, et en régions centrales et occidentales, plus urbanisées et plus ouvertes sur le monde, dans lesquelles ce sont les opinions du centre et de la gauche qui dominent. Nous sommes toutefois conscients du fait que ces images s'entremêlent dans la mesure où — et pour achever cette partie de notre réflexion en reprenant les mots de Zygmunt Bauman — des Polonais, cultivant des traditions culturelles et politiques diverses, deviennent des touristes dans leur propre pays.

VII. Les régions polonaises et la société de réseaux

La carte de la Pologne qui vient d'être présentée, aussi bien du point de vue économique que, dans une moindre mesure, du point de vue politique, montre la division qu'il y a entre l'Ouest développé et l'Est encore en retard de développement. Mais le monde contemporain mesure le niveau de développement civilisationnel avant tout par le degré de développement de la société d'information. Ce fait est lié à l'apparition, dans les années 80, d'un nouveau stade de développement. Après le traditionnel développement industriel et le développement postindustriel, survient le développement de la société de l'information [28]. L'introduction de ce stade a suscité de nombreuses controverses parmi les analystes du développement social. Certains d'entre eux, comme le sociologue et informaticien, Yoneji Masuda [29], ou le publiciste américain, Alvin Toffler [30], ont considéré la société de l'information comme l'étape consécutive et nécessaire de la société postindustrielle. Masuda, par exemple, parlait tout simplement de « société de l'informatique postindustrielle ». D'autres, notamment Majid Tehranian [31], estimaient que la société de l'information constituait un stade totalement nouveau dans le processus de la modernisation universelle. Ils déclaraient également que seuls quelques pays riches de l'Occident avaient atteint ce stade, même si le développement du secteur des services modernes a lieu grâce à l'implication d'un nombre sans cesse grandissant de pays sur différents continents. Parmi les services modernes, les plus importants sont ceux qui sont liés au savoir et à l'information dont la principale source de transfert est Internet. C'est la raison pour laquelle il convient de se fixer comme priorité l'informatisation de la Pologne, c'est-à-dire l'accès des citoyens au savoir et à l'information et à acquérir la capacité de les mettre à profit dans la vie de tous les jours. Les *Information and Communications Technology* (ICT) — Technologies de l'Information et de la Communication — sont l'élément clé du développement du monde et donc de la Pologne, et le niveau de préparation des pays à savoir tirer profit des ICT est mesuré par l'indice de préparation au réseau, c'est-à-dire, le *Networked Readiness Index* (NRI). Le niveau d'ICT conditionne le niveau de développement et de compétitivité des différents pays. L'indice de préparation au réseau (NRI) est l'état de préparation à utiliser efficacement les ICT dans trois dimensions : le monde des affaires au sens large du terme, les questions juridiques et la protection de l'environnement dans la téléinformatique. Cette préparation porte sur trois entités : les personnes physiques, les entreprises et les gouvernements ; elle inclut l'utilisation effective des technologies de l'information

---

[28] K. Krzysztofek, M.S. Szczepański, (réf. nᵒ 9), p. 36.

[29] Y. Masuda, *Modernization and the structure of society*, University Press, Princeton 1986, *passim*.

[30] A. Toffler, *Trzecia fala*, trad. de Ewa Woydyłło, PIW, Warszawa 1997 *passim*; A. Toffler, *Szok przyszłości*, trad. de Wiktor Osiatyński et al., Wydawnictwo Zysk i S-ka, Poznań 1998 *passim*.

[31] M. Tehranin, *The course of modernity: The dialectics of communication and modernization*, « International Social Science Journal », 1988, vol. 32, nᵒ 2.

et de la communication[32]. Le classement NRI 2010-2011 accorde la première place à la Suède qui a conservé sa position de leader qu'elle occupait déjà en 2009. Les autres pays scandinaves sont bien classés, de même que la Suisse, les Etats-Unis et le Canada. Parmi les 138 pays qui figurent dans ce classement, la Pologne est à la 62ème position, ce qui signifie qu'elle a progressé de trois places par rapport à 2009–2010 et que son indice est passé de 3,74 à 3,84, pour une note maximale de 6,0. Depuis plusieurs années, ce sont les pays africains qui sont à la fin de ce classement. Dans le classement de 2010-2011, c'est le Tchad qui était en dernière position avec une note de 2,59[33]. La Pologne est donc au milieu de cette liste, ce qui signifie qu'elle dispose d'une préparation au réseau (NRI) moyenne, ce qui correspond aussi au niveau de préparation à l'utilisation des technologies de l'information et de la communication.

Le niveau d'informatisation de la Pologne s'explique par le fait que, au premier semestre 2010, 60% des foyers polonais possédaient un ordinateur et que 51,4% de ces mêmes foyers avaient un accès à Internet. Le niveau d'accès à Internet diffère d'une région à l'autre. La différence entre la région ayant le plus haut niveau d'accès à Internet, c'est-à-dire la Poméranie, et celle qui a le plus bas, soit la région de Sainte-Croix, est d'environ 25% (61,3% contre 39,9%). En étudiant la carte de la Pologne à travers le prisme du niveau d'informatisation, nous pouvons à nouveau constater que son plus haut niveau peut être observé dans les régions de l'Ouest et du Nord de la Pologne, même si ce n'est pas la Mazovie qui est en tête comme dans le cas de la contribution au PIB national, analysé plus haut. La majorité des régions polonaises ont un taux d'accès à Internet des foyers supérieur à 50%. Pour reprendre le classement dans l'ordre, il s'agit de la Poméranie, qui a déjà été évoquée, de la Grande-Pologne, de la Petite-Pologne, de la Basse-Silésie, de la Mazovie, de la région de Lubusz, de la Silésie, de la Cujavie-Poméranie et de la Poméranie occidentale. Les autres régions, hormis la région de Sainte-Croix se placent dans l'intervalle de 40% à 50% d'accès des foyers à Internet. Dans une large mesure donc, le niveau de développement économique des régions correspond au niveau de l'informatisation domestique. Nous nous rendons compte que ce niveau ne se transpose pas directement dans la sphère de la vie publique, mais si l'on se réfère aux visions alternatives du développement social, nous pouvons valoriser en elles le niveau de développement des sociétés locales, et avant tout des individualités créatives qui sont les moteurs de l'innovation. Or l'innovation constitue l'atout le plus important du développement et elle est située dans une société qui concentre en elle aussi bien le capital économique que le capital social et culturel. Il est difficile de s'imaginer qu'il est possible, dans le monde moderne,

---

[32] S. Dutta, I. Mia, *The global information technology report 2010–2011*, The World Economic Forum and IN-SEAD, Geneva, 2011. Webforum.org [en ligne] <www.weforum.org/issues/global-information-technology> [page consultée le 2012.03.15].

[33] "The Global Information Technology Report 2010–2011": <www3.weforum.org/docs/WEF_GITR_Report_2011.pdf> [page consultée le 2012.03.15].

d'atteindre un niveau de développement sans cesse plus élevé sans disposer ni du savoir ni de l'information. Or ce sont les vecteurs les plus importants de l'innovation, si cruciale dans le monde actuel puisqu'étant le principal mécanisme de progrès social.

L'attractivité des investissements dans les différentes régions de la Pologne est un facteur social fondamental aussi bien du point de vue du monde contemporain que de la problématique induite dans le présent texte, à savoir l'importance de l'attractivité des services et des technologies de pointe. Or celle-ci est variable d'une région à une autre. Il convient de ne pas oublier non plus l'attractivité pour les activités industrielles qui reste conséquente. Dans ce domaine, c'est la région de Katowice, puis celles de Łódź, de Wrocław et de Poznań qui sont en tête. Le niveau d'attractivité d'une région pour les investissements dépend de : l'accès aux transports, les ressources de travail, la capacité d'absorption du marché, l'infrastructure économique et sociale, le niveau de développement économique, l'état de l'environnement, le niveau de sécurité général et les actions menées par les régions en direction des investisseurs[34]. Du point de vue du pouvoir d'attraction pour les activités de service, les régions se classent dans l'ordre suivant : la région de Varsovie, de Łódź, de Katowice, de Cracovie et de Poznań. Les points forts des régions citées sont le nombre élevé de travailleurs qualifiés, de diplômés des grandes écoles, le niveau élevé d'activité sociale, la forte capacité d'absorption du marché, l'accès aisé aux transports, le fort développement des services aux entreprises, le rendement élevé du travail et le nombre important d'entreprises avec des capitaux étrangers. Leurs points faibles sont, par contre, les coûts élevés du travail, la délinquance et le faible taux d'élucidation des crimes et délits[35]. Le pouvoir d'attraction des régions pour les activités de service est habituellement lié à l'attraction pour les technologies de pointe. Dans ce domaine, les régions les plus attractives sont celles de Varsovie, Cracovie, Poznań, Łódź et Wrocław. Cette attraction résulte des nombreux atouts dont elles disposent, parmi lesquels les plus importants sont le niveau de formation et les compétences des individus, le haut niveau d'activité économique et sociale, le développement des nœuds de communication ainsi que la présence d'un aéroport, la capacité d'absorption du marché, la concentration institutionnelle, le niveau élevé de développement des infrastructures culturelles et un rendement du travail important. Tandis que le point faible est le haut niveau d'insécurité[36]. Cette analyse montre que les espaces les plus attractifs pour les nouveaux services et pour les technologies de pointe sont les grandes métropoles, caractérisées par l'excellence des services, des institutions et des équipements, le caractère exceptionnel et la spécificité du lieu, mais aussi par le

---

[34] M. Nowicki (édit.), *Atrakcyjność inwestycyjna województw i podregionów Polski 2010*, Ibngr.pl [en ligne] atrakcyjność_inwestycyjna_2010a.pdf: <www.IBnGR.pl> [page consultée le 2012.03.30].

[35] M. Nowicki, (réf. n° 34), pp. 28–30.

[36] M. Nowicki, (réf. n° 34), pp. 35–38.

potentiel d'innovation multiforme dans le domaine technique, économique, sociopolitique et culturel.

VIII. Conclusion

La Pologne contemporaine s'est intégrée dans les structures de l'économie mondiale et est désormais soumise aux transformations causées par des processus globaux — la mondialisation et la métropolisation. Ces processus n'ont pas d'influence notable sur les mutations des sociétés locales, ni sur celles des régions polonaises. Tout en restant liés aux sociétés locales, nous contribuons au fonctionnement de ce monde global, car aujourd'hui il est impossible d'isoler ces deux mondes. Certes, nous pouvons rencontrer des sociétés qui se tiennent éloignées du flux principal du développement mondial, mais ceci ne concerne que les régions les plus pauvres du monde qui, quoiqu'il en soit, sont elles aussi de plus en plus souvent impliquées dans les processus civilisationnels. De même, au niveau de la Pologne, il est possible de rencontrer des sociétés locales qui, à différents niveaux, se sont ouvertes aux processus globaux. Il y en a encore certaines qui constituent des mondes isolés, menant une vie tranquille, dans un environnement géographique connu, avec une tradition et une culture bien établies. Il en existe d'autres, dont les structures ont été fortement modifiées par les mutations et dont la vie inspire un sentiment de surprise, parfois d'angoisse, car on y rencontre beaucoup de choses nouvelles, différentes et inconnues. La Pologne locale est diversifiée, même si elle est constituée d'éléments dont certains sont immuables. Les régions polonaises, qui ont reçu leur forme actuelle suite à la réforme de 1999, sont tout aussi diversifiées. Elles ont acquis une cohésion administrative et économique, mais à l'intérieur de leurs frontières elles incluent des petites sociétés qui sont concentrées autour de leur héritage historique et culturel.

Le territoire polonais compte aujourd'hui seize régions — voïvodies — dont le niveau de développement est très diversifié. Les indicateurs de développement qui ont été retenus font ressortir clairement que la carte économique de la Pologne se compose, d'une part, de régions dont le niveau de développement est proche de celui des régions développées de l'Union Européenne et, d'autre part, de zones qui ont du mal à sortir de leur retard de développement économique récurrent et qui doivent se battre contre la manière stéréotypée dont elles sont perçues en tant que régions reculées ne contribuant que faiblement au développement endogène de la Pologne. À une extrémité, nous avons donc la Mazovie, qui est la région la plus proche du niveau des régions développées de l'Union Européenne, et à l'autre, la région des Basses-Carpates qui a le privilège peu jalousé de se trouver sur la liste des quinze régions les plus pauvres de l'UE. Cette disparité économique évidente de la Pologne a toutefois un dénominateur commun : la nécessité de faire des efforts dans le sens du développement de l'innovation et du secteur des services modernes, car seule cette direction peut permettre aux régions polonaises d'occuper une place forte et significative dans les structures économiques mondiales.

Marek S. Szczepański, Anna Śliz

The regions of Poland — disparities in terms of quality of life

Contemporary Poland has joined the global economy and is subject to changes resulting from global processes. Those processes have an important impact on the transformation of both local communities and Polish regions. The Polish lifestyle and the standard of living are also changing, both locally and nationally. However, local communities opened to global processes to varying degrees. This is true at the regional level, where the local government reforms of 1999 have been implemented, and also at the local level, where the constituting elements of communities remain unchanged. Today, Poland's territory is comprised of 16 regions — voivodeships — whose level of development is varied. On the one hand, there is the Mazovia region, which is approaching the level of the rich regions of the European Union. On the other hand, there is the Podkarpacie Province, which is among the 15 poorest regions in Western Europe. These disproportions indicate the need to stimulate innovation and modernize the service sector. Only this kind of development can give Poland and its various regions a better position in global economic structures and ensure Polish citizens their desired standard of living.

Eligiusz Małolepszy
Teresa Drozdek-Małolepsza

Ruch turystyczny na Kresach Północno-Wschodnich II Rzeczypospolitej w świetle czasopisma „Turystyka" (1933–1939)

I. Wstęp

Celem pracy jest przedstawienie ruchu turystycznego na Kresach Północno-Wschodnich II Rzeczypospolitej w oparciu o materiały, które ukazały się na łamach czasopisma „Turystyka". Czasopismo „Turystyka" wydawane było w latach 1933–1939 jako Biuletyn Biura Podróży „Orbis". Początkowo ukazywało się ono dwa razy w miesiącu, natomiast przed wybuchem II wojny światowej wydawano je jako kwartalnik. W zakresie terytorialnym, artykuł obejmuje obszar następujących województw II Rzeczypospolitej: nowogródzkie, poleskie, wileńskie oraz północno-wschodnią część województwa białostockiego — Grodzieńszczyznę. W zakresie stanu badań największe znaczenie poznawcze mają prace J. Gaja[1].

Rozwój turystyki na Kresach Północno-Wschodnich II Rzeczypospolitej wpłynął na poprawę stanu gospodarczego tego obszaru. Ponadto, w ruchu turystycznym uczestniczyły nie tylko lepiej sytuowane warstwy społeczeństwa, lecz także warstwy mniej zamożne. Uwaga ta dotyczy głównie lat trzydziestych XX w.

II. Metodologia

W pracy zastosowano następujące metody badawcze: analizę źródeł historycznych, indukcję, dedukcję i syntezę oraz metodę porównawczą oraz postawiono następujące problemy badawcze:

---

[1] M.in. J. Gaj, *Dzieje turystyki w Polsce*, Almamer, Warszawa 2008, *passim*.

1. Jakie uwarunkowania (m.in. organizacyjne, gospodarcze, społeczne) miały wpływ na rozwój turystyki na Kresach Północno-Wschodnich II Rzeczypospolitej?
2. Czy w latach międzywojennych nastąpił wzrost liczby osób uczestniczących w turystyce na omawianym obszarze?
3. Czy ruch turystyczny rozwijał się równomiernie w poszczególnych województwach na Kresach Północno-Wschodnich II Rzeczypospolitej?

III. Wyniki badań

1. Uwarunkowania rozwoju turystyki

Istotnym elementem ruchu turystycznego na Kresach Północno-Wschodnich II Rzeczypospolitej były czynniki warunkujące jego rozwój. W dniu 20 lutego 1934 r. dyrektor Izby Przemysłowo-Handlowej w Wilnie Władysław Barański wygłosił w Warszawie referat na temat: „Akcja gospodarcza na ziemiach północno-wschodnich". W wystąpieniu tym została uwzględniona problematyka turystyki dotycząca walorów turystycznych Kresów Północno-Wschodnich II Rzeczypospolitej[2]. Jednocześnie Towarzystwo Rozwoju Ziem Wschodnich (TRZW) za pośrednictwem Biura Podróży „Orbis", w porozumieniu z władzami oświatowymi, z myślą o młodzieży szkolnej — zorganizowało „Akcję turystyczną o zabarwieniu historyczno-literackim, ze szczególnym uwzględnieniem tzw. «Szlaku Mickiewiczowskiego»"[3], promując walory turystyczne Ziemi Nowogródzkiej i Wileńszczyzny.

Według relacji ówczesnego wiceministra resortu komunikacji Aleksandra Bobkowskiego „w najbliższym czasie" — jak czytamy na łamach czasopisma „Turystyka" — tj. w 1934 r., miały zostać wydane mapy obejmujące tereny Suwalszczyzny, Grodzieńszczyzny i Wileńszczyzny[4]. Natomiast z inicjatywy TRZW został wydany „Kalendarz Ziem Wschodnich na rok 1936"[5]. Kalendarz zawierał obszerne opisy i informacje o Wileńszczyźnie, Nowogródczyźnie, Polesiu, Wołyniu i Podolu. W tym samym roku ukazało się III wydanie (poprawione i uzupełnione) „Przewodnika po Wilnie", autorstwa prof. J. Kłosa. Wydanie przewodnika zostało zrealizowane przez oddział wileński Polskiego Towarzystwa Krajoznawczego (PTK) oraz Związku Propagandy Turystycznej (ZPT).

W 1937 r. dla amatorów sportów wodnych, zwłaszcza kajakarstwa, ukazała się publikacja Poleskiego Związku Popierania Turystyki pt. „Poleskie szlaki wodne"[6]. Publikacja została opracowana przez M. Korwina-Milewskiego. Zawierała ona opis najważniejszych wędrówek wodnych po Kanale Królewskim, po Prypeci i Horyniu przez Jasiołdę i Kanał Ogińskiego oraz mapę tych szlaków[7]. W tym samym roku,

---

2 „Turystyka" 1934, nr 6, s. 1.
3 Przyp. 2, s. 1.
4 „Turystyka" 1934, nr 7, s. 1.
5 „Turystyka" 1936, nr 6, s. 20.
6 „Turystyka" 1937, nr 10, s.16.
7 Przyp. 6, s. 16.

z inicjatywy TRZW została wydana praca na temat: „Gospodarcze i kulturalne potrzeby Województwa Poleskiego"[8]. W komentarzu do publikacji, na łamach czasopisma „Turystyka" czytamy:

> Największe województwo (10 % całego obszaru Państwa) potrzebuje wielu nakładów inwestycyjnych na polu komunikacji, warsztatów przetwórczych, melioracji gruntów, szkolnictwa i pomocy gospodarczej dla ubogiej ludności Polesia. Wobec dużego zainteresowania Polesiem […], zagospodarowanie tej oryginalnej i pięknej krainy wód i lasów, zaprowadzenie dobrej komunikacji i rozwój hotelarstwa są równie pożądane jak ogólne podniesienie kulturalne wsi i miasteczek polskich[9].

Z inicjatywy Wydziału Turystyki Ministerstwa Komunikacji w 1936 r. ukazał się ośmiostronicowy folder przedstawiający walory turystyczne Wilna[10]. Materiał został wydany w trzech językach: angielskim, francuskim i niemieckim, głównie z myślą o propagowaniu turystyki przyjazdowej do Polski. Biuro Podróży „Orbis", za pośrednictwem oddziału zagranicznego, zamierzało wiosną 1937 r. w Rydze zorganizować wystawę turystyki i przemysłu ludowego w Polsce[11]. Celem wystawy miała być promocja turystyki w Polsce. Warto zaznaczyć, iż mieszkańcy krajów bałtyckich — głównie Estonii i Łotwy — przeważnie organizowali wycieczki do Wilna.

Ponadto, kolejnym czynnikiem promującym turystykę na Kresach Północno-Wschodnich II Rzeczypospolitej była publikacja artykułów na temat walorów turystycznych tych terenów. Na łamach kwietniowego wydania czasopisma „Turystyka" z 1936 r. czytamy:

> W lecie Polesie zainteresuje nas specjalnymi atrakcjami. Pod hasłem «Dni Polesia» organizuje Towarzystwo Rozwoju Ziem Wschodnich wraz z nowopowstałym Związkiem Propagandy Turystycznej Polesia, szereg uroczystości […]. Zamierzone jest urządzenie w Pińsku Kiermaszu Ludowego, zawodów sportowych wodnych, a na dzień 19 sierpnia przypadałby tradycyjny zjazd Poleszuków na łodziach na odpust św. Spasa, odbywający się corocznie w Pińsku[12].

„Dni Polesia" były imprezą organizowaną cyklicznie — rokrocznie. W roku 1937 „Dni Polesia" zaplanowano w terminie od 22 sierpnia do 4 września. Na program imprezy regionalnej składały się następujące elementy:

> urządzenie wystawy plastyków poleskich […], którzy w twórczości swej uwzględniali motywy poleskie, festiwal chórów i tańców ludowych, zawody sportów wodnych (dopełnienie Autorów), wystawę — targi „Jarmark Poleski", krótkie wycieczki — statkiem, kajakiem — po Polesiu[13].

Ciekawe informacje na temat uwarunkowań rozwoju usług turystycznych zawierał artykuł zatytułowany „Walory turystyczne ziem wschodnich", opublikowany na łamach lipcowego wydania „Turystyki" z 1936 r.[14] Materiał zawierał m.in.

---

8   „Turystyka" 1937, nr 12, s. 14.
9   Przyp. 8, s. 14.
10   „Turystyka" 1936, nr 9, s. 18.
11   „Turystyka" 1937, nr 1, s. 16.
12   „Turystyka" 1936, nr 4, s. 9.
13   „Turystyka" 1937, nr 7–8, s. 8.
14   „Turystyka" 1936, nr 7, s. 1–2.

informacje na temat walorów turystycznych województw: nowogródzkiego, poleskiego i wileńskiego.

> Bajecznie zielone latem i śnieżno-białe zimą, jak czytamy na łamach czasopisma, Polesie stanowi jedną z największych osobliwości nie tylko Ziem Wschodnich, ale i całej Polski. Szeroko rozlane i wolno płynące rzeki, niekończące się kobierce łąk [...], odrębność od innych ziem wschodnich pod względem geograficznym, jak i geologicznym [...] bogactwo i odrębność flory i fauny, oto walory, dzięki którym Polesie pod względem turystycznym nie ma sobie równych w Polsce[15].

Województwo wileńskie charakteryzowała duża sieć jezior, z których jezioro Narocz zajmowało największy obszar. Najciekawszymi pod względem turystycznym miejscowościami były: Wilno, Troki i Brasław. Dzięki dużym opadom śniegu w okresie zimowym, Wileńszczyzna stanowiła doskonały teren do rozwoju myślistwa i sportów zimowych, a przede wszystkim narciarstwa. W zakresie zimowych imprez sportowych w Wilnie organizowano m.in. mistrzostwa okręgu w łyżwiarstwie figurowym i szybkim oraz „Marsz Narciarski Zułów — Wilno"[16]. Wśród walorów turystycznych województwa nowogródzkiego należy wymienić Puszczę Nalibocką, rezydencję Radziwiłłów w Nieświeżu oraz zamek ks. Światopełka-Mirskiego w Mirze[17].

W ramach promowania Kresów Północno-Wschodnich, Zarząd Okręgu Warszawskiego Towarzystwa Rozwoju Ziem Wschodnich przystąpił w 1937 r. do organizacji ruchomej wystawy przemysłu ludowego z Wileńszczyzny, m.in. były to hafty wileńskie, tkaniny, oryginalne wyroby koszykowe i galanteria[18]. Wystawa miała być prezentowana w miastach powiatowych województwa warszawskiego.

Na łamach czasopisma poruszana była problematyka turystyki uzdrowiskowej. Miejscem, do którego wyjeżdżali kuracjusze były Druskienniki[19]. Miejscowość ta była położona nad Niemnem, przy stacji kolejowej linii Warszawa — Wilno. Druskienniki cechowały się „klimatem ciepłym, miernie wilgotnym, powietrzem czystym, nasyconym wonią żywicznych otaczających lasów"[20]. W Druskiennikach znajdował się jedyny w Polsce Zakład Leczniczego Stosowania Słońca, Powietrza i Ruchu im. dr Eugenii Lewickiej. Sezon pobytowy w zakresie turystyki leczniczej trwał corocznie od 15 maja do 30 września[21]. Druskienniki obchodziły w 1937 r. jubileusz 100-lecia istnienia.

---

15   Przyp. 14, s. 2.

16   „Turystyka" 1936, nr 12, s. 10.

17   Przyp. 14, s. 2.

18   „Turystyka" 1937, nr 4, s. 16.

19   Druskienniki położone były w powiecie grodzieńskim, województwie białostockim.

20   „Turystyka" 1936, nr 4, s. 18.

21   „Turystyka" 1936, nr 5, s. 23. Gmach uzdrowiska składał się ze 140 sal i łazienek, był zaopatrzony w urządzenia wentylacyjne i centralnego ogrzewania. W czasopiśmie „Turystyka" w numerze z lipca i sierpnia 1937 r. czytamy: „Serdeczna atmosfera, właściwa Druskiennikom, jest dla kuracjuszy i letników wytchnieniem i cennym lekiem. Właściwości lecznicze i klimatyczne Druskiennik [...],

W rozwoju turystyki ważnym elementem była rozbudowa linii komunikacyjnych. Począwszy od 16 kwietnia 1934 r. Polskie Linie Lotnicze (PLL) „Lot" uruchomiły połączenie Warszawa — Wilno — Ryga — Tallin oraz Tallin — Ryga — Wilno — Warszawa z kursami trzy razy w tygodniu[22].

W drugiej połowie lat trzydziestych XX w. (począwszy od 1936 r.) planowano w województwach wschodnich inwestycje komunikacyjne, mogące wpłynąć na rozwój turystyki. W województwie poleskim miała zostać wybudowana droga łącząca Kobryń i Pińsk; w województwie nowogródzkim planowano trasy: Bastuny — Trakiele, Lipniszki — Iwje, Nowogródek — Wasielub, Koźlinka — Iwje, Baranowicze — Darewo, Bielica — Zdzięcioł, Leśna — Miłowody, Mosty — Różanka; w województwie wileńskim: Podgrodzie — Święciany, Oszmiana — Rotszany, Zuprany — Smorgonie, Kobylnik — Wierenki[23].

Czynnikiem hamującym rozwój turystyki w województwie poleskim była najsłabiej rozwinięta w Polsce sieć dróg kolejowych[24]. Brak dróg kolejowych był jedną z przyczyn niskiego poziomu gospodarczego tego regionu. Pod koniec lat trzydziestych XX w. planowano wybudowanie jednotorowej linii kolejowej z Kamienia Koszyrskiego do Słonimia i do Nowojelni. Zbudowanie tej linii stanowiłoby podstawę do powstania magistrali kolejowej łączącej Wilno i Lwów. W 1937 r., jak podaje redakcja „Turystyki", planowano oddanie do użytku linii kolejowej łączącej Kobylniki i Narocz. Inwestycja była finansowana przez Ligę Popierania Turystyki (LPT)[25]. Linia kolejowa otwarłaby turystom, jak czytamy na łamach „Turystyki": „drogę do krainy […] jezior, przez co spełni się postulat już dawno wysuwany przez miłośników ziem wschodnich"[26].

W 1935 r. TRZW uzyskało od Ministerstwa Komunikacji ulgi w podróżach kolejowych dla turystów udających się do województw wschodnich i południowo-wschodnich II Rzeczypospolitej, m.in. do białostockiego, nowogródzkiego, poleskiego, wileńskiego, wołyńskiego i tarnopolskiego[27]. Turyści korzystający ze zniżki mieli możliwość zwiedzania jednego z następujących rejonów turystycznych: Pojezierza Suwalsko-Augustowskiego, Wilna i okolic, Szlaku Mickiewiczowskiego w Nowogródzkiem, Ziemii Pińskiej, Szlaku Legionowego na Wołyniu, Szlaku

---

znakomite zakłady kąpielowe i przyrodolecznicze, zwłaszcza słynny zakład im. dr Eugenii Lewickiej są nowocześnie urządzone".

[22] „Turystyka" 1934, nr 5, s. 5.
[23] „Turystyka" 1936, nr 6, s. 21.
[24] „Turystyka" 1937, nr 2, s. 17.
[25] „Turystyka" 1937, nr 5, s. 18.
[26] Przyp. 25, s. 18.
[27] „Turystyka" 1935, nr 9, s. 3; 1936 sierpień, s. 8. Indywidualna zniżka 50 % na przejazd tam i z powrotem, stosowana była przy minimum tygodniowym pobycie na Wileńszczyźnie, Grodzieńszczyźnie, Suwalszczyźnie, Polesiu i Wołyniu. Zniżka dotyczyła podróży do 324 stacji leżących na tym obszarze. Ulga komunikacyjna do Wilna stosowana była niezależnie od długości pobytu.

Dniestrowego, Krzemieńca i okolic. Okres wycieczkowy trwał przez 4 miesiące: od 1 czerwca do 30 września[28].

W dniach 16–17 maja 1936 r. na Polesiu odbyło się posiedzenie TRZW[29]. Celem posiedzenia było omówienie spraw gospodarczych Polesia. Uczestnicy obrad zwrócili uwagę, iż „Pińsk i jego okolice są terenem tak pięknym, że tylko brak propagandy i nieuświadomienie tego piękna przez społeczeństwo jest powodem małej ilości turystów" zwiedzających ten zakątek Polski[30].

W czerwcu 1935 r. powołano Ligę Popierania Turystyki[31]. Jak pisze J. Gaj, „do zadań statutowych Ligi należały: organizacja i krzewienie turystyki masowej, prowadzenie inwestycji dla potrzeb turystyki masowej, inicjowanie i wspieranie lokalnych organizacji popierania turystyki, prowadzenie propagandy na rzecz turystyki"[32]. Z inicjatywy LPT, w II połowie lat trzydziestych XX w. planowano wytyczyć 5 szlaków dla turystów krajowych i 1 szlak dla turystów zagranicznych. Trasa jednego ze szlaków — północno-wschodniego (wileńsko-poleskiego) miała przebiegać w sposób następujący: Warszawa — Brześć — Pińsk — Łuniniec — Baranowicze — Nowojelnia — Nowogródek — Nowojelnia — Lida — Wilno — Kobylnik — Wilno — Druskienniki — Grodno — Augustów — Suwałki — Grodno — Białystok — Hajnówka — Białowieża — Warszawa[33]. Na początku 1937 r. odbył się w Warszawie Zjazd Przedstawicieli Delegatur LPT[34]. W zjeździe uczestniczyli przedstawiciele delegatur z Katowic, Krakowa, Lwowa, Poznania, Radomia, Torunia, Warszawy i Wilna. Problematyka obrad dotyczyła usprawnienia ruchu turystycznego i „realizacji potrzeb turystycznych poszczególnych dzielnic Polski przez Delegatury LPT"[35].

Z myślą o turystach indywidualnych opracowano w 1939 r. trzy szlaki: Szlak Huculski, Szlak Wileński i Szlak Poleski. Każdy ze szlaków obejmował pięciodniową podróż. Szlak Wileński biegł z Wilna przez Troki, Narocz oraz przewidywał wycieczkę Szlakiem Mickiewicza na trasie Czombrów — Walówka — Świteź; Szlak Poleski wiódł od Pińska, przez Horodyszcze do Dawidgródka, a następnie prowadził na wody Polesia[36].

Na terenach Kresów Wschodnich (województwa: poleskie, nowogródzkie, wileńskie, wołyńskie oraz na obszarze Małopolski Wschodniej) znajdowało się w 1937 r. ponad 40 schronisk i domów turystycznych w 35 miejscowościach oraz 38 „prowizorycznych punktów noclegowych" dla kajakarzy w województwie

---

[28] „Turystyka" 1935, nr 9, s. 3.
[29] „Turystyka" 1936, nr 7, s. 25.
[30] Przyp. 29, s. 25.
[31] J. Gaj, (przyp. 1), s. 93.
[32] J. Gaj, (przyp. 1), s. 93.
[33] „Turystyka" 1935, nr 10, s. 1–2.
[34] „Turystyka" 1937, nr 2, s. 13.
[35] Przyp. 33, s 13.
[36] „Turystyka" 1939, nr 3, s. 9.

poleskim[37]. Schroniska te były dostosowane do skromnych wymagań turystów. Wyjątkiem był Oficerski Yacht Klub nad jeziorem Krechowieckim koło Augustowa, który wyróżniał się wysokim standardem usług turystycznych.

W celu uzgodnienia planów turystycznych organizacji działających na Kresach Północno-Wschodnich, według informacji opublikowanej na łamach czasopisma „Turystyka", wiosną 1937 r. miał odbyć się zjazd z udziałem przedstawicieli z województwa białostockiego, nowogródzkiego, poleskiego i wileńskiego[38]. Organizatorem zjazdu miała być LPT i oddział wileński ZPT. Program zjazdu przewidywał m.in. omówienie inwestycji w zakresie infrastruktury turystycznej oraz wspólne wydawnictwa z zakresu turystyki.

Z inicjatywy Ministerstwa Komunikacji odbył się w Wilnie w dniach 6–7 listopada 1937 r. I Zjazd Turystyczny Ziem Północno-Wschodnich[39]. W zjeździe wzięli udział m.in. Aleksander Bobkowski — ówczesny Wiceminister Komunikacji, Henryk Szatkowski — naczelnik Wydziału Turystyki Ministerstwa Komunikacji, Ludwik Bociański — Wojewoda Wileński. W czasie zjazdu wygłoszono referaty dotyczące Kresów Północno-Wschodnich, m.in. Tański i Żmigrodzki — omówili ruch turystyczny; Lewoń — problemy komunikacji; Korsak i Ostrowicki — sprawy myślistwa i rybołówstwa; Smolec i Węgrzecki – ruch letniskowy; A. Wisłocki — sporty wodne; P. Domaniewska i Łucznik — sprawy schronisk i turystyki młodzieżowej; Piwocki przedstawił sprawy zabytków i przyrody, natomiast Kowalski i Piotrowicz — zagadnienia hotelarstwa[40]. Uczestnicy zjazdu uchwalili wnioski, które dotyczyły spraw komunikacji na Kresach Północno-Wschodnich (budowy nowych linii kolejowych, udogodnień w rozkładach jazdy i rozszerzenia zniżek kolejowych, oraz przeprowadzenia nowych linii autobusowych), rozbudowy letnisk i sieci schronisk, udogodnień w rozwoju turystyki wodnej i wniosków w zakresie ochrony przyrody.

Władze miasta Wilna, jak informowała „Turystyka", zamierzały w 1939 r. wybudować Dom Turystyczny, z myślą o wycieczkach zbiorowych i pielgrzymkach[41]. Dom Turystyczny miał być „gmachem nowoczesnym, wyposażonym we wszelkie urządzenia higieniczne. Zbudowany będzie przy zbiegu ulic Sadowej i Gościnnej"[42].

2. Ruch turystyczny

W drugiej połowie lat trzydziestych XX w. z inicjatywy LPT, przy współudziale TRZW odbywała się cyklicznie (rokrocznie) impreza pod nazwą „Lato na Ziemiach

---

[37] „Turystyka" 1937, nr 9, s. 16. Organizacje społeczne, działające na terenie Kresów Wschodnich, podkreślały potrzebę rozbudowy schronisk turystycznych i „wielkich domów turystycznych", posiadających odpowiednie urządzenia.

[38] „Turystyka" 1937, nr 5, s. 16.

[39] „Turystyka" 1937, nr 12, s. 16.

[40] Przyp. 39, s. 16.

[41] „Turystyka" 1939, nr 2, s. 29.

[42] Przyp. 41, s. 29.

Wschodnich"[43]. Na podstawie kart uczestnictwa LPT, we wszystkich placówkach Biura Podróży „Orbis", przysługiwała 50% zniżka kolejowa na wyjazd na Kresy Wschodnie i z powrotem. Ponadto karta uczestnictwa uprawniała do czterech przejazdów wycieczkowych ze zniżką 50% na terenie Ziem Wschodnich. Zniżki umożliwiały tani wyjazd wakacyjny na Wileńszczyznę, Polesie, Wołyń, Nowogródczyznę i Pojezierze Augustowsko-Suwalskie.

Turystyka szkolna była rozwijana przez Komisję Wycieczkową Kuratorium Okręgu Szkolnego Wileńskiego[44]. Obszar Kuratorium Wileńskiego rozciągał się na trzy województwa: białostockie, nowogródzkie i wileńskie. Na terenie Kuratorium istniało 20 schronisk szkolnych z ogólną liczbą 690 miejsc noclegowych. W zakresie turystyki szkolnej w 1932 r. ze schronisk skorzystało 4588 osób, natomiast w 1936 r. — 18 961; w 1932 r. liczba noclegów wynosiła 14 059, w 1936 r. — 53 201[45]. Na terenie województw wchodzących w skład Kuratorium Wileńskiego były bardzo dobre warunki do rozwoju sportów wodnych i turystyki wodnej. Dlatego też w Augustowie nad Naroczą i w Serwach organizowano kursy żeglarstwa dla młodzieży i nauczycieli.

Biuro Podróży „Orbis" posiadało placówki na Kresach Północno-Wschodnich, m.in. w Brześciu, Druskiennikach i Wilnie. Biuro „Orbis" w sezonie letnim 1934 r. przygotowało program krajowych wycieczek turystycznych, który przewidywał m.in. następujące imprezy: w miesiącu lipcu wycieczki piesze: czternastodniową z Warszawy przez Białowieżę, Szlak Mickiewiczowski, Wilno, Jezioro Narocz, Druję, Pojezierze Brasławskie, Grodno i Pojezierze Suwalskie; dziesięciodniową z Brześcia poprzez Pińsk, Dawidgródek, Prużanę do Puszczy Białowieskiej; w miesiącu sierpniu: dziesięciodniową po Ziemi Pińskiej i 10-dniową po Ziemi Wileńskiej; we wrześniu: dziesięciodniową po Ziemi Wileńskiej[46].

Towarzystwo Rozwoju Ziem Wschodnich wspólnie z Biurem Podróży „Orbis" w okresie letnim organizowało tzw. 14-dniowe wycieczki urlopowe po Kresach Wschodnich[47]. „Orbis" organizował również w okresie letnim wycieczki z Warszawy na tereny Kresów Północno-Wschodnich II Rzeczypospolitej, m.in. dziesięciodniowe wycieczki do Druskiennik, siedmiodniową wycieczkę Szlakiem Mickiewiczowskim, siedmiodniową wycieczkę na Polesie, wycieczki dwudniowe do Pińska i Wilna[48]. Program wycieczki do Pińska obejmował m.in. zwiedzanie Pińska, wycieczki statkiem szlakiem wodnym do Horodyszcza oraz wycieczki kajakowe.

---

[43] „Turystyka" 1938, nr 8, s. 11.

[44] „Turystyka" 1937, nr 9, s. 16.

[45] Przyp. 44, s. 16.

[46] „Turystyka" 1934, nr 8, s. 4.

[47] „Turystyka" 1935, nr 9, s. 5. Trasy wycieczek biegły przez następujące obszary: z Krzemieńca przez Wołyń i Polesie (przykład pierwszej wycieczki); Nowogródek — wycieczka autobusowa „Szlakiem Mickiewiczowskim" — zwiedzanie Miru, Nieświeża, Wilna, Jezior Trockich i Naroczy — zwiedzanie zamku Batorego w Grodnie (przykład drugiej wycieczki).

[48] „Turystyka" 1936, nr 8, s. 6 i 8. W każdą sobotę odchodził o godz. 14.47 specjalny pociąg wycieczkowy „Strzała Polesia", w którym wyjeżdżały wycieczki „Orbisu" do Puszczy Białowieskiej i Pińska. Przyjazd do Warszawy był w poniedziałek o godz. 6.12.

W okresie letnim 1938 r. staraniem „Orbisu" miały być przeprowadzone 2 wyciecz-ki 10-dniowe na wody Polesia, w dniach 6–16 sierpnia i 1–10 września[49]. Program wycieczek przewidywał m.in. zwiedzanie Dawidgródka, Horynca, Mankiewicza, Pińska, Telechan i wyjazd na jezioro Wyganowskie. Uczestnicy wycieczek mieli po-dróż odbywać „kolcją, autobusami, statkiem i motorówkami".

Ponadto Biuro Podróży „Orbis" organizowało na Kresach Wschodnich tanie pobyty zdrowotne i wypoczynkowe. Jedną z takich ofert turystycznych był pobyt w Druskiennikach. Turnusy lecznicze (dziesięciodniowe, czternastodniowe, dwu-dziestodniowe, trzydziestodniowe) były szczególnie tanie w miesiącu wrześniu[50]. W cenę ryczałtu (tańszego pobytu) była wliczona ulga kolejowa w wysokości 50% do stacji Druskienniki, ulgowa opłata klimatyczna oraz prawo 10–20% ulgi przy ko-rzystaniu z kąpieli i zabiegów leczniczych.

Oddział wileński Biura Podróży „Orbis" w sezonie zimowym organizował m.in. wycieczki do Zakopanego (narciarstwo w górach), do Worochty („W Czarno-horę i w dolinę Prutu"), do Trok, nad jezioro Narocz (kurs bojerowy)[51].

W maju 1938 r. odbyła się wycieczka 1 000 dzieci ze szkół powiatu pińskiego do Warszawy[52]. Organizatorem wycieczki był Inspektorat Szkolny w Pińsku i Koła Poleskiego TRZW w Warszawie. W ramach wycieczki dzieci z Polesia m.in. złożyły wieńce w Belwederze i na Grobie Nieznanego Żołnierza, zwiedzały lotnisko na Okęciu, Stare Miasto i Zamek Królewski, Muzeum Wojska Polskiego i Muzeum Marszałka Józefa Piłsudskiego. Na zakończenie pobytu w Warszawie odbyła się „Wieczornica Poleska", której program obejmował pieśni i tańce regionalne Polesia.

IV. Podsumowanie

Na podstawie publikacji w czasopiśmie „Turystyka" w okresie 1933–1939 można stwierdzić, iż w latach trzydziestych XX w. nastąpił rozwój ruchu turystycznego na Kresach Północno-Wschodnich II Rzeczypospolitej. Na tym obszarze w zakresie promocji i rozwoju turystyki działalność prowadziła Liga Popierania Turystyki, Towarzystwo Rozwoju Ziem Wschodnich, oddział wileński Polskiego Towarzystwa Krajoznawczego, Związek Propagandy Turystycznej oraz Biuro Podróży „Orbis". Ważną rolę w rozwoju turystyki na tym obszarze odegrało Ministerstwo Komuni-kacji. Podjęto inwestycje m.in. w zakresie bazy noclegowej, infrastruktury komuni-kacyjnej, infrastruktury turystycznej (szlaki turystyczne). Realizowano promocję turystyczną Kresów Północno-Wschodnich poprzez działalność wydawniczą: pu-blikowanie prac, map, folderów, przewodników. Uczestnicy wyjazdów na Kresy korzystali ze zniżek komunikacyjnych.

---

[49] „Turystyka" 1938, nr 8, s. 5.
[50] „Turystyka" 1936, nr 8, s. 4.
[51] „Turystyka" 1937, nr 1, s. 10.
[52] „Turystyka" 1938, nr 5, s. 16.

Działalność turystyczną realizowano na obszarze poszczególnych województw Kresów Północno-Wschodnich II Rzeczypospolitej: poleskiego, nowogródzkiego, wileńskiego oraz północno-wschodniej części województwa białostockiego (tereny Grodzieńszczyzny). W zakresie rodzajów turystyki, realizowano turystykę krajoznawczą (szkolną), turystykę oświatowo-poznawczą (historyczno-patriotyczną), turystykę kwalifikowaną (głównie w oparciu o dziedziny aktywności fizycznej), turystykę zdrowotną. W odniesieniu do turystyki wodnej przeważały wyjazdy na rzeki i jeziora Polesia, natomiast w zakresie turystyki zdrowotnej do Druskiennik. W zakresie liczebnym nastąpił rozwój uczestnictwa dzieci i młodzieży w turystyce szkolnej.

Eligiusz Małolepszy, Teresa Drozdek-Małolepsza

Tourism in the North-Eastern Borderlands of the Second Polish Republic as Presented by "Turystyka" Magazine (1933–1939)

In the 1930s, there was a growth of tourism in the North-Eastern Borderlands of the Second Polish Republic. The League for Supporting Tourism, the Society for the Development of Eastern Lands, the Vilnius Branch Office of the Polish Tourist Society, the Union for Tourist Propaganda, and the "Orbis" Travel Office were particularly active in the field of promotion and development of tourism in that area. An important role in this field was also played by the Ministry of Communications. Investments were made in the fields of tourist accommodation, transport infrastructure, and tourist infrastructure. Tourism was promoted on the territories of individual Voivodeships on the North-Eastern Borderlands of the Second Republic, including Polesie, Novogrodek, Vilnius and the north-eastern part of the Voivodeship of Bialystok. As for types of tourism, there were sightseeing tourism, education and research tourism, qualified tourism (i.e. tourism involving organized outdoor sports), and health tourism.

De re publica
et ratione civili

Magdalena Ziętek

Między emancypacją a technokratyzmem: prawo w służbie budowy Nowej Atlantydy?

I. Wprowadzenie

Jeśli spytamy współczesnych prawników o to, czy prawo powinno służyć podnoszeniu jakości życia, prawdopodobnie usłyszymy: nie. W uzasadnieniu takiego stanowiska padnie argument, że kategoria jakości życia dotyczy indywidualnych wartości, upodobań, koncepcji szczęścia; nie jest to więc materia, którą prawo powinno mieć za swój przedmiot. Po głębszym zastanowieniu się pojawią się jednak wątpliwości wynikające z dostrzeżenia faktu, że prawo w coraz większym stopniu reguluje kwestie związane z ochroną środowiska, ochroną konsumenta czy też polityką społeczną. A są to przecież działania bezpośrednio związane z kwestią jakości życia. Współczesny prawnik szybko jednak zastrzeże, że to nie argument podnoszenia jakości życia jest bezpośrednim uzasadnieniem podejmowania przez państwo działań w tych obszarach, lecz spoczywający na państwie obowiązek realizowania uzasadnionych interesów poszczególnych jednostek.

Jakość życia nie jest więc kategorią prawną, jest ona jednak z prawem ściśle powiązana. Zgodnie z liberalną koncepcją państwa i prawa, która leży u podstaw systemów prawnych państw należących do naszego kręgu kulturowego, prawo ma służyć realizacji indywidualnych interesów obywateli. Prawo nie może być natomiast narzędziem realizacji odgórnie projektowanych „wizji" lepszego społeczeństwa. Koncepcja ta odcina się m.in. od przednowożytnego pojmowania państwa i prawa, zgodnie z którym prawo miało służyć kształtowaniu etycznej doskonałości członków społeczności państwowej. Nowożytne państwo liberalne ma zapewnić swoim obywatelom bezpieczeństwo oraz stworzyć im warunki do tego, by mogli żyć zgodnie z wyznawanymi przez siebie wartościami i wyobrażeniami udanego życia.

W nowożytnym państwie liberalnym jakość życia powiązana jest więc z prawem
w sposób pośredni, a konkretnie poprzez kategorię indywidualnych interesów. To
właśnie obowiązek realizacji tych interesów staje się „bramą wpadową" dla regulacyjnych działań państwa, poprzez którą wywiera ono coraz większy wpływ na codzienne życie obywateli. Szukając równowagi np. między interesami firm wprowadzających
na rynek nowe produkty oraz interesami konsumentów, państwo pośrednio przyczynia się do podnoszenia jakości życia swoich obywateli.

Dokonując rozgraniczania między różnymi partykularnymi interesami, państwo
liberalne ma stać na gruncie zasady neutralności aksjologicznej. Ale czy rzeczywiście
tak jest? Wydaje się, że u podłoża licznych polityk państwowych można jednak dostrzec przekonanie o konieczności podejmowania przez państwo działań na rzecz
realizacji idei postępu społecznego. Można więc pokusić się o postawienie tezy,
że współczesna koncepcja państwa i prawa jest blisko spowinowacona z wizją państwa przedstawioną przez F. Bacona w powieści pt. „Nowa Atlantyda". Zgodnie z tą
wizją, państwo ma stać na straży postępu naukowego, technicznego i społecznego[1].

Współczesne prawo porusza się między liberalnym postulatem ochrony autonomii jednostki z jednej strony oraz coraz silniej rozwiniętymi oczekiwaniami społecznymi dotyczącymi państwowej aktywności na polu polityki ekonomicznej, społecznej
itd., z drugiej. Czy na dłuższą metę prawo może stać w takim „rozkroku", między
emancypacją a technokratyzmem, które charakteryzują ducha naszych czasów?

Przed podjęciem rozważań na ten temat należy przyjrzeć się temu, jaką drogę
w europejskiej kulturze przeszła koncepcja prawa jako narzędzia samorealizacji
człowieka. Punktem wyjścia bez wątpienia jest antyczna koncepcja dobrego życia,
która następnie została odpowiednio zaadaptowana przez średniowiecznych myślicieli. Korzeni współczesnego sposobu myślenia o prawie należy jednak przede
wszystkim szukać we wczesnej nowożytności, kiedy to dokonała się z rewolucja

---

[1] F. Bacon, *Nowa Atlantyda i Z Wielkiej Odnowy*, Wydawnictwo ALFA, Warszawa 1995, *passim*.
W słowie wstępnym do polskiego wydania powieści J. Szacki stwierdza, że jest to utwór bezcenny
dla zrozumienia kultury, do której powstania przyczynił się on jak mało kto. „Kultury, której podstawą jest wiara w nieograniczone możliwości nauki i techniki i szansę ich pełnego wykorzystania
dla dobra ludzkości. Kultury, którą nazywa się zwykle kulturą nowoczesną. [...] Utopia Bacona traktuje mianowicie nie tyle o tym, jak dzięki reorganizacji stosunków społecznych lepiej wykorzystać
możliwości dane ludziom przez naturę, ile o tym, jak zbiorowym wysiłkiem te możliwości pomna-
żać, wydzierając naturze jej tajemnice i zwiększając ludzką nad nią władzę. Ten sposób myślenia
był wśród dawnych utopistów zgoła wyjątkowy i zatriumfował dopiero w XIX wieku, przynoszą-
cym dojrzałe owoce rewolucji przemysłowej. [...] Najważniejsze i naprawdę oryginalne strony
Nowej Atlantydy to opis Domu Salomona. [...] Ów Dom Salomona to potężna instytucja, jakiej
nie ma w innych utopiach, jeśli nawet ich autorzy przykładali do nauki wielką wagę. Instytucja, będąca ni to zakonem, ni to akademią nauk, ni to, jak mówi się w dzisiejszym żargonie, systemem
placówek badawczo-rozwojowych. Jej celem jest «zgłębianie stosunków, zmian i sił wewnętrznych
natury, tudzież rozszerzanie — jak tylko to będzie możliwe — granic władztwa ludzkiego nad nią».
Można powiedzieć, iż celem Domu Salomona jest urzeczywistnianie takiej koncepcji nauki, jaką
znajdujemy w innych pismach Bacona. Chodzi o zorganizowanie na wielką skalę procesu pomnażania wiedzy, służącej zaspokajaniu praktycznych ludzkich potrzeb".

antropocentryczna, która następnie stała się punktem wyjścia dla rewolucji naukowo-technicznej. W postnowoczesności, w której obecnie się znajdujemy, bez wątpienia mamy do czynienia ze zradykalizowaniem się obu tych procesów rewolucyjnych.

II. Klasyczna koncepcja dobrego życia

1. *Logos, polis, nomos*

Idea prawa jako instytucji, która powinna służyć człowiekowi w realizacji jego rozumnej natury, pojawiła się w starożytnej Grecji. To właśnie tam zrodziła się zarówno filozofia, jak i demokracja. Więź *logos* i *polis* wyraziła się poprzez równoważność klasycznych formuł definicyjnych, które w filozofii Arystotelesa określały istotę człowieka: *zoon politikon*, czyli zwierzę polityczne, i *zoon logon echon*, a więc zwierzę rozumne[2].

Ten nowy sposób postrzegania człowieka rzutował na powstanie również nowego podejścia do zjawiska prawa. Podstawą organizacji greckich *polis* stało się *nomos,* czyli suwerenne prawo i prawodawstwo państwowych ustaw. Prawo przestało być przejawem mocy „praw «boskich» albo «naturalnych»", których święta, ale tajemna i dla człowieka nieprzenikniona «sprawiedliwość», *dike* (δίχη), objawiała się niegdyś we wszechwładzy nadludzkich potęg chtonicznych, w boskim dyktacie nieubłaganego przeznaczenia"[3]. Stało się natomiast instytucją „na wskroś ludzką". Grecką *polis* rządziło bowiem prawo stanowione przez samych obywateli, spisane, jawne, charakteryzujące się bezwyjątkową powszechnością, a przez to racjonalnie obliczalne.

2. *Poiesis* i *praxis*

Jednym z najważniejszych elementów nowych — pojęciowych i normatywnych — zasad nowego rozumu społecznego była Arystotelesowska filozofia praktyczna. Arystoteles w sposób bardzo klarowny wprowadził rozróżnienia na dwa zasadnicze typy ludzkiego działania: *poiesis* i *praxis*. Przyjrzyjmy się bliżej temu rozróżnieniu[4].

> Zasadnicza różnica między tymi dwoma typami działań polega na tym, że *poiesis* obejmuje wszystkie działania — jak powiedzielibyśmy dziś — instrumentalne, czyli takie, w których działanie nie jest samo swoim celem, lecz jest tylko środkiem, tj. służy do czegoś, właśnie do wytworzenia czegoś. Cel działania leży tu poza działaniem samym, wykracza poza to

---

2   Zważywszy na zasadniczą dwuznaczność greckiego *logos* jako „rozumu" i zarazem „słowa", termin *zoon logon echon* możemy rozumieć jako „zwierzę rozumne mówiące", „istotę racjonalno-językową". M. Siemek, *Wolność, rozum, intersubiektywność*, Oficyna Naukowa, Warszawa 2002, s. 6.

3   M. Siemek, (przyp. 2), s. 7–8.

4   Na temat różnicy między *poiesis* i *praxis* M. Siemek, (przyp. 2), s. 17; M. Rhonheimer, *Konservatismus als politische Philosophie. Gedanken zu einer „konservativen Theorie"*, [w:] *Die Herausforderung der Konservativen. Absage an Illusionen*, red. G.-K. Kaltenbrunner, Verlag Herder, Monachium 1974, s. 116–117; H. Kuhn, *Praktische Philosophie und politische Wissenschaft*, [w:] *Wissenschaft und Politik. Abhandlungen*, red. Hochschule für politische Wissenschaften, J. Geither & Sohn, Monachium 1960, s. 28–29.

działanie […]. Chodzi tu oczywiście przede wszystkim o całą sferę wytwórczości materialnej, produkcji […][5].

Zupełnie inaczej wygląda *praxis*, czyli działanie we właściwym sensie. „*Praxis* to działanie nie-instrumentalne, nie będące środkiem do czegoś innego poza samym sobą, a więc samo-celowe, autoteliczne. […] *Praxis* jest […] działaniem komunikacyjnym, tj. zachodzącym w medium komunikacji symbolicznej, zapośredniczonej przez słowo, przez mowę i rozmowę"[6].

W przeciwieństwie do *poiesis*, którego celem było wykształcenie u człowieka określonych umiejętności technicznych, celem *praxis* było doskonalenie osoby jako osoby, czyli bytu politycznego i rozumnego[7]. Doskonalenie takie polegało na nabywaniu umiejętności kierowania się rozumem i opanowania niższych części duszy, co z kolei wymagało ciągłego usprawniania władz wyższej części duszy. Kluczowym pojęciem klasycznej koncepcji nauk praktycznych było więc pojęcie cnót i wad: cnoty to sprawności człowieka do działania w kierunku dobra, wady, odpowiednio, to sprawności do działania w kierunku zła[8]. Ostatecznym celem *praxis* było osiągnięcie szczęśliwości (*eupraxis*), która polegała na życiu zgodnie z przypisaną każdemu jego naturą, czyli na osiągnięciu pełni rozumności pośród innych bytów rozumnych. Stąd *praxis* rozumiana była jako przestrzeń wzajemnego oddziaływania na siebie wolnych i równych, stanowiła sferę „pięknych słów i czynów"[9]. Była wspólnotą mówienia i słuchania, wypowiadania się i przekonywania innych, racjonalnej argumentacji, które miały służyć wspólnemu poszukiwaniu dobra ogółu.

3. Prawo naturalne

Arystotelesowska koncepcja nauk praktycznych została w pełni rozwinięta przez średniowiecznego teologa i filozofa św. Tomasza z Akwinu. Tomaszowa teoria prawa naturalnego została oparta na antropologii greckiego myśliciela, którego Akwinata nazywa Filozofem. Także dla św. Tomasza zadaniem państwa i prawa jest prowadzenie wspólnoty politycznej do szczęśliwości:

---

5 M. Siemek, (przyp. 2), s. 17.

6 M. Siemek, (przyp. 2), s. 24–25. I dalej: „Swoista przestrzeń jego racjonalności jest więc wyznaczana przez dialog — w wyraźnym odróżnieniu od instrumentalnej racjonalności działań o strukturze *poiesis*, którą można zasadnie nazwać racjonalnością monologiczną".

7 Działanie moralnie dobre jest celem samym w sobie, gdyż zgodnie z koncepcją Arystotelesa, tylko człowiek, który działa zgodnie ze swoją naturą, może być szczęśliwy. Dla porównania, działalność wytwórcza zorientowana jest na osiąganie celów zewnętrznych, jej celem jest stworzenie jakiegoś dzieła, nie ma zaś na celu doskonalenia osoby jako osoby. To rozróżnienie znajduje swoje odbicie w języku: mówimy o kimś, że jest dobrym człowiekiem albo że jest dobrym malarzem, inżynierem, ogrodnikiem itp.

8 Z. Pańpuch, *Cnoty i wady*, [w:] *Powszechna Encyklopedia Filozofii*, Polskie Towarzystwo św. Tomasza z Akwinu, Lublin 2001, t. 2, s. 216–231.

9 M. Siemek, (przyp. 2), s. 7–8.

W dziedzinie zaś postępowania, które jest przedmiotem rozumu praktycznego, pierwszym początkiem jest cel ostateczny. Jak zaś wyżej powiedziano, celem ostatecznym ludzkiego życia jest szczęśliwość lub szczęście. Wynika z tego, że prawo dotyczy przede wszystkim drogi, która wiedzie do szczęścia. Dalej, ponieważ wszelka część jest przyporządkowana całości, tak jak niedoskonałe doskonałemu, zaś jeden człowiek jest częścią doskonałej wspólnoty, dlatego konieczne jest, żeby prawo właściwie dotyczyło drogi wiodącej do wspólnej szczęśliwości. Toteż Filozof w określeniu prawa umieszcza szczęśliwość i wspólnotę państwową. Pisze bowiem: „Prawa normują wszystko zmierzając do tego, co korzystne dla wszystkich... tak, że sprawiedliwym nazywamy to, co we wspólnocie państwowej jest źródłem szczęśliwości i przyczynia się do jej utrzymania i do utrzymania wszystkiego co się na nią składa". A jak tenże Filozof uczy, doskonałą wspólnotą jest państwo[10].

Klasyczna koncepcja prawa naturalnego opierała się na realistycznej i finalistycznej antropologii, która zakładała, że człowiek nie decyduje o tym, co jest dla niego dobre i co naprawdę czyni go szczęśliwym[11]. Koncepcja ta opierała się na przekonaniu, że we wszystkie byty, które istnieją, wpisany jest ich cel[12]. Także człowiek ma zapisany w sobie cel, który może osiągnąć, bądź też nie[13]. Treścią prawa naturalnego jest więc wszystko to, dzięki czemu człowiek może zaktualizować tkwiący w nim potencjał[14].

Św. Tomasz z Akwinu przedstawia m.in. takie szczegółowe określenia tego, co jest zgodne z prawem naturalnym:

> Odpowiednio zatem do porządku naturalnych skłonności istnieje porządek przykazań prawa naturalnego. Tak więc, po pierwsze, istnieje w człowieku skłonność ku dobru odpowiednio do natury, którą ma wspólnie z wszystkimi jestestwami. Chodzi mianowicie o to, że każde jestestwo pragnie zachowania swojego bytu odpowiednio do swojej natury. I jeśli chodzi o tę skłonność, do prawa naturalnego należy to wszystko, co służy utrzymaniu człowieka w istnieniu oraz oddaleniu tego, co jest temu przeciwne. Po drugie, istnieje w człowieku skłonność ku temu, co jest bliższe jego gatunkowi, mianowicie ku temu, co jego natura ma wspólne z innymi zwierzętami. W myśl tego [w prawie Justyniana] powiedziano, że do prawa naturalnego należy to, „czego natura nauczyła wszystkie zwierzęta", np. łączenie się mężczyzny z kobietą, wychowanie dzieci itp. Po trzecie, istnieje w człowieku skłonność ku dobru odpowiadającemu jego rozumnej naturze, która jest mu właściwa. I tak np. człowiek ma naturalną skłonność do tego, żeby poznawać prawdę o Bogu, oraz do tego, żeby żyć w społeczności. W myśl tego, do prawa naturalnego należy wszystko,

---

10 S.T.I-II, q. 90 a. 2. Tłumaczenie w języku polskim: Św. Tomasz z Akwinu, *Suma teologiczna*, Katolicki Ośrodek Wydawniczy „Veritas", Londyn [b.r.w.], t. 13, s. 6.

11 J. Finnis, *Natural law & natural rights*, Oxford University Press, Nowy Jork 2011, s. 105 i nast.; M.A. Krąpiec, *Człowiek i prawo naturalne*, RW KUL, Lublin 1993, s. 30 i nast.

12 Myśl tę można przedstawić na prostym przykładzie, np. pestki winogron. Z pestki winogron na pewno nigdy nie wyrośnie dąb ani krzak róży, może z niej natomiast wyrosnąć latorośl winna, i to tylko po spełnieniu określonych warunków. W pestce winogron kryje się więc z góry określony potencjał, którego aktualizacja zależy od wielu czynników, i to zarówno wewnętrznych i zewnętrznych: jej materiał genetyczny nie może być uszkodzony, musi zostać posadzona w odpowiedniej glebie, w odpowiednich warunkach klimatycznych itp.

13 S.T.I-II, q. 94 a. 3, (przyp. 10), s. 33.

14 M.A. Krąpiec, (przyp. 11), s. 30.

co dotyczy tejże skłonności, np. żeby człowiek wystrzegał się nieświadomości, żeby nie obrażał tych, z którymi musi obcować, oraz wszystko inne tego rodzaju[15].

Na gruncie arystotelizmu i tomizmu ustawodawstwo państwowe powinno być zgodne z wymogami prawa naturalnego, tak żeby każdy człowiek rzeczywiście mógł żyć zgodnie ze swoją naturą[16].

4. Dobre życie

Zgodnie z klasyczną koncepcją nauk praktycznych, prawidłowe rozpoznawanie tego, co jest dla człowieka dobre, a co nie, może dokonywać się tylko w społeczeństwie, którego członkowie ćwiczą się w cnotach i rzeczywiście posługują się swoim rozumem[17]. Sposób urządzenia wspólnot, w których człowiek żyje i wzrasta, czyli rodziny, społeczności lokalnej i państwa, przekłada się więc bezpośrednio na to, czy człowiek będzie miał szansę na pełen rozwój, czy też jego rozwój zostanie zahamowany[18].

W odpowiednim kształtowaniu wspólnoty politycznej zasadniczą rolę odgrywa prawo. Zarówno według Arystotelesa, jak i św. Tomasza zadaniem prawa jest wyrabianie w ludziach takich przyzwyczajeń i nawyków, które ułatwią im działanie zgodne z rozumem, a więc cnotliwe: „A ponieważ prawo nadaje się po to, aby kierować ludzkimi uczynkami, dlatego o tyle czyni ono ludzi dobrymi, o ile uczynki ludzkie przyczyniają się do wyrobienia cnoty. Stąd też Filozof pisze: «Prawodawcy czynią (obywateli) dobrymi drogą przyzwyczajenia»"[19].

Dobre życie polegało więc na takim współ-byciu z innymi rozumnymi bytami, aby wszyscy mogli się rozwijać jako osoby poprzez racjonalną komunikację, wspólne poszukiwanie prawdy, dobra i piękna, współtworzenie kultury i nauki, jednym słowem: realizowanie dobra wspólnego. Prawo miało z jednej strony zapewnić prawidłowe funkcjonowanie takiego współ-bycia, jednocześnie stanowiło także wynik tegoż współ-bycia: jego jakość zależała od cnotliwości (racjonalności) członków wspólnoty politycznej[20].

---

[15] S.T.I-II, q. 94 a. 2, (przyp. 10), s. 32. I dalej: „A ponieważ dobro jest celem, a zło jest tego przeciwieństwem, dlatego wszystko to, ku czemu człowiek ma naturalną skłonność, rozum w naturalny sposób pojmuje jako dobro, i w następstwie uważa, że należy czynnie ku niemu dążyć, a przeciwieństwo tego uznaje za zło i każe go unikać".

[16] Na temat relacji między prawem naturalnym a stanowionym M. Krąpiec, (przyp. 11), s. 220–221; M. Łuszczyńska, *Filozofia prawa Czesława Martyniaka*, Wydawnictwo UMCS, Lublin 2008, s. 166–184.

[17] Na temat rozpoznania dobra J. Finnis, (przyp. 11), s. 30 i podane tam fragmenty pism św. Tomasza.

[18] M.A. Krąpiec, (przyp. 11), s. 30, 171. Na temat dobra wspólnego patrz także J. Finnis, (przyp. 11), s. 154.

[19] S.T.I-II, q. 92 a. 1, (przyp. 10), s. 19.

[20] Na temat klasycznego rozróżnienia między rozumem praktycznym, teoretycznym i pojetycznym: M. Rhonheimer, *Praktische Vernunft und Vernünftigkeit der Praxis. Handlungstheorie bei Thomas von Aquin in ihrer Entstehung aus dem Problemkontext der aristotelischen Ethik*, Akademie Verlag, Berlin 1994, s. 51–52; M. Ziętek, *Rechtsphilosophie der Aufklärung: Theorie ohne Praxis*, „Zeitschrift für Rechtsphilosophie" 2012, nr 1, s. 41–60.

Podsumowując pierwszą część naszych rozważań, należy więc stwierdzić, że na gruncie klasycznej koncepcji nauk praktycznych człowiek nie decydował o tym, co jest dla niego dobre i co mu służy. Przekonanie o istnieniu obiektywnej prawdy, dobra i piękna było podstawą praktycznej działalności człowieka (w rozumieniu *praxis,* a nie *poiesis*), w tym tworzenia norm prawnych. Prawo miało służyć temu, aby mieszkańcy wspólnoty politycznej mogli rzeczywiście żyć w zgodzie ze swoją osobową naturą.

III. Nowożytność i prymat rozumu instrumentalnego

1. Antropocentryzm i rewolucja naukowo-techniczna

W nowożytności następuje zerwanie z klasyczną koncepcją nauk praktycznych. Zmiana ta była w dużej mierze wynikiem pojawienia się nowej koncepcji nauki. Klasyczna koncepcja nauk praktycznych przestała przystawać do tego ideału i ostatecznie została porzucona[21].

Nowa koncepcja nauk wyrosła z rewolucji antropocentrycznej, która legła u podstaw całej nowożytności. W centrum zainteresowania człowieka stanął on sam, w tym głównie jego możliwości poznawcze, a przede wszystkim: sprawcze[22]. W renesansie następuje zwrot ku *poiesis*, ku wytwarzaniu, czemu zostaje podporządkowana cała nauka.

> Kiedy […] na czoło wysuwa się POIESIS, to wówczas miejsce formy-substancji, zająć musi inny element bytu, a wraz z nim inna kategoria, a mianowicie — materia oraz ilość. Materia jest racją zmienności, ułożenie zaś części względem siebie to właśnie ilość. W ten sposób zilościowana materia staje się centralnym przedmiotem badań naukowych, gdyż wyniki tych badań dadzą się przełożyć na wytwarzanie[23].

Podwaliny nowej koncepcji nauki stworzył F. Bacon[24]. Ideałem Bacona była wiedza, która człowiekowi miała dać pełną władzę nad naturą: ludzkość miała rozpieczętować jej księgę, odkryć jej sekrety[25]. Dążenie do podporządkowania natury ściśle związane było z motywacją, którą O. Höffe nazywa „humanitarną intencją"[26]. Intencja ta polega na chęci zapewnienia człowiekowi lepszych warunków życia poprzez „ulepszanie" natury. Wejście przez człowieka w posiadanie wiedzy na temat

---

[21] Na temat nowej koncepcji nauki: P. Jaroszyński, *Wokół nowożytnej koncepcji nauki*, „Człowiek w kulturze" 1995, nr 4–5, s. 91–101; H. Jonas, *Zasada odpowiedzialności*, Wydawnictwo PLATAN, Kraków 1996, s. 34–60; R. Guardini, *Das Ende der Neuzeit. Ein Versuch zur Orientierung*, Werkbund Verlag, Würzburg 1950, s. 39 i nast.

[22] M. Siemek, (przyp. 2), s. 58.

[23] P. Jaroszyński, (przyp. 21), s. 94.

[24] O. Höffe mówi w tym kontekście o epistemicznej modernizacji (*epistemische Modernisierung*): O. Höffe, *Moral als Preis der Moderne. Ein Versuch über Wissenschaft, Technik und Umwelt*, Suhrkamp, Frankfurt nad Menem 1993, s. 49 i nast.

[25] O. Höffe, (przyp. 24), s. 57, 67.

[26] O. Höffe, (przyp. 24), s. 62.

tajników przyrody miało zapewnić mu możliwość takiego przekształcania natury, aby mógł sukcesywnie poprawiać jakość swojego życia[27]. Nauka miała więc stanąć w służbie postępu, tak by ze społeczeństwa w możliwie największym stopniu wyeliminować głód, biedę, choroby, strach i cierpienie[28]. O. Höffe wskazując na dalszy rozwój tego podejścia do nauki, zauważa, że w epoce oświecenia „szczególnej rangi nabiera troska o zdrowie; i także w tej kwestii do dziś pozostajemy dziećmi oświecenia. […] w stosunku do Arystotelesa Baconowska dewiza brzmi: medycyna zamiast metafizyki"[29].

Zgodnie z „Baconowską dewizą", w celu realizacji zakreślonego przez niego nowego etycznego celu, człowiek, na podstawie uzyskanej przez siebie wiedzy o mechanizmach natury, miał konstruować wynalazki[30]. Nowy ideał wiedzy od samego początku ściśle więc powiązany był z techniką. Baconowska koncepcja nauki i postępu techniki legła następnie u podstaw kapitalizmu, którego celem było stopniowe poszerzanie społecznego dostępu do wynalazków[31].

> Dynamika produkcji domaga się choćby sztucznego pobudzania nowych zapotrzebowań konsumpcyjnych, które z kolei oddziałują stymulująco na zwiększenie produkcji wraz z jej naukowo-technicznym zapleczem. W ten sposób wytwarza się zamknięty krąg ekonomiczno-społecznych przyczyn i skutków, który wpływa na duchowy świat wartości, prowadząc do gruntowanych przesunięć w obrębie ich hierarchii. Na czoło wysuwają się dobra materialne[32].

Jak słusznie stwierdza O. Höffe, w nowożytności uwolnione z „kagańców ciekawości" *homo quaerens* idzie ręką w rękę z niepohamowanym dążeniem do zysku *homo oeconomicus* oraz nieposkromionym dążeniem do władzy *homo faber*[33].

---

[27] O. Höffe krytycznie się do tego odnosząc, stwierdza, że humanitarność intencji zepchnęła na dalszy plan człowieka (*Humanum*) jako konkretną rzeczywistość: O. Höffe, (przyp. 24), s. 63.

[28] Należy także wspomnieć o aspekcie teologicznym „humanitarnej intencji". F. Bacon „Novum Organum" kończy tymi oto słowami: „Człowiek bowiem przez upadek utracił stan niewinności i stoczył się jednocześnie z tronu królewskiego do rzędu stworzeń. Jedno zaś i drugie jeszcze w tym życiu w pewnej mierze można naprawić: pierwsze przez religię i wiarę, drugie przez umiejętności i nauki. Albowiem wskutek klątwy nie zbuntowało się stworzenie całkowicie i do ostatka, lecz na mocy owego dekretu: «W pocie oblicza twego będziesz pożywał swój chleb» poprzez różne trudy (nie przez dysputy oczywiście ani przez próżne ceremonie magiczne) zostało wreszcie w pewnej mierze zmuszone do dostarczania człowiekowi chleba, to jest do oddawania usług życiu ludzkiemu". F. Bacon, *Novum Organum*, II, 52, w tłumaczeniu J. Wikarjaka, PWN, Warszawa 1955, s. 368–369.

[29] O. Höffe, (przyp. 24), s. 64.

[30] O. Höffe, (przyp. 24), s. 67.

[31] Doskonałą analizę nowoczesnej dialektyki między rewolucją naukową, techniczną i emancypacją *homo faber* przedstawiała H. Arendt, *Kondycja ludzka*, Wydawnictwo Aletheia, Warszawa 2000, *passim*. Patrz także H. Jonas, (przyp. 21), s. 34–46.

[32] T. Ślipko, *Bioetyka. Najważniejsze problemy*, Wydawnictwo Petrus, Kraków 2009, s. 49.

[33] O. Höffe, (przyp. 24), s. 55; zob. także R. Guardini, (przyp. 21), s. 40.

2. Polityka jako technika

Nowy ideał naukowości nie pozostał bez wpływu na nowożytną koncepcję nauk praktycznych, w tym teorię prawa. Nie kto inny jak sekretarz Bacona, Thomas Hobbes, przeniósł Baconowski ideał wiedzy na obszar antropologii społecznej. „Nowa Atlantyda" Bacona antycypuje dla Hobbesa cywilizację ukształtowaną przez wiedzę, co znalazło odpowiedni wyraz w jego filozofii politycznej[34]. To właśnie „Lewiatan" Hobbesa staje się paradygmatem nowożytnego pojmowania polityki, państwa i prawa. Od tej pory technika — wiedza — maszyna — władza stanowią kluczowe pojęcia, niezbędne dla zrozumienia istoty nowożytnego państwa i prawa[35].

Państwo Hobbesa nie miało służyć realizacji żadnych „wyższych", bo etycznych celów. Jego celem było wyłącznie zaspokojenie potrzeb doczesnych.

> Dzięki mocy i prawodawstwu państwo wyłania się z niczego, tak jak świat stworzył z niczego Bóg. Oto objawił się konkurencyjny bóg: suweren. Naprzeciwko tradycyjnej, organicystycznej wizji państwa pojawiła się wizja ludzka: mechanizm będący „pierwszym produktem epoki technicznej, co znakomicie ujął Hugo Fischer, nazywając go mianem *machina machinorum*. Z państwem tym nie łączą się już więcej duchowo-historyczne lub socjologiczne wizje, lecz nowa techniczno-przemysłowa epoka, której państwo to jest typowym, lecz zarazem prototypowym dziełem [...]. To pierwsze czysto ludzkie dzieło, twór rzemieślnika, materii i umiejętności, maszyny i budowniczego maszyn, czyli właśnie człowieka"[36].

Hobbesowska, nowożytna koncepcja sprowadza państwo do roli aparatu, używanego w celu osiągnięcia określonego celu: „Cechą *neutralnego* narzędzia, jakim jest państwo nowożytne, jest możliwość posługiwania się nim przez dowolną ekipę rządzącą dla dowolnego celu [...]"[37]. Prawo natomiast zostaje podporządkowane racjonalności technicznej, której naczelną zasadą jest skuteczność[38]. Za tworzenie prawa odpowiedzialna staje się biurokracja, która według jednego z najważniejszych teoretyków nowoczesnego państwa, Maxa Webera, jest najlepszym narzędziem podejmowania decyzji opartych na wiedzy technicznej[39].

---

[34] O. Höffe, (przyp. 24), s. 72.

[35] M. Złętek, *Europejskie prawo konsumenckie jako wyraz technokratycznej koncepcji prawa umów*, [w:] *Kierunki rozwoju europejskiego prawa prywatnego — wpływ europejskiego prawa konsumenckiego na prawo krajowe*, red. M. Jagielska, E. Rott-Pietrzyk, A. Wiewiórowska, C.H. Beck, Warszawa 2012, s. 277.

[36] A. Wielomski, *Konserwatyzm — między Atenami i Jerozolimą. Szkice post-awerroistyczne*, Fijorr Publishing Company, Warszawa 2009, s. 59; autor cytuje w tekście: C. Schmitt, *Der Leviathan in der Staatslehre des Thomas Hobbes*, Stuttgart 1992, s. 53–54.

[37] A. Wielomski, (przyp. 36), s. 61.

[38] J. Wróblewski, *Wyzwanie technologiczne*, „Studia prawno-ekonomiczne" 1972, nr 9, s. 260.

[39] J. Wróblewski, *Biurokracja, technokracja i demokracja*, „Państwo i Prawo" 1979, nr 4, s. 17; L. Morawski, *Główne problemy współczesnej filozofii prawa. Prawo w toku przemian*, Wydawnictwa Prawnicze PWN, Warszawa 2000, s. 43.

3. Rozum instrumentalny

Emancypacja jednostki, która swój własny rozum wytwórczy uczyniła niemalże miarą rzeczy, doprowadziła do absolutyzacji rozumu instrumentalnego. Zarówno Max Weber, jak i Hegel i Marks istotę nowoczesnej formy racjonalności upatrywali w tym, że

> instrumentalność stanowi właściwą, wręcz strukturalną formę ludzkiego rozumu jako rozumu działającego, i że forma ta osiąga swój dojrzały, w pełni rozwinięty kształt właśnie w kapitalistyczno-industrialno-technicznej nowoczesności. Tę konieczną instrumentalność nowoczesnego rozumu Max Weber odsłania i bada na poziomie społecznie obowiązujących struktur „racjonalności ze względu na cel" (*Zweckrationalität*), które wraz z ekonomiczno-technicznymi warunkami opanowywania rzeczywistości przedmiotowej i rozporządzania nią (proces pracy, instrumentalna racjonalność rachunku gospodarczego oraz organizacyjnej dyspozycji i kontroli) wytwarzają również mentalną, psychologiczno-etyczno-religijną formę nowoczesnej podmiotowości człowieka jako autonomicznej […] jednostki […]; jednocześnie zaś, i nieodłącznie od tego, wytwarzają też system instytucjonalnych i proceduralnych, polityczno-prawnych narzędzi i gwarancji podmiotowej wolności człowieka (formalizm prawa, racjonalna forma zrzeszeń i organizacji, autonomizacja niezależnych aparatów administracyjnych w „biurokracji"[40].

W nowożytności rozum instrumentalny kształtuje więc nie tylko relacje między człowiekiem a naturą, ale także relacje między poszczególnymi jednostkami. Nie wspólne odniesienie do dobra, prawdy i piękna, ale wyłącznie konieczność zaspokajania wspólnych interesów staje się czynnikiem kształtującym przestrzeń publiczną. W miejsce tradycyjnych struktur społecznych powstają więzi stowarzyszeniowe, które mają charakter indywidualistyczny i atomistyczny, a które kształtowane są przez „wole arbitralne" odrębnych i niezależnych jednostek, „z których każda jako jednostka troszczy się o siebie samą dążąc do realizacji swych własnych interesów i celów. Przy takiej formie więzi możliwy horyzont jakiejś ponadindywidualnej sprawy wspólnej dla wszystkich daje się wytworzyć tylko pośrednio, jako rezultat stosunków, oddziaływań i uzgodnień każdej jednostki z innymi"[41]. W wyniku procesu modernizacji dochodzi więc do depersonalizacji stosunków międzyludzkich: osoby odnoszą się do siebie nie wprost, ale za pośrednictwem swoich odniesień do rzeczy, a całokształt ich wzajemnych oczekiwań i zobowiązań regulowany jest różnymi formami umowy[42]. Podsumowując tę część rozważań, należy stwierdzić, że w wyniku rewolucji antropocentrycznej, która legła u podstaw nowoczesności, państwo i prawo zostały zaciągnięte w służbę postępu, czego symbolem stała się Baconowska „Nowa

---

[40] M. Siemek, *Hegel i filozofia*, Oficyna Naukowa, Warszawa 1998, s. 54-55. L. Morawski racjonalność instrumentalną ludzkich zachowań charakteryzuje jako „taką ich organizację, iż o wyborze środków, dyrektyw i strategii działania decydują względy skuteczności. W działaniach racjonalnych instrumentalnie organizuje się środki działania według kryterium skutecznej kontroli rzeczywistości". L. Morawski, (przyp. 39), s. 46.

[41] M. Siemek, (przyp. 40), s. 134.

[42] M. Siemek, (przyp. 40), s. 136.

Atlantyda". Już nie wspólne poszukiwanie prawdy, dobra i piękna miało leżeć u podłoża działalności politycznej człowieka, lecz zaspakajanie indywidualnych potrzeb, w tym przede wszystkim potrzeb materialnych.

IV. Prawo wobec sprzeczności świata ponowoczesnego

1. Rewolucja podmiotów

W drugiej połowie XX wieku nastąpiło zradykalizowanie rewolucji indywidualistycznej[43]. Istotą nowej fali rewolucji stało się odrzucenie wszelkich norm społecznych, niebędących efektem wspólnego uzgodnienia jako narzucanych podmiotom, czyli opresyjnych. U podstaw rewolucji podmiotów legł postulat, by jednostka sama decydowała o wyznawanych przez siebie wartościach, ideale udanego życia, szczęścia itp. Rewolucja ta skierowała się przeciwko społecznej „opresji" w dziedzinie seksualności, zastanym podziałom na role społeczne, przeciwko segregacji rasowej. Wrogiem rewolucji były wszelkie formy „autorytarności": czy to w rodzinie (w relacjach między partnerami oraz rodzicami i dziećmi), miejscu pracy, polityce, czy nawet w szkole[44].

Rewolucja skierowała swoje ostrze przeciwko wszelkim formom podporządkowania prawa jednej tylko moralności: prawo ma nie uprzywilejowywać żadnej etyki[45]. Postulat ten stał się podstawą realizacji żądań środowisk homoseksualnych w wielu nowoczesnych państwach liberalnych. Obecnie zaczynają się pojawiać także żądania środowisk promujących poligamię, domagających się równouprawnienia tej

---

[43] Zjawisko to K. Obuchowski określił jako rewolucję podmiotów. W jej wyniku jednostka uzyskała prawo do tego, by mogła samodzielnie wyznaczać swoją rolę społeczną i akceptowane przez siebie zasady moralne, oraz osobiście określać sens swojego życia. K. Obuchowski, *Rewolucja podmiotu i nowy indywidualizm*, [w:] *Humanistyka przełomu wieków*, red. J. Kozielecki, Wydawnictwo Akademickie Żak, Warszawa 1999, s. 131, 134.

[44] Należy tu wspomnieć o ruchach praw obywatelskich, ekologicznych, antysegregacyjnych i feministycznych, które powstały w latach 60. ubiegłego wieku. L. Morawski, (przyp. 39), s. 22 i nast.

[45] J. Bartyzel wskazuje na to, że aktualnie najbardziej rozpowszechnioną postacią liberalizmu moralno-obyczajowego jest permisywizm, czyli „postawa przyzwolenia na każdy sposób «samorealizacji», jaki tylko zostanie przez kogokolwiek ogłoszony". Permisywizm jest „wykwitem długiej ewolucji znaczenia dwóch kardynalnych idei liberalizmu: wolności i tolerancji; w wypadku pierwszej — od wolności (*liberty*) od arbitralnego przymusu i bezprawia do «wyzwolenia» (*liberation*) z «opresywnych» struktur władzy, takich jak «autorytarna» rodzina, religia, normy moralne i obyczajowe; w wypadku drugiej — od tolerancji «negatywnej» (*toleration*), nawołującej do pokojowego współistnienia ludzi wyznających odmienne poglądy w różnych kwestiach, do (podniesionej do rangi cnoty samoistnej i głównej) tolerancji «pozytywnej» (*tolerance*), oznaczającej przymus afirmacji i równowartościowania każdego poglądu, czyli faktycznie «tolerancji represywnej» wobec «nietolerancyjnych», która zyskała sobie nazwę «politycznej poprawności» (*political correctness*)". J. Bartyzel, *W gąszczu liberalizmów. Próba periodyzacji i klasyfikacji*, Fundacja Servire Veritati, Instytut Edukacji Narodowej, Lublin 2004, s. 60–61.

formy życia. Zgodnie z ich postulatami, zasada monogamii powinna zostać usunięta z prawa jako niedopuszczalne ograniczenie wolności poligamistów[46].

Najświeższa fala rewolucji podmiotów związana jest przede wszystkim z ideologią genderyzmu, która zakłada, że płeć społeczna (*gender*) nie jest w żaden sposób powiązana z płcią biologiczną i może być dowolnie ukształtowana przez jednostkę. Zwolennicy genderyzmu walczą więc przeciwko wszelkim formom narzucania jednostkom ich tożsamości płciowej[47].

Należy także krótko wspomnieć o tym, że w jednej kwestii rewolucja podmiotów przeszła regres. Chodzi oczywiście o kwestię pedofilii. W latach 70. i 80. żądania środowisk pedofilskich były coraz głośniejsze, a ich argumentem naczelnym była autonomia dzieci, którym prawo nie powinno zabraniać możliwości zaspokajania potrzeb seksualnych[48].

Wynikiem rewolucji podmiotów są więc procesy kulturowej dyferencjacji systemów społecznych, a konkretnie dyferencjacji systemów wartości[49].

> Obywatele wyposażeni w szeroki i stale zwiększający się zakres praw i wolności, a przy tym coraz bardziej wykształceni i niezależni od zewnętrznych autorytetów, znajdują coraz mniej argumentów, by respektować prawo z tego tylko powodu, że jest ono prawem. [...] Trafnie przy tym podkreśla się przechodzenie społeczeństw rozwiniętych od etyk heteronomicznych, sięgających do zewnętrznego i jednoczącego autorytetu (religia, Kościół), do etyk autonomicznych, w których jednostka żyjąca w świecie wielu różnych moralności i religii sama dokonuje wyboru moralności, według której chce żyć. Ma więc chyba rację Z. Bauman, gdy mówi, że w społeczeństwach postmodernistycznych, w których moralność jest w dużym stopniu kwestią wyboru, etyka staje się etyką bez kodeksów (*morality without ethical code*) i bez zasad ustalonych raz na zawsze (*unprincipled morality*). Sceptycyzmowi co do możliwości

---

[46] Krytycznie na temat możliwości legalizacji poligamii w Polsce: J. Majcherek, *Polibzdura*, <www.wyborcza.pl/1,75515,12640221,Polibzdura.html> [10.08.2013]. Zgodnie z logiką rewolucji podmiotów należy przyznać też rację takim żądaniom. Jeśli bowiem np. we Francji pary homoseksualne mogą nie tylko zawierać związki małżeńskie, lecz także adoptować dzieci, to nie należy pozbawić takich praw związków poligamicznych. Skoro związek między biologicznym pochodzeniem dziecka (jako bytu spłodzonego przez kobietę i mężczyznę) a prawną formą rodziny jest coraz bardziej zacierany, nie powinno odgrywać większej roli, czy dziecko za rodziców będzie posiadało dwóch, trzech albo czterech mężczyzn, czy też pięć kobiet i czterech mężczyzn. Ludzkiej kreatywności — zgodnie z logiką rewolucji podmiotów — nie powinno stawiać się żadnych granic.

[47] Czego przykładem było wprowadzenie do języka szwedzkiego nowego zaimka osobowego *hen*, który jest neutralny ze względu na płeć. Zaimek ten ma zastąpić istniejące *han* (on) i *hon* (ona), w celu tego, aby przede wszystkim dzieciom nie narzucać ich tożsamości płciowej, lecz by mogły same ją sobie wybrać. N. Rothschild, *Das Schwede*, „NovoArgumente" 2013, nr 1, s. 206–209.

[48] Kwestii politycznej roli lobby pedofilskiego w RFN w latach 70–80. poświęcona jest praca A. Späth, M. Aden (red.), *Die missbrauchte Republik: Aufklärung über die Aufklärer*, Verlag Inspiration Un Limited, Berlin 2010, *passim*. Temat ten coraz częściej poruszany jest w mediach, czego przykładem jest artykuł G. Hamann i A. Pawlaka pt. *Pedofilia nie była problemem wyłącznie partii Zielonych*, opublikowany na stronie polskiej sekcji Deutsche Welle w dniu 16.08.2013 <www.dw.de/pedofilia-nie-by%C5%82a-problemem-wy%C5%82%C4%85cznie-partii-zielonych/a-17023892> [16.08.2013]. Zob. wpis na blogu A. Schwarzer z dnia 12.08.2013 pt. *Pädophilie und die Grünen: Nicht von gestern!*, <www.aliceschwarzer.de> [16.08.2013].

[49] L. Morawski, (przyp. 39), s. 27, 30.

regulacyjnych moralności w sprawach jednostkowych towarzyszy sceptycyzm co do możliwości regulacyjnych moralności w sprawach systemowych[50].

Prawo z jednej strony stało się więc synonimem opresji wszędzie tam, gdzie stało i wciąż stoi na drodze do realizacji różnych indywidualnych projektów życiowych. Z drugiej zaś stanowi najważniejszy oręż w walce o realizację postulatów rewolucji podmiotów, a konkretnie w postaci coraz liczniejszych i bardziej rozbudowanych polityk antydyskryminacyjnych[51].

2. Społeczeństwo masowe

Jednakże ponowoczesność to nie tylko rewolucja podmiotów, to także powstanie społeczeństwa masowego. R. Guardini społeczeństwem masowym określa strukturę społeczną, która związana jest z techniką i planowaniem, a więc która podporządkowana jest „prawu normowania" (*Gesetz der Normung*)[52]. Do charakterystyki społeczeństwa masowego należy nie tylko oparta na planowaniu zewnętrzna organizacja społeczna, ale także sposób kształtowania się pojedynczych tożsamości. Jak słusznie zaznacza R. Guardini, w społeczeństwie masowym ludzie tworzą swój etos i styl właśnie poprzez dopasowanie się do społecznego normowania[53]. Typowy mieszkaniec społeczeństwa masowego „przyjmuje rzeczy użytkowe i formy życiowe, tak jak są mu one narzucane przez racjonalne planowanie i unormowane produkty maszynowe, i czyni to w pełnym przekonaniu, że tak jest racjonalnie i właściwie"[54]. Człowiek wpasowuje się w organizację, która jest formą masy, jest posłuszny jej programowi i jest przez nią biernie niesiony, jak człowiek bez osobowości. Nie buntuje się przeciwko temu, że w coraz większym stopniu traktowany jest przez urzędy i instytucje prowadzące badania statystyczne jak obiekt, a nie osoba. Nie widzi żadnego problemu w tym, że rządzenie sprowadzane jest do czystego zarządzania[55].

---

[50] L. Morawski, (przyp. 39), s. 31–32.

[51] Jednym z przykładów logiki polityki antydyskryminacyjnej są regulacje, które były zawarte w pierwotnej wersji francuskiej ustawy wprowadzającej instytucję tzw. małżeństw homoseksualnych. Przygotowywany przez rząd francuski projekt ustawy *de facto* wprowadzał zakaz używania w dokumentach prawnych określeń „matka" i „ojciec" jako dyskryminujących pary homoseksualne. Projekt zakładał zastąpienie tych pojęć przez pojęcia „rodziców" bądź „jednego z rodziców" w wielu ustawach, jak np. w kodeksie cywilnym (art. 4 projektu), kodeksie postępowania karnego (art. 13), kodeksie pracy (art. 16): *Projet de loi ouvrant le mariage aux couples de personnes de même sexe N° 344, enregistré à la Présidence de l'Assemblée nationale le 7 novembre 2012*, <www.assemblee-nationale.fr/14/projets/pl0344.asp> [10.08.2013]. W ostatecznym kształcie ustawy zawartych jest tylko kilka takich zmian, przede wszystkim w kodeksie cywilnym: LOI n° 2013–404 du 17 mai 2013 ouvrant le mariage aux couples de personnes de même sexe, JORF n°0114 z 18.05.2013, s. 8253.

[52] R. Guardini, (przyp. 21), s. 67.

[53] R. Guradini, (przyp. 21), s. 68.

[54] R. Guradini, (przyp. 21), s. 68–69.

[55] R. Guradini, (przyp. 21), s. 60.

Przedstawiona powyżej teza M. Guardiniego dotycząca „wewnętrznej konstytucji" mieszkańców społeczeństwa masowego staje się lepiej zrozumiała, jeśli przyjrzymy się fenomenom marki i reklamy. Kształtowanie tożsamości współczesnego człowieka w coraz większym stopniu ściśle związane jest z marką przedmiotów, których używa[56]. Jego wyobrażenia szczęścia czy udanego życia kształtowane są przez reklamę, która tworzy wzorce zachowania, powielane przez wielu konsumentów. Co więcej, przez pryzmat takich wzorców ocenia życie innych, jako ludzi sukcesu albo życiowych nieudaczników[57]. Technika podporządkowuje więc sobie gospodarkę, a procesy produkcji i marketingu zostają zdominowane przez techniki narzucające konkretne zachowania i ograniczające spontaniczność w sferze produkcji i dystrybucji dóbr[58].

W stosunku do państwa człowiek „umasowiony" oczekuje, że będzie ono podejmowało aktywne działania na rzecz zapewnienia mu dobrobytu i bezpieczeństwa. Jak najbardziej popiera to, że państwo silnie angażuje się w ochronę środowiska, ochronę konsumentów, w dziedzinę polityki rodzinnej, czy też podejmuje walkę przeciwko różnych formom „wykluczenia społecznego". Jednocześnie oczekuje, że u podstaw tych licznych polityk realizowanych przez państwo będzie leżała ekspertyza naukowa, sporządzona przez „fachowców". Człowiek „umasowiony" podziela bowiem naturalistyczno-scjentystyczny światopogląd, zgodnie z którym człowiek, jako część natury, podlega tym samym prawom co cała natura. Dlatego też T. Ślipko słusznie wskazuje na to, że aktualnie mamy do czynienia ze zjawiskiem szerokiego upowszechnienia się „mentalności technokratycznej"[59].

Fenomen społeczeństwa masowego ściśle związany jest więc ze zjawiskiem administratywizacji prawa, które polega na stałym poszerzaniu się zakresu zadań administracji, jak i zmienianiu się jej funkcji. „Nie ogranicza się już ona do swoich tradycyjnych funkcji polegających na ochronie porządku i bezpieczeństwa, ale zgodnie z polityką interwencjonizmu realizuje różnego rodzaju programy społeczne i świadczy rozmaite usługi (administracja planująca i świadcząca)"[60]. Dalszymi cechami

---

[56] W. Ullrich, *Habenwollen. Wie funktioniert die Konsumkultur?* Fischer Taschenbuch Verlag, Frankfurt nad Menem 2008, s. 144–170. Kwestie tworzenia tożsamości dzieci przez reklamę opisują M. Vollborn, V. Georgescu, *Konsumkids. Wie Marken unseren Kindern den Kopf verdrehen*, S. Fischer Verlag, Frankfurt nad Menem 2006, *passim*.

[57] Warto przytoczyć tu fragment tekstu Z. Baumana na temat „stwarzania konsumenta": „Mody kulturalne gwałtownie wdzierają się na targowisko próżności, lecz starzeją się i okazują się niedorzecznie staroświeckie, zanim jeszcze zdołają się narzucić publicznej uwadze. Lepiej jest zatem traktować obecną tożsamość jako coś tymczasowego, nie przywiązywać się do niej zbytnio, aby mieć pewność, że opadnie z nas, gdy rozłożymy ramiona, by przyjąć jej nową, świetną, lub przynajmniej jeszcze nie wypróbowaną wersję. Być może należałoby mówić o tożsamości w liczbie mnogiej: droga życiowa większości ludzki jest naznaczona odrzuconymi i straconymi tożsamościami". Z. Bauman, *Praca, konsumpcjonizm i nowi ubodzy*, Wydawnictwo WAM, Kraków 2006, s. 62.

[58] R. Skarzyński, *Technika jako metoda zachowania rzeczywistości. Główne idee konserwatyzmu technekratycznego*, „Archiwum Historii Myśli Politycznej" 1998, nr 7, s. 70.

[59] R. Skarzyński, (przyp. 58), s. 70.

[60] L. Morawski, (przyp. 39), s. 50.

charakterystycznymi społeczeństwa masowego jest proces kolektywizacji prawa, który wynika z konieczności rozwiązywania przez prawo problemów systemowych i kierowania masowymi procesami społecznymi[61].

3. Autonomia w służbie technokratyzmu?

Fenomen społeczeństwa masowego, z charakterystyczną dla siebie standaryzacją i homogenizacją, wydaje się stać w sprzeczności do idei rewolucji podmiotów, która dąży do radykalnej emancypacji tego, co subiektywne. „Scentralizowana władza administracyjna trudna jest na ogół do pogodzenia z dążeniami do autonomii i samorządności funkcjonalnie i kulturowo zróżnicowanego społeczeństwa"[62].

Mamy więc tutaj do czynienia z pewną systemową ambiwalencją, która sprawia, że prawo tkwi w pewnym „szpagacie" między jednostkową autonomią a technokratyzmem. W epoce, w której wzajemna zależność ludzi od siebie jest coraz większa, kiedy „[s]kutki decyzji podejmowanych w jednych regionach czy sferach aktywności ludzkiej coraz bardziej zależą od programów realizowanych w innych regionach czy branżach"[63], państwo musiało jednak znaleźć sposób na skuteczne zarządzanie masami ludzkimi. Wyrazem tego jest przejście od systemów represyjnych, polegających na sterowaniu społeczeństwem poprzez zakazy i sankcje, do systemów promocyjnych, w których główną rolę odgrywają nakazy i gratyfikacje[64]. W systemach tych podstawową rolę odgrywa regulacja poprzez bodźce:

> W tym przypadku normodawca po to, by osiągnąć określone cele gospodarcze lub finansowe odwołuje się nie do nakazów i zakazów konkretnego postępowania, ale do różnego rodzaju bodźców finansowych, takich jak subwencje, subsydia, ulgi, koncesje, zwolnienia, zamówienia rządowe czy dotacje. […] Jeszcze bardziej subtelna i zdobywającą sobie coraz większą popularność formą regulacji poprzez bodźce jest sterowanie perswazyjne (*Überzeugungspro ramme*). W tym przypadku prawo, by osiągnąć określony cel, odwołuje się do perswazji, inicjując programy edukacyjne, kampanie reklamowe czy propagandowe (alkohol, nikotyna,

---

[61] L. Morawski, (przyp. 39), s. 51. O reakcji liberałów na zmiany zachodzące w pierwszej połowie XX wieku pisze J. Bartyzel, który wskazuje na to, że w programowo-liberalnej warstwie liberalizmu doszło do wzmożenia „obecnych już w niektórych nurtach liberalizmu XIX-wiecznego pierwiastków progresywnych i socjalnych. Nadało to liberalizmowi tej epoki charakter zdecydowanie już lewicowy, co w sferze politycznej objawiło się jako dążenie do niszczenia resztek instytucji przeddemokratycznych w sferze kultury, moralności i obyczajów — jako intensyfikacja poparcia dla wszelkich tendencji «emancypacyjnych» i «antyautorytarnych» oraz całkowite wyeliminowanie typowych dla wczesnego kapitalizmu postaw rygorystycznych na rzecz hedonistycznych, a w sferze ekonomicznej — jako nieomal zidentyfikowany, a w każdym razie z trudem odróżnialny, z reformistycznym socjalizmem liberalizm socjalny (*resp.* socjalliberalizm), który wysunął postulat przejęcia przez państwo obowiązku zapewnienia obywatelom odpowiedniego poziomu życia, płacy i zatrudnienia". J. Bartyzel, (przyp. 45), s. 23–24.

[62] L. Morawski, (przyp. 39), s. 68.

[63] L. Morawski, (przyp. 39), s. 33.

[64] L. Morawski, (przyp. 39), s. 57.

zdrowie, ochrona środowiska), zamiast bezpośrednio zakazywać lub nakazywać określone działania[65].

Sterowanie poprzez bodźce zostawia więc decydentom pewne otwarte opcje[66]. Jednakże, w przypadku skutecznej perswazji, będą oni korzystać z tych opcji w sposób pożądany przez państwo.

W celu legitymizacji podejmowanych przez siebie działań państwo może więc powoływać się na autonomię jednostek, jednocześnie kształtując ich subiektywne preferencje w pożądanym przez siebie kierunku. W ten sposób może stworzyć jedność społeczną i sprawić, że społeczeństwo nie będzie ciągle rozrywane wewnętrznymi konfliktami wynikającymi z braku istnienia w nim wspólnych wyobrażeń na temat tego, co dobre czy właściwe[67]. Co więcej, państwo może nawet aktywnie uczestniczyć w procesie takiego kształtowania preferencji jednostek, aby były one jeszcze bardziej podatne na stosowane przez państwo środki sterowania masami, i to poprzez odpowiednie ukształtowanie ich wyobrażeń na temat tego, co jest racjonalne, a co nie[68].

Czysto formalna autonomia jednostek może więc stać się środkiem do tego, by rzekomo wolne, lecz faktycznie odpowiednio zaprogramowane jednostki działały na rzecz realizacji dalszego „postępu". Przykładem tego, w jaki sposób retoryka „samospełnienia się" może zostać wprzęgnięta w realizację Baconowskiego ideału postępu społecznego, stanowi kwestia dopuszczalności przerywania ciąży. Środowiska feministyczne, które walczą o prawo do aborcji dla kobiet, powołują się na argument prawa kobiet do „samorealizowania się". Najczęstszymi warunkami dopuszczalności aborcji, które udało im się wywalczyć w większości państw liberalnych są: trudna sytuacja materialna kobiety, obciążenie dziecka wadami genetycznymi, zagrożenie życia kobiety oraz poczęcie dziecka w wyniku gwałtu. W dwóch pierwszych przypadkach na pewno można dostrzec wartościowanie, które wydaje się być wyjątkowo zbieżne z tym, które leżało u podstaw Baconowskiego projektu „Nowej Atlantydy". Chodzi o jego ideał postępu, który sprowadzał się do stopniowego eliminowania ze społeczeństwa biedy i chorób. Ideał ten nie musi być realizowany przez działania bezpośrednio podejmowane przez państwo, lecz także mogą mu

---

[65] L. Morawski, (przyp. 39), s. 57–58.

[66] L. Morawski, (przyp. 39), s. 67.

[67] Na temat dialektyki między „duchem obiektywnym" i „duchem subiektywnym": M. Ziętek, *Verfügungsmacht über eigenen Körper im technischen Zeitalter — eine Illusion?*, [w:] *Gehört mein Körper noch mir? (Straf-) Gesetzgebung zur Verfügungsbefugnis über den eigenen Körper in den Lebenswissenschaften. Tagungsband der Interdisziplinäre BMBF-Klausurwoche „Gehört mein Körper noch mir?"*, red. S. Beck, Nomos Verlag, Baden-Baden 2012, s. 129–152.

[68] Jest to szczególne widoczne w Niemczech, gdzie pojęcie „uświadamiania" (*Aufklärung*) odgrywa bardzo dużą rolę. Takie „uświadamianie" dokonywane jest przez wiele publicznych instytucji, bądź też prywatnych, wspieranych finansowo przez państwo. Najbardziej charakterystycznym przykładem jest Centrala Federalna ds. Uświadamiania Zdrowotnego (Bundeszentrale für gesundheitliche Aufklärung, BZgA), która jest bardzo aktywna także w kwestii edukacji seksualnej. Innym przykładem jest Centrala Federalna Kształcenia Politycznego (Bundeszentrale für Politische Bildung).

służyć działania poszczególnych jednostek, posiadających odpowiednie preferencje. W tym konkretnym przypadku chodzi o przekonanie, że lepiej jest, by dziecko się nie narodziło, niż żeby zarówno ono, jak i jego matka mieli żyć w biedzie. To samo dotyczy kwestii dzieci chorych i upośledzonych: zarówno dla takich dzieci, jak i ich rodziców rzekomo lepiej jest, by się nie urodziły[69]. Do tego dochodzi silnie upowszechnienie się w społeczeństwach masowych przekonania, że wielodzietność jest swego rodzaju patologią, właściwą najbiedniejszym warstwom społecznym, ewentualnie „fanatykom religijnym". A to także sprzyja społecznej akceptacji dopuszczalności aborcji. Mamy więc tutaj niewątpliwie do czynienia z pewnym wzorcem indywidualnego sukcesu, który ściśle związany jest z konsumpcyjnym stylem życia. Dzięki funkcjonowaniu tego wzorca, jednostki podejmują — formalnie autonomiczne — decyzje, które zapewniają dalszy rozwój społeczeństwu konsumpcyjnemu.

4. Dialektyka emancypacji i technokratyzmu

Leżące u podstaw rewolucji podmiotów przekonania filozoficzne, czyli subiektywizm, relatywizm i postmodernistyczny konstruktywizm[70], mogą stać się środkiem prowadzącym do powstania technokratycznego paternalizmu albo nawet totalitaryzmu[71]. Im większy bowiem stopień zróżnicowania indywidualnych projektów życiowych, tym większą rolę musi odgrywać państwo, które będzie rozgraniczało poszczególne „strefy wolności", tak by nikt nie realizował swojego projektu na koszt innych[72]. Ponadto im mniejszy w społeczeństwie jest obszar autentycznie wspólnych wartości, tym większą rolę musi odgrywać technokratyczna machina państwowa, która będzie tworzyła jedność społeczną. Co więcej, im silniej obywatele podzielają przekonanie, że wszystko jest tylko „społeczną konstrukcją", tym większe jest społeczne przyzwolenie dla „konstrukcyjnych" i „dekonstrukcyjnych" działań podejmowanych przez państwo. Technokracja, która jest zjawiskiem

---

[69] Współczesna eugenika tym się różni od tej uprawianej w III Rzeszy, że nie jest podporządkowana oficjalnej państwowej ideologii, której celem było stworzenie lepszej rasy. Jednakże bez wątpienia u podstaw zarówno współczesnej eugeniki, jak i tej upowszechnianej w III Rzeszy, tkwi to samo wartościowanie, czyli przekonanie, że istnieje życie, które nie jest warte życia (*lebensunwertes Leben*). Na temat eugeniki nazistowskiej: A.J. Katolo, *Eugenika i eutanazja. Doświadczenia hitlerowskie*, Fundacja Instytutu Globalizacji, Warszawa 2012, *passim*.

[70] E. Thompson, *Postmodernizm, pamięć, logocentryzm*, [w:] *(Nie)Obecność. Pominięcia i przemilczenia w narracjach XX wieku*, red. H. Gosk, B. Karwowska, Dom Wydawniczy Elipsa, Warszawa 2008, s. 37–53.

[71] O nowym „paternalizmie bez ojca" pisze Ch. Lasch, *The culture of Narcissism. American life in an age of diminishing expectations*, W.W. Norton & Company, Nowy Jork, Londyn 1991, s. 222–232. Przed totalitaryzmem przestrzega T. Ślipko, co zostanie przedstawione w dalszej części tekstu.

[72] Pytanie o możliwość stworzenia etyki w świecie konsumentów stawia Z. Bauman w pracy pt. *Does ethics have a chance in a world of consumers?*, Harvard University Press, Cambridge (Massachusetts) 2009, s. 31–77. Także Ch. Lasch wskazuje na problem rosnącego narcyzmu i wynikających z tego problemów dla funkcjonowania państwa, (przyp. 71), *passim*.

przeobrażania polityki w administrację i obiektywizowania procesu decyzji[73], wydaje
się być jedyną odpowiedzią na pogłębiającą się dyferencjację aksjologiczną pono-
woczesnych społeczeństw.

Należy w końcu przypomnieć, że u podstaw Hobbesowskiej koncepcji państwa-Lewiatana leżało jego osobiste doświadczenie wojen religijnych, którymi tar-
gana była współczesna mu Anglia[74]. Hobbes był naocznym świadkiem tego, co się
dzieje, kiedy w społeczeństwie zanika wspólny *ethos*. Jego odpowiedzią była koncepcja zakładająca, że w świecie, w którym jedność społeczna nie może zostać ufun-
dowana przez wspólny *ethos*, jedność taka musi zostać stworzona odgórnie przez
państwo. I faktycznie, zadaniem nowoczesnego państwa stało się skuteczne osiąganie takich celów jak bezpieczeństwo oraz dobrobyt obywateli, w zamian za co obywatele musieli podporządkować się kierowniczym przedsięwzięciom państwa[75].

W celu wypełnienia swojego zadania, nowożytne państwo szuka takich rozwiązań, które po prostu będą skuteczne. Obecnie są to już wspomniane metody sterowania perswazyjnego, czyli tworzenie społecznego konsensu poprzez techniki *public
relations*. Doskonale rozumiał to E. Bernays, który swoją słynną pracę pt. „Propaganda" rozpoczyna takimi słowami:

> Świadome i celowe manipulowanie sposobem zachowania i nastawieniami mas jest istotną
> częścią składową społeczeństw demokratycznych. Organizacje, które pracują w ukryciu,
> kierują procesami społecznymi. To one są właściwym rządem w naszym kraju. Jesteśmy rzą-
> dzeni przez osoby, których nazwisk jeszcze nigdy nie słyszeliśmy. Wpływają na nasze prze-
> konania, nasz gust, nasze myśli. Jednakże to nie jest żadnym zaskoczeniem, taki stan rzeczy
> jest tylko logiczną konsekwencją struktur naszej demokracji: kiedy wielu ludzi ma żyć
> w społeczeństwie możliwie bezkonfliktowo, procesy sterowania tego rodzaju są niezbędne[76].

T. Ślipko słusznie zwraca uwagę, że w takiej — zorientowanej wyłącznie na
skuteczność zarządzania — strukturze nie ma w ogóle miejsca na afirmację człowieka jako osoby. Człowiek zostaje zredukowany do elementu wkalkulowanego
w całość rachunku technicznego, mającego zapewnić maksymalną efektywność pla-
nowanym procesom socjotechnicznym: „Nad tym wszystkim zaś panuje inny
«człowiek»: człowiek — władca maszyn, za pośrednictwem maszyny — władca
przyrody, a poprzez przyrodę — władca społeczeństwa, powiedzmy krótko —
«człowiek-technokrata»"[77]. Tacy ludzie-technokraci, w myśl własnej koncepcji

---

[73] R. Skarzyński, (przyp. 58), s. 68.

[74] R. Koselleck, *Kritik und Krise*, Suhrkamp Taschenbuch Verlag, Freiburg/Monachium 1959, s. 11–32.

[75] C. Schmitt, *Der Staat als Mechanismus bei Hobbes und Descartes*, „Archiv für Rechts- und
Sozialphilosophie" 1937, nr XXX, 4, s. 163. Techniki utrzymania się przy władzy szeroko opisał
N. Machiavelli w utworze pt. *Książę. Rozważania nad pierwszym dziesięcioksięgiem historii Rzymu
Liwiusza*, Warszawa 1994.

[76] E. Bernays, *Propaganda. Die Kunst der Publik Relations*, orange press, Freiburg 2007, s. 19. Na temat
dorobku E. Bernaysa i narodzin PR: L. Tye, *The father of spin*, Holt Paperback, Nowy Jork 1998, *passim*.
Krytycznie: E.S. Herman, N. Chomsky, *Manufacturing consent. The political economy of the mass media*,
Pantheon Books, Nowy Jork 2002, *passim*.

[77] T. Ślipko, (przyp. 32), s. 51.

prawa makrorozwoju społecznego, dyktują stan rzeczy, w którym nie tylko świat przyrody, ale — co ważniejsze — także świat ludzkich osób jest coraz bardziej jednostronnie uzależniony od politycznych, a także ekonomicznych i społecznych ośrodków dyspozycyjnych wszechstronnie stechnicyzowanego społeczeństwa[78]. Wskazując na niebezpieczeństwo powstania totalitaryzmu technokratycznego, T. Ślipko stwierdza:

> Deklaracje ekskluzjonistów o wolności i poszanowaniu praw jednostki musiałyby się zamienić w dym czczych marzeń filozofów wobec twardej rzeczywistości, w której klucze do całokształtu życia społecznego spoczywałyby w rękach komputerowego gubernatora w postaci odpowiednich elit społecznych[79].

Rację ma T. Ślipko, przestrzegając przed niebezpieczeństwem takiego technokratycznego totalitaryzmu, jednakże rację ma także E. Barnays, który stwierdza, że współczesnymi demokracjami nie da się sterować bez skutecznych technik propagandowych. Jeśli bowiem komunikacja międzyludzka nie jest zorientowana na poszukiwanie wspólnego dobra, lecz na artykułowanie swoich partykularnych roszczeń, państwo musi znaleźć środek, który w sposób skuteczny zapewni społeczeństwu funkcjonowanie. A ponieważ współczesny człowiek uznał, że nie ma żadnych obiektywnych wartości, które mogłyby stworzyć podstawę dla jedności społecznej, stworzenie takiej jedności staje się wyłącznie kwestią techniki, a technika szuka metod skutecznych.

Na gruncie paradygmatu nowożytnego, czyli absolutyzacji rozumu instrumentalnego i odrzucenia *logosu* i *ethosu* jako podstawy działań politycznych, proces taki wydaje się być nieunikniony. Zwrot ku *poiesis*, czyli ku temu, co można zmierzyć, zważyć i odpowiednio przekształcić, redukuje człowieka do zwykłego tworzywa, które także można dowolnie przekształcać. Wolność, o której posiadaniu przekonany jest przeciętny współczesny człowiek, okazuje się więc być w dużej mierze iluzją[80].

---

[78] T. Ślipko, (przyp. 32), s. 40.

[79] T. Ślipko, (przyp. 32), s. 40.

[80] O paradoksie współczesnego liberalizmu mówi J. Bartyzel, który słusznie wskazuje na to, że postęp wymaga coraz głębszych i dalej idących interwencji w życie obywateli, co nie spotyka się z krytyką ze strony „postępowych liberałów": „Wymaga to od liberałów — w których rękach znalazł się ster rządów — wykorzystania całej siły aparatu państwa do zburzenia wszystkich «Bastylii przesądów» i skonstruowania nowego «lepszego» społeczeństwa. Chociaż myślenie takie było logiczną konsekwencją politycznej egalitaryzacji liberalizmu, to jednak pojawienie się tej skrajnie rewizjonistycznej i czysto już lewicowej postaci liberalizmu postępowego (progresywnego) stanowiło oczywisty paradoks. Liberalizm przecież powstał jako swego rodzaju anty-polityczny sprzeciw wobec władzy absolutystycznej (którą bez żadnych zahamowań nazywał często «despotyzmem»), teraz zaś sam zaczął bez skrupułów wykorzystywać do realizacji swoich wszechogarniających celów wszystkie środki coraz bardziej rozrastającego się, kosztem sfery społecznej, demokratycznego «państwa-Lewiatana», dysponującego — w oparciu o mandat otrzymany od «ludu» — takimi możliwościami technicznymi i takim zakresem władzy, również nad życiem prywatnym, wolnością i własnością jednostek, rodzin i grup społecznych, o jakim żaden «despota» przedrewolucyjny nie mógł nawet marzyć". J. Bartyzel, (przyp. 45), s. 86.

V. Uwagi końcowe

Brak odniesienia działań politycznych do *logosu* i *ethosu* oraz związana z tym pluralizacja przekonań etycznych prowadzi więc do zwiększenia się roli technokratycznego aparatu państwowego, którego zadaniem jest takie konstruowanie stosunków społecznych, aby utrzymać społeczeństwo w stanie „funkcjonowania". Radykalna emancypacja musi siłą rzeczy prowadzić do technokratycznego totalitaryzmu. Przekonanie, że to właśnie emancypacja stanowi najlepszy środek obronny przed powstaniem takiego totalitaryzmu, jest błędne. Całkowite zastąpienie *praxis* przez *poiesis* musi bowiem doprowadzić do tego, że wszelkie relacje międzyludzkie będą sztucznie konstruowane i podtrzymywane przez aparat państwowy. Istotą *praxis* jest bowiem wspólne poszukiwanie obiektywnej prawdy i dobra, a to jest na gruncie rewolucji podmiotów po prostu niemożliwe. Co więcej, wyemancypowane *ego* właśnie w twierdzeniu o istnieniu obiektywnej ludzkiej natury upatruje groźby totalitaryzmu. Tym samym skazuje się na to, że dla innych równie wyemancypowanych jednostek będzie tylko środkiem, używanym w celu wspólnego budowania Baconowskiej „Nowej Atlantydy".

Magdalena Ziętek

Between emancipation and technocracy: Does law serve the purpose of building the New Atlantis?

The idea of quality of life is not a legal one, but it is closely linked to law. According to the liberal conception of the state and law which underlies the legal systems of the countries belonging to our culture, law should protect the individual interests of the citizens it governs. The authorities should not use law as a tool for dictating to the members of society how they should live. But is this really the case? It seems that at the root of many policies lies a belief that it is necessary for the state to take action to advance social progress. In the present paper, I will argue that the modern concept of the state and law is closely connected to a particular vision of the state presented by Francis Bacon in his novel *New Atlantis*.

Anna Gronkiewicz

Jakość prawa a jakość życia na przykładzie prawa administracyjnego

[...] męczarnie doraźnego wielkiego jak na nasze siły, wytężenia wolimy zastępować akcją rozwlekłą, lecz łatwiejszą. Jednak ilość nie zastąpi jakości. Łatwizna jest ucieczką tych, co rezygnują z prawdziwej twórczości.

Tadeusz Kotarbiński[1]

I. Uwagi wprowadzające

Pojęcie jakości jest zagadnieniem abstrakcyjnym, gdyż jakość „nie istnieje sama w sobie i dlatego można ją rozważać jedynie w powiązaniu z celem, jakiemu ma służyć"[2]. Niemniej jednak jakość jest terminem powszechnie używanym, zakładającym istnienie wzorca, standardu określającego jakieś wymogi i będącego odniesieniem dla efektu lub przebiegu działania[3]. W ocenie J. Łukasiewicza jakość staje się pożądaną wartością w wielu dziedzinach: nie tylko w technologii czy medycynie, lecz także w zarządzaniu i wykonywaniu władzy publicznej[4]. Jakość życia to natomiast koncepcja o charakterze interdyscyplinarnym[5]. Łączy się ona praktycznie z każdym aspektem życia i jest wyobrażeniem, które można analizować na wielu poziomach oraz w różnych kontekstach. W nauce istnieje wiele definicji jakości życia wynikających z wielowymiarowości samego zagadnienia stanowiącego przedmiot

---

[1] T. Kotarbiński, *Traktat o dobrej robocie*, Zakład Narodowy im. Ossolińskich, Wrocław – Warszawa – Kraków 1965, s. 144.

[2] T. Olejnik, R. Wieczorek, *Kontrola i sterowanie jakością*, PWN, Warszawa – Poznań 1982, s. 124.

[3] J. Daszykowska, *Jakość życia w perspektywie pedagogicznej*, Wydawnictwo Impuls, Kraków 2007, s. 15.

[4] J. Łukasiewicz, *Natura jakości administracji publicznej*, [w:] tegoż, *Jakość w administracji publicznej (Materiały z Międzynarodowej Konferencji Naukowej, Cedzyna k. Kielc 24–26 września 2004)*, Wydawnictwo TNOiK, Rzeszów 2004, s. 248.

[5] Zob. J. Wnuk, M.T. Marcinkowski, *Jakość życia jako pojęcie pluralistyczne o charakterze interdyscyplinarnym*, „Problemy Higieny i Epidemiologii" 2012, nr 93, s. 21–26.

zainteresowania wielu dyscyplin naukowych, w tym m.in.: psychologii[6], socjologii, filozofii, medycyny[7], psychiatrii[8], pedagogiki czy ekonomii[9].

Zarówno prawo, jak i psychologia w centrum swojego zainteresowania badawczego i praktycznego stawiają człowieka, a dokładnie jego zachowanie. Przy tym obie dyscypliny czynią to w odmienny sposób ze względu na cel, jakiemu służą. Psychologia zajmuje się bowiem całokształtem zachowań człowieka, które są definiowane, a następnie diagnozowane i opisywane w celu wskazania ich przyczyn[10]. W prawie natomiast istotne znaczenie mają wybrane zachowania człowieka, z którymi wiążą się skutki prawne.

Jakość życia w ujęciach socjologiczno-psychologicznych postrzegana jest przede wszystkim jako subiektywna ocena jednostki. Jednakże obok subiektywnego wymiaru jakości życia występuje także wymiar obiektywny. W płaszczyźnie subiektywnej jakość ta odnosi się do systemu wartości danej jednostki, jej indywidualnego pojmowania sensu życia czy satysfakcji i szczęścia (indywidualnie zróżnicowane potrzeby), a w perspektywie obiektywnej przyjmuje się, że jakość życia oceniana jest przez pryzmat ogółu warunków życia człowieka, czyli m.in. przez zaspokojenie potrzeb bytowych, obiektywne atrybuty przyrody i kultury oraz obiektywnie oceniane atrybuty człowieka zawiązane z poziomem życia i pozycją społeczną, a dokładnie zdrowie, warunki pracy, stan opieki zdrowotnej (zewnętrzne niezależne od człowieka okoliczności)[11]. Uściślając, jakość życia to kategoria jednostkowa, ale także społeczna[12]. Dlatego też współczesne społeczeństwa coraz częściej zainteresowane są

---

6   Zob. *Psychologiczne konteksty jakości życia,* red. R. Derbis, Wydawnictwo AJD, Częstochowa 2010, *passim.*

7   Zob. H. Sęk, *Jakość życia a zdrowie,* „Ruch Prawniczy, Ekonomiczny i Socjologiczny" 1993, nr 2, s. 110–117; J. Trzebiatowski, *Jakość życia w perspektywie nauk społecznych i medycznych — systematyzacja ujęć definicyjnych,* „Problemy Higieny i Epidemiologii" 2011, nr 46, s. 25–31.

8   Zob. K. Górna, A. Suwalska, *Badanie jakości życia w psychiatrii,* [w:] *Jakość życia w naukach medycznych,* red. L. Wołowicka, Wydawnictwo AM, Poznań 2001, s. 158–176.

9   Zob. W. Ostasiewicz (red.), *Ocena i analiza jakości życia,* Wydawnictwo AEW, Wrocław 2004; A. Bielawa, *Postrzeganie i rozumienie jakości życia,* „Studia i Prace Wydziału Nauk Ekonomicznych i Zarządzania" 2011, nr 21, s. 143–152.

10   J.M. Stanik, [w:] tegoż, *Psychologia, a prawo — płaszczyzny teoretyczne i aplikacyjne (związki i różnice),* Wydawnictwo UŚ, Katowice 2011, s. 7–8.

11   I. Heszen-Niejodek, *Jakość życia w badaniach psychologicznych,* „Śląskie Studia Historyczno-Teologiczne" 1996, nr 29, s. 252.

12   Badania w zakresie jakości życia przeprowadzane są wśród wielu grup społecznych, m.in. wśród młodzieży (Z. Palak (red.), *Jakość życia w procesie rozwoju życia dzieci i młodzieży,* Wydawnictwo Państwowej Wyższej Szkoły Zawodowej w Tarnobrzegu, Tarnobrzeg 2011, *passim;* A. Rumiński (red.), *Jakość życia studentów,* Oficyna Wydawnicza Impuls, Kraków 2004, *passim),* osób bezrobotnych (R. Derbis (red.), *Doświadczanie codzienności: poczucie jakości życia, swoboda działania, odpowiedzialność, wartości osób bezrobotnych,* Wydawnictwo WSP, Częstochowa 2000, *passim;* R. Derbis, *Znaczenie pracy dla jakości życia,* [w:] *Pomiar i poczucie jakości życia u aktywnych zawodowo i bezrobotnych,* red. A. Bańka, R. Derbis, Wydawnictwo Print–B, Poznań – Częstochowa 1994), osób starszych (D. Kałuża, P. Szukalski (red.), *Jakość życia seniorów w XXI wieku. Ku aktywności,* Wydawnictwo Biblioteka, Łódź 2010, *passim),* chorych (E. Syrek (red.), *Jakość życia w chorobie. Społeczno-pedagogiczne studium indywidualnych przypadków,* Oficyna Wydawnicza Impuls, Katowice 2001, *passim;* S. Steuden, W. Okła, (red.),

polepszaniem jakości życia w sensie praktycznym — to znaczy oczekują zaspokajania rosnących potrzeb materialnych, kulturalnych, atrakcyjnego wypoczynku, pracy i bezpieczeństwa[13]. Zatem przez jakość życia rozumie się możliwość realizacji swoich pomysłów wyrażających się w konkretnych zachowaniach, natomiast prawo stanowi wiążący regulator życia społecznego oraz element kultury danego społeczeństwa[14]. Zgodne z maksymą *ubi societas, ibi ius* — tam gdzie społeczeństwo, tam prawo. W tym sensie prawo bez wątpienia wiąże się z jakością życia, ponieważ realizacja niektórych zachowań ludzkich uwarunkowana jest przepisami prawa, które ustalają konieczne przesłanki dla ich podejmowania, w tym określają uprawnienia i obowiązki obywateli. Normy prawne, obok pozostałych norm społecznych (religijnych, moralnych, technicznych)

> wyznaczają w danym systemie społecznym zarówno mechanizmy i drogi wykluczenia, dewiantyzacji, dezintegrowania czy marginalizowania społecznego określonych jednostek czy zbiorowości, jak i zwiększania stopnia integracji społecznej, awansowania, normalizacji czy zwiększania dostępu ludzi do instytucji i środków zaspokajania potrzeb[15].

II. Istota i cechy prawa administracyjnego

Prawo administracyjne określane jest mianem prawa obywatelskiego czy prawa użyteczności publicznej, gdyż dotyczy ono wszystkich obywateli i reguluje „życiowe sprawy dnia codziennego"[16]. Z normami administracyjno-prawnymi ma do czynienia każdy z nas niezależnie od tego, czy tego chce, czy nie. Prawo administracyjne towarzyszy nam od momentu narodzin (nadanie numeru PESEL[17], sporządzenie aktu urodzenia[18]), przez całe życie (np. uzyskanie obywatelstwa[19], obowiązek szkolny[20], obowiązek meldunkowy[21], uzyskanie dowodu, zezwolenie na wycięcie drzewa[22], decyzja o zmianie nazwiska[23], uzyskanie świadczeń z pomocy społecznej[24],

---

Jakość życia w chorobie, Wydawnictwo KUL, Lublin 2007, *passim*), czy ogólnie wśród społeczeństwa (R. Derbis (red.), *Jakość rozwoju a jakość życia*, Wydawnictwo WSP, Częstochowa 2000, *passim*; A. Gawor, A. Głębocka (red.), *Jakość życia współczesnego człowieka. Wybrane problemy*, Oficyna Wydawnicza Impuls, Kraków 2008, *passim*; J. Daszykowska, M. Rewer (red.), *Wokół problemów jakości życia współczesnego człowieka*, Wydawnictwo Petrus, Kraków 2012, *passim*).

[13] Zob. J. Daszykowska, (przyp. 3), s. 15.

[14] Zob. S. Pilipiec, *Autorytet prawa obowiązującego*, [w:] *System prawny a porządek prawny*, red. O. Bogucki, A. Czepita, Wydawnictwo Naukowe US, Szczecin 2008, s. 269.

[15] J. Kwaśniewski, *Wpływ prawa na procesy wykluczenia społecznego*, [w:] *Wykluczenie i prawo*, red. A. Turska, Wydawnictwo C.H. Beck, Warszawa 2010, s. 192.

[16] Zob. *Prawo i język*, [w:] *Jakość prawa*, kom. red. H. Kołakowska-Przełomiec, A. Kossakowska, J. Pruszyński i in., Dom Wydawniczy ABC, Warszawa 1996, s. 77.

[17] Ustawa z 10.04.1974 r. o ewidencji ludności i dowodach osobistych (t.j. Dz.U. z 2006 r., nr 139, poz. 993).

[18] Ustawa z 29.09.1986 r. — Prawo o aktach stanu cywilnego (t.j. Dz.U. z 2004 r., nr 161, poz. 1688).

[19] Ustawa z 2.02.2009 r. o obywatelstwie polskim (Dz.U. z 2012 r., poz. 161).

[20] Ustawa z 7.09.1991 r. o systemie oświaty (t.j. Dz.U. z 2004 r., nr 256, poz. 2572).

[21] Ustawa z 10.04.1974 r. o ewidencji ludności i dowodach osobistych (t.j. Dz.U. z 2006 r., nr 139, poz. 993).

[22] Ustawa z 16.04.2004 r. o ochronie przyrody (t.j. Dz.U. z 2009 r., nr 151, poz. 1220).

pozwolenie na broń[25], zakładanie stowarzyszenia[26], organizacja zbiórki publicznej[27] itp.), aż do momentu śmierci (sporządzenie aktu zgonu[28], pochowanie na cmentarzu[29]). Należy przywołać stale aktualny pogląd J. Łętowskiego, który słusznie podkreśla, że „Administracja jest właściwie wszechobecna: praktycznie rzecz biorąc, nie ma sfery życia, w której nie zaznaczyłaby w sposób zasadniczy swojej obecności i potęgi"[30]. Dodać trzeba także, że prawo administracyjne jest prawem państwo-wym, gdyż reguluje proces administrowania w państwie, a tym samym określa struk-turę i formy działania administracji publicznej zarówno w sferze zewnętrznej, jak i wewnętrznej. W ocenie A. Błasia „[…] administracja publiczna jest pojmowana jako ustrojowa funkcja państwa polegająca na wykonywaniu zadań publicznych, związa-nych z zapewnieniem obywatelom bezpieczeństwa zewnętrznego, wewnętrznego i socjalnego"[31]. Z kolei według J. Bocia przez administrację publiczną należy rozu-mieć zaspokajanie zbiorowych i indywidualnych potrzeb obywateli, wynikających ze współżycia ludzi w społecznościach[32], a ponadto zdaniem przywołanego autora „bez administracji nikt sobie nie wyobraża funkcjonowania państwa. I też bez administracji nie mogłoby państwo funkcjonować"[33]. Reasumując, prawo admini-stracyjne w szerokim znaczeniu stanowi ogół norm prawnych regulujących organi-zację i zachowanie administracji publicznej oraz zachowanie się osób fizycznych i innych podmiotów w zakresie nienormowanym przez przepisy należące do innych gałęzi prawa[34]. Dla ścisłości trzeba jednak zasygnalizować, iż nie tylko normy prawa administracyjnego wiążą obywateli, aczkolwiek te właśnie mają charakter najbardziej powszechny[35].

Przez społeczne działanie prawa, w tym prawa administracyjnego, uznaje się funkcjonowanie prawa w społeczeństwie, poprzez jego właściwą realizację. Owa

---

[23] Ustawa z 17.10.2008 r. o zmianie imienia i nazwiska (Dz.U. z 2008 r., nr 220, poz. 1414).

[24] Ustawa z 12.03.2004 r. o pomocy społecznej (t.j. Dz.U. z 2009 r., nr 175, poz. 1362).

[25] Ustawa z 21.05.1999 r. o broni i amunicji (t.j. Dz.U. z 2012 r., poz. 576).

[26] Ustawa z 7.04.1989 r. — Prawo o stowarzyszeniach (t.j. Dz.U. z 2001 r., nr 79, poz. 855).

[27] Ustawa z 15.03.1933 r. o zbiórkach publicznych (Dz.U. z 1933 r., nr 22, poz. 162).

[28] Ustawa z 29.09.1986 r. — Prawo o aktach stanu cywilnego, (przyp. 18).

[29] Ustawa z 31.01.1959 r. o cmentarzach i chowaniu zmarłych (t.j. Dz.U. z 2011 r., nr 118, poz. 687).

[30] J. Łętowski, *Administracja. Prawo. Orzecznictwo sądowe*, Zakład Narodowy im. Ossolińskich, Wydaw-nictwo PAN, Wrocław – Warszawa – Kraków – Gdańsk – Łódź 1985, s. 7.

[31] A. Błaś, *Państwo prawa w praktyce organów administracji publicznej*, [w:] *Nauka administracji wobec wyzwań współczesnego państwa prawa (Międzynarodowa Konferencja Naukowa, Cisna 2–4 czerwca 2002)*, red. J. Łuka-siewicz, Wydawnictwo TNOiK, Rzeszów 2002, s. 14.

[32] J. Boć, [w:] *Prawo administracyjne*, red. J. Boć, Wydawnictwo Kolonia Limited, Wrocław 2007, s. 15.

[33] J. Boć, *Rodowód i ewolucja administracji*, [w:] tegoż, *Administracja publiczna*, Wydawnictwo Kolonia Li-mited, Wrocław 2004, s. 19.

[34] E. Ura, *Prawo administracyjne*, Wydawnictwo LexisNexis, Warszawa 2010, s. 24.

[35] Jak zauważa A. Łopatka o jakości można mówić w odniesieniu zarówno do całego systemu prawa jak i określonej jego gałęzi, instytucji prawnej czy nawet pojedynczej normy prawnej, bowiem każ-dy system prawny ma jakąś jakość. A. Łopatka, *Kryteria jakości prawa*, [w:] H. Kołakowska-Przełomiec, A. Kossakowska, J. Pruszyński i in., (przyp. 16), s. 28.

realizacja polega z jednej strony na przestrzeganiu prawa przez jednostki, a z drugiej strony na stosowaniu i egzekwowaniu prawa przez właściwe organy[36]. Wobec powyższego władza publiczna odgrywa coraz donioślejszą rolę w rozwoju cywilizacyjnym, a tym samym administracja publiczna, a właściwie jej organy, mogą być siłą kreująca lub niszczącą ten rozwój. Według A. Piekary jedną z najważniejszych płaszczyzn jakości państwa i jakości życia są właśnie stosunki w płaszczyźnie urząd – obywatel, gdzie jakość administracji odgrywa znaczącą rolę[37]. Przy tym jakość administracji zależna jest przede wszystkim od jakości prawa, w oparciu o które podejmuje ona swoje działania oraz od jakości kadr zatrudnionych w jej strukturach. Administracja składa się bowiem z dwóch filarów: prawa i ludzi. Zważywszy, iż konieczność korzystania z usług urzędów jest niekwestionowana, jakość prawa administracyjnego wydaje się niezwykle ważna z punktu widzenia jakości życia.

Opisując prawo administracyjne należy wskazać jego cechy: 1) stanowi część prawa publicznego i normuje relacje na linii państwo-jednostka, 2) jest rozbudowane i niejednolite bowiem wyróżnia się w nim działy szczegółowe np. prawo budowlane, prawo ochrony środowiska, prawo pomocy społecznej, prawo oświatowe, 3) jest nieskodyfikowane[38] poza nielicznymi wyjątkami, jakie stanową kodeks postępowania administracyjnego[39] czy ustawa o postępowaniu egzekucyjnym w administracji[40], 4) normy prawa administracyjnego mają charakter *ius cogens* co oznacza, iż są bezwzględnie obowiązujące, 5) ustala treść zachowań jego adresatów poprzez normy obowiązujące bezpośrednio bądź normy konkretyzowane decyzją administracyjną, 6) jest gałęzią prawa podlegającą najczęstszym zmianom, 7) istnieje wielość i różnorodność podmiotów uczestniczących w procesie stanowienia prawa administracyjnego materialnego.

Zgodnie z koncepcją wewnętrznej moralności prawa L.L. Fullera prawo — w tym prawo administracyjne — powinno spełniać określone wymogi, które dziś traktowane są jako formalne wymogi jakości prawa. Wśród nich autor wymienia: 1) dostateczną ogólność prawa, 2) obowiązek ogłaszania prawa, 3) zakaz działania wstecz prawa, poza szczególnymi wyjątkami, 4) jasność prawa, 5) zakaz norm wewnętrznie sprzecznych w prawie, 6) zakaz nakładania na adresatów obowiązków niemożliwych do zrealizowania, 7) trwałość prawa w czasie oznaczającą jego stabilność, 8) zgodność

---

[36] S. Pilipiec, (przyp. nr 14), s. 265.

[37] A. Piekara, *Jakość administracji w Polsce. Zarys współczesnej problematyki*, Wydawnictwo UW, Warszawa 2010, s. 23.

[38] Należy nadmienić, iż nie istnieje kodeks administracyjny (tak jak np. kodeks karny czy kodeks cywilny), który regulowałby kwestie podstawowe, dotyczące instytucji ogólnych prawa administracyjnego. Jednakże powstał projekt ustawy — Przepisy ogólne prawa administracyjnego, która miałby pełnić zbliżoną rolę; zob. Biuletyn RPO — Materiały nr 60, Warszawa 2008, s. 53–67; szerzej na temat założeń projektu D. Kijowski, *Przepisy ogólne prawa administracyjnego, a kodeks postępowania administracyjnego — zagadnienia ogólne*, [w:] *Kodyfikacja postępowania administracyjnego na 50-lecie k.p.a.*, red. J. Niczyporuk, Wydawnictwo WSPA, Lublin 2010, s. 293–304.

[39] Ustawa z 14.06.1960 r. — Kodeks postępowania administracyjnego (t.j. Dz.U. z 2013 r., poz. 267).

[40] Ustawa z 17.06.1966 r. o postępowaniu egzekucyjnym w administracji (t.j. Dz.U. z 2012 r., poz. 1015).

pomiędzy działaniem organów publicznych, a prawem[41]. Prawo powinno ponadto spełniać także materialne kryteria jakości prawa, w tym m.in. 1) zgodność prawa z kryterium bezpieczeństwa publicznego we wszystkich jego wymiarach, 2) zgodność prawa z wymogami praw człowieka i podstawowych wolności[42].

Analiza współcześnie tworzonego i obowiązującego prawa administracyjnego w odniesieniu do powyższych kryteriów pozwala wskazać, że wiele z nich pozostaje niezrealizowanych. Aktualna ocena jakości prawa administracyjnego nie jest pozytywna, a wręcz przeciwnie, nie pozostawia wątpliwości co do jego niedoskonałości. Wielu przedstawicieli doktryny wskazuje na jego wady, oceniając prawo administracyjne przez pryzmat rozmaitych wskaźników, w tym przede wszystkim kryteriów formalnych. Wśród głównych problemów można wskazać zbytnią szczegółowość prawa administracyjnego, co w dużej mierze wynika z dominującej roli administracyjnoprawnej regulacji stosunków społecznych. Ustawodawca nadto poświęca większą uwagę temu, aby nie pozostawić żadnej wolnej przestrzeni nieuregulowanej przez prawo, zamiast koncentrować się na celu, jaki ma być osiągnięty przez wprowadzenie konkretnych przepisów. Dochodzi zatem do nadregulacji, określanej też mianem inflacji prawa. W ocenie T. Bąkowskiego i M. Brzeskiego „Wiara we wszechmoc prawa oraz fetyszyzowanie regulacji administracyjnoprawnej, prowadzące do nadregulacji, czyli obowiązywania zbyt dużej liczby aktów i przepisów administracyjnego prawa materialnego, zasługują na miano «sto pierwszego zabobonu»"[43]. Z powyższym koresponduje problem zasadności istnienia poszczególnych unormowań administracyjnych, gdyż jak zauważają przywołani autorzy

> Pomimo licznych deklaracji i postulatów deregulacji liczba aktów normatywnych z zakresu prawa administracyjnego — ograniczających wolności i prawa, za to wprowadzających obowiązki — ciągle zwiększa się, a wobec wielu z tych regulacji można zgłaszać uzasadnione wątpliwości co do ich zasadności[44].

Powyższe uwagi można podsumować stwierdzeniem, iż przepisów przybywa, a problemów nie ubywa, a wręcz powstają nowe, jako że prawo administracyjne jest tworzone dość często pośpiesznie z potrzeby chwili[45]. Tym samym staje się ono

---

[41] L.L. Fuller, *Moralność prawa*, Dom Wydawniczy ABC, Warszawa 2004, s. 82 i nast.

[42] Zob. A. Łopatka, (przyp. 35), s. 28.

[43] T. Bąkowski, M. Brzeski, *O wybranych problemach jakości stanowienia administracyjnego prawa materialnego w krajowym porządku prawnym*, [w:] *Jakość prawa administracyjnego*, t. I, red. D.R. Kijowski, A. Miruć, A. Suwałko-Karetko, Wydawnictwo Wolters Kluwer business, Warszawa 2012, s. 340–341.

[44] T. Bąkowski, M. Brzeski, (przyp. 43), s. 341.

[45] Jako przykłady z ostatnich lat wskazać można regulacje antydopalaczowe (ustawa z 8.10.2010 r. o zmianie ustawy o przeciwdziałaniu narkomanii oraz ustawy o Państwowej Inspekcji Sanitarnej, Dz.U. z 2010 r., nr 213, poz. 1396) — zob. M. Chmaj, *Szybkie prawo to marne prawo*, „Dziennik Gazeta Prawna" 23.02.2012, a także ustawę hazardową (ustawa z 19.11.2009 r. o grach hazardowych, Dz.U. z 2009 r., nr 201 poz. 1540) — zob. S. Czubkowska, *Ustawa hazardowa: to może być katastrofa dla budżetu państwa*, „Dziennik Gazeta Prawna" 20.07.2012.

niezrozumiałe dla obywateli[46] i samych prawników[47]. Zdaniem M. Kunieckiej-Michalskiej

> Proces tworzenia prawa można porównać do taśmy produkcyjnej, nastawionej na ilość, a nie na jakość. „Produkujemy" więc ogromną liczbę aktów prawnych, w dodatku stale zmieniających się. Jest ich tak dużo, że nie tylko żaden przeciętny obywatel nie jest w stanie ich ogarnąć i choćby w ogólnych zarysach przyswoić, ale nawet żaden prawnik, specjalista wyodrębnionej dziedziny prawa, nie jest w stanie posiąść dobrej znajomości przepisów dotyczących jego specjalności[48].

Dodatkowo gorączkowo uchwalane akty prawne podlegają kolejnym nieustannym zmianom, co zaburza stabilność prawa oraz prowadzi niejednokrotnie do powstawania norm wewnętrznie sprzecznych, trudnych do zrozumienia czy wręcz pozbawionych autorytetu.

Inne zaniedbania w obszarze prawa administracyjnego dotyczą braku jednoznaczności i czytelności przepisów w sensie jasności przekazu treści zawartych w normach prawnych. Konsekwencją takiego stanu rzeczy są skrajnie odmienne interpretacje tego samego stanu faktycznego przez organy administracji publicznej[49]. Przepisy skonstruowane są niekiedy wbrew zasadom poprawności językowej (źle użyty język). Wśród najczęściej występujących błędów wylicza się m.in.: 1) niepoprawną składnię, w tym przede wszystkim nadmierne używanie zawodowego żargonu i profesjonalizmów, neologizmów i zapożyczeń z języków obcych, 2) niewłaściwą stylistykę zdań, które są za długie, pokrętne, nadęte, sztuczne, urzędowe, 3) niepoprawną ortografię, zwłaszcza w zakresie pisania słów od wielkiej litery, 4) problemy interpunkcyjne[50]. Kolejnym ogromnym problemem materialnego prawa

---

[46] „Tworzenie niejasnego, wieloznacznego prawa, pozwalającego na jego różną interpretację deprecjonuje je i nie służy jego skuteczności. Brak klarowności przepisów stwarza okazję, a czasem wręcz zachętę do podejmowania działań sprzecznych lub odbiegających od litery prawa." — Z. Duniewska, *Obywatel wobec przepisów prawa administracyjnego*, [w:] *Prawo. Administracja. Obywatele. Profesorowi Eugeniuszowi Smoktunowiczowi*, red. A. Jamróz, B. Kudrycka, Z. Klepacki i in., Wydawnictwo Temida 2, Białystok 1997, s. 50–51.

[47] „Dodać można, że ustawodawcy przyświeca od kilku co najmniej lat myśl, że «ilość przechodzi w jakość». Gdyby nie liczne programy komputerowe zawierające aktualizowane teksty aktów prawnych nastąpiłaby całkowita zapaść administracji publicznej i wymiaru sprawiedliwości. Żaden prawnik nie jest bowiem w stanie nadążyć za wprowadzanymi przez prawodawcę zmianami przepisów" — W. Chróścielewski, Z. Kmieciak, J.P. Tarno, *Procedura administracyjna a zasady poprawnej legislacji*, [w:] *Podmioty administracji publicznej i prawne formy ich działania. Studia i materiały z konferencji Naukowej Poświęconej Jubileuszowi 80-tych urodzin Profesora Eugeniusza Ochendowskiego Toruń 15–16 listopada 2005*, Wydawnictwo TNOiK, Toruń 2005, s. 101.

[48] M. Kuniecka-Michalska, *Podstawowe wady naszego prawa*, [w:] H. Kołakowska-Przełomiec, A. Kossakowska, J. Pruszyński i in., (przyp. 16), s. 161.

[49] „[...] ochronie konstytucyjnej podlegać musi zaufanie obywateli nie tylko do litery prawa, ale przede wszystkim do sposobu jego interpretacji przyjmowanej w praktyce stosowania prawa przez organy państwa [...]" — z uzasadnienia wyroku TK z 27.04.1997 r., OTK 1997, nr 5–6, poz. 67, (U 11/97).

[50] M. Kruk, (przyp. 16), s. 77.

administracyjnego jest jego upolitycznienie, co oznacza brak dbałości o oddzielenie procesów prawotwórstwa i stosowania prawa od gry politycznej i aktywności partyjnej, przez co prawo jest instrumentalizowane[51]. Bez wątpienia w demokratycznym państwie prawo nie powinno pełnić roli instrumentu służącego realizacji bieżących i doraźnych celów władzy państwowej (tak gospodarczych, jak i społecznych)[52]. Należy się tu zgodzić z J. Nowackim, który wskazuje, że prawo nie stanowi wyłącznie środka służącego władzy do osiągania jej celów, ale staje się probierzem działań państwa, miernikiem wskazującym, kiedy jego organy mogą podejmować działania i jak te działania maja przebiegać[53]. Według S. Wronkowskiej zła jakość polskiego systemu prawodawstwa wynika z najczęściej występujących wad, tj.: 1) nadmiaru regulacji prawnych, 2) niestabilności prawa, 3) niespójności unormowań, 4) braku przejrzystości systemu prawnego, 5) niskiego poziomu techniczno-legislacyjnego[54].

Wszystkie wskazane wyżej dysfunkcje prawa administracyjnego, czy szerzej prawa, potwierdzają niestety coroczne sprawozdania z działalności Sądu Najwyższego i Naczelnego Sądu Administracyjnego. I tak w sprawozdaniach SN można przeczytać m.in.:

> Utrzymuje się wysoki wpływ zagadnień prawnych, powodowany trudnościami przy wykładni prawa o stale pogarszającej się jakości, wyrażającej się brakiem wyraźnych określeń ustawowych, dużym stopniem szczegółowości prawa ustawowego, zawierającego luki i niespójności, a także ciągłymi nowelizacjami dokonywanymi w polskim ustawodawstwie[55]

lub

> Relatywnie duża liczba pytań prawnych wpływających do Sądu Najwyższego wynika w znacznym stopniu z niskiej jakości dorobku legislacyjnego parlamentu. […] Eliminowanie niskiej jakości stanowionego prawa powinno jednak następować przede wszystkim przez jego zmianę (następującą z poszanowaniem podstawowych reguł techniki prawodawczej), wprowadzenie, w niezbędnym zakresie, jednoznacznej nomenklatury pojęciowej, jak również ograniczanie nadmiernej szczegółowości stanowionego prawa[56].

Podobne wnioski prezentowane są w sprawozdaniach NSA, w których wskazuje się, że:

---

[51] Por. J. Jabłońska-Bonca, *Podstawy prawa dla ekonomistów i nie tylko*, Wydawnictwo LexisNexis, Warszawa 2007, s. 25; A. Kojder, *Polacy o swoim prawie*, [w:] *Społeczne wizerunki prawa. Z badań — Jakiego prawa Polacy potrzebują?*, red. A. Turska, E. Łojko, Z. Cywiński, A. Kojder, Wydawnictwo UW, Warszawa 1999, s. 174.

[52] K. Działocha, *Państwo prawne w warunkach zasadniczych zmian systemu prawa Rzeczypospolitej Polskiej*, PiP 1992, nr 1, s. 14; W. Lang, *Instrumentalne pojmowanie prawa a państwo prawa*, PiP 1991, nr 12, s. 6.

[53] J. Nowacki, *Rządy prawa: dwa problemy*, Wydawnictwo UŚ, Katowice 1995, s. 55.

[54] S. Wronkowska, *Tworzenie prawa w Polsce — ocena i proponowane kierunki zmian. Raport Rady Legislacyjnej przy Prezesie Rady Ministrów*, „Przegląd Legislacyjny" 2006, nr 1, s. 8.

[55] Informacja o działalności Sądu Najwyższego w roku 2009, Warszawa 2010, s. 138. Sprawozdania SN dostępne pod adresem <www.sn.pl> [5.12.2012].

[56] Informacja o działalności Sądu Najwyższego w roku 2008, Warszawa 2009, s. 149. Sprawozdania SN dostępne pod adresem <www.sn.pl> [5.12.2012].

[…] przy ustanawianiu przepisów prawa zarówno przez ustawodawcę, jak i przez uprawnione w Konstytucji orany administracji publicznej ważne znaczenie ma szeroka konsultacja z właściwymi organami uprawnionymi do wyrażania opinii. Ustanawianie przepisów prawa bez analizy co do osiągnięcia zamierzonego celu przynosi odwrotny skutek w stosunku do zamierzonego[57],

bądź

Na potrzebę zmiany przepisów prawa niewątpliwy wpływ mają orzeczenia Trybunału Konstytucyjnego i sądów administracyjnych, które m.in. wskazują na istniejące w przepisach luki prawne aksjologiczne, na bezpośrednie stosowanie nowego prawa naruszające konstytucyjną zasadę zakazu działania prawa wstecz, a także na naruszanie przez ustawodawcę zasady określoności prawa, szczególnie w prawie podatkowym oraz w przepisach prawa proceduralnego. […] Częste zmiany przepisów prawa, niezależnie od intencji ustawodawcy, nie zawsze wpływają na polepszenie sytuacji prawnej ich adresatów. Zdarza się, że poprawki przyjmowane przez Sejm w trzecim czytaniu zawierają tzw. novum normatywne, które w konsekwencji przyczynia się do powstania sprzeczności poziomych w ustawie[58].

Podobne tezy prezentowane są w orzecznictwie Trybunału Konstytucyjnego, który niejednokrotnie w swoich wyrokach podkreśla konieczność zachowania zasad przyzwoitej legislacji. W wyroku z dnia 18 lutego 2004 r. TK wskazał, że: „Ustawowa regulacja […] powinna też czynić zadość dyrektywie dostatecznej określoności i stabilności unormowań prawnych, która stanowi pochodną zasady demokratycznego państwa prawa, wyrażonej w art. 2 Konstytucji"[59]. Z kolei w wyroku z dnia 19 marca 2007 r. Trybunał przyjął, iż:

Zasada zaufania obywatela do państwa i stanowionego przez nie prawa opiera się na pewności prawa, a więc takim zespole cech przysługujących prawu, które zapewniają jednostce bezpieczeństwo prawne; umożliwiają jej decydowanie o swoim postępowaniu w oparciu o pełną znajomość przesłanek działania organów państwowych oraz w konsekwencji prawnych, jakie jej działania mogą pociągnąć za sobą[60].

Zaś w wyroku z dnia 11 grudnia 2009 r. Trybunał uznał, że:

Zasady przyzwoitej legislacji obejmują między innymi wymaganie określoności przepisów prawa, które muszą być formułowane w sposób poprawny, precyzyjny i jasny. Poprawność przepisu oznacza jego prawidłową konstrukcję z punktu widzenia językowego i logicznego i jest warunkiem podstawowym, pozwalającym na ocenę przepisu w aspekcie pozostałych kryteriów — jasności i precyzyjności. Jasność przepisu oznacza jego klarowność i zrozumiałość dla adresatów, którzy mają prawo oczekiwać od racjonalnego ustawodawcy tworzenia norm prawnych niebudzących wątpliwości co do treści nakładanych obowiązków i przyznawanych praw[61].

---

57 Informacja o działalności sądów administracyjnych w 2011 roku, Biuro Orzecznictwa Najwyższego Sądu Administracyjnego, Warszawa 2012, s. 263.

58 Informacja o działalności sądów administracyjnych w 2009 roku, Biuro Orzecznictwa Najwyższego Sądu Administracyjnego, Warszawa 2010, s. 264, 265–266.

59 TK z 18.2.2004 r., OTK-A 2004, nr 2, poz. 9, (P 21/02).

60 TK z 19.03.2007 r., OTK-A 2007, nr 3, poz. 27, (K 47/05).

61 TK z 11.12.2009 r., OTK-A 2009, nr 11, poz. 164, (Kp 8/09).

Wielokrotnie też Trybunał wiązał zasadę przyzwoitej legislacji z celowością ustanawiania norm prawnych, a mianowicie wskazywał, że:

> celowość i ewentualna zasadność wprowadzenia w życie danej regulacji prawnej nie może być wytłumaczeniem tworzenia przepisów prawa w sposób chaotyczny i przypadkowy. Dowolność i przypadkowość wprowadzanych w życie przepisów prawa jest złamaniem zasady poprawnej legislacji i stanowi naruszenie art. 2 Konstytucji[62].

Również ocena sądów europejskich nie jest korzystna w odniesieniu do norm prawa administracyjnego. Krajowe władze ustawodawcze mają problem związany z implementacją prawa unijnego do polskiego porządku prawnego, a jak powszechnie wiadomo większość implementowanych przepisów odnosi się do szeroko pojętego prawa administracyjnego. Nieuwzględnianie prawa Unii Europejskiej, a tym samym naruszanie zasad porządku prawnego UE niejednokrotnie prowadzi do niekorzystnych dla Polski rozstrzygnięć Trybunału Sprawiedliwości Unii Europejskiej. Nie lepiej jest także w przedmiocie wykonywania orzeczeń Europejskiego Trybunału Praw Człowieka w Strasburgu, którego rozstrzygnięcia odnoszą się do polskiego prawa w zakresie praw człowieka i obywatela[63].

W podsumowaniu należy przyjąć, iż powyższe wnioski nie zwalniają w żadnym stopniu władzy ustawodawczej, jak i władzy wykonawczej od powinności dążenia do doskonałości w sferze tworzenia i stosowania prawa. Złe prawo stanowi poważane zagrożenie dla administrowania, wziąwszy pod uwagę fakt, iż administrowanie to wykonywanie prawa, w tym szczególnie prawa administracyjnego. Niestety, jak słusznie zauważa L. Zacharko, pomimo upływu sześciu lat od Raportu Rady Legislacyjnej[64] przy Radzie Ministrów, stan prawa administracyjnego nie uległ zbyt dużej poprawie[65].

III. Jakość prawa administracyjnego a jakość życia — perspektywa obywatela

Wszyscy obywatele są podporządkowani prawu administracyjnemu, stąd też nieuchronny jest ich kontakt z administracją publiczną. Jakość prawa administracyjnego przez obywateli oceniana jest przez pryzmat własnych doświadczeń, najczęściej w kontekście realizacji nałożonych nań obowiązków, bądź przyznanych im uprawnień.

---

[62] TK z 21.02.2006 r., OTK-A 2006, nr 2, poz. 18, (K 1/05).

[63] Wyroki ETPC odnoszą się do wymogów materialnych jakości prawa, gdyż dotyczą one przestrzegania Europejskiej Konwencji Praw Człowieka. Przy tym obecnie niewykonanych pozostaje 800 wyroków ETPC przegranych przez Polskę wskutek skarg wniesionych przez obywateli polskich. Zob. M. Bunda, *Prawo do prawa*, „Polityka" 2012, nr 47, s. 30.

[64] *Tworzenie prawa w Polsce — ocena i proponowane kierunki zmian*, Raport Rady Legislacyjnej przy Prezesie Rady Ministrów, Warszawa 2005.

[65] L. Zacharko, *Instrumenty lepszego stosowania prawa administracyjnego — implikacje dla jego stosowania (kilka uwag dyskusyjnych)*, [w:] *Wykładnia i stosowanie prawa administracyjnego*, t. 4, *Wykładnia i stosowanie prawa administracyjnego*, red. D.R. Kijowski, J. Radwanowicz-Wyporska, M. Wincenciak, Wydawnictwo Wolters Kluwer business, Warszawa 2012, s. 161.

Opinia na temat norm prawa administracyjnego wynika przeważnie z wizyt w urzędach administracji publicznej. Częstokroć subiektywna opinia o urzędniku przekłada się na poglądy o całym systemie prawa administracyjnego. Na pierwszy plan wysunięci są bowiem urzędnicy reprezentujący administrację na zewnątrz. To, w jaki sposób wykonują oni swoją pracę rzutuje na opinię dotyczące całego aparatu administracji oraz prawa, na podstawie którego on działa. Oczywiście jest to zrozumiałe, aczkolwiek nie zawsze uzasadnione. Ludzie stanowią ważny czynnik w administracji, aczkolwiek nie jedyny. Wiele nieporozumień wynika z jakości norm prawa administracyjnego, które dla obywateli, jak i dla urzędników, jest coraz częściej mniej przystępne. W kwestii uwag podstawowych wypada jednak nadmienić, że jakość świadczonych usług i satysfakcja klienta (także w administracji) nie są pojęciami tożsamymi, aczkolwiek często są tak rozumiane[66]. Wśród czynników — poza jakością norm prawnych — które kształtują odczucia obywateli względem prawa administracyjnego (*vide* administracji), trzeba też wymienić: 1) znajomość prawa, a właściwie jej brak po stronie petentów, 2) złą jakość obsługi w urzędach, 3) wzajemne stereotypowe postrzeganie się urzędników i petentów, 4) komunikację w sensie rozumienia przekazywanych treści (język urzędowy).

Nadmiar przepisów sprawia, że trudno je znać, a więc i przestrzegać[67]. Niestabilność, wynikająca z ciągłych nowelizacji w znacznej mierze utrudnia zapoznanie się z prawem oraz jego zrozumienie. Można zaryzykować stwierdzenie, iż owa zmienność przepisów prawa administracyjnego to jego jedyna stała cecha. W niektórych dziedzinach życia naturalne wydają się być kilkukrotne czy nawet kilkunastokrotne nowelizacje aktów prawnych. Rozrost prawa i jego nadmierna drobiazgowość, w konsekwencji prowadzące do jurydyzacji życia codziennego[68], powodują że obywatele czują się coraz bardziej zagubieni, a elementem dominującym w relacjach urzędnik-jednostka staje się lęk, strach przed nieznanym.

Brak znajomości prawa, w tym prawa administracyjnego, przez obywateli wynika z barier różnej natury. Po pierwsze podstawowym problem wydaje się być stan

---

[66] M. Baryluk, M. Orłowska, *Jakość usług instytucji sektora publicznego z perspektywy obywatela-klienta*, <www.pcc-cert.pl/down/jakosc_uslug_instytucji_sektora_publicznego%20_z_perspektywy_obywatela-klienta.pdf> [5.12.2012]. Zdaniem Autorek jakość to zaspokajanie potrzeb i wymagań klienta, a satysfakcja to stan jego zadowolenia. Podobnie M. Bugdol, *Zarządzanie jakością w administracji publicznej*, Wydawnictwo Difin, Warszawa 2008, s. 39; według opinii M. Bugdola „Uznać należy, że jakość życia jest: — stopniem, w jakim różne sytuacje i podmioty naszego otoczenia oraz my sami jesteśmy w stanie zaspokajać różne potrzeby (psychiczne, społeczne, materialne) — wartością nadrzędną, ale i ulotną, i subiektywną, — wartością, która może, ale nie musi decydować o poziomie satysfakcji".

[67] W 2009 r. Sejm uchwalił 244 ustawy, w tym 187 nowelizacji, 54 nowe ustawy, z czego 19 stanowiły ratyfikację umów międzynarodowych. Podobnie w 2010 r. Sejm przyjął 232 ustawy, w tym 179 nowelizacji, 53 całkiem nowe akty, z czego ok. 20 stanowiły ratyfikacje umów międzynarodowych. Szerzej I. Walencik, *Przepisów coraz więcej, ale wcale nie są lepsze*, „Rzeczpospolita" 8.01.2010, I. Walencik, *Parlament i rząd tworzą coraz więcej złego prawa*, „Rzeczpospolita" 16.01.2011; K. Nowosielska, *Przepisów przybywa, ale problemów nie ubywa*, „Rzeczpospolita" 27.12.2010.

[68] J. Kochanowski, *Jurydyzacja życia*, „Palestra" 2002, nr 7–8, s. 95.

edukacji prawnej[69] wśród polskiego społeczeństwa, a właściwie jej brak. Dotychczas nie wypracowano systemu edukacji prawnej w powszechnym wymiarze. Co ciekawe, o ile w szkołach od kilku lat istnieje przedmiot podstawy przedsiębiorczości, to brak przedmiotu podstawy prawa. Wydaje się, że wykształcenie kompetencji i umiejętności w zakresie prawa jest równie istotne co wykształcenie umiejętności i kompetencji do bycia przedsiębiorczym. Należy nadmienić, iż od roku szkolnego 2012/2013 elementy prawa zostały wprowadzone do podstaw nauczania przedmiotu wiedza o społeczeństwie, aczkolwiek nie do końca przewidziano sposób jego realizacji[70]. Otwarty jednakże pozostaje problem kształcenia ludzi dorosłych w zakresie prawa, poza kształceniem akademickim. Dla pełnej realizacji postulatów edukacji prawnej niezbędne jest wprowadzenie właśnie edukacji prawnej dla osób dorosłych. Z problemem braku edukacji prawnej obywateli wiąże się zagadnienie jego rozumienia oraz umiejętności interpretowania choćby na podstawowym poziomie. W rezultacie Polacy nie znają prawa i nie mają nawyku korzystania z pomocy prawnika[71].

Zła jakość obsługi nie znajduje żadnego usprawiedliwienia. Dla ścisłości należy jednak nadmienić, iż pod tym pojęciem rozumieć trzeba niewłaściwe zachowanie urzędnika polegające na braku szacunku czy kultury wobec klienta. Niewłaściwa postawa urzędnika występuje także, gdy urzędnik nie wypełnia wobec klienta obowiązków wynikających z charakteru jego pracy. Zgodnie z założeniem i etymologią słowa „administracja" urzędnik powinien służyć obywatelom swoją dobra pracą. Przyjmuje się, że „Do podstawowych właściwości i oczekiwań odnoszonych do urzędników dzisiejszej administracji należą w szczególności: kompetentność, sprawność w działaniu, rzetelność, obiektywizm (w tym apolityczność), uczciwość, a także przyjazność wobec interesanta i uprzejmość przy załatwianiu spraw"[72]. Tym samym jest rzeczą naturalną, że obywatele oczekują przyjaznej postawy wobec interesanta i uprzejmości przy załatwianiu spraw. Jedna z naczelnych zasad prawa

---

[69] Termin „edukacja prawna" należy odróżnić od pojęcia „edukacja prawnicza". Edukacja prawna to przekazywanie odpowiednich wartości kultury prawnej, fundamentalnych zasad prawa czy propagowanie wiedzy o prawie obowiązującym, co ma umożliwiać obywatelom korzystanie z demokratycznych instytucji państwowych oraz sprawne funkcjonowanie w społeczeństwie. Zaś edukacja prawnicza oznacza przygotowanie do wykonywania zawodów prawniczych i obejmuje proces kształcenia akademickiego, kształcenie specjalistyczne, tj. aplikacje prawnicze, czy kształcenie na poziomie studiów podyplomowych o profilu prawniczym — A. Korybski, [w:] *Wprowadzenie do nauki o państwie i polityce*, red. L. Dubel, A. Korybski, Z. Markwart, Oficyna Wydawnicza Zakamycze, Kraków 2002, s. 207–208.

[70] Wydaje się bowiem, iż nauczyciele szkół ponadgimnazjalnych nie są przygotowani do praktycznej nauki prawa. Takie postulaty zresztą — jak wynika z wiedzy Autorki artykułu — są zgłaszane w środowisku nauczycielskim.

[71] Zob. M. Stec, *Edukacja prawna w oczach prawników*, [w:] *Obywatel i prawo VI. Wybrane problemy i rekomendacje*, red. A. Winiarska, Fundacja Instytut Spraw Publicznych, Warszawa 2012, s. 14.

[72] J. Jagielski, *Kilka refleksji w kwestii kadr administracji publicznej*, [w:] *Biurokracja (III Międzynarodowa Konferencja Naukowa Krynica Zdrój 2–4 czerwca 2006)*, red. J. Łukasiewicz, Wydawnictwo TNOiK, Rzeszów 2006, s. 211.

administracyjnego, tj. zasada zaufania do prawa, czy szerzej — do państwa i prawa[73] powinna być realizowana przede wszystkim w toku stosowania prawa, a zatem właśnie w toku codziennych kontaktów jednostki z urzędem.

Zagadnienie jakości prawa administracyjnego w kontekście sprawności administracji publicznej stanowi częsty temat debaty publicznej podejmowanej przez *mass media*, które z jednej strony piętnują niewłaściwe zachowania administracji, ale z drugiej strony utrwalają niejednokrotnie niepotrzebne szkodliwe stereotypy. Wzajemne stereotypowe postrzeganie się przez urzędników i obywateli podsycane przez *mass media* prowadzi do braku zaufania (czy szerzej rozwoju kultury nieufności). Jeśli mowa o złym funkcjonowaniu aparatu administracji, to większa uwaga jest poświęcana nieudolności pracowników niż samym niedociągnięciom prawnym. Łatwiej bowiem krytykować konkretną osobę (reprezentującą organ) niż sam wadliwy przepis prawa. Petenci bardzo często widzą urzędnika jako osobę niekompetentną, złośliwą, celowo wydłużającą postępowanie. Owszem, nie można wykluczyć takich sytuacji, gdy urzędnik zachowuje się w sposób niewłaściwy. Praktyka dnia codziennego pokazuje, że pracownicy administracji, tak jak każda grupa zawodowa, stanowią odzwierciedlenie społeczeństwa, z którego pochodzą. Niemniej jednak urzędnik związany jest prawem, a jego zachowanie częstokroć wynika z konieczności przestrzegania prawa. Urzędnikom zarzuca się bowiem działania biurokratyczne (formalizm), które są jednocześnie wynikiem przestrzegania prawa, o którym obywatele niewiele wiedzą, co nierzadko skutkuje postawą roszczeniową. Powyższe prowadzi do rozrastania się kultury nieufności, która zdecydowanie nie wpływa korzystnie na jakość życia, a wręcz odwrotnie zaburza harmonię i prowadzi do narastania antagonizmów.

Innym problemem na linii obywatel-administracja jest kwestia komunikacji. Dotyczy on przede wszystkim języka, a dokładnie języka „urzędniczego"[74], w jakim formułowane są pisma i rozstrzygnięcia skierowane do obywateli. Język ten jest skomplikowany, niezrozumiały, a niekiedy wręcz sprzeczny z zasadami języka polskiego. Taka sytuacja utrudnia komunikację, a nadto stwarza blokadę językową, natomiast w skrajnych przypadkach wywołuje agresję tak po stronie klienta

---

[73] Szerzej J. Błaś, *Zasada zaufania obywatela do państwa*, [w:] *Księga Jubileuszowa Profesora Marka Mazurkiewicza. Studia z dziedziny prawa finansowego, prawa konstytucyjnego i ochrony środowiska*, red. R. Mastalski, Oficyna Wydawnicza UNIMEX, Wrocław 2001, s. 203–212.

[74] Język urzędniczy określany bywa też mianem języka urzędowego (oficjalnego). Przyjąć jednak należy, iż nie są to pojęcia tożsame. Język urzędowy obejmuje: język prawny (język w jakim tworzone są akty normatywne), język prawniczy (język używany przez prawników) i język urzędniczy (język używany przez urzędników i organy administracji publicznej). Akty indywidualne czy pisma urzędowe powstają właśnie przez użycie języka urzędniczego, na który składają się język prawny (rozstrzygnięcie decyzji administracyjnej) i język prawniczy (np. uzasadnienie decyzji administracyjnej). Można wskazać, iż język urzędniczy stanowi podkategorię języka urzędowego; zob. E. Pierzchała, *Język urzędowy, a język prawny w nauce prawa administracyjnego — wybrane zagadnienia*, [w:] *Między tradycją, a przyszłością w nauce prawa administracyjnego. Księga jubileuszowa dedykowana Profesorowi Janowi Bociowi*, red. J. Supernat, Wydawnictwo UWr, Wrocław 2009, s. 573.

administracji, jak i urzędnika. Wydaje się, że obowiązkiem administracji przy podejmowaniu rozstrzygnięć jest ich wytłumaczenie. Organy administracji publicznej są bowiem zobowiązane przedstawić, dlaczego postąpiły w określony sposób wobec obywatela, szczególnie wtedy gdy rozstrzygnięcie ma dla niego charakter negatywny. Przede wszystkim w myśl zasady przekonywania, zawartej w k.p.a., organy powinny dążyć właśnie do przekonania obywateli do swoich racji, aczkolwiek powinny to zrobić w sposób komunikatywny. Jak zauważa Rzecznik Praw Obywatelskich wiele osób ma problem ze zrozumieniem pism urzędowych, co w konsekwencji skutkuje niemożnością dochodzenia swoich uprawnień czy wykonywania obowiązków nałożonych nań w decyzjach administracyjnych. Jednostki nierozumiejące kierowanych do nich pism nie mogą nadto skorzystać z praw przysługujących im w postępowaniu administracyjnym (np. udostępnienie akt, zapoznanie się z materiałem dowodowym w sprawie), czy z przysługujących im środków prawnych (np. odwołania od decyzji administracyjnej, skargi do sądu administracyjnego). Należy zatem przyjąć, iż niedopuszczalne jest takie konstruowanie pism i rozstrzygnięć administracyjnych, które w istocie ograniczają prawa obywateli (nawet przy uwzględnieniu koniecznego formalizmu języka urzędowego). Opisany problem stanowił przedmiot zorganizowanego z inicjatywy RPO w dniach 30–31 października 2012 roku I Kongresu Języka Urzędowego[75]. Wydaje się, że można zaryzykować stwierdzenie, iż problem komunikatywności języka pism urzędowych częściowo jest pokłosiem niskiego poziomu legislacyjno-technicznego języka prawnego (urzędowego).

Reasumując powyższe uwagi, nie można mówić o wysokiej jakości życia obywateli w sytuacji, kiedy w administracji publicznej upatruje się wroga, który poszukuje takich rozwiązań lub interpretacji prawa, aby wyrządzić dotkliwą szkodę podmiotom korzystającym z jej usług.

> Podkreśla się niezmiennie, że państwo i jego administracja w pierwszym rzędzie winno gwarantować obywatelowi pewność jego sytuacji prawnej i zapewniać mu bezpieczeństwo prawne. Prawo stanowione i działania władz publicznych winny umacniać zaufanie obywateli do państwa i do działań jego organów[76].

---

[75] Celem Kongresu, czy szerzej akcji „pisać po ludzku" jest wykształcenie m.in. u urzędników koniecznych kompetencji językowych, które powinny usprawnić komunikacje na linii administracja-obywatel, a zatem czynić zadość postulatom prostoty języka. Szerzej A. Radwan, pisać po ludzku — jak można być rzetelnym i zrozumiałym, „Dziennik Gazeta Prawna" 9.10.2012; P. Szymaniak, *Pismo urzędowe w ludzkim języku to nasze prawo*, „Dziennik Gazeta Prawna" 9.10.2012. Więcej informacji na temat języka urzędowego przyjaznego obywatelom pod adresem <www.jezykurzedowy.pl/pl> [5.12.2012].

[76] A. Błaś, *Państwo prawa i polityka administracyjna*, [w:] *Polityka administracyjna (IV Międzynarodowa Konferencja Naukowa Stryków, 7–9 września 2008 r.)*, red. J. Łukaszewicz, Wydawnictwo TNOiK, Bonus Liber, Rzeszów 2008, s. 142.

IV. Jakość prawa administracyjnego a jakość życia — perspektywa urzędnika

Urzędnicy stanowią grupę zawodową, która nie jest najlepiej postrzegana przez społeczeństwo, co już samo w sobie nie sprzyja dobrej jakości ich życia[77]. Niejednokrotnie przeszkadza im fakt, że ich praca jest źle oceniana. Jakość życia zawodowego urzędników (*quality of working life*) stanowiąca jeden z elementów jakości życia, zależy od wielu czynników. Wśród nich można wskazać odczucia związane ze wsparciem, informacją i motywacją, właściwe wynagrodzenie czy docenianie wartości pracy. Precyzyjne i dobre regulacje prawne stanowią podstawę, a zarazem wsparcie dla działań podejmowanych przez urzędników. Kwestia motywacji zależna jest w dużym stopniu od struktury jednostki, możliwości rozwoju i awansu urzędnika, a także od adekwatnego do wykonywanej pracy wynagrodzenia. Uznanie dla pracy urzędnika wiąże się zaś z jej pozytywną oceną zarówno wewnętrzną (przełożonego, podwładnych, współpracowników), jak i zewnętrzną (klientów administracji).

Kwestia wsparcia i informacji niewątpliwie wiąże się z przepisami prawa, gdyż one stanowią podstawowe narzędzie, niezbędne w pracy urzędniczej. W tym sensie ich jakość odgrywa znaczącą rolę. Trudno bowiem oczekiwać, że urzędnicy postąpią bezbłędnie w sytuacji, gdy muszą opierać się na źle skonstruowanych regulacjach[78]. Najtrudniejszym elementem procesu decyzyjnego jest właściwa interpretacja przepisów prawa. Najbardziej doniosłe jest ustalenie rzeczywistego znaczenia przepisu prawa, co nie jest proste. Pracownikowi nie wolno bowiem zakładać, że skoro przepisy prawa mają postać literalną to wystarcza umiejętność czytania i dobra znajomość języka, by zrozumieć treść przepisu. W tym miejscu należy zwrócić uwagę, że sprzeczne orzecznictwo — będące konsekwencją niespójności prawa — wywołuje swego rodzaju przymus orzekania zgodnie z linią orzeczniczą, przyjętą przez właściwy miejscowo sąd administracyjny. To powoduje rutynę jurysdykcyjną i stanowi zagrożenie dla zasady swobody potrzebnej w rozstrzyganiu spraw administracyjnych, mających wpływ na ocenę jakości życia w państwie.

Pracownicy administracji publicznej chcą mieć godne warunki pracy i pewność, że wydawane przez nich decyzje opierają się na dobrze skonstruowanych przepisach prawa. Oczekiwanie to jest trudne do spełnienia z powodu złej jakości prawa, które jak wskazano, ma charakter niespójny, pełen luk[79] albo pozostawiający luz

---

[77]   Zob. S. Czubkowska, *Lubimy urzędy, urzędników nie możemy zaakceptować*, „Dziennik Gazeta Prawna" 21.02.2012.

[78]   Problem ten dobrze ujęła E. Łętowska, która źle ocenia już sam etap konstruowania norm prawnych, tj. etap legislacji, wytykając jego błędy: „Bo co my teraz obserwujemy? Najpierw, w ostatnich miesiącach kadencji parlament przyjmuje mnóstwo ustaw, które potem poprawia się podczas *vacatio legis*. Problem polega na tym, że wciąż nie umiemy porządnie zorganizować procesu legislacyjnego. [...] Obłuda legislacyjna może być naruszeniem praw człowieka" — *Rzeźbienie państwa prawa 20 lat później. Ewa Łętowska w rozmowie z Krzysztofem Sobczakiem*, Wydawnictwo Wolters Kluwer business, Warszawa 2012, s. 354.

[79]   Doskonałym przykładem jest tu brak instrukcji kancelaryjnej, tj. zasad ustalających sposób postępowania z dokumentami wpływającymi do urzędów administracji publicznej (procedura obiegu

decyzyjny bez wskazania jego granic. Negatywną konsekwencją takiego stanu rzeczy jest przekonanie obywateli i przedsiębiorców, że w kontaktach z aparatem państwa są poszkodowani. Wobec tego winą obarczają urzędników, nie szanują ich decyzji administracyjnych, a każde rozstrzygnięcie organu niezgodne z ich oczekiwaniami odbierane jest jako wynik niewątpliwej korupcji lub niekompetencji w administracji. Natomiast brak rozstrzygnięcia uznawany jest za bezczynność, co nie zawsze jest zgodne z prawdą. Ogromny problem dla urzędników stanowi także kwestia zaniechań normatywnych[80], określanych również mianem bezprawia legislacyjnego. Prawodawca zobowiązany jest bowiem przy wprowadzaniu jakiegoś uprawnienia dołożyć staranności w zakresie stworzenia wszelkich unormowań umożliwiających korzystanie z niego. Nie zawsze jednak tak się dzieje.

Należy też pamiętać, że urzędnicy wykonując swoją pracę muszą zmierzyć się niejednokrotnie z konfliktem interesów. Administrowanie to proces polegający na rozwiązywaniu konfliktów. W ocenie E i J. Łętowskich „nie ma «neutralnego administrowania», wolnego od wartościowania. Administracja z reguły działa w czyimś interesie i równocześnie także przeciwko czyimś interesom"[81]. Prawo administracyjne samo w sobie prowadzi do wykluczenia, gdyż jedną z jego funkcji jest blokowanie dostępu do określonych zasobów czy dóbr z powołaniem się na dobro publiczne, interes społeczny itp. Przykładem tego są rozmaite koncesje, zezwolenia, nakazy czy zakazy. Toteż na pracownikach administracji spoczywają specyficzne obowiązki wyważania owych interesów, co w obliczu niespójnego prawa nie jest łatwe i może prowadzić do nadmiaru odpowiedzialności po stronie urzędników.

---

dokumentów w administracji publicznej). Generalnie państwowe i samorządowe jednostki organizacyjne wytwarzające materiały archiwalne mają obowiązek posiadania i stosowania instrukcji kancelaryjnej, która określa system kancelaryjny obowiązujący w danej jednostce, obieg dokumentów, sposób rejestracji spraw, ewidencjonowanie i przechowywanie dokumentów oraz sposób ochrony ich przed uszkodzeniem, zniszczeniem lub utratą, w tym archiwizację dokumentów. Z dniem 1 stycznia 2011r., przestały obowiązywać instrukcje kancelaryjne dotyczące jednostek samorządu terytorialnego [tj. Rozporządzenie Prezesa Rady Ministrów z 22.12.1999 r. w sprawie instrukcji kancelaryjnej dla organów gmin i związków międzygminnych (Dz.U. z 1999 r., nr 112, poz. 1319), Rozporządzenie Prezesa Rady Ministrów z 18.12.1998 r. w sprawie instrukcji kancelaryjnej dla organów powiatu (Dz.U. z 1998 r., nr 160, poz. 1074), Rozporządzenie Prezesa Rady Ministrów z 18.12.1998 r. w sprawie instrukcji kancelaryjnej dla organów samorządu województwa (Dz.U. z 1998 r., nr 160, poz. 1073)]. Nowa instrukcje kancelaryjne zostały wydane dopiero w dniu 18.01.2011r. (Rozporządzenie Prezesa Rady Ministrów w sprawie instrukcji kancelaryjnej, jednolitych rzeczowych wykazów akt oraz instrukcji w sprawie organizacji i zakresu działania archiwów zakładowych, Dz.U. z 2011 r., nr 14, poz. 67), co oznaczało de facto, iż prawie trzy tygodnie organy administracji publicznej pozostawały bez wiążącej procedury postępowania z dokumentami.

80 Zob. E. Bagińska, [w:] *Odpowiedzialność odszkodowawcza w administracji*, red. E. Bagińska, J. Parchomiuk, (*System Prawa Administracyjnego*, t. 12, red. R. Hauser, Z. Niewiadomski, A. Wróbel), Wydawnictwo C.H. Beck, Warszawa 2010, s. 382.

81 E. Łętowska, J. Łętowski, *O państwie prawa, administrowaniu i sadach w okresie przekształceń ustrojowych*, Wydawnictwo Naukowe Scholar, Warszawa 1995, s. 147.

To z kolei sprzyja występowaniu zaburzeniom psychosomatycznym, takim jak: poczucie zmęczenia, stres, depresja.

Motywacja urzędników zależna jest natomiast od odpowiedniego doboru kadr. Wewnętrzna organizacja urzędu, a przy tym niekiedy wewnętrzne walki o prestiż i drobne kłótnie przekładają się na jakość wewnętrzną pracy urzędnika, ale i niestety na jakość zewnętrzną w kontakcie urzędnika z petentem. Innymi słowy, kiedy urzędnik źle się czuje, potraktuje petenta gorzej niż gdyby czuł się dobrze. Emocje związane z pogardą, niejasne reguły zachowania czy nieporozumienia personalne nie służą pracy i są zaprzeczeniem wsparcia ze strony własnej organizacji. Nie bez znaczenia jest tu zatem struktura organizacyjna urzędu i obsada personalna stanowisk. Zdaniem P. Szreniawskiego „Kierownik powinien również być ekspertem w dziedzinie emocji. Odpowiednie rozpoznawanie stanu emocjonalnego podwładnych może być kluczem do odpowiedniego motywowania, jest też konieczne przy wszelkich próbach łagodzenia konfliktów i rozwiązywania sporów"[82]. Swobodna komunikacja wewnętrzna, w ramach której można by zgłaszać zaistniałe problemy, opinie, dylematy, a nawet informacje o błędach zwierzchników, jest praktycznie trudna do osiągnięcia w strukturach administracji publicznej. Stanowi to problem, gdyż urzędnicy dla skutecznego wykonywania swojej pracy potrzebują informacji zwrotnej na temat własnej pracy, tak od przełożonych, jak i od interesantów administracji. Dotyczy to informacji, uwzględniających konstruktywną krytykę oraz budujących atmosferę zaufania, która zdecydowanie podnosi poziom mobilizacji i rozwija potencjał urzędnika. Określonym motywatorem jest z pewnością wynagrodzenie, aczkolwiek ma ono niestety niewiele wspólnego z jakością pracy[83]. Ponadto rzeczywista wysokość wynagrodzeń nie odpowiada w wielu przypadkach społecznym wyobrażeniom.

Oceniając dobór kadr w administracji należy przyjąć, iż nie jest kategorycznie zły czy niewłaściwy. Jednak spośród osób pretendujących do stanowisk w organach administracji wiele nie rozumie swojej roli i odpowiedzialności w całokształcie poczynań państwa i realizacji interesów jednostek. Ujmując rzecz inaczej, istnieje prawdopodobieństwo, iż wśród dużej liczby urzędników znajdą się i tacy, którzy nie dostrzegają aspektu służby państwu czy społeczeństwu, co jest cechą immanentną pracy w administracji publicznej. Dlatego organy administracji publicznej powinny zdecydowanie poświęcić znacznie więcej uwagi rozwijaniu etosu urzędniczego. Według B. Jastrzębskiego

> niewystarczające jest skupienie na zagadnieniach właściwego doboru kadr, kształcenia, wynagradzania oraz kontrolowania. Ważne jest, aby prawidłowo zorganizować całe państwo, które powinno spełniać przede wszystkim standardy państwa prawa, a etykę należy umieścić na czołowym miejscu jako jedno z podstawowych kryteriów rozstrzygnięć dokonywanych

---

[82] P. Szreniawski, *Emocje w administracji*, [w:] J. Łukasiewicz, (przyp. 72), Rzeszów 2006, s. 653.

[83] A. Radwan, *Wynagrodzenie urzędników niewiele ma wspólnego z jakością ich pracy*, „Dziennik Gazeta Prawna" 28.02.2012.

przez ustawodawcę i stosujących prawo. Postulat do dobrej administracji bez zasad etyczno-moralnych nie przyniesie oczekiwanych rezultatów[84].

Uznając powyższe trzeba zaznaczyć, że urzędnicy pomimo stawianych im wymagań nie są grupą wolną od wad. Wprawdzie to, jak działa urzędnik jest wypadkową jego wiedzy, zdolności, doświadczenia oraz indywidualnych cech charakteru[85]. Z drugiej strony, jak zaznacza B. Kudrycka, „poziom etyczny kadr administracji publicznej jest ściśle związany z prawną i moralną kulturą całego społeczeństwa"[86].

W konkluzji należy zauważyć, że niestałość norm prawnych, ich niezrozumienie, konieczna częsta (nawet bardzo!) aktualizacja wiedzy, zła społeczna ocena wykonywanej pracy, wewnętrzne konflikty, brak motywacji, wrogość i roszczeniowość klientów oraz rosnąca odpowiedzialność (od 2011 także majątkowa[87]), mogą skutkować występowaniem frustracji u urzędników. Frustracja zaś blokuje pozytywne emocje zorientowane na cel, a wobec tego może prowadzić do wypalenia zawodowego, które nie sprzyja jakości życia.

V. Podsumowanie

Prawo jako regulator zachowań ludzi obejmuje szeroki (i coraz szerszy) zakres życia społecznego. Począwszy od stosunków rodzinnych, a skończywszy na kosmosie. Z tego powodu prawnik styka się z problemami będącymi przedmiotem zainteresowań różnych dziedzin nauki, a zwłaszcza nauk społecznych. [...] W konkluzji można stwierdzić, iż prawo stanowi interesującą materię poznawczą, ciągle niedostatecznie wykorzystywaną do badań nad prawidłami rozwoju społecznego. Dostarcza ono wiedzy o człowieku i społeczeństwie, stanowi bowiem krystalizację doświadczeń osiąganych drogą prób i błędów setek pokoleń ludzkich[88].

W dużym stopniu jakość prawa administracyjnego, czyli prawa najbliższego nam obywatelom zależy od nas samych, bowiem to my dokonujemy odpowiednich wyborów parlamentarnych. Można zatem wskazać, że liczne poprawki i zmiany ustaw są wynikiem niskiej kultury prawnej i politycznej pośrednio społeczeństwa, a bezpośrednio posłów i senatorów, którzy uczestniczą w procesie tworzenia prawa. Dość jednoznacznie wyraża to J. Szreniawski, który uznaje, iż

Parlamentarzystów społeczeństwo nie interesuje i traktowane jest jako niepotrzebny dodatek do własnych rozgrywek i zaspokajania personalnych ambicji. [...] Marnej jakości posłowie

---

[84] B. Jastrzębski, *Etyka jako kryterium dobrej administracji*, [w:] *Jednostka, państwo, administracja — nowy wymiar*, red. E. Ura, Mitel, Rzeszów 2004, s. 225.

[85] Według A. Piekary „Tak czy inaczej znajomość prakseologii, pogłębioną i uzupełniona wiedza z zakresu etyki, socjologii, psychologii, prawa, teorii rozwoju lokalnego i regionalnego decydują o poziomie intelektualnym kadr w administracji publicznej, a tym samym — o jakości tej administracji"; zob. A. Piekara, (przyp. 36), s. 55.

[86] B. Kudrycka, *Elementy infrastruktury etycznej w życiu publicznym*, [w:] *Prawne gwarancje ochrony praw jednostki wobec działań administracji publicznej*, red. E. Ura, Wydawnictwo Mitel, Rzeszów 2002, s. 478.

[87] Zob. ustawa z 20.01.2011r. o odpowiedzialności majątkowej funkcjonariuszy publicznych za rażące naruszenie prawa (Dz.U. z 2011 r., nr 34, poz. 173).

[88] J. Kowalski, *O więzi prawoznawstwa z innymi, a zwłaszcza społecznymi naukami*, „Studia Iuridica" 2003, t. 42, s. 105, 111.

w znacznej większości nie rozumieją treści uchwalonych ustaw, nie potrafią zrobić czegoś pożytecznego dla gospodarki, kultury czy życia społecznego i wolą skupić się na ogłupiających i przygnębiających grzebaninach w teczkach, telewizyjnych popisach w sejmowych komisjach śledczych, zastępujących prokuraturę, policję, sądy a nastawionych na zdyskredytowanie przeciwników politycznych[89].

W ocenie E. Łętowskiej politycy manipulują prawem, traktują je instrumentalnie i nieodpowiedzialnie, dlatego, że inaczej nie potrafią. Politycy bowiem znają tylko takie wzorce zachowań[90]. Według A. Błasia to właśnie zmiany prawa administracyjnego (materialnego, ustrojowego i procesowego), wyrastające z praktyki instrumentalizacji prawa administracyjnego, są największym zagrożeniem dla stabilnej sytuacji administracyjnoprawnej jednostki, a tym samym jak się wydaje i dla jej jakości życia[91].

Przy tym my obywatele mamy prawo do dobrej administracji[92], której istnienie jest możliwe dzięki funkcjonowaniu dobrego prawa. Zatem tak jak mamy prawo do dobrej administracji, tak mamy prawo do dobrego prawa kształtującego pośrednio naszą jakość życia. Wyraz temu dał Trybunał Konstytucyjny w jednym z swoich orzeczeń, w którym wskazał, że „naruszeniem Konstytucji jest stanowienie przepisów niejasnych, wieloznacznych, które nie pozwalają obywatelowi na przewidzenie konsekwencji prawnych jego zachowań"[93].

Istnieje stała potrzeba przypominania parlamentarzystom o roli prawa. Należy wskazać za R. Sobańskim, że to właśnie troska o człowieka od zawsze była siłą napędową prawa, dlatego „Prawo ma chronić człowieka tak, aby mógł być sobą — aby mógł być «demiurgiem własnego życia». Wyrażając to samo innymi słowami: prawo (i wszystkie urządzenia społeczne) powinno być «nieustannie nastawione na dobro osób» i pozwolić im «osiągnąć pełniej i łatwiej własną doskonałość»"[94].

---

[89] J. Szreniawski, *Kilka uwag o zjawisku biurokracji*, [w:] J. Łukasiewicz, (przyp. 72), s. 649–650. Stanowisko J. Szreniawskiego nie jest odosobnione. Podobne problemy wskazują coraz częściej inni przedstawiciele nauki.

[90] Przyp. 78, s. 351.

[91] A. Błaś, *Problem pewności sytuacji prawnej jednostki w nauce prawa administracyjnego i w nauce administracji*, [w:] *Studia z prawa administracyjnego i nauki o administracji. Księga jubileuszowa dedykowana prof. zw. dr hab. Janowi Szreniawskiemu*, red. Z. Czarnik, Z. Niewiadomski, J. Posłuszny, J. Stelmasiak, Wydawnictwo Wyższej Szkoły Prawa i Administracji, Przemyśl – Rzeszów 2011, s. 74.

[92] Prawo to ustanowiono w art. 41 Karty Praw Podstawowych, która zyskała moc obowiązującą po przyjęciu Traktatu z Lizbony zmieniającego Traktat o Unii Europejskiej i Traktat ustanawiający Wspólnotę Europejską, sporządzony w Lizbonie dnia 13.12.2007 r. (Dz.U. z 2009 r., nr 203, poz. 1569). Na podstawie prawa do dobrej administracji powstał zaś powstał Europejski Kodeks Dobrej Praktyki Administracyjnej przyjęty przez Parlament Europejski w dniu 6.09.2001 r., regulujący stosunki pomiędzy instytucjami unijnymi, a osobami fizycznymi i osobami prawnymi.

[93] TK z 7.1.2003 r., OTK-A 2004, nr 1, poz. 1, (K 14/03).

[94] R. Sobański, *Prawo: przez człowieka, dla człowieka, w imię człowieka*, „Kontrola Państwowa" 1997, nr 3, s. 6, 10 i cytowana tam literatura.

Anna Gronkiewicz

The effects of administrative law and its quality on quality of life

This article considers administrative law and its quality in the context of issues of quality of life. The law certainly affects the quality of life of every human being. According to the Latin saying *ubi societas, ibi ius*, if there is a society, law will be there. This seems to be particularly noticeable in the case of administrative law which is referred to as the law governing 'matters of everyday life'. The article consists of five parts. In the first part, general comments on quality of life are presented. Then, the author outlines the concept and features of administrative law. The following sections describe the mechanisms and the impact of administrative law in the context of quality of life, both from the perspective of a citizen and that of an administrator. The conclusions suggest that the law contributes to the welfare of all citizens, but it can also lead to exclusion, as one of its functions is to block access to various resources. The law undoubtedly affects our lives and its quality depends primarily on legislative bodies, the process of its adoption and application, and indirectly on ourselves, i.e. our civic awareness and the political choices we make.

Anna Chmielarz-Grochal

Prawna ochrona życia w Konstytucji Rzeczypospolitej Polskiej z 1997 r.

I. Wprowadzenie

Ochrona życia ludzkiego jest przedmiotem zainteresowania nauk humanistycznych, społecznych, a także medycznych, jednak jednym z najbardziej newralgicznych zagadnień pozostaje jego ochrona prawna. Zapewnienie ochrony życia jest elementem demokratycznego państwa prawnego, w którym człowiek i podstawowe aspekty jego egzystencji poddane są regulacji prawnej. Potrzeba ochrony życia wynika z samej istoty państwa demokratycznego, którego trwanie i rozwój determinowane są wartością życia, a tylko społeczeństwo żyjące może ten rozwój gwarantować. Zapewniona na odpowiednim poziomie ochrona prawna życia może przekładać się na ochronę jakości życia, choć obowiązujące regulacje prawne do jakości życia jako takiej się nie odnoszą. Jakość życia pozostaje wartością pozaprawną i decydują o niej przede wszystkim czynniki społeczno-gospodarcze, choć bez gwarancji prawnej ochrony życia i jej faktycznej realizacji trudno mówić o jakości życia. Z tego punktu widzenia konieczna jest analiza regulacji prawnych, które wyznaczają standardy ochrony życia ludzkiego. W systemie krajowym podstawowe znaczenie ma w tym zakresie art. 38 Konstytucji Rzeczypospolitej Polskiej z dnia 2 kwietnia 1997 r. Należy jednak pamiętać o regulacjach należących do europejskiego systemu ochrony wolności i praw jednostki, których celem jest wypracowanie przez państwa względnie jednolitych i efektywnych gwarancji wolności i praw.

II. Europejskie standardy ochrony życia ludzkiego

W systemie europejskim standardy ochrony życia ludzkiego wyznacza przede wszystkim Konwencja o ochronie praw człowieka i podstawowych wolności, sporządzona w Rzymie dnia 4 listopada 1950 r. (EKPC), z uwzględnieniem protokołów dodatkowych[1] oraz Karta praw podstawowych Unii Europejskiej[2].

Z art. 2 ust. 1 EKPC wynika obowiązek ustawowej ochrony życia („Prawo każdego człowieka do życia jest chronione przez ustawę"). Jednocześnie art. 1 nakłada na państwa członkowskie Rady Europy obowiązek zapewnienia człowiekowi praw i wolności w niej określonych, a więc gwarantuje — bez ograniczenia do sfery prawnej — również ochronę prawa do życia. Konwencja wymienia prawo do życia jako pierwsze z praw chronionych, a w art. 15 ust. 2 wyklucza możliwość uchylenia zobowiązania do ochrony tego prawa w stanie niebezpieczeństwa publicznego, poza przypadkami śmierci będącymi wynikiem zgodnych z prawem działań wojennych. Ponadto art. 2 ust. 1 zawiera zakaz umyślnego pozbawienia życia, wyłączając spod tego zakazu przypadki wykonania wyroku sądowego skazującego za przestępstwo, za które ustawa przewiduje taką karę. Konwencja nie wyklucza więc wprowadzania w państwach członkowskich Rady Europy kary śmierci. Jednakże dnia 28 kwietnia 1983 r. w Strasburgu został sporządzony i załączony do EKPC Protokół nr 6 dotyczący zniesienia kary śmierci, następnie dnia 3 maja 2002 r. Protokół nr 13 w sprawie zniesienia kary śmierci we wszystkich okolicznościach, w tym również w czasie wojny. Stanowią one integralną część EKPC, wiążąc państwa, które protokoły podpisały i ratyfikowały. Do tej pory Rzeczpospolita Polska ratyfikowała tylko Protokół nr 6 (2001 r.)[3].

Gwarantowane w EKPC prawo do życia nie ma charakteru bezwzględnego. W art. 2 ust. 2 EKPC określone są przypadki, w których pozbawienie życia jest dopuszczalne, tzn. tylko wtedy, jeżeli nastąpi w wyniku bezwzględnie koniecznego użycia siły: a) w obronie jakiejkolwiek osoby przed bezprawną przemocą; b) w celu wykonania zgodnego z prawem zatrzymania lub uniemożliwienia ucieczki osobie pozbawionej wolności zgodnie z prawem; c) w działaniach podjętych zgodnie z prawem w celu stłumienia zamieszek lub powstania.

Na podstawie przepisów EKPC pełna rekonstrukcja prawa do życia i zakresu jego ochrony jest niemożliwa, ponieważ EKPC ustanawia minimalne standardy ochrony i w zależności od rodzaju chronionego prawa pozostawia państwom pewną swobodę działania w zakresie spełniania tych standardów. Margines swobody państwa jest szeroki, ale nie jest nieograniczony; państwa mają obowiązek zapewnić w prawie krajowym ochronę prawa do życia na poziomie nie niższym niż poziom gwarantowany przez EKPC. Interpretacja art. 2 EKPC przez Europejski Trybunał Praw Człowieka w Strasburgu jest uzależniona od rodzaju rozstrzyganej kwestii, ważności interesów pojawiających się w rozpatrywanej sprawie oraz od istnienia konsensusu między państwami członkowskimi[4].

---

[1]   Dz.U. z 1993 r., nr 61, poz. 284.

[2]   Dz.Urz. UE z 2007 r., nr C 303/01.

[3]   Dz.U. z 2001 r., nr 23, poz. 266.

[4]   Szerzej L. Garlicki, *Komentarz do art. 2*, [w:] tegoż, *Konwencja o Ochronie Praw Człowieka i Podstawowych Wolności. Komentarz do artykułów 1–18*, t. I, Wydawnictwo C.H. Beck, Warszawa 2010, s. 64–90 oraz powołane tam orzecznictwo Europejskiego Trybunału Praw Człowieka w Strasburgu.

System prawny Unii Europejskiej traktuje godność człowieka oraz jego prawo do życia w sposób nieodbiegający od standardów wyznaczonych w EKPC. Zgodnie z art. 6 Traktatu o Unii Europejskiej[5], Unia uznaje prawa, wolności i zasady określone w Karcie praw podstawowych Unii Europejskiej z 7 grudnia 2000 r., w brzmieniu dostosowanym 12 grudnia 2007 r. w Strasburgu, która ma taką samą moc prawną jak Traktaty (ust. 1), a jednocześnie prawa podstawowe, zagwarantowane w europejskiej Konwencji o ochronie praw człowieka i podstawowych wolności oraz wynikające z tradycji konstytucyjnych wspólnych państwom członkowskim, stanowią część prawa Unii jako zasady ogólne prawa (ust. 3). Z drugiej strony Deklaracja nr 1 w sprawie Karty praw podstawowych Unii Europejskiej, odnosząca się do postanowień traktatowych, stanowi wprost, że Karta jest prawnie wiążąca, a także potwierdza prawa podstawowe gwarantowane przez EKPC oraz wynikające z tradycji konstytucyjnych wspólnych dla państw członkowskich. Natomiast art. 168 Traktatu o funkcjonowaniu Unii Europejskiej[6] wyraźnie stanowi, że przy określaniu i urzeczywistnianiu wszystkich polityk i działań Unii zapewnia się wysoki poziom ochrony zdrowia ludzkiego.

Karta praw podstawowych Unii Europejskiej w art. 2 ustanawia: po pierwsze — ogólną gwarancję prawa do życia („każdy ma prawo do życia"), po drugie — zakaz kary śmierci („nikt nie może być skazany na karę śmierci ani poddany jej wykonaniu"). Ponadto, Karta gwarantuje prawo do integralności fizycznej i psychicznej (art. 3) oraz prawo do poszanowania życia prywatnego i rodzinnego (art. 7), jak również wprowadza zakaz tortur i nieludzkiego lub poniżającego traktowania albo karania (art. 4). Przepis art. 2 ust. 1 Karty jest odwzorowaniem art. 2 ust. 1 EKPC, a więc państwom członkowskim Unii przysługuje pewien margines swobody w zakresie regulacji prawnej ochrony życia.

Stosowanie Karty przez Polskę zostało sprecyzowane w Protokole nr 30 w sprawie stosowania Karty praw podstawowych Unii Europejskiej do Polski i Zjednoczonego Królestwa, załączonym do Traktatu o funkcjonowaniu Unii Europejskiej. Na jego podstawie ani Trybunał Sprawiedliwości Unii Europejskiej ani sądy lub trybunały polskie nie mają prawa do uznania, że przepisy ustawowe, wykonawcze lub administracyjne, praktyki lub działania administracyjne Polski są niezgodne z podstawowymi prawami, wolnościami i zasadami, które są w niej potwierdzone (art. 1). Postanowienia Karty mają zastosowanie do Polski wyłącznie w zakresie, w jakim prawa i zasady zawarte w tych postanowieniach są uznane przez polskie ustawodawstwo lub praktyki krajowe.

Jednocześnie Rzeczpospolita Polska podpisała Deklarację nr 61 w sprawie Karty praw podstawowych Unii Europejskiej. Zgodnie z nią Karta nie narusza prawa państw członkowskich do stanowienia prawa w zakresie moralności publicznej, prawa rodzinnego, a także ochrony godności ludzkiej oraz poszanowania fizycznej

---

5 Dz.U. z 2004 r., nr 90, poz. 864/30.
6 Dz.U. z 2004 r., nr 90, poz. 864/2.

i moralnej integralności człowieka. Można twierdzić, że Deklaracja ta pośrednio odnosi się do problemu ochrony życia w aspekcie ochrony godności oraz fizycznej i moralnej integralności człowieka.

Jak wynika z powyższych uwag, europejskie standardy ochrony życia opierają się zasadniczo na art. 2 EKPC, z zastrzeżeniem dosyć szerokiego marginesu swobody państw w zakresie wskazania momentu, od którego przysługuje prawo do życia i jego ochrony. Margines ten nie jest jednak nieograniczony, ponieważ w systemie ochrony prawnej życia państwa powinny uwzględniać obowiązek ochrony godności ludzkiej, prawo do zdrowia, do poszanowania życia prywatnego, do integralności fizycznej i psychicznej oraz potrzebę ochrony przed poniżającym traktowaniem. Standard ochrony życia człowieka wynikający z EKPC nie ma przy tym charakteru uniwersalnego. Każda sprawa wniesiona do Europejskiego Trybunału Praw Człowieka wymaga indywidualnej oceny, czy prawodawstwo krajowe nie przekracza granic swobodnego uznania w zakresie prawnej ochrony życia.

III. Konstytucyjne założenia ochrony życia w Polsce

W systemie prawa Rzeczypospolitej Polskiej standardy ochrony życia wyznacza Konstytucja. Już wstępna analiza Konstytucji prowadzi do wniosku, że życie ludzkie należy do wartości konstytucyjnych, które w sferze normatywnej wymagają szczególnej ochrony. Postulaty ochrony życia wynikają z aksjologii Konstytucji, podstawowych zasad ustrojowych, a ponadto z art. 38 Konstytucji, zgodnie z którym Rzeczpospolita Polska zapewnia każdemu człowiekowi prawną ochronę życia. Polski ustawodawca konstytucyjny posługuje się w art. 38 ogólną formułą ochrony życia, co jest najczęściej spotykanym rozwiązaniem prawnym[7].

Ochrona życia ludzkiego to podstawowe założenie każdego państwa demokratycznego i praworządnego. Życie, skądinąd najcenniejsze dobro człowieka, należy uznać za źródło istnienia i rozwoju społeczeństwa oraz samego państwa. Potrzeba ochrony życia wpisana jest w istotę państwa. Na poziomie regulacji konstytucyjnej wymóg ochrony życia ludzkiego mieści się w zasadach dobra wspólnego (art. 1 Konstytucji) oraz demokratycznego państwa prawnego urzeczywistniającego zasady sprawiedliwości społecznej (art. 2 Konstytucji).

Zasada dobra wspólnego nakazuje utożsamiać państwo z dobrem wszystkich obywateli. W założeniu ustawodawcy konstytucyjnego trwanie i rozwój państwa zależy od człowieka, jego egzystencji oraz rozwoju indywidualnego i zbiorowego. Państwo jest dobrem wspólnym obywateli, a podstawowym dobrem człowieka jest życie. Dodatkowo, powierzenie w art. 4 ust. 1 Konstytucji władzy zwierzchniej

---

[7] Na temat modeli normowania ochrony życia w wybranych państwach świata zob. J. Lipski, P. Chybalski, *Analiza porównawcza dotycząca modeli zapisu konstytucyjnej gwarancji ochrony życia ludzkiego w perspektywie dopuszczalności usunięcia ciąży*, [w:] *Konstytucyjna formuła ochrony życia*, Druk sejmowy nr 993, „Przed pierwszym czytaniem", Biuro Analiz Sejmowych Kancelarii Sejmu, Warszawa 2007, nr 3, s. 111–136; zob. także R. Grabowski, *Prawo do ochrony życia w polskim prawie konstytucyjnym*, Wydawnictwo UR, Rzeszów 2006, s. 196–200.

w państwie Narodowi pozwala twierdzić, że biologiczna egzystencja człowieka daje możliwość realizacji władzy zwierzchniej. Życie jest bowiem warunkiem *sine qua non* podmiotowości prawnej człowieka.

Zasada demokratycznego państwa prawnego w porządku prawnym sprzed wejścia w życie obowiązującej Konstytucji była bezpośrednią podstawą prawa do życia. Trybunał Konstytucyjny w orzeczeniu z dnia 28 maja 1997 r., sygn. akt K 26/96[8], potwierdził związek ochrony życia z zasadą demokratycznego państwa prawnego. Z art. 1 Konstytucji wyprowadził on zasadę ochrony życia, uznając je za podstawową wartość państwa demokratycznego. Z istoty demokratycznie stanowionego prawa wynika dyrektywa, która wymaga respektowania w państwie wartości życia ludzkiego i to w szerokim zakresie, od początków jego powstania. Stąd od Konstytucji jako podstawy ustrojowej państwa demokratycznego można wymagać gwarancji ochrony życia. Konstytucyjna ochrona życia ludzkiego powinna być rozumiana przez pryzmat gwarancji prawidłowego rozwoju człowieka oraz uzyskania i zachowania normalnej kondycji psychofizycznej, właściwej dla danego etapu życia, a nie wyłącznie w kategorii ochrony minimum funkcji biologicznych niezbędnych do egzystencji. Z tego względu konstytucyjne gwarancje ochrony ludzkiego życia muszą obejmować także ochronę zdrowia, niezależną od stopnia rozwoju fizycznego, emocjonalnego, intelektualnego czy społecznego[9]. Stanowisko wyrażone w wyroku o sygn. K 26/96 wydaje się aktualne w odniesieniu do art. 2 obowiązującej Konstytucji, zwłaszcza że Trybunał powołuje się na nie w uzasadnieniu wyroku z dnia 30 września 2008 r., sygn. akt K 44/07[10].

Konstytucja z 1997 r. pozwala zaliczyć życie ludzkie zarówno do kategorii wartości konstytucyjnych, kategorii wolności człowieka, jak i kategorii dobra prawnego. Aksjologia obecnych rozwiązań konstytucyjnych opiera się na zasadzie przyrodzonej i niezbywalnej godności ludzkiej. Wynika ona z art. 30 Konstytucji, z wyraźnym zastrzeżeniem, że godność stanowi źródło wolności i praw człowieka i obywatela. Szczególną wartość godności ludzkiej potwierdza również art. 233 ust. 1 Konstytucji, który zakazuje jej ograniczania w ustawach określających zakres ograniczeń wolności i praw jednostki w razie wprowadzenia w państwie stanu nadzwyczajnego. Z treści art. 30 zd. 2 wynika adresowany do władz publicznych zakaz naruszania godności oraz nakaz jej poszanowania i ochrony, sformułowany skądinąd w sposób bezwzględny[11]. Także treść preambuły do Konstytucji nakazuje dbanie o zachowanie przyrodzonej godności człowieka oraz uznanie poszanowania zasady godności za niewzruszoną podstawę Rzeczypospolitej Polskiej. Postanowienia preambuły oraz art. 30 mają więc podstawowe znaczenie dla wykładni i stosowania wszystkich pozostałych przepisów konstytucyjnych o wolnościach, prawach i obowiązkach

---

[8] TK z 28.05.1997 r., OTK ZU 1997, nr 2, poz. 19.

[9] Szerzej J. Oniszczuk, *Konstytucja Rzeczypospolitej Polskiej w orzecznictwie Trybunału Konstytucyjnego*, Kantor Wydawniczy Zakamycze, Kraków 2000, s. 339–351.

[10] TK z 30.09.2008 r., OTK ZU 2008, seria A, nr 7, poz. 126.

[11] Zob. TK z 5.03.2003 r., OTK ZU 2003, seria A, nr 3, poz. 19 (K 7/01).

jednostki. Demokratyczne państwo prawne ze swej istoty ma opierać się na poszanowaniu człowieka oraz jego najcenniejszych dóbr, spośród których życie, powiązane ściśle z godnością ludzką, ma znaczenie nadrzędne. Godność jest źródłem wolności i praw konstytucyjnych, ale to życie daje możliwość korzystania z nich. Jak zaznacza Trybunał Konstytucyjny w uzasadnieniu wyroku z dnia 7 stycznia 2004 r., sygn. akt K 14/03[12], nie można mówić o ochronie godności człowieka, jeżeli nie ma wystarczających podstaw do ochrony życia. Można więc uznać, że poszanowanie i ochrona życia jest jedną z podstawowych przesłanek zasady przyrodzonej i niezbywalnej godności człowieka. W sferze normatywnej polska Konstytucja nie gwarantuje jednostce *explicite* życia czy prawa do życia, jak czyni to EKPC czy Karta praw podstawowych Unii Europejskiej. Podobnie art. 6 ust. 1 Międzynarodowego Paktu Praw Obywatelskich i Politycznych, otwartego do podpisu w Nowym Jorku dnia 19 grudnia 1966 r.[13], gwarantuje każdej istocie ludzkiej przyrodzone prawo do życia, wyznaczając uniwersalny międzynarodowy standard ochrony prawa do życia.

Konstytucja nie musi gwarantować życia, ponieważ jest to przyrodzony atrybut człowieka. Życie jest kategorią prawnonaturalną, a nie prawnopozytywną i nie jest nadawane przez państwo. W sferze normatywnej można natomiast oczekiwać od Konstytucji wskazówek pozwalających określić granice początku i końca życia. Brak legalnej definicji „życia" powoduje bowiem trudności w określeniu zakresu jego ochrony prawnej.

Z kolei przyznanie człowiekowi w Konstytucji prawa podmiotowego do życia, a więc traktowanie życia w kategorii prawa pozytywnego, rodzi ryzyko swobodnego dysponowania życiem jako przedmiotem tego prawa. Twierdzenie to nie musi być uzasadnione, jeśli uznamy życie za niezależną od woli człowieka korzyść, która daje mu możliwość obecności i rozwoju w różnych dziedzinach aktywności państwa i społeczeństwa. Koncepcja korzyści nie implikuje możliwości nieskrępowanego dysponowania życiem[14].

Na podstawie analizy przepisów polskiej Konstytucji życie człowieka, niezależne od woli prawodawcy, można zaliczyć do kategorii wolności konstytucyjnych jako wolność osobistą, tożsamą z istnieniem człowieka. W tym znaczeniu życie pozostaje w ścisłym związku z przyrodzoną i niezbywalną godnością ludzką, co znajduje bezpośrednie źródło w art. 30 Konstytucji. Jednocześnie art. 38 Konstytucji nie stanowi o prawie do życia, tylko o życiu w kontekście przedmiotu ochrony prawnej ze strony państwa. Również art. 233 ust. 1 Konstytucji wprowadza zakaz ograniczania przez ustawodawcę w czasie stanu wojennego lub wyjątkowego nie tyle prawa do życia, co wolności uznanej w art. 38 za przedmiot ochrony. W ten sposób Konstytucja traktuje życie jako wolność szczególną, której ochrona powinna być zapewniona na takim poziomie, by człowiek czuł się bezpiecznie, przy czym

---

[12] TK z 7.01.2004 r., OTK ZU 2004, seria A, nr 1, poz. 1.
[13] Dz.U. z 1977 r., nr 38, poz. 167.
[14] Szerzej M. Piechowiak, *Filozofia praw człowieka. Prawa człowieka w świetle ich międzynarodowej ochrony*, Wydawnictwo TN KUL, Lublin 1999, s. 189–193.

poziom ten nie może ulec obniżeniu nawet w szczególnych stanach funkcjonowania państwa[15].

IV. Charakter normatywny i treść art. 38 Konstytucji

Artykuł 38 Konstytucji otwiera katalog konstytucyjnych wolności i praw osobistych, ale jego literalne brzmienie utrudnia konkretyzację wolności czy prawa, które wysławia. Dlatego niektórzy przedstawiciele doktryny uważają, że gwarancja prawnej ochrony życia jest zasadą prawa, którą musi uwzględniać ustawodawca oraz organy stosujące prawo[16]. Jednocześnie art. 38 wykazuje cechy normy programowej, wyznaczając cel działania państwa w postaci zapewnienia prawnej ochrony życia, a pozostawiając głównie ustawodawcy określenie form i środków tej ochrony. W znaczeniu partykularnym, jeśli uznaje się życie za wolność człowieka, to obowiązek jej ochrony prawnej wynika wprost już z art. 31 ust. 1 Konstytucji. Jak się wydaje, art. 38 jest uszczegółowieniem ogólnej zasady ochrony wolności człowieka w tym sensie, że konkretyzuje przedmiot ochrony — życie, wskazuje podmiot ochrony — każdego człowieka oraz adresata obowiązku prawnej ochrony życia — państwo.

Ustawodawca konstytucyjny używa w art. 38 sformułowania „Rzeczpospolita Polska zapewnia […] prawną ochronę życia", co potwierdza normatywny charakter życia jako przedmiotu regulacji prawnej oraz wywołuje określone konsekwencje w sferze normatywnej. Przede wszystkim art. 38 Konstytucji wyraża *explicite* obowiązek zapewnienia przez państwo prawnej ochrony życia. Ma on po pierwsze charakter pozytywny, tzn. państwo ma zapewnić ochronę i tylko taki kierunek działania wynika z Konstytucji, po drugie — charakter ogólny, tzn. państwo ma zapewnić ochronę we wszystkich sytuacjach, gdy dochodzi do zagrożenia życia. W dziedzinie ochrony życia państwo ma pozytywne obowiązki zarówno prawotwórcze, jak i faktyczne, których celem jest minimalizowanie lub eliminowanie wszelkich zagrożeń życia ludzkiego[17]. Obowiązek ochrony prawnej życia mieści się w określonych w art. 5 Konstytucji celach państwa, tj. zapewnienia wolności i praw człowieka i obywatela oraz bezpieczeństwa obywateli. Konstytucja nie wyjaśnia, na czym ochrona prawna życia ma polegać. Sama formuła „ochrona prawna" nawiązuje do podstaw demokratycznego państwa prawnego. Zapewnienie życiu oraz innym wolnościom ochrony prawnej — jak to już zostało wcześniej wspomniane — jest standardem państwa demokratycznego i powinno wynikać z przepisów prawnych, głównie ustawowych, ale także z umów międzynarodowych ratyfikowanych na podstawie zgody

---

[15] Por. M. Zubik, *Ochrona prawna początku życia człowieka w rozwiązaniach międzynarodowych i konstytucyjnych w Europie,* „Przegląd Sejmowy" 2007, nr 3, s. 22.

[16] R. Grabowski, (przyp. 7), s. 220; R. Grabowski, *Norma z artykułu 38 Konstytucji RP z 1997 r. jako konstytucyjna zasada prawna,* „Studia Prawnicze" 2006, z. 2, s. 31–46.

[17] Por. B. Banaszak, *Komentarz do art. 38,* [w:] tegoż, *Konstytucja Rzeczypospolitej Polskiej. Komentarz,* C.H. Beck, Warszawa 2009, nb. 2, s. 213.

ustawowej. Obowiązujące w państwie prawo powinno gwarantować jednostce, że jej wolności i prawa będą przez państwo respektowane i chronione[18].

Inaczej niż w art. 38 Konstytucji ustrojodawca podchodzi do regulacji ochrony prawnej życia prywatnego oraz ochrony zdrowia. Z art. 47 wyraźnie wynika prawo podmiotowe jednostki do ochrony prawnej życia prywatnego, rodzinnego, czci i dobrego imienia oraz do decydowania o swoim życiu osobistym. Z kolei art. 68 konstytuuje prawo każdego do ochrony zdrowia, pozostające w korelacji z określonymi ogólnie obowiązkami państwa.

Jeżeli można doszukiwać się w art. 38 Konstytucji źródła prawa podmiotowego, to nie prawa do życia, ale prawa do ochrony życia w kontekście wyrażonego w nim obowiązku państwa zapewnienia tej ochrony. Prawo podmiotowe do prawnej ochrony życia należy zaliczyć do kategorii praw osobistych z uwagi na miejsce w systematyce rozdziału o wolnościach i prawach jednostki. Przysługuje ono każdemu człowiekowi bez wyjątku i niezależnie od sytuacji, w jakiej się znajduje. Różnicowanie ochrony życia człowieka ze względu na wiek, pozycję społeczną czy jakiekolwiek inne kryteria jest na podstawie art. 38 niedopuszczalne. Człowiek ma więc prawo oczekiwać i domagać się od państwa należytej i efektywnej ochrony, tj. tworzenia korzystnych warunków egzystencji i rozwoju oraz obrony przed nieuprawnioną ingerencją państwa czy innych osób w konstytucyjnie chronioną sferę życia[19].

Trybunał Konstytucyjny w uzasadnieniu wyroku o sygn. K 44/07 skonkretyzował treść art. 38 Konstytucji, zwracając uwagę na jego podwójne znaczenie. Z jednej strony z przepisu tego wynika adresowany do władz publicznych nakaz ochrony życia, z drugiej strony — prawo do prawnej ochrony życia ludzkiego o charakterze podstawowym w tym znaczeniu, że warunkuje ono posiadanie i realizację wszelkich innych wolności lub praw. Ponadto, w ocenie Trybunału konstytucyjną gwarancję prawnej ochrony życia z art. 38 należy odczytywać jako zakaz pozbawiania człowieka życia. W tym kontekście prawna ochrona życia może być odczytywana jako konsekwencja chronionej prawem wolności, za którą należy uznać życie. Trybunał zwracał na to uwagę już we wcześniejszym wyroku z dnia 23 marca 1999 r., sygn. akt K 2/98[20]. Jest to skądinąd daleko idący wniosek, zwłaszcza że poza art. 233 ust. 1 Konstytucja nie zakazuje ograniczania ochrony życia.

Zakaz pozbawiania człowieka życia nie wynika *explicite* z art. 38 Konstytucji. Przepis ten nie jest samoistnym źródłem tego zakazu. Inaczej jest w przypadku art. 2 EKPC, który ustanawia wyraźnie zakaz umyślnego pozbawiania życia oraz wyjątki od tego zakazu. Można więc stwierdzić, że dla ustawodawcy bezpośrednim źródłem zakazu pozbawiania życia jest nie tyle Konstytucja, co EKPC, z uwzględnieniem

---

[18] Por. P. Sarnecki, *Uwagi 7 i 9 do art. 38*, [w:] *Konstytucja Rzeczypospolitej Polskiej. Komentarz*, red. L. Garlicki, t. III, Wydawnictwo Sejmowe, Warszawa 2003, s. 4–5.

[19] P. Sarnecki, *Uwaga 5 do art. 38*, [w:] L. Garlicki, (przyp. 18), s. 3. Por. R. Grabowski, (przyp. 7), s. 177–179.

[20] TK z 23.03.1999 r., OTK ZU 1999, nr 3, poz. 38.

Protokołu nr 6 dotyczącego zniesienia kary śmierci, którego Rzeczpospolita Polska jest stroną. Z drugiej strony, pozajęzykowa wykładnia art. 38, w powiązaniu z zasadą demokratycznego państwa prawnego oraz zasadą ochrony godności ludzkiej, nie wyklucza istnienia konstytucyjnego zakazu pozbawiania życia. Wydaje się natomiast, że zakaz ten znajduje uzasadnienie właśnie jako zakaz umyślnego pozbawiania życia, gdyż nie można wykluczyć sytuacji wyjątkowych, w których naruszenie, a nawet pozbawienie życia będzie usprawiedliwione ochroną innych wartości konstytucyjnych, w tym życia innego człowieka[21].

Bezpośrednią konsekwencją prawną art. 38 Konstytucji jest zobowiązanie władz publicznych do podejmowania działań służących ochronie życia, co potwierdza Trybunał Konstytucyjny w uzasadnieniu wyroku o sygn. K 2/98 oraz wyroku o sygn. K 14/03. Obowiązek zapewnienia prawnej ochrony życia spoczywa głównie na ustawodawcy. Jest on zobowiązany do stanowienia prawa o takiej treści, by możliwa była ochrona i realizacja konstytucyjnej wartości życia w możliwie najszerszym zakresie. Wymaga to przyjęcia przez ustawodawcę w procesie stanowienia prawa dyrektywy interpretacyjnej *in dubio pro vita humana*, która wszelkie możliwe wątpliwości co do ochrony życia ludzkiego nakazuje rozstrzygać na rzecz tej ochrony. Wybór rodzaju, określenie środków i skutecznych mechanizmów ochrony życia pozostaje w sferze politycznego uznania ustawodawcy. Rodzaj ochrony prawnej i jej intensywność zależy nie tylko od przypisywanej życiu wartości, ale od innych czynników związanych z egzystencją człowieka w państwie demokratycznym. Z punktu widzenia chronionego dobra — życia — ochrona ta powinna być należyta. Wiąże się ona z wprowadzeniem ustawowych zakazów, pod groźbą sankcji karnych, działań polegających na umyślnym pozbawieniu życia czy stwarzających zagrożenie życia. Regulacje ustawowe nie mogą przy tym prowadzić do naruszenia norm, zasad lub wartości konstytucyjnych ani przewidywać poziomu ochrony poniżej standardu konstytucyjnego.

Jednocześnie ochrona życia nie może być rozumiana wyłącznie jako ochrona minimum funkcji biologicznych niezbędnych do egzystencji człowieka. Z art. 38 Konstytucji wynika zobowiązanie władz publicznych do podejmowania pozytywnych działań służących ochronie życia. Państwo ma zapewniać ochronę życia poprzez efektywne gwarancje prawidłowego rozwoju oraz normalnej kondycji psychofizycznej na każdym etapie rozwoju człowieka. Prawna ochrona życia mieści się także w obowiązku państwa zapewnienia bezpieczeństwa obywateli (art. 5 Konstytucji), co nabiera znaczenia zwłaszcza w sytuacjach szczególnego zagrożenia państwa i przebywających na jego terenie ludzi, zagrożenia militarnego, terrorystycznego czy też niepokojów społecznych na innym tle. Na te pozytywne aspekty obowiązku wyrażonego w art. 38 Trybunał Konstytucyjny zwracał kilkakrotnie uwagę, m.in.

---

[21] Zob. A. Preisner, *Prawo do ochrony życia i do zachowania naturalnej integralności psychofizycznej człowieka*, [w:] *Wolności i prawa jednostki oraz ich gwarancje w praktyce*, red. L. Wiśniewski, Wydawnictwo Sejmowe, Warszawa 2006, s. 135–146.

w uzasadnieniach wyroków o sygn. K 26/96 oraz o sygn. K 2/98, a także w uzasadnieniu wyroku z dnia 8 października 2002 r., sygn. akt K 36/00[22].

Ustawodawca zrealizował obowiązek zawarty w art. 38 Konstytucji uchwalając m.in. ustawę z dnia 6 czerwca 1997 r. Kodeks karny[23] sankcjonującą przestępstwa przeciwko życiu i zdrowiu (rozdział XIX). W doktrynie oraz orzecznictwie zwraca się uwagę na nieścisłości tych regulacji, wynikające przede wszystkim z braku legalnych definicji takich pojęć, jak „życie", „człowiek", „dziecko poczęte"[24], co w konsekwencji prowadzić może do rozbieżnych interpretacji przez podmioty stosujące prawo i podważenia konstytucyjnego standardu ochrony życia[25]. Z kolei w ustawie z dnia 7 stycznia 1993 r. o planowaniu rodziny, ochronie płodu ludzkiego i warunkach dopuszczalności przerywania ciąży[26] ustawodawca: po pierwsze, gwarantuje ochronę nie życia jako takiego, ale prawa do życia, po drugie, zakres ochrony rozszerza na fazę prenatalną życia ludzkiego, wskazując jednocześnie granice tej ochrony. Wydaje się, że ustawodawca realizuje w tych ustawach obowiązek ochrony życia w zakresie szerszym niż wynika to z literalnego brzmienia art. 38 Konstytucji. Powstaje pytanie o konstytucyjną legitymację ustawodawcy do działania, które w skutkach może prowadzić do sprzeczności systemowych. Jednak wiążącej oceny zgodności tych regulacji z Konstytucją może dokonać tylko Trybunał Konstytucyjny i tylko wtedy, gdy uprawnione podmioty zainicjują kontrolę hierarchiczną prawa.

Z nadrzędności Konstytucji w krajowym porządku prawnym wynika, że żadna regulacja ustawowa nie może prowadzić do warunkowego obowiązywania przepisów konstytucyjnych. Przepisy ustawowe mają służyć realizacji przepisów konstytucyjnych, a to nie oznacza, że ustawodawca ma prawo decydować o tym, czy i w jakim zakresie życie podlega ochronie prawnej. Ustawodawca jest związany konstytucyjnym obowiązkiem ochrony prawnej życia człowieka, który powinien realizować poprzez ustanowienie zakazów lub nakazów gwarantujących życiu nienaruszalność, procedur służących egzekwowaniu tych zakazów lub nakazów, jak również konsekwencji ich nieprzestrzegania. Swoboda ustawodawcy w tym zakresie nie może przekraczać granic wyznaczonych przez system wartości i zasad konstytucyjnych, w szczególności przyrodzonej i niezbywalnej godności ludzkiej. Ma on obowiązek zapewnienia ochrony życia na takim poziomie, by ustanowione przez niego regulacje nie obniżały konstytucyjnego standardu ochrony prawnej życia. Jednocześnie ustawodawca nie może zrezygnować z ochrony życia, ponieważ z Konstytucji wynika dla niego podwójny obowiązek: 1) ochrony prawnej wolności człowieka, za którą uznaje się życie (art. 31 ust. 1) oraz 2) ochrony prawnej życia (art. 38).

---

[22] TK z 8.10.2002 r., OTK ZU 2001, seria A, nr 5, poz. 63.

[23] Dz.U. z 1997 r., nr 88, poz. 553.

[24] Zob. SN z 26.10.2006 r., OSNKW 2006, nr 11, poz. 97; SN z 30.10.2008 r., OSNKW 2008, nr 11, poz. 90.

[25] Por. M. Zubik, (przyp. 15), s. 40–42; A. Zoll, *Opinia w sprawie oceny konstrukcji i skutków prawnych projektu zmiany art. 30 i 38 Konstytucji RP*, [w:] (przyp. 7), s. 103–105.

[26] Dz.U. z 1993 r., nr 17, poz. 78.

Należy dodać, że ustawodawca nie jest jedynym adresatem obowiązku z art. 38 Konstytucji. Przepis ten wiąże również inne organy władzy publicznej, zwłaszcza sądy i Trybunał Konstytucyjny. Wynikająca z niego dyrektywa interpretacyjna *in dubio pro vita humana* dotyczy tak samo procesu stosowania prawa. W ten sposób ustawodawca konstytucyjny pozostawia organom stosującym prawo pewien margines swobody w doprecyzowaniu zakresu i mechanizmów ochrony przewidzianych przepisami prawa[27].

Przechodząc do oceny regulacji art. 38 Konstytucji, należy stwierdzić, że nie różni się ona w sposób zasadniczy od regulacji prawa europejskiego, choć nie formułuje prawa do życia, odnosi się zasadniczo tylko do ochrony prawnej i nie ustanawia wprost zakazu pozbawiania życia, w tym w formach zinstytucjonalizowanych. Konstytucyjna formuła ochrony życia jest bez wątpienia bardzo ogólna i nieścisła, co budzi zastrzeżenia z punktu widzenia pewności prawa.

Po pierwsze, Konstytucja nie precyzuje zakresu czasowego ochrony życia, co wynika z braku prawnej oraz naukowej definicji życia. Z art. 38 nie wynika jasno, czy Konstytucja chroni życie człowieka od momentu poczęcia. Zagwarantowanie człowiekowi ochrony prawnej życia pozostawia wątpliwość, czy jej zakresem objęty jest także zarodek lub płód ludzki.

Po drugie, Konstytucja pozostawia wątpliwość w zakresie prawnie dopuszczalnych ograniczeń ochrony prawnej życia. Nie zawiera ona zakazu ustanawiania ograniczeń, co potwierdza, że prawo do ochrony życia nie ma charakteru absolutnego. Z drugiej strony, Konstytucja nie wskazuje szczególnych warunków dopuszczalności ograniczeń prawnej ochrony życia, co pozwala odwoływać się do ogólnej regulacji art. 31 ust. 3. Konstytucji. Jedynie w art. 233 ust. 1 Konstytucja wprowadza zakaz ograniczania ochrony życia, ale wyłącznie w stanie wojennym i wyjątkowym.

V. Granice ochrony prawnej

Z punktu widzenia gwarancyjnej roli art. 38 Konstytucji, za mankament tej regulacji należy uznać brak jasno sprecyzowanych granic ochrony prawnej życia. Dotyczy to zarówno początkowego, jak i końcowego etapu życia.

Prawna ochrona życia przed urodzeniem człowieka nie znajduje bezpośredniej podstawy w art. 38 Konstytucji. Przepis ten gwarantuje prawną ochronę życia każdemu człowiekowi, jak się wydaje — na podstawie wykładni językowej — już narodzonemu i trudno przyjąć, że wyrażone w nim prawo podmiotowe przysługuje w fazie prenatalnej. Podstaw ochrony konstytucyjnej embrionu lub płodu ludzkiego należy upatrywać we wstępie oraz art. 1, art. 2 i art. 30 Konstytucji, a więc w zasadach konstytucyjnych, które pozwalają uznać życie ludzkie za wartość przyrodzoną i nadrzędną, a w związku z tym za podstawę wszelkiej podmiotowości prawnej, innych wolności i praw jednostki oraz za podstawę trwania i rozwoju państwa[28].

---

[27] Por. P. Sarnecki, *Uwaga 9 do art. 38*, [w:] L. Garlicki, (przyp. 18), s. 5.
[28] Por. P. Sarnecki, *Uwaga 13 do art. 38*, [w:] L. Garlicki, (przyp. 18), s. 7.

Ochrona ta mieści się także w zakresie konstytucyjnych obowiązków państwa: ochrony i opieki nad rodziną, macierzyństwem i rodzicielstwem (art. 18) oraz pomocy matce przed i po urodzeniu dziecka (art. 71). Właśnie na podstawie zasady demokratycznego państwa prawnego i w kontekście konstytucyjnego obowiązku ochrony macierzyństwa i rodziny Trybunał Konstytucyjny, w uzasadnieniu wyroku o sygn. K 26/96, uznał, że ochrona konstytucyjna powinna obejmować życie od momentu powstania, w każdym stadium rozwoju, również w fazie prenatalnej. Z kolei w uzasadnieniu wyroku o sygn. K 14/03 Trybunał za podstawę konstytucyjnej ochrony życia dziecka poczętego przyjął art. 30 i art. 38, podkreślając najwyższą wartość życia i jego nadrzędność względem innych wolności i praw. Z tego względu ochrony życia nie można wartościować i stopniować czy to ze względu na warunki rozwojowe, czy etap rozwoju biologicznego. Bez zapewnienia dostatecznych gwarancji poszanowania życia nie jest możliwe zapewnienie ochrony godności człowieka i dlatego wszelkie wątpliwości dotyczące zakresu ochrony ludzkiego istnienia należy rozstrzygać na korzyść życia[29]. Nie ulega jednak wątpliwości, że rozwój medycyny prenatalnej wymaga, by status embrionu oraz płodu ludzkiego został prawnie dookreślony.

Podstawowym celem propozycji zmian art. 38 oraz art. 30 Konstytucji, zgłaszanych w Sejmie w latach 2006–2007, było zapewnienie człowiekowi ochrony prawnej od momentu poczęcia, z jednoczesnym zastrzeżeniem, że godność ludzka przynależy człowiekowi od chwili poczęcia. Propozycje te wywołały wiele dyskusji w środowiskach naukowych, stały się przedmiotem licznych analiz prawnych. Ostatecznie nie zostały one przyjęte, co może wynikać z kilku względów. Po pierwsze, zagwarantowanie człowiekowi prawnej ochrony życia od chwili poczęcia nie rozstrzyga, czy od tego momentu człowiek jest podmiotem prawa do prawnej ochrony życia. Po drugie, uczynienie człowieka nienarodzonego podmiotem prawnej ochrony życia nie rozwiązuje problemu jego podmiotowości prawnej w zakresie innych praw przynależnych człowiekowi. Po trzecie, określenie momentu początkowego ochrony życia ludzkiego pozwala oczekiwać doprecyzowania jej momentu końcowego, co nie jest proste z uwagi na fakt, że stanowiąca potencjalnie kres życia ludzkiego śmierć nie zawsze ma charakter naturalny. Z kolei dokonanie zmiany art. 30 poprzez wskazanie momentu, od którego człowiekowi przysługuje godność, mogłoby podważyć jej przyrodzony i niezbywalny charakter wskazujący, że godność należy do istoty człowieka[30].

Kontrowersje dotyczące początkowego momentu ochrony życia na podstawie przepisów konstytucyjnych nie wyczerpują tematu związanego z zakreśleniem

---

[29] Por. E. Grzęda, *Prawna ochrona życia w świetle standardów polskich i europejskich*, [w:] *Konstytucja w dobie europejskich wyzwań. Drugi Ogólnopolski Zjazd Kół Naukowych Prawa Konstytucyjnego*, red. M. Zubik, A. Paprocka, R. Puchta, Legislator, Koło Naukowe Prawa Konstytucyjnego WPiA UW, Warszawa 2010, s. 122–126.

[30] Szerzej M. Piechowiak, *Wokół konstytucyjnej ochrony życia. Próba oceny propozycji nowelizacji Konstytucji RP*, „Przegląd Sejmowy" 2010, nr 1, s. 25 i nast.

granic czasowych ludzkiego istnienia i jego ochrony. Powszechnie za końcowy moment ludzkiej egzystencji uznaje się śmierć, która nie musi mieć charakteru ściśle biologicznego i naturalnego, co wiąże się z problemem eutanazji czy stosowania kary śmierci. Jednocześnie rozwój medycyny wręcz wymusza na ustawodawcy wprowadzenie regulacji prawnych, które pozwoliłyby wyznaczyć końcową granicę ochrony życia ludzkiego oraz dobrać właściwe instrumenty ochrony życia w jego końcowej fazie. Jak się natomiast wydaje, obowiązująca regulacja art. 38 Konstytucji wyklucza zarówno dopuszczalność eutanazji, jak i przywrócenie kary śmierci.

Przede wszystkim ani z art. 38, ani z innych przepisów Konstytucji nie wynika dla człowieka prawo do śmierci, a właściwie prawo do decydowania o momencie zakończenia życia, nawet w sytuacji choroby powodującej cierpienia i nierokującej na wyzdrowienie. Trudno zwłaszcza przyjąć, że prawo do godnej czy dobrej śmierci można wyprowadzić z art. 30 Konstytucji. Ustawa zasadnicza nie tylko nie przewiduje wprost takiej możliwości, ale nie wprowadza żadnych ograniczeń, nie zawiera też żadnych wskazówek, które pozwoliłyby odnieść się do problemu prawa do śmierci z punktu widzenia przyrodzonego charakteru życia. Ze swej istoty życie nie jest przedmiotem, którym człowiek może swobodnie dysponować, w tym decydować o czasie i sposobie jego zakończenia. Dodatkowo z Konstytucji wynika wprost nakaz ochrony życia człowieka w każdych warunkach i niezależnie od sytuacji, a więc również życia ludzi nieuleczalnie chorych, w stanie wegetatywnym oraz umierających. Na podstawie art. 38 Konstytucji człowiek ma prawo żądać od państwa działań na rzecz ochrony prawnej życia, a nie działań niweczących istotę życia. Interpretacja przeciwna wypaczałaby sens ochrony prawnej życia[31]. Stąd tyle kontrowersji wokół legalizacji tzw. testamentów życia, w których człowiek mógłby „rozporządzić" swoim życiem, wyrażając wolę nieutrzymywania go przy życiu w stanie wegetatywnym czy zaniechania leczenia w stanie terminalnym[32]. Wydaje się, że problemy interpretacyjne rozwiązałoby wprowadzenie do Konstytucji wyraźnego zakazu eutanazji[33].

W kontekście art. 38 Konstytucji otwarty pozostaje problem dopuszczalności kary śmierci, kwalifikowanej jako umyślne pozbawianie życia w ramach wykonania wyroku sądowego skazującego za przestępstwo. Wydaje się, że obowiązujące przepisy konstytucyjne oraz konstytucyjny system wartości, w którym do naczelnych wartości zalicza się życie i godność ludzką, czynią legalizację kary śmierci niedopuszczalną.

Przede wszystkim Konstytucja nie wyraża *explicite* zakazu kary śmierci. Gwarantując jednak ochronę życia ludzkiego niezależnie od sytuacji, wyklucza wprowadzenie

[31] Por. P. Sarnecki, *Uwaga 12 do art. 38*, [w:] L. Garlicki, (przyp. 18), s. 7; E. Grzęda, (przyp. 29), s. 132–135.

[32] Por. M. Szeroczyńska, *Eutanazja i wspomagane samobójstwo na świecie. Studium prawnoporównawcze*, Wydawnictwo Universitas, Kraków 2004, s. 299 i nast.; R. Citowicz, *Prawnokarne aspekty ochrony życia człowieka a prawo do godnej śmierci*, Wydawnictwo Kodeks, Warszawa 2006, s. 135–136.

[33] Por. L. Bosek, *Opinia: W sprawie projektu nowelizacji art. 30 i art. 38 Konstytucji i zgodności z Konstytucją RP projektu ustawy z dnia 30 marca 2004 r. o świadomym rodzicielstwie*, „Przegląd Sejmowy" 2007, nr 3, s. 145.

do ustawodawstwa zwykłego kary śmierci, jak również innych instytucji zakładających umyślne i celowe pozbawienie człowieka życia przez organy państwa. Wprawdzie ustawa zasadnicza nie wyłącza ingerencji w sferę życia, ale powinno to mieć charakter wyjątkowy i znajdować uzasadnienie w konieczności ochrony innych niż życie wartości konstytucyjnych lub innych wolności i praw jednostki. Ewentualne ograniczenia prawnej ochrony życia powinny być przy tym jak najmniej dotkliwe, gdyż życie w swojej istocie jest wartością nadrzędną. Natomiast wymierzanie i egzekwowanie kary śmierci prowadziłoby do deprecjacji wartości życia, którą państwo ma za zadanie ochraniać. Jeżeli Konstytucja nie wprowadza kary śmierci ani nie określa żadnych warunków uzasadniających prawnokarną reakcję organów państwa nawet względem osób, które swoim zachowaniem wywołują konieczność takiej reakcji, to tym bardziej ustawodawca nie może wprowadzać regulacji dopuszczających pozbawienie człowieka życia. Nie wydaje się również, by samo zagrożenie karą śmierci w przepisach karnych przyniosło skutki na tyle efektywne, aby można było mówić o jego ochronnej funkcji względem życia ludzkiego.

Ponadto, dopuszczalność kary śmierci wykluczają inne niż art. 38 przepisy Konstytucji. Już art. 2 wymaga szczególnej ochrony życia człowieka. Jeśli dodatkowo Konstytucja gwarantuje życiu ludzkiemu ochronę, to ustawodawca nie może tej ochrony zawieszać. Z kolei w art. 30 Konstytucja nakłada na państwo obowiązek poszanowania i ochrony godności człowieka. Nawet najcięższe zbrodnie człowieka nie zwalniają państwa z respektowania jego prawa do ochrony godności i jednocześnie prawa do ochrony życia. Wymierzanie i egzekwowanie kary śmierci pozostaje w sprzeczności także z art. 40 Konstytucji, który zakazuje okrutnego, nieludzkiego i poniżającego traktowania i karania oraz stosowania kar cielesnych. Kara śmierci, nawet nierozpatrywana wprost w kategorii nieludzkiego traktowania, ma charakter nieodwracalny i ostateczny, wiąże się z koniecznością wyrzeczenia się przez człowieka własnej egzystencji i tożsamości. Niewątpliwie należy ona do kar cielesnych. Jednocześnie Konstytucja w art. 41 stanowi, że każdy pozbawiony wolności powinien być traktowany w sposób humanitarny[34].

VI. Ograniczenia prawnej ochrony życia

Problem dopuszczalności ograniczania ochrony prawnej życia ma szczególne znaczenie z uwagi na wartość, jaką przedstawia życie w państwie demokratycznym. Obowiązująca Konstytucja nie traktuje życia ludzkiego w kategorii dobra absolutnego i nienaruszalnego, jak to czyni w przypadku godności (art. 30). Nadaje ona życiu prawnopozytywne znaczenie, traktując je jako przedmiot prawa podmiotowego

---

[34] Szerzej na temat dopuszczalności kary śmierci P. Sarnecki, *Opinia: Dopuszczalność kary śmierci w świetle obowiązujących przepisów konstytucyjnych*, „Przegląd Sejmowy" 2000, nr 3, s. 77–83; M. Granat, *Opinia: Czy w świetle Konstytucji RP z 2 kwietnia 1997 r. byłaby możliwa restytucja kary śmierci bez zmiany Konstytucji?*, „Przegląd Sejmowy" 2000, nr 3, s. 86–90. Por. P. Sarnecki, *Uwagi 10 i 11 do art. 38*, [w:] L. Garlicki, (przyp. 18), s. 6; E. Grzęda, (przyp. 29), s. 127–131.

podlegający ochronie prawnej lub dobro objęte obowiązkiem ochrony ze strony państwa. Nie wydaje się więc, by teza o nienaruszalności przyrodzonej godności człowieka przesądzała o bezwzględnym zakazie ograniczania prawnej ochrony życia, zwłaszcza że art. 38 nie zawiera *explicite* zakazu (bezwzględnego) naruszania życia ludzkiego. Odmienne stanowisko zaprezentował Trybunał Konstytucyjny w uzasadnieniu wyroku z dnia 15 listopada 2000 r., sygn. akt P 12/99[35], stwierdzając, że praw przyrodzonych nawiązujących wprost do istoty godności ludzkiej i wyrażających jej kwintesencję, prawodawca z reguły nie może kwestionować ani ograniczać, jako iż w swojej zasadniczej treści nie są one uzależnione ani od woli prawodawcy, ani od organów stosujących prawo.

W uzasadnieniu wyroku z dnia 10 kwietnia 2002 r., sygn. akt K 26/00[36], Trybunał Konstytucyjny zaznaczył, że ustanawianie ograniczeń jest niedopuszczalne tylko wtedy, gdy Konstytucja wyraźnie uznaje daną wolność lub prawo za nienaruszalne albo gdy niedopuszczalność taka wynika z umów międzynarodowych. Stanowisko to potwierdza również doktryna[37]. Należy na tej podstawie podnieść dwie kwestie. Po pierwsze, Konstytucja nie uznaje życia jako wolności za nienaruszalne, ani prawa do prawnej ochrony życia za absolutne. Po drugie, wiążące Polskę regulacje prawa europejskiego oraz międzynarodowego również nie traktują prawa do życia w kategorii prawa nienaruszalne. W związku z tym nie można wykluczyć dopuszczalności ograniczenia prawnej ochrony życia przy uwzględnieniu art. 31 ust. 3 Konstytucji, tzn. jeżeli byłoby to konieczne dla ochrony innych wartości konstytucyjnych lub wolności i praw innych osób. Brak w art. 38 Konstytucji klauzuli ograniczającej prawną ochronę życia nie oznacza, że w tym przypadku nie znajduje zastosowania kaluzula limitacyjna z art. 31 ust. 3, odnosząca się do całego katalogu konstytucyjnych wolności i praw[38].

Konstytucja w art. 31 ust. 3 określa formalne i materialne przesłanki ograniczeń korzystania z konstytucyjnych wolności i praw. W aspekcie formalnym ustanowienie ograniczeń jest dopuszczalne tylko w ustawie. W aspekcie materialnym Konstytucja wymaga istnienia w państwie demokratycznym konieczności wprowadzenia ograniczenia oraz funkcjonalnego związku ograniczenia z realizacją takich wartości, jak bezpieczeństwo państwa, porządek publiczny, ochrona środowiska, zdrowia i moralności publicznej, wolności i praw innych osób, jak również respektowania zakazu naruszania istoty danej wolności lub prawa[39]. Zatem tylko ustawodawca ma prawo ingerencji w konstytucyjnie chronione dobro życia, tylko on ma prawo

---

35 TK z 15.11.2000 r., OTK ZU 2000, nr 7, poz. 260.

36 TK z 10.04.2002 r., OTK ZU 2002, seria A, nr 2, poz. 18.

37 L. Garlicki, *Uwaga 17 do art. 31*, [w:] tegoż, (przyp. 18), s. 16.

38 Por. M. Piechowiak, *Klauzula limitacyjna a nienaruszalność praw i godności*, „Przegląd Sejmowy" 2009, nr 2, s. 55–77.

39 Zob. TK z 24.03.2003 r., OTK ZU 2003, seria A, nr 3, poz. 22 (P 14/01); TK z 6.03.2007 r., OTK ZU 2007, seria A, nr 3, poz. 23 (SK 54/06). Szerzej L. Garlicki, *Uwagi 19–27 do art. 31*, [w:] tegoż, (przyp. 18), s. 19–28.

decydować o ewentualnych ograniczeniach prawnej ochrony życia. Ustawodawca jest przy tym związany zasadą proporcjonalności, tzn. ograniczenia mogą być ustanawiane tylko w zakresie koniecznym, czyli musi być zachowana równowaga między interesem publicznym, któremu ograniczenie ma służyć, a ochroną wolności lub praw indywidualnych, których ograniczenie dotyka (zakaz nadmiernej ingerencji)[40]. Inaczej ujmując, wprowadzane ustawowo ograniczenia muszą być niezbędne dla ochrony interesu publicznego, z którym dana wolność lub prawo są powiązane, w warunkach państwa demokratycznego, zaś efekty wprowadzonej regulacji muszą pozostawać w odpowiedniej proporcji do ciężarów nakładanych przez nią na jednostkę[41]. Szczególne znaczenie ma także konstytucyjny zakaz naruszania — przez ograniczenia — istoty wolności i praw, tj. elementów podstawowych wolności czy prawa (art. 31 ust. 3 *in fine* Konstytucji). Naruszenie tego rodzaju może polegać albo na zniesieniu danej wolności lub prawa albo na ustanowieniu ograniczeń, które uniemożliwiają w praktyce korzystanie z wolności lub prawa[42]. Konstytucja w sposób szczególny i bezwzględny chroni rdzeń (jądro) każdej wolności lub prawa, który musi pozostawać wolny od ingerencji ustawodawcy nawet wtedy, gdy ograniczenia ustawowe są wprowadzane w celu ochrony najważniejszych wartości[43].

Dopuszczalność ograniczania prawnej ochrony życia Trybunał Konstytucyjny potwierdził wyraźnie w wyrokach o sygn. K 26/96 oraz o sygn. K 44/07. W jego ocenie uznanie życia za wartość konstytucyjną nie przesądza, że w pewnych wyjątkowych sytuacjach ochrona tej wartości może zostać ograniczona lub nawet wyłączona ze względu na konieczność ochrony lub realizacji innych wartości, praw czy wolności konstytucyjnych. W sytuacjach, gdy dochodzi do kolizji dóbr stanowiących wartości konstytucyjne, wolności lub praw konstytucyjnych, ustawodawca powinien mieć możliwość określenia wyjątków, przy zaistnieniu których konieczne może okazać się poświęcenie jednego z kolidujących dóbr. Trybunał wskazał kryteria uzasadniające ograniczenia: po pierwsze — dobro, którego naruszenie ustawodawca legalizuje, musi stanowić wartość konstytucyjną; po drugie — naruszenie dobra musi znajdować usprawiedliwienie na gruncie wartości konstytucyjnych; po trzecie — ustawodawca musi dochować konstytucyjnych kryteriów rozstrzygania kolizji między konstytucyjnie chronionymi dobrami, prawami i wolnościami, przede wszystkim wymogu proporcjonalności. Jeżeli ustawodawca rezygnuje z ochrony określonej wartości konstytucyjnej, czy wręcz legalizuje zachowania naruszające taką wartość, jego działanie musi być usprawiedliwione kolizją dóbr,

---

[40] Por. L. Garlicki, *Polskie prawo konstytucyjne. Zarys wykładu*, Warszawa 2010, s. 101–103; L. Garlicki, *Uwagi 28–31 do art. 31*, [w:] tegoż, (przyp. 18), s. 28–32.

[41] Zob. TK z 26.04.1995 r., OTK ZU 1995, cz. I, poz. 12 (K 11/94); TK z 28.06.2000 r., OTK ZU 2000, nr 5, poz. 142 (K 34/99); TK z 3.06.2008 r., OTK ZU 2008, seria A, nr 5, poz. 77 (K 42/07).

[42] Por. L. Garlicki, (przyp. 40), s. 103–104.

[43] Zob. TK z 12.01.1999 r., OTK ZU 1999, nr 1, poz. 2 (P 2/98); TK z 10.04.2002 r., OTK ZU 2002, seria A, nr 2, poz. 18 (K 26/00), TK z 17.05.2006 r., OTK ZU 2006, seria A, nr 5, poz. 57 (K 33/05). Por. L. Garlicki, *Uwagi 32–34 do art. 31*, [w:] tegoż, (przyp. 18), s. 32–36.

wolności lub praw konstytucyjnych. Ustawodawca nie ma prawa dowolnego i arbitralnego rozstrzygania tego rodzaju kolizji. W przypadku określania zakresu dopuszczalnego naruszenia konstytucyjnie chronionych dóbr, wolności lub praw, musi ważyć ich wartości, a stosowane przez niego kryteria powinny być adekwatne do istoty rozstrzyganej kolizji.

Należy zgodzić się ze stanowiskiem Trybunału Konstytucyjnego zawartym w uzasadnieniu wyroku o sygn. K 44/07, że ograniczenia prawnej ochrony życia wymagają szczególnego podejścia ustawodawcy. Po pierwsze, w przypadku ograniczeń prawnej ochrony życia przesłanka konieczności powinna być interpretowana szczególnie restryktywnie, w kategorii konieczności absolutnej czy bezwzględnej. Ograniczenia te muszą być uzasadnione okolicznościami, których zaistnienie czyni bezwzględnie koniecznym poświęcenie życia na rzecz ochrony innych dóbr stanowiących wartości konstytucyjne albo wolności lub praw konstytucyjnych. Każdy przypadek ograniczenia prawnej ochrony życia ludzkiego musi być traktowany jako środek o charakterze *ultima ratio*. Po drugie, fundamentalny charakter życia w aksjologii konstytucyjnej pozwala przyjąć, że nie każde dobro wskazane w art. 31 ust. 3 Konstytucji może uzasadniać rozwiązania ustawowe godzące w życie. W demokratycznym państwie prawnym, urzeczywistniającym zasady sprawiedliwości społecznej, chroniącym życie oraz niezbywalną godność człowieka, ograniczenie prawnej ochrony życia człowieka w celu ochrony dóbr o niższej randze w hierarchii konstytucyjnych wartości, np. własności i innych praw majątkowych, moralności publicznej, ochrony środowiska czy nawet zdrowia innych ludzi, jest trudne do zaakceptowania. Zatem ograniczenia prawa do prawnej ochrony życia mogą być dopuszczalne tylko w takiej sytuacji, w której nie ma wątpliwości, że prawa tego nie da się pogodzić z analogicznymi prawami innych osób. Jak stwierdził Trybunał Konstytucyjny w uzasadnieniu wyroku o sygn. K 26/96, zgoda ustawodawcy na poświęcenie dobra konstytucyjnego w razie kolizji z innym dobrem, prawem lub wolnością konstytucyjną, nie odbiera mu przymiotu dobra konstytucyjnego podlegającego ochronie.

Problem dopuszczalnych ograniczeń prawnej ochrony życia sprowadza się tym samym do wskazania sposobów rozwiązywania konfliktu dóbr chronionych konstytucyjnie w sytuacjach skrajnych. Z uwagi na konstytucyjny obowiązek ochrony prawnej życia i jego szczególną wartość konstytucyjną, ustawodawca przy określaniu przesłanek legalnego ograniczania prawnej ochrony życia powinien każdorazowo wyważyć, czy naruszenie życia jest w pełni uzasadnione bezwzględną koniecznością bezpośredniego ratowania innych dóbr konstytucyjnych, w tym życia własnego lub cudzego. Ocena wartości tych dóbr zależy od określonego przypadku i okoliczności konkretnej sprawy. Ustawodawca ma szczególnie trudne zadanie przy regulacji takich sytuacji, w których nie da się wykluczyć konieczności poświęcenia życia na rzecz innego życia (np. w obronie przed bezprawną przemocą, atakiem terrorystycznym). Trudność ta wynika z faktu, że dopuszczenie zabijania ludzi nawet w sytuacjach nadzwyczajnych można uznać za zaprzeczenie prawa do prawnej ochrony życia, ponieważ prowadzi do naruszenia jego istoty. Są to jednak sytuacje szczególne, w których jedynym sposobem ochrony życia może być poświęcenie życia innych ludzi, a to również ustawodawca powinien uwzględniać w ramach obowiązku wynikającego z art. 38 Konstytucji. W zakresie kompetencji ustawodawcy pozostaje decyzja, czy wszelkie naruszenia życia penalizować, czy w pewnych przypadkach uzasadniona jest depenalizacja działań ingerujących w życie.

W doktrynie wskazuje się, że np. bezpieczeństwo lub porządek publiczny, rozumiane w kontekście ochrony niepodległości państwa oraz bezpieczeństwa obywateli określonych w art. 5 Konstytucji, mogą usprawiedliwiać ryzykowanie życia przez obywateli, żołnierzy, funkcjonariuszy policji czy straży pożarnej[44].

Ustawodawstwo polskie pozwala wskazać przykłady prawnej dopuszczalności użycia broni przez żołnierzy oraz różnych funkcjonariuszy państwowych, co wiąże się z ryzykiem skutku śmiertelnego, a więc pozbawienia życia. Między innymi ustawa z dnia 21 listopada 1967 r. o powszechnym obowiązku obrony Rzeczypospolitej Polskiej[45] stanowi w art. 3, że Siły Zbrojne, realizując zadania konstytucyjne, w zakresie ochrony niepodległości państwa, niepodzielności jego terytorium oraz zapewnienia bezpieczeństwa i nienaruszalności jego granic, mają prawo stosowania środków przymusu bezpośredniego, użycia broni i innego uzbrojenia, z uwzględnieniem konieczności i celu wykonania tych zadań, w sposób adekwatny do zagrożenia oraz w granicach zasad określonych w wiążących Rzeczpospolitą Polską ratyfikowanych umowach międzynarodowych oraz międzynarodowym prawie zwyczajowym. Innym przykładem regulacji prawnej, która wskazuje prawnie dopuszczalny zakres ograniczenia prawnej ochrony życia jest ustawa z dnia 6 kwietnia 1990 r. o Policji[46]. W art. 17 określa ona warunki dopuszczalności użycia broni palnej przez funkcjonariuszy Policji. Podobną regulację zawiera art. 24 ustawy z dnia 12 października 1990 r. o Straży Granicznej[47].

Z kolei art. 25 oraz art. 26 kodeksu karnego wyłączają odpowiedzialność karną za przestępstwa popełnione odpowiednio w obronie koniecznej (w celu odparcia bezpośredniego bezprawnego zamachu na jakiekolwiek dobro chronione prawem) oraz w stanie wyższej konieczności (w celu uchylenia bezpośredniego niebezpieczeństwa grożącego jakiemukolwiek dobru chronionemu prawem). W przypadku obrony koniecznej wystarczy, by dane dobro podlegało ochronie prawnej, co w przypadku życia jest szczególnie mocno zaakcentowane w samej Konstytucji. W ten sposób obrona konieczna zwalnia od odpowiedzialności za pozbawienie życia. Regulacja dotycząca stanu wyższej konieczności wyraźnie stanowi, że nie stanowi przestępstwa działanie podjęte w celu uchylenia niebezpieczeństwa grożącego chronionemu dobru, jeżeli: 1) niebezpieczeństwa nie można inaczej uniknąć i 2) dobro poświęcone przedstawia wartość niższą od dobra ratowanego (art. 26 ust. 1). Jednocześnie ustawodawca wyłącza spod odpowiedzialności karnej działania podjęte

---

[44] Por. P. Sarnecki, *Uwaga 8 do art. 38*, [w:] L. Garlicki, (przyp. 18), s. 4–5.

[45] T.j. Dz.U. z 2012 r., poz. 461.

[46] T.j. Dz.U. z 2011 r., nr 287, poz. 1687.

[47] T.j. Dz.U. z 2011 r., nr 116, poz. 675.

we wskazanych warunkach wyższej konieczności, gdy dobro poświęcane nie przedstawia wartości wyższej od dobra ratowanego, a więc — jak się wydaje — również wtedy, gdy wartość dóbr jest jednakowa albo są one równorzędne, nawet tożsame, a okoliczności sprawy przesądzają np. poświęcenie życia jednego człowieka na rzecz ratowania życia drugiego człowieka.

Jeżeli natomiast przyjmujemy, że życie podlega ochronie od chwili poczęcia, jeszcze w fazie prenatalnej, to przykładem regulacji dopuszczającej pozbawienie życia jest art. 4a ustawy o planowaniu rodziny, ochronie płodu ludzkiego i warunkach dopuszczalności przerywania ciąży. Zgodnie z tą regulacją przerywanie ciąży jest dopuszczalne wyłącznie przez lekarza i tylko w przypadku, gdy: 1) ciąża stanowi zagrożenie dla życia lub zdrowia kobiety ciężarnej, 2) badania prenatalne lub inne przesłanki medyczne wskazują na duże prawdopodobieństwo ciężkiego i nieodwracalnego upośledzenia płodu albo nieuleczalnej choroby zagrażającej jego życiu, 3) zachodzi uzasadnione podejrzenie, że ciąża powstała w wyniku czynu zabronionego. Życie, zdrowie oraz godność matki, jako wartości podlegające konstytucyjnej ochronie, mogą więc uzasadniać ograniczenie ochrony prawnej życia w fazie prenatalnej. Biorąc pod uwagę dwie pozostałe przesłanki dopuszczalności aborcji, trudno stwierdzić jednoznacznie, czy ustawodawca realizuje konstytucyjny standard ochrony życia[48].

Pozostaje odnieść się do konstytucyjnego zakazu ograniczania ochrony życia w czasie stanu wojennego i wyjątkowego. Zgodnie z art. 233 ust. 1 Konstytucji prawna ochrona życia nie może być ograniczana w ustawach określających zakres ograniczeń wolności i praw człowieka i obywatela w tych dwóch stanach nadzwyczajnych. Zakaz ten nie obowiązuje w czasie stanu klęski żywiołowej, ale też art. 233 ust. 3 Konstytucji nie przewiduje możliwości ograniczania ochrony życia w tym stanie nadzwyczajnym. Ma on na celu zapewnienie szczególnej ochrony życia w sytuacjach zewnętrznego zagrożenia państwa, zagrożenia konstytucyjnego ustroju państwa, bezpieczeństwa obywateli lub porządku publicznego. Należy to rozumieć w ten sposób, że ochrona życia jest jednym z najważniejszych elementów ochrony bezpieczeństwa obywateli w sytuacjach szczególnych zagrożeń państwa. Nie wydaje się natomiast, by w rozumieniu art. 233 Konstytucji życie miało charakter absolutny i nie mogło podlegać ograniczeniom, ale wyłącznie w zakresie określonym w art. 31 ust. 3 Konstytucji[49].

VII. Wnioski końcowe

Przeprowadzona analiza przepisów konstytucyjnych powiązanych ściśle z życiem ludzkim, w szczególności art. 38, prowadzi do kilku poniższych wniosków.

---

[48] Szerzej W. Wróbel, *Konstytucyjne gwarancje ochrony życia a przesłanki dopuszczalności aborcji*, [w:] *Konstytucyjna formuła ochrony życia*, (przyp. 7), s. 29–33.

[49] Por. K. Działocha, *Uwaga 2 do art. 233*, [w:] *Konstytucja Rzeczypospolitej Polskiej. Komentarz*, red. L. Garlicki, t. IV, Wydawnictwo Sejmowe, Warszawa 2005, s. 3.

Po pierwsze, w sferze aksjologii Konstytucji życie należy do wartości nadrzędnych z uwagi na swój przyrodzony charakter i związek z niezbywalną godnością człowieka. Z tych względów życie samo w sobie pozostaje wartością nadrzędną, stanowi istotę czy rdzeń egzystencji człowieka. Życie jest nie tyle źródłem, co warunkiem korzystania z konstytucyjnych wolności i praw. Z kolei jako wolność konstytucyjna życie pozostaje wyrazem przyrodzonej i zasadniczo niezbywalnej cechy człowieka, której ochronę gwarantuje art. 31 ust. 1 Konstytucji. W kontekście aksjologicznym należy chronić życie ze względu na jego istotę i dlatego wszelkie wątpliwości dotyczące zakresu jego ochrony czy to w procesie tworzenia czy stosowania prawa należy rozpatrywać na korzyść życia ludzkiego.

Po drugie, w aspekcie ustrojowym życie człowieka jest centralnym zagadnieniem demokratycznego państwa prawnego. Od człowieka, jego egzystencji i rozwoju zależy trwanie i rozwój państwa jako dobra wspólnego wszystkich obywateli. Życie jest źródłem podmiotowości prawnej człowieka, która daje możliwość korzystania z wolności i praw, a w sposób szczególny realizuje się w demokratycznych formach sprawowania władzy przez obywateli.

Po trzecie, w rozumieniu art. 38 Konstytucji życie stanowi wartość obiektywną, dobro prawne, którego ochrona jest obowiązkiem władz publicznych, przy czym nie jest to ochrona bezwzględna. Ochrona prawna życia musi być dostateczna, a więc działalność ustawodawcy powinna być zracjonalizowana, nie wykluczając dopuszczalności jej ograniczeń w razie bezwzględnej konieczności ochrony innych wartości, wolności lub praw konstytucyjnych.

Po czwarte, wątpliwości dotyczące ochrony początków życia, dopuszczalności eutanazji czy kary śmierci wynikają głównie z bardzo ogólnego i nieścisłego sposobu sformułowania art. 38 Konstytucji. Stawia to przed ustawodawcą bardzo trudne zadanie, by w kwestiach dotyczących ochrony życia nie wykraczać poza konstytucyjny standard ochrony, a z drugiej strony nie stracić z pola widzenia innych norm, zasad i wartości konstytucyjnych. Nie wydaje się, by obowiązująca Konstytucja nie chroniła życia ludzkiego na dostatecznym poziomie, pozwalając ustawodawcy na zbyt daleko idącą swobodę, skoro ochrona życia jest jednym z podstawowych kierunków działania państwa, choćby z punktu widzenia bezpieczeństwa obywateli, a określone w art. 31 ust. 3 Konstytucji przesłanki ograniczeń w zakresie korzystania z wolności lub praw wymagają racjonalnego ważenia wartości konstytucyjnych, wiążąc ustawodawcę zakazem naruszania istoty wolności lub prawa.

Po piąte, regulacja art. 38 Konstytucji jest spójna z europejskimi standardami ochrony życia, choć zakres regulacji może wydawać się węższy z uwagi na wyraźne zaakcentowanie prawnego charakteru ochrony życia. Trudno jednak zawężać konstytucyjny wymóg ochrony prawnej życia tylko do prawotwórczych działań państwa, gdyż ze względu na wagę chronionego dobra od państwa należy oczekiwać efektywnych działań faktycznych, co jednak z punktu widzenia zasady państwa prawnego (art. 2 Konstytucji) oraz zasady legalizmu (art. 7 Konstytucji) wymaga podstaw i legitymacji prawnej. W systemie obowiązującego prawa od Konstytucji krajowej należy wymagać, by zapewniała jednostce co najmniej dostateczny poziom ochrony, którego ustawodawcy obniżać nie wolno. Ustawodawca powinien każdorazowo rozważyć, czy ustanawiane środki ochrony prawnej albo ograniczenia tej ochrony nie pozostają w sprzeczności nie tylko z Konstytucją, ale i ze standardami europejskimi. Gdyby jednak formuła art. 38 nie pozostawiała tylu wątpliwości, z którymi musi sobie radzić ustawodawca, to istniałoby mniejsze ryzyko sprzeczności w systemie prawa Rzeczypospolitej Polskiej.

Po szóste, realizowana na odpowiednim poziomie konstytucyjna gwarancja ochrony prawnej życia może w praktyce przekładać się na jakość życia. Jeśli człowiek ma zapewnioną ochronę życia, to jego działania w sferze społecznej, gospodarczej, a nawet politycznej nie koncentrują się na poszukiwaniu środków ochrony prawnej, ale na rozwoju i podnoszeniu standardu życia. W perspektywie czasu stwarza to szanse realnego rozwoju społeczeństwa demokratycznego.

Anna Chmielarz-Grochal

Legal protection of life under the Polish Constitution of 1997

This article deals with the constitutional protection of life. Human life is the supreme constitutional value as a precious birthright and the foundation of human welfare. Protection of human life is inscribed in the nature of the democratic rule of law, which is based on respect for the individual and his or her most valuable assets. The Polish Constitution in Article 38 expressly imposes on the state the obligation of legal protection of human life, including the taking of positive steps to minimize or eliminate any risks of life. This is therefore the obligation of the legislator and authorities applying the law. In addition, Article 38 forms the basis of a subjective right to the legal protection of human life. Every person has the right to claim protection for his or her life regardless of the situation. This is a minimum guarantee of the democratic rule of law. However, the Constitution does not prohibit the establishment of legal restrictions to the protection of life: it does not treat human life as inviolable and the right to legal protection as an absolute right. Such restrictions are permissible under Article 31, paragraph 3 of the Constitution, but only if the violation or sacrifice of life is absolutely necessary for the protection of other values, freedoms or constitutional rights.

Krzysztof Skotnicki

Prawa wyborcze kobiet i problem kwot (parytetów) płci na listach kandydatów

I. Wprowadzenie

Jest niezaprzeczalnym faktem, że na całym świecie ma miejsce zdecydowana dominacja mężczyzn w składach parlamentów czy kolegialnych organów lokalnych, kobiety zaś stanowią wśród nich tylko nieliczną grupę. Kobiety znacznie rzadziej niż mężczyźni pełnią również rolę prezydentów państw (przede wszystkim wówczas, gdy pochodzą oni z wyborów powszechnych), premierów czy ministrów. Dlatego nie dziwi fakt, że już od dłuższego czasu toczą się liczne dyskusje nad wprowadzeniem mechanizmów mających na celu zwiększenie udziału przedstawicielek tej płci w życiu politycznym. Wysuwane jest przypuszczenie, iż wzrost aktywności kobiet w tym obszarze życia społecznego zmieni oblicze polityki, gdyż szerzej niż ma to miejsce obecnie wprowadzą one do niej nową wartość, która w konsekwencji przełoży się na wyższą jakość życia.

Celem opracowania jest prześledzenie procesu uzyskiwania przez kobiety praw wyborczych oraz odniesienie się do idei wprowadzania w prawie wyborczym rozwiązań gwarantujących przedstawicielkom tej płci określoną liczbę miejsc (kwoty, parytet) na listach kandydatów podczas wyborów do kolegialnych organów przedstawicielskich, albo nawet zapewniających im taką liczbę miejsc w tych organach.

II. Przyznanie kobietom czynnego prawa wyborczego

Jeszcze na początku XIX w. prawa wyborcze przysługiwały wyłącznie wąskiemu kręgowi mężczyzn, a wszelkie hasła poszerzenia grona wyborców odnosiły się jedynie do likwidacji ograniczeń udziału w nich przedstawicieli tej płci. Rozwiązanie to wynikało z odmiennego postrzegania roli kobiet i mężczyzn w życiu społecznym i przede wszystkim politycznym. W sposób naturalny przez wieki ukształtował się bowiem podział funkcji i pracy między obie płcie, w którym to sprawy publiczne były zastrzeżone dla mężczyzn, zaś kobietom przypadało pełnienie zadań opiekuńczych w domu i wychowywanie dzieci. Dlatego też historyczne pojmowanie powszechności prawa wyborczego nie obejmowało kobiet i nawet ze względów systemowych wyróżniano jedynie powszechne prawo wyborcze mężczyzn[1].

Walka kobiet o zrównanie ich praw z prawami mężczyzn, w tym zwłaszcza praw wyborczych, rozpoczęła się już na początku XIX w., jednak nasilenie działań nastąpiło dopiero w jego drugiej połowie. To wówczas szczególnie aktywne stały się liczne kobiece organizacje określane mianem ruchów sufrażystek; nazwa ta podkreśla ich dążenie do uzyskania praw wyborczych, gdyż wywodzi się od łacińskiego słowa *suffragium* (głos wyborczy, prawo wyborcze), które jako *suffrage* w kilku językach zachodnioeuropejskich oznacza „głosować", „prawo głosowania"[2]. Opór mężczyzn przed przyznaniem kobietom praw wyborczych był jednak bardzo silny. Przeciwnicy tego rozwiązania akcentowali, że kobiety w swoim działaniu znacznie częściej niż mężczyźni kierują się uczuciami i emocjami, co może politykę uczynić bardziej chwiejną czy popadającą w skrajności. Podnosili również, że dokonując wyboru będą one pod wpływem mężczyzn — mężów czy ojców, a często również duchowych swoich wyznań. Zgłaszano także obawy, że rozbieżności polityczne między członkami rodzin mogą prowadzić do powstawania niepotrzebnych waśni w rodzinach, a jest to miejsce, w którym nie powinno być swarów politycznych[3].

Proces przyznawania kobietom praw wyborczych był bardzo zróżnicowany, rozłożony w czasie i przebiegał odmiennie na poszczególnych kontynentach. Najwcześniej ograniczone prawa wyborcze kobiety uzyskały w niektórych zachodnich stanach Stanów Zjednoczonych, gdzie początkowo mogły uczestniczyć w podejmowaniu decyzji w sprawach finansowych czy szkolnych, a dopiero później również w wyborach lokalnych urzędników. Możliwość uczestniczenia w wyborach parlamentarnych pojawiała się dopiero na końcu. Uzyskanie czynnego prawa wyborczego najczęściej łączyło się jednak również z uzyskaniem biernego prawa wyborczego.

W pierwszej kolejności prawa wyborcze kobiety uzyskały na terenach Ameryki Północnej. W New Jersey miało to miejsce już w 1776 r., jednak kobiety zostały go następnie pozbawione w 1807 r. Dlatego rzeczywistych początków posiadania przez nie praw wyborczych należy doszukiwać się w Wyoming (1869 r.), a następnie w Utah (1870 r.), Waszyngtonie (1883 r.), w Montanie (1887 r.), Colorado (1893 r.) oraz Idaho (1896 r.). Należy jednak pamiętać, że Sąd Najwyższy w stanie Waszyngton uznał w 1887 r. przyznanie kobietom praw wyborczych za rozwiązanie niekonstytucyjne[4]. Wcześnie, bo już w 1893 r. kobiety uzyskały prawa wyborcze w Nowej

---

[1] Zob. B. Vogel, D. Nohlen, R. O. Schultze, *Wahlen in Deutschland*, de Gruyter, Berlin 1971, s. 20.

[2] Zob. np. J. Stanisławski, [w:] *Wielki słownik angielsko-polski*, red. W. Jassem, Państwowe Wydawnictwo „Wiedza Powszechna", Warszawa 1964, s. 904.

[3] Zob. J. Makowski, *Zarys prawa wyborczego*, Warszawa 1918, s. 10.

[4] Zob. A. Żukowski, *Partycypacja wyborcza kobiet — wyzwania i dylematy*, Centrum Studiów Wyborczych, Toruń 2011, s. 19.

Zelandii, co niewątpliwie wpłynęło na przyznanie ich w 1894 r. również kobietom w Południowej Australii (przeciwne były temu jednak wszystkie inne kolonie). W Europie kobiety najwcześniej prawo wyborcze uzyskały w Finlandii w 1906 r. oraz w Norwegii w 1907 r., przy czym należy pamiętać, że w tym drugim kraju początkowo były one obwarowane dodatkowymi wymogami, których nie musieli spełniać mężczyźni (wyższa granica wieku, wykształcenie podstawowe, płacenie podatków o określonej wysokości), co zostało zniesione dopiero w 1910 r. Stosunkowo wcześnie, bo w 1907 r. kobiety uzyskały również prawo głosu w wyborach lokalnych w Anglii, Walii i Szkocji. Natomiast w przypadku udziału kobiet w wyborach do Izby Gmin w latach 1870–1911 aż siedmiokrotnie miała miejsce sytuacja, że po pierwszym czytaniu nie dochodziło do uchwalenia stosownej ustawy i zgodnie z parlamentarną zasadą dyskontynuacji postępowanie należało rozpoczynać ponownie, natomiast w 1912 r., gdy wreszcie doszło do ostatecznego głosowania, projekt ustawy został odrzucony stosunkiem głosów 222 do 208[5].

Polska należy do tych państw europejskich, w których czynne i bierne prawa wyborcze zostały przyznane kobietom stosunkowo wcześnie. Miało to miejsce bezpośrednio po zakończeniu I wojny światowej w dekrecie z dnia 28 listopada 1918 r. o ordynacji wyborczej do Sejmu Ustawodawczego[6]. Problem ten w zasadzie nie budził u nas specjalnych kontrowersji, co wiązało się z postawą kobiet w XIX w. w walce o zachowanie tradycji narodowych i odzyskanie niepodległości[7].

O trudnościach, jakie na początku XX w. napotykało przyznanie praw wyborczych kobietom, najlepiej niech świadczy fakt, że dokonanie stosownej zmiany w Konstytucji Stanów Zjednoczonych było dwukrotnie odrzucane przez Kongres i nastąpiło dopiero w czerwcu 1919 r. w XIX poprawce, ratyfikowanej przez wymaganą kwalifikowaną większość 3/4 stanów dopiero rok później[8].

Przeciwnicy praw wyborczych kobiet podnosili, że doświadczenie pokazuje, iż tam, gdzie dopuszczono kobiety do głosu, nie wykazują one zbytniego zainteresowania tymi wydarzeniami, i to nawet w sprawach szkolnych czy fiskalnych, zaś głównie aktywizują się w walce z alkoholizmem[9]. Zwolennicy wskazywali natomiast, że w państwach, w których to uczyniono, można było zaobserwować, iż pewien naturalny konserwatyzm kobiet sprawiał, że nie ulegały one tak łatwo demagogii, jak i następowało złagodzenie ostrości konfliktów międzypartyjnych[10].

Do końca okresu międzywojennego kobiety nie uzyskały praw wyborczych w wielu państwach. Pewna zmiana, i to głównie pod wpływem rozwiązań przyjmowanych w państwach socjalistycznych, nastąpiła dopiero po II wojnie światowej.

---

5   Zob. A. Esmein, *Prawo konstytucyjne*, Księgarnia F. Hoesicka, Warszawa 1921, s. 277–278.
6   Dziennik Praw Królestwa Polskiego z 1918 r., nr 18, poz. 46.
7   Zob. A. Piłsudska, *Wspomnienia*, Instytut Prasy i Wydawnictw „Novum", Warszawa 1989, s. 248.
8   Zob. J.H. Silbey, A.G. Bogue, W.H. Flaningan (red.), *The history of American electoral behavior*, Princeton University Press, Princeton 1978, s. 203.
9   Zob. A. Esmein, (przyp. 5), s. 277–278.
10   Zob. J. Makowski, (przyp. 3), s. 10.

Już w 1946 r. miało to miejsce w Albanii, Jugosławii, Rumunii oraz na Węgrzech. Na przyznawanie praw wyborczych kobietom duży wpływ miały także fundamentalne, uniwersalne akty prawa międzynarodowego, takie jak: Powszechna Deklaracja Praw Człowieka z 1948 r. (art. 2), czy Międzynarodowy Pakt Praw Politycznych z 1966 r. (art. 3). Pomimo tego nawet w krajach europejskich nie był to proces łatwy, czego najlepszym przykładem jest Szwajcaria, w której na szczeblu federalnym kobietom przyznano prawa wyborcze dopiero w 1971 r. czy Liechtenstein, w którym miało to miejsce dopiero w 1984 r.

Najwięcej problemów z przyznaniem praw wyborczych kobietom było w krajach, w których szczególną rolą w życiu politycznym odgrywa islam. Kraje te wielokrotnie odrzucały projekty regulacji prawnych w tym zakresie[11]. Za ostatnie państwa, w których dopuszczono kobiety do urn wyborczych uznaje się Bahrajn i Kuwejt, gdzie uczyniono to dopiero na początku XXI w., odpowiednio w 2002 r. i 2005 r. Należy również pamiętać, że chociaż w Afganistanie kobiety prawa wyborcze uzyskały już w 1965 r., to jednak zostały one ich pozbawione w czasach rządów Talików (lata 1996–2002), a do przywrócenia doszło dopiero w 2004 r. Praw wyborczych kobiety nie mają obecnie jedynie w kilku państwach, wśród których wymienia się przede wszystkim Arabię Saudyjską, Liban i Brunei[12].

Przez wiele lat ugruntowanie praw wyborczych kobiet miało miejsce poprzez przyjmowanie stosownej regulacji konstytucyjnej. Przykładowo polska Konstytucja z 1921 r.[13] w art. 12 stanowiła, iż prawo wybierania ma każdy obywatel polski bez różnicy płci. Jeszcze wyraźniej normowała to Konstytucja z 1952 r.[14], która nie tylko zawierała taką samą regulację w art. 81, ale dodatkowo ustanawiała w art. 83[15], iż kobiety mają wszystkie prawa wyborcze na równi z mężczyznami. Uchwalanie ustaw antydyskryminacyjnych, jak i ratyfikowanie stosownych umów międzynarodowych sprawiło jednak, że współcześnie w ustawach zasadniczych odchodzi się od takiego specjalnego zabezpieczenia praw wyborczych kobiet, stąd i nie zawiera go Konstytucja z 1997 r., ograniczając się w art. 32 ust. 2 do ustanowienia ogólnego przepisu antydyskryminacyjnego z uwagi na jakąkolwiek przyczynę, jak i ustanowienia w art. 33 zasady równouprawnienia kobiet i mężczyzn.

III. Niewielki udział kobiet w życiu politycznym

Współcześnie posiadanie przez kobiety praw wyborczych nie budzi wątpliwości i jest czymś oczywistym. O wiele istotniejszym problemem jest natomiast ich udział w życiu politycznym. Z jednej strony snute są rozważania, czy i jak ich głos wpływa

---

[11] Zob. I. Gorvin (red.), *Election since 1945. A worldwide reference compendium*, Longman Group UK Limited, [b.m.w.] 1989, s. 23, 200.

[12] Zob. A. Żukowski, (przyp. 4), s. 23.

[13] Dz.U. z 1921 r., nr 44, poz. 267.

[14] Dz.U. z 1952 r., nr 33, poz. 232.

[15] Po nowelizacji (Dz.U. z 1976 r., nr 5, poz. 29) są to odpowiednio art. 95 i 97.

na wyniki wyborów, czy i w jakim stopniu mogą one zadecydować o sukcesie określonej partii politycznej czy konkretnego kandydata. Badania wyborczych zachowań kobiet nie są oczywiście łatwe, tym nie mniej podejmowane są tak przez politologów, jak i przede wszystkim przez socjologów. Ich wyniki sprowadzają się raczej do konkluzji, iz nie można mówić o „głosach płci", nie da się bowiem stwierdzić istotnej różnicy w preferencji wyborczej kobiet i mężczyzn[16]. Czynnik płci nie odgrywa zatem roli podczas wyborów, można nawet zaobserwować tendencję częstszego udziału kobiet w wyborach niż mężczyźni[17]. Kwestie te nie są jednak przedmiotem tego opracowania.

Drugim i znacznie poważniejszym problemem jest natomiast niski udział kobiet wśród kandydatów ubiegających się o mandaty w parlamencie czy organie lokalnym, a jeszcze mniejsza jest liczba wybieranych do nich kobiet. Do kwestii tej przywiązuje się coraz większą uwagę, chociaż podnoszona jest ona już co najmniej od lat 70. XX w.

Po II wojnie światowej w 1945 r. kobiety stanowiły zaledwie 3,0% deputowanych w parlamentach jednoizbowych i izbach pierwszych w parlamentach dwuizbowych oraz 2,2% członków izb drugich. Od tego czasu ich udział w składach parlamentów wzrasta, cały czas jest jednak niski. W 1955 r. wynosił on odpowiednio 7,5% i 7,7%, w 1965 r. — 8,1% i 9,3%, w 1975 r. — 10,9% i 10,5%, w 1985 r. — 12,0% i 12,7%, a w 1995 r. — 11,6% i 9,4%, natomiast w 2005 r. — 16,4% i 15,2%[18]. Według danych Unii Międzyparlamentarnej z 31 października 2013 r. kobiety stanowiły w parlamentach 21,4% ich składu, w tym w parlamentach jednoizbowych i izbach niższych — 21,8%, zaś w izbach drugich — 19,4%[19]. Należy jednak podkreślić znaczne różnice pomiędzy poszczególnymi państwami i to nawet w ramach tego samego kontynentu. Największa liczba deputowanych-kobiet znajduje się w parlamentach państw amerykańskich (w 2005 r. — 20,2%), nieco mniejsza w krajach europejskich (19,0%) i zdecydowanie najmniejsza w krajach arabskich (tylko 7,0%)[20]. Należy jednak pamiętać, że tylko w 19 parlamentach jednoizbowych i izbach pierwszych parlamentów dwuizbowych liczba ta osiągnęła tzw. wielkość krytyczną, tzn. 30%, ale aż w 40% parlamentów wynosi mniej niż 10%, a w 9 parlamentach kobiety nie miały swoich reprezentantek[21]. W Europie najwyższy udział kobiet w składach parlamentów ma miejsce w państwach skandynawskich, w 2012 r. wynosił on 42%, natomiast zdecydowanie mniejszy jest w krajach południowych. Najmniej kobiet zasiada w parlamentach państw azjatyckich — 18,5%, arabskich — 14,9% (w tym w parlamentach jednoizbowych i izbach niższych tylko 6,4%)

---

[16] Szerzej: K. Skotnicki, *Zasada powszechności w prawie wyborczym. Zagadnienia teorii i praktyki*, Wydawnictwo UŁ, Łódź 2000, s. 38–40.

[17] Szerzej: A. Żukowski, (przyp. 4), s. 24–26.

[18] G. Kryszeń, *Standardy prawne wolnych wyborów parlamentarnych*, Temida 2, Białystok 2007, s. 135.

[19] <www.ipu.org/wmn-e/world.htm> [2.02.2014].

[20] Zob. G. Kryszeń, (przyp. 18), s. 136 i nast.

[21] Zob. G. Kryszeń, (przyp. 18), s. 136.

oraz państwach obszaru Pacyfiku — zaledwie 12,7%[22]. W niektórych krajach obserwowany jest nawet spadek liczby kobiet w parlamencie, czego najlepszym przykładem jest Austria; w 1999 r. należała ona do grona 10 państw o najwyższym procentowym udziale kobiet w parlamencie, a w 2010 r. spadła na miejsce 28[23].

IV. Mechanizmy zapewnienia kobietom szansy na zdobycie mandatu w kolegialnych organach przedstawicielskich

Taki stan rzeczy, co jest w pełni zrozumiałe, nie zadawala przede wszystkim kobiet. Bardzo wyraźnie dały one temu wyraz podczas Czwartej Światowej Konferencji w Sprawie Kobiet, która odbyła się w Pekinie w dniach 4–15 września 1995 r. W przyjętej wówczas Deklaracji Pekińskiej oraz Platformie Działania wyrażona została konieczność rozważenia modyfikacji systemów wyborczych w taki sposób, aby istotnie zwiększyć liczbę kobiet pełniących funkcje publiczne i zapewnić im równy udział w sprawowaniu tych funkcji w porównaniu z mężczyznami[24]. Jest to, obok strategii retorycznej (ratyfikowanie stosownych umów międzynarodowych) i polityki wyrównywania szans trzecie kryterium działań mających na celu zwiększenie udziału kobiet w składach parlamentów, określane mianem polityki działań pozytywnych[25]. Polegają one na wprowadzaniu norm prawnych bądź politycznych gwarantujących kobietom podczas wyborów określony udział na listach kandydatów bądź wręcz w składach wybieranych organów kolegialnych.

Mechanizm ten określany jest często mianem „parytetu", co nie jest jednak precyzyjne. Etymologicznie termin ten pochodzi od łacińskiego słowa *paritas*, co oznacza równość. W przyjmowanych rozwiązaniach nie zawsze idzie jednak o podział miejsc między kobietami i mężczyznami w stosunku 50 : 50, często jest to bowiem również inna proporcja, np. minimum 30% dla przedstawicieli każdej z płci. W tym drugim przypadku bardziej właściwe jest posługiwanie się pojęciem kwot. Stąd w pełni poprawnym jest mówienie o kwotach i parytecie.

Na świecie przyjmowane są różne rozwiązania w zakresie kwot i parytetów. Ich podstawa może być zawarta w konstytucjach, ustawach (wyborczych bądź o partiach politycznych), co wydaje się występować najczęściej, bądź przyjmowana dobrowolnie wyłącznie przez partie polityczne[26]. Znacznie istotniejsze jest jednak rozróżnienie dokonywane z uwagi na etap procesu wyborczego. Może to bowiem następować podczas wyłaniania kandydatów, zgłaszania kandydatów bądź wręcz przyznania określonej puli miejsc w wybieranym organie kolegialnym[27].

---

22   Zob. przyp. 19.
23   Zob. V. Haumer, *Problem parytetu płci na listach kandydatów do parlamentu Austrii*, „Przegląd Sejmowy" 2011, nr 1, s. 85.
24   Zob. G. Kryszeń, (przyp. 18), s. 137.
25   Szerzej: G. Kryszeń, (przyp. 18), s. 138.
26   Zob. A. Żukowski, (przyp. 4), s. 36.
27   Zob. G. Kryszeń, (przyp. 18), s. 139.

Wyłanianie kandydatów jest procesem zachodzącym wewnątrz partii politycznych i państwo nie ma możliwości wpływania na niego poprzez stanowione prawo, gdyż byłoby to naruszeniem autonomii tych organizacji. W praktyce w wielu demokratycznych państwach działają jednak ugrupowania, które w swoich wewnętrznych regulacjach wprowadzają mechanizmy pozwalające na znalezienie się kobiet na listach kandydatów[28].

Niewątpliwie najczęściej stosowanym rozwiązaniem jest gwarantowanie kobietom określonej kwoty miejsc na listach kandydatów. Pojawiło się ono na początku lat 90. XX w., a wśród krajów europejskich jako pierwsze uczyniły to Belgia, Francja i Włochy[29]. Przepisy (z reguły ustawowe) nie ustanawiają jednak tej kwoty wprost, ale określają minimalną reprezentację każdej z płci na liście kandydatów, np. w wysokości 30%. Coraz częściej dąży się również do tego, aby kwota ta zbliżała się do parytetu albo aby stosunek kobiet i mężczyzn na liście kandydatów wynosił 50 : 50. W takim przypadku przyjmuje się również zasadę tzw. systemu zamka błyskawicznego (systemu suwaka), polegającą na naprzemiennym umieszczaniu kobiet i mężczyzn na listach kandydatów. Nieprzestrzeganie przez podmiot zgłaszający listę kandydatów ustanowionej zasady skutkuje karami finansowymi bądź nawet odmową rejestracji takiej listy. Należy przy tym pamiętać, że wprowadzenia na listy kandydatów określonej liczby kobiet nie gwarantuje oczywiście zdobycia przez nie takiej samej liczby mandatów, wyborcy zdecydowanie częściej obdarzają bowiem zaufaniem mężczyzn. Dlatego nie zaskakuje zjawisko, iż partie polityczne wolą ponieść kary będące konsekwencją braku wymaganej liczby kobiet na listach kandydatów niż narazić się na ryzyko wyborczej porażki. Bardzo wyraźne było to we Francji w 2002 r. podczas wyborów do Zgromadzenia Narodowego, gdzie kobiety np. na listach Unii na rzecz Ruchu Ludowego stanowiły tylko 19,6% kandydatów, przez co partia ta otrzymała subwencję obniżoną o 15% (tzn. 2 mln euro)[30].

Znacznie rzadziej występującym rozwiązaniem jest zapewnianie kobietom określonej minimalnej liczby miejsc w parlamencie bezpośrednio z mocy prawa. Sytuacja taka występuje w około dwudziestu państwach na świecie (liczba ta stale się zmienia) i jest typowa głównie dla krajów afrykańskich, chociaż ma miejsce również np. w Argentynie. Prawo zapewnia w tych krajach kobietom posiadanie jedynie pewnej liczby (kwoty) mandatów, przy czym nigdy nie jest to parytet. Najwyższy odsetek miejsc kobiety mają zapewniony w pierwszej izbie parlamentu w Argentynie i wynosi on 35%. W praktyce w państwach, w których stosowane jest to rozwiązanie, kobiety najczęściej uzyskują jednak więcej mandatów, gdyż zdobywają je również w rywalizacji z mężczyznami o pozostałe mandaty. Sytuacja taka ma miejsce np. w Rwandzie, w której kobiety mając zagwarantowane 30% miejsc

---

[28] Zob. K. Skotnicki, (przyp. 16), s. 45.

[29] W tym ostatnim państwie Trybunał Konstytucyjny uznał jednak w 1995 r. to rozwiązanie jako niezgodne z Konstytucją; zob. M. Olivetti, *Kwoty wyborcze we włoskim systemie prawnym*, „Przegląd Sejmowy" 2011, nr 1, s. 72–74.

[30] Zob. A. Żukowski, (przyp. 4), s. 49.

w izbie uzyskały odpowiednio 56,3% mandatów w izbie pierwszej i 34,6% mandatów w izbie drugiej[31].

V. Problem kwot i parytetów płci na listach kandydatów w Polsce

1. Początki dyskusji

W Polsce dyskusja na temat udziału kobiet w polityce toczy się już od dawna. Przez wiele lat prowadzona była jednak głównie w socjologicznych i politologicznych środowiskach naukowych oraz w organizacjach kobiecych[32]. Nie przekładała się ona jednak w jakikolwiek sposób na stosowne rozwiązania prawne. Wyraźne żądanie wprowadzenia parytetów płci na listach kandydatów pojawiło się dopiero w 2009 r., a zgłosił je Kongres Kobiet Polskich. Z jego inicjatywy w dniu 28 stycznia 2010 r. powstało Stowarzyszenie Kongres Kobiet, działające na rzecz równego traktowania kobiet i mężczyzn, w tym przede wszystkim dążące do zwiększenia aktywności i udziału kobiet w życiu publicznym, a zwłaszcza politycznym. Na początku 2010 r. Kongres złożył w Sejmie obywatelski projekt ustawy gwarantującej kobietom 50% miejsc na listach kandydatów[33]. Jego oceną zajęła się Komisja Nadzwyczajna do rozpatrzenia niektórych projektów ustaw z zakresu prawa wyborczego. W uzasadnieniu projektu Kongres wskazał na wyrażoną w art. 33 Konstytucji zasadę równości kobiet i mężczyzn. W literaturze przedmiotu odwołanie się do tej zasady zostało skrytykowane, gdyż bardziej zasadne wydawało się wskazanie na art. 32 Konstytucji ustanawiający ogólną zasadę równości i zakazu dyskryminacji[34]. Proponowane w projekcie ustawy rozwiązanie spotkało się ze skrajnymi ocenami, w tym z formułowanym przez konstytucjonalistów zarzutem niekonstytucyjności, o czym piszę szerzej w dalszej części opracowania. W toku dalszych prac w Sejmie uznano, że udział kobiet na listach kandydatów powinien mieć miejsce, parytet zastąpiono jednak kwotą, której wysokość proponowano na 35% dla przedstawicieli każdej płci. Poseł Halina Rozpondek, przedstawiając w Komisji Nadzwyczajnej sprawozdanie z prac podkomisji, zaproponowała ostatecznie nowe brzmienie projektu ustawy, której art. 1 miał stanowić, że liczba kobiet nie może być mniejsza niż 35% liczby wszystkich kandydatów na liście, oraz liczba kandydatów-mężczyzn nie może być mniejsza niż 35% liczby wszystkich kandydatów na liście.

---

[31] Zob. A. Żukowski, (przyp. 4), s. 45.

[32] Zob. K. Skotnicki, (przyp. 16), s. 40.

[33] Druk sejmowy nr 2713.

[34] Zob. M. Chmaj, *Parytet płci w kodeksie wyborczym*, [w:] *Kodeks wyborczy. Wstępna ocena*, red. K. Skotnicki, Wydawnictwo Sejmowe, Warszawa 2011, s. 197–199.

2. Kwoty płci na listach kandydatów w kodeksie wyborczym

Do uchwalenia tej ustawy jednak nie doszło, gdyż w Sejmie równolegle toczyły się prace nad projektem kodeksu wyborczego. Uznano, że proponowane kwoty powinny zostać ustanowione w tym akcie prawnym, co też się stało. Kodeks wyborczy[35] stanowi, że na liście wyborczej liczba kobiet nie może być mniejsza niż 35% liczby wszystkich kandydatów, a liczba mężczyzn nie może być mniejsza niż 35%[36]. Ponadto z uwagi na możliwość zgłaszania w wyborach do rad powiatów listy kandydatów zawierającej tylko 3 kandydatów, w art. 457 § 2 ustanowiono, iż w przypadku zgłoszenia listy zawierającej 3 kandydatów: liczba kobiet oraz liczba mężczyzn nie może być mniejsza niż 1. Ponieważ wskazane przepisy mają zastosowanie również do wyborów do Parlamentu Europejskiego, rad powiatów i sejmików województw oznacza to, że wskazane wymogi nie znajdują zastosowania jedynie w przypadku wyborów do rad gmin w gminach niebędących miastami na prawach powiatu oraz w wyborach do Senatu, które przeprowadzane są w okręgach jednomandatowych.

Po raz pierwszy na podstawie kodeksu wyborczego zostały przeprowadzone wybory do Sejmu i do Senatu w 2011 r. Wówczas też po raz pierwszy na listach kandydatów obowiązywał wskazany wymóg umieszczenia co najmniej 35% przedstawicieli każdej z płci. W praktyce na listach kandydatów zgłoszonych przez partie polityczne kobiety stanowiły ponad 44% wszystkich kandydatów. Najwięcej było ich na listach Ruchu Palikota oraz Sojuszu Lewicy Demokratycznej. Generalnie nie przełożyło się to jednak na ich sukces wyborczy, gdyż zdobyły tylko 110 mandatów, a więc niespełna 23%. W porównaniu z poprzednimi wyborami do Sejmu w 2007 r. oznaczało to nieznaczny wzrost, gdyż wówczas kobiety zdobyły o 16 mandatów mniej. Wynik taki tylko w nieznacznym stopniu tłumaczy fakt, iż kobiety nie dostały dobrych miejsc na listach kandydatów i dowodzi raczej, iż wyborcy niechętnie oddają głos na kobiety. Wynik niezgodny z oczekiwaniami sprawił, że nadal trwa dyskusja na temat zwiększenie liczby kobiet w składzie wybieranych organów przedstawicielskich. Dlatego nie zaskakuje również przedłożony w dniu 10 października 2012 r. w Sejmie przez Klub Poselski Ruch Palikota projekt ustawy[37] o zmianie ustawy z dnia 5 stycznia 2011 r. — Kodeks wyborczy przewidujący zmiany w mechanizmie konstruowania list kandydatów w wyborach do Sejmu oraz w wyborach samorządowych na poziomie rad gmin i rad powiatów, polegający na zastąpieniu dotychczasowego systemu kwotowego zasadą parytetu pod względem płci oraz wprowadzeniu naprzemienności umieszczania kandydatów i kandydatek na listach wyborczych. W moim przekonaniu cały czas zasadna jest jednak dyskusja, czy ustanowienie w kodeksie wyborczym kwot, ewentualnie parytetów, płci na listach kandydatów jest dopuszczalne konstytucyjnie.

---

[35] Ustawa z 5.01.2011 r. — Kodeks wyborczy, Dz.U. z 2011 r., nr 21, poz. 112, ze zm.

[36] W przypadku wyborów do Sejmu art. 211 § 3 a w przypadku wyborów do rad gmin art. 425 § 3 Kodeksu wyborczego.

[37] Druk sejmowy nr 1146.

3. Spór o konstytucyjność kwot (parytetów) płci na listach kandydatów

a. Kwoty (parytety) płci a zasada równości

Zwolennicy tego rozwiązania, jak już podnosiłem, przede wszystkim akcentują konstytucyjną zasadę równości i równości płci, odwołując się do art. 32 i 33 Konstytucji, wskazują na wyrażoną w art. 2 Konstytucji zasadę sprawiedliwości społecznej. W szczególności przywołują też wywód Trybunału Konstytucyjnego[38], który sformułowany był wprawdzie w odniesieniu do postanowień tzw. Małej Konstytucji z 1992 r.[39], ale który zachowuje aktualność również obecnie[40]. Odnosząc się do sprawiedliwości społecznej w związku z uprzywilejowaniami wyrównawczymi dla kobiet na gruncie prawa socjalnego Trybunał Konstytucyjny stwierdził wówczas, iż:

> Ponieważ w rzeczywistości społecznej kobieta zajmuje z reguły pozycję słabszą (co jest m.in. wynikiem szczególnej roli kobiety w zakresie macierzyństwa i wychowania dzieci), istnieje konstytucyjne uzasadnienie dla wprowadzania regulacji nadających kobiecie pewne przywileje w porównaniu z mężczyzną, bo jest to instrument prowadzący do zapewnienia kobiecie rzeczywistego równouprawnienia. Innymi słowy, konstytucyjnie dopuszczalne jest tzw. uprzywilejowanie wyrównawcze, tzn. uprzywilejowanie prawne mające na celu zmniejszenie nierówności faktycznie występujących w życiu społecznym pomiędzy kobietami a mężczyznami. Regulacje ustanawiające tego typu uprzywilejowanie wyrównawcze nie mogą być traktowane jako — zakazane na tle zasady równości — regulacje dyskryminujące czy faworyzujące.

Nie podzielam użycia przywołanej argumentacji dla uzasadnienia (obrony) wprowadzenia kwot (parytetu) na listach kandydatów. Zasada równości oznacza, że wszystkie podmioty prawa charakteryzujące się daną cechą istotną (relewantną) mają być traktowane równo, bez zróżnicowań dyskryminujących i faworyzujących. Nie może być ona jednak traktowana bezwzględnie, stąd dopuszczalne jest ustanawianie dyskryminacji pozytywnej czy też uprzywilejowanie wyrównawcze. Kwoty (parytety) na listach kandydatów tłumaczone są właśnie jako rozwiązanie o charakterze uprzywilejowania wyrównawczego. Nie wydaje się jednak, aby było to jego trafne przywołanie. W literaturze przedmiotu, biorąc pod uwagę orzecznictwo sądowe i praktykę legislacyjną, wskazuje się, iż zagadnienie to inaczej kształtuje się w sferze praw socjalnych, inaczej zaś w innych sferach, zwłaszcza w zakresie wolności i praw o charakterze osobistym i politycznym, gdzie przybiera ona bardziej rygorystyczny charakter[41].

---

[38]   TK z 29.09.1997 r., OTK ZU 1997, nr 3–4, poz. 37, pkt 3, (K 15/97).

[39]   Dz.U. z 1992 r., nr 62, poz. 336.

[40]   Zob. R. Wieruszewski, K. Sękowska-Kozłowska, *Opinia w sprawie wprowadzenia parytetu płci na listach wyborczych*, „Przegląd Sejmowy" 2010, nr 3, s. 144–145.

[41]   Zob. L. Garlicki, *Uwaga 10 do art. 33*, [w:] tegoż, *Konstytucja Rzeczypospolitej Polskiej. Komentarz*, t. III, Wydawnictwo Sejmowe, Warszawa 2003.

Kobiety i mężczyźni mają w Polsce przyznane czynne i bierne prawo wyborcze na równych prawach, nie występują w tym przypadku żadne różnice[42]. Czym innym jest natomiast zagwarantowanie nieuzasadnionego przywileju. Na problem ten wskazał już bardzo wyraźnie Trybunał Konstytucyjny w orzeczeniu[43] dotyczącym równej liczby kandydatów każdej płci w dostępie na studia medyczne. Trybunał uznał takie rozwiązanie za niekonstytucyjne podkreślając, że w następstwie ustalonych limitów przyjęć może powstać sytuacja, że studentka lepiej zdająca niż student za względu na podział limitów z punktu widzenia płci, nie dostanie się na wydział lekarski. Nie podzielam jednak poglądu, zgodnie z którym „limity […] nie miały na celu wyrównywania szans przedstawicielom płci niedoreprezentowanej, w tym przypadku mężczyzn, lecz zmierzały w sposób administracyjny do ograniczenia liczby kobiet w zawodzie lekarza, który to zawód nie był dostatecznie atrakcyjny dla mężczyzn"[44], a tym samym w tym przypadku nie chodziło o wyrównywanie szans. W przypadku kwot (parytetów) płci na listach kandydatów może to oznaczać, że nie znajdą się na nich kandydaci lepsi. Dlatego w literaturze słusznie podnosi się, że „można mieć wątpliwości, czy dążenie do osiągnięcia faktycznej równości stanowiłoby wystarczający argument konstytucyjny dla np. ustawowego wprowadzenia kwot minimalnej obecności kobiet i mężczyzn na listach wyborczych do parlamentu"[45].

b. Kwoty (parytety) płci a zasada wolności działalności partii politycznych

Poddając w wątpliwość konstytucyjność kwot (parytetów) na listach kandydatów chciałbym zwrócić również uwagę, iż postanowienia art. 32 i 33 Konstytucji, na które powołują się zwolennicy tych rozwiązań, zawarte są w Rozdziale II Konstytucji, noszącym tytuł „Wolności, prawa i obowiązki człowieka i obywatela", nie zaś w Rozdziale I pośród zasad naczelnych ustroju państwa. Akcentuję to, gdyż wśród zasad ustroju politycznego zawarta jest zasada pluralizmu politycznego (art. 11), zapewniająca wolność tworzenia i działalności partii politycznych. Partie polityczne cieszą się statusem autonomicznym w ramach prowadzonej działalności, zaś ingerencja „władz publicznych w życie wewnętrzne partii jest dopuszczalna tylko w rażących przypadkach oczywistego i drastycznego naruszenia prawa, jeżeli służy przy tym realizacji jakichś zasad konstytucyjnych lub ustawowych"[46]. Ustanowienie parytetów na listach kandydatów niewątpliwie ogranicza autonomię partii politycznych. Partie są głównymi aktorami na scenie politycznej i odgrywają podstawową rolę podczas każdych wyborów. To one powinny też samodzielnie decydować, którzy

---

[42] Zob. K. Skotnicki, (przyp. 16), s. 35; tenże, *Opinia w sprawie wprowadzenia parytetu płci na listach wyborczych*, „Przegląd Sejmowy" 2010, nr 3, s. 129.

[43] TK z 3.03.1987 r., OTK 1987, nr 1, poz. 2, s. 20–32, (P 2/87).

[44] Zob. R. Wieruszewski, K. Sękowska-Kozłowska, (przyp. 40), s. 145.

[45] Zob. L. Garlicki, (przyp. 41).

[46] Zob. W. Sokolewicz, *Uwaga 6 do art. 11*, [w:] *Konstytucja Rzeczypospolitej Polskiej. Komentarz*, t. V, red. L. Garlicki, Wydawnictwo Sejmowe, Warszawa 2007.

kandydaci są, ich zdaniem, najlepsi z ich punktu widzenia jako osoby najwłaściwsze do reprezentowania ich programów wyborczych oraz mające największe szanse na zdobycie mandatu.

Dlatego też możemy mówić, że w przypadku kwot (parytetów) wyborczych mamy do czynienia z konfliktem dwóch wartości — równości płci i autonomii partii politycznych. W jego rozstrzygnięciu, moim zdaniem, powinno być brane pod uwagę umiejscowienie tych zasad w Konstytucji, które wyraźnie przemawia na rzecz swobody kształtowania podczas wyborów list kandydatów i kolejności umieszczanych na nich osób. Możliwość ograniczania autonomii partii politycznych powinna mieć podstawę w ustawie zasadniczej. W Konstytucji z 1997 r. jej jednak nie odnajduję, a wywodzenie jej z przepisów o równości[47] uważam za nadinterpretację[48].

Kobiety i mężczyźni w równej mierze posiadają w Polsce oba prawa wyborcze: czynne i bierne. W przypadku biernego prawa wyborczego niewątpliwie muszą być brane pod uwagę inne właściwości niż płeć kandydata. Od płci ważniejsze jest posiadane wykształcenie, doświadczenie życiowe i zawodowe, dotychczasowe zaangażowanie w życie publiczne wyrażające się w pracy na rzecz dobra wspólnego, jakim jest Rzeczypospolita Polska (art. 1 Konstytucji) czy zadań publicznych samorządu (art. 16 Konstytucji). Kwota (parytet) wyborczy nie wprowadza równości, lecz bardzo mocno ogranicza, a może nawet całkowicie eliminuje kryteria merytoryczne przy doborze osób na listy kandydatów. Jak słusznie zauważa Piotr Uziębło, kwoty i parytety wyborcze ograniczają przy tym zasadę równości szans wyborczych, „szczególnie tych ugrupowań politycznych, których członkowie z reguły przynależą do jednej płci, gdyż mogłoby się to wiązać z wyeliminowaniem z list kandydatów osób, które legitymowałyby się wyższymi kwalifikacjami czy chociażby byłyby lepiej oceniane z punktu widzenia skuteczności i realizacji ich programu przez gremia partyjne"[49].

c. Kwoty (parytety) płci a zasada wolności wyborów

Fundamentalną zasadą wyborów w demokratycznym państwie jest ich wolność. Chociaż nie jest ona wyrażona wprost w Konstytucji, niewątpliwie można ją wyprowadzić z wielu jej postanowień[50]. Demokratyczny charakter państwa polskiego i wolność wyborów oznaczają swobodę w kształtowaniu list kandydatów. Podzielam pogląd, iż kobiety są zdecydowanie w niewystarczającym stopniu reprezentowane na tych listach, ustanowienie w tym przypadku w prawie wyborczym zasady kwoty (parytetu) budzi jednak wątpliwość. W moim przekonaniu w przypadku jej wprowadzenia zamiast swobodnej selekcji kandydatów będzie mieć miejsce ich

---

[47] Zob. art. 32 i art. 33 Konstytucji.
[48] Zob. K. Skotnicki, (przyp. 42), s. 127–128.
[49] Zob. P. Uziębło, *Zasada równości wyborów parlamentarnych w państwach europejskich i południowoamerykańskich*, LEX a Wolters Kluwer business, Warszawa 2013, s. 351.
[50] Zob. G. Kryszeń, (przyp. 18), *passim*.

dopasowywanie do ustalonego minimum przedstawicieli określonej płci, szczególnie widoczne przy wprowadzeniu zasady suwaka. Jak trafnie zauważa przy tym Andrzej Szmyt, parlament czy organy stanowiące samorządu terytorialnego z istoty swojej nie są reprezentacją „wszystkich segmentów społeczeństwa", w tym w szczególności płci, lecz reprezentacją polityczną społeczeństwa[51]. Jeżeli zmienimy to podejście i wprowadzimy parytety, to naturalnym stanie się problem reprezentacji młodzieży, osób będących na rentach bądź pobierających emeryturę, pracujących i bezrobotnych, przedstawicieli różnych grup zawodowych itd. W konsekwencji zamiast osób przygotowanych do zasiadania w organach przedstawicielskich, na listach kandydatów znajdą się osoby przypadkowe, ale odpowiadające przyjętemu wcześniej kluczowi reprezentacji.

Wskazywałem już, iż doświadczenie płynące z wyborów do Sejmu z jesieni 2011 r. pokazuje, iż zdecydowanemu, w porównaniu z wyborami do Sejmu w 2007 r. czy 2005 r., zwiększeniu liczby kobiet na listach kandydatów, nie towarzyszył znaczący wzrost liczby mandatów uzyskanych przez przedstawicielki tej płci. Argumentacja, iż jest to wynikiem umieszczania ich na dalszych miejscach, nie w pełni jednak przekonuje. Prawdą jest, że tzw. „jedynki" uzyskują mandaty częściej niż osoby z dalszych miejsc. Można jednak wskazać liczne przykłady osób, które umieszczone na listach kandydatów na dalszych miejscach zdobywały mandaty wyprzedzając osoby umieszczone na wyższych pozycjach. Nieodosobnione są też przypadki, gdy kolejność uzyskania mandatów z listy kandydatów różniła się od kolejności umieszczenia na niej kandydatów. Można wreszcie zastanawiać się, czy nie jest przeceniane znaczenie tzw. jedynek na listach kandydatów[52].

Podobnej natury wątpliwości można mieć również odnośnie do proponowanej w projekcie opiniowanej ustawy zasady „suwaka" na liście kandydatów. Autonomia partii politycznych sprawia, iż nie tylko powinny mieć one swobodę wysuwania kandydatów na posłów czy radnych, ale również przekazywania wyborcom czytelnej informacji, które osoby spośród nich widzą w wybieranym organie w pierwszej kolejności. Nie będzie to jednak już miało miejsca w przypadku naprzemiennego umieszczania na liście kandydatów przedstawicieli każdej z płci.

VI. Podsumowanie

Konkludując czynione rozważania chciałbym podnieść, iż problem zwiększenia udziału kobiet w składach wybieranych kolegialnych organów przedstawicielskich, a przez to i szeroko pojmowany wpływ na jakość życia, nie powinien być rozwiązywany za pomocą wątpliwych instrumentów prawnych. W pełni podzielam stanowisko

---

[51] Zob. A. Szmyt, *W sprawie wprowadzenia parytetów na listach wyborczych*, „Przegląd Sejmowy" 2010, nr 3, s. 134.

[52] Zob. M. Rakowski, *„Lokomotywy" czy „odkurzacze"? — O wynikach liderów list wyborczych. Polemika z Wojciechem Peszyńskim*, „Studia Wyborcze" 2012, t. XIII, s. 61–77.

Grzegorza Kryszenia, który — oceniając dokumenty przyjęte podczas Czwartej Światowej Konferencji w sprawie Kobiet w Pekinie w 1995 r. — napisał:

> Podejmowanie kroków o charakterze politycznym i prawnym, wskazanych w Platformie Działania, nie jest w stanie samodzielnie rozwiązać problemu niskiego poziomu uczestnictwa kobiet w parlamentach, a jedynie nieco go złagodzić. Konieczne jest bowiem przede wszystkim zniesienie innego typu barier utrudniających kobietom dostęp do szeroko rozumianej polityki: kulturowych i socjoekonomicznych. Działania polityczne i prawne powinny pełnić rolę wspierającą takie wysiłki. Dopiero wspólnie z nimi mają szanse na osiągnięcie ostatecznego sukcesu[53].

Najtrudniejsze jest przełamanie tradycji, pewnych stereotypów czy przyzwyczajeń. Że jest to szalenie trudne i to nie tylko w Polsce, ale w wielu krajach na świecie, niech dowodzi fakt, iż analiza encyklik papieskich i innych dokumentów kościelnych wskazuje, że Kościół do dziś na pierwszy plan wysuwa rolę kobiety jako matki, „kapłanki domowego ogniska"[54]. I właśnie te względy kulturowe są największą barierą dla dostępu kobiet do polityki. Widoczne na świecie procesy modernizacyjne sprawiają jednak, iż partycypacja kobiet w wyborach wzrasta, zwiększa się również ich udział w składach parlamentów i innych wybieranych kolegialnych organach przedstawicielskich[55].

Poszukując rozwiązań, które bez wątpliwości konstytucyjnych wspierają zwiększenie reprezentacji kobiet w wybieranych organach kolegialnych, należy pamiętać, że sprzyja temu przeprowadzanie wyborów, w których podział mandatów dokonywany jest w oparciu o system proporcjonalny. Bardzo wyraźnie pokazują to wyliczenia dokonane w 2000 r. przez P. Norrisa. W państwach, w których parlamenty jednoizbowe bądź pierwsze izby parlamentów wybierane były systemem większościowym, kobiety stanowiły 8,5% ich składów, w krajach, w których wybory były mieszane reprezentacja ta wynosiła 11,3%, natomiast tam, gdzie repartycja mandatów dokonywana była przy zastosowaniu jednej z metod właściwych dla systemu proporcjonalnego udział kobiet wzrastał do 15,4%[56].

Wszystkie powyższe uwagi skłaniają do wniosku, że w celu uniknięcia wątpliwości odnośnie do konstytucyjności kwot (parytetów) na listach kandydatów, rozwiązaniem zasługującym na uwagę jest dokonanie stosownej nowelizacji Konstytucji. Jak bowiem słusznie podkreśla Bogusław Banaszak, „milczenie ustrojodawcy może być interpretowane jako sprzeciw wobec tego rozwiązania naruszającego równość obywateli"[57].

---

[53] Zob. G. Kryszeń, (przyp. 18), s. 137–138.

[54] Zob. Cz. Strzeszewski, *Katolicka nauka społeczna*, Wydawnictwo KUL, Lublin 1994, s. 452.

[55] Zob. A. Żukowski, *Wybory a reprezentacja polityczna kobiet*, „Studia Wyborcze" 2007, t. III, s. 64–65.

[56] P. Norris, *Electoral Engineering: Voting Rules and Political Behavior*, Cambridge University Press, Cambridge 2004, s. 187, za: G. Kryszeń, (przyp. 17), s. 141.

[57] Zob. A. Szmyt, *Konstytucyjne podstawy prawa wyborczego w świetle „Ankiety konstytucyjnej"*, „Przegląd Prawa Konstytucyjnego" 2011, nr 1, s. 42–43; tak samo: B. Banaszak, *Odpowiedź na „Ankietę konstytucyjną"*, [w:] *Ankieta konstytucyjna*, red. B. Banaszak i J. Zbieranek, Fundacja Instytut Spraw Publicznych,

Mam pełną świadomość tego, iż swoista poprawność polityczna sprawiła, że w kodeksie wyborczym zostały przyjęte kwoty wyborcze, stąd można też domniemywać, że akceptację w Sejmie i w Senacie znajdzie również propozycja wprowadzenia na listach kandydatów parytetów płci i zasady suwaka podczas wyborów do Sejmu, Parlamentu Europejskiego czy też rad gmin w miastach na prawach powiatów, rad powiatów i sejmików województw. Spór odnośnie do konstytucyjności tych rozwiązań może jednak rozstrzygnąć jedynie Trybunał Konstytucyjny, przy czym nie trudno przewidzieć, że niezależnie od treści orzeczenia sformułowane zostaną do niego liczne zdania odrębne, jak i pojawi się wiele krytycznych niż afirmatywnych głos.

Krzysztof Skotnicki

Women's suffrage and the problem of gender parity laws

Women were first granted active and passive voting rights in the late 19th century; the 20th century was a period in which they were granted such rights gradualy in various countries. The last states to introduce voting rights for women were Bahrain and Kuwait. Nowadays, the problem is not women's inability to vote, but rather the low participation of women in public life, including parliaments and other elected bodies. Several attempts have been made to change this situtation, including the introduction of gender parity laws for party candidate lists or simply guaranteeing women a certain number of seats in the elected public governing bodies. Poland is no different in this respect. Gender quotas were implemented by the Election Code and there have been dicussions of the idea of introducing the gender parity. This, however, raises the question of whether such regulations comply with the consitutional principles of equality, autonomy of political parties and free elections.

Warszawa 2011, s. 29; K. Skotnicki, *Odpowiedź na „Ankietę konstytucyjną"*, [w:] *Ankieta konstytucyjna*, red. B. Banaszak i J. Zbieranek, Fundacja Instytut Spraw Publicznych, Warszawa 2011, s. 107.

Krzysztof Mucha

Prawne metody realizacji polityki proekologicznej. Odnawialne źródła energii a jakość życia

I. Wprowadzenie

W ostatnich latach coraz częściej używane jest pojęcie proekologia[1]. Obserwujemy również znaczny wzrost świadomości proekologicznej. Ludzie starają się ograniczać zużycie wody, korzystają z energooszczędnych żarówek, segregują śmieci. Przykładów na działalność człowieka w tym obszarze jest wiele, a każda z podejmowanych inicjatyw pośrednio bądź bezpośrednio wpływa na nasze życie.

Jednak sama polityka proekologiczna oraz świadome jej propagowanie jest niestety następstwem nieodpowiedzialnej działalności człowieka. Skutkami antropopresji są m.in. takie negatywne zjawiska jak globalne ocieplenie czy zubożenie składu gatunkowego ekosystemu. Doprowadzenie do znacznego pogorszenia stanu środowiska i w konsekwencji wystąpienie kryzysu ekologicznego w XX wieku spowodowało, czy wręcz wymusiło, określenie granic oddziaływania na przyrodę. Człowiek został poddany próbie zmierzenia się z negatywnymi skutkami własnej działalności. Stan wystąpienia realnego zagrożenia dla życia na ziemi doprowadził do konieczności zahamowania zjawisk szkodliwych dla środowiska. Podejmowane działania zaczęły przyjmować jednolitą formę. Wyrazem zmian zachodzących

---

[1] Ochrona środowiska w potocznym języku utożsamiana jest z ekologią, ponadto zwolenników ochrony środowiska nierzadko określa się mianem ekologów. Niemniej jednak nie są to tożsame sformułowania, rozbieżności te biorą się z różnic w tłumaczeniu aktów prawa międzynarodowego i Unii Europejskiej. W prawie wspólnotowym nie spotykamy zastępczego zastosowania zwrotu „ekologia" jako równoważnika do „ochrony środowiska". W przypadku Polski oraz innych państw dawnego bloku wschodniego, w tłumaczeniu oraz rodzimych aktach prawnych poszczególnych państw, stosuje się zastępczo powyższe sformułowania. Wynika to najprawdopodobniej z braku w języku polskim i rosyjskim wyraźnego odpowiednika angielskiego słowa *environmental*; zob. J. Jendrośka, M. Bar, *Prawo ochrony środowiska. Podręcznik*, Centrum Prawa Ekologicznego, Wrocław 2005, s. 20.

w świadomości proekologicznej był również rozwój prawodawstwa w tym względzie. Aktualna problematyka związana ze stosowaniem odnawialnych źródeł energii jest również przejawem zmian zachodzących w naszej świadomości proekologicznej, a tym samym w naszym życiu.

Można zatem domniemywać, że prowadzona polityka proekologiczna[2] oraz zmieniający się stosunek człowieka do środowiska, pośrednio wpływa na jakość naszego życia, zwłaszcza że problem jakości życia może być rozpatrywany w różnych kontekstach i przez pryzmat wielu nauk. Jej pierwotne źródło wywodzi się z nauk psychologicznych, na co wskazał prof. Romuald Derbis, twierdząc:

> psychologia, tak jak każda wiedza o człowieku, służy człowiekowi, w tym jakości jego życia. Zasadnicze koncepcje psychologiczne człowieka [...] służą człowiekowi chociażby z uwagi na swoje funkcje opisowe i wyjaśniające. Jednakże czym innym jest pośredniczenie w przyczynianiu się do jakości życia człowieka, co może czynić każda dziedzina nauki, a czym innym stawianie wprost pytania o wyznaczniki, mechanizmy, naturę czy strukturę tej jakości. Pytania, jak leczyć i zapobiegać chorobom krążenia, czy jak pozyskać nowe źródła energii, pośrednio łączą się z jakością życia, ale pytanie wprost, co czyni życie dobrym, sensownym i szczęśliwym zakreśla specyficzne obszary poszukiwań, które dotyczą już jakości życia bezpośrednio[3].

Celem tego opracowania jest analiza dokumentów prawa ochrony środowiska będących przejawem rosnącej świadomości proekologicznej. Analiza aktów prawnych służących realizacji polityki proekologicznej ma za zadanie wskazać, jaki cel postawił sobie prawodawca, na ile omawiane przepisy prawa wprowadzały zmiany w poszczególnych obszarach naszego życia oraz w jaki sposób wpływały na jego jakość[4]. Ponadto uzupełnieniem głównego kierunku badań będzie przedstawienie stosunkowo nowego zjawiska wywodzącego się również z proekologii, czyli pozyskiwania energii z odnawialnych źródeł z uwzględnieniem ich oddziaływania na nasze życie[5].

---

2 W związku z uznawaniem przez polskiego ustawodawcę sformułowań „ochrona środowiska" i „ekologia" za pojęcia tożsame, w pracy również został przyjęty powyższy schemat.

3 R. Derbis, *Dlaczego zajmujemy się jakością życia?*, [w:] tegoż, *Psychologiczne konteksty jakości życia społecznego*, Wydawnictwo AJD, Częstochowa 2010, s. 11.

4 W artykule poddano analizie akty prawne obowiązujące na dzień 1.06.2013 r.

5 Energia z odnawialnych źródeł jest energią uzyskiwaną z sił natury w oparciu o powtarzające się procesy przyrodnicze. Odnawialne źródła energii (OZE) stały się alternatywą dla tradycyjnych nieodnawialnych nośników energii, przede wszystkim kopalin. Ich zasoby uzupełniają się w naturalnych procesach, co w praktyce oznacza, że są niewyczerpalne. W warunkach klimatycznych, którym poddany jest obszar Polski wykorzystuje się energię ze źródeł opartych na promieniowaniu słonecznym (przetwarzanego na ciepło lub energię elektryczną), wiatru, zasobów geotermalnych z wnętrza Ziemi, wodnych, biogazu, biopaliw ciekłych oraz stałej biomasy. Pozyskiwanie energii z tych źródeł w porównaniu do kopalin jest dużo bardziej przyjazne naturalnemu środowisku. Wykorzystywanie odnawialnych źródeł energii w dużym stopniu zmniejsza szkodliwe oddziaływanie energetyki na środowisko, przede wszystkim poprzez ograniczenie emisji gazów cieplarnianych oraz innych szkodliwych substancji. Na podstawie strony internetowej Ministerstwa Gospodarki, <www.mg.gov.pl/Bezpieczenstwo+gospodarcze/Energetyka/Odnawialne+zrodla+energii> [1.01.2013].

II. Prawne metody realizacji polityki proekologicznej

1. Międzynarodowe prawo ochrony środowiska

Pierwsze próby wprowadzenia unormowań dotyczących ochrony środowiska w prawie międzynarodowym pojawiły się w XX wieku, jednak przyjmowały wąski zakres zastosowania[6]. Dopiero w drugiej połowie minionego stulecia, na skutek utrzymujących się zjawisk prowadzących do rozwoju gospodarczego kosztem środowiska naturalnego, podjęto na arenie międzynarodowej dyskusję, której tematem była ochrona środowiska[7].

Przełomowym momentem w walce o środowisko naturalne było zwołanie XXIII Sesji Zgromadzenia Ogólnego Narodów Zjednoczonych w grudniu 1968 r. W toku debaty, zwrócono uwagę na fakt, że po raz pierwszy w historii ludzkości wystąpił kryzys o zasięgu ogólnoświatowym dotyczący stosunku człowieka do jego środowiska naturalnego[8]. W rezolucji końcowej z dnia 3 grudnia 1968 r. zobowiązano Sekretarza Generalnego Narodów Zjednoczonych do przygotowania raportu, który zwróciłby uwagę państwom członkowskim i opinii publicznej na rangę problemów oraz pilną potrzebę ich rozwiązania[9]. Przygotowany przez Sekretarza Generalnego ONZ Sithu U Thanta raport „Człowiek i środowisko" został przedstawiony w maju 1969 r. Zawierał ustalenia co do zadań oraz celów związanych z ochroną środowiska stawianych Organizacji Narodów Zjednoczonych[10].

Następstwem Raportu U Thanta było zorganizowanie w dniach 5–16 czerwca 1972 r. konferencji ONZ w Sztokholmie, w której udział wzięło ponad 100 państw. Zasadniczym efektem prac zgromadzonych przedstawicieli poszczególnych krajów było ogłoszenie tzw. Deklaracji Sztokholmskiej, która zawierała 26 zasad dotyczących ochrony środowiska. Zasady te stały się fundamentem dla nowo tworzonej gałęzi prawa i postulują one przede wszystkim:

— potrzebę podejmowania wspólnych wysiłków wszystkich państw w celu poprawy jakości środowiska,
— odpowiedzialność wszystkich państw za stan środowiska,
— ochronę środowiska jako podstawowy obowiązek wszystkich państw,
— dbałość o środowisko naturalne w interesie przyszłych pokoleń przy jednoczesnym racjonalnym wykorzystywaniu zasobów naturalnych ziemi,
— obowiązek ograniczania emisji zanieczyszczeń,

---

[6] Konwencja o ochronie ptaków pożytecznych dla rolnictwa podpisana w Paryżu w 1902 r., Traktat o ochronie fok podpisany w Waszyngtonie w 1911 r., Konwencja dotycząca regulacji połowów wielorybów podpisana w Genewie w 1931 r.

[7] Por. J. Boć, *Prawno międzynarodowe aspekty ochrony środowiska*, [w:] tegoż, *Ochrona środowiska*, Kolonia Limited, Wrocław 2008, s. 64.

[8] J. Boć, (przyp. 7), s. 64.

[9] Por. Rezolucja ONZ nr 2398 (XXIII) z 3.12.1968 r.

[10] Por. M.M. Kenig-Witkowska, *Międzynarodowe Prawo Środowiska. Wybrane zagadnienia systemowe*, Wolters Kluwer Polska, Warszawa 2011, s. 21.

— swobodne użytkowanie zasobów naturalnych wykorzystywanych bez szkody dla innych państw[11].

Deklaracja Sztokholmska przyczyniła się do ujednolicenia prawa ochrony środowiska na całym świecie. Wskazuje na to fakt, że umowy międzynarodowe wielokrotnie odnosiły się do tego dokumentu, a sądy w swoich orzeczeniach odwoływały się do zasad uchwalonych w Sztokholmie[12].

W tym samym czasie, w roku 1972, opublikowany został raport Klubu Rzymskiego zatytułowany „Granice wzrostu", który zwracał szczególną uwagę na możliwość wyczerpania zasobów środowiska w niedalekiej przyszłości. Zaznaczono w nim potrzebę zahamowania zanieczyszczenia środowiska, argumentując to tym, że utrzymanie opisanego w nim stanu doprowadzi do globalnej katastrofy ekologicznej[13].

Inną formą działalności na rzecz ochrony środowiska podejmowaną przez ONZ było powołanie Światowej Komisji do spraw Środowiska i Rozwoju, zwanej również Komisją Brundlad[14]. W wyniku jej prac przedstawiono w 1987 r. raport „Nasza wspólna przyszłość". Główną konstrukcją, którą wypracowano i na której opierał się raport była koncepcja zrównoważonego rozwoju. Koncepcja ta odnosiła się do harmonijnego rozwoju społeczeństwa bez ograniczania szans kolejnych pokoleń do zaspokajania swoich potrzeb[15].

Kolejnym ważnym wydarzeniem związanym z szerzeniem ekologii na świecie było zwołanie w czerwcu 1992 r. drugiej Ogólnoświatowej Konferencji ONZ w Rio de Janeiro pod hasłem „Środowisko i Rozwój". W wyniku prowadzonych prac przyjęto pakiet dokumentów, które wprowadzały nowy ład na arenie międzynarodowej w dziedzinie ekologii. Była to przede wszystkim deklaracja z Rio w sprawie środowiska i rozwoju, która opierała się na Deklaracji Sztokholmskiej i dotyczyła potrzeby ciągłego rozwoju międzynarodowego oraz krajowego prawa ochrony środowiska[16]. Przyjęta została również Agenda 21, nazywana także globalnym programem działania, u której podstaw leżała zasada zrównoważonego rozwoju. Konferencja w Rio de Janeiro przedstawiła rzeczywistą skalę problemu degradacji środowiska przy jednoczesnym wskazaniu kierunków i sposobów jego zwalczania. Dzięki Konferencji upowszechniła się świadomość występowania poważnych problemów związanych z ochroną środowiska oraz konieczności podejmowania zadań zmierzających do ograniczenia zagrożeń dla ekosfery.

Bezpośrednio przed Konferencją w Rio, w maju 1992 r., została sporządzona Ramowa Konwencja Narodów Zjednoczonych w sprawie zmian klimatu[17]. Odnosiła się ona przede wszystkim do problemu zmian klimatycznych oraz efektu cieplarnianego.

---

[11] Por. A. Lipiński, *Prawne podstawy ochrony środowiska*, Wolters Kluwer Polska, Warszawa 2010, s. 15.

[12] J. Boć, (przyp. 7), s. 66.

[13] J. Jendrośka, M. Bar, (przyp. 1), s. 57.

[14] Nazwa pochodzi od nazwiska przewodniczącej Komisji, premier Norwegii, Gro Harlem Brundland.

[15] J. Jendrośka, M. Bar, (przyp. 1), s. 56.

[16] A. Lipiński, (przyp. 11), s. 16.

[17] Ramowa konwencja Narodów Zjednoczonych w sprawie zmian klimatu, sporządzona w Nowym Jorku dnia 9.05.1992 r., Dz.U. z 1996 r., nr 53, poz. 238.

Kontynuacją prac związanych z ograniczaniem gazów cieplarnianych było wypracowanie kompromisu w Protokole z Kioto przyjętym w dniu 11 grudnia 1997 r.[18] Na drodze do wejścia w życie dokumentu stanął wymóg ratyfikowania go przez 55 państw. Formalne warunki zostały spełnione dopiero w dniu 18 listopada 2004 r. po przystąpieniu Rosji. Protokół zakładał ograniczenie emisji dwutlenku węgla w atmosferze o 5% do 2020 roku w stosunku do poziomu z 1990 roku[19].

Innego rodzaju aktywnością pośrednio związaną z działalnością proekologiczną jest podpisana w dniu 25 czerwca 1998 r. przez ministrów ochrony środowiska w Aarhus Konwencja o dostępie do informacji, udziale społeczeństwa w podejmowaniu decyzji oraz dostępie do sprawiedliwości w sprawach dotyczących środowiska[20]. Konwencja dotyczy przede wszystkim roli społeczeństwa w procesie poprawy jakości środowiska, a nie samych sposobów ograniczenia zanieczyszczenia środowiska, jak było to w przypadku wcześniejszych dokumentów[21]. Należy zaznaczyć, iż obecnie wyznacza ona najwyższy standard udziału społecznego w ochronie środowiska w prawie międzynarodowym.

Ostatnim wydarzeniem, o którym należy wspomnieć była zorganizowana w 2002 r. Konferencja ONZ w Johannesburgu, określana również jako „Szczyt Ziemi" lub „Rio+10". Celem konferencji miało być podsumowanie dotychczasowych osiągnięć związanych z ochroną środowiska w skali globalnej. Jednakże prace konferencji w głównej mierze skoncentrowały się na kwestiach związanych z ubóstwem na świecie oraz problemach, z którymi borykały się kraje rozwijające się. Wynikiem prac konferencji była Deklaracja Johannesburska w sprawie zrównoważonego rozwoju[22].

2. Europejskie prawo ochrony środowiska

a. Prawo ochrony środowiska w Unii Europejskiej

Zagadnienie polityki proekologicznej w ramach działań Wspólnot Europejskich nie było traktowane jako działanie priorytetowe[23]. W początkowej fazie prawo ochrony środowiska było tematem pobocznym, a nawet wręcz marginalnym. Tworzenie się europejskiego prawa ochrony środowiska było procesem długotrwałym, co wynikało z różnic interesów poszczególnych państw członkowskich. Również kwestie położenia geograficznego, warunki klimatyczne oraz przyrodnicze państw powodowały,

---

[18] Ustawa z 26.07.2002 r. o ratyfikacji Protokołu z Kioto do Ramowej konwencji Narodów Zjednoczonych w sprawie zmian klimatu, Dz.U. z 2002 r., nr 144, poz. 1207.

[19] Wprowadzenie tak znaczących ograniczeń emisji stało się problematyczne dla wielu państw, nawet tych, które brały czynny udział w bezpośrednich pracach nad protokołem. Przykładem takiego państwa są Stany Zjednoczone, które w efekcie nie przystąpiły do Protokołu. Podobnie było z Kanadą, która wystąpiła z protokołu z dniem 13.12.2011 r.

[20] Dz.U. z 2003 r., nr 78, poz. 706.

[21] J. Jendrośka, M. Bar, (przyp. 1), s. 125.

[22] J. Jendrośka, M. Bar, (przyp. 1), s. 62.

[23] Por. H. Machińska, *Polityka ochrony środowiska*, [w:] *Integracja europejska. Wybrane problemy*, red. D. Mielczarek, A.Z. Nowak, Wydawnictwo Centrum Europejskiego UW, Warszawa 2003, s. 388.

że zaangażowanie poszczególnych krajów w proces ochrony środowiska nie było równomierne[24]. Polityka państw współtworzących Unię Europejską dotyczyła przede wszystkim ujednolicania oraz wzmacniania gospodarki europejskiej w szerokim tego słowa znaczeniu.

Traktat ustanawiający Europejską Wspólnotę Węgla i Stali z 1951 r. nie odnosił się do problematyki ochrony środowiska. Także pozostałe traktaty powołujące Europejską Wspólnotę Energii Atomowej oraz Europejską Wspólnotę Gospodarczą z 1957 r. zaledwie symbolicznie dotykały problematyki dbałości o środowisko i racjonalnego gospodarowania zasobami naturalnymi[25].

Rozwój wspólnotowego prawa ochrony środowiska można podzielić na kilka etapów. Nauka nie jest zgodna co do konkretnego podziału okresów kształtujących prawo ochrony środowiska w Unii Europejskiej[26], jednakże wszyscy jej przedstawiciele wyrażają pogląd, że bezpośredni wpływ na problematykę proekologii w ramach Wspólnoty miały działania prowadzone na arenie międzynarodowej, o których była mowa w pierwszej części pracy. Z historycznego punktu widzenia za pierwszy dokument mający wpływ na politykę proekologiczną Wspólnoty uznaje się Jednolity Akt Europejski[27], który wyraźnie odnosił się do celów Wspólnoty w dziedzinie ochrony środowiska. Jego postanowienia włączyły ochronę środowiska w zakres polityki Wspólnoty. Ponadto traktat ustalił zakres przedmiotowy polityki ochrony środowiska, uzupełniając go o zasady, które do dziś stanowią fundament europejskiej polityki proekologicznej. Ustalenie poszczególnych zasad wskazało kierunki oraz możliwości zapobiegania i ograniczania degradacji środowiska[28].

Tym samym ochrona środowiska zyskała rangę jednego z podstawowych celów i zadań Wspólnoty, posiadającego równocześnie własną i odrębną regulację na gruncie pierwotnego prawa europejskiego[29]. Wyrażona w Traktacie zasada zapobiegania szkodom w środowisku, łączona z zasadą ostrożności (w doktrynie nierzadko traktowanych zamiennie), nakazuje podejmowanie określonych działań na najwcześniejszym etapie powstawania zanieczyszczenia środowiska naturalnego[30]. Inną

---

[24] Por. H. Machińska, *Ochrona środowiska*, [w:] *Prawo Unii Europejskiej. Zagadnienia systemowe. Prawo materialne i polityczne. Omówienie wybranych orzeczeń ETS. Traktat o Unii Europejskiej. Traktat ustanawiający Wspólnotę Europejską*, red. J. Barcz, Wydawnictwo Prawo i Praktyka Gospodarcza, Warszawa 2004, s. 1013.

[25] Por. E. Mazur-Wierzbicka, *Ochrona środowiska, a integracja europejska. Doświadczenia Polskie*, Wydawnictwo Difin, Warszawa 2012, s. 79.

[26] E. Mazur-Wierzbicka przedstawia pięć etapów wspólnotowego prawa ochrony środowiska, przyjętych za: Z. Bukowski, *Prawo ochrony środowiska Unii Europejskiej*, C.H. Beck, Warszawa 2007, s. 12. Odmienny pogląd przedstawia M.M. Kenig-Witkowska, prezentując inną liczbę poszczególnych etapów oraz długość ich trwania: M.M. Kenig-Witkowska, *Prawo środowiska Unii Europejskiej. Zagadnienia systemowe*, LexisNexis, Warszawa 2006, s. 16.

[27] Dz.Urz. WE z 1987 r., nr L 169/1.

[28] M. M. Kenig-Witkowska, (przyp. 10), s. 19.

[29] Por. A. Wasilewski, *Koncepcja zintegrowanej ochrony środowiska w prawie Wspólnoty Europejskiej*, [w:] *Studia z prawa Unii Europejskiej, w piątą rocznicę utworzenia Katedry Prawa Europejskiego Uniwersytetu Jagiellońskiego*, red. S. Biernat, Wydawnictwo UJ, Kraków 2000, s. 511.

[30] M.M. Kenig-Witkowska, (przyp. 10), s. 94.

zasadą zapisaną w Jednolitym Akcie Europejskim jest zasada likwidacji zanieczyszczeń u źródła. Przepis wymaga wskazania jednostki, która spowodowała negatywną ingerencję w środowisko naturalne. Zasada ta statuuje powinność usuwania zanieczyszczenia już na początkowym etapie procesu, a nie po jego zakończeniu[31]. Następną wyrażoną w Traktacie zasadą jest zasada „zanieczyszczający płaci". Unormowanie to określa obowiązek pokrywania kosztów związanych z kontrolą zanieczyszczeń wytwarzanych przez podmioty przyczyniające się do większej degradacji środowiska[32].

Kolejne traktaty będące podstawą dla wspólnej polityki Europy w coraz większym zakresie obejmowały uregulowania dotyczące prawa ochrony środowiska. Najlepszym tego przykładem jest Traktat o Unii Europejskiej podpisany w Maastricht w dniu 7 lutego 1992 r.[33] Zapisy Traktatu wprost odniosły się do polityki proekologicznej. Bezpośrednio w art. 3 zawarto stwierdzenie, że kluczem do realizacji wyznaczonych wcześniej celów jest między innymi realizacja przez państwa członkowskie Unii wspólnej polityki ochrony środowiska. Ponadto cały tytuł XVI Traktatu został poświęcony kwestiom dotyczącym ochrony środowiska naturalnego.

Ważnym krokiem w realizacji polityki proekologicznej w Unii Europejskiej był Traktat Amsterdamski, który wszedł w życie w 1999 r. Wyrażono w nim wprost, że jednym z zadań Wspólnoty będzie przyczynianie się do podwyższania poziomu ochrony środowiska z jednoczesnym zwiększeniem dbałości o środowisko naturalne[34]. Traktat Amsterdamski rozszerzył brzmienie dotychczasowych postanowień dotyczących ochrony środowiska naturalnego. Ponadto zaznaczył, iż polityka na rzecz ochrony środowiska ma opierać się na zasadzie ostrożności oraz na zasadach działania zapobiegawczego. Wszelkie powstałe szkody w pierwszym rzędzie powinny być naprawiane u źródła na podstawie opisanej wcześniej zasady „zanieczyszczający płaci"[35].

Aktualnie bardzo ważną rolę w polityce proekologicznej odgrywa Traktat z Lizbony zmieniający Traktat o Unii Europejskiej i Traktat ustanawiający Wspólnotę Europejską[36] podpisany w 2007 r., a obowiązujący w polskim systemie prawnym od dnia 2 grudnia 2009 r. Traktat ustanawiający Wspólnotę Europejską, oprócz odniesień dotyczących ochrony przyrody, wskazania celów polityki proekologicznej całej Unii, przedstawienia zasad polityki proekologicznej, w bardzo wyraźny sposób wzywa w art. 191 do promowania na płaszczyźnie międzynarodowej środków

---

[31] J. Jendrośka, M. Bar, (przyp. 1), s. 266.

[32] W literaturze przedmiotu nierzadkie jest stosowanie skrótu PPP pochodzącego od pierwszych liter angielskiego terminu *Polluter Pays Principle* (zanieczyszczający płaci).

[33] Traktat o Unii Europejskiej, Maastricht dnia 7.02.1992 r., Dz.U. z 2004 r., nr 90, poz. 864/30, Dz.Urz. WE z 1992 r., nr C 191/01.

[34] Traktat Amsterdamski zmieniający Traktat o Unii Europejskiej, Amsterdam dnia 2.10.1997 r., Dz.U. z 2004 r., Nr 90, poz. 864/31, Dz.Urz. WE z 1997 r., nr C 340/02.

[35] Art. 174 ust. 2, Tytuł XIX Traktatu Amsterdamskiego, (przyp. 34).

[36] Traktat z Lizbony zmieniający Traktat o Unii Europejskiej i Traktat ustanawiający Wspólnotę Europejską, Lizbona dnia 13.12.2007 r., Dz.U. z 2009 r. nr 203, poz. 1569, Dz.Urz. UE z 2007 r., nr C 306/01.

zmierzających do rozwiązywania regionalnych lub światowych problemów środowiska naturalnego, w szczególności zwalczania zmian klimatu. Zapis w Traktacie Wspólnotowym dotyczący zapobiegania zmianom klimatycznym jest wyraźnym sygnałem, że działania proekologiczne należą do jednych z ważniejszych elementów składających się na całość polityki wspólnotowej. Znamiennym jest fakt umieszczenia w traktacie bezpośrednio po przepisach dotyczących środowiska naturalnego tytułu XXI odnoszącego się do polityki energetycznej Wspólnoty. Jest to skutkiem narastających problemów dotyczących potrzeb energetycznych całej Europy oraz związanych z tym przykrych konsekwencji dla środowiska naturalnego. Obecnie większość energii w Unii wytwarzana jest metodami konwencjonalnymi lub też w elektrowniach jądrowych. W rezultacie przyczynia się to do znacznego obciążenia środowiska. Głównym zagrożeniem dla klimatu jest dwutlenek węgla. Sektor energetyczny jest źródłem 80% gazów cieplarnianych wytwarzanych w Unii Europejskiej trafiających do atmosfery[37]. Państwa Wspólnoty w planach dotyczących ochrony środowiska dążą do znacznego ograniczenia zanieczyszczeń, również tych pochodzących bezpośrednio z przemysłu energetycznego. Jednym z rozwiązań tego problemu staje się promocja odnawialnych źródeł energii. Tytuł XXI Traktatu odnosi się więc wprost do tego zagadnienia poprzez wyrażenie potrzeby wsparcia efektywności energetycznej i oszczędzania energii, jak również rozwoju nowych i odnawialnych form energii. Zagadnienie odnawialnych źródeł energii oraz ich wpływu na środowisko naturalne, szerzej zostanie omówione w dalszej części pracy.

Wracając do aktów prawnych Unii Europejskiej zajmujących się ochroną środowiska, należy stwierdzić, iż konsekwencją uwzględnienia polityki proekologicznej w traktatach było uchwalenie wielu umów, rozporządzeń, dyrektyw oraz planów. Obecnie obowiązuje 822 różnych aktów prawnych dotyczących ochrony środowiska[38].

Omawiając zagadnienie prawnych metod realizacji polityki proekologicznej w kontekście odnawialnych źródeł energii oraz ich wpływu na jakość życia należy podkreślić szczególne miejsce pakietu klimatyczno-energetycznego wśród unormowań Unii Europejskiej. Unia Europejska w grudniu 2008 r. przyjęła na siebie zobowiązanie dostosowania swojego sytemu do celów zawartych w Protokole z Kioto. Pakiet klimatyczno-energetyczny opiera się na zasadzie „3×20%" zalecającej wprowadzenie do 2020 r. następujących zmian:

— ograniczenia emisji gazów cieplarnianych do atmosfery o 20% w stosunku do roku 1990,

— zwiększenia udziału w rynku energetyki odnawialnej o 20%,

— ograniczenie zużycia energii w Unii Europejskiej o 20 %.

---

[37] Por. R. Zacharczuk, *Polityka energetyczna Unii Europejskiej w zakresie przeciwdziałania zmianom klimatu*, [w:] *Dekada harmonizacji w prawie ochrony środowiska*, red. M. Rudnicki, A. Haładyj, K. Sobieraj, Wydawnictwo KUL, Lublin 2011, s. 365.

[38] <www.eur-lex.europa.eu/pl/legis/latest/chap1510.htm> [01.01.2013].

W zakres unormowań pakietu wchodzą między innymi: dyrektywa nr 2009/28/WE Parlamentu Europejskiego i Rady z dnia 23 kwietnia 2009 r. w sprawie promowania stosowania energii ze źródeł odnawialnych[39], dyrektywa nr 2009/29/WE Parlamentu Europejskiego i Rady z dnia 23 kwietnia 2009 dotycząca rozszerzenia wspólnotowego systemu handlu uprawnieniami do emisji gazów cieplarnianych[40] oraz dyrektywa nr 2009/31/WE Parlamentu Europejskiego i Rady z dnia 23 kwietnia 2009 r. w sprawie geologicznego składowania dwutlenku węgla[41].

b. Europejskie programy na rzecz ochrony środowiska

Równolegle do aktów prawnych organy Unii Europejskiej opracowywały ramowe programy na rzecz ochrony środowiska mające służyć wspomaganiu realizacji założonych celów. Programy ramowe, o ile same nie są traktowane jako formalnie wiążące akty normatywne, przyczyniają się do tworzenia prawa wymaganego do realizacji założonych celów. Ponadto na podstawie określonych kierunków oraz priorytetów wspólnotowej polityki ochrony środowiska stają się podstawą do realizacji programów o zasięgu regionalnym, krajowym czy też lokalnym[42].

Zwyczaj przygotowywania programów ramowych na rzecz środowiska został zapoczątkowany w 1972 r. i był inspirowany Konferencją Sztokholmską. W okresie od 1973 r. do 2012 r. podjęto sześć programów na rzecz środowiska. Analiza postanowień poszczególnych dokumentów uprawnia do postawienia twierdzenia, że widoczna jest w nich ewolucja świadomości zagrożeń, jakie pojawiały się na przestrzeni lat. Obecnie możemy analizować postanowienia szóstego programu na rzecz środowiska[43] „Nasza przyszłość, nasz wybór" obejmującego lata 2002–2012, który kontynuował politykę programu piątego[44]. Program był kompromisem pomiędzy dbałością o środowisko naturalne a planami dotyczącymi rozwoju gospodarczego całej Wspólnoty w oparciu o zasadę zrównoważonego rozwoju. Podstawowe założenia programu odnosiły się do powstrzymania zmian klimatycznych, ochrony przyrody oraz bioróżnorodności, ochrony zdrowia człowieka poprzez odpowiednie zabezpieczenie jego środowiska naturalnego oraz zrównoważonego gospodarowania zasobami naturalnymi.

Obecnie trwają intensywne prace nad siódmym programem dotyczącym poprawy środowiska naturalnego. W zamyśle ma on nawiązywać do poprzedniego dokumentu oraz kontynuować działania w nim zapoczątkowane. Akt ten aktualnie

---

[39] Dz.Urz. UE z 2009 r., nr L 140/16.

[40] Dz.Urz. UE z 2009 r., nr L 140/63.

[41] Dz.Urz. UE z 2009 r., nr L 140/114.

[42] Por. H. Machińska, *Ochrona środowiska*, [w:] *Prawo Unii Europejskiej. Zagadnienia systemowe. Prawo materialne i polityki*, red. J. Barcz, Wydawnictwo Prawo i Polityka Gospodarcza, Warszawa 2006, s. II-687.

[43] Decyzja nr 1600/2002/WE Parlamentu Europejskiego i Rady z dnia 22.07.2002 r. ustanawiająca szósty wspólnotowy program działań w zakresie środowiska naturalnego, Dz.Urz. WE z 2002 r., nr L 242/1.

[44] Por. P. Korzeniowski, *Zasady Prawne Ochrony Środowiska*, Wydawnictwo UŁ, Łódź 2010, s. 320.

jest na etapie konsultacji społecznych, których celem jest zebranie opinii wszystkich zainteresowanych stron, zarówno na szczeblu Unii Europejskiej, jak i krajowym, na temat priorytetów polityki ochrony środowiska do roku 2020[45]. Nowy program zakłada kontynuację polityki zrównoważonego rozwoju, w szczególności doprowadzenie do poprawy stanu gospodarki Unii Europejskiej, przy jednoczesnej dbałości o środowisko naturalne. Polityka proekologiczna powinna się skupić przede wszystkim na gospodarnym wykorzystaniu zasobów naturalnych, zabezpieczeniu biosfery oraz racjonalnej polityce energetycznej prowadzonej bez negatywnych konsekwencji dla środowiska naturalnego.

Przegląd omówionych dokumentów z perspektywy kilkudziesięciu lat uzasadnia twierdzenie, że działania podejmowane przez ustawodawcę europejskiego mają pozytywny wydźwięk i odnoszą zamierzone skutki w całej Unii Europejskiej, a nadto przyczyniły się do ochrony wielu cennych gatunków zwierząt i roślin oraz uzmysłowiły szereg potencjalnych problemów, z którymi będą się musiały zmierzyć przyszłe pokolenia. Zarówno prawo międzynarodowe, jak i prawo Unii Europejskiej miały wpływ na kształt wprowadzanych do polskiego systemu prawnego norm regulujących kwestie proekologiczne[46].

3. Polskie prawo ochrony środowiska

a. Konstytucja Rzeczypospolitej Polskiej

Wcześniejsze normy konstytucyjne, począwszy od Konstytucji PRL z 1952 r., nie odnosiły się do ochrony środowiska. Dopiero Deklaracja Sztokholmska stała się inspiracją do wprowadzenia do polskiego porządku konstytucyjnego prawa obywateli do korzystania z wartości środowiska naturalnego, jak również obowiązku jego ochrony[47]. Konstytucja RP z 1997 r. zawiera ogólne zasady odnoszące się do problematyki ochrony środowiska. Wprowadzenie do Konstytucji norm związanych z ochroną środowiska, wynikało między innymi z przynależności Polski do wielu organizacji międzynarodowych, obowiązywania umów bilateralnych, których Polska jest stroną, oraz ogólnego wzrostu świadomości propagowania polityki proekologicznej. Konstytucja odnosi się w pięciu artykułach do kwestii związanych z ochroną środowiska, chociaż w żadnym nie podaje definicji środowiska naturalnego.

Art. 5 Konstytucji zawiera wcześniej już omówioną zasadę zrównoważonego rozwoju, którą ma się kierować Rzeczpospolita Polska zapewniając ochronę środowiska. Oznacza to, iż Polska, wprowadzając wszelkie zmiany w obszarze gospodarki czy też prawa, ma obowiązek szanowania dobra, jakim jest środowisko

---

[45] <www.ec.europa.eu/environment/consultations/7eap_en.htm> [1.01.2013].

[46] Por. K. Popik-Chorąży, *Traktat ustanawiający Wspólnotę Europejską. Komentarz*, red. A. Wróbel, Wolters Kluwer Polska, Warszawa 2009, s. 1272.

[47] J. Jendrośka, M. Bar, (przyp. 1), s. 28.

naturalne. Obowiązkiem Polski jest budowanie silnego państwa, ale bez szkody dla przyrody, a szerzej dla całego środowiska[48].

Art. 31 Konstytucji, regulujący zagadnienie poszanowania wolności i praw człowieka, w ust. 3 zawiera ograniczenia w zakresie obowiązku poszanowania praw człowieka. Jednym z dóbr szczególnie chronionych jest ochrona środowiska, występująca wraz z bezpieczeństwem i porządkiem publicznym państwa demokratycznego, ochroną zdrowia i moralności publicznej, wolnością i prawami innych osób. Umieszczenie ochrony środowiska na równi z innymi wymienionymi wartościami świadczy o randze tego zagadnienia oraz szczególnie ważnym miejscu w polskim systemie prawnym[49].

W art. 68 Konstytucji, który reguluje prawo do ochrony zdrowia, w ust. 4 ustawodawca wprost nawiązuje do propagowania polityki proekologicznej. Odnosi się do obowiązku państwa polegającego na zapobieganiu negatywnym dla zdrowia skutkom degradacji środowiska[50]. Konstytucyjny obowiązek spoczywający na władzy publicznej, który ma za zadanie zapewnić ochronę środowiska, ma również zagwarantować obywatelom prawo do życia w sprzyjającym środowisku naturalnym, a zatem pośrednio wpływa na poprawę jakości ich życia[51].

Art. 74 Konstytucji wprost poświęcony jest spoczywającemu na organach władzy publicznej obowiązkowi ochrony środowiska, a ponadto udostępniania przez nie informacji o stanie środowiska, propagowania proekologii oraz wspierania wszelkich inicjatyw prowadzących do działań na rzecz ochrony środowiska. Trybunał Konstytucyjny w orzeczeniu z dnia 6 czerwca 2006 r. wypowiedział się na temat zakresu obowiązku zapewnienia przez organy władzy publicznej bezpieczeństwa ekologicznego rozumianego jako „uzyskanie takiego stanu środowiska, który pozwala na bezpieczne przebywanie w tym środowisku i umożliwia korzystanie z tego środowiska w sposób zapewniający rozwój człowieka"[52]. Zgodnie z dominującym w doktrynie i orzecznictwie poglądem działalność państwa związana z ochroną środowiska, nie może się sprowadzać wyłącznie do czynności legislacyjnych. Państwo ma obowiązek podejmowania wszelkich inicjatyw oraz działań na rzecz ograniczania degradacji środowiska. Należy zaznaczyć, iż przepisy zawarte w art. 74 Konstytucji mają charakter przepisów generalnych.

Ostatnim przepisem Konstytucji, który został poddany analizie jest art. 86, nakładający na każdego obywatela obowiązek dbałości o środowisko. Ponieważ podstawowym źródłem zanieczyszczeń środowiska jest działalność człowieka, wszelkie

---

[48] Por. B. Banaszak, *Konstytucja Rzeczypospolitej Polskiej. Komentarz*, Wydawnictwo C.H. Beck, Warszawa 2009, s. 54.

[49] Por. J. Ciapała, *Konstytucyjne wolności działalności gospodarczej w Rzeczypospolitej Polskiej*, Wydawnictwo Wydział Prawa i Administracji US, Szczecin 2009, s. 395.

[50] B. Banaszak, (przyp. 48), s. 335.

[51] Por. B. Rakoczy, *Ograniczenia praw i wolności jednostki ze względu na ochronę środowiska w Konstytucji Rzeczypospolitej Polskiej*, Wydawnictwo Dom Organizatora, Toruń 2006, s. 266.

[52] TK z 6.06.2006 r., OTK-A 2006, nr 6, poz. 62, (K 23/05).

czynności prowadzące do poprawy jego stanu należy rozpocząć od nałożenia na obywateli obowiązku poszanowania środowiska oraz ponoszenia konsekwencji za spowodowanie jego pogorszenia. Omówione przepisy Konstytucji przyjmują środowisko za dobro wspólne, na straży którego stoi władza publiczna[53].

b. Proekologia w ustawach

Chcąc przybliżyć prawne metody realizacji polityki proekologicznej w polskim systemie prawnym, należy po szczegółowej analizie zasad konstytucyjnych, przedstawić ich uszczegółowienie w poszczególnych ustawach sektorowych. Za najważniejszą ustawę dotyczącą proekologii w polskim systemie prawnym należy uznać ustawę Prawo ochrony środowiska[54]. Zawarte w tej ustawie uregulowania, co do zasady w sposób generalny odnoszą się do sektora ochrony środowiska, niemniej zawierają również treści, które należy traktować jako unormowania szczegółowe. J. Jędrośka wyraża pogląd, że „poprzez zachowanie formy swego rodzaju kodeksu prawa ochrony środowiska, wprowadzony wspomnianą ustawą porządek, nadał przepisom dotyczącym ochrony środowiska cechy dojrzałej regulacji prawnej"[55]. Pomimo występowania w hierarchii polskich aktów prawnych równości pomiędzy ustawami, ustawa Prawo ochrony środowiska jest ramowym aktem prawnym, porządkującym całość systemu w omawianej dziedzinie[56].

Uchwalenie ustawy dotyczącej ochrony środowiska w obecnym kształcie związane było z przygotowaniem Polski do przystąpienia do Unii Europejskiej. Polski system prawny wymagał uzupełnienia istniejącej w nim luki w tym ważnym dla wspólnoty sektorze. Należy zaznaczyć, iż polska ustawa w zakresie swojej regulacji dokonała wdrożenia pełnego pakietu dyrektyw Wspólnot Europejskich związanych z ochroną środowiska.

Przedstawiając kolejne ustawy, należy stwierdzić, że część z nich została wyprowadzona z ustawy Prawo ochrony środowiska[57]. Tak między innymi było w przypadku ustawy o udostępnianiu informacji o środowisku i jego ochronie, udziale społeczeństwa w ochronie środowiska oraz o ocenach oddziaływania na środowisko[58]. Ustawa ta kompleksowo normuje problematykę związaną z oceną

---

[53] Por. J. Ciechanowicz-McLean, *Prawo i polityka ochrony środowiska*, Wolters Kluwer Polska, Warszawa 2009, s. 20.

[54] Ustawa z 27.04.2001 r. — Prawo ochrony środowiska, Dz.U. z 2001 r., nr 62, poz. 627.

[55] Por. J. Jendrośka (red.), *Ustawa prawo ochrony środowiska. Komentarz*, Wydawnictwo Centrum Prawa Ekologicznego, Wrocław 2001, s. 25.

[56] Por. K. Gruszecki, *Prawo ochrony środowiska. Komentarz*, Wolters Kluwer Polska, Warszawa 2011, s. 19.

[57] M. Górski, *Ochrona środowiska w prawie wspólnotowym*, [w:] tegoż, *Prawo ochrony środowiska*, Wolters Kluwer Polska, Warszawa 2009, s.12.

[58] Ustawa z 3.10.2008 r. o udostępnianiu informacji o środowisku i jego ochronie, udziale społeczeństwa w ochronie środowiska oraz o ocenach oddziaływania na środowisko, Dz.U. z 2008 r., nr 199, poz. 1227.

skutków, jakie mogą wywierać na środowisko konkretne działania obywateli[59]. Ustawa o udostępnianiu informacji o środowisku zawiera szczegółowe postanowienia dotyczące konstytucyjnej zasady zawartej w art. 74 ust. 3 Konstytucji, nakładającej na organy administracyjne obowiązek udostępniania posiadanych informacji o stanie środowiska oraz jego ochronie w oparciu o monitoring państwowy. Ponadto zadaniem Inspekcji Ochrony Środowiska, której status oraz formy działalności zostały uregulowane w ustawie z dnia 20 lipca 1991 r. o Państwowej Inspekcji Ochrony Środowiska[60], jest organizowanie oraz koordynowanie pozyskiwania informacji o stanie środowiska naturalnego[61].

Częścią systemu ochrony środowiska jest również ustawa o ochronie przyrody[62] uchwalona w dniu 16 kwietnia 2004 r., która weszła w życie w dniu 1 maja 2004 r. Termin wejścia w życie ustawy nie był przypadkowy. Przystąpienie Polski do Unii Europejskiej wymagało dostosowania polskiego prawa do programów oraz działań prowadzących do poprawy jakości środowiska naturalnego. Ustawa o ochronie przyrody wyznacza zakres przedmiotowy ochrony przyrody oraz działania, które w tym celu powinny być podejmowane przez odpowiednie instytucje. Ustawa ta w swoich postanowieniach odnosi się do działań podejmowanych przez unijny program obszarów chronionych Natura 2000[63]. Jest to program stojący na straży ochrony przyrody, którego celem jest ochrona siedlisk przyrodniczych oraz gatunków cennych dla całej Europy, którym grozi wyginięcie.

c. Inne formy promowania ekologii

Władze naszego kraju, oprócz działalności legislacyjnej, podobnie jak inne kraje europejskie, opierając swoje działania na zasadzie zrównoważonego rozwoju, formułują również w obszarze ochrony środowiska dokumenty niebędące aktami prawnymi. Są to dokumenty przyjmujące formę strategii bądź też długoletniego planu działania na rzecz poprawy środowiska, które mimo tego, że nie są wiążącymi aktami prawnymi, odgrywają kluczową rolę w omawianej kwestii. Obecnie jednym z istotniejszych dokumentów o takim charakterze jest „Polityka ekologiczna państwa na lata 2009–2012 z perspektywą do roku 2016"[64]. Polityka ekologiczna to dokument określający strategię w działaniu na rzecz poprawy środowiska w najbliższych latach. Wyznacza cele oraz priorytety ekologiczne, przy jednoczesnym wskazaniu

---

[59] Por. K. Gruszecki, *Ustawa o udostępnianiu informacji o środowisku i jego ochronie, udziale społeczeństwa w ochronie środowiska oraz o ocenach oddziaływania na środowisko. Komentarz*, Wydawnictwo Pressom, Wrocław 2009, s. 11.

[60] Ustawa z 20.07.1991 r. o Państwowej Inspekcji Ochrony Środowiska, Dz.U. z 1991 r., nr 77, poz. 335.

[61] B. Banaszak, (przyp. 48), s. 378.

[62] Ustawa z dnia 16 kwietnia 2004 r. o ochronie przyrody, Dz.U. z 2004 r., nr 92, poz. 880.

[63] W. Radecki, *Ustawa o ochronie przyrody. Komentarz*, Wydawnictwo Difin, Warszawa 2012, s. 40.

[64] Uchwała Sejmu Rzeczypospolitej Polskiej z dnia 22.05.2009 r. w sprawie przyjęcia dokumentu „Polityka ekologiczna Państwa w latach 2009–2012 z perspektywą do roku 2016", M.P. z 2009 r., nr 34, poz. 501.

kierunków działań koniecznych do zapewnienia właściwej ochrony środowiska naturalnego. Nadrzędną rolą strategii 2009–2012 było zapewnienie bezpieczeństwa ekologicznego kraju poprzez wzmacnianie systemu zarządzania ochroną środowiska, ochrona dziedzictwa przyrodniczego, ochrona klimatu, jak również zrównoważone oraz racjonalne korzystanie z zasobów przyrody[65]. Sporządzanie 4-letnich planów służących sprecyzowaniu działań na rzecz ochrony środowiska jest obowiązkiem nakładanym na organy władzy publicznej przez ustawę Prawo ochrony środowiska. Następstwem uchwalania planów krajowych o szerokim zakresie są plany podejmowane przez administrację danego województwa obejmujące działania regionalne. Założenia są analogiczne jak w przypadku krajowej polityki na rzecz ochrony środowiska, lecz mają bardziej skonkretyzowany charakter, bowiem przypisane są do warunków panujących w danym województwie. Również powiaty i gminy mają obowiązek sporządzania programów ochrony środowiska (art. 17 ustawy z 27.04.2001 r. — Prawo ochrony środowiska).

4. Proekologia a jakość życia

Przedstawiony przegląd dokumentów oraz aktów prawnych pozwolił poznać problematykę ekologii z różnych perspektyw. Niektóre przyjmowane normy realnie wpływały na naszą postawę proekologiczną, inne zaś stawały się martwymi przepisami. W zależności od tego, czy omawiamy skutki wprowadzenia rezolucji ONZ, traktatów unijnych, czy też unormowań polskich, każda z tych regulacji w inny sposób i w innym zakresie wpływała na kształtowanie postawy proekologicznej jej adresata, a pośrednio na jakość życia ogółu i jednostki.

Międzynarodowe prawo ochrony środowiska w większości przypadków w sposób pośredni kształtowało postawę proekologiczną, ponieważ zasady zawarte w tego rodzaju aktach prawnych mają charakter generalny. W przypadku regulacji obejmujących nierzadko cały świat trudno jest bowiem umieścić w nich postanowienia mogące wprost nawiązywać do warunków środowiskowych poszczególnych krajów, leżących w różnych częściach globu. Normy wyprowadzone z prawa międzynarodowego wyznaczają jednakże pewne kierunki, określają zasady funkcjonowania, są niejako „drogowskazem ekologicznym" dla państw uczestniczących w konkretnych projektach. Prowadzenie na szeroką skalę działań proekologicznych, angażujących jak największą rzeszę podmiotów, pozwala przypuszczać, że taki kierunek w efekcie pozwoli na wprowadzenie rzeczywistych zmian w polityce nastawionej na poprawę stanu środowiska oraz pośrednio jakości życia.

Omówiony raport „Człowiek i środowisko" wskazywał na potrzebę klasyfikacji problemów środowiskowych na lokalne, regionalne, krajowe oraz międzynarodowe.

---

[65] Por. T. Szot-Gabryś, *Polityka ekologiczna państwa jako element procesu dostosowania polskiego systemu ochrony środowiska do standardów Unii Europejskiej*, [w:] *Administracja publiczna — człowiek a ochrona środowiska. Zagadnienia społeczno prawne*, red. M. Górski, J. Bucińska, M. Niedziółka i in., Wolters Kluwer Polska, Warszawa 2011, s. 391.

Zastosowanie takiego kryterium umożliwia skuteczne wskazanie, na jaką skalę należy zmierzyć się z określonym problemem, czyli czy wymaga on zaangażowania „szerokopasmowego", czy też należy przeciwdziałać lokalnie. Inne czynności będą podejmowane w przypadku działań na skalę lokalną, inne — gdy z problemem muszą się zmierzyć mieszkańcy całego kraju czy regionu.

Odmiennym przykładem wpływu prawa ochrony środowiska na jakość życia są zasady prawa międzynarodowego wyprowadzone z Deklaracji Sztokholmskiej. Unormowania te w znaczny sposób przyczyniły się do ujednolicenia prawa ochrony środowiska. Wiele kolejnych dokumentów, uchwalanych na szczeblu krajowym czy też regionalnym, odnosiło się właśnie do zasad Deklaracji Sztokholmskiej. Natomiast o pośrednim wpływie tego dokumentu na jakość życia może świadczyć fakt powoływania się na niego przez sądy w orzeczeniach przy rozstrzyganiu w konkretnych sprawach.

Protokół z Kioto, w którym bezpośrednio wskazano, w jaki sposób zapobiegać ociepaniu klimatu, jest uregulowaniem, które wprost wpływa na jakość naszego życia. Zobowiązania redukcji gazów cieplarnianych zostały zamieszczone również w innych uregulowaniach, choćby tych, które wprowadziła Unia Europejska, jak na przykład pakiet klimatyczno-energetyczny. Ograniczanie emisji gazów cieplarnianych jest trudnym procesem przy współczesnym rozwoju gospodarek. Ponieważ jest to przedsięwzięcie długotrwałe i kosztowne, wiele krajów nie podjęło się tego zadania.

Dążenie do redukcji emisji gazów cieplarnianych również wpływa na inne płaszczyzny naszego życia, takie jak np. zaopatrzenie w energię. Następstwem podejmowanych prób zmniejszenia emisji dwutlenku węgla jest ograniczanie produkcji energii metodami konwencjonalnymi na rzecz energetyki odnawialnej, która jest przyjazna dla środowiska, co oddziałuje na jakość życia.

Przypatrując się działalności polskiego ustawodawcy oraz wpływowi polskich aktów prawnych na jakość życia, należy zauważyć, że już przepisy norm konstytucyjnych odgrywają ważną rolę w tym względzie. Zasada zrównoważonego rozwoju stoi na straży harmonijnego wprowadzania zmian we wszystkich dziedzinach życia społecznego, czyli w sposób równomierny i bez nadmiernej ingerencji w środowisko. Przykładem stosowania zasady zrównoważonego rozwoju oraz jej wpływu na jakość życia, nie tylko lokalnej społeczności, może być głośna sprawa budowy obwodnicy Augustowa. Pierwotny projekt budowy trasy zakładał przeprowadzenie jej przez obszar chroniony programem Natura 2000 w dolinie rzeki Rospudy. Po licznych upomnieniach instytucji UE odpowiedzialnych za kontrolę obszarów objętych programem, władze kierujące budową ugięły się i przyjęły alternatywny projekt obwodnicy, wolny od ingerencji w środowisko naturalne.

Wpływ prawa ochrony środowiska na jakość życia można wskazywać w oparciu o pozostałe zasady konstytucyjne znajdujące swoje odzwierciedlenie w konkretnych ustawach. Powołanie instytucji państwowych, których jednym z zadań jest propagowanie postawy proekologicznej, takich jak Główny Inspektorat Ochrony Środowiska,

Narodowy Fundusz Ochrony Środowiska i Gospodarki Wodnej (NFOŚiGW),
Bank Ochrony Środowiska (BOŚ), to także przejaw troski ustawodawcy o stan środowiska naturalnego, a przez to o jakość życia społeczeństwa. Główny Inspektorat
Ochrony Środowiska jest odpowiedzialny za kontrolę podmiotów gospodarczych
pod względem działania na środowisko. Ponadto stoi na straży ochrony środowiska, monitoruje oraz ocenia stan środowiska. Poprzez szerokie kompetencje Inspektorat wpływa bezpośrednio na działania obywateli, a tym samym na ich jakość życia.
Natomiast pośrednimi działaniami związanymi z promowaniem proekologii zajmują się Bank Ochrony Środowiska oraz Narodowy Fundusz Ochrony Środowiska.
Atrakcyjne warunki finansowania projektów związanych z ekologią zachęcają
obywateli do ich realizacji[66]. Przykładem wsparcia przez BOŚ oraz NFOŚiGW może być dofinansowanie usuwania eternitowych pokryć dachowych, budowy przydomowych instalacji solarnych czy też nawet finansowanie projektów domów pa-
sywnych. Wspomaganie przez państwo działań proekologicznych ma bezpośredni
wpływ na jakość naszego życia, m.in. poprzez ograniczanie wpływu szkodliwych
materiałów budowlanych na zdrowie ludzi.

III. Odnawialne źródła energii

1. Wprowadzenie

Dotychczasowe badania poświęcone polskiej polityce proekologicznej w oparciu
o wiążące Polskę umowy międzynarodowe, prawo unijne oraz wewnętrzne akty
prawne wyraźnie świadczą o potrzebie ograniczenia zanieczyszczeń środowiska
przy jednoczesnym zwiększeniu dbałości o nie. Trudne byłoby wyczerpujące przedstawienie wszystkich działań służących poprawie ochrony środowiska, mających
faktyczny wpływ na naszą rzeczywistość, dlatego w dalszej części, chciałbym skupić
się przede wszystkim na przemyśle energetycznym, a ściślej mówiąc problemie odnawialnych źródeł energii. Aktualnie odnawialne źródła są dynamicznie rozwijającym się sektorem gospodarki, coraz silniej oddziałującym na jakość naszego życia.
    Przemysł energetyczny jest źródłem wielu zanieczyszczeń. Ponieważ zaspoka-
janie rosnących potrzeb energetycznych bez uwzględnienia dbałości o środowisko
naturalne doprowadziłoby do katastrofalnych skutków, Unia Europejska przyjęła
pakiet klimatyczno-energetyczny, a tym samym doprowadziła do wypracowania
kompromisu. Przyjęte dyrektywy prowadzą do szukania innych źródeł wytwarzania
energii przy jednoczesnym ograniczeniu emisji dwutlenku węgla do atmosfery.
Energia pochodząca z odnawialnych źródeł jest przyszłością dla sektora energetycznego, gdyż po pierwsze w zestawieniu z konwencjonalnymi metodami wytwarzania energii odnawialne źródła energii nigdy się nie wyczerpią, po drugie są
nieszkodliwe dla środowiska naturalnego.

---

[66] <www.biznes.gazetaprawna.pl/artykuly/107192,nawet_50_mln_zl_pozyczki_na_budowe_farmy_
    wiatrowej> [15.01.2009].

Polska również została zobowiązana do wprowadzenia zmian w polityce energetycznej kraju z uwzględnieniem unijnych wytycznych. Działalność państwa polskiego na rzecz promowania odnawialnych źródeł przez pryzmat działalności państw „starej Unii", ukazuje zaległości Polski, która ma do nadrobienia co najmniej kilka lat opóźnień. W związku z tym Rada Ministrów w dniu 7 grudnia 2010 r. przyjęła Krajowy plan działania w zakresie energii ze źródeł odnawialnych. Dokument ten pełni rolę programu mającego na celu kompleksowe wdrożenie do polskiego systemu energetycznego odnawialnych źródeł. Według analiz Ministerstwa Gospodarki przedstawionych w dokumencie z 2 grudnia 2011 r., będącym uzupełnieniem do Krajowego planu działania w zakresie energii ze źródeł odnawialnych, Polska osiągnęła wyznaczony cel na rok 2010 związany z wprowadzeniem odnawialnych źródeł. Przy utrzymującej się tendencji Polska do 2020 r. będzie dostarczać oraz wytwarzać energię odnawialną na poziomie 15% ogólnego zapotrzebowania[67].

2. Odnawialne źródła energii a bezpieczeństwo energetyczne kraju

Odnawialne źródła są odpowiednim wykorzystaniem sił natury do produkcji energii. Przy możliwości wyczerpania zasobów kopalin stają się alternatywą do aktualnego sposobu wytwarzania energii. Ważne w procesie dostarczania energii jest unikanie przerw w dostawach, co ściśle wiąże się z pojęciem bezpieczeństwa energetycznego. Podmiotem, który jest narażony na bezpośrednią utratę bezpieczeństwa energetycznego jest państwo, a pośrednio jego obywatele. Stabilny system dostaw energii jest podstawą dla bezpiecznego funkcjonowania państwa oraz jego dalszego rozwoju[68].

W dobie obecnego stanu gospodarki oraz bardzo dużego zapotrzebowania na energię, dobro to stało się niezbędne dla prawidłowego i zrównoważonego funkcjonowania państwa. Polski ustawodawca zwrócił na ten fakt uwagę w podstawowym akcie prawnym regulującym tematykę energii, czyli w ustawie Prawo energetyczne[69], traktując bezpieczeństwo energetyczne kraju jako jeden z priorytetów polityki państwowej. Gwarancją osiągnięcia tego celu ma być wskazanie w ustawie metod prowadzących do zachowania bezpieczeństwa energetycznego Polski. Jedną z nich jest zapewnienie ciągłości wprowadzenia zabezpieczeń przed ewentualnymi brakami surowców oraz zabezpieczenie techniczne sektora energetycznego[70].

Również jednym ze sposobów zapewnienia bezpieczeństwa energetycznego kraju jest przyjęta przez Radę Ministrów Polityka energetyczna Polski do 2030 roku,

---

67 <www.mg.gov.pl/Bezpieczenstwo+gospodarcze/Energetyka/Odnawialne+zrodla+energii/Krajowy +plan+dzialan> [1.01.2013].

68 Por. M. Domagała, *Bezpieczeństwo energetyczne Aspekty administracyjno — prawne*, Wydawnictwo KUL, Lublin 2008, s. 28.

69 Ustawa z 10 kwietnia 1997 r. — Prawo energetyczne, Dz.U. z 1997 r., nr 54, poz. 348.

70 Por. F. Elżanowski, *Polityka energetyczna. Prawne metody realizacji*, Wydawnictwo LexisNexis, Warszawa 2008, s. 186.

czyli program, który odnosi się wprost do bezpieczeństwa energetycznego kraju w różnych aspektach. Zawiera on szereg prognoz ułatwiających prowadzenie odpowiedniej polityki państwa w zakresie bezpieczeństwa energetycznego. Głównym celem prowadzonych działań jest zaspokojenie potrzeb energetycznych państwa, przy jednoczesnej dbałości o środowisko naturalne oraz budowa odpowiedniej infrastruktury nowych źródeł energii w tym elektrowni jądrowych oraz źródeł odnawialnych[71].

3. Przyszłość odnawialnych źródeł energii

Odnawialne źródła energii są dynamicznie rozwijającym się segmentem energetyki. Związane jest to przede wszystkim z potrzebą ograniczenia zanieczyszczeń oraz próbą poszukiwania alternatywnych źródeł energii. Środkiem do osiągnięcia takiego celu w przypadku UE oraz Polski ma być pakiet klimatyczno-energetyczny, który ma umożliwić ustanowienie dla Unii nowej polityki energetycznej, koncentrującej się wokół zapobieganiu zmianom klimatu oraz zabezpieczeniu dostaw wytwarzanej energii[72].

Następstwem wprowadzania zmian w tym względzie jest również promocja energetyki odnawialnej w całej Europie. W przypadku naszego kraju, ustawodawca podjął próbę uchwalenia ustawy o odnawialnych źródłach energii (OZE)[73], która w pełni miałaby regulować kwestie dotyczące wytwarzania prądu z tego typu źródeł. Aktualnie prowadzone są prace legislacyjne nad kolejnym projektem ustawy. Branża energetyczna z nadzieją oczekuje na wejście w życie tego ważnego dla całego segmentu aktu prawnego. Ustawa ma za zadanie promowanie energetyki odnawialnej, wprowadzanie uproszczonych procedur administracyjno-prawnych związanych z budową instalacji odnawialnych źródeł, wskazanie konkurencyjnego sposobu rozliczania oraz sprzedawania energii wytworzonej przez odnawialne źródła. Wejście w życie ustawy w znaczny sposób usprawni działanie rynku energii odnawialnej.

Mówiąc o przyszłości źródeł odnawialnych oraz ich bezpośrednim oddziaływaniu na środowisko naturalne, należy pochylić się także nad zupełnie innymi problemami powiązanymi z funkcjonowaniem branży. Zważywszy, iż odnawialne źródła energii są zagadnieniem z pogranicza energetyki i ochrony środowiska, w interesie państwa jest odpowiednie promowanie alternatywnych metod wytwarzania prądu oraz ciepła. Podmioty decydujące się na realizację projektów odnawialnych źródeł energii powinny uwzględniać w swoich planach szereg korzystnych czynników administracyjno-prawnych, finansowych oraz marketingowych, służących ułatwianiu wprowadzenia tego rodzaju technologii przyjaznej środowisku. Rzeczywistość wygląda jednak inaczej.

---

[71] Załącznik do Obwieszczenia Ministra Gospodarki z 21.12.2009 r. w sprawie polityki energetycznej państwa do 2030 r., M.P. z 2010 r., nr 2, poz. 11.

[72] R. Wojciechowski, *Uwarunkowania prawne pozwoleń na budowę elektrowni i farm wiatrowych*, [w:] M. Górski, J. Bucińska, M. Niedziółka i in., (przyp. 65), s. 411.

[73] Projekt ustawy o odnawialnych źródłach energii dostępny jest na oficjalnej stronie Ministerstwa Gospodarki, <www.mg.gov.pl/Bezpieczenstwo+gospodarcze/Energetyka/Pakiet+ustaw+energetycznych> [1.01.2013].

Prace nad kluczowym aktem prawnym dla sektora energetycznego, wspomnianą ustawą o odnawialnych źródłach energii, trwają wyjątkowo długo. Realizacja szeregu projektów została zawieszona, gdyż inwestorzy czekają na wprowadzenie ustawy w pełni regulującej energetykę odnawialną. Takie opóźnienia ze strony władz publicznych nie służą promowaniu technologii energetyki odnawialnej. Stabilność, trwałość aktu prawnego, a przede wszystkim jego zupełność, umożliwiłaby branży OZE podejmowanie odpowiednich kroków prowadzących do rozbudowy sieci odnawialnych źródeł[74].

Drażliwą kwestią, podobnie jak przyszła ustawa, jest temat obecnych skomplikowanych procedur administracyjno-prawnych związanych z realizacją projektów OZE. Podmioty prowadzące projekty OZE muszą się liczyć z wielomiesięcznymi czynnościami administracyjnymi prowadzącymi do uzyskania pozytywnych decyzji na realizację konkretnego projektu. Trzeba jednak pamiętać, że decyzje administracyjne nie są wymagane do realizacji projektów dotyczących wszystkich rodzajów źródeł odnawialnych. W zależności od rodzaju energii oraz sposobu jej wytworzenia prowadzi się bardziej skomplikowane lub też pozbawione jakichkolwiek procedur administracyjnych procesy zmierzające do uzyskania wymaganych zezwoleń. Przykładowo budowa elektrowni wiatrowej jest projektem, którego szacowany czas realizacji w Polsce wynosi ok. 30 miesięcy. Z drugiej strony zastosowanie przydomowej instalacji opierającej się na kolektorach słonecznych nie wymaga żadnych dodatkowych pozwoleń. Z perspektywy budowy dużych instalacji ocenia się, że procedury administracyjno-prawne trwają za długo i są zbyt szczegółowe[75].

Ostatnim zagadnieniem wymagającym analizy jest sposób finansowania poszczególnych projektów. Odnawialne źródła energii opierają się na nowych technologiach, w skutek czego projekty OZE nie należą do najtańszych. Poprzez działania rządowe i instytucji finansowych oraz wsparcie środkami pochodzącymi z Unii Europejskiej umożliwiono rozwój tego segmentu energetyki. Wiele inwestycji opiera się na preferencyjnych kredytach pochodzących ze źródeł Banku Ochrony Środowiska, tak jak w przypadku przydomowych instalacji grzewczych, budowanych w oparciu o kolektory słoneczne[76]. Również niektóre banki komercyjne w ramach swojej oferty umożliwiają leasingowanie dużych inwestycji. W tym miejscu należy zasygnalizować istnienie coraz poważniejszego problemu, polegającego na braku pewności co do dofinansowania energetyki odnawialnej ze strony państwa. Pośrednio problem związany jest z podmiotami bankowymi, które finansowały projekty z branży OZE. Niepewność w tej kwestii powoduje obawy co do opłacalności instalacji, które już są wybudowane[77]. Niemniej źródłem największych funduszy kierowanych na rozwój energetyki odnawialnej

---

74   <www.ekonomia.rp.pl/artykul/985043-Deloitte--regulacje-prawne-przeszkoda-w-planowaniu-inwestycji-energetycznych> [27.02.2013].
75   R. Wojciechowski, (przyp. 72), s. 411.
76   E. Mazur-Wierzbicka, (przyp. 25), s. 219.
77   <www.ekonomia.rp.pl/artykul/985659-Kryzys-odnawialnej-energii-moze-uderzyc-w-banki> [1.03.2013].

w Polsce są środki pochodzące z budżetu Unii Europejskiej. W interesie całej Wspólnoty jest wyrównanie wszelkich dysproporcji między poszczególnymi państwami członkowskimi, również występujących w strukturach ich przemysłu energetycznego.

4. Odnawialne źródła energii a jakość życia

Przeprowadzone dotychczas analizy pozwalają traktować odnawialne źródła jako „surowiec przyszłości" w energetyce, który będzie miał wpływ na jakość naszego życia. Odnawialne źródła, w zależności od wykorzystania sił przyrody pochodzących czy to z wiatru, wody, słońca, czy też ciepła wnętrza ziemi, w różny sposób oddziałują na poprawę stanu środowiska naturalnego, a pośrednio na nasze życie[78].

Energetyka wiatrowa jest w chwili obecnej najszybciej rozwijającą się technologią odnawialnych źródeł energii w Polsce. Pomimo niskiej prędkości całorocznej, wiatry wiejące w naszych warunkach klimatycznych umożliwiają budowę farm wiatrowych na opłacalnym poziomie. W przeważającej części farmy wiatrowe powstają w pasie wybrzeża Morza Bałtyckiego. W przypadku wysokich wiatraków istnieje realne ryzyko, iż dojdzie do zakłócenia nadmorskiego krajobrazu. Budowa dużych farm wiatrowych może stać się problemem dla nadmorskiej branży turystycznej. Jednakże poprzez odpowiednie rozmieszczenie inwestycji zachowuje się równowagę pomiędzy krajobrazem przyrody a praktycznym wykorzystaniem sił wiatru. Inwestycje w energetykę wiatrową niosą przede wszystkim korzyści dla człowieka, wywierając pozytywne oddziaływanie na środowisko[79]. Taki stan rzeczy wyraźnie wskazuje, iż energetyka wiatrowa ma wpływ na nasze życie. Stosowanie elektrowni wiatrowych jest szansą dla wielu regionów, w których nie ma perspektyw na szybkie powstanie dużych ośrodków przemysłowych. Budowa tego rodzaju inwestycji często staje się szansą dla jednostek samorządowych o niskich dochodach. Podatki płacone przez inwestorów zajmujących się energetyką wiatrową są doskonałym uzupełnieniem dochodów poszczególnych gmin. Jest to wymierny skutek pozytywnej polityki proekologicznej, dlatego samorządowcy sami zabiegają o inwestorów z branży OZE. Dodatkowo instalowanie wiatraków nie powoduje ograniczenia korzystania z gruntów, na których je wybudowano, zatem na takich ziemiach można prowadzić bez ograniczeń działalność rolniczą.

Abstrahując od powyższych twierdzeń, zważyć należy, że w odczuciu społecznym źródła odnawialne są postrzegane z coraz większym entuzjazmem. Dowodzą tego badania przeprowadzone przez Millward Brown SMG/KRC na osobach żyjących w najbliższym otoczeniu farm wiatrowych. Celem powołanych badań było zweryfikowanie stereotypów dotyczących energetyki wiatrowej oraz nastawienia mieszkańców żyjących na co dzień w okolicach farm. Wyniki wyraźnie wskazują, że osoby, które poznały temat OZE z bezpośredniego otoczenia, nie mają żadnych negatywnych

---

[78] M. Niedziółka, A. Duk-Majewska, *Przyrodnicze, ekonomiczne, i prawne przesłanki i bariery opłacalności wytwarzania w Polsce energii ze źródeł odnawialnych*, [w:] M. Rudnicki, A. Haładyj, K. Sobieraj, (przyp. 37), s. 437.

[79] <www.pwea.pl/pl/energetyka-wiatrowa/korzysci-i-fakty> [1.01.2013].

odczuć. Co ważne często przywoływany argument dotyczący chorób będących rzekomo skutkiem negatywnego oddziaływania wiatraków, w rzeczywistości jest nieprawdziwym[80].

Kolejnym rodzajem pozyskiwania energii z odnawialnych źródeł jest hydroenergetyka. Projekt elektrowni wodnej jest trudniejszy w realizacji od farmy wiatrowej. Związane jest to przede wszystkim z decyzjami środowiskowymi. Budowa elektrowni wodnej zazwyczaj na rzece, może w znaczny sposób wpłynąć na środowisko naturalne w jej otoczeniu. Realizacja takiego projektu poprzedzona jest długą drogą prawno-administracyjną[81].

Podobnie jak w przypadku elektrowni wiatrowych, w pierwszej kolejności należy pamiętać, iż budowa elektrowni wodnej nie może zakłócać naturalnych cykli przyrody. Obawy co do negatywnego działania hydroenergetyki na jakość życia związane są z ewentualną ingerencją w gospodarkę wodną na danym obszarze. Tworzenie zapór na rzekach czy też zbiorników wodnych wymaganych do spiętrzania wody zwiększa prawdopodobieństwo podtopień oraz lokalnych powodzi. Również wspomniane zapory mogą wpływać na przyrodę rzeki, dlatego ważne jest odpowiednie umieszczenie elektrowni, aby nadmiernie nie ingerować w ekosystem.

Innym sposobem opierającym się na zjawisku przepływu wody, prowadzącym do produkcji prądu, jest zanurzanie w morzu turbin wykorzystujących siłę przepływających fal morskich. Metoda ta charakteryzuje się dużą wydajnością oraz niewielkim oddziaływaniem na środowisko[82]. Niemniej i ten rodzaj elektrowni również może przysparzać problemów lokalnym społecznościom. Zanurzone w morzu turbiny stają się przeszkodą dla rybaków prowadzących odłowy. Tego rodzaju instalacje montowane na morzu mogą przyczynić się do zmniejszenia odławianych ryb, a tym samym wpływać na jakość życia.

Źródłem energii z zasobów odnawialnych jest także energia słoneczna wykorzystywana zarówno do produkcji prądu, jak również energii cieplnej. Takie zastosowanie energii słonecznej wskazuje na jej duży potencjał. Ostatnimi czasy prowadzony jest w Polsce program, kierowany do gospodarstw domowych, który oferuje znaczne dofinansowanie do instalacji kolektorów słonecznych umożliwiających podgrzewanie wody energią słoneczną[83]. Kolektory słoneczne stają się najbardziej powszechnym sposobem wytwarzania energii odnawialnej dla małych gospodarstw domowych. Instalacje solarne stają się obecnie ogólnie dostępne z uwagi na niewielki koszt ich montażu. Wymiernym skutkiem ich stosowania jest natomiast znaczne obniżenie kosztów dostarczania ciepłej wody, ponieważ każde gospodarstwo

---

[80] <www.biznes.gazetaprawna.pl/artykuly/625425,badania_polacy_nie_boja_sie_juz_energii_wiatrowej> [15.06.2012].

[81] Por. W. M. Lewandowski, *Proekologiczne odnawiane źródła energii*, WNT, Warszawa 2012, s. 99.

[82] W.M. Lewandowski, (przyp. 81), s. 101.

[83] <www.nfosigw.gov.pl/srodki-krajowe/doplaty-do-kredytow/doplaty-do-kredytow-na-kolektory-sloneczne/informacje-o-programie/> [1.01.2013].

może w pełni zaspokoić własne potrzeby bez konieczności podłączania do jakiejkolwiek instalacji grzewczej czy też elektrycznej.

Przy obecnym stanie prawnym po wprowadzeniu ustawy o odnawialnych źródłach energii w Polsce rysuje się możliwość dla gospodarstw domowych odsprzedawania nadprodukcji energii do sieci z mikroinstalacji do 40 kW przez tak zwanych prosumentów[84]. Tego typu zabieg legislacyjny mógłby stać się urzeczywistnieniem zobowiązania Polski do promowania OZE. Omawianą kwestię obrazuje przykład Wielkiej Brytanii, która wprowadziła program wsparcia dla prosumentów. W ciągu zaledwie 1,5 roku działalności zainstalowano na Wyspach prawie 800MW tylko w samej fotowoltaice. Dla porównania moc planowanego bloku energetycznego Elektrowni Opole, traktowanego jako strategiczny dla polskiej energetyki, będzie wynosiła tylko o 100MW więcej. Należy przy tym zaznaczyć, że żaden obiekt energetyczny o takiej wydajności opierający się na metodach konwencjonalnych nie powstaje w tak krótkim czasie, o kwestiach rozwoju gospodarki w tym obszarze nawet nie wspominając[85].

Należy również wspomnieć, że stosowanie własnych instalacji wytwarzających prąd, będzie miało bezpośredni wpływ na wysokość cen energii dostępnej na wolnym rynku. Dodatkowo przydomowe mikroelektrownie mogą stać doskonałą alternatywą dla gospodarstw położonych, w miejscach na tyle odległych, że doprowadzenie sieci elektrycznej było niepotrzebne albo nieopłacalne.

Często przytaczanym argumentem na rzecz traktowania odnawialnych źródeł energii jako alternatywy dla energetyki konwencjonalnej oraz energetyki jądrowej jest fakt uzupełniania braków energetycznych, umożliwiający stabilne dostawy dla odbiorców. Jednak w przypadku produkcji energii opierającej się na siłach przyrody istnieje realne zagrożenie braku dostaw odpowiedniej mocy energii z powodu czy to obniżenia poziomu wody w rzece, czy też braku wiatru w przypadku elektrowni wiatrowych. Specjaliści przekonują, że tego typu czynniki mogą wpływać wyłącznie na lokalne elektrownie, nigdy nie przekładając się na skalę krajową czy też całego regionu.

IV. Wnioski

Trudno jest jednoznacznie stwierdzić, czy podejmowane przez ustawodawcę działania są zawsze słuszne i prowadzą ku faktycznej poprawie. Rozpatrując zagadnienie jakości życia przez pryzmat aktywności ustawodawcy w dziedzinie ochrony środowiska, uzupełnionych dodatkowo o treści związane z odnawialnymi źródłami energii, można wyprowadzić kilka istotnych wniosków.

Po pierwsze, analiza aktów prawnych zarówno o zasięgu globalnym jak i krajowym lub też nawet lokalnym, wskazuje, że zjawisko proekologii, ochrony środowiska, dbałości o klimat, a tym samym system prawa ochrony środowiska, to stosunkowo

---

[84] Konsument energii jest również jej producentem, niewykorzystane nadwyżki sprzedaje do sieci.

[85] <www.biznes.gazetaprawna.pl/artykuly/632956,zmijewski_domowa_rewolucja_sami_bedziemy_produkowac_sobie_prad> [16.07.2012].

nowa inicjatywa. Znaczące problemy w środowisku naturalnym pojawiły się dopiero w XX wieku, dlatego też świadomość opanowania pewnych negatywnych zjawisk oraz wprowadzenie odpowiednich uregulowań prawnych jest domeną naszych czasów. Dodatkowo można stwierdzić, iż egzekwowanie obowiązującego prawa, mniej lub bardziej skutecznie, przez uprawnione do tego organy, w różnym stopniu wpływa na nasze życie. Część powołanych norm staje się jedynie martwymi przepisami, inne natomiast przyczyniają się do postrzegania problemów środowiskowych z zupełnie innej perspektywy, powodując znaczne zmiany w tym zakresie.

Po drugie, brak pełnego unormowania kwestii odnawialnych źródeł energii wpływa negatywnie na gospodarkę naszego kraju, a tym samym na jakość naszego życia. Obawy wielu sektorów związanych z energetyką odnawialną powodują stan niepewności zarówno inwestorów, przedstawicieli banków, jak i osób prywatnych zainteresowanych możliwością zastosowania mikroinstalacji dla własnych potrzeb.

Po trzecie, wykorzystanie odnawialnych źródeł energii w procesie ochrony środowiska jest stosunkowo nową metodą. Ocena faktycznego wpływu na środowisko wprowadzonych zmian będzie możliwa w perspektywie kilkunastu, jeśli nie kilkudziesięciu lat. Dopiero przyszłe pokolenia ocenią skuteczność współczesnych inicjatyw oraz ich wpływ na świat przyrody.

Po czwarte, jakość naszego życia uzależniona jest od wielu czynników zarówno tych wewnętrznych, odnoszących się do naszej psychiki, jak i tych zewnętrznych opierających się na zwykłym komforcie życia. Dlatego odpowiednie wykorzystanie nie tylko przez ustawodawcę, ale także przez poszczególne jednostki, przywołanych w niniejszym opracowaniu prawnych metod realizacji polityki proekologicznej, także w odniesieniu do nowych zjawisk, takich jak choćby OZE, może mieć wpływ na jakość naszego życia.

Krzysztof Mucha

Legal methods of implementing environmental policy. Renewable energy sources and quality of life

This article is devoted to current issues related to growing environmental awareness in society. People conducted their industrial activities for many years paying no attention to the negative effects on the environment. The emergence of the ecological crisis in the twentieth century has changed the mentality of many people, who have started to care about the environment in which they live. The introduction of environmental legislation in international law, European Union law and national law is evidence of greater ecological awareness. The most important documents and agreements to which Poland is a party are analyzed in this article. In addition, it considers current problems of national environmental law. To complement the study, issues related to renewable energy sources (which are also a manifestation of environmental activity) are examined in the context of how they influence the quality of our lives.

Werner Ogris

Über Stellung, Aufgaben und Bedeutung der Rechtsgeschichte als Studienfach

Gerne bin ich der Einladung nachgekommen, einen Beitrag zur Festschrift für Dekan Romuald Derbis zu seinem 60. Geburtstag zu leisten. Dieser Termin kommt gerade recht zu einem Zeitpunkt, an dem meine langjährigen Bekanntschaften und vielfältigen Beziehungen zu polnischen Rechtshistorikerinnen und Rechtshistorikern in Tschenstochau eine institutionelle Verfestigung erfahren (haben). Es lag daher nahe, an ein Thema zu denken, bei dem die Beziehungen Polens zu Österreich und/oder Wien eine gewisse Rolle spielen. Deren gibt es genug. Man denke nur an die habsburgisch-jagiellonische Doppelheirat (eigentlich: Wechselheirat) von 1515; dann natürlich an die Befreiung Wiens aus der Türkennot im Jahre 1683 unter tatkräftiger Hilfe König Jan Sobieskis III., deren 330-Jahr-Jubiläum (wie in allen Jahren auch heuer wieder) auf dem Wiener Kahlenberg ausgiebig gefeiert wurde. Und eben zu diesem Zeitpunkt, da ich diesen Aufsatz schreibe, gestaltet das Wissenschaftliche Zentrum der Polnischen Akademie der Wissenschaften in Zusammenarbeit mit dem Slowenischen Kulturinstitut hier in Wien eine eindrucksvolle Schau über die „Josephinische Landesaufnahme", die u. a. Reproduktionen ausgewählter Blätter zu polnischen Städten zeigt. Leider gibt es, wohl unvermeidbar im Laufe einer langen Entwicklung, auch Ereignisse, die für Polen besonders schmerzvoll waren — wie vor allem die drei Teilungen, an denen das damalige Österreich durchaus beteiligt war, und — zumal aus polnischer Sicht — wohl auch den Wiener Kongress, der sich eben anschickt, sein rundes 200-Jahr-Jubiläum zu begehen. Die Liste von Themen mit polnisch-österreichischen Bezügen ließe sich unschwer noch lange fortsetzen, zum Guten hin wie zum Schlechten. Sie alle haben (zwar nicht nur, sondern auch) mit Rechtsgeschichte zu tun. Es erscheint daher nicht ganz unpassend, ein paar Worte zu Stellung, Aufgaben und Bedeutung dieses Faches im akademischen Unterricht zu sagen[1].

---

[1] Ich habe diese und weitere Überlegungen zum Thema bereits in vielfacher Weise und bei vielen Gelegenheiten (Vorträgen, Vorlesungen, Diskussionsveranstaltungen u.Ä.) ausgesprochen; hier

I. Die Rechtsgeschichte führt ein Doppelleben

Die Rechtsgeschichte (*historia iuris, histoire du droit, storia del diritto, legal history, história práva, historie práva, istorija prava, jog történelem usw.*) gehört, wie der Name schon sagt, zwei wissenschaftlichen Disziplinen gleichzeitig an: der Rechtswissenschaft und der Geschichtswissenschaft. Sie ist also von Haus aus eine interdisziplinäre Wissenschaft, die von Juristinnen und Juristen und von Historikerinnen und Historikern, vor allem aber von eigens dazu ausgebildeten und spezialisierten Rechtshistorikerinnen und Rechtshistorikern betrieben wird. So sehr auch die Verankerung der Rechtsgeschichte in beiden Mutterdisziplinen notwendig und wesensgemäß ist, so darf sie doch keinesfalls von einer der beiden ausschließlich und einseitig vereinnahmt werden. Dies würde zwangsläufig zu einer Verengung des Forschungsblickes auf einen der beiden in Betracht kommenden Wissenschaftszweige führen — ganz abgesehen davon, dass dann jeweils nur Teilaspekte der Materie Rechtsgeschichte erfasst und erforscht würden. Es sind genuin rechtshistorisch orientierte Methoden und Fragestellungen notwendig, um einen Diskurs zwischen Recht und Geschichte aufrecht zu halten, der für beide Wissenschaften fruchtbringend ist. Das schließt freilich nicht aus, dass das Pendel der *historia iuris* im Einzelfall und je nach persönlicher Neigung und/oder gegebenem Anlass durchaus und oft recht weit in die eine oder in die andere Richtung ausschlagen kann: von der strengen Dogmen- und Institutionengeschichte auf der einen Seite etwa über die Ideen- und Wissenschaftsgeschichte bis hin zur Wirtschafts- und Sozialgeschichte auf der anderen Seite. Stets aber sollte es um jene Elemente und Wirkungskräfte gehen, die den jeweiligen Rechtsordnungen ihr charakteristisches Gepräge gaben und geben. Dazu gehört, was freilich erst in jüngster Zeit erkannt wurde, auch die Frage nach dem Grad der Rechtsdurchsetzung und der Rechtsakzeptanz[2]. Zusammenfassend kann man also etwa sagen: Aufgabe der Rechtsgeschichte ist es, die weltanschaulichen, sozialen, wirtschaftlichen und sonstigen politischen „Triebkräfte" bloßzulegen, die zur Fortbildung des Rechtes als einer lebensbedingenden Ordnung jeder Gemeinschaft führen

---

handelt es sich um eine erste und im Wesentlichen nur vorläufige und allgemein gehaltene schriftliche Stellungnahme. Einige einschlägige Bemerkungen finden sich jedoch schon in folgenden Artikeln: *W. Ogris*, Rechtsgeschichte und Juristenausbildung, in: Právna kultúra a význam právnického vzdelávania v súcasnosti na Slovensku, Vydavateľské oddelenie Právnickej fakulty Univerzity Komenského, Bratislava 2002, S. 44–49 (Wiederabdruck in: *Th. Olechowski* (Hrsg.), Werner Ogris, Elemente europäischer Rechtskultur, Böhlau Verlag, Wien/Köln/Weimar 2003, S. 3–9); *ders.*, Grundlagenfächer in der Juristenausbildung, in: Juristl (Zeitung der Fakultätsvertretung jus), Nr. 10/2001, Fakultätsvertretung jus, Wien 2001, S. 6–7; *ders.*, Rückblick und Ausblick, in: *W. Barfuß* (Hrsg.), „IUS 2000": Österreichs Rechtstheorie und Rechtspraxis um die Jahrtausendwende, Manz Verlag, Wien 1994, S. 81–83; *ders.*, Einführung, in: *E. Nowotny* (Hrsg.), Österreichs Recht in seinen Nachbarstaaten: Tschechien – Slowakei – Ungarn, Schriftenreihe Niederösterreichische Juristische Gesellschaft 74, Orac Verlag, Wien 1997, S. 11–24.

2 Vgl. *W. Ogris*, Rechtsakzeptanz und Normdurchsetzung in der Geschichte, in: Vymožiteľnosť práva v podmienkach Slovenskej republiky. Nadácia profesora Karola Planka / Erste Karol Plank-Gedenktage, Bratislava 2003, S. 37–47.

und in der sich die jeweiligen Werthaltungen einer Kultur widerspiegeln. Ihr Hauptziel ist also, kurz gesagt, die Erklärung und das Verstehen der unterschiedlichen Rechte in Geschichte und Gegenwart.

In ihrer Zugehörigkeit zur Rechts- wie zur Geschichtswissenschaft führt die *historia iuris,* wie gesagt, eine Doppelexistenz, die den Anforderungen, Erkenntnissen und Denkkategorien ihrer beiden Lebensbereiche gleichermaßen gerecht zu werden, gleichzeitig aber beiden gegenüber die Eigenständigkeit ihrer Methode zu wahren hat. Das ist nicht immer leicht und hat die Rechtsgeschichte gelegentlich zwischen zwei Sessel oder, wenn man will, zwischen zwei Feuer gerückt. Während juristische Dogmatiker ihr (vielfach in deutlicher Verkennung rechtshistorischer Zielsetzungen und Wirkungsmöglichkeiten) oft nur allzu gern eine ungenügende Anwendung des rechtswissenschaftlichen Instrumentariums zum Vorwurf machten, rügte die historische Seite eben diese Verwurzelung in der Jurisprudenz. Man kritisierte, dass die Rechtsgeschichte sich juristischer Systemvorstellungen und Begriffsbildungen bediene, mit denen sich historische Vorgänge nur unzureichend erfassen ließen, und dass sie überdies außerjuristische (das heißt etwa politisch-militärische, sozial-wirtschaftliche oder geistig-kulturelle) Grundlagen und Bedingungen der Rechtsentwicklung nicht oder doch nicht ausreichend berücksichtige. Aus diesen unterschiedlichen Betrachtungsweisen hat sich vor einigen Jahrzehnten ein Methodenstreit entwickelt, der heute im Wesentlichen ausgestanden ist. Auf der einen Seite wird kein verständnisvoller Rechtshistoriker die geschichtliche Lebensvielfalt und die verschlungenen Entwicklungsabläufe in das Prokrustesbett neuzeitlich-juristischer Begriffs- und Systembildungen zwängen; und zum anderen ist die historische Seite durchaus bereit, Eigenart und Berechtigung spezifisch rechtshistorischer Fragestellungen, Methoden und Lösungsversuche anzuerkennen. Die Rechtsgeschichte setzt insofern allerdings jeweils einen spezifischen, dem jeweiligen gewählten Thema oder der gestellten Aufgabe entsprechenden und dazu besonders zu ermittelnden Rechtsbegriff voraus, der am zweckmäßigsten geeignet erscheint, die konkrete Fragestellung zu bearbeiten und zu lösen[3].

Hier bedarf es zunächst einer Klarstellung! Die Rechtsgeschichte als solche hat im Prinzip keine „natürlichen" zeitlichen oder räumlichen Grenzen. Aus nahe liegenden praktischen Gründen kann und soll hier allerdings nicht von einer

---

[3] Vgl. *Th. Olechowski*, Rechtsgeschichte, 3. Auflage, Manz Verlag, Wien 2010, S. 15–18.; *H. Schlosser*, Rechtsgeschichte, in: *Th. Olechowski*, *R. Gamauf* (Hrsg.), Rechtsgeschichte — Römisches Recht. Studienwörterbuch, 2. Auflage, Manz Verlag, Wien 2010, S. 384 f., mit Literaturhinweisen. Bemerkungen zu Stellung und Aufgaben der Rechtsgeschichte in Forschung und Lehre finden sich in den Einführungskapiteln der meisten Lehrbücher, so z.B. bei: *K. Kroeschell*, Deutsche Rechtsgeschichte Band I (bis 1250), 13. Auflage, Böhlau Verlag, Köln/Weimar/Wien 2008, S. 1 ff.

Weltrechtsgeschichte, die durchaus ihren Wert und ihren Reiz haben kann[4], gesprochen werden, sondern von Europa. Man kann darunter, ohne auf dieses (kaum lösbare) Problem näher einzugehen, jenen Teil Eurasiens verstehen, dessen Kultur ursprünglich auf dem Boden der griechisch-römischen Antike entstanden und dann vor allem durch das Christentum, später durch Aufklärung und Naturrecht seine eigenartige Prägung erfahren hat. Auch hier wieder gilt, dass eine (gesamt-) europäische Rechtsgeschichte zwar ohne Zweifel ihre Berechtigung und ihre Aufgabe hat, aber — ebenfalls aus leicht einsichtigen praktischen Erwägungen — ohne Einschränkungen und Strukturierungen kaum sinnvoll betrieben werden kann, zumindest nicht in dem (hier zu besprechenden) Unterrichtsbereich. Die Masse des Stoffes ist daher, der Übersichtlichkeit und der Beherrschbarkeit zuliebe, in mehrere Fachdisziplinen aufgeteilt worden, um nicht zu sagen: zerfallen. Vor allem hat sich die antike Rechtsgeschichte im Hinblick auf die Eigenart ihrer Quellen, Sprache[n] und Methoden zu einem selbständigen Fach entwickelt, das allerdings heutzutage im Studiengang von Unterrichtsanstalten kaum mehr in nennenswertem Umfange vertreten ist. Was also „bleibt", ist die Zeit vom Römischen Imperium bis (nahezu) herauf in die Gegenwart, wobei drei große Teilgebiete entstanden sind: die Romanistik (römisches Recht und sein Fortleben); die Kanonistik (das Kirchenrecht samt kirchlicher Rechtsgeschichte); die Germanistik (das jeweilige einheimische Recht samt Naturrecht etc.).

Diese Dreiteilung, wie sie sich etwa in den drei Abteilungen der „Zeitschrift der Savigny-Stiftung für Rechtsgeschichte" (ZRG) manifestiert[5], ist — unbeschadet älterer Ansätze — im Wesentlichen ein Produkt (der historischen Schule) des 19. Jahrhunderts. Sie fand und findet sich seither in den Studienplänen der meisten europäischen Rechtsfakultäten, freilich in jeweils sehr unterschiedlichen Ausprägungen, Zusammenstellungen und Gewichtungen. Unbestritten und ungefährdet erscheint meist das Römische Recht; das kanonische Recht ist an den meisten weltlichen Fakultäten, wenn überhaupt, nur noch als Wahlfach vertreten und/oder in einem allgemeinen Fach „Kirchenrecht (inklusive Staatskirchenrecht)" oder „Recht und Religion" o. Ä. aufgegangen.

Problematisch ist hingegen die Stellung dessen, was im deutschsprachigen Raum Deutsches Recht oder Deutsche Rechtsgeschichte heißt oder geheißen hat[6]. Damit war ursprünglich nichts anderes gemeint als das nicht vom Römischen

---

[4]   Im Rahmen des Max Planck-Instituts für europäische Rechtsgeschichte in Frankfurt am Main ist eine Weltrechtsgeschichte in Arbeit oder zumindest in Planung. Nicht mehr ganz *up to date*, aber durchaus noch lesenswert: *W. Seagle*, Weltgeschichte des Rechts (Titel der Originalausgabe „The Quest for Law", aus dem Englischen übertragen von *H. Thile-Fredersdorf*), 3. Auflage, C.H. Beck Verlag, München/Berlin 1967, *passim*; vgl. *meine* Anzeige, in: ZRG GA 87 (1970), S. 532 f.

[5]   Zur Geschichte und Bedeutung der ZRG vgl. *W. Ogris*, Zum Erscheinen von Band 125 der Zeitschrift der Savigny-Stiftung für Rechtsgeschichte, in: ZRG GA 125 (2008), S. XXXI–XLVIII.

[6]   Vgl. *K. Luig*, Deutsches Privatrecht, in: Handwörterbuch zur deutschen Rechtsgeschichte, (Hrsg.) *A. Cordes, H. Lück, D Werkmüller, Chr. Bertelsmeier-Kierst*, Erich Schmidt Verlag, Berlin, (HRG) I, Sp. 993–1003; *A. Cordes*, Deutsches Recht, *ebenda*, Sp. 1003–1007.

Recht und von Kirchenrecht erfasste oder geprägt einheimische Recht. Ihm entsprachen oder entsprechen noch heute in anderen Staaten die jeweiligen nationalen Rechtsgeschichten, etwa die polnische, slowakische, ungarische, österreichische usw[7]. Zu diesen nationalen *historiae iuris* trat und tritt vielfach eine allgemeine Rechtsgeschichte hinzu, die weiter ausholt und sich um die Darstellung größerer Zusammenhänge und allgemeingültiger Grundstrukturen bemüht. Heute, so scheint es mir, sollte an ihre Stelle oder neben sie eine speziell auf europäische Verhältnisse zugeschnittene Rechtsgeschichte treten[8]. Dazu ein paar Überlegungen.

II. Ihre europäische Dimension

Europa und Integration sind heute in aller Munde. Europa ist nicht mehr nur Vision und Utopie wie in der Vergangenheit, sondern Realität und Praxis in der Gegenwart und wohl auch in der Zukunft (trotz aller Schwierigkeiten, die dieser Werde- und Einigungsprozess zu durchlaufen hat). Es liegt daher nahe, dass auch die rechtsgeschichtliche Forschung und Lehre sich der Rechtsgeschichte Europas im weiteren Sinne und der europäischen Integration im engeren Sinne annehmen. Nun ist natürlich Europas Rechtsgeschichte schon bisher behandelt worden, weil ja manche Einrichtungen per se einen europaweiten Bezug hatten. Man denke nur an das Heilige Römische Reich, an den Reichshofrat und an das Reichskammergericht[9], an die Glaubensspaltung und den Dreißigjährigen Krieg samt dem Westfälischen Frieden oder an den Wiener Kongress. Auch die Geschichte des europäischen Einigungsprozesses war und ist Thema diverser Lehrveranstaltungen, sei es im Rahmen der Rechtsgeschichte, sei es im Rahmen des vielfältigen Lehrangebots zum Europarecht. Dennoch, so scheint mir, kommt dabei etwas zu kurz, was man vielleicht als europäische Rechtskultur bezeichnen kann.

Europäische Rechtskultur. Gibt es diese? Ich denke: ja! Sicher ist, natürlich, dass sie sich nicht in den wohl schon viele Tausende von Seiten umfassenden Normen der EU manifestiert, sondern in historisch gewachsenen Elementen und

---

[7] Die Rechtsgermanistik hat sich bedauerlicherweise dieses Themas bisher, soweit ich sehe, kaum angenommen.

[8] Vgl. *H. Hattenhauer*, Europäische Rechtsgeschichte (Ius Communitatis), 4. Auflage., C.F. Müller Verlag, Karlsruhe 2004; *passim*; *R.C. van Caeneghem*, Legal History. A European Perspective, The Hambledon Press, London/Rio Grande Ohio USA, 1991, *passim*; *ders.*, An Historical Introduction to Western Constitutional Law, University Press, Cambridge 1995, mit reichen Literaturhinweisen (international und national) S. 296–318; *U. Wesel*, Geschichte des Rechts: Von den Frühformen bis zur Gegenwart, 3. Auflage, C.H. Beck Verlag, München 2006, *passim*; *ders.*, Geschichte des Rechts in Europa: Von den Griechen bis zum Vertrag von Lissabon, C.H. Beck Verlag, München 2010, *passim*; *H. Schlosser*, Neuere Europäische Rechtsgeschichte: Privat- und Strafrecht vom Mittelalter bis zur Moderne, C.H. Beck Verlag, München 2012, *passim*.

[9] Über die europäischen Höchstgerichte in Geschichte und Gegenwart vgl. neuerdings: *A. Wijffels, C.H. (Remco) van Rhee* (Hrsg.), European Supreme Courts. A Portrait through History. Third Millennium Publishers Limited, London 2013, *passim*.

Werten. Diese von Europa aus zu erkennen ist nicht leicht, weil man hier auf dem Alten Kontinent meist den Wald vor lauter Bäumen nicht sieht; wenn man aber im außereuropäischen Ausland, im Mittleren Westen der USA zum Beispiel oder in Japan oder in China, geschweige denn im buddhistischen oder im arabischen Raum den jeweiligen Rechtsunterricht und/oder die jeweilige Rechtspraxis studiert und erlebt, dann ist klar zu sehen, dass sich die Rechtsordnungen in Europa, zumindest in Kontinentaleuropa, als eine eigenartige und — bei allen nationalen Besonderheiten — doch nach außen hin als ziemlich homogen erscheinende Kulturgröße zu erkennen geben. Und obwohl natürlich auch in diesem Bereich Rechtsrezeptionen aller Art viele Unterschiede verwischt haben, gewinnt doch von außerhalb die Rechtskultur Europas an Profil und an Konturen.

Hier also ein paar Elemente, von denen ich glaube, dass sie in ihrem Zusammenspiel und/oder in ihrem Gegenspiel die europäische Rechtsentwicklung entscheidend geprägt und gekennzeichnet haben. An erster Stelle stehen wohl das antike Erbe, besonders jenes Griechenlands, und das römische Recht. Ich nenne ferner das (bes. lateinische) Christentum, zu dem später Naturrecht und Aufklärung hinzutraten. Weiter sind zu erwähnen und zu bedenken: die Monarchie und ihre ständischen Bindungen; Herrschaft und Genossenschaft in ihrem Wechselspiel; Lehnrecht und Beamtenstaat; die Anerkennung des Individuums und die grundsätzliche Justiziabilität von Ansprüchen und Rechten; Absolutismus und Konstitutionalismus; etablierte Ordnung und Revolution; Zentralismus und Föderalismus; Staatsverwaltung und (autonome) Selbstverwaltung; Kodifikation und Dekodifikation und vieles andere mehr. Vor allem aber scheint mir der demokratische Rechtsstaat ein zutiefst europäisches Erbe und eine genuin europäische Errungenschaft zu sein, zu der sich gerade auch die Staaten des ehemaligen Ostblocks bekennen und das auch in viele junge Staaten der Dritten Welt mit mehr oder mit weniger Erfolg — meist leider mit weniger Erfolg! — „exportiert" wurde und wird. Übernimmt nicht, wer sich zu dieser Staatsform bekennt, auch ihre Geschichte? Grundrechte, Gewaltenteilung, Wahlrecht, Minderheitenschutz, Verfassungs- und Verwaltungsgerichtsbarkeit: Sie alle sind nur durch ihre Geschichte in ihrer vollen Dimension zu begreifen und zu verstehen. Nicht zu vergessen die abendländischen Universitäten, die durch die an Sachlogik und Systematik orientierte Art und Weise, in denen Recht an ihnen gelehrt wurde und wird, viel und entscheidend zur Entwicklung dessen beigetragen haben, was wir heute europäische Rechtskultur nennen (können).

Bei alledem ist als selbstverständlich, wenn auch nicht als überflüssig, festzuhalten: Alle diese Elemente haben nicht nur ihre positiven Seiten; sie sind in mancher Hinsicht Irrwege, Abwege, Umwege gegangen und haben nicht selten Negatives zur Rechtsentwicklung beigetragen. Zur Rechtsgeschichte gehört eben, wie die Kehrseite einer Medaille, auch die Unrechtsgeschichte. Auch sie wird ein verantwortungsvoller Umgang mit Europas Geschichte zu berücksichtigen haben! In jedem Falle aber hält die Geschichte Europas eine Reihe von Modellen bereit, die durchaus, freilich *mutatis mutandis,* in die künftige europäische Ordnung, in die künftige europäische *Rechts*ordnung einzubringen sind oder eingebracht werden können. Eine lohnende und wichtige Aufgabe, zu der die Rechtsgeschichte in hervorragendem Maße berufen und befähigt ist!

III. Die *historia iuris* als Studienfach

Nun ein paar Worte und Überlegungen zu dem, was Rechtsgeschichte im akademischen Unterricht als Studienfach zu leisten vermag (und was nicht). In dieser Eigenschaft ist die *historia iuris* vor allem an den juristischen Fakultäten beheimatet und für angehende Juristen von Bedeutung; sie ist und sollte aber auch für jedes andere Studium, besonders für jenes der Geschichte und sonstiger Sozialwissenschaften zur Verfügung stehen oder doch gestellt werden. Nun kann es hier natürlich nicht darum gehen, im Konkreten Vorschläge für den Einbau des Faches in diverse Studienpläne und/oder für die Gestaltung des rechtshistorischen Vorlesungs und Prüfungsbetriebes zu entwickeln. Auch wird man realistischer Weise die Ansprüche an die studentische Jugend und die Hoffnungen auf eine unmittelbare Umsetzung dieser Ideen nicht allzu hoch ansetzen dürfen. Aber verzichten sollte man darauf dennoch nicht. Ich möchte daher, wie auch immer sich die Sache im akademischen Alltag darstellen und bewähren mag, ganz einfach ein paar Argumente für dieses Fach zusammenstellen.

Wir erleben aus mancherlei Gründen in Wissenschaft und Studium eine geradezu explosionsartige Zunahme des Rechtsstoffes und damit einhergehend eine Diversifizierung und Spezialisierung der Jurisprudenz, die manchmal schon fast an eine Atomisierung heranreicht. Man mag diesen Prozess beklagen und man mag sich fragen, ob es wirklich notwendig und zweckmäßig ist, jedes Sondergebiet in das Studium einzubauen, und sei es auch nur in Form von Wahlfachkörben o. Ä.; aufzuhalten oder gar rückgängig zu machen ist diese Entwicklung aber wohl kaum. Hier nun, meine ich, dass der Rechtsgeschichte eine große und bedeutende Aufgabe zukomme. Sie ist es, die — allenfalls neben der Rechtsphilosophie — die großen Zusammenhänge herausarbeiten und darstellen kann. Die *historia iuris* ist im besonderen Maße dazu berufen und geeignet, gleichsam eine Luftaufnahme, *a bird's eyes view*, der gewachsenen Rechtsordnung zu geben und einen Überblick herzustellen über die vielfältigen Strömungen und Gegenströmungen, über die Seitentäler und Umwege, über die Barrieren und Sackgassen der Rechtsentwicklung, den die Lehre des positiven Rechts verständlicherweise nicht leisten kann.

Ich meine überdies, dass die Rechtsgeschichte, die ja *per definitionem* auch (historische) Rechtsvergleichung betreibt, in didaktisch-pädagogischer Hinsicht an vorderster Stelle dazu berufen ist, frei vom Ballast und vom Zwang positivrechtlicher Details gewisse Grundmuster für die Lösung diverser Rechtsfragen anzubieten.

Ich erwähne als einfache Beispiele etwa den Satz *Kauf bricht (oder bricht nicht) Miete*[10] oder die Zulässigkeit bzw. den Ausschluss gutgläubigen Eigentumserwerbs an bestimmten Fahrnissachen nach dem bekannten Rechtssprichwort *Hand wahre Hand*[11].

Schließlich noch ein Punkt, der mir besonders wichtig und beherzigenswert erscheint: Wenn und insoweit die Rechtsgeschichte den Veränderungen der Rechtsordnung(en) im Laufe der Geschichte nachspürt, so ist sie in eben diesem Maße dazu berufen, auf Gefahren und Risiken jeder Rechtsveränderung hinzuweisen. Sie muss mit Entschiedenheit dem Glauben, eigentlich: dem Aberglauben entgegentreten, dass die Entwicklung der Rechtsordnung gleichsam automatisch stets zu einem höheren Grad der Vollkommenheit führe und dass einmal Erreichtes mit einer Art Bestandsgarantie ausgestattet ist. Das Gegenteil ist der Fall: Keine Zeit und keine Rechtsordnung sind frei von Anfechtungen und (der Möglichkeit von) Rückfällen. Anschauungsmaterial dazu kann die *historia iuris* unschwer liefern: *fuerunt exempla, sunt exempla!* Es ist daher jede Generation von Juristen, ob noch in Ausbildung oder schon im Beruf, dazu aufgerufen, um die jeweils optimale Form des Rechts zu kämpfen. Im Besonderen gilt dies für den modernen Rechtsstaat europäischer Prägung! Er und seine Elemente bedürfen ständiger Pflege, Verteidigung, Verbesserung. Er ist eben, wenn man so will, kein Zustand, sondern ein Prozess dauernder Fortbildung, Anpassung und Abstimmung mit den jeweiligen politischen Gegebenheiten und Bedürfnissen[12]. Dass er zu allen Zeiten gefährdet war und ist, zeigt die Erfahrung. Diese Gefahr droht heute nicht so sehr von drastischen Verfassungsumstürzen, wie wir sie etwa im vorigen Jahrhundert leidvoll erfahren mussten; sie droht vielmehr von schleichender Unterminierung, schrittweiser Aushöhlung, vorsätzlicher oder fahrlässiger Missachtung elementarer Rechtsgrundsätze. Selbst die heute immer häufiger festzustellende Absicht des Gesetzgebers, viele Lebensbereiche (immer genauer) zu regeln, ohne die Regelungen dann strikt zu vollziehen, stellt eine Unterminierung des Rechtsstaatsgedankens dar. Die Liste der Gravamina ließe sich fortsetzen.

IV. Conditio humana

Damit sei dieses Plädoyer, das sich noch leicht weiter ausführen, vermehren und vertiefen ließe, fürs erste geschlossen. Ich hoffe klar gemacht zu haben, dass meiner Ansicht nach der Rechtsgeschichte bei der Gestaltung und Fortbildung der europäischen Rechtskultur im Allgemeinen und jener der europäischen Union im Besonderen eine wichtige Rolle zukommt. Wenn sie dazu beitragen kann, dass die

---

[10] Vgl. *K. Luig*, Kauf bricht nicht Miete, in: HRG II, Sp. 1679 f.
[11] Vgl. *W. Ogris*, Hand wahre Hand, in: HRG I, Sp. 698–702.
[12] Vgl. *W. Ogris*, Der Rechtsstaat – eine Einführung, in: *G. Máthé, W. Ogris* (Hrsg.), Die Habsburgermonarchie auf dem Weg zum Rechtsstaat?, Kiadja a Magyar Közlöny Lap, Budapest/Wien 2010, S. 15–32.

conditio iuris in unserem Kontinent eine Gestalt gewinnt, die dem Zusammenleben in Europa ein menschenwürdiges Antlitz im Sinne einer echten *conditio humana* verleiht, so ist ihr Zweck mehr als erreicht. In diesem Sinne kommt mein kleiner Beitrag auch dem Motto nahe, das die Herausgeber dieser Festschrift den Beiträgen vorangestellt haben: *Auf der Suche nach Lebensqualität!*

Werner Ogris

About the standing, tasks and importance of legal history as a field of study

Legal history is, as the name implies, a combination of two academic disciplines: jurisprudence and history. As an interdisciplinary branch of study it is committed to the methods and issues of both fields. Spatially and temporally, it is not bound by any natural limits. Therefore, depending on specific needs, it may address general (global), national or European legal history. Obviously, each of these is divided into various subfields. In today's political situation, European legal history, in the author's view, seems particularly important and relevant. Considered in this light, the *historia iuris* may improve our understanding of European legal culture and its elements (for instance, separation of powers, fundamental rights, constitutional jurisdiction and jurisdiction of administrative courts) and in this way contribute towards the future organization of our European legal system, taking into consideration the idea of *conditio humana*.

CHRISTIAN VON BAR

Die Rolle der Rechtsvergleichung in der Entwicklung des Europäischen Privatrechts

I. Verwandte Rechtsordnungen

Die meisten Länder Mittel- und Osteuropas haben sich aufgemacht, ihr Zivilrecht zu erneuern. Polen arbeitet an einer neuen Kodifikation, Rumänien, Tschechien und Ungarn haben ihre Texte fertiggestellt, Estland feiert bereits das zehnjährige Bestehen seines Schuldrechtsgesetzbuches. Vor diesem Hintergrund *Romuald Derbis*, dem Dekan meiner Tschenstochauer Gastfakultät, mit einigen Zeilen über die Rolle der Rechtsvergleichung in der Herausbildung eines Europäischen Privatrechts zum Geburtstag zu gratulieren, ist vielleicht nicht unangemessen. Die meisten dieser neuen Gesetzgebungswerke sind schließlich auf der Grundlage rechtsvergleichender Vorarbeiten entstanden. Inzwischen, nachdem neben dem estnischen auch das slowenische und das litauische Schuldrechtsgesetzbuch ihre ersten Bewährungsproben schon bestanden haben, macht sich mancherorts bereits wieder Normalität breit. Es geht schon wieder darum, das eigene Gesetz wissenschaftlich zu begleiten und seine Praxistauglichkeit zu festigen. Der Wissenschaftsbetrieb befasst sich wieder mit dem eigenen Recht, nicht mehr so sehr mit ausländischer Gesetzgebung, Rechtsprechung und Literatur. Im Spiegel der Letzteren mag man sich der Richtigkeit des eingeschlagenen Weges versichern und prüfen wollen, ob selbst nach so kurzer Zeit doch schon wieder einzelne Reformschritte nötig werden. Sonst aber bleibt fremdem Recht i.d.R. nur noch die Rolle eines Lückenfüllers; man wird es dann zu Rate ziehen, wenn das zur Klärung von Fragen angezeigt ist, die hierzulande noch nicht zureichend analysiert werden konnten.

Der Blick geht dann oft nach Deutschland. Das macht vor allem dort einen Sinn, wo das deutsche die Rolle einer Mutter- und das neue Zivilrecht die Rolle einer Tochterrechtsordnung hat. So verhält es sich z.B. in Estland. Stilprägende Elemente des estnischen Schuldrechtsgesetzbuches sind dem deutschen Recht entlehnt worden. Beispiele unter vielen liefern das deliktsrechtliche Rechtswidrigkeitskonzept, das Recht der ungerechtfertigten Bereicherung und die komplizierte Lehre von der Geschäftsführung ohne Auftrag. Ähnliches begegnet in vielen Teilen der Europäischen Union, etwa in den Beziehungen zwischen Portugal und Italien, zwischen Zypern oder der Isle of Man[1] und England, zwischen Belgien und Frankreich, Finnland und Schweden, Tschechien und Österreich sowie zwischen Griechenland und Deutschland. In nahe verwandten Rechtsordnungen verfolgt man die Entwicklungen auch in dem Land, aus dem man die betreffende Regelung übernommen hat. Deutschland ist — im Maßstab des kleinteiligen Europas — außerdem bereits ein „großes" Land; jedenfalls verfügt es über eine vergleichsweise reichhaltigere Kasuistik und rechtswissenschaftliche Literatur als manch „kleineres" Land der Union. Man mag sich deshalb, wenn man das möchte, aus ihr auch in Zukunft noch inspirieren lassen.

II. Informationen und Urteile über ausländisches Recht

Das ist zwar „nur" eine bestimmte Form praktischer Nutzanwendung rechtsvergleichender Forschung, aber sie ist wenigstens auf ein konkretes Ziel ausgerichtet und deshalb werthaltig. Gleichzeitig trägt sie, wenn auch in bescheidenem Maße, zu dem Erhalt von Vernetzungen zwischen den europäischen Privatrechtssystemen bei. Das lässt sich keineswegs von jeder Beschäftigung mit fremdem Recht sagen, auch nicht, wenn sie als Rechtsvergleichung ausgeflaggt wird. „Rechtsvergleichung" ist ein Wort aus der Welt der Nationalstaaten, eine Bezeichnung, die viele Juristen auch heute noch in die Irre führt. Meistens assoziieren sie mit dem Wort „Rechtsvergleichung" die unter den Bedingungen des 19. und des frühen 20. Jahrhunderts geborene — triviale — Vorstellung, dass es sich darum handele, Konzepte mindestens zweier nationaler Rechtsordnungen nebeneinander zu legen, herauszufinden, worin sich das Recht von A und das Recht von B gleichen bzw. unterscheiden, und schlussendlich mitzuteilen, welches von ihnen das „bessere" sei. Vor hundert Jahren galt natürlich stets das eigene Recht als „besser", und glaubt man der Law Society of England and Wales, dann gibt es im Nordwesten der Union Gebiete, in denen sich diese Grundüberzeugung bis heute erhalten hat[2]. Zum Standardrepertoire des deliktsrechtlichen Schrifttums meines Landes gehören indignierte Äußerungen über die „Generalklausel" des französischen Haftungsrechts;

---

[1]   Zu ihr jetzt eindrucksvoll *M. Zillmer*, Die Rechtsordnung der Isle of Man — mit Schwerpunkt im Wirtschaftsrecht, verglichen mit dem englischen Recht, Universitätsverlag Osnabrück 2012, Schriften zum IPR Band 34, *passim*.

[2]   *Law Society of England and Wales*, England and Wales: The jurisdiction of choice. Dispute resolution, London 2008, *passim*. Der Justizminister des Vereinigten Königreiches erläutert darin, er sei "committed to supporting the legal sector's success on the international stage. I am therefore delighted to introduce this brochure by the Law Society promoting England and Wales as the jurisdiction of choice for the resolution of disputes arising over the world" (aaO S. 5).

die Standardlehrbücher des französischen Rechts dagegen sind so sehr in die Eleganz des eigenen Systems vernarrt, dass ihnen der Gedanke an einen Blick nach draußen i.d.R. gar nicht erst kommt. Immerhin blieb man in Frankreich selbstbewusst genug, nicht in den Chor der Rechtsvergleicher einzustimmen, deren Refrain in den letzten Jahrzehnten des vergangenen Jahrhunderts — genau umgekehrt — lautete, dass die Kirschen in Nachbars Garten röter seien (oder, wie man in England sagt, das Gras des anderen grüner wäre) als die eigenen. Mancher deutsche Autor, der nach dem Zweiten Weltkrieg aus dem Studienaufenthalt in den USA zurückkam, tendierte dazu, die Richtigkeit seiner neuen Ideen damit zu beweisen, dass der Supreme Court of Alabama die Sache ähnlich sähe wie er. Erst heute, wo wir bereits an der Schwelle zu einem Europäischen Kaufrecht stehen, schwingt das Pendel wieder zurück. Die Internationalität, mit der sich die karriereförderliche Dissertation des jungen Politikers noch hatte anreichern lassen, war so europafreundlich nun auch wieder nicht gemeint! Rechtlicher Chauvinismus und rechtlicher Narzissmus machen sich wieder breit[3]. Kaum etwas „Europäisches" hat in den letzten Jahren die Gemüter von Privatrechtlern so sehr bewegt, wie der *Draft Common Frame of Reference* (DCFR) und der aus ihm hervorgegangene Entwurf des Europäischen Kaufrechts. Sachlich gerechtfertigt ist diese Aufregung nicht; es geht um Emotionen. Regelungen, die weit tiefer in nationale Souveränität eingreifen (z.B. im Recht der Anerkennung ausländischer Entscheidungen und im internationalen Insolvenzrecht) passieren den Gesetzgebungsprozess beinahe unbemerkt von jedem literarischen Echo — alles, nur nicht ein Europäisches Kaufrecht, tönte es aus deutschen, französischen und englischen Zirkeln.

Sorgen vor Überfremdung und dem Verlust von Herrschaftswissen machen sich hier breit. Haben wir, die wir uns als Rechtsvergleicher fühlen, etwas falsch gemacht, nicht zureichend reflektiert, was unser Wissenschaftszweig Europa geben kann und will? Internationalität ist menschlich wichtig, weil sie Vertrauen bildet, fachlich aber ist sie solange unergiebig, wie sie nur um ihrer selbst willen gepflegt wird. Wissenschaftstourismus bringt keinen Erkenntnisgewinn. Das Wissen vom Recht mehrt jemand bestenfalls marginal, wer eine einzelne Regel als italienische, griechische oder polnische identifizieren kann. Solches Wissen hilft im Internationalen Privat- und Privatverfahrensrecht, und zwar natürlich nicht nur dann, wenn die entsprechenden EU-Verordnungen korrekt interpretiert sein wollen[4], sondern namentlich dann, wenn in einem Einzelfall ausländisches Recht anzuwenden ist.

---

[3] Dazu *Ch. von Bar*, Konkurrenz der Rechtsordnungen und „Law made in Germany", in: *M. Bonell, M.L. Holle, P. Nielsen* (Hrsg.), Liber Amicorum Ole Lando, DJØF Publishing, Kopenhagen 2012, S. 13–25.

[4] Ein schönes Beispiel bildet Art. 13 der Rom I-Verordnung. Die Vorschrift spricht in ihrer deutschsprachigen Fassung von „Rechts-, Geschäfts- und Handlungsfähigkeit", doch ergibt im Kontext dieser Norm der Begriff der „Handlungsfähigkeit" keinen vernünftigen Sinn. Was hier gemeint ist, erschließt sich nur vor dem Hintergrund von juristischen Konzepten wie der (durch Volljährigkeit erworbenen) *capacità di agire* des italienischen Rechts.

Es wird Gerichten heute viel abverlangt; verbraucher- und geschädigtenfreundliche europäische Zuständigkeitsregeln lassen die Zahl der Verfahren, in denen es streitentscheidend auf fremdes Recht ankommt, geradezu explosionsartig in die Höhe schnellen. Auch die Regeln über die Freizügigkeit von Gesellschaften nötigen inzwischen zu den erstaunlichsten Judikaten. Beim Berliner Kammergericht war z.B. jüngst nachzulesen, was ein deutsches Amtsgericht alles zu beachten hat, wenn eine „englische PLC" (was immer das Gericht damit gemeint haben mag) Gründungsgesellschafterin einer deutschen GmbH werden möchte. Die „PLC" werde zwar, so das Kammergericht, durch ihren „director rechtsgeschäftlich vertreten. Für die Erfüllung der formalen Erfordernisse ist jedoch der Company Secretary verantwortlich […]. Der Company Secretary wird in der Regel vom Geschäftsführer bestimmt. Gesellschaften mit einem einzigen Geschäftsführer […] können [ihn] nicht zusätzlich zum Company Secretary bestellen"[5]. Ich habe keine Ahnung, ob das stimmt; mir stockt der Atem schon angesichts der bloßen Überforderung des armen, mit Akten überhäuften Registerrichters erster Instanz.

Wollten wir, die Riege der an ausländischen Rechtsordnungen interessierten akademischen Juristen, unseren Gerichten wirklich helfen, müssten wir zusammenstehen und den Justizministern unserer Länder einige über die Union verteilte multilinguale Informationszentren zum Recht in den Mitgliedstaaten der Europäischen Union abringen, jedes personell, sachlich und finanziell hinreichend ausgestattet, um in der Sprache des anfragenden Gerichts zuverlässige Informationen über den Inhalt der Zielrechtsordnungen geben zu können, für die das Zentrum zuständig ist. Das Londoner Europäische Übereinkommen betreffend Auskünfte über ausländisches Recht[6] war gut gemeint; es funktioniert aber einfach nicht. In meinem Lande werden Informationen über ausländisches Recht weiterhin bei den Universitätsinstituten eingeholt, die sich die Akten gegenseitig zuschieben und im Prinzip mit ihnen völlig überfordert sind. Es ist ein Skandalon an der Grenze zur Rechtsverweigerung, und es erschüttert mich, wie wenig Notiz von ihm genommen wird. Ihn aus der Welt zu schaffen wird aber schwierig sein. Bloß kein Europäisches Kaufrecht, Sie wissen schon. Aber deshalb wenigstens in ein leistungsfähiges Informationssystem investieren? Viel zu teuer, wird man sagen. In unserem Osnabrücker Institut haben wir es mit einer umfangreichen, mehrere zehntausend Einzelnachweise deutschsprachiger Informationen über ausländisches Recht bereitstellenden Bibliographie versucht[7]. Aber auch sie hilft nur mäßig; entweder findet sich in unseren Nachweisen die Antwort auf die fallentscheidende Frage eben doch nicht, oder es beharren Parteien und Gericht unbeirrt weiter auf einem ausgearbeiteten Gutachten. Es gibt noch immer Haftpflichtversicherungen in Europa, denen die Disproportionalität zwischen Streitwert und Gutachtenkosten nichts auszumachen scheint.

---

[5] KG 22.2.2012, ZIP 2012, S. 1462, 1463.

[6] Abgedruckt u.a. in BGBl 1974 II, S. 938.

[7] *Ch. von Bar*, Ausländisches Privat- und Privatverfahrensrecht in deutscher Sprache, 9. Auflage, Sellier European Law Publishers, München 2013, *passim*.

III. Belanglose Internationalität

Wo es darum geht, die durch die zufälligen Umstände eines Einzelfalles vorgegebene Aufgabe zu lösen, den Inhalt eines konkreten Rechtssatzes einer einzelnen ausländischen Rechtsordnung zu ermitteln, da hängt von der richtigen Antwort zwar für die Parteien viel ab; wissenschaftlich aber lässt sich mit solchen Zufallsfunden in aller Regel nicht viel anfangen. Das gilt auch für den einen oder anderen „wissenschaftlichen" Aufsatz, der aus solchen Gutachten hervorgeht. Was z.B. hat man schon davon, zu erfahren, dass sich die Regel, wonach sich das bürgerlichrechtliche Eigentum nur auf „körperliche Gegenstände" beziehe, nicht nur in Deutschland und in Polen, sondern auch in Griechenland, den Niederlanden und in Estland nachlesen lässt? Ein wenig Selbstversicherung für Juristen aus diesen Ländern vielleicht, aber sonst? Der stolze Autor kann ein achselzuckendes „Dann ist das halt so" seiner nicht an Rechtsvergleichung interessierten Kollegen schließlich nur schwer parieren. Auch eine Zitrone bleibt eine Zitrone, wenn sie nicht aus Kreta sondern aus Sizilien stammt.

IV. Political correctness

Geradezu bedrohlich wird es, wenn man sich nur deshalb international gibt, um im Trend zu liegen und „politisch korrekt" zu sein. Ich versage es mir, schlechte Rechtsvergleichung am Beispiel des sog. Bolognaprozesses zu demonstrieren, an dessen Ende sich die akademische Welt nun plötzlich auch von Coimbra bis Tartu und nicht nur von Galway bis East Anglia in Bachelor und Master gliedert. Wir würden die deutsche Juristenausbildung wohl endgültig ruinieren, wenn auch wir uns auf dieses System umstellen würden[8]. Ein belgischer Kollege machte mich vor kurzem auf das neue Rwanda Contract Law aufmerksam, ein umfangreiches Gesetz, das er mit dem Satz kommentierte, es sähe aus, als habe ein Jurist des Common Law versucht, den Code Napoléon zu verstehen! Ich habe mir ein eigenes Urteil noch nicht gebildet, denke aber, für Europa beobachten zu können, dass hier die Dinge manchmal ähnlich liegen, wenn auch mit veränderten Vorzeichen. Zu viele Leute versuchen viel zu schnell, das Common Law zu verstehen und zu kopieren, und so findet sich der *trust* plötzlich im Herzen des Kontinents in dem neuen tschechischen Zivilgesetzbuch wieder[9].

---

[8] Mit Recht kritisch gegenüber den „Tendenzen der deutschen Juristenfakultäten, durch Erleichterung der Studien- oder Promotionserfordernisse ihre Attraktivität für ausländische Juristen oder Studenten vor allem im Bereich des Privatrechts zu erhöhen", *G. Matsos*, Rechtswissenschaftliche Ausbildung in Deutschland: attraktiver zu machen?, GPR 2012, S. 225 (Editorial).

[9] §§ 1448–1474 tschech. BGB [2014]. Diese Bestimmungen sind mit nur sehr geringfügigen technischen Änderungen aus den Art. 1260–1370 des Civil Code of Québec übernommen worden (*K. Eliáš et al.*, Nový občanský zákoník s aktualizovanou důvodovou zprávou a rejstříkem, Ostrava 2012, S. 580).

V. Rechtskreise

Wir sind bei einer weiteren Stereotype der Rechtsvergleichung: der Überzeugung, dass sich die Rechtsordnungen dieser Erde sauber in Rechtskreise (oder Rechtsfamilien) einteilen ließen. Das hält näherer Prüfung zwar schon lange nicht mehr stand, ist aber so tief im Bewusstsein der Menschen verankert, dass es kaum Erfolg verspricht, auf die Defizite dieses Ordnungsversuchs hinzuweisen. Die Rechtskreislehre täuscht intellektuelle Sicherheit vor, wo keine ist, provoziert leichthändige Thesen, deren Autoren nicht bereit sind, sich anzustrengen. Vor allem wirkt die Rechtskreislehre ab- und damit ausgrenzend. Sie hat, so betrachtet, auch eine politische Dimension. Wenn man aber innerhalb der Europäischen Union überhaupt noch in Rechtskreisen denken will, dann muss man sie von Teilrechtsgebiet zu Teilrechtsgebiet anders zuschneiden. Im Deliktsrecht verläuft die große europäische Trennlinie weder entlang des Kanals noch durch die Ostsee; sie verläuft entlang des Rheins. Estland und Lettland bilden weder Teile eines „baltischen Rechtskreises", noch kann es ihr Selbstbewusstsein dulden, kurzerhand dem „deutschen" bzw. dem „französischen" Rechtskreis zugeschlagen zu werden. Dasselbe gilt für Polen. Mit solchen Sätzen fiele man in die Sprache des 19. Jahrhunderts zurück; sie darf nicht wieder die Sprache unserer Zeit werden. Außerdem liegen innerhalb der jeweiligen, die Europäische Union angeblich spaltenden „Kreise" sowieso je nachdem unterschiedliche Jurisdiktionen, ob man auf die Inhalte des Rechts, seine systematische Präsentation, sein methodisches Instrumentarium oder z.B. ganz einfach darauf abstellt, welche Begründungskultur die Gerichte eines Landes bei der Abfassung ihrer Entscheidungen leitet[10].

VI. Die Union als *ein* Raum des Rechts

Müsste ich die Rolle der Rechtsvergleichung bei der Schaffung eines Europäischen Privatrechts in einem Satz zusammenfassen, würde ich sagen: es geht darum, genauer hinzuschauen. Nur das kann uns, allen Widerständen zum Trotz, in die Lage versetzen, die Union als *einen* Raum des Rechts und unsere nationalen Jurisdiktionen als lokale Ausprägungen dieses einen übergreifenden Ganzen zu verstehen. Die Rolle der Rechtsvergleichung bei der Schaffung eines Europäischen Privatrechts besteht nicht darin, einer umfassenden Harmonisierung unserer nationalen Rechtsordnungen das Wort zu reden; sie ist bzw. wäre, je nach Standpunkt, ein Traum oder ein Albtraum, jedenfalls ein Politikum. Natürlich reizt es viele Rechtsvergleicher, an dieser politischen Arbeit mitzuwirken, aber sie ist nicht ihre eigentliche Aufgabe. Ein zu einem Gesetzestext geronnenes Einheitsrecht ist und bleibt ein schwierig zu handhabendes, sperriges Produkt. Juristen identifizieren sich nicht mit ihm; es erzeugt zu wenig positive Emotionen. Das hat viele Gründe, unter ihnen

---

[10] Dazu eindrucksvoll *L. Tichý, P. Holländer, A. Bruns* (Hrsg.), Oduvodneni Soudniho Rozhodnuti — The Judicial Opinion — Begründung von Gerichtsentscheidung, Prag 2011, *passim*.

die Lückenhaftigkeit des Einheitsrechts und seine artifizielle Fixierung auf grenz-
überschreitende Sachverhalte. Europäisches Einheitsrecht kann aber leicht die Qualität des nationalen Rechts erreichen, ja sie sogar überbieten und jedenfalls dieselbe
Faszination wecken, die dem autonomen Recht innewohnt; die Verordnungen zum
Internationalen Privatrecht legen davon reiches Zeugnis ab. Voraussetzung dafür ist
jedoch eine zureichende Gesetzgebungskompetenz und im Sachrecht existiert sie
nicht. Es ist nicht so, dass man im Interesse der Qualitätserhaltung den Gesetzge-
bungskompetenzen der Union Grenzen setzen müsste; es ist vielmehr so, dass die
begrenzte Legislativkompetenz der Union den Resultaten Grenzen setzt, die sie erzielen kann. Das Unionsprivatrecht ist das Opfer, nicht der Täter.

VII. A Common Law Approach to European Private Law

Aus dieser flirrenden Interessenvielfalt wird auch akademische Rechtsvergleichung
nicht heraushelfen. Sie kann aber ihr Saatgut ausbringen, indem sie das Bestehende
sorgfältig sichtet, jeder nationalen Rechtsordnung die Möglichkeit zu einer privat-
rechtlichen Standortbestimmung eröffnet und alle Interessierte in die Lage versetzt,
sich ungezwungen an die Frage heranzutasten, wie weit sie gemeinsam gehen wollen. Lord Neuberger of Abbotsbury, seinerzeit Master of the Rolls und inzwischen
Präsident des UK Supreme Court, hat in unnachahmlicher Doppelbödigkeit mitten
in Berlin die Frage, wie bzw. wohin sich das Europäische Privatrecht entwickeln
solle, mit dem Satz beantwortet: „[M]y answer is that its development should learn
from the common law (just as the common law will, as it has always done, learn
from European law). […] If European law is to develop its full potential in the
future, it needs a fresh approach: it needs a common law approach"[11]. Es mag
überraschen, aber ich stimme dem über weite Strecken durchaus zu. Europäische
Rechtswissenschaft und europäische Justiz können sich oft viel elastischer und
unverkrampfter aufeinander zu bewegen als europäische Regierungen und Ge-
setzgebungskörperschaften.

   Das Problem freilich bleibt: wie könnte denn ein „common law approach" im
Europäischen Privatrecht konkret aussehen? Verbirgt sich hinter dem eleganten
bonmot nicht etwa doch nur die These, dass am besten gar nichts geschieht und man
die Dinge sich selbst überlässt? Europäisches Privatrecht ist ein *mixtum compositum*
aus Unionsprivatrecht und den autonomen Privatrechten der Mitgliedstaaten. Die
Schlüsselprobleme seiner Erforschung sind schnell benannt: die schiere Menge des
Materials, die Sprachen-, System- und Methodenvielfalt, und nicht zuletzt der Mangel an Forschungsmitteln zu ihrer Durchdringung. An Aufrufen, was und wen man
bei der Entwicklung des Europäischen Privatrechts — Lord Neuberger's European
common law — alles berücksichtigen solle, herrscht wahrlich kein Mangel. Unser

---

[11] *Lord Neuberger of Abbotsbury*, Towards a Europan Law?, Australian Bar Association Conference Berlin, <www.scribd.com/doc/59598543/TOWARDS-A-EUROPEAN-LAW-LORD-NEUBERGER-
OF-ABBOTSBURY-MASTER-OF-THE-ROLLS-Berlin-Lecture-July-2011> [Stand: 31.01.2014].

Heidelberger Kollege Baldus z.B. mahnt uns, „ganz Europa" habe „ein Interesse daran, dass die Rechtskulturen des europäischen Südens überzeugend ihre Rechte (und Rechtssprachen) verbreiten. Sie sind das große Labor des juristischen Europas"[12]. Recht hat auch er. Aber solche Sätze gelten nicht minder auch für den Westen, den Osten und den Norden der Union; ihre Regionen dürfen sich nicht gegeneinander ausspielen lassen, weder die Lateiner gegen die Insulaner, noch der traditionsverhaftete Westen gegen diejenigen, die im Osten bereits auf neuem Grund stehen. Ich zitiere noch einmal Professor Baldus, der in demselben Aufsatz feinfühlig hinzufügte: „Wenn französisches Privatrecht trotz seines dogmatischen Niveaus seit Mitte des 19. Jahrhunderts kontinuierlich an Einfluss verliert, dann auch wegen seiner Selbstbezogenheit und Befangenheit in den eigenen Begriffen, wegen der Langsamkeit und Hierarchiebindung akademischer Kommunikation." Auch das ist richtig, aber es ist auch eine Mahnung an uns alle.

Moderne Rechtvergleichung muss deshalb zuvörderst einen geistigen Aufbruch versuchen. Sie sollte sich nach meinem Dafürhalten aufmachen, in ihren Texten möglichst *alle* Rechtsordnungen der Mitgliedstaaten zu durchdringen und auf ein einziges „Bild darüber" zu projizieren. Den Grund für ein Common European Private Law werden wir nur legen, wenn wir Stück für Stück unser Privatrecht gesamteuropäisch entschlüsseln, wenn es uns Rechtsgebiet für Rechtsgebiet gelingt, nationale Rechtsverschiedenheit als natürliche Meinungsvielfalt innerhalb ein und desselben Rechtsraumes zu deuten. Das ist wirklich schwierig und anspruchsvoll. Denn es nötigt nicht nur dazu, auf einer weitaus größeren Informationsgrundlage zu arbeiten als der, die ein national arbeitender Jurist bewältigen muss. Es nötigt vielmehr auch zu einem ganz neuen methodischen Ansatz und vor allem immer wieder dazu, alte Fragen in einem europäischen Licht neu zu stellen, darunter immer auch Fragen an unser eigenes System. Wissenschaftlich einen europäischen „common law approach" zu verfolgen — das setzt eine ganz anders beschaffene Infrastruktur voraus als die traditionelle juristische Individualforschung. Es bedarf der Arbeit im Team, weil ein Forscher allein weder die Sprachen der Union beherrschen noch die in ihr vorhandene Datenmenge erschließen kann.

Vor allem aber bedarf es der Entwicklung einer eigenen gesamteuropäischen Dogmatik — oder, wenn das Wort „Dogmatik" schon wieder fremd und verstaubt klingen sollte — der Entwicklung einer europäisierbaren juristischen Sprache und eines juristischen Systems. Beides ist möglich; wir haben es in einem Buch über das außervertragliche Haftungsrecht zu zeigen versucht[13], und wir probieren derzeit etwas Ähnliches im Sachen- oder Eigentumsrecht. Hier liegen die Dinge sicher noch um einige Potenzen schwieriger als im Deliktsrecht, weil — ich kann das nur andeuten — jedes Wort, jedes juristische Konzept, jedes Gliederungsschema neu bedacht und evaluiert sein will: „Sache", „Eigentum", „Besitz", „Mobilie" und

---

[12] *Ch. Baldus*, Europäischer Süden und Europäisches Privatrecht, GPR 2012, S. 105.
[13] *Ch. von Bar*, The Common European Law of Torts, vol. 1 Oxford 1998; vol. II Oxford 2000, *passim*.

„Immobilie", „absolutes Recht" — nichts davon versteht sich von selbst, nichts davon kann ungeprüft in ein „europäisches common law" überführt werden, nichts davon ist mit „funktionaler Rechtsvergleichung" im Stil der 60er-Jahre des vergangenen Jahrhunderts zu packen. Man muss also bereit sein, sich einzulassen auf eine Art Metaebene, auf den Versuch einer neuen Beschreibung dessen, was uns eint und was uns trennt. Ein solches Unterfangen wird zwar auch seinerseits Abstoßungsreaktionen erzeugen. Natürlich ist es auch fehleranfällig. Aber es schlägt erste Schneisen in den chaotischen Dschungel aus tradierten Konzepten und partikulären rechtspolitischen Entscheidungen. Dass es sich nicht derselben Rezeptionsintensität sicher sein kann, wie ein klassisches Lehr- und Handbuch zu einem Teilrechtsgebiet eines einzigen nationalen Rechts, ist ebenso richtig wie der Umstand, dass sich solche Bücher derzeit noch nicht „lebendig" erhalten lassen, indem sie in Neuauflagen aktuelle Entwicklungen korrekt nachzeichnen; auch das erfordert einen Aufwand, den im Moment keiner finanziert. Gleichwohl denke ich, dass mit solchen Büchern und den sie begleitenden Casebooks[14] ein erster entscheidender Schritt in Richtung auf ein „europäisches common law" gegangen werden kann. Es mag sogar sein, dass solche Studien auch für die Weiterentwicklung des echten (gesetzlich fixierten) Unionsrechts nennenswerte Relevanz entfalten. Das Eigentumsrecht ist ein gutes Beispiel. Obwohl Art. 345 AEUV einen direkten Einfluss auf die Eigentumsordnungen der Mitgliedstaaten ausschließt, operiert das Unionsrecht doch mit einer Vielzahl von indirekten Anknüpfungen an sachenrechtliche Kategorien. Wo immer z.B. grenzüberschreitend von Kauf die Rede ist, geht es am Ende auch um „Eigentum", ohne dass jedoch die Beteiligten wirklich genau wüssten, worum es sich dabei jeweils handelt. Im Schadensersatzrecht der Produkthaftung ist Eigentum nicht minder vorausgesetzt als im Recht zur Verhinderung unerlaubten Kulturgütertransfers, in den Verordnungen zum Internationalen Privatrecht nicht minder als in den Regeln des Beihilferechts. Selbst wo von „Immobilien" oder „Grundstücken" die Rede ist, wird stillschweigend auf nationales Recht verwiesen, ohne sich mit dessen konzeptioneller Vielfalt auch nur ansatzweise auseinanderzusetzen bzw. auseinandersetzen zu können.

VIII. Regelbildung

Diese Form rechtsvergleichenden Arbeitens ist aber nur eine von vielen. Im Vertragsrecht, in dem die Europäisierung des Rechts bislang die meisten konkreten Fortschritte erzielt hat, ist ein dieses Gebiet in ganzer Tiefe und Breite europäisch auslotendes Handbuch nie erschienen, und ich weiß auch von niemandem, der derzeit daran arbeiten würde. Man ist hier gewissermaßen den zweiten Schritt vor dem ersten gegangen. Die Lando-Principles und der DCFR sind direkt zu einer

---

[14] Ein glanzvolles Beispiel ist der von *S. van Erp* und *B. Akkermans* in der Serie Jus Commune Casebooks for the Common Law of Europe herausgegebene Band Cases, Materials and Text on Property Law, Oxford 2012, *passim*.

gesamteuropäischen Regelbildung „durchgestartet". Das war gleichfalls sinnvoll
und hat sich aus heutiger Sicht als besonders erfolgreich erwiesen. Der DCFR ge-
hörte zeitweilig zu den am häufigsten übersetzten und meistzitierten akademischen
Rechtstexten der Welt. Es gibt also Materien — und auch in diesem Punkt stimmen
Lord Neuberger und ich vollkommen überein — in denen gilt: Comparative law is
not enough. „We must go beyond it. A synthesis of our national traditions is necessary if we are to identify general principles which underpin the different traditions
of the European member states. And once that is done, they should be assessed
according to their practical utility, and if implemented they should be capable of
effective judicial interpretation". Von diesem Punkt an ist die Aufgabe der Rechtswissenschaft erfüllt; es ist von nun an Sache der Rechtspolitik, was sie aus den For-
schungsergebnissen machen will.

IX. Schluss

Meine Antwort auf die Frage, worin die Rolle der Rechtswissenschaft beim Aufbau
einer Europäischen Privatrechtsordnung besteht, lautet also, dass die Rechtsvergleichung ein Transmissionsriemen in eine europäische Zukunft ist, in der lokale Parti-
kularitäten auf ein gemeinsames juristisches Gesamtsystem bezogen werden.
Rechtsvergleichung wird dann kein besonderer Zweig der Rechtswissenschaft mehr
sein. Sie wird sich wie alle Rechtswissenschaft nur noch mit der Identifizierung von
guten und schlechten Rechtsregeln befassen, oder anders formuliert: Das, was wir
heute noch Rechtsvergleichung nennen, wird sich dann nicht mehr im Text, sondern nur noch in den Fußnoten abspielen.

Christian von Bar

The role of comparative law in the making of European private law

This article describes the role of comparative law in the making of European private law. It criticizes the notion of and some traditional approaches to comparative
law and proposes a common law method for the development of a modern *ius commune europaeum*. The legal systems of the European Union should be understood as
mere local manifestations of a common heritage. European private law is a *mixtum
compositum* of Union law and the sum of member states' national laws. The science
of private law should try to make the latter visible in its entirety. The article describes some of the fundamental difficulties inherent in that approach.

De oeconomia

Anna Deryng

Wpływ zasady wolności działalności gospodarczej na poczucie jakości życia współczesnego człowieka — próba analizy

I. Wprowadzenie

Tworzenie jest lepszym sposobem wyrażania siebie niż posiadanie; to właśnie przez tworzenie, a nie przez posiadanie objawia się życie.

Timothy Ferris[1]

Wolność działalności gospodarczej[2], zwana też wolnością przemysłową[3], wolnością gospodarczą[4], wolną przedsiębiorczością, wolnością gospodarowania[5], wolnością ekonomiczną, wolnością handlu, wolnością zawodu, wolnością zarobkowania czy swobodą gospodarczą, wiąże się nierozerwalnie z narodzinami kapitalizmu[6]. Idea ta pozwoliła wyzwalającemu się spod jarzma panujących stosunków feudalnych stanowi trzeciemu (franc. *tiers état*, ang. *commons*), głównie mieszczaństwu, na prowadzenie

---

[1] T. Ferris, *4-godzinny tydzień pracy. Uwolnij się od schematu od 9 do 17. Dołącz do niezależnych finansowo*, MT Biznes sp. z o.o., Warszawa 2011, s. 223.

[2] C. Kosikowski, *Zakres wolności gospodarczej*, „Przegląd Ustawodawstwa Gospodarczego" 1995, nr 9, s. 2–3; zob. również E. Fromm, *Niech się stanie człowiek*, Wydawnictwo Naukowe PWN, Warszawa 2005, s. 184–186.

[3] K. Sobczak, *Wolność gospodarcza w kręgu problemów konstytucyjnych*, „Przegląd Ustawodawstwa Gospodarczego" 1996, nr 3, s. 4–5.

[4] K. Sobczak, *Gospodarka w ujęciu konstytucyjnym*, „Przegląd Ustawodawstwa Gospodarczego" 1997, nr 12, s. 2–5.

[5] P. Sarnecki, *Wolność gospodarowania*, „Gazeta Prawna" 1997, nr 12, s. 29–30.

[6] Szerzej E. Kosiński, *Wolność gospodarcza i konkurencja jako elementy ustroju gospodarczego państwa*, „Radca Prawny" 2005, nr 5, s. 8–9.

w swobodny sposób działalności gospodarczej, obracanie kapitałem i w efekcie na osiąganie zysków w większych rozmiarach, wcześniej od czasów średniowiecza uznawanych za niegodne chrześcijanina[7]. Najprościej rzecz ujmując — pozwoliła mieszczanom bogacić się i w ten sposób podnieść swój status społeczny, dorównując znajdującej się ówcześnie na szczycie drabiny społecznej szlachcie[8].

Bez wątpienia, decyzja o założeniu własnej działalności gospodarczej to ważny i przede wszystkim odważny krok, łączący się zazwyczaj z dużą zmianą naszego dotychczasowego stylu i jakości życia. Może ona pociągnąć za sobą podniesienie jakości i poczucia jakości życia, jeśli zostaną spełnione warunki posiadania swobody działania, poczucia odpowiedzialności, wyznawania odpowiednich wartości, rozwijania pasji życia i dochodowości przedsięwzięcia. Dlatego tak ważne w kontekście podjęcia postanowienia o własnej działalności gospodarczej jest to, by mieć odpowiednią i wystarczająco silną motywację[9]. Być może taką właśnie motywacją powinno być osiągnięcie poczucia szczęścia w postaci doznania niezależności i satysfakcji z poszczególnych dziedzin życia?

W niniejszym opracowaniu podejmuję próbę pokazania związku między wolnością gospodarczą, wypływającą z konstytucyjnej zasady wolności działalności gospodarczej a jakością i poczuciem jakości życia człowieka. Pominięty zostanie drugi i zdecydowanie szerszy aspekt praktyki prawnej, dotyczący stosowania ustawy z dnia 2 lipca 2004 r. o swobodzie działalności gospodarczej[10]. Wymaga on bowiem dalece obszerniejszego studium, obejmującego chociażby zagadnienia takie jak niejednolite rozumienie definicji przedsiębiorcy[11] czy samo pojęcie działalności gospodarczej[12]. Z uwagi na podjęty temat pracy zwrócę uwagę na aspekty psychologiczne analizowanych zagadnień, próbując w miarę możliwości odpowiedzieć na pytanie, jakie są wyznaczniki poczucia jakości życia w kontekście konstytucyjnej zasady wolności działalności gospodarczej. W tym ostatnim ujęciu szczególnie cenną pracą jest

---

[7]　A. Deryng, *Interpretacja zasady wolności działalności gospodarczej w praktyce konstytucyjnej Rzecznika Praw Obywatelskich w Polsce. Zagadnienia wybrane*, [w:] *Uwarunkowania rozwoju przedsiębiorstw w zmiennym otoczeniu*, red. P. Antonowicz, Wydawnictwo UG, Sopot 2012, s. 41–50.

[8]　M. Zdyb, *Wolność działalności gospodarczej w Konstytucji RP*, „Rejent" 1997, nr 5, s. 145–146.

[9]　Szerzej R.E. Franken, *Psychologia motywacji*, GWP, Gdańsk 2006, s. 468–470. Przykładowo zdaniem H. Murray, „potrzeba sukcesu ma charakter ogólny. Podobnie jak inni badacze był zdania, że przyjemność, jaką się odczuwa, odnosząc sukces, nie wynika z osiągania konkretnego celu, lecz z rozwijania i wykorzystywania umiejętności. Motywacja do osiągania sukcesu tkwi więc w procesie, a nie w rezultacie. [...] wielu badaczy dochodziło do podobnych wniosków".

[10]　Dz.U. z 2004 r., nr 173, poz. 1807.

[11]　Por. A. Śmigaj, [w:] *Encyklopedia Prawa*, red. U. Kalina-Prasznic, Wydawnictwo C.H. Beck, Warszawa 2007, s. 649–650.

[12]　Wyjaśnienie terminu „działalność gospodarcza" Czytelnik odnajdzie w: A. Garbacik, *Swoboda działalności gospodarczej*, „Służba Pracownicza" 2004, nr 10, s. 1–2.; A. Powałowski (red.), *Leksykon prawa gospodarczego publicznego 100 podstawowych pojęć*, Warszawa 2011, s. 25–27. Termin ten należy rozumieć jako zarobkową działalność wytwórczą, budowlaną, handlową, usługową oraz poszukiwanie, rozpoznawanie i wydobywanie kopalin ze złóż, a także działalność zawodową, wykonywaną w sposób zorganizowany i ciągły.

monografia Profesora Romualda Derbisa pt. „Doświadczanie codzienności. Poczucie jakości życia. Swoboda działania. Odpowiedzialność. Wartości osób bezrobotnych"[13], cytowana w dalszej części artykułu.

Osiągnięcie zamierzonego celu badawczego wymaga przede wszystkim wyjaśnienia pojęcia zasady wolności działalności gospodarczej na gruncie nauki prawa konstytucyjnego. Szczególna uwaga zostanie poświęcona tym postanowieniom Konstytucji, które w najbardziej istotny sposób determinują system gospodarowania w Polsce tj. art. 20 i art. 22. Dokonam także analizy orzecznictwa sądowego, w szczególności Trybunału Konstytucyjnego, gdyż oprócz zaprezentowanych poniżej poglądów nauki prawa konstytucyjnego, duże znaczenie mają sformułowane w orzecznictwie Trybunału zasadnicze tezy stanowiące elementy konstytucyjnej zasady wolności działalności gospodarczej.

II. Zasada wolności działalności gospodarczej na gruncie nauki prawa konstytucyjnego — uwagi ogólne

1. Pojęcie wolności

Pojęcie wolności można rozumieć jako zdolność bytu czy też podmiotu do samodzielności w zakresie sposobu postrzegania świata oraz podejmowania decyzji i ich wykonywania[14]. A. Ławniczak dokonuje podziału na wewnętrzną wolność intelektualną, odnoszącą się do świata myśli, wierzeń oraz zewnętrzną wolność działania, przejawiającą się w fizycznym oddziaływaniu na otoczenie[15]. Zauważyć przy tym należy, że formą pośrednią, bardziej jednak zewnętrzną niż wewnętrzną, jest możliwość perswazji, wyrażająca się we wpływaniu za pomocą słowa lub innych środków wyrazu na innych.

---

[13] R. Derbis, *Doświadczanie codzienności. Poczucie jakości życia. Swoboda działania. Odpowiedzialność. Wartości osób bezrobotnych*, Wydawnictwo WSP, Częstochowa 2000, *passim*.

[14] Szerzej A. Ławniczak oraz przytoczona tam literatura, *Zasada poszanowania wolności i jej ograniczenia*, [w:] *Wolności i prawa jednostki w Konstytucji RP. Tom I. Idee i zasady przewodnie konstytucyjnej regulacji wolności i praw jednostki w RP*, red. M. Jabłoński, Wydawnictwo C.H. Beck, Warszawa 2010, s. 369–370; polski konstytucjonalista, interesujący się zagadnieniem wolności, zdefiniował ją, odnosząc to pojęcie do ludzi, następująco: „Wolność człowieka jest jego naturalną skłonnością do podejmowania aktów woli (decyzji) i ich realizacji [...]", L. Wiśniewski, *Zakres ochrony prawnej wolności człowieka i warunki jej dopuszczalnych ograniczeń w praktyce*, [w:] tegoż, *Wolności i prawa jednostki oraz ich gwarancje w praktyce*, Wydawnictwo Sejmowe, Warszawa 2006, s. 22–25.

[15] A. Ławniczak, (przyp. 14), s. 369–370. Dosyć często zagadnienie wolności jest ograniczane do jej wyłącznie zewnętrznej postaci: „Według Schellinga wolność jest swobodnym i autonomicznym zjawiskiem, mającym naturalny charakter [...]. Jest to fenomen jednocześnie fizycznego i moralnego dążenia, pokonującego wszystko, co staje mu na drodze. Siła fizyczna napotyka na przeszkody natury przyrodniczej, na płaszczyźnie moralnej granice wyznacza społeczeństwo. Przyroda ustanawia granice dla tego, co można, człowieczeństwo dla tego, co nie uchodzi. Przy tym zawsze jest tak, że wolność jednego człowieka jest krępowana przez wolność drugiego"; zob. L. Křižkovský, K. Adamová, *Dějiny myšlení o státě*, Aspi Publishing, Praga 2000, s. 219.

Zdaniem E. Fromma wolność jest rzeczywiście niezbędnym warunkiem szczęścia; wolność nie w sensie dokonywania arbitralnego wyboru i nie wolność od konieczności, ale wolność do urzeczywistnienia tego, czym się jest potencjalnie, do wypełnienia prawdziwej natury człowieka zgodnie z prawami jego egzystencji[16]. Z kolei B. Pascal przestrzega, iż nie jest dobrze być zbyt wolnym, nie jest dobrze mieć wszystkie dogodności[17]. Natomiast F. Nietzsche stawia fundamentalne pytanie: co jest pieczęcią osiągniętej wolności?[18] W odpowiedzi autor ten stwierdza — przestać wstydzić się samego siebie. Bardzo interesujące rozważania na temat istoty wolności podejmuje V.E. Frankl w dziele pt. „Człowiek w poszukiwaniu sensu"[19]. W książce tej zawarta jest ponadczasowa recepta na przetrwanie (bycie w jakimś sensie wolnym człowiekiem) w dobie demoliberalnej „epoce iPoda". Stanowi ona rodzaj medytacji na temat niezwykłego daru, jakim jest w obliczu wielkiego cierpienia głos naszego sumienia, a także przypomnienie, że każdy człowiek jest odpowiedzialny za kultywowanie humanizmu w swojej społeczności. Według V.E. Frankla człowiekowi można odebrać wszystko z wyjątkiem jednego — ostatniej z ludzkich swobód: swobody wyboru swojego postępowania w konkretnych okolicznościach, swobody wyboru własnej drogi[20]. Dodaje przy tym, że wyborów trzeba było dokonywać bez przerwy. Każdy dzień, każda godzina stwarzają możliwość podejmowania decyzji, od których zależało, czy człowiek ulegnie siłom mającym władzę pozbawić go własnego „ja", jego wewnętrznej wolności; które rozstrzygały, czy stanie się igraszką w rękach losu, czy wyrzeknie się wolności i godności, pozwalając się wtłoczyć w schemat zachowań typowego więźnia[21].

Przy okazji powyższych rozważań warto dodać, iż wolności nie lubią trzy kategorie ludzi[22]. Pierwszą stanowią ci, którzy pragną równości. Przekonani, że jak ktoś ma gorzej, to dlatego, że ktoś inny go pozbawił jego części. Ktoś traci, bo ktoś inny zyskuje. Drugą kategorię tworzą ci, którzy boją się odpowiedzialności. Wolą być w sytuacjach konieczności, bo ona — jak słusznie sądzą — od odpowiedzialności ich uwalnia. To ci, którzy powtarzają, że tylko wykonują rozkazy. Trzecią kategorię ludzi niechętnych wolności stanowią miłośnicy porządku, i to najlepiej porządku koszarowego — musztra, rzeczy w kostkę i tym podobne. Porządek bowiem zapewnia

16 Szerzej E. Fromm, (przyp. 2), s. 184–186.
17 B. Pascal, *Myśli*, Instytut Wydawniczy PAX, Warszawa 1977, s. 128–130.
18 F. Nietzsche, *Aforyzmy*, PIW, Warszawa 1973, s. 137–138.
19 Szerzej V.E. Frankl, *Człowiek w poszukiwaniu sensu*, Wydawnictwo Czarna Owca, Warszawa 2009, s. 108–109. Viktor E. Frankl był profesorem neurologii i psychiatrii Uniwersytetu Wiedeńskiego, twórcą trzeciej wiedeńskiej szkoły psychoterapii (po psychoanalizie Freuda i psychologii indywidualnej Adlera) — tzw. szkoły logoterapii. W myśl podstaw teoretycznych logoterapii każdy człowiek osobiście decyduje, czy w danej sytuacji zachowa się przyzwoicie lub nieprzyzwoicie. Czynniki biologiczne, psychiczne i socjologiczne determinują ludzką kondycję, ale nie są w stanie odebrać wolności wyboru. Podczas drugiej wojny światowej Frankl przez trzy lata był więźniem niemieckich obozów koncentracyjnych, m.in. Auschwitz i Dachau.
20 V.E. Frankl, (przyp. 19), s. 109–110.
21 V.E. Frankl, (przyp. 19), s. 109–110.
22 Szerzej W. Łukaszewski, *Wolność*, „Charaktery" 2010, nr 8, s. 5–6.

kontrolę, a kontrola jest narzędziem przewidywania. W. Myśliwski przypomina: „człowiek wolny jest nieprzewidywalny. Nie tylko dla innych. Przede wszystkim dla siebie"[23]. A nieprzewidywalny dla miłośnika porządku niegodny jest zaufania. Wydaje się to kluczowe dla pojmowania wolności. Zatem wolności nie cierpią ci, którzy nie ufają innym. Zauważyć przy tym należy, że z różnych powodów i w odniesieniu do rozmaitych sfer życia i aktywności człowieka zakres wolności nie może być jednak pełny.

2. Pojęcie konstytucyjnej zasady wolności działalności gospodarczej

Idea wolności działalności gospodarczej pojawiła się pod koniec XVII w. w Anglii w postaci programu gospodarczego prekursorów tzw. szkoły klasycznej ekonomii politycznej (głównie W. Petty'ego i J. Locke'a[24]). Program ten był reakcją przeciwko merkantylistycznej regulacji i kontroli życia gospodarczego. Pełne teoretyczne uzasadnienie sprzeciwu wobec merkantylizmu znalazło wyraz w pracach francuskich fizjokratów, zwłaszcza F. Quesnaya. Zauważyć należy, że dało to początek nurtowi ekonomicznemu, na którym opierał się XVIII-wieczny liberalizm gospodarczy i do którego nawiązuje się współcześnie (neoliberalizm). W ten oto sposób wolność gospodarcza stała się immanentną cechą gospodarki rynkowej[25]. Z punktu widzenia historycznie ukształtowanego, liberalnego rodowodu, zasada ta obejmuje swobodę obywatela do nieskrępowanego gospodarczego działania na rynku. Oznacza ona, że inicjatywa podjęcia działalności gospodarczej należy do obywateli i ich zrzeszeń prywatnoprawnych tworzonych w celach gospodarczych. Działalność ta jest przy tym wolna od ingerencji państwa w zakresie, w jakim odnosi się ona do podejmowania istotnych decyzji dla procesu gospodarowania[26].

Nie ulega wątpliwości, że zasada wolności działalności gospodarczej ma fundamentalne znaczenie dla charakterystyki ustroju gospodarczego i politycznego Rzeczypospolitej Polskiej[27]. Zasięg zasady obejmuje przy tym nie tylko ustrój polityczno-gospodarczy państwa, lecz także społeczny[28]. Zasada wolności działalności gospodarczej jest jedną z konstytucyjnych zasad podstawowych, nazywanych także

---

[23] W. Myśliwski, *Traktat o łuskaniu fasoli*, Wydawnictwo Znak, Kraków 2006, s. 10–12.

[24] Szerzej R.L. Meek, *Studia z teorii wartości*, PWN, Warszawa 1958, s. 20–25. Zdaniem Locke'a, „Cena jakiegokolwiek towaru rośnie lub spada w zależności od ilości nabywców i sprzedawców. Zbyt ja kiejś rzeczy zależy od jej zapotrzebowania lub użyteczności, które określa przydatność lub opinia pod wpływem upodobania lub mody".

[25] C. Kosikowski, *Zasada wolności działalności gospodarczej*, [w:] *Zasady podstawowe Polskiej Konstytucji*, red. W. Sokolewicz, Wydawnictwo Sejmowe, Warszawa 1998, s. 215–217.

[26] H. Gronkiewicz-Waltz, M. Wierzbowski (red.), *Prawo gospodarcze. Zagadnienia administracyjne*, LexisNexis, Warszawa 2011, s. 66.

[27] Szerzej M. Szydło, *Konstytucyjnoprawne podstawy udziału państwa w działalności gospodarczej*, „Przegląd Sejmowy" 2004, nr 6, s. 44–45.

[28] M. Karpiuk, *Zasady ustroju politycznego w Rzeczypospolitej Polskiej*, [w:] *Zasady ustroju politycznego państwa*, red. M. Bożek, M. Karpiuk, J. Kostrubiec, K. Walczuk, Polskie Wydawnictwo Prawnicze IURIS, Poznań 2012, s. 34–36.

zasadami ogólnymi, naczelnymi[29] czy ustrojowymi[30]. Zasady te rozumiane są jako wyrażone w przepisach (normach) Konstytucji idee, wartości, pojęcia, które tworzą podstawy innych norm prawnych oraz reguł zachowania. Choć nie są formalnie nazwane i tym samym wyodrębnione w ramach Konstytucji z 1997 r., stanowią fundament całej budowli, jaką jest nie tylko system prawny państwa z Konstytucją na czele, lecz także system polityczny, społeczny, gospodarczy oraz życie publiczne w ogóle, a nawet stosunki między jednostkami[31]. Zasady prawa służą uporządkowaniu systemu prawa tak, aby mógł on efektywnie oddziaływać na życie społeczne[32]. Normy te wyznaczają kierunek pozostałych regulacji prawnych, zwłaszcza konstytucyjnych, charakteryzują państwo i jego prawo zarówno w procedurach, jak i w ustroju i koncepcji władzy oraz innych instytucji prawnych, wolności i praw obywatelskich[33].

Zasada wolności działalności gospodarczej w polskich przepisach konstytucyjnych została proklamowana po raz pierwszy w ustawie z dnia 29 grudnia 1989 r. o zmianie Konstytucji Polskiej Rzeczypospolitej Ludowej, zwanej „nowelą grudniową"[34]. W miejsce dwóch pierwszych rozdziałów Konstytucji PRL z 22 lipca 1952 r.[35], określających zasady ustroju gospodarczego i politycznego Polski Ludowej, nowela grudniowa, wprowadziła kilka nowych artykułów, które zostały przejęte przez tzw. Małą Konstytucję z 1992 r.[36] i obowiązywały aż do wejścia w życie Konstytucji z dnia 2 kwietnia 1997 r.

---

[29] M. Zieliński, *Zasady i wartości konstytucyjne*, [w:] *Zasady naczelne Konstytucji RP z 2 kwietnia 1997 r.*, Materiały 52. Ogólnopolskiego Zjazdu Katedr Prawa Konstytucyjnego w Międzyzdrojach (27–29 maja 2010 r.), red. A. Bałaban, P. Mijała, Wydawnictwo Naukowe US, Szczecin 2011, s. 22–23.

[30] Zob. B. Banaszak, *Prawo konstytucyjne*, Wydawnictwo C.H. Beck, Warszawa 2008, s. 19. Zdaniem autora, zasady ustroju to naczelne, najważniejsze rozstrzygnięcia charakteryzujące ustrój państwowy, zawarte w Konstytucji (jeżeli państwo taką posiada). Można ją więc z reguły utożsamiać z zasadą konstytucyjną. Por. Z. Witkowski, *Wybrane zasady ustroju Rzeczypospolitej*, [w:] tegoż, *Prawo konstytucyjne*, Wydawnictwo „Dom Organizatora", Toruń 2011, s. 80–82.

[31] W katalogach zasad formułowanych przez poszczególnych przedstawicieli doktryny doszukać się można pewnego i stale powtarzającego się zespołu norm, uznawanych za zasady konstytucyjne. Przykładowo B. Banaszak wskazuje na następujące zasady konstytucyjne: zasadę demokratycznego państwa prawnego, zwierzchnictwa narodu, gwarancję praw i wolności jednostki, podział władz, istnienie samorządu terytorialnego, uznanie społecznej gospodarki rynkowej opartej na wolności działalności gospodarczej i własności prywatnej za podstawę ustroju gospodarczego: B. Banaszak, (przyp. 30), s. 21–22. Podobnie czyni też Z. Witkowski dodając do katalogu zasad ustroju Rzeczypospolitej następujące zasady: suwerenności Narodu, republikańskiej formy państwa, reprezentacji politycznej, pluralizmu politycznego oraz zasadę pomocniczości: Z. Witkowski, (przyp. 30), s. 80–84.

[32] K. Klecha, *Wolność działalności gospodarczej w Konstytucji RP*, Wydawnictwo C.H. Beck, Warszawa 2009, s. 21–25.

[33] M. Kruk, *Konstytucyjne zasady podstawowe — ich znaczenie prawne i katalog*, [w:] W. Sokolewicz, (przyp. 25), Wydawnictwo Sejmowe, Warszawa 1998, s. 7–8.

[34] Ustawa z dnia 29.12.1989 r. o zmianie Konstytucji Polskiej Rzeczypospolitej Ludowej, Dz.U. z 1989 r., nr 75, poz. 444.

[35] Konstytucja Polskiej Rzeczypospolitej Ludowej z 22.07.1952 r., Dz.U. z 1952 r., nr 33, poz. 232.

[36] Ustawa konstytucyjna z 17.10.1992 r. o wzajemnych stosunkach między władzą ustawodawczą i wykonawczą Rzeczypospolitej Polskiej oraz o samorządzie terytorialnym, Dz.U. z 1992 r., nr 84, poz. 426.

Zasada wolności działalności gospodarczej, uregulowana w Konstytucji Rzeczypospolitej Polskiej i uszczegółowiona w ustawie z dnia 2 lipca 2004 r. o swobodzie działalności gospodarczej, stanowi niewątpliwie fundament prawnych regulacji wolnego rynku usług w Polsce[37]. Wolność ta, podobnie jak wolność wyboru i wykonywania zawodu, należy do katalogu wolności i praw ekonomicznych obywatela[38]. W ujęciu najszerszym katalog ten obejmuje te konstytucyjne prawa, które pozwalają obywatelowi na realizowanie swojej wolności w płaszczyźnie ekonomicznej. Podejście to obejmuje zarówno wolność gospodarczą i prawo własności, jak również prawa socjalne, kształtujące niejednokrotnie sprawy bytowe jednostki. Z kolei w ujęciu wąskim treściowe zróżnicowanie wolności i praw ekonomicznych oraz praw socjalnych wynika z sięgającej swoimi korzeniami okresu liberalizmu idei autonomii (wolności) jednostki w sferze gospodarczej. Zgodnie z tą ideą gospodarujący obywatel posiada wolną od ingerencji państwa swobodę podejmowania rozstrzygnięć gospodarczych. Państwo nie może ingerować w tę autonomię w sposób, który zgodnie z zasadą państwa prawnego zaprzeczałby istnieniu wolności i praw obywateli w gospodarce[39].

Wolność działalności gospodarczej jako zasada konstytucyjna realizuje różnorakie funkcje. W literaturze przedmiotu wskazuje się, że po pierwsze, wyznaczać powinna kierunek działań prawodawczych. Po drugie, ukierunkowuje proces interpretacji przepisów prawnych, oraz po trzecie, wskazuje na sposób czynienia użytku z praw przysługujących danym podmiotom. Wyróżnia się także ochronną funkcję zasady wolności działalności gospodarczej.

W ocenie J. Ciapały z pojęciem konstytucyjnej zasady wolności działalności gospodarczej należy wiązać zespół norm prawnych, mających za przedmiot szczególne prawo podmiotowe — wolność prawnie chronioną[40]. Przejawia się jako wolność dwustronna (indyferencja) odnosząca się do czynów, z którymi normy prawne wiążą istotne konsekwencje. Działania te sprowadzają się do podejmowania, doboru formy prawnej i prowadzenia działalności gospodarczej. Nadto, zdaniem autora, zasada ta obejmuje normy prawne, które mogą być rozpatrywane na kilku płaszczyznach.

Po pierwsze, wskazuje na normy odnoszące się do sytuacji prawnych podmiotu, który podejmuje i prowadzi działalność gospodarczą. Dodać należy, iż podejmuje

[37] N. Szczech, *Zasada wolności działalności gospodarczej w praktyce konstytucyjnej. Wybrane zagadnienia problemowe*, [w:] *Wolność działalności gospodarczej i jej ograniczenia. Problematyka prawna i aksjologiczna*, red. M. Karpiuk, Zakład Wydawniczy DrukTur sp. z o.o., Warszawa 2011, s. 83.

[38] A. Kulig, *Wolności i prawa ekonomiczne, socjalne i kulturalne*, [w:] *Prawo konstytucyjne RP*, red. P. Sarnecki, Wydawnictwo C.H. Beck, Warszawa 2011, s. 150–151; C. Kosikowski, (przyp. 2), s. 2. Katalog ten jest różnie zakreślany, w zależności od przyjętych kryteriów jego formułowania: B. Banaszak, *Ogólne wiadomości o prawach człowieka*, [w:] *Prawa i wolności obywatelskie w Konstytucji RP*, red. B. Banaszak, A. Preisner, Wydawnictwo C.H. Beck, Warszawa 2002, s. 18–20.

[39] H. Gronkiewicz-Waltz, M. Wierzbowski (red.), (przyp. 26), s. 66–68.

[40] J. Ciapała, *Konstytucyjna zasada wolności działalności gospodarczej*, „Ruch Prawniczy, Ekonomiczny i Socjologiczny" 2001, z. 4, s. 17.

on, na zasadzie wolności, działania, które nie są zakazane ani nakazane. Przy czym, decyzja o ich podjęciu, tj. skorzystanie z wolności, prowadzi do obowiązku realizacji kilkunastu nakazów np. rejestracji w Krajowym Rejestrze Sądowym.

Po drugie, brane są pod uwagę nakazy adresowane do ustawodawcy zwykłego w odniesieniu do odpowiedniego, ukierunkowanego stanowienia prawa tak, aby przede wszystkim gwarantować i ochraniać korzystanie z wolności. Dodać warto, iż niezgodne z Konstytucją byłyby więc arbitralne unormowania wprowadzające daleko idące ograniczenia wolności lub ją wręcz przekreślające.

Po trzecie, należy z przedstawianej zasady wyprowadzić zakazy adresowane do ustawodawcy (lub szerzej — prawodawcy) sprowadzające się do wykluczenia ingerencji ograniczającej w sferę wolności gospodarowania bez szczególnie uzasadnionych przyczyn, w szczególności bez powołania konkretnych, dozwalających postanowień konstytucyjnych. Chodzi tu zwłaszcza o przypadki, w których przyjmowane są unormowania prawne, instytucje oceniane nawet pozytywnie ze względu na przejrzystą treść tworzących je norm, ale zarazem oceniane negatywnie ze względu na to, że nadmiernie reglamentują i krępują działalność gospodarczą bez koniecznej potrzeby.

Po czwarte, zasadę określają, wywnioskowane instrumentalnie lub logicznie, normy wyznaczające nakazy i zakazy (obowiązki) odnoszone do prawodawcy stanowiącego normy podustawowe oraz do organów stosujących prawo. Chodzi głównie o przyjmowanie dyrektyw interpretacyjnych w myśl zasady *in dubio pro libertate*[41].

III. Wolność działalności gospodarczej w Konstytucji Rzeczypospolitej Polskiej

> *Pierwszą regułą każdej technologii wykorzystywanej w biznesie jest to, że automatyzacja zastosowana w efektywnych operacjach zwielokrotnia ich efektywność. Drugą, że automatyzacja zastosowana w operacjach nieefektywnych zwielokrotnia ich nieefektywność.*
>
> Timothy Ferris[42]

1. Analiza konstytucyjnej zasady wolności gospodarowania

Konstytucja nie definiuje pojęcia wolności działalności gospodarczej. Zgodnie z utrwalonym w nauce prawa stanowiskiem zasada wolności gospodarczej oznacza swobodę podejmowania i prowadzenia działalności gospodarczej w dowolnie wybranych formach prawnych oraz na zasadzie samodzielności, chociaż bez naruszenia interesów publicznych[43]. Wolność ta obejmuje więc co do istoty wolność wyboru

---

[41] Szerzej J. Ciapała, (przyp. 40), s. 18–20.
[42] T. Ferris, (przyp. 1), s. 176.
[43] D. Dudek (red.), *Zasady ustroju III Rzeczypospolitej Polskiej*, Wolters Kluwer Polska, Warszawa 2009, s. 298–299.

rodzaju działalności gospodarczej oraz wolność wykonywania (i zaprzestania wykonywania) wybranej działalności gospodarczej[44].

W literaturze prawniczej trafnie zwraca się uwagę na to, że swoboda działalności gospodarczej stanowi tzw. publiczne prawo podmiotowe o charakterze negatywnym, któremu odpowiada ogólny obowiązek państwa nienaruszania swobody działania beneficjentów tego prawa w sferze działalności gospodarczej[45]. W tym też zakresie, wolność gospodarcza stanowi konstrukcję danego porządku prawnego i oznacza domniemanie swobody podejmowania działalności przez podmioty, jeżeli co innego nie wynika z przepisów ustawowych.

Natomiast w ujęciu legislacyjnym wolność gospodarcza stanowi kategorię wolności prawnie chronionej. Wyjaśniając,

> jest to sytuacja prawna, która powstaje dla podmiotu A w następstwie ustanowienia normy zakazującej wszystkim czy też niektórym podmiotom innego rodzaju niż podmiot A realizowania działań interweniujących w jakąś sferę zachowań podmiotu A. [...] Dla stworzenia jakiemuś podmiotowi sytuacji określonej jako wolność prawnie chroniona trzeba wskazać w przepisach prawnych:
> a) zakres spraw (dziedzinę), w które zakazana jest ingerencja,
> b) podmiot, w którego sprawy ingerować nie wolno,
> c) adresatów normy, tj. podmioty, które zobowiązuje się do nieingerowania[46].

W opinii niektórych autorów, za podstawy wolności gospodarczej uznaje się możliwość dokonywania wyborów przez jednostkę, dobrowolność wymiany dóbr, wolność konkurencji oraz bezpieczeństwo własności prywatnej[47]. Wolność gospodarcza rozumiana jest jako połączenie wolności osobistej i własności prywatnej, zawiera w sobie aspekt pozytywny i negatywny, czyli wskazuje na zakres swobód i ukazuje niewielką obecność zjawisk tę wolność ograniczających, takich jak ingerencja państwa[48].

W Konstytucji o wolności działalności gospodarczej traktują dwa przepisy zamieszczone w jej Rozdziale I zatytułowanym „Rzeczpospolita", tj. art. 20 i 22. Zgodnie z art. 20 Konstytucji społeczna gospodarka rynkowa oparta na wolności działalności gospodarczej, własności prywatnej oraz solidarności, dialogu i współpracy partnerów

---

44 Szerzej B. Banaszak, *Konstytucja Rzeczypospolitej Polskiej. Komentarz*, Wydawnictwo C.H. Beck, Warszawa 2009, s. 126–127.

45 C. Kosikowski, (przyp. 25) oraz przywołana tam literatura.

46 S. Wronkowska, M. Zieliński, *Problemy i zasady redagowania tekstów prawnych*, Urząd Rady Ministrów, Warszawa 1993, s. 43–45.

47 Zob. P. Szreniawski, *Idea wolności gospodarczej*, [w:] *Wolność działalności gospodarczej i jej ograniczenia. Problematyka prawna i aksjologia*, red. M. Karpiuk, Warszawa 2011, s. 34–36.

48 Przyjmując takie założenia, należy jednocześnie zauważyć, że w wielu przypadkach państwo nie tylko zapewnia przestrzeganie reguł gry rynkowej, lecz także staje się moderatorem między skonfliktowanymi uczestnikami tej gry. Z drugiej strony często państwo — może nawet nieświadomie czy w wyniku dobrych intencji — wkracza w gospodarkę w stopniu znacznie przekraczającym potrzeby i dąży do ograniczenia swobody działalności gospodarczej przez coraz bardziej skomplikowany system biurokratyczny czy nieufny stosunek do przedsiębiorców.

społecznych stanowi podstawę ustroju gospodarczego Rzeczypospolitej Polskiej. Art. 22 Konstytucji stanowi natomiast, że ograniczenie wolności działalności gospodarczej jest dopuszczalne tylko w drodze ustawy i tylko ze względu na ważny interes publiczny.

Wolność działalności gospodarczej jest niewątpliwie prawem podmiotowym, podstawą tego prawa chronionego skargą konstytucyjną jest art. 22 Konstytucji[49]. Przepis ten powinien być interpretowany na tle ogólnej zasady ustrojowej zawartej w art. 20 Konstytucji, który wolność działalności gospodarczej czyni „jednym z filarów zasady społecznej gospodarki rynkowej"[50], przy uwzględnieniu treści innych przepisów konstytucyjnych uzupełniających i dotyczących pewnych wycinków tej wolności[51]. Przykładowo w wyroku z 5 kwietnia 2011 r. Trybunał Konstytucyjny stwierdził m.in.:

> Na wykładnię art. 22 Konstytucji niewątpliwy wpływ ma brzmienie art. 72 ust. 1 Konstytucji, z którego wynika obowiązek państwa ochrony dziecka (w ujęciu konstytucyjnym pojęcie „dziecko" oznacza osobę poniżej 18 lat) i jego praw nie tylko przed demoralizacją, ale także przed przemocą, okrucieństwem i wyzyskiem wynikającym m.in. z nadużywania alkoholu przez nie samo i przez bliskie mu osoby[52].

Niemniej jednak wydaje się, że bardziej uzasadnione jest stanowisko, zgodnie z którym treść prawa podmiotowego chroniącego wolność gospodarczą należy wyprowadzać z łącznie stosowanych przepisów art. 20 i 22 Konstytucji, skoro to art. 20 Konstytucji wprost poręcza ochronę wolności gospodarczej, a art. 22 Konstytucji określa tylko formalnie i materialnie jej granice[53].

Pod względem podmiotowym ustalenie zakresu wolności działalności gospodarczej wiąże się z rozstrzygnięciem następujących wątpliwości: czy pojęcie to odnosi się tylko do osoby fizycznej, czy też do każdego podmiotu gospodarczego, niezależnie od jego statusu prawnego. Przyjmuje się, że podmiotem wolności działalności gospodarczej jest każdy (tj. osoba fizyczna i osoba prawna)[54], a w szczególności ten,

---

[49] TK z 17.11.2010 r., OTK 2010, nr 9, poz. 103, (SK 23/07); TK z 19.01.2010 r., OTK-A 2010, nr 1, poz. 2, (SK 35/08); TK z 29.04.2003 r., OTK ZU 2003, seria A, nr 4, poz. 33, (SK 24/02); TK z 2.12.2002 r., OTK ZU 2002, seria A, nr 7, poz. 89, (SK 20/01); TK z 5.04.2011 r., OTK-A 2011, nr 3, poz. 18, (P 26/09).

[50] Zob. TK z 30.01.2001 r., OTK ZU 2001, nr 1, poz. 4, (K 17/00); TK z 7.06.2005 r., OTK ZU 2005, seria A, nr 6, poz. 62, (K 23/04).

[51] M.in. art. 64 ust. 1 i 2, oraz art. 65 ust. oraz art. 72 ust. 1 Konstytucji.

[52] TK z 5.04.2011 r., OTK-A 2011 nr 3, poz. 18, (P 26/09).

[53] TK z 19.01.2000 r., OTK-A 2010, nr 1, poz. 2, (SK 35/08); TK z 14.06.2004 r., OTK ZU 2004, seria A, nr 6, poz. 56, (SK 21/03); TK z 27.07.2004 r., OTK ZU 2004, seria A, nr 7, poz. 71, (SK 9/03) — z obu przepisów gwarantujących wolność działalności gospodarczej rekonstruuje się normę prawną gwarantującą prawo podmiotowe o randze konstytucyjnej. Odmiennie, ale nieprzekonująco, TK z 13.01.2004 r., OTK ZU 2004, seria A, nr 1, poz. 2 (SK 10/03), w którym podkreślono, że wyłącznie art. 22 jest podstawą skargi konstytucyjnej, a art. 20 w ogóle nie może być podstawą skargi.

[54] K. Sobczak, (przyp. 4), s. 3–4.

kto podejmuje działalność gospodarczą[55] lub prowadzi działalność gospodarczą[56]. Słuszne wydaje się stanowisko C. Kosikowskiego, który nie dopatruje się szczególnych powodów, dla których przymiot wolności gospodarczej należałoby wiązać jedynie z człowiekiem i jego cechami[57]. Jednostki organizacyjne wykonujące działalność gospodarczą są bowiem rezultatem myśli ludzkiej i jednocześnie dorobkiem organizacyjnym, dzięki któremu aktywność gospodarcza ludzi może być większa, bardziej efektywna i mniej ryzykowna. Co więcej, przed jednostką organizacyjną, za pomocą której wykonywana jest działalność gospodarcza, można postawić — podobnie jak przed każdą osobą fizyczną — także określone wymogi oraz określić jej prawa i obowiązki.

Według L. Garlickiego, zakres podmiotowy tej wolności nie jest określony przez stosunek obywatelstwa albo siedziby osoby prawnej[58]. Zaznacza przy tym, iż nic ma konstytucyjnych przeszkód, aby sytuację cudzoziemców regulować odmiennie (w ramach ogólnego przyzwolenia art. 37 ust. 2 Konstytucji), zawsze musi to jednak znajdować racjonalne uzasadnienie, a w odniesieniu do obywateli i osób prawnych z innych państw Unii Europejskiej — wymaga też poszanowania prawa unijnego. Zagadnienie to znalazło również wyraz w orzecznictwie Trybunału Konstytucyjnego, który deklaruje, iż konstytucyjna gwarancja wolności działalności gospodarczej nie chroni interesów podmiotów prawa publicznego[59], które dysponują szczególnymi środkami wywierania wpływu na gospodarkę[60], instytucji państwowych, samorządowych[61], a nawet partii politycznych[62].

Natomiast przedmiotem ochrony art. 20 i art. 22 Konstytucji jest interes w „wolności działalności gospodarczej", tj. interes w samodzielnym decydowaniu o udziale w życiu gospodarczym, zakresie i formach tego udziału, w tym możliwie swobodnego podejmowania działań faktycznych i prawnych[63]. Nie ulega wątpliwości, że zasadniczym celem tej działalności jest osiąganie zysku[64]. W ujęciu ekonomicznym zysk jest nadwyżką wpływów nad wydatkami[65]. Z założenia więc jest to działalność o charakterze zarobkowym[66].

---

[55] TK z 2.12.2002 r., OTK ZU 2002, seria A, nr 7, poz. 89, (SK 20/01).

[56] TK z 17.11.2010 r., OTK-A 2010, nr 9, poz. 103, (SK 23/07); TK z 19.01.2010 r., OTK-A 2010 nr 1, poz. 2, (SK 35/08).

[57] C. Kosikowski, (przyp. 2), s. 3.

[58] L. Garlicki (red.), *Konstytucja Rzeczypospolitej Polskiej. Komentarz*, t. IV, Wydawnictwo Sejmowe, Warszawa 2005, s. 9–10.

[59] TK z 5.04.2011 r., OTK-A 2011 nr 3, poz. 18, (P 26/09).

[60] TK z 14.12.2004 r., OTK ZU 2004, seria A, nr 11, poz.116 (K 25/03).

[61] TK z 21.04.2004 r., OTK ZU 2004, seria A, nr 4, poz. 31, (K 33/03); TK z 7.05.2001 r., OTK ZU 2001, nr 4, poz. 82, (K 19/00); L. Garlicki, (przyp. 58).

[62] TK z 14.12.2004 r., OTK ZU 2004, nr 11, poz. 116, (K 25/03).

[63] TK z 7.05.2001 r., OTK ZU 2001, nr 4, poz. 82, (K 19/00).

[64] Por. E. Kosiński, (przyp. 6), s. 9–11.

[65] A. Kidyba, *Prawo handlowe*, Wydawnictwo C.H. Beck, Warszawa 2005, s. 15–17.

[66] TK z 19.01.2010 r., OTK-A 2010 nr 1, poz. 2, (SK 35/08).

Jak podkreśla się w konstytucyjnej literaturze przedmiotu[67], działalność gospodarcza polega przede wszystkim na wykonywaniu w sposób „zawodowy" określonych czynności prawnych (np. prowadzenie przedsiębiorstwa zajmującego się sprzedażą komisową lub działalnością agencyjną[68]). Oznacza w szczególności swobodę podjęcia działalności w określonej dziedzinie (w tym sprecyzowania przedmiotu działalności), doboru i kształtowania formy prawno-organizacyjnej działalności, a także ograniczenia, zawieszenia albo zaprzestania jej prowadzenia[69]. Dodatkowo wskazuje się na pewną ciągłość podejmowanych czynności, bowiem działalność gospodarcza nie polega tylko na jednorazowej, ściśle ograniczonej w czasie aktywności.

Należy także wspomnieć o tym, że Konstytucja nie rozstrzyga wyraźnie, czy wolność prowadzenia działalności gospodarczej należy do wolności powszechnych, czy też może do wolności obywatelskich. Trafnie wskazuje A. Mączyński, iż przepisy te mieszczą się w Rozdziale I „Rzeczpospolita", a nie w Rozdziale II „Wolności, prawa i obowiązki człowieka i obywatela" Konstytucji[70]. Nie ulega wątpliwości, że to umiejscowienie ma swoje znaczenie.

Należy także wyraźnie podkreślić, iż konstytucyjne pojęcie wolności działalności gospodarczej jest pojęciem całkowicie autonomicznym i nie może być odczytywane z perspektywy ustawy zwykłej, np. art. 2 ustawy z dnia 2 lipca 2004 r. o swobodzie działalności gospodarczej. Takie też ujęcie zasady wolności działalności gospodarczej aprobuje sam Trybunał Konstytucyjny[71] i nauka prawa[72].

2. Interpretacja art. 20 Konstytucji

Art. 20 Konstytucji otwiera grupę przepisów łącznie określających podstawy ustroju gospodarczego Polski, stanowiących elementy tzw. konstytucji gospodarczej. Oznacza to, że społeczna gospodarka rynkowa stanowi jedną z naczelnych zasad ustrojowych państwa polskiego i ma zasadniczy wpływ na sposób interpretacji pozostałych konstytucyjnych i pozakonstytucyjnych norm odnoszących się do kwestii gospodarczych. Konstytucja, stanowiąc w art. 20 zasadę społecznej gospodarki rynkowej, nie podaje jej definicji. Wolność działalności gospodarczej, własność prywatna oraz solidarność, dialog i współpraca partnerów społecznych, które zostały wyróżnione przez ustrojodawcę jako podstawowe filary koncepcji społecznej

---

[67] Szerzej L. Bosek, [w:] *Kontrola konstytucyjności prawa. Zagadnienia ustrojowe, procesowe i materialnoprawne*, red. L. Bosek, M. Wild, Okręgowa Izba Radców Prawnych, Warszawa 2011, s. 307–308.

[68] TK 29.04.2003 r., OTK ZU 2003, seria A, nr 4, poz. 33, (SK 24/02).

[69] L. Bosek, (przyp. 67), s. 307–308.

[70] A. Mączyński, *Wolność działalności gospodarczej w świetle orzecznictwa Trybunału Konstytucyjnego*, [w:] *Konferencja naukowa nt.: Konstytucyjne zasady wolności działalności gospodarczej oraz wynikające z niej zasady swobody umów, zorganizowana 25.05.2005 r. przez Rzecznika Praw Obywatelskich i Konfederację Pracodawców Polskich*, Wydawnictwo Biura RPO, Warszawa 2006, s. 17–20.

[71] TK z 26.04.1998 r., OTK 1999, nr 4, poz. 71, (K 33/98); TK z 29.04.2003 r., OTK-A 2003, nr 4, poz. 33, (SK 24/02).

[72] Por. E. Kosiński, (przyp. 6), s. 8–9; J. Ciapała, (przyp. 40) s. 15–17; J. Woś, *Rynek i państwo w modelach współczesnej gospodarki rynkowej*, „Ruch prawniczy, ekonomiczny i socjologiczny" 2001, z. 4, s. 173–174.

gospodarki rynkowej, mają na celu wskazanie na określone, równorzędne względem siebie wartości determinujące ustrój gospodarczy[73]. Definicja taka nie została także wypracowana przez orzecznictwo sądowe, które jedynie określa jej elementy mające istotne znaczenie dla rozstrzygania konkretnych spraw.

Na gruncie polskiej nauki prawa zwięzłą, a zarazem bardzo trafną, definicję ustroju gospodarczego zaprezentował B. Banaszak. W jego opinii, pod pojęciem ustroju społeczno-gospodarczego należy rozumieć „materialne warunki życia społecznego, strukturę własnościową oraz funkcjonowanie gospodarki i finansów publicznych"[74]. Co więcej, autor ten zauważa, że państwo, realizując zasadę społecznej gospodarki rynkowej, musi zwracać uwagę na zasadę sprawiedliwości społecznej (art. 2) oraz zasadę nienaruszalności godności człowieka (art. 30)[75]. Dodaje, że korzystając z różnych instrumentów (nie tylko o charakterze prawnym, ale też posługując się subwencjami, podatkami itp.) powinno ono zapewnić przestrzeganie sprawiedliwości społecznej w trakcie rozwoju gospodarczego oraz sterować odpowiednio procesami gospodarczymi, tak aby możliwa była realizacja określonych przez nie celów społecznych. Zapewnić musi przy tym, ale tylko w ramach stanowionego przez siebie prawa, podstawowe elementy gospodarki rynkowej, tj. własność prywatną, wolność gospodarczą, wolność umów (nie gwarantowaną jednak wprost w Konstytucji), wolną konkurencję, kształtowanie cen za pomocą mechanizmów rynkowych, wolność pracy, wolny przepływ pracowników, kapitału i usług, swobodę i samodzielność podejmowania decyzji gospodarczych[76].

Z kolei w ocenie P. Winczorka społeczna gospodarka rynkowa jest podstawą ustroju gospodarczego Rzeczypospolitej Polskiej, lecz nie jego całością[77]. Można zatem założyć, że Konstytucja dopuszcza, choć tylko jako dodatkowe, rozwiązania ekonomiczne, w których miejsce własności prywatnej zajmuje własność publiczna (np. Skarbu Państwa, jednostek samorządu terytorialnego) lub spółdzielcza, a miejsce wolności gospodarowania — różnego rodzaju oddziaływania reglamentacyjne i planistyczne podejmowane przez władze publiczne.

Jak zauważają T.T. Kaczmarek i P. Pysz, koncepcja społecznej gospodarki rynkowej zintegrowała „sposób gospodarowania (własność prywatna i koordynacja rynkowa działalności podmiotów gospodarczych) odpowiadający myśli liberalnej z wywodzącymi się z myśli socjalistycznej celami gospodarowania". Wskazują oni, że:

w tej, intelektualnie otwartej na różne kierunki myślenia koncepcji polityki gospodarczej było miejsce dla wolności jednostki, równości i sprawiedliwości społecznej, pokoju wewnątrz

---

[73] Por. M. Magdziarczyk, *Społeczna gospodarka rynkowa jako podstawa ustroju gospodarczego w Konstytucji RP z 1997 roku*, [w:] *W służbie dobru wspólnemu. Księga jubileuszowa dedykowana profesorowi Januszowi Trzcińskiemu*, red. R. Balicki, M. Masternak-Kubiak, Wydawnictwo Sejmowe, Warszawa 2012, s. 106–108.

[74] B. Banaszak, (przyp. 30), s. 15–16.

[75] B. Banaszak, (przyp. 44), s. 125–131.

[76] B. Banaszak, (przyp. 44), s. 125–126.

[77] P. Winczorek, *Komentarz do Konstytucji Rzeczypospolitej Polskiej z dnia 2 kwietnia 1997 r.*, Wydawnictwo LIBER, Warszawa 2000, s. 33–35.

społeczeństwa, zasady konkurencji, a w wyniku tego wszystkiego, także dla dobrobytu dla wszystkich. Te główne pryncypia i cele polityki gospodarczej były zharmonizowane i do siebie dostosowane. W zasadzie nie wykluczały się, tylko wręcz odwrotnie, wzmacniały wzajemnie[78].

Na temat społecznej gospodarki rynkowej jako ustroju gospodarczego państwa polskiego niejednokrotnie wypowiadał się Trybunał Konstytucyjny. Przykładowo w sprawie o sygn. akt K 17/00[79] Trybunał Konstytucyjny rozstrzygał o konstytucyjności przepisów ustawy o systemie ubezpieczeń społecznych dotyczących zamiany dotychczasowej jednolitej składki na ubezpieczenie społeczne przez cztery rodzaje ubezpieczenia społecznego tj. ubezpieczenie emerytalne, rentowe, chorobowe i wypadkowe, oraz wprowadzających zmiany w zakresie naliczania zasadniczego. W opinii Trybunału pozostaje zgodne z konstytucyjną zasadą społecznej gospodarki rynkowej zwiększenie obciążeń pracodawcy przy niektórych świadczeniach pracowniczych, wynikające z odmiennego niż do tej pory obliczania wynagrodzenia zasadniczego (na skutek tzw. ubruttowienia wynagrodzeń pracowniczych).

W innej sprawie o sygn. akt K 19/00[80] Trybunał Konstytucyjny wskazał na konstytucyjne i zgodne z zasadą społecznej gospodarki rynkowej wprowadzenie w tzw. ustawie kominowej ograniczenia pułapu wynagrodzeń kadry kierowniczej w publicznych podmiotach gospodarczych. Natomiast w sprawie o sygn. akt K 37/00[81] Trybunał uznał za niezgodne z zasadą społecznej gospodarki rynkowej stosowanie dotychczasowego, rozwiązanego układu zbiorowego do czasu wejścia w życie nowego układu. Zdaniem Trybunału Konstytucyjnego, sytuacja taka godzić mogłaby nie tylko w wolność działalności gospodarczej pracodawców będących przedsiębiorcami, ale i w dialog, i we współpracę partnerów społecznych, ponieważ jej konsekwencją byłoby uprzywilejowanie jednego z partnerów uczestniczących w negocjacjach układu zbiorowego.

Dokonując szczegółowej analizy zasady społecznej gospodarki rynkowej w orzecznictwie Trybunału Konstytucyjnego, wyróżniam następujące jej elementy:
— połączenie w ramach zasady społecznej gospodarki rynkowej modelu ekonomicznego oraz określonej wizji ładu społecznego. Niemniej jednak, za model ekonomiczny uznaje się gospodarkę rynkową, natomiast podstawą ładu społecznego miałaby być idea państwa socjalnego;
— wskazanie na istniejący związek interpretacji zasady społecznej gospodarki rynkowej z zasadą państwa jako dobra wspólnego, z którego wyprowadza się dyrektywę przedłożenia nad interes indywidualny interesu zbiorowości, oraz z doktryną solidaryzmu społecznego;

---

[78] T.T. Kaczmarek, P. Pysz, *Ludwig Erhard i społeczna gospodarka rynkowa*, Wydawnictwo Instytutu Studiów Politycznych PAN, Warszawa 2004, s. 110–111.

[79] TK z 30.01.2001 r., OTK ZU 2001, nr 1, poz. 4, (K 17/00).

[80] TK z 7.05.2001 r., OTK ZU 2002, seria A, nr 6, poz. 82.

[81] TK z 18.11.2002 r., OTK ZU 2002, seria A, nr 6, poz. 82.

— przyjęcie przez państwo współodpowiedzialności za stan gospodarki. Wyrażać ma się to w działaniach nakierowanych na łagodzenie społecznych skutków funkcjonowania gospodarki rynkowej[82];

— równowartość oraz komplementarność elementów społecznej gospodarki rynkowej tj. wolności działalności gospodarczej, własności prywatnej oraz solidarności, dialogu i współpracy partnerów społecznych. W rezultacie oznacza to, że mogą się one wzajemnie ograniczać, a zatem zasadę społecznej gospodarki rynkowej można traktować jako pewną wypadkową jej trzech filarów[83];

— zapewnienie istnienia działalności gospodarczej, gdzie podstawowym celem jest osiąganie określonych celów społeczno-ekonomicznych, których nie można zrealizować dzięki mechanizmom rynkowym. Realizacją tych celów zainteresowane jest państwo lub inne podmioty publicznoprawne, które niejednokrotnie uczestniczą w prowadzeniu działalności gospodarczej[84]. Zauważyć należy, że prowadzenie przez państwo oraz publiczne osoby prawne działalności gospodarczej ma charakter wyjątkowy w stosunku do działalności gospodarczej sektora prywatnoprawnego i nie może naruszać zasady swobodnej konkurencji pomiędzy tymi dwoma sektorami. Niemniej jednak, gdy zachodzą uzasadnione przypadki podjęcia danej działalności gospodarczej przez państwo, to ma ono moc kształtowania instytucji prawnych, w jakich to następuje[85];

— niewątpliwie, wobec braku możliwości bezpośredniego wpływania państwa na obrót gospodarczy, może ono stosować środki wpływające pośrednio, w szczególności wykorzystując podatki[86]. Tym samym, do zadań parlamentu należy takie kształtowanie polityki podatkowej, aby ustanowiony system podatkowy zapewniał państwu systematyczne dochody umożliwiające realizację założonych wydatków, a jednocześnie wpływał na gospodarcze, socjalne i społeczne zachowania podatników[87].

Zaznaczyć należy, iż interpretacja art. 20 powinna być dokonywana z uwzględnieniem prawa europejskiego (zasada interpretacji przyjaznej dla prawa europejskiego), co m.in. oznacza, że gdy „przy konstrukcji wzorca konstytucyjności […] istnieje kilka możliwości interpretacyjnych, należy wybrać tę, która jest najbliższa ujęciu *acquis communautaire*"[88]. Przykładowo w sprawie o sygn. akt K 33/03[89], analizując konstytucyjność ustawy o biopaliwach, Trybunał Konstytucyjny stwierdził, że zakres

---

[82] TK z 30.01.2001 r., OTK ZU 2001, nr 1, poz. 4, (K 17/00).

[83] TK z 30.01.2001 r., OTK ZU 2001, nr 1, poz. 4, (K 17/00); TK z 18.11.2002 r., OTK ZU 2002, seria A, nr 6, poz. 82, (K 37/01).

[84] Zob. K. Klecha, (przyp. 32), s. 28–30.

[85] TK z 7.05.2001 r., OTK ZU 2001, nr 4, poz. 82, (K 19/00).

[86] TK z 17.01.2001 r., OTK ZU 2001, nr 1, poz. 2, (K 5/00).

[87] TK z 12.01.1995 r., OTK ZU 1995 r., cz. I, s. 16–35, (K 12/94); TK z 3.11.1998 r., OTK ZU 1998, nr 6, poz. 98, (K 12/98).

[88] TK z 2.01.2003 r., OTK ZU 2003, nr 1, poz. 4, (K 2/02).

[89] TK z 21.04.2004 r., OTK ZU 2004, nr 4A, poz. 31; sprawa z wniosku Rzecznika Praw Obywatelskich z 10.12.2003 r. (RPO/448325/VI/03); szerzej A. Deryng, (przyp. 7), s. 46–47.

swobody ustawodawcy zwykłego w odniesieniu do nakreślania granic wolności
działalności gospodarczej oraz rozumienia pojęcia ważnego interesu publicznego,
wymaga oceny uwzględniającej fakt uczestnictwa Polski w zintegrowanym wspólnym
rynku europejskim. Stosowanie zasady interpretacji przyjaznej prawu europejskiemu
stanowi jeden z instrumentów jego implementacji do prawa polskiego i może wpłynąć
w sposób znaczący na konstruowanie normy wolności działalności gospodarczej
w wymiarze zasady, jak i prawa podmiotowego[90].

3. Interpretacja art. 22 Konstytucji

Drugi przepis konkretyzujący zasadę wolności działalności gospodarczej to art. 22
Konstytucji, mówiący o dopuszczalnych ograniczeniach tej wolności, tj. tylko
w drodze ustawy i tylko ze względu na ważny interes publiczny. Ograniczenie to
polegać może na nałożeniu na przedsiębiorców obowiązku określonego działania
(na przykład wykonania zamówienia na pewne produkty lub usługi, zatrudnienia
danej kategorii pracowników) albo też obowiązku powstrzymywania się od wskazanych
działań (na przykład nieutrzymywania stosunków gospodarczych z podmiotami pochodzącymi z państw obłożonych embargiem, ograniczenia zakresu produkcji,
podnoszenia cen ponad dopuszczalny limit). Przepis ten dopuszcza jedynie ograniczenie wolności gospodarowania, nie zaś jej zniesienie. Stopień dozwolonego
ograniczenia nie jest tu określony[91].

Według L. Garlickiego, zasadniczą treścią art. 22 jest wskazanie przesłanek
ustanawiania ograniczeń wolności działalności gospodarczej[92]. Trybunał Konstytucyjny podkreśla, iż konieczność ustanawiania tych ograniczeń wynika m.in. „z zaak-
centowania w art. 2 socjalnego charakteru gospodarki rynkowej"[93]. Zwraca się też
uwagę, że „całkowite uwolnienie działalności gospodarczej w niektórych dziedzinach
od wszelkich ograniczeń, pozbawiając państwo niezbędnych środków kontroli,
zagrażać mogłoby jego bezpieczeństwu, porządkowi publicznemu i międzynarodowym
zobowiązaniom Państwa, a także zdrowiu obywateli"[94]. Zgodnie ze stanowiskiem
Trybunału Konstytucyjnego, „działalność gospodarcza, ze względu na jej charakter,

---

[90] W literaturze spotkać można poglądy, że zasada interpretacji przyjaznej prawu europejskiemu może
     wpłynąć na przekształcenie całego porządku konstytucyjnego. W procesie integracji europejskiej
     formalnym zmianom Konstytucji krajowych towarzyszą ich przekształcenia nieformalne, wynikają-
     ce między innymi z wpływu prawa europejskiego na działania organów kontroli konstytucyjnej.
     Patrz K. Klecha, (przyp. 32), s. 38–40 i przywołana tam literatura.

[91] W literaturze przedmiotu słusznie podkreśla się, że „ciężar oceny, czy ograniczenie wolności go-
     spodarczej odpowiada przyjętemu w Konstytucji kryterium, spoczywa na organach projektujących
     i tworzących ustawy oraz kontrolujących ich konstytucyjność. W związku z tym wyłania się obawa,
     że dla podmiotów tworzących ustawy ograniczające wolność gospodarczą kryterium to może oka-
     zać się zbyt trudne". Zob. B. Banaszak, (przyp. 44), s. 137–138 i przywołana tam literatura.

[92] L. Garlicki, (przyp. 58), s. 11.

[93] TK z 10.04.2001 r., OTK ZU 2003, nr 9, poz. 103, (U 7/00), s. 380 oraz TK z 2.12.2002 r., OTK
     ZU 2003, nr 9, poz. 103, (SK 20/01), s. 1172.

[94] TK z 10.10.2001 r., OTK ZU 2001, nr 7, poz. 212, (K 28/01), s. 1046.

a zwłaszcza na bliski związek z interesami innych osób, jak i z interesem publicznym, może podlegać różnego rodzaju ograniczeniom w stopniu większym niż prawa i wolności o charakterze osobistym bądź politycznym. Istnieje w szczególności legitymowany interes państwa w stworzeniu takich prawnych ram obrotu gospodarczego, które pozwolą zminimalizować niekorzystne skutki mechanizmów wolnorynkowych, jeżeli skutki te ujawniają się w sferze, która nie może pozostać obojętna dla państwa ze względu na ochronę powszechnie uznawanych wartości"[95]. Koresponduje to z ogólnym stanowiskiem Trybunału Konstytucyjnego, umożliwiającym różnicowanie podejścia (hierarchizowanie) praw i wolności w zależności od ich przedmiotu.

Trybunał Konstytucyjny uważa, że ograniczenie swobody gospodarczej nie może być dowolne[96]. U jego podstaw muszą leżeć racjonalne względy[97], tak by w konflikcie z zasadą wolności gospodarczej rachunek aksjologiczny przeważył na korzyść ograniczenia[98]. Zdaniem Trybunału Konstytucyjnego w konkretnym przypadku trzeba zbadać, czy wprowadzona regulacja ustawodawcza jest w stanie doprowadzić do zamierzonych przez nią skutków i czy jest ona niezbędna do ochrony interesu publicznego, z którym jest związana[99]. Podstawą takiego stanowiska jest stosowanie przez Trybunał Konstytucyjny zasady proporcjonalności, która wynika z konstytucyjnej zasady państwa prawnego[100].

Wymóg zachowania formy ustawy dla ustanowienia ograniczeń w zakresie wolności gospodarczej nie ma jedynie charakteru formalnego. Sąd Najwyższy przyjął, że wszelkie wyłączenia lub ograniczenia zasady wolności gospodarczej mogą wynikać tylko z wyraźnego przepisu ustawy lub z przepisu wydanego na podstawie ustawy[101]. W razie braku takich przepisów szczególnych należy przyjąć domniemanie na rzecz wolności gospodarczej. Z takiego rozwiązania prawnego wynika dyrektywa interpretacyjna, stosownie do której wszelkie wątpliwości wyłaniające się przy wykładni obowiązujących przepisów należy tłumaczyć *in favorem libertatis*. Materialny aspekt tej sprawy polega na tym, że ograniczenie swobody gospodarczej jest dopuszczalne, gdy swoboda ta godzi w jakikolwiek interes uznany przez ustawodawcę za zasługujący na obronę[102].

Reasumując powyższe uwagi należy stwierdzić, że swoboda gospodarcza nie ma charakteru absolutnego, gdyż jej ograniczenie dopuszczalne jest wtedy, gdy jest to

---

[95] TK z 8.04.1998 r., OTK ZU 2001, nr 7, poz. 212, (K 10/97).

[96] TK z 17.12.1991 r., OTK 1991, nr 10, poz. 12, (U 2/91).

[97] TK z 20.08.1992 r., OTK 1992, nr 22, poz. 122, (K 4/92), oraz TK z 2.06.1993 r., OTK 1993, nr 44, poz., 233, (W 17/92).

[98] TK z 26.01.1993 r., OTK 1993, nr 2, poz. 122, (U 10/92).

[99] TK z 26.04.1995 r., K 11/94nr 2, poz. 122, (K 11/94) z glosą C. Kosikowskiego, „PiP" 1995, nr 10–11, s. 167–168.

[100] Szerzej J. Zakolska, *Zasada proporcjonalności w orzecznictwie Trybunału Konstytucyjnego*, Wydawnictwo Sejmowe, Warszawa 2008, *passim*; zob. także, M. Szydło, *Reglamentacja działalności gospodarczej w krajowych porządkach prawnych w świetle swobód traktatowych*, „Studia Prawnicze" 2003, nr 2, s. 92–93.

[101] Zob. uchwała składu 7 sędziów SN z 10.01.1990 r., OSN 1990, nr 6, poz. 74.

[102] TK z 9.04.1991 r., OTK 1991, nr 9, poz. 120, (U 9/90).

konieczne ze względu na ważny interes publiczny, m.in. dla ochrony powszechnie uznanych wartości, w tym wolności i praw innych osób. Tym samym, wskazanie normatywnych reguł w tym zakresie nie może być rozumiane jako ograniczenie wolności gospodarczej.

IV. Zakres oddziaływania konstytucyjnej zasady wolności działalności gospodarczej na jakość życia jednostki w Rzeczypospolitej Polskiej — *być* czy *mieć*, a może jedno i drugie?

W literaturze wskazuje się, iż szczególnie istotne znaczenie dla doświadczania codzienności ma jakość życia[103]. Powstaje pytanie o właściwe rozumienie tego terminu oraz wskazanie jakie są wyznaczniki poczucia jakości życia, swobody działania, poczucia odpowiedzialności i wartości. Zdaniem R. Derbisa, pojęcie jakości życia obejmuje nie tylko stany przeżyciowe człowieka, dobrostan psychiczny, ale także zewnętrzne warunki ekonomiczne i społeczne życia, a także mechanizmy radzenia sobie ze stresem[104]. Jest to więc kategoria szeroka i wielowymiarowa. Nadto wyraźnie odróżnia poczucie jakości życia od jakości życia. Zgadzam się z powyższym stanowiskiem, gdyż bez wątpienia punktem wyjścia do formułowania jakichkolwiek wniosków na temat jakości życia są zewnętrzne warunki, czyli obiektywna rzeczywistość osoby będącej źródłem bodźców i doświadczeń. Natomiast poczucie jakości życia związane jest z subiektywnym ustosunkowaniem się do rzeczywistości.

Za interesujący w kontekście omawianej problematyki artykułu i poczynionych rozważań nt. jakości życia można uznać coroczny Raport Wolności Gospodarczej Świata[105] przygotowywany pod przewodnictwem Instytutu Frasera w Vancouver w Kanadzie. Ranking ten opracowywany jest przez grupę niezależnych instytutów z 85 krajów, w Polsce jest to Centrum im. Adama Smitha[106]. Raport ten ocenia stopień, w jakim instytucje publiczne w poszczególnych państwach oraz prowadzone przez nie polityki wspierają wolność gospodarczą.

Zgodnie ze stanowiskiem zawartym w raporcie za podstawy wolności gospodarczej uznaje się możliwość dokonywania wyborów przez jednostkę, dobrowolność wymiany dóbr, wolność konkurencji oraz bezpieczeństwo własności prywatnej. Raport podzielony jest na pięć części, a każda z nich związana jest z opisem określonych zagadnień związanych z problematyką wolności gospodarczej. Wskazane części raportu obejmują: rozmiary ingerencji państwa (wydatki, podatki i przedsiębiorstwa państwowe); stan przepisów prawa i ochrona własności; dostęp do funduszy; wolność handlu zagranicznego; regulacje dotyczące kredytów, prawa pracy

---

[103] Szerzej R. Derbis, (przyp. 13), s. 19–23.

[104] R. Derbis, (przyp. 13), s. 23–25.

[105] J. Gwartney, R. Lawson, J. Hall i in., *Economic Freedom of the World: 2013 Annual Report*, <www.freethe world.com/2013/EFW2013-complete.pdf> [12.10.2013].

[106] <www.smith.org.pl> [12.10.2013].

i prowadzenia działalności gospodarczej[107]. Poszczególne państwa uszeregowane są według kolejności od państw o największej do państw o najmniejszej wolności gospodarczej. Niewątpliwie, raport ten dla wielu państw stanowi źródło informacji o stanie gospodarki danego kraju, a także skłania do konkurowania z innymi państwami wyprzedzającymi dane państwo w rankingu.

Według danych zawartych w Raporcie Wolności Gospodarczej Świata statystycznie państwa o wyższych wskaźnikach wolności gospodarczej są bogatsze od państw, w których zwyczajnie brakuje swobody działalności gospodarczej. Co więcej, nawet niezbyt bogate kraje posiadające olbrzymi zakres wolności gospodarczej są bogatsze niż większość państw niekierujących się tą zasadą. Zauważyć trzeba, że średnia długość życia w krajach o wysokim wskaźniku wolności gospodarczej jest zdecydowanie wyższa niż w krajach o niskiej wolności gospodarczej. Jednocześnie, poziom korupcji jest statystycznie niższy w państwach znajdujących się na wysokich pozycjach w rankingu niż w krajach, które uplasowały się na niższych jego miejscach. Raport podkreśla także związki między poziomem ochrony praw politycznych i swobód obywatelskich a zakresem wolności działalności gospodarczej w poszczególnych państwach. Jak nietrudno zauważyć, raport bezsprzecznie deklaruje zalety wolności działalności gospodarczej i stanowi zachętę do prowadzenia takiej polityki gospodarczej, która zapewnia powszechny zakres swobód ekonomicznych[108].

Tegoroczna edycja raportu wskazuje, że Polska zajęła w rankingu 59 miejsce, zdobywając 7,20 punktów ogólnych (wobec 7,13 w roku ubiegłym). Oznacza to awans o jedno miejsce.

V. Konkluzje

Odpowiedź na postawione na wstępie pytanie o związki między wolnością gospodarczą, wypływającą z konstytucyjnej zasady wolności działalności gospodarczej a jakością i poczuciem jakości życia człowieka jest jednoznaczna. Możemy mówić o niezwykle pozytywnym, mobilizującym i efektywnościowym wpływie wolności działalności gospodarczej na jakość życia jednostki w dzisiejszej demoliberalnej „epoce iPoda". Idea wolności działalności gospodarczej w demokratycznym państwie prawnym, urzeczywistniającym zasady sprawiedliwości społecznej gwarantuje obywatelom możliwość swobodnego podejmowania działalności gospodarczej na wybranym przez siebie obszarze. Ponadto kształtuje w społeczeństwie postawę aktywnego i świadomego uczestnictwa w życiu publicznym czy społeczno-gospodarczym, wyraźnie negując bierność jako instrument ograniczający proces dążenia do samorealizacji i samodoskonalenia[109]. Zasada wolności działalności gospodarczej, jej podejmowania i prowadzenia, jest także czynnikiem kształtującym więź pomiędzy obywatelem a państwem, które przekazuje swoim członkom inicjatywę w tym zakresie.

---

[107] Zob. przyp. 105, s. 5–6.
[108] P. Szreniawski, *Idea wolności gospodarczej*, [w:] M. Karpiuk, (przyp. 47), Warszawa 2011, s. 34–36.
[109] M. Karpiuk, (przyp. 28), s. 35–37.

Jednocześnie jednak państwo nakłada na obywateli obowiązek przestrzegania ustalonych reguł, wyznaczonych celem stworzenia ram powyższej swobody przedsiębiorczości[110].

Wolność gospodarcza jest kategorią prawną stworzoną na użytek człowieka, z myślą o jego życiowych potrzebach i dążeniu do samorealizacji. Tylko człowiek jest w stanie w sposób pełny odczuwać wolność (mieć poczucie wolności)[111]. Jak słusznie stwierdza przy tym E. Fromm, „decyzja [jaką drogę wybierze] zależy od człowieka"[112]. Zależy od poczucia odpowiedzialności, z jaką traktuje on siebie, swoje życie i swoje szczęście, od chęci stawiania czoła własnym oraz społecznym problemom moralnym. Zależy od odwagi bycia sobą i bycia dla siebie.

Podjęcie decyzji o własnej działalności gospodarczej jest bez wątpienia wyzwaniem. Jest odpowiedzią na podstawowe potrzeby współczesnego człowieka, czyli m.in. samorealizacji, spełnienia się w ciągłym, trwałym i samodzielnym zarobkowaniu. Stąd też należy się spodziewać, że satysfakcjonująca, pełna wyzwań praca, możliwość samodzielnego podejmowania decyzji, wytrwałość i zmotywowanie do działania stanowią kluczowe elementy, aby odnieść sukces w postaci szczęśliwego życia na miarę XXI w.

Anna Deryng

The effect of the principle of freedom of economic activity on the sense of quality of life of a modern individual — an attempted analysis

In this article, the author attempts to answer the question: what is the impact of the constitutional principle of freedom of economic activity on the quality and the sense of quality of life of the individual, without discussing the much broader issues related to the practical application of the Act of 2nd July 2004. The analysis of the constitutional principle of freedom of economic activity in the context of the impact on the quality of life leads to the conclusion that this principle has a positive, mobilising and efficient impact on the quality of life of the individual. The idea of freedom of economic activity in a democratic state ruled by law determines the basic policies of public authorities. It shapes an active and informed attitude of participation in the public and socio-economic life in the society. More specifically, it denies passivity, presenting it as a quality which limits the process of striving for self-realisation and self-improvement.

---

[110] J. Klich, *Przedsiębiorczość i społeczna przedsiębiorczość jako przedmiot badań*, „Ekonomia Społeczna" 2013, nr 1, s. 20–22.

[111] Por. C.P. Estes, *Biegnąca z wilkami*, Wydawnictwo Zysk i S-ka, Poznań 2001, s. 31–33.

[112] E. Fromm, (przyp. 2), s. 186–188.

Piotr Zasępa

Wpływ inwestycji funduszy *venture capital* na jakość życia

I. Wstęp

Innowacje to kluczowy czynnik rozwoju przedsiębiorstwa. Jest on konieczny w procesie utrzymywania i zdobywania ciągłej przewagi konkurencyjnej. Dążenie przedsiębiorcy do wzrostu wartości spółki zmusza go do tworzenia nowych produktów i usług oraz dynamicznego rozwoju działalności. Na drodze rozwoju staje problem jego sfinansowania, który w przypadku młodych przedsiębiorstw przypiera formę tzw. luki kapitałowej. Fundusze typu *venture capital* są jednym z podmiotów dostarczających kapitał podwyższonego ryzyka przedsiębiorcom oferującym innowacyjne rozwiązania. Udzielanie wsparcia dla innowacji jest dość ryzykownym przedsięwzięciem, ale zyski i korzyści wynikające z wprowadzania nowych produktów i usług na rynek są dla wielu przedsiębiorstw wymierne. Korzyści te są również pośrednio dostępne dla społeczeństwa, szczególnie wtedy, gdy spółka angażuje się w projekty realizowane w takich branżach, jak: medycyna, biotechnologia, farmacja czy energia odnawialna. Warto przy tym zwrócić uwagę na często pomijany fakt, że zainwestowanie środków to dopiero początek długiej drogi do sukcesu. Komercjalizacja projektów z zakresu medycyny czy biotechnologii to proces długotrwały, wymagający wieloletnich i kosztownych badań oraz dłuższego czasu oczekiwania na pojawiający się zysk. Długi horyzont inwestycyjny wpływa na obniżenie oczekiwanej stopy zwrotu z inwestycji, dlatego na tego typu inwestycje mogą pozwolić sobie jedynie inwestorzy o wysokim poziomie awersji do ryzyka. Dzięki tym inwestycjom społeczeństwa mogą korzystać z dobrodziejstwa produktów i usług, które zdecydowanie wpływają na podniesienie się standardów życia ludzkiego. Fundusze bowiem finansują rozwój wielu produktów i usług z zakresu zaawansowanych technologii medycznych, farmaceutycznych czy informatycznych, które komercjalizują i tym samym podwyższają jakość życia osób korzystających z ich produktów.

II. Globalny rynek funduszy *venture capital*

Istotnym elementem współczesnych relacji ekonomicznych jest rozwój i globalizacja rynków finansowych. Poszczególne segmenty tego rynku spełniają bardzo ważną rolę w stabilizacji wzrostu gospodarczego oraz finansowaniu wzrostu przedsiębiorstw i ich innowacyjności. Ogromne znaczenie rynków finansowych wynika nie tylko ze zdywersyfikowanej oferty produktowej, ale również z możliwości zaspokojenia stale rosnącego popytu na kapitał, zgłaszanego przez wiele podmiotów zarówno ze sfery publicznej, jak i prywatnej. W ostatnich latach możemy zaobserwować bardzo głębokie przemiany strukturalne na międzynarodowym rynku finansowym i rozkwit tzw. alternatywnych klas aktywów. Jedną z nich są omawiane w niniejszym artykule fundusze *venture capital*. Inwestycje typu *venture capital* charakteryzują się ponadprzeciętnym ryzykiem, ogromną elastycznością, możliwym wieloetapowym schematem inwestycji oraz złożonym procesem inwestycyjnym. Fundusze *venture capital* są ważnym źródłem finansowania projektów w fazie zasiewów (*seed*) oraz startu (*start up*). Fundusze te są nową formą inwestycji kapitałowych, a historia ich rozwoju w USA to okres ostatnich 35 lat[1]. W państwach Europy Zachodniej pierwsze fundusze pojawiły się na początku lat osiemdziesiątych[2]. W Polsce natomiast funkcjonują one od 1991 r.

Od momentu powstania pierwszego funduszu *venture capital* minęło wiele lat i diametralnie zmieniło się otoczenie rynkowe, a same fundusze stały się jednym z ważniejszych podsegmentów rynku finansowego określanym mianem inwestycji alternatywnych. Mimo wielu zmian rynkowych fundusze te nadal inwestują w młode innowacyjne spółki, które charakteryzują się ponadprzeciętnym ryzykiem inwestycyjnym wynagradzanym niespotykaną nigdzie indziej stopą zwrotu. Podstawową zmianą jest postępujący proces globalizacji tego rynku. Wzrost międzynarodowych przepływów kapitałowych oraz rozwój technologii informatycznych i komunikacyjnych spowodował, że inwestorzy zaczęli realizować inwestycje portfelowe oraz bezpośrednie inwestycje zagraniczne na rynkach międzynarodowych. Jest to bardzo istotne dla krajów rozwijających się (takich jak np. Polska), dla których międzynarodowy rynek finansowy jest miejscem pozyskiwania funduszy. Dzięki takim instrumentom kraje te mogą inwestować w większym stopniu, niż jest to możliwe przy wykorzystaniu wyłącznie wewnętrznych oszczędności, które często bywają ograniczone. Dzięki tego typu inwestycjom przedsiębiorstwa funkcjonujące w regionach słabiej rozwiniętych mają szanse na pozyskanie środków na rozwój oraz wsparcia strategicznego. Badania wskazują, iż dzięki inwestorom typu *venture capital* rocznie

---

[1]   National Venture Capital Association (NVCA), <www.nvca.org> [6.05.2013].
[2]   European Venture Capital Association (EVCA), <www.evca.eu> [6.05.2013].

powstaje w USA 20 000 spółek[3]. Ponadto fundusze amerykańskie są inwestorami na rynkach europejskich oraz azjatyckich, co znacząco wpływa na rozwój nowych przedsiębiorstw w tych regionach. Mimo większej polaryzacji inwestycji funduszy rynek USA pozostaje liderem w aspekcie liczby i udziałów w inwestycjach funduszy[4]. Należy stwierdzić, iż większe znaczenie inwestorzy przypisują rynkowi chińskiemu ze względu na bardzo aktywny rynek pierwotnej publicznej oferty: 141 transakcji w 2010 r. oraz 97 w 2011 r. Kolejne rynki takie jak Europa lub Izrael charakteryzują się stabilizacją poziomu kwoty inwestycji i spadkiem poziomu ich liczby w okresie 2005–2006[5].

Wykres 1. Globalne inwestycje *venture capital* w mld USD oraz liczba inwestycji w okresie 2002–2011

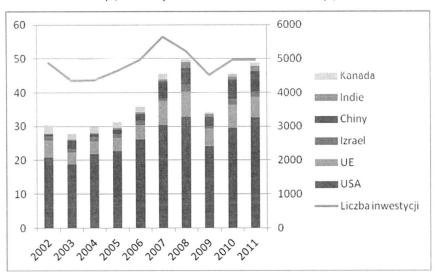

Legenda: skala prawa — liczba inwestycji, skala lewa — kwota inwestycji w mld USD
Źródło: opracowanie własne na podstawie raportu Global venture capital insight 2011 EY.

Analizując globalne inwestycje funduszy *venture capital* należy stwierdzić, iż liczba rund finansowania pozostaje na stabilnym poziomie i jej dynamika się nie zmienia. Natomiast dość znacznie zmienia się poziom inwestycji, który w badanym okresie wzrósł z 30 mld USD rocznie do 48,7 mld USD w 2011. Wynik ten przekłada się

---

3   Dane Kauffmann Foundation, <www.kauffman.org/key-issues/entrepreneur-demographics> [8.10.2013].

4   Porównanie danych pochodzących z *The NVCA 2012 Yearbook*, <www.nvcaccess.nvca.org/index. php/topics/research-and-trends/301-nvca-2012-venture-capital-yearbook-now-online.html>, oraz *European Venture Capital Association Yearbook 2012*, <www.evca.eu/uploadedfiles/home/press _room/Yearbook_2012_Presentation_all.pdf> [8.10.2013].

5   *Globalizing Venture Capital. Global Venture Capital Insight and Trend Report 2011*, EY, s. 11, <www.ey.com/Publication/vwLUAssets/Globalizing_venture_capital_VC_insights_and_trends_r eport_CY0227/$FILE/Globalizing%20venture%20capital_VC%20insights%20and%20trends%20 report_CY0227.pdf> [8.10.2013].

na 60-procentową dynamikę inwestycji w badanym okresie. Wskazuje to również na wzrastającą wartość pojedynczej rundy finansowania, która wzrosła z 0,62 mln USD do poziomu 0,98 w okresie lat 2005–2011, co prezentuje wykres 1. Fakt stabilnego rozwoju inwestycji funduszy *venture capital* może cieszyć, gdyż ryzyko tych inwestycji jest jednym z wyższych spośród wszystkich klas aktywów dostępnych na rynku finansowym. Poziom ryzyka ponoszonego przez zbliżone poziomem ryzyka inwestycyjnego fundusze *venture capital* dobrze opisuje ogromna dyspersja osiągniętych stóp zwrotu. Inwestycje w spółki znajdujące się we wczesnej fazie rozwoju mają niskie prawdopodobieństwo wysokiej wypłaty oraz wysokie prawdopodobieństwo straty, co związane jest z nieoczekiwanymi zmianami rynkowymi, skracającym się cyklem życia produktów (nawet tych wysoce innowacyjnych), ryzykiem operacyjnym, płynności, prawnym oraz wieloma innymi rodzajami ryzyka, specyficznych dla funduszy. Rozkład stóp zwrotu jest pozytywnie i wysoce skośny, a ekses kurtozy[6] przyjmuje wysokie wyniki w porównaniu z innymi alternatywnymi inwestycjami. Dyspersję stóp zwrotu funduszy *venture capital* prezentuje wykres 2.

Wykres 2. Dyspersja stóp zwrotu funduszy *venture capital* na rynku w USA

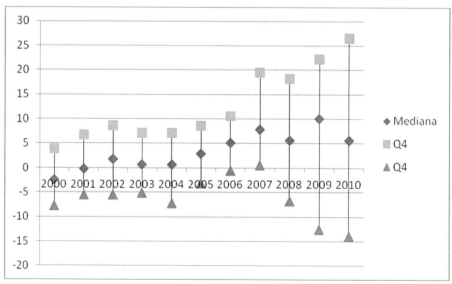

Źródło: Cambridge Associates LLC, 30 czerwiec 2012

---

[6] Dla rozkładu normalnego przyjmuje się wartość kurtozy równą 3, dla wartości większych od 3 rozkład jest bardziej wysmukły, a dla wartości mniejszych bardziej spłaszczony. Często stosuje się inną formułę obliczania kurtozy ze względu na podane powyżej zależności od wartości 3. W ramach udogodnienia sprowadzono wzór do postaci, dla której kurtoza rozkładu normalnego przyjmuje wartość 0, nosi on nazwę współczynnika eksesu.

Warunek ponadnormatywnych zysków generowanych przez inwestorów *venture capital* wynikać powinien ze specyfiki projektów inwestycyjnych, które są przedmiotem ich zainteresowania. Poszukują oni projektów niszowych, których działalność oparta jest o zaawansowane technologie lub unikalne rozwiązania. Skracający się cykl życia zaawansowanych technologicznie dóbr i usług oraz wskazana zastępowalność ich przez tańsze i często jakościowo lepsze substytuty powodują, iż inwestorzy muszą uwzględniać w swoich planach ryzyko dotyczące horyzontu czasowego swego zaangażowania w inwestycje.

Efektywność przeprowadzenia prac rozwojowych produktu zwykle umożliwia szybkie wdrożenie projektu i zaistnienie w branży oraz stworzenie silnej pozycji lidera dysponującego przewagą konkurencyjną na rynku. Z drugiej jednak strony, przy nowatorskich produktach generowane wysokie koszty mogą być przyczyną nieefektywności ekonomicznej projektu. Wysoki stopień skomplikowania prac analitycznych wynika najczęściej z niepowtarzalności projektu.

Pomimo że europejski rynek *venture capital* oraz *private equity* nie jest aż tak rozwinięty, wpływ jaki mają fundusze na rozwój młodych firm jest istotny. W ciągu dwóch dekad, 1990–2010, rynek europejski znacznie zwiększył swoje rozmiary. Aż 95% przedsiębiorstw, w które zainwestowały fundusze podkreśla, iż bez ich wsparcia nie istniałyby lub nie byłyby w stanie rozwijać się w sposób pożądany[7]. Charakterystyczne dla inwestycji *venture capital* w Europie jest to, iż dokonywane są one w spółki już rozwinięte, będące na dalszych etapach rozwoju. Wśród najpopularniejszych branż należy wskazać informatykę oraz dobra konsumpcyjne. Sektor tzw. czystych technologii jest na rynku europejskim obok sektora IT jednym z głównych odbiorców inwestycji funduszy *venture capital*.

III. Inwestycje funduszy *venture capital* w spółki związane z medycyną, farmacją oraz energią odnawialną

Kapitał *venture capital* odgrywa ogromną rolę w finansowaniu i rozwoju takich branż jak: biotechnologia, medycyna czy czysta odnawialna energia. Inwestycje w czystą odnawialną energię to jeden z najszybciej rozwijających się sektorów w USA. Przedsiębiorstwa oferujące produkty takie jak alternatywne i odnawialne źródła energii, recykling, samochody elektryczne, technologie przechowywania energii są atrakcyjnym celem inwestycyjnym dla funduszy wysokiego ryzyka[8].

Ekonomiczny wkład funduszy w sektor medyczny i ciągła innowacyjność firm tego sektora są również wspierane przez inwestycje funduszy *venture capital*. Finansowanie dotyczy setek wielu małych innowacyjnych firm z tego sektora, ale również tych największych przedsiębiorstw takich jak Amgen, Genzyme, Kyphon, Inuitive Surgical. Produkty oraz usługi tych firm medycznych wywierają ogromny wpływ na podnoszenie jakości ludzkiego życia poprzez ratowanie setek istnień ludzkich,

[7] K. Sobańska, P. Sieradzan, *Inwestycje private equity i venture capital*, Key Text, Warszawa 2004, s. 332.

[8] *Patient Capital 3.0*, NVCA, 2013, s. 45, <www.nvca.org/PC3> [8.10.2013].

ulepszanie procedur medycznych, redukcję kosztów leczenia czy tworzenie nowych
urządzeń ułatwiających codzienne życie osobom przewlekle chorym. Produkty tych
firm poprawiają jakość życia także poprzez tworzenie nowych technologii oraz produktów, które zmieniają sposoby leczenia najcięższych schorzeń. Wskazać należy
takie innowacje jak produkty ułatwiające operację na otwartym sercu, nowe systemy
dostarczania leków, ultradźwiękowo-obrazowe diagnozowanie schorzeń, urządzenia
w sposób samodzielny monitorujące poziom glukozy we krwi pacjenta, leki zmniej-
szające ryzyko raka piersi u kobiet itp. Należy podkreślić, iż w ponad 20-letniej
historii *venture capital* fundusze zainwestowały 15 mld USD w 2 000 przedsiębiorstw
z branży leczenia chorób serca, 14 mld USD w 1 600 przedsiębiorstw walczących
z chorobą nowotworową oraz 5 mld USD w 600 spółek tworzących innowacje
w zakresie leczenia cukrzycy[9]. Od 2002 r. do firm należących do sektora nauki
o zdrowiu (biotechnologia, medycyna, farmacja) wpłynęło ponad 40 mld USD, co
stanowi około 28% inwestycji *venture capital* w USA. Zauważyć należy zmianę struktury inwestycji *venture capital*, gdyż jeszcze w latach 90. inwestycje te stanowiły jedynie 13% ogółu[10]. Na giełdy, poprzez IPO (*Initial Public Offering*), zostało wprowadzone ponad 110 firm z tego sektora[11]. Lista spółek wspomaganych *venture capital*
jest bardzo długa i jak wcześniej zostało wskazane, obejmuje zarówno liderów
branży, jak również młode innowacyjne przedsiębiorstwa. Wykres 3 prezentuje tendencje w strukturze inwestycji *venture capital* w zakresie biotechnologii oraz urządzeń
medycznych i ich udział w inwestycjach ogółem na rynku w USA w okresie 1995–2012.

Wykres 3. Kształtowanie się udziału inwestycji *venture capital* w sektor biotechnologii i wyposażenia
medycznego w USA w latach 1995 – III kwartał 2012

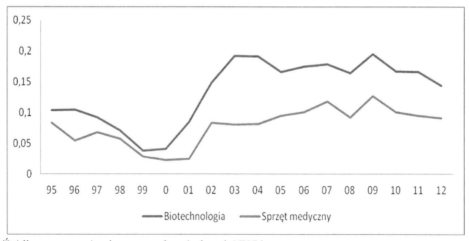

Źródło: opracowanie własne na podstawie danych NVCA

---

[9]   *Patient Capital 2009*, NVCA, s. 9.
[10] *The NVCA 2010 Yearbook*, s. 40.
[11] Przyp. 10, s. 32.

Analizując dane przedstawione na wykresie 3 należy stwierdzić, iż inwestycje w biotechnologie oraz wyposażenie medyczne notują 30% udział w inwestycjach *venture capital* ogółem na rynku USA. Ich udział nieznacznie spadł w okresie 2010 – III kwartał 2012, ale mimo tego wraz z inwestycjami w IT stanowią około 50% inwestycji funduszy. Nowe innowacyjne spółki z sektora nowych technologii są często uzależnione od funduszy *venture capital*, a dokładnie od środków, jakie są oferowane przez fundusze. Dzieję się tak dlatego, iż ich zapotrzebowanie na kapitał jest bardzo duże, droga do sukcesu ekonomicznego bardzo niepewna i długa, a możliwości pozyskania tradycyjnego finansowania dłużnego praktycznie nieosiągalne. Oszacowano, iż dostarczenie na rynek nowego leku to koszt około 800 mln USD, a taki proces może trwać nawet 15 lat (biorąc pod uwagę badania, rozwój oraz implementację). Właśnie dlatego tak ważny jest kapitał *venture capital*, który inwestuje w przedsiębiorstwo ryzykowne i będące w początkowej fazie rozwoju, jednocześnie nie obciążając jego przepływów pieniężnych okresowymi płatnościami. Dzięki temu dynamika wzrostu firm zasilanych *venture capital* jest bardzo wysoka. Spółki sektora biotechnologii zasilanych *venture capital* w USA w latach 2002–2008 odnotowały 9,2-procentowy wzrost zatrudnienia w czasie, gdy ich konkurenci niezasilani kapitałami wysokiego ryzyka odnotowali roczne tempo wzrostu zatrudnienia na poziomie 4,3%[12]. Tak więc można stwierdzić, iż fundusze te nie tylko dostarczają środków finansowych niezbędnych do rozwoju wspomaganych spółek, ale również w wymierny sposób przyczyniają się do wzrostu gospodarczego i zmniejszania się stopy bezrobocia.

Inwestycje w spółki działające w sektorze biotechnologii, medycyny czy ochrony zdrowia są również popularne w Europie. Niestety należy stwierdzić, iż spółki europejskie nie są tak mocno innowacyjne jak ich odpowiedniki w USA i dlatego też charakter *venture capital* w Europie ma inny, bardziej konsumpcyjny wymiar. Sektor *life science* to w Europie około 10% wszystkich inwestycji dokonanych w 2009 r.[13] Z kolei w 2011 r. branża medyczna i ochrony zdrowia otrzymała od funduszy 1,7 mld USD, co stanowi najwyższy udział inwestycji w krajach europejskich. Niestety poziom inwestycji biotechnologicznych notuje nieznaczne spadki w okresie 2005–2011[14].

IV. Inwestycje *venture capital* w Polsce

W Polsce działa 41 firm[15] zarządzających funduszami *venture capital*. Rynek w Polsce jest w ciągłym rozwoju i każdego roku pojawiają się na nim nowe fundusze wysokiego ryzyka. Charakterystyka inwestycji dokonywanych w Polsce jest zbliżona do inwestycji w pozostałych krajach europejskich, tj. dominują inwestycje w przedsiębiorstwa

---

[12] NVCA, <www.nvca.org/index.php?option=com_content&view=article&id=344&Itemid=> [10.03.2013].

[13] *EVCA Yearbook* 2011, <www.evca.eu/uploadedfiles/Home/Knowledge_Center/EVCA=_Research /Statistics/Yearbook/Evca_Yearbook_2011.pdf> [8.10.2013].

[14] *Globalizing Venture Capital. Global Venture Capital Insight and Trend Report 2011*, (przyp. 5), s. 5.

[15] Dane Polskiego Stowarzyszenia Inwestorów Kapitałowych, <www.psik.org.pl/dane.html> [1.12.2012].

z sektorów telekomunikacji oraz dóbr konsumpcyjnych, które znajdują się w późniejszych fazach rozwoju. Przybywa jednak funduszy bardziej ryzykownych inwestu-
jących w tzw. *start-ups*, czyli spółki dopiero zaczynające swoją historię operacyjną,
które angażują się w takie branże jak ochrona zdrowia czy medycyna. Dane European Venture Capital Association wskazują na to, iż następuje ciągły wzrost poziomu inwestycji. Po krótkim załamaniu w 2008 r. trend wzrostowy inwestycji funduszy
venture capital oraz *private equity* został zachowany, co prezentuje wykres 4.

Wykres 4. Inwestycje funduszy *venture capital* oraz *private equity* w latach 2000–2011 w mln EUR wraz
z linią trendu oraz współczynnikiem determinacji

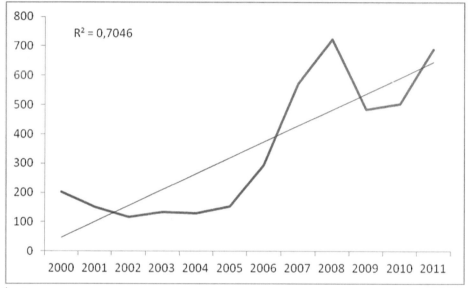

Źródło: opracowanie własne na podstawie danych EVCA.

Analizując dane przedstawione na wykresie 4 należy stwierdzić, iż obserwujemy silny
wzrost inwestycji funduszy, który należy tłumaczyć rozwojem gospodarczym Polski
oraz wzrostem liczby spółek, które spełniają kryteria inwestycyjne stawiane przez
fundusze wysokiego ryzyka. Rok 2011 przyniósł powrót poziomu inwestycji w okolice maksimum osiągniętego w 2008 r. Zmienia się jednak struktura inwestycji.
W 2011 r. na inwestycje sektora zaawansowanych technologii przekazano 3,1%, co
jest dość niskim wynikiem w porównaniu z latami 2000–2005. Należy również
stwierdzić wzrost udziałów takich sektorów jak medycyna, szczególnie w okresie
2009–2011. Stan inwestycji z podziałem na branże prezentuje tabela 1.

Tabela 1. Wybrane branże inwestycji funduszy *venture capital* w Polsce w latach 2000–2011

Inwestycje	2000	2001	2002	2003	2004	2005	2006	2007	2008	2009	2010	2011
Inwestycje medyczne w mln EUR	4,47	7,38	4,19	6,16	1,05	0,11	3,01	13,6	40,4	146,3	38	84,8
Udział medycyny w %	2,2	4,9	3,6	4,6	0,8	0,1	1	1,7	5,6	30,5	7,7	12,3
Udział inwestycji *high-tech* w %	23,5	33,6	8	30,9	33,8	24	19,1	0,1	2,1	0,9	0,1	3,1
Inwestycje energetyczne w mln EUR	0,87	1,13	8	6,91	3,66	0	0	0	64,2	1,1	0	11,5
Udział energetyki w %	0,4	0,8	6,8	5,2	2,8	0	0	0	8,8	0,2	0	1,7
Inwestycje w telekomunikację w mln EUR	114,13	69,78	16,37	39,51	43,95	8,6	164,9	412,5	59	146,9	77,7	249,7
Udział telekomunikacji w %	56,76	46,37	13,91	29,50	33,80	5,59	56,17	72,19	8,15	30,35	15,41	36,26
Inwestycje *venture capital* w mln EUR	201,59	150,47	117,69	133,91	130,03	153,98	293,59	571,4	724	484	504,2	688,6

Źródło: opracowanie własne na podstawie danych EVCA.

Dane zwarte w tabeli 1 wskazują na dynamiczny i stabilny wzrost inwestycji *venture capital* w Polsce. Wraz ze wzrostem inwestycji udział inwestycji w spółki z branży medycznej wyraźnie wzrósł z poziomu 4,47 mln EUR do poziomu 84,8 mln EUR. Liczba tych inwestycji wzrosła z 4 do 7. Znacząco rośnie więc średnia wartość inwestycji funduszy w ten rodzaj spółek. Największą dynamiką w zakresie wartości inwestycji wydaje się charakteryzować sektor telekomunikacji, którego absorbcja kapitałów wzrosła z 114 mln EUR w 2002 r. do 249,7 mln EUR w 2011 r. Mimo tak znaczącego wzrostu wartości inwestycji udział w ogólnej ich kwocie spadł z poziomu 56% w 2002 r. do poziomu 36% w 2011 r.

Niezwykłym wsparciem dla firm typu *start-up* jest Program Operacyjna Gospodarka finansowany ze środków UE w zakresie tzw. działania 3.1, w ramach którego w 2010 r. oddano do dyspozycji 334 mln PLN. Większość projektów zostanie zrealizowana w sektorze ICT. Przykładem inwestycji korporacji w innowacyjne projekty służące wzrostowi jakości życia ludzkiego jest powołanie przez pomorski Koncern Energetyczny KE ENERGA spółki inwestycyjnej Energa-Innowacje zamierzającej inwestować w projekty typu *start-up*, kompatybilne z energetycznym biznesem spółki matki czy działalność inwestycyjna spółki Asseco Poland S.A.

Kolejnym przykładem rozwoju rynku *venture capital* w Polsce jest działalność Krajowego Funduszu Kapitałowego (KFK), który ma coraz większe znaczenie w finansowaniu firm we wczesnych fazach rozwoju. Utworzony w 2005 r., pełni funkcję tzw. „funduszu funduszy". Jego celem jest zwiększenie podaży kapitałów na rynku *venture capital*, poprzez dostarczanie środków inwestycyjnych (na zasadzie wspólnego przedsięwzięcia) nowotworzonym prywatnym funduszom kapitałowym.

Zamiast bezpośredniego inwestowania w spółki portfelowe, KFK oddziałuje na rynek pośrednio, podwajając kapitały prywatnych inwestorów i jednocześnie przyjmując na siebie dużą część ryzyka. KFK ma inwestować w inne — prywatne — fundusze kapitałowe zorientowane na inwestycje technologiczne. Portfel KFK przedstawia się bardzo interesująco: są tu cztery większe fundusze o kapitalizacji ok. 100 mln PLN, pięć średnich (50–84 mln PLN) oraz pięć mniejszych funduszy (kapitalizacja 40 mln PLN). Trzy fundusze pozycjonują się jako fundusze bez określonej branży inwestycyjnej, podczas gdy pozostałe mają mniej lub bardziej sprecyzowaną specjalizację branżową. Dominują fundusze nastawione na tzw. inwestycji TIME (Telecommunication, Internet, Media, Entertainment). Dwa koncentrują się na komercjalizacji badań naukowych. W kręgu zainteresowań funduszy znajdują się również usługi medyczne i inne mniejsze branże. Do dnia 1 grudnia 2012 fundusze zainwestowały łącznie w 26 projektów. Spośród interesujących projektów należy wskazać następujące spółki:

— Telemedycyna Polska S.A. — działa na rynku usług telemedycznych na obsza rze całej Polski. Specjalizuje się w całodobowej opiece kardiologicznej za pośrednictwem telefonu lub Internetu z dowolnego miejsca, zarówno w Polsce jak i zagranicą.

— Simplum — zajmuje się wdrażaniem automatycznej identyfikacji zwierząt hodowlanych, w szczególności trzody chlewnej, w oparciu o opatentowane innowacyjne rozwiązania w kolczykowaniu zwierząt zgodnie z planowanymi wytycznymi UE,

— House Domowa Opieka Sp. z o.o. — oferuje profesjonalną i kompleksową opiekę nad osobami starszymi w miejscu zamieszkania. W swoim zakresie oferuje usługi opiekunek (także opieka podczas wyjść do kina, teatru, zakupów), pielęgniarek, lekarzy i innych profesjonalistów medycznych w domu chorego m.in. telemonitoring czynności życiowych, tlenoterapia domowa, dowóz leków, wypożyczalnia sprzętu ortopedycznego.

— Eko Recycling Sp. z o. o. — zajmuje się wdrażaniem i zastosowaniem w celach biznesowych metody przerobu śmieci nieatrakcyjnych dla spalarni oraz wykorzystaniem ich jako surowca energetycznego. Dzięki autorskiej technologii firma produkuje z nich między innymi wkłady do ekranów dźwiękoszczelnych[16].

Szczególnie trudnym obszarem budowania gotowości inwestycyjnej jest sektor badań i rozwoju. Choć większość polskich naukowców prowadzenie badań i wydawanie publikacji traktuje jako cel sam w sobie, z niechęcią spoglądając na spółki *spin-off/out*, od czasu do czasu na rynku pojawia się zwiastun ponadprzeciętnej jakości produktów (przykładem mogą być spółki Polymem — produkcja membran polipropylenowych, Read Gene — badania nad nowotworami, Apeiron Synthesis — chemia). Na przeszkodzie do powstawania większej liczby spółek odpryskowych, obok obojętności środowiska naukowego, stoją wewnętrzne procedury uczelni

---

[16] Dane Krajowego Funduszu Kapitałowego, <www.psik.org.pl/dane.html> [6.05.2013].

(a raczej ich brak). Niektóre uczelnie (np. Uniwersytet Jagielloński) poczyniły już wiele na drodze do udrożnienia tych procedur.

W Polsce istnieje kilka funduszy działających w branży medycznej czy biotechnologicznej i można wskazać kilka udanych projektów, jakie zostały zrealizowane przy wsparciu kapitału wysokiego ryzyka. Jednym z funduszy zainteresowanych zaangażowaniem się i komercjalizacją takich projektów jest MCI.BioVentures. Fundusz inwestuje głównie w firmy biotechnologiczne będące w fazie *seed* i *start-up*. MCI.BioVentures Sp. z o.o. korzysta z dofinansowania zwrotnego uzyskanego w wyniku konkursu przeprowadzonego przez Polską Agencję Rozwoju Regionalnego. Środki dofinansowania pochodzą z Europejskiego Funduszu Rozwoju Regionalnego w ramach Sektorowego Programu Operacyjnego Wzrost Konkurencyjności Przedsiębiorstw. MCI.BioVentures inwestuje w ochronę zdrowia. Przykładowa inwestycja funduszu MCI.BioVentures to objęcie udziałów w 24med Sp. z o.o. z siedzibą we Wrocławiu. Spółka prowadzi działalność w zakresie ratownictwa medycznego i lekarskiej pomocy wyjazdowej. Spółka 24med zamierza wypełnić niszę rynku usług medycznych polegających na udzielaniu wyjazdowej pomocy doraźnej wraz z ambulatorium i usługami diagnostyki obrazowej. Rynek tego typu usług jest w Polsce słabo rozwinięty. W związku ze stopniową zmianą modelu funkcjonowania Pogotowia Ratunkowego w kierunku służby ratownictwa medycznego, mającej za zadanie zapewnienie udzielania poszkodowanym pomocy (w wypadkach lub sytuacjach nagłego zagrożenia życia) i zapewnienia szybkiego transportu do szpitala — obserwuje się stopniowe ograniczanie roli Pogotowia Ratunkowego w zakresie udzielania wyjazdowych konsultacji medycznych. Ambulatoria przy stacjach Pogotowia Ratunkowego są stopniowo likwidowane, a funkcjonowanie Szpitalnych Oddziałów Ratunkowych (SOR) nie jest, w wielu przypadkach, dostosowane do skali potrzeb – występują tam wielogodzinne kolejki. Inwestycja MCI.BioVentures polegała na dofinansowaniu spółki w łącznej kwocie 3 200 000 PLN rozłożonej na dwie transze i realizowanej w całości w 2008 r. 24med to stacjonarny ośrodek obejmujący kwalifikowaną pomoc medyczną w zakresie przypadków ostrych — chirurgicznych, ortopedycznych, okulistycznych i laryngologicznych oraz pomoc doraźna wyjazdowa, obejmująca lekarskie wizyty domowe, a także usługi ratownictwa medycznego, z wykorzystaniem własnych ambulansów. Firma oferuje również usługi przy zabezpieczeniu medycznym imprez masowych oraz usługi transportu medycznego[17].

Kolejnym inwestorem w sektory medyczne jest fundusz Enterprise Investors. Enterprise Venture Fund I (EVF I), fundusz *venture capital* zarządzany przez Enterprise Investors (EI), został większościowym inwestorem w Polskim Banku Komórek Macierzystych (PBKM) i sfinansuje jego dalszy rozwój. EVF I objął 50,1% akcji PBKM za kwotę 18,1 mln PLN. Działający od 2003 r. Polski Bank Komórek Macierzystych SA jest największym w Polsce i czwartym pod względem wielkości

---

17 Dane funduszu Bioventures, <www.mci.pl/fundusz/mci-bioventures-fiz/> [6.05.2013].

w Europie bankiem pobierającym i przechowującym komórki macierzyste z krwi pępowinowej. Polski Bank Komórek Macierzystych jest bardzo prężnie rozwijającą się firmą, której przychody i zyski rokrocznie rosną o kilkadziesiąt procent. Przychody grupy kapitałowej PBKM w 2008 r. wyniosły niemal 20 milionów PLN. Kolejną udaną inwestycją tego funduszu było finansowanie Bio-Profil Sp. z o.o. z siedzibą w Warszawie. Jest ona największym w Polsce przedstawicielem renomowanych laboratoriów produkujących preparaty stosowane w medycynie estetycznej oraz jednym z największych dystrybutorów dermokosmetyków na polskim rynku. Firma ma wyłączność na sprzedaż kosmetyków i preparatów wiodących w tych segmentach producentów, takich jak SVR czy Filorga. Bio-Profil jest cenionym partnerem handlowym ze względu na najszerszą ofertę preparatów dermokosmetycznych i medycyny estetycznej. Od kilku lat spółka rozwija się bardzo dynamicznie, a w ciągu ostatnich dwóch lat Bio-Profil podwoił skalę swojej działalności.

Kolejnym przykładem działalności Enterprice Investors jest jego zaangażowanie w PharmaSwiss SA, największą w Europie Środkowej i Wschodniej firmę farmaceutyczną obsługującą międzynarodowe koncerny w zakresie sprzedaży, rejestracji i marketingu ich leków. W efekcie transakcji podwyższenia kapitału, Polish Enterprise Fund (PEF VI) nabędzie 12,7% akcji PharmaSwiss. PEF VI będzie akcjonariuszem PharmaSwiss wraz z dwoma założycielami spółki oraz specjalistycznym funduszem inwestującym na rynku medycznym, HBM BioVentures, który zainwestował w PharmaSwiss w 2007 r. Założona w 2000 r. i mająca siedzibę w Zug w Szwajcarii, firma PharmaSwiss S.A. reprezentuje duże światowe firmy farmaceutyczne, takie jak Bristol-Myers Squibb, Wyeth Pharmaceuticals, Beaufour Ipsen, Astellas Pharma, Eli Lilly i Ferring[18].

Przykładem kolejnej inwestycji w sektor medyczny jest Fundusz Krokus, który zainwestował w spółkę Polmed S.A., oferującą kompleksową opiekę medyczną dla osób prywatnych, firm i instytucji w zakresie podstawowej ambulatoryjnej oraz specjalistycznej opieki zdrowotnej, pełnej diagnostyki medycznej, rehabilitacji, stomatologii i zabiegów szpitalnych. Polmed S.A. posiada również nowoczesny, zintegrowany system informatyczny zapewniający sprawne zarządzanie procesem leczenia pacjenta, rejestracją medyczną, zleconą diagnostyką oraz dostępem do dokumentacji medycznej.

Inny fundusz, AVALLON MBO FUND, zrealizował transakcję wykupu menedżerskiego firmy Good Food Sp. z o.o. zajmującej się produkują i dystrybucją zdrowej żywności, której głównym produktem są wafle ryżowe. Spółka Good Food osiągnęła w 2009 r. przychody w wysokości ponad 30 mln PLN, a zysk netto wyniósł ponad 3,5 mln PLN. Wyniki wskazują na dynamiczny rozwój spółki, za pierwsze półrocze 2010 r. wynoszą ponad 23,5 mln PLN, a zysk netto 5 mln PLN. Spółka zatrudnia ponad 180 osób i plasuje się w ścisłej czołówce producentów wafli

---

ryżowych na polskim rynku, z blisko 40% udziałem sprzedaży w hipermarketach (25% udział w rynku ogółem), będąc równocześnie zdecydowanym liderem pod względem jakości. Good Food jest także znaczącym eksporterem. Produkty spółki sprzedawane są obecnie m.in. w Danii, Hiszpanii, Francji, Wielkiej Brytanii, Włoszech, Niemczech, Szwecji, na Litwie, w RPA, USA oraz Australii.

Innym przykładem inwestycji funduszu jest spółka Medort. Spółka jest obecnie największą grupą ortopedyczno-rehabilitacyjną w Polsce i znaczącą na tle podobnych firm w Europie Środkowej. Model biznesowy Medort obejmuje: projektowanie i produkcję innowacyjnych rozwiązań medycznych takich jak: nieinwazyjne produkty ortotyczne, produkty rehabilitacyjne i pomocnicze, obuwie diagnostyczno-profilaktyczne dla dzieci, produkty podologiczne i wspomagające zdrowy tryb życia, największą polską sieć detaliczną sklepów medycznych pod marką Life+.

Mid Europa Partners jest największą niezależną firmą *private equity* w Europie Środkowo-Wschodniej zarządzającą funduszami o kapitale w wysokości ok. 3,2 miliarda EUR. W 2007 r. fundusz ten zakupił większościowy pakiet firmy Lux Med oraz Medycyna Rodzinna, a następnie spółkę Promedis. Grupa Lux Med jest liderem na rynku prywatnych usług medycznych w Polsce. W jej ramach działa obecnie 70 placówek ambulatoryjnej opieki medycznej: 24 pod marką Lux Med, 17 pod marką Medycyna Rodzinna, 10 pod marką Promedis. Do Grupy należą również Centrum Diagnostyki Obrazowej AVI, FADO S.A. — spółka oferująca diagnostykę mobilną oraz — od 31 lipca 2009 r. — dysponujące 17 placówkami Centrum Medyczne LIM[19].

Aktywność funduszy *venture capital* w Polsce w zakresie inwestycji w branżę medyczną, biotechnologiczną oraz farmaceutyczną wzrasta dynamicznie. Szereg przykładów udanych inwestycji z tego zakresu świadczy o coraz większym zainteresowaniu funduszy tego typu inwestycjami na polskim rynku. Inwestycje typu *venture capital* w tym zakresie w Polsce są bardzo istotne. Problemy małych i średnich przedsiębiorstw w zakresie finansowania swojego rozwoju są dość duże. Niemożność pozyskania środków z tradycyjnych źródeł finansowania powoduje, iż fundusze są jednym z poważniejszych inwestorów wspomagających rozwój innowacyjnych spółek. Ich pomoc wspiera procesy innowacyjne w przedsiębiorstwach wspomagając powstawanie produktów i usług, które podnoszą jakość życia ludzkiego.

V. Podsumowanie

Fundusze *venture capital* dostarczają kapitału niezbędnego do tworzenia nowych innowacyjnych przedsięwzięć. *Venture capital* to jednak więcej niż tylko kapitał. Menadżerowie funduszy są aktywnymi zarządzającymi, którzy wyznaczają nowe perspektywy i mobilizują pracowników do tworzenia nowoczesnych i niespotykanych projektów. Aktywne zaangażowanie funduszu *venture capital* w przedsiębiorstwo to często klucz do jego sukcesu. Jest to szczególnie ważne w przypadku firm działających w sektorach odnawialnej energii, medycyny czy biotechnologii. Wiele

---

[19] Dane Grupy Lux Med, <www.luxmed.pl/szpital/nasze-centra/o-centrach.html> [5.03.2013].

zaprezentowanych przykładów podmiotów zasilanych funduszami *venture capital* jest niezbitym dowodem, iż fundusze te swoim działaniem wspomagają podnoszenie innowacyjności i wprowadzanie nowych produktów na nowe rynki światowe, a tym samym pomagają wielu pacjentom, którzy korzystają z produktów medycznych. Fundusze są nieocenionym elementem dla tworzenia produktów wspomagających podnoszenie jakości ludzkiego życia zarówno w zakresie produktowym i usługowym, jak również ekonomicznym i gospodarczym.

Piotr Zasępa

Venture capital investments and their impact on the quality of life

The purpose of this study is to provide an overview concerning the pivotal role that venture capital-backed companies have played, and will continue to play, in the development of medical innovations, from new biotechnological therapies to revolutionary medical devices. Innovative medical technologies affect virtually everyone around the globe. Patient capital of venture capital demonstrates that many of the most innovative medical breakthroughs have been brought to the market by billions of dollars of venture capital investment in life sciences companies. The economic impact and medical contributions of these life sciences companies have been enormous. The revolutionary medical breakthroughs produced by venture capital-backed companies such as Amgen or Genentech along with hundreds of smaller innovative life sciences companies, have resulted in highly tangible and valuable improvements to the US, European and Polish economies and to many people's lives. Venture capital investors seek and invest in the most promising therapies and technologies to combat costly and often fatal chronic conditions such as heart disease, cancer, stroke, and diabetes. Venture investment allows small startup life sciences companies to develop these technologies and commercialize them for the benefit of all.

Tomasz Trojanowski

Znaczenie marketingu w działalności prywatnych placówek opieki zdrowotnej

I. Wstęp

Zmiany zasad funkcjonowania rynku, rozwój konkurencji między placówkami medycznymi oraz upowszechnienie wiedzy o usługach medycznych spowodowały wzrost zainteresowania marketingiem. Marketing jest kluczem prowadzącym do sukcesu każdą organizację, bez względu na jej wielkość oraz rodzaj prowadzonej działalności. W przeszłości panowało przekonanie, że aby sprzedać usługę lub produkt, wystarczy to zaoferować i ustalić odpowiednią cenę.

Jedną z zasad skutecznie prowadzonej działalności medycznej, zarówno w placówkach państwowych, jak i prywatnych jest dostarczenie pacjentom satysfakcji i zadowolenia z oferowanych usług medycznych. Kolejna ważna zasada to koordynacja działalności marketingowej w zakładzie świadczącym usługi medyczne. Osoby odpowiedzialne za marketing w placówce medycznej powinny współpracować z innymi komórkami organizacyjnymi, gdyż powołanie odrębnej komórki marketingu niczego nie rozwiązuje. Komórka marketingu powinna więc być wkomponowana w strukturę organizacyjną ośrodka medycznego.

Sprawnie funkcjonujący zakład opieki zdrowotnej w znacznym stopniu przyczynia się do osiągnięcia satysfakcji i zadowolenia pacjentów ze świadczenia usług medycznych, co z pewnością przekłada się na jakość życia usługobiorców. Dostęp pacjentów do wszelkiego rodzaju specjalistów z różnych dziedzin medycyny oraz możliwość wykonania badań profilaktycznych i specjalistycznych bez wątpienia wpływa na poprawę jakości życia osób potrzebujących opieki zdrowotnej.

Istotny wpływ na poprawę działalności placówki medycznej oraz zadowolenie osób korzystających z jej usług ma dostosowanie się zakładu medycznego do następujących wskazówek:

— orientacja na pacjentów,
— prawidłowe rozpoznanie ich potrzeb i pragnień,
— tworzenie satysfakcjonujących ofert usługowych,
— doskonała obsługa przed, w trakcie i po zakończeniu usługi.

Przedstawione idee marketingu usług medycznych umożliwiają przygotowanie
właściwej strategii postępowania zakładu medycznego w odniesieniu do potrzeb
i oczekiwań pacjentów. Osiągnięcie obustronnej satysfakcji w relacjach placówki
medycznej z usługobiorcami z pewnością przyczyni się do osiągnięcia sukcesu na
rynku oraz wpłynie na zadowolenie osób korzystających z proponowanych usług
medycznych.

II. Istota marketingu usług medycznych

Wiele osób, które nie mają wystarczającej wiedzy na temat marketingu, błędnie
identyfikuje jego istotę wyłącznie ze sprzedażą i reklamą. P. Kotler i współautorzy
określają marketing w następujący sposób: jest to „proces społeczny i zarządczy,
dzięki któremu jednostki i grupy uzyskują to, czego potrzebują i pragną, przez tworzenie oraz wzajemną wymianę produktów i wartości"[1]. Marketing to nie tylko
orientacja na zewnątrz, ale także do wewnątrz organizacji. Orientacja marketingowa
powinna być częścią działania placówki, a nie tylko ujawniać się w postaci jednorazowo podejmowanych akcji. Prowadzenie ciągłej obserwacji konkurencji, monitorowanie rejonu, wsłuchiwanie się w potrzeby i preferencje pacjentów oraz reagowanie
na zachodzące zmiany, gwarantują prawidłowy rozwój sektora usług medycznych.
Wymienione działania powinny być realizowane przede wszystkim przez prywatne
ośrodki zdrowia. Placówki państwowe mają w zasadzie ograniczone możliwości
podejmowania przedsięwzięć marketingowych ze względu na funkcjonowanie
w państwowym systemie opieki zdrowotnej.

Posługiwanie się marketingiem oznacza przyjęcie pewnych zasad postępowania,
wśród których wyróżniają się dwie reguły: po pierwsze, ośrodek medyczny w swojej
działalności uznaje kluczową pozycję odbiorcy usługi i po drugie, nie ma nowoczesnego marketingu usług medycznych bez badań rynku[2]. W nowej orientacji chodzi
o działanie prywatnej placówki ukierunkowane nie tyle na usługi, ile na zadowolenie pacjenta. Zamiast koncentrować się na tym, jakiego rodzaju usługi mają być
świadczone, główny wysiłek powinien skupiać się na tym, czego będą oczekiwać
pacjenci i dlaczego[3].

Oprócz wymienionych sfer działania marketingu, można spotkać się także
z opinią, iż marketing usług medycznych obejmuje swoim zakresem również:
— badania i analizę otoczenia marketingowego,
— wybór obszarów docelowych,

---

[1]   Ph. Kotler, G. Armstrong, J. Saunders i in., *Marketing — podręcznik europejski*, PWE, Warszawa 2002, s. 39.
[2]   T. Kramer, *Podstawy marketingu*, PWE, Warszawa 1997, s. 27.
[3]   T. Kramer, (przyp. 2), s. 12.

— marketing mix,
— organizacje i zarządzanie działalnością marketingową.

Badanie i analiza otoczenia daje podstawy racjonalnie prowadzonej działalności marketingowej. Wykorzystuje się w niej badania marketingowe, wywiad marketingowy oraz monitoring skali. Dzięki takim praktykom prywatny zakład opieki zdrowotnej uzyskuje informacje dotyczące obszarów, na których zamierza działać, w tym potrzeb i wymagań pacjentów, konkurencji oraz różnego rodzaju czynników o charakterze ekonomicznym czy demograficznym. Jak podaje A. Pomykalski, otoczenie marketingowe należy rozumieć jako „ogół czynników i sił determinujących zdolność firmy do zyskownego zaspokojenia potrzeb nabywców"[4].

Wybór docelowych obszarów działania rozpoczyna się od ich segmentacji. Placówka medyczna wyodrębnia na obszarze swojego funkcjonowania grupy pacjentów o względnie jednorodnych potrzebach, dokładnie bada te potrzeby, a następnie dopasowuje do nich swoje oferty usługowe. Segmentacji towarzyszy różnicowanie (zakład medyczny stara się nadać swojej ofercie takie cechy, które wyróżniają ją na tle konkurencji, zarówno publicznej, jak i prywatnej) oraz pozycjonowanie (pozycjonowanie oferty w umysłach pacjentów).

Kolejnym etapem racjonalnie prowadzonej medycznej działalności usługowej jest dobór odpowiednich instrumentów oddziaływania na rynek, który tworzą pacjenci. Dokonuje się tego w ramach tzw. marketingu mix. Według T. Sztuckiego marketing mix to „określenie kompozycji elementów marketingu, które tworzą materialne i niematerialne kontrolowane przez przedsiębiorstwo instrumenty i czynniki oddziaływania na rynek oraz kształtowania rynku i postępowania jego uczestników"[5]. Prywatna placówka medyczna odpowiednio kształtuje swoje usługi, ustala ich ceny, dobiera kanały dystrybucji oraz podejmuje decyzje dotyczące promocji mix (reklama, marketing bezpośredni, promocja sprzedaży, *public relations*, sprzedaż osobista).

Aby tak rozumiana medyczna działalność marketingowa przyniosła spodziewane rezultaty trzeba stworzyć odpowiednią komórkę organizacyjną marketingu, obsadzić ją właściwym personelem, a następnie nim zarządzać według obowiązujących zasad i procedur. Tak rozumiany zakres marketingu dotyczy również zakładów opieki zdrowotnej świadczących usługi medyczne.

III. Badania marketingowe rynku usług zdrowotnych

1. Znaczenie badań marketingowych rynku usług zdrowotnych

Wzrastająca konkurencja między prywatnymi placówkami medycznymi powoduje, że podstawowym zasobem tych organizacji staje się informacja. Do zarządzania organizacją nie wystarcza już bowiem intuicja czy doświadczenie; kierowanie powinno

---

4   A. Pomykalski, *Strategie marketingowe*, Wydawnictwo Naukowe Wyższej Szkoły Kupieckiej, Łódź 2000, s. 115.
5   T. Sztucki, *Marketing w pytaniach, odpowiedziach*, Agencja Wydawnicza „Placet", Warszawa 1998, s. 44.

opierać się na profesjonalnie zbieranych i przetwarzanych danych[6]. Wiedza, zdobyta w procesie komunikacji z otoczeniem, pozwala na zmniejszenie niepewności i zwiększa szanse podjęcia właściwej decyzji.

Narzędziem umożliwiającym zebranie odpowiednich informacji są badania marketingowe, które powinny być wykorzystywane do analizy i oceny obszarów, na których funkcjonuje ośrodek medyczny. Badania marketingowe wiążą placówkę z jej otoczeniem. Zakład projektuje badania, gromadzi, analizuje i interpretuje dane, by ułatwić kierownictwu zrozumienie otoczenia, identyfikację problemów i sprzyjających sytuacji. Badaniom może być poddany cały obszar działania placówki medycznej lub jego część. Powyższe stwierdzenie dotyczy analizy otoczenia organizacji oraz zachowań pacjentów. Badania marketingowe są niezwykle przydatne w podejmowaniu decyzji w odniesieniu do wielu obszarów działalności prywatnego ośrodka medycznego.

Właściwie przeprowadzone badania marketingowe powinny dać wyczerpujące informacje organizacji w odniesieniu do następujących kwestii:
— jakie są potrzeby i oczekiwania pacjentów,
— czy i jak potrzeby te mogą się zmienić w krótkim i dłuższym okresie czasu,
— jaka jest wielkość popytu na usługi medyczne,
— kto jest zainteresowany ofertą usługową,
— jakie czynniki i motywy wywierają wpływ na wybór usług placówki przez pacjentów[7].

Rozpoznanie powyższych zagadnień umożliwi organizacji przygotowanie właściwej medycznej oferty usługowej. Badania marketingowe pomagają wybrać właściwy problem do rozwiązania. Faza rozwiązywania problemu dotyczy wyboru najlepszego wariantu osiągnięcia celu. Badania ułatwiają wybór i umożliwiają koncentrację na najbardziej skutecznej drodze realizacji zamierzeń. Badania marketingowe powinny dać odpowiedź na następujące pytania:
— czy wejść na dany obszar,
— w jakich rejonach rozpocząć działalność,
— jak dotrzeć do pacjentów,
— jaką wybrać strategię marketingową[8].

Badania marketingowe to fragment systemu informacji odpowiedzialnego za gromadzenie informacji potrzebnej do rozwiązywania specyficznych problemów, na które napotyka placówka. Marketing prywatnego zakładu medycznego wymaga co pewien czas wsparcia ze strony badań, stąd należy zastanowić się na powołaniem komórki marketingowej w placówce.

6   Z. Kędzior, K. Karcz, *Badania marketingowe*, PWE, Warszawa 2001, s. 11.
7   A. Pabian, *Marketing szkoły wyższej*, Oficyna Wydawnicza ASPRA-JR, Warszawa 2005, s. 68.
8   E. Michalski, *Marketing — podręcznik akademicki*, Wydawnictwo Naukowe PWN, Warszawa 2003, s. 594.

2. Wywiad marketingowy na rynku usług medycznych

Wywiad marketingowy jest specyficzną częścią badań marketingowych, który ma za zadanie rozpoznanie konkurencji. Wywiad marketingowy stanowi nietypowy rodzaj badania marketingowego, polegający na braku możliwości jawnego przeprowadzenia badań konkurencji, co odróżnia go od typowych badań marketingowych[9].

Zbieranie informacji może dotyczyć przede wszystkim usług medycznych świadczonych przez konkurencję, posiadanej ilości pacjentów, działań z zakresu promocji, struktury demograficznej pacjentów i kanałów dystrybucji. Gromadzone dane mogą określać preferencję oraz lojalność nabywców usług, skuteczność reklamy, wyniki pracy personelu medycznego i sprawność systemu logistycznego[10]. Gromadzenie informacji o konkurentach jest zadaniem odpowiedzialnym i mającym charakter ciągły. Przy pozyskiwaniu danych występuje zazwyczaj tendencja do zbierania ogromnej ilości szczegółowych informacji bez przemyślanej metody ich klasyfikowania. Takie postępowanie może prowadzić do chaosu i zmarnowania znacznych nakładów wykonanej pracy. Przed przystąpieniem do właściwych działań należy opracować strategię pozyskiwania informacji o konkurencji, a w szczególności należy określić, od czego się je rozpocznie i czego konkretnie się szuka.

Zbieranie informacji potrzebnych do pełnej analizy konkurencji jest procesem dość powolnym. Przeważnie napływają one strumyczkami, a nie rzekami. Aby uzyskać pełen obraz sytuacji konkurencji, dane te należy zestawiać przez dłuższy okres. Zestawienie danych do wnikliwej analizy konkurentów wymaga czasu i dużego zaangażowania personelu placówki medycznej. Potrzebny jest sprawny system gromadzenia danych o konkurentach. Mechanizm zbierania informacji może się różnić w zależności od potrzeb konkretnej placówki[11].

3. Obserwacja zjawisk oraz trendów występujących na rynku usług medycznych

Uzupełnieniem informacji uzyskanych na drodze badań marketingowych i wywiadu stanowi rejestracja zjawisk oraz trendów występujących w otoczeniu zakładu zdrowotnego. Monitorowanie skali jest dalszym procesem zbierania informacji zapoczątkowanym przez badania i wywiad.

Aby w porę wykorzystać nadarzające się okazje lub uniknąć powstających zagrożeń, personel zarządzający powinien wnikliwie obserwować i analizować zmiany zachodzące w głównych podsystemach otoczenia. Jednym z ważniejszych, obok otoczenia ekonomicznego, prawno-politycznego, społeczno-kulturowego i techniczno-technologicznego, jest otoczenie demograficzne[12]. Zmiany zachodzące w otoczeniu

---

[9] A. Pabian, (przyp. 7), s. 79.

[10] E. Duliniec, *Marketing międzynarodowy*, Wydawnictwo Naukowe PWN, Warszawa 2004, s. 172.

[11] M.E. Porter, *Strategia konkurencji*, PWE, Warszawa 1992, s. 86, 355.

[12] Ph. Kotler, *Marketing, analiza, planowanie, wdrażanie i kontrola*, Wydawnictwo Felberg SJA, Warszawa 1999, s. 145.

demograficznym są ważnym sygnałem dla ośrodków medycznych, ponieważ otoczenie demograficzne dotyczy ludzi, czyli potencjalnych pacjentów. Rosnąca bądź malejąca populacja nie pozostaje bez znaczenia dla organizacji ze względu na wskazania co do wielkości popytu na konkretne usługi[13]. Do podstawowych czynników otoczenia demograficznego zalicza się:

— liczbę ludności,
— strukturę wiekową ludności,
— gęstość zaludnienia,
— geograficzne rozmieszczenie ludności[14].

Liczba ludności oraz jej wzrost (przyrost naturalny) są głównymi wskaźnikami szacowania wielkości potencjalnego popytu na różne usługi medyczne. Analiza struktury wiekowej ludności umożliwia szacowanie wielkości zapotrzebowania na konkretne rodzaje usług. Starzejące się społeczeństwo będzie oczekiwało innego rodzaju usług niż te kierowane do osób młodych i dzieci.

Gęstość zaludnienia jest analizowana w powiązaniu ze wskaźnikiem urbanizacji (zamieszkania ludności w miastach). Z jednej strony, na obszarach gęsto zaludnionych łatwiej jest zorganizować intensywną dystrybucję usług, gdyż koncentruje się tam większa liczba potencjalnych usługobiorców, a poza tym obszary miejskie oferują zakładom medycznym działającym na ich terenie możliwości sprawnego działania transportowo-logistycznego, komunikacyjnego itd. Z drugiej strony, są tam zwykle trudniejsze warunki konkurencyjne i wyższe koszty np. wynajmu lokali.

Geograficzne rozmieszczenie ludności na określonym terytorium jest coraz częściej szczegółowo analizowane ze względu na instrumenty tzw. geomarketingu. W krajach wysoko rozwiniętych, zwłaszcza w USA i Europie Zachodniej, coraz szerzej korzysta się z tzw. geodemograficznych baz danych umożliwiających opracowywanie profilów obszarów działalności opartych na kryteriach zamieszkania lub lokalizacji nabywców[15].

Otoczenie demograficzne ma znaczny wpływ na strategię rozwoju prywatnej placówki medycznej. Badanie trendów demograficznych powinno być podstawą strategii w dłuższym okresie. Na podstawie tych badań można z dużym prawdopodobieństwem ocenić wiele wskaźników, mających bezpośredni wpływ na przyszłość danej organizacji. Uwarunkowania demograficzne są pośrednią informacją o wielkości popytu ogółem oraz o jego geografii. Najczęściej bada się tu migracje, przyrost naturalny, zmiany struktury wiekowej społeczeństwa, struktury zawodowej itp.

Zmiany o charakterze demograficznym i w stylu życia rodzin oraz jednostek pomagają w określaniu najważniejszych rejonów działalności. Czynniki demograficzne bardzo silnie oddziałują na kształtowanie popytu i podaży oraz strukturę i jakość usług. Wpływają także na wzrost świadczenia i efektywnej sprzedaży nowych usług[16].

---

[13] Ph. Kotler i in., (przyp. 1), s. 188–189.
[14] E. Duliniec, (przyp. 10), s. 59.
[15] E. Duliniec, (przyp. 10), s. 60.
[16] A. Pomykalski, (przyp. 4), s. 103.

IV. Wybór docelowych obszarów funkcjonowania prywatnych zakładów opieki zdrowotnej

Przed decyzją o wejściu ze swoimi usługami na konkretny rynek, organizacja powinna dokonać wyboru obszarów docelowych, na których zamierza działać. W prawidłowym wyborze rejonów będących w obszarze zainteresowania placówki mogą być pomocne przeprowadzone wcześniej badania marketingowe. Przed przystąpieniem do analizy obszarów docelowych należy określić stopień atrakcyjności badanych rejonów działalności. Istotną kwestią jest to, aby atrakcyjność oceniać nie tylko z poziomu jednej czy nawet kilku zmiennych. W analizie obszarów docelowych należy posługiwać się jak największą ilością zmiennych decyzyjnych. Dzięki takiemu podejściu, zakład opieki medycznej uzyska w miarę wiarygodny obraz obszaru, na którym zamierza rozpocząć swoją działalność. Wspomniane wcześniej badania marketingowe powinny dostarczyć jak najwięcej informacji o obszarach docelowych[17]. Według P. Kotlera rynek docelowy stanowi „grupa nabywców o podobnych potrzebach lub cechach, którą organizacja decyduje się obsługiwać"[18]. Zarządzający prywatnym ośrodkiem medycznym powinni przyjrzeć się swoim obecnym i potencjalnym konkurentom, ponieważ im większa jest obecność silnych i agresywnych konkurentów, tym mniejsza jest atrakcyjność takiego obszaru, na którym placówka zamierza funkcjonować.

Kolejnym czynnikiem mającym wpływ na wybór obszarów docelowych jest atrakcyjność rejonu. Rejon może stracić na atrakcyjności, gdy działające na nim podmioty zajmujące się dostawą towaru, wyposażenia lub różnego rodzaju usług, poczują się na tyle silne, że mogą dyktować ceny placówce medycznej, która zamierza działać lub działa w tym rejonie, mogą obniżać jakość, bądź zmniejszać ilość dostarczanych towarów czy usług. Im dostawcy są więksi i bardziej zorganizowani oraz im mniejsza występuje dla nich konkurencja i liczba substytutów, tym prawdopodobieństwo takiego postępowania wobec zakładu opieki zdrowotnej jest większe.

Następnym czynnikiem, jaki należy wziąć pod uwagę, są cele i zasoby placówki niezbędne do obsługi obszaru docelowego. Jeżeli dany rejon jest duży i wykazuje tendencje wzrostu, to ośrodek medyczny nie może zapominać o swoich celach i zasobach. W przypadku, kiedy dany rejon odpowiada preferencjom i celom organizacji, musi ona zastanowić się, czy posiada wystarczające zasoby i umiejętności, aby go obsłużyć. Aby osiągnąć sukces, należy wykorzystać posiadane przez placówkę atuty konkurencyjne. Natomiast, jeżeli organizacja nie ma nic szczególnego do zaoferowania, nie dysponuje żadną przewagą konkurencyjną, nie powinna w takiej sytuacji podejmować decyzji o wejściu na jakikolwiek obszar[19].

---

[17] W. Grzegorczyk, *Strategie marketingowe przedsiębiorstw na rynkach zagranicznych*, Biblioteka Menadżera i Bankowca, Warszawa 2002, s. 32.

[18] Ph. Kotler, (przyp. 1), s. 460.

[19] Ph. Kotler, (przyp. 1), s. 457–458.

Prywatny zakład opieki zdrowotnej, podejmując decyzję o wyborze obszarów doce-lowych, powinien odpowiedzieć sobie na pytanie: czy jego usługi będą konkuren-cyjne? Decyzji o wejściu na konkretny rejon powinno towarzyszyć przekonanie o dobrym przygotowaniu, zorganizowaniu oraz odpowiednim zabezpieczeniu środ-ków finansowych ośrodka. Wybór obszaru docelowego jest decyzją inwestycyjną wiążącą się od samego początku z wieloma nakładami finansowymi. Na decyzje o wyborze obszarów docelowych mają wpływ m.in. takie czynniki jak popyt i kon-kurencja. Przy wyborze rejonów ośrodek medyczny powinien zdecydować się na naj-lepszą alternatywę, po wcześniejszym rozważeniu przynajmniej tych najbardziej prawdopodobnych, w odniesieniu do popytu, potencjału rejonu, konkurencji oraz otoczenia demograficznego.

Należy jednak pamiętać o uwarunkowaniach etycznych i moralnych, a nawet prawnych, które powinny być brane pod uwagę przez menedżerów placówki me-dycznej. Z tych powodów zakład opieki medycznej nie powinien rezygnować ze świadczenia usług medycznych, pomimo niezadowalających zysków. Z jednej strony mamy do czynienia z potrzebą niesienia pomocy osobom chorym lub wyma-gającym fachowej opieki medycznej, a z drugiej strony znajduje się prywatny ośrodek medyczny, który może być narażony na utratę płynności finansowej.

V. Segmentacja rynków usług medycznych

Prywatny zakład opieki zdrowotnej, który decyduje się prowadzić działalność usłu-gową, zdaje sobie sprawę, że nie może w sposób zadawalający zaspokoić potrzeb wszystkich pacjentów. Przyczyną takiego stanu rzeczy jest zbyt duża liczba poten-cjalnych usługobiorców, są oni rozproszeni i zróżnicowani pod wieloma względami. Organizacje powinny raczej skupiać się na tych segmentach, które będą w stanie w sposób prawidłowy zaspokajać potrzeby i wymagania pacjentów. Placówka me-dyczna może oczywiście starać się obsługiwać cały obszar, lecz dla każdej jego części powinna opracować odrębną ofertę usługową, czyli dokonać segmentacji. Dzięki segmentacji zakład opieki medycznej jest w stanie obsłużyć nawet kilkunastoty-sięczny rejon, trafiając z odpowiednio dopasowaną ofertą do pacjentów. Segmentacja często niesłusznie utożsamiana jest z wyborem i skupieniem działalności tylko na jednym segmencie. Budzi to wątpliwości, czy organizacja jest w stanie odnieść sukces, koncentrując się na tak wąskim obszarze działania. Według T. Sztuckiego segmen-tacja jest „procesem agregowania ludzi o podobnych potrzebach i możliwościach ich zaspakajania i podobnie reagujących na działania marketingowe, w grupy tworzące wyodrębnione segmenty rynku"[20].

Zagadnienia związane z segmentacją obszarów dotyczą także podmiotów świadczących usługi medyczne. Przeprowadzenie segmentacji umożliwia trafniejszy wybór tych obszarów, które placówka medyczna zamierza obsługiwać. Organizacja powinna rozpatrzyć kwestie związane z wielkością popytu na jej usługi, występującą

---

[20]   T. Sztucki, (przyp. 5), s. 115.

konkurencją oraz opłacalnością funkcjonowania w dłuższym okresie czasu. Dokładna identyfikacja segmentów oraz określenie potrzeb i wymagań pacjentów, pozwala na precyzyjne dostosowanie się prywatnych ośrodków medycznych do trudnych i wymagających obszarów.

VI. Marketing mix zakładu opieki zdrowotnej

Zakład opieki zdrowotnej powinien mieć dokładnie opracowaną i przemyślaną koncepcję marketingu mix. Przed rozpoczęciem działalności, placówka najpierw przystępuje do rozpoznania otoczenia oraz dokonuje wyboru docelowych rejonów. Niektóre prywatne ośrodki zdrowotne nie biorą pod uwagę powyższej wskazówki i pomijają te etapy, przystępując od razu do działań. Takie podejście naraża organizację na spore wydatki finansowe związane z tworzeniem oferty usługowej, dystrybucją, reklamą i promocją świadczonych usług medycznych[21]. Organizacja próbuje różnych sposobów, aby skutecznie zaspokoić potrzeby i wymagania pacjentów. Przedsięwzięcia takie prowadzą do tworzenia i rozwoju marketingu mix, który ma za zadanie uatrakcyjnić usługi dla pacjentów, a organizacji zapewnić zyski.

Według E. Michalskiego marketingiem mix „nazywamy znajdujące się pod kontrolą przedsiębiorstwa czynniki (zmienne), które łączone są razem po to, aby zaspokoić potrzeby i pragnienia ostatecznych nabywców"[22]. S. Urban powołuje się na J. Dietla, który uważa marketing mix za „zbiór środków, którymi przedsiębiorstwo lub inna instytucja może jednocześnie oddziaływać na rynek docelowy"[23]. Większość autorów, pisząc o marketingu mix, wskazuje na jego cztery główne elementy. T. Ambler utożsamia marketing mix z „ciastem" marketingowym, którego składnikami są: produkt, cena, miejsce — czyli dystrybucja, i promocja — tzw. cztery „P" (od angielskiego *product, price, place, promotion*)[24]. A. Payne, oprócz znanych czterech elementów marketingu mix, przedstawia poszerzoną koncepcję mieszanki marketingowej. Oryginalny spis zawierał dwanaście elementów, do których należą: produkt, cena, marka, kanały dystrybucji, sprzedaż bezpośrednia, reklama, promocja, opakowanie, prezentacja, obsługa, eksploatacja, ustalenie faktów i analiza. Spośród wymienionych składników marketingu mix, cztery uznano za główne. Ograniczenie komponentów do czterech elementów spotkało się z krytyką. W wyniku sporów zaczęto poszerzać listę elementów do pięciu, siedmiu i jedenastu głównych składników. W ostateczności produkt, cena, dystrybucja i promocja, zostały przyjęte jako „4P", a mieszankę tych instrumentów nazwano marketingiem mix[25].

Marketing mix nie ma jednorodnej struktury. Jak wiadomo, jest zbiorem instrumentów marketingowych, przy pomocy których organizacja oddziałuje na swój obszar

[21] A. Pabian, (przyp. 7), s. 109.
[22] E. Michalski, (przyp. 8), s. 33.
[23] S. Urban, *Marketing produktów spożywczych*, Wydawnictwo AEW, Wrocław 1998, s. 154.
[24] T. Ambler, *Marketing od A do Z*, Wydawnictwo Profesjonalnej Szkoły Biznesu, Kraków 1999, s. 21.
[25] A. Payne, *Marketing usług*, PWE, Warszawa 1996, s. 43.

docelowy, w celu realizacji wcześniej założonych priorytetów. Kompozycja marketingu mix wymaga stworzenia silnego związku pomiędzy wymaganiami i oczekiwaniami pacjentów, a sposobem ich właściwego zaspokojenia przez oddziaływanie instrumentów marketingowych. Wzajemne relacje między elementami marketingu mix tworzą system zapewniający analizowanie, projektowanie i stosowanie, jeszcze przed rozpoczęciem świadczenia usług, a także podczas ciągłej obecności usług medycznych. Układ marketingu mix powinien być dopasowany do poszczególnych usług, do pacjentów na danym obszarze i kanałów dystrybucji oraz powinien być konkurencyjny w odniesieniu do oferty innych prywatnych zakładów opieki zdrowotnej działających na tym samym obszarze.

Marketing mix ma znaczny wpływ na sukces placówki, ponieważ nie nastawia organizacji wyłącznie na świadczenie usług medycznych, lecz pomaga w identyfikacji potrzeb i oczekiwań pacjentów. Jest to ważna pomoc w odniesieniu do współczesnego rynku usług medycznych, na którym pacjenci mogą swobodnie i bez większych przeszkód decydować o tym, z jakich skorzystają usług medycznych i w jakim zakładzie opieki zdrowotnej. Marketing mix zawiera kompleksową ofertę placówki zdrowotnej opracowaną z myślą o pacjencie, a dokładniej mówiąc o jego potrzebach i oczekiwaniach, mającą na celu pozyskanie i utrzymanie jak największej liczby pacjentów lojalnych wobec ośrodka medycznego i świadczonych usług.

Warto zaznaczyć, że pomiędzy elementami marketingowymi zachodzą wzajemne relacje i są one ze sobą ściśle powiązane. W sporadycznych przypadkach placówka medyczna oddziałuje na obszar, wykorzystując tylko jeden z instrumentów. Najczęściej jednak zachodzi potrzeba korzystania ze wszystkich czterech elementów. Koncentrowanie się na jednym elemencie, np. na promocji, sprawia, że właśnie promocja staje się podstawowym, a często jedynym narzędziem w strategii zakładu. Upatrywanie szans tylko w promocji, z pominięciem innych elementów marketingu, może przynieść krótkotrwałe efekty, lecz stosowanie takiej strategii przez dłuższy czas nie zapewni rozwoju placówki. Na sukces organizacji składają się wszystkie instrumenty marketingu mix.

Znając cel, potrzeby pacjentów w danym rejonie oraz mechanizmy działania prywatnego ośrodka medycznego, można ustalić najbardziej pożądane przez pacjentów cechy usług, najskuteczniejszy i najbardziej akceptowany poziom cen, najsprawniejsze kanały dystrybucji oraz najbardziej skuteczne formy promocji. Po szczegółowym przeanalizowaniu wszystkich instrumentów oraz występujących między nimi zależności można przystąpić do opracowania idealnej koncepcji marketingu mix, która będzie się charakteryzować zdolnością uzyskiwania dużych efektów w oddziaływaniu na obszar.

Wybór i opracowanie skutecznej koncepcji marketingu mix stwarza pewne trudności wynikające z określenia efektów, które mogą być osiągnięte poprzez nakłady poniesione w związku z wykorzystaniem elementów marketingu. Wdrożenie najefektywniejszej koncepcji marketingu mix nie jest najprostszym zadaniem, ponieważ osiągnięcie zamierzonych rezultatów zależy nie tylko od wielkości ponoszonych nakładów, lecz także od różnorodnych czynników zewnętrznych. Problemy towarzyszące wyborowi koncepcji marketingu mix potęguje niepewność co do zachowania się pacjentów na danym obszarze. Natomiast systematyczna analiza zewnętrznych i wewnętrznych warunków działania placówki medycznej ułatwia procedurę wyboru skutecznej koncepcji marketingu mix[26].

VII. Podsumowanie

W rozważaniach na temat marketingu należy zastanowić się, jaki wpływ wywiera marketing na niepubliczne placówki prowadzące medyczną działalność usługową. Prywatne ośrodki medyczne, poprzez stosowanie zasad marketingu, dążą do rozwoju organizacji, przyciągają zdolny i utalentowany personel medyczny oraz mogą skuteczniej konkurować z innymi placówkami zdrowotnymi, w tym państwowymi. Marketing w dużym stopniu decyduje o rozwoju i sukcesie ośrodka. Stosowane działania marketingowe nie mogą skupiać się jedynie na rozwoju zakładu opieki zdrowotnej, ale muszą powiązać rozwój organizacji z zyskiem. Profesjonalny marketing zapewnia placówce rozwój, zysk i korzyści, bez narażania organizacji na jakiekolwiek niepowodzenia i zagrożenia mogące pojawić się w czasie prowadzenia działalności[27].

Wspólną cechą wielu organizacji odnoszących sukcesy w prowadzeniu jakiejkolwiek działalności jest zaangażowanie się w działania marketingowe i skupianie się na marketingu. Dobry marketing jest gwarantem sukcesu każdej organizacji niezależnie od jej wielkości i branży, w jakiej funkcjonuje. Wielu osobom kojarzy się on ze sprzedażą i reklamą, jednak marketing składa się z wielu elementów[28].

Aby efekty medycznej działalności były zadawalające i przynosiły korzyści, niepubliczny ośrodek medyczny powinien przed rozpoczęciem działań skupić swoją uwagę na kilku kwestiach. Poprzez przemyślane przedsięwzięcia marketingowe uzyskuje lepszą pozycję konkurencyjną. Dzięki marketingowi menedżerowie ośrodków medycznych mogą podjąć wiele istotnych decyzji w zakresie np. otoczenia marketingowego placówki, w wyborze i segmentacji obszarów docelowych, w zakresie różnicowania i pozycjonowania oferty usługowej, a także w kwestii elementów marketingu mix, które dają możliwości wpływania na popyt na świadczone usługi medyczne.

Marketing polega na skutecznym zaspokajaniu potrzeb i wymagań nabywców — pacjentów. Bez trafnego rozpoznania oczekiwań pacjentów placówka medyczna działa intuicyjnie. Intuicja bywa często zawodna i nie można się na niej opierać. Prywatny zakład opieki medycznej powinien mieć pewne i wiarygodne informacje,

---

[26] L. Garbarski, I. Rutkowski, W. Wrzosek, *Marketing punkt zwrotny nowoczesnej firmy*, PWE, Warszawa 1996, s. 56–59.

[27] Ph. Kotler, *Kotler o marketingu. Jak kreować i opanowywać rynki*, Wydawnictwo Profesjonalnej Szkoły Biznesu, Kraków 1999, s. 36–37.

[28] Ph. Kotler i in., (przyp. 1), s. 63.

które uzyskuje dzięki badaniom marketingowym. Precyzyjne zdefiniowanie potrzeb i wymagań pacjentów umożliwia lepsze dostosowanie oferty usługowej organizacji do oczekiwań nabywców.

Druga zasada marketingu dotyczy sukcesu. Osiągnięcie sukcesu przez ośrodek medyczny polega na takim podejściu do pacjentów, które będzie ich choćby w najmniejszym stopniu satysfakcjonowało. Pozytywne opinie usługobiorców na temat danego ośrodka i jego usług są najbardziej skutecznym aktem reklamy. Bez zadowolenia nabywców organizacja nie jest w stanie osiągnąć sukcesu.

Trzecia zasada marketingu odnosi się do personelu zatrudnionego w placówce medycznej. Kładzie ona nacisk na wszystkich pracowników, którzy powinni przyczyniać się do zadowalania pacjentów. Dotyczy ona nawet tych pracowników, którzy nie mają bezpośredniego kontaktu z pacjentem, ale ich postępowanie ma w pewnym stopniu wpływ na zadowolenie. Z tego powodu każdy pracownik organizacji powinien mieć świadomość swojego postępowania w procesie zadowalania nabywców.

Ostatnia zasada mówi, że jeśli pracownicy lubią swoją pracę, są z niej zadowoleni i mają powody do zwiększenia wysiłków, to lepiej służą pacjentowi. Dużą rolę w pozytywnym nastawieniu pracowników odgrywają systemy motywacyjne. Wysokie wynagrodzenie, bogaty pakiet socjalny oraz nowoczesne środki pracy wpływają pozytywnie na efekty pracy, a tym samym na obsługę pacjentów. Przedstawione zasady marketingu są ze sobą ściśle powiązane i w znacznym stopniu przyczyniają się do osiągnięcia sukcesu przez prywatne ośrodki zdrowia.

Tomasz Trojanowski

The importance of marketing in the activity of private healthcare institutions

Private institutions providing medical services encounter many problems. A useful tool in overcoming these difficulties can be properly understood and professionally organised marketing. Limiting marketing only to advertising and selling is not a sufficient response on the part of managers responsible for the functioning of a private medical centre. Marketing primarily involves an appropriate diagnosis of the customer's (i.e. patient's) needs and desires, and their satisfaction through the implementation of specific actions. Increasing competition between private healthcare providers and the struggle to win patients has forced a change in the way of thinking among executives of medical centres. Treating marketing as a supporting tool in the struggle to gain a competitive advantage can bring a non-public medical facility hoped-for results.

Paweł Sikora

Przeniesienie skutków odpowiedzialności cywilnej jako sposób ochrony jakości życia zarządzających podmiotami gospodarczymi

I. Wprowadzenie

Poziom życia zarządzających wielkimi podmiotami gospodarczymi jest przedmiotem powszechnego zainteresowania. Zwłaszcza w czasach kryzysu ich wysokie apanaże i pakiety socjalne stają się przedmiotem zaciekłej krytyki ze strony mediów, polityków partii opozycyjnych i osób o najniższych zarobkach. Podkreśla się ogromne i wciąż rosnące dysproporcje między zarobkami pracowników najniższego szczebla, a tzw. „top" menedżerów[1]. Wprawdzie zwykle docenia się wiodącą rolę tych ostatnich w kierowaniu organizacją, określając czasem zarządzających mianem „ludzi zwielokrotnionych", podziw ten jednak mija, gdy zarządzający doznają porażki. Co więcej, podczas każdego z kryzysów gospodarczych to właśnie zarządzających uznawano za współwinnych powstania złej sytuacji gospodarczej (np. sprawa Enronu[2]), której skutkiem są zwolnienia pracowników.

---

[1] Stosunek wynagrodzenia CEO (*Chief Executive Officer* — odpowiednik prezesa zarządu) do średniej płacy robotnika w roku 1980 wynosił 42 do 1, natomiast w 2002 już 412 do 1; zob. *How to fix corporate governance*, „Business Week", 6.05.2002, <www.businessweek.com/magazine/content/02_18/B3781govern.htm> [11.02.2014].

[2] Funkcjonowanie zarządzających było bliskie patologii, zaś styl i poziom życia absurdalnie wysoki i drogi. Enron miał dwadzieścia osiem fikcyjnych oddziałów stanowiących jedynie pozycje kosztowe stworzone w celu ukrycia wydatków zarządu. Dwudziestokilkuosobowy *board of directors* (zarząd i rada nadzorcza) tuż przed nieuchronnym spadkiem notowań giełdowych sprzedał za miliony dolarów wszystkie swoje akcje, korzystając z wiedzy na temat upadku własnego przedsiębiorstwa. Tymczasem ogromne rzesze pracowników obłożone były w tym czasie zakazem sprzedaży swoich akcji pracowniczych, zablokowanych w funduszu emerytalnym; zob. <www.historiagospodarcza.pl/enron-upadek-giganta/> [2.11.2014].

W niniejszej pracy zajmiemy się drugą stroną życia (powszechnie uważanego za wspaniałe i bezproblemowe) zarządzających pracujących na „wysokich piętrach biurowców". Ta druga strona to osobista odpowiedzialność majątkowa (cywilna), jaką ponoszą zarządzający za popełnione przez siebie błędy zarządcze. Pod pojęciem odpowiedzialności prawnej rozumiemy ustawowy przymus ponoszenia określonych konsekwencji[3]. Odpowiedzialność karna, uważana za wyjątkowo dotkliwą, powstaje w sytuacjach zawinionych w sposób najbardziej ewidentny z punktu widzenia ocen społecznych. Jednak dla osobistej sytuacji zarządzającego równie niebezpieczna jest odpowiedzialność cywilna. Nie dość, że może ona obejmować cały majątek zarządzającego, zarówno ten obecny jak i przyszły, to może zostać nałożona na zarządzającego bez jakiejkolwiek winy z jego strony, a co najgorsze, nie istnieją żadne ograniczenia kwotowe[4].

Zarządzający, jak każdy człowiek, dąży do zachowania swojego statusu materialnego oraz społecznego, a także statusu swojej rodziny i bliskich. Jak wspomniano, utrzymaniu jego pozycji łatwo może zagrozić konieczność poniesienia któregoś z rodzajów odpowiedzialności: karnej, cywilnej lub administracyjnej. Chcąc temu zapobiec, zarządzający powinien stosować dobrze rozwiniętą w teorii i w praktyce kierowania metodykę zarządzania ryzykiem. Niebezpieczeństwo zaistnienia odpowiedzialności powstaje bowiem w taki sam sposób jak inne zdarzenia noszące znamiona ryzyka[5]. Zarządzający może skorzystać z metodyki jego analizy, identyfikacji, oceny, jak i sterowania ryzykiem[6].

Zarządzającym, w walce o utrzymanie wysokiej jakości życia, oprócz poznania mechanizmów popełniania błędów i sposobów ich unikania, mogą również pomóc znane od lat systemy transferu finansowych konsekwencji odpowiedzialności cywilnej na inny podmiot (np. na ubezpieczyciela) lub na zarządzaną osobę prawną

---

[3] A. Olejniczak, *Prawo zobowiązań — część ogólna*, [w:] *System Prawa Prywatnego*, red. E. Łętowska, t. 5, C.H. Beck, Warszawa 2009, s. 15.

[4] Najobszerniej na ten temat: M. Kaliński, *Szkoda na mieniu i jej naprawienie*, C.H. Beck, Warszawa 2008, s. 121–123. Autor podkreśla, że odpowiedzialność realizująca się bez winy była początkowo uważana za niesprawiedliwą.

[5] Pojęcie ryzyka jest wieloznaczne. W ubezpieczeniach pod pojęciem ryzyka rozumie się: 1. Szansę wystąpienia zysku lub straty, czyli możliwość zaistnienia pewnych wypadków mogących doprowadzić w konsekwencji do powstania zysku bądź straty. Nie możemy przy tym określić czy te wypadki zajdą. 2. Stan, w którym istnieje możliwość zysku lub straty. Będzie to stan, kiedy może zajść zdarzenie inne niż oczekiwane. 3. Możliwość wystąpienia innych niż oczekiwany rezultatów, przy czym mówimy tu o niespełnieniu oczekiwań systemu. To rozumienie ryzyka jest pomocne przy zarządzaniu nim w przedsiębiorstwach. Uzyskanie wyniku innego niż planowany; tj. ten, do którego dążymy nazywamy błędem. 4. Prawdopodobieństwo wystąpienia wyniku innego niż oczekiwany. Zwykle określone procentowo. 5. Niebezpieczeństwo lub narażanie siebie lub innych na niebezpieczeństwo. Znaczenie to odpowiada rozumieniu ryzyka w sensie potocznym. 6. Przedmiot lub rodzaj ubezpieczenia; zob. E. Kowalewski, M. Serwach, D. Fuchs, W. Mogilski, *Prawo ubezpieczeń gospodarczych*, Oficyna Wydawnicza Branta, Bydgoszcz 2006, s. 43.

[6] C.A. Williams, M.L. Smith, P.C. Young, *Zarządzanie ryzykiem a ubezpieczenia*, Wydawnictwo Naukowe PWN, Warszawa 2002, s. 26–28.

(np. fundusze indemnifikacyjne). Metoda ubezpieczeniowa transferu ryzyka, polegająca na partycypacji wszystkich ubezpieczonych w funduszu szkodowym poprzez zapłatę składki, jest oceniana jako gwarantująca możliwość naprawienia szkód. Inne systemy nie dają takiej gwarancji ze względu na ich ograniczoną pojemność. Fachowy i poddany kontroli urzędu nadzoru ubezpieczyciel pełni dwie funkcje: obronną (niem. *Abwehrfunktion*), tj. chroni menedżera przed bezpodstawnym obciążeniem odpowiedzialnością, oraz funkcję wyrównawczą (niem. *Leistungsfunktion*), tj. wypłaca odszkodowanie, gdy jest ono należne[7]. Waga obu tych funkcji jest fundamentalna dla zachowania integralności bytowej zarządzającego. Ta ostatnia ma jednak podstawowe znaczenie.

II. Ryzyko w zarządzaniu

Centralnym pojęciem wszelkiego gospodarowania jest ryzyko występujące obok pojęcia szansy. Zjawisko ryzyka znane jest od początków istnienia ludzkości[8]. Samo pojęcie, rozumiane na wiele sposobów, najczęściej definiowane jest jako prawdopodobieństwo wystąpienia określonych negatywnych zdarzeń[9]. Koncentrując się zarówno na skutkach jak i przyczynach zdarzeń, w firmach sektora finansowego i ubezpieczeniowego wypracowano obszerne i szczegółowe metody zarządzania ryzykiem obejmujące takie elementy jak: przewidywanie, ocena, transfer, minimalizowanie ryzyka oraz sterowanie ryzykiem[10]. Metody te stosowane są przez banki, instytucje kredytowe[11] (np. ryzyko braku spłaty kredytu) i fundusze inwestycyjne (np. wybór walorów). Ryzyko jest obecne również w przemyśle[12], handlu i usługach. Może ono pochodzić z zewnątrz, np. jako zdarzenie elementarne (przyrodnicze bądź ludzkie), lub z wnętrza podmiotu (np. ryzyko utraty płynności finansowej, ryzyko błędnego czy nawet przestępczego zarządzania)[13].

Nieustanna konfrontacja z ryzykiem oraz praca obarczona ryzykiem stanowią ważną część procesu zarządzania przedsiębiorstwem, rozumianego jako osiąganie zamierzonych celów przy wykorzystaniu dostępnych zasobów[14]. Złe rozpoznanie

[7] B. Heimbücher, *Einführung in die Haftpflichtversicherung*, Verlag Versicherungswirtschaft, Kralsruhe 2003, s. 3–6.

[8] F. Romeike, *Erfolgsfaktor Risiko-Management: Chance für Industrie und Handel; Methoden, Beispiele, Checklisten*, Gabler Verlag, Wiesbaden 2003, s. 15.

[9] F. Romeike, *Modernes Risikomanagement: die markt-, kredit- und operationellen Risiken zukunftsorientiert steuern*, Wiley-VCH, Wiesbaden 2005, s. 7.

[10] F. Romeike, M. Müller-Reichart, *Risikomanagement in Versicherungsunternehmen: Grundlagen, Methoden, Checklisten und Implementierung*, Wiley-CH, Weinheim 2008, s. 90.

[11] T. Thabe, *Bewertung von Kreditrisiko bei unvollständiger Information: Zahlungsunfähigkeit, optimale Kapitalstruktur und Agencykosten*, DUV, Mannheim 2007, s. 9–12.

[12] B. Brühwiler, *Internationale Industrieversicherung: Risk Management, Unternehmungsführung, Erfolgsstrategien*, Verlag Versicherungswirtschaft, Karlsruhe 1994, s. 42.

[13] P. Karkowski, *Toksyczne opcje. Od zaufania do bankructwa*, Wydawnictwo: GreenCapital.pl, Warszawa 2009, s. 13–45.

[14] J. Stoner, A. Finch, R.E. Freeman, *Kierowanie*, PWE, Warszawa 1998, s. 22.

źródeł i błędne oszacowanie poziomu ryzyka (nazywane ogólnie błędem zarządczym) zakłóca osiąganie zamierzonych cclów. Przykładem skutków wynikających z błędów zarządczych są niedawne kłopoty takich banków jak: Lehmann Brothers, Merrill Lynch, Bear Stearns oraz takich gigantów ubezpieczeniowych jak Washington Mutual i AIG.

Przynajmniej częściowym usprawiedliwieniem indolencji zarządzających światowymi finansami wobec niedawnego kryzysu są szybko postępujące zmiany otoczenia rynkowego i społecznego, w szczególności: deregulacja rynków, rozwój nowoczesnych technologii komunikacyjnych i informacyjnych, indywidualizacja potrzeb konsumenta, nowe systemy regulacyjne (np. Basel II, Solvency II), starzenie się społeczeństw, globalna konkurencja, wzrastające możliwości porównywania oferty produktowej i cenowej[15], jak również wzrost wymogów dotyczących ochrony środowiska i wzrastająca wrażliwość społeczna na naruszenie dóbr osobistych (zwłaszcza zdrowia i życia).

Szybkość zachodzących zmian w tak wielu sferach powoduje, że zarządzającym coraz trudniej jest uwzględniać wszystkie zagrożenia występujące na drodze do osiągania założonych celów przy pomocy sformalizowanych procedur, logicznego rozumowania, bądź też na podstawie doświadczenia. Podejmowanie decyzji w coraz większym stopniu opiera się na intuicji, przeczuciu oraz umiejętności szybkiego i skutecznego reagowania. Takie metody działania obarczone są jednak dużo większym ryzykiem błędu zarządczego, co może prowadzić do powstania strat po stronie podmiotu gospodarczego. Akceptacja strat ponoszonych przez podmiot gospodarczy przez jego właścicieli ma swoje granice. Po ich przekroczeniu ostrze krytyki kieruje się w stronę decydentów, co nieraz może kończyć się pociągnięciem ich do odpowiedzialności prawnej[16].

Poczucie sprawiedliwości domaga się ukarania sprawcy uszczerbku, jaki w wyniku błędów decyzyjnych ponieśli akcjonariusze, osoby trzecie, czy oczywiście sam wadliwie zarządzany podmiot. Narzędziem przerzucenia materialnych konsekwencji wadliwego zarządzania jest mechanizm odpowiedzialności cywilnej (odszkodowawczej). Nie możemy jednak zapominać, że to, co dla pojedynczego drobnego akcjonariusza (udziałowca) jest uszczerbkiem dotkliwym, lecz możliwym do zniesienia i to zwykle bez znaczącego obniżenia jakości życia, pomnożone przez większą liczbę poszkodowanych przybiera rozmiar druzgocący dla majątku i dalszej egzystencji zarządzającego. Osobista odpowiedzialność za błąd zarządczy oznacza na ogół całkowite finansowe i życiowe bankructwo. Dotknięci zostają również najbliżsi członkowie rodzin menedżerów i inne bliskie im osoby.

Kładąc na drugiej szali cały skomplikowany system podejmowania decyzji zarządczych, możemy dojść do wniosku, że stopień osobistego „zawinienia" zarządzającego

---

[15] F. Romeike, (przyp. 8), s. 18.
[16] E. Kosicka, *Ryzyko zarządzania*, „Miesięcznik Ubezpieczeniowy" 2006, t. 3, nr 10, s. 31. Autorka twierdzi: „Polską specyfiką jest to, że roszczenia najczęściej kierują nowe zarządy spółek w stosunku do odwołanych zarządów".

nie jest współmierny do tak „drakońskiej" kary. Ponadto istnieją obszary, w których odpowiedzialność ta realizuje się bez jego winy, tj. na zasadzie ryzyka[17]. Wobec braku jakiejkolwiek naganności widocznej w działaniu zarządzającego taką formę odpowiedzialności należy uznać za niesprawiedliwą. Dlatego też należy odpowiednio wcześnie identyfikować możliwość zaistnienia tego rodzaju problemów oraz poszukiwać sposobów przeciwdziałania im, przynajmniej w sferze finansowej.

Godną rozważenia alternatywą może okazać się wspomniana w poprzednim rozdziale metoda ubezpieczeniowa. W takiej sytuacji są zawierane są umowy ubezpieczenia od odpowiedzialności cywilnej zarządzających (D&O)[18], stosowane w praktyce na szeroką skalę na całym świecie[19].

Możliwe jest również zastosowanie innych metod mających na celu ograniczenie osobistej materialnej odpowiedzialności zarządzających. Są to tzw. metody okołoubezpieczeniowe, jak np.: umowne zwolnienie z odpowiedzialności (ang. *indemnification*), stworzenie odpowiedniego funduszu na poczet wyrównania strat wynikających z błędów zarządczych, czy inne specyficzne formy ubezpieczeniowe jak *captives* czy towarzystwa ubezpieczeń wzajemnych (TUW).

III. Błąd jako wyraz czynnika ludzkiego w zarządzaniu

1. Czynnik ludzki

Decyzja, która spowodowała szkodę lub choćby tylko nieosiągnięcie założonych celów gospodarczych, nazywana jest potocznie „błędem zarządczym". Zarządzający, z racji wyeksponowanej pozycji w społeczeństwie i w strukturze przedsiębiorstwa, pragnęliby uchodzić za nieomylnych lub przynajmniej omylnych w mniejszym stopniu niż przeciętny. Tzw. czynnik ludzki (ang. *human factor*) jest jednak wszechobecny w podejmowaniu decyzji i to on powoduje, że decyzje bywają obarczone błędem[20]. Popełnianie błędów, także tych niezawinionych, jest oczywiście niekorzystne dla

---

[17] Np. art. 484 k.s.h.

[18] Ubezpieczenie to oznaczane jest przyjętym z języka angielskiego skrótem literowym D&O — od pierwszych liter zwrotu *Directors and Officers Liability Insurance*. (ubezpieczenie odpowiedzialności cywilnej członków organów i innych zarządzających). Skrót ten jest rozpowszechniony na całym świecie. W Niemczech funkcjonuje obok nazwy niemieckiej *Organ- oder Manager-Haftpflichtversicherung*. Można spotkać się również z nazwą *Berufshaftpflichtversicherung für Aufsichtsräte, Vorstände und Geschäftsührer*, czyli ubezpieczenie odpowiedzialności cywilnej zawodowej dla rad nadzorczych, zarządów i prezesów spółek z o.o., bądź *Vermögensschaden-Haftpflichtversicherung für Aufsichtsräte, Vorstände und Geschäftsführer* (ubezpieczenie odpowiedzialności cywilnej w zakresie strat majątkowych dla rad nadzorczych, zarządów i prezesów spółek). Nomenklatura krajowa jest nieco bardziej zróżnicowana. I tak firma PZU S.A. w swoich ogólnych warunkach mówi o „Odpowiedzialności cywilnej Członków Organów lub Dyrekcji Spółki Kapitałowej", firma Allianz pisze o „Odpowiedzialności cywilnej Członków Zarządów i Rad Nadzorczych Spółek Kapitałowych", firma Hestia S.A mówi o odpowiedzialności cywilnej „Członków Statutowych Organów lub Dyrekcji Spółki oraz Prokurentów.

[19] T. Karpiel, *Ubezpieczenie D&O w Stanach Zjednoczonych — zarys*, „Prawo Asekuracyjne" 2003, nr 4, s. 45–52.

[20] J. Reason, *Human Error*, Cambridge University Press, Nowy Jork 1990, s. 19–52; zob. również: A Chapanis, *Color blindness*, „Scientific American" 1951, nr 184, s. 48–53.

zarządzanego przedsiębiorstwa. Błędy mają jednak również bardzo duże znaczenie społeczne, gdyż bankructwo przedsiębiorstwa powoduje utratę miejsc pracy oraz wiele innych negatywnych zjawisk społecznych, którym zarówno władza wykonawcza, jak i ustawodawca muszą przeciwdziałać. Dlatego też państwo wykazuje ograniczoną tolerancję na niektóre błędy zarządzających, z jednej strony pozostawiając właścicielom podmiotów gospodarczych swobodę dyscyplinowania swoich zarządzających, z drugiej zaś tworząc mechanizmy prawne mające wspomóc ich w tych działaniach.

Odpowiedzią na pytanie jak unikać błędów zajmowano się od starożytności, jednak dopiero w XIX w. powstała nowoczesna metodologia badania i oceny błędów. Przedmiotem szczególnego zainteresowania jest możliwość popełniania błędów przez pilotów samolotowych, dowódców jednostek pływających, kierowców, dowódców wojskowych, inżynierów. Ich błędy zwykle badane są w kontekście tragicznych wypadków. Klasyczna metodologia analizy takich zdarzeń koncentruje się na dwóch podstawowych kwestiach: co zostało zrobione niewłaściwie i dlaczego. Pierwsze pytanie związane jest z zagadnieniem systematyki i klasyfikacji błędów, drugie zaś z kwestią poszukiwania ich przyczyn.

2. Pojęcie i systematyka błędów

a. Pojęcie błędu

Nie ma jednej powszechnie uznanej definicji błędu. Na potrzeby niniejszej pracy błędem będziemy nazywać „odstępstwo od uznanego za właściwy sposób postępowania (bezprawność) lub nieosiągnięcie celu tegoż działania, który można było osiągnąć"[21]. Z powyższej definicji wynikają następujące, istotne dla systematyki zachowań decyzyjnych, wnioski:

— błędem jest tylko działanie lub decyzja człowieka (maszyna jest tylko źle obsługiwana lub źle zaprogramowana);

— błąd dotyczy albo procesu albo celu działania (tj. stworzono dobry plan, ale nie podjęto właściwych działań w celu jego zrealizowania, bądź cel jest nieosiągalny lub wadliwie obrany);

— podnosi się, iż warunkiem uznania za błąd jest właściwa intencja (zamiar), który nie dochodzi do skutku, jednakże kwestia intencji wymaga osobnego rozważenia z punktu widzenia umyślności działania;

— uznanie, że określone działanie jest niewłaściwe lub że nie przynosi skutku jest związane z koniecznością jego oceny (na ogół oceny dokonujemy *post factum* — ang. *hindsight bias*);

— o błędzie możemy mówić tylko wtedy, gdy potrzebna wiedza i możliwości działania były dostępne w wystarczającym stopniu (błędem towarzyszącym było ich zignorowanie).

---

[21] P. Badke-Schaub, G. Hofinger, K. Lauche, *Human factors: Psychologie sicheren Handelns in Risikobranchen*, Springer, Heidelberg 2008, s. 38–59.

Powyższa opisowa definicja błędu pozwoli nam przejść do klasyfikacji i podziału błędów proponowanych przez różnych autorów.

b. Błąd nagły i kumulacyjny

Błąd nagły różni się od kumulacyjnego dynamiką, miejscem powstawania i konsekwencjami[22]. Błąd nagły jest bardzo widoczny i jest w stanie wyrządzić duże szkody. Tymczasem kumulacja drobnych nieprawidłowych działań lub zaniechań pozostaje niewidoczna, trudna do identyfikacji i zwalczenia[23]. Ujawnienie się błędów kumulacyjnych może nastąpić wskutek wystąpienia błędu nagłego, bądź też w związku ze zjawiskiem tzw. „kropli przepełniającej czarę", tj. drobnego błędu uruchamiającego katastrofalną reakcję łańcuchową.

Organizacja broni się przed błędami poprzez różnorodne zabezpieczenia ochronne. Należą do nich narzędzie zarządzania ryzykiem, takie jak np. kontrola, prewencja oraz systemy wczesnego ostrzegania. I o ile stosunkowo łatwa jest identyfikacja błędu nagłego, o tyle najmniej widoczne są błędy kumulacyjne. Kombinacja różnego rodzaju wadliwych zachowań ludzkich powoduje wraz z upływem czasu liczne wyłomy w systemach ochronnych — według teorii J. Reasona na podobieństwo dziur w serze[24]. Przypadkowe nałożenie się kilku luk w systemie zabezpieczeń wyzwala błąd nagły skutkujący poważnymi konsekwencjami.

c. Błędy według częstotliwości występowania

Przydatność tej klasyfikacji autorstwa A. Chapanisa[25] jest tym większa, że powstała ona na podstawie analizy procesów pracy i służy ich doskonaleniu. Według niej błędy dzielimy na systemowe, czyli takie, które pojawiają się stale w określonym procesie, niezależnie od osoby, od której zależy jego przebieg[26]; przypadkowe, niemożliwe do wcześniejszego wykrycia, przed którymi jedyną metodą ochrony jest tworzenie szczelnych systemów bezpieczeństwa (ang. *fail-safe*)[27]; oraz błędy sporadyczne, występujące bardzo rzadko i bez określonego wzorca[28].

---

[22] J. Reason, (przyp. 20), s. 21.

[23] Np. w związku z awarią elektrowni atomowej w Czarnobylu stwierdzono cały szereg drobnych, pozornie mało znaczących błędów. Nałożyły się tam na siebie błędy personelu, błędy administracji, błędy ekip dowodzenia i inne; zob. D. Kinley, *Chernobyl's legacy: Health, environmental and socio-economic impacts and recommendations to the governments of Belarus, the Russian Federation and Ukraine*, International Atomic Energy Agency (IAEA), Wiedeń, s. 57.

[24] J. Reason, (przyp. 20), s. 30.

[25] A. Chapanis, (przyp. 20), s. 48–53.

[26] Ostatnie problemy firmy Toyota z pedałem gazu zob. <www.uokik.gov.pl/pl/informacja_i_edukacja/informacja/komunikaty_prasowe/art685.html> [11.02.2014].

[27] Przykładem może być awaria uszczelnień zbiornika paliwa, która doprowadziła do katastrofy promu Challenger 28.01.1986 r.; zob. <www.spaceflightnow.com/challenger/timeline/> [11.02.2014].

[28] Np. katastrofa airbusa z 1.06.2009 r.; zob. <www.rmf.fm/fakty/?id=157476> [11.02.2014].

d. Błędy popełniane w różnych stadiach czynności oraz podział wadliwych zachowań według intencji

J. Reason[29], będący autorem tej klasyfikacji, dokonał podziału błędów w zależności od stadium czynności, wyróżniając błędy w wykonaniu i błędy w planowaniu. Ponadto podzielił wadliwe zachowania według intencji na zamierzone (naruszenia) i niezamierzone (uchybienia)[30].

Niezamierzone błędy wykonawcze, to takie, które mimo dobrego zaplanowania określonych działań nie przynoszą zamierzonego efektu końcowego. Obejmują one nieuwagę i zapomnienie. Nieuwaga zachodzi wtedy, gdy automatyczne czynności są wykonywane w okolicznościach uznanych za bezpieczne. Zapomnienie występuje wówczas, gdy część procesu zostaje pominięta ze względu na luki w pamięci wykonawcy, bądź inne trudności, np. problemy wykonawcy z koncentracją.

Niezamierzone błędy w planowaniu są dużo trudniejsze do wykrycia i zidentyfikowania. Mamy z nimi do czynienia, gdy wykonanie założonych działań jest dokładnie takie, jak zaplanowano, a mimo tego zamierzony skutek nie następuje. Są to: problemy z użyciem reguł planistycznych, które mogą obejmować złe użycie właściwej reguły, użycie niewłaściwej reguły oraz brak użycia właściwej reguły, a także problem wiedzy na temat aktualnej sytuacji, w tym brak wiedzy, wiedza nieprawdziwa i wiedza w fałszywym kontekście.

Ważna część rozważań J. Reasona dotyczy błędów zamierzonych (bądź częściowo zamierzonych), czyli naruszeń. W przypadku takich błędów chodzi o umyślne lub przynajmniej świadome odejście od reguł i norm zachowania. Przyczyną naruszeń może być kolizja interesów, potrzeb czy celów osobistych (np. chęć utrzymania wysokiego statusu materialnego), w takich przypadkach ich wadliwości należy dopatrywać się w sferze motywacyjnej. Inną przyczyną naruszeń może być źle skonstruowany system sankcji (brak kary, kara odłożona w czasie, nadmiernie wysoka) lub nawet jego brak, co prowadzi do wykształcenia się nawyku naruszania norm[31]. Błędy zamierzone znajdują się poza granicą ubezpieczalności w D&O: powszechne jest wyłączenie odpowiedzialności ubezpieczyciela w razie działania umyślnego bądź świadomego ze strony ubezpieczonego[32].

---

[29] J. Reason, (przyp. 21), s. 107.

[30] Pojecie uchybienia, czyli błędu niezamierzonego jest znane branży ubezpieczeń, a zwłaszcza ubezpieczeniom D&O. Uchybienie stanowi przedmiot tejże umowy ubezpieczenia. Zgodnie z definicją zawartą w ogólnych warunkach umów firmy PZU S.A. za uchybienie uznane zostało „zawinione, nieumyślne działanie lub zaniechanie ubezpieczonego polegające na niewykonaniu lub nienależytym wykonaniu obowiązków nałożonych przez niego przez przepisy prawa"; zob. Ogólne Warunki Ubezpieczenia (OWU) PZU S.A. na stronie <www.pzu.pl> [11.02.2014].

[31] J. Reason, (przyp. 21), s. 10.

[32] M. Hendricks, *Kein D&O-Schutz für Hasardeure*, „Versicherungswirtschaft" 2006, z. 3, s. 223.

3. Przyczyny błędów

Określenie możliwych przyczyn popełnianych błędów jest zajęciem żmudnym, gdyż ich rozmaitość odpowiada ogromnej różnorodności ludzkich osobowości. Niemniej jednak można tu wyróżnić kilka najczęściej spotykanych źródeł błędów:

— Fizjologia naszego organizmu — błędy mogą być spowodowane zmęczeniem, chorobą, stresem, brakiem snu, tlenu, przepracowaniem, dużą ilością kawy (czy innych „pobudzaczy" jak napojów energetyzujących, leków), brakiem ruchu, dużym obciążeniem pracą.

— Sposób myślenia, rozumowania — przyczyną wielu błędów ludzkiego rozumowania znaną z badań w dziedzinie antropologii społecznej jest traktowanie oznak (symptomów) danej sytuacji faktycznej jako jej przyczyn[33]. „Zgadywanie" na podstawie oznak prowadzi do redukcji procesu rozumowania, wykształcania się automatyzmu wykonywanych czynności i tworzenia się nawyków.

Poziom wiedzy i łatwość jej przyswajania — brak wiedzy może utrudnić prawidłowe decydowanie bądź stać się samoistną przyczyną błędów decyzyjnych.

— Motywacja i dbanie o własne dobro — w procesie zarządzania zmagają się różne motywy działania. Często mają one podłoże ekonomiczne. U zarządzających występuje silna motywacja społeczna: potrzeba akceptacji i szacunku ze strony innych ludzi. Poczucie przynależności do grupy może powodować rezygnację ze wskazywania błędów innym członkom grupy, czyli tzw. „odchylenie eleganji" obserwowane w pracy członków rad nadzorczych[34].

— Komunikowanie się z innymi — problemy komunikacyjne często występują w praktyce. Komunikat mówiony albo pisany często nie znajduje właściwej konotacji (odbioru) u odbiorcy, bądź znajduje odbiór inny od zamierzonego. Problem ten narasta w przypadku korporacji posługujących się językiem obcym, który nie jest językiem ojczystym dla jej pracowników.

Warto wymienić także następujące przyczyny błędów: organizacyjne (np. decydowanie pod presją czasu), wynikające ze środowiska pracy (relacje pracownicze), wynikające z błędnego przydziału pracy (brak odpowiedniego fachowego przygotowania), czy z pracy w zespole (nacisk współdecydujących, zjawisko syndromu myślenia grupowego). Każda z tych przyczyn może mieć wpływ na zarządzających w procesie podejmowania decyzji[35].

---

[33] E. Leach, *Kultura i komunikowanie*, PWN, Warszawa 1989, s. 38; J.G. Frazer, *Złota gałąź. Studia z magii i religii*, Wydawnictwo KR, Warszawa 2002, s. 39.

[34] R.K. Mueller, *Board compass: What it means to be a director in today's world*, Lexington Books, Lexington 1979, s. 36. Por. A. Maslow, *A theory of human motivation*, „Psychological Review" 1943, nr 4, s. 370–396.

[35] C.S. Nosal, *Psychologia myślenia i działania menedżera*, Arkade, Wrocław 2001, s. 243.

4. Proces decyzyjny i możliwe błędy

a. Decyzja i jej podjęcie

Podejmowanie decyzji jest nie tylko przywilejem, lecz także obowiązkiem zarządzających. Decyzje możemy podzielić na programowalne i nieprogramowalne, czyli rutynowe i innowacyjne[36]. Te pierwsze definiujemy jako decyzje oparte o narzucony z góry, sprawdzony i przetestowany schemat. Z tego względu niosą one ze sobą dużo mniejszą możliwość zaistnienia któregoś ze wskazanych błędów. Ryzyko błędu w sposób oczywisty wzrasta wraz ze złożonością i wagą decyzji.

Decyzje są podejmowane przy wiedzy niepełnej, częściowo na podstawie doświadczenia i intuicji[37]. Aby uniknąć popełniania błędów należy starać się określić, jakich informacji może brakować dla podjęcia prawidłowej decyzji oraz jakie jest ich znaczenie. Konieczne jest też oszacowanie ryzyka braku informacji. Każda błędna decyzja wymaga w odpowiednim czasie podjęcia decyzji korygujących lub dopasowujących do zmieniających się warunków i okoliczności[38]. Brak korekty wadliwej decyzji niesie za sobą na ogół jeszcze gorsze konsekwencje w postaci tzw. efektu kuli śnieżnej (niem. *Schneeball-Effekt*)[39].

b. Etapy procesu decyzyjnego

Proces decyzyjny w swojej sformalizowanej formie składa się z kilku etapów:

Etap I, czyli badanie sytuacji, obejmuje fazę zdefiniowania problemu, diagnozy przyczyn powstania[40] oraz ustalenia celów decyzji[41]. Na tym etapie może pojawić się któraś z form lekceważenia problemu decyzyjnego (np. odprężone unikanie[42]), odkładanie decyzji w czasie lub obarczenie tym obowiązkiem podwładnego (defensywne unikanie[43]). Zdefiniowanie problemu następuje poprzez określenie „czynnika krytycznego", czyli tego elementu, który należy zmienić. Wadliwa ocena przyczyn problemu jest najczęściej spotykanym błędem zarządczym.

Etap II to opracowanie możliwych wariantów rozwiązań. Na tym etapie dokonywane jest jedynie zestawienie możliwych wariantów, bez selekcji i apriorycznego eliminowania niektórych rozwiązań i faworyzowania innych. Pośpiech w wyborze

---

[36] J. Stoner, (przyp. 14), s. 122.

[37] P.F. Drucker, *Praktyka zarządzania*, Czytelnik, Seria: Nowoczesność, Akademia Ekonomiczna w Krakowie, Kraków – Warszawa 1998, s. 383. P.F. Drucker krytykuje systemy szkolenia menedżerskiego oraz różnego rodzaju repozytoria gotowych rozwiązań danych problemów, w postaci zbiorów przypadków i gotowych zasad, nazywając je „okazami w formalinie".

[38] P.F. Drucker, *Natchnienie i fart, czyli innowacja i przedsiębiorczość*, Wydawnictwo Studio EMKA, Warszawa 2004 r., s. 12.

[39] T. Hummel, Ch. Malorny, *Total quality management*, Hanser Verlag, Monachium – Wiedeń 2002, s. 5–10.

[40] J. Stoner, (przyp. 14), s. 132 i 133.

[41] P. Drucker, (przyp. 38), s. 379. P. Drucker rozbija ten etap na dwa oddzielne tj. na definiowanie problemu oraz analizę przyczyn problemu.

[42] J. Stoner, (przyp. 14), s. 137.

[43] J. Stoner, (przyp. 14), s. 138.

rozwiązań jest naturalną reakcją na nagłość pojawienia się problemu decyzyjnego (stres, brak czasu). Błędem jest jednak uleganie presji czasu i wybór pierwszego z brzegu, najmniej ryzykownego rozwiązania (tzw. odprężona zmiana[44]).

Etap III polega na ocenie wszystkich wariantów rozwiązań. Na tym etapie musi być oceniony stopień skuteczności rozwiązania co do wykorzystania istniejących zasobów organizacji i co do możliwych konsekwencji takiego wykorzystania.

Etap IV, ostatni, obejmuje kontrolę wykonania decyzji oraz jej skuteczności. Wdrażanie następuje poprzez przydzielenie i uruchomienie zasobów oraz kontrolę ich wykorzystania. Z jakichś przyczyn decyzja może się okazać niemożliwa do wdrożenia lub jej wdrożenie jest zbyt kosztowne i czasochłonne.

c. Dysonans poznawczy decydenta

Jednym z najważniejszych problemów procesu decyzyjnego jest opisany przez L. Festingera[45] i rozwinięty przez M. Irle[46] dysonans poznawczy (niem. *kognitive Dissonanz*). Teoria ta opiera się na założeniu, że człowiek jest motywowany wewnętrznie nie tyle do tego, by obiektywnie mieć słuszność, ale raczej by wierzyć, że ją ma. Często fakty (obiektywna słuszność) i wiara w posiadanie racji nie są ze sobą zgodne. Wskutek tego niewygodne fakty zaczynają być podświadomie pomijane, eliminowane, lekceważone lub niezauważane[47], natomiast fakty potwierdzające słuszność podjętej decyzji są podkreślane. Podobny wzrost przekonania o słuszności wyboru stwierdzono również, gdy decyzja stała się już nieodwołalna[48].

5. Emocje jako przyczyna błędów zarządczych

Częstym zarzutem kierowanym pod adresem zarządzających jest przypisywana im skłonność do akceptacji nadmiernego ryzyka. Zarzut ten zawiera w sobie nakaz stosowania algorytmu kalkulacji: jak wielka była szansa niepowodzenia przedsięwzięcia i straty w stosunku do możliwych zysków. Według Maxa Webera[49], socjologa żyjącego na początku XX w., osoba podejmująca decyzje — zarządzający firmą, urzędnik państwowy, sędzia — powinna być wolna od wpływu jakichkolwiek emocji[50]. Od tego czasu podejście do zagadnienia emocji w zarządzaniu bardzo się jednak zmieniło. Po pierwsze, nauka zarządzania zajęła się psychologiczną stroną relacji pracodawca – pracownik (H. Münstenberg)[51]. Po drugie, poszukiwanie wyższej efektywności pracy nie mogło pomijać tak ważnego aspektu jak emocje pracowników[52].

---

[44] J. Stoner, (przyp. 14), s. 140.

[45] Zob. M. Sader, *Psychologie der Gruppe; Grundlagentexte Psychologie*, Juventa, Wienheim 1998, s. 100.

[46] Zob. M. Sader, (przyp. 45), s. 100.

[47] G. Raab, F. Unger, *Marktpsychologie: Grundlagen und Anwendung*, Gabler Verlag, Wiesbaden 2005, s. 42.

[48] E. Aronson, *Człowiek istota społeczna*, Wydawnictwo Naukowe PWN, Warszawa 1997, s. 221.

[49] M. Weber, *Wirtschaft und Gesellschaft*, Mohr Siebeck, Tübingen 1980, s. 22.

[50] J. Sydow, G. Schreyögg, *Emotionen und Management*, Gabler Verlag, Wiesbaden 2001, s. 33.

[51] Zob. J. Stoner, (przyp. 14), s. 59.

[52] T. Peters, R. Waterman, *In search of excellence*, Harper & Row, Nowy Jork 1982, s. 19.

Po trzecie wreszcie, rozwój nauki pozwolił zrozumieć, jak bardzo skomplikowane są procesy myślowe i decyzyjne. Dzięki tym osiągnięciom poznawczym, za oczywiste uznano udział emocji w procesach zarządzania, jak również konieczność sterowania nimi oraz przeciwdziałania ich negatywnej sile.

Neoklasyczna teoria ekonomii opiera się na założeniu racjonalności podejmowanych decyzji. Wielokrotnie podnoszono, że modelowe ujęcie nie odpowiada rzeczywistości[53], w szczególności, że nierealistyczne jest przyjmowane przez tę teorię założenie posiadania przez decydentów pełnej i symetrycznej informacji oraz maksymalizacji osobistych korzyści jako głównej motywacji działania[54]. Krytyka ta doprowadziła do powstania i ugruntowania pojęcia ograniczonej racjonalności, które uwzględnia wpływ emocji (oraz intuicji czy podświadomości) na decyzje ekonomiczne zarówno konsumentów, jak i innych uczestników rynku.

IV. Identyfikacja ryzyka odpowiedzialności cywilnej menedżera

Pod pojęciem odpowiedzialności prawnej zarządzającego rozumiemy obowiązek ponoszenia przewidzianych prawem negatywnych konsekwencji popełnionego przez niego błędu. Konsekwencje te mogą mieć charakter karny, dyscyplinarny (np. zwolnienie z funkcji, rozwiązanie umowy o zarządzanie) lub cywilny. Konsekwencje te mogą w szczególności polegać na obowiązku naprawienia własnym majątkiem szkody wyrządzonej spółce, udziałowcom lub osobom trzecim przez niewykonanie zobowiązania lub czyn niedozwolony (odpowiedzialność cywilna)[55]. Należy zaznaczyć, że instytucje odpowiedzialności cywilnej oraz odpowiedzialności karnej mają wspólną genezę i funkcje (np. funkcję represyjną)[56]. Coraz częściej postuluje się też zastępowanie prawa karnego normami cywilnymi, w tym ubezpieczeniowymi[57].

Z punktu widzenia prawa cywilnego wystąpienie błędu decyzyjnego jest elementem zdarzenia szkodowego (szkodzącego)[58]. W celu przypisania sprawcy odpowiedzialności w zdarzeniu szkodowym musi zaistnieć obiektywny element winy, czyli bezprawność, tj. stworzona przez sprawcę sytuacja negatywnie oceniana przez

---

[53] J. Sydow, (przyp. 51), s. 318.

[54] O.E. Williamsom, *Ekonomiczne instytucje kapitalizmu. Firmy, rynki, relacje kontraktowe*, Wydawnictwo Naukowe PWN, Warszawa 1998, s. 60.

[55] Czasem używane jest również pojęcie odpowiedzialności materialnej jako synonim odpowiedzialności cywilnej, jest to jednak pojęcie prawno-pracownicze charakteryzujące się nieco węższym zakresem znaczeniowym.

[56] M. Kaliński, (przyp. 4) s. 158.

[57] H. Schmidt-Semisch, *Versichern gegen Kriminalität. Kriminalpolitische Option oder Bankrotterklärung*, Mag. (FH) Wolfgang Hermann, Wien 2005, s. 30. Delikt karnoprawny jest w powyższej pracy uznawany ze element ryzyka społecznego i jako taki podlegać może zasadom zarządzania ryzykiem. Karanie poprzez sankcję może być zastępowane konstrukcją cywilnoprawną.

[58] A. Olejniczak, (przyp. 3), s. 15.

system norm prawa oraz norm społecznych (zasady współżycia społecznego, dobre obyczaje). Ponadto konieczne jest stwierdzenie subiektywnego elementu winy (wina *sensu stricte*)[59].

Bezprawność działania związana jest przede wszystkim z istnieniem szeregu różnorodnych norm prawnych (i pozaprawnych), zawartych w wielu aktach ustawowych. I tak podstawowa konstrukcja deliktowa i kontraktowa uregulowana jest w kodeksie cywilnym[60]. Następna w kolejności jest regulacja zawarta w kodeksie spółek handlowych dotycząca *stricte* odpowiedzialności zarządzających spółkami kapitałowymi[61]. Przepisy prawa narzucające zarządzającym odpowiedzialność znajdują się również w wielu innych aktach prawnych, o których z braku miejsca możemy jedynie wspomnieć, takich jak: prawo upadłościowe, ordynacja podatkowa i inne. Liczna jest również grupa tzw. norm *soft law*, tj. zasad niekorzystających z bezpośredniej sankcji prawnej, jednak mieszczących się w szerokim pojęciu bezprawności[62].

Kwalifikacja zachowania menedżera jako sprzecznego z którąś lub nawet kilkoma wspomnianymi normami prawa powoduje, że jego zachowanie może być w procesie dalszej analizy ocenione negatywnie. Może to jednak nastąpić dopiero po wyeliminowaniu okoliczności ekskulpacyjnych, do których należą przede wszystkim działanie w granicach ryzyka gospodarczego[63], za zgodą właścicieli podmiotu[64], w stanie wyższej konieczności[65].

Intencja prawidłowego działania decydenta ma kolosalne znaczenie z punktu widzenia prawa cywilnego. Psychiczne nastawienie sprawcy jest porównywane z wzorcem, jaki ustawa przewiduje dla danej profesji. Poziom odchylenia od wzorca jest tradycyjnie stopniowany na podobieństwo podziałów występujących w teorii prawa karnego: lekkomyślność, niedbalstwo, niedbalstwo rażące (wina nieumyślna) oraz zamiar ewentualny i zamiar bezpośredni (wina umyślna). Zawiniony błąd może prowadzić do odpowiedzialności pod warunkiem, że stanie się przyczyną szkody (tj. uszczerbku na mieniu lub na osobie)[66].

Czasem odróżnia się błąd od „pomyłki" (tj. posiadania fałszywej wiedzy). Musimy jednak zaznaczyć, że od zarządzających oczekuje się posiadania odpowiedniej wiedzy. Jej brak jest sam w sobie błędem i okolicznością obciążającą menedżera,

---

[59] M. Kaliński, (przyp. 4), s. 95.

[60] Art. 415 i 471 k.c.

[61] Art. 291–300 oraz 479–490 k.s.h.

[62] K. Oplustil, *Instrumenty nadzoru korporacyjnego (corporate governance) w spółce akcyjnej*, C.H. Beck, Warszawa 2010, s. 73–81.

[63] P. Błaszczyk, *Odpowiedzialność odszkodowawcza menedżerów spółek a przekroczenie tzw. dopuszczalnego ryzyka gospodarczego*, PPH 2009, nr 11, s. 37.

[64] P. Błaszczyk, *Znaczenie prawne absolutorium w świetle odpowiedzialności cywilnej członków organów spółek kapitałowych*, PPH 2009, nr 3, s. 22.

[65] Zob. S. Dałkowski, *Glosa do wyroku Sądu Najwyższego z 22 czerwca 1979 r.*, OSP 1981, nr 9, s. 149, IV KR 112/79.

[66] A. Olejniczak, (przyp. 3).

który nie powinien podejmować się kierowania organizacją nie posiadając odpowiedniego przygotowania[67].

Odpowiedzialność cywilną definiujemy jako obowiązek naprawienia wyrządzonej szkody przez sprawcę. Stanowi ona również: „naturalny odruch sprawiedliwości", bądź „konieczność zasypania dołka, który się wykopało"[68]. Posiada ona ważny wymiar moralny i społeczny. W bilansie finansowym przedsiębiorstw traktowana jest jako powstanie zobowiązania po stronie pasywów bilansu. Zobowiązanie to musi być pokryte z aktywów obecnych lub przyszłych. Podobnie wygląda to w przypadku majątku osobistego.

Kolejną cechą odpowiedzialności cywilnej jest brak istnienia jej górnej granicy. Oznacza to, że zbieg fatalnych okoliczności może skutkować powstaniem straty majątkowej o rozmiarze katastrofalnym dla przedsiębiorstwa, a tym bardziej dla prywatnego majątku osób zarządzających. Należy zaznaczyć, że porównanie majątku prywatnego zarządzających (nawet tych dobrze uposażonych) oraz aktywów niewielkiej firmy, wskazuje na to, że jakakolwiek licząca się strata korporacji nie ma realnych szans na pokrycie z osobistego majątku zarządzających. W celach orientacyjnych przedstawiono kilka przykładów roszczeń wobec zarządzających z rynku amerykańskiego, europejskiego oraz polskiego.

Tabela 1. Rekordowe roszczenia wobec zarządzających z rynku amerykańskiego (w mln dol.)[69]

Cendant Corporation	3500
CitiBank	2560
Lucient	517

Tabela 2. Przykłady roszczeń wobec zarządzających (wyrok lub ugoda) z rynku europejskiego (w mln dol.)

Siemens AG	1200	sprawa w toku, zapłacono 100
Deutsche Telekom AG	120	
Otto GmbH	104	

Tabela 3. Przykłady roszczeń wobec zarządzających z rynku polskiego (mln zł)

WGI Dom Maklerski (sprawa w toku)	314	
Ferocco	147	
Huta Metali Nieżelaznych Szopienice	50	zapłacono 19

---

[67] W. Kubala, *Ochrona praw wierzycieli na podstawie art. 298 k.h.*, „Prawo Spółek" 1998, nr 11, s. 2–5.

[68] B. Heimbücher, (przyp. 7), s. 3.

[69] A. Grygorowicz, *Realne zagrożenie*; „Miesięcznik Ubezpieczeniowy" 2006, t. 3, nr 10, s. 34.

V. Pozaubezpieczeniowe kompensowanie odpowiedzialności zarządzających

1. Umowne zwolnienie z odpowiedzialności

Jedynie systematyczna, rzetelna i dokładna analiza zjawiska odpowiedzialności cywilnej oraz własnej sytuacji faktycznej i prawnej może pozwolić na uniknięcie skutków błędu zarządczego, bardzo dotkliwych dla majątku osobistego zarządzających Przeprowadzenie tzw. audytu ryzyka i opracowanie odpowiedniej metodyki sterowania nim nie zawsze musi prowadzić do zawarcia kosztownego ubezpieczenia D&O. W niektórych przypadkach można skorzystać z innych narzędzi lub, oceniwszy ryzyko zrealizowania się zagrożenia jako znikome, podjąć decyzję o kontynuowaniu *status quo*. Poniżej dokonano ogólnej prezentacji takich rozwiązań.

Zwłaszcza w amerykańskiej teorii prawa odnajdujemy upodobanie do faworyzowania umowy w stosunku do ustawy (tzw. dominacja kontraktu nad ustawą). Koncepcja więzi kontraktowej łączącej osobę prawną (spółkę) i zarządzającego zakłada, że wzajemne relacje można ułożyć dowolnie. Taki punkt widzenia jest możliwy do przyjęcia, gdyż jeśli udziałowcy odpowiadają za wybór i powołanie członków zarządu czy rady nadzorczej, to powinni także wziąć na siebie przynajmniej część odpowiedzialności za ich wadliwe działania[70]. Znajduje tu zastosowanie paremia mówiąca, że chcącemu nie dzieje się krzywda (łac. *volenti non fit iniuria*).

W amerykańskim systemie prawa odpowiedzialność członka organu osoby prawnej obejmuje jedynie „nadwyżkę" wykraczającą ponad to, do czego pokrycia zobowiązała się sama osoba prawna (ang. *indemnification*, niem. *Freistellung*). Według prawa amerykańskiego kontrakt menedżerski jest szczegółową i rozbudowaną konstrukcją, dodatkowo modyfikowaną orzecznictwem i aktami prawa stanowionego, które dają dodatkowe uprawnienia członkom organów zarządzających do cedowania odpowiedzialności na osobę prawną[71].

Systemy prawne krajów europejskich różnie podchodzą do konstrukcji umownego zwolnienia członków organów z osobistej majątkowej odpowiedzialności za szkody. Niektóre z nich wyraźnie zakazują tego rodzaju umów — możemy tu wymienić prawo Czech, prawo Słowacji oraz Litwy. Inne rozwiązanie przyjęto w Wielkiej Brytanii, w której takie umowy uznano za dopuszczalne tylko wtedy, jeżeli obejmują one roszczenia osób trzecich (poza akcjonariuszami), natomiast w pozostałym zakresie są nieważne z mocy prawa. Tym samym rygorem nieważności objęte są umowy zawierane przez niemieckie spółki akcyjne z członkami ich zarządu, zaś za dopuszczalnością takich umów opowiedziała się niemiecka doktryna w stosunku

---

[70] S. Rudolf, *Nadzór właścicielski w spółkach prawa handlowego*, Wydawnictwo Naukowe PWN, Warszawa 1999, s. 135–136.

[71] Zob. The Delaware General Corporation Law (Title 8, Chapter 1 of the Delaware Code), Section 102(b)(7), <www.delcode.delaware.gov> [11.02.2014].

do spółek z ograniczoną odpowiedzialnością oraz innych podmiotów korzystających z przymiotu osobowości prawnej[72].

Polski ustawodawca (tak jak i wielu innych w Europie) nie reguluje tej kwestii, poza odesłaniem do ogólnych zasad k.s.h. Z tego faktu należy wyciągnąć wniosek, że umowy takie są w naszym systemie prawnym dopuszczalne. Za taką możliwością opowiada się zgodnie doktryna prawa cywilnego, zastrzegając jednocześnie, iż nie ma możliwości umownego ograniczenia odpowiedzialności za szkody wynikłe z winy umyślnej sprawcy, szkody na osobie, jak i szkody wynikłe z czynów mających charakter przestępstwa[73].

2. Alternatywne metody zabezpieczające przed ryzykiem osobistej odpowiedzialności materialnej

a. Fundusze rezerwowe

Zobowiązanie odszkodowawcze zarządzającego może także zostać przeniesione na inny podmiot lub fundusz celowy. Umożliwia to zastosowanie metody ubezpieczeniowej (umowy zobowiązaniowej, odpłatnej, dwustronnie zobowiązującej, losowej i kazualnej) oraz metod alternatywnych. Metody alternatywne dzielą się na dwie grupy. Po pierwsze istnieje możliwość stworzenia systemu funduszowego (zwanego inaczej samoubezpieczeniem) w postaci rezerw przeznaczonych wyłącznie na cel wyrównania strat powstałych wskutek błędu. Po drugie możliwy jest też system około-ubezpieczeniowy oparty o instytucje ubezpieczeniowe inne niż komercyjne podmioty rynkowe. Zaliczamy do nich: towarzystwa ubezpieczeń wzajemnych (np. grupy menedżerów) oraz system *captives* (ubezpieczalnie własnych grup kapitałowych). Możliwe są również inne systemy (np. mieszane), o których niniejszym jedynie wzmiankujemy.

Zobowiązanie osoby prawnej do „indemnifikacji" (umownego zwolnienia) zarządzających z ich odpowiedzialności z tytułu błędów w zarządzaniu może być uzupełnione funduszem rezerwowym (ang. *reserve funds*, niem. *Rückstellung*). Podstawą sytemu funduszowego jest określenie sposobu, w jaki zostaje on oddany do dyspozycji zarządzającego na wypadek roszczeń wierzycieli. Konstrukcja ta, aby była skuteczna, winna być zbliżona do umowy gwarancji bankowej (ubezpieczeniowej). W takim przypadku wypłata środków następuje na pierwsze żądanie, przyrzeczenie zapłaty jest nieodwołalne, niesformalizowane i bezwarunkowe[74]. Stąd tego rodzaju konstrukcje umowne występujące w systemie amerykańskim to: *irrevocable letter of credit*

---

[72] MARSH, *Twój przewodnik zarządzania ryzykiem w rozszerzonej Unii Europejskiej*, materiały informacyjne Marsh i The Economist Intelligence Unit, <www.marsh.pl/dlaczego/lok/documents/Wyzwania plynacezezmian_000.pdf> [11.02.2014].

[73] A. Olejniczak, (przyp. 3), s. 196.

[74] J. Kukiełka, D. Poniewierka, *Ubezpieczenia finansowe, gwarancje ubezpieczeniowe, ubezpieczenia transakcji kredytowych*, Oficyna Wydawnicza Branta, Bydgoszcz – Warszawa 2003, s. 69–108.

(nieodwołalna akredytywa) czy *irrevocable indemnity trust* (nieodwołalne powiernictwo funduszy indemnifikacyjnych)[75].

Zawarcie umowy indemnifikacyjnej z funduszem według wzorca amerykańskiego oznacza dla przedsiębiorstwa utratę kontroli nad ulokowanymi w nim środkami. Z tego względu dla częściowego zrównoważenia tej wady indywidualna umowa zwalniająca (ang. *individual indemnification contract*) zakłada zwykle powołanie komisji kontrolnej (ang. *advisory board*), która podejmuje decyzję o uruchomieniu środków.

Największą wadą systemu funduszy celowych jest ich ograniczona wielkość, co nie pozwala na pokrycie szkód o dużym rozmiarze. Same koszty sądowe, nie wspominając o roszczeniu, mogą przybrać rozmiary przekraczające środki zebrane w funduszu. W takiej sytuacji nadwyżka musiałaby zostać pokryta z osobistego majątku zarządzających. Ponadto fundusz można tworzyć jedynie z zysku po opodatkowaniu.

b. Keptywy (captives)

Jedną z alternatywnych form wobec ubezpieczenia D&O proponowanego przez firmy komercyjne jest lokowanie ryzyka odpowiedzialności kadry zarządzającej w keptywach, tj. spółkach powiązanych kapitałowo z zarządzanym podmiotem[76]. Idea keptywu jest prosta: zamiast przeznaczać środki finansowe na składkę ubezpieczeniową w komercyjnych spółkach, można doprowadzić do powstania własnego podmiotu ubezpieczeniowego (tzw. spółki córki), poprzez stworzenie firmy stanowiącej wyłączną własność spółki matki (ang. *single owned*), bądź dołączenie się jeszcze innych podmiotów (ang. *group owned*) lub nawet wynajęcie keptywu (ang. *rent a captive*). Przesłanką decydującą o opłacalności takich działań jest to, że wydatki na ubezpieczenia są lub mogą być znaczne, gdyż w przeciwnym razie nakład organizacyjny i administracyjny mógłby przekroczyć racjonalne normy kosztowe. Ponadto keptyw musi być wyposażony w odpowiedni kapitał tak, aby spełnione były odpowiednie wymogi ustawowe[77]. Zwykle jest też lokowany w miejscu korzystnym podatkowo.

Funkcjonując w sposób zbliżony do tradycyjnej firmy ubezpieczeniowej keptywy stosują praktycznie te same sposoby oceny, zarządzania i kontroli ryzyka, co firma ubezpieczeniowa (programy reasekuracyjne, tworzenie rezerw). Gwarantuje to wyższy poziom bezpieczeństwa w stosunku do funduszy indemnifikacyjnych niepoddanych mechanizmom ubezpieczeniowym. Kosztowo keptyw może być tańszy od zwykłej spółki komercyjnej z tego powodu, że odpadają tu koszty akwizycyjne (pośrednictwo ubezpieczeniowe). W literaturze podkreśla się również możliwość pozyskania przez keptywy korzystniejszych rozwiązań związanych z reasekuracją. Wypracowany zysk

---

[75] B. H. Scheifele, *Die Vermögensschaden-Haftpflichtversicherung für Manager in den Vereinigten Staaten von Amerika: das haftungsrechtliche Bezugsfeld, die Ausgestaltung und das Zusammenwirken der Directors' and Officers' Liability Insurance mit anderen, dem Schutze der Directors und Officers vor persönlicher Haftung dienender Versorgeeinrichtungen*, Verlag Versicherungswirtschaft, Karlsruhe 1993, s. 256–267.

[76] E. Kowalewski, M. Serwach, D. Fuchs, W. Mogilski, (przyp. 5), s. 37.

[77] B. Brühwiler, *Internationale Industrieversicherung: Risk Management, Unternehmungsführung, Erfolgsstrategien*, Verlag Versicherungswirtschaft, Karlsruhe 1994, s. 102–108.

wraca do spółki matki w postaci dywidendy lub zniżki składki ubezpieczeniowej w przyszłych okresach.

Podstawowym problemem, z jakim musza się zmagać keptywy, jest zróżnicowane podejście do tej formy spółki ubezpieczeniowej ze strony organów podatkowych. Z problemami podatkowymi keptywy zmagały i zmagają się do dziś zwłaszcza w swej ojczyźnie, czyli w USA, i to począwszy od roku 1941, kiedy po raz pierwszy zajął się tym problemem tamtejszy Sąd Najwyższy[78], aż po czasy współczesne. Problem dotyczy traktowania składki odprowadzanej przez spółkę matkę jako kosztu uprawniającego do odpisu podatkowego.

c. Idea towarzystwa ubezpieczeń wzajemnych odpowiedzialności cywilnej zarządzających

Towarzystwo ubezpieczeń wzajemnych jest jedną z najstarszych form prowadzenia działalności ubezpieczeniowej. Jego cechą charakterystyczną jest to, że jest tworzone oddolnie przez osoby zainteresowane jego powstaniem[79]. Forma ta rozpowszechniona jest wśród poszczególnych grup zawodowych, zwłaszcza wolnych zawodów (np. notariuszy — firma Rejent Live, a na świecie także lekarzy czy adwokatów). Biorąc po uwagę pojawiające się głosy postulujące uznanie zawodu menedżera jako wolnego, idea stworzenia oddzielnego TUW dla zarządzających jest warta poparcia[80].

Także i w naszym kraju ustawa o działalności ubezpieczeniowej dopuszcza tworzenie towarzystw ubezpieczeń wzajemnych oraz tzw. „małych" towarzystw ubezpieczeń wzajemnych[81]. Ubezpieczający się wraz z zawarciem ubezpieczenia mogą zostać członkami towarzystwa, co pozwala w razie konieczności żądać od nich dodatkowych dopłat lub wypłaty pomniejszonej na zasadzie proporcji. Jednak zwykle ubezpieczenia zawierane z członkami TUW-u są tańsze niż z ubezpieczającymi niekorzystającymi z członkostwa. Z chwilą rozwiązania stosunku ubezpieczenia, wygasa również członkostwo w TUW-ie (o ile statut nie przewiduje inaczej). Ubezpieczający niebędący członkami TUW-u mogą stanowić jedynie małą część klientów, tj. składka od nich nie może przekroczyć 10% ogółu składki przypisanej (art. 44).

---

[78] Wyrok U.S. Supreme Court z dnia 3.03.1941 r. w sprawie Helvering v. Le Gierse, sygn. akt U.S. 531 (1941), No. 237, <www.supreme.justia.com/cases/federal/us/312/531/> [11.02.2014].

[79] J. Monkiewicza (red.), *Podstawy ubezpieczeń*, Poltext, Warszawa 2000, s. 32. Autor wprowadza pojęcie „grupa wspólnego ryzyka".

[80] R. Plück, A. Lattwein, *Haftungsrisiken für Manager Deckungskonzepte und Praxisbeispiele für Geschäftsführer und Vorstande*, Gabler Verlag, Wiesbaden 2004, s.187.

[81] Art. 38–91 ustawy o działalności ubezpieczeniowej z 22.05.2003 r. (t.j. Dz.U. z 2010 r., nr 11, poz. 66).

VI. Ubezpieczenie od odpowiedzialności cywilnej zarządzających

1. Znaczenie D&O

Umowa ubezpieczenia z tytułu błędów zarządczych może ochronić zarządzającego między innymi od konsekwencji błędu uznanego za: działanie na szkodę spółki, przekroczenie uprawnień, złożenie nieprawdziwego oświadczenia, złamanie praw pracowniczych, błąd podczas fuzji i przejęć, złe inwestycje, sprzedaż majątku spółki po zaniżonej wartości, wprowadzenie w błąd akcjonariuszy oraz innych zdarzeń. Jak szacują specjaliści łączny przypis składki z D&O to w Polsce 25–30 mln zł, w Niemczech w 2007 r. około 500 mln euro, w Wielkiej Brytanii ok. 1,2 mld funtów, a w USA 320 mld dolarów rocznie[82].

Umowa ubezpieczenia członków organów osób prawnych i innych zarządzających jest specyficzna. Oparta jest na dwóch klasycznych konstrukcjach prawno-ubezpieczeniowych połączonych ze sobą: (i) ubezpieczenie odpowiedzialności cywilnej (ii) zawarte na cudzy rachunek. Nie brak też innych oryginalnych rozwiązań, charakterystycznych tylko dla tej umowy, bądź występujących w innych ubezpieczeniach funkcjonujących według systemu anglosaskiego (*triggers claims made*)[83].

Co do definicji ubezpieczenia D&O, to praktycznie nie można spotkać takowej w polskim piśmiennictwie, można jednak pokusić się o stworzenie jej roboczej wersji: jest to ubezpieczenie odpowiedzialności cywilnej osób fizycznych stanowiących skład organu osoby prawnej oraz zajmujących inne stanowiska, z tytułu szkód w postaci czystych strat finansowych[84].

Roszczenia z tytułu prywatnej odpowiedzialności cywilnej menedżerów kierowane są przeciwko sprawcy szkody (członkom zarządu, rady nadzorczej czy innej osoby zarządzającej) i mogą być wnoszone z zewnątrz podmiotu (przez osoby trzecie, akcjonariuszy, innych tzw. interesariuszy) oraz z wewnątrz podmiotu tj. przez samą osobę prawną. Stąd też bierze się podział roszczeń ze względu na źródło ich pochodzenia na roszczenia zewnętrzne i wewnętrzne. W tym ostatnim przypadku roszczenia składa rada nadzorcza przeciw zarządowi bądź walne zgromadzenie przeciw radzie nadzorczej i zarządowi. Roszczenia wewnętrzne stanowią większość roszczeń, np. według statystyk niemieckich jest ich 80%[85].

---

[82] <www.rzu.gov.pl/aktualnosci-z-rynku/ubezpieczenia-majatkowe/Rzecznik_Ubezpieczonych_chce _usuniecia_nieprawidlowosci_w_OWU__870> [12.02.2014].

[83] N. Schüngel, „Rechtsfolgen bei Unwirksamkeit des claims-made-Prinzips in der D&O Versicherung", (praca dyplomowa pod kierunkiem R. Kocha), Uniwersytet w Hamburgu, Hamburg 2010.

[84] B.H. Scheifele, (przyp. 75), s. 20.

[85] M. Lier, *Ein interessanter Anfang (Towers Perrin Studium)*, „Versicherungswirtschaft" 2008, z. 4, s. 277.

2. Ubezpieczenie na cudzy rachunek

W znakomitej większości przypadków ubezpieczenie D&O zawiera osoba prawna na rzecz członków swoich organów oraz innych osób, których decyzje mają znaczący wpływ na sytuację podmiotu gospodarczego[86]. Zawierane jest ono na tzw. "cudzy rachunek"[87]. Tylko niekiedy ubezpieczyciel w swoich warunkach umów przewiduje możliwość indywidualnego zawarcia ubezpieczenia przez zarządzającego na własny rachunek. Zawarcie ubezpieczenia na cudzy rachunek oznacza, że podmiot czynnie działający w celu zawarcia umowy ubezpieczenia (ubezpieczający) nie jest tym samym podmiotem, który jest objęty ochroną z tytułu umowy ubezpieczenia (ubezpieczony). Osoba ubezpieczona, jeśli wie o ubezpieczeniu zawartym na jej rzecz, jest obciążona tymi samymi obowiązkami, co ubezpieczający (za wyjątkiem zapłaty składki). Może również żądać od ubezpieczyciela informacji na temat umowy[88].

3. Ubezpieczenie odpowiedzialności cywilnej

Produkt ubezpieczeniowy o nazwie D&O oparty jest na konstrukcji ubezpieczenia od odpowiedzialności cywilnej. Jego istota polega na przejęciu przez ubezpieczyciela ekonomicznego ciężaru szkody wyrządzonej przez sprawcę osobie poszkodowanej. Powstały stosunek zobowiązaniowy nie zawsze wygasa wskutek wypłaty odszkodowania, gdyż ubezpieczyciel często bierze na siebie jedynie cześć świadczenia (bez np. udziału własnego lub części przekraczającej sumę gwarancyjną)[89]. Poszkodowany otrzymujący informację o istnieniu ubezpieczenia może skierować swoje roszczenie bezpośrednio do ubezpieczyciela (franc. *action directe*). W przypadku wykonania umowy ubezpieczenia zobowiązanie wygasa w części zaspokojonej.

Ubezpieczenie D&O jest ubezpieczeniem od odpowiedzialności cywilnej — niezależnie od tego, czy warunki umowy ubezpieczenia wprost tak właśnie definiują jego przedmiot[90], czy też posiłkują się bardziej złożoną konstrukcją "pokrycia szkody, do której naprawienia zobowiązany jest ubezpieczony w związku z wykonywaniem przez niego funkcji członka organu"[91]. Tendencja polegająca na ścisłym opieraniu się w umowach ubezpieczenia D&O na zasadach odpowiedzialności

---

[86] Kontrowersje podatkowe zob. S. Pilarczyk, *Jakie są skutki wykupienia polisy OC dla członków władz spółki* "Rzeczpospolita" 5.10.2012, nr 233, s. D3: "Izba Skarbowa w Łodzi uznała, że ubezpieczeni uzyskują korzyść majątkową. W tym wypadku opłacenie składki jest dla nich przychodem i podlega opodatkowaniu PIT."

[87] Konstrukcja z art. 808 k.c. przejęta jest z niemieckiej ustawy o umowie ubezpieczenia; zob. § 73–80 Gesetz über den Versicherungsvertag, 30.5.1908, (RGBl. S. 163).

[88] Zob. art. 808 § 1 k.c.

[89] Zob. art. 822 § 1 k.c.

[90] Taką definicją posługuje się np. Allianz, Hestia, PZU, Warty czy XL.

[91] W ten sposób przedmiot umowy definiuje Leadenhall (OWU Leadenhall LW002); podobnie: ACE, Chartis, Chubb.

cywilnej została opisana w literaturze za pomocą hasła „*back to basics*"[92]. Postulowanie konieczności „powrotu do korzeni" wynika z faktu, że współczesne umowy ubezpieczenia D&O zawierają coraz więcej elementów niemających wiele wspólnego z odpowiedzialnością cywilną, do których należą np. koszty wizerunkowe, koszty postępowania karnego[93].

Decydujące dla uruchomienia ochrony ubezpieczeniowej jest stwierdzenie odpowiedzialności odszkodowawczej ubezpieczonego. Do tego niezbędne jest wykazanie wystąpienia przesłanek odpowiedzialności tj. powstania samej szkody, leżącego u jej przyczyn działania lub zaniechania sprzecznego z prawem (uchybienie), związku przyczynowego pomiędzy tym działaniem a szkodą, oraz winy sprawcy szkody (przy mechanizmie opartym o winę). Jako że w zakresie wykonywania obowiązków członka organu obowiązuje podwyższony stopień wymaganej staranności[94], mamy do czynienia z domniemaniem winy, co z kolei powoduje, że ubezpieczony, aby uwolnić się od odpowiedzialności, musi udowodnić, że nie ponosi winy.

4. Wyzwalacz czasowy wniesienia roszczenia

Można wyróżnić następujące etapy powstawania cywilnoprawnego obowiązku odszkodowawczego, co przekłada się na różne definicje zdarzenia rodzącego odpowiedzialność ubezpieczyciela (ang. *trigger* — wyzwalacz)[95]:
— zajście zdarzenia wyrządzającego szkodę (ang. *act committed*),
— powstanie szkody (ang. *loss occurance*),
— ujawnienie szkody, (ang. *loss manifestation*),
— zgłoszenie (wniesienie) roszczenia przez poszkodowanego (*ang. claims made*).

Zgodnie z powszechnie obowiązującą w ubezpieczeniach D&O zasadą, wypadkiem ubezpieczeniowym jest wniesienie roszczenia (tzw. *trigger claims made*), czyli

---

[92] H. Ihlas, K Stute, *D&O-Versicherung für das Innenverhältnis dargestellt an Ziffer 1.3 der AVB AVG des unverbindlichen GDV-Models*, Beilage zu „PHi" 2003, nr 4, s. 4.

[93] Por. M. Broda, *Zamówienia i umowa dla brokera*, „Dziennik Ubezpieczeniowy" z 29.10.2009 r., nr 211. Wypowiedź E. Kowalewskiego: „D&O nie jest ubezpieczeniem OC i większość tego typu umów zawieranych przez ubezpieczycieli w Polsce jest nielegalnych". Hasło *back to basics* ma zwrócić uwagę na fakt, że w poprzez codzienną praktykę ubezpieczeniowców, brokerów oraz pod wpływem oczekiwań ubezpieczających konstrukcja ta stała się tworem hybrydowym, zawierającym elementy ubezpieczenia własnego interesu majątkowego, różnych elementów kosztowych, a jedynie w części jest ubezpieczeniem odpowiedzialności cywilnej. „Szycie na miarę" ubezpieczeń D&O spowodowało, że dawno nastąpiło odejście od pierwotnej konstrukcji OC. Różnorodność konstrukcji, definicji, warunków czy wyłączeń sprawia, że dyskusje na temat D&O mają charakter sporów o podstawowe pojęcia, które dopiero prawidłowo zdefiniowane mogą ewentualnie posłużyć do stworzenia umowy wzorcowej.

[94] Zob. art. 283 k.s.h.

[95] Zob. P. Sikora, *Dopuszczalność stosowania triggerów claims made w prawie polskim oraz niemieckim*, „Rozprawy ubezpieczeniowe" 2012, nr 2, s. 84. Autor dokonuje analizy tłumaczeń pojęcia „trigger" funkcjonujących w polskiej literaturze przedmiotu.[96]   M. O'Leary, *Directors & Officers Liability Insurance Deskbook*, American Bar Association, Chicago 2007, s. 43.

ostatni z etapów realizowania się czynu niedozwolonego. Wyzwalacz czasowy (*trigger*) wniesienia roszczenia (*claims made*) jest standardem w ubezpieczeniu D&O[96]. Za jego stosowaniem przemawia większa kontrola ryzyka ze strony ubezpieczyciela. Dokonuje on analizy poprzedniego okresu (sprzed umowy ubezpieczenia) przy pomocy narzędzi oceny ryzyka. Analiza dotyczy wszelkich zdarzeń występujących w poprzednim okresie, które przybrały lub mogą przybrać postać roszczenia. Dotyczy ona zarówno sporów, które już się toczą, sporów, które dopiero mogą się rozpocząć, jak i okoliczności, które mogą do sporu doprowadzić. W zamian za objęcie ochroną ubezpieczeniową zdarzeń, które zaszły przed zawarciem ubezpieczenia firma nie przyjmie odpowiedzialności za roszczenia zgłoszone po okresie polisowym, mimo iż nie nastąpiło jeszcze ich przedawnienie na podstawie norm prawa cywilnego (chyba, że pokrycie zostanie dodatkowo zakupione).

Podkreśla się, iż wyzwalacz czasowy wniesienia roszczenia ma zarówno swoje zalety, jak i wady[97]. Ze względu na jego skomplikowaną konstrukcję, jak i możliwość „rozejścia się" czasowego odpowiedzialności cywilnej oraz jej ubezpieczenia nie powinien być on stosowany w obrocie konsumenckim[98]. Dopuszczalność jego stosowania stanowi istotny problem doktrynalny zarówno w naszym prawie, jak i w innych krajach systemu prawa stanowionego[99].

5. Czysta strata finansowa jako przedmiot ubezpieczenia D&O

Przedmiotem ubezpieczenia D&O jest odpowiedzialność cywilna zarządzających za straty finansowe niewynikające ani ze szkody na osobie, ani też ze szkody na rzeczy. Nie ma zgodności w polskiej doktrynie prawa cywilnego w kwestii tego, czym są czyste straty finansowe, nie mówiąc już o jedności terminologicznej. Niejasne jest również, jakie kryteria należy stosować do określenia czystej straty[100].

Poza wskazanymi powyżej kryteriami (tj. szkoda nie na osobie i nie na rzeczy), czyste starty finansowe będące przedmiotem ubezpieczenia odpowiedzialności cywilnej zarządzających definiowane są jako szkody nienaruszające niczyich dóbr osobistych. Czasem określa się je tzw. przesuniecie finansowe lub zmniejszenie wartości mienia[101].

Niejasność definicji czystych strat finansowych może prowokować ubezpieczycieli do odmawiania ochrony ubezpieczeniowej. Sama procedura likwidacyjna oparta jest na konstrukcji ugody stron. Dojście do ugody poprzedzone jest zwykle dość

---

[97] P. Sikora, (przyp. 95), s. 82–91.

[98] Zob. M. Molęda, *O dopuszczalności triggera claims made*, „Prawo Asekuracyjne" 2006, nr 2, s. 50–56.

[99] LG München I, 25.09.2008, 12 O 20461/07, „VersicherungsRecht" 2009, s. 210–214; OLG München, 8.05.2009, 25 U 5136/08, „VersicherungsRecht" 2009, s. 1066.

[100] I. Kwiecień, *Czyste straty finansowe — ryzyko odpowiedzialności i zakres ochrony w ubezpieczeniach OC podmiotów gospodarczych. Zarys problematyki*, „Wiadomości Ubezpieczeniowe" 2009, nr 4, s. 63–76, <www.piu.org.pl/public/upload/ibrowser/WU/WU4/WU4_09_kwiecien.pdf> [12.02.2014].

[101] G. Dari-Mattiacci, H-B Schäfer, *Kernfragen reiner Vermögensschäden*, „German Working Papers in Law and Economics" 2007, nr 4, s. 11.

dynamicznym procesem negocjacji jej warunków. Fakt i wysokość wypłaconego odszkodowania trzymana jest w tajemnicy, gdyż inaczej mogłaby zachęcać do składnia roszczeń przez następnych poszkodowanych, nie zawsze działających zgodnie z zasadami i w granicach prawa (ang. *blackmail settlements*)[102].

VII. Podsumowanie

Zarządzanie przedsiębiorstwem kojarzone jest z wysokim wynagrodzeniem, wielką estymą oraz wieloma innymi korzyściami, jakie uzyskują zarządzający. Przywileje te otrzymują oni od właścicieli przedsiębiorstw po to, aby ich firmy były kierowane w sposób możliwie najbardziej efektywny. Powszechne jest w tym zakresie żądanie skuteczności działania polegające na wyprzedzeniu konkurencji i uzyskiwaniu przewagi konkurencyjnej. Niestety, walka konkurencyjna ma to do siebie, że aby ktoś mógł wygrać, ktoś inny musi przegrać. Wygrana wynika z wykorzystania szansy, z której nie skorzystał konkurent. Szansa jest zaś proporcjonalna do ryzyka, tj. zagrożenia (tzn. im większe ryzyko, tym większa szansa).

Nieprawidłowe rozpoznanie poziomu zagrożenia jest błędem, który pojawia się wszędzie tam, gdzie decyduje człowiek. Błędy mają różną strukturę i podlegają różnej systematyzacji w zależności od kryterium ich umiejscowienia w strukturze przedsiębiorstwa, częstości występowania oraz przebiegu. Ważną rzeczą jest również ustalenie przyczyn ich powstawania. Szczególne znaczenie dla zarządzania mają takie zjawiska, jak dysonans poznawczy zarządzającego oraz emocje. Wszystkie te elementy mogą zakłócić proces podejmowania decyzji zarządczej.

Konsekwencje błędnych decyzji zarządczych obciążają przede wszystkim majątek (pasywa) zarządzanego podmiotu. Jednakże w przypadku udowodnienia zarządzającym „uchybień" w zarządczym rzemiośle, mogą oni zostać pociągnięci do prywatnej odpowiedzialności i obciążeni stratą powstałą w przedsiębiorstwie. Na system przypisywania zarządzającym odpowiedzialności cywilnej składają się różne normy zawarte w prawie cywilnym, handlowym i w innych dziedzinach prawa. Ponoszenie pełnej odpowiedzialności byłoby jednak zbyt obciążające dla zarządzających, gdyż stanowiłoby zagrożenie materialnej egzystencji zarządzającego, jego rodziny i bliskich. Stąd konieczne jest poszukiwanie i stosowanie mechanizmów transferu finansowych konsekwencji odpowiedzialności cywilnej tak, aby nie dopuścić do gwałtownego obniżenia poziomu i jakości życia zarządzających, co mogłoby mieć dalsze konsekwencje społeczne i osobiste (rozwody, pauperyzacja). Służą temu wszelkie metody polegające na poznaniu i unikaniu nadmiernego ryzyka zarządczego oraz ubezpieczeniowe i około-ubezpieczeniowe systemy kompensaty strat wynikających z błędu zarządczego. Systemy około-ubezpieczeniowe obejmują: umowne zwolnienie zarządzającego z obowiązku regulowania strat (nie w każdym systemie prawa dopuszczalne), zakładanie funduszy indemnifikacyjnych tj. przeznaczonych

---

[102] M.H. Greer, *A practitioner's guide to class actions*, American Bar Association, Chicago 2011, s. 506.

na pokrycie szkód, tworzenie wewnętrznych firm ubezpieczeniowych, czyli tzw. *captives* oraz towarzystw ubezpieczeń wzajemnych.

Najważniejszą jednak metodą uzyskania transferu skutków odpowiedzialności cywilnej jest zawarcie ubezpieczenia odpowiedzialności cywilnej zarządzających. Charakteryzuje się ono tym, że nieograniczona co do wielkości odpowiedzialność cywilna deliktowa może otrzymać pokrycie ubezpieczeniowe w całości lub w znacznej części. Wynika to z faktu, że ubezpieczalnie są fachowcami w ocenie wielkości ryzyka oraz posiadają systemy jego transferu na inne podmioty (reasekuracja). Ubezpieczenie D&O zawierane jest na cudzy rachunek, to znaczy osoba prawna zawiera je na rzecz zarządzających firmą (osób fizycznych). Ponadto jest konstrukcją opartą o bogaty dorobek amerykańskiego prawa ubezpieczeń. Stamtąd wywodzi się też system *trigger claims made*, czyli system wyzwalaczy czasowych opartych o zgłoszenie roszczenia. Według tego systemu zdarzeniem ubezpieczeniowym (powodującym powstanie odpowiedzialności umownej ubezpieczyciela) jest wniesienie roszczenia przez poszkodowanego — a nie, co jest standardem prawa kontynentalnego, zajścia zdarzenia szkodzącego.

Ubezpieczenie D&O jest obecnie dominującym systemem transferu ryzyka zarządzania, które daje najwyższą gwarancję zachowania statusu materialnego i życiowego menedżerom. Poziom życia zarówno ich samych jak i ich rodzin powoduje, że ubezpieczenie to jest oczywistą częścią pakietu wynagrodzeń menedżerskich, zaś brak tego ubezpieczenia może być powodem rezygnacji ze sprawowania funkcji zarządczych w podmiotach gospodarczych[103].

Paweł Sikora

Liability transfer as a form of protecting quality of life among business managing directors

This article discusses ways of protecting the quality of life of managers of large corporation in relation to personal liability risk resulting from managerial error. The damage suffered by a corporation, its shareholders or third parties is characterized by unlimited scope and should be covered with managers' currently owned and future assets. Such a high exposure to liability necessitates the development of a methodology for identifying and avoiding errors in management. Errors have different causes and effects. Only some of them lead to the attribution of legal liability to managers. In such cases, liability can be avoided only by applying the mechanism of financial security through risk transfer. The most important method of risk transfer is directors' and officers' liability insurance (D&O). D&O insurance limits liability so that the personal assets of each director or officer can remain intact.

---

[103] Dom Softwarowy z Heidelbergu Lion Bioscience stracił na przełomie 2004 i 2005 r. cały skład zarządu i rady nadzorczej. Przyczyną jego odejścia była niemożność pozyskania ubezpieczenia D&O w akceptowalnej cenie. W marcu 2003 r. w spółce Health South Corporation nowo powołany członek zarządu odszedł ze względu na wypowiedzenie umowy ubezpieczenia przez ubezpieczyciela.

De scientia
et arte technica

Stanisław Kowalik

Czy psychologia może pomagać w doskonaleniu jakości ludzkiego życia?

Jeśli cenimy wystarczająco inteligencję i mądrość,
to powinniśmy wybrać los nieszczęśliwego Sokratesa
a nie los zadowolonego osła.

I. Wprowadzenie

Poniższe opracowanie piszę wyłącznie dla Profesora Romualda Derbisa. Piszę, ponieważ wiem, że je z pewnością przeczyta i co więcej, dokładnie przemyśli oraz wyda swoją opinię. Prawdę mówiąc wolałbym nawet, żeby tego tekstu nikt inny nie czytał. Poruszone tutaj tematy przez wielu psychologów nazywane są pseudonaukowymi i z pewnością szkoda ich czasu na zastanawianie się nad problemami, które współczesna psychologia rozwiązała już dawno w sposób jednoznaczny. Obaj — czyli On i ja — od trzydziestu lat próbujemy rozgryzać zagadnienie jakości życia. Każdy z nas robi to po swojemu. Profesor R. Derbis[1] prowadzi swoje analizy inspirując się potrzebami stosowanej psychologii społecznej, a szczególnie psychologii pracy. Z kolei ja chętniej nawiązuję do psychologii klinicznej i psychologii rehabilitacji. Mimo oddalenia naszych obszarów badawczych, z jednego powodu czekam na kolejne Jego artykuły, poświęcone jakości życia. Odnajduję w nich dążenie do intelektualnego oswojenia tego trudnego przeciwnika, nazywanego „jakością życia". I od czasu do czasu odkrywam, że to mu się udaje. Wtedy podziwiam kolejny pomysł Romka, który wnosi coś autentycznie nowego do wiedzy psychologicznej o tym zagadnieniu.

---

[1] R. Derbis, *Dlaczego zajmujemy się jakością życia?*, [w:] tegoż, *Psychologiczne konteksty jakości życia społecznego*, Wydawnictwo AJD, Częstochowa 2010, *passim*; R. Derbis, *Poczucie jakości życia a zjawiska afektywne*, [w:] *Społeczne konteksty jakości życia*, red. S. Kowalik, Wydawnictwo Uczelniane WSG, Bydgoszcz 2007, s. 13–52; R. Derbis, *Doświadczanie codzienności. Poczucie jakości życia, swoboda działania, odpowiedzialność, wartości osób bezrobotnych*, Wydawnictwo WSP, Częstochowa 2000, *passim*.

II. Bariery utrudniające wykorzystanie badań psychologicznych w doskonaleniu jakości życia

Z badaniami nad jakością życia w Polsce porobiło się coś dziwnego. Po pierwsze, nastąpił niesłychany wybuch badań empirycznych nad tym zagadnieniem. Sądzę, że w ciągu ostatnich 10 lat, przynajmniej w 20% tekstów psychologicznych uwzględniany jest ten parametr, przy czym — powiem to wprost — dołącza się go często do puli zmiennych zasadniczych niejako „na przyczepkę". Po drugie, poszczególni autorzy nadają terminowi jakości życia dowolne znaczenie. To nie dotychczasowa tradycja naukowa, nie podstawowy model badawczy, który uzasadniałby znaczeniowy sens nadany temu terminowi (sens ten powinien być wywiedziony z założeń teoretycznych dla przyjętego modelu), lecz stosowana metoda pomiarowa decyduje o znaczeniu przypisywanemu temu pojęciu[2]. Przy czym wszystkie możliwe jego znaczenia można zlokalizować na wymiarze poziomu ich ogólności: od traktowania jakości życia jako kategorii filozoficzno-egzystencjalnej, do traktowania go jako wskaźnika empirycznego pozbawionego znaczenia teoretycznego. Po trzecie, wyraźnie brakuje prób włączenia jakości życia w obręb systemu myślenia psychologicznego. Psycholodzy traktują to pojęcie jako ciało obce we własnym systemie terminów naukowych opisujących rzeczywistość psychologiczną i jeśli tylko mogą, to zastępują je pojęciami bliższymi psychologii: zadowoleniem z życia, oceną własnego działania, poczuciem nadziei, optymizmem życiowym, i co najdziwniejsze dobrostanem (ciągle nie rozumiem tego wyboru leksykalnego, biorąc pod uwagę istnienie polskich pojęć psychologicznych „nastrój" i „samopoczucie", ignorowanych przez badaczy jakości życia). W końcu jednak nie porzucają jakości życia, musi więc to pojęcie być im do czegoś potrzebne[3].

Opisana sytuacja musi mieć swoje wytłumaczenie. Popularność pomiaru jakości życia w badaniach nie tylko psychologicznych (także medycznych, pedagogicznych, ekonomicznych, socjologicznych), może wynikać z mody. Na całym świecie „trzepie się" tego typu badania empiryczne, a więc dlaczego podobnych badań nie przeprowadzać w Polsce. Wystarczy posłużyć się jedną z kilkuset istniejących skal pomiarowych do oceny jakości życia (bardziej gorliwi stosują ich kilkanaście w jednym badaniu), przebadać możliwie dużą grupę osób i możemy mieć pewność, że w wyniku przeprowadzonych obliczeń statystycznych zawsze uzyskamy jakieś zależności między jakością życia a innymi zmiennymi[4]. Podobnie jak wykształcenie, płeć, tak i jakość życia posiada dużą moc różnicową w stosunku do wielu zmiennych psychologicznych. Drugie wyjaśnienie ma zupełnie inny charakter. Problematyka jakości

[2] L.A. King, Ch.K. Napa, *What makes a life good?*, „Journal of Personality and Social Psychology" 1998, nr 75, s. 156–165.

[3] S. Kowalik, *Temporalne uwarunkowania jakości życia*, [w:] *Psychologiczne i pedagogiczne wymiary jakości życia*, red. A. Bańka, R. Derbis, Wydawnictwo Gemini, Poznań – Częstochowa 1994, s. 41–52.

[4] J. Bird, M. Hayter, *A review of the literature on the impact of renal cancer therapy on quality of life*, „Journal of Clinical Nursing" 2009, nr 18, s. 2783–2800.

życia obejmuje duży obszar problemów psychologicznych, których nie potrafimy określić w sposób precyzyjny. Istnieje zapotrzebowanie na wiedzę z tego zakresu, ale nie bardzo wiadomo, w jaki sposób dokonać psychologicznej rekonstrukcji tego obszaru psychologicznego funkcjonowania ludzi. Janusz Czapiński[5] podejmował kiedyś bardzo udane próby teoretycznego przybliżenia się do uchwycenia tych zagadnień. Ostatnio jednak, nawet on chyba uznał, że jest to praca na „jałowym biegu"[6]. Nikt faktycznie nie oczekuje od psychologów pogłębionych analiz jakości życia, wymaga się od nich natomiast praktycznych, prostych wskaźników poziomu zadowolenia z życia. Te „fakty" uznaje się za użyteczne i nic poza nimi nie liczy się w opinii organizatorów najróżniejszych dziedzin praktyki społecznej: pracy zawodowej, edukacji, służby zdrowia, pomocy społecznej, bezpieczeństwa publicznego itd.

Piszę ten tekst w historycznym momencie dla polskiej psychologii. Otóż niedawno z inicjatywy Ministra Sprawiedliwości, Jarosława Gowina, została podjęta próba uchylenia ustawy o zawodzie psychologa. Po pięćdziesięciu latach intensywnych starań środowiska psychologów o docenienie wartości ich pracy, po pokonaniu wielu konfliktów wewnątrzśrodowiskowych, które powstały w związku z tworzeniem tej ustawy, po utworzeniu struktur organizacyjnych wzmacniających to środowisko... nagle, decyzją rządu i Sejmu zawód psychologa może nie mieć jakiekolwiek umocowania prawnego. Powracamy do okresu międzywojennego, do tego cudownego świata opisanego w wielu arcydziełach literatury polskiej, w którym problemy psychologiczne ludzi rozwiązywali plebani, znachorzy, Cyganki, staruszki i starcy o odpowiednim autorytecie i lekarze domowi. Dziwne są to decyzje i mogą one sugerować tylko jedno: zawód psychologa nie zasłużył na szacunek społeczny w takim samym stopniu, jak inne zawody: lekarza, prawnika, księdza, weterynarza, inżyniera budownictwa mieszkaniowego itd. Gdyby było inaczej, to wyżej wymienione zawody także powinny utracić umocowanie prawne.

Może jednak minister Gowin ma rację, że psychologia nie spełniła tych oczekiwań społecznych, które były i ciągle są rozbudzane przez obietnice samych psychologów. Przecież skuteczność leczenia osób uzależnionych od substancji chemicznych jest niezmiennie niska od wielu lat, liczba osób cierpiących na depresję systematycznie wzrasta, psychologiczne poradnictwo zawodowe przestało mieć jakikolwiek sens w sytuacji, gdy każdy Polak nauczył się, że trzeba przyjąć każdą pracę, jaka się nadarzy, bo lepsze to niż wegetowanie na bezrobociu. To tylko trzy przykłady z tego obszaru życia społecznego, w którym psychologia miała okazać się użyteczna społecznie, nie tylko dzięki działaniu samych psychologów, ale przede wszystkim dzięki wykorzystaniu wyników badań psychologicznych przez organizatorów życia społecznego: polityków, administrację państwową i samorządową. Znakomici luminarze psychologii:

---

5   J. Czapiński, *Wartościowanie — zjawisko inklinacji pozytywnej. (O naturze optymizmu)*, Wydawnictwo Ossolineum, Wrocław 1985, *passim*.

6   J. Czapiński, *Wzrost jakości życia w III RP, czyli fenomen rozwoju obywateli bez rozwoju społeczeństwa*, [w:] *Społeczne konteksty jakości życia*, red. S. Kowalik, Wydawnictwo Uczelniane WSG, Bydgoszcz 2007, s. 53–80.

Erich Fromm[7], Barrhus Skinner[8], Carl Rogers[9] takie zadania stawiali przed współczesna psychologią. Wydawało się im, że wszystko powinno być proste. Wystarczy zebrać wystarczająco bogatą i dobrze uzasadnioną wiedzę psychologiczną, upowszechnić ją, a potem można już tylko czekać z optymizmem, jak stopniowo będzie można doskonalić jakość ludzkiego życia. Wystarczy również zapoznać pojedynczych ludzi z tą wiedzą i oni sami, w miarę posiadanych możliwości będą robili wszystko, aby ich życie stawało się przyjemniejsze, ciekawsze, szlachetniejsze, bo upodmiotowione przez dokonywane świadomie wybory życiowe. Wystarczy kształcić wielu dobrych psychologów, aby ci udzielali odpowiedniej pomocy ludziom, którzy mają trudności z doskonaleniem własnego życia i w konsekwencji tych działań nawet w tej kategorii osób dojdzie do poprawy ich jakości życia. Dziś te marzenia są weryfikowane przez ministra Jarosława Gowina. Uznaje on, że za pośrednictwem psychologii nie można uczynić ludzkiego życia bardziej szczęśliwym. Mam nadzieję, że uznając te marzenia za marzenia bez pokrycia, posiada on jakieś dane empiryczne, które uzasadniają racjonalność tej decyzji.

Ale przecież nie chodzi tu o Ministra i o jego niezrozumiałe decyzje. Ministrem nie jest się wiecznie, a nietrafne decyzje można zawsze zmienić. Chodzi o sprawę znacznie poważniejszą, którą tylko sygnalizuje utrata prawnych podstaw dla funkcjonowania zawodu psychologa. Mówiąc wprost, w tym opracowaniu chciałbym skupić się na analizie jednego z najtrudniejszych dla psychologii problemów, których zresztą sami psycholodzy nie chcą specjalnie dostrzegać: oceny możliwości oddziaływania wiedzy psychologicznej i praktycznego działania psychologów na rzeczywistość, w jakiej żyjemy. Główny motyw ideowy, na jakim opiera się współczesna psychologia polega na przyjęciu założenia, że przynajmniej praktyka psychologiczna istnieje po to, aby skutecznie przyczyniać się do pełnego wykorzystania potencjału rozwojowego ludzi, a w przypadkach szczególnych, gdy niektórzy z nich doświadczają trudności przystosowawczych, pomagać im w ich przezwyciężeniu[10]. Czy te cele — sprowadzające się w sumie do doskonalenia jakości ludzkiego życia — są jednak możliwe do osiągnięcia?

Historia Polski pokazuje jednoznacznie, że w świadomości ludzi polityki psychologia nigdy nie była nauką uprzywilejowaną. Wręcz odwrotnie, traktowano ją często jako dyscyplinę utrudniającą utrzymanie ładu społecznego. Przed II wojną światową ograniczano zasięg jej oddziaływania w zasadzie do edukacji i psychiatrycznej służby zdrowia, a potem — w okresie dominacji ideologii marksistowskiej — przez długi okres czasu traktowano ją jako rewizjonistyczną, niewartą studiowania. Stąd do lat 60. XX wieku w zasadzie uniemożliwiono jej rozwój na polskich uniwersytetach. Później było nieco lepiej, ale ciągle była ona uznawana za ideowo sprzeczną

[7] E. Fromm, *Ucieczka od wolności*, Czytelnik, Warszawa 1978, *passim*.
[8] B.F. Skinner, *Warunki wzmacniania w modelu kultury*, [w:] *Zachowanie człowieka w organizacji*, red. W.E. Scott, L.L. Cummings, t. 2, PWN, Warszawa, 1983, s. 230–239.
[9] C.R. Rogers, *O stawaniu się osobą*, Wydawnictwo Rebis, Poznań 2002, *passim*.
[10] G. Henriques, *A new unified theory of psychology*, Wydawnictwo Springer, Nowy Jork 2011, *passim*.

z marksizmem. Paradoksalnie w okresie bezpośrednio poprzedzającym Sierpień '80, politycy odkryli manipulatorskie walory psychologii i chętnie zaczęli z nich korzystać. To z pewnością zwiększyło jeszcze bardziej niechęć wobec niej. Jeśli samemu korzysta się z manipulacji, to można oczekiwać zostania jej ofiarą, szczególnie jeśli te manipulacje okazywały się skuteczne. Gdy w latach 70. rozpoczynałem studia socjologiczne, już jako magister psychologii, często spotykałem się z deprecjonowaniem psychologii przez przedstawicieli bratniej nauki. Istota tej krytyki może być dobrze zilustrowana na rysunku 1.

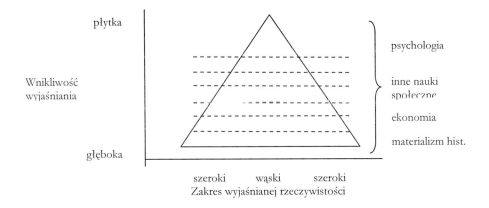

Rys. 1. Pozycja psychologii w systemie nauk społecznych w ujęciu holizmu socjo-metodologicznego

Na powyższym rysunku przedstawiono psychologię na wierzchołku hierarchii nauk społecznych, co nie może być jednak interpretowane jako docenienie jej wartości. Wręcz odwrotnie. Psychologia ma stosunkowo mały zakresowo obszar badawczy w porównaniu z innymi naukami (nie przedstawiłem ich na rysunku, ale chodzi tu o ekonomię, prawo, socjologię, antropologię kulturową, historię i inne), co wynika z faktu, że prawa, na jakich opiera ona swe wyjaśnianie nie mają uniwersalnego charakteru. U podstaw wszystkich nauk została umieszczona filozofia a konkretnie wyróżniany przez marksistów jej kierunek: materializm historyczny. Ze względu na uniwersalność przywoływanych praw (np. „byt określa świadomość"), w zasadzie wszystkie aspekty życia społecznego mogą być objęte poznaniem naukowym tej nauki. Przedstawiony sposób traktowania badań psychologicznych podważał ich wartość, niezależnie od tego, jaka byłaby ich empiryczna wiarygodność. Nic więc dziwnego, że dopiero odrzucenie ideologii marksistowskiej stworzyło warunki dla rozwoju psychologii jako nauki równoprawnej w stosunku do innych nauk społecznych. Zapomniano więc o problemie, co jednak nie oznacza, że przestał on istnieć.

Zgodnie z ujęciem socjo-metodologicznym statusu naukowego psychologii, jakość ludzkiego życia jest wyznaczana zewnętrznymi warunkami życia, szczególnie warunkami ekonomicznymi. W tej sytuacji wszelkie odkrycia psychologów odnoszących się do roli czynników psychologicznych (wewnątrzsterowość, poczucie sprawstwa, optymizm życiowy, poczucie wsparcia społecznego) w kształtowaniu jakości życia nie miałyby specjalnego znaczenia. Ich rolę trzeba by sprowadzić do funkcji prostego modulatora, który w niewielkim stopniu wzmacnia lub osłabia efekt wywołany warunkami życia[11]. Oczywiście użyteczność pracy psychologów w doskonaleniu jakości życia także stawałaby się raczej symboliczna przy takim podejściu do problemu.

Politycy, którzy niedoceniają wyników badań psychologicznych nie muszą być koniecznie zwolennikami holizmu socjo-metodologicznego. Niechęć wobec psychologii może być spowodowana także dość specyficzną propozycją ujmowania człowieka, która ogranicza znacząco swobodę działania politykom. Sprawowanie władzy łączy się ze skutecznym sterowaniem zachowaniami dużych grup ludzi, czyli podporządkowaniem ich własnym celom. To z kolei wymaga podatności na oddziaływania tych, którzy podlegają władzy. Psychologia — z wyjątkiem psychologii zorientowanej behawiorystycznie — wskazuje jednak na ludzką podmiotowość, uwypukla indywidualizm oraz zdolność do samostanowienia o własnym losie. Jak widać, istnieje wyraźna sprzeczność między tymi poglądami. Upowszechnienie w świadomości społecznej wiedzy psychologicznej, czyni ten konflikt jeszcze silniejszym, a ludzi bardziej odpornymi na wpływy polityczne. W związku z tym, wraz ze wzrostem poczucia kontroli nad sobą — co daje psychologia — musi następować wzrost manipulacji społecznych, które zapewniałyby utrzymanie możliwości rządzenia przez polityków, co w jeszcze większym stopniu nasila sprzeczność między oczekiwaniami społecznymi odnośnie do uprawnień władzy, a jej faktycznym wykonywaniem[12].

Pogodzenie tak diametralnie odmiennych sposobów patrzenia na człowieka, wymagałoby ograniczenia zakresu aktywności ludzkiej, który podlega sterowaniu przez system instytucjonalno-polityczny. Politycy jednak wybierają inną możliwość. Próbują w taki sposób zarządzać ludźmi, aby wypełniać pustkę odpodmiotowionego życia przyjemnościami wynikającymi z oglądania telewizji, posiadania elektronicznych gadżetów, kreowania sensacji społecznych wywołujących stany eksytacji w dużych grupach ludzi. Kiedyś Erich Fromm nazwał ten problem „ucieczką ludzi od wolności". Uważał on, że lęk przed niepewnością powoduje u ludzi niechęć do korzystania z możliwości upodmiotowienia własnego życia. Może kiedyś tak należało zdefiniować ten problem. Dziś wydaje się, że chodzi raczej o trudność wyboru między narzuconym stylem życia, który sprawia, że jest ono dość puste,

---

[11] F. Znaniecki, *Nauki o kulturze*, PWN, Warszawa 1971, *passim*.

[12] A. Yurewich, *Has 60 years of research in psychology really gone astray?*, „Integrative Psychological Behaviour" 2007, nr 41, s. 21–27.

lecz przyjemne, a zindywidualizowanym stylem życia, które polega na odnajdywaniu satysfakcji z ciągłego doskonalenia siebie.

Psychologia może być wykorzystywana w obu przypadkach. Między innymi pomiaru jakości życia używa się do określenia skuteczności realizowanej polityki. W tym przypadku tzw. oceny jakości życia służą do monitorowania nastrojów społecznych, zadowolenia ze sprawowania rządów, stopnia frustracji różnych grup społecznych itd. Paradoksalnie wiedza psychologiczna mająca pomóc w rozwijaniu własnego potencjału u ludzi służy zwiększaniu sprawności działań, które mają zabezpieczyć stan stagnacji psychologicznej. Jednocześnie ta sama wiedza może być wsparciem dla ludzi, którzy chcą w zindywidualizowany sposób doskonalić własną jakość życia[13]. Potrzebują oni niezawodnych informacji, które pomogą w dokonywaniu wyborów życiowych, pozwolą poznać mechanizmy psychologiczne określające efektywne funkcjonowanie ludzi, które wreszcie będą nas zabezpieczały przed trudnymi konsekwencjami niezależnego życia. Obserwując rozwój badań psychologicznych związanych z jakością życia, a szczególnie wyraźne ostatnio przekształcenie się psychologii humanistycznej w tzw. psychologię pozytywną, odnoszę wrażenie, że psycholodzy w coraz większym stopniu zainteresowani są pełnieniem służebnej roli wobec tych organizacji społecznych, które zajmują się sterowaniem życiem społecznym[14]. Nie wiem, czy dokonując „chirurgicznej amputacji" problematyki podmiotowości z całości psychologii humanistycznej, zdają sobie sprawę z tego, że w ten sposób pozbawiają wsparcia psychologicznego ludzi, którzy doskonalenie jakości własnego życia określili jako urzeczywistnianie własnego potencjału rozwojowego.

W tym miejscu należy też przynajmniej wspomnieć o jeszcze jednym utrudnieniu w doskonaleniu jakości życia, jakie powstało w ostatnich latach w ramach samej psychologii. Chodzi mi o dynamiczny rozwój badań psychologicznych zorientowanych biologicznie (psychologia ewolucyjna, neuronauka, neurokognitywistyka). Osiągnięcia w tej dziedzinie sugerują, że większość naszych zachowań i stanów mentalnych jest zdeterminowana genetycznie. Zawarte w genach programy własnego rozwoju określają w dość szczegółowy sposób nasze możliwości i przebieg indywidualnej linii życia. W tej sytuacji wybory życiowe dokonywane przez ludzi także muszą być podporządkowane tej determinacji, a jeśli są z nią sprzeczne, to będą tylko źródłem dodatkowych utrudnień życiowych[15]. Z perspektywy swobody w zakresie kształtowania jakości życia, psycholodzy mają więc ograniczone możliwości działania. Co prawda postępy neurobiologii i psychofarmakologii doprowadziły do sytuacji, że wiele stanów mentalnych można wywoływać za pośrednictwem substancji

---

[13] P.A. Karlsdorp, M. Kindl, S. Rietveld i in., *Interpretation bias for heart sensations in congenial heart disease and its relation to quality of life*, „International Journal of Behavioral Medicine" 2008, nr 3, s. 232–240.

[14] H. Friedman, *Humanistic and positive psychology. The methodological and epistemological divide*, „The Humanistic Psychologist" 2008, nr 2, s. 113–136.

[15] E.A. Lasin, M. Dapretto, M. Iacoboni, *Culture and neuroscience: Additive or synergistic?*, „Social Cognitive and Affective Neuroscience" 2010, nr 5, s. 148–158.

chemicznych, które niezależnie od doświadczeń życiowych, skutków działania, efektywności adaptacji do nowych warunków, zawsze dadzą człowiekowi namiastkę szczęścia, a przynajmniej stworzą jego miraż. Poza tym zawsze jest możliwość skorzystania z alkoholu i innych używek, które w sposób niespecyficzny odciążą nas od nadmiernego stresu, stanów depresji lub lęku. Wreszcie mamy do dyspozycji wiele innych technologii zapewniających komfort psychiczny. Wystarczy sięgnąć po odpowiednie podręczniki walki z przygnębieniem, podpowiadające, jak uzyskać sukces towarzyski lub podwyższyć sobie samoocenę i już mamy lepszą jakość życia. Chętnych do korzystania z tych prostych metod jest coraz więcej. Dziwi mnie tylko jedno: ich autorami są często wybitni psycholodzy, którzy całe lata poświęcili na poważne badania nad jakością życia i nie potrafię zrozumieć, w jaki sposób doszli oni do pewności, że zastosowanie kilku prostych reguł na postępowanie w życiu może zapewnić ludziom szczęście. Tego typu podejście do doskonalenia jakości życia nazwałem kiedyś pseudotechnologiami w udzielaniu sobie samopomocy i jeśli mają one jakiś związek z wprowadzaniem rzeczywistych zmian prorozwojowych w życiu, to polegają one wyłącznie na możliwości nabycia przekonania, że nie jesteśmy bezradni w stosunku do trudności życiowych, przed jakimi stoimy[16].

III. Zakres i sposoby doskonalenia subiektywnego wymiaru jakości życia

Dotąd zajmowałem się przedstawianiem różnorodnych barier, jakie mogą uniemożliwiać lub utrudniać doskonalenie jakości ludzkiego życia w oparciu o wiedzę psychologiczną. Teraz chciałbym przystąpić do analizy tej wiedzy w sposób konstruktywny po to, aby wykazać, w jaki sposób może ona przyczynić się do wzbogacenia ludzkiego życia. Zacznę jednak od zastrzeżenia: w tak krótkim opracowaniu mogę jedynie określić główne kierunki mojego myślenia w tej sprawie, a już z całą pewnością nie można poniższej analizy traktować jako wyczerpującej.

Przeglądając wiele badań nad oceną jakości życia, można dość łatwo zauważyć, że w większości z nich wyniki osób badanych rozkładają się zgodnie z krzywą Gaussa[17]. Również moje własne badania wykonane na grupie 650 Polek i Polaków potwierdziły istnienie podobnego rozkładu wyników[18]. Przedstawiam go na rysunku 2.

---

[16] S. Kowalik, *Terapia autyzmu a technologie naturalne, technologie sztuczne i pseudotechnologie*, [w:] *Autyzm — problemy zdrowotne, psychopedagogiczne i społeczne*, red. W. Dycik, Wydawnictwo "Eruditus", Poznań 1995, s. 125–142.

[17] S. Sequino, *Gender, quality of life, and growth in Asia 1970–90*, „The Pacific Review" 2002, nr 15, s. 245–277.

[18] S. Kowalik, M. Zakrzewska, J. Słapińska, *W jaki sposób płeć może różnicować jakość życia w różnych stadiach życia człowieka?*, [w:] *Role płciowe. Socjalizacja i rozwój*, red. M. Chomczyńska-Rubacha, Wydawnictwo WSHE, Łódź 2006, s. 11–28.

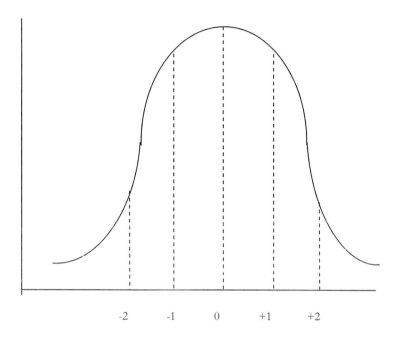

gdzie:

−2 oznacza „jestem zdecydowanie niezadowolony z życia",

−1 oznacza „jestem raczej niezadowolony z życia",

0 oznacza „jestem ani zadowolony ani niezadowolony z życia",

+1 oznacza „jestem raczej zadowolony z życia",

+2 oznacza „jestem zdecydowanie zadowolony ż życia.

Rys. 2. Zróżnicowanie subiektywnej jakości życia w populacji

Oczywiście przedstawiona krzywa zadowolenia z życia może być bardziej spłaszczona (co będzie oznaczać większy poziom zróżnicowania satysfakcji życiowej) albo będzie miała wyraźniej zaznaczony wierzchołek (co będzie oznaczać mniejszy poziom zróżnicowania satysfakcji życiowej). Może się także zdarzyć, że krzywa empiryczna będzie lekko prawo albo lewo skośna, co może oznaczać, że w określonym czasie i miejscu życia badanych osób wystąpiło oddziaływanie jakiegoś czynnika, który spowodował tymczasowe pogorszenie lub polepszenie oceny jakości własnego życia. Można oczekiwać jednak, że wielokrotne powtarzanie badań na takiej grupie, rozciągniętych w czasie sprawi, że wyniki staną się w końcu i tak zbliżone do krzywej Gaussa.

Jaki sens można przypisać tej prawidłowości? Pierwsza interpretacja, jaka nasuwa się natychmiast, może wyglądać następująco. Otóż ludzie mogą różnić się między sobą zdolnościami adaptacyjnymi. Żyjąc w podobnych warunkach, jedni z nich potrafią świetnie je wykorzystać dla doskonalenia własnego życia, a inni tego nie potrafią zrobić. Natomiast większość potrafi dokonać adaptacji w ograniczonym zakresie w stosunku do zmieniających się warunków albo też wykorzystuje swoje możliwości w sposób wybiórczy. Interpretacja ta opiera się na założeniu, że każdy z nas dysponuje w miarę adekwatną świadomością przebiegu własnego życia. Pozwala ona na utrzymanie w wystarczającym stopniu orientacji w sobie i otoczeniu, a to z kolei pozwala na systematyczne dokonywanie oceny uzyskanego poziomu wykorzystania szans rozwojowych, jakie zostały stworzone przez aktualne warunki życia. Używając języka Frederica Petersa[19] można powiedzieć, że „moje życie — teraz i tutaj" jest uświadamiane jako dobre albo złe, ewentualnie ze względu na niski poziom tej świadomości (związanej z orientacją we wzajemnych stosunkach z otoczeniem), człowiek nie potrafi sformułować jednoznacznej oceny na ten temat.

Adaptacja może być pojmowana po darwinowsku. Oznacza to, że gatunek ludzki, dzięki procesowi doboru naturalnego, zgromadził w posiadanej puli genetycznej pewien zbiór cech (funkcji psychicznych), które w danym miejscu i w danym czasie okazują się najbardziej przydatne do efektywnego funkcjonowania. Jednocześnie jednak gatunek ten nie wyzbywa się całkowicie cech (funkcji), które mają aktualnie mniejszą wartość adaptacyjną (lewa strona przestrzeni pod krzywą Gaussa). W innych warunkach środowiskowych, a także w zmienionych stanach wewnętrznych ludzi, związanych na przykład z przebiegiem procesu starzenia się, nabyciem niepełnosprawności lub przechodzeniem poważnej choroby, cechy te mogą okazać się bardziej użyteczne od tych, które aktualnie decydują o dobrym poziomie przystosowania. Na tym właśnie może polegać plastyczność przystosowawcza ludzkiego gatunku. Chodzi o utrzymanie niektórych właściwości psychicznych w stanie „zamrożenia" po to, aby wykorzystać je w do wygenerowania nowych form adaptacji wymuszonych przez zmiany w środowisku życiowym ludzi lub zmiany zachodzące w nich samych. Jak podaje Jaroslav Flegr[20], ten mechanizm działa w każdej populacji. Około 1–3% jej przedstawicieli jest nosicielami takiej nietypowej puli genetycznej, którą można traktować jako zamrożoną, przechowywaną na wypadek konieczności wprowadzenia nowych repertuarów funkcjonowania adaptacyjnego. Zdaniem autora, już w ciągu kilku pokoleń może okazać się, że zamrożony potencjał przystosowawczy będzie wykorzystany jako dominująca forma funkcjonowania psychologicznego ludzi.

W świetle przedstawionej koncepcji należy zmienić optykę interpretacyjną wyników badań odnoszących się do jakości życia. Wynika z niej, że niskie poczucie jakości życia będące wyrazem trudności przystosowawczych tutaj i teraz, nie musi mieć znaczenia uniwersalnego. W nowych warunkach życiowych te same osoby mogą uzyskiwać wysoki poziom jakości życia, ponieważ poprzez odmrożone właściwości psychiczne, będą w stanie lepiej wypełniać funkcje regulacyjne w relacjach ze środowiskiem. W celu uzasadnienia tej tezy posłużę się wynikami badań. Okazało się, że różne rodzaje płci psychologicznej mogą odgrywać zasadniczo odmienną rolę w kształtowaniu dobrego poczucia jakości życia w zależności od wieku i płci badanych osób. Przykładowo typ androgyniczny korzystnie oddziałuje

---

[19] F. Peters, *Consciousness as recursive, spatiotemporal self-location*, „Psychological Research" 2010, nr 74, s. 407–421.

[20] J. Flegr, *Elastic not plastic species: Frozen plasticity theory and the origin of adaptive evolution in sexually reproducing organisms*, „Biology Direct" 2010, nr 5, s. 1–16.

na jakość życia młodych kobiet, ale później rola tej właściwości psychologicznej wyraźnie słabnie. U mężczyzn generalnie ten rodzaj płci psychologicznej nie determinuje jakości życia w tak dużym stopniu jak u kobiet. Przy czym największy wpływ tej cechy na jakość życia ujawnia się w wieku późnej dorosłości[21]. Prawdopodobnie inne cechy psychologiczne ludzi mogą działać podobnie. W określonych fazach życia będą one bardziej lub mniej przystosowawcze, a więc będą także miały wpływ na wyższy lub niższy poziom doświadczanej jakości życia[22].

Z przeprowadzonej analizy wynika jeden ważny wniosek dla psychologów zainteresowanych aktywnym włączeniem się w doskonalenie subiektywnej jakości życia ludzi. Można go sformułować w następujący sposób: nie zawsze poprawianie zadowolenia z życia tu i teraz musi być korzystne z perspektywy całego życia człowieka. Psycholodzy raczej nie starają się respektować tego postulatu. Próbują realizować dominującą w naszej cywilizacji dyrektywę, zawartą w wielu dokumentach międzynarodowych i państwowych, która głosi, że trzeba ciągle dążyć do czynienia ludzi bardziej szczęśliwymi (nie chcę wchodzić w tym miejscu w konkretne dookreślenie znaczenia tego postulatu). Tak więc wsparcie i pomoc psychologiczna jest podporządkowana jednemu celowi: poprawie jakości życia ludzi. Jeśli temu służy rozwijanie u młodych ludzi asertywności, to należy nauczyć ich odporności na oddziaływania innych ludzi. Jeśli poprawa zadowolenia z życia może być osiągnięta poprzez usuwanie u ludzi dylematów etycznych, to należy pomagać w ich likwidowaniu. Nie jestem pewien, czy rzeczywiście pomoc psychologiczna w likwidowaniu różnorodnych problemów życiowych i uzyskiwana w ten sposób chwilowa poprawa jakości życia, może być uznana za działanie korzystne z perspektywy rozwoju człowieka w cyklu całego życia. Obserwując efekty realizowania takiej polityki w stosunku do młodych ludzi, coraz częściej zaczynam mieć wątpliwości, czy w sytuacji, w której obiektywne warunki życia utrudniają utrzymanie wysokiej jakości życia tym osobom (np. brak pracy) i jednoczesne dostarczanie im atrakcyjnych surogatów kulturowych, które zapełniają i ubarwiają ich życie tutaj i teraz, rzeczywiście przyczynią się do dobrego ich przystosowania w przyszłości. Jeszcze ważniejsza jest druga wątpliwość, która odnosi się już bezpośrednio do pracy psychologów. Chodzi mi o chronienie młodych ludzi przed wszelkimi możliwymi problemami życiowymi. Wdrażanie do przechodzenia przez życie w łatwy sposób może mieć poważne konsekwencje przystosowawcze. Ludzie nie będą potrafili obyć się bez pomocy psychologicznej, ponieważ nie będą w stanie samodzielnie orientować się we własnych problemach życiowych i ich samodzielnie rozwiązywać w przyszłości. Zapoznając się z modnymi ostatnio pomysłami przedstawicieli tzw. psychologii pozytywnej odnoszę wrażenie, że już niedługo nikt nie będzie mógł przejść szczęśliwie przez życie bez udziału profesjonalnej pomocy psychologicznej[23].

---

[21] S. Kowalik, M. Zakrzewska, J. Słapińska, (przyp. 18), s. 11–28.

[22] E. Trzebińska, *Psychologia pozytywna*, WAiP, Warszawa 2008, *passim*.

[23] M.E. Seligman, T. Rashid, A.C. Parks, *Positive psychotherapy*, „American Psychologist" 2006, nr 11, s. 774–788.

Pomoc psychologiczna w doskonaleniu jakości życia w przedstawionym ujęciu polega więc na takim ingerowaniu w działanie procesów psychicznych, aby doprowadzić do trwałej zmiany ich działania[24]. Wyraźnie jest to działanie zbliżone do niektórych form psychoterapii. W trakcie tego procesu może dojść do trwałych zmian w sposobie przetwarzania informacji płynących z otoczenia, a także może nastąpić trwała modyfikacja zasad ich ewaluacji. W sumie prowadzi to do zasadniczego przeobrażenia się ludzkiej osobowości. Efektem takich działań może być lepsze dopasowanie jednostki do aktualnych warunków życia. Nie można jednak zapominać, że taka ingerencja w osobowość może także doprowadzić do zubożenia zróżnicowania właściwości psychologicznych, które człowiek ma w swojej dyspozycji i które mógłby wykorzystać konstruktywnie w przyszłym życiu[25]. Tak więc przed przystąpieniem do doskonalenia jakości życia poprzez interwencję psychologiczną, warto uwzględniać nie tylko bezpośrednie efekty tego działania, ale również należy brać pod uwagę jego efekty długofalowe.

Przedstawiony wcześniej rozkład zadowolenia z własnego życia, odwzorowywany przez krzywą Gaussa, można także interpretować inaczej w stosunku do interpretacji przedstawionej wyżej. Wcześniejsza analiza opierała się na założeniu, że jednostka utrzymuje silne związki z otoczeniem, a jej niedostateczne możliwości adaptacyjne wyłącznie utrudniają osiąganie zadowalającego poziomu subiektywnej jakości życia. Można jednak wyobrazić sobie całkowicie odmienną sytuację, która również będzie racjonalnie uzasadniała fakt zróżnicowania poziomu zadowolenia z życia ludzi w zgodzie z krzywą Gaussa. W tym ujęciu można przyjąć, że subiektywna jakość życia jest formą poznania przedstawiającego własne położenie życiowe, wyrażającego się w liczbie doświadczanych sukcesów i porażek życiowych. Ponieważ ich rozpoznanie jest dokonywane subiektywnie, można przyjąć, że optymalną sytuacją dla dalszego rozwoju człowieka jest ocena własnego życia jako zrównoważonego pod tym względem[26]. Nadmierna liczba sukcesów, a także nadmierna liczba porażek, nie sprzyja rozbudzaniu aspiracji życiowych, ogranicza możliwości dalszego doskonalenia siebie, sprzyja nieadekwatnej ocenie posiadanych zasobów przystosowawczych[27]. Tak więc wytworzenie nastawienia psychicznego polegającego na uświadamianiu sobie własnych braków oraz własnych walorów, powinno cechować większość ludzi, którzy trafnie wyciągają wnioski z przebiegu dotychczasowego życia. Jednak gdyby wszyscy ludzie funkcjonowali w taki sposób, to ich zróżnicowanie w zakresie odczuwanego poziomu jakości życia powinno być małe i niezależne od osiągniętego

---

[24] E.G. Menaghan, *Role changes and psychological well-being. Variations in effects by gender and role repertoire*, „Social Forces" 1989, nr 67, s. 693–725.

[25] D.M. Walsh, *Fit and diversity: Explaining adaptive evolution*, „Philosophy of Science" 2003, nr 70, s. 280–301.

[26] R. Derbis, A. Bańka, *Poczucie jakości życia a swoboda działania i odpowiedzialność*, Stowarzyszenie Psychologia i Architektura, Poznań 1998, *passim*.

[27] W. Greve, *Traps and gaps in action explanation: Theoretical problems of a psychology of human action*, „Psychological Review" 2001, nr 108, s. 435–454.

rzeczywiście poziomu adaptacji do warunków środowiskowych. Można więc w tym miejscu zadać pytanie: jakie są powody nadmiaru ludzi, którzy charakteryzują się szczególnie wysokim i szczególnie niskim poziomem zadowolenia z życia?

Odpowiedź na to pytanie może być następująca. Przyczyną nadmiarowego zróżnicowania jakości życia może wynikać z przerwanych więzi między jednostką i jej otoczeniem. Staje się ona wyizolowanym systemem, który przestaje reagować na oddziaływania środowiska, albo reakcje te są na tyle małe, że nie mają znaczenia dla jej wewnętrznych stanów psychicznych[28]. W takiej sytuacji, subiektywna jakość życia nie jest odwzorowaniem rzeczywistego położenia życiowego człowieka, lecz jest wyłącznie wyrazem jego stanu świadomości. Warto zauważyć, że w tym przypadku subiektywna jakość życia, uwidoczniona w odczuwanej satysfakcji życiowej, może powodować wzrost jego zróżnicowania w obu skrajnych przestrzeniach określanych przez krzywą Gaussa. Skrajne oceny zadowolenia z życia (zarówno nadmiernie pozytywne jak i nadmiernie negatywne) świadczą o tym, że jednostka nie jest w stanie uwzględnić realiów własnego życia.

Utworzona granica między człowiekiem a jego otoczeniem może wynikać z wielu powodów. Trzy z nich wydają się najważniejsze. Po pierwsze, może być ona konsekwencją nadmiernego rozbudowania wewnętrznych regulatorów zachowania. Wielu psychologów zwraca uwagę, że silne ego, ukształtowanie pryncypializmu moralnego czy wysoki poziom samoświadomości mogą sprzyjać dążeniu do utrzymywania takiej niezależności życiowej, która będzie wywoływała dużą odporność na jakiekolwiek wpływy zewnętrzne[29]. W takiej sytuacji zadowolenie z życia nie będzie oznaką dobrej adaptacji do wymagań otoczenia. Raczej będzie ona wskaźnikiem utrzymywania lub zwiększania własnej autonomii w stosunku do wpływów zewnętrznych; i odwrotnie, niski poziom jakości życia może wynikać z doświadczenia braku możliwości utrzymania takiego kierunku własnego rozwoju, który odpowiadałby posiadanym standardom etycznym[30]. Po drugie, powstanie wyraźnej granicy między człowiekiem i jego otoczeniem może być spowodowane pojawieniem się zagrożeń dla utrzymania spójności psychologicznej jednostki. Aaron Antonowsky[31] wskazuje na wiele źródeł, które mogą wywołać taki stan. Przede wszystkim wspomina on o przeżyciu silnej traumy psychicznej, która niszczy istniejącą organizację doświadczeń życiowych. Krytyczne zdarzenia życiowe, wystąpienie poważnych zaburzeń psychicznych, uszkodzeń mózgu lub przewlekłych chorób somatycznych sprzyja skłonności do wewnętrznej konsolidacji, zabezpieczenia się przed dalszą

[28] M.T. Turvey, *On the notion and implications of organism-environment system*, „Ecological Psychology" 2009, nr 21, s. 97–111.

[29] L.E. Duncan, *Understanding leaders of repressive social movements*, „Analyses of Social Issues and Public Policy" 2003, nr 3, s. 181–184.

[30] A.C. Kay, D. Gaucher, J.L. Napier i in., *God and the government: Testing a compensatory control mechanism for the support of external systems*, „Journal of Personality and Social Psychology" 2008, nr 95, s. 18–35.

[31] A. Antonovsky, *Rozwikłanie tajemnicy zdrowia. Jak radzić sobie ze stresem i nie zachorować*, Wydawnictwo Fundacji IPiN, Warszawa 1995, *passim*.

dezorganizacją życia psychicznego, a to z kolei wymaga wycofania się z normalnej aktywności życiowej. W większości przypadków tego typu uruchamiane są mechanizmy obronne, które będą sprzyjały nieadekwatnie zawyżonej albo zaniżonej ocenie własnego życia. W obu opisanych sytuacjach to człowiek tworzy granicę wewnętrzną oddzielającą go od otoczenia. Trzecia sytuacja ma całkowicie odmienny charakter. Powstająca granica ma charakter zewnętrzny. Tworzy się ona jako konsekwencja długotrwałej dyskryminacji jednostki ze strony innych ludzi. Może być wywołana procesem stygmatyzacji społecznej, odrzucenia emocjonalnego, segregacji kulturowej itd. W każdym razie w takich przypadkach powstająca granica wywołuje izolację jednostki ze strony innych ludzi, co powoduje powstanie w niej poczucia bezradności. Człowiek wykluczony z życia społecznego ma w zasadzie dwa wyjścia z zaistniałej sytuacji. Może odnaleźć zadowolenie z życia w jakiejś grupie podkulturowej, np. w sekcie religijnej lub w grupie przestępczej. Właśnie tam będzie mógł odzyskać poczucie dobrej jakości życia, chociaż będzie to jakość nieakceptowana społecznie (co niekiedy może doprowadzić do radykalnego obniżenia jakości życia). Drugim wyjściem, jakie ma do dyspozycji, jest pełne wycofanie się z życia społecznego. Pojawiające się osamotnienie, niska ocena własnej osoby, brak zrozumienia zaistniałej sytuacji wywoła oczywiście poczucie niskiej jakości własnego życia. Często jest ona likwidowana w sposób nieakceptowany społecznie: poprzez używanie alkoholu, narkotyków, wyładowanie napięcia w aktach agresji[32].

Nie ulega wątpliwości, że każda z opisanych sytuacji wymaga interwencji psychologicznej. Utrata zdolności do normalnego kontaktowania się z otoczeniem, uniemożliwia dalszy rozwój jednostkowy, ale jest także istotnym zakłóceniem życia społecznego. Troska społeczna o te osoby będzie wymagała ponoszenia znacznych kosztów ekonomicznych, a często także wprowadzenia dodatkowych praktyk dyskryminacyjnych, które w jeszcze większym stopniu ograniczą szanse rozwojowe takim osobom (uwięzienie, zamknięcie w szpitalu psychiatrycznym lub w domu pomocy społecznej). Włączenie się psychologów do pracy resocjalizacyjnej, rehabilitacyjnej, korekcyjnej, psychoterapeutycznej może pomóc w odwróceniu procesu pogłębiającej się izolacji osób, które zostały oddzielone barierą wewnętrzną lub zewnętrzną od naturalnego środowiska. Oczywiście, w tego typu sytuacjach zawsze powstaje problem ustanowienia granicy pod krzywą Gaussa, która upoważnia do zastosowania takich rodzajów interwencji psychologicznej. W zasadzie trzeba byłoby nawet mówić o dwóch granicach tego typu: pierwszej, która oddzielałaby ludzi funkcjonujących autonomicznie o zaniżonym poczuciu jakości życia i drugiej, odnoszącej się do ludzi posiadających zawyżone poczucie jakości życia, mimo pełnego wyizolowania z życia społecznego.

Nie będę w tym miejscu podejmował próby określenia tych granic. Chciałbym jedynie zauważyć, że podjęcie tego tematu wymagałoby analiz nie tylko

---

[32] D. Kubacka-Jasiecka, *Interwencja kryzysowa. Pomoc w kryzysach psychologicznych*, WAiP, Warszawa 2010, *passim*.

psychologicznych, ale także odwołania się do wiedzy etycznej, prawnej i socjologicznej. Szczególnie wiele różnorodnych dylematów pojawia się wówczas, gdy zaczynamy zastanawiać się nad uzasadnieniem interwencji psychologicznej w przypadku osób o wyraźnie podwyższonej i w tym sensie nieadekwatnej subiektywnej jakości życia. Niemniej jeden postulat określający kierunek pomocy psychologicznej we wszystkich przypadkach tego typu można chyba sformułować bez zastrzeżeń. Każdy sposób działania psychologicznego, który będzie umożliwiał uświadomienie osobom z nieadekwatną oceną jakości własnego życia związku między podejmowanymi działaniami a ich społecznymi i osobistymi konsekwencjami, może przyczynić się do odtworzenia utraconej zdolności do regulacji stosunków ze środowiskiem. W ten sposób ludzie zajmujący skrajne pozycje pod krzywą Gaussa będą mogli odtworzyć trafną ocenę własnego życia w teraźniejszości, a tym samym blokować nietrafne przewidywania w odniesieniu do przebiegu życia w przyszłości[33]. Stworzenie ścieżki regulującej działanie oparte na silnym sprzężeniu zwrotnym może być punktem wyjścia dla stworzenia realistycznej świadomości własnego życia, która będzie respektowała konieczność systematycznego współdziałania ze środowiskiem na rzecz własnego rozwoju osobistego.

W świetle przeprowadzonej analizy traktującej zróżnicowanie subiektywnej jakości życia ludzi jako efektu określonego przebiegu procesu adaptacji, a także jako posiadania lub nieposiadania zdolności do wykorzystania środowiska dla własnego rozwoju wykazała, że prosta dyrektywa narzucająca psychologom dążenie do wzrostu poczucia dobrej jakości życia u ich podopiecznych (nazywanej także większą satysfakcją życiową, poczuciem szczęścia, dobrostanem, zadowoleniem z życia), wymaga jednak krytycznej oceny. Starałem się tutaj wykazać, że przynajmniej dwa wymiary funkcjonowania psychologicznego ludzi należy brać pod uwagę, gdy chcemy skutecznie ingerować w ich subiektywne procesy i stany psychiczne. Po pierwsze, doskonalenie jakości życia musi uwzględniać zarówno efekt bezpośredni, ale także efekt długoterminowy interwencji psychologicznej. Po drugie, doskonalenie jakości życia musi być dostosowane do sposobu działania mechanizmów psychologicznych, które ustalają pozycję, jaką zajmuje jednostka pod krzywą Gaussa, opisującą zróżnicowanie tego parametru psychologicznego. W oparciu o powyższe kryteria można przedstawić cały obszar możliwości psychologicznych oddziaływania na jakość życia ludzi w następujący sposób (rysunek 3):

---

[33] R.S. Marken, *You say you had a revolution: Methodological fundations of closed-loop psychology*, „Review of General Psychology" 2009, nr 13, s. 137–145.

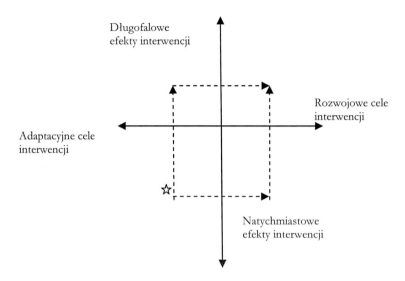

Rys. 3. Cztery typy oddziaływania psychologicznego w zakresie doskonalenia jakości życia

Wydaje się, że każda interwencja psychologiczna powinna rozpoczynać się od dolnego lewego rogu powyższego rysunku (oznaczonego gwiazdką). Tam właśnie zlokalizowane są najbardziej naturalne technologie oddziaływania psychologicznego (wsparcie emocjonalne, konsultacja psychologiczna, zmiana środowiska życiowego, o ile zachodzi taka potrzeba). Zastosowanie tych technologii powinno wykazać, jak poważnych problemów przystosowawczych doświadcza dana jednostka i jaki jest ich charakter. Badania wskazują, że nawet niewielka zmiana stylu życia (np. regularny tryb życia, uprawianie ćwiczeń fizycznych, przejęcie opieki nad zwierzęciem) może przyczynić się do zmniejszenia napięć psychicznych, poprawy samopoczucia. Taki sposób poprawy subiektywnego zadowolenia z życia może stopniowo zwiększać sprawność funkcjonalną procesów psychicznych i w sumie doprowadzić do wzrostu zdolności adaptacyjnych. Jeśli jednak nie dojdzie do takiej zmiany, wówczas można zastosować bardziej zaawansowane technologie wpływu psychologicznego, które nie będą już miały naturalnego charakteru (górny prawy róg rysunku). Psychologia dysponuje wieloma sposobami modyfikowania działania procesów psychicznych (poznawczych i emocjonalno-motywacyjnych) i są one na tyle znane, że nie będę ich tutaj omawiał. Chciałbym jedynie podkreślić, że zastosowanie ich do doskonalenia jakości życia wymaga w każdym przypadku sprawdzenia rezultatu takiej interwencji psychologicznej w warunkach codziennego życia. Systematyczny wzrost radosnych nastrojów można uznać za najlepszy sposób oceny trafnie dobranej pomocy psychologicznej. Dzięki korzystaniu z tego typu informacji, zabezpieczamy się przed tworzeniem u osób podopiecznych fałszywej świadomości własnego położenia życiowego.

Brak efektów stosowania technologii naturalnych, które opisałem wcześniej, może spowodować konieczność przejścia do prawej, dolnej ćwiartki wyróżnionej na rysunku. W tym przypadku psycholog musi zdecydować się na pełnienie roli osoby towarzyszącej, która na co dzień będzie ściśle współpracowała w realizowaniu większości zadań życiowych osoby wyalienowanej z życia społecznego. W zależności od potrzeb ta współpraca powinna być mniej lub bardziej intensywna. Zdaję sobie sprawę z tego, że taki sposób pełnienia roli zawodowej przez psychologów nie jest jeszcze wystarczająco upowszechniony, ale nie ulega wątpliwości, że tylko poprzez wspólne działanie można wytworzyć u osób korzystających z pomocy psychologicznej omówione wcześniej sprzężenie zwrotne między podejmowanymi zadaniami i adekwatną interpretacją ich rezultatów. Odkrycie pierwszych sukcesów osiąganych w tej pracy powinno stopniowo doprowadzić do wzrostu zaangażowania w podejmowane działania i uruchomić proces samoorganizującego się rozwoju (przejście do górnej, prawej ćwiartki rysunku). Z kolei wzrost aktywności własnej osoby korzystającej z tego rodzaju pomocy psychologicznej powinien spowodować, że człowiek w naturalny sposób decyduje o własnym postępowaniu odnoszącym się do wyboru przyjaźni, zainteresowań, sposobu spędzania czasu wolnego itd. Rola psychologa powinna się coraz bardziej ograniczać do wspólnego planowania długofalowej linii rozwoju osoby, której udzielana jest pomoc, a także mobilizowania jej do ciągłego podejmowania nowych zadań życiowych. Łatwo można zauważyć, że przedstawiony sposób doskonalenia jakości życia w dużym stopniu przypomina propozycje zawarte w terapii skoncentrowanej na kliencie, opracowanej przez C. Rogersa[34].

IV. Zakończenie

Obserwując to wszystko, co dzieje się we współczesnej nauce odnoszę wrażenie, że dochodzi w niej do coraz większego zamazania granicy między myśleniem potocznym a myśleniem naukowym o rzeczywistości. Przyczyną główną zbliżenia się do siebie wiedzy naukowej i wiedzy zdroworozsądkowej jest przede wszystkim podniesienie poziomu racjonalności wszelkich działań praktycznych podejmowanych przez duże grupy ludzi (praktyk społecznych realizowanych w profesjonalny sposób). Politycy, przedsiębiorcy, nauczyciele, pracownicy socjalni, lekarze, urzędnicy, służby bezpieczeństwa publicznego, zdają już sobie sprawę z tego, że ich działalność może być bardziej skuteczna, jeśli będzie opierać się na wiedzy naukowej, a nie tylko na doświadczeniu zawodowym. A jeśli nawet wykorzystanie nauki nie przyczyni się do udoskonalenia danej praktyki społecznej, to i tak odwołanie się do niej zawsze pomaga w podniesieniu prestiżu społecznego działań profesjonalnych. Problem polega na tym, że wzbogacanie praktyki społecznej o wiedzę naukową ogranicza się zwykle do zastosowania naukowych narzędzi pomiarowych do rozpoznania problemu, który ma być rozwiązany. Najgorsze w tym wszystkim jest to, że wielu praktyków nie zdaje sobie sprawy, że myślenie naukowe nie polega tylko

---

[34] C.R. Rogers, (przyp. 9).

na wiarygodnym pomiarze problemu. Tym samym nie odczuwają oni potrzeby korzystania z pomocy naukowców.

W świecie nauki pojawia się podobna tendencja. Oczekiwania społeczne w stosunku do naukowców w coraz większym stopniu ogniskują się wokół zagadnień związanych z możliwością przełożenia osiągnięć naukowych na praktyczne działania. Na badania tego rodzaju znajdują się zawsze środki finansowe, rezultaty takich badań mają największe szanse na wzbudzenie zainteresowania mediów, w końcu sami naukowcy zaczynają wartościować dokonania badawcze wyłącznie z tego punktu widzenia: użyteczności bezpośredniej dokonanych odkryć. Tradycyjne kryterium wiedzy naukowej, jakim było dawniej dostarczanie rzetelnej i nowatorskiej wiedzy o świecie, zwane też dochodzeniem do prawdy naukowej, uległo degradacji społecznej. Pojawiło się nowe kryterium: wysoki poziom trafności przewidywania przebiegu jakiegoś procesu pod wpływem manipulowania określonymi czynnikami. W obecnym czasie uzyskanie praktycznego efektu okazuje się bardziej istotne od wyjaśnienia przebiegu danego procesu. W tej sytuacji drugorzędnego znaczenia nabrała krytyka naukowa, coś co w nauce tradycyjnej było źródłem postępu poznania naukowego. Także oryginalność hipotez badawczych, precyzja pojęć naukowych, spójność wiedzy teoretycznej, aksjologiczna wartość rozwiązań poznawczych nie ma już tego samego znaczenia, co dawniej. Stopniowa rezygnacja z tych podstawowych cech myślenia naukowego również powoduje stopniowe zacieranie się granicy między wiedzą naukową i potoczną.

Wspomniane zbliżenie do siebie myślenia naukowego i myślenia zdroworozsądkowego sprawia, że w praktyce społecznej pojawia się zapotrzebowanie na nowy rodzaj pojęć, takich mianowicie, które nie byłyby nadmiernie naukowe (sprzyjające myśleniu heurystycznemu, cechujące się dużym poziomem wieloznaczności, niekoniecznie związane z tradycyjnymi teoriami naukowymi), ale też nie powinny być one całkowicie pozbawione cech przysługujących pojęciom naukowym (szczególnie chodzi o możliwość prostego przełożenia ich na wskaźniki pomiarowe). Jednym z takich pojęć, które robi w ostatnich dziesięcioleciach wyjątkową karierę jest określenie „jakość życia". Właśnie dzięki niemu możliwe stało się radykalne zbliżenie do siebie działalności praktycznej i nauk społecznych, w tym również psychologii. Pomiar jakości życia w pełni satysfakcjonuje praktyków, którzy chcą doskonalić poziom własnego profesjonalizmu, a problematyka badań nad jakością życia zwiększa również poczucie użyteczności społecznej naukowców, którzy chcą sprostać pragmatycznym oczekiwaniom społecznym, formułowanym pod adresem badań naukowych. Jedni i drudzy — a więc praktycy i teoretycy — uważają, że prowadzenie solidnych i wielostronnych badań empirycznych nad uwarunkowaniami poczucia jakości życia (i wszystkimi alternatywami tego pojęcia: dobrostanu, zadowolenia z życia, satysfakcji życiowej, poczucia szczęścia) przyczyni się do doskonalenia życia społecznego oraz życia poszczególnych jednostek. Wystarczy bowiem w odpowiedni sposób modyfikować warunki życia, a także kształtować właściwości mentalne ludzi, aby stopniowo przesuwać w prawo całą krzywą Gaussa obrazującą zróżnicowanie ludzi w zakresie zadowolenia z życia (zob. rysunek 2). Dzięki temu w sposób niezawodny nauka przyczyni się do wzrostu ogólnej szczęśliwości całej populacji ludzkiej.

W przeprowadzonej analizie starałem się wykazać, że rozwiązanie tego problemu nie jest takie proste. Przede wszystkim, rzetelne odniesienie całej problematyki jakości życia do tradycyjnej wiedzy nauk społecznych, powinno ograniczać nadmierny optymizm zarówno praktyków, jak i teoretyków zainteresowanych doskonaleniem życia społecznego. Poza tym podjęta próba interpretacji jakości życia jako zadowolenia ludzi z przebiegu ich adaptacji do warunków zewnętrznych, albo jako spełniania się ludzi w czasie realizacji własnej samoorganizacji rozwojowej wykazała, że te same wskaźniki pomiaru jakości życia mogą mieć całkowicie odmienne znaczenie, jeśli chodzi o wykorzystanie ich w realnym doskonaleniu jakości ludzkiego życia. Wreszcie — muszę to napisać na koniec — pojęcie jakości życia może mieć szczególną wartość dla dalszego rozwoju nauk społecznych (w tym także psychologii). Dzięki niemu pojawia się możliwość powrotu do dawnych dyskusji naukowych, dotykających spraw podstawowych: roli aksjologii w naukach społecznych, powinowactwa myślenia filozoficznego i psychologicznego, relacji wzajemnych między naukami biologicznymi i społecznymi, użyteczności praktycznej wiedzy gromadzonej przez nauki społeczne. Aby tak mogło się stać, musi zostać spełniony jeden warunek: problematyka jakości życia nie może być trywializowana, nie może służyć zamazywaniu granicy między myśleniem potocznym i myśleniem naukowym o rzeczywistości i musi stać się impulsem do powrotu do krytycznego myślenia w naukach społecznych.

Stanisław Kowalik

Can psychology help in improving the quality of human life?

The first part of this article is devoted to a critical analysis of the concept of quality of life. The main reasons for the difficulties connected with making use of psychological knowledge to improve the quality of life are discussed. The second part of the article proposes defining quality of life in a way which could be of use in psychological practice. Special emphasis is placed here on two strategies used by psychologists to shape quality of life. In the conclusion it is stated that in order to use knowledge concerning quality of life meaningfully, it is necessary to: a) make a clear distinction between scientific knowledge and common knowledge (quality of life is present as a concept in both types of knowledge), b) establish more precise theoretical foundations which will enable practical application of the concept, c) define the scope of social practice in which the concept of quality of life can be employed.

Jerzy Marian Brzeziński
Dariusz Doliński

O aktywnym przeciwdziałaniu nierzetelnościom w badaniach naukowych w kontekście praktyki badawczej psychologów społecznych

I. Wprowadzenie

Nasz Jubilat od wielu lat zajmuje się — i to ze znaczącymi naukowo sukcesami — problematyką jakości życia. Poza prowadzeniem własnych badań musi też odwoływać się do wyników badań przeprowadzonych przez innych badaczy. Musi też — a czy ma wybór? — założyć w trybie idealizującym, że te wyniki zostały pozyskane w sposób rzetelny, że ich autorzy prezentowali dobry warsztat badawczy i że publikując prace powstałe jako efekt przetworzenia w sposób akceptowany w świecie współczesnych nauk społecznych (a węziej: psychologii) uzyskanych wyników, nie naruszyli tzw. „dobrych obyczajów w nauce", że nie wystąpiło negatywne zjawisko „nierzetelności w badaniach naukowych" (ang. *scientific misconduct*)[1], o którym coraz

---

[1] Według definicji zaproponowanej przez U.S. Federal Policy on Research Misconduct i powtarzanej w wielu innych dokumentach w innych krajach, także w Polsce przez Komisję do Spraw Etyki w Nauce: "Research misconduct is defined as fabrication, falsification, or plagiarism in proposing, performing, or reviewing research, or in reporting research results.
— Fabrication is making up data or results and recording or reporting them.
— Falsification is manipulating research materials, equipment, or processes, or changing or omitting data or results such that the research is not accurately represented in the research record.
— Plagiarism is the appropriation of another person's ideas, processes, results, or words without giving appropriate credit.
— Research misconduct does not include honest error or differences of opinion".
I w przypisie do tego fragmentu: "Research, as used herein, includes all basic, applied, and demonstration research in all fields of science, engineering, and mathematics. This includes, but is not limited to, research in economics, education, linguistics, medicine, psychology, social sciences, statistics,

częściej pisze się nie tylko w specjalistycznych czasopismach naukowych, ale też w popularnych tygodnikach.

Naszą pracę dedykujemy Jubilatowi, który — jak wiemy — podziela naszą troskę nie tylko o respektowanie wysokich standardów metodologicznych (a co za tym idzie i etycznych) w pracach badawczych prowadzonych przez psychologów, ale również w pracy dydaktycznej — realizując tym samym Kazimierza Twardowskiego[2] postulat harmonijnego i twórczego łączenia pracy badawczej z pracą nauczycielską: „Rdzeniem i jądrem pracy uniwersyteckiej jest tedy twórczość naukowa, zarówno pod względem merytorycznym jak i pod względem metodycznym". Kilkadziesiąt lat później, ową jedność kontekstu badania (naukowego) i nauczania (uniwersyteckiego) w działalności uniwersyteckiej (a my wszyscy, autorzy tej księgi-daru dla naszego Jubilata, jesteśmy ludźmi uniwersytetu i zostaliśmy przez niego w naszej młodości dobrze uformowani) trafnie wyraził znany socjolog John Ziman:

> [...] działalność pedagogiczna i badawcza są [ ] ściśle ze sobą związane [...]. W rewolucyjnej fazie swojej działalności badawczej aktywny naukowiec tworzy lub modyfikuje elementy jednomyślnej wiedzy. Jako nauczyciel odtwarza ją na użytek studentów. Ale nauczanie nie jest tylko aktem biernym; w toku wyjaśniania wiedza podlega dalszemu uporządkowaniu, formalizacji i dalszemu udoskonaleniu. W trakcie nauczania student zdobywa podstawy własnej uzgodnionej wiedzy, która stwarza wspólną płaszczyznę intelektualną pomiędzy nim a innymi naukowcami i pozwala jemu z kolei przyczynić się do powiększenia jej zasobów[3].

Skupiając się na głównym nurcie naszego opracowania, chcielibyśmy zaakcentować fundamentalną wręcz dla kondycji naszej empirycznej (!) nauki sprawę, sprawę dbałości o wysokie standardy etyczne[4] prowadzonych i upowszechnianych

---

and research involving human subjects or animals" — por. Executive Office of the President, *US Federal Policy on Research Misconduct*, „Federal Register" 06.12.2000, <www.federalregister.gov/articles/2000/12/06/00-30852/executive-office-of-the-president-federal-policy-on-research-misconduct-preamble-for-research#h-16> [28.11.2012]. Od pierwszych liter słów: *fabrication, falsification, plagiarism*, zwykło się mówić o „przewinieniach FFP". Podobnie: Komisja do Spraw Etyki w Nauce, *Kodeks etyki pracownika nauki*, „Nauka" 2012, nr 3, 33–45; OECD, *Investigating Research Misconduct Allegations in International Collaborative Research Projects1: A Practical Guide*, Global Science Forum, kwiecień 2009, <www.oecd.org/science/scienceandtechnologypolicy/42770261.pdf> [28.11.2012]; Zespół Etyki w Nauce przy Ministrze Nauki i Informatyzacji, *Dobra praktyka badań naukowych. Rekomendacje*, Warszawa 2004, <www.uwm.edu.pl/doktoranci/files/dobra_praktyka.pdf> [28.12.2013].

2   K. Twardowski, *O dostojeństwie uniwersytetu*, Uniwersytet Poznański, Rolnicza Drukarnia i Księgarnia Nakładowa, Poznań 1933, *passim*.

3   J. Ziman, *Społeczeństwo nauki*, PIW, Warszawa 1971, s. 131.

4   Na kształtowanie wrażliwości przyszłych psychologów (także i tych społecznych) zwracaliśmy uwagę w programowym artykule, w którym wprowadziliśmy cztery podstawowe słowa kluczowe dla studiów psychologicznych układające się w hasło META, co w rozwinięciu czyta się jako: Metoda — Etyka — Teorie — Aplikacje — zob. J. Brzeziński, D. Doliński, J. Strelau, *Standardy kształcenia na pięcioletnich studiach psychologicznych. Założenia, doświadczenia, nowe wyzwania*, „Czasopismo Psychologiczne" 2004, nr 2, s. 205–219. Zostało to jeszcze wyraziściej zaznaczone w standardach kształcenia dla kierunku psychologia przygotowanych przez Uniwersytecką Komisję Akredytacyjną, która uznała „kształtowanie wrażliwości etycznej" studentów psychologii za zadanie co najmniej

(*via* referaty konferencyjne, monografie i — przede wszystkim — artykuły w czasopismach naukowych) badań i ich rezultatów. Bez ich spełnienia nie można poważnie mówić o „jakości życia" nas samych, współtworzących naszą miniaturową społeczność. Nasza dyscyplina rozwija się dzięki badaniom empirycznym i inspirującym je modelom teoretycznym, a stosowane w praktyce społecznej wyniki naszych badań istotnie ją ubogacają. Nie powinniśmy o tym zapominać.

II. O tym, że aktywne uprawianie badań naukowych w psychologii związane jest z ryzykiem potykania się o artefakty

Żeby nie być gołosłownymi przywołamy, w miarę świeży (ale nie mamy złudzeń — inne są albo w ukryciu, albo rodzą się w głowach nowych oszustów) przykład takiej nierzetelności w wykonaniu psychologa społecznego o już uznanej pozycji naukowej w swoim środowisku. Mamy na myśli słynną już aferę, której niechlubnym bohaterem był znany, i to w skali światowej, psycholog społeczny z Uniwersytetu w Tilburgu — Diederik Stapel[5]. Okazał się on na tyle „zdolnym" oszustem, że wyprowadził w pole nawet redakcje tak renomowanych czasopism jak „Journal of Personality and Social Psychology" czy „Science". Oszust, specjalizujący się w problematyce uprzedzeń społecznych i stereotypów oparł swoje liczne artykuły na całkowicie zmyślonych wynikach. Autor[6] popularnego artykułu: „Diederik Stapel. Kanciarze z tytułami naukowymi" zamieszczonego w polskiej edycji tygodnika „Newsweek" uważa, że za to, iż oszuści są w jakimś sensie bezkarni, odpowiedzialne są redakcje czasopism, które nie są skłonne drukować artykułów zdających sprawę z powtórzonych, a nie oryginalnych badań.

Naukowe środowisko psychologiczne w Holandii zareagowało na sprawę w sposób bardzo poważny. Do zbadania *casusu* Stapela powołano trzy niezależne komisje — Levelt Committee, Noort Committee i Drenth Committee. W listopadzie 2012 r. opublikowały one wnikliwy, liczący 103 strony raport: „Flawed science: The fraudulent research practices of social psychologist Diederik Stapel"[7].

---

tak samo ważne, jak przekazanie im aktualnej wiedzy (naukowej!) oraz opanowanie umiejętności w zakresie posługiwania się tą wiedzą oraz metodami poznania naukowego, metodami diagnostycznymi i metodami praktycznego udzielania pomocy psychologicznej (np. podstawy psychoterapii) — UKA, *Standardy akredytacji kierunku psychologia*, 2010, <http://www.uka.amu.edu.pl/ psychologia.php> [01.12.2012].

5 Omówienie przypadku Stapela częściowo za: J. Brzeziński, *Co to znaczy, że wyniki przeprowadzonych przez psychologów badań naukowych poddawane są analizie statystycznej?*, „Roczniki Psychologiczne" 2012, nr 3, s. 7–39.

6 T. Stawiszyński, *Diederik Stapel. Kanciarze z tytułami naukowymi*, „Newsweek" 2011, <www.nauka. newsweek.pl/diederik-stapel--kanciarze-z-tytulami-naukowymi,84437,1,1.html> [28.11.2012].

7 Levelt Committee, Noort Committee, Drenth Committee, *Flawed science: The fraudulent research practices of social psychologist Diederik Stapel*, 28.11.2012, <www.commissielevelt.nl/wp-content/uploads _per_blog/commissielevelt/2013/01/finalreportLevelt1.pdf> [28.12.2013].

Z dokumentu tego wynika niezbicie, że Stapel dopuścił się licznych oszustw w większości swoich artykułów. Oszustwa te polegały zarówno na opisywaniu przebiegu eksperymentów, które nigdy nie miały miejsca, jak i na fałszowaniu wyników badań w eksperymentach faktycznie przeprowadzonych. Można zatem powiedzieć, że Stapel dopuścił się aż dwóch z trzech wymienionych w przypisie 1. do niniejszego opracowania przewinień: FF. Warto zastanowić się, w jaki sposób Stapelowi przez długie lata udawało się wodzić za nos całą społeczność akademicką i chodzić w glorii jednego z czołowych europejskich psychologów społecznych.

Gdyby psychologowie przywiązywali taką samą wagę do replikacji badań empirycznych — przed ich opublikowaniem — jak ich koledzy z nauk przyrodniczych[8], to można byłoby uniknąć takich kompromitujących sytuacji, jak ta, wyżej opisana. Zresztą — na co wskazał w swoim wnikliwym i krytycznym artykule na temat sprawy Stapel'a Jarosław Klebaniuk[9] — niełatwo przebić się autorom takich „wtórnych" opracowań (chyba, że mają „nośne" w środowisku nazwisko), których zamiarem byłoby negliżowanie rezultatów czyjejś (już opublikowanej, a więc i kompetentnie zrecenzowanej) pracy empirycznej. W grę wchodzi też angażowanie czasu i środków finansowych w pracę, która i tak nie przyniesie spektakularnych profitów (wysoka liczba punktów, uznanie itp.), a czasem może być odebrana jako chęć „odegrania się" na autorze „oryginalnego" studium.

> Inną sprawą domagającą się zmian są replikacje opublikowanych badań. Nie są one cenione przez redakcje czasopism, a jednym z kryteriów kwalifikacji do druku jest to, na ile prezentowane wyniki są nowe, oryginalne i przyczyniają się do rozwoju dyscypliny. Siłą rzeczy replikacje wobec tak postawionych kryteriów są mniej wartościowe, niż badania realizowane po raz pierwszy. Utrudnia to weryfikowanie wcześniejszych (m.in. Stapelowskich) rezultatów, choć jest to przecież jeden z podstawowych postulatów metody naukowej[10].

Jest jeszcze inny aspekt tzw. „sprawy Stapela". Wyjaśniając motywy swojego postępowania Stapel tłumaczył się ogromną presją środowiskową na spektakularne odkrycia i osiągnięcia. Podkreślić tu warto, że Stapel miał oryginalne pomysły teoretyczne i empiryczne. Gdyby wyniki okazywały się zgodne z jego pomysłami nie czułby pokusy ich „poprawiania" i nie doszłoby do omawianej tu afery. Stapel „poprawiał" wyniki, bo wiedział, że prawdziwych nie opublikuje mu żadne z czołowych czasopism psychologicznych. Można zatem na sprawę spojrzeć i tak, że Stapel nie czułby takiej pokusy oszukiwania, gdyby czasopisma chętnie publikowały „zerowe wyniki" (*null results*), czyli rezultaty badań, w których nie ujawnia się różnic między poziomami zmiennej zależnej w poszczególnych porównywanych warunkach. Z obiektywnego punktu widzenia takie wyniki są równie wartościowe, jak te,

---

[8] S. Sun, W. Pan, L.L. Wang, *A comprehensive review of effect size reporting and interpreting practices in academic journals in education and psychology*, „Journal of Educational Psychology" 2010, nr 102, s. 989–1004.

[9] J. Klebaniuk, *Profesor Stapel na dopingu. O upiększaniu psychologii społecznej*, „Racjonalista" 14.11.2011, <http://www.racjonalista.pl/kk.php/s,7532> [28.11.2012].

[10] J. Klebaniuk, (przyp. 9).

w których prezentuje się różnice. Redakcje czasopism uznają je jednak niemal zawsze za mało interesujące i nie warte publikowania. Warto — właśnie w kontekście owej bardzo spektakularnej (przynajmniej dla środowiska psychologów społecznych!) afery — przywołać dwie monografie (dzieli je prawie 30 lat), które nadal „rozgrzewają" przeciwników i zwolenników podejścia NHST[11] w badaniach psychologicznych (szerzej: empirycznych); mamy na myśli prace zbiorowe: Ramona Henkel i Dentona Morrisona[12] oraz Lisy Harlow, Stanleya Mulaika i Jamesa Steigera[13].

W pełni podzielamy, wspomnianą wyżej, wielce krytyczną diagnozę sytuacji w psychologii społecznej (a nie sądzimy, aby w innych jej działach było inaczej). Jak zresztą pisze, nieco ironicznie, w otwartym liście do trzech holenderskich komitetów jeden z najsłynniejszych psychologów społecznych Jeff Sherman, lista podobnych nadużyć we wszystkich niemal naukach jest długa:

> Najwyraźniej uważacie, że psychologia społeczna jest jedyną dyscypliną, która boryka się z fałszywymi danymi i niechęcią do publikowania wyników, w których nie ma różnic wyników między warunkami eksperymentalnymi. Stało się niedobrze, że nie spróbowaliście przeprowadzić dogłębnej analizy podobnych praktyk w innych obszarach, niż psychologia społeczna. Takie konkluzje jak Wasze wymagałyby bowiem porównania z tym, co jest typowe w innych obszarach nauki. […] Nie wierzę, że to jest wyjątkowy problem nauki holenderskiej, a tym bardziej nie wierzę, że to jest problem wyjątkowy dla psychologii społecznej[14].

Powstałe po aferze Stapela wrażenie, że chorobą dotknięta jest tylko psychologia społeczna, jest więc zdecydowanie mylne. Po prostu wybuch afery sprawił, że holenderscy i amerykańscy psychologowie społeczni spojrzeli nadzwyczaj krytycznie na to, co się w ich subdyscyplinie dzieje. To, że przedstawiciele innych subdyscyplin tego nie zrobili, absolutnie nie oznacza, że w innych działach psychologii sytuacja jest lepsza. A jak jest w Polsce? Przecież nikt nawet nie próbował zainteresować się, czy i w naszym kraju nie mamy rodzimych Stapelów. Pewien znany osobiście jednemu z autorów tego tekstu przypadek został dość skutecznie „zamieciony pod dywan" (choć dowody były „twarde"). Przypadki innej groźnej choroby nauki — plagiaty — wstrząsają wprawdzie czasem naszym środowiskiem, ale także przeważnie dochodzi do wyciszenia sprawy.

Do sygnalizowanych już problemów replikacji wyników i publikacji rezultatów, w których nie zanotowano różnic, jeszcze w tym tekście wrócimy. Uważamy to bowiem za sprawę fundamentalną dla współczesnej psychologii empirycznej.

---

[11] Skrót od słów: *Null Hypothesis Statistical Testing*.

[12] R.E. Henkel, D.E. Morrison (red.), *The significance test controversy*, Butterworths, Londyn 1970, *passim*.

[13] L.L. Harlow, S.A. Mulaik, J.H. Steiger (red.), *What if there were no significance tests?*, Lawrence Erlbaum Associates, Mahwah 1997, *passim*.

[14] J. Sherman, notka e-mailowa wysłana 29 listopada 2012 r. do członków Society of Experimental Social Psychology.

III. Kiedy nie wiemy, jaki sens psychologiczny mają wyniki naszych badań? — o tym, że teoria wyprzedza i czyni psychologicznie sensownym plan badania empirycznego, a badania eksperymentalne są źródłem pewniejszej wiedzy od badań korelacyjnych

To Lee J. Cronbach[15] zaproponował wyróżnienie dwóch nurtów (podejść, modeli) badawczych w psychologii: eksperymentalnego i korelacyjnego. To rozróżnienie okazało się poznawczo nośne i różne opracowania z zakresu metodologii badań psychologicznych je respektują[16]. Zanim jednak zanurzymy się w nurt eksperymentalny czy korelacyjny naszej naukowej rzeki, musimy najpierw (co jednak nie dla wszystkich jest oczywiste) odpowiedzieć sobie na pytanie: czego będzie dotyczyło nasze badanie empiryczne? W języku jakiej teorii (psychologicznej) będziemy nasz „świat" opisywać i objaśniać? Mówiąc krótko, potrzebny jest model teoretyczny pokazujący zależności między zmiennymi: zależnymi i niezależnymi. Zaznaczmy właściwą kolejność kroków, które badacz musi wykonać. Wygląda ona następująco: teoria → badanie empiryczne (eksperymentalne albo korelacyjne). O mocy eksplanacyjnej naszej dyscypliny świadczy moc zbudowanych na jej gruncie teorii. Czy mamy teorie klasy teorii Darwina (biologia) czy Einsteina (fizyka)? Nie, nie mamy. A czy z setek badań, których wyniki publikowane są na łamach chociażby „Journal of Personality and Social Psychology" (JPSP) wyłania się taka teoria? Nie, nie wyłania się. I myślimy, że jest tak dlatego, że znane i cenione w środowisku czasopisma o wysokich wartościach wskaźnika IF „żywią się" przede wszystkim wynikami badań empirycznych, które testują „malutkie" hipotezy (przez ich autorów dumnie zwane teoriami). Psychologia jest nauką empiryczną i psychologia społeczna poza kontekstem empirii niewiele miałaby do powiedzenia, a jednak uważamy, że nie można stawiać wozu przed koniem. Nie ma głębszego sensu kolekcjonowanie wyników (nawet pozyskanych w wyrafinowany metodologicznie i statystycznie sposób) wielu, wielu badań. A ta „strategia" badawcza zdominowała współczesną psychologię społeczną. Mówiąc dobitnie: „śmieci włóż i śmieci weź"[17]. A nam nie idzie o naukowe śmieci.

    W odniesieniu do psychologii (i nie tylko społecznej!) owa „śmieciowa" strategia badawcza sprowadza się do skłonienia osób badanych do wypełnienia baterii kwestionariuszy. Zwykle nie wiadomo przy tym, dlaczego akurat te, a nie inne kwestionariusze zostały wybrane. Wiele zdaje się wskazywać na to, że kluczowy był... dostęp

---

[15] L.J. Cronbach, *Dwa nurty psychologii naukowej*, [w:] *Metodologia badań psychologicznych. Wybór tekstów*, red. J. Brzeziński, Wydawnictwo Naukowe PWN, Warszawa 1957/2006, s. 21–43.

[16] Np. J. Brzeziński, *Metodologia badań psychologicznych*, Wydawnictwo Naukowe PWN, Warszawa 2012, *passim*.

[17] Por. B.M. King, E.W. Minium, *Statystyka w psychologii i pedagogice*, Wydawnictwo Naukowe PWN, Warszawa 2009, s. 357.

do nich — psycholog akurat te właśnie druki miał w szufladzie, bądź te właśnie pliki — w komputerze. Zdarza się, że badacz usiłuje jakoś uzasadnić użycie przez siebie określonego zestawu kwestionariuszy, ale nie wiadomo, czy w ten sposób nie pogrąża się jeszcze bardziej! Kolejność powinna być bowiem dokładnie odwrotna! Z określonej teorii (lub kilku, ale „kompatybilnych", teorii) psycholog powinien zbudować model hipotetycznych zależności i jeśli w testowaniu tego modelu przydatny jest pomiar pewnych zmiennych przy użyciu kwestionariuszy, to powinny być one w badaniu empirycznym użyte, a jeśli nie — nie powinny opuszczać szuflady.

Postawić można jednak bardziej fundamentalne pytanie o sens takiego właśnie (tj. kwestionariuszowego) uprawiania psychologii społecznej. Bez wątpienia, nurt taki całkowicie zdominował tę subdyscyplinę w ostatnich dekadach. Dlaczego? Jak się wydaje, powody są co najmniej dwa. Po pierwsze, użycie w badaniu dużej liczby zmiennych (co jest łatwe przy podejściu kwestionariuszowym, a trudne, czy wręcz niemożliwe przy podejściu eksperymentalnym) maksymalizuje szansę na uzyskanie jakichś zależności, które nie są „zerowe". Badacz maksymalizuje więc w ten sposób szanse na odkrycie jakiejś prawidłowości — w gąszczu cyfr znajdzie zapewne jakieś statystycznie istotne różnice, czy też „wykryje", że coś z czymś koreluje[18]. Gotowe programy komputerowe zapewnią mu też możliwość wykonania analiz mediacji, co zwiększy wrażenie profesjonalizmu. Po drugie, takie badanie zrobić można łatwo i szybko (zwłaszcza w porównaniu z czasochłonnymi zwykle badaniami eksperymentalnymi).

Do czego to jednak doprowadziło psychologię społeczną? Roy Baumeister, Kathleen Vohs i David Funder[19] już w tytule swojego artykułu dowcipnie zauważają, że stała się ona „nauką o samoopisie i ruchach palców". Od lat 70. XX wieku konsekwentnie spada zainteresowanie psychologów zachowaniem człowieka. Baumeister, Vohs i Funder pisząc swój artykuł wzięli do rąk najnowszy (wówczas — ze stycznia 2006 r.) numer JPSP — „okrętu flagowego" psychologii społecznej. Jak piszą przywołani autorzy, zobaczyli tam przykłady rygorystycznej metodologii badań, wyrafinowane analizy statystyczne, wnikliwą dyskusję wyników, dobrze osadzoną w teoriach. Redaktorzy, recenzenci, autorzy wykonali kawał dobrej roboty. Tyle że… trudno w JPSP znaleźć analizy czy opisy zachowania. A ściślej rzecz biorąc, trudno o takie zachowanie, o jakie Baumeisterowi i jego współpra-cownikom chodziło. Bo właściwie to pewne zachowania ludzi są badane, tyle że zawsze uczestnicy badań znajdują się w pozycji siedzącej. A ich zachowania polegają albo na stukaniu

---

[18] W duchu prześmiewczym pisał o takich „odkryciach", w wielokrotnie cytowanych w literaturze światowej dwóch artykułach Jacob Cohen — J. Cohen, *O tym, czego się nauczyłem (jak dotąd)*, [w:] J. *Metodologiczne i statystyczne problemy psychologii*, red. J. Brzeziński, J. Siuta, Wydawnictwo Zysk i S-ka, Poznań 1990/2006, s. 75–99; J. Cohen, *Ziemia jest okrągła (p < 0,05)*, [w:] *Metodologiczne i statystyczne problemy psychologii*, red. J. Brzeziński, J. Siuta, Wydawnictwo Zysk i S-ka, Poznań 1994/2006, s. 100–118.

[19] R.F. Baumeister, K.D. Vohs, D.C. Funder, *Psychology as the science of self-reports and finger movements. Whatever happened to actual behavior?*, „Perspectives on Psychological Science" 2007, nr 2, s. 396–403.

w klawisze komputerowej klawiatury, albo zaznaczaniu czegoś długopisem na kartce papieru. Najczęściej przy tym wspomniane „zachowanie" dotyczy opisywania samego siebie przy pomocy kwestionariuszy wręczanych osobom badanym przez psychologów. Czasem pytania dotyczą tego, co badani zrobili, zrobią lub mogliby zrobić, częściej — tego co myślą, co czują i dlaczego zrobili to, co już zrobili. Tak czy inaczej, jest to badanie introspekcyjnych zeznań dotyczących wewnętrznych stanów podmiotu. Co ciekawe, psychologowie społeczni prowadzą takie badania doskonale wiedząc, że ludzie popełniają poważne błędy zarówno w opisywaniu siebie, jaki i we wskazywaniu rzeczywistych przyczyn własnych zachowań[20]. Dlatego właśnie w swojej książce skierowanej do szerokiego audytorium Timothy Wilson[21] radził czytelnikowi, by nie polegać za bardzo na introspekcyjnej samowiedzy, ale skonfrontował jej treść z wiedzą zawartą w podręcznikach psychologii. Jest więc niezwykłym paradoksem, że owe podręczniki stają się z każdym rokiem coraz bardziej nasycone wiedzą opartą o introspekcyjne zeznania ludzi takich, jak wspomniany hipotetyczny czytelnik.

„Musimy to przełamać!" — krzyczy tytułem swego artykułu czołowy badacz altruizmu i wpływu społecznego Robert Cialdini[22]. Pisze wprost, że od wielu lat nie udało mu się opublikować w żadnym z czołowych pism psychologicznych wyników eksperymentu opartego na założeniach eksperymentów terenowych[23]. Recenzenci zawsze rekomendowali odrzucanie takich tekstów, argumentując, że Cialdiniemu nie udało się w pełni przekonująco pokazać mechanizmu psychologicznego, leżącego u podłoża stwierdzanych zależności. Rzeczywiście model eksperymentów terenowych w zasadzie bardzo utrudnia zebranie ścisłych danych o mediatorach osobowościowych. Pojawia się jednak pytanie, czy w motywacji do „wyjaśniania" psychologia społeczna nie zatraciła najważniejszego, a więc tego, co ma być wyjaśniane. Bez większej przesady powiedzieć można, że nie wyjaśniamy już zachowań. Wyjaśniamy… wyjaśnianie.

Siła psychologii jako nauki empirycznej opiera się przede wszystkim na eksperymentach. Abstrahując tu już od zasadnych uwag o badaniu „ruchów palców" pamiętać jednak zawsze należy, że eksperyment — nawet ten najbardziej wyrafinowany technicznie — nic nie znaczy, gdy oderwie się go od teorii, w języku której zdefiniowane są zmienne (zależne i niezależne) i która nadaje sens rejestrowanym przez badacza zależnościom. Znajduje to wytłumaczenie w historii psychologii, która swój naukowy los związała przed ponad stu laty z naukami przyrodniczymi — ich

---

[20] Zob. R.E. Nisbett, T.D. Wilson, *Telling more than we can know: Verbal reports on mental processes*, „Psychological Review" 1977, nr 84, s. 231–259.

[21] T.D. Wilson, *Strangers to ourselves: Discovering the adaptive unconscious*, Harvard University Press, Cambridge 2002, *passim*.

[22] R.B. Cialdini, *We have to break up*, „Perspectives on Psychological Science" 2009, nr 4, s. 5–6.

[23] Jednocześnie, Cialdini opublikował w tym czasie w czołowych czasopismach psychologicznych sporo artykułów innego typu. Teksty opisujące eksperymenty terenowe, odrzucane przez redakcje pism psychologicznych, publikował natomiast w czołowych pismach… marketingowych.

podejściem do prowadzenia badań naukowych. Przypomnijmy, że istotą poznania (badania) naukowego, w odróżnieniu od poznania szamańskiego czy psychoanalitycznego, jest jego intersubiektywność i powtarzalność. Te zaś atrybuty badania naukowego najlepiej są osiągane, gdy badania mają charakter kontrolowanego eksperymentu — laboratoryjnego czy terenowego.

Współczesne technologie informatyczne dają praktycznie nieograniczone możliwości gromadzenia danych surowych i porównywania ich między sobą. Pozwoliłoby to z łatwością zauważyć każdemu, kto do takich zasobów chciałby sięgnąć, że pewne odkrycia nie znajdują potwierdzenia w badaniach innych psychologów, a zatem nie mogą mieć one statusu uniwersalnych prawidłowości naukowych. Oczywiście to, że ktoś uzyskał wyniki inne niż pozostali badacze nie może być samo w sobie dowodem na to, że jest oszustem. Mógł robić badania w innej kulturze, w zupełnie innym czasie, na innej populacji. Bywa też, że drobny, zdawałoby się, szczegół procedury eksperymentalnej może przesądzać o zupełnie odmiennych wzorcach wyników. Wyniki „inne” nie są więc same w sobie gorsze, muszą jednak wzbudzać głęboką refleksję nad przyczynami swojej odmienności.

Inny poważny problem polega też na tym, że psychologowie nawet jeśli omawiają jakieś badania, to … zwykle wybierają z nich jedynie fragment (oczywiście ten najbardziej spektakularny). Przykładem może być tu klasyczny eksperyment Solomona Ascha[24]. Jak powszechnie wiadomo, badacz ten pokazywał grupie liczącej osiem osób kolejno najróżniejsze plansze z trzema odcinkami, różniącymi się długością oraz odcinek „wzorcowy”. Sytuację eksperymentalną tak opisał sam Asch: „Grupa składająca się z ośmiu osób miała za zadanie oceniać kilka prostych relacji zachodzących pomiędzy bodźcami wzrokowymi, czyli dopasować długość określonej linii do jednej z trzech innych linii o niejednakowej długości”[25]. W grupie pytanych osób tylko jedna była *de facto* badaną, a pozostałe były współpracownikami eksperymentatora. W wielu przypadkach współpracownicy podawali błędną odpowiedź, a Ascha interesowało to, jak w takim przypadku zachowa się osoba badana. Okazało się, że 76% osób badanych przynajmniej raz powtórzyło opinię wyrażoną wcześniej przez innych. Podkreślmy: raz! Raz na wiele prób! 24% osób nie uległo presji grupy ani razu, a tylko 5% ulegało we wszystkich próbach. Skłoniło to Ascha do konstatacji, że wyniki te są dowodem na niezależność sądów człowieka w warunkach wyraźnej presji na ich unifikację! Taka konstatacja jest jednak mało spektakularna. Eksperyment Ascha jest więc na ogół przez psychologów społecznych prezentowany fałszywie. Mówi się więc tylko o tym, że większość osób uległa presji grupy, przemilczając to, że owa większość uległa tylko raz! W dodatku ilustrując ten efekt przedstawia się często w podręcznikach planszę, w której bardzo wyraźnie

---

[24] S.E. Asch, *Effects of group pressure upon the modification distortion of judgments*, [w:] *Group, leadership and men*, red. H. Guetzkow, Carnegie Press, Pittsburgh 1951, s. 177–190; także polskie tłumaczenie: S. Asch, *Wpływ nacisku grupy na zmianę i zniekształcanie sądów*, [w:] *Konteksty ludzkich zachowań*, red. J. Siuta, Wydawnictwo UJ, Kraków 2001, s. 17–30.

[25] S.E. Asch, *Wpływ nacisku grupy na zmianę i zniekształcanie sądów*, (przyp. 24), s. 18.

widać, który z trzech odcinków jest najbardziej podobny do wzorcowego. Tymczasem w takich warunkach uczcstnicy eksperymentu Ascha niemal nigdy nie ulegali presji grupy.

Casus eksperymentu Ascha pokazuje także, że nawet jeśli replikacje są przeprowadzane i publikowane (bo tak było w przypadku tego badania), to i tak przywiązuje się do nich mniejsze znaczenie, niż do badania oryginalnego. Tymczasem w większości badań replikacyjnych stwierdzano mniejszą skłonność osób badanych do ulegania presji grupy niż zanotowana przez Ascha[26]. O tym fakcie wspomina się jednak nadzwyczaj rzadko.

Co zatem powinniśmy robić? Tylko jedno, ale za to jak ważne — musimy budować teorię i jej empirycznej ocenie podporządkować badania. Badania w psychologii (nie tylko społecznej, rzecz jasna) muszą być na służbie teorii psychologicznej. I dlatego w pełni zgadzamy się z tym, co powiedział Frank L. Schmidt współautor podstawowego dzieła na temat metaanalizy: „Methods of meta-analysis. Correcting error and bias in research findings"[27], po którą tak chętnie teraz (ale nie w Polsce!) psychologowie sięgają:

> Głównym celem każdej dyscypliny naukowej jest rozwijanie teorii. Dobra teoria jest po prostu dobrym wyjaśnieniem procesów, które faktycznie zachodzą w zjawisku. [...] teorie są przyczynowymi wyjaśnieniami. Celem każdej dyscypliny naukowej jest wyjaśnienie, a wyjaśnienia zawsze są przyczynowe[28].

IV. Jak ustrzec się przed nowymi „Diederikami Stapelami"? — o niedocenianiu zasady intersubiektywności Kazimierza Ajdukiewicza, niezbędności replikacji i konieczności ujawniania wyników

Wróćmy na chwilę do niechlubnej sprawy Stapela i zadajmy pytanie, na które musi znaleźć się trafna odpowiedź, aby społeczność psychologów (a szerzej, społeczeństwo) nie straciła zaufania do prezentowanych na łamach czasopism wyników badań naukowych przeprowadzanych przez psychologów (rzecz jasna nie tylko społecznych!). Pytanie brzmi: Jak skutecznie przeciwdziałać (zapobiegać) występowaniu oszustw naukowych (przewinieniom FF — zmyślaniu i fałszowaniu danych)? Naszym zdaniem można odwołać się do dwóch procedur kontrolnych: przeprowadzenie replikacji oryginalnego badania oraz przeprowadzenie ponownej analizy danych pochodzących z oryginalnego badania.

---

[26] Zob. R. Friend, Y. Rafferty, D. Bramel, *A puzzling misinterpretation of the Asch conformity study*, „European Journal of Social Psychology" 1990, nr 20, s. 29–44.

[27] J.E. Hunter, F.L. Schmidt, *Correcting error and bias in research findings*, Sage Publications, Newbury Park 1990, *passim*.

[28] F.L. Schmidt, *Co naprawdę oznaczają dane? Wyniki badawcze, metaanaliza i wiedza kumulatywna w psychologii*, „Czasopismo Psychologiczne" 1995, nr 1–2, s. 25.

1. Replikacje

Jak to wyraźnie uwypuklił jeden z najwybitniejszych przedstawicieli Szkoły Lwowsko-Warszawskiej, filozof i logik Kazimierz Ajdukiewicz, tym co pozwala odróżniać poznanie naukowe od poznania nienaukowego, co pozwala odróżniać badania prowadzone przez np. profesjonalnego psychologa społecznego od badania imitującego takie, prowadzonego przez amatora, szarlatana czy oszusta (jakim był np. Stapel) jest to, że badanie naukowe cechuje intersubiektywność, o której mówi sformułowana przez Ajdukiewicza „słabsza zasada racjonalności — zasada intersubiektywności". Pisał bowiem Ajdukiewicz:

> Poznaniem naukowym jest tylko taka treść myślowa, która, po pierwsze — daje się drugiemu zakomunikować w słowach rozumianych dosłownie, tj. bez przenośni, porównań i innych półśrodków przekazywania myśli. Po drugie — do tytułu poznania naukowego rościć sobie może pretensje tylko takie twierdzenie, o którego słuszności lub niesłuszności może się w zasadzie przekonać każdy, jeśli się tylko znajdzie w odpowiednich warunkach zewnętrznych. Słowem, poznanie naukowe jest poznaniem intersubiektywnie komunikowalnym i intersubiektywnie kontrolowalnym[29].

Odwołajmy się jeszcze do autorów znanego, wydanego też w Polsce, podręcznika metodologii nauk społecznych Chavy Frankfort-Nachmias i Davida Nachmiasa:

> Być intersubiektywnym oznacza, że wiedza (ogólnie) i metodologia nauk (szczególnie) muszą być komunikowalne. Zatem, jeżeli jeden naukowiec prowadzi badania, to inny może je powtórzyć i porównać ze sobą dwa zbiory wyników. Jeżeli zastosowano prawidłową metodologię i (co zakładamy) warunki, w jakich przeprowadzono badanie, czy zdarzenia, jakie nastąpiły, nie uległy zmianie, to mamy prawo oczekiwać podobnych wyników. Warunki mogą się zmienić i wtedy pojawiają się nowe okoliczności. Istotność intersubiektywności tkwi jednak w zdolności naukowców do rozumienia i oceniania metod innych oraz do prowadzenia podobnych obserwacji w celu potwierdzenia faktów i wniosków empirycznych. [...] Pytanie o charakterze metodologicznym jest zawsze ograniczone do pytania, czy otrzymane wyniki obserwacji mogą być wykorzystane w kolejnych badaniach, nawet gdy konkretny obserwator przestał być dalej częścią kontekstu[30].

W podobnym duchu wypowiada się też Jerzy Brzeziński[31]. Bogdan Wojciszke[32], autor jedynego polskiego opracowania na temat replikacji, pisał, że ta ważna metodologiczna procedura z trudem przebija się do świadomości metodologicznej psychologów. Podaje taki oto przykład. W latach sześćdziesiątych ubiegłego wieku czasopismo nr 1 w psychologii społecznej i osobowości, JPSP, publikowało zaledwie 10% artykułów, które zawierały omówienie wyników więcej aniżeli jednego

---

[29] K. Ajdukiewicz, *Zagadnienia i kierunki filozofii. Teoria poznania. Metafizyka*, Czytelnik, Warszawa 1949/1983, s. 71.

[30] Ch. Frankfort-Nachmias, D. Nachmias, *Metody badawcze w naukach społecznych*, Wydawnictwo Zysk i S-ka, Poznań 2001, s. 31–32.

[31] J. Brzeziński, (przyp. 16), *passim*.

[32] B. Wojciszke, *Systematycznie Modyfikowane Autoreplikacje: logika programu badań empirycznych w psychologii*, [w:] *Metodologia badań społecznych. Wybór tekstów*, red. J. Brzeziński, Wydawnictwo Naukowe PWN, Warszawa 2011, s. 19–54.

badania empirycznego. W latach siedemdziesiątych takich artykułów było już 20%, a w latach dziewięćdzicsiątych ta liczba podniosła się do około 50%. Podzielamy jego opinię, iż:

> Przed kilkudziesięciu laty jedno badanie wystarczało do przekonania społeczności naukowej o istnieniu jakiejś prawidłowości, współcześnie potrzeba dwukrotnie więcej badań, a więc całego programu badawczego. Jednokrotne uzyskanie jakiegoś wyniku nie wystarcza już do uznania go za wiarygodny, co jest konsekwencją rozprzestrzeniania się wśród badaczy wiedzy o ułomności pojedynczego badania empirycznego. A także wiedzy o charakterze prawidłowości rządzących ludzką psychiką. Wiarygodny jest wynik powtórzony kilkakrotnie w ramach programu badawczego skonstruowanego na zasadzie systematycznie modyfikowanych autoreplikacji, która to zasada coraz wyraźniej staje się regułą obowiązującą współczesnego psychologa empiryka[33].

Autoreplikacje — o których pisze Wojciszke — rozwiązują jedynie problem przypadkowego uzyskania jakiegoś wyniku. Wyniku, który jest artefaktem powstałym z niechlujstwa pomiarowego, specyfiki próby, braku kontroli zmiennych ubocznych i zakłócających, efektów interakcji: badacz – osoba badana (zmienne sugerujące hipotezę badawczą, lęk przed oceną), statusu motywacyjnego osoby badanej, efektu oczekiwań interpersonalnych itp. Tak naprawdę, to — biorąc pod uwagę cel naszego artykułu — interesująca jest tylko realizacja pierwszego z siedmiu celów, które służą: „[…] wykazaniu rzetelności (powtarzalności) podstawowego efektu"[34]. Nie zabezpieczają jednak przed wykroczeniami FF. Aby się przed nimi chronić niezbędne są zewnętrzne, przeprowadzone przez innych badaczy replikacje. Jak jednak poucza nas przykład oszustwa Stapela, niełatwo przebić się na łamy poczytnych czasopism naukowych, o wysokich wartościach wskaźnika IF. Trzeba się tedy zgodzić — i posypać psychologiczne głowy popiołem — z tym co napisali Shuyan Sun, Wei Pan i Lihshing L. Wang[35], że gdyby psychologowie przywiązywali taką samą wagę do replikacji badań empirycznych — przed ich opublikowaniem — jak ich koledzy z nauk przyrodniczych, to być może mielibyśmy znacznie mniej Stapelów (bo niewątpliwie są inni jemu podobni, tylko my ich jeszcze nie „odkryliśmy"). W każdym bądź razie należałoby rekomendować następującą dyrektywę metodologiczną (tworzącą swoisty filtr antyartefaktowy): redakcje czasopism powinny wymagać od autorów artykułów, aby wnioski badawcze wyprowadzili z co najmniej dwóch badań empirycznych (autoreplikacje), a zbyt „ładne" wyniki powinny być potwierdzane w niezależnych badaniach (replikacje). Ta druga część dyrektywy wymaga jednak zmiany nawyków redakcyjnych, gdyż to właśnie niechęć redaktorów do publikowania wyników badań replikacyjnych stała za „sukcesem naukowym" Stapela.

---

[33] B. Wojciszke, (przyp. 32), s. 20.

[34] B. Wojciszke, (przyp. 32), s. 20.

[35] „In social science research, replication has not been given as much attention as in the natural science. […] The generalizability of a single study is very limited when nonrandom sampling, inadequate sample size, common internal and external threats to validity, and possible violation of statistical assumptions are considered" — S. Sun, W. Pan, L.L. Wang, (przyp. 8), s. 992.

2. Ponowna analiza danych

Jelite M. Wicherts[36], komentując na łamach prestiżowego „Nature" owe bulwersujące zdarzenia, napisał: „To scientists in other fields, not sharing data may seem extraordinary; to psychologists it is sadly common practice". Wyjściem z tej trudnej sytuacji mogłaby być ponowna analiza danych, które badacze udostępnialiby w celu ich reanalizy. Jednakże nie wszyscy psychologowie podpisaliby się pod tym pomysłem. Dlaczego?

Zebranie danych empirycznych jest często rzeczą praco- i czasochłonną, ale też i kosztowną, a niekiedy bardzo kosztowną. Ktoś musiałby przecież za te badania zapłacić. Badacz gromadzi je po to, by przeprowadzić ich analizy statystyczne i zaprezentować je w swoim referacie, artykule, czy książce. Ktoś, kto miałby dostęp do takich danych nie musiałby już się trudzić robieniem badań. Siadałby sobie przy komputerze i robiąc analizy innego rodzaju uzyskiwałby gotowy materiał do swojego referatu, artykułu, czy książki. Asymetria nakładu pracy tego, kto dane zgromadził i tego, kto je tylko wykorzystał jest rzeczą oczywistą. Rozumiemy więc zasadność argumentów tych naszych kolegów i koleżanek, którzy nie są zachwyceni pomysłem powszechnego dostępu do danych surowych. Uważamy wszakże, że warto zgodzić się na ryzyko, że ktoś niewielkim nakładem pracy (bo bez samodzielnego prowadzenia badań) osiągnie w nauce taki sam, a być może nawet większy, sukces, niż autor badań. Temu ostatniemu pozostałby wszakże wymierny zysk, wynikający z tego, że byłby zacytowany w pracy osoby korzystającej z bazy danych surowych (oczywiście nie wyobrażamy sobie, aby można było wykorzystać tego typu dane bez powołania się na badacza, który je zgromadził). Psychologia wiele zyskała przyjmując metodologię badań nauk przyrodniczych. Bądźmy więc konsekwentni: przyjmijmy też od przyrodników zwyczaj powszechnego udostępniania danych surowych.

V. Dlaczego Robert Rosenthal miał rację, gdy pisał: „efektem złej nauki jest zła etyka"? — podsumowanie

Robert Rosenthal napisał:

> [...] efektem złej nauki jest zła etyka [...] Etyczne uzasadnienie przeprowadzania jakichkolwiek badań jest tym mniejsze im gorsza jest jakość wykorzystanych w nich planów badawczych, im gorsza jest jakość przeprowadzonej analizy wyników i im gorszy jest sposób przedstawienia rezultatów badań[37].

Kontynuując jego myśl powiemy, że także zła etyka prowadzi do złej nauki. Niestety, nie kładąc nacisku na należyte przygotowanie metodologiczne, na refleksję

---

[36] J.M. Wicherts, *Psychology must learn a lesson from fraud case*, „Nature" 30.11.2011, <www.nature.com/news/psychology-must-learn-a-lesson-from-fraud-case-1.9513#auth-1> [28.11.2012].

[37] R. Rosenthal, *Nauka a etyka w przeprowadzaniu badań psychologicznych oraz analizowaniu i przedstawianiu ich wyników*, „Czasopismo Psychologiczne" 1996, nr 2, s. 39.

teoretyczną, wyrabianie nawyku krytycznego czytania (wszak nie wszystko, co ma w tytule słowo „psychologia" powinno być do niej przypisane — *vide* „harlekiny" psychologiczne) w pierwszej kolejności u studentów przygotowujących prace magisterskie (wszak naszą powinnością jest też nauczanie i formowanie studentów), a potem doktorantów opracowujących program badań do pracy doktorskiej, nie tylko współuczestniczymy w naruszaniu przez przyszłych magistrów i doktorów zasad etycznych, ale jeszcze, nieświadomie, utwierdzamy ich w tym, że postępują dobrze (przecież wzorują się na naszym postępowaniu). Zła etyka to także lenistwo polegające na nieczytaniu najnowszych artykułów i książek — niepowiększanie swojej wiedzy „na bieżąco".

Oczywiście największym wykroczeniem przeciw etyce są przewinienia FFP. W naszym tekście koncentrowaliśmy się na przewinieniach FF, to jest na fabrykowaniu i fałszowaniu danych empirycznych, ale oczywiście także plagiatowanie jest częstym i poważnym grzechem nauki. O ile jednak plagiatowanie jest bez wątpienia wykroczeniem etycznym (a także, o czym trzeba pamiętać, prawnym) wymagającym bezwzględnego napiętnowania, to nie wprowadza ono do obszaru nauki artefaktów, wynikających z fabrykowania i fałszowania danych. W tych ostatnich przypadkach świat nauki dowiaduje się przecież o prawidłowościach, które *de facto* nie mają miejsca. Kłamstwa takie są zaś następnie w dobrej wierze powielane przez innych badaczy, którzy powołują się na nie w swoich artykułach czy książkach. Na takich kłamliwych danych opierają się też teorie, z których z kolei inni psychologowie czerpią hipotezy dla swoich badań. I często nie mogą zrozumieć, dlaczego te hipotezy nie chcą się w ich badaniach potwierdzić. Ponieważ sami są uczciwi, nawet nie dopuszczają myśli, że ktoś po prostu wymyślił sobie wynik, na którym oni teraz się opierają. Zła etyka to nie tylko zatem wprowadzanie fałszu do nauki i psucie jej w ten bezpośredni sposób. Zła etyka związana z FF to także krzywdzenie uczciwych badaczy z całego świata, którzy tracą czas i energię, dlatego że ktoś wprowadził ich w błąd.

Jerzy Marian Brzeziński, Dariusz Doliński

On active prevention of misconduct in science in the context of the research practices of social psychologists

Research misconduct occurs when a researcher fabricates (i.e. makes up data or results), falsifies (i.e. manipulates research materials, equipment or processes), or plagiarizes information or ideas within a research report. The misconduct must be committed intentionally, and the allegation must be proven by sufficient evidence. The consequences of research misconduct are considerable and disastrous. It can irreparably erode trust among scientists and between researchers and funding agencies, which may make it more difficult for colleagues at the same institution to receive grants. Research misconduct can also cause the public to lose confidence in the research results. A very important element in the fight against research misconduct is the replication study. Researchers should replicate the studies conducted by other researchers, and journals should not have to defend themselves for publishing articles presenting such research, including instances when such studies do not support previously published results. Institutions in Poland should have a procedure in place to investigate and report findings of misconduct and to protect both whistleblowers and the accused until a determination is made.

Józef Drabowicz

Chemia i jakość życia: krótki komentarz laika

I. Wprowadzenie

Wyczuwane intuicyjnie pojęcie „jakość życia" jest nierozerwalnie związane z rozwojem ludzkości. Od zarania dziejów kolejne generacje podejmowały próby poprawy materialnych warunków codziennego bytowania, poszerzając stopniowo — początkowo bardzo ograniczone — wymagania o charakterze materialnym. Te starania o wzrost materialnego dobrobytu były od samego początku uzupełniane o zabiegi, które obecnie możemy zakwalifikować do grupy społecznych i psychologicznych aspektów „jakości życia" (choć w początkowym okresie zabiegi te miały zapewne nieuświadomiony do końca charakter). Pierwsze medyczno-filozoficzne definicje tego pojęcia można znaleźć dopiero w rozważaniach Hipokratesa i Arystotelesa, którzy próbowali określić, co jest fundamentem satysfakcjonującego życia. Dla pierwszego z nich „życie szczęśliwe wyrażać się miało poprzez stan wewnętrznej równowagi"[1]. Dla Arystotelesa natomiast najważniejszym celem miało być „dążenie do eudajmonii, a zatem możliwie najwyższego osiągalnego dobra, które miało być gwarancją szczęścia"[2]. W późniejszych wiekach zarówno filozofowie chrześcijańscy, jak i ci wywodzący się ze Wschodu, próbowali określać w swoich rozważaniach najistotniejsze jednostkowe cele, których realizowanie prowadzić miało do satysfakcjonującego życia, bardzo często proponując zarazem wskazówki umożliwiające osiągnięcie założonego celu.

Artykuł ma przede wszystkim charakter publicystyczny i stanowi próbę włączenia się przedstawiciela nauk ścisłych w dyskusję na temat jakości życia w szerokim rozumieniu tego pojęcia.

[1] J. Trzebiatowski, *Jakość życia w perspektywie nauk społecznych i medycznych — systematyzacja ujęć definicyjnych*, „Hygeia Public Health" 2011, nr 1, s. 25–31.

[2] J. Trzebiatowski, (przyp. 1), s. 26.

II. Jakość życia — definicja laika

Dzisiaj w literaturze przedmiotu spotykamy liczne definicje jakości życia wynikające z wielopoziomowości tego pojęcia. Dowodzi tego między innymi definicja jakości życia sformułowana w oficjalnych dokumentach Światowej Organizacji Zdrowia (WHO), zgodnie z którą jest to „spostrzeganie przez jednostkę jej pozycji w życiu w kontekście kultury i systemów wartości w jakich żyje oraz w relacji do jej celów, oczekiwań, standardów i zainteresowań"[3]. Tak sformułowaną definicję można uznać za próbę uogólnienia definicji formułowanych przez przedstawicieli poszczególnych nauk (socjologii, psychologii, pedagogiki, medycyny). Skrócona ankieta[4] oceniająca jakość życia, przygotowana przez WHO, zawierająca 26 pytań, oparta jest na analizie sześciu podstawowych wymiarów dotyczących tego zagadnienia. Stanowią je: a) wymiar fizyczny, b) wymiar psychologiczny, c) niezależność, d) relacje społeczne, e) środowisko, f) wymiar duchowy. Tak zredagowana ankieta pragnie uwzględnić w trakcie oceny wszystkie zjawiska, zarówno w wymiarze psychologicznym, medycznym, pedagogicznym, jak i socjologicznym, które są związane z oceną funkcjonowania człowieka we współczesnym społeczeństwie. Warto w tym miejscu zauważyć, że wśród licznych opracowań poświęconych problematyce pomiaru i poczucia jakości życia znajduje się monograficzne opracowanie współredagowane przez Jubilata[5].

Analizując jako laik definicje jakości życia sformułowane przez przedstawicieli nauk społecznych i medycznych[6], można w nich zauważyć elementy o charakterze materialnym i psychologiczno-socjalnym. Przeglądając literaturę poświęconą tej tematyce znalazłem również propozycję przygotowywaną przez „The Economist Intelligence Unit", zgodnie z którą jakość życia jest determinowana przez odpowiedni balans 9 czynników[7], dla których zaproponowano indykatory stwarzające możliwość ich ilościowego określenia. Zgodnie z tą propozycją „jakość życia" jest funkcją:

— materialnego dobrobytu — czynnik ten jest określany poprzez wartość produktu narodowego brutto (Gross National Product, GNP) na jednego mieszkańca wyrażoną w dolarach amerykańskich;
— zdrowia — ten czynnik jest określany poprzez spodziewaną w momencie urodzenia długość życia;

---

3 <www.gabinetzdrowia.net.pl/definicja-zdrowia-i-jakosci-zycia-wg-who.php> [28.12.2013].
4 Polskie tłumaczenie dostępne na stronie <www.who.int/substance_abuse/research_tools/en/polish_whoqol.pdf> [28.12.2013].
5 R. Derbis, A. Bańka (red.), *Pomiar i poczucie jakości życia u aktywnych zawodowo i bezrobotnych*, Wydawnictwo UAM i WSP, Poznań – Częstochowa 1995, *passim*.
6 Wyczerpujące zestawienie tych definicji znaleźć można we wspomnianym powyżej opracowaniu J. Trzebiatowskiego, (przyp. 1), s. 26–28.
7 Te dziewięć czynników można w racjonalny sposób próbować powiązać z sześcioma podstawowymi wymiarami ze wspomnianej powyżej skróconej ankiety oceniającej jakość życia przygotowanej przez WHO.

— politycznej stabilności i bezpieczeństwa — ten czynnik jest określany poprzez listę rankingową państw sporządzaną przez różnego rodzaju instytucje monitorujące prawa człowieka (w analizowanym przypadku przez „The Economist Intelligence Unit");

— życia rodzinnego — ten czynnik jest określany poprzez liczbę rozwodów na 1000 mieszkańców (przy założeniu, że wartość 1 odpowiada najniższej liczbie rozwodów, a wartość 5 najwyższej liczbie rozwodów);

— życia społecznego — ten czynnik to zmienna zero-jedynkowa przyjmująca wartość jeden dla państw z wysoką liczbą osób uczestniczących regularnie w praktykach religijnych lub wysoką liczbą członków związków zawodowych; w pozostałych przypadkach ta zmienna przyjmuje wartość zero;

— klimatu i geografii — ten czynnik jest określany poprzez szerokość geograficzną terytorium, która pozwala na podział na kraje z ciepłym i zimnym klimatem;

— pewności zatrudnienia — ten czynnik jest określany poprzez stopę bezrobocia;

— wolności politycznej — ten czynnik jest określany poprzez tzw. indykator wolności politycznych i obywatelskich w skali od 1 (pełna wolność) do 7 (całkowity brak wolności);

— równości płci — ten czynnik jest określany poprzez stosunek średnich zarobków mężczyzn i kobiet.

III. Materialny komponent jakości życia

Jest rzeczą oczywistą, że komponent materialny, którego podstawową miarą jest czynnik numer jeden z powyżej przedstawionej listy, odgrywa bardzo istotną, jeżeli nie podstawową, rolę we wzroście jakości życia, stwarzając materialne podstawy do włączania pozostałych czynników, które można określić jako czynniki o „charakterze psychologiczno-socjalnym". Analizując możliwości realizacji materialnego komponentu jakości życia należy zauważyć, że w wymiarze globalnym są one w bardzo istotnym stopniu ograniczone przez istniejące od zarania cywilizacji i rosnące coraz szybciej w ostatnich latach rozwarstwienie materialne. Najbardziej wymownie zjawisko to jest charakteryzowane przez fakt, że w chwili obecnej 2% populacji skupia 50% bogactwa zgromadzonego na naszej planecie, a 50% ludzkości ma do dyspozycji zaledwie jego 1%. To zjawisko będzie prawdopodobnie jeszcze ulegało pogłębieniu biorąc pod uwagę zaobserwowane trendy w zmianach demograficznych. Światowa populacja licząca obecnie około 7 miliardów ulega powiększeniu o kolejny miliard w przybliżeniu co 14 lat. Ale ten ogromny ilościowy przyrost koncentruje się w krajach o niskiej albo bardzo niskiej produktywności globalnej (bardzo niskie wskaźniki produktu narodowego brutto). Tak więc rosnąca populacja będzie miała do dyspozycji relatywnie coraz mniejszy udział w gromadzonych zasobach materialnych ludzkości, przy rosnącym rozwarstwieniu dochodów w poszczególnych krajach. Rodzi się więc pytanie, czy pomimo coraz bardziej widocznej synchronizacji istniejących systemów ekonomicznych i globalizacji procesów produkcyjnych oraz towarzyszącej tym procesom globalizacji wymiany handlowej, uda się zahamować rosnące nierówności społeczne i pomóc rozwiązać istniejący w chwili obecnej w 40 krajach kryzys żywnościowy, a tym samym ograniczyć miliardową liczbę osób regularnie głodujących i dziesięciomilionową rzeszę dzieci umierających z głodu i braku dostępu do wody. Analizując te dane statystyczne musimy pamiętać, że nadal jedna trzecia populacji przygotowuje swoje posiłki wykorzystując drewno jako opał.

IV. Nauki ścisłe i medyczne a jakość życia

Obserwowany od połowy XIX wieku istotny, ale bardzo nierównomiernie rozłożony (z geograficznego punktu widzenia) wzrost jakości życia kolejnych generacji (który od połowy XX wieku stał się w niektórych obszarach wzrostem bardzo szybkim), jest konsekwencją gwałtownego rozwoju nauk ścisłych i medycznych. Jako chemik z wykształcenia chcę zwrócić uwagę na bardzo istotną rolę, jaką w tym wzroście odegrała i odgrywa chemia, która umożliwia coraz pełniejsze zaspakajanie szeregu potrzeb o charakterze materialnym, niezwykle istotnych do zapewnienia wzrostu jakości życia. Po pierwsze wzrost ten w ewidentny sposób powiązany jest z postępem w ochronie zdrowia, ponieważ ten czynnik otwiera listę czynników o charakterze psychologiczno-socjalnym. Analizując tabele zestawiające rosnącą prognozowaną długość życia, można łatwo zauważyć korelację pomiędzy tym wzrostem a kolejnymi osiągnięciami chemii organicznej (w szczególności chemii medycznej), które pozwoliły na wprowadzenie do lecznictwa kolejnych generacji chemoterapeutyków (aspiryna, sulfonamidy, antybiotyki, leki onkologiczne, leki stosowane w chorobach układów: krążenia i gastrycznego, różnego typu szczepionki). Ich wykorzystanie pozwoliło na ograniczenie umieralności noworodków i zwiększenie długości życia człowieka jako efekt istotnego postępu w leczeniu chorób, które wcześniej zaliczane były do całkowicie (lub praktycznie) nieuleczalnych. Tę zależność pragnę zilustrować poniżej, ukazując historię odkryć i wykorzystania w lecznictwie trzech pierwszych farmaceutyków wspomnianych powyżej.

Pierwszy komentarz jest związany z dostępnym obecnie, bardzo często bez recepty, lekiem znanym na całym świecie jako „aspiryna". Substancją czynną odpowiedzialną za lecznicze właściwości aspiryny jest strukturalnie bardzo prosty (w porównaniu z większością wprowadzanych obecnie do lecznictwa substancji leczniczych) kwas acetylosalicylowy. Ta należąca do rodzinny salicylanów substancja chemiczna wykazuje niezwykle szeroką aktywność biologiczną, która stwarza możliwość wykorzystania aspiryny i jej pochodnych w leczeniu szeregu schorzeń i/lub ich zapobieganiu. Warto w tym miejscu zauważyć, że leki zawierające salicylany, sporządzane z wierzby i innych roślin, już w czasach Sumerów (około 2000 rok p.n.e.) były częścią tego, co dzisiaj nazywamy „spisem leków". Natomiast pierwsza wzmianka dokładnie opisująca używanie wierzby i innych roślin bogatych w salicylany w dolegliwościach, które mogły być łagodzone dzięki zawartym w nich substancjom pochodzi z egipskiego tekstu medycznego z około 1543 roku p.n.e. Specyfiki lecznicze oparte o ekstrakty z kory wierzby były często wykorzystywane przez medycynę Wschodu poczynając od V wieku p.n.e. W czasach rzymskich (około 30 rok n.e.) sugestie wykorzystania wyciągu z liści wierzby do leczenia czterech objawów zapalenia: zaczerwienień, gorączki, opuchnięć i bólów, znalazły się w ówczesnej „Farmakopei".

Historia odkrycia aspiryny, jako jednego z pierwszych produkowanych na skalę przemysłową chemoterapeutyków i substancji o w pełni zdefiniowanej strukturze chemicznej, ma bardzo interesujący, z punktu widzenia społecznych relacji, wymiar osobowy. Otóż za odkrywcę aspiryny powszechnie uważa się niemieckiego chemika Felixa Hoffmana, który próbując w roku 1897 ograniczyć bóle artretyczne, na jakie cierpiał jego ojciec, podał mu jako potencjalny środek uśmierzający kwas acetylosalicylowy, który zsyntetyzował cztery lata wcześniej pracując jako chemik w firmie Bayer Company. Podany związek chemiczny okazał się bardzo skutecznym środkiem obniżającym ojcowski ból i tym samym synowska troskliwość doprowadziła do odkrycia pierwszego bardzo skutecznego leku przeciwbólowego. Kiedy w 1899 r. wykazano ponadto, że kwas acetylosalicylowy ma właściwości przeciwgorączkowe i opisano praktyczny sposób jego wykorzystania w łagodzeniu bólu, firma Bayer Company zgłasza do rejestracji w Cesarskim Biurze Patentowym w Berlinie „Aspirynę" jako znak towarowy. Rok później „Aspiryna" jako lek zostaje opatentowana w Stanach Zjednoczonych. W roku 1899 firma Bayer Company rozpoczyna wydawanie nowo opatentowanego leku lekarzom, by stosowali go u swoich pacjentów. Aspiryna staje się niezwykle popularna tak w Europie, jak i w Stanach Zjednoczonych, gdzie jest najlepiej sprzedawanym lekiem przed pierwszą wojną światową.

Należy zwrócić uwagę na bardzo krótki czas, jaki upłynął pomiędzy momentem otrzymania kwasu acetylosalicylowego w laboratorium przez Felixa Hoffmana i podania go ojcu, a datą wprowadzenia do obrotu „Aspiryny" jako leku po obu stronach Atlantyku. Obecnie, od procesu odkrycia do chwili wprowadzenia do praktyki lekarskiej nowej substancji leczniczej upływa z reguły ponad 10 lat badań laboratoryjno-klinicznych. Bardzo szybko „Aspiryna" wykazała swoje znakomite lecznicze działanie, obniżając w istotnym stopniu ogromną liczbę śmiertelnych ofiar epidemii grypy, jaka przetoczyła się przez Europę w latach 1918–1919 (tzw. hiszpanka) i dotarła do najdalszych zakątków globu, zabijając ponad 100 milionów ludzi. W Ameryce Południowej zużyto wówczas ponad 330 milionów tabletek. W kolejnych latach pomiędzy pierwszą i drugą wojną światową oraz po roku 1945 aspiryna należała, i nadal należy, do najlepiej sprzedawanych farmaceutyków, pomimo pojawiania się kolejnych konkurencyjnych leków o działaniu przeciwbólowym i przeciwgorączkowym, w szczególności „Paracetamolu" i leków pochodnych, w których rolę substancji czynnej pełni inna substancja organiczna o bardzo prostej architekturze molekularnej, jaką jest N-(4-hydroksyfenylo)acetamid[8]. O tym fakcie zdecydowały w głównej mierze inne lecznicze właściwości kwasu acetylosalicowego. Wykazano między innymi, że przynajmniej u części populacji regularne zażywanie

---

[8] Warto zauważyć, że kwas acetylosalicylowy i N-(4-hydroksyfenylo)acetamid zawierają w swoich strukturach podobne ugrupowania chemiczne (sfunkcjonalizowany fenol i grupę acylową).

aspiryny może obniżyć w znacznym stopniu ryzyko ataku serca i udarów. W rezultacie tych badań dla osób po zabiegach koronarografii i wszczepienia by-passów sformułowane zostało zalecenie regularnego stosowania aspiryny jako elementu procesu rehabilitacji bezpośrednio po zabiegu chirurgicznym i w dalszym leczeniu pozabiegowym. Pojawiały się również publikacje wskazujące na możliwości jej prewencyjnego działania w przypadkach niektórych schorzeń onkologicznych. Z tego powodu, pomimo pojawiających się coraz częściej informacji o niekorzystnych ubocznych skutkach obserwowanych u osób stosujących regularnie aspirynę, jej światowa produkcja utrzymuję się ciągle na poziomie 40 000 ton na rok.

Drugą grupę farmaceutyków, które doprowadziły do bardzo istotnej poprawy w lecznictwie, stanowią sulfonamidy. Z punktu widzenia struktury chemicznej ta grupa pochodnych aromatycznych kwasów sulfonowych i amin charakteryzuje się również prostą architekturą molekularną przypominającą strukturę N-(4-hydroksyfenylo)acetamidu, który jest N-aryloamidem kwasu octowego. Wykryte w połowie lat trzydziestych ubiegłego stulecia właściwości lecznicze sulfonamidów doprowadziły do bardzo szybkiego i powszechnego ich zastosowania w medycynie jako środków bakteriostatycznych i odkażających. W późniejszych latach znalazły one również zastosowanie jako leki o działaniu m.in. moczopędnym, przeciwcukrzycowym, przeciwbólowym, przeciwzapalnym i neuroleptycznym. W odróżnieniu od aspiryny i jej preparatów pochodnych, większość sulfonamidów wykazuje znaczną toksyczność, co stało się powodem istotnego ograniczania ich stosowania w ostatnich latach. Do najistotniejszych działań niepożądanych należą stosunkowo częste dolegliwości żołądkowo-jelitowe, uszkodzenia czynności wydalniczej nerek, zapalenie nerwów oraz uszkodzenia szpiku kostnego. Ponieważ leki sulfonamidowe są metabolizowane głównie w wątrobie, a następnie usuwane przez nerki zarówno w postaci wolnej, jak i nieaktywnych metabolitów, wyklucza się ich stosowanie w leczeniu noworodków, u których wątroba oraz nerki są w pierwszych miesiącach życia funkcjonalnie niedorozwinięte. Dlatego też w ostatnich latach w wielu państwach wycofano je z obrotu, a ich miejsce zajmują z reguły antybiotyki.

Grupa chemoterapeutyków, której macierzystą strukturę stanowi odkryta w roku 1928 przez Aleksandra Fleminga penicylina, to praktycznie nieograniczona ilościowo rodzina wtórnych produktów metabolizmu drobnoustrojów, które wpływając na struktury komórkowe lub procesy metaboliczne innych drobnoustrojów hamują ich wzrost i podziały. Umożliwia to ich skuteczne wykorzystanie w leczeniu wszelkiego rodzaju zakażeń bakteryjnych. Po wprowadzeniu penicyliny do lecznictwa pojawiły się kolejne antybiotyki — początkowo naturalne, a następnie półsyntetyczne i całkowicie syntetyczne. Ich wprowadzenie do lecznictwa pozwoliło lekarzom bardzo skutecznie walczyć z chorobami zakaźnymi, które uprzednio były praktycznie nieuleczalne, pochłaniając miliony istnień ludzkich. Ponieważ właściwości toksyczne antybiotyków są znacznie większe w stosunku do drobnoustrojów niż do organizmu gospodarza, można praktycznie stwierdzić, że stanowią one grupę chemoterapeutyków o względnie niskiej toksyczności do organizmu ludzkiego.

Jednak pomimo tego większość antybiotyków wywołuje działania niepożądane. Należą do nich bezpośrednie działanie toksyczne (prowadzące do uszkodzenia nerek, wątroby, ucha środkowego i szpiku kostnego), reakcje uczuleniowe (szczególnie istotne w przypadku penicylin, co wymaga przed ich podaniem wykonania testu uczuleniowego) oraz zmniejszenie naturalnej flory bakteryjnej poddanego leczeniu antybiotykami chorego.

W ostatnich latach najpoważniejszy problem w powszechnym wykorzystaniu antybiotyków w lecznictwie wynika jednak ze zjawiska, które określa się jako „odporność na antybiotyki". Jest to cecha części szczepów bakteryjnych, która umożliwia im przeciwstawianie się wpływowi antybiotyku. Dzieli się ją na pierwotną (naturalna struktura bakterii uniemożliwiająca działanie leku) lub nabytą w rezultacie zmian genetycznych, głównie w wyniku spontanicznych mutacji. Szczególnie drugi rodzaj odporności na antybiotyki może prowadzić do istotnych trudności w antybiotykoterapiach, o których ostrzega się już od ponad dwudziestu lat. Zgodnie z tymi ostrzeżeniami (które ostatnio coraz częściej się materializują) należy oczekiwać, że w niedługim czasie antybiotyki stracą swoją ogromną skuteczność w leczeniu zakażeń bakteryjnych i powrócimy do czasów, kiedy wiele zakażeń prowadziło do zgonów zakażonych osób. Doskonale tę sytuację ilustruje wypowiedź jednego z lekarzy ze szpitala w Bytomiu, który stwierdził „Jeden, drugi, trzeci antybiotyk nie działa. Co robić? Pacjent z zapaleniem płuc od tygodnia na respiratorze. I znikąd wparcia, bo koledzy z innych szpitali mają ten sam problem"[9]. W tym samym artykule autor podaje informacje o tym, że odporny na prawie wszystkie znane antybiotyki szczep gronkowca złocistego powoduje rocznie w USA śmierć 19 000 osób, a w Europie z tego samego powodu notuje się około 25 000 zgonów. Natomiast w Azji z powodu odporności zarazków powodujących zakażenie na stosowane antybiotyki co 5 minut umiera dziecko.

Te ostrzeżenia nabierają niekiedy bardzo katastroficznego charakteru. Jedno z nich pochodzi od głównej doradczyni brytyjskiego rządu ds. zdrowia, profesor Sally Davies. W zacytowanej wypowiedzi nazwała ona nabytą odporność na antybiotyki „bombą z opóźnionym zapłonem" i wyraziła opinię, że „aby zapobiec temu zagrożeniu, należy podjąć na całym świecie badania naukowe w poszukiwaniu nowych leków, które będą w stanie zwalczać zmutowane, odporne na antybiotyki infekcje. W ostatnich dekadach przybyło bardzo niewiele antybiotyków i w tej chwili prowadzimy już «wyścig z czasem», aby wypracować metody zwalczania «superbakterii», które nie reagują na standardowe leki"[10]. Środki zaradcze, które należy podjąć natychmiast — jak sugeruje Davies — to uświadomienie opinii publicznej ryzyka związanego z „superbakteriami", przepisywanie pacjentom mniejszej ilości antybiotyków i tylko wtedy, gdy jest to konieczne, oraz promowanie higieny, która pozwoli

9   P. Walewski, *Mikroby atakują*, „Polityka" 2013, nr 17/18, <www.polityka.pl/tygodnikpolityka/ nauka/1541393,1,antybiotyki-juz-nie-dzialaja.read> [10.02.2014].

10   <www.tvn24.pl/wiadomosci-ze-swiata,2/odpornosc-na-antybiotyki-bomba-z-opoznionym-zaplonem -grozna-jak terroryzm,311371.html> [28.12.2013].

ograniczyć rozprzestrzenianie się infekcji. Davies twierdziła ponadto, że problem ten powinien być traktowany przcz władze równie poważnie, jak zagrożenia dla bezpieczeństwa kraju, np. terroryzm czy ocieplenie klimatu, rekomendując zarazem, by brytyjski rząd zwrócił uwagę międzynarodowej opinii publicznej na ten problem, omawiając go podczas najbliższego spotkania G8, które miało się odbyć w Wielkiej Brytanii w kwietniu 2013 roku. Te ostrzeżenia w pełni zaakceptowała profesor mikrobiologii z Uniwersytetu Birmingham i dyrektor programu Antibiotic Action na tej uczelni, profesor Laura Paddock, w pełni popierając kroki rekomendowane przez profesor Davies, zauważając, że „Rośnie liczba infekcji, których właściwie nie potrafimy leczyć, i potrzebujemy teraz rozpaczliwie nowych odkryć, badań i rozwoju (nowych leków)". Swoiste i jednocześnie tragiczne potwierdzenie realności tego ostrzeżenia stanowić powinna nagła śmierć młodego amerykańskiego naukowca pracującego w Centrum ds. Zapobiegania i Zwalczania Chorób w Atlancie. 25-letni Richard Din, pracując nad szczepionką na bakterię *Neisseria meningitidis*, zaraził się nią i po 24 godzinach zmarł na zapalenie opon mózgowo-rdzeniowych z powodu niewydolności licznych organów i szoku septycznego[11].

Istotny wzrost jakości życia wiąże się niewątpliwie również z szybkim rozwojem rolnictwa. Ten rozwój był i jest konsekwencją coraz szerszego stosowania nowych generacji nawozów sztucznych i chemicznych środków ochrony roślin, których wprowadzenie do praktyki rolniczej było możliwe dzięki kolejnym osiągnięciom agrochemii. Podobnie osiągnięcia chemii gospodarczej ułatwiają codzienne życie w naszych mieszkaniach i domach poprzez wprowadzenie coraz lepszych środków piorących, mydeł, szamponów i innych środków pielęgnujących oraz materiałów polimerowych wykorzystywanych jako opakowania i naczynia jednorazowego użytku w gospodarstwach domowych (jednorazowe opakowania polietylenowe, jednorazowe kubki do gorących i zimnych napojów, talerze, łyżeczki itp.).

Mam nadzieję, że ten krótki tekst, pokazujący wybrane przykłady wpływu chemii na wzrost jakości życia, dowodzi równocześnie, iż powszechna w ostatnich latach opinia, że chemia niesie jedynie zagrożenia cywilizacyjne związane z ogólnie pojętym zanieczyszczeniem środowiska jest daleka od prawdy.

Józef Drabowicz

Chemistry and quality of life: A layman's introduction

This short paper provides a brief layman's discussion of the concept of quality of life with particular emphasis on chemistry and its contribution to the improvement of living standards. The author discusses the impact of chemistry on the quality of life of subsequent generations through its effects on medical science and agriculture.

---

[11] <www.tvn24.pl/wiadomosci-ze-swiata,2/zabila-go-bakteria-na-ktora-chcial-opracowac-szczepionke, 208900.html> [28.12.2013].

Izabela Gomółka-Walaszek

In vitro w kontekście jakości życia narodzonych dzieci i ich rodziców

I. Wprowadzenie

W ostatnich latach w leczeniu niepłodności — jak pisze M. Kulikowski i współpracownicy[1] — dokonała się prawdziwa rewolucja i dziś setki par małżeńskich, cierpiących z powodu braku własnego dziecka, dzięki tzw. metodom rozrodu wspomaganego medycznie (*Assisted Reproductive Technology* — ART), uzyskały szansę na spełnienie swoich marzeń o macierzyństwie i ojcostwie. Techniki wspomaganego medycznie rozrodu to grupa różnorodnych metod terapeutycznych mających na celu uzyskanie ciąży z pominięciem jednego lub kilku etapów naturalnego rozrodu[2]. Jedną z takich metod jest *in vitro*. Możliwym powikłaniem zastosowania tej metody są wielopłodowe ciąże wysokiego ryzyka medycznego i zdrowotnego.

1. Rozród wspomagany w aspekcie medycznym

Niemożność zajścia w ciążę będąca wynikiem niepłodności lub ograniczenia płodności jednego lub obojga małżonków lub partnerów znajdujących się w utrwalonym związku nazywana jest niepłodnością małżeńską. Niepłodność małżeńska może być wynikiem niepłodności lub ograniczonej płodności kobiecej, męskiej lub też obojga partnerów. We współczesnych społeczeństwach problem niezamierzonej bezdzietności narasta i zwiększa się zapotrzebowanie na leczenie niepłodności.

---

[1] M. Kulikowski, S. Wołczyński, J. Domierz, *Rozród wspomagany medycznie*, „Kliniczna Perinatologia i Ginekologia" 1996, t. 17, s. 158–159.

[2] R. Dębski, T. Pisarski, J. Rzempołuch i in., *Stanowisko Polskiego Towarzystwa Ginekologicznego dotyczące technik wspomaganego rozrodu w leczeniu niepłodności*, „Kliniczna Perinatologia i Ginekologia" 1996, t. 17, s. 204.

Zdaniem R. Dębskiego i współpracowników[3] niemożność posiadania potomstwa narusza zasadę zdrowia fizycznego i psychicznego, dlatego też niepłodność małżeńską należy traktować jako chorobę, a ze względu na skalę problemu, również jako chorobę społeczną. W przypadkach, w których standardowe leczenie jest nieskuteczne lub też nie rokuje nadziei uzyskania ciąży, zasadne jest, przy obopólnej zgodzie partnerów, zastosowanie technik wspomaganego rozrodu. Podstawowym wskazaniem do zastosowania techniki zapłodnienia pozaustrojowego jest nieodwracalna nieprawidłowość w obrębie jajowodów lub patologia nasienia. W przypadku niepłodności pochodzenia immunologicznego lub o niewyjaśnionej etiologii, pod warunkiem drożności czynnościowej przynajmniej jednego jajowodu, stosuje się techniki pochodne zapłodnienia pozaustrojowego. Niesprzeczna z wartościami chrześcijańskimi jest pomoc lekarza w przebiegu naturalnych procesów prokreacyjnych a nie reprodukcyjnych, jak na przykład w metodzie LTOT (*Low Tubal Ovum Transfer*), czy GIFT (*Gamete Intra-fallopian Transfer*)[4].

W dziedzinie fizjologii rozrodu intensywne badania podstawowe prowadzono od lat pięćdziesiątych. Poznano kluczowe w rozrodzie procesy, mechanizm zapłodnienia i warunki, w jakich te procesy zachodzą. Umożliwiło to wprowadzenie do codziennej praktyki klinicznej różnych metod rozrodu wspomaganego medycznie. We wszystkich tych metodach występują trzy elementy: stymulacja mnogiego jajeczkowania i pobranie gamet, laboratoryjne procedury z gametami lub zarodkami, przeniesienie gamet lub zarodków do ustroju kobiety[5]. Sceptycznie do pewnych aspektów wspomagania rozrodu odnoszą się R. Klimek i współpracownicy[6] przypominając, że dziecko jako struktura dojrzewa od poczęcia do samodzielnego życia, które rozpoczyna się w chwili porodu. W 95% wszystkich urodzeń noworodki są w pełni dojrzałe (*maturity*), ponieważ kończą bardzo ważny etap swego rozwoju, rozpoczęty w połowie trwania ciąży osiągnięciem wcześniejszego etapu rozwojowego, tj. zdolności do przeżycia (*viability*). Zaprogramowana przez połączone komórki rozrodcze, poczęta struktura ludzka jest układem czasoprzestrzennym o swojej indywidualnej, niepowtarzalnej tożsamości. Jego naturalnym otoczeniem jest i powinien być organizm matki, który można tylko częściowo zastąpić w sztucznej prokreacji pozaustrojowej. Zapomina się jednak, że w ten sposób pozbawia się najistotniejszego dla człowieka pierwszego etapu rozwojowego, tj. od poczęcia do zagnieżdżenia, które następuje w piątym dniu po owulacji. Natomiast zapłodniony *in vitro* zarodek jest przenoszony do jamy macicy już w 2–3 dobie życia. Klimek i współautorzy zwracają uwagę, że „gdyby nawet tak przygotować komórki i sztuczne dla zapłodnienia środowisko, by w 100% uzyskiwać zygoty, to nigdy nie

3   R. Dębski, T. Pisarski, J. Rzempołuch i in., (przyp. 2), s. 205.
4   A. Kokoszka, *Moralność życia małżeńskiego. Sakramentologia moralna. Część III*, „Academica", z. 29, Tarnów 2005, s. 221.
5   J. Radwan, *Niepłodność i poród wspomagany*, Wydawnictwo Gemini, Poznań 2005, s. 164.
6   R. Klimek, J. Janeczko, M. Mazanek-Mościcka i in., *Poród przedwczesny a biologiczny wiek płodu*, „Kliniczna Perinatologia i Ginekologia" 1998, t. 25, z. 1, s. 115–116.

da się zapewnić naturalnej selekcji w trakcie ich wędrówki przed zagnieżdżeniem"[7]. Skraca się w ten sposób okres tak ważny dla selekcji biologicznej naszego gatunku, jaka może się dokonać w trakcie ich wędrówki przed zagnieżdżeniem.

2. Etyczno-społeczne i prawne aspekty medycznego wspomagania rozrodu

Dynamiczny postęp nauk medycznych, wdrożenie nowych technik leczenia niepłodności, metod diagnostycznych i terapeutycznych stosowanych w okresie ciąży, wzbudza, zdaniem R. Dębskiego i współpracowników[8], powszechne zainteresowanie pewnymi aspektami rozrodu człowieka i związanymi z nimi problemami etycznymi. Współczesna medycyna, według T. Smyczyńskiego[9], może zarówno wspomagać ludzką prokreację, jak i prowadzić do realizacji niegodziwych praktyk powołania do życia ludzkiego w innym celu niż jego dalszy rozwój ku narodzeniu. Dążenie do wywołania ciąży oraz zaspokojenie pragnienia rodzicielstwa na drodze zabiegów medycznych z pominięciem aktu płciowego nie jest wolne od wątpliwości pojawiających się na gruncie prawa i moralności. Trzeba mieć na względzie fakt, że akt prokreacji powołuje do życia nową istotę ludzką. Jeśli chcemy zalegalizować wkroczenie technologii medycznej do procesu powstania życia, czego nie bez racji tak bardzo obawia się Kościół katolicki[10], to należy jasno sformułować przesłanki wykonywania określonych zabiegów. Zagadnienia ludzkiej prokreacji nie są wolne od pytania o człowieczeństwo zarodka[11], przy czym doniosłość tego pytania odnosi się mniej do zarodka-dziecka poczętego, który ma się rozwinąć i narodzić, lecz do zarodka, którego los jest niepewny i może ulec zniszczeniu. Wyróżnia się dwa rodzaje zarodków: zagnieżdżone w macicy i te przed nidacją powstałe *in vitro*. Kryterium nidacji jest jednak nie do zaakceptowania, gdyż uzależnia ono ocenę człowieczeństwa zarodka od tego, jak zachowa się podmiot formułujący tę ocenę. Zarodek zaszczepiony do łona kobiety ma przyznane cechy gatunku ludzkiego, a przez to szerszy zakres ochrony prawnej. Natomiast pozostawiony w probówce jest nadal rzeczą, którą inni mogą rozporządzać. S. Grzybowski[12] zwraca jednak uwagę na fakt, że ani ciało ludzkie i jego organy, ani zwłoki ludzkie nie zaliczają się do kategorii rzeczy, którymi można swobodnie rozporządzać. Rozwój medycyny transplantacyjnej i embriologii sprawia, że prawnicy cytowani przez S. Grzybowskiego przewartościowują dotychczasowe oceny i koncepcje prawne, przyznając, że należy

---

[7] R. Klimek, J. Janeczko, M. Mazanek-Mościcka i in., (przyp. 6), s. 123.

[8] R. Dębski, T. Pisarski, J. Rzempołuch i in., (przyp. 2), s. 208.

[9] T. Smyczyński, *Uwagi o aksjologicznych podstawach dopuszczalności wspomaganej prokreacji ludzkiej*, „Kliniczna Perinatologia i Ginekologia" 1995, t. 15, s. 62–72.

[10] Papież Paweł VI, Encyklika *Humane vitae*, nr 17.

[11] T. Smyczyński, *Pojęcie i status prawny ludzkiej istoty poczętej*, „Kliniczna Perinatologia i Ginekologia" 1995, t. 15, s. 54–62.

[12] S. Grzybowski, *System prawa cywilnego, t. 1. Część ogólna*, Wydawnictwo Ossolineum, Wrocław 1985, s. 411–412.

odstąpić od dychotomicznego podziału na osoby (np. zarodek wszczepiony do macicy) i rzeczy (np. zarodek przechowywany po *in vitro*); organom ciała ludzkiego, zwłokom ludzkim, zarodkowi ludzkiemu przyznaje się szczególny status.

R. Dębski i współautorzy[13] uważają, że zapłodnienie pozaustrojowe jest do zaakceptowania pod względem etycznym, jeżeli jest stosowane w celu optymalizacji możliwości zajścia w ciążę niepłodnej pary, przy założeniu, że liczba implantowanych zarodków nie przekracza trzech oraz gdy dostępny jest skuteczny program zamrażania nadliczbowych zarodków. Leczenie niepłodności spowodowanej czynnikiem jajnikowym może być stosowane metodą transferu zapłodnionych oocytów (kobiecych komórek rozrodczych). Akceptację Polskiego Towarzystwa Ginekologicznego w tym względzie ma sytuacja, gdy wprowadzona do macicy kobiety pragnącej posiadać potomstwo, komórka jajowa pobrana od innej kobiety, może być zapłodniona nasieniem męża lub bezimiennego dawcy. Kobieta ta jest matką będącą w ciąży i rodzącą dziecko, natomiast nie jest matką w sensie genetycznym. Natomiast sytuacja, gdy ciąża i poród przebiega w organizmie innej „wynajętej" kobiety, zaś kobieta pragnąca posiadać potomstwo jest wyłącznie matką w rozumieniu genetycznym — nie może być zaakceptowana z punktu widzenia deontologii lekarskiej.

W. Kuczyński[14] zwraca uwagę, że pomimo 20 lat stosowania zaawansowanych technik wspomaganego rozrodu w leczeniu niepłodności, Polska jest jednym z ostatnich krajów Europy nieposiadających aktów prawnych, które regulowałyby procedury stosowania metod wspomaganego rozrodu w zgodzie ze standardami Unii Europejskiej.

II. Aspekt jakości życia rodziców w pozyskaniu własnego dziecka dzięki *in vitro*

Istotnym kryterium uznania niepłodności, jakie muszą spełniać pary, by mogły być zakwalifikowane do leczenia, jest czas bezskutecznego starania się o dziecko, nie mniejszy niż co najmniej jeden rok. To czas, w którym osoby te są pozbawione przyjemnych doznań psychicznych, jakie byłyby ich udziałem, gdyby mogły obcować z własnym dzieckiem. Pożądana i oczekiwana ciąża jest zatem dobrem, którego brak może zaburzać życie psychiczne i tym samym obniżać poczucie jakości życia osobom oczekującym potomstwa. S. Kowalik[15], charakteryzując pojęcie jakości życia, mówi o „sumie przeżyć, które odczuwamy w czasie jakiegoś okresu naszego życia. O określającym nasze życie psychiczne zbiorze stanów subiektywnych". M. Straś-Romanowska[16],

---

13　R. Dębski, T. Pisarski, J. Rzempołuch i in., (przyp. 2), s. 216.

14　W. Kuczyński, *Techniki wspomaganego rozrodu — problemy prawne i ich konsekwencje*, „Ginekologia praktyczna" 2005, nr 5, s. 7–30.

15　S. Kowalik, *Psychologiczne wymiary jakości życia*, [w:] *Myśl psychologiczna w Polsce Odrodzonej*, red. A. Bańka, R. Derbis, Wydawnictwo Gemini, Poznań – Częstochowa 1993, s. 82.

16　M. Straś-Romanowska, *Jakość życia w świetle założeń psychologii zorientowanej na osobę*, „Kolokwia Psychologiczne" 2005, nr 13, s. 263.

rozważając teoretyczne rozumienie kategorii jakość życia, mówi o sensie biologicznym, egzystencjalnym i kulturowym. Sadzę, że w omawianym w obecnym opracowaniu aspekcie jakości życia można mówić o kulturowym sensie jakości życia, a w szczególności o jego subiektywnym odniesieniu, czyli o poczuciu jakości życia rodziców pragnących urodzenia własnego dziecka. Posiadanie dziecka, jego wychowanie, jest przecież jednym z głównych celów istnienia rodziny, będącej tworem kulturowym. Podobnie M. Rapley[17], cytując definicję jakości życia wykorzystywaną przez WHO, podaje że jakość życia jednostki rozumieć należy w kontekście postrzegania przez tę jednostkę swojej sytuacji życiowej odnoszonej do kontekstu kulturowego i systemu wartości akceptowanego przez społeczeństwo, w którym jednostka żyje oraz w relacji z celami życiowymi jednostki i jej oczekiwaniami. Zatem *in vitro* jako metoda leczenia niepłodności i zrodzenia upragnionego, własnego dziecka być może jest traktowana społecznie przez rodziców jako sposób dążenia do samorealizacji, zaspokojenia potrzeb w obszarze swojego systemu wartości, akceptacji w środowisku społecznym, czyli dobrostanu podnoszącego subiektywnie poczucie jakości życia.

III. Ciąża wielopłodowa a rozród wspomagany medycznie jako forma leczenia niepłodności

We współczesnych społeczeństwach problem niezamierzonej bezdzietności narasta i zwiększa się zapotrzebowanie na leczenie niepłodności. Jednak, jak wspomniałam wcześniej, jednym z możliwych powikłań rozrodu wspomaganego medycznie w leczeniu niepłodności są wielopłodowe ciąże wysokiego ryzyka. Dzieje się tak, ponieważ — jak podaje R. Dębski i współautorzy[18] — podstawowym elementem większości technik wspomaganego rozrodu jest hiperstymulacja jajeczkowania (indukcja jednoczasowego dojrzewania wielu pęcherzyków jajnikowych). Leczenie to umożliwia pobranie bardziej dojrzałych komórek jajowych, uzyskanie większej liczby zarodków i daje wyraźnie wyższy odsetek ciąż. Transfer więcej niż jednego zarodka do jamy macicy stwarza ryzyko wystąpienia ciąży wielopłodowej. Ciąża taka (a szczególnie trojacza lub o wyższej liczebności) wiąże się ze znacznym ryzykiem medycznym. W Polsce w postępowaniu rutynowym, u młodej kobiety, zwykle przed 35 rokiem życia, jednorazowo wykonuje się transfer nie więcej niż dwóch zarodków, a dodatkowe zarodki zamraża się. Unika się w ten sposób ryzyka uzyskania ciąż wielopłodowych, zwiększającego zagrożenie zdrowia i życia matki. W przypadku rozpoznania ciąży trojaczej lub wyższej liczebności, po dogłębnej konsultacji prenatalnej leczonej pary, rozważa się selektywną redukcję liczby zarodków, również ze względu na nieprawidłowości rozwojowe płodu.

---

[17] M. Rapley, *Quality of life research: A critical introduction*, Sage Publications Incorporation, Londyn 2003, s. 50.

[18] R. Dębski, T. Pisarski, J. Rzempołuch i in., (przyp. 2), s. 210.

Cytowani wcześniej lekarze R. Dębski i współpracownicy[19] twierdzą, że ciąża mnoga o liczebności wyższej niż bliźniacza, wiąże się z dużym ryzykiem dla zdrowia kobiety oraz jej dzieci w związku z ryzykiem samoistnego poronienia lub porodu przedwczesnego. Jednak z często publikowanych statystyk wynika, że również zdecydowana większość ciąż bliźniaczych kończy się na długo przed 37. tygodniem trwania ciąży, a zatem są to patologiczne porody przedwczesne. Wydaje się, jak pisze S. Wołczyński i współautorzy[20], że w wyniku stosowania technik rozrodu wspomaganego medycznie ryzyko urodzenia dziecka z problemami zdrowotnymi zależy od wieku przyszłych rodziców, rodzaju stosowanej procedury rozrodu, liczby i jakości zarodków. Techniki rozrodu wspomaganego medycznie, ze względu na swoistą inwazyjność metody, mogą nieść z sobą nieznacznie zwiększone ryzyko wystąpienia wad wrodzonych i dużych defektów zaburzeń genetycznych i epigenetycznych. Jednak jak pisze M. Kornacka[21], wyrażając stanowisko neonatologów, w kontekście postnatalnego życia i rozwoju psychicznego, dzieci pochodzące z ciąż uzyskiwanych drogą zapłodnienia pozaustrojowego wykazują wyższy odsetek przeżywalności i lepszy rozwój w porównaniu z dziećmi z ciąż wielopłodowych poczętych w sposób naturalny. Wiąże się to prawdopodobnie z niższym odsetkiem ciąż jednokosmówkowych w przypadku zapłodnienia *in vitro*. Nie bez znaczenia jest tu fakt szczególnie wzmożonego nadzoru nad ciążami uzyskiwanymi technikami wspomaganego rozrodu. Wczesna ultrasonograficzna diagnostyka prenatalna, wczesne rozpoznanie ciąży, zapobieganie porodom przedwczesnym i planowana najkorzystniejsza droga porodu, to czynniki wpływające na poprawę przeżywalności i lepszy rozwój tych dzieci.

IV. *In vitro* a ciąża wielopłodowa

1. Wprowadzenie

W *in vitro* nie planuje się ciąż wielopłodowych, ale dla zwiększenia prawdopodobieństwa skuteczności powstania ciąży, przenosi się do macicy więcej niż jedną zygotę, na wypadek gdyby któraś obumarła w trakcie rozwoju. W Polsce w postępowaniu rutynowym, jednorazowo wykonuje się transfer do macicy nie więcej niż dwóch zarodków uzyskanych w zapłodnieniu pozaustrojowym, a dodatkowe zarodki zostają zamrożone. Zmniejsza się przez to powstanie ciąż wielopłodowych o wyższej krotności, których zarówno przebieg, jak i poród zwiększają zagrożenie zdrowia i życia tak dzieci, jak i matki.

---

[19] R. Dębski, T. Pisarski, J. Rzempołuch i in., (przyp. 2), s. 210–211.

[20] S. Wołczyński, M. Zbuka, M. Leśniewska, *Zdrowie dzieci z ciąż po leczeniu technikami rozrodu wspomaganego medycznie*, „Endokrynologia Polska" 2005, t. 56, s. 105.

[21] M.K. Kornacka, *Rozwój dzieci z ciąż wielopłodowych*, [w:] *Ciąża wielopłodowa*, red. G.H. Bręborowicz, W. Malinowski, E. Ronin-Walknowska, OWN, Poznań 2003, s. 363–364.

2. Cechy perinatalne dzieci wyznacznikami ich rozwoju postnatalnego

a. Ryzyko powikłań

W ciążach wielopłodowych częściej występują takie powikłania, jak w ciążach z pojedynczym płodem (poród przedwczesny); 30–60% bliźniąt rodzi się przedwcześnie, tzn. przed 37. tygodniem ciąży, natomiast ryzyko porodu przed ukończeniem 28. tygodnia ciąży wielopłodowej jest siedmiokrotnie wyższe w porównaniu z ciążami pojedynczymi, co w konsekwencji daje bardzo małą (1500g) lub skrajnie małą (<1000g) masę urodzeniową płodów. Ryzykiem porodu przedwczesnego mogą być w czasie ciąży zakażenia o różnej etiologii, które powodują uszkodzenia ośrodkowego układu nerwowego (OUN) płodu, a następnie noworodka, zwłaszcza niedojrzałego i z małą masą urodzeniową. Częstotliwość powikłań jest również większa w przypadku powikłań typowych wyłącznie dla ciąży wielopłodowej (różnica czasu urodzenia drugiego płodu, częściej narażonego na niedotlenienie OUN, w wyniku zaburzonej wymiany gazowej po urodzeniu pierwszego płodu i wynikające z tego powikłania zdrowotne i rozwojowe).

Zdaniem D. Kornas-Bieli[22], w fazie prenatalnej rozwoju człowieka tworzą się biologiczne podstawy kształtowania niektórych aspektów osobowości, mających swe podłoże w strukturze i funkcji układu nerwowego. Perinatalne cechy rozwoju prenatalnego mają następnie swoje odzwierciedlenie również w postnatalnym cyklu ontogenetycznym.

b. Wiek rodziców w prokreacji

Wiek rodziców w chwili zrodzenia dziecka, jako czynnik paragenetyczny nie jest bez znaczenia w prokreacji. L. Biesiada i współpracownicy[23] twierdzą, że na decyzję o urodzeniu dziecka wpływ mają zarówno czynniki medyczne, socjologiczne, jak i ekonomiczne. Choć za najbardziej odpowiedni dla zachodzenia w ciążę przyjmuje się wiek kobiety 18–25 lat, to obecnie kobiety coraz częściej decydują się na urodzenie dziecka dopiero po ustabilizowaniu sytuacji zawodowej i materialnej, a to wiąże się z zachodzeniem w ciążę kobiet coraz starszych. Uważa się jednak, że organizm biologicznie starszej kobiety ma mniejsze zdolności adaptacyjne do ciąży, co może być niekorzystne dla rozwoju płodu, a także niebezpieczne dla matki. Z badań[24] wynika,

---

[22] D. Kornas-Biela, *Z zagadnień psychologii prenatalnej*, [w:] *W imieniu dziecka poczętego*, red. J.W. Gałkowski, J. Gula, Fundacja Jana Pawła II i Polski Instytut Kultury Chrześcijańskiej w Rzymie, Rzym – Lublin 1991, s. 25–54.

[23] L. Biesiada, J. Jaworska-Pietraszek, P. Krajewski i in., *Późne macierzyństwo jako czynnik ryzyka dla płodu*, „Kliniczna Perinatologia i Ginekologia" 2006, t. 42, z. 3, s. 49.

[24] W.M. Callagan, C.J. Berg, *Pregnancy-related mortality among women aged 35 years and older, United States, 1991–97*, „Obstetrics & Gynecology" 2003, t. 102, z. 5, część 1, s. 1015–1021; L.K. Callaway, K. Lust, H.D. Melntyre, *Pregnancy outcomes in women of very advanced maternal age*, „Australian and New Zealand Journal of Obstetrics & Gynecology" 2005, t. 45, z 1, s. 12–16; S. Kirchengast, B. Hartmann,

że ogólny stan zdrowia starszych ciężarnych często jest niezadowalający, cierpią one głównie na schorzenia układu krążenia, nadciśnienie, zakrzepice, cukrzyce. Dodatkowe obciążenie, jakie nakłada rozwijający się płód, może pogorszyć sytuację i doprowadzić do gwałtownego załamania zdrowia kobiety. Rozwój niektórych chorób, mających tendencje do występowania po 40. roku życia, np. nadciśnienia płucnego, może być stymulowany przez ciążę i doprowadzić nawet do zgonu pacjentki. Jednak jeśli ciąża już jest, przebieg połogu kobiet starszych nie różni się od połogu kobiet z niższych grup wiekowych, z częstszą jednak niedokrwistością[25]. Wydaje się, że dobrze prowadzona ciąża u zdrowej kobiety ma pełne szanse zakończyć się sukcesem, szczególnie że kobiety starsze, które zaplanowały późną ciążę, mają znacznie większą motywacje, są bardziej odpowiedzialne i z reguły bardzo systematycznie stosują się do zaleceń lekarskich. Ciąża po 40. roku życia wiąże się z większym ryzykiem występowania hipotrofii płodu i nieco większym odsetkiem rozwiązań cięciem cesarskim. Średni stan urodzeniowy noworodków matek po 40. roku życia jest dobry, a poród siłami natury przebiega bez większych powikłań. Konieczna jest diagnostyka prenatalna matek starszych, ze względu na ryzyko wystąpienia wad wrodzonych, głównie aberracji chromosomalnych.

Z kolei ciąża u kobiety młodocianej (poniżej 18. roku życia) stanowi w większości przypadków problem społeczny, ponieważ niemal zawsze jest nieplanowana i niepożądana, zaburza plany i dezorganizuje życie ciężarnej i jej rodziny. Jest również problemem medycznym, ponieważ organizm młodej dziewczyny nie jest w pełni przygotowany do większych obciążeń, jakie niesie rozwój płodu. Równocześnie brak psychicznej gotowości do roli matki utrudnia prawidłowy przebieg porodu i może powodować konieczność stosowania zabiegów położniczych. Obserwacje ciąży, porodu i połogu młodocianych matek L. Biesiada i współpracownicy[26] oceniają pozytywnie. U noworodków tych matek liczba częstości występowania wad wrodzonych jest nieznacznie niższa, nie było też wad chromosomalnych. Większość noworodków z tej grupy wiekowej matek nie wykazywała zaburzeń przystosowawczych, nie wymagała żadnej szczególnej opieki. Ciąże te nie są związane z dużym ryzykiem dla matki i płodu, mniejszy jest odsetek porodów przez cięcie cesarskie a także nie obserwuje się zwiększonej liczby porodów przedwczesnych.

Advanced maternal age is not only associated with newborn somatometrics but also with the mode of delivery, „Annals of Human Biology" 2003, nr 1, s. 34–37.

[25] Zob. J.L. Chervenak, N.B. Kardon, *Advanced maternal age: the actual risks*, „Female patient" 1991, nr 11, s. 17–24; L. Biesiada, J. Jaworska-Pietraszek, P. Krajewski i in., (przyp. 23), s. 50.

[26] L. Biesiada, P. Krajewski, J. Jaworska-Pietraszek i in., *Przebieg ciąży i porodu u pacjentek młodocianych*, „Kliniczna Perinatologia i Ginekologia" 2007, t. 43, z. 2, s. 66–68.

c. Poród

aa. Cięcie cesarskie

W ostatnim okresie zauważalny jest w Polsce wzrost porodów bliźniaczych. Charakterystyczny jest wzrost odsetka porodów drogami i siłami natury. Nadal jednak odsetek cięć cesarskich jest około 3 razy wyższy niż średnia dla wszystkich porodów. E. Pankiewicz i H. Konefał[27] podkreślają, że nadal nie rozwiązano jednoznacznie problemu, który sposób zakończenia ciąży jest korzystniejszy dla matki i dziecka: poród drogami natury czy drogą cięcia cesarskiego. Maleje liczba ciąż bliźniaczych po leczeniu z powodu niepłodności[28].

bb. Poród przedwczesny

Bliźnięta z racji swej specyficznej sytuacji prenatalnej, częściej są wcześniakami, rodzą się od 3 do 4 tygodni przed terminem. Według regulacji WHO z 2005 roku wcześniakiem jest płód urodzony po 22. a przed 37. tygodniem ciąży. Dla bliźniąt wcześniactwo to urodzenie się dzieci przed 34. tygodniem ciąży. Optymalny czas trwania ciąży, pozwalający na osiągniecie dojrzałości biologicznej płodu — to dla ciąż z pojedynczym płodem 39–40 tygodni, a dla ciąż wieloplodowych 38–39 tygodni[29].

Wiek płodu jest rezultatem jego biologicznie zaprogramowanego rozwoju w organizmie matki, która podlega wpływom środowiska w zależności od własnego stanu zdrowia i zachowania w ciąży. Ciąża jako proces czasoprzestrzenny podlega prawom mechaniki kwantowej i biologii, które u człowieka stanowią jedynie podstawę jego stanu psychoemocjonalnego[30]. Wiek człowieka określa liczba ukończonych godzin, dni, tygodni, miesięcy lub lat, licząc od momentu porodu. Na ogół nie zwraca się uwagi na znaczenie tej definicji czasu życia ludzkiego, który przez sam fakt porodu zrównuje wszystkich ludzi. Jednakże ludzie z tą samą datą urodzeniową tworzą bardzo zróżnicowaną biologicznie populację. Dotyczy to głównie dzieci określanych mianem wcześniaków (tj. niedojrzałych płodów urodzonych przed 37. tygodniem ciąży o masie <2500g), ze względu na ich niewłaściwy stan fizyczny lub reaktywność nerwowo-mięśniową[31]. W dalszej analizie materiału empirycznego dokonano podziału noworodków o masie <2500g na dwie grupy: przedwcześnie urodzone, które nie osiągnęły pełnej dojrzałości anatomiczno-fizjologicznej oraz donoszone,

---

[27] E. Pankiewicz, H. Konefał, *Skrajne wcześniactwo widziane w aspekcie definicji, statystyki medycznej, problemów klinicznych i etycznych*, „Kliniczna Perinatologia i Ginekologia" 2006, t. 42, z. 2, s. 28–29.

[28] P. Raczyński, L. Leibschasng, A. Pawłowska i in., *Powikłania w przebiegu ciąż wielopłodowych w materiale Kliniki Położnictwa i Ginekologii Instytutu Matki i Dziecka*, „Kliniczna Perinatologia i Ginekologia" 2003, t. 39, z. 1, s. 27–30.

[29] G.H. Bręborowicz, W. Malinowski, *Poród w ciąży wielopłodowej*, [w:] *Ciąża wielopłodowa*, G.H. Bręborowicz, W. Malinowski, E. Ronin-Walknowska, OWN, Poznań 2003, s. 257.

[30] R. Klimek, J. Janeczko, M. Mazanek-Mościcka i in., (przyp.6), s. 126.

[31] R. Klimek, J. Janeczko, M. Mazanek-Mościcka i in., (przyp.6), s. 119.

ale wykazujące rozwój poniżej przeciętnego[32]. Wcześniaki rodzą się bez konieczenych przedporodowych zmian adaptacyjnych ich układu oddechowego i krążenia. Nadrabia to olbrzymi postęp neonatologii i dlatego coraz częściej zwraca się uwagę na późne następstwa u dzieci urodzonych przedwcześnie, pomimo niskich wskaźeników śmiertelności okołoporodowej[33]. Wcześniaki stanowią w Polsce średnio 8% noworodków, ale odpowiadają za około 75% zgonów okołoporodowych. A. Anholcer i współpracownicy[34] cytują wielu autorów analizujących socjoekonomiczne czynniki ryzyka porodu przedwczesnego i niskiej masy urodzeniowej noworodków. Wśród czynników ryzyka wymienia się:

— wiek życia matek — optymalnie pomiędzy 18 a 28 rokiem życia. Zdaniem T.H. Hakala i O. Ylikorkala[35] poniżej 18 lat i powyżej 35 lat znacznie wzrasta ryzyko ciąż specjalnej troski;

— stan cywilny matek — autorzy cytowani powyżej twierdzą, że kobiety niezaemężne rodzą częściej przedwcześnie i dzieci z niską masą urodzeniową niż koebiety zamężne. Replikacja badań B. Blondela i M.C. Zubera[36] potwierdziła, że kobiety mieszkające wspólnie z ojcem dziecka, ale niebędące w formalnym związku (konkubinat) są w większym stopniu narażone na urodzenie wcześniaka lub dziecka hipotroficznego niż kobiety zamężne;

— wykształcenie — zdaniem W. Michałkiewicza i współpracowników[37] porody przedwczesne częściej występowały u matek z wykształceniem podstawowym. Z. Malewski i K. Drews[38] zauważyli, że czynnikiem ryzyka porodu przedwczeesnego może też być czas trwania nauki poniżej 13 lat, a E. Papiernik[39] stwierdził szczególny wzrost liczby porodów przedwczesnych w grupie kobiet, których czas trwania nauki wynosił do 9 lat. Natomiast W. Hanke i współautorzy[40] obserwowali zwiększone ryzyko porodów przedwczesnych u kobiet z wykształeceniem niższym niż średnie.

---

[32] A. Anholcer, G.H. Bręborowicz, A. Skręt i in., *Wybrane społeczno-medyczne czynniki ryzyka porodu przedewczesnego*, „Kliniczna Perinatologia i Ginekologia" 2003, t. 39, z. 1, s. 54.

[33] R. Klimek, J. Janeczko, M. Mazanek-Mościcka i in., (przyp. 6), s. 117.

[34] A. Anholcer, G.H. Bręborowicz, A. Skręt i in., (przyp. 32), s. 55.

[35] T.H. Hakala, O. Ylikorkala, *Effective prenatal care decreases the incidence of low birthweight*, „American Journal of Perinatalology" 2005, nr 6, s. 222–225.

[36] B. Blondel, M.C. Zuber, *Marital status cohabitation during pregnancy, relationship with social condition antenaetal care and pregnancy outcome in France*, „Pediatric and Perinatal Epidemiology" 1988, nr 2, s. 125–131.

[37] W. Michałkiewicz, T. Pisarski, A. Woźnica, J. Grzesiak, *Medyczno-społeczne aspekty wcześniactwa,1. Poezycja społeczna rodziców a częstsze występowanie porodów przedwczesnych*, „Ginekologia Polska" 1980, nr 51, s. 605–612.

[38] Z. Malewski, K. Drews. *Organizacja profilaktyki porodu przedwczesnego*. „Kliniczna Perinatologia i Ginekologia" 1993, supl. 4, s. 110–122.

[39] E. Papiernik, *Proposals for a programmed prevention policy of preterm birth*, „Clinical Obstetrics and Gynecology" 1984, nr 27, s. 411–413.

[40] W. Hanke, J. Kalinka, W. Szymczak, *Społeczno-zawodowe czynniki ryzyka hipotrofii płodu i porodu przedewczesnego: 1. Rola pracy zawodowej i pozazawodowej*, „Medycyna Pracy" 1995, nr 46, s. 433–442.

cc. Warunki porodu bliźniąt

Specyficzny przebieg wielopłodowej ciąży wysokiego ryzyka i porodu bliźniąt wymaga specjalistycznej opieki, jaką może zapewnić szpital posiadający odpowiednie zaplecze do rozwiązywania tych ciąż. Szczególnie chodzi o możliwości zapewnienia noworodkom-bliźniętom oraz matce aparaturowej i farmaceutycznej opieki medycznej, a także wysokich kompetencji lekarzy położników, neonatologów i anestezjologów stosownie do stanu i potrzeb pacjentów. Ciąże wielopłodowe, obarczone wieloma zagrożeniami, niemal obligatoryjnie rozwiązywane są przed terminem i rzadko mają przebieg fizjologiczny. Z tego też powodu narodzinom bliźniąt nie towarzyszy obecność ojca dzieci, mogąca łagodzić obawy matki i służyć jej wsparciem psychologicznym, co mogłoby mieć pozytywne zaznaczenie dla odległych emocjonalnych relacji wzajemnych.

Podobnie jak w całym cyklu prenatalnym, również w odniesieniu do porodu mogą zaistnieć czynniki zmieniające normalny, fizjologiczny jego przebieg. Częstymi problemami akcji porodowej jest konieczność operacyjnego wydobycia płodów przez tzw. cięcie brzuszne oraz zbyt wczesne urodzenie się dzieci. D. Nowakowska i J. Wilczyński[41] zaliczają poród przedwczesny (manifestujący się klinicznie uszkodzeniem błon płodowych, niewydolnością szyjki macicy lub przedwczesną czynnością skurczową uzależnioną od wieku ciążowego płodów) do najczęstszych powikłań ciąży wielopłodowej (około 30–60% bliźniąt rodzi się przedwcześnie). Termin poród przedwczesny oznacza urodzenie noworodka po ukończeniu 22. tygodnia ciąży a przed upływem 37. tygodnia trwania ciąży lub noworodka z masą urodzeniową od 500 do 2500 gramów (według WHO). Urodzony w tym czasie płód uzyskuje optymalną zdolność do życia w środowisku pozamacicznym. Nie ma jak dotąd jednoznacznie określonego wieku ciążowego, w którym rozwiązanie ciąży wielopłodowej byłoby optymalne. G.H. Bręborowicz i W. Malinowski[42] podają, że najniższy odsetek umieralności okołoporodowej noworodków z ciąż wielopłodowych obserwuje się wówczas, gdy ciążę zakończono między 37. a 39. tygodniem jej trwania, a masa urodzeniowa noworodków wynosiła od 2500g do 3100g. Pomimo ciągle niejasnej patogenezy porodu przedwczesnego wskazuje się[43] nieswoiste czynniki ryzyka takiego porodu: demograficzne (wiek <18,0 lub >30,0, stan wolny, niski standard życia, brak wykształcenia), medyczne (wady rozwojowe macicy, wady rozwojowe płodu, ciąża wielopłodowa, patologia łożyska, mięśniaki macicy, cukrzyca, padaczka, choroby nerek, serca, zakażenia), środowiskowe (stres, praca fizyczna, uraz, palenie tytoniu, niehigieniczny tryb życia).

---

[41] D. Nowakowska, J. Wilczyński, *Poród przedwczesny w ciąży wielopłodowej*, [w:] *Ciąża wielopłodowa*, red. G. H. Bręborowicz, W. Malinowski, E. Ronin-Walknowska, OWN, Poznań 2003, s. 357.

[42] G.H. Bręborowicz, W. Malinowski, (przyp. 29), s. 259.

[43] J. Kalita, I. Kaim, *Poród przedwczesny*, [w:] *Wybrane Zagadnienia Intensywnego Nadzoru Położniczego*, red. J. Kalita, Wydawnictwo Studio PIN, Kraków 1997, s. 199–203.

Niebezpiecznym powikłaniem porodu bliźniąt, na jakie zwracają uwagę G. Brębo-rowicz i W. Malinowski[44] jest zakleszczenie, wywołane kolizją położenia płodów. Poszczególne konfiguracje położenia płodów w jamie macicy mogą spowodować zaklinowanie wzajemne płodów w chwili porodu. Sytuacja ta wymusza specjali-styczną interwencję medyczną i przyczynia się do poważnej rokowniczo diagnozy noworodków, zarówno co do ich przeżycia, jak i potencjalnych, odległych kompli-kacji rozwojowych.

d. Kondycja psychofizyczna dziecka wyrażona w skali Apgar

Analizując możliwości diagnozowania rokowań rozwojowych noworodka J. Sikora i współpracownicy[45] stwierdzają, że poród jest źródłem olbrzymiego stresu dla noworodka i jednocześnie stanowi bardzo poważny sprawdzian jego dojrzałości biologicznej i zdolności adaptacyjnych do życia pozałonowego. Do chwili obecnej nie opracowano żadnej metody diagnostycznej, która pozwalałaby jednoznacznie ocenić aktualny stan płodu, a tym bardziej przewidzieć jego stan po porodzie. Niektóre noworodki rodzą się w złym stanie, mają duże problemy adaptacyjne i wymagają natychmiastowej intensywnej opieki medycznej. Dlatego też bardzo ważna jest szybka i precyzyjna ocena stanu zdrowia dziecka bezpośrednio po porodzie. Opracowana w 1953 roku przez Virginię Apgar prosta, nieinwazyjna w przeciwień-stwie do badania gazometrycznego, metoda oceny stanu noworodka jest nadal bardzo przydatna i pozwala łatwo wyselekcjonować noworodki z zaburzeniami adaptacyj-nymi do życia pozałonowego. Niska ocena w skali Apgar najczęściej dotyczy wcze-śniaków, noworodków niedotlenionych, z niskim wiekiem ciążowym, niską masą urodzeniową oraz tych z wadami rozwojowymi. Punktacja w skali Apgar w piątej minucie życia nie koreluje w żaden sposób z późniejszym rozwojem psychomoto-rycznym pacjenta, ale dzieje się tak dzięki temu, że niska punktacja Apgar jest bodźcem do wdrożenia intensywnej opieki medycznej.

e. Mała masa urodzeniowa i przedwczesne urodzenie

aa. Poród przedwczesny

Jak już wspomniano za poród przedwczesny uważa się poród występujący przed osiągnięciem wieku ciążowego, w którym płód uzyskuje optymalną zdolność do życia w środowisku pozamacicznym, czyli po 22. tygodniu ciąży. Górną granicą wieku ciążowego dla porodu przedwczesnego jest ukończony 37. tydzień ciąży (259 dni). Na przestrzeni ostatnich lat obserwujemy w Polsce tendencję spadkową liczby uro-dzeń w ogóle. Od 1993 roku liczba urodzeń mieści się na poziomie poniżej 500 tys.,

---

[44] G.H. Bręborowicz, W. Malinowski, *Kolizje płodowe*, [w:] *Ciąża wielopłodowa*, red. G.H. Bręborowicz, W. Malinowski, E. Ronin-Walknowska, OWN, Poznań 2003, s. 351.

[45] J. Sikora, I. Bakon, S. Włoch i in., *Przyczyny urodzenia noworodków z niską punktacją w skali Apgar*, „Kliniczna Perinatologia i Ginekologia" 2007, t. 43, z. 1, s. 62–64.

a od roku 1998 nawet poniżej 400 tys. Zmniejszaniu się liczby urodzeń towarzyszy wzrost częstości urodzeń przedwczesnych oraz urodzeń noworodków z masą ciała poniżej 2500g. E. Pankiewicz i H. Konefał[46] podają uściśloną klasyfikację w tym zakresie oraz nakreślają obszar problemów klinicznych i etycznych dotyczących tych dzieci. Noworodek o małej masie ciała (LBW — ang. *low birth weight*) jest pojęciem szerszym. Termin ten obejmuje wszystkie dzieci z urodzeniową masą ciała poniżej 2500g, niezależnie od ich wieku płodowego. W tej grupie noworodków z małą masą ciała (poniżej 2500g) wyróżnia się noworodki z bardzo małą masą ciała (VLBW), ważące poniżej 1500g oraz noworodki z ekstremalnie małą masą ciała (ELBW), ważące poniżej 1000g. W ostatnich latach obserwuje się systematyczny wzrost porodów noworodków z małą masą ciała. Na stan ten wpływa konieczność ukończenia ciąży przed terminem ze względu na choroby matki lub zagrożenie płodu. B. Stoińska i współautorzy[47] zwracają uwagę, że stopień zaawansowania dojrzewania wewnątrzmacicznego oraz urodzeniowa masa ciała traktowane są jako czynniki determinujące szanse przeżycia, stan zdrowia oraz prawidłowy rozwój w kolejnych etapach ontogenezy. Optymalny przebieg rozwoju postnatalnego charakteryzuje dzieci urodzone o czasie, zdrowe i prawidłowo odżywione. Dzięki postępowi medycyny (szczególnie neonatologii) znacznemu obniżeniu uległa dolna granica wartości wieku płodowego oraz urodzeniowej masy ciała uważana za limit przeżywalności noworodków[48]. W tej grupie istnieje duże prawdopodobieństwo opóźnienia postnatalnego, zarówno fizycznego jak i psychoruchowego oraz wzrost częstości występowania mózgowego porażenia dziecięcego. Badania B. Stoińskiej i współpracowników[49] pokazały, że zaburzenia w rozwoju psychoruchowym powodują zakłócenia w rozwoju somatycznym, niezależnie od wieku płodowego i urodzeniowej masy ciała.

W Polsce stan zdrowia kobiet ciężarnych i noworodków jest niezadowalający. Współczynnik umieralności okołoporodowej jest nadal jednym z najwyższych w Europie. Opracowano Program Opieki Perinatalnej w Polsce, który ma na celu kompleksowe ujęcie opieki perinatalnej, w tym współpracy interdyscyplinarnej (również psychologicznej, bazującej na badaniach empirycznych z zakresu psychologii perinatalnej).

bb. Masa urodzeniowa bliźniąt

Bliźnięta mają mniejszą wagę urodzeniową o około 30% (przy czym różnica ta zanika do czasu średniego dzieciństwa). Ciąża wielopłodowa rozwija się w warunkach organizmu kobiety, jakie są przeznaczone dla rozwoju jednego płodu. Z tego głównie powodu masa urodzeniowa noworodków-bliźniąt jest przeważnie niska (<2500g).

---

[46]   E. Pankiewicz, H. Konefał, (przyp. 27), s. 30.

[47]   B. Stoińska, M. Kosińska, D. Pietrzyka i in., *Rozwój somatyczny i psychoruchowy noworodków z bardzo małą urodzeniową masą ciała*, „Kliniczna Perinatologia i Ginekologia" 2006, t. 42, z. 3, s. 16–17.

[48]   H. Chrząstek-Spruch, B. Kulik-Rechberger, M. Kozłowska, *Rozwój fizyczny dzieci urodzonych z małą masą ciała*, „Zmienność biologiczna człowieka" 1996, nr 3, s. 7–14.

[49]   B. Stoińska, M. Kosińska, D. Pietrzyka i in., (przyp. 47), s. 20.

Mogą być różne przyczyny niskiej masy ciała: poród przedwczesny, niedożywienie w okresie prenatalnym i towarzyszące mu przewężenie naczyń krwionośnych, często spowodowane paleniem tytoniu przez matkę, lub inny problem prenatalny. H. Bee[50] podaje, że niemowlęta mające małą masę urodzeniową przy optymalnym czasie trwania ciąży, mają gorsze perspektywy rozwojowe niż dzieci o tej samej masie ciała, lecz ważące tyle, ile w danym tygodniu ciąży powinny ważyć.

f. Znaczenie kolejności urodzenia bliźniąt w parze

Jak twierdzi A. Słomko[51], powikłania w porodzie bliźniąt, szczególnie monozygotycznych (jednojajowych), wynikają z zaburzeń dynamiki czynności skurczowej macicy oraz trudności spowodowanych warunkami topograficznymi bliźniąt. Naprzemienne, wzajemne ułożenie płodów niesie niebezpieczeństwo urazu porodowego, spowodowanego zahaczeniem się główki jednego płodu o główkę drugiego. W trudniejszej sytuacji jest tu drugi płód, gdzie zmniejszenie ryzyka urazu wymaga aktywnego postępowania lekarskiego. Nieprawidłowe położenie płodów jest jednym z powodów częstszej umieralności drugiego z bliźniąt. Drugi bliźniak zwykle bardziej narażony jest na niedotlenienie mózgu, związane ze skurczową adaptacją macicy po porodzie pierwszego płodu oraz z zaburzeniami w utlenowaniu krwi wskutek uszkodzenia krążenia maciczno-łożyskowego. W wyniku obserwacji klinicznych, o których piszą Z. Ruszkowski i współautorzy[52] stwierdzono późniejsze podjęcie czynności oddechowej u drugiego bliźniaka, co przypisuje się przebytemu niedotlenieniu w czasie porodu. Wszystko to sprawia, że bliźniak urodzony jako pierwszy zazwyczaj jest w lepszej kondycji psychofizycznej niż dziecko zrodzone jako drugie. G. Orzechowska i A. Rozłucka[53] zauważyły, że dzieci urodzone jako drugie w parze bliźniąt są bardziej pobudliwe, płaczliwe, agresywne i lękliwe. Częściej niż bliźnięta urodzone jako pierwsze, wykazują mniejsze uzdolnienia szkolne, opóźnienia w rozwoju i nadwrażliwość emocjonalną. Dotychczasowe badania własne[54], w których monitoruję różnice tempa i rytmu ontogenetycznych zmian w postnatalnym rozwoju poznawczym bliźniąt w parach, potwierdzają, że bliźniak urodzony jako drugi w parze, częściej osiąga słabsze wyniki w rozwoju zdolności

---

50 H. Bee, *Psychologia rozwoju człowieka*, Wydawnictwo Zysk i S-ka, Warszawa 2004, s. 78.

51 A. Słomko, *Ciąża wielopłodowa*, [w:] tegoż, *Medycyna perinatalna*, t. I, PWN, Warszawa 1985, s. 549.

52 Z. Ruszkowski, J. Kempiak, G. Bręborowicz i in., *Odstęp czasowy między porodami bliźniąt a stan kliniczny II bliźniaka*, „Kliniczna Perinatologia i Ginekologia" 1993, t. 8, s. 159.

53 G. Orzechowska, A. Rozłucka, *Wychowanie bliźniąt w rodzinie*, „Problemy Opiekuńczo-Wychowawcze" 1991, nr 10, Dodatek: Przygotowanie do Życia w rodzinie, s. 151.

54 I. Gomółka-Walaszek, *Gotowość operacyjna bliźniąt 7-8 letnich*, „Kliniczna Perinatologia i Ginekologia" 1998, t. 24, s. 108–114; I. Gomółka-Walaszek, *Cognitive functioning of monozygotic twins*, „Gemellological Review" 2000, t. 1, s. 34–41; I. Gomółka-Walaszek, *Cognitive functioning of bizygotic twins*, „Gemellological Review" 2001, t. 2, s. 47–62; I. Gomółka-Walaszek, *Language competence of twins*, „Gemellological Review" 2002, t. 3, s. 153–164; I. Gomółka-Walaszek, *Social context of cognitive development of twins*, „Gemellological Review" 2003, t. 4, s. 51–58; I. Gomółka-Walaszek, O. Żaba, A. Walaszek, M. Sadzawicka, *Prenatal marker of cognitive capacity of twins*, „Gemellological Review" 2004, t. 5, s. 47–53.

poznawczych, zarówno werbalnych, jak i niewerbalnych. Natomiast dziecko urodzone jako bliźniak pierwszy w parze, jest silniejsze nie tylko pod względem fizycznym, ale także jest bardziej rozwinięte psychicznie niż drugi bliźniak. To sprawia, że rodzice mogą od początku traktować je odmiennie. Dziecko silniejsze jest bardziej aktywne i intensywniej niż to słabsze domaga się kontaktu z dorosłymi, w związku z czym otrzymuje więcej bodźców. Dzięki temu już od początku jest lepiej, intensywniej stymulowane, ma więc korzystniejsze warunki rozwoju i jego przewaga w diadzie utrwala się. Jak twierdzą R.W. Richardson i I.A. Richardson[55], jedno z bliźniąt — to starsze — szczególnie w sytuacjach, gdy jest mocniej zbudowane lub wyższe, może wejść w rolę starszego rodzeństwa i odnosić się do słabszego bliźniaka w sposób dominujący, co prowadzi do rozwoju u niego osobowości przywódczej. To z kolei może powodować tłumienie aktywności drugiego bliźniaka, który rozwija cechy osobowości uległej. Zagadnienie wpływu kolejności urodzenia bliźniąt w parach na ich cechy psychiczne przedstawiły Orzechowska i Rozłucka[56], badając zależność pomiędzy kolejnością urodzenia bliźniąt a ich rozwojem emocjonalnym, na który w dużym stopniu wpływa atmosfera panująca w rodzinie, postawy i uczucia dorosłych wobec obojga dzieci.

Zdaniem Z. Teoplitz[57], kiedy rodzą się bliźnięta, opiekunowie zmuszeni są do zaspakajania ich potrzeb w tym samym czasie i w zbliżony sposób w stosunku do obu dzieci. Może to jednak ulec zaburzeniu zwłaszcza w przypadkach, w których jedno z bliźniąt choruje i wymaga specjalnej opieki. Pomimo tego rodzice więcej czasu poświęcają bliźniętom urodzonym jako pierwsze, gdyż jak zauważa E. Bryan[58] naturalna jest skłonność rodziców do ukierunkowywania swych uczuć na zdrowszego bliźniaka. H. Kasten[59] twierdzi, że dzieje się tak dlatego, gdyż jest ono silniejsze, bardziej aktywne i domaga się kontaktu z rodzicami. Dlatego rodzice poświęcają mu więcej czasu. Sytuacja drugiego bliźniaka jest odwrotna i może prowadzić do zaburzeń emocjonalnych w jego późniejszym rozwoju.

Jeśli w rodzinach akcentuje się, które z bliźniąt urodziło się pierwsze, nawet jeśli różnica czasu jest niewielka, to jak piszą Richardson i Richardson[60], bliźnię starsze może przyjąć rolę najstarszego dziecka i traktować drugiego w sposób dominujący. Kolejność urodzenia bliźniąt w parach w rodzinie jest ważną zmienną wyznaczającą dziecku miejsce w jej strukturze oraz specyficzną rolę, jaką ma pełnić w grupie rodzinnej. Jest to jednak zupełnie inna sytuacja niż w przypadku

---

[55] R.W. Richardson, I.A. Richardson, *Najstarsze, średnie, najmłodsze. Jak kolejność narodzin wpływa na twój charakter*, GWP, Gdańsk 1999, s. 102.

[56] G. Orzechowaska, A. Rozłucka, (przyp. 53), s. 153.

[57] Z. Teoplitz, *Bliźnięta-identyczne czy różne? Problemy metodologiczne i wychowawcze*, „Psychologia wychowawcza" 1994, nr 1, s. 30–36.

[58] E. Bryan, *Przygotowanie rodziców do narodzin wieloraczków*, [w:] *Ciąża wielopłodowa*, red. H. Bęborowicz, W. Malinowski, E. Ronin-Walknowska, OWN, Poznań 2003, s. 255.

[59] H. Kasten, *Rodzeństwo*, Springer PWN, Warszawa 1997, s. 112.

[60] R.W. Richardson, I.A. Richardson, (przyp. 55), s. 115.

rodzeństwa w różnym wieku, gdyż nawet przy niewielkiej różnicy wieku we wczesnym okresie życia potrzeby dzieci są na tyle zróżnicowane, że rodzice zachowują się wobec nich w zupełnie różny sposób. Pozycja dziecka w rodzinie wyznaczona kolejnością urodzeń wywiera istotny wpływ na rozwój jego postaw w stosunku do siebie samego i innych ludzi oraz pomaga mu rozwinąć specyficzne wzory zachowania[61].

g. Optymalna różnica czasu urodzenia drugiego bliźniaka

W piśmiennictwie nie ma zgodności odnośnie do optymalnego okresu, w jakim powinien nastąpić poród drugiego bliźniaka. R. Klimek i współautorzy[62], cytując wielu badaczy podają, że za optymalny czas porodu drugiego bliźniaka uważa się okres nie dłuższy niż 15 minut, Weddsl i Hunter: 6–10 minut, a Taylor: 16–25 minut. Graves, dokonując bardzo szczegółowej analizy, stwierdził, że do 5 minut umieralność okołoporodowa wynosi 33%, a gdy poród wystąpił między 6 a 10 minut — 24%, 11 a 15 minut — 15,7%, 16 a 20 minut — 5,8%, powyżej 20 minut — 21,5%. Autor wyciąga stąd wniosek, że należy stosować drogę pośrednią, tzn. dążyć do urodzenia drugiego bliźniaka bez zbytniego pośpiechu, ale też nie przedłużać nadmiernie tego okresu. Podobnie uważa W. Malinowski[63] pisząc, że przez wiele lat panował pogląd, że odstęp czasu między porodem pierwszego i drugiego płodu w ciąży bliźniaczej nie powinien być dłuższy niż 30 minut. Tłumaczono to zmniejszaniem się przepływu maciczno-łożyskowego wraz z upływem czasu pozostawienia drugiego bliźniaka w macicy. Za optymalny czas był uważany odstęp wynoszący od 10 do 20 minut. Poród wcześniejszy (przed upływem 10 minut) bardzo często prowadził do urazu okołoporodowego, czego skutkiem był wysoki odsetek umieralności okołoporodowej drugiego płodu. W chwili obecnej, kiedy istnieje możliwość zastosowania ciągłego elektronicznego monitorowania stanu płodu w jamie macicy, wielkość odstępu między porodem pierwszego a drugiego bliźniaka nie ma już tak istotnego znaczenia praktycznego. Powinien on być limitowany stopniem zagrożenia pozostającego w macicy płodu. Interwencja położnicza w celu szybkiego urodzenia drugiego płodu powinna być podejmowana jedynie wówczas, kiedy pojawiają się objawy jego zagrożenia wewnątrzmacicznego. Spostrzeżenia te potwierdziły badania własne nad uwarunkowaniami rozwoju poznawczego bliźniąt[64].

---

[61] E. Hurlock, *Rozwój dziecka*, t. 2, PWN, Warszawa 1985, s. 172.

[62] R. Klimek, J. Janeczko, M. Mazanek-Mościcka i in., (przyp. 6), s. 121.

[63] W. Malinowski, *Ciąża wielopłodowa: diagnostyka, opieka przedporodowa, poród i połóg*, Łódzkie Towarzystwo Naukowe, Łódź 1997, s. 96.

[64] I. Gomółka-Walaszek, (przyp. 54).

3. Zagrożenia rozwojowe dzieci z ciąż wielopłodowych

a. Aspekt medyczny

Wielopłodowe ciąże wysokiego ryzyka postrzegane w medycynie jako patologiczny objaw narządu rodnego, powstają spontaniczne lub w wyniku stosowania technik wspomaganego rozrodu. W konsekwencji dzieci (rodzeństwa) rozwijające się równolegle w jednej ciąży są obarczone specyficznymi cechami prenatalnymi, m.in. niskim wiekiem ciążowym płodów (porodem przedwczesnym) i małą masą urodzeniową, częstszym rozwiązywaniem ciąży przez cięcie brzuszne, odstępem czasu urodzenia drugiego płodu (pozostającego jeszcze w środowisku wewnątrzmacicznym po urodzeniu pierwszego płodu, w którym jest już naruszona równowaga wymiany gazowej), a także często wyższym wiekiem matki.

Ciąża wielopłodowa to ciąża, w której odsetek okołoporodowej umieralności i zachorowalności płodów jest niestety nadal bardzo duży, od 7 do 10 razy większy niż dla ciąż z pojedynczym płodem. Wyniki badań cytowane przez Bręborowicza i współautorów[65] wykazały, że blisko 2/3 noworodków urodzonych z ciąż wielopłodowych w okresie poporodowym wymaga specjalistycznego nadzoru w Oddziale Intensywnej Opieki Medycznej. Niekorzystny odsetek umieralności okołoporodowej bliźniąt wynika nie tylko z częstszego występowania powikłań pojawiających się także w ciążach z pojedynczym płodem, lecz także z powikłań istniejących wyłącznie w ciąży wielopłodowej: dojrzałości biologicznej płodów zależnej od czasu trwania ciąży, porodu przedwczesnego, niskiej masy urodzeniowej noworodków, kolejności urodzeń bliźniąt w parze czy różnicy czasu urodzenia drugiego płodu. Poród przedwczesny (przed 37. tygodniem ciąży), ma miejsce w 30–60% porodów bliźniąt, natomiast ryzyko porodu przed ukończeniem 28. tygodnia ciąży wielopłodowej jest siedmiokrotnie wyższe w porównaniu z ciążami pojedynczymi i w konsekwencji występuje bardzo mała (1500g) lub skrajnie mała masa urodzeniowa płodów (<1000g). Ryzykiem porodu przedwczesnego mogą być zakażenia w czasie ciąży o różnej etiologii, które powodują uszkodzenia OUN płodu, a następnie noworodka, zwłaszcza niedojrzałego i z małą masą urodzeniowa, lecz także z powikłaniami istniejącymi wyłącznie w ciąży wielopłodowej (różnicy czasu urodzenia drugiego płodu, narażonego częściej na niedotlenienie OUN, w wyniku zaburzonej wymiany gazowej po urodzeniu pierwszego płodu i wynikającymi z tego powikłaniami zdrowotnymi i rozwojowymi).

Problemy i powikłania związane ze specyficznym przebiegiem tej ciąży, wymagają postrzegania jej jako ciąży wysokiego ryzyka. Wiąże się to z koniecznością zastosowania wobec wszystkich ciężarnych z rozpoznaną ciąża wielopłodową znacznie rozszerzonej opieki przed-, śród- i poporodowej. Stawianym niekiedy zarzutom, mówiącym o zbyt wysokich kosztach takiego postępowania, przeciwstawić można wyniki dowodzące, że koszt jednego dnia specjalistycznej, intensywnej terapii przedwcześnie urodzonego noworodka wynosi 1000 dolarów australijskich,

---

[65] G.H. Bręborowicz, W. Malinowski, (przyp. 29), s. 261.

w ciąży bliźniaczej kwota ta wynosić będzie 2000, a w trojaczej już 3000 dolarów. Skrócenie czasu pobytu bliźniąt w Oddziale Intensywnej Opieki Medycznej tylko o jeden dzień, pozwoli zwrócić wydatki poniesione na rozszerzoną opiekę przed-, śród- i poporodową. Należy dodać, że w obliczeniach tych nie zostały uwzględnione koszty wieloletniej opieki specjalistycznej, jakiej mogą wymagać dzieci obciążone uszkodzeniami okołoporodowymi, zawsze możliwymi przy porodach przedwczesnych, zdarzających się w ponad 50% ciąż wielopłodowych[66].

Pewnym zagrożenia jakości życia i rozwoju dzieci urodzonych z ciąż wielopłodowych po technikach rozrodu wspomaganego medycznie, jest niekorzystny aspekt biologiczny tej technologii, polegający na tym, że „gdyby nawet tak przygotować komórki i sztuczne dla zapłodnienia środowisko, by w 100% uzyskiwać zygoty, to nigdy nie da się zapewnić naturalnej selekcji w trakcie ich wędrówki przed zagnieżdżeniem"[67].

W przebiegu ciąż wielopłodowych częstotliwość występowania niekorzystnych wskaźników perinatalnych jest znacznie wyższa niż w przypadku ciąż pojedynczych. Może to być bezpośrednią, biologiczną przyczyną słabszych osiągnięć rozwojowych bliźniąt, a także — jak wynika z przeprowadzonych przeze mnie badań[68] nad sytuacją wychowawczą bliźniąt w rodzinie, której wskaźnikiem są nieprawidłowe postawy rodzicielskie — wtórnie determinować specyficznie niekorzystne społeczne warunki ich rozwoju poznawczego. Podłużne badania własne[69] predyktorów rozwoju poznawczego człowieka w prenatalnym i perinatalnym jego aspekcie, prowadzone przy udziale populacji bliźniąt, pokazują u nich odległe następstwa niekorzystnych cech perinatalnych także w rozwoju zdolności poznawczych.

b. Aspekt psychologiczny

Zdaniem K. Sawickiego[70] rodzice wieloraczków powinni pamiętać, że ich dzieci są opóźnione w rozwoju psychicznym i fizycznym w stosunku do nie-bliźniąt. Późno zaczynają mówić, początkowo są mniej sprawne ruchowo. Dlatego tak ważne jest zapewnienie im od pierwszego dnia życia odpowiedniej opieki. Odpowiedniej to znaczy takiej, której celem będzie wpojenie dziecku przekonania, że przede wszystkim jest istotą samodzielną, a dopiero potem bliźniakiem.

W badaniach warunków opiekuńczo-wychowawczych, jakie mają bliźnięta we współczesnej rodzinie[71] stwierdzono, że zachodzi związek między warunkami

---

[66] G.H. Bręborowicz, W. Malinowski, (przyp. 29), s. 9.

[67] R. Klimek, J. Janeczko, M. Mazanek-Mościcka i in., (przyp. 6), s. 122.

[68] I. Gomółka-Walaszek, *Sytuacja wychowawcza bliźniąt w rodzinie*, „Prace Naukowe AJD w Częstochowie. Seria Psychologia", z. XIV, Częstochowa 2007, s. 5–21.

[69] I. Gomółka-Walaszek, *Społeczny kontekst rozwoju poznawczego bliźniąt*, [w:] *Emocje i doświadczenia w rozwoju – filozoficzne i metodologiczne inspiracje*, red. Z. Łoś, „Psychologia rozwojowa" 2004, nr 3, s. 81–87.

[70] K. Sawicki, *Obywatelskie refleksje antropologa, dotyczące badań bliźniąt i ruchu bliźniąt*, „Kliniczna Perinatologia i Ginekologia" 1998, t. 24, s. 157–161.

[71] S. Kawula, *Warunki wychowawcze bliźniąt w rodzinie*, [w:] *Pedagogika rodziny. Obszary i panorama problematyki*, red. S. Kawula, J. Brągiel, W.A. Janke, Wydawnictwo Adam Marszałek, Toruń 2000, s. 109.

opiekuńczo-wychowawczymi rodziny, a zaznaczającymi się rolami społecznymi jakie przyjmują bliźnięta w rodzinie, ale zwłaszcza w szkole. Na role społeczne par bliźniąt składały się różnice między nimi w zakresie zachowania społecznego, postrzeganie przez nie postaw rodzicielskich (głównie matki), osiągnięcia szkolne bliźniąt (dydaktyczne i wychowawcze), siła lub dystans emocjonalny bliźniąt w różnych okresach życia oraz motywacja do nauki. Oceniono korzystnie, z wychowawczego punktu widzenia, emocjonalne ustosunkowanie matek wobec bliźniąt. W kontaktach tych nie stwierdzono zachowań odtrącających, odsuwania się matek od dzieci, czy unikania z nimi kontaktu. Przyjęto również za uzasadnione twierdzenie, iż bliźnięta różnią się między sobą w spostrzeganiu bliskości uczuciowej matek[72]. W opinii dzieci jedno z nich jest bardziej akceptowane przez matkę. Stwierdzono, iż istnieje tendencja do różnego traktowania bliźniąt przez matki w zakresie kontroli ich postępowania. W percepcji bliźniąt jedno z nich czuje się częściej kontrolowane, częściej też matka ingeruje w jego postępowanie, częściej stosuje przymus w wychowaniu.

Badania te wskazały również na statystycznie istotne zróżnicowanie bliźniąt w zakresie motywacji do nauki szkolnej. Matki dzieci ujawniających silną potrzebę osiągnięć, stawiają wyższe wymagania w zakresie ogólnej sprawności, częściej oceniają własne dzieci oraz stawiają więcej wymagań w zakresie zachowań niezależnych i częściej takie zachowania nagradzają. Motywacja bliźniąt do nauki szkolnej koresponduje z umiejętnością do bezkonfliktowego i nacechowanego altruizmem zachowania społecznego. Rodzice nie różnicują swej działalności opiekuńczo-wychowawczej wobec bliźniąt ze względu na typ i kolejność ich urodzenia, podejmując w swej działalności w sposób zadawalający wszystkie kierunki opieki i wychowania wobec pary bliźniąt. Różnice wykazują przy tym dość niską świadomość w zakresie opieki, rozwoju i wychowania bliźniąt w wieku szkolnym. Osiągnięcia szkolne bliźniąt kształtują się na dobrym poziomie w odniesieniu do innych dzieci. Przy tym nieco wyższe osiągnięcia wykazują bliźnięta jednojajowe. Poziom ten zaznacza się głównie w zakresie dydaktycznym, a słabiej w zakresie wychowawczym. Jest on uwarunkowany w dużej mierze wykształceniem matki oraz racjonalną działalnością pedagogiczną rodziców, zwłaszcza matki. We wszystkich etapach życia bliźniąt silniejszą więź emocjonalną akcentują bliźnięta jednojajowe. Osoby z tego typu bliźniąt uznają swe kontakty z bratem lub siostrą za częste i żywe w większej ilości przypadków niż bliźnięta dwujajowe, które określają je jako sporadyczne lub rzadkie[73].

Środowisko postnatalne wieloraczków różni się od środowiska dzieci urodzonych z ciąży pojedynczej. Bliźnięta tuż po urodzeniu wyglądają gorzej niż inne dzieci. Ponieważ często rodzą się przedwcześnie, ich reakcje społeczne pojawiają się później. Więcej czasu mija, zanim wyraźnie reagują na twarz matki. W rezultacie ich reakcje z dorosłymi od początku mogą być słabsze[74]. W okresie przedszkolnym bliźnięta współzawodniczą o zwrócenie na siebie uwagi dorosłych, naśladują siebie

---

[72] Por. I. Gomółka-Walaszek, (przyp. 68), s. 5–21.
[73] S. Kawula, (przyp. 71), s. 110.
[74] R.W. Richardson, I.A. Richardson, (przyp. 55), s. 119.

i przejawiają podobne uczucia w stosunku do innych osób. Rzadko współdziałają z innymi. Gdy są starsze, współdziałanie z innymi występuje częściej. Prawidłowy rozwój społeczny bliźniąt zgodnie z badaniami G. Orzechowskiej i A. Rozłuckiej[75] często zakłócany jest płaczem z błahych powodów, moczeniem się, trudnościami w nawiązywaniu kontaktów, agresją.

4. *In vitro* a ciąża wielopłodowa. Szansa czy zagrożenie rozwoju?

Podłużne badania własne predyktorów rozwoju poznawczego człowieka w prenatalnej i perinatalnej perspektywie, prowadzone przy współudziale bliźniąt, pokazują odległe następstwa cech perinatalnych w rozwoju zdolności poznawczych dzieci urodzonych z ciąż wielopłodowych, między innymi niskiego wieku ciążowego płodów i małej masy urodzeniowej w wyniku indukowania porodów przedwczesnych, częstszego rozwiązywania tych ciąż przez cięcie brzuszne, różnicy czasu urodzenia drugiego płodu, narażonego częściej na niedotlenienie OUN w wyniku zaburzonej wymiany gazowej po urodzeniu pierwszego płodu i wynikającymi z tego powikłaniami zdrowotnymi i rozwojowymi, a także wyższego wieku rodziców.

W przebiegu tych ciąż częstotliwość występowania wymienionych niekorzystnych wskaźników perinatalnych jest znacznie wyższa niż w przypadku ciąż pojedynczych. Może to być bezpośrednią, biologiczną przyczyną słabszych osiągnięć rozwojowych bliźniąt a także wtórnie determinować specyficznie niekorzystne społeczne warunki ich rozwoju poznawczego (nieprawidłowe postawy rodzinne).

Jakkolwiek ciąża wielopłodowa oznacza ryzyko przedwczesnego urodzenia noworodków o niskiej masie ciała i wystąpienia powikłań okołoporodowych (ryzyko deficytu wzrasta wraz z obniżeniem wskaźników dojrzałości biologicznej: czasu trwania ciąży i masy urodzeniowej noworodka), to techniki wspomaganego rozrodu są dla wielu małżeństw jedyną szansą urodzenia własnego dziecka. Technikę zapłodnienia pozaustrojowego *in vitro* stosuje się w przypadku nieodwracalnej nieprawidłowości w obrębie jajowodów. W przypadku niepłodności spowodowanej czynnikiem męskim, stosuje się techniki pochodne zapłodnienia pozaustrojowego:
— GIFT (ang. *Gamette Intrafallopian Transfer*) — metoda wewnątrzjajowodowego transferu gamet; zapłodnienie *in vivo* — w ciele (uważana przez wielu bioetyków Kościoła za spełniającą kryteria moralności);
— ZIFT (ang. *Zygote Intrafallopian Transfer*) — dojajowodowy transfer zygot;
— TET (ang. *Tubal Embryo Transfer*) — dojajowodowy transfer zarodków.

Dynamiczny rozwój ART to postęp w leczeniu niepłodności. W Polsce odsetek kobiet z rozpoznaną niepłodnością wynosi 15% (1,35 mln par małżeńskich), w innych krajach 13–18%. Częstotliwość ciąż wielopłodowych wzrasta na całym świecie i w Polsce stanowi obecnie około 3% wszystkich ciąż. Wzrost ten uwarunkowany jest: leczeniem niepłodności metodami farmakologicznymi — leczenie hormonalne

---

[75] G. Orzechowska, A. Rozłucka, (przyp. 53), s. 155.

— jak i technikami wspomaganego rozrodu, a także wzrastającym wiekiem pierwiastek
— są to najczęściej kobiety wykształcone i lepiej sytuowane.

Ciąże wielopłodowe stanowią jedno z możliwych powikłań rozrodu wspomaganego medycznie. Pociąga to za sobą ryzyko powikłań położniczych i neonatologicznych. Bardzo często kończy się porodem przedwczesnym: średni czas ciąży bliźniaczej wynosi 35,5 tygodnia, a wiele tych ciąż kończy się poronieniem lub porodem przed 28. tygodniem ciąży. Średnia masa urodzeniowa dzieci z ciąż bliźniaczych wynosi 2473g +/− 745g. 26,9% noworodków po ciążach mnogich wymaga późniejszej hospitalizacji i intensywnej opieki neonatologicznej (po ciążach pojedynczych 3,9%). Występuje tu podwyższona częstość wad wrodzonych u noworodków. U kobiet w ciąży mnogiej częściej występują powikłania w przebiegu ciąży, porodu i połogu — 23% (ciąże pojedyncze 13%).

R. Richardson i I. Richardson[76] uważają, że pierwsze bliźnię jako starsze przejmuje rolę dominanta w diadzie bliźniaczej, co może wtórnie powodować tłumienie aktywności bliźniaka drugiego. M. Kornacka[77] sądzi, że kolejność urodzenia nie wpływa na przyszły rozwój dzieci z ciąż wielopłodowych. M. Ropacka[78] (na podstawie wieloletnich doświadczeń w praktyce medycznej położnika-ginekologa i badaniach klinicznych) uważa, że w ciąży wielopłodowej występują powikłania, charakterystyczne tylko dla tego rodzaju ciąży: zespół przetoczenia krwi między płodami, bliźnięta niecałkowicie rozdzielone, ścieśnienie wewnątrzmaciczne, które pociąga za sobą niedostateczne przyswajanie przez płody składników odżywczych w środowisku prenatalnym. Może to być jedną z przyczyn słabszej aktywności tych dzieci w okresie postnatalnym. L.R. Ment[79] twierdzi, iż 50% dzieci urodzonych z masą ciała <1000g, w 8 roku życia wymaga odrębnego trybu nauczania, 20% uczęszcza do szkół specjalnych, a 15% nie kończy edukacji nawet w szkołach specjalnych.

Wśród dzieci z ciąż bliźniaczych 12% ma trudności w nauce, zaburzenia mowy, dysgrafię i dysleksję. Natomiast M.L. Ho, J.Y. Chen, U.P. Ling[80], H. Minakami, M. Sayama i Y. Honma[81] oraz J. Bernasko, L. Lynch i R. Lapiński[82] piszą, że dzieci pochodzące z ciąż uzyskanych droga zapłodnienia pozaustrojowego wykazują wyższy odsetek przeżywalności i lepszy rozwój w porównaniu z dziećmi z ciąż wielopłodowych poczętymi w sposób naturalny. Wiąże się to — zdaniem B. Pettersona

---

76 R.W. Richardson, I.A. Richardson, (przyp. 55), s. 120.
77 M.K. Kornacka, (przyp. 21), s. 369.
78 M. Ropacka, *Diagnostyka ultrasonograficzna ciąży wielopłodowej*, [w:] *Ciąża wielopłodowa*, red. G.H. Bręborowicz, W. Malinowski, E. Ronin-Walknowska, OWN, Poznań 2003, s. 72.
79 L.R. Ment, K.C. Schneider M. Ainley, W.C. Allan, *Adaptive mechanisms of developing brain*, „Clinics in Perinatology" 2000, nr 27, s. 305.
80 M.L. Ho, J.Y. Chen, U.P. Ling, *Changing epidemiology of triplet pregnancy: Etiology and outcome over twelve years*, „American Journal of Perinatology" 1996, nr 13, s. 269–275.
81 H. Minakami, M. Sayama, Y. Honda, *Lower risk of adverse outcome in twins conceived by artificial reproductive techniques compared with spontaneously conceived twins*, „Human Reproduction" 1998, nr 13, s. 2005.
82 J. Bernasko, L. Lynch, R. Lapiński, *Twin pregnancies conceived by assisted reproductive techniques: Materna and neonatal outcomes.* „Obstetrics & Gynecology" 1997, nr 89, s. 369.

i współautorów[83] prawdopodobnie z niższym odsetkiem ciąż jednokosmówkowych w przypadku zapłodnienia *in vitro*. Podobnie B.P. Fitzsimmons[84] stwierdził wyższą zachorowalność w podgrupie bliźniąt z naturalnego zapłodnienia (w porównaniu z podgrupą o zbliżonym odsetku dzieci urodzonych z ciąż powstałych po *in vitro*) spowodowaną powikłaniami ciążowymi, między innymi nadciśnieniem indukowanym ciążą, porodem przedwczesnym, cukrzycą ciężarnych. Podobnie lepszy rozwój dzieci uzyskanych drogą sztucznego zapłodnienia wykazali G. Holcberg i współautorzy[85] oraz D. Bider i współautorzy[86].

Niestety, dla badaczy z dziedzin nauk społecznych, w tym również psychologii, w badaniach dzieci urodzonych z ciąż wielopłodowych trudno jest pozyskiwać dane o sposobie uzyskania ciąży, z jakiej badane dzieci pochodzą. Informacje co do ART posiadają tylko rodzice i lekarz. W książeczkach zdrowia dzieci informacje te nie są zamieszczane.

Uważam jednak, że specyficzne cechy perinatalne dzieci urodzonych z ciąż wielopłodowych — również po ART — nie muszą przesądzać o pomyślności rozwoju poznawczego w ich postnatalnym rozwoju psychicznym. Dużo zależy tu od jakości środowiska wychowawczego i społecznego, w jakim dzieci się rozwijają. Pierwsze obserwacje realizowanego przeze mnie w ramach projektu badawczego dotyczącego znaczenia rodzaju interakcji opiekowania się w rozwoju psychoruchowym bliźniąt[87] wskazują, że indywidualne doświadczanie wpływu społecznego środowiska wychowawczego, analizowane w dwu kategoriach interakcji opiekowania się — społecznej i dydaktycznej — w kolejnych miesiącach życia dzieci, może modyfikować rokowniczo niekorzystny wpływ wskaźników biologicznych.

V. Społeczne środowisko postnatalne bliźniąt

1. Dostępność wymiany interakcyjnej

Według paradygmatu społeczno-kulturowego czy też kulturowo-historycznego J.S. Wygotskiego, rozwój świadomości człowieka dokonuje się za pośrednictwem wytworów kulturowych: narzędzi i znaków, czyli za pośrednictwem mowy. Podstawowym mechanizmem rozwoju psychicznego jest proces interioryzacji, który doprowadza

---

[83] B. Petterson, K.B. Nelson, L. Watson, *Twins, triples and cerebral palsy in births in Western Australia in the 1980*, BMJ 1993, nr 307, s. 1239.

[84] B.P. Fitzsimmons, M.W. Bebbington, M.R. Fluker, *Perinatal and neonatonal outcomes in multiple gestations: Assisted reproduction versus spontaneous conception*, „American Journal of Obstetrics & Gynecology" 1998, t. 179, s. 1163.

[85] G. Holcberg, Y. Bilae, H. Lewenthal, W. Insler, *Outcome of pregnancy in 31 triplet gestations*, „Obstetrics & Gynecology" 1982, nr 59, s. 474.

[86] D. Bider, A. Livshitz, I. Tur-Kaspa, *Incidence and perinatal outcome of multiple pregnancies after intracytoplasmic sperm injection compared to standard in vitro fertilization*, „Journal of Assisted Reproduction and Genetics" 1999, nr 16, s. 221–226.

[87] I. Gomółka-Walaszek, A. Walaszek, *Interakcje opiekowania się w rozwoju psychoruchowym bliźniąt*, „Perinatologia, Neonatologia i Ginekologia" 2008, t. 1, z. 4, s. 294–301.

do przekształcenia działań rzeczywistych (realnych), wykonywanych na materialnych przedmiotach, w czynności umysłowe. Zdaniem tego klasyka psychologii rozwoju człowieka „wszelka funkcja w rozwoju kulturowym dziecka pojawia się na scenie dwukrotnie, w dwóch płaszczyznach: najpierw społecznej, później psychologicznej, najpierw między ludźmi jako kategoria interpsychiczna, następnie w wewnętrznym przeżyciu dziecka jako kategoria intrapsychiczna"[88]. Wówczas działania realne dzięki kontaktom społecznym ulegają procesowi internalizacji i zmieniają się w czynności umysłowe (operacyjne). Dzieje się tak, ponieważ w wyniku interakcji społecznych ma miejsce oddziaływanie doświadczeń ze strony innych osób i udzielanie pomocy, na przykład poprzez zadawanie pytań, udzielanie odpowiedzi lub podawanie przykładów. Zatem kompetencje jednostki kształtują się i rozwijają w toku interakcji społecznych. Rozwój poznawczy człowieka wiąże się ściśle z nabywaniem przez niego języka, ponieważ język odgrywa istotną rolę we wszystkich interakcjach społecznych, a zwłaszcza w procesie nauczania. S. Meadows[89] pisze, że możliwość wzajemnej wymiany informacji między osobami o różnym poziomie rozwoju (doświadczenia indywidualnego, wynikających z tego kompetencji) przymusza uczestników tej interakcji do wzajemnego dopasowywania języka, co przypomina tezę J.S. Wygotskiego o wychowaniu rozwijającym.

W systemie teoretycznym J. Piageta[90] ważnym pojęciem jest inteligencja, którą uważa on za formę zachowania się przystosowawczego, rodzaj aktywności, która nie jest zdolnością wrodzoną, lecz rozwija się przybierając różną postać w kolejnych stadiach. Rozwój inteligencji poznawczej rozumiany jest przez tego badacza jako adaptacja struktur poznawczych do wymagań środowiska, również społecznego. Taka adaptacja zachodzi poprzez dwa dopełniające się procesy asymilacji i akomodacji. Asymilacja to proces, w którym nowy przedmiot lub idea zostaje zrozumiany w kategoriach pojęć lub czynności (schematy), jakie dziecko już zna. Akomodacja jest komplementarnym procesem, który umożliwia jednostce modyfikowanie pojęć i czynności tak, by pasowały one do nowych sytuacji, przedmiotów lub informacji. Bliźniacze procesy asymilacji i akomodacji trwają całe życie, w miarę jak adaptujemy nasze zachowanie i idee do zmieniających się warunków. Motorem rozwoju jest więc zdaniem J. Piageta dążenie organizmu do równowagi ze środowiskiem, która zależy zarówno od struktury organizmu, jak i od właściwości środowiska. Dojrzewanie anatomiczno-fizjologiczne organizmu i wpływy społeczno-kulturowe w procesie uczenia się jednostki prowadzą do zmian struktur umysłowych i rozwoju zdolności poznawczych.

Przedstawione podejścia do roli doświadczeń społecznych w rozwoju poznawczym nie wykluczają się wzajemnie. Różnica stanowisk J. Piageta i J.S. Wygotskiego na temat wpływu interakcji społecznych na rozwój poznawczy polega tylko

---

[88] J.S. Wygotski, *Myślenie i mowa*, PWN, Warszawa 1989, s. 245.

[89] S. Meadows, *Rozwój poznawczy*, [w:] *Psychologia rozwojowa*, red. P.E. Bryant, A.M. Dolman, Wydawnictwo Zysk i S-ka, Poznań 1993, s. 49.

[90] B.J. Wadsworth, *Teoria Piageta — poznawczy i emocjonalny rozwój dziecka*, Wydawnictwo WSiP, Warszawa, 1998, s. 261.

na rozłożeniu akcentów znaczenia roli wpływów społecznego środowiska wychowawczego na progres rozwoju psychicznego, głównie zaś intelektualnego.

Podobnie E.H. Erikson[91], używając pojęcia „aktualność" określa charakter zaangażowania i uczestniczenia człowieka w świecie. Aktualność jest specyficzna dla poszczególnych jednostek. Uzależniona jest od stadium rozwoju, indywidualnych uwarunkowań życiowych oraz procesów politycznych i historycznych. Aktualność ma więc charakter zmienny i indywidualny. Może być podzielana z innymi w przekazie pokoleniowym albo we wzajemnych interakcjach społecznych. Takie podzielanie aktualności jest koniecznym warunkiem dobrej relacji wychowawczej nie tylko w środowisku wychowawczym bliźniąt.

2. Wpływ społeczny na rozwój poznawczy bliźniąt

Mechanizmy poznawcze nie rozwijają się w próżni społecznej, a wprost przeciwnie — pojawiają się dzięki poddawaniu dziecka różnym rodzajom oddziaływania ze strony otoczenia, głównie w kontekście interakcji z innymi ludźmi. Fakt społecznego kontaktowania się jest istotnie ważny dla rozwoju spostrzeżeń, mowy czy myślenia. Dla operowania przedmiotem nazwanie go lub nie jest bez znaczenia. Nazwanie jest funkcją kontaktowania się, a mowa pełni w nim rolę pośrednika i powstaje ona z potrzeby dziecka dysponowania takimi pośrednikami umożliwiającymi kontaktowanie się. Spontanicznie właściwe jest dziecku jedynie bezładne wydawanie dźwięków. Cała specyfika kontaktowania się polega na tym, że jest ono niemożliwe bez uogólniania. Jedynym sposobem nawiązania kontaktu bez uogólnienia jest poprzedzający mowę gest wskazywania.

A.I. Brzezińska[92] cytując J.S. Wygotskiego podaje interpretacje struktury ludzkiego spostrzegania, którą autor ten proponuje wyrazić w postaci ułamka, w którym licznik to rzecz, a mianownik to sens. Jest to swoista relacja pomiędzy rzeczą i jej sensem. Rzecz dostępna jest dziecku sensorycznie, obrazowo, lecz sens powstaje w jego świadomości poprzez mowę, w trakcie wymiany interakcyjnej z dorosłym. Również w odniesieniu do języka istnieją przypuszczenia, że ten wymiar zachowania rodzicielskiego ma związek z rozwojem dziecka. Matki charakteryzujące się cechą „wtrącania się", tj. wymuszające na dziecku wykonywanie swych pomysłów stosując ogólnie styl oparty na rozkazywaniu, miały dzieci, których język rozwijał się stosunkowo powoli.

Epizody wspólnego zaangażowania i wrażliwość ze strony dorosłego mają najważniejsze znaczenie dla rozwoju języka. Jak to ujmuje G. Wells „dziecięce doświadczenie konwersacji powinno mieć miejsce w sytuacjach jeden do jednego"[93], w czasie których dorosły mówi o sprawach będących przedmiotem uwagi i zainteresowania dziecka.

---

[91] E.H. Erikson, *Play and actuality*, [w:] *A way of looking at things. Selected papers from 1930 to 1980*, red. S. Schlein, Wydawnictwo W.W. Norton, Nowy Jork 1987, s. 311–338.

[92] A.I. Brzezińska, T. Czub, G. Lutomski i in., *Dziecko w zabawie i w świecie języka*, Zysk i S-ka, Poznań 1995, s. 158.

[93] G. Wells, *The meaning makers*, Wydawnictwo Hodder and Stoughton, Londyn 1986, s. 211.

Analizując rolę i dostępność dorosłego jako wyznacznika w procesie rozwoju poznawczego dziecka, nasuwa się pytanie, czy i jaką rolę w rozwoju dziecka pełnią rówieśnicy, na ile ich rola różni się od tej, jaką w procesach tych pełnią osoby dorosłe? Jest to szczególnie widoczne, kiedy badane dzieci są bliźniakami. Wtedy trudniej jest matce rozdzielać swą uwagę niż w przypadku, kiedy dzieci są na różnym poziomie rozwojowym oraz mają różne wymagania i potrzeby. W badaniach M. Tomasello, A.C. Maulle i A.C. Kruger[94] w warunkach domowych dokonano obserwacji matek i sześciu par bliźniąt oraz dwunastu jedynaków w wieku na przełomie 1 i 2 roku życia. Matki bliźniąt znacznie rzadziej mówiły do każdego ze swych dzieci z osobna niż matki jedynaków, a w przypadku każdego bliźniaka z osobna epizody wspólnej uwagi trwały tylko część tego czasu, co u jedynaków. Mowa do bliźniąt miała również bardziej nakazowy charakter. Wyniki tych badaczy wyrażają charakter sytuacji bliźniąt i specjalne wymagania związane z takimi interakcjami w triadzie, zmuszające matkę do dzielenia swych ograniczonych możliwości między dwoje dzieci. Z tego powodu językowe środowisko bliźniąt jest inne i to właśnie może być przyczyną udokumentowanego już ich słabszego rozwoju językowego.

Wychowawcze środowisko postnatalne wieloraczków jest zupełnie inne niż dzieci z ciąż pojedynczych. Więzi emocjonalne pomiędzy nimi bywają zazwyczaj znacznie silniejsze od więzi łączących je z rodzicami. Dlatego najlepiej czują się i bawią we własnym towarzystwie. Naturalną potrzebę kontaktu z rówieśnikami zaspokajają wzajemnym zainteresowaniem. Bardzo często porozumiewają się pomiędzy sobą bez słów. Ich mowa rozwija się przeważnie później, gdyż przez długi okres czasu nie jest im niezbędna. Brak opieki matki rekompensują sobie stałą obecnością współbliźniaka, prezentującego porównywalny poziom rozwoju poznawczego i posiadającego doświadczenie indywidualne zebrane w tym samym obszarze społecznym. Taka sytuacja hamuje rozwój ich indywidualności.

3. Społeczny kontekst rozwoju kompetencji komunikacyjnej bliźniąt

W rozwoju kompetencji komunikacyjnej znaczącą rolę odgrywa kontekst społeczny oraz interakcje społeczne. G.W. Shugar pisząc, że „opanowanie języka ojczystego we wszystkich przypadkach — bez żadnego wyjątku — jest wynikiem wspólnej pracy dziecka i osób, które je otaczają"[95] stawia tezę, że dyskurs interakcyjny, nawet w jego pierwszych przejawach, powstaje jako wynik wspólnego działania, składającego się z wytwarzania i interpretowania wypowiedzi. Jest to proces, który zawsze przebiega w jakiejś strukturze społecznej. W strukturze pierwotnej, jaką jest układ dziecko – dorosły, małe dziecko stanowi „jeden człon pary" (diady) z partnerem

---

[94] M. Tomasello, A.C. Maulle, A.C. Kruger, *Linguistic environment of 1-to 2-year-old twins*, „Developmental Psychology" 1986, t. 22, s. 169–176.

[95] G.W. Shugar, *Współzależność procesu wytwarzania i interpretowania dyskursu*, [w:] *Studia z psychologii rozwojowej i psycholingwistyki*, red. M. Smoczyńska, Wydawnictwo UJ, Kraków 1998, s. 115.

dorosłym. Wymiana komunikacyjna między rodzicem i dzieckiem stanowi — zdaniem J.S. Brunera[96] — „kolebkę wszelkich użyć językowych".

M. Blank[97] akcentując rolę kontekstu społecznego i interakcji społecznych w rozwoju kompetencji komunikacyjnej zwraca uwagę, że sprawność językowa dziecka jest ściśle związana z jego rozwojem poznawczym. Matka, jako osoba inicjująca dialog, stawia dziecku pytania (wymagania) na różnym poziomie abstrakcji językowej. Aby dziecko mogło odpowiedzieć na pytania matki, musi ono posiadać różne sprawności językowe i poznawcze. Małe dziecko mówiące o jakimś zdarzeniu, formułuje swoją wypowiedź tak, jakby zdarzenie owo przebiegało w chwili obecnej, nawet jeśli tak nie jest. G.W. Shugar[98] twierdzi, że aby zrozumieć stwierdzenia dziecka, dorosły musi sięgnąć do własnego zbioru reprezentacji zdarzeń związanych z dzieckiem i znaleźć taki scenariusz, który by pasował do tego stwierdzenia. Zatem udział dorosłego, który domyślił się, jaki jest związek między semantyczną treścią wypowiedzi dziecka a jej sytuacją odniesienia — zdecydował o komunikatywnej odpowiedniości i skuteczności dyskursu. Istota rozwoju tej sprawności polega więc z jednej strony na wytwarzaniu a z drugiej na interpretowaniu przez dorosłego (rodzica) wypowiedzi dziecka. Jest to proces dokonujący się w dwóch umysłach, dzięki któremu nie tylko wypowiedzi dziecka nadany zostaje sens i realność treści, ale także to nadane znaczenie staje się wspólne dla wszystkich uczestników dyskursu. Dostarczona dziecku wersja interpretacji jego wypowiedzi pozwala mu na odebranie zwrotne własnej myśli w przetworzonej w społecznie zrozumiałą wersję słowną. Jeśli więc pozbawimy dziecko możliwości udziału w dyskursie w relacji dorosły – dziecko, a tylko — jak w przypadku np. bliźniąt — występują one częściej we wzajemnej relacji, to wytwarzanym przez jednego bliźniaka wypowiedziom zabraknie drugiego członu procesu, tj. ich interpretacji. Nie pozwala to wyjść bliźniakowi poza uchwytną sytuację tu i teraz, zmniejsza możliwości czerpania doświadczeń interpersonalnych z osób dorosłych, których doświadczenie i kompetencje mogłyby redukować konflikt poznawczy. Hamuje to progres w rozwoju poznawczym dzieci, w tym szczególnie myślenia i zdolności językowych.

4. Sytuacja wychowawcza w rodzinie bliźniąt

Ciąża wielopłodowa niesie ze sobą szereg zagrożeń natury fizjologicznej i psychologicznej, zarówno w okresie prenatalnym jak i postnatalnymi ze względu na niebezpieczeństwo wystąpienia powikłań i dlatego powoduje specyficzne warunki rozwojowe i wychowawcze bliźniąt w rodzinie. Niekorzystne konsekwencje dla rozwoju płodów bliźniaczych wynikają z niskiej masy ciała, przedwczesnego porodu i obejmują wiążące się z tym wczesne i odległe następstwa wcześniactwa.

---

[96] J.S. Bruner, *Child's talk: Learning to use language*, Oxford University Press, Oxford 1983, s. 98.

[97] M. Blank, E. Franklin, *Dialogue with preschoolers: A cognitively-based system of assessment*, „Applied Psycholinguistics" 1980, nr 1, s. 130.

[98] G.W. Shugar, (przyp. 95), s. 115.

Następstwa porodów bliźniąt mają wpływ na całą rodzinę, toteż stały się przedmiotem zainteresowania nie tylko nauk medycznych, ale również nauk psychologicznych i pedagogicznych, zajmujących się rozpatrywaniem aspektu wychowawczego bliźniąt w rodzinie. Jak pisze Teoplitz[99], środowisko prenatalne obu bliźniąt nie jest identyczne. Różnice zależą od położenia płodów, które warunkuje możliwości wzrostowe, od rodzaju ciąży wielorakiej, gdyż każda z nich stwarza inne warunki rozwojowe oraz innych czynników zakłócających lub wspomagających rozwój tylko jednego z bliźniąt, a także od specyficznej sytuacji wychowawczej, jaką stwarza bliźniactwo. Środowisko postnatalne wieloraczków jest także zupełnie inne niż dzieci z ciąż pojedynczych, szczególnie w aspekcie wychowawczym. Wynika to między innymi z tego, że bliźnięta muszą się dzielić czasem i uwagą rodziców. Słabsza lub silniejsza kondycja jednego z bliźniąt i wymuszona tym postawa rodziców w zależności od skupienia ich uwagi i poświęcenia większej ilości czasu jednemu z nich bywa zaburzająca, gdyż może ono wówczas myśleć, że rodzice faworyzują to dziecko. Zarówno u słabszego, jak i silniejszego dziecka może rozwinąć się wówczas poczucie dyskryminacji i krzywdy. Postawy rodziców wobec ciąży mnogiej, która jest często zaskoczeniem, odbijają się na ich zachowaniu i pośrednio wpływają na rozwój dzieci. Postawy rodzicielskie wykształcone w tym czasie stanowią istotny czynnik wyznaczający postawę wobec urodzonych bliźniąt oraz wobec ról rodzicielskich.

5. Psychologiczne konsekwencje ciąży wielopłodowej i ich wpływ na powstawanie postaw rodzicielskich

Fizyczne zagrożenia związane z ciążami mnogimi spotęgowane są przez szereg zagrożeń o charakterze psychologicznym. Zdaniem E. Bryan[100] wynika to między innymi z tego, że ciąża wielopłodowa nigdy nie jest przez rodziców planowana, nawet wówczas, gdy podejmują oni decyzję o poddaniu się leczeniu niepłodności. Stany emocjonalne u kobiet spodziewających się bliźniąt mogą stanowić istotny czynnik psychologicznego ryzyka dla dzieci. Jak pisze W. Malinowski[101], wiadomość, że spodziewają się większej liczby dzieci, jest dla nich dużym zaskoczeniem, a nawet szokiem psychicznym. U matek, które urodziły bliźnięta występuje istotnie wyższy poziom niepokoju. Obawy o szereg powikłań w przebiegu ciąży i porodu oraz konieczność zmiany dotychczasowego trybu życia są często przyczyną stresu i niewydolności emocjonalnej matki.

Zdaniem E. Hurlock[102] przeżycia stresowe przyszłej matki wieloraczków mogą być spowodowane wieloma czynnikami, zarówno szokiem psychicznym wynikającym z pojawienia się bliźniąt oraz zagrożeń, jakie niesie ze sobą ciąża mnoga lub też faktem, że dziecko jest niechciane.

---

[99] Z. Teoplitz, (przyp. 57), s. 32.
[100] E. Bryan, (przyp. 58), s. 253.
[101] W. Malinowski, (przyp. 63), s. 99.
[102] E. Hurlock, (przyp. 61), s. 175.

Dla matki źródłem przeżyć stresowych mogą stać się także sytuacje wynikające z przyczyn pośrednich związanych z dzieckiem, jak zdrowie matki, jej obawy czy sobie poradzi, troska o stan materialny rodziny, oraz napięte stosunki małżeńskie. Stres wpływa zaburzająco na układ wydzielania wewnętrznego matki, a związane z nim negatywne konsekwencje zostają przeniesione do środowiska prenatalnego macicy i określają warunki wpływające na rozwój dziecka. Im dłuższy jest czas utrzymywania stanu niepokoju, tym większa szkodliwość dla rozwoju płodu. Znaczenie negatywnych stanów emocjonalnych matki i ich szkodliwość dla rozwoju płodów, zwłaszcza kiedy stany stresowe utrzymują się przez dłuższy czas, stanowi istotny czynnik także w kształtowaniu się postaw i nastawienia w stosunku do dzieci. Ponieważ określone warunki wywołujące stany stresowe u przyszłej matki w okresie prenatalnym, oddziałują bardziej w sposób stały niż zmienny, można przypuszczać, że stres, który rozwija się w okresie prenatalnym, ma tendencję do przetrwania po urodzeniu dziecka. Może to mieć wpływ na ukształtowanie się nieżyczliwych postaw osób znaczących, przede wszystkim rodziców i rodzeństwa wobec wieloraczków. Jeśli rodzice, a zwłaszcza matka, będą mieć negatywny stosunek do ciąży mnogiej, wówczas taka postawa prawdopodobnie się utrwali i będzie rzutowała na sposób traktowania dzieci, po ich urodzeniu. Kiedy dzieci odczują, jaka jest postawa rodziców wobec nich, będzie to miało wpływ na ich stosunek do rodziców. Postawy nieprzychylne ukształtowane w okresie prenatalnym, wynikające ze stresu związanego ze świadomością zagrożeń ciąży wielopłodowej i mogą stać się mniej nieżyczliwe lub życzliwe, w miarę rozwoju i dorastania bliźniąt. Rodzice, którzy czuli się nieszczęśliwi i przerażeni dodatkową pracą związaną z opieką nad bliźniętami we wczesnych latach ich życia, po porodzie i w trakcie sprawowania pieczy rodzicielskiej nad nimi mogą zmienić swoje nastawienie i zacząć je bardziej akceptować.

Również według R. Richardsona i I. Richardson[103] dodatkowy niepokój rodziców bliźniąt rozpoczyna się przed ich porodem. Matka może się martwić, że jedno z nich umrze już w jej łonie lub że nie będzie wstanie donosić ciąży, by oba bliźnięta urodziły się zdrowe. Większość bliźniąt bowiem rodzi się wcześniej, z mniejszą masą urodzeniową i zamiast być z matką musi przebywać w inkubatorze.

Zdaniem E. Bryan[104] matki, które po porodzie zostaną nawet na kilka dni oddzielone od jednego lub obu bliźniąt znacznie trudniej wiążą się z nim lub z nimi psychicznie. Jeśli do inkubatora trafia jedno z nich zdarza się matce zapomnieć o nim jednocześnie nawiązując silniejszą więź emocjonalną z tym, które ma przy sobie. Nawet wówczas, gdy oba noworodki przez cały czas przebywają przy matce może mieć ona problemy w nawiązaniu równie dobrego kontaktu z obojgiem, gdyż zdarza się, że podświadomie preferuje tylko jedno z nich. Brak bliskiego kontaktu po porodzie może negatywnie wpłynąć na wczesny proces tworzenia się więzów emocjonalnych i przyczynić się do powstania poczucia dystansu między rodzicami i bliźniętami.

---

[103] R.W. Richardson, I.A. Richardson, (przyp. 55), s. 121.
[104] E. Bryan, (przyp. 58), s. 255.

Kilkuletnie podłużne badania własne predyktorów rozwoju poznawczego człowieka w prenatalnym i perinatalnym jego aspekcie, prowadzone metodą bliźniąt, pokazują odległe następstwa cech perinatalnych w rozwoju zdolności poznawczych dzieci urodzonych z ciąż wielopłodowych: myślenia logicznego[105], procesów percepcyjnych, koordynacji wzrokowo-ruchowej[106], lateralizacji, wnioskowania przyczynowo-skutkowego[107], sprawności językowej i zdolności komunikacyjnych[108], pamięci[109] oraz wewnętrznych i środowiskowych zagrożeń w rozwoju inteligencji poznawczej[110]. W projekcie tym analizowałam znaczenie dla poznawczego rozwoju postnatalnego takich cech perinatalnych jak: niskiego wieku ciążowego noworodków i ich małej masy urodzeniowej, indukowanych porodów przedwczesnych, częstszego rozwiązywania tych ciąż przez cięcie brzuszne, zbyt małej lub zbyt dużej różnicy czasu urodzenia drugiego bliźnięcia, narażonego częściej na niedotlenienie OUN w wyniku zaburzonej wymiany gazowej po urodzeniu pierwszego bliźnięcia, a także wyższego wieku życia rodziców. Badania wykazały, iż w przebiegu ciąż wielopłodowych częstotliwość występowania wymienionych niekorzystnych wskaźników perinatalnych jest znacznie wyższa niż w przypadku ciąż pojedynczych. Może to być bezpośrednią, biologiczną przyczyną słabszych osiągnięć rozwojowych bliźniąt a także wtórnie determinować specyficznie niekorzystne warunki społecznego środowiska wychowawczego dla ich rozwoju poznawczego (słabo stymulacyjne otoczenie społeczne w warunkach życia rodzinnego oraz niekorzystne postawy rodzinne[111]).

VI. Podsumowanie

Wołczyński i współautorzy[112] szacują, że od urodzenia w 1978 roku Louise Brown — pierwszego dziecka po ICSI (*Intracytoplasmic sperm injection*) — na całym świecie urodziło się ponad milion dzieci dzięki zastosowaniu technik rozrodu wspomaganego medycznie. Najnowsze techniki stają się coraz mniej naturalne i wciąż mało jest informacji z badań podłużnych o rozwoju psychicznym dzieci urodzonych dzięki technikom rozrodu wspomaganego medycznie. Nie ma bowiem obowiązku zamieszczania w dokumentacji medycznej (książeczkach zdrowia dziecka) adnotacji o warunkach powstania ciąży. Utrudnia to naukowcom z dziedziny nauk społecznych (psychologia, pedagogika, socjologia) skutecznego określenia próby badawczej

---

[105] I. Gomółka-Walaszek, *Gotowość operacyjna bliźniąt 7–8 letnich*, (przyp. 54), s. 108–114.

[106] I. Gomółka-Walaszek, *Cognitive functioning of monozygotic twins*, (przyp. 54), s. 34–41.

[107] I. Gomółka-Walaszek, *Cognitive functioning of bizygotic twins*, (przyp. 54), s. 47–62.

[108] I. Gomółka-Walaszek, *Language competence of twins*, (przyp. 54), s. 153–164.

[109] I. Gomółka-Walaszek, (przyp. 69), s. 81–87.

[110] I. Gomółka-Walaszek, *Zagrożenia w rozwoju perinatalnym dzieci z ciąż wielopłodowych i konsekwencje w ich postnatalnym rozwoju poznawczym*, [w:] *Problemy marginalizacji dzieci i młodzieży*, red. I. Gomółka-Walaszek, E. Napora, A. Woźniak-Krakowian, Wydawnictwo AJD, Częstochowa 2009, s. 267–321.

[111] I. Gomółka-Walaszek, A. Walaszek, *Parents' attitudes as perceived by twins*, „Gemellological Review" 2005, t. 6, s. 71–78; I. Gomółka-Walaszek, (przyp. 68), s. 5–21.

[112] S. Wołczyński, M. Zbuka, M. Leśniewska, (przyp. 20), s. 51.

dzieci urodzonych dzięki *in vitro*, co niewątpliwie może determinować rzetelność zbierania materiału empirycznego i trafność wnioskowania z wyników badań.

Powyższe rozważania wykazały, że uzyskanie ciąży i urodzenie dziecka w wyniku *in vitro* lub innych technik rozrodu wspomaganego medycznie oprócz radości, spełnienia, samorealizacji, zadowolenia, satysfakcji — niesie z sobą wiele problemów medycznych, zdrowotnych, etycznych, społecznych, prawnych, emocjonalnych, edukacyjnych. Z kolei przeżycia osób dotkniętych niepłodnością, a pragnących mieć własne dziecko i z tego powodu poddających się *in vitro* lub innej technice rozrodu wspomaganego medycznie, stanowią jeden z psychologicznych wymiarów ich poczucia jakości życia[113]. Czy zatem, pożądana i oczekiwana ciąża, dla tych par jest dobrem, którego samo osiągnięcie poprawi ich poczucie jakości życia?

Definiując szczęście, W. Tatarkiewicz[114] jeden z jego zakresów rozumie właśnie jako posiadanie dóbr. Z kolei R. Derbis[115] zakłada, że brak czegoś (np. uzyskania ciąży w naturalny sposób i urodzenie z niej własnego dziecka), nie musi oznaczać dla oczekujących par, nieszczęścia. Szczęście w pewnym stopniu zależy od tego, jakie są proporcje stanu posiadania człowieka do tego, co mają inni. Zatem jeśli zgodzimy się, że tak doświadczane szczęście mieści się w rozległym obszarze doświadczania jakości życia[116] — to można przyjąć, że leczenie niepłodności metodą *in vitro*, jest dla par poddających się tej procedurze medycznej, subiektywnym doświadczaniem jakości życia, czyli poczuciem jakości życia[117].

Izabela Gomółka-Walaszek

The *in vitro* technique in the context of quality of life of children and their parents

This article is an attempt to draw attention to possible threats to pregnancies achieved by the *in vitro* technique. A frequently occurring complication here is multi-fetal pregnancy, which is treated by specialists in gynecology, obstetrics, and neonatology as a high prenatal risk. Both the course of pregnancy and delivery may be sources of irregularities in prenatal development, and may also have later consequences in postnatal development. On the other hand, the desire to have one's own children is a psychological dimension of quality of life for infertile people who undergo *in vitro* fertilization.

---

[113] S. Kowalik, *Temporalne uwarunkowania jakości życia*, [w:] *Psychologiczne i pedagogiczne wymiary jakości życia*, red. A. Bańka, R. Derbis, Wydawnictwo UAM oraz Wydawnictwo WSP, Poznań – Częstochowa 1994, s. 44.

[114] W. Tatarkiewicz, *O szczęściu*, Wydawnictwo Naukowe PWN, Warszawa 2003, s. 179.

[115] R. Derbis, *Szczęście w życiu biednych i bogatych*, [w:] *Jakość życia od wykluczonych do elity*, red. R. Derbis, Wydawnictwo AJD, Częstochowa 2008, s. 119.

[116] R. Derbis, (przyp. 115), s. 120.

[117] J. Czapiński, *Psychologia pozytywna. Nauka o szczęściu, zdrowiu, sile i cnotach człowieka*, Wydawnictwo Naukowe PWN, Warszawa 2005, s. 90.

Mateusz Badowski

Dostęp do informacji przestrzennej a jakość życia — analiza prawno-porównawcza

I. Wprowadzenie

Dostęp do informacji przestrzennej może wspierać działania jednostki w życiu prywatnym (np. dzięki korzystaniu z nawigacji satelitarnej w samochodzie, bądź podczas planowania ścieżki spaceru czy podróży zagranicznej), gospodarczym (tworzenie nowych technologii i powstawanie nowych miejsc pracy), jak i zawodowym (planowanie logistyczne, wstępna ocena lokalizacji i wyglądu nieruchomości za pomocą usług danych przestrzennych). Jednakże istnienie niektórych usług danych przestrzennych niesie za sobą również nowe, dotychczas nieznane zagrożenia. Do takich usług należy np. oferowana przez Google Inc. funkcja Google Maps i Google Earth. Usługa ta umożliwia dostęp do panoramicznych zdjęć ulic i innych miejsc publicznych, z możliwością wyszukiwania konkretnej nieruchomości. Udostępnienie takiej funkcji, jakkolwiek bardzo pomocnej, niesie ze sobą niebezpieczeństwa np. w odniesieniu do autonomii informacyjnej, jak i ochrony sfery prywatnej osoby. Wspomniane zagrożenia mogą wpływać niekorzystnie na poczucie bezpieczeństwa oraz komfort psychiczny jednostki, a przez to bezpośrednio na jakość jej życia.

Niniejsze opracowanie w pierwszej części ukazuje trudności legislacyjne związane z szeroko rozumianym prawem informacyjnym. W drugiej natomiast koncentruje się na niektórych zagrożeniach związanych z powszechną dostępnością danych i usług danych przestrzennych na przykładzie wydanego w Niemczech kodeksu ochrony danych osobowych w usługach danych przestrzennych.

II. Informacja i dane w systemie prawnym

1. Zasady techniki prawodawczej a jakość życia

Precyzja, jednoznaczność i jasność przepisów prawnych ma niebagatelny wpływ na poczucie bezpieczeństwa prawnego, a przez to jakość życia jednostki. Stąd zasada dostatecznej określoności i wynikający z niej wymóg precyzji definicyjnej stanowi jeden z filarów demokratycznego państwa prawnego[1]. Zgodnie z tą zasadą, przepisy prawne powinny być formułowane w sposób zrozumiały i jednoznaczny[2], a używane w aktach prawnych określenia powinny być zdefiniowane w sposób niepozostawiający wątpliwości[3], przede wszystkim wtedy, gdy są one wieloznaczne lub nieostre[4].

2. Legalne definicje pojęcia informacji

Znaczenia pojęcia informacji, jej rodzajów oraz innych terminów z nimi związanych, jak np. społeczeństwa informacyjnego, nie są rozumiane jednolicie i przez to są niejasne. Ich zdefiniowanie wydaje się być niesłychanie trudnym zadaniem, przez niektórych autorów uważanym wręcz za niemożliwe do wykonania[5]. Szczególne problemy stwarza interdyscyplinarność terminu informacja, jak również definicyjne odróżnienie od innych używanych pojęć, jak dane czy dokument. Wydaje się, iż łatwiej jest określić, czym informacja nie jest, niż stworzyć jej pozytywną definicję[6].

Trudności terminologiczne związane z pojęciem informacji można zaobserwować na przykładzie definicji zawartych w wybranych aktach prawnych, zarówno europejskich, jak i krajowych. Niektóre z tych aktów prawnych, mimo iż w tytule odnoszą się do pojęcia informacji, w tekście posługują się określeniami zastępczymi, jak dokument czy dane[7]. I tak dyrektywa w sprawie ponownego wykorzystywania informacji

---

[1]   B. Banaszak, *Prawo konstytucyjne*, C.H. Beck, Warszawa 2008, s. 233, nb. 179, pkt 5.

[2]   P. Sarnecki (red.), *Prawo konstytucyjne Rzeczypospolitej Polskiej*, C.H. Beck, Warszawa 2005, s. 75, nb. 109.

[3]   Por. § 6 Zasad techniki prawodawczej, Załącznik do Rozporządzenia Prezesa Rady Ministrów z 20.06.2002 r. w sprawie „Zasad techniki prawodawczej", Dz.U. z 2002 r., nr 100, poz. 908.

[4]   Por. § 146 Zasad techniki prawodawczej, (przyp. 3).

[5]   M. Kloepfer, *Informationsrecht*, C.H. Beck, Monachium 2002, s. 24, nb. 52; W. Hoffmann-Riem, *Verwaltungsrecht in der Informationsgesellschaft — Einleitende Problemskizze*, [w:] *Verwaltungsrecht in der Informationsgesellschaft*, red. W. Hoffman-Riem, E. Schmidt-Aßmann, Nomos Verlagsgesellschaft, Baden-Baden 2000, s. 10.

[6]   W niemieckiej literaturze powszechne jest powoływanie się na definicję informacji Norberta Wienera, stanowiącą, iż informacja jest informacją, nie materią, bądź energią, np. B. Zumpe, *Öffentlichkeit staatlicher Informationen. Dargestellt am Beispiel der Informationsfreiheitsgesetze des Bundes und der Länder*, Drezno 2007, s. 7.

[7]   Należy podkreślić, iż w tym względzie występują różnice w odniesieniu np. do tłumaczenia aktów prawa europejskiego na poszczególne języki. Gdy w polskim tłumaczeniu mowa jest o „infrastrukturze informacji przestrzennej", niemiecki tekst dyrektywy posługuje się pojęciem „infrastruktury danych przestrzennych" (Geodateninfrastruktur); por. tytuły dyrektywy 2007/2/WE Parlamentu Europejskiego i Rady z 14.03.2007 r. ustanawiającej infrastrukturę informacji przestrzennej we Wspólnocie Europejskiej, Dz.Urz. UE z 2007 r., nr L 108/1 (dyrektywa INSPIRE).

sektora publicznego[8] nakazuje państwom członkowskim udostępnianie dokumentów będących w posiadaniu organów sektora publicznego. Podobna sytuacja ma miejsce w odniesieniu do dyrektywy ustanawiającej infrastrukturę informacji przestrzennej we Wspólnocie Europejskiej, która reguluje dostęp do danych przestrzennych[9].

Jedną z możliwych metod posługiwania się pojęciem informacji w aktach prawnych jest uznawanie go za pojęcie znane i niewymagające zdefiniowania. W takich przypadkach określana jest najczęściej forma informacji oraz ograniczany zakres tematyczny. Taki sposób definiowania pojęcia informacji (niejako *ignotum per ignotum*) charakteryzuje na przykład dyrektywę w sprawie publicznego dostępu do informacji dotyczących środowiska. Przedstawia ona pojęcie informacji o środowisku, jako informację w formie pisemnej, wizualnej, dźwiękowej, elektronicznej lub innej formie materialnej, dotyczącą określonych czynników bądź elementów środowiska[10].

Polski ustawodawca również nie zdecydował się na podjęcie próby legalnego zdefiniowania samego pojęcia informacji, a jedynie jednego z jej rodzajów, tj. informacji publicznej, jako informacji o sprawach publicznych[11]. Wspomniany brak precyzji nie jest bynajmniej jedynym powodem, powszechnej krytyki tej definicji w literaturze przedmiotu[12]. Natomiast niemiecki ustawodawca w federalnej ustawie o dostępie do informacji publicznej definiuje informację (urzędową) jako każdy sporządzony do celów urzędowych zapis (*Aufzeichnung*) niezależnie od metody jego zachowania[13].

3. Doktrynalne definicje informacji

Jurysprudencja w zdecydowanie większym stopniu niż ustawodawca podejmuje próby wyjaśnienia pojęcia informacji. Biorąc pod uwagę nowszą literaturę przedmiotu, N. de Lange definiuje informację jako wiadomość w połączeniu z jej znaczeniem dla odbiorcy[14]. Przy czym zdaniem tego autora, wiadomość to skończony ciąg sygnałów łącznie z ich przestrzennym, jak i czasowym przyporządkowaniem, które zostały zestawione zgodnie z wcześniej przyjętymi regułami. Natomiast sygnały to elementarne, dające się rozpoznać zmiany, jak np. ton, mimika, sygnał świetlny, ruch, impuls elektryczny. Z kolei dane N. de Lange definiuje jako zbiory znaków lub powtarzających się funkcji, które na podstawie konwencji tworzą

---

8 Por. art. 1 preambuły i art. 1 ust. 1 tekstu dyrektywy 2003/98/WE Parlamentu Europejskiego i Rady z 17.11.2003 r. w sprawie ponownego wykorzystywania informacji sektora publicznego, Dz.Urz. UE z 2003 r., nr L 345/90.

9 Por. art. 3 ust. 1 i 2 dyrektywy INSPIRE.

10 Por. art. 2 ust. 1 dyrektywy 2003/4/WE Parlamentu Europejskiego i Rady z 28.01.2003 r. w sprawie publicznego dostępu do informacji dotyczących środowiska i uchylającej dyrektywę Rady 90/313/EWG, Dz.Urz. UE z 2003 r., nr 041/26.

11 Por. art. 1 ust. 1 ustawy z 6.09.2001 r. o dostępie do informacji publicznej (u.d.i.p.).

12 T. Aleksandrowicz, *Komentarz do ustawy o dostępie do informacji publicznej*, LexisNexis, Warszawa 2008, s. 94.

13 § 2 ust. 1 Gesetz zur Regelung des Zugangs zu Informationen des Bundes z 5.09.2005 r., BGBl. I, s. 2722, (Informationsfreiheitsgesetz, IFG).

14 N. de Lange, *Geoinformatik in Theorie und Praxis*, Springer, Heidelberg 2013, s. 11–12.

informację. G. Szpor po przeprowadzeniu badań interdyscyplinarnych zaproponowała zdefiniowanie informacji jako przenaszalnego dobra niematerialnego zmniejszającego niepewność. Natomiast dane, zdaniem tej autorki, to znaki, nadające się do przetwarzania na nośnikach fizycznych, mające zerową wartość informacyjną[15].

Na podstawie przedstawionych rozważań można przyjąć, iż na informację zawierającą „ładunek" zmniejszający niepewność składają się dane nieposiadające wartości informacyjnej. Rozróżnienia te, jak ukazują przykłady związane z legalną definicją informacji, nie mają jednakże większego znaczenia praktycznego, lecz przede wszystkim doktrynalne[16].

4. Przetwarzanie informacji

Interdyscyplinarna definicja zaproponowana przez G. Szpor implikuje opłacalność przetwarzania informacji, ponieważ zmniejszenie niepewności może mieć miejsce jedynie, gdy przekaz jest prawdziwy. Prawdziwa wiadomość, interoperacyjna[17], aktualna i pewna, może być uznana za bardzo „wartościowy surowiec"[18], który warto przetwarzać.

Przetwarzanie w tym kontekście należy rozumieć szeroko, jako wszelkie operacje dokonywane na informacjach, czyli ich zbieranie, utrwalanie, przechowywanie, opracowywanie, zmienianie, udostępnianie oraz usuwanie[19]. Zgodnie z zasadami efektu synergii w zależności od ilości i wartości przetwarzanych informacji, korzyści związane z procesem przetwarzania niewspółmiernie rosną. Dodanie pewnej na pozór

---

[15] G. Szpor, C. Martysz, K. Wojsyk, *Ustawa o informatyzacji działalności podmiotów realizujących zadania publiczne. Komentarz*, Wolters Kluwer, Warszawa 2007, s. 39–40.

[16] Pewną próbę usystematyzowania terminologii dotyczącej prawa informacyjnego podjął ustawodawca np. ustanawiając art. 61 ustawy z 17.02.2005 r. o informatyzacji działalności podmiotów realizujących zadania publiczne, tj. Dz.U. z 2013 r., poz. 235. Zgodnie z ust. 1 pkt 2 tego artykułu, ilekroć w przepisach dotyczących informatyzacji zawartych w odrębnych ustawach jest mowa np. o danych elektronicznych, danych w postaci elektronicznej, danych w formie elektronicznej, danych informatycznych, informacjach w postaci elektronicznej albo informacjach w formie elektronicznej, należy przez to rozumieć, w przypadku wątpliwości interpretacyjnych, dokument elektroniczny, definiowany w art. 3 pkt 2 niniejszej ustawy.

[17] Zgodnie z art. 3 pkt 7 dyrektywy INSPIRE interoperacyjność oznacza możliwość łączenia zbiorów danych (przestrzennych) oraz interakcji usług danych (przestrzennych) bez powtarzalnej interwencji manualnej, w taki sposób, aby wynik był spójny, a wartość dodana zbiorów i usług danych (przestrzennych) została zwiększona.

[18] Za taki uważane są dane przestrzenne m.in. przez niemieckie Federalne Ministerstwo Gospodarki i Technologii oraz Komisję ds. Gospodarki Informacją Przestrzenną. Wspomniana Komisja w tytule swojego pierwszego memorandum z 15.04.2005 r. określiła geoinformację mianem cyfrowego surowca: *Digitaler „Rohstoff" Geoinformationen — ein Beitrag zur Sicherung des Wirtschaftsstandortes Deutschland Memorandum der Kommission für Geoinformationswirtschaft*, <www.geobusiness.org/Geobusiness/Redaktion/PDF/Publikationen/giw-kommission-memorandum,property=pdf,bereich=geobusiness, sprache=de,rwb=true.pdf> [7.08.2013].

[19] Por. art. 7 pkt 2 ustawy z 29.08.1997 r. o ochronie danych osobowych, Dz.U. z 2002 r., nr 101, poz. 926, (u.o.d.o.).

nieistotnej informacji do zbioru posiadanych już zasobów, może nieproporcjonalnie zwiększać wartość zarówno całego zbioru, jak i poszczególnych informacji w nim zawartych. Niebagatelną rolę odgrywa także sam sposób przetwarzania informacji. Automatyzacja tego procesu, zwiększenie dostępności i pewności (aktualności) zgromadzonych informacji z jednej strony powoduje trudności związane chociażby z ochroną danych osobowych, z drugiej zaś otwiera ogromne możliwości działania, nawet ochronne, np. dla konsumentów[20]. Powyższe rozważania potwierdzają więc tezę, iż dostęp do informacji może jednocześnie pozytywnie, jak i negatywnie wpływać na jakość życia jednostki.

5. Pojęcie informacji i danych przestrzennych

Przedstawione powyżej przykłady obrazujące trudności terminologiczne zarysowują jedynie problematykę definicyjną pojęcia informacji i danych. Dane odnoszące się pośrednio lub bezpośrednio do określonego położenia lub obszaru geograficznego to tzw. dane przestrzenne. Definicję tę można uznać za bezsprzecznie wiodącą w prawodawstwie zarówno Unii Europejskiej, jak i krajów członkowskich[21]. Posługuje się nią także doktryna[22]. W bardzo podobny sposób informacja przestrzenna jest również definiowana przez normę DIN ISO 19101[23].

---

[20] F. Ossenbühl, *Verbraucherschutz durch Information*, NVwZ 2011, s. 1357.

[21] Por. prawo europejskie (art. 3 pkt 2 dyrektywy INSPIRE); polskie (art. 3 pkt 1 ustawy z 4.03.2010 r. o infrastrukturze informacji przestrzennej, Dz.U. z 2010 r., nr 76, poz.489, u.i.i.p.); niemieckie (na poziomie federalnym: § 3 ust. 1 Gesetz über den Zugang zu digitalen Geodaten, BGBl. I, s. 278); austriackie (§ 3 pkt 2 Gesetz zur Schaffung einer Geodateninfrastruktur des Bundes; NR: GP XXIV RV 400 AB 590 s. 53. BR: 8276 AB 8279 s. 781, CELEX-Nr. 32007L0002); hiszpańskie — mimo, iż dyrektywa INSPIRE w tłumaczeniu hiszpańskim odnosi się do danych przestrzennych (*datos espaciales*), ustawa implementująca dyrektywę używa pojęcia danych geograficznych (*datos geo ráficos*); to samo donosi się do całej infrastruktury danych przestrzennych/geograficznych; zmiana nazewnictwa nie decyduje jednakże o poprawności implementacji dyrektywy, istotna jest jedynie realizacja celu jej wydania (art. 3 ust. 1 lit. b Ley 14/2010, de 5 de julio, sobre las infraestructuras y los servicios de información geográfica en España, Publicado en BOE núm. 163 de 06 de Julio de 2010); portugalskie — zarówno w tłumaczeniu dyrektywy INSPIRE, jak i ustawie implementującej mowa jest o danych geograficznych (*dados geográficos*) (art. 3 ust. 1 lit. h Decreto-Lei nr 180/2009, Diário da República, 1.ª série — nr 152 z 7.08.2009 r.); słowackie (§ 2 lit. g Zákon z 2.12.2009 r. o národnej infraštruktúre pre priestorové informácie, 3/2010 Z.z., s. 7–16); włoskie (art. 2 ust. 1 lit. b Decreto legislative z 27.01.2010 r., nr 32. Attuazione della direttiva 2007/2/CE, che istituisce un'infrastruttura per l'informazione territoriale nella Comunità europea (INSPIRE), Gazz. Uff., Supp. Ord. 47/L, 9.03.2010, s. 1–13); francuskie (art. L127-1 nr 2 Code de l'environnement, wprowadzone do francuskiego Kodeksu środowiska przez Ordonnance nr 2010-1232 z 21.10.2010).

[22] Por. S. Polenz, *Aufbau einer Geodateninfrastruktur*, NVwZ 2010, s. 485; W. Kilian, B. Heussen, *Computerrechts-Handbuch*, C.H. Beck-Online, Monachium 2012, część 13., nb. 16.

[23] *Vorsprung durch Geoinformationen, Dritter Bericht der Bundesregierung über die Fortschritte zur Entwicklung der verschiedenen Felder des Geoinformationswesens im nationalen, europäischen und internationalen Kontext*, (stan prawny: październik 2012), s. 8, <www.bmi.bund.de/SharedDocs/Downloads/DE/Themen/OED _Verwaltung/Geoinformation/3_Fortschrittsbericht.pdf?__blob=publicationFile> [7.08.2013].

Nie istnieje zamknięty katalog informacji przestrzennych, a dynamiczny rozwój i upowszechnienie usług opartych na tych danych dodatkowo wpływa na bezcelowość jego tworzenia. Z tego też względu można co najwyżej jako przykład podać niektóre dane wymienione w załącznikach do wspomnianej już dyrektywy INSPIRE oraz ustaw ją implementujących. Są to między innymi systemy odniesienia za pomocą współrzędnych, nazwy geograficzne, jednostki administracyjne, adresy, działki katastralne, sieci transportowe oraz informacje na temat położenia obszarów chronionych[24]. Do popularnych usług opartych na korzystaniu właśnie z danych przestrzennych należą Google Maps i Google Earth (w ich ramach funkcja Google Street View), czy mapy innych producentów stanowiące oprogramowanie chociażby nawigacji samochodowych. Powszechność korzystania np. z Google Maps na urządzeniach mobilnych potwierdzają dane producenta oprogramowania, zgodnie z którymi już w 2010 r. ponad 100 milionów osób miesięcznie wykorzystywało tę usługę[25].

Dane przestrzenne uznawane są za niezwykle wartościowe, w szczególności jeżeli spełniają warunki interoperacyjności. Ze względu chociażby na ciągły rozwój sposobów ich zastosowań, podawane szacunkowe dane o wartości rynku geoinformacji są trudne do zweryfikowania[26]. Wykorzystanie interoperacyjnych geoinformacji dostępnych w postaci elektronicznej może przynieść ogromne korzyści w stosunku do poniesionych kosztów[27]. Zwolennicy możliwie szerokiego dostępu do geoinformacji, w szczególności tych przetwarzanych przez jednostki administracji publicznej lub na ich zlecenie, wskazują także na pozytywne aspekty rozwoju tej dziedziny w kontekście tworzenia nowych, nierzadko wymagających wysokich kwalifikacji, miejsc pracy[28].

---

[24] Por. załącznik I pkt 1, 3–7, 9 do dyrektywy INSPIRE; załącznik I pkt 1, 3–7, 9 do u.i.i.p.

[25] <www.googlemobile.blogspot.de/2010/08/to-100-million-and-beyond-with-google.html> [7.08.2013].

[26] Brak jest aktualnych danych szacunkowych. W przypadku Niemiec, autorzy przeważnie powołują się na analizę wykonaną na zlecenie niemieckiego Federalnego Ministerstwa Gospodarski i Pracy, z której wynika, iż niemiecka publiczna geoinformacja warta jest ok. 8 mld euro. Tak podaje M. Fornfeld, P. Oefinger, U. Rausch, *Der Markt für Geoinformationen: Potenziale für Beschäftigung, Innovation und Wertschöpfung*, MICUS, Düsseldorf 2003 s. 3. W oparciu o tą analizę stworzono również uzasadnienie do projektu niemieckiej ustawy federalnej o ponownym wykorzystaniu informacji podmiotów publicznych, implementującej dyrektywę 2003/98/WE do niemieckiego porządku prawnego: Bundesrat, Drucksache 358/06 z 26.05.2006 r., s. 7.

[27] Stosunek 200:1 przedstawia przykład programu mającego na celu ocenę ryzyka powodzi prowadzonego od 2001 r. przez Amerykańską Agencję ds. Zarządzania Kryzysowego (American Federal Emergency Management Agency, FEMA); zob. Proposal for a Directive of the European Parliament and of the Council establishing an infrastructure for spatial information in the Community (INSPIRE) z 23.07.2004 r., COM_SEC(2004)0980, s. 41. Natomiast w memorandum z 2005 r., (przyp. 18), s. 1, mowa jest o stosunku 74 (mld. euro) do 6 (mld. euro).

[28] Pełne wykorzystanie informacji publicznej (urzędowej) „posiadanej" przez sektor publiczny umożliwiłoby utworzenie ok. 30.000 miejsc pracy. Taką informację podają M. Fornfeld, P. Oefinger, U. Rausch, (przyp. 26), s. 3. Natomiast wg danych szacunkowych zamieszczonych w memorandum z 2005 r., dzięki otwarciu rynku geoinformacji do 2020 r. może powstać 150.000 nowych miejsc pracy, (przyp. 18), s. 1.

6. Informacja przestrzenna w systemie prawnym

Dane przestrzenne mogą jednocześnie spełniać kryteria definicyjne także innych rodzajów informacji. Mogą więc należeć do zbioru informacji publicznych, informacji o środowisku[29] czy chociażby być zaliczane do autonomii informacyjnej jednostki w kontekście ochrony danych osobowych[30]. Analiza przepisów pozwala na stwierdzenie istnienia domniemania możliwości dostępu zarówno do informacji publicznych, jak i do informacji o środowisku. Odmowa ich udostępnienia wymaga udowodnienia, iż ujawnienie tych informacji byłoby sprzeczne z prawem, a możliwość odmowy musi być przewidziana przez przepisy ustawowe[31]. Natomiast w przypadku informacji dotyczących konkretnych osób prywatnych istnieje zasada ochrony dotyczących ich danych osobowych, a ich przetwarzanie może mieć miejsce ze względu na dobro publiczne, dobro osoby, której dane dotyczą lub dobro osób trzecich w zakresie i trybie określonym ustawą[32].

III. Dostęp do informacji przestrzennej a ochrona danych osobowych

1. Dane osobowe

Rozwój rynku geoinformacji przekłada się na rozwój gospodarczy kraju i powstawanie nowych miejsc pracy, co ma niewątpliwie niebagatelne znaczenie dla jakości życia jednostki[33]. Z drugiej jednak strony, powszechny dostęp do informacji przestrzennych wiąże się z zagrożeniami związanymi z autonomią informacyjną i prawem jednostki do ochrony dotyczących jej danych osobowych.

Prawo ochrony danych osobowych w krajach członkowskich Unii Europejskiej w znacznym stopniu bazuje na przepisach dyrektywy w sprawie ochrony danych

---

[29] Informacje o środowisku w rozumieniu art. 8 i art. 9 ustawy z 3.10.2008 r. o udostępnianiu informacji o środowisku i jego ochronie, udziale społeczeństwa w ochronie środowiska oraz o ocenach oddziaływania na środowisko, t.j. Dz.U. z 2013 r., poz. 1235 (u.d.i.s.) w zw. z art. 3 pkt 39 ustawy z 27.04.2001 r. Prawo ochrony środowiska, tj. Dz.U. z 2013 r., poz. 1232 (p.o.s.) oraz szczrej w rozumieniu art. 74 ust. 3 Konstytucji.

[30] W rozumieniu art. 6 u.o.d.o. dane osobowe to wszelkie informacje dotyczące zidentyfikowanej lub możliwej do zidentyfikowania osoby. Przy czym osobą możliwą do zidentyfikowania jest osoba, której tożsamość można określić bezpośrednio lub pośrednio, w szczególności przez powołanie się na numer identyfikacyjny albo jeden lub kilka specyficznych czynników określających jej cechy fizyczne, fizjologiczne, umysłowe, ekonomiczne, kulturowe lub społeczne. Jednakże, informacji nie uważa się za umożliwiającą określenie tożsamości osoby, jeżeli wymagałoby to nadmiernych kosztów, czasu lub działań.

[31] Por. art. 61 ust. 3 i art. 74 ust. 3 Konstytucji w zw. z art. 1 ust. 1 u.d.i.p. i art. 8 u.d.i.s.

[32] Art. 1 u.o.d.o.

[33] Por. przyp. 27 i 28.

osobowych[34]. Biorąc pod uwagę chociażby rok wydania tej dyrektywy, można łatwo stwierdzić, iż przepisy te dostosowane są raczej do analogowego przetwarzania danych i nie uwzględniają szybkiego rozwoju nauk informatycznych, a przede wszystkim internetu, który nastąpił w ostatnich latach[35]. Możliwości, jakie dają usługi przetwarzania danych przestrzennych, jak Google Earth oraz Google Street View, mimo iż mogą być bardzo pomocnym narzędziem w życiu codziennym, niosą ze sobą także rozwiązania, które mogą być przez niektórych uznane za niekorzystne. Nieuregulowany dostęp do informacji przestrzennych może jednocześnie naruszać prawa osób np. poprzez ujawnienie dotyczących jej danych osobowych przez nieuprawnioną publikację identyfikowalnego wizerunku osoby fizycznej w połączeniu z jednoznacznym określeniem jej położenia. Zgodnie z § 3 ust. 1 niemieckiej ustawy o ochronie danych osobowych[36], której regulacja jest bardzo zbliżona do przepisów prawa polskiego powielających definicję używaną w prawie europejskim[37], za dane osobowe uznawane są informacje jednostkowe (*Einzelangaben*) o stosunkach osobistych[38] i rzeczowych[39], zidentyfikowanej lub możliwej do zidentyfikowania[40] osoby fizycznej.

Dostęp do informacji przestrzennej podlega ograniczeniu ze względu na ochronę danych osobowych jednostki, przede wszystkim wtedy, gdy dane odnoszą się do konkretnego położenia, a nie obszaru geograficznego[41].

---

[34] Dyrektywa 95/46/WE Parlamentu Europejskiego i Rady z 24.10.1995 r. w sprawie ochrony osób fizycznych w zakresie przetwarzania danych osobowych i swobodnego przepływu tych danych, Dz.Urz. UE z 1995 r., nr L 281/31 (dyrektywa 95/46/WE).

[35] I. Spiecker genannt Döhmann, *„Die Vermessung der Welt" als Problem des Datenschutzes im Internet*, [w:] *Perspektiven des deutschen, polnischen und europäischen Informationsrechts*, red. I. Lipowicz, J.P. Schneider, V & R Unipress, Universitätsverlag Osnabrück, Göttingen 2011, s. 91.

[36] Bundesdatenschutzgesetz z 20.12.1990 r., t.j. z 14.01.2003 r., BGBl. I, s. 66 (BDSG).

[37] Por. polską definicję danych osobowych (przyp. 30), jak i tą zawartą w art. 2 lit. a. dyrektywy 95/46/WE.

[38] Do stosunków osobistych zaliczane są m.in. takie dane jak imię i nazwisko, adres, stan cywilny, data urodzenia, obywatelstwo, wyznanie, zawód, wykształcenie, wizerunek, osiągnięcia, zachowanie w pracy, stan zdrowia bądź przekonania. M. Franzen, [w:] *Erfurter Kommentar zum Arbeitsrecht*, red. R. Müller-Glöge, U. Preis, I. Schmidt, C.H. Beck-Online, Monachium 2013, § 3 BDSG, nb. 2.

[39] Do stosunków rzeczowych zalicza się informacje o rzeczy, które wskazują na jednoznaczny związek z identyfikowalną lub możliwą do zidentyfikowania osobą. Pojęcie rzeczy funkcjonuje jednakże nie tylko w rozumieniu prawa rzeczowego, jako przedmiotu materialnego, (por. § 90 BGB). Do stosunków rzeczowych zaliczają się także np. dane zapisane na dysku twardym komputera, które wskazują na jednoznaczny związek z identyfikowalną lub możliwą do zidentyfikowania osobą, poprzez określenie pliku, w którym zostały zapisane dane o osobie, której dane dotyczą. Innym przykładem może być cyfrowy zapis rozmowy telefonicznej: M. Franzen, (przyp. 38), § 3 BDSG, nb. 2; własność nieruchomości: P. Gola, C. Klug, B. Köffer, R. Schomerus, *BDSG. Bundesdatenschutzgesetz. Kommentar*, C.H. Beck-Online, Monachium 2012, § 3 BDSG, nb. 6.

[40] Dokładne podanie warunków kryterium tego, kiedy osoba jest możliwa do zidentyfikowania, nastręcza dużo trudności i nasuwa wiele dodatkowych pytań; zob. N. Forgó, T. Krügel, *Der Personenbezug von Geodaten — Cui bono, wenn alles bestimmbar ist?*, MMR 2010, s. 18.

[41] Dane przestrzenne dotyczą określonej osoby, jeżeli posiadają funkcje lokalizacyjne o miejscu jej przebywania, korzystania przez nią np. z rzeczy (mieszkaniec nieruchomości), oraz jej stosunkach

2. Przetwarzanie informacji przestrzennych — danych osobowych

a. Autonomia informacyjna jednostki, a zewnętrzny obraz nieruchomości

Z punktu widzenia ochrony danych osobowych najbardziej krytyczną wydaje się możliwość łączenia ze sobą danych interoperacyjnych, z których żadne nie są danymi osobowymi, a których wzajemne przetworzenie może spowodować ujawnienie informacji personalnych dotyczących konkretnej osoby[42], oraz następcze jej rozpowszechnianie.

Wspomnianą sytuację można rozpatrzyć na szeroko dyskutowanym w Niemczech przykładzie zdjęcia budynku. Upublicznienie fotografii fasady budynku wykonanej z miejsca publicznie dostępnego jest zasadniczo dozwolone również bez wyraźnej zgody np. właściciela danej nieruchomości[43]. Przyjęcie takiego stanowiska wynika z założenia, iż tego rodzaju zdjęcia dotyczą danych dostępnych publicznie[44]. Prawo do obrazu własnej rzeczy zasadniczo nie istnieje[45], a przepisy o prawie do własnego wizerunku w tym kontekście nie znajdują zastosowania[46]. Zasadniczo więc w prawie niemieckim upublicznienie zdjęcia budynku nie jest niedopuszczalnym naruszeniem danych osobowych[47]. Sytuacja wyglądałaby zgoła inaczej w przypadku,

---

prawnych (własność nieruchomości). W przypadku pierwszej z wymienionych kategorii najbardziej wrażliwe są dane o miejscu pobytu, a najmniej o stosunkach prawnych. Sfery prywatnej dotyczą przede wszystkim dane o konkretnym położeniu jednostki. Natomiast dane o obszarze powodują rozmycie związku z konkretną osobą i najczęściej dotyczą większej ilości osób. T. Weichert, *Geodaten — datenschutzrechtliche Erfahrungen, Erwartungen und Empfehlungen*, DuD 2009, nr 6, s. 350.

[42] C. Lindner, *Persönlichkeitsrecht und Geo-Dienste im Internet — z.B. Google Street View/Google Earth*, ZUM 2010, s. 292.

[43] Orzeczenia: LG Waldshut-Tiengen z 28.10.1999 r., sygn. akt 1 O 200/99, MMR 2000, s. 174; BGH z 17.12.2010 r., sygn. akt V ZR 45/10, NJW 2011, s.750, BeckRS 2011, s. 02773 nb. 11; BGH z 1.03.2013 r., sygn. akt V ZR 14/12, NJW 2013, s. 1809, nb. 21.

[44] Zgodnie z wyrokiem BGH z 9.12.2003 r., sygn. akt VI ZR 373/02, ingerencja w sferę prywatną osoby ma zasadniczo miejsce dopiero wtedy, gdy ktoś pokonując istniejące przeszkody lub korzystając z narzędzi pomocniczych (np. teleobiektywu, drabiny, samolotu) uzyskuje informacje o przestrzni życiowej tej osoby, NJW 2004, s. 762–763.

[45] Nie ogranicza bowiem w żaden sposób prawa właściciela do posiadania i korzystania ze swojej rzeczy. W innym razie nie byłoby zrozumiałe, dlaczego zgodnie z § 59 niemieckiej ustawy prawo autorskie (Gesetz über Urheberrecht und verwandte Schutzrechte, Urheberrechtsgesetz, UrhG, z 9.09.1965 r. BGBl. I, s. 1273), dopuszczalne jest robienie i rozpowszechnianie zdjęć obiektów znajdujących się w miejscach publicznych. Gdyby zakaz robienia zdjęć cudzej rzeczy wywodzony był z treści prawa własności, w ten sposób *de facto* wykonanie jakiejkolwiek fotografii w miejscu publicznym byłoby niemożliwe; orzeczenie OLG Köln z 25.02.2003 r., sygn. akt 15 U 138/02, NJW 2004, s. 620.

[46] § 22 ustawy z 9.01.1907 r. (Gesetz betreffend das Urheberrecht an Werken der bildenden Künste und der Photographie RGBl. s. 7, BGBl. III/FNA 440-3 — KunstUrhG) nie znajduje zastosowania w odniesieniu np. do budynków: A. Wandtke, W. Bullinger, *Praxiskommentar zum Urheberrecht*, Beck-Online, Monachium, 2009, § 22 KunstUrhG, nb. 21.

[47] Orzeczenie BGH z 19.05.2009 r., sygn. akt VI ZR 160/08, nb. 5–6, dotyczącym byłego polityka stwierdził nawet, iż upublicznienie zdjęcia domu wraz z podaniem nazwiska byłego polityka,

gdyby chodziło np. o ukazanie danej osoby w jednoznacznie negatywnym świetle. Kryteria ustanowione przez niemieckie sądy w zakresie uznania publikacji obrazu za oczerniającą są jednak bardzo restrykcyjne. Dotyczyłoby to jedynie sytuacji, w której jednoznacznie (*unabweislich*) chodziłoby o zdyskredytowanie danej osoby. Musiałoby to być kategoryczne stwierdzenie faktu, przy którym odbiorca (czytelnik) nie miałby innej możliwości zrozumienia przekazu autora[48].

Z tego względu, w przypadku usług opartych na udostępnianiu zdjęć nieruchomości wykonanych podczas poruszania się drogą publiczną (czyli również w przypadku usługi Google Street View), trudno aby doszło do takiej sytuacji, ponieważ odwzorowana w nich zostaje jedynie rzeczywistość[49]. Wydaje się więc, iż na gruncie prawa niemieckiego możliwości techniczne pozwalające na uwiecznienie i udostępnienie zdjęcia nieruchomości nie naruszają autonomii informacyjnej jednostki, ponieważ dla odbiorcy fotografii nie jest widoczny bezpośredni związek między daną nieruchomością a konkretną osobą.

Jednakże gdyby wykonywanie i rozpowszechnianie fotografii prowadziło do wkroczenia w sferę prywatną danej osoby, takie działanie należałoby uznać za niedopuszczalne. Miałoby ono miejsce w sytuacji, gdyby doszło do uwiecznienia chociażby wnętrza mieszkania.

W odniesieniu do usługi metodologicznego uwieczniania obrazów fasad budynków, jak to ma miejsce np. w odniesieniu do Google Street View i korzystających z zapisanych obrazów innych usługodawców (np. Immobilienscout24), naruszenie prawa do prywatności wystąpiłoby, gdyby przykładowo ze względu na wysokość ustawionej kamery lub aparatu fotograficznego, bądź użyte filtry, można było rejestrować miejsca i zdarzenia, które byłyby w typowych okolicznościach niewidoczne np. dla przechodnia bądź pasażera przejeżdżającego samochodu[50].

b. Autonomia informacyjna jednostki, a obraz wnętrza nieruchomości

Na gruncie prawa niemieckiego należy uznać, iż do naruszenia autonomii informacyjnej jednostki dochodzi już w momencie samego uwieczniania obrazu wnętrza nieruchomości (bez konieczności jego upublicznienia i rozpowszechniania). Posiadacz lokalu mieszkalnego ma bowiem wyłączne prawo decydowania o tym, kto

---

wprawdzie jest naruszeniem jego prawa do ochrony własnej sfery prywatnej, naruszenie to jednak nie jest znaczące i nie dotyczy istoty sfery prywatnej osoby. W omawianym przypadku za wartość wyższego rzędu uznano bowiem wolność prasy: *Pressefoto von der Außenansicht des Hauses eines ehemaligen Politikers*, ZUM-RD 2009, s. 505.

[48] Orzeczenia: Federalny Sąd Konstytucyjny z 19.12.2007 r., sygn. akt 1 BvR 967/05, nb. 17, ZUM 2008, s. 326; OLG Düsseldorf z 20.02.2008 r., sygn. akt I-15 U 176/07, ZUM-RD 2008, s. 471; OLG Düsseldorf z 9.12.2012 r., sygn. akt I-15-W 45/08, ZUM-RD 2012, s. 392; LG München z 1.06.2011 r., sygn. akt 9 O 9820/11, nb. I/1, BeckRS 2012, s. 18308.

[49] C. Lindner, (przyp. 42), s. 293.

[50] Orzeczenie Federalnego Sądu Konstytucyjnego z 2.05.2006 r., sygn. akt 1 BvR 507/01, nb. II/1/b/aa, ZUM 2006, s. 632.

może w nim przebywać, zaglądać do niego oraz je uwieczniać[51]. Takie działanie jest zabronione niezależnie od tego, czy zostanie zauważone przez posiadacza czy nie. Nie zmienia to faktu, iż dla oceny prawnej konkretnego zdarzenia duże znaczenie może mieć określenie, czy do uwiecznienia wnętrza mieszkania doszło wbrew wyraźnie wyrażonej woli posiadacza, czy jedynie bez jego sprzeciwu[52].

Sfera szczególnej ochrony rozciąga się nie tylko na wnętrze mieszkania, lecz także inne części nieruchomości, z którymi uzyskanie kontaktu wzrokowego w typowych, („normalnych") okolicznościach (ze względu na inne zabudowania lub ukształtowanie terenu) nie jest możliwe[53]. W odniesieniu do zdjęć robionych z dużych wysokości np. przez satelity bądź z samolotu, naruszenie takie miałoby miejsce wtedy, gdyby jakość takiego zdjęcia pozwalała np. na identyfikację osób znajdujących się na nim, bądź szczegółowo ukazywała miejsca prywatne, tj. takie, w których w typowych okolicznościach posiadacz miałby prawo uważać, iż nie będzie niepokojony. Uznaje się, iż wartością graniczną oraz bezpieczną w odniesieniu do odwzorowań satelitarnych jest wielkość 40 cm w stosunku do pojedynczego piksela[54]. Obecnie jednak usługi takiej jakości w ramach np. Google Maps bądź Google Earth nie są dostępne. W istocie tego rodzaju zdjęcia stanowią poważne zagrożenie dla prywatności, z jednej strony ze względu na brak wiedzy uwiecznianego o rejestracji obrazu, z drugiej o ograniczonej możliwości ochrony przed ingerencją. Jednakże w odniesieniu do zdjęć robionych z dużych wysokości, przykładowo przez satelity, ze względu na ograniczone możliwości techniczne usługodawców, doktryna niemiecka wydaje się obecnie nie widzieć w tym zakresie pilnej potrzeby działania na rzecz ochrony danych osobowych jednostki[55].

Informacje dotyczące większych obszarów, wykonane w skali mniejszej niż 1:5000–1:10000 uznawane są za nienaruszające dane osobowe jednostki, przede wszystkim w sytuacji, gdy jednocześnie dotyczy to co najmniej trzech nieruchomości gruntowych[56].

[51] Orzeczenie OLG Düsseldorf z 15.10.1993 r., sygn. akt 2 Ss 175/93 - 65/93 II - 2 Ws 214/93, NJW 1994, s. 1971.

[52] M. Lammek, S. Ellenberg, *Zur Rechtmäßigkeit der Herstellung und Veröffentlichung von Sachaufnahmen*, ZUM 2004, s. 717.

[53] Zob. przyp. 44, s. 762.

[54] M. Karg, *Datenschutzrechtliche Rahmenbedingungen für die Bereitstellung von Geodaten für die Wirtschaft*, Unabhängiges Landeszentrum für Datenschutz Schleswig-Holstein, Gutachten im Auftrag der GIW-Kommission z 22.09.2008 r., s. 13, <www.geobusiness.org/Geobusiness/Redaktion/PDF/Publika tionen/ampelstudie-datenschutzrechtliche-rahmenbedingungen-bereitstellung-geodaten-lang,property =pdf,bereich=geobusiness,sprache=de,rwb=true.pdf> [7.08.2013].

[55] C. Lindner, (przyp. 42), s. 293.

[56] Por. B. Sokol, *16. Datenschutzbericht der Landesbeauftragten für den Datenschutz und Beauftragten für das Recht auf Information Nordrhein-Westfalen*, Düsseldorf 2003, s. 70, <www.ldi.nrw.de/mainmenu_Service/ submenu_Berichte/Inhalt/16_DSB/16__Datenschutzbericht.pdf> [7.08.2013]; M. Karg, T. Weichert, *Datenschutz und Geoinformationen, Eine Studie im Auftrag des Bundesministeriums für Wirtschaft und Technologie* z 14.03.2007 r., Unabhängiges Landeszentrum für Datenschutz Schleswig-Holstein, s. 17, <www.geobusiness.org/Geobusiness/Redaktion/PDF/Publikationen/geoinformationswirtschaft-

c. Powiązanie (obrazu) nieruchomości z konkretną osobą

Dla prawnej kwalifikacji wykonanego zdjęcia jako naruszenia prywatności decydującym elementem jest jednak połączenie określonego obiektu (nieruchomości) z dokładnym jego położeniem. Zgodnie z orzecznictwem niemieckiego Sądu Najwyższego, prywatny adres miejsca zamieszkania (również podany w formie opisu drogi do niego prowadzącej) należy do grupy danych osobowych podlegających ochronie[57]. Do naruszenia autonomii informacyjnej jednostki dochodzi wtedy, gdy publicznie zostaje podana informacja na temat dokładnego adresu zamieszkania konkretnej osoby, chociażby była to osoba publiczna[58]. Wynika z tego, że połączenie obrazu konkretnej nieruchomości oraz informacji o jej dokładnym położeniu z konkretną osobą, stanowi bezprawne naruszenie sfery prywatnej tej osoby, jeżeli na takie ujawnienie osoba ta nie wyraziła uprzednio zgody. *A contrario* należy uznać, że jeżeli obrazu nieruchomości i informacji o jej położeniu nie można przypisać do konkretnej osoby, nie może być mowy o naruszeniu sfery prywatnej tej osoby. Konkretyzacja osoby ma miejsce, gdy dana informacja dotyczy zasadniczo tylko jednej osoby. Omawiana konkretyzacja mogłaby zostać dokonana poprzez podanie np. jej imienia i nazwiska, ale również poprzez upublicznienie jej wizerunku, który sam w sobie także jest dobrem chronionym[59].

W przypadku usługi Google Street View do omawianego naruszenia nie dochodzi, gdyż zarówno twarze osób, jak również numery rejestracyjne samochodów uwiecznionych na zdjęciach zostają automatycznie zamazane. Usługa ta nie udostępnia również możliwości przeszukiwania zbiorów po określonych nazwiskach, bądź wizerunkach osób. Ponadto same zdjęcia nie mają charakteru rzeczywistego, gdyż zgodnie z danymi podawanymi przez Google mogą być one uwiecznione w okresie od kilku miesięcy do nawet kilku lat przed ich upublicznieniem[60]. Nie sposób jednak podzielić poglądu C. Lindnera, zgodnie z którym publikacja wizerunków budynków, które nie służą celom mieszkalnym, niezależnie od sposobu ich przedstawienia nie narusza sfery prywatnej[61]. Takie rozróżnienie nie znajduje uzasadnienia, gdyż nie można pozbawiać jednostki prawa do ochrony prywatności podczas wykonywania czynności niezwiązanych z miejscem jej zamieszkiwania. § 3 ust. 1 BDSG dotyczy bowiem wszelkich informacji o stosunkach osobistych i rzeczowych konkretnej osoby fizycznej, a nie tylko tych związanych z miejscem jej zamieszkania.

W wytycznych swojej polityki prywatności Google Inc. zapewnia, iż kładzie duży nacisk na ochronę danych osobowych oraz ich bezpieczeństwo podczas wykonywania

---

datenschutzstudie,property=pdf,bereich=geobusiness,sprache=de,rwb=true.pdf> [7.08.2013]; tak również M. Karg, (przyp. 54), s. 13.

[57] Przyp. 44, s. 763.

[58] Przyp. 50.

[59] § 22 KunstUrhG; por. także orzeczenie BGH z 6.03.2007 r., sygn. akt VI ZR 51/06, ZUM 2007, s. 652, nb. 5.

[60] <www.maps.google.de/intl/ALL_de/help/maps/streetview/privacy.html> [7.08.2013].

[61] C. Lindner, (przyp. 42), s. 293.

zdjęć, które zostaną wykorzystane w usłudze Street View. Zapewnia także, iż wszelkie zdjęcia zawierające treści dostępne publicznie nie są obrazami w czasie rzeczywistym, a twarze osób i tablice rejestracyjne samochodów są nierozpoznawalne. Co więcej, Google proponuje także możliwość zamazania dodatkowych fragmentów dowolnego zdjęcia na którym widać użytkownika, jego rodzinę, samochód lub dom, bądź zdjęcia przedstawiające niedozwolone treści[62].

Mimo tego, ze względu na brak dostatecznej jasności sytuacji prawnej w odniesieniu do metodologicznego uwieczniania oraz publikacji m.in. panoramicznych obrazów ulic przez usługę Google Street View, zdecydowano w Niemczech o podjęciu konkretnych działań. Ich efektem jest zawarcie porozumienia poszczególnych przedsiębiorstw świadczących usługi danych przestrzennych nazwane kodeksem ochrony danych osobowych w usługach danych przestrzennych (Datenschutz-Kodex für Geodatendienste, dalej DKGD).

3. Kodeks ochrony danych osobowych w usługach danych przestrzennych — przykład Google Street View

a. Powstanie DKGD

Uchwalenie omawianego kodeksu miało zapobiec powstaniu całościowej regulacji ustawowej określającej ramy ochrony danych osobowych przy udostępnianiu usług danych przestrzennych[63]. Jako alternatywne rozwiązanie materia ta została uregulowana jako samozobowiązanie się przedsiębiorstw do przestrzegania określonych standardów w zakresie udostępniania usług danych przestrzennych. Przedsiębiorstwa zrzeszone w ramach stowarzyszenia BITKOM[64], unikając w ten sposób daleko idącej ingerencji ustawowej, przedstawiły projekt stworzenia kodeksu ochrony danych osobowych w usługach danych przestrzennych[65]. Samoregulacja przedsiębiorstw wychodząca poza obowiązujące przepisy prawne nie jest nowatorską metodą rozwiązywania niektórych problemów prawnych[66]. Polega ona na dobrowolnym zobowiązaniu

---

[62] Przyp. 60.

[63] Ultimatum w tej kwestii postawił przedsiębiorcom ówczesny Minister Spraw Wewnętrznych RFN Thomas de Maizière; Datenschutz im Internet — Gesetzentwurf des BMI zum Schutz vor besonders schweren Eingriffen in das Persönlichkeitsrecht z 1.12.2010, s. 1 <www.bmi.bund.de/Shared Docs/Downloads/DE/Themen/OED_Verwaltung/Informationsgesellschaft/rote_linie.pdf?__blob=publicationFile> [7.08.2013].

[64] Bundesverband Informationswirtschaft, Telekommunikation und neue Medien e.V., <www.bitkom.org/files/documents/BITKOM_Presseinfo_Datenschutz-Kodex_01_12_2010.pdf> [7.08.2013].

[65] <www.bmi.bund.de/SharedDocs/Downloads/DE/Kurzmeldungen/rote_linie_kodex.pdf?__blob=publicationFile>, <www.bitkom.org/files/documents/Datenschutz_Kodex.pdf> [7.08.2013].

[66] Istnieje projekt np. kodeksu dla usług społecznościowych, nad którym na razie bezskutecznie obradują w Niemczech Facebook Germany GmbH, Google Germany GmbH, LinkedIn Corporation, Lokalisten Media GmbH, StayFriends GmbH, Poolworks (Germany) Ltd., wer-kennt-wen.de GmbH oraz XING AG; por. raport końcowy z kwietnia 2013 r. dotyczący kodeksu dla usług społecznościowych,

grup przedsiębiorców do przestrzegania określonych zasad postępowania. W tym przypadku powstały jednak mało stabilne podstawy ochrony prawa jednostki do prywatności, chociażby z tego względu, iż obowiązywanie omawianego kodeksu musi być corocznie przedłużane. Ponadto kodeks przewiduje możliwość odstąpienia od jego postanowień w każdej chwili z ważnych powodów, natomiast w zwykłym trybie — corocznie[67].

b. Cel DKGD

Twórcy kodeksu uznają, iż usługi danych przestrzennych mają duże znaczenie społeczne i gospodarcze, wzmacniają wolność dostępu do informacji oraz posiadają dużą praktyczną wartość użytkową. Celem jego podpisania było zatem zwiększenie akceptacji społecznej dla usług danych przestrzennych poprzez zobowiązanie sygnatariuszy do stworzenia zasad uwzględniających zrównoważone interesy uprawnionych (do zamazania na zdjęciach własnego wizerunku i obrazów samochodów, w szczególności ich numerów tablic rejestracyjnych oraz „domów"), użytkowników (internautów, korzystających z usług) oraz dostawców usług danych przestrzennych (przedsiębiorstw sygnatariuszy)[68]. Dla zapewnienia realizacji powyższych celów przedsiębiorstwa biorące udział w tym przedsięwzięciu zobowiązały się do regularnej kontroli (zasadniczo co najmniej raz na 3 lata) przepisów kodeksu w odniesieniu do rozwoju społecznego i technologicznego[69].

c. Zakres zastosowania DKGD

Podmiotowy zakres obowiązywania kodeksu obejmuje przedsiębiorstwa, które są sygnatariuszami umowy o uchwaleniu kodeksu[70] oraz uprawnionych. Uprawnionymi w rozumieniu DKGD są wszystkie osoby fizyczne, których postać, bądź postać osoby, nad którą sprawują opiekę, zostały uwiecznione, jak również osoby fizyczne będące właścicielami lub posiadaczami uwiecznionych pojazdów mechanicznych oraz osoby fizyczne zamieszkujące lub będące właścicielami uwiecznionych „domów" (Häuser)[71].

DKGD ma zastosowanie do wszystkich usług, które są jednocześnie udostępniane w ramach prowadzonej działalności gospodarczej, metodycznie zbierane i w sposób powiązany przestrzennie ukazane, posiadają odniesienie geograficzne, są

<www.fsm.de/ueber-uns/veroeffentlichungen/FSM_Closing_Report_SocialCommunities.pdf> [7.08.2013].

[67] Por. nr 11 DKGD.

[68] Zob. preambuła oraz nr 2 DKGD.

[69] Nr 10.1 DKGD.

[70] Do sygnatariuszy obok Google Deutschland należą również m. in. Deutsche Post AG, Deutsche Telekom AG, Microsoft Deutschland GmbH oraz Nokia GmbH <www.geodatendienstekodex.de/index.php/wir-ueber-uns/unterzeichnerliste> [7.08.2013].

[71] Nr 1.3 DKGD.

przedstawiane panoramicznie z perspektywy ulicy za pośrednictwem filmu lub fotografii oraz są dostępne przez internet[72].

d. Prawa i zobowiązania sygnatariuszy DKGD

Każdy z sygnatariuszy porozumienia zobowiązany jest do umieszczenia w widocznym miejscu na stronie internetowej udostępniającej usługi danych przestrzennych informacji o przyjęciu zobowiązań wynikających z DKGD oraz informacji o treści tych zobowiązań, i to w sposób łatwo zrozumiały[73].

Sygnatariusze zobowiązali się także do każdoczesnego zamazania ("uczynienia nierozpoznawalnymi") zarówno twarzy, jak i numerów rejestracyjnych obrazów pojazdów mechanicznych w materiałach dostępnych przez internet. Przy czym zamazanie ma nastąpić co najmniej w taki sposób, aby odczytanie treści za nim ukrytych pochłaniało nieporównywalnie wiele czasu, kosztów i nakładu pracy[74]. Na podstawie nr 5.3 DKGD sygnatariusze zobowiązują się dodatkowo uwzględnić żądanie dalej idącego zamazania w stosunku do wizerunku osoby, jak i jej pojazdu mechanicznego.

Przedsiębiorstwo udostępniające usługę ma prawo przechowywać dane referencyjne (tzw. "dane surowe", *Rohdaten*), z których wykonano kopie dostępne przez internet, w niezmienionej formie przez maksymalnie jeden rok od publikacji materiału w Internecie. Po upływie tego okresu również w danych referencyjnych zamazane mają zostać twarze oraz numery rejestracyjne pojazdów mechanicznych. Wprowadzenie rocznego okresu przejściowego ma służyć udoskonalaniu procesu zamazywania twarzy oraz tablic rejestracyjnych w przyszłości[75]. Brak jest jednak regulacji wyłączającej wykorzystanie tych danych do innych celów niż publikacja w ramach regulowanych przez DKGD usług danych przestrzennych.

e. Ocena regulacji DKGD

Kwestią budzącą wątpliwości jest zakres pojęciowy użytych terminów w nr 1.3 DKGD. Na szczególną uwagę zasługuje np. pojęcie domu[76]. Usługa Google Street View jest wprawdzie w pierwszym rzędzie zorientowana na największe miasta, które są gęsto zabudowane. Użycie określenia "dom", zamiast "grunt" (*Grundstück*) nie powinno wyłączać z tego katalogu możliwości zamazania gruntów niezabudowanych,

---

[72] Nr 1.1 DKGD.

[73] Por. nr 3.3–3.4 DKGD. Jednakże w przypadku np. Google Street View link do całej treści DKGD z oficjalnej strony nie funkcjonuje i prowadzi do błędnej strony. To samo dotyczy formularza papierowego sprzeciwu upublicznienia obrazu np. konkretnej nieruchomości, faktycznie niedostępnego na oficjalnej stronie usługi Google Street View, co stanowi naruszenie postanowień DKGD.

[74] Wspomniana treść odpowiada definicji anonimizacji w rozumieniu § 3 pkt 6 BDSG.

[75] Por. nr 4 DKGD.

[76] Mimo, iż ten termin wydaje się nie budzić wątpliwości w doktrynie, ponieważ używany jest nawet w opracowaniach cywilnoprawnych, por. J.A. Weber, *Google „Street View" und ähnliche Geo-Datendienste im Internet aus zivilrechtlicher Sicht*, NJOZ 2011, s. 673.

a użytkowanych w inny sposób. Niejasny jest również stosunek „domu" do lokalu mieszkalnego stanowiącego odrębną własność. Dokonując egzegezy przepisu nr 1.3.c w związku z nr 5.1 DKGD uprawniony ma prawo żądania zatarcia obrazu całego lub części „domu", co oznaczałoby, iż dopuszczalnym powinno być również zatarcie np. okien konkretnego mieszkania.

Omawiany nr 1.3 DKGD odnosi się także do pojazdu mechanicznego (*Kraftfahrzeug*), czyli lądowego pojazdu mechanicznego, nieporuszającego się po szynach[77]. Google Street View na swojej stronie internetowej sugeruje jednakże przy „zgłaszaniu problemu" jedynie samochód osobowy (*Auto*) bądź jego tablice rejestracyjne, wyłączając z tego katalogu inne pojazdy mechaniczne, jak motocykle czy motorowery. Takie działanie niewątpliwie nie wypełnia ogólnych wymogów informacyjnych wynikających z nr 3.4 DKGD. Zgodnie z tym postanowieniem, sygnatariusze zobowiązują się bowiem do udzielania uprawnionym informacji na temat przysługujących im praw. Podane przykłady wskazują jednak na co najmniej niepełną informację udzielaną użytkownikowi usługi. Zasadnym wydaje się również pytanie, dlaczego właścicielowi roweru niebędącego pojazdem mechanicznym odebrano prawo do uczynienia nierozpoznawalnym jego własności, to samo może dotyczyć również np. wózków dziecięcych czy zwierząt wyprowadzanych przez właścicieli podczas uwieczniania okolicy. Obiekty te w takim samym stopniu mogą bowiem dotyczyć danych osobowych jednostki, jak pojazd mechaniczny, którego całościowe zamazanie dopuszcza nr 5.3 DKGD.

Zarzewiem konfliktów może być przyznanie każdemu mieszkańcowi (właścicielowi albo posiadaczowi z innego tytułu, bądź bez tytułu prawnego), niezależnie od tego, czy jest to posiadacz samoistny czy zależny, prawa zgłoszenia sprzeciwu upublicznienia obrazu domu lub pojazdu mechanicznego. W przypadku konfliktu między posiadaczami nieruchomości może dojść do sytuacji, gdy to sygnatariusze DKGD będą mieli rozstrzygać o uprawnieniach stron. Taka regulacja może budzić kontrowersje[78] przykładowo w sytuacji sporu między najemcą a właścicielem o umieszczenie wizerunku nieruchomości w ramach konkretnej usługi (np. Google Street View). Z jednej strony, mimo iż właściciel nie ma prawa do wizerunku własnej nieruchomości[79], przedsiębiorstwo udostępniające omawiane usługi przyznaje mu prawo jej „zamazania"[80]. Jednakże to samo prawo otrzymuje jednocześnie posiadacz zależny nieruchomości (np. najemca). W interesie właściciela może leżeć, by wizerunek budynku był rozpowszechniany, w szczególności gdy jest to odrestaurowana kamienica,

---

[77] § 2 ust. 1 Verordnung über die Zulassung von Fahrzeugen zum Straßenverkehr, Fahrzeug-Zulassungsverordnung (FZV) z 3.02.2011 r., BGBl. I, s. 139.

[78] Tego rodzaju umowy jak DKGD, czyli jednostronne samodzielne zobowiązanie przedsiębiorstw świadczących konkretne usługi, nie może regulować aspektów prawno-rzeczowych np. posiadacza zależnego rzeczy w stosunku do jej właściciela (posiadacza samoistnego).

[79] Przyp. 45.

[80] Podkreślenia wymaga fakt, iż celem DKGD nie jest przyznanie komukolwiek prawa do publikacji obrazu np. własnej nieruchomości, a jedynie uprawnienia do przeciwdziałania jego publikacji.

w której znajdują się lokale mieszkanie do wynajęcia. Potencjalny najemca mógłby zostać zachęcony do obejrzenia konkretnego mieszkania i późniejszego najęcia lokalu, oceniając jego stan po zdjęciach fasady nieruchomości dostępnej w jednej z usług informacji przestrzennej. Upublicznienie obrazu fasady jednocześnie może spotkać się z dezaprobatą najemcy, który jest posiadaczem oraz także uprawnionym w rozumieniu nr 1.3 DKGD. W sytuacji konfliktowej przedsiębiorstwo stanie przed koniecznością rozwiązania powstałego dylematu dotyczącego rozstrzygnięcia kwestii upublicznienia obrazu budynku. Błędna decyzja przedsiębiorstwa może skutkować karą umowną do wysokości 20.000 euro[81]. W efekcie każdoczesny sprzeciw będzie zapewne prowadził do zamazania nieruchomości, co może godzić w słuszne interesy właściciela, któremu powinno przysługiwać prawo do decydowaniu o zamazaniu obrazu nieruchomości. Godne aprobaty jest przyznanie również posiadaczowi korzystającemu z danej nieruchomości w celach mieszkaniowych prawa do zgłoszenia sprzeciwu i zamazania obrazu nieruchomości, jednakże powinno ono zostać opatrzone oświadczeniem tego posiadacza o zgodzie właściciela, jeżeli tytuł wnioskodawcy do żądania zamazania nieruchomości nie wywodzi się z posiadania samoistnego. Warto w tym miejscu podkreślić, iż zgodnie z postanowieniem nr 5.2 DKGD zasadniczo nie jest wymagane przedstawienie szczególnego interesu prawnego, jak również udowodnienie uprawnień właścicielskich bądź najemcy. Przedstawienie powyższych dokumentów może jednak w konkretnych przypadkach być wymagane dla uniknięcia nadużycia prawa. Inną kwestią jest niezrozumiałe odniesienie się w tym przepisie jedynie do właściciela bądź najemcy (a także osób ich reprezentujących), z pominięciem innych rodzajów posiadania nieruchomości, np. użytkownika, co dopuszcza wykładnia nr 1.3 DKGD.

Wartym podkreślenia jest również fakt, iż przepisy DKGD zapewniają jedynie wewnętrzną kontrolę przestrzegania zobowiązań wynikających z DKGD[82]. Nie zostały upublicznione w szczególności metody kontroli trwałego usuwania oryginalnych danych referencyjnych. Dodatkowo DKGD pomija kwestię przechowywania danych, w stosunku do których złożono sprzeciw (zgodnie z przepisem nr 5.4 DKGD). Możliwym rozwiązaniem byłby nakaz uczynienia nierozpoznawalnymi obiektów, w stosunku do których wpłynął sprzeciw, także w danych referencyjnych. Usunięcie danych spowodowałoby niemożność wyrażenia ponownej zgody na prezentację zdjęcia takiego przedmiotu w przypadku np. zmiany właściciela bądź przeznaczenia nieruchomości. Takiej procedury jednakże DKGD nie przewiduje. W przypadku odwracalności dostępności konkretnego obrazu, taka procedura nie powinna stanowić problemu. Pytaniem bez odpowiedzi pozostaje jednakże, czy wspomniana „odwracalność" procesu zamazywania nie będzie dotyczyła wszystkich zanonimizowanych informacji, a przez to niejako fikcją okaże się trwałe usuwanie danych osobowych z wersji referencyjnych.

---

[81] Nr 9 DKGD.
[82] Por. nr 7 DKGD.

Umawiające się przedsiębiorstwa zobowiązały się na mocy nr 6 DKGD do utworzenia Centralnego Podmiotu ds. Informacji i Sprzeciwów, który rozpoczął działalność na przełomie lutego i marca 2013 r.[83] Ciekawą możliwością oferowaną na stronie internetowej tej instytucji jest zgodnie przepisem nr 6.4 DKGD sposobność sprawdzenia zebranych danych dla konkretnego adresu znajdującego się na terenie Niemiec. Po podaniu miejscowości, kodu pocztowego oraz ulicy z numerem domu, można uzyskać zebrane informacje na temat danej nieruchomości (z podaniem jej dokładnych koordynatów) w usługach Google Street View, Immobilienscout24 oraz CycloMedia. Na omawianej stronie znajduje się bezpośredni odnośnik do informacji o możliwości złożenia sprzeciwu, gdyby na zdjęciu znajdowały się rozpoznawalne twarz, dom lub numer rejestracyjny samochodu[84].

4. Projekt zmian przepisów ustawowych w odniesieniu do usług danych przestrzennych

Kodeks ochrony danych osobowych w usługach danych przestrzennych stanowi alternatywę dla całościowych rozwiązań ustawowych w prawie ochrony danych osobowych w odniesieniu do usług danych przestrzennych. Stąd ogłoszony przez niemieckiego Ministra Spraw Wewnętrznych projekt zmian przepisów dotyczących ochrony danych osobowych odnosi się jedynie do sytuacji poważnej ingerencji w sferę prywatną jednostki[85] w mediach elektronicznych[86]. Jest to też jeden z głównych powodów krytyki wspomnianego projektu. Zdaniem U. Leppera, jeżeli ustawa ma regulować jedynie poważne naruszenia, *a contrario* zezwala niejako na naruszenia sfery prywatnej jednostki o średnim i lekkim nasileniu[87]. Zdaniem twórców projektu zakres jego regulacji nie pokrywa się z tym objętym DKGD[88]. Przedstawiciele doktryny podnoszą również zarzuty związane z brakiem pewności prawnej oraz ryzykiem procesowym, które ta regulacja może zwiększyć[89].

Zadaniem nowelizacji byłoby wzmocnienie autonomii informacyjnej jednostki w odniesieniu do danych upublicznianych w sieci internetowej, a nie tylko niektórych aspektów związanych z usługą Google Street View[90] czy podobnymi, do których

---

[83] <www.datenschutz-praxis.de/fachwissen/fachnews/beschwerdeausschuss-fur-geodatenkodex-nimmt-arbeit-auf> [7.08.2013].

[84] <www.geodatendienstekodex.de/index.php/geo-datenkodex> [7.08.2013].

[85] Projekt nowelizacji BDSG, s.1, pkt I, (przyp. 63).

[86] Media elektroniczne to wszelkie elektroniczne usługi informacyjne i komunikacyjne, które nie są usługami telekomunikacyjnymi lub radiofonii i telewizji, por. § 1 ust. 1 Telemediengesetz (TMG) z 26.02.2007 r., BGBl. I, s. 179.

[87] <www.ldi.nrw.de/mainmenu_Service/submenu_Pressemitteilungsarchiv/Inhalt/PM_Datenschutz/Inhalt/2010/Rote_Linie/_Rote_Linie__des_Bundesinnenministers_zum_Datenschutz_im_Internet_ist_nicht_ausreichend.php> [7.08.2013].

[88] Projekt nowelizacji BDSG, s.1, pkt I, (przyp. 63).

[89] C. Hawellek, *BMI: Schutz vor besonders schweren Eingriffen in das Persönlichkeitsrecht*, MMR-Aktuell 2010, s. 311904.

[90] Projekt nowelizacji BDSG, s. 2, pkt II.1 i 2, (przyp. 63).

wyłącznie odnosi się DKGD. Poziom ograniczeń zawartych w projekcie nowelizacji uznawany jest za mało restrykcyjny, ponieważ jak piszą autorzy, podobnie jak fizyczna przestrzeń publiczna, internet powinien pozostać możliwie wolny od restrykcji państwowych[91]. Omawiany projekt jednakże nie wszedł jeszcze w życie.

IV. Podsumowanie

Dostęp do informacji przestrzennej za pośrednictwem usług danych przestrzennych, jak wskazały przeprowadzone badania, może mieć zarówno pozytywny jak i negatywny wpływ na jakość życia jednostki. Pozytywny wpływ obserwowany jest przede wszystkim poprzez stymulujące oddziaływanie na gospodarkę oraz tworzenie miejsc pracy, jak i korzystanie w życiu prywatnym i zawodowym z popularnych urządzeń nawigacyjnych czy map internetowych. Zagrożone jest przede wszystkim prawo jednostki do nieudostępniania dotyczących jej danych osobowych, będące częścią jej autonomii informacyjnej.

Badania wykazały również, iż materia prawa informacyjnego pomimo swojej natury powinna być precyzyjniej regulowana, a używane pojęcia definiowane w sposób niepozostawiający wątpliwości. Wprowadzone w Niemczech rozwiązanie w postaci dobrowolnego zobowiązania przedsiębiorstw zainteresowanych udostępnianiem usług danych przestrzennych jest jedną z możliwych opcji, która jest warta rozważenia. Wskazane nieścisłości kodeksu ochrony danych osobowych w usługach danych przestrzennych nie rzutują negatywnie na przyjęte rozwiązanie.

Z punktu widzenia ochrony danych osobowych jednostki ważne jest automatyczne zacieranie twarzy i numerów rejestracyjnych samochodów odwzorowanych w usługach informacji przestrzennej; stanowi to jednak tylko pewne minimum ochrony. Mimo, iż DKGD przyznaje również prawo do zacierania obrazów domów i pojazdów mechanicznych, jakość przepisów i używanie określeń języka potocznego (np. „dom", „mieszkaniec"), a nie zaczerpniętych z języka prawniczego (w prawie niemieckim przede wszystkim grunt, posiadacz), powoduje niepotrzebne i możliwe do uniknięcia niejasności. Dodatkowo wątpliwości dotyczące przetwarzania zebranych danych jak i mechanizmy kontroli przestrzegania kodeksu nie zostały w sposób wystarczający wyjaśnione. Wspomniany brak stabilności regulacji kodeksu powoduje, iż wartym rozważenia byłby powrót do całościowego uregulowania omawianego zagadnienia w przepisach rangi ustawowej.

---

[91] Projekt nowelizacji BDSG, s. 3, pkt II.3.d, (przyp. 63).

Mateusz Badowski

Access to spatial information and its impact on quality of life — a comparative analysis

Greater ease in accessing spatial information, i.e. data directly or indirectly referring to a specific location or geographical area, can have a significant impact on the economic and technological development of a country. On the one hand, it guarantees the further creation of new jobs and simplifies the everyday life of individuals through the use of new location-based services and other modern technical solutions. Nevertheless, access to such information must be "safe" in terms of protecting individuals' personal data and empowering data subjects in their own use of it. This study presents some positive and negative aspects of the impact of access to spatial information on the quality of life of the individual. Particular focus is given to the legislative techniques used to define the legal concepts of information and spatial data, the wider interaction of these concepts within the legal system itself, and the risks associated with greater ease of access to this kind of information. These substantive areas of law are examined from a comparative law perspective by considering examples from German law, in particular the recent adoption by German businesses of a number of soft-law guidelines known as the Code for the protection of personal data in spatial data services (*Kodex für Datenschutz — Geodatendienste*).

Bogusław Banaszak
Michał Bernaczyk

Czy informacja czyni nasze życie lepszym? Uwagi o instrumentalnym charakterze prawa do informacji publicznej

I. Słowo wstępne

Autorom przypadł zaszczyt uzupełnienia niniejszej interdyscyplinarnej Księgi Jubileuszowej o rozważania nad prawnymi instrumentami, które w idealistycznym zało żeniu mają prowadzić do poprawy ludzkiej egzystencji. Początek XXI wieku przyniósł nam ogromny postęp technologiczny, a wraz z nim możliwość wymiany, rozpowszechniania i otrzymywania ogromnej liczby sygnałów, komunikatów. „Dostęp do wiedzy", „dostęp do informacji", „otwarty rząd", „otwarte zasoby", „wolność informacji", „prawo do informacji", to tylko niektóre ze sformułowań języka prawnego, które są przejawem aktualnych zainteresowań prawników. Ich wspólnym mianownikiem jest rola informacji w życiu społecznym. Cytowane pojęcia są również dowodem chaosu terminologicznego, a wręcz pewnej szkody, jaką potrafi wyrządzić dyskurs akademicki w przestrzeni publicznej. Dzieje się tak, jeśli nie wyjaśnimy partnerom dyskusji desygnatów ukrywających się za atrakcyjnie brzmiącymi zapożyczeniami ze świata mediów cyfrowych, nauki, kultury i rozrywki masowej. Rewolucja technologiczna i łatwość przekazywania informacji tworzą paradygmat nowoczesności w myśleniu i dyskusji o instytucjach prawnych. To zaś potrafi doprowadzić do rozpatrywania prawa w kategoriach starego i nowego porządku, a więc bytów przeciwstawionych sobie, z których jeden zasługuje na stanowcze

Publikacja została sfinansowana ze środków Narodowego Centrum Nauki w ramach projektu nr 3331/B/H03/2011/40 prowadzonego na Wydziale Prawa, Administracji i Ekonomii Uniwersytetu Wrocławskiego.

odrzucenie. Padają wówczas pomysły odrzucenia „starego", „anachronicznego porządku prawnego" na rzecz nowej jakości zgodnej z wymogami współczesności. Autorzy niniejszego artykułu proponują zaś myślenie o systemie prawa jako narzędziu poddającym się ewolucyjnym, a nie rewolucyjnym zmianom. Jak słusznie wskazują H. Yu i D.G. Robinson pojęcie „otwarty rząd" może oznaczać zarówno władze publiczne prowadzące transparentną politykę opartą na odpowiedzialności rządzących przed społeczeństwem, jak i państwo oparte na paradygmacie neutralności technologicznej[1]. Odwołując się do przykładu Węgier autorzy wyjaśniają, że obywatele (a może raczej „użytkownicy" czy też „internauci") mogą korzystać z cyfrowych map, usług *on-line*, państwowych „repozytoriów cyfrowych", otwartych zasobów itp., podczas gdy system polityczny może śmiało ewoluować w stronę modelu autorytarnego. Jewgienij Morozow nie bez racji ironizuje, że

> jeśli Korea Północna opublikowałaby rozkłady jazdy, nikt nie pomyliłby jej z państwem demokratycznym. Jednak w przypadkach tak wątpliwych jak Węgry istnieje ryzyko, że władze publiczne wykorzystają nasz nowy fetysz cyfrowej otwartości, aby zaprezentować się jako bardziej demokratyczne, przejrzyste i prawowite niż są w rzeczywistości. Gdy lepsze schematy połączeń kolejowych zaczynają przynosić punkty w rankingach praw człowieka i tajności, to coś głęboko niewłaściwego musi tkwić w naszych systemach oceny[2].

Unowocześnienie sposobu przekazu informacji przyniosło ten skutek, że kwestie technologiczne zaczęły mieszać się z ogólnymi zasadami wyznaczającymi takie newralgiczne obszary demokracji, jak odpowiedzialność za wykonywaną władzę publiczną lub troska o majątek publiczny. Prawo do informacji zaczyna być niebezpiecznie utożsamiane z informatyzacją, podczas gdy dla sprawnie funkcjonującej demokracji nie jest (aż tak) istotne[3], czy obywatel może zgłosić roszczenie, by władza publiczna udzieliła informacji środkami komunikacji elektronicznej. Istotną sprawą jest zakres informacji, o jakie można się ubiegać, podczas gdy to pozostaje z reguły wstydliwym wątkiem debaty prowadzonej w *quasi*-urzędniczym, zamkniętym gronie[4], wspartej publicystyczną frazeologią o obywatelu „nadużywającym prawa do informacji"[5].

Zjawisko dobrze obrazuje poselski projekt ustawy o zmianie ustawy o dostępie do informacji publicznej złożony w 2013 r. do laski marszałkowskiej. W projekcie

---

[1] H. Yu, D.G. Robinson, *The new ambiguity of "open government"*, „UCLA Law Review Discourse" 2012, nr 59, s. 181.

[2] J. Morozow, *To save everything, click here: The folly of technological solutionism*, Wydawnictwo Public Affairs, Nowy Jork 2013, s. 94.

[3] Nie wolno oczywiście bagatelizować kwestii proceduralnych, ponieważ z perspektywy osób niepełnosprawnych, to co prawnik skłonny jest zaliczać do kwestii proceduralnych, może stanowić fundamentalną przesłankę partycypacji w życiu społecznym i politycznym; zob. art. 69 Konstytucji.

[4] Zob. wniosek Stowarzyszenia Liderów Lokalnych Grup Obywatelskich do Ministra Administracji i Cyfryzacji z 8.02.2013 r. w sprawie zamkniętych grup eksperckich, <www.informacjapubliczna.org.pl/18,818,prosimy_uregulowac_stanowienie_prawa.html> [15.06.2013].

[5] G. Sibiga, *Niezbędna reforma prawa do informacji*, „Rzeczpospolita — Prawo" 14.05.2012 r., <www.prawo.rp.pl/artykul/874747.html> [7.02.2014].

nowelizacji zaproponowano wręcz karykaturalne (z punktu widzenia systematyki wewnętrznej ustawy) przepisy dotyczące tzw. centralnego repozytorium informacji publicznych[6]. Asymetria liczby przepisów technicznych, proceduralnych oraz przepisów dotyczących materialnoprawnych źródeł konstytucyjnego prawa do informacji staje się coraz bardziej rażąca. Ustawodawca nie zadaje sobie pytań, gdzie tkwią podstawowe problemy dostępu do informacji publicznej, ochrony jawności życia publicznego i odpowiedzialności rządzących przed społeczeństwem. Wiele energii poświęca się na rozwój coraz to nowych projektów informatycznych o wciąż niejasnych funkcjach i korzyściach dla społeczeństwa, aczkolwiek o wymiernych profitach dla sektora prywatnego[7].

Wydaje się zatem, że zbyt mało wagi przywiązujemy do potencjału istniejących instytucji prawnych, a czasami wręcz elementarnych pojęć, wokół których zbudowaliśmy nasz ustrój państwowy. Chociaż wydaje się to zaskakujące, rozwiązanie szczegółowych zagadnień prawnych jest możliwe drogą stosunkowo prostego założenia interpretacyjnego: przy wykładni ustawowych instrumentów dostępu do informacji należy odwoływać się do takich kategorii pojęciowych Konstytucji jak „demokratyczne państwo prawne", „demokracja", „dobro wspólne". W oparciu o te pojęcia pragniemy pokazać, w jaki sposób, wydawać by się mogło incydentalne orzeczenie Naczelnego Sądu Administracyjnego, zmusza do postawienia pytań o fundamenty naszego porządku prawnego.

Autorzy nie aspirują do omawiania wszystkich możliwych konstytucyjnych kontekstów prawnych, w jakich prawodawca czyni informację kluczowym dobrem prawnym[8]. Jedynie dla klarowności wywodów wyjaśniamy, że tytułowe prawo do informacji pojawia się bardzo często jako element obowiązku państwa, uprawnienia obywatelskiego, prawa człowieka, ale mogą być to bardzo różne od siebie instytucje prawne. Tytułem przykładu: słynne *Miranda Warning* (zwane również jako *Miranda rights*) recytowane przez amerykańskich policjantów i znane widzom amerykańskich kryminałów na całym świecie jest prawem podejrzanego do uzyskania informacji o podstawowych uprawnieniach niezbędnych do korzystania z obrony w procesie karnym. Pouczenie wzięło swój początek z wyroku Sądu Najwyższego USA z 1966 r.

---

[6] Poselski projekt ustawy o zmianie ustawy o dostępie do informacji publicznej, Druk sejmowy nr 1331 z 6.03.2013 r. Nowelizację ogłoszono w Dz.U. z 2013 r., poz. 1474.

[7] O skali korupcji i jej kosztach związanych z informatyzacją państwa pisze R. Zieliński, *E-afera*, „Tygodnik Powszechny" 8.05.2013, <www.tygodnik.onet.pl/30,0,75535,8,artykul.html> [15.06.2013].

[8] Konstytucja odróżniła prawo uzyskiwania informacji o działalności organów władzy publicznej i osób pełniących funkcje publiczne od wolności pozyskiwania informacji (art. 54), prawa do ochrony informacji dotyczących własnej osoby (art. 51), prawa do informacji o stanie środowiska naturalnego (art. 74). Ustrojodawca umieścił art. 61 Konstytucji w podrozdziale „Wolności i prawa polityczne" Rozdziału II („Wolności, prawa, obowiązki człowieka i obywatela"). Prawo do informacji jest więc konstytucyjnym, obywatelskim, publicznym prawem podmiotowym o charakterze pozytywnym, sklasyfikowanym w podrozdziale poświęconym „Wolnościom i prawom politycznym".

w sprawie Miranda v. Arizona[9]. Sąd Najwyższy uznał wówczas pouczenie podejrzanego o skutkach zeznań oraz prawie do korzystania z obrońcy za konieczny element legalnego wykorzystywania zeznań wymagany V i VI poprawką do Konstytucji USA. Informacja ma w tym momencie kluczowe znaczenie dla wykonywania prawa do obrony. Analogiczne instytucje występują również w polskim procesie karnym. Przykłady można mnożyć: od obowiązku informowania o skutkach przekroczenia terminów nałożonych przez prawo, przez obowiązek udzielania konsumentowi informacji o produkcie, a skończywszy na rozlicznych obowiązkach informacyjnych adresowanych do pacjentów w toku udzielanych świadczeń medycznych. W każdym z tych przykładów informacja ma określony cel: służy zmniejszeniu niewiedzy, podjęciu racjonalnego wyboru, a przede wszystkim wykonaniu określonego uprawnienia. Z tego powodu można nazywać takie uprawnienia „instrumentalnymi prawami do informacji", ponieważ uzyskanie informacji jest konieczne do wykonania określonego prawa lub ochrony wolności jednostki[10].

II. Uzasadnienie prawa do informacji w Konstytucji

W polskim piśmiennictwie dominuje postrzegania prawa do informacji jako uprawnienia o charakterze politycznym, które pozwala jednostce uczestniczyć w życiu publicznym państwa i kreować skład osobowy jego instytucji. Taki charakter przypisuje się prawu do informacji na podstawie systematyki Konstytucji, ponieważ art. 61 znalazł się w podrozdziale „Wolności i prawa polityczne", aczkolwiek ze względu na treść Wstępu oraz art. 5, 30 i 54 Konstytucji nie powinien być to argument rozstrzygający. W piśmiennictwie (i orzecznictwie Trybunału Konstytucyjnego) uprawnienie z art. 61 Konstytucji bywa nazywane „prawem do informacji publicznej", aczkolwiek dystansujemy się od tego nazewnictwa ze względu na tkwiące w nim odwrócenie hierarchii źródeł prawa. Konstytucja nie mówi nic o informacji publicznej. Mówi zaś przede wszystkim o „informacji o działalności organów władzy publicznej oraz osób pełniących funkcje publiczne". Pojęcie informacji publicznej pochodzi z art. 1 ust. 1 ustawy z dnia 6 września 2001 r. o dostępie do informacji publicznej (u.d.i.p.)[11]. Zgodnie z powołanym przepisem, każda informacja o sprawach publicznych stanowi informację publiczną w rozumieniu ustawy i podlega udostępnieniu i ponownemu wykorzystywaniu na zasadach i w trybie określonych w niniejszej ustawie. Wykładnia pojęcia „informacja publiczna" („informacja o sprawach publicznych") w praktyce sądowoadministracyjnej prowadzi do konkluzji, że ustawowa definicja coraz rzadziej pełni funkcję konstytucyjnego instrumentu

---

[9]   Oryginalne oznaczenie sprawy: Miranda v. Arizona, 384 U.S. 436 (1966). Pełen tekst orzeczenia dostępny pod adresem <www.supreme.justia.com/cases/federal/us/384/436/case.html> [7.02.2014].

[10] Por. M. Bernaczyk, *Ponowne wykorzystywanie informacji publicznej. Zarys instytucji*, „Wrocławskie Studia Sądowe" 2012, nr 4, s. 5–23.

[11] Zgodnie z art. 1 ust. 1 u.d.i.p. każda informacja o sprawach publicznych stanowi informację publiczną w rozumieniu ustawy i podlega udostępnieniu i ponownemu wykorzystywaniu na zasadach i w trybie określonych w niniejszej ustawie.

kontroli społecznej, natomiast częściej staje się ukrytym, absolutnym wyjątkiem od zasady dostępności informacji dla społeczeństwa.

Osoba sięgająca do przepisów u.d.i.p. dowiaduje się, że prawo do informacji publicznej obejmuje uprawnienia do: 1) uzyskania informacji publicznej, w tym uzyskania informacji przetworzonej w takim zakresie, w jakim jest to szczególnie istotne dla interesu publicznego, 2) wglądu do dokumentów urzędowych, 3) dostępu do posiedzeń kolegialnych organów władzy publicznej pochodzących z powszechnych wyborów, 4) niezwłocznego uzyskania informacji publicznej zawierającej aktualną wiedzę o sprawach publicznych.

Ustawodawca dodaje — co oczywiste — że prawo do informacji nie ma charakteru absolutnego i podlega ograniczeniu ze względu na prawo do prywatności, tajemnicę przedsiębiorcy, ochronę informacji niejawnych oraz inne tajemnice ustawowo chronione (art. 61 ust. 3 Konstytucji, art. 5 u.d.i.p.). Wady i ograniczenia dostępu do informacji publicznej nie wynikają jednak z dogmatycznoprawnej analizy u.d.i.p., lecz z praktyki jej stosowania. Otóż informacja nienaruszająca wprawdzie prawa do prywatności lub tajemnic ustawowo chronionych poddana ocenie sądu administracyjnego[12] niekoniecznie okazuje się informacją publiczną w rozumieniu art. 1 ust. 1 u.d.i.p. Tworzy to trudne do zatarcia wrażenie, że o „publicznym" charakterze informacji częściej decyduje sąd *a casu ad casum*, aniżeli uczynił to w 2001 r. ustawodawca. Zjawisko wymagałoby odrębnego opracowania sięgającego zarazem do dyskusji o tzw. aktywizmie lub prawotwórstwie sądowym i współczesnej relacji pomiędzy ustawodawcą a sądownictwem administracyjnym[13]. To ostatnie zdaje się wyprowadzać z art. 1 ust. 1 u.d.i.p. konstrukcje prawne niemające bezpośredniego zaczepienia w brzmieniu przepisów, które często limitują dostęp do informacji[14]. Przykładem może służyć nieznane polskiej ustawie pojęcie „dokumentu wewnętrznego", którego cechy — podobnie jak metodyka wnioskowania o ich istnieniu — wydają się być znane wyłącznie sądowi orzekającemu w sprawie[15]. Nie przekonuje

---

[12] Zgodnie z art. 21 u.d.i.p. do skarg rozpatrywanych w postępowaniach o udostępnienie informacji publicznej stosuje się przepisy ustawy z 30.08.2002 r. — Prawo o postępowaniu przed sądami administracyjnymi (Dz.U. z 2002 r., nr 153, poz. 1270).

[13] Zob. B. Banaszak, M. Bernaczyk, *Aktywizm sędziowski we współczesnym państwie demokratycznym*, Wydawnictwo Sejmowe, Warszawa 2012, s. 45–46.

[14] M. Bernaczyk, (przyp. 10), s. 13–14.

[15] Przykładem powinno służyć uzasadnienie wyroku NSA z 21.06.2012 r., (sygn. akt I OSK 666/12 opublikowane w Centralnej Bazie Orzeczeń Sądów Administracyjnych, dalej CBOSA, pod adresem <www.orzeczenia.nsa.gov.pl/cbo/query> [10.02.2014]), w którym Sąd stara się uzasadnić, iż informacją o działalności osób pełniących funkcje publiczne (zob. art. 61 ust. 1 zd. 1 Konstytucji) nie jest korespondencja elektroniczna takiej osoby dotycząca jej obowiązków publicznoprawnych: „Korespondencja, w tym także mailowa osoby wykonującej zadania publiczne, z jego współpracownikami nie jest informacją publiczną, nawet jeżeli w jakiejś części dotyczy wykonywanych przez tę osobę zadań publicznych". Sąd argumentuje następująco: „Korespondencja taka nie ma jakiegokolwiek waloru oficjalności, a nawet jeśli zawiera propozycje dotyczące sposobu załatwienia określonej sprawy publicznej mieści się w zakresie swobody niezbędnej dla podjęcia prawidłowej decyzji po rozważeniu wszystkich racji przemawiających za różnorodnymi możliwościami jej załatwienia.

argument przedstawicieli judykatywy, że pojęcie „od dawna funkcjonuje"[16] w piśmiennictwie, zwłaszcza jeśli owo piśmiennictwo nie buduje żadnej naukowej koncepcji (bądź co bądź limitującej prawo jednostki, co wymaga precyzyjnie sformułowanej ustawy) w oparciu o dostatecznie określone brzmienie u.d.i.p., lecz w poszukiwaniu uzasadnienia dokumentu wewnętrznego dokonuje odesłania zwrotnego do orzecznictwa[17]. Inne państwa demokratyczne skupiają się raczej na precyzyjnym opisaniu wyjątków od dostępności informacji za pomocą kryterium potencjalnego stanu zagrożenia, przyjmując jednocześnie bardzo szeroką definicję informacji (dokumentu). W państwach, które obszernie i wprost uregulowały ustawowo kwestię dokumentów nazywanych w Polsce nad wyraz intuicyjnie „wewnętrznymi", ich udostępnienie nie podlega absolutnemu wyłączeniu, chociażby obrazowały politycznie wrażliwy proces decyzyjny skutkujący np. śmiercią ponad 4 tys. żołnierzy i liczbą kolejnych 32 tys. rannych[18].

W Polsce doszło natomiast do zjawiska na wskroś niekorzystnego i zadziwiająco długo tolerowanego przez legislatywę oraz przedstawicieli nauki: definicja informacji publicznej, na pierwszy rzut oka bardzo szeroka, jest w praktyce zależna od rażących swą arbitralnością konstrukcji jurydycznych. Okazuje się, że jeden rodzaj informacji publicznych (np. faktura VAT dokumentująca wydatki publicznych

---

Procesowi podejmowania decyzji nie jest konieczna społeczna kontrola na każdym jego etapie. Zasadne wręcz jest twierdzenie, że kontrola taka mogłaby zakłócić jego przebieg, ponieważ każda ze zgłoszonych propozycji podlegałaby społecznemu i przedwczesnemu osądowi. Tymczasem podjęcie w procesie tworzenia projektu ustawy decyzji właściwej co do jego treści wymaga wyeliminowania, w atmosferze rozwagi i spokoju, rozwiązań nietrafnych, zagrażających chronionym konstytucyjnie dobrom, czy też niefunkcjonalnych. Nietrafny jest przy tym zarzut, że przyjęcie takiego poglądu za trafny, wyklucza społeczny nadzór nad tworzeniem projektu aktu prawnego. W momencie, kiedy projekt taki zyskuje walor oficjalności, zostaje przedstawiony opinii publicznej przez organ, który go stworzył, podlega społecznym konsultacjom i społeczeństwo może mieć wpływ na jego treść. Korespondencja osoby fizycznej również przesyłana drogą internetową jest prywatną korespondencją także wtedy, gdy służy załatwianiu spraw służbowych. Można ją zaliczyć do tzw. «dokumentów wewnętrznych», które nie decydują o kierunkach działania organu i nie są wyrazem, jego oficjalnego stanowiska". Zestawienie stanu faktycznego sprawy z uzasadnieniem prawnym sugeruje, że nie wiadomo skąd NSA wydobył elementy „oficjalności" jako przesłanki konstytutywne nieistniejącego dokumentu wewnętrznego oraz potrzebę trwałej i nieograniczonej w czasie ochrony „atmosfery rozwagi i spokoju procesu podejmowania decyzji". Nie wolno zapominać, że żądanie udostępnienia dokumentów dotyczyło procesu, który uległ już zakończeniu. Sąd przedstawił bardzo obszerne stanowisko nie wskazując ani jednej ustalonej przez parlament przesłanki ograniczającej prawo do informacji (art. 5 ust. 1 i 2 u.d.i.p.), lecz skupił się na jednym tylko przepisie (art. 1 ust. 1 u.d.i.p.) oraz argumentując wbrew woli ustawodawcy (zob. art. 6 ust. 1 pkt 1 lit. „a" i „b" u.d.i.p.).

[16] Zob. wywiad z sędzią Ireną Kamińską, *Władza pod sędziowską kontrolą*, „Na Wokandzie" 2013, nr 3, s. 38.

[17] Por. P. Szustakiewicz, *Pojęcie dokumentu wewnętrznego - orzecznictwo sądów administracyjnych*, „Kontrola Państwowa" 2012, nr 6, s. 76 i 85.

[18] R. Peled, Y. Rabin, *The constitutional right to information*, „Columbia Human Rights Law Review" 2011, nr 2, s. 361 i powołany tam przykład dotyczący zaangażowania militarnego USA w Iraku.

środków) stanowi informację publiczną[19], w innym zaś przypadku absolutnie nią nie jest[20]. Nawet jeśli skarżący przeprowadzi przed sądem swoisty dowód co do prawa na okoliczność „publicznego" charakteru informacji, to za chwilę czeka go przeszkoda w postaci kilkudziesięciu tajemnic ustawowo chronionych[21] oraz absolutne, nieograniczone czasowo wyłączenia o wysoce dyskusyjnej zgodności z art. 31 ust. 3 Konstytucji[22]. Prawo do informacji podlega również ograniczeniu ze względu na prywatność i tajemnicę przedsiębiorcy[23] przy jednoczesnym deficycie przepisów proceduralnych umożliwiających zbadanie, czy taka okoliczność rzeczywiście występuje. Kolejnym problemem stało się również odwoływanie się do art. 1 ust. 2 u.d.i.p.[24] i wskazywanie zainteresowanym rzekomo odrębnych przepisów normujących odmiennie tryb i zasady dostępu do informacji, chociażby nie mówiły one niemalże nic na temat podmiotu uprawnionego, podmiotu zobowiązanego oraz okoliczności w jakich uprawniony może zrealizować swoje uprawnienie[25].

Dla zilustrowania współczesnych problemów związanych z wdrażaniem prawa do informacji w Polsce wybraliśmy przykład, który nie pozostawia wątpliwości, że wnioskowana informacja stanowi informację publiczną, informację wpisaną w istotę dokumentu urzędowego w rozumieniu art. 61 ust. 2 Konstytucji oraz art. 6 ust. 2 u.d.i.p. To co przykuło naszą uwagę w stanie faktycznym sprawy, to nakładanie się uzasadnienia demokratycznego (kontrola społeczna) na wspomniane uprzednio uzasadnienie instrumentalne (konieczność ochrony praw indywidualnych). To ostatnie ma głęboki wymiar humanitarny, zakodowany m.in. w art. 5 Konstytucji, w którym Rzeczpospolita Polska poręcza ochronę wolności i praw człowieka i obywatela.

---

[19] WSA w Warszawie z 31.05.2012, r., (sygn. akt II SAB/Wa 50/12), CBOSA, (przyp. 15).

[20] WSA w Warszawie z 7.05.2012, r., (sygn. akt II SAB/Wa 97/12), CBOSA, (przyp. 15).

[21] Zob. odesłanie w art. 5 ust. 1 u.d.i.p. do przepisów o ochronie informacji niejawnych oraz o ochronie innych tajemnic ustawowo chronionych.

[22] Tytułem przykładu zob. art. 284 ust. 2 ustawy z 27.08.2009 r. o finansach publicznych: Zgodnie z art. 284 ust. 1 powołanej ustawy, plan audytu oraz sprawozdanie z wykonania planu audytu stanowią, udostępnianą na wniosek, informację publiczną w rozumieniu ustawy z 6.09.2001 r. o dostępie do informacji publicznej. Natomiast zgodnie z ustępem 2 tego artykułu, informacji publicznej nie stanowią inne niż wymienione w ust. 1 dokumenty wytworzone przez audytora wewnętrznego w trakcie prowadzenia audytu wewnętrznego (t.j. Dz.U. z 2013 r., poz. 885).

[23] Art. 5 ust. 2 u.d.i.p.

[24] Zgodnie z tym artykułem, przepisy ustawy nie naruszają przepisów innych ustaw określających odmienne zasady i tryb dostępu do informacji będących informacjami publicznymi.

[25] Zob. np. art. 5 ustawy z 7.07.2005 r. o działalności lobbingowej w procesie stanowienia prawa, Dz.U. z 2005 r., nr 169, poz. 1414. Art. 5 powołanej ustawy stanowi, że projekty założeń projektów ustaw, projekty ustaw oraz projekty rozporządzeń podlegają udostępnieniu w Biuletynie Informacji Publicznej z chwilą przekazania projektów do uzgodnień z członkami Rady Ministrów. W praktyce przepis ten jest — wbrew elementarnym regułom egzegezy — interpretowany jako wyłączenie dostępu do informacji o procesie legislacyjnym na wniosek zainteresowanego, któremu pozostaje cierpliwie czekać na publikację dokumentów w Internecie.

Autorzy uznają, że dokładne przytoczenie stanu faktycznego sprawy rozpoznanej ostatecznie wyrokiem NSA z 9 listopada 2011 r.[26] jest zbędne i można śmiało pozostawić je Czytelnikowi. Dla uczynienia przekazu możliwie jasnym, przypomnijmy jedynie, że w omawianej sprawie skarżący domagał się od Prezesa Sądu Okręgowego w Szczecinie udzielenia informacji publicznej w zakresie „ilości spraw rejestrowych o wpis danych do rejestru przedsiębiorców, które podlegały kontroli instancyjnej od dnia 1 stycznia 2001 r., w których to sprawach o udział w charakterze strony ubiegały się podmioty będące wspólnikami lub akcjonariuszami podmiotu rejestrowego". Naczelny Sąd Administracyjny uznał te informacje za informację przetworzoną, o której mowa w art. 3 ust. 1 kt 1 u.d.i.p. Skargę wnioskodawcy oddalono, co pozwala domniemywać, że nie uzyskał on wnioskowanej informacji. Przypomnijmy, że zgodnie z art. 3 ust. 1 prawo do informacji publicznej obejmuje m.in. uprawnienie do uzyskania informacji publicznej, w tym uzyskania informacji przetworzonej w takim zakresie, w jakim jest to szczególnie istotne dla interesu publicznego. Wymieniona w przepisie informacja przetworzona nie została w żaden sposób zdefiniowana w ustawie, aczkolwiek w ocenie utartego poglądu orzecznictwa polega na łączeniu istniejących informacji w „nową jakościowo" informację[27]. Spór nie gaśnie zaś co do tego, co ma być elementem konstytutywnym informacji przetworzonej: efekt w postaci „nowej" informacji, czy też różne czynności przedsiębrane w trakcie jej tworzenia (wyszukiwanie, kopiowanie, zmiana formatu zapisu lub inne przykłady obróbki analitycznej bądź technicznej)? Jakie czynności prowadzą do powstania „nowej", nieistniejącej dotychczas informacji[28]? Podchodząc rygorystycznie do zagadnienia można przecież bronić poglądu, że skopiowanie źródłowego dokumentu i naniesienie anonimizujących zaczernień na kserokopię powoduje powstanie „nowej" informacji i nowego nośnika, co w ostatecznym rozrachunku prowadziłoby do masowego blokowania dostępu do informacji. Czy zatem czas i środki materiałowe czy osobowe są czynnikiem kwalifikującym do przetworzenia, czy też powinny być

---

[26] NSA z 9.11.2011 r., (sygn. akt I OSK 1365/11), CBOSA, (przyp. 15).

[27] W uzasadnieniu wyroku stwierdzono, że informacja przetworzona „to taka informacja, która została przygotowana «specjalnie» dla wnioskodawcy wedle wskazanych przez niego kryteriów, gdy podmiot zobowiązany do udzielenia informacji nie dysponuje na dzień złożenia wniosku gotową informacją, a jej udostępnienie wymaga podjęcia dodatkowych czynności polegających na sięgnięciu np. do dokumentacji źródłowej. Nie jest to zatem czynność mechaniczna sprowadzająca się do automatycznego usuwania danych, lecz poprzedzona musi być złożonymi działaniami myślowymi. Wymaga bowiem podjęcia przez podmiot zobowiązany do udostępnienia informacji działania o charakterze intelektualnym w odniesieniu do zbioru informacji, który jest w jego posiadaniu (art. 4 ust. 3 u.d.i.p) i nadania skutkom tego działania cech informacji"; NSA z 11.09.2012 r. (sygn. akt I OSK 1015/12), CBOSA, (przyp. 15).

[28] M. Jabłoński, *Informacja prosta a informacja przetworzona — kontrowersje wokół przedmiotu i procedury udostępniania na podstawie ustawy o dostępie do informacji publicznej*, [w:] *Dostęp do informacji publicznej w Polsce i w Europie — wybrane zagadnienia prawne*, red. E. Pierzchała, M. Woźniak, Wydawnictwo UO, Opole 2010, s. 39.

raczej uwzględniane wyłącznie w granicach przepisanych art. 15 u.d.i.p.[29]? Skłaniamy się do odpowiedzi twierdzącej na to ostatnie pytanie. Niestety, praktyka wdrażania ustawy zdaje się udzielać na te pytania odpowiedzi przeciwnej, prowadzącej do ograniczenia dostępu do informacji.

Należy liczyć się z tym, że obowiązek usuwania danych prawem chronionych (por. art. 5 u.d.i.p.), poszukiwanie wnioskowanego dokumentu według zadanego kryterium zawsze będzie rodzić określone nakłady i w wielu przypadkach może prowadzić do ingerencji w informację źródłową. Stwarza to ogromne pole do nadużyć podmiotom władzy publicznej, które dość często domagają się od wnioskodawcy wykazania enigmatycznego „interesu publicznego". Jest to wyjątek od zasady zakazu wykazywania interesu faktycznego lub prawnego[30], którego zaaplikowanie przez posiadacza informacji publicznej rodzi niebywałą trudność dla wnioskodawcy.

W analizowanym przez nas przypadku wnioskodawca w odpowiedzi na wezwanie organu do wykazania szczególnego interesu publicznego, uzasadniającego powstanie obowiązku wytworzenia informacji przetworzonej wskazał, że szczególny interes publiczny polega na tym, że od treści informacji zależy rozstrzygnięcie sprawy toczącej się przed Trybunałem Konstytucyjnym. Warto zatem postawić następujące pytanie: czy udział w postępowaniu przed Trybunałem Konstytucyjnym (skarga konstytucyjna oparta na osobistym interesie prawnym) albo toczące się postępowanie przed Trybunałem Konstytucyjnym i np. wystąpienia w roli *amicus curiae* (interes faktyczny i brak interesu prawnego) łączy się z aksjologią prawa do informacji z art. 61 Konstytucji w ujęciu demokratycznym lub instrumentalnym? Jakie znaczenie ma owa aksjologia dla wykładni interesu publicznego, o którym mowa w art. 3 ust. 1 pkt 1 u.d.i.p.? Aby odpowiedzieć na to pytanie, należy odwołać się do charakterystyki skargi konstytucyjnej uregulowanej w art. 79 Konstytucji.

III. Skarga konstytucyjna jako przesłanka pozyskiwania informacji o działalności państwa

1. Podmiot legitymowany do występowania ze skargą

Opierając się na dorobku polskiej doktryny prawa konstytucyjnego i orzecznictwie TK, należy stwierdzić, że użyte w art. 79 ust. 1 Konstytucji pojęcie „każdy" odnosi się do każdej osoby fizycznej (bez względu na jej obywatelstwo), a także do podmiotów, które zdolne są korzystać z przyznanych im przez ustrojodawcę praw (tzn. jeżeli „naruszone prawo należało do kategorii tych praw, których podmiotem

---

[29] Art. 15 ust. 1 u.d.i.p. stanowi: Jeżeli w wyniku udostępnienia informacji publicznej na wniosek, o którym mowa w art. 10 ust. 1, podmiot obowiązany do udostępnienia ma ponieść dodatkowe koszty związane ze wskazanym we wniosku sposobem udostępnienia lub koniecznością przekształcenia informacji w formę wskazaną we wniosku, podmiot ten może pobrać od wnioskodawcy opłatę w wysokości odpowiadającej tym kosztom.

[30] Art. 2 ust. 2 u.d.i.p.

jest skarżąca osoba prawna"[31]), tj. organizacje społeczne, stowarzyszenia, partie polityczne lub osoby prawne prawa cywilnego. Nie wchodzą w zakres tego pojęcia organy władzy publicznej. Trybunał Konstytucyjny uznał również, że „podmioty realizujące funkcje władzy publicznej nie mogą składać skarg konstytucyjnych, gdyż nie są one adresatami uprawnień wynikających z poszczególnych praw konstytucyjnych, lecz adresatami obowiązków związanych z realizacją praw innych podmiotów"[32]. Chodzi tu o osoby prawne prawa publicznego. Trybunał wyjątkowo jednak przyznaje im zdolność wystąpienia ze skargą konstytucyjną, jeżeli przez ograniczanie ich praw dochodzi równocześnie do ograniczenia praw jednostek. Ponadto TK odmówił legitymacji do wystąpienia ze skargą konstytucyjną publicznym podmiotom gospodarczym prowadzącym działalność w formie jednoosobowej spółki Skarbu Państwa, stwierdzając równocześnie, że „wobec zmieniającego się obszaru aktywności państwa — w szczególności powstawania nowych form, w ramach których państwo prowadzi działalność gospodarczą — o zdolności skargowej nie może decydować kryterium czysto formalne, tj. umiejscowienie danego podmiotu w określonym systemie organów władzy publicznej, ale kryterium materialne, tj. posiadanie przez skarżące podmioty cech koniecznych, wynikających z wykładni literalnej i funkcjonalnej tekstu Konstytucji"[33]. Należy do nich np. kryterium majątkowe pozwalające stwierdzić, czy działalność danego podmiotu oparta jest na własności publicznej czy prywatnej.

Skoro ustrojodawca uznał, że ze skargą konstytucyjną może wystąpić każdy, czyje konstytucyjne wolności lub prawa zostały naruszone, oznacza to sformułowanie przez niego trzech materialnych przesłanek skargi. Należą do nich:

— Interes osobisty — podmiot występujący ze skargą konstytucyjną powinien stwierdzić, że naruszenie praw gwarantowanych konstytucyjnie dotyczy jego osobiście. Wyklucza możliwość traktowania skargi konstytucyjnej jako *actio popularis*. Skarżący, wskazując na interes osobisty, powinien dowieść, że jest osobiście zainteresowany usunięciem naruszenia przyznanych mu praw podstawowych;

— Interes prawny — z interesu osobistego wynika również, że podmiot występujący ze skargą konstytucyjną powinien wykazać, iż naruszenie gwarantowanych mu praw podstawowych dotyczy jego pozycji prawnej. Naruszenie to nie może więc mieć tylko faktycznego charakteru. Przedmiotem ochrony są prawa gwarantowane konstytucyjnie i tylko ich naruszenie uzasadnia wystąpienie ze skargą konstytucyjną. Nie służy zaś ochronie różnych, niemających charakteru prawnego, interesów danego podmiotu, jak na przykład interesy ekonomiczne czy zawodowe. Interesu prawnego nie można tu utożsamiać z interesem publicznym (np. zapewnienie zgodności ustaw z konstytucją), gdyż oznaczałoby to zasadniczą zmianę funkcji skargi konstytucyjnej — ze środka służącego ochronie praw podstawowych w środek służący ogólnej kontroli konstytucyjności prawa;

---

[31] TK z 8.06.1999 r., OTK 1999, nr 5, poz. 96, (SK 12/98).

[32] TK z 6.02.2001 r., OTK 2001, nr 3, poz. 72, (Ts 148/00).

[33] TK z 20.12.2007 r., OTK-A 2007, nr 11, poz. 168, (SK 67/05).

— Interes realny — naruszenie wolności lub praw powinno być realne, a nie tylko hipotetyczne, potencjalne. Nie wystarcza jedynie możliwość zaistnienia w przyszłości tego naruszenia. Musi ono być dokonane w przeszłości lub trwać w chwili złożenia skargi konstytucyjnej. Na marginesie warto zauważyć, że zadaniem sądów konstytucyjnych jest rozstrzyganie konkretnych spraw, a nie zagadnień czysto teoretycznych.

2. Przedmiot zaskarżenia

Przedmiotem ochrony przy pomocy skargi konstytucyjnej jest każda wolność i każde prawo konstytucyjne, a więc zawarte nie tylko w Rozdziale II Konstytucji, z wyjątkiem prawa azylu[34]. W uzasadnieniu jednego ze swoich orzeczeń TK stwierdził: „O naruszeniu praw lub wolności konstytucyjnych danego podmiotu można mówić wówczas, gdy organ władzy publicznej poprzez wydanie konkretnego orzeczenia w sposób nieusprawiedliwiony wkroczył w sferę przysługujących temu podmiotowi praw lub wolności konstytucyjnych albo prawom tym lub wolnościom odmówił ochrony lub też ich urzeczywistnienia"[35].

Pojęciu „prawa lub wolności" należy przypisywać znaczenie zbiorcze obejmujące zarówno „prawa", jak i „wolności", a nawet „obowiązki" sformułowane w Konstytucji. Chodzi przy tym nie tylko o prawa i wolności zamieszczone w Rozdziale II Konstytucji. Skarga może również służyć ochronie praw i wolności zamieszczonych w innych częściach Konstytucji. Ponadto za podstawę skargi konstytucyjnej nie mogą służyć zasady *stricte* ustrojowe, takie jak zasada zwierzchnictwa narodu, czy zasada trójpodziału władz. Inaczej jest z zasadą demokratycznego państwa prawnego i zasadą sprawiedliwości społecznej. Art. 2 Konstytucji może stanowić samodzielną podstawę skargi konstytucyjnej pod warunkiem, że skarżący sprecyzował zarzut naruszenia jego konstytucyjnego prawa podmiotowego chronionego na podstawie tego przepisu.

Zgodnie z art. 47 ust. 1 ustawy z dnia 1 sierpnia 1997 r. o Trybunale Konstytucyjnym[36] skarga — poza ogólnymi wymaganiami dotyczącymi pisma procesowego — powinna zwierać m.in. wskazanie, jakie konstytucyjne wolności i prawa oraz w jaki sposób — w opinii skarżącego — zostały naruszone (ust. 1 pkt 2). Skarga konstytucyjna musi więc zawierać nie tylko wskazanie przepisu będącego podstawą zagwarantowania przez Konstytucję określonej wolności lub prawa, którego naruszenie zarzuca skarżący, ale i argumentację faktyczną i prawną uzasadniającą ten zarzut[37]. Ponadto wydaje się, że można wykorzystywać w tym celu np. zasadę wolności działalności gospodarczej, jak również zasadę ochrony własności, czy też zasadę

---

34 Art. 56 Konstytucji.
35 TK z 6.10.1998 r., OTK 1998, nr 5, poz. 84, (Ts 56/98).
36 Dz.U. z 1997 r., nr 102, poz. 643.
37 TK z 25.02.2003 r., OTK-A 2003, nr 2, poz. 14, (SK 09/02).

państwa prawnego[38]. Podstawą skargi nie mogą zaś być ani wartości zawarte w Preambule (acz mają one znaczenie dla wykładni norm konstytucyjnych), ani normy programowe, co zyskuje potwierdzenie w orzecznictwie TK i w polskiej doktrynie prawa[39]. Podstawy skargi nie mogą też stanowić normy ustawowe ani normy prawa międzynarodowego — należy w tym przypadku powołać następujące stanowisko TK, według którego art. 79 ust. 1 Konstytucji nie daje podstawy do zaskarżenia aktu normatywnego z powodu jego niezgodności z umową międzynarodową[40]. Ponadto przedmiotem skargi konstytucyjnej może być tylko zgodność zaskarżonego aktu normatywnego z Konstytucją, a nie z jakimkolwiek innym aktem normatywnym[41].

Akt normatywny (norma) będący podstawą kwestionowanego w skardze konstytucyjnej orzeczenia rozumiany jest szeroko. Trybunał Konstytucyjny stwierdził, że „podstawa rozstrzygnięcia obejmuje całokształt przepisów prawa (norm) stosowanych przez organ władzy publicznej w celu wydania aktu stosowania prawa. Na tak rozumianą podstawę składają się nie tylko przepisy prawa materialnego, ale również regulacje dotyczące procedury, a jednocześnie także podstawowe przepisy ustrojowe, które tworzą dany organ władzy publicznej i wyposażają go w odpowiednie kompetencje, w ramach których wydane zostaje ostateczne rozstrzygnięcie dotyczące skarżącego"[42].

Pogląd na temat podstawy rozstrzygnięcia ugruntowany jest zarówno w orzecznictwie TK jak i w polskiej doktrynie prawa. Akt (przepis) będący przedmiotem skargi konstytucyjnej jest zwykle uznawany za podstawę rozstrzygnięcia, jeśli da się udzielić odpowiedzi twierdzącej na hipotetyczne pytanie: czy rozstrzygnięcie w sprawie skarżącego byłoby inne lub mogłoby być inne, jeżeli nie obowiązywałaby norma zakwestionowana w skardze[43].

Pojęcie aktu normatywnego, na podstawie którego wydano orzeczenie, ma w przypadku art. 79 ust. 1 zdaniem TK inną treść jako przesłanka dopuszczalności skargi konstytucyjnej niż w przypadku art. 190 ust. 4 jako podstawa prawna wznowienia postępowania, uchylenia decyzji lub innego rozstrzygnięcia. „Różnica dotyczy potraktowania przepisów ustrojowych. Gdy niekonstytucyjność dotyczy ich [...] jest możliwe uznanie, że są one podstawą rozstrzygnięcia w szerokim znaczeniu, co daje możliwość wszczęcia postępowania na podstawie skargi konstytucyjnej (*in dubio pro actione*). Natomiast ze względu na wartość konstytucyjną, jaką stanowi prawomocność,

[38] Zob. B. Szmulik, *Skarga konstytucyjna. Polski model na tle porównawczym*, C.H. Beck, Warszawa 2006, s. 92.

[39] Por. A. Łabno, *Skarga konstytucyjna w Konstytucji III RP*, [w:] *Prawa i wolności obywatelskie w Konstytucji RP*, red. B. Banaszak, A. Preisner, C.H. Beck, Warszawa 2002, s. 769. Ostrożniejsze stanowisko prezentuje M. Bernaczyk, *Pojęcie publicznych praw podmiotowych w świetle Konstytucji RP*, [w:] *Wolności i prawa jednostki w Konstytucji RP. Tom I. Idee i zasady przewodnie konstytucyjnej regulacji wolności i praw jednostki w RP*, red. M. Jabłoński, C.H. Beck, Warszawa 2010, s. 269–281 i orzecznictwo tam powołane.

[40] TK z 13.01.2004 r., OTK-A 2004, nr 1, poz. 2, (SK 10/03).

[41] TK z 8.06.1999 r., OTK 1999, nr 5, poz. 96, (SK 12/98).

[42] TK z 24.10.2007 r., OTK-A 2007, nr 9, poz. 108, (SK 7/06).

[43] Niekiedy jednak TK nie bada tego warunku; zob. np. TK z 24.10.2007 r., OTK-A 2007, nr 9, poz. 108, (SK 7/06).

sytuacja taka nie jest objęta ramami art. 190 ust. 4 Konstytucji, dającego możliwość wznowienia postępowań, których niekonstytucyjna norma ustrojowa była *conditio sine qua non*"[44].

Przedmiotem kontroli w trybie skargi konstytucyjnej mogą być wyłącznie przepisy, na podstawie których sąd lub organ administracji publicznej wydał ostateczne rozstrzygnięcie w sprawie konstytucyjnych praw lub wolności. „Przesłanka związku funkcjonalnego między sytuacją podmiotu inicjującego postępowanie i zaskarżonymi regulacjami jest w ich wypadku sformułowana bardziej restrykcyjnie niż w wypadku pytań prawnych, w odniesieniu do których wystarczy, aby zakwestionowany przepis «miał wpływ» na rozstrzygnięcie indywidualnej sprawy, na tle której zadawane jest pytanie prawne [...]. Ciężar wykazania wszystkich przesłanek dopuszczalności skargi, w tym doniosłości kwestionowanego w niej przepisu z punktu widzenia rozstrzygnięcia zapadłego w zakończonym postępowaniu, spoczywa przy tym na skarżącej"[45]. Możliwe jest także traktowanie jako podstawy prawnej rozstrzygnięcia przepisu wprawdzie niepowołanego w sentencji przez organ orzekający, lecz wynikającego z treści uzasadnienia lub jako wynik rekonstrukcji rozumowania organu[46].

Godny podkreślenia jest fakt niedopuszczenia przez ustrojodawcę, wzorem wielu państw demokratycznych, możliwości ochrony przy pomocy skargi konstytucyjnej przed bezczynnością organów władzy publicznej, jeśli narusza ona prawa i wolności konstytucyjne, a także przed niezgodnymi z Konstytucją wyrokami sądowymi, decyzjami administracyjnymi itp. Zasadniczo Trybunał Konstytucyjny na podstawie art. 79 Konstytucji nie podejmuje kontroli konstytucyjności stosowania prawa. Może więc tak się zdarzyć, że w sprawie występuje naruszenie prawa konstytucyjnego, lecz wiąże się ono nie z treścią kontrolowanego przepisu, lecz praktycznym jego zastosowaniem (interpretacja przepisów, subsumpcja, rozumowania zastosowane przez orzekający sąd itd). W takich wypadkach Trybunał Konstytucyjny nie ma podstaw do dokonania kontroli konstytucyjności zgodnie z treścią skargi. Jednocześnie jednak w orzecznictwie ukształtował się pogląd, że stała, powtarzalna i powszechna praktyka odczytania kontrolowanego przepisu determinuje jego treść w takim stopniu, iż mimo że przepis potencjalnie mógłby być także inaczej odczytywany (wykładany, interpretowany), ta właśnie utrwalona w praktyce treść czyni przepis zdolnym do poddania go kontroli konstytucyjności. W tym więc zakresie granica między brzmieniem prawa i brzmieniem utrwalonym dzięki powszechnej praktyce jego stosowania ulega zatarciu, co wpływa na zakres dopuszczalnej kontroli konstytucyjności w ramach skargi konstytucyjnej[47]. Ten wątek jest szczególnie istotny dla niniejszego artykułu, ponieważ nie wolno zapominać, iż postępowanie przed TK wszczęte w trybie art. 79 Konstytucji opiera się na tzw. zasadzie skargowości. Oznacza to, że zakres zaskarżenia spoczywa na skarżącym i nie może być

---

[44] TK z 24.10.2007 r., OTK-A 2007, nr 9, poz. 108, (SK 7/06).
[45] TK z 14.10.2008 r., OTK-A 2008, nr 8, poz. 137, (SK 06/07).
[46] TK z 24.10.2007 r., OTK 2007-A, nr 9, poz. 108, (SK 7/06).
[47] TK z 1.07.2008 r., OTK-A 2008, nr 6, poz. 101, (SK 40/07).

ex officio redukowany lub poszerzany przez TK. Podobnie jest z ciężarem dowodu na okoliczność niekonstytucyjności norm ustawy lub innego aktu normatywnego. Jeśli skarżący opiera swój zarzut np. na argumencie stałej, powtarzalnej, powszechnej i niekonstytucyjnej praktyki odczytywania kontrolowanego przepisu wynikającej z nieprawidłowej konstrukcji języka prawnego, to powinien wskazać materialne dowody subsumpcji (np. w postaci prawomocnych orzeczeń sądowych, ostatecznych decyzji administracyjnych) na tę okoliczność. Art. 79 Konstytucji oraz przepisy procesowe w postępowaniu przed TK nie tworzą żadnych szczególnych przywilejów dowodowych na rzecz skarżącego, w związku z czym w momencie wniesienia skargi konstytucyjnej powinien on co najmniej oznaczyć precyzyjnie źródło dowodowe we wnioskach dowodowych. Ustawowy 3-miesięczny termin na wniesienie skargi konstytucyjnej powinien być zatem wykorzystywany na uzyskanie informacji publicznych niezbędnych do sporządzenia skargi i udowodnienia twierdzeń w niej sformułowanych. Trudno wskazać alternatywę dla gromadzenia tych informacji przez skarżącego w trybie przepisów u.d.i.p.

Konieczność odwołania się do praktyki stosowania prawa pojawia się również w sprawach, gdzie przedmiotem skargi usiłuje się czynić brak określonej regulacji prawnej[48]. Co do zasady na mocy art. 79 Konstytucji wykluczono możliwość zaskarżenia zaniechania prawodawczego. Takie ograniczenie zakresu przedmiotowego skargi konstytucyjnej jest szczególnie istotne z punktu widzenia interesów jednostki, gdyż często jej prawa naruszane są nie przez sam akt normatywny, ale przez akt jego stosowania[49]. Przyznał to zresztą w uzasadnieniu jednego z orzeczeń TK i uznawszy niekonstytucyjność rozbieżnej zresztą praktyki orzeczniczej SN w sprawie tzw. przedsądu, umorzył postępowanie wszczęte skargą konstytucyjną, ponieważ dla niekonstytucyjności „źródłem nie są przepisy, lecz ich praktyczna interpretacja"[50]. Równocześnie jednak TK objął swoją kognicją regulacje niepełne, które z punktu widzenia zasad konstytucyjnych mają zbyt wąski zakres zastosowania lub z uwagi na cel i przedmiot regulacji pomijają treści istotne. „Zarzut niekonstytucyjności może więc dotyczyć zarówno tego, co ustawodawca w danym akcie unormował, jak i tego, co w akcie tym pominął, choć postępując zgodnie z Konstytucją powinien był unormować"[51]. Trybunał stoi na stanowisku, że parlamentowi przysługuje szerokie pole decyzji, jakie dziedziny unormować, jeśli jednak decyzja taka zostanie podjęta,

---

[48] TK z 13.01.2004 r., OTK-A 2004, nr 1, poz. 2, (SK 10/03).
[49] Należy w tym miejscu dodać, że zgodnie z art. 50 ust. 1 ustawy o Trybunale Konstytucyjnym TK może wydać postanowienie tymczasowe o zawieszeniu lub wstrzymaniu wykonania orzeczenia w sprawie, której dotyczy skarga konstytucyjna, jeżeli wykonanie wyroku, decyzji lub innego rozstrzygnięcia mogłoby spowodować skutki nieodwracalne, wiążące się z dużym uszczerbkiem dla skarżącego lub gdy przemawia za tym ważny interes publiczny lub inny ważny interes skarżącego. Postanowienie tymczasowe wstrzymuje wykonanie konkretnego rozstrzygnięcia wydanego w indywidualnej sprawie, a nie zawiesza stosowania przepisów prawa objętych badaniem konstytucyjności.
[50] TK z 10.05.2005 r., OTK-A 2005, nr 5, poz. 55, (SK 46/03.)
[51] TK z 3.12.1996 r., OTK ZU 1996, nr 6, poz. 52, (K 25/95).

regulacja danej materii musi zostać dokonana z poszanowaniem wymagań konstytucyjnych"[52].

Ustrojodawca nie precyzuje, co należy rozumieć pod pojęciem ostatecznego orzeczenia i jak ma się ono do pojęć użytych w art. 190 ust. 4 Konstytucji: „prawomocnych orzeczeń sądowych", „ostatecznej decyzji administracyjnej" lub „rozstrzygnięcia w innych sprawach". Skoro ustrojodawca użył innych terminów należy uznać, że uczynił to świadomie i można dopatrzyć się w nich różnych znaczeń. Tak w istocie uczynił TK stwierdzając: „Istotą ostatecznego orzeczenia w rozumieniu art. 79 ust. 1 Konstytucji jest [...] jego związek z danym prawem lub wolnością konstytucyjnie chronionymi, nie zaś związek z toczącym się innym postępowaniem, nawet gdyby postępowanie to z punktu widzenia organu je prowadzącego miało charakter główny i zasadniczy, zaś postępowanie w wyniku którego wydano orzeczenie dotyczące praw i wolności skarżącego należało uznać za jedynie poboczne, dodatkowe czy służebne wobec postępowania głównego"[53]. TK stwierdził ponadto, że „przesłanka «ostateczności orzeczenia» o konstytucyjnych wolnościach, prawach albo obowiązkach powinna być rozumiana dwojako. Po pierwsze — w aspekcie formalnym — jako wyczerpanie dostępnych proceduralnie w ramach danego rodzaju postępowania zwyczajnych środków zaskarżania. Na ten aspekt ostateczności orzeczenia wskazuje również art. 46 ust. 1 ustawy o Trybunale Konstytucyjnym, w myśl którego, skarga konstytucyjna może być wniesiona po wyczerpaniu drogi prawnej, o ile jest przewidziana, w ciągu 3 miesięcy od doręczenia skarżącemu prawomocnego wyroku, ostatecznej decyzji lub innego ostatecznego rozstrzygnięcia. Po drugie natomiast, powinna być rozumiana również w aspekcie materialnym, jako definitywne ukształtowanie sytuacji prawnej skarżącego, przesądzające o korzystaniu z konstytucyjnych wolności lub praw albo obowiązków. Tak sformułowane przesłanki dopuszczalności skargi konstytucyjnej przeciwdziałają zjawisku konkurencyjności realizacji środków procesowych służących ochronie sytuacji prawnej jednostki przed naruszeniem jej wolności i praw przez organy władzy publicznej"[54].

Użycie pojęcia ostatecznego orzeczenia wskazuje na obowiązywanie tzw. zasady subsydiarności (pomocniczości), stanowiącej, że ze skargą konstytucyjną wystąpić można dopiero po wykorzystaniu przez daną osobę wszystkich innych przysługujących jej środków ochrony i po wyczerpaniu normalnego toku instancji. Dzięki tej zasadzie osiąga się jednocześnie kilka celów. Po pierwsze, sąd konstytucyjny zajmuje się sprawą poruszoną w skardze konstytucyjnej dopiero po zajęciu stanowiska przez inne organy państwowe odpowiedzialne za realizację praw podstawowych. Stworzona im zostaje w ten sposób okazja do skorygowania postępowania własnego lub jednostek im podległych. Po drugie, zasada ta wyraźnie wskazuje, że skarga konstytucyjna jest szczególnym środkiem prawnym i powinno się z niej korzystać

---

52 TK z 13.06.2011 r., OTK-A 2011, nr 5, poz. 40, (SK 41/09).
53 TK z 24.10.2007 r., OTK-A 2007, nr 9, poz. 108, (SK 7/06).
54 TK z 4.04.2012 r., OTK ZU 2012, seria A, nr 4 poz. 43, (SK 7/10).

jedynie w ostateczności. Nie należy tego czynić równolegle z innymi środkami ochrony prawnej, ani zamiast nich. Po trzecie, konsekwentne stosowanie owej zasady zapobiega rozpatrywaniu tej samej sprawy równocześnie przez dwa różne organy. Przesłanka ta nie jest jednak wystarczająco precyzyjnie uregulowana i jej rozumienie budzi kontrowersje w doktrynie. W orzecznictwie TK jest ona już jednak wystarczająco wyjaśniona. W postępowaniu karnym skarżący powinien skorzystać z kasacji[55], zaś w sprawach cywilnych „niezbędne jest uzyskanie przez osobę składającą skargę konstytucyjną merytorycznej decyzji Sądu Najwyższego podjętej po rozpoznaniu skargi kasacyjnej bądź decyzji sądu ustalającej brak podstaw do złożenia kasacji. Decyzja taka dopiero przesądza o tym, iż skarżący wyczerpał możliwe środki sądowej ochrony przysługujących mu praw lub wolności konstytucyjnych"[56].

Wymóg uzależniający wystąpienie ze skargą od wydania na podstawie zaskarżonego aktu orzeczenia sądowego lub innego rozstrzygnięcia organu władzy publicznej należy ocenić jako zbyt daleko idący, gdyż uniemożliwia on wystąpienie ze skargą nawet wtedy, gdy akt normatywny narusza prawa konstytucyjne jednostki, ale stosowany jest bezpośrednio (np. ustawa nakłada na jednostkę obowiązek naruszający prawa zagwarantowane tej jednostce w Konstytucji). Ponadto może zaistnieć i taka sytuacja, w której zaskarżony akt jest zgodny z Konstytucją, ale został on źle zinterpretowany przez organ stosujący go i wskutek tego właśnie nastąpiło naruszenie praw podstawowych jednostki. Wówczas TK nie może uchylić aktu, a jedynie stwierdzić naruszenie praw podstawowych jednostki przez rozstrzygnięcie indywidualne. Oddali on skargę konstytucyjną, ale ani on, ani jednostka nie dysponują środkami prawnymi dla zmiany tego prawomocnego rozstrzygnięcia w ramach postępowania wszczętego na podstawie skargi. Konieczne byłoby wszczęcie osobnego postępowania nadzwyczajnego mającego na celu uchylenie kwestionowanego rozstrzygnięcia indywidualnego (np. w drodze wznowienia postępowania sądowego lub administracyjnego), co istotnie wydłuża i komplikuje ostateczne załatwienie całej sprawy i zlikwidowanie skutków naruszenia konstytucyjnych praw i wolności jednostki.

Konstrukcja skargi konstytucyjnej w Polsce odbiega wyraźnie od standardów występujących w innych rozwiniętych państwach demokratycznych, w których istnieje ta instytucja. Skarga jest tam dopuszczalna nie tylko w odniesieniu do aktów normatywnych, ale również do innych indywidualnych rozstrzygnięć władzy publicznej (np. wyroki sądowe, rozstrzygnięcia administracyjne), a nawet w stosunku do bezczynności organów władzy publicznej. W praktyce właśnie dotyczące ich skargi są najliczniejsze. Dzięki temu właśnie skarga konstytucyjna może pełnić tam rzeczywiście rolę filaru państwa prawa. Należy przy tym podkreślić, że tendencja do rozszerzania przedmiotowego zakresu skargi konstytucyjnej występuje w niektórych państwach, nawet mimo braku odpowiednich regulacji konstytucyjnych (np. Węgry).

---

[55] TK z 21.04.1998 r., OTK 1998, nr 4, poz. 55, (Ts 53/98).
[56] TK z 3.03.1998 r., OTK 1998, nr 2, poz. 25, (Ts 17/97).

IV. Interes skarżącego i interes publiczny. Od antynomii do komplementarności

Powyższa charakterystyka skargi konstytucyjnej dowodzi, że jest ona środkiem ochrony indywidualnej, aczkolwiek o skutkach dla całego systemu prawnego. Utrata mocy obowiązującej zaskarżonego skutecznie aktu normatywnego rodzi konsekwencje wykraczające poza sferę indywidualnych interesów skarżącego. Wynika to wprost z art. 190 ust. 4 Konstytucji. Oczywiście wystąpią sytuacje wyjątkowe, w których TK stara się ograniczyć skutki orzeczenia o niekonstytucyjności aktu normatywnego[57], aczkolwiek są to sytuacje wyjątkowe.

Skarżący w postępowaniu przed Trybunałem Konstytucyjnym ma obowiązek dowodzenia na okoliczność niekonstytucyjności danej normy, w szczególności jeśli zarzut opiera się na próbie wykazania rozbieżności interpretacyjnych wynikających z naruszenia zasad składowych zasady demokratycznego państwa prawnego. Specyfika postępowania przed Trybunałem Konstytucyjnym powoduje, że praktyka stosowania prawa może stanowić istotną okoliczność w sprawie[58]. Radca prawny lub adwokat, który sporządza skargę konstytucyjną i pragnie udowodnić niekonstytucyjność dysfunkcyjnych przepisów prowadzących do skrajnych rozbieżności interpretacyjnych, nie ma innej możliwości, aniżeli pozyskiwać orzeczenia w trybie u.d.i.p. i wnosić o włączenie ich w poczet materiału dowodowego. Arogancją byłoby oczekiwanie, że Trybunał Konstytucyjny wyręczy skarżącego w trybie art. 22 ustawy o Trybunale Konstytucyjnym (TK może zwracać się na tej podstawie do Sądu Najwyższego oraz Naczelnego Sądu Administracyjnego o informacje co do wykładni określonego przepisu prawa w orzecznictwie sądowym).

Biorąc pod uwagę potencjalne skutki prawne wyroku TK, ocena interesu publicznego dokonywanego przez sądy administracyjne zasługuje na daleko idącą dezaprobatę. Otóż w ocenie NSA wnioskodawca „powinien wykazać nie tylko, że jest ona ważna dla dużego kręgu potencjalnych odbiorców ale również, że jej uzyskanie stwarza realną możliwość wykorzystania uzyskanych danych dla poprawy

---

[57] Porównaj punkt II.2 sentencji wyroku TK z 24.10.2007 r., OTK-A 2007, nr 9, poz. 108, (SK 7/06).

[58] Nie przesądzając prawdziwości twierdzenia w powołanym, konkretnym stanie faktycznym, warto dodać, że skarżący w sprawie I OSK 1356/11 podnosił to zagadnienie na etapie postępowania przed Naczelnym Sądem Administracyjnym. Skarżący stwierdził, że „okoliczność odmowy nadania biegu skardze przez Trybunał Konstytucyjny nie może zwalniać organu z obowiązku udzielenia informacji publicznej, gdyż to ze względu na brak informacji pozwalającej na ustalenie utrwalonej praktyki orzeczniczej w celu zbadania konstytucyjności normy na niej opartej, nie można było nadać dalszego biegu skardze. Skarżący podkreślił, że wykazał interes publiczny, gdyż rozstrzygnięcie sprawy o sygn. akt Ts 204/07 przez Trybunał Konstytucyjny będzie miało niewątpliwy wpływ na funkcjonowanie organów państwa tj. sądów rejestrowych w zakresie orzekania przez te sądy o dopuszczaniu określonych podmiotów lub nie, do postępowania rejestrowego, co przesądza o tym, że sprawę tę cechuje istnienie interesu publicznego"; zob. uzasadnienie wyroku w sprawie o sygn. akt I OSK 1356/11, CBOSA, (przyp. 15).

funkcjonowania organów administracji i lepszej ochrony interesu publicznego"[59]. Waga informacji dla dużego kręgu odbiorców jest zjawiskiem ze sfery psychologii społecznej, której w wielu wypadkach nie da się udowodnić bez uprzedniego odwołania się do dowodu empirycznego w postaci badania opinii publicznej. Tymczasem w wielu wypadkach opinia publiczna będzie wycofywać swoje zainteresowanie państwem na rzecz grup i jednostek wyspecjalizowanych (np. massmedia, jednostki organizacyjne sektora *non-profit*). Kryterium zainteresowania dużego kręgu odbiorców będzie więc trudne do spełnienia w praktyce. Z kolei „możliwość wykorzystania uzyskanych danych dla poprawy funkcjonowania organów administracji i lepszej ochrony interesu publicznego" zdaje się w ocenie NSA wynikać z użytego w art. 3 ust. 1 pkt 1 u.d.i.p. sformułowania „publiczny". Problem tkwi w tym, że uprawdopodobnienie takiego związku kauzalnego (udostępnienie informacji — wykorzystanie dla poprawy funkcjonowania organów administracji) jest niemożliwe bez uprzedniej weryfikacji treści źródłowych informacji lub informacji uzyskanej poprzez przetworzenie. Tymczasem NSA oczekuje od wnioskodawców wykazania „realnej możliwości", co samo w sobie trąci oksymoronem. Błędne koło pośrednio uosabia formuła retoryczna, w której NSA wyjaśnia interes publiczny tkwiący u podstaw przetworzenia informacji m.in. jako „realną możliwość [...] lepszej ochrony interesu publicznego".

Literatura przedmiotu zdaje się podążać utartym schematem przeciwstawiania interesu publicznego interesowi indywidualnemu. Tytułem przykładu W. Federczyk i B. Majchrzak twierdzą, że na gruncie u.d.i.p. w przypadku informacji przetworzonej występuje „przeciwstawienie interesu indywidualnego i zbiorowego", ale za chwilę sami przyznają, że „w orzecznictwie sądowym wykształciło się określone rozumienie szczególnego interesu publicznego - jako związanego z organami publicznego, a nie interesem ogółu obywateli"[60]. Jak pokazuje komentowane orzeczenie NSA, praktyka dopisała posłowie do cytowanej tezy akademików, ponieważ Sąd wzbogacił swe stanowisko o przesłankę „ważności dla dużego kręgu potencjalnych odbiorców". Autorzy niniejszego tekstu wyrażają jednak daleko posuniętą wątpliwość, czy interes publiczny ma jednak zawsze wiązać się ze zbiorowością, dotyczyć ogółu (np. obywateli, ich wspólnot) lub lepszego funkcjonowania organów administracji. Wyrażamy wątpliwość, czy przetworzenie informacji publicznej np. o wynikach leczenia rzadkiej jednostki chorobowej dzieci określonej grupy wiekowej w publicznych zakładach opieki zdrowotnej, w celu projekcji wad i zalet leczenia jednego, ciężko chorego, cierpiącego dziecka przyczyni się „do poprawy funkcjonowania organu", który wnioskowaną informację przetworzoną miałby udostępnić. W wielu przypadkach odpowiedź na to pytanie będzie negatywna, ponieważ jedynymi beneficjentami informacji będą opiekunowie dziecka, natomiast podmiot zostanie zaabsorbowany w przetworzenie informacji dla szczytnego celu[61] bez jednoczesnej „poprawy funkcjonowania".

[59] Uzasadnienie wyroku NSA w sprawie o sygn. akt I OSK 1356/11, CBOSA, (przyp. 15).

[60] W. Federczyk, B. Majchrzak, *Interes jako przesłanka udostępniania informacji publicznej*, [w:] E. Pierzchała, M. Woźniak, (przyp. 28), s. 86.

[61] Art. 18, 38, 71, 72 Konstytucji.

Orzecznictwo sądowoadministracyjne tak silnie ukierunkowało się na ochronę urzędowania instytucji publicznych, że odmowa dostępu do informacji publicznej opiekunom dziecka w powołanym przez nas przykładzie staje się w pełni zgodna z ustawą, aczkolwiek głęboko niehumanitarna, ponieważ lekceważy indywidualne potrzeby wnioskodawcy. Warto zwrócić uwagę, że nawet w okresie PRL w orzecznictwie i piśmiennictwie nie przeciwstawiano z góry interesu publicznego (społecznego) interesom indywidualnym, a tym bardziej nie należy czynić tego w obowiązującym porządku demokratycznym[62]. Naczelny Sąd Administracyjny zdaje się w pełni akceptować taką sytuację uzasadniając, że „przepis art. 3 ust. 1 pkt 1 u.d.i.p. ma w istocie przeciwdziałać zalewom wniosków, zmierzających do uzyskania informacji przetworzonej dla realizacji celów osobistych lub komercyjnych i ma zapobiegać sytuacjom, w których działania organu skupione są nie na funkcjonowaniu w ramach przypisanych mu kompetencji lecz na udzielaniu informacji publicznej"[63]. Sąd nie podaje jednak historii legislacyjnej ustawy bądź innych dowodów, które chociażby pośrednio przemawiałyby za tak rozumianą istotą przepisu. Znamienne, że NSA pomija całkowitym milczeniem możliwość zrekompensowania organowi kosztów udzielania informacji publicznej przetworzonej na osobiste lub komercyjne potrzeby wnioskodawcy[64]. Żaden przepis u.d.i.p. nie daje podstaw do różnicowania wnioskodawców ze względu na potencjalną chęć czynienia użytku z informacji[65]. Interes publiczny jawi się przede wszystkim jako synonim interesu aparatu państwowego („Interes publiczny odnosi się w swej istocie do spraw związanych z funkcjonowaniem państwa oraz innych ciał publicznych jako prawnej całości, zwłaszcza, jeżeli związane jest ono z gospodarowaniem mieniem komunalnym lub majątkiem Skarbu Państwa"[66]).

Tymczasem wbrew cytowanemu stwierdzeniu NSA nie da się wykluczyć sytuacji, w której interes publiczny w wielu przypadkach może nakładać się na interes osobisty wnioskodawcy[67]. Całkowicie lekceważonym przez Sąd zagadnieniem pozostaje

---

[62] A.S. Duda, *Interes prawny w polskim prawie administracyjnym*, Wydawnictwo C.H. Beck, Warszawa 2008, s. 24.

[63] Uzasadnienie wyroku w sprawie o sygn. akt I OSK 1356/11 z powołaniem na wyrok NSA z 9.12.2010 r., sygn. akt I OSK 1768/10, CBOSA, (przyp. 15).

[64] Art. 15 u.d.i.p.

[65] Podobne stanowisko wyraził M. Jabłoński, *Prawo do ponownego wykorzystania informacji publicznej — nowy etap rozwoju prawa do informacji*, [w:] *W służbie dobru wspólnemu. Księga jubileuszowa dedykowana Profesorowi Januszowi Trzcińskiemu*, red. R. Balicki, M. Masternak-Kubiak, Wydawnictwo Sejmowe, Warszawa 2012, s. 205.

[66] NSA z 27.01. 2011 r., sygn. akt I OSK 1870/10, CBOSA, (przyp. 15).

[67] Z powodu określenia „szczególnie istotny" „uprawnienie z art. 3 ust. 1 pkt 1 u.d.i.p. należy traktować jako wyjątkowy sposób dostępu do informacji. Został on pomyślany jako margines dla sytuacji, w których prawo do informacji prostej nie wystarcza, ale wysiłek związany z przetworzeniem i udostępnieniem informacji uzasadniony jest okolicznościami lub celami uznanymi przez władzę publiczną (np. ochrona życia lub zdrowia, bezpieczeństwo powszechne, szczególnie ważne zdarzenia wagi państwowej lub lokalnej)", zob. M. Bernaczyk, *Nadużycie prawa do informacji*, „Wspólnota. Pismo samorządu terytorialnego" 2007, nr 3, s. 33.

systemowy paradygmat obowiązku troski o dobro wspólne[68], który wymaga od obywateli RP odpowiedzialności za stan własnego państwa i korzystania z efektywnych narzędzi kontroli społecznej, ale nakłada również obowiązek troski o dobro poszczególnych członków społeczeństwa lub ich większych grup. Tymczasem prawo dostępu do informacji publicznej przetworzonej jest ewidentnym *nudum ius*. Niepokoi dziwne usprawiedliwianie jurydycznego eskalowania kryteriów udostępnienia informacji przetworzonej argumentem, jakoby „pojęcie szczególnie istotnego interesu publicznego było pojęciem niedookreślonym nie mającym zwartej zapisanej formuły na gruncie obowiązującego prawa"[69]. To nie argument za stosowaniem tego przepisu, lecz dyskusją nad konsekwencjami stosowania art. 3 ust. 1 pkt 1 u.d.i.p. w praktyce sądowoadministracyjnej. Zaś te konsekwencje nakazują powątpiewać, czy praktyka dostępu do informacji podąża drogą wytyczoną przez parlament w 2001 r. Prosty eksperyment polegający na analizie orzeczeń opublikowanych w Centralnej Bazie Orzeczeń Sądów Administracyjnych pokazuje, że dominującymi metodami „faktycznej" lub prawnej odmowy dostępu do informacji stały się kwestionowanie „publicznego" charakteru informacji[70] lub odmowa dostępu do informacji publicznej w drodze decyzji ze względu na brak „szczególnie istotnego interesu publicznego" w przypadku rzekomej potrzeby „przetworzenia" informacji publicznej. Częstotliwość stosowania tej ostatniej przesłanki nakazuje poważnie się zastanowić, dlaczego na wokandach WSA i NSA sprawy dotyczące odmowy dostępu do informacji publicznej w drodze decyzji administracyjnej opierają się na art. 3 ust. 1 pkt 1 u.d.i.p., incydentalnie zaś na przesłankach negatywnych uznanych przez ustawodawcę za podstawowe[71].

Wydaje się, że łatwość powoływania się na informację przetworzoną wyparła naturalne mechanizmy ochrony prawa do prywatności, tajemnicy przedsiębiorcy lub innych tajemnic prawem chronionych. Abstrahując od stabilnego i krytykowanego przez nas poglądu sugerującego prymat państwa nad jednostką przy wykładni owego interesu, problemem staje się tworzenie nowych przesłanek kwalifikujących informację do miana „przetworzonej", co nie następuje wszakże z woli ustawodawcy, lecz pod wpływem praktyki orzeczniczej (np. koszty, czas, zaangażowanie osobowe, finansowe[72], usuwanie danych chronionych — tzw. „anonimizacja"[73]). Jednakże

---

[68] Art. 1 w zw. z art. 82 Konstytucji.

[69] Uzasadnienie wyroku w sprawie I OSK 1356/11, CBOSA, (przyp. 15).

[70] Organy władzy publicznej bardzo często prowadzą spór „na przedpolu", a więc negują „publiczny" charakter informacji, nie wskazują zaś ustawowych ograniczeń i nie wydają decyzji administracyjnej Zgodnie z danymi wygenerowanymi przez wyszukiwarkę Centralnej Bazie Orzeczeń Sądów Administracyjnych w okresie od 1.01.2011 r. do 31.12.2011 r. sądy administracyjne wydały 406 wyroków w sprawach dotyczących bezczynności w przedmiocie udostępnienia informacji publicznej (sprawy o nr 648). Znakomita część stanów faktycznych objętych skargą do WSA nie kończyła się bynajmniej wydaniem decyzji administracyjnej.

[71] Art. 5 u.d.i.p.

[72] WSA w Warszawie z 27.06.2007 r., (sygn. akt II SA/Wa 112/07), CBOSA, (przyp. 15).

[73] NSA z 17.10.2006 r., (sygn. akt I OSK 1347/05), CBOSA, (przyp. 15).

ta sama praktyka sądowa nie wskazuje, gdzie znajduje się np. granica ilościowa „anonimizacji" dokumentów, której przekroczenie powoduje przejście z kategorii informacji „prostej" do „przetworzonej". Tak oto wzrasta ryzyko arbitralności zachowań administracji publicznej, co z kolei podsyca naszą wątpliwość co do zgodności przepisów u.d.i.p. z art. 2 Konstytucji. Bardzo rzadko spotykamy się z uzasadnieniami faktycznymi wyroków, które przytaczają w ślad za organem chociażby szacunkowe mierniki, np. ilość roboczogodzin, opis rozproszonej struktury wnioskowanych informacji publicznych, sposób jej przechowywania, przeszkody techniczne w wyszukiwaniu według zadanego kryterium, które pozwoliły organowi uznać zakres objęty żądaniem za informację przetworzoną. Teoretycznie jest to obowiązek wynikający z przepisów procedury administracyjnej, która nakazuje zawrzeć w decyzji o odmowie udostępnienia informacji publicznej przetworzonej uzasadnienie faktyczne, a nie tylko prawne. Rodzi się zatem pytanie: czy opisu okoliczności faktycznych najzwyczajniej w świecie brakuje, czy też sądy zadowalają się ornamentacyjnym cytowaniem tez orzeczniczych replikowanych z internetowej Centralnej Bazy Orzeczeń Sądów Administracyjnych?

V. Zamiast zakończenia

Tytułowe pytanie jawi się w tym miejscu dość przewrotnie. Nasze rozważania pokazują, że nie sposób wskazać codziennych przykładów, które poprawiły jakość życia za sprawą prawa dostępu do informacji. Intuicja podpowiada, że kreatywne społeczeństwo ma szansę uczynić lepszym swe życie, przedsiębiorstwo, zawód lub rzemiosło itd., jednak wpierw musi uzyskać dostęp do odpowiednich informacji. Jest więc pewnym paradoksem, że organy władzy sądowniczej stojące na straży konstytucyjnych praw i wolności dają dziś więcej argumentów na rzecz odmowy dostępu do wiedzy o działalności władzy publicznej, nawet gdy w grę wchodzi coś więcej, niż pospolita ciekawość: walka jednostki o ochronę własnych, konstytucyjnych praw podmiotowych. Powtórzmy więc w tym miejscu konkluzję wyrażoną na łamach odrębnego opracowania: warto pamiętać, że nadmierna powściągliwość w ochronie prawa do informacji, umotywowana uproszczonym paradygmatem nieoddziaływania na inne władze publiczne (zwłaszcza te na wskroś polityczne[74]), umniejsza konstytucyjną rolę sądowoadministracyjnego wymiaru sprawiedliwości. Sądy administracyjne mają przede wszystkim konstytucyjny obowiązek „równoważącego" wpływania na władzę ustawodawczą i obszerną egzekutywę[75], niezależnie od tego czy działalność kontrolowanych organów ma wydźwięk polityczny. Nie zapominajmy, że władza ustawodawcza i wykonawcza znakomicie wykorzystuje

---

[74] H. Izdebski trafnie wskazał, że we współczesnym państwie demokratycznym zaciera się różnica pomiędzy politykiem a urzędnikiem, zwłaszcza w przypadku naczelnych organów administracji publicznej, H. Izdebski, *Administracja w systemie politycznym*, [w:] *Administracja publiczna w Polsce*, red. J. Hausner, Wydawnictwo Naukowe PWN, Warszawa 2005, s. 223.

[75] Art. 10 Konstytucji.

tajność do impregnowania się na odpowiedzialność wobec suwerena, a to jedno z największych zagrożeń demokracji[76].

Bogusław Banaszak, Michał Bernaczyk

Does information improve our lives? Some remarks on instrumental justification of freedom of information

This article describes and critiques the application of art. 3 sec. 1 subsection 1 of the Polish Law on Access to Public Information (LAPI). Pursuant to this regulation, everyone is entitled to access to so-called "processed information" provided that the requesting party demonstrates "an especially vital public interest". Administrative courts claim "an especially vital public interest" may only exist if a requester "has a real possibility of improving the functioning of administrative authorities". The authors of this paper disagree with this approach and explain how the Polish LAPI's legislative intent is being frustrated by growing judicial activism, resulting in extensive formulation of vague statutory provisions related to the definition of an "especially vital interest". It is claimed here that the court's interpretation of the LAPI provision is creating a new exemption that can be applied widely to obvious and basic requests. The standard of proof demanded of the requester has been raised so high that it is almost impossible to exercise the constitutional right of access to public records. This casts doubts on its conformity with the constitutional rule of law as it may potentially be applied to most LAPI requests.

---

[76] B. Banaszak, M. Bernaczyk, *Konsultacje społeczne i prawo do informacji o procesie prawotwórczym na tle Konstytucji RP oraz postulatu „otwartego rządu"*, „Zeszyty Naukowe Sądownictwa Administracyjnego" 2012, nr 4, s. 39.

Andrzej Zalewski

On hardaccessible objects.
Methodological remarks

Not even the most brilliant scientist has any idea why an apple falls from above to below. He simply calls this lack of knowledge gravity. Coincidence is another of these labels. Possibly déjà-vu and intuition too. The unknowable pinned down by the act of naming. Do I hear you say that ninety-nine per cent of all concepts are such labels? You may be right. If I were able to unite all the sciences, something that has existed for a long time would come out of the process: language.

Juli Zeh[1]

I. Introduction

In chapter two of the fifth investigation of the second volume of *Logical investigations*, as it is known, Husserl carries on his famous debate with Brentano's concept of intentional objects, as a result of which he repeals Brentano's limitation of these objects to the category of mental phenomena and their exclusion from the disjunctive category of physical phenomena. Intentional objects, as the father of phenomenology reasons, are not at all to be associated with the division into mental and physical phenomena. Neither should their scope be limited to any well-known category of objects. Physical or mental phenomena are not the only ones that do not have a monopoly on intentional objects. Also, objects such as ideal objects (whatever they are) or fictitious objects do not have it either. At the same time, we learn from Husserl that any representative of any well-known category of objects can become an intentional object — so it can equally well be (as one should work out by oneself) a self-contradictory being like a married bachelor, wooden iron, a square circle, etc. "It makes no essential difference to an object presented and

---

Polish version of this text appeared as: *O przedmiotach trudnodostępnych. Uwagi metodologiczne*, „Prace Naukowe AJD w Częstochowie. Filozofia" 2010, vol. VI.

[1] J. Zeh, *Dark Matter*, transl. Ch. Lo, (London: Vintage Books 2011), pp. 173–174.

given to consciousness whether it exists, or is fictitious, or is perhaps completely absurd. I think of Jupiter as I think of Bismarck, of the tower of Babel as I think of *Cologne Cathedral*, of *a regular thousand-sided polygon* as of *a regular thousand-faced solid*"[2]. On the one hand, the category of an "intentional object" does not coincide as far as its range is concerned with the range of any well-known category of objects. However, on the other hand, it is not a new category of objects put in one and the same sequence with them, either. It is not coordinate with them, yet it is not superior to them: it is not a meta-category. An "intentional object" appears to arise simply from taking a different perspective on objects that belong to previously familiar categories, making them universal. That said, I expect that it will not be easy at all for the reader who faces Husserl's characterization of an "intentional object" for the first time to understand what it actually is. For further purposes of this study I shall state that an "intentional object", together with some other beings explored within the scope of philosophy, aspires to participate in a category that is built on the grounds of yet another perspective on the representatives of the categories of objects met so far. This collection of objects I shall henceforth call hardaccessible. Although there seem to be two words in this term, I will write it as one word to indicate that what I have in mind is one concept, not a blend of two different meanings.

II. Constitutive principles — definiteness of nature

There exist two constitutive principles for hardaccessible objects. The first one, typical of objectiveness in general, is the principle of strict definiteness. Every object, whatever its precise nature, is fully determined, and as Ingarden put it in relation to self-contained individual objects, it does not have any gaps in its being-such-and-such, "it lacks nothing"[3]. As a result, it is like a closed, isolated sphere of being.

Having said this, an extremely important thing must be stressed. Speaking of strict definiteness, I do not determine whether it is a matter of the definite character of individual traits of a possible individual object, or of the definite character of sub-species traits (traits of some variety of species), or species or generic traits of an object. I still assume that the experience that brings us into contact with a hardaccessible object is correlated to a certain degree with the structural generality of such an object. This degree is essential and sufficient for its examination. At this level, the formation of strict definiteness and — consequently — of the whole being-such-and-such takes place. But the course of that experience and the level of generality that is determined by it are impossible to predict in advance. Thus, the initial formula needs to be completed in the following way: this principle works only on the level of the structural generality of a hardaccessible object, which was

---

[2]   E. Husserl, *The shorter logical investigations*, trans. J.N. Findlay, (London-New York: Routledge, 2001), p. 216.

[3]   R. Ingarden, *Spór o istnienie świata*, vol. 1, (Warszawa: PWN, 1962), pp. 361–369.

indicated by the course of a particular experiencing of such an object. If we consider a hypothetical example of birds and their natural systematics, we will be able to speak of a completeness of *Sosein* either on the level of a given family, order, or finally class, as only the powers of control involved in this and not another experience can suggest to us an appropriate level of generality, the one which is appropriate in a given situation.

The phrase "the level of structural generality of an object," thanks to its neutrality, seems to me to be fortunate in that it allows us to avoid problems that could arise with a different terminology. If I talked about the strict definiteness, say, of the "species objects" or "individual objects perceived *sub specie* of their species traits," I could encounter reefs of ontological controversy and I do not have the slightest intention to examine them here. Besides, they are irrelevant for the further course of this discussion.

Another apposition required by the present study is to identify the "object" with "objectiveness". Here, the object cannot be, of course, limited to a physical thing which is a kind, perhaps the most important one, of object. An object is "whatever" is possible to be caught as such by its constitutive nature (at a given level of generality); an object is thus both a thing as well as a subtle, nuanced feeling or mood, a soaring abstraction, and also, to put it more generally, any figuration that can be perceived as "something," such and such, which in this sense brings to mind a connotation of objectiveness rather than of a simple, sensually restricted object[4].

III. Constitutive principles — definiteness of nature

The second constitutive principle of hardaccessible objects is more specific — it consists in the positive non-identifiability of an object. A hardaccessible object, just like any other object, has its "what" (Germ. *Was*), its organizing nature, by which it becomes a correlative of the act of "expressing something" — the only problem is that this "what" is and must remain unknown. Right away, a very important note: it would be a fundamental misunderstanding, bringing the whole issue to a banality, if we wanted to approach this unknown epistemologically! To the group of the easily conceivable belongs a situation in which, admittedly, an object is fully defined, characterized by a set of its features (which we know in advance), but for various

---

[4] "[...] we observe, however, that 'object' is a name for various formations which nonetheless belong together — for example, 'physical thing,' 'property,' 'relationship,' 'predicatively formed affair-complex,' 'aggregate,' 'ordered set.' Obviously they are not on a par with one another but rather in every case point back to one kind of objectivity that, so to speak, takes precedence as the primal objectivity [...]. Naturally in our example the physical thing itself takes this precedence in contradistinction to the physical property, the physical relationship, etc. But precisely this is part of that formal structure which must undergo clarification if the terms 'object' and 'object-region' are not to remain in a state of confusion." E. Husserl, *Ideas pertaining to a pure phenomenology and to a phenomenological philosophy. First book*, transl. F. Kersten, (The Hague-Boston-Lancaster: Martinus Nijhoff, 1983), p. 20.

reasons we cannot get to know its "what" and, to put it more colloquially: we cannot get to know what it is (I will not talk here about the totally trivial case in which we cannot get to know what it is like). The reasons which are then decisive in determining the unknowability of the object may be of various kinds: from *ad hoc* situational reasons to structural ones related to our cognitive apparatus. However, there is no doubt that the "fault" in the latter case is on our side, or to put it more precisely — on the side of our cognitive shortcomings.

Specific cases of disability that are decisive when it comes to the lack of adequate cognition include situations related to indelible characteristics of our statements about something. Even if we did our best, we could never convey in speech some sets of expressions for the simple reason that the number of these expressions is infinite. And this is the case of Ingarden's indeterminacy spots in the objects of a literary work of art[5]. Literary objects contain indeterminacy spots not because "they are already as such" and their indeterminacy is an irreducible fact of their nature, but because they are defined by a specific statement which is not able to determine them all. To explain this more precisely, one can use the concept of the two-sidedness of purely intentional objects, including Ingarden's provenance[6]: objects of speech examined "in themselves" are fully defined and in this respect they are in no way different from "ordinary" objects accessible in the real world. They reveal their indeterminacy only when perceived as correlates of acts of speech of a certain kind.

In contrast, the constitutive nature of hardaccessible objects is unknown not because of a person's cognitive disabilities, but just because it is unknown; it is constituted by non-identifiability. Thus the object has a kind of positive emptiness inside itself, around which it is integrated and which determines its "what". I am talking about positive emptiness because along with some other expressions it belongs to the *Sosein* of the object, and even creates its central core. And I am talking about positive emptiness because in contrast to all known and full expressions which allow the identification of something as it is and, possibly not only as this but also as such and such, the nature of a hardaccessible object, namely its "what", although it "sticks" in the object, is of such a kind that it excludes this kind of identifiability. Then, what is identifiable is on structural levels of higher generalities than the one under consideration; or possibly, what are also identifiable are the object properties of the level under consideration and not the very nature of the object of a given level of generality. Using a very free style of expression one might say that the object is then admittedly a reliable object (it has its "what" and a sphere of properties that surround it), but at the same time it is nothing, it is a kind of a blown egg well integrated into our habits of objective expression. One might have doubts as to whether such objects exist, and if so, where to find them. I shall give

---

5 R. Ingarden, *The literary work of art*, (Evanston: Northwestern University Press, 1973), pp. 246–254.
6 R. Ingarden, *Spór o istnienie świata*, vol. 2, (Warszawa: PWN, 1961), pp. 35–59.

a preliminary response using contrast: the knowledge of "normal", fully positive objects is derived from our existence in the word and improving our abilities. However, we experience non-identifiable, empty-positive hardaccessible objects mainly through written texts (less often through spoken ones). Living in the world, or, as they say, living everyday life, it is certain that we will not find such objects there.

Based on the observations presented so far, it is easy to infer the relation between the two above-mentioned principles of the constitution of hardaccessible objects. The first principle, of strict definiteness, can operate without the support of the other, i.e. the principle of positive non-identifiability, and then it leads to the constitution of "normal", positively defined objects. However, the principle of positive non-identifiability, since it only guides the actions of the other principle in a specific way, cannot function if the first one does not work.

IV. Modes of implementation

1. Construction level

Apart from the constitutive principles, one can and one should also discuss the mode of their implementation. One should distinguish two levels of the principles' implementation. The first is the general level, or the construction level, which is the most important one for the purposes of this description. I shall also call it the level of construction schemes; the said schemes are then identical to the technique of creating (or, the methods of creating) hardaccessible objects once more specific principles of their creation have been defined. Let me point out from the outset that the sample schemes cited herein have been selected at random and are part of a deeper possible systematic classification that would also be worth doing; however, I do not feel capable of doing it at the moment. Please also note that the situations cited by me for the purpose of the schemes will be rather exaggerated to accentuate the technical procedures behind them. In the following item I will try to give examples that are closer to reality.

a. Incomplete elimination method

The first method to be cited at the construction level will be the incomplete elimination method. Let us assume that someone uses a long disquisition to point out a "living creature other than a human being". Under normal circumstances this statement is obviously insufficient to identify the living creature in question; it is even insufficient to identify the constitutive nature of that living creature at a given level of generality. Let us assume, however, that (with no other context that would allow us to continue that negative list) that person says: "that's all that one can say about that creature (at the level of structural generality that can be applied in this specific situation) at all"; that is, we are to assume that by saying "a living creature other than a human being" that person has given us complete information about the object, which thus has become strictly defined at the level of, let us assume, generic specification. Let us also assume that the disquisition in question, which tells us about the living creature of that type, has been evocative enough to make us become convinced of its existence. In that case, we start to commune with a hardaccessible object, or a positively empty object (organized around the vacuum that forms its essential "what").

b. Overfull elimination method

In contrast to the previous one, another elimination method for creating hardaccessible objects may be called the method of overfull elimination. Let us stick to the content of the previous situation and assume that the hypothetical person constructs the following object for us: "a living creature other than a human being, an animal, a plant, or a superhuman spiritual being, or any other creature that exists in between". Again, since each field that divides the term "living creature" into its sub-categories according to natural dividing lines has been eliminated, we would be prone to insist that there is no living creature that could exist beyond those sub-categories. Let us again assume, however, that the person who gives us such an example presents arguments that are so convincing that he manages to convince us — without indicating any other area of natural and biological systematics and without giving a specific key to any other order of such systematics — that when discussing a living creature that does not fall into any of the above categories, we are still discussing a strictly defined object. Consequently, we are able to devise a sort of thought profile, which gives us the impression that we are grasping something that does have essential nature — alternately, we could, for example, give in to intellectual impotence or a sense of chaos in which we are unable to grasp anything, despite our efforts. If the option materializes in which we grasp or understand something constructed by means of such twisted logical acrobatics, something that cannot exist if we use our common sense, then again we experience a hardaccessible object.

One important comment is required to complete the presentation given up to this point. If we eliminate the material features of the being in question rather than the sub-sets of the sets signed by the original name, we will obtain the very same result. Thus, it does not matter whether we say: "X is not this or that" or whether we say: "X is not like this or like that" — from the perspective of the measures discussed herein, the effect will be same.

c. Incomplete enumeration

Enumeration methods are, obviously, in symmetrical opposition to the elimination methods. To ensure more symmetry, we distinguish incomplete enumeration from overfull enumeration. To exemplify the first type of enumeration, we will slightly change the content of the example so that we finally arrive at the following sentence:

"A terrestrial living creature". The rest remains identical. Again we assume that there is somebody who will convince us to determine what living creature is meant based only on that single piece of information. We also assume that we will succeed in doing so and build a positive object that has an unidentified "what" devoid of its own specific contents.

d. Overfull enumeration

Using the example given previously, in the case of overfull enumeration, we arrive at the following formula: "a living creature that is both pure spirit, and a human being, and an animal and a plant". It is necessary to add a simple and self-evident restriction at this point. A living creature of that kind would have to be formed by the utterance as a uniform subject of all those forms of life, that is as a subject that equally participates in all those forms of life. Therefore, in the case of "both pure spirit, and a human being, and an animal, and a plant", we cannot talk, for example, about a human being who simply has some traces of spiritual life on the one hand, and of animal life on the other hand, which would not, however, exist in the form of independent subjects of such forms of life. That would be too simple and would contradict the idea of a hardaccessible object.

e. Fusion

Let us mention one more item from that random list of methods, notably the slightly more complex fusion of elimination and enumeration. This method has a number of options; however, it seems pointless to discuss them all here. Let me only draw your attention to one of them: the overfull versions of both quasi-identifying processes where the enumeration units are listed in an alternative sequence and have a modal operator of necessity. If we use this option, the example with the "living creature" will read as follows: "a living creature other than a human being, an animal, a plant, or a spiritual being only, or any other form in between, while at the same time it is a living creature that is necessarily a human being or an animal, or a plant, or a spiritual being only, or any other form in between". Once we move on to the next full item, it will become clear why I selected this very option.

It seems, however, that the simplest, almost prototypical, form of synthesis combining elimination and enumeration is a one-element set in which the element is both excluded and included to determine the identity of a thing. The formula in that case will read as follows: "that thing is this (for some material reason) although at the same time it is not this (for another equally material reason)" — where it is known that there is no materiality in the natural order that combines the one reason while eliminating the other one.

2. Rhetorical level

I distinguish two levels of implementing the constitutive principles of hardaccessible objects. The more general level of constructive schemes has been characterized in the previous sub-item. However, there is another level, which is more specific than the first one, namely the rhetorical level of speech organization. Considering the artificiality of the *ad hoc* examples given here, some might say that no one would buy them; however, in texts evoking the experience of hardaccessibility, they do not appear in such a form. Since hardaccessibility reaches us mainly through writing, the words must be written carefully rather than be given in the form of mere schemes. On the other hand, persons who write such texts are not babblers who say anything that comes to their minds and who thus only evoke our scorn. On the contrary, they are masters of the word who know how to organize their utterances to present us and eventually lead us to experience something as incredible as hardaccessible objects. Unfortunately, that "know-how" does not consist of clear methodological schemes that may be passed from one person to another. It is to a much larger extent an art rather than science; even though we will also find here clichés and methods that can be brought to perfection, the final effect depends much more on talent and invention rather than on mastering proven solutions. Thus, while pointing to rhetorical skills as an extremely important component, I feel unable to be more specific.

In general, only one thing can be said. As a result of actions taken at this level, a hardaccessible object appears not as an empty void but rather like any other object together with a full set of features that appear to be fully positive. Each object appears (to adopt that post-Aristotle conceptual apparatus) in a core that forms its nature, in some identifiable "what", which in turn is surrounded by an unlimited number of features. The same applies to hardaccessible objects: they are also composed of a multitude of features formed in such a way that one can surmise the "what" inherent in them without it being given explicitly. Thus, even when one cannot arrive at the actual "what" based on the terms describing it, the "what" as a void still constitutes the core of an object considered to be reliable. The constitution of hardaccessible objects provides for the starting of a procedure for identifying the object and even completing it when the object's content is not sufficient to realize such identification. It is like writing a bouncing check in such a way that in the end the mere fact of writing it constitutes coverage and sufficient collateral for the check. The provisional definition of a hardaccessible object, which, however, is conclusive for this study, will be as follows: it is an object whose constitutive nature is formed by a conceptually empty "what", and the efficacy of the object's constitution on those rather peculiar terms is due to the art (mainly philosophical or literary) of word masters.

Some of those word masters can not only build an object around an unidentifiable "what" but they can also hide this unidentifiability so well that we believe in the existence of a fully positive object. In the end, such skillfulness makes us believe that we are experiencing a typical object that does not differ from any others, and even if it does, the difference lies only in the accessibility level. This gives rise to a number of complex issues related to the search for a credible criterion of hardaccessibility. Due to the constraints imposed by this study, I will only devote a few remarks to that matter.

In general, the formation of hardaccessible objects can be illustrated by the following stratification diagram:

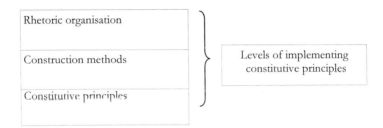

V. Philosophy and other disciplines

It seems to me that philosophy is particularly abundant in hardaccessible objects. However, although philosophy is a paradigmatic case of verbal discourse, I do not exclude the existence of rich colonies of such objects in other areas of discourse as well. But in this item I wish to devote some attention to philosophical hardaccessible objects:

1. Some examples of hardaccessible objects

I tend to believe that the following objects may be considered hardaccessible in philosophy: "positive freedom" ("freedom to" as opposed to the negative "freedom from"), "transcendental subject", "unconsciousness" (in the Freudian sense; since this is not the right place to discuss terminological subtleties of psychoanalysis, let us agree that "unconsciousness" will be synonymous with "the Unconscious"). In each case, elimination plays the most important role in the creation of the respective objectivity. Even though determining which version of the elimination procedure is meant in a given case is not particularly important, we can at least make some initial decisions regarding that matter. "Positive freedom" is the most obvious example in this regard, as it is clear that the overfull elimination method was applied in its construction. "Positive freedom" is therefore still freedom, but without certain major components, such as "unrestricted freedom to act" or "an area left entirely to the private, unconstrained decisions and initiative of an individual". For some, such "freedom without freedom" is so peculiar that it gives rise to sneering and ridicule on the one hand, and anxiety on the other. Such a situation can be found for example in the rather well-known dialogue from Aldous Huxley's book *Eyeless in Gaza*[7], or in Isaiah Berlin's critical writing on that subject[8].

More doubts appear when it comes to the "transcendental subject". This subject can be only defined once it has been eliminated from the field of experience in the narrow sense of the term — in this case it will be co-related with incomplete elimination. It can, however, be treated as a negation of any other forms of objectivity that may be clearly isolated, including, in particular, human subjectivity. In this case, it will become a constructive product of overfull elimination, which eliminates everything that has been subjective this far and leaves only one subject — the "transcendental subject". In either case, at the core of the "transcendental subject" there is an uncertainty that has been captured so well by the French phenomenologist Michel Henry, among others[9].

It is quite similar with "unconsciousness", which is a theoretical object the name of which already shows that a purely eliminative term is here brought to

---

[7] The characters in the novel discuss "true" freedom rather than "positive" freedom; however, the two terms are very close in meaning. Below the quotation:
"— But if you w-want to be f-free, you've g-got to be a p-prisoner. It's the c-condition of freedom — t-true freedom.
— True freedom! — Anthony repeated in the parody of a clerical voice. — I always love that kind of argument. The contrary of a thing isn't the contrary; oh dear me no! It's the thing itself, but as it *truly* is. Ask a diehard what conservatism is; he'll tell you it's *true* socialism. And the brewers' trade papers; they're full of articles about the beauty of True Temperance. Ordinary temperance is just gross refusal to drink; but *true* temperance, *true* temperance is something much more refined. True temperance is a bottle of claret with each meal and three double whiskies after dinner. Personally, I'm all for true temperance, because I hate temperance. But I like being free. So I won't have anything to do with true freedom." A. Huxley, *Eyeless in Gaza*, (Harmondsworth: Penguin, 1974), p. 78. I cite this fragment after the classic study by T. Pawłowski, "Definicje perswazyjne" in T. Pawłowski (ed.), *Pojęcia i metody współczesnej humanistyki*, (Wrocław: Ossolineum, 1977), p. 127. Pawłowski cited this example after C.L. Stevenson.

[8] I. Berlin, "Two concepts of liberty" in I. Berlin (ed.), *Four essays on liberty*, (Oxford University Press, 1969).

[9] "If we think about the transcendental faculty of understanding considered in itself in its purity, apart from the empiric element, we will see that the thing that ultimately defines it is a kind of deep want; the fact that it is deprived of being. [...] The lack of presentation 'I think' explains that you could ultimately put anything you wanted as part of such presentation: I (*je*) that creates the world, I (*le moi*) determinig but also I that it is possible to determine, empiric I, a transcendental object that is placed outside the phenomena of internal sense and that is responsible for their connection with 'I', the unknown noumenal 'I' that would be some kind of 'I' in itself, of the author of moral law, the entity which it addresses; 'I' that realizes in the subjection to that law, etc. Just like the clouds in the sky can take any shape since they do not have any, the presented 'I', the transcendental ego that will be discussed by contemporary phenomenology, is some kind of conciliatory illusion." M. Henry, *O fenomenologii*, przeł. M. Drwięga, (Warszawa: Wydawnictwo Instytutu Filozofii i Socjologii PAN, 2007), pp. 39, 49. Some highly controversial concepts, such as the one that the transcendental ego could be possibly subsumed under the empiric "I", become clear only within the context of the entire concept of that author. In this case, it is rather the very clear thought that Kant's deep subject is nothing in itself. [If not stated otherwise, all translations are mine — A.Z.].

the rank of a principle constituting positiveness. Notably, it is a more adept and complete term: "unconsciousness — a formation of psychic life that consists in eliminating (putting away, etc.) the consciousness" gives rise to the same interpretation problem as with the case of the "transcendental subject". If we assume that consciousness is the only component of psychic life, or even the most important one, then constructing an object that provides for psychic life without consciousness will be overfull elimination and give rise to a para-Sartrean critique of unconsciousness as fiction and an instrument for deceiving people (and in particular, for their self-deception)[10].

On the other hand, we can also apply incomplete elimination *implicite* and assume that "unconsciousness" is "only" negation of consciousness, which leaves so much room for the unknown that it is impossible to say anything definite about it. The Swiss psychoanalyst Medard Boss was the first one to perceive unconsciousness in such a way[11].

2. Another example — intentionality

An "intentional object" according to Husserl, as was explained at the beginning of this essay, represents a combination of elimination and enumeration, where the latter creates a sequence of alternative expressions and is equipped with a modal operator of necessity. In terms of scope, the "intentional object" is neither a physical object, nor a psychic object, nor a fictional or ideal object, nor an object belonging to any other known category of objects. On the other hand, in terms of definition it is (necessarily) a physical object, or a psychic object, or a fictional or ideal object, or in any case an object belonging to some other known category of objects.

---

[10] J-P. Sartre, *Sketch for a Theory of the Emotions*, transl. B. Frechtman, (London-New York: Routledge, 2001), pp. 28–33; J-P. Sartre, *Being and nothingness. An essay on phenomenological ontology*, transl. H.E. Barnes, (London: Routledge, 2005), pp. 47–55.

[11] "The so called 'unconsciousness' is simply negation of 'consciousness', and as such it is always in reference to the latter"; M. Boss, *Von der Spannweite der Seele*, (Bern: Bentli Verlag, 1982), p. 137; cited it after: P. Dybel, *Dialog i represja. Antynomie psychoanalizy Zygmunta Freuda*, (Warszawa: Wydawnictwo Instytutu Filozofii i Socjologii PAN, 1995), p. 109. However, the author of the Polish book sensed that perceiving unconsciousness only in terms of negation of consciousness may result in complete indeterminacy of the first one; thus, he decided to "boost" it by transforming it into a complete object and by doing so, he freed it from the relation to the simple negation. To achieve that goal, he uses certain characteristic phrases, such as "Unconsciousness as latent sense is not a simple negation of consciousness" (ibid, p. 109) or "It seems that presenting the relation between consciousness and unconsciousness only in terms of negation shows only a very minor aspect of the relation" (p. 111). When communing with hardaccessible objects, we sometimes have the impression that they do not meet the normal standards of objectivity. In view of potential critique, we resort to various defense strategies to show that those are "normal" objects with completely positive content rather than objects that are created by way of incomplete elimination, for example. I will discuss those defense strategies and the motives of their use in more detail in the main body of the text.

3. Heideggerian examples of hardaccessibility

The central figures of Heidegger's philosophy, both before and after *The turn*, seem also to be examples of hardaccessibility in a version which consists of both the elimination and inclusion of the only element of the set (or the most important feature) used as identification tool. Thus, this version fulfills the scheme of elimination and enumeration synthesis in the prototypical way. Heidegger's *Dasein* is not human in terms of content (because the description of its functioning does not focus on the typical features that link it with the human world); at the same time, however, it is human in terms of scope (as it meets the criteria for the set of human beings). Likewise, Heidegger's Being after *The turn* is not an entity, because it is radically unobjective, while at the same time it is an entity because it appears in the shape of entities, it is deeply connected with Being, and this connection was shown by the philosopher in the use of the phrase "the Being of entities". On the other hand, however, it is known that in his late works there are some minor attempts at considering Being (hen written as *Seyn*) outside of links with entities[12]. Should we want to use this description of Being to arrive at the method by which it was constructed as a hardaccessible object, we would probably have to consider some case of the elimination method only.

4. Disentanglement of minor problems

Someone could oppose the last part of this discussion and stress that Heidegger's Being in its purest form is absolutely unobjective. This is probably one of the few statements that can be made about it in such a categorical way. By contrast, this study is devoted to the category of hardaccessible objects, therefore a notion such as Being should not appear here at all. Naturally, in order to reply to this objection, one should make a distinction between the two intertwined dimensions of these phenomena. On the first structural level of a philosophical object, there is something, which "in itself" appears through the properties attributed thereto by philosophical statements and, *eo ipso*, by its author. This "something" can also be unobjective if the philosopher so wishes and, more importantly, knows how to support it with adequate arguments. It does not change, however, the fact that on the second level, this "something", as the purpose of a philosophical statement, must be defined in some way and it must be understood by the recipient in some way, and therefore it must be objectified. A totally unobjective Being is no exception in this respect.

In the situation where the internal form of philosophical "something" that we discuss and the external form of something as something that can be comprehended by way of a discourse are equally objective (i.e. when both the thing discussed by the philosopher and the thing learnt by the other from the discourse are objects), it is very difficult, if not impossible, to keep the aforementioned two levels

---

[12] See: C. Wodziński, *Heidegger i problem zła*, (Warszawa: PIW, 1994), pp. 379–460.

of structure. What is discussed and what is created therefrom by way of the ability to comprehend the discourse are almost identical in objective form. The mentioned duality only comes to light when the philosopher argues that, for example, there is unobjectivity beyond our grasp at the deepest level of being, and we still must objectify it in order to realize that in an elementary way. At the same time, there comes to light the necessity of discussing those objects (objectives) when looking from the perspective of philosophical methodology, and specifically when thinking about the methods by which it constructs its theoretical objects, regardless of the internal form that each of them has, and rather with respect to the form each receives from the discourse it is the subject of. This is the third level — the methodological one — on which the theses of this study are formulated.

This is what it would look like in a purely structural description that arranges the object's layers according to the logical hierarchy of priority. However, with regard to hardaccessible objects and the way they arise, the sequence is just the opposite. It is probably impossible to experience them in a "pure" form in the way you experience pain or affective arousals. It is impossible to experience them "in themselves" before they are formed by the proper type of writing, and — what's more — before they have been objectified, if not in a discourse then in the mental formulation accompanying the discourse. In that case, they are immediately grasped as profiled objects rather than, for example, pure Being or unconsciousness. In this case, the object comes first. The content that the object bears within itself may be experienced during the next step, but not necessarily. We experience many entities in philosophy, which — at least by declaration — are unobjective: Being, Life, The Other, Difference (*Différance*), and many others. Some of them are hardaccessible philosophical objects, while the others do not count as hardaccesible.

VI. Hardaccessibility in literature

So far, I have only considered hardaccessible objects "provided" by philosophy — either general or abstract notions. Philosophy does not, however, have a monopoly on hardaccessibility. Hardaccessible objects can also be found in literature, especially narrated prose or poetry. While hardaccessible objectivity in philosophy takes the form of notions (due to the nature of intellectual discourse), in literature, hardaccessibility is created by individualised states of existence or feelings. There arises an obvious question of whether or not hardaccessible objects can be created beyond words, for example, in arts that do not use words. My answer to that question would be "yes," but I do not wish to elaborate on it or substantiate it now.

I have already had a chance to refer to a dialogue from Huxley's novel *Eyeless in Gaza*, but this was basically part of an intellectual discourse put into a literary text. When it comes to specifically literary means that are used to create hardaccessible objects, I will quote the famous pre-war novel by Jean-Paul Sartre with the polysemic title *La Nausée,* or *Nausea* in English. The polysemic title suggests an equally polysemic swarm of existential experiences, which are almost elusive in my opinion; the role of physiological nausea is completely secondary. The story, which is shown in the form of journal entries made by the main character, Antoine Roquentin, contains frequent descriptions of his experiences of nausea (written with a capital letter — in French, the noun is singular, feminine). One should quote them all to have at least a vague idea of *La Nausée*, but since this is not practical here, I will only cite three fragments from various pages of the novel:

> I see my hand spread out on the table. It lives — it is me. It opens, the fingers open and point. It is lying on its back. It shows me its fat belly. It looks like an animal turned upside down. The fingers are the paws. I amuse myself by moving them very rapidly, like the claws of a crab which has fallen on its back. The crab is dead: the claws draw up and close over the belly of my hand. I see the nails — the only part of me that doesn't live. And once more. My hand turns over, spreads out flat on its stomach, offers me the sight of its back. A silvery back, shining a little — like a fish except for the red hairs on the knuckles. I feel my hand. I am these two beasts struggling at the end of my arms. My hand scratches one of its paws with the nail of the other paw; I feel its weight on the table which is not me. It's long, long, this impression of weight, it doesn't pass. There is no reason for it to pass [...] My thought is me: that's why I can't stop. I exist because I think ... and I can't stop myself from thinking. At this very moment — it's frightful — if I exist, it is because I am horrified at existing. I am the one who pulls myself from the nothingness to which I aspire: the hatred, the disgust of existing, there are as many ways to make myself exist, to thrust myself into existence. Thoughts are born at the back of me, like sudden giddiness, I feel them being born behind my head ... if I yield, they're going to come round in front of me, between my eyes — and I always yield, the thought grows and grows and there it is, immense, filling me completely and renewing my existence.
> [...]
> So this is Nausea: this blinding evidence? I have scratched my head over it! I've written about it. Now I know: I exist — the world exists — and I know that the world exists. That's all. It makes no difference to me. It's strange that everything makes so little difference to me: it frightens me. Ever since the day I wanted to play ducks and drakes. I was going to throw that pebble, I looked at it and then it all began: I felt that it existed..,
> [...]
> No more than three seconds, and all my hopes were swept away. I could not attribute the passage of time to these branches groping around like blind men. This idea of passage was still an invention of man. The idea was too transparent. All these paltry agitations, drew in on themselves, isolated. They overflowed the leaves and branches everywhere. They whirled about these empty hands, enveloped them with tiny whirlwinds. Of course a movement was something different from a tree. But it was still an absolute. A thing. My eyes only encountered completion. The tips of the branches rustled with existence which unceasingly renewed itself and which was never born. The existing wind rested on the tree like a great bluebottle, and the tree shuddered. But the shudder was not a nascent quality, a passing from power to action; it was a thing; [...] And all these existents which bustled about this tree came from nowhere and were going nowhere. Suddenly they existed, then suddenly they existed no longer: existence is without memory; of the vanished it retains nothing — not even a memory. Existence everywhere, infinitely, in excess, for ever and everywhere; existence — which is limited only by existence. I sank down on the bench, stupefied, stunned by this profusion of beings without origin: everywhere blossomings, hatchings out, my ears buzzed with

existence, my very flesh throbbed and opened, abandoned itself to the universal burgeoning. It was repugnant[13].

I believe that Sartre's description of Nausea is an example of a hardaccessible object constructed according to the overfull enumeration method, which I characterized earlier. The experiential moments which make up Nausea include seemingly disproportionate qualities such as a feeling of alienation from one's own body until it feels like an unbearable burden, an alternating feeling of "Cartesian" connection of the "I" with thought and alienation of thought from the thinking "I", feeling disgusted with existence as something too poignant, and at the same time using that disgust for intensifying the sense of one's own existence, feeling an incredible magnification of one's own being and things related to the negation of movement and any other transitional states, which in turn are related to the disappearance of the feeling of reality of things — let us remember that this diversity of psychic moments constituting Nausea will even increase if we consider all descriptions of that state in the novel. In view of that throng of data, one can get the impression that there is no central foothold, no essential core of "Nausea" around which the entire variety of feelings would gather like filings around a magnet. This feeling of losing the key that would allow for more comprehensive orientation in the intricacies of the Nausea is burdensome not only on the scale of the novel itself but also on the scale of the single quotations I cited above. I ask myself a question: How does it feel when, for example, "thoughts are born behind my head", "if I yield, they're going to come round in front of me, between my eyes", or what does it mean that "all those paltry agitations [...] isolated", "drew in on themselves", "they overflowed the leaves and branches everywhere", "enveloped them with tiny whirlwinds", etc.? Even though such explanations are sometimes given, I do not think that the reader's confusion derives from any failure of Sartre's style of writing — after all, Sartre may have been primarily a philosopher and an intellectual, but he was not unable to use literary means and present extraordinary experiences in a brilliant manner. It seems to me that he wrote these descriptions fully on purpose, presenting experiences that go beyond human measures, that are so far from the natural frames of existence that it is impossible to "anchor yourself" thereto and feel them in an emphatic way "from within." Any attempt to do so must fail.

Let us also show explicitly what has been implicitly evident before, namely that the descriptions of Nausea contain moments that contradict themselves. The "I" of the literary protagonist becomes stronger thanks to thoughts and the process of thinking; however, he drowns in them because the thoughts "grow and grow" and "come round in front of me"; Roquentin's experience seems to negate movement and transitional states, however, terms such as "profusion", "blossomings", "hatchings out" indicate a growth process, a passage from birth to mature phases. Those

---

[13] J.-P. Sartre, *Nausea*, transl. L. Alexander, (New York: New Directions, 1964). The quotes are found on the following pages: pp. 98–100, pp. 122–123, and pp. 132–133, respectively.

contradictions do not make it easier to find, as Ingarden put it, "harmony of qualities" indicating its centre, which you would have to feel to present it to yourself and
experience inwardly the entire condition Sartre is describing. Both the protagonist
and the addressee of literature are in a rather uncomfortable situation — one is
overpowered by the sense of unreality, and the other is put in front of an object
that he cannot fully grasp with his own mind and feeling.

VII. Accessibility in hard *vs* easy mode

On the other end of the spectrum are objects the content of which is fully positive,
i.e. they do not have in themselves an empty, identifying "what". Those are "ordinary" objects (objectivities) that we deal with in our everyday life and thinking. In
order to emphasize the difference, I will call them easily accessible objects. Together, hard- and easily accessible objects create the entire objective universe that is
constructed based either on the fullness or emptiness of the identification core.

VIII. Hardaccessibility as experience

Hardaccessible objects taken as I present them are not available on the natural level,
i.e. the level at which we eat, sleep, talk with others, care about the business of our
lives, etc. At this level we also read literary or philosophical works. However, we do
not see the hardaccessibility of their objects. To see it, we must come down "below" the natural level, in a sense, and refer to it as if from the outside, which, if one
wants to, can be considered as related to so-called phenomenological reduction.

     However, any "deeper" experience unattainable at the natural level must — at
this natural level — have its exponent, its — to put it into phenomenological language again — objectification. In the intellectual sphere (i.e. in the paradigmatic
field of philosophy), this natural objectification (or representation) of hardaccessible objects will be the experience which we define with the colloquial formula
of "racking one's brains (over something)" (or more briefly, "figuring something
out"). Although this formula is a little too broad, covering some other cases as well,
because of its vivid character, which appeals to the imagination, I have decided not
to look further for other, perhaps non-intuitive, technical terms, but will content
myself with this one. "Racking one's brains" over some complicated problem or
a difficult text is such a well known phenomenon that there are other, not less colloquial phrases like "straining one's brain", "setting somebody thinking" and perhaps a few more that could be used in this case. When it comes to philosophy, this
process of "racking one's brains" was presented vividly by Robert Musil in his first
novel *Confusions of young Törless*, where the young protagonist is faced with the extremely exhausting task of reading Kant's *Critique of pure reason*:

> In fact, Törless that very morning had bought the Reclam edition of that volume that he had
> seen at his professor's and used the first recess to begin reading it. However, because of the
> profusion of brackets and footnotes he didn't understand a single word, and, when he

conscientiously followed the sentences with his eyes, it was as if an old bony hand were slowly screwing his brain out of his head.

　　When he stopped in exhaustion after about half an hour, he had only reached the second page, and sweat stood on his brow.

　　But then he gritted his teeth and read again one page further, until the recess was over[14].

Dealing with hardaccessible objects is an experience, the same kind of experience (that is, just as important and able to be isolated in the same way) as any other. It has its specific objectivity and specific rules that govern its course, and which now, for this very reason, calls for full respect and thorough description, rather than being ignored or disregarded. Because of the very unusual structure of its correlate (which is — to recall it — an object conclusively elusive in its "what", but which forces us to regard it as something existing positively), getting in touch with a hardaccessible object involves maximum exertion of one's mental strength, working by "the sweat of one's brow" and "with clenched teeth," which, however, does not bring this object any closer to us. A hardaccessible object *ex definitione* exists, as it were, "on the border" of our capacity for intellectual understanding, like the end of the thread which being barely caught with the tips of your fingers (or just making an impression of being caught in this way) immediately slips away. Therefore it seems to have two faces joined together: one which turns towards us, allowing us to "hardly" understand it, and another which is at the same time removed from before the eyes of our mind. As a matter of fact, one should not exaggerate with the above mentioned comparison: the term "on the border" is an integral one and it should actually be hyphenated. Therefore it is not possible for the on-the-border-object to be removed form this brink: it is impossible to "bring it closer" to us and make it an object impression attainable in a normal way. However, it is not possible to move it "outside" the border either, outside any cognitive contact that can be expressed, and in this way turn it into an object of mystical inspiration. I will speak a little about these possible misinterpretations of hardaccessible objects in the items below.

　　Now, there arises a question: when it comes to the sphere of non-intellectual states and moods generated by literature, does there also exist an experience which is parallel to "racking one's brains"? The answer to this question is absolutely positive. We can touch, with a sensitivity as fine and sharp as the blade of a lancet, the states of objects that are more elusive than the thinnest fibers of experience, objects that we would be unable to feel in reality even at the highest possible level of nuance. In this way we create a non-intellectual experience of hardaccessibility. It is possible that in these non-intellectual experiences "racking one's brains" has its own and probably considerable share.

---

[14] I found this quotation from Musil's *Young Törless* and its inventive interpretation as the figures of reception of philosophy in: P. Sloterdijk, *Critique of cynical reason*, transl. M. Eldred, (Minneapolis – London: University of Minnesota Press, 2001), p. XXXI [Preface].

In this way it is possible to characterize hardaccessibility not only from the point of view of an object's structure but also from the point of view of an experience associated with it (which is perhaps even a more intuitive characterization). Also the structure of an object and the quality of an experience can be used to characterize easy-accessibility from these two points of view. Taking the experiential factor into consideration, easy-accessibility would involve totally "normal" contact, including adaptation and assimilation without problems and a closeness to objects of such a degree that they are unlikely to attract our attention as objects *per se.*

IX. Two misunderstandings

"Racking one's brains" (and its literary counterpart) as a natural objectification of hardaccessibility, even though it is a fairly widespread experience, may cause mis-interpretations, or at least some deformations in the descriptions of the nature of objects which are here called hardaccessible. Not everyone entering into contact with such objects can do them justice by way of descriptions and analyses. There are false perspectives which, generally speaking, can go in two opposite directions. Some people think that we do not deal with these objects at all, but only with some illusion or fiction of objectivity. This is not so bad as long as this fiction results from incompetence, or the inability of the authors in question to completely think through certain matters. It is worse, however, when such fictions are deliberately created to exert bad influence on people. Hence we find critique and scorn similar to the already mentioned critique of "positive freedom" (alias "the true one"), freedom which — according to the authors of this critique — simply does not exist; there are only attempts to ensnare people, to delude them with false ideolo-gies and verbosity.

Some others maintain that hardaccessible objects do not differ essentially from "ordinary" ones of this or that kind, with which we associate ourselves in everyday life, except for the fact that they require a bit more intuition. Just as the highest and lowest tones in music may be heard by people with particularly good hearing (and in other areas, such things as nuances of colour or fragrance may be detected), the objects which are the subject of this study can be properly perceived only if one has or has practised the abilities necessary for such perception. This does not change the fact that these are objects in which one has no reason to seek the empty core I have described — instead, there is a core full of content, as in the case of any other object. Therefore, some people think that hardaccessible objects are hidden fictions of objects and thus deserve to be treated in an antagonistic way, while for others they are just subtle objects. I think that both groups are wrong, albeit for different reasons. Some stop having covered only half the necessary distance, while others go too far and "complement" the content of the object of experience with a certain moment of meaning which is not only not sensed by them, but which cannot be sensed.

1. No delusive objects

It is relatively easy to combat against arguments concerning non-objectivity. One can always show or point out that when speaking even of the weirdest or most unreasonable creation, and therefore — according to the critics — something deprived of its right to exist, we do indeed capture this "something" in our thought, and that this is enough to speak about an object. An object is a being which has an essence — the fact that this essence may be unidentified or composed of mutually exclusive moments does not rule out objectivity as such, and does not change it into formlessness. Similarly, experiencing an object as "something" — let us say it again — no matter what the degree of its peculiarity is — is in itself a disciplined experience of wrestling with something, not a passive submission to formlessness or amorphous magma. If instead of this experience an overwhelming paralysis of sensations appeared, or a dispersion of impressions or, conversely, a blasting pressure of feelings which are too a-notional to be attributed to anything, then indeed, but only then, we would be dealing with formlessness both in terms of experience and object. A fiction of an object within the range of objectivity is probably impossible because by its nature it already unmasks itself as something. The critics of hardaccessible objects who speak of formlessness in this way confuse two things and two fields — which ones — I will disclose it in the following item.

2. No subtle objects

It is much worse when it comes to fighting against the conflation of hardaccessible objects with subtle ones. Here we are faced with such a multi-layered and knotted ball of ontological, methodological and epistemological issues that if I wanted to patiently untangle them, I would need to write a much more elaborate publication than this current study. Therefore, within the limits of reflection over the ideal possibilities of human experience, that is, without arbitrarily assigning any particular object to any of these two categories, I will only point out the most general properties by which the two types of objects differ:

a. Hardaccessible objects cannot be assimilated

Subtle objects can be "exercised". The skills of being able to catch and master them more and more perfectly can be trained; a person can pass them on to others. By way of practical exercises, it is also possible to transfer these skills from generation to generation within the scope of the history of the species. Subtle objects are simply harder to access, but after developing appropriate habits they become easily and "normally" In accordance with the formerly adopted dichotomous classification, they are easily-, not hardaccessible. Meanwhile, no "exercising" or prolonged contact with hardaccessible objects can familiarize us with them to the point where we would be able to fully "understand" them. Their nature and detailed content will always be a problem for us. However deep and definitive one's understanding

of such an object would seem to be, one can never be sure that it will not be followed by another understanding which, while aspiring to greater accuracy, would
overturn the previous one. This results from the absolutely unusual nature of hardaccessible objects, from their non-identifiability — let us emphasize it again —
their "what", through which they cannot be anchored in the understanding.

b. Being and existence in relation to hardaccessible objects

With regard to subtle objects, is not absurd to speculate on their existence or non-
existence, and, on the other hand, the possibility of (their) coming into being, etc.
Using a neologism, we can say that these objects belong to the sphere of existenti-
ability, which only means that existential judgements about them are all the more
desirable. In contrast, hardaccessible objects are ontic units. They belong to the
realm in which we give judgements about being and not existence. Subtle objects
either exist or do not exist in reality; if they do not exist but only pretend to do so,
they are some kind of fiction. However, it is more appropriate to say that hardaccessible objects "take place", "occur" or just "are". And since they are ontic con-
figurations, we cannot say that they do not occur, which means that a negative
judgement cannot be formulated here. As soon as someone, having equipped them
with the content of this or that nature, gave them the form of objectivity, hardaccessible objects, just like any other objects – according to the Parmenidean formula
that "the Ent is, the Nonent is not" — just "begin to exist".

It is the non-observance of the difference between existence and being that
is responsible for the attacks on hardaccessibility and the accusation that its authors
are creating appearances with harmful consequences. Meanwhile, hardaccessible
objects do not have to exist to be present; the issue of their vulnerability to existence has nothing to do with giving them a positive ontic status — just the status
which they represent having been formed in a certain way. The allegation of non-
existence does not strike at their essence; at most it concerns some minor circum-
stance, as no one, while being incorporated into being, so to speak, asks about the
possibility of realization. And an attack transformed into an allegation of non-
objectivity cancels itself out under the weight of inherent contradictions.

3. Connection between these two misunderstandings

These two approaches (that is, depriving hardaccessible objects of their objective
status and conflating them with subtlety), are not independent. There seems to be
a certain bond which links them. In each case this bond means shifting from what
is to what exists, and this, in turn, happens by the irresistible influence of verbal
formations. The magic of words, by which objects whose core has no content are
created, is so overwhelming that not only do we see in them creations which enter
into being and which are set up by someone so that they can speak about them in
a masterly way. The charm of words makes us begin to notice something else in

them: the objects, even if they do not yet exist, at least claim their existence. They try to exist. And then the reactions are of two kinds: the ones which I have just roughly described. For some people, the claim that these objects attempt to bring themselves into existence may be unjustified. They then attack objects appointed in this way for their non-existence — just as if it were most important in them — and in addition, in a completely illogical way, they switch from the question of non-existence to showing the non-objectivity of something which obviously has the form of an object. Others, on the other hand, already convinced of the existence of some relevant objects, but with grave misgivings that some objections to the notion of hardaccessibility may be expressed, try to support their charges using the strategy of nuancing. Thus, they generally try to prove that hardaccessible objects are only hard accessible, certainly harder than others, but after appropriate training do not pose major problems for those who are faced with them. By putting hardaccessible objects on the same level with easily accessible objects in this way, they see an opportunity to obtain something that would be an object of full value. Both parties, as we can see, are moving in opposite directions, but the source of their divergences and faults is the same.

X. There is no place for mystics here

Criticising their non-existence and confusing them with subtle objects — these are the most common dangers to which hardaccessible objects are and can be exposed. Apart from these, however, there appears to be still another danger, more potential than real, but even so worth considering. It is based on some version of epistemological interpretation (or disinterpretation) of hardaccessible objects, and to put it more precisely, on their mystical interpretation. I already suggested that the objects that are being discussed here exist on the border of human cognitive capacity. Therefore, the experience that leads to them can merely consist in "only just" understanding them and nothing else. A rather superficial line of associations triggered here can lead to the conclusion that we are establishing contact with some extraordinary, wonderful representations of mystical flora and fauna which — if we removed the border which lies only in the sparsity of our means of expression — would inevitably emerge before our eyes in their uttermost beauty.

1. Nothing beyond the border

The interpretation given above, if someone formulated it *explicite*, would, of course, be pure nonsense[15]. The object existing on the border is in this case, as has already been mentioned, an object-on-the-border, which means that the border, united

---

[15] *Nota bene*, such interpretation was in fact stated in a forum during a discussion over another of my texts devoted to similar issues. However, since it was based on a rather superficial reading of that text and was formulated casually, I still regard it as rather potential.

with the object, can only be removed with it. Therefore, its annihilation would mean nothing less than the devastation of some experience. There is nothing "beyond" such a border. And since I have previously made a dual division into hard- and easily accessible objects, if the former ones were eliminated, we would be left only with the latter. If someone really crossed the border and came "as close as possible" to a hardaccessible object (the unreal conditional is needed here, since how could they do it?), they would not experience any enchanting view which no one has seen or heard of before. They would simply find themselves in a homogeneous world of commonplace objects, available earlier without any mental effort. A pretended crossing of the border would then have the effect of waking them up.

2. Ontological homogeneity

I will not undertake the task of exploring the intricacies of mystical experiences — I do not feel competent in this respect. However, let me, despite this, make a supposition that whenever we speak of the sensations belonging to the circle of mysticism, we experience a peculiar contact between two sides: one of them is a subject experiencing something, from whose perspective a given experience can be taken into consideration; the other one — whatever we call it — is some power, a rule or an area, in any case some entity which shares itself through such contact. If so, this materiality, lending or sharing itself, must somehow be active, must be an independent centre of a certain life (or at least make an impression that it is such an independent centre). Then the experiencing subject is aware of experiencing something that comes not from him or at least not only from him, something which pesters him in his experience rather than allows it to be fully derived from his inside. So a mystical encounter resembles a meeting of very different, yet interacting partners, and not only the reception of what we have created on our own using the power of our spirit or mind. It is impossible to put too much stress on this point because even if the final result of the encounter is the *unio mystica*, then at least in the beginning the unification must be experienced by two parties, not one. Where the unification is guaranteed from the very beginning or where the divisions are not very deep, then there are — as is stated by Gershom Scholem — no conditions for mysticism[16].

Meanwhile, hardaccessible objects are from beginning to end the creation of the subject and are perceived as such by the subject. No matter that at this point there dominates the division into the subject and object of experience — there is no "other side" which is active, there is nothing specific which would more or less unexpectedly meet us halfway. Racking one's brains, for example, over Kant's transcendental subject or Derrida's *différance*, we are toiling away facing puzzles that we have fabricated ourselves, and nothing beyond that. There is no blow to be struck or consent to be given by something other than ourselves. It has been my intention

---

[16] G. Scholem, *Major trends in Jewish mysticism*, (New York: Schocken Books, 1995), p. 8.

that while speaking about "racking one's brains" up to this point, I have avoided using the noun "puzzle", established in the Polish language to denote a type of creation[17]. Since "racking one's brains" includes an imperfective verb, it stresses the continuity of the process, the end of which cannot be seen. The "puzzle", on the other hand, brings a different, in my opinion, aura of meaning; it reminds us rather of a prosaic rebus which after being done, allows for relaxation and the relief of stress as we see the result. If my language sensitivity serves me well, then, of course, "puzzle" is not a suitable name for hardaccessible objects. The latter are not at all like anything solvable — providing "answers" to them can only mean abandoning them and moving on to another, "easier" area of experience. Considered in this light, hardaccessible objects have more in common with puzzles that we inflict on ourselves than with the objects of mystical ecstasy. Another thing is that these are puzzles we typically set for ourselves unintentionally.

XI. Transcendentalism "from within"

1. An idea from Habermas

Therefore, associating hardaccessible objects with the objects of mystical experience is absurd. However, it is not absurd to call them "noumenal objects within the realm of phenomena". The inspiration for the above name, which truly enough goes along quite winding routes, was an idea from Jürgen Habermas's philosophy of communication, namely that the regulative ideas of Kant's transcendental mind could be moved from "that" to "this" side of the border between noumena and phenomena and made into ideal targets of aspiration within the general human practice of communication. These goals are something more general than what can be found within the limited horizons of the worlds of communicating subjects, and therefore they focus the subject's orientation by way of exceeding the particularities of everyday phenomena. But they are not like anything "underlying" phenomena because they are developed through mutual communication and must be subordinated to its tasks[18]. Rightly, although quite paradoxically, this kind of philosophy can be called "transcendentalism with the realm of the phenomena"[19].

---

[17] In Polish, the language from which this text has been translated, the expressions "racking one's brain" and "puzzle" (*łamać głowę* and *łamigłówka*) come from the same root. This, unfortunately, cannot be rendered in English.

[18] "In the course of detranscendentalization theoretical ideas of the mind somehow leave the static world of what is intelligible and develop its dynamics *inside* the world of life [...]. 'The ideals', ossified and placed on the pedestal on the other side — become more liberalized for the purpose of practical actions, they are transposed from the transcendental state into the fulfillment of some 'transcendence from within.'" J. Habermas, *Kommunikatives Handeln und detranszendentalisierte Vernunft*, (Stuttgart: Reclam Philipp jun. GmbH Verlag, 2001), p. 29.

[19] The rise to talking about "transcendentalism within this side of the phenomena" was given by Habermas, for instance through the title of some statement on theological issues: Transcendence

Similarly, a hardaccessible object is a noumenon within the realm of the phenomena. It is a noumenon because it contains an indecipherable empty-content core which will never become "full of content" and will not allow positive identification of the object based on some content-available "what". However, it is within the realm of the phenomena because a complete experience covering its whole nature and which is within the range of our capabilities corresponds to such an object. As I have already repeatedly stressed, a hardaccessible object is not something which, when slipping from our grasp, still tempts us with the possibility of some fuller experience revealing the truth of its essence. Slipping from our grasp is where its riddle is, where such an object is totally fulfilled and "burnt"; beyond any escape that is arranged and programmed by us and which provokes our highest effort of thought and emotion it would be simply nothing (like the gateway of the law in Kafka's parable from *Der Process*, which is not to be passed through, but which outlines the furthest edge of the sphere of one's experience — liquidation here may only refer to the whole of the sphere together with the edge indicating its end). Developing the noumenon of our experience by means of the classical apophantic scheme *S is p*, in place of the predicate we must always insert a sequence of characteristics sufficient for the determination of the essence, but instead of a subject, there is an unknown "X" — and nobody will be able to pass beyond this "X" by the strength of logical and not actual impossibility.

2. Rationalism or irrationalism?

Noumenal objects which are on this side of the border with phenomena as far as the internal form determined by their creators is concerned, in addition to having the previously described negative characteristics (they are not non-objective, they are not subtle or mystical objects), are also quite indifferent to being pondered in terms of the categories of rationalism and irrationalism. Whether they are rational or irrational does not depend on them, but on details which on a relatively more general level cannot be predicted. Generally, hardaccessibility is accomplished through the art of words, in disciplines differing as widely as philosophy and poetry. Therefore, should a hardaccessible object in its internal form belong to the sphere of a certain discourse and require "racking one's brains" to establish a correlation with it, it will probably be closer to rationalism. But if, on the contrary, we place it in the sphere of poetic premonitions and make it a correlate of parallel hypersensitivity, we will sentence it to the fate of the descendant of irrational tendencies.

---

from within: J. Habermas "Transcendence in this World" in E. Mendieta (ed.), *Religion and Rationality: Essays on Reason, God and Modernity*, (Cambridge Massachusetts: The MIT Press, 2002), pp. 67–94. "Transcendence from within" also appears in the title of one section of his work in the field of the philosophy of law: J. Habermas, *Between facts and norms*, transl. W. Rehg, (Cambridge, Massachusetts: The MIT Press, 1996), pp. 17–28.

At least if we are to connect rationality with the discursive mind and irrationality with the forms of contact which are beyond our senses and reason[20].

If in turn we take external form into account, which is the perspective of this study, and look at a hardaccessible object as an object no matter what it is in itself, the ambivalence inherent in its nature will be too deep for us to be able to make any decisions with regard to its rationalism and irrationalism unless we resort to changeable and arbitrary solutions. For some people, the hardaccessible object's

---

[20] Nicolai Hartmann distinguishes between two meanings of irrationality: irrationality as alogicallities and as incognizabilities. The description of the same strength of hardaccessible objects in the context of rationalism — irrationalism may be related only to the first of these meanings. As regards the other meaning, such objects cannot be rational or irrational because, in fact, as I have already stated, they do not fall within the epistemological interpretation. In view of the said *Grundzüge*, for which irrationalism is one of the principal issues, the present study is indebted to it despite everything. Hartmann, in a very insightful way, discovers the negative nature of a number of philosophical concepts, associating their creation mainly with the procedure of elimination; he also deciphers the secondary conversion of negativity into positivity. Just compare the following passages: "In the projective creation of concepts, despite the factuality of this procedure, lies one of the greatest mysteries of the whole phenomenon of cognition. Hypothetical going beyond what is given and learned, and finally beyond what is cognizable, does not encounter insurmountable obstacles. Transition of the relations of the being and staying aware of certain elements of these relations allows one to perfectly understand how such projection functions. However, the concepts obtained in this way at first have a completely negative character. On the one hand, projection ensures hypothetical certainty that [going] in the specific direction of the being one can generally find something; on the other hand — the negative outline of the content the definiteness of which is admittedly increased when the number and clarity of projection lines increase but despite this it remains negative. N. Hartmann, *Grundzüge einer Metaphysik der Erkenntnis*, (Berlin: Walter de Gruyter, 1949), p. 90.

However, in every science and philosophy which act in this way we find negativity renamed into something positive. It seems that it wins this positive character even though all the terms assigned to it are negative. So here follows something that can not be explained based just on following the ontically real relations, which is then added by the cognizing awareness itself. […] In general, we can say that most basic philosophical concepts at first have something negative inside them when they appear" (ibid., p. 298). "The risk of thinking consist precisely in the assigning the NonEnt to Ent, even though it contradicts any conceptual analysis. Plato's formulation would be as follows: the NonEnt exists" (ibid., p. 302). Hartmann also cuts off such negative creations from the potential relations with mysticism because "there is no mysticism here […], there is a quite transparent method instead" (ibid., p. 300). However, it can be seen at least from the quoted passages that Hartmann immediately moves the whole issue onto the epistemological surface excluded by this study. Negativity of the objects of philosophy (negativity, but only in the beginning!) is for him the sign of the growing progress of cognition which leads to true positivisation of what at first was only negative. "Thinking does not produce anything here, it remains tied to the being and cannot [do] anything but reproduce its properties in itself. This reproduction, however, requires the denial of the creations of thought the limitation of which determines the arbitrary limits. The sense of the «existing NonEnt» is not in the source of being, it is in the source of the progress of thinking in the being" (ibid., p. 334). Hartmann as much brilliantly recognizes the status of many philosophical constructs as he later mystifies them by that epistemological disturbance. In the light of my findings one should rather reverse the order of the parts of one of the cited sentences and say: "The risk of thinking consists precisely in the assigning the Ent to NonEnt."

compact — after all — form of objectivity will be sufficient to introduce a rational thread into their idea of such objects. But for others, the fact that a hardaccessible object's ring of characteristics is entangled with the emptiness of its core will be so insulting to logic that they will decide in favour of irrationalism. As one can see, this opposition, although it may be valuable while discussing other issues, does not add anything important to our description of the "noumenon within the realm of the phenomena".

Andrzej Zalewski

O przedmiotach trudnodostępnych. Uwagi metodologiczne

Artykuł podejmuje zadanie rozważenia pewnej szczególnej grupy przedmiotów zwanych tu „przedmiotami trudnodostępnymi". Są to przedmioty zawierające pustą naturę konstytutywną (puste „co" określające ich tożsamość) — właściwość ta czyni je, jak czasami mówimy o bardzo skomplikowanych wypowiedziach filozoficznych lub artystycznych, trudnymi do zrozumienia. Tej pustki identyfikującej natury oraz bycia-trudnymi-do-zrozumienia nie należy brać w sensie epistemologicznym: pustka określającego sensu należy do samej „istoty" tych przedmiotów i nie może być usunięta ani poprawiona przez żaden doskonalszy rodzaj wiedzy. Przedmioty trudnodostępne nie występują w stanie naturalnym; są one sztucznymi istnościami kreowanymi głównie na terenie filozofii i literatury. Należą do nich m.in.: Kantowskie „Ja transcendentalne", Husserlowski „przedmiot intencjonalny", Freudowska „nieświadomość", Heideggerowskie wczesne *Dasein* lub późne *Sein* („Bycie"), a także Sartre'owskie „Mdłości" (*La Nausée*). Przedmioty trudnodostępne należy ściśle odróżniać od stanów mistycznych czy też obiektów subtelnych, które mogą być w pełni lub choćby częściowo przyswojone dzięki wyćwiczeniu szczególnych zdolności poznawczych w człowieku.

De arte

Monika Adamska-Staroń

Edukowanie przez sztukę sposobem na doskonalenie jakości życia

I. Słowo wstępne

Życie człowieka przybiera określone kształty — różne w różnych okresach. Każdy z tych etapów człowiek indywidualnie ocenia, wartościuje, nadaje określony znak jakości. Podstawą oceny może być suma przeżyć, doświadczeń, zasób wiedzy i informacji zdobytych na poszczególnych etapach życia, ale i zdobycze materialne czy status społeczny. Ocena uzależniona jest najczęściej od przyjętej perspektywy myślenia o jakości życia. Jeśli potraktujemy jakość życia jako konstrukt psychiczny — opisujący jakość życia psychicznego[1], sumę przeżyć, doznań i doświadczeń, jeśli przyjmiemy, że im więcej przeżyć, doznań, doświadczeń, tym bogatsze życie psychiczne, a poczucie jakości życia lepsze, to edukowanie przez sztukę (w przyjętym przeze mnie rozumieniu) można potraktować jako jeden ze sposobów sprzyjających doskonaleniu bycia człowieka w świecie. Edukowanie przez sztukę wprowadza przecież w świat wrażliwości, wyobraźni drugiego człowieka, w świat przeżyć, doznań, refleksji, (nie)codziennych doświadczeń. Uczestnictwo w tym wydarzeniu jest dobrodziejstwem spotkania z drugim człowiekiem, ale i samym sobą. To, co się dzieje w tej przestrzeni, prawdziwie doświadczane, przeżywane, jest „wy-darzeniem", które w moim przekonaniu pomaga w budowaniu określonej jakości życia.

---

[1] Zob. R. Derbis, *Dlaczego zajmujemy się jakością życia*, [w:] tegoż, *Psychologiczne konteksty jakości życia społecznego*, Wydawnictwo AJD, Częstochowa 2010, s. 16; S. Kowalik, *Jakość życia psychicznego*, [w:] *Jakość rozwoju a jakość życia*, red. R. Derbis, Wydawnictwo WSP, Częstochowa 2000, s. 12; S. Kowalik, *Temporalne uwarunkowania jakości życia*, [w:] *Psychologiczne i pedagogiczne wymiary jakości życia*, red. A. Bańka, R. Derbis, Wydawnictwo Gemini, Częstochowa – Poznań 1994, s. 43.

Tekst ten ma do spełnienia dwa zadania: pierwsze na poziomie poznawczym — zapoznanie Czytelnika z pewną propozycją „widzenia" jakości życia oraz z jednym ze sposobów jego doskonalenia, drugie na poziomie dydaktycznym — wzbudzenie zainteresowania Odbiorcy, włączenie go w dyskusję nad zaprezentowanym sposobem rozumienia jakości życia (II), bycia człowieka w świecie (III), edukacji i sztuki (IV, V), edukowania przez sztukę (VI), jak również zaproszenie do własnej interpretacji przedstawionych ekspresji werbalnych studentów Akademii im. Jana Długosza w Częstochowie, opowiadających o edukacyjnych siłach sztuki (VII).

Księga Jubileuszowa to wydawnictwo o charakterze naukowym będące szczególnym wyrazem uhonorowania w środowisku akademickim, pozwalające wyrazić wdzięczność, uznanie i szacunek dla Jubilata. W tym miejscu dziękuję Panu Profesorowi za naukowe inspiracje, twórczą mobilizację, poświęcony czas i uwagę, za konstruktywne komentarze, życzliwe odniesienie się do zrealizowanych projektów, jak również nowych pomysłów. Sugestie i zapytania Pana Profesora stały się dla mnie źródłem namysłu, zachętą do bardziej wnikliwego spojrzenia na własne projekty, zaproszeniem w podróż do świata odważnego myślenia i mądrej odwagi.

II. Jakość życia — wprowadzenie

Pojęcie jakości życia ma swoją historię, swoje miejsce w świecie nauki. Jak w przypadku większości pojęć konstytuujących nauki społeczne i humanistyczne, zakres znaczeniowy pojęcia „jakość życia" przedstawia się różnie i jest konsekwencją przyjętych założeń ontologicznych, epistemologicznych, aksjologicznych, metodologicznych. Sam termin „jakość życia" posiada dość krótką historię w nauce, jednak obszar zagadnień, do których się odnosi, był przedmiotem zainteresowania reprezentantów różnych dziedzin, w tym w pierwszej kolejności filozofów[2]. Pytania: Kim jest człowiek? Czym jest świat? Czym jest życie? Jakie powinno być życie człowieka, by można było uznać je za wartościowe? stawiano właśnie na gruncie filozofii. To filozofia otworzyła innym naukom, m.in. psychologii, medycynie, ekonomii czy pedagogice, przestrzeń do rozważań, ale i badań nad jakością życia[3].

Termin „jakość życia" zaczął więc funkcjonować jako kategoria psychologiczna i socjologiczna (pierwsza połowa XX w.), ale również jako kategoria ekonomiczna, medyczna i pedagogiczna (druga połowa XX w.). Z tytułu bycia przedmiotem badań naukowych „jakość życia" traktowana jest również jako kategoria badawcza mająca

---

[2]   Przykładem mogą być pierwsze dyskusje wokół utopijnych wizji społeczeństwa idealnego Platona, koncepcje Arystotelesa, Ksenofonta. Pojęcie „jakości" (gr. *poiotes*) Platon rozumiał jako sąd wartościujący, pewien stopień doskonałości (normatywne ujęcie), Arystoteles, Ksenofont akcentowali moralno-etyczne, religijne aspekty jakości; zob. B. Kryk, K. Włodarczyk-Śpiewak, *Wybrane aspekty jakości życia*, [w:] *Zachowania rynkowe gospodarstw domowych i przedsiębiorstw w okresie transformacji systemowej w Polsce*, red. D. Kopcińska, Katedra Mikroekonomii US, Szczecin 2006, s. 96; M. Adamska-Staroń, *Pedagogiczne wymiary jakości życia*, [w:] R. Derbis 2010, (przyp. 1), s. 205.

[3]   M. Adamska-Staroń, (przyp. 2), s. 205.

„nadal przed sobą wiele problemów do rozwiązania, dotyczących zarówno samej istoty, jak i parametrów służących jej pomiarowi"[4].

W literaturze psychologicznej „jakość życia" rozumiana jest jako pewna właściwość, cecha (zespół cech) przypisywana życiu, cecha (zespół cech) charakterystyczna dla określonego przedmiotu (obiektu, zjawiska), ale także cecha (zespół cech) istotna ze względu na pewne stosunki oddziaływania przedmiotu (obiektu, zjawiska) z otoczeniem oraz ze względu na jego wewnętrzną strukturę[5]. Jest ona również postrzegana jako wartość, pewna własność doznawana poprzez zmysły[6], jako stan ducha, umysłu, posiadania, świadomości społecznej, samoświadomości[7], jako dyspozycja do przeżywania określonego działania[8], konstrukt psychiczny (w zakres którego wpisują się wrażenia, szczęście, samopoczucie) opisujący jakość życia psychicznego[9].

Myślenie o jakości życia wpisuje się w przynajmniej cztery obszary: prototeoretyczny, pragmatyczny, normatywno-ideologiczny oraz teoretyczno-psychologiczny z zaznaczeniem, iż treści ujawniające myślenie o jakości życia adekwatne do nazwanych obszarów pojawiały się we wskazanej kolejności. Każda nowa koncepcja stanowiła odpowiedź na niedoskonałość poprzedniej, powodując poszerzanie perspektywy, w obrębie której rozpatruje się pojęcie jakości życia[10]. Odwołując się do wskazanych obszarów punktem wyjścia czyniono wymiar zewnętrzny i obiektywny życia ludzkiego (jego przebiegu i właściwości), koncentrowano badawczą uwagę na subiektywnym wymiarze (w terminologii S. Kowalika — na jakości życia psychicznego), podejmowano próby badania jakości życia łącząc te dwa wymiary, jednak częściej akcentując zewnętrzne warunki życiowe[11]. Ujmując inaczej, bezpośrednio badaczce nawiązywali do całościowego zadowolenia z własnego życia (szkice teoretyczne, ujęcie prototeoretyczne), odwoływali się do stopnia zaspakajania potrzeb ludzkich i warunków materialnych stwarzających lub nie szansę na to zaspokojenie (ujęcie pragmatyczne; przedstawiciele: H.J. Dupuya, F.M. Andrews, S.W. Withey), uznając realizację możliwości rozwojowych, określając jakość życia jako ekspresję dobrego życia, radości związanej z byciem człowieka w świecie (perspektywa normatywna; przedstawiciele: J.M. Raeburn, I. Rootmam), traktując jakość życia jako złożony konstrukt psychiczny — w oparciu o wrażenia, poczucie szczęścia, samopoczucie,

4   B. Kryk, K. Włodarczyk-Śpiewak, (przyp. 2), s. 96.
5   *Wielka Encyklopedia Powszechna*, PWN, Warszawa 1965, s. 281.
6   B. Kryk, K. Włodarczyk-Śpiewak, (przyp. 2), s. 96.
7   R. Derbis, *Doświadczanie codzienności. Poczucie jakości życia, swoboda działania, odpowiedzialność, wartość osób bezrobotnych*, Wydawnictwo WSP, Częstochowa 2000, s. 19–28.
8   R. Derbis, (przyp. 1), s. 16; R. Derbis, (przyp. 7), s. 21–28.
9   R. Derbis, (przyp. 1), s. 16; S. Kowalik, *Jakość życia psychicznego*, (przyp. 1), s. 12; R. Derbis, (przyp. 7), s. 21–28.
10 S. Kowalik, *Jakość życia psychicznego*, (przyp. 1), s. 12; R. Derbis, (przyp. 1), s. 19; M. Adamska-Staroń, (przyp. 2), s. 206.
11 R. Derbis, (przyp. 1), s. 19–21.

czyniąc zasadniczym elementem jakości życia stan przeżyciowy człowieka (perspektywa teoretyczno-psychologiczna; przedstawiciele: L. Nordenfelt, S. Kowalik)[12].

Jakość życia bywa więc odnoszona do poziomu konsumpcji, świadczeń socjalnych, zakresu potrzeb podstawowych, hierarchii wartości, norm społecznych, dobrostanu, szczęśliwości, świadomości, przeżyć i doświadczeń[13]. Osoby zainteresowane podjętą tematyką odsyłam do tekstów takich autorów, jak m.in. Romuald Derbis, Augustyn Bańka, Stanisław Kowalik. Teksty wspomnianych autorów pomogą w zgłębianiu „zasobów" jakości życia, w odkrywaniu tropów ważnych dla zbudowania własnej o niej narracji — własnych interpretacji, refleksji, propozycji na zwiększenie świadomego doskonalenia jakości życia lub zapobieganie jego degradacji[14].

III. Bycie człowieka w świecie

Człowiek jest częścią świata, jest zespolony ze światem w jedną całość poprzez samo bycie (istnienie, egzystowanie, swoją cielesność), poprzez sposoby bycia w nim, poprzez współ(bycie) z drugim człowiekiem, poprzez sytuacje, które zastaje i które tworzy. Doświadcza świata od momentu narodzin, poznaje go, współtworzy, przeżywa, już zawsze jakoś się do świata odnosi w swoim rozumieniu[15].

Bycie człowieka w świecie nie jest zamknięte, raz na zawsze określone, nie jest gotowym produktem, jest dynamiczne i zmienne, indywidualne, charakteryzuje się zdolnością do „przekraczania", ma konkretne usytuowanie, które „prowadzi do «egzystencjalnego zaangażowania», także społecznego"[16].

Doskonalenie bycia w świecie, „polepszanie lub utrzymanie jakości życia nadaje sens ludzkim wysiłkom i stanowi o postępie społecznym"[17], ale i o indywidualnym rozwoju. Sztuka, w sposób mniej lub bardziej bezpośredni, stara się w tym człowiekowi pomóc, jest jedną z przestrzeni, w obrębie której człowiek ma możliwość uczestniczenia w hermeneutycznej podróży, zdobywania nowych przeżyć, wrażeń, doświadczeń, wiedzy o drugim człowieku, o sobie i o świecie, w obrębie której istnieją drogi służące jakości życia.

IV. Edukacja — jakość życia — sztuka

Wskazywanie edukowania przez sztukę jako drogę na doskonalenie bycia człowieka w świecie wymaga przedstawienia przynajmniej w zarysie rozumienia pojęcia „edukacja". Edukacja jest społeczno-kulturowym tworem, syntezą wielu procesów

---

[12] S. Kowalik, *Jakość życia psychicznego*, (przyp. 1), s. 12; R. Derbis, (przyp. 1), s. 21–28.

[13] A. Bańka, *Jakość życia w psychologicznych koncepcjach człowieka i pracy*, [w:] A. Bańka, R. Derbis, (przyp. 1), s. 19–40; R. Derbis, *Odpowiedzialna wolność w kształtowaniu życia*, [w:] A. Bańka, R. Derbis, (przyp. 1), s. 53–62.

[14] M. Adamska-Staroń, (przyp. 2), s. 206.

[15] Por. M. Heidegger, *Bycie i czas*, Wydawnictwo Naukowe PWN, Warszawa 1994, *passim*.

[16] E. Mounier, *Wprowadzenie do egzystencjalizmu*, Wydawnictwo Znak, Kraków 1964, s. 91–100, s. 257.

[17] R. Derbis, (przyp. 13), s. 53.

makro- i mikrospołecznych. Znaczące na jakich „pracuje" swoją jakość „zawdzięcza" ramom społeczno-kulturowym. Edukacja jest również współautorem społeczno-kulturowego porządku. Jako praktyka społeczna oddziałuje na drugiego człowieka, ma wpływ na kształt społecznego świata — może z jednej strony (i często tak czyni) służyć konserwacji społecznego *status quo*, blokować i utrudniać zmiany, z drugiej — może być akceleratorem społecznych zmian[18], sokratycznie zorientowanym animatorem pomagającym uczestnikom edukacji w wydobywaniu na jaw ich potencjałów, talentów, uzdolnień, wspierającym w ich pielęgnowaniu i rozwijaniu, może inspirować do (nie)konwencjonalnego poznawania świata, samodzielnego myślenia, twórczego działania, polepszania jakości bycia w świecie/jakości życia. Swoje myślenie o edukacji lokuję w przestrzeni pedagogicznej, akceptującej wielość narracji o edukacji, mnogość sposobów bycia edukacji[19].

Etymologicznie, termin „edukacja" wywodzi się z łacińskiego *ex duco* — wyprowadzam, *ducere* — wodzić, prowadzić. Można, zatem edukację rozumieć jako „wyprowadzanie" edukowanego ze stanu niewiedzy, nieświadomości poznawczej, psychicznej i duchowej hibernacji; „prowadzenie" edukowanego ku kognitywnej, psychicznej i duchowej podróży, zachęcanie go do odkrywania, doświadczania, przeżywania i rozumienia różnorodności świata, samego siebie, „Innego". Konsekwencją umieszczenia pojęcia „edukacja" we wskazanej przestrzeni semantycznej jest określone rozumienie terminu „edukować". „Edukować" w tej perspektywie to świadomie „prowadzić" edukowanego, otworzyć przed nim przestrzeń, w której napotka on idee, wiedzę, wartości, zjawiska, zdarzenia, inną wrażliwość, uczucia, odczucia; to odkrywać i rozwijać tkwiące w edukowanym możliwości, zdolności, pasje; to świadomie budować nastrój, rozbudzać wrażliwość na wspomniane jakości, na doświadczanie, przeżywanie[20].

Jak jednak prowadzić drugą osobę, by nie naruszyć jej indywidualności, wolności, nie zburzyć jej autentyczności, nie ostudzić jej zapału, zaangażowania, by mentalnie czy duchowo zbliżyć się do jej świata, by mogła ona odnaleźć swoje miejsce w zamieszkiwanej przestrzeni, by doskonaliła swoje bycie w świecie? Jakie aktywności powinien podejmować edukujący, by zachęcać edukowanego do autonomicznych wyborów, do samodzielnego decydowania o swoim życiu i jego jakości? Jak? Sposobów jest wiele. Jednym z nich jest właśnie edukowanie przez sztukę, które sprzyja realizowaniu wspomnianych wartości, służy budowaniu lepszego poczucia jakości życia, zaprasza do rozumiejącego bycia w świecie, opartego na wnikliwym przeżywaniu[21].

---

[18] Zob. T. Szkudlarek, *Pedagogika krytyczna*, [w:] *Pedagogika. Podręcznik akademicki*, red. Z. Kwieciński, B. Śliwerski, Wydawnictwo Naukowe PWN, Warszawa 2005, s. 366

[19] Zob. M. Adamska-Staroń, *O edukacyjnym potencjale X Muzy*, [w:] *Relatywizowanie w edukacji. Wybrane ujęcia*, red. L. Preuss-Kuchta, E. Murawska, Wydawnictwo Adam Marszałek, Toruń 2012, s. 124–125.

[20] M. Adamska-Staroń, (przyp. 19), s. 124–125.

[21] Rozumienie wpisuje się w układ: (prze-)życie – obiektywna ekspresja – rozumienie (perspektywa W. Diltheya). Proces rozumienia w nie opiera się tutaj na bezpośrednim oglądzie (prze-)życia, lecz

Poczucie jakości życia zależy przecież od wielu czynników. „S. Lyubomirski, S. Sheldon, K.M. Schkade uważają, że poczucie jakości życia w 50% zależy od czynników genetycznych, w 10% od okoliczności, a 40% tkwi w aktywności własnej"[22]. Edukowanie przez sztukę jest takim sposobem bycia edukacji, która rozbudza nie tylko aktywność własną, ale i własny potencjał, zdolności, pasje i marzenia. Taka pedagogiczna „interwencja" ma sens i jak najbardziej służy doskonaleniu jakości życia.

V. Sztuka

Czym jest sztuka? T. Mann odpowiada: „Twórczą tęsknotą". Czym jest twórcza tęsknota? J. Stuhr twórczą tęsknotę uosabia z ciągłym niespełnieniem — zauważa, że „twórcą się bywa, a nie jest" — to „chorobowy" stan, który zaprząta myśli, izoluje od świata, nawet od najbliższych,

> twórcza tęsknota dla artysty to również tęsknota za stanem bycia lepszym. Stan uniesienia się ponad małostkowości mego przyziemnego życia. I tutaj łączymy się z widzem, czytelnikiem, słuchaczem. Oni poprzez sztukę też tęsknią za światem piękniejszym, w ich życiu niedościgłym. Oczywiście ci, którzy mają tej tęsknoty potrzebę[23].

Sztuka to „wielkie ucho i wielkie oko świata: słyszy i widzi — i ma zawstydzać, drażnić, budzić sumienie"[24]. Sztuka otwiera oczy i uszy tym, którzy „mają oczy ku widzeniu, a nie widzą i mają uszy ku słyszeniu, a nie słyszą"[25]. Sztukę tworzy artysta. Artysta stwarza świat dla ludzi. Bez artysty „głodni — nic, tylko chleba by szukali. Zmęczeni — czekaliby, kiedy usną, kiedy odpoczną. I zawsze byliby w strachu, zawsze w pośpiechu i zawsze byliby tam, gdzie nie trzeba. Artysta każe ludziom przystanąć, zadziwić się światu, zadumać, zachwycić, zapłakać nad cudzym nieszczęściem, uradować się cudzym szczęściem, myśleć nie tylko o sobie. Sztuka […] to jest pierwsza szkoła prawdy. Bóg stworzył świat, jego prawdę, ale artysta robi z tego świata i z tej prawdy dar dla ludzi"[26]. Dzięki znakom, symbolom, metaforom artysta zaprasza „tam, gdzie wszystko jest wiekuiste, tam, gdzie wszystko jest dobre, gdzie wszystko jest wolne"[27]. Sztuka podnosi więc duszę człowieka — ze zwykłego zjadacza chleba czyni anioła[28].

---

jest nieustannym procesem rozumienia jego zobiektywizowanych ekspresji. Rozumienie zyskuje, charakter pośredni — kołowy (tzw. koło hermeneutyczne). Podstawowy materiał dla procesu rozumienia stanowią zobiektywizowane ekspresje — szeroko pojęte wytwory kulturowe. Powyższe myślenie, ma swoje źródło w filozoficznej tradycji kantyzmu, która głosi, że poznanie dokonuje się poprzez zewnętrzne znaki („fenomeny").

[22] R. Derbis, (przyp. 1), s. 21.

[23] J. Stuhr, *Tak sobie myślę…*, Wydawnictwo Literackie, Kraków 2012, s. 22.

[24] J. Stuhr, (przyp. 23), s. 22.

[25] J. Tischner, *Boski młyn*, Wydawnictwo Secesja, Kraków 1992, s. 30–31.

[26] J. Tischner, (przyp. 25), s. 30–31.

[27] J. Tischner, (przyp. 25), s. 31–32.

[28] J. Tischner, (przyp. 25), s. 31–32.

Przenikanie do tej przestrzeni, „wejście w jakąkolwiek twórczość artystyczną jest czymś cudownym"[29], jest szczególnym edukacyjnym spotkaniem, rozumieniem — „dążeniem ku wspólnocie przeżyć i doznań z drugim człowiekiem, ku któremu zdąża, jak i poznawaniem głębi jego osobowości oraz umiejętności patrzenia na świat i samego siebie"[30] okiem serca, umysłu i ducha. Sztuka wprowadza człowieka w tajemnicę sfery „pomiędzy". Ten, kto zanurza się w artystycznym wy-darzeniu odczytuje przestrzeń pełną znaków, metafor, alegorii. Dzięki temu poznawane zmienia poznającego — następuje piękna hermeneutyczna podróż, która rozpoczyna się od dostrzeżenia jakiegoś fenomenu, dalej realizuje się „poprzez refleksję poszukującą jego sensu, by na powrót mu się przyglądać, lecz już z nowej perspektywy, i ujrzeć w nowym świetle odsłaniającym jego istotę"[31]. Taka podróż oznacza myślenie i działanie poza schematami, myślenie „po swojemu", ale i przekroczenie kręgu własnego „Ja". Przekroczenie granic tego kręgu pozwala poznającemu otworzyć się na nowe sytuacje, doświadczenia, przeżywanie, na drugiego człowieka i jego historię, pozwala tworzyć „Własną Legendę".

VI. Edukowanie przez sztukę

Artystyczne ekspresje utrwalają fenomeny rzeczywistości, w której uczestniczy człowiek, stanowią interpretację tej rzeczywistości, są nośnikami znaczeń, idei, przesłań[32], są swoistym naprzeciw, które zagaduje człowieka. Człowiek w różny sposób może odnosić się do napotkanych bytów. Jednym z nich może być wejście w relację. Taka aktywność jest warunkiem poznania i rozumienia czegokolwiek[33]. Człowiek odnosząc się relacyjnie do napotkanych bytów (filmów, książek, fotografii, rzeźby, literatury, czy innych), może pozostawać „w relacji z twórcą, który poprzez dzieło komunikuje się z odbiorcą"[34]. Podczas „wsłuchiwania się" w napotykane byty, przeżywania ich, doświadczania, otwiera się, mówiąc językiem M. Bubera, sfera „pomiędzy". Taka sytuacja poznawcza angażuje całą istotę ludzką, ujawnia określone wartości. Wejście w dialog z tekstami kulturowymi powoduje przyjęcie postawy charakterystycznej dla bezpośredniego dialogu: „tekst jest jakimś bezpośrednim „ty", który mówi do mnie. Tak samo, jak w bezpośrednim dialogu to, co tekst mówi, jest odpowiedzią na jakieś pytanie"[35].

[29] Z. Staszczyk, wywiad Moniki Adamskiej-Staroń z Z. Staszczykiem, [w:] *Inny sposób myślenia. Metaforyczne narracje*, M. Adamska-Staroń, M. Piasecka, B. Łukasik, Oficyna Wydawnicza Impuls, Kraków 2007, s. 209.

[30] A. Sztylka, *Jak stawać się humanistą?*, Instytut Technologii Eksploatacji, Warszawa 1999, s. 54.

[31] K. Ablewicz, *Teoretyczne i metodologiczne podstawy pedagogiki antropologicznej, Studium Sytuacji Wychowawczych*, Wydawnictwo UJ, Kraków 2003, s. 69.

[32] M. Adamska-Staroń, M. Piasecka, B. Łukasik, (przyp. 29), s. 8, 9.

[33] Zob. M. Buber, *Ja i Ty. Wybór pism filozoficznych*, tłum. J. Doktór, Wydawnictwo PAX, Warszawa 1992, *passim*.

[34] M. Dudziuk, S. Szczepańska, *Filmowanie jest filozofowaniem*, „Melee" 2009, nr 5, s. 7.

[35] A. Folkierska, *Kształcąca funkcja pytania. Perspektywa hermeneutyczna*, [w:] *Odmiany myślenia o edukacji*, red. J. Rutkowiak, Wydawnictwo Impuls, Kraków 1995, s. 172.

Zanurzenie się w artystyczną przestrzeń sprzyja poznawaniu świata, samego siebie, drugiego człowieka i jego dramatu. Rozumienie jest w tym odbiorze kluczem odkrywania sposobów bycia człowieka w świecie, „może odnosić się do wrażliwego przenikania przeżyć innej osoby, może także umożliwiać sięganie ku wytworom ludzkiego ducha, ku rzeczywistości sensów i znaczeń, którą jest świat kultury, świat sztuki. Proces rozumienia jest w takim ujęciu bliski procesowi komunikowania, które może prowadzić do porozumienia, dzięki pośrednictwu konkretnych przesłań należących do uniwersum znaczeń, symboli i metafor"[36].

Edukowanie przez sztukę jest więc szczególnym „prowadzeniem" drugiego człowieka, kognitywną, psychiczną i duchową podróżą, jest zachęcaniem do odkrywania, doświadczania, przeżywania i rozumienia różnorodności świata, samego siebie, Innego. Taka podróż ujawnia możliwości sztuki w rozszerzaniu osobistych kompetencji człowieka w sferze ekspresji i porozumiewania się z innymi, w osiąganiu wiedzy osobistej, w wyzwalaniu indywidualnych potencjałów, zdolności, pasji, w rozbudzaniu uczuć, emocji, wyobraźni, empatii i wrażliwości wobec drugiego człowieka, może pomóc w znalezieniu odpowiedzi na różnego rodzaju pytania, pomóc zadbać o jakość własnego życia. Intensyfikacja przeżyć towarzysząca tej podróży nie pozostaje przecież bez znaczenia dla chwil, które nadejdą później. Edukowanie przez sztukę (w przyjętym przeze mnie rozumieniu) koncentruje się, zatem wokół następujących filarów[37]:

— Edukować przez sztukę, aby wiedzieć. Sztuka jest medium odsłaniającym jakąś tajemnicę człowieka w relacji do innego człowieka, do samego siebie, do rzeczywistości, w której egzystuje. Otwieranie się na konkretną ekspresję jest próbą wejścia w świat wyobraźni Innego, próbą jego poznania i rozumienia. Taka podróż pozwala na odkrywanie różnego rodzaju informacji, odczytywania symboli, metafor. Artystyczna konkretyzacja obdarowuje odbiorcę wiedzą o człowieku i świecie, o społeczeństwie i kulturze, o sposobach (współ)bycia, o typach uczestnictwa w kulturze.

— Edukować przez sztukę, aby działać. Sztuka jest nie tylko źródłem różnego rodzaju wiedzy, środków ekspresji, narzędzi rozumienia, ale także zaprasza do myślenia i działania. Otwieranie się na artystyczne ekspresje jest twórczym wyzwaniem, inspiracją do własnej aktywności: realizowania własnej drogi życiowej, odkrytych pasji, potencjałów, talentów, uzdolnień.

---

[36] I. Wojnar, *Humanistyczne intencje edukacji*, Wydawnictwo Żak, Warszawa 2000, s. 155; M. Adamska-Staroń, M. Piasecka, B. Łukasik, (przyp. 29), s. 8, 9.

[37] Por. J. Delors, *Edukacja jest w niej ukryty skarb*, Raport dla UNESCO, Stowarzyszenie Oświatowców Polskich, Warszawa 1998, s. 85–95; M. Adamska-Staroń, (przyp. 19), s. 142–143; M. Adamska-Staroń, M. Stawiarska-Lietzau, *Twórczy ryzykanci? — skłonność do podejmowania ryzyka przez młodzież jako podstawa twórczego rozwoju jednostki*, [w:] *Rozwój kompetencji kluczowych uczniów w gospodarce opartej na wiedzy. Doświadczenia, Best practices, perspektywy — materiały pokonferencyjne*, red. Z.B. Gaś, Innovatio Press Wydawnictwo Naukowe Wyższej Szkoły Ekonomii i Innowacji, Lublin 2013, s. 73–74.

— Edukować przez sztukę, aby żyć wspólnie. Człowiek jest istotą społeczną, nie partycypuje w osamotnieniu, lecz w społecznej i kulturowej przestrzeni. Artystyczne konkretyzacje mogą obudzić w człowieku chęć dążenia do wspólnoty i duchowego bycia z drugim człowiekiem, mogą rozbudzić w nim wrażliwość na różnice społeczne i kulturowe, na drugiego człowieka, inną istotę.

— Edukować przez sztukę, aby być. Sztuka opowiada (nie)codzienną opowieść o człowieku i świecie, w którym żyje, zaprasza w (nie)codzienny świat, w inny wymiar, w przestrzeń różnorodności. Wejście w „dialog" z artystycznymi ekspresjami „jest jak otwieranie okien na kolejne światy, jak czytanie jednego z perspektywy drugiego, jak spotkanie z innością"[38]. W wielości jakości, w moim przekonaniu jest nadzieja na refleksyjny namysł nad światem kultury, ale i samym sobą, swoją życiową drogą. Artystyczne Naprzeciw może ośmielić do zrealizowania osobistych planów, zamierzeń, marzeń.

Edukacyjne aspekty sztuki tkwią więc w zaangażowaniu odbiorcy, który zostaje zagadnięty przez artystyczną narrację, w dialogu, w którym staje się on uczestnikiem dziejącej się rzeczywistości.

VII. Edukowanie przez sztukę — relacja z podróży

1. Galeria (nie)codziennych spostrzeżeń, przemyśleń, refleksji o edukacyjnych „siłach" artystycznych narracji

Zapraszam do Galerii (nie)codziennych spostrzeżeń, przemyśleń, refleksji studentów Akademii im. Jana Długosza w Częstochowie, opowiadających o edukacyjnych „siłach" artystycznych przestrzeni, które powstały w wyniku zaangażowania się w dialog z artystycznymi konkretyzacjami, w podróż niezwykłą i magiczną. Niech żyją własnym życiem, promują edukacyjne siły sztuki, jej głębię i moc, która sprzyja doskonaleniu bycia człowieka w świecie.

Wybór artystycznych ekspresji do dialogu był indywidualny, autonomiczny, nie narzucony. Najczęściej wybieranymi artystycznymi ekspresjami były teksty ulubionych piosenek, filmy, malarstwo, literatura piękna, fotografia. Kompozycja ekspresji, „struktura narracji" zeszły na plan dalszy, pierwszoplanową rolę odegrały: opowiadane historie oraz poszukiwane edukacyjne siły. Każda narracja, która powstała w wyniku indywidualnego dialogu z wybranymi artystycznymi ekspresjami była przedmiotem rozmów, dyskusji, wspólnych rozważań na zajęciach, a te kończyły się różnorodnymi wnioskami, czasami zaskakującymi, innym razem potwierdzającymi (u)znane prawdy na temat siły oddziaływania sztuki, jej szans oraz zagrożeń[39].

Zaistnienie takiego edukacyjnego doświadczenia wymagało zetknięcia się z określoną rzeczywistością, otwartości na spotkane byty, nowe jakości, różnorodność;

---

[38] T. Szkudlarek, Z. Melosik, *Kultura, tożsamość i edukacja. Migotanie znaczeń*, Wydawnictwo Impuls, Kraków 1998, s. 35.

[39] Zob. M. Adamska-Staroń, (przyp. 19), s. 140–143.

wymagało zaangażowania, stworzenia atmosfery bezpieczeństwa, przyzwolenia na
błędy, przyjęcia przez nauczyciela roli sokratejsko zorientowanego animatora[40].
Wszystko po to, by poznawanie i rozumienie siebie, drugiego człowieka i świata
dawało radość, by człowiek mógł odkrywać rozwiązania sprzyjające polepszaniu
jakości swojego bycia w świecie. Wchodzenie w relacyjną przestrzeń z jakimikol-
wiek bytami jest indywidualne, intymne i urzeczywistniające się w świadomości każdego pojedynczego człowieka[41].

2. Wybrane narracje

a. Ekspresja 1. Edukacyjny potencjał baśni H.Ch. Andersena „Brzydkie kaczątko"

[...] Praca powstała z przekonania, że edukacja i sztuka we współczesnym świecie są nieroz-
łącznymi elementami, których niezaspokojenie bądź brak korelacji między nimi stanowi zagrożenie już dla najmłodszych uczniów i rzutuje na ich dalszej nauce i funkcjonowaniu
w społeczeństwie. Człowiek bowiem tworzy i rozwija sztukę, ale i sztuka „tworzy" i rozwija
człowieka, pogłębia jego osobowość [...] kontemplacja sztuki może uchronić ludzką duszę,
poziom ludzkiego życia przed zagrożeniami płynącymi z szybko zmieniającego się współczesnego świata.

Sztuka, a w szczególności literatura, malarstwo i teatr fascynują mnie swoim pięknem,
swoją złożonością, dlatego też zagadnienie to uczyniłam motywem mojej pracy. [...] Swoją
uwagę skoncentrowałam na edukacji przez sztukę dzieci w wieku przedszkolnym, szczególnie na potrzebie wczesnego kontaktu człowieka ze sztuką, na możliwości tworzenia dzieł
przez dzieci, na jakości odbioru dzieł przez dzieci, na korzyści, jaka płynie z obcowania
z wytworami sztuki, na poznawaniu, opanowywaniu, odbieraniu, a także przeżywaniu
i doznawaniu rzeczywistości za ich pomocą. Brałam także pod uwagę „potrzebę wiedzy
o społecznej doniosłości złożonej i rozległej problematyki relacji między edukacją a sztuką
[...], konieczność uaktywnienia w różnych grupach ludzi [...] często jeszcze latentnych sił
społecznych dla dzieła edukacji estetycznej społeczeństwa, w tym zwłaszcza dzieci" (D. Jan-
kowski, 1996, s. 7). [...]

Treści poznawcze
Baśń opowiadająca o życiu zwierząt inspiruje dziecko do poznania ich w świecie realnym —
do poznania wyglądu ich i ich potomstwa, miejsca, w którym żyją, sposobu opieki nad nimi.
Wzmagana jest ciekawość dziecka na temat przyrody, najbliższego otoczenia, a co za tym
idzie dziecko pobudzone jest do zadawania pytań. Odpowiedzi udzielane przez rodziców,
nauczycieli czy inne osoby inspirują dziecko do własnego doświadczenia, szukania tego, czego chcą wiedzieć, zobaczenia na własne oczy tego, o czym mówi autor baśni lub odpowiadający dziecku na nurtujący go problem. Tym samym dziecko poznaje przyrodę nie tylko
z opisu literackiego, ale także poprzez obserwację i doświadczenia.

Ponadto dziecko zdobywa nowe wiadomości, np. o tym, że łabędzie wykluwają się z jajek,
podobnie jak kaczki i inne ptaki, że łabędzie nie rodzą się takie, jakimi stają się później, że są
ludzie — myśliwi — którzy w danych okresach roku polują na ptaki i inne zwierzęta,
że kaczki i inne zwierzęta co roku wylatują do innych krajów, jak zmienia się przyroda
w określonych porach roku, np. zimą i dlaczego ptakom trudno jest ją przetrwać itd.

---

40 Zob. M. Adamska-Staroń, (przyp. 19), s. 140–143.
41 Zob. I. Wojnar, *Teoria wychowania estetycznego*, PWN, Warszawa 1976, s. 13.

Wyśmiewanie, szydzenie, odrzucanie słabszych lub brzydszych, brak zrozumienia i chęci poznania innych, samotność, ale także pomoc, poradzenie sobie w trudnej sytuacji — takie zachowania bohaterów ukazuje baśń. Dziecko na ich podstawie poznaje zachowania i ich określone konsekwencje, poznaje aspekty współżycia społecznego itd.

Baśń napisana jest pięknym językiem, który staje się wzorem poprawnej mowy, dopiero kształtującej się u dziecka w wieku przedszkolnym, bądź ulegającej doskonaleniu zarówno pod względem dźwiękowym jak i gramatycznym. Zasób słów, którymi posługuje się dziecko zwielokrotnia się. Słowami, które są nowe dla przedszkolaka, a pojawiają się w tekście, mogą być na przykład: „szuwary", trzciny", „kojec", „darmozjad", „wdzięk", „brzydota" itd.

Do treści poznawczej można zaliczyć także główne przesłanie baśni, wypowiedziane przez brzydkie kaczątko: „Nie można śmiać się z czyjegoś nieszczęścia". Dziecko poznaje, jak należy zachowywać się w przypadku czyjegoś nieszczęścia, tak by pomóc, a nie zaszkodzić. […]

Treści inspirujące do działania

Dziecko zainspirowane treścią baśni — życiem zwierząt na wsi, środowiskiem zwierzęcym, pragnie poznać to środowisko, szuka go, porównuje z tym, które zostało opisane w baśni. Pobudzenie baśnią przejawia się w działaniu dziecka — poznawaniu świata.

Świat baśni, który zaciekawia dziecko jest bodźcem do kreatywnych i twórczych zabaw. Dziecko przetwarza informacje zawarte w tekście baśni, wykorzystuje je do wymyślania nowych treści zabaw. Baśń jest więc otwartą przestrzenią do tworzenia i inicjowania teatrzyków, odtwarzania treści za pomocą ruchu.

Dziecko zainspirowane i przesiąknięte historią życia brzydkiego kaczątka, bardzo chętnie wykorzysta treść w działaniu plastycznym — stworzy dzieło pod wpływem emocji, które dostarczył mu utwór. Może narysować obrazek przedstawiający środowisko kaczątka, stworzyć portrety bohaterów, uwiecznić zmianę głównego bohatera lub stworzyć inne dzieło plastyczne lub techniczne, wykorzystując różne materiały i narzędzia. To działanie z kolei rozwija kreatywność i pobudza wyobraźnię.

Treści przyczyniające się do ogólnego rozwoju dziecka

Kontakt z baśnią „Brzydkie kaczątko" przede wszystkim rozwija wyobraźnię dziecka. Dziecko mając kontakt z treścią baśni przenosi się w świat fantazji, którą łączy ze światem realnym. Dziecko „rysuje" w pamięci brzydkie kaczątko i piękne łabędzie, „widzi" smutne zwierzątko opuszczające podwórko, a to z kolei świadczy o aktywizowaniu myślenia. Baśń ta rozwija wrażliwość, uczy empatii, zrozumienia, które sprawiają, że dziecko uwrażliwia się na świat innych ludzi, ale również uczy się rozpoznawać i nazywać swoje emocje. Wpływa na świat emocjonalny dziecka — dziecko żywo reaguje na losy głównego bohatera, smuci się lub płacze, kiedy zostaje ono odrzucone, jest szczęśliwie, kiedy na końcu staje się pięknym łabędziem, chce pomagać, kiedy kaczątko potrzebuje pomocy — proponuje różne sposoby rozwiązań. Dziecko rozwija się także w aspekcie społeczno-moralnym, uczy się jak żyć w społeczeństwie, by nie stać się takim, który ośmieszył i skrzywdził, naśladuje dobrych bohaterów, przyjmując ich zasady moralne. Słuchając historii brzydkiego kaczątka bardzo prawdopodobne jest, że dziecko utożsamia się z historią, przypomina sobie podobne historie w swoim życiu, reakcje jego i osób, których dotyczyła konkretna sytuacja.

Treści pomagające zrozumieć drugą osobę i uczące poszanowania dla innych

Historia brzydkiego kaczątka to historia pełna wzruszeń. Dziecko, słuchając baśni, przeżywa wewnętrznie tragedię losu głównego bohatera, próbuje utożsamiać się z kaczątkiem — zastanawia się, co byłoby, gdyby tym biednym zwierzątkiem był człowiek. Jak czuło by się, gdyby to ono zostało wyśmiane, wyszydzone, odrzucone, niechciane. Zaczyna rozumieć, że odrzucenie sprawia ból — kaczątko ucieka z podwórka, na którym się urodziło. Rozumie, że człowiek odrzucony przez rodzinę, przyjaciół z błahego powodu, jakim jest uroda i wygląd czuje się niepotrzebne, gorsze i smutne. Dzięki historii brzydkiego kaczątka zaczyna rozumieć, że prawdziwa wartość człowieka nie wynika z zewnętrznych cech, a to, co jest dobre jest niewidzialne dla oczu. Mając kontakt z baśnią H.Ch. Andersena uczy się więc empatycznego podejścia do drugiego człowieka lub do zwierząt (mali bohaterowie baśni pomagają kaczątku zimą, dają mu pić, karmią, tulą ciepłym kocem), doceniania innych za to, co robią, a nie za to, jak wyglądają, szanowania godności drugiego człowieka bez względu na urodę, pochodzenie, bogactwo itp. Historia szpetnego ptaka, który wyrasta na pięknego łabędzia, pomimo przeciwności losu — uczy również tego, że każdy człowiek ma szansę stać się szczęśliwym, wartościowym i pięknym w oczach innych, że na każdego czekają ludzie, którzy są tacy sami jak on i to właśnie my powinniśmy być tymi, którzy pomagają i wspomagają słabszych, szanują i akceptują ich odmienność, gdyż owa odmienność nie jest zła. [...][42].

b. Ekspresja 2. Edukacyjne aspekty filmu pt. „Taxi A" Marcina Korneluka

Film „Taxi A", którego reżyserem jest Marcin Korneluk opowiada o problemach, jakie napotyka na swej drodze — kariery biznesmena — główny bohater, Andrzej. [...] Film czekał aż cztery lata na to, by mógł pojawić się na ekranach i wreszcie 12.08.2011 odbyła się jego premiera. Szybko pojawiła się dziennikarska krytyka tej ekranizacji, ukazywano jej niedoskonałości i błędy. Czy więc rzeczywiście film „Taxi A" jest pomyłką i nic nie znaczącą produkcją?

Otóż, nie! Zawodowi krytycy filmu doszukali się pewnych niedoskonałości, co nie oznacza, że „Taxi A" nie niesie ze sobą żadnych wartości edukacyjnych. Przyjmując szerokie rozumienie pojęcia „edukacja" zgodnie z raportem wykonanym dla UNESCO przez Międzynarodową Komisję do spraw Edukacji pod przewodnictwem J. Delorsa można powiedzieć, że film jest nośnikiem edukacyjnych sił. „Edukacja jest przede wszystkim wewnętrzną wędrówką, której etapy wyznaczają fazy bezustannego kształtowania się osobowości. Zakładając skuteczne działanie profesjonalne, edukacja jako czynnik tego pełnego rozwoju jest więc procesem jednocześnie nader indywidualnym i interaktywną strukturą społeczną. [...] System edukacji jest odpowiedzialny za to, czego i jak uczymy młodzież i dorosłych, ale również za to, czego ich nie uczymy i w jakim zakresie ich kształtujemy. Edukacja wiąże się z jakością życia człowieka, z procesami transformacji systemowej, a także wyzwaniami cywilizacyjnymi dla Polski, Europy i świata, z procesem kształtowania i funkcjonowania społeczeństwa informacyjnego". Główny bohater filmu, Andrzej, poprzez swoje doświadczenia uczy się rozumieć otaczający go świat, rozbudza własne zainteresowania i staje się pewnego rodzaju społecznikiem udzielającym mądrych wskazówek. Nie moralizuje nikogo na siłę, stara się wczuć w sytuację drugiego człowieka, co uczy widza empatii. Andrzej wykorzystuje dotychczas zdobytą wiedzę ogólną, własne doświadczenie w biznesie a przede wszystkim swoje zdolności i umiejętności w kontaktach z ludźmi. Zdolność analizowania, koncentracji oraz umiejętność dokonywania selekcji informacji to narzędzia zdobywania wiedzy życiowej bohatera. Film ukazuje, że współcześnie nie można posiąść wiedzy absolutnej, lecz należy dążyć do zdobywania wiedzy ogólnej i zgłębiać jej obszar (pierwszy filar edukacji: „uczyć się, aby wiedzieć"). Patrzenie sercem stwarza mu nowe drogi poznania rzeczywistości, nowe możliwości, z których bohater zaczyna korzystać. Dzięki temu, Andrzej nie posiadający klasyfikacji w transporcie wodnym, nie tylko umie poradzić sobie w sytuacji kryzysowej, ale również pomaga ludziom zajmującym się całkiem innymi zawodami. [...]

---

[42] A. Waczyńska, „Edukacja przez sztukę na przykładzie literatury, malarstwa i teatru w wychowaniu przedszkolnym", (praca licencjacka napisana pod kierunkiem M. Adamskiej-Staroń), AJD, Częstochowa 2011, s. 62, 66–67, 69, 70, 72.

W tych aspektach wyraża się drugi filar edukacji „uczyć się, aby działać", a w szczególności działać w sytuacji niepewnej, tak by zawsze uczestniczyć w tworzeniu własnej teraźniejszości i przyszłości. Wiedza zdobyta formalnie i nieformalnie umożliwia ludzkie działanie, daje możliwość decydowania, podejmowania wyborów nawet w sytuacjach, które wydają się być beznadziejne. […]

Trzeci filar edukacji „uczyć się, aby żyć wspólnie" w niniejszym filmie uwidoczniony jest w postaci kontrastu: bogaci–biedni. Andrzej jako właściciel firmy jeździ drogim samochodem, ma własną willę, chodzi na co dzień w smokingu, wiedzie życie w myśl zasad konkurencji i współzawodnictwa. Życie uczy go jednak innego pojmowania rzeczywistości. W miejsce konkurencji pojawia się współdziałanie z innymi dotkniętymi przez los, w miejsce konfliktów pojawia się umiejętność słuchania i rozumienia, w miejsce zarządzania pojawia się osobiste zaangażowanie. Andrzej uświadamia sobie podobieństwa do innych ludzi, te podobieństwa pozwalają mu na współdziałanie, na odkrywanie innych możliwości i unikanie konfliktów. Wszystko to jednak jest możliwe dzięki poznawaniu siebie, bez którego nie możliwe jest poznanie innych. […]

Czwarty, scalający filar edukacji „uczyć się, aby być" podkreśla, że edukacja to nie tylko rozwój wiedzy, lecz całościowy rozwój człowieka. Edukacja wyraża się w człowieczeństwie, odpowiedzialności, wrażliwości, estetyce, inteligencji. Dzięki pomocy prawniczki, która nie mogła dostać się na aplikację Andrzej odzyskuje majątek. Jednak postanawia obsadzić w firmie kobietę, która mu pomogła, która będzie dbała o interesy i realizowała się dzięki temu zawodowo. Andrzej woli ciężką pracę fizyczną, niż powrót do poprzedniej pracy. Ukazany jest tu przejaw wolności, poczucia możliwości, nieskrępowania, który jest jednak zagrożony przez standaryzację — przepisy prawa. Bycie samo w sobie jest uczeniem się, poznawaniem siebie, świata, różnic, podobieństw itp. Wszystkie te cztery filary razem tworzą bazę, treść życia głównego bohatera. Być panem swojego losu nie jest wcale łatwo, wymaga to ciągłej gotowości do uczenia się nowości, do tworzenia własnej rzeczywistości, do podążania za zmianami. […]

Ekranizacja ukazuje, że człowiek uczy się przez całe życie (nawet wtedy, gdy edukacja formalna się już zakończyła nie można mówić o zakończeniu edukacji człowieka) i nigdy nie będzie wszechwiedzący. Może jednak stać się po prostu bardziej ludzki. Umiejętność kochania, wybaczania, pracy z innymi, umiejętność zawiązywania i utrzymywania trwałych kontaktów to wszystko składa się na jakość naszego życia[43].

c. Ekspresja 3. Edukacyjne aspekty piosenki „Życie cudem jest" zespołu De Su

Piosenka „Życie cudem jest" przypomina jak ważne jest nasze życie. Podpowiada, jak żyć i zarazem może mieć swój udział w wychowaniu młodego człowieka. Tekst tej piosenki pokazuje nam, że życie jest cenne i powinniśmy się cieszyć każdą chwilą, jaką nam daje los. Ponieważ nic w życiu dwa razy się nie zdarza, nie można cofnąć czasu. Można je jednak tak prowadzić by dawało spełnienie. Trzeba cieszyć się obecną chwilą. Każdy nowy dzień jest dla człowieka nową szansą na lepsze jutro. Chociaż życie przynosi nam czasem troski i zmartwienia to musimy znaleźć małe światełko w tunelu i pomyśleć, że jutro będzie lepiej. Jak mówi przysłowie „po każdej burzy przychodzi słońce". Człowiek powinien walczyć z każdą przeciwnością losu, nie może się szybko poddawać, powinien walczyć o to, co kocha.

---

[43] B. Wykrota, „Edukacyjne aspekty sztuki", (praca zaliczeniowa napisana pod kierunkiem M. Adamskiej-Staroń), AJD, Częstochowa 2012.

Tak, jak mówi tekst piosenki „Dziś wiem — życie cudem jest. Co chcę mogę z niego mieć", „z zakamarków życia wziąć to, co chcę" nawet, jeżeli będzie ciężko" [...][44].

d. Ekspresja 4. Edukacyjne aspekty w filmie Felixa van Groeningena „Boso, ale na rowerze"

Celem mojej pracy było odnalezienie edukacyjnych aspektów w filmie Felixa van Groeningena „Boso, ale na rowerze". [...]

Zanim opiszę edukacyjne aspekty filmu pragnę zaznaczyć, iż omawiany film nie jest odpowiedni dla dzieci, gdyż zawiera wulgarne słownictwo, wątki seksualne oraz sceny, w których występuje przemoc.

Treści poznawcze

„Boso, ale na rowerze" ukazuje przede wszystkim (tym, którzy nie mieli i nie mają styczności z takim światem) jak wygląda życie dzieci w domu, w którym głównym priorytetem jest alkohol, a wobec dziecka stosowana jest przemoc. Ukazane jest również życie w biedzie, życie, w którym jedyną rozrywką i ucieczką bohatera od gorzkiej codzienności jest rower. Odbiorca może się przekonać jak ciężki może być los dzieci żyjących w takiej rodzinie. Tym, którzy dzielą los bohatera, film uświadamia, że nie są w swojej niedoli sami, a ta może dać im siłę do wytrwania.

W opisywanym filmie mamy również zderzenie dwóch światów. Z jednej strony rodzina Strobbe — żyjąca w ubóstwie, w której rządzi alkohol, niepozbawiona jednak miłości, z drugiej strony bogate życie cioci Gunthera — Rosie, która jednak mimo bogactwa swojego męża i życia w dostatku jest poniżana i bita. To pokazuje odbiorcy, że nie pieniądze dają szczęście i spokój, a bogactwo nie oznacza lepszej jakości życia.

Bardzo ważnym aspektem jest uświadomienie sobie przez odbiorcę, że nie zawsze alkoholizm w rodzinie wiąże się z brakiem miłości, ale przede wszystkim z brakiem wyobraźni dorosłych, życiową porażką, niespełnieniem. [...]

Treści pomagające zrozumieć istotę wspólnego życia

Ważnym wątkiem w opisywanym filmie jest relacja ojciec-syn. Chociaż Marcel wielokrotnie poniżał syna, a nawet dopuścił się przemocy, to trzeba podkreślić, że Gunther nie był mu obojętny. Kochał syna, to dla niego poszedł na odwyk. [...] Uświadomił sobie, że musi zmienić swoje życie, żeby nie stracić swego jedynego dziecka. Zrozumiał, że licząc się tylko z własnymi potrzebami, rani go. Stara się więc naprawić te relacje. [...] Aspekt dbania tylko o siebie, nie liczenia się z innymi dotyczy nie tylko relacji rodzic-dziecko, ale wszystkich relacji społecznych. [...]

Ostatni z aspektów dotyczy stereotypowego myślenia. Jak już wspomniałam [...] często jest tak, że ludzie oceniają innych z perspektywy ich życia — sposobu bycia w świecie, stylu bycia, tzw. „prowadzenia się", poprzez status społeczny i ilość pieniędzy. Mimo, iż Gunther nie sprawia większych problemów, jest uczciwy chętny do nauki, jego pochodzenie i sytuacja rodzinna zazwyczaj wpływa negatywnie na relacje z rówieśnikami oraz innymi ludźmi. Jest dyskryminowany w szkole, a jego jedyny kolega przestaje się z nim przyjaźnić, ponieważ jak zauważa „Twój ojciec jest szalony i cała Twoja rodzina. [...] Mój ojciec mówi, że nauczysz mnie palić, pić i kraść". [...]

Na zakończenie

Oglądając ten film odbiorca ma szansę na przemyślenie swojego życia i postępowania, a być może i przewartościowania swojej hierarchii wartości. [...], rozbudza wrażliwość, empatię.

---

[44] A. Ciura, „Edukacyjne aspekty sztuki", (praca zaliczeniowa napisana pod kierunkiem M. Adamskiej-Staroń), AJD, Częstochowa 2012.

Film ten może obudzić również wiarę we własne siły, przypomina, że marzenia się spełniają — trzeba je tylko mieć i dążyć do ich realizacji […]. Bohater mimo ciężkiego dzieciństwa osiąga swój cel i zostaje cenionym pisarzem. Jest przykładem na to, iż wszystko jest możliwie, jeżeli się o to dba, walczy[45].

e. Ekspresja 5. Edukacyjne aspekty w filmie animowanym „Dinozaur"

Niniejsza praca powstała w celu odkrycia edukacyjnych aspektów w filmie „Dinozaur".

Treści pokazujące wartość wspólnego życia z innymi

[…] Podczas wędrówki główny bohater zaprzyjaźnia się z Baylene i Eemą, starymi dinozaurzycami. Jest on dla nich największym i najlepszym oparciem. Wspiera je, daje im nadzieję, pobudza do dalszej walki i drogi. W chwilach zwątpienia wspiera na duchu, a nawet w sposób fizyczny pomaga im iść. Tylko dzięki pomocy Aladara docierają one całe i zdrowe do celu, gdyby nie on prawdopodobnie nie poradziłyby sobie w drodze. Pomoc innym jest bardzo ważna, uczy wyrozumiałości, pomagając innym pomagamy również sobie. […]

Miłość rodzicielska to ważna wartość wspólnego życia z innymi. Matki troszczą się o swoje jaja i o swoje dzieci. Ojcowie są odpowiedzialni za ich życie. Rodzina Lemurów przyjęła do swojego grona dinozaura, który teoretycznie powinien być dla nich zagrożeniem. Został on z rodziną Lemurów ze względu na swoją bezbronność, potrzebę pomocy i troski. Ludzie także powinni opiekować się sobą nawzajem. Dzięki temu poczucie bezpieczeństwa — tak ważne w rozwoju osobistym, w relacji z drugim człowiekiem — nie jest zachwiane. […] Odpowiedzialność za innych, współpraca z innymi to bez wątpienia jedne z istotniejszych wartości edukacyjnych filmu[46].

f. Ekspresja 6. „O ruchach pewnych, które dotyczą spraw wychowania przyziemnych"

Mam taką złotą radę
gdy wiedza o prądzie natrafia w umyśle na blokadę.
Skojarz szybko prąd pedagogiczny,
z prądem literackim jako ciąg logiczny.
Bo to nic innego jak zespoły specyficznych oddziaływania możliwości,
wpływające na rozwój pedagogiki.
Inaczej rzecz ująć można, że jest to specyficzny dla określonej grupy osób,
rozwiązywania problemów pedagogicznych sposób.
O jego istocie stanowią ludzie, dla których stał się on naczelną wartością, i bycie nośnikiem przesłania w nim tkwiącego jest dla ludzi samą radością.
Pojawia się wówczas, gdy kierunek naukowy,
przenika do innych dziedzin wiedzy i tworzy ruch nowy.
Tak jak fenomenologia z czystego kierunku filozoficznego,
zmieniła się w początki ruchu intelektualnego.
Przez to wpłynęła na pedagogikę, psychologię,
no i nie można zapomnieć, że także na socjologię.
Prąd naukowy rozpatrywać można jako konstrukcję naukową,

---

45 M. Urlik, „Edukacyjne aspekty sztuki", (praca zaliczeniowa napisana pod kierunkiem M. Adamskiej-Staroń), AJD, Częstochowa 2012.

46 K. Tyc, „Edukacyjne aspekty sztuki", (praca zaliczeniowa napisana pod kierunkiem M. Adamskiej-Staroń), AJD, Częstochowa 2012.

gdy stanowi sformułowane treści dotyczące zjawisk pedagogicznych, które stają się ideą
modną.
W opozycji do starych treści stają,
i wnoszenie nowych wartości i propozycji co, do wychowania na uwadze mają.
Na koniec należy dodać informację ważną,
bo treści tu przytaczane są sprawą poważną.
Żaden prąd pedagogiczny nie powstaje w izolacji od innych prądów naukowych,
mimo, że stara się nadać konkurencji charakter prądów zwalczonych[47].

Najprawdopodobniej niektórzy z Czytelników pomyślą: „w interpretacjach Autorów poszczególnych narracji doszło do tak zwanych «nadinterpretacji»". Być może, ale jeżeli realizują się (powstają) w dialogu, wówczas „edukacja zyskuje na autentyczności, bowiem nie przerabia materiału, lecz uwzględnia to, co podmiot sam wnosi do obrazu «szkolnych map»"[48]. Wybrane narracje „opowiadają" o byciu człowieka w świecie, o edukacyjnej sile sztuki, o nich samych. Autorzy narracji odkryli nie tylko edukacyjne sensy, pedagogiczne idee, ale również pewną cząstkę ludzkiego doświadczenia, odsłonili jakiś zakątek swojej i innych wyobraźni[49], wartości, które sprzyjają doskonaleniu jakości życia.

Monika Adamska-Staroń

Education through art as a way of improving the quality of life

Immersion in artistic space is a special kind of encounter with another human being, his works, and his imagination; it is an enrichment of one's cognitive, psychological and spiritual forces. Such an encounter creates new educational situations, makes new ideas, beliefs, values and customs familiar, helps in breaking stereotypes, and promotes processes of individual and social changes. The paper argues that an art-centered education is a kind of journey that reveals art's capacity to develop personal competencies in the field of human expression and communication. Art can bring out individual potential, awaken feelings, emotions, imagination, empathy and sensitivity to others, and help us to find answers to all kinds of questions. It helps to improve the quality of life. Therefore, the world of education should incorporate artistic space as a platform for its activity.

---

[47] A. Trzesiok, „Edukacyjne aspekty sztuki", (praca zaliczeniowa napisana pod kierunkiem M. Adamskiej-Staroń), AJD, Częstochowa 2012.

[48] R. Łukaszewicz, *Edukacja z wyobraźnią jako kreatywne przekraczanie: od końca wizji do wizji końca*, [w:] „Forum oświatowe" t. 22, nr 1, red. H. Kwiatkowska, Z. Kwieciński, Polskie Towarzystwo Pedagogiczne, Warszawa – Toruń 2000, s. 39.

[49] Zob. M. Adamska-Staroń, (przyp. 19), s. 140–143.

Grażyna Mendecka

Deprywacja potrzeb a wybitna twórcza aktywność

I. Wprowadzenie

Dzięki aktywności wybitnych twórców zmienia się świat, a wraz z tym jakość życia jednostek i społeczeństw. Badania naukowe doskonalą wiedzę o naturze rzeczywistości i pozwalają swobodniej w niej egzystować, wynalazki podnoszą komfort życia, dzieła muzyczne i plastyczne czynią świat piękniejszym a zarazem, wraz z literaturą i filozofią, zarówno objaśniają, jak i nadają sens ludzkiej egzystencji. Propagują i upowszechniają określone wartości, lansują styl życia najlepiej dostosowany do współczesności.

W każdej epoce człowiek może korzystać zarówno z dobrodziejstwa osiągnięć cywilizacyjnych, jak i być przez nie poszkodowanym. Może je mnożyć, ale może je również ignorować lub się ich obawiać. Istnieje jednak pewien kanon potrzeb, które powinny być zaspokojone w każdej epoce, aby można mówić o komforcie własnego życia. Pragnienie ich zaspokojenia jest odczuwane przez każdego człowieka. Są to między innymi potrzeby fizjologiczne, bezpieczeństwa, bliskości i miłości, szacunku i uznania, wolności, godności, potrzeba rozwoju i potrzeba sensu życia. Istnieje indywidualna tolerancja na deprywację wymienionych potrzeb, człowiek dysponuje również mechanizmami rekompensującymi ich niedobory. Niektóre potrzeby posiadają jednak pewien krytyczny poziom deprywacji, poniżej którego zachowanie jednostki zostaje zaburzone i ukierunkowane wyłącznie na zaspokojenie tej potrzeby. Dla przykładu, skrajny głód uniemożliwia jakąkolwiek inną aktywność, która nie wiąże się z jego zaspokojeniem.

Wybitni twórcy, dostarczając dzieł budujących postęp cywilizacyjny i tworzących dorobek światowej kultury, żyli i żyją w świecie, który — w zależności od miejsca pobytu i momentu historycznego — w różnym stopniu powoduje zaspokajanie lub deprywację potrzeb. Celem niniejszego opracowania jest stwierdzenie, w oparciu o analizę materiałów biograficznych (autobiografie i biografie, dzienniki, listy i treść udzielonych wywiadów), czy wybitni twórcy, którzy swymi dokonaniami podnosili jakość życia innych, mieli zaspokojone w dostatecznym stopniu własne istotne potrzeby, czego dotyczyła deprywacja, jak sobie z nią radzili oraz jak to wpływało na jakość ich życia i twórczą aktywność.

II. Potrzeby jako motyw działania

Zgodnie z definicją przez potrzebę rozumieć należy biologiczny lub psychiczny stan braku w organizmie, który wzbudza motywację do działania zmierzającego do jego zaspokojenia[1]. Objaśniając istotę pojęcia potrzeby Kazimierz Obuchowski stwierdza: „Jeżeli mówimy, że X ma potrzebę Y (np. pokarmu), znaczy to tyle, co — jeżeli Y (pokarm) jest niedostępne dla X, to następuje zachwianie równowagi układu, która jest podstawą prawidłowego funkcjonowania X"[2]. Dążenie do zaspokojenia potrzeb stanowi podstawę motywowania wszelkiej aktywności człowieka. Można zatem uznać potrzeby za czynnik dynamizujący zachowanie ludzi, co nie podlega dyskusji i z czym zgadzają się przedstawiciele różnych kierunków psychologii. Takie ujmowanie potrzeb pozwala odróżnić podmiotową dynamikę zachowania człowieka od dynamiki zachowań przedmiotów. Przedmioty są uruchamiane przez siły zewnętrzne, natomiast dynamizmy tkwiące w organizmach żywych sprawiają, że potrafią one poruszać się „same z siebie". Jeśli żywy organizm reaguje na dane bodźce, to fakt ten powoduje jego określone potrzeby. Człowiek chroni się przed silnym słońcem, by uniknąć poparzenia lub innego niekorzystnego wpływu promieniowania na ludzki organizm. Podobnie zachowują się zwierzęta.

Zatem niedobór czynnika istotnego dla prawidłowego funkcjonowania żywego organizmu powoduje jego aktywność w celu uzupełnienia niedoboru, czyli zaspokojenia odczuwanej potrzeby. Natomiast deprywacją jest „pozbawienie organizmu czynników niezbędnych do normalnego, niezakłóconego funkcjonowania. Wiąże się ona często z pozbawieniem możliwości zaspokajania potrzeb, np. potrzeby pokarmowej"[3]. Już z definicji potrzeby oraz deprywacji wynika, że mają one związek z jakością życia człowieka, jeśli problem ten ująć w aspekcie psychologicznym. Gdy mowa o potrzebach, od razu powstaje problem ich liczby, klasyfikacji czy też hierarchii. Wśród wielu klasyfikacji największą popularność zyskał, często przywoływany nie tylko w psychologii i naukach społecznych, ale także w ekonomii i naukach o zarządzaniu, podział potrzeb dokonany przez Abrahama Maslowa[4] w ramach jego hierarchicznej teorii potrzeb.

---

[1] J. Strelau (red.), *Psychologia. Podręcznik akademicki*, t. 1, GWP, Gdańsk 2000, s. 564.
[2] K. Obuchowski, *Psychologia dążeń ludzkich*, PWN, Warszawa 1967, s. 97.
[3] J. Siuta, *Deprywacja*, [w:] *Słownik psychologii*, red. J. Siuta, Wydawnictwo Zielona Sowa, Kraków 2005, s. 59.
[4] A.H. Maslow, *A Theory of Human Motivation*, [w:] tegoż, *Motivation and Personality*, Harper, Nowy Jork 1954, s. 80–106.

Autor teorii ujmuje problem potrzeb holistycznie wychodząc z założenia, że nie można analizować mechanizmów i procesów psychicznych w sposób analityczny, tzn. poszukiwać elementarnych zjawisk, by dopiero po ich przeanalizowaniu rekonstruować większe całości. Osobowość człowieka nie stanowi bowiem mozaiki różnych cech i elementów, lecz jest strukturą, wewnątrz której można wtórnie wyodrębnić pewne elementy oraz istniejące między nimi współzależności. W świetle poszczególnych teorii psychologicznych wymienia się różną liczbę owych istotnych popędów, np. dwa u Freuda (popęd życia i śmierci), jeden u Adlera (dążenie do mocy), a H. Murray wyodrębnił znaczną ich liczbę. W porównaniu z tymi teoriami stanowisko Maslowa nie jest ani monistyczne, ani pluralistyczne. W ujęciu A. Maslowa praktycznie niezliczoną liczbę potrzeb odczuwanych przez człowieka można zamknąć w obrębie ograniczonej liczby podstawowych tendencji, czyli grup potrzeb. Autor w obrębie własnej teorii zdefiniował siedem grup potrzeb, z czego pięć to ustawione hierarchicznie potrzeby podstawowe, zaś dwie najwyżej zlokalizowane w hierarchii określił jako metapotrzeby.

Zgodnie z teorią Maslowa kolejność zaspokajania potrzeb nie jest przypadkowa: odbywa się od potrzeb fizjologicznych, a więc najniżej położonych i stanowiących bazę potrzeb *stricte* psychologicznych. Dopiero zaspokojenie, w stopniu przynajmniej przeciętnym, potrzeby niżej usytuowanej w hierarchii kieruje aktywność ku zaspokojeniu potrzeb wyżej zlokalizowanych. Takie rozumienie potrzeb sprawiło, że w jego teorii motywacji zaspokojenie potrzeby, czyli gratyfikacja, staje się pojęciem równie ważnym, co deprywacja, ponieważ organizm uwalniając się od konieczności zaspokajania potrzeb niższych, może zwrócić się ku potrzebom wyższym[5]. W świetle omawianej teorii wyższe podstawowe potrzeby mogą stać się po dłuższym okresie zaspokojenia niezależne od swoich dawnych uwarunkowań, jak i własnych właściwych zaspokojeń. Np. osoba dorosła, której potrzeba miłości została zaspokojona w dzieciństwie, w dorosłości staje się bardziej niezależna niż przeciętnie, jeśli chodzi o zabezpieczenie potrzeby bezpieczeństwa, przynależności czy miłości. Przytoczona charakterystyka potrzeb w ujęciu hierarchicznej teorii A. Maslowa pokazuje, że motywacja związana z zaspokajaniem potrzeb wiąże się z odczuwaną przez jednostkę jakością życia.

Jakość życia, która już od ponad pięćdziesięciu lat jest przedmiotem zainteresowania psychologii, jest pojęciem o bardzo szerokim zakresie i wciąż niedoprecyzowanym. Jako zjawisko wielowymiarowe jest przedmiotem zainteresowania wielu różnych dziedzin nauki. Na gruncie psychologii jakość życia utożsamiana jest z dobrostanem i poczuciem szczęścia jednostki, ale obydwa te pojęcia również mają szeroki i nieostry zakres. Badania jakości życia prowadzone w psychologii ujmują ów fenomen zarówno w wymiarze obiektywnym, mierzonym z uwzględnieniem zewnętrznych kryteriów, jak i subiektywnym, mierzonym poprzez ocenę wartościowania

---

5   A.H. Maslow, *Teoria hierarchii potrzeb*, [w:] *Problemy osobowości i motywacji w psychologii amerykańskiej*, red. J. Reykowski, PWN, Warszawa 1964, s. 135–164.

różnych sfer życia w tym właśnie aspekcie[6]. Mowa wtedy o poczuciu jakości życia, które może dotyczyć różnych wymiarów życia człowieka, a więc: warunków bytowych, wymiaru duchowego, rodzinnego, zawodowego, towarzyskiego, czasu wolnego itd.[7] Człowiek może wysoko oceniać jeden z aspektów swego życia, przy równoczesnym poczuciu niskiej jakości innej jego sfery. Fakt ten może wiązać się z poziomem zaspokojenia potrzeb; i tak, ktoś może wysoko oceniać poziom zaspokojenia potrzeb fizjologicznych a równocześnie boleśnie odczuwać brak zaspokojenia potrzeb bliskości i miłości. Ocena jakości życia może również dotyczyć różnych jego okresów, stąd albo ktoś twierdzi „całe moje życie oceniam jako szczęśliwe", albo odnosi poczucie jakości życia do doświadczeń określonego okresu w życiu mówiąc o swym szczęśliwym lub nieszczęśliwym dzieciństwie, trudnym okresie w pracy zawodowej, szczęśliwych pierwszych latach małżeństwa, pogodnej starości itd.

Na ocenę jakości własnego życia, obok faktu zaspokojenia lub deprywacji potrzeb, wpływa również system wartości jednostki. Ktoś bardzo zamożny, bezpieczny, otoczony troską i miłością, może mimo to czuć się głęboko nieszczęśliwym, a więc nisko oceniać jakość własnego życia. Członkowie wielodzietnych rodzin, mimo materialnych niedostatków, mogą wysoko oceniać jakość swego życia, w którym nie brakuje miłości, solidarności i wzajemnego wsparcia. Samotny żeglarz czy zdobywca korony Himalajów wysoko oceni jakość własnego życia mimo braku komfortu, trudności, przeszkód i poważnych zagrożeń. Poczucie jakości życia kształtuje więc indywidualna tolerancja na deprywację określonego rodzaju potrzeb, jak i własna hierarchia wartości. Realizacja określonych wartości może nadać życiu sens i tym samym podnieść ocenę jego jakości.

III. Potrzeby a twórcza aktywność

W psychologii humanistycznej silnie podkreślano, że twórczość stanowi atrybut człowieka jako osoby. A. Maslow jako pierwszy zwrócił uwagę na fakt, że aktywność twórcza człowieka jest uzależniona nie tylko od specjalnych uzdolnień jednostki, ale także od poziomu zaspokojenia jej potrzeb psychicznych. Wśród potrzeb podstawowych najwyższy poziom w teorii Maslowa zajmują potrzeby samorealizacji. Autor podkreślał, że ten poziom zaspokojenia potrzeb wiąże się ze zdolnością do twórczego działania. Człowiek urzeczywistniający siebie jest jednostką zdrową, pomyślnie się rozwijającą i dojrzałą. Jego podstawowe potrzeby zostały zaspokojone w takim stopniu, że przestały dominować nad jego zachowaniem. Podchodzi on twórczo do każdej dziedziny swego działania. Maslow podkreślał jednak, że twórczość człowieka urzeczywistniającego siebie stanowi ekspresję jego osobowości i nie jest tym samym, co twórczość wynikająca z posiadania specjalnego talentu. Jednostka urzeczywistniająca siebie może przejawiać równocześnie dziecięcy, naiwny sposób

---

6   H. Sęk, *Jakość życia a zdrowie*, „Ruch Prawniczy, Ekonomiczny, Socjologiczny" 2002, nr 2, s. 110–117.

7   S. Kowalik, *Estetyzacja życia codziennego a jakość życia człowieka*, [w:] *Jakość życia od wykluczonych do elity*, red. R. Derbis, Wydawnictwo AJD, Częstochowa 2008, s. 35–56.

ekspresji, jak i mądrość praktyczną. Jest otwarta na doświadczenie, umie uczyć się nowych rzeczy od każdego, kto ma jej coś do zaoferowania, ponieważ akceptuje siebie i zachowuje naturalny, pozbawiony odruchów obronnych sposób bycia. Dążność do zaspokojenia potrzeb przestała dominować nad jej zachowaniem. Jej umysł cechuje niezależność i śmiały stosunek do rzeczy nieznanych i niewiadomych.

Józef Kozielecki w swej transgresyjnej teorii twórczości związał działania twórcze z potrzebą hubrystyczną, uznając ją za metapotrzebę warunkującą działania transgresyjne[8]. Zdaniem tego autora potrzeba własnej wartości, którą nazywa potrzebą hubrystyczną, stanowi podstawowy motyw rozwoju każdej jednostki. Potrzeba hubrystyczna polega na trwałym dążeniu do potwierdzenia i wzrostu poczucia własnej wartości i stanowi nieusuwalny wyróżnik człowieka jako osoby. Zaspokojenie tej potrzeby kształtuje wiarę w siebie i ambitne podejmowanie działań twórczych i ekspansywnych. Udaremnienie możliwości zaspokojenia potrzeby hubrystycznej powoduje poczucie niższości, bezradności i apatii. Potrzeba ta przenika biografię każdego człowieka i modyfikuje jej przebieg.

Kozielecki wyróżnia dwie formy potrzeby hubrystycznej: rywalizacyjną i indywidualistyczną. Rywalizacyjna forma potrzeby hubrystycznej to potrzeba czynu czy działania wyróżniającego jednostkę z otoczenia, wywyższenia jej nad inne, która wynika z zabiegania o uznanie społeczne. Rywalizacyjny motyw potrzeby hubrystycznej zdaniem J. Kozieleckiego określony był przez A. Adlera jako dążenie do wyższości. Rywalizacyjna forma zaspokojenia poczucia własnej wartości wymaga skonstruowania przez jednostkę skali społecznych porównań i konfrontowania własnych dokonań z tą skalą.

W indywidualistycznej odmianie potrzeby hubrystycznej człowiek nie dąży do wyróżnienia się i wyższości w grupie. Uznanie przez innych, dokonywanie społecznych porównań, sława, nie mają dla niego znaczenia. W tej odmianie potrzeby hubrystycznej jednostka potwierdza swą wartość przez transgresje spowodowane własnym systemem wartości, własnymi standardami i poziomem aspiracji. Kryteria indywidualistycznej formy potrzeby hubrystycznej mogą przybierać charakter kryteriów doskonałości. Osoba kierująca się tymi kryteriami stawia sobie najwyższe wymagania, dąży do mistrzostwa i perfekcji. Życie wielu wybitnych twórców stanowi egzemplifikację indywidualistycznej formy potrzeby hubrystycznej będącej motywem ich twórczych dokonań[9].

IV. Deprywacja potrzeb fizjologicznych i bezpieczeństwa

„W zdrowym ciele zdrowy duch" — ta starożytna maksyma wyraża najlepiej związek między kondycją ciała a psychicznym funkcjonowaniem człowieka. Skrajne fizyczne

---

8 J. Kozielecki, *Psychotransgresjonizm nowy kierunek psychologii*, Wydawnictwo Akademickie „Żak", Warszawa 2001, s. 152.

9 G. Mendecka, *Transgresyjna biografia Marii Skłodowskiej Curie*, [w:] *Transgresje — innowacje — twórczość*, red. B. Bartosz, A. Keplinger, M. Straś-Romanowska, Wydawnictwo UWr, Wrocław 2011, s. 435–450.

wyczerpanie spowodowane głodem, chorobami, przepracowaniem lub nadmiernym obciążeniem organizmu sprawia, że człowiek żyje głównie swymi fizycznymi niedostatkami. Podobnie niepewność jutra, brak życiowej stabilizacji, brak wpływu na własny los i niemożność przewidywania konsekwencji własnych posunięć oraz przewidywania zachowań innych osób powodują deprywację jednej z podstawowych grup potrzeb życiowych, czyli bezpieczeństwa. Analiza biografii wybitnych twórców wskazuje na fakt, że wielu z nich przeżywało deprywację owych podstawowych potrzeb — fizjologicznych i bezpieczeństwa, gdyż wielu z nich w różnych okresach życia doznało głodu i niedostatku, cierpiało z powodu chorób, nałogów i fizycznych urazów.

Gruźlica zabrała życie wielu znaczącym twórcom, wśród wybitnych Polaków chorowali na nią i z jej powodu zmarli: Juliusz Słowacki w wieku 40 lat, Zygmunt Krasiński w wieku lat 47 lat (poeta cierpiał również na chorobę reumatyczną), na gruźlicę chorował Żeromski, zmarł na nią 39-letni Chopin, choroba ta zabrała też zaledwie 28-letniego Maksymiliana Gierymskiego, bardzo utalentowanego malarza. Ta nieuleczalna w XIX i z początkiem XX wieku choroba nękała młode organizmy odrywając je od zwykłego rytmu życia, gdyż osłabieni chorzy byli leczeni wyłącznie klimatycznie, dlatego skazani byli na nieustanne porzucanie swego miejsca pobytu w celu poddania się leczeniu klimatycznemu.

Wielu wybitnych twórców przechodziło ciężko inną chorobę, na którą również dawniej nie było lekarstwa, mianowicie syfilis. Ta uciążliwa choroba, którą przed wynalezieniem antybiotyków trudno było leczyć, degradowała chorych fizycznie a często też intelektualnie. Chorowało na nią wielu artystów, zresztą nie tylko; ocenia się, że pod koniec drugiej połowy XIX wieku na syfilis cierpiało dwadzieścia procent mieszkańców Paryża[10]. Chorowali nań między innymi pisarze Gustav Flaubert, Stendahl i Guy de Maupassant, wśród muzyków m.in. Schubert, Paganini, Donizetti, wśród malarzy między innymi Édouard Manet, Taulouse-Lautrec, van Gogh. W Polsce chorował i zmarł w wieku 38 lat, poważnie cierpiąc, Stanisław Wyspiański. Na krótko przed śmiercią miał wywołane syfilisem zaburzenia psychiczne, które spowodowały, że przez krótki czas przebywał w szpitalu psychiatrycznym. Gdy choroba dalej postępowała, pojawił się częściowy paraliż — trzy palce prawej ręki były zupełnie bezwładne. Wystąpiły również owrzodzenia i trudno gojące się rany na rękach i nogach, które powodowały bardzo silne bóle[11]. Edouard Manet, który zmarł w osiem lat po odkryciu u niego syfilisu, rozpaczliwie poszukując sposobu na wyzdrowienie, wypróbował sporysz — grzyba, który obkurcza naczynia krwionośne; w rezultacie dostał gangreny, amputowano mu nogę i zmarł dręczony nieopisanym bólem. W chorobie Schuberta stosowano maść rtęciową, która powodowała długotrwałe, bardzo silne bóle głowy. Prawdopodobnie syfilis spowodował u Schumana nasilenie choroby psychicznej, na którą cierpiał. Miał tak gwałtowne

---

[10] Zob. M. Steen, *Wielcy kompozytorzy i ich czasy*, Dom Wydawniczy Rebis, Poznań 2009, s. 252.

[11] M. Tomczyk-Maryon, *Wyspiański*, PIW, Warszawa 2009, s. 242–243.

i uporczywe halucynacje słuchowe, że nie sypiał przez całe noce; był z tego powodu przez ponad dwa lata hospitalizowany[12].

Alkoholizm to także choroba, która trapiła wielu wybitnych twórców, w tym polskich poetów Norwida, Broniewskiego, Gałczyńskiego, cierpiał na nią polski noblista Władysław Reymont, alkoholikami byli między innymi Faulkner i Hemingway, poeta Eliot a także wybitny rosyjski kompozytor Piotr Czajkowski. Alkoholizm i narkotyki odebrały w młodym wieku życie Mogdilianiemu.

Wyniszczające i nękające wybitnych twórców choroby nie były jedynym spotykającym ich obciążeniem. Wielu z nich, zanim zdobyło uznanie, a co za tym idzie prestiż, pozycję i pieniądze, wcześniej zaznało biedy, a czasem wręcz skrajnego ubóstwa. Wybitni twórcy, którzy stworzyli dzieła stanowiące trwały dorobek kulturowy w skali całego globu doświadczali prześladowań, więzienia, przeżywali zsyłkę.

Swoje arcydzieła, które do dziś są przedmiotem podziwu i najwyższego uznania, Carrawaggio malował podczas nieustannie trwającej ucieczki, gdyż za zabójstwo ścigany był zarówno przez rzymską policję, jak i kawalerów maltańskich[13]. Fakt, że sam zawinił w niczym nie umniejsza jego cierpienia spowodowanego nieustannym strachem, nędzą i ciągłym przenoszeniem się z miejsca na miejsce. Wielki moralista rosyjskiej literatury Fiodor Dostojewski przeżył odwołany w ostatniej chwili wyrok śmierci i zsyłkę na Sybir, gdzie przebywał wśród pospolitych złodziei i morderców. Nie był to jednak koniec jego przykrych doświadczeń: Dostojewski cierpiał na epilepsję, a poza tym był hazardzistą, ściganym przez wierzycieli za długi. Musiał ratować się ucieczką za granicę i dopiero po wielu latach tułaczki, głównie dzięki cierpliwości i zapobiegliwości własnej żony, spłacił długi i mógł wrócić do Rosji[14].

Godny największego współczucia był los wybitnej rosyjskiej poetki Mariny Cwietajewej. Po dzieciństwie spędzonym w zamożnej rodzinie doświadczyła koszmaru rewolucji październikowej bez wiedzy o tym, co dzieje się z jej mężem, przeżyła śmierć głodową oddanej do przytułku córeczki, ucieczkę z kraju, tułaczkę i skrajną biedę za granicą jako emigrantka bez nadziei na przyszłość. Gdy za namową córki i męża wróciła do Związku Radzieckiego spotkały ją straszne represje, których nie udźwignęła i popełniła samobójstwo[15].

Zsyłkę na Sybir przeżył także Aleksander Sołżenicyn, który na zesłanie trafił wprost z wojska, gdzie walczył na froncie II wojny światowej. Było to dla niego wielkim zaskoczeniem, został zaaresztowany za krytyczne uwagi pod adresem Stalina, które zamieścił w prywatnym liście pisanym z frontu do swego przyjaciela również walczącego na innym wojnie. Nie wzięto pod uwagę faktu, że Sołżenicyn był oficerem Armii Czerwonej, niejednokrotnie wykazującym się osobistą odwagą dając

---

12 M. Steen, (przyp. 10), s. 460–462.

13 P. Johnson, *Twórcy od Chaucera I Dűrera do Picassa i Disneya*, Świat Książki, Warszawa 2008, s. 20.

14 D.J. Boorstin, *Twórcy geniusze wyobraźni w dziejach świata*, Książka i Wiedza, Warszawa 2002, s. 801–802.

15 H. Troyat, *Marina Cwietajewa wieczna buntownica*, Wydawnictwo Książkowe Twój Styl, Warszawa 2004, s. 243–244.

przykład żołnierzom, którymi dowodził[16]. Cztery lata spędzone na wojnie wydały
się Sołżenicynowi sielanką wobec cierpień w więziennych celach i łagrach, w których wyrokiem sądu miał spędzić osiem lat. Podczas odsiadywania kary otrzymał od
losu jeszcze jeden cios — zachorował na raka. Termin operacji, której natychmiastowe przeprowadzenie zdaniem lekarzy było konieczne, odwlekano; wreszcie zo-
perowano go tylko przy miejscowym znieczuleniu. Potem przez pewien czas cierpiał
z powodu wysokiej gorączki i bólu, ale ostatecznie przeżył. Łącznie spędził
w łagrach osiem lat oraz trzyletnie zesłanie. Ale nie był to jeszcze koniec represji,
które go spotkały ze strony ZSSR. Za napisanie „Archipelagu Gułag" — dzieła,
które pokazało światu zbrodnie komunistyczne i za które Sołżenicyn otrzymał
w roku 1970 Nagrodę Nobla, zapłacił dwudziestoletnim wygnaniem z ojczyzny
przez władze komunistyczne.

Represjonowanym za zaangażowanie w wydarzeniach Wiosny Ludów 1848–1849
był ojciec niemieckiej opery, Richard Wagner. Przez znaczny okres swej artystycznej kariery był politycznym wygnańcem ściganym policyjnym listem gończym. Nie mógł
przekraczać niektórych granic, nie oglądał wielu własnych oper wystawianych w nie-
mieckojęzycznych krajach. Nawet gdy po jedenastu latach pozwolono mu wreszcie
wrócić do Niemiec, musiał za każdym razem otrzymywać zgodę zarówno każdego z niemieckich państw, które chciał odwiedzić, jak i zgodę Saksonii, której
był obywatelem.

Wielu twórców podzielało los obywateli krajów uczestniczących w I i II wojnie
światowej. Wielu opuszczało Europę, by uciec od faszystowskich rządów, w tym
także wybitni psychologowie m. in. Lewin, Köhler, Koffka, Wertheimer i Fromm.
Freud schronił się przed nazistami w Londynie. Polski najwybitniejszy poeta swojego pokolenia Krzysztof Kamil Baczyński zginął w powstaniu warszawskim w wieku
zaledwie 23 lat.

V. Deprywacja podstawowych potrzeb a wybitna twórcza aktywność

Analiza losowo wybranych i przedstawionych w poprzedniej części doświadczeń
życiowych wybitnych twórców wskazuje na fakt, że wielu z nich przeżywało deprywację elementarnych wręcz potrzeb. Uwzględniając obiektywne kryteria, należałoby
nisko ocenić jakość ich życia w opisywanych okresach. Zachodzi zatem pytanie, jak
ten fakt wpłynął na ich aktywność twórczą, jaka istniała współzależność między doświadczaniem deprywacji podstawowych potrzeb a twórczością.

Umykający przed policją rzymską i kawalerami maltańskimi Caravaggio, nie posiadając pracowni, ani żadnej pomocy, stworzył w okresie największego zagrożenia
22 obrazy zdumiewająco piękne i oryginalne, które do dziś zachwycają swym kunsztem.

---

[16] J. Pearce, *Sołżenicyn dusza na wygnaniu*, Prószyński i S-ka, Warszawa, s. 113.

Przemieszczający się z miasta do miasta, poszukiwany listem gończym, Richard Wagner w kolejnych miejscach pobytu komponował swe monumentalne dzieła[17].

Marina Cwietajewa, chociaż przeżywała bardzo ciężkie chwile i była zdecydowanym przeciwnikiem rewolucji, podczas jej trwania napisała znakomite wiersze, które ukazały się w tomiku „Wiorsty II" wydanym w 1921 roku. W jednym z przejmujących wierszy datowanym na grudzień 1920 napisała:

Wszyscy rzędem leżą —
Obok siebie chłopcy.
Popatrzeć — żołnierze.
Kto tu swój, kto obcy?

Biały był — czerwonym został:
Krew zarumieniła.
Czerwony był — białym został:
Śmierć go wybieliła[18].

Podczas pobytu za granicą wciąż pisała, w Berlinie ukazały się jej dwa dobrze przyjęte przez krytykę tomiki „Wiersze do Błoka" i „Rozłąka". W Czechosłowacji ukazał się kolejny tom „Rzemiosło" cieszący się dużą popularnością. W Paryżu wydała tomik „Po Rosji", który został bardzo chłodno przyjęty przez krytykę i czytelników. Niepowodzenie tego tomu nie zniechęciło jej w żaden sposób do zrezygnowania ze swego niepowtarzalnego, oryginalnego stylu pisania.

Ciężkie doświadczenia przeżyć z Gułagu spowodowały u Aleksandra Sołżenicyna przemianę duchową. Wychowany w silnie przywiązanej do prawosławia rodzinie oderwał się w młodości od swych korzeni, został ateistą i gorącym zwolennikiem filozofii marksistowskiej. Sołżenicyn w obozie zrozumiał, że poszedł złą drogą, zapragnął wrócić do źródła, zaczął patrzeć na świat przez pryzmat religijnego mistycyzmu[19]. Rolę pisarza uznał za posłannictwo, poczuł się w obowiązku, by dokładnie opisać obozową niedolę więźniów, całe jej okrucieństwo i nędzę, głodowe racje żywnościowe, pracę fizyczną ponad siły na lodowatym wietrze lub mrozie przekraczającym czterdzieści stopni. Sam uważał, że dla niego lata spędzone w obozie nie były latami straconymi, pozwoliły mu odnaleźć sens życia i zrozumieć, co naprawdę w życiu jest ważne. Dlatego po powrocie do domu z obozowej tułaczki zaczął w największej konspiracji pisać „Archipelag Gułag" uznając, że te cierpienia wymagają ukazania ich światu. Ponieważ najście KGB na jego mieszkanie spowodowało konfiskatę znacznej części jego rękopisów zaczął pisać poza domem, w ścisłej konspiracji, ukrywając poszczególne części tworzonej książki w różnych miejscach. Pierwsza żona nie mogła zrozumieć jego postawy i tego, że tak bardzo się narażał, bo powtórne aresztowanie ze względów politycznych byłoby dla niego katastrofą.

---

[17] M. Steen, (przyp. 10), s. 18–20.
[18] Zob. H. Troyat, (przyp. 15), s. 97.
[19] J. Pearce, (przyp. 16), s. 97.

Walczący z alkoholizmem William Faulkner potrafił mobilizować się do twórczej pracy. Lubił pracować rano, po śniadaniu, na które jadł niewiele, tylko tost z kawą. Gdy pisał był zdyscyplinowany, pracował bardzo szybko i wytrwale. Po zakończeniu poważnego dzieła wyczerpany pisarz popadał w alkoholowy ciąg, potem chorował i udawał się do prywatnej lecznicy na odwyk. Ten cykl powtarzał się wiele razy, a między cyklami powstawały doskonałe książki[20].

Henri Toulouse-Lautrec — cierpiący na chorobę genetyczną powodującą odstręczający wygląd — podczas swego krótkiego życia stworzył obrazy będące nie tylko dokumentem epoki, ale dzieła oryginalne i inspirujące, które dały impuls rozwoju sztuki XX wieku. Mieszkaniec domów publicznych, bez nadziei na normalne życie rodzinne, gdy trawiony alkoholizmem znalazł się wreszcie w szpitalu psychiatrycznym, „wykupił się" stamtąd wykonywanymi kredą rysunkami o tematyce cyrkowej. Nawet będąc wydawałoby się w beznadziejnej sytuacji potrafił tak zachwycić swymi pracami, że uzyskał to, czego pragnął.

Maria Skłodowska-Curie — napromieniowana, bardzo słaba, popadająca w coraz częstszą i mocniejszą depresję, do końca życia prowadziła badania naukowe. Osiemdziesiąt lat po obronie przez Marię Skłodowską Curie na Sorbonie pracy doktorskiej profesor chemii na Uniwersytecie w Pittsburgu, Robert L. Wolke, tak powiedział o jej badaniach: „«Odważna» nie jest ani zbyt mocnym, ani zbyt romantycznym słowem w odniesieniu do kobiety, która zaprojektowała i poprowadziła ten niewiarygodnie trudny eksperyment, ostatecznie oddając życie rakowi [białaczce] zrodzonemu z promieniowania, na które była ciągle narażona"[21].

Największy wzór twórczego heroizmu, wykraczającego poza wyobrażenie o tym, czego twórcza moc człowieka może dokonać mimo fizycznych ograniczeń, jest przykład Ludwika Beethovena. W roku 1783, mając zaledwie 13 lat, Ludwik Beethoven wydał w Mannheim swą pierwszą kompozycję. W wieku zaledwie 18 lat zwrócił uwagę swymi kompozycjami, wyjechał do Wiednia, gdzie wkrótce zdobył uznanie i aplauz jako wirtuoz gry na pianinie, ze zdolnością do improwizacji. Podróżował z koncertami po Niemczech i Węgrzech. Grał z taką pasją, że żaden rywal nie miał przy nim szans. Miał rzesze wielbicieli podziwiających jego pianistyczną sztukę. W tym czasie skomponował też „I Symfonię C-dur" utrzymaną w mozartowskim stylu. W roku 1798 liczący zaledwie 28 lat Beethoven, będąc w pełnym rozkwicie sił twórczych, zaczął tracić słuch. Sześć lat walczył z chorobą, którą lekarze ostatecznie uznali za nieuleczalną. Chciał popełnić samobójstwo, ale wola życia była większa. Wiedział, że nie może już grać ani uczyć gry. Pozostało mu jedynie komponowanie. Chociaż wydaje się to nieprawdopodobne, zupełnie głuchy Beethoven komponował utwór za utworem słysząc ich dźwięki jedynie w głowie. Rozwijał przy tym swój twórczy potencjał, jego muzyka z czasem zyskiwała większą

---

[20] J. Parini, *Czas niezrównany. Życie Williama Faulknera*, Wydawnictwo Książkowe Twój Styl, Warszawa 2006, s. 273.

[21] D. Brian, *Rodzina Curie*, Wydawnictwo Amber, Warszawa 2005, s. 79.

głębię i szersze horyzonty[22]. Komponował do końca trwającego 57 lat życia. Śmierć prawdopodobnie przerwała pracę nad X symfonią.

Kiedy Amadeusz Mozart dobiegał do 30 roku życia, artysta zdał sobie sprawę, że skończył się najszczęśliwszy okres w jego życiu. Niefortunnie wybrał żonę, wkrótce zmarli rodzice, nie potrafił zdobyć żadnego stałego stanowiska, ponieważ był zbyt hardy. W rodzinnym Salzburgu czuł się obco, a w Wiedniu i innych stolicach coraz bardziej nieszczęśliwy. Jego wspaniałe dzieła, jak na przykład „Wesele Figara" nie spotkały się z przychylnością słuchaczy. Ponieważ nie był zabezpieczony finansowo coraz częściej czuł się poniżony faktem, że musiał prosić o pieniądze znajomych i przyjaciół. Pod koniec życia miał kłopoty ze zdrowiem, zarówno własnym, jak i żony.

W listach wyraźnie skarżył się na przygnębienie, zmienne nastroje i czarne myśli, z którymi z największym trudem walczył. Howard Gardner[23] zauważa, że owe niekorzystne położenie nie odbiło się negatywnie na jego twórczości. Mozart jakby impregnowany na przeciwności losu, rok po roku tworzył wspaniałe utwory, doskonałe w swej formie. Jak twierdzi Gardner „Twórca ten, by komponować, najwyraźniej nie potrzebował pozytywnych doświadczeń życiowych"[24]. Autor zauważył, że jego twórcza moc komponowania żyła własnym życiem i trudno było ją wytrącić z jej własnego rytmu działania.

VI. Deprywacja potrzeb jako źródło inspiracji

Dotkliwe deprywacje w zakresie podstawowych potrzeb nie tylko nie powodowały odejścia od pracy wielu wybitnych twórców, ale często właśnie one stawały się dla nich źródłem inspiracji, co uwidaczniało się w ich twórczości. Mozart tworzył zawsze utwory perfekcyjnie dopracowane, zawsze podporządkowane prawom doskonałości kompozycji i z jego dzieł nigdy nie można było odczytać, w jakiej kondycji psychicznej znajduje się aktualnie ich autor.

Dla wielu wybitnych twórców ich życiowe doświadczenia stawały się tworzywem ich dzieł — tu w pierwszej kolejności nasuwa się znacząca część twórczości Sołżenicyna. Ale nie jest on tu wyjątkiem — twórców zainspirowanych doświadczeniami związanymi z niemożnością zaspokojenia podstawowych potrzeb jest bardzo dużo. Knut Hamsun, którego prawdziwe nazwisko to Knud Pedersen, to norweski pisarz pochodzący z ubogiej chłopskiej rodziny. Od najwcześniejszych lat chciał zostać pisarzem, lecz zanim udało mu się spełnić swe plany w młodości cierpiał niedostatek i zmuszony był chwytać się różnych zajęć. Pracował ciężko, dwukrotnie za chlebem wyjeżdżał do Ameryki, dopiero jako znany pisarz wrócił z USA i na stałe osiadł w Norwegii, gdzie powstały jego najwybitniejsze powieści. Za jedną z nich,

---

[22] D.J. Boorstin, *Twórcy geniusze wyobraźni w dziejach świata*, Książka i Wiedza, Warszawa 2002, s. 551.

[23] H. Gardner, *Niepospolite umysły o czterech niezwykłych postaciach i naszej własnej wyjątkowości*, Wydawnictwo CIS i W.A.B., Warszawa [b.r.w.], s. 95.

[24] H. Gardner, (przyp. 23), s. 96.

zatytułowaną „Błogosławieństwo ziemi" otrzymał Nagrodę Nobla w 1920 roku.
W roku 1890 opublikował książkę zatytułowaną „Głód", która bardzo szybko
zyskała światowy rozgłos.

Ta nosząca cechy autobiograficzne książka oparta jest na doświadczeniach pisarza w okresie jego największej życiowej biedy. Bohaterem jest inteligent, który
bezskutecznie poszukuje swej życiowej drogi w bezdusznym społeczeństwie. Nie
potrafiąc stawić czoła przeciwnościom losu, żyje w nędzy i głodzie. Przeżycia związane właśnie z głodem autor w swej książce opisuje niezwykle realistycznie, ukazując, jak tego typu deprywacja może zawładnąć człowiekiem. Właśnie ów realizm
przeżyć człowieka pozbawionego możliwości zaspokojenia tak ważnej potrzeby
zyskał uznanie i rzesze zainteresowanych czytelników[25].

Życie meksykańskiej wybitnej artystki Fridy Kahlo stanowiło wyczerpującą walkę
o przetrwanie. Najpierw w dzieciństwie przeszła polio, nieuleczalną wtedy chorobę,
po której lekko utykała. W 18. roku życia uległa wypadkowi wracając autobusem ze
szkoły. Metalowa barierka wbiła się w jej ciało, gruchocząc kręgosłup, miażdżąc
miednicę i stopę — cudem uszła z życiem, które od tej pory naznaczone było chro-
nicznym bólem i okropnym cierpieniem. Była wielokrotnie hospitalizowana, spędzając
unieruchomiona w łóżku wiele miesięcy. Przeszła w życiu 32 udokumentowane
operacje kręgosłupa i nogi. Nosiła gorsety gipsowe (niektóre skonstruowane ekspery-
mentalnie) i specjalny aparat na prawej stopie. Była żoną wybitnego, znanego na całym
świecie malarza murali, z którym bardzo pragnęła mieć dziecko, jednak z powodu
ciężkiej choroby i kalectwa nie udało się jej, po kilku poronieniach i aborcjach, zostać
matką. Obsesyjnie zakochana w Diegu Riverze, mimo jego bardzo nieatrakcyjnego
wyglądu, cierpiała z powodu jego notorycznych zdrad. Najbardziej zranił ją wtedy, gdy
miał romans z jej siostrą Cristiną.

Wszystkie owe ciężkie doświadczenia stały się inspiracją licznych malarskich
wypowiedzi Fridy Kahlo, które poruszały swą ogromną ekspresją i prawdziwością.
Wyrażała wszystko to, co czuje kobieta bezsilna wobec choroby, zdradzana przez
najbliższe sercu osoby, bezbronna w bezdusznym szpitalu wobec cierpienia i niemożności spełnienia swego największego marzenia — posiadania dziecka z Diegiem.
Wobec bogactwa wyjątkowo okrutnych przeżyć Frida Kahlo prowadziła swoisty zapis
swych rozpaczy, bólu i frustracji czyniąc z nich źródło inspiracji dla własnej sztuki.
Dzięki temu jej sztuka jest oryginalna, niepowtarzalna i ma ogromną siłę oddziaływania
— jest zapisem cierpień, ale też zwycięstwa jednostki nad chorobą i cierpieniem.

Cierpienie wywołane deprywacją miłości i bliskości, utratą tych, których ko-
chamy jest dla człowieka szczególnie głęboko odczuwaną stratą. Deprywacja miłości
i bliskości z powodu braku odwzajemnienia uczucia, porzucenia, zdrady, odejścia
lub śmierci czyni często życie człowieka jednym wielkim nieszczęściem obniżającym
znacząco jakość jego życia. Dla wybitnych twórców silnie przeżywana frustracja

---

[25] Dane o autorze zaczerpnięto z notki wydawniczej do polskiego wydania książki K. Hamsuna, *Głód*,
PIW, Warszawa 1974, s. 1.

spowodowana tego rodzaju deprywacją miała szczególnie inspirującą moc. Polska literatura szczyci się arcydziełami powstałymi w XVI wieku pod wpływem ogromnego bólu odczuwanego przez ojca po stracie ukochanej córeczki Urszuli — są to treny Jana Kochanowskiego. Jego ból, rozpacz, niezgoda ojca na tę bolesną stratę są tak szczere, a powstałe w wyniku ich przeżywania „Treny" łączą w sobie taką głębię filozoficzną i ogromną ekspresję uczuciową, że zaliczane są do arcydzieł światowej liryki. Chociaż trudno w to uwierzyć, dziś treny Jana Kochanowskiego, dzięki genialnemu przekładowi na język angielski przez Stanisława Barańczaka i irlandzkiego poetę, noblistę Seamusa Heaneya, od kilku lat należą do najlepiej sprzedających się tomów poetyckich w Ameryce[26].

Swój ból po tragicznie zmarłej córce opisywał również inny polski poeta, żyjący czterysta lat później, mianowicie Władysław Broniewski. Poeta miał tylko jedną rodzoną córkę Joannę, którą nazywał Anką i którą bardzo kochał. Adoptował też córkę swej drugiej żony Majkę. Obie jego córki przyjaźniły się z sobą. Gdy Anka w wieku 25 lat zginęła tragicznie, ojciec zaczął pić ogromne ilości alkoholu. Przeżył załamanie nerwowe, dlatego był hospitalizowany w Państwowym Sanatorium dla Nerwowo Chorych w Kościanie. Po wyjściu stamtąd w styczniu 1955 roku zaczął pisać. Majka w udzielonym po latach wywiadzie stwierdziła, że od samounicestwienia w tej dramatycznej sytuacji uratowały go wiersze, które pisał o Ance i do Anki[27]. W efekcie w styczniu 1956 roku ukazał się tomik poezji zawierający siedemnaście wierszy zatytułowany „Anka", w którym poeta, podobnie jak Jan Kochanowski, opłakiwał śmierć córki. I podobnie potrafił w swych wierszach wyrazić cały żal:

[...] niełatwo, córeczko, niełatwo
nieść wiersz i pod nim upadać [...][28].

A więc pisanie tych strof było dla niego tym samym, co dźwiganie krzyża przez upadającego pod jego ciężarem Chrystusa. Autor opisał też swą heroiczną walkę z rozpaczą, nie poddawanie się jej:

Ta noc straszliwym ptaszydłem
siadła na mnie i kracze.
Oberwę, oberwę jej skrzydła, Wyrwę się, wyrwę rozpaczy[29].

Opłakiwanie zmarłych, wyrażanie rozpaczy po przeżytej stracie bywa często źródłem inspiracji literackich i malarskich. Dość wspomnieć piękny poemat Ildefonsa Gałczyńskiego poświęcony matce, zatytułowany „Spotkanie z matką", gdzie autor w przejmujący sposób wyraża tęsknotę za nieżyjącą matką:

Noc
Dopala się nafta w lampce,
Lamentuje nad uchem komar.

26 G. Luterek, M. Potocka (red.), *Sławni Polacy. Pisarze i poeci*, Wydawnictwo Publikat, Poznań [b.r.w.], s. 6.
27 M. Urbanek, *Broniewski miłość, wódka, polityka*, Wydawnictwo Iskry, Warszawa 2011, s. 294.
28 W. Broniewski, *Anka*, PIW, Warszawa, 1956, s. 7
29 W. Broniewski, *Wiersze i poematy*, PIW, Warszawa 1963, s. 362.

> Może to ty, matko, na niebie
> Jesteś tymi gwiazdami kilkoma?

Ta tęsknota pojawia się nie tylko w nocy, ale towarzyszy poecie także za dnia, kiedy to myśli:

> A możeś jest popołudniowa godzina,
> mazur pszczół w złotych sierpnia pokojach?
> Wczoraj szpilkę znalazłem w trzcinach —
> od włosów. Czy to nie twoja?[30]

Stanisław Wyspiański, rozpieszczany przez matkę jedynak, stracił ją gdy miał siedem lat. Jego matka Maria zmarła na gruźlicę w wieku zaledwie 35 lat. Osiemnaście lat później Stanisław Wyspiański namalował olejny obraz zatytułowany „Śmierć matki"[31]. Umieścił na nim portret ładnej kobiety o spokojnym, pogodnym obliczu, na którym nie ma żadnych śladów bólu czy rozpaczy. Kobieta leży w łóżku, lewą rękę trzyma na prawym ramieniu małego chłopca, który odwrócony tyłem, ma twarz wtuloną w kołdrę posłania matki. Jego sylwetka wyraża rozpacz. Widać też inną kobiecą dłoń spoczywającą na drugim ramieniu dziecka. Była to zapewne ręka obecnej przy śmierci jednej z sióstr matki. Ten obraz tchnie spokojem, jedynie sylwetka chłopca wprowadza niepokój i podkreśla dramatyzm sytuacji.

Traci się bliską osobę nie tylko poprzez śmierć, ale też poprzez nieodwzajemnioną z różnych względów miłość. Poeci często rozpaczali za utraconą, nieodwzajemnioną czy zdradzoną miłością, z naszym narodowym wieszczem Adamem Mickiewiczem na czele. Wszyscy chyba znają wiersz, a zwłaszcza jego strofę świadczącą o bezsilności poety wobec odrzucenia jego miłości przez ukochaną kobietę:

> Kobieto, puchu marny! Ty wietrzna istoto!
> Postaci twojej zazdroszczą anieli,
> a duszę gorszą masz, gorszą niżeli!...
> Przebóg! Tak Ciebie oślepiło złoto
> I honorów świecąca bańka, wewnątrz pusta![32]

Słowa te poeta skierował do Marii Wereszczakówny zwanej Marylą, która była rówieśnicą poety. Przyjaciel Mickiewicza, Domeyko, scharakteryzował ją jako osobę prostą i miłą w kontaktach, cierpliwą i czułą, bez wyniosłości, współczującą biednym. Podobna była w tych cechach do swojej matki, tylko miała bardziej od niej staranne, bardziej nowoczesne wychowanie. Znała się na muzyce, znała literaturę ojczystą, języki i literaturę włoską i francuską. Nie była piękna, ale miała jakiś szczególny urok, różniący ją od innych kobiet, które całą uczuciowość czerpały z książek i romansów[33].

---

[30]　K.I. Gałczyński, *Siódme niebo*, Czytelnik, Warszawa 1973, s. 313.
[31]　M. Tomczyk-Maryon, (przyp. 11), s. 64.
[32]　A. Mickiewicz, *Dziady*, część IV, Monolog Gustawa, [w:] *Dzieła*, t. III, Czytelnik, Warszawa 1955, s. 180.
[33]　Z. Sudolski, *Mickiewicz*, Wydawnictwo Ancher, Warszawa 2004, s. 54, 121–126.

Maryla Wereszczakówna ze swym charakterem, wrażliwością, mądrością była stworzona do tego, by być ukochaną poety, młodzi byli bardzo w sobie zakochani. Poeta jednak za czasów swej młodości był ubogi, ze strachem myślał o nadchodzących chłodach, bo był, jak sam siebie określił, „bezpłaszczowcem" — brakowało mu stosowego okrycia na zimę. Sam Mickiewicz miał świadomość, że jego sytuacja materialna nie pozwala mu żenić się i zakładać rodziny. Kiedy jednak jego ukochana zdecydowała się na związek z dużo od siebie starszym, ale majętnym i wysoko sytuowanym hrabią Puttkamerem, Mickiewicz rozżalony w wierszu „Do M…" pisał:

> Precz z moich oczu!...posłucham od razu
> Precz z mego serca!...I serce posłucha
> Precz z mej pamięci!...nie...tego rozkazu
> Moja i twoja pamięć nie posłucha[34].

Rzeczywiście, to co zostało jemu, a także Maryli, to pamięć ich miłości i niespełnionych nadziei.

W polskiej literaturze dotyczącej utraty miłości i bliskości szczególne miejsce zajmują wiersze Marii Jasnorzewskiej-Pawlikowskiej, która lapidarnie i przejmująco opisywała uczucia osoby, porzuconej:

> Nie widziałam cię już od miesiąca.
> I nic. Jestem może bledsza,
> Trochę śpiąca, trochę bardziej milcząca,
> Lecz widać można żyć bez powietrza[35].

Puenta tego króciutkiego utworu, w którym autorka jakby od niechcenia prezentuje swój stan związany z tęsknotą za utraconym ukochanym zaskakuje siłą wyrazu i porusza. Bardziej jeszcze porusza wiersz „Nike':

> Ty jesteś jak paryska Nike z Samotraki
> o miłości nieuciszona!
> Choć zabita, lecz biegniesz z zapałem jednakim
> Wyciągając odcięte ramiona[36].

Trzeba podziwiać kunszt poetki, która w tak krótkiej formie ukazała niezwykły upór i siłę, z jaką człowiek pragnie miłości.

Żal po stracie miłości bliskiej osoby bywa silny, ale równie silna jest tęsknota za utraconym krajem. Właśnie ona stała się inspiracją podziwianego i bliskiego sercom wielu pokoleń Polaków poematu „Pan Tadeusz". W dwunastu księgach autor przedstawił wszystko, co było bliskie jego sercu. Ludzi z ich przywarami i wielkością, konflikty małe i duże, obyczaje, ale też krajobrazy, domostwa, ogrody i chmury — wszystko, co utracił. Patrząc na liczbę najdrobniejszych szczegółów zawartych

---

34 A. Mickiewicz, *Do M****, [w:] *Dzieła*, t. I, Czytelnik, Warszawa 1955, s. 86.

35 M. Pawlikowska-Jasnorzewska, *Miłość*, [w:] *Najpiękniejsze wiersze o miłości*, Wydawnictwo BIS, Warszawa 1996, s. 30.

36 M. Pawlikowska-Jasnorzewska, *Być kwiatem?...*, Świat Książki, Warszawa 2000, s. 42.

w poemacie można uznać, że tęsknota wyostrzyła pamięć wieszcza, przypomniała mu wszystko, za czym tęsknił.

Dość zdumiewającym był fakt, jak niektórzy polscy wybitni twórcy pióra funkcjonowali podczas okupacji niemieckiej. Imponujący jest dorobek okupacyjny najwybitniejszego poety „pokolenia Kolumbów", Krzysztofa Kamila Baczyńskiego. Podczas okupacji wydał aż cztery tomiki wierszy, część z nich ma ścisły związek z wojną, ale autorowi udało się napisać wszystkie utwory tak, że mają one ponadczasowy wymiar. Miał świadomość, że jego pokolenie skazane jest na zagładę, ale w swoich utworach nie dramatyzował. Pisał też wiersze niedotyczące wojny, pragnąc ograniczyć wpływ wojny na własną psychikę.

Czesław Miłosz w „Listach po wojnie" pisał o tym, jak on, Andrzejewski i Wyka prowadzili żywe dysputy dotyczące sztuki i literatury; dobrze się w tych sprawach rozumieli, toteż wojna była dla nich zjawiskiem zbyt zewnętrznym, by ich dyskusjom stawać na przeszkodzie. „Intensywność pracy umysłowej podejmowanej pod okupacją niemiecką przez naszych pisarzy jest imponująca i zastanawiająca"[37]. Wyka, który działał w tajnym Uniwersytecie Jagiellońskim, współpracował z podziemnymi pismami literackimi. Był autorem eseju, który przybliżył współczesnym lirykę Krzysztofa Kamila Baczyńskiego. Wyka napisał także w czasie wojny zrąb książki, jednej z nielicznych w naszym piśmiennictwie bardzo przenikliwych analiz zachowania społeczeństwa zniewolonego. Wśród przyczyn, które motywowały twórców do wypowiedzi, była potrzeba analizy powodów tak ciężkiej, także etycznej, klęski Polski.

VII. Deprywacja potrzeby uznania, szacunku i sensu życia

Uznanie i szacunek to jedna z ważnych potrzeb człowieka. Ludzie, postępując dobrze, oczekują w zamian gratyfikacji w postaci dowodów uznania i szacunku. Wybitne dzieło odznacza się oryginalnością i nowością, zrywa ze starym, utartym sposobem rozwiązywania problemów na rzecz nowych, dotąd nieznanych. Budzi więc sprzeciw i brak uznania, a co najmniej niechęć. Jeden z wcześniejszych aktów namalowanych przez Renoira krytyk „Le Figaro" opisał jako: „kupę mięsa w stanie rozkładu, z plamami zielonymi i fioletowymi, znamionującymi u trupa stan zupełnego rozkładu"[38]. Natomiast z początkiem XX wieku Renoir oblegany był przez damy z towarzystwa, które pragnęły być przez niego portretowane. Artysta miał swobodę wyboru i malował tylko te kobiety, które zainteresowały go swą urodą i osobowością. Jedną z wybranek była Misia Edwards, błyskotliwa kobieta, która przez ponad czterdzieści lat nadawała ton paryskiemu życiu kulturalnemu. Zaawansowany wiekiem Renoir portretował Misię aż osiem razy, a ona przyznawała, że nikt tak jak on nie potrafił oddać na płótnie gładkości skóry i jej niezwykłej, perłowej przejrzystości. Na tym przykładzie widać, jak krańcowo różnie mogą być oceniane prace jednego artysty namalowane w tym samym stylu.

---

[37] A. Zawada, *Miłosz*, Wydawnictwo Dolnośląskie, Wrocław 2004, s. 83.
[38] P. Bade, *Renoir*, Oficyna Panda, Warszawa 1994, s. 130.

Większość wybitnych twórców tworząc nowy kierunek w malarstwie, muzyce lub literaturze u początku drogi spotyka się z brakiem zrozumienia, a jeszcze częściej z odrzuceniem. Powodem odrzucenia jest z jednej strony niedocenianie nowatorstwa ich dzieł, z drugiej zaś atawistyczna niechęć do kogoś, kto nas przerasta. Wielkość drugiego człowieka odbierana jest często jako pomniejszenie własnej wartości.

Wybitni twórcy, zamiast otrzymywać obiektywne dowody uznania, które pozostają w proporcji do ich osiągnięć, są skazani na ambiwalencję uczuć swoich odbiorców. Niedocenianie jednostek wybitnych zaczyna się bardzo wcześnie, jeszcze w ich dzieciństwie, gdyż jak stwierdza Howard Gardner: „W pewien sposób okazujemy pogardę ludziom wybitnie zdolnym, wydając na przykład nieporównanie więcej na dzieci, którym nauka sprawia trudności, niż na uczniów niezwykle utalentowanych"[39]. Rzeczywiście, wybitne jednostki, jeśli doznawały wsparcia, to jedynie ze strony swej rodziny, najczęściej jednak swe sukcesy zawdzięczały wyłącznie własnemu uporowi i determinacji[40], często przeciwstawiając się swojej rodzinie, która widziała ich w innej profesji[41]. Ewa Curie w głośnej biografii swojej matki[42] wyraziła ubolewanie, że tak wybitnie zdolna osoba, jaką była Maria Skłodowska-Curie, z takim wysiłkiem zdobywała swe staranne wykształcenie i nie było nikogo, kto udzieliłby jej takiego wsparcia, na jakie zasługiwała.

Nasza noblistka, która zdobyła tę nagrodę dwukrotnie za wybitne naukowe osiągnięcia, miała okazję osobiście przekonać się, jak łatwo opinia publiczna z euforii i zachwytów potrafi zwrócić się z nienawiścią do osoby, która była przedmiotem podziwu. Gdy żona jej współpracownika Langevina ujawniła w prasie listy Marii, z których wynikało jednoznacznie, że ma ona z nim romans, wszyscy, którzy z największym podziwem patrzyli na kobietę-noblistkę z nienawiścią obrócili się przeciwko niej. Prasa publikowała jej wizerunki ucharakteryzowane na wyjęte z kronik policyjnych i publikowała zjadliwe teksty nazywając ją „panią Curie" (z pominięciem profesorskiego tytułu). Tłum rzucał w jej okna kamieniami, zagrażając zdrowiu i życiu jej i jej córek, część profesorów Sorbony, gdzie miała katedrę, domagało się odesłania jej do Polski; nawet jeden z nobliwych organizatorów uroczystości nadawania Nagrody Nobla sugerował jej, by wobec skandalu nie pojawiała się na uroczystości wręczenia nagrody. W odpowiedzi Maria stwierdziła między innymi:

> Popełniłabym poważny błąd, gdybym zastosowała się do pańskiej rady. W rzeczywistości nagroda została przyznana za odkrycie radu i polonu. Uważam, że nie ma związku pomiędzy moją pracą zawodową a realiami życia prywatnego. […] Zasadniczo nie mogę zaakceptować

[39] H. Gardner, (przyp. 23), s. 15.

[40] G. Mendecka, *Etos pracy wybitnych twórców*, [w:] tejże, *Oblicza twórczości*, Wydawnictwo UŚ, Katowice 2010, s. 52–76.

[41] G. Mendecka, *Aktywność własna jako czynnik rozwoju wybitnych twórców*, „Psychologia Rozwojowa" 2011, nr 1, s. 64–76.

[42] E. Curie, *Maria Curie*, PWN, Warszawa 1983, s. 75–76.

poglądu, że na uznanie wartości pracy naukowej winny mieć wpływ oszczerstwa i pomówienia dotyczące prywatnego życia. [...] Jestem przekonana, że wiele osób podziela tę opinię[43].

Ta postawa Marii Skłodowskiej-Curie potwierdza stwierdzenie Howarda Gardnera:

[...] ludzi obdarzonych wielkim talentem i wywierających wielki wpływ na nasze życie traktujemy nieufnie. Najpierw nie chcemy uznać ich osiągnięć, nowatorskie pomysły odrzucamy i pozostawiamy w zapomnieniu. Później, kiedy już ich dzieło znajdzie uznanie, szukamy często oznak ludzkiej słabości, skaz, czegoś co uzasadniałoby swoistą degradację, jakbyśmy chcieli dowieść, że jednostki wybitne w rzeczywistości niczym nie różnią się od wszystkich innych, zwyczajnych śmiertelników. Nawet kiedy podziwiamy naszych bohaterów, uwielbiamy zarazem ich poniżać[44].

Maria nie ugięła się wobec zmasowanych ataków nienawiści. Na uroczystość odebrania drugiej Nagrody Nobla pojechała, tym razem wygłosiła wykład, do którego jej nie dopuszczono przy pierwszej nagrodzie (zaproponowano go tylko mężowi), odniosła wielki sukces, który jednak tyle ją kosztował, że po powrocie z uroczystości przeszła silne załamanie nerwowe i przez rok była hospitalizowana.

Maria Skłodowska-Curie — jak zresztą wielu wybitnych twórców — nie dbała o poklask; powodowana indywidualną potrzebą hubrystyczną do końca swego obfitującego w trudne doświadczenia życia pracowała naukowo, żyła nauką i dociekaniem prawdy. Badania laboratoryjne, tworzenie warunków dla prowadzenia badań były całym jej światem. W biografii swojej matki Ewa Curie napisała: „Skreśliłam obraz Marii Curie u schyłku jej życia, owacyjnie witanej przez tłumy, goszczonej przez królów, prezydentów i ambasadorów wszystkich państw świata. Dla mnie jednak inny obraz wybija się ponad wspomnienia najświetniejszych uroczystości: blada, obojętna, niemal bez wyrazu twarz mej matki"[45].

Twórcy, zyskując aplauz publiczności, często mieli świadomość, że są podziwiani, bo nastała moda na kierunek lub trend, który reprezentują, a moda to rzecz ulotna, przemijająca. Mieli często świadomość, że ich wyrastająca ponad epokę twórczość zostanie prawdziwie oceniona i doceniona przez potomnych, gdy się nie zestarzeje, gdy przetrwa próbę czasu. Mieli tego pełną świadomość poeci, m.in. Horacy, Mickiewicz, Puszkin i Słowacki, że dla potomnych piszą i sława ich będzie trwała przez pokolenia. To poczucie posłannictwa, misji, sprawiało, że nie zrażali się doraźnym brakiem zainteresowania ich twórczością.

Obok twórców pewnych swej misji i niezrażających się brakiem zrozumienia ich dokonań istnieli także tacy, których doświadczenia sprawiły, że przeżywali deprywację sensu życia, w wyniku czego to życie sobie odebrali. Do grona wybitnych samobójców należeli między innymi: Vincent van Gogh, Ernest Hemingway, Wirginia Wolf, Włodzimierz Majakowski, Stanisław Witkiewicz, Edward Stachura, Rafał Wojaczek, Tadeusz Borowski, Jan Lechoń, Jerzy Kosiński, filozof August Comte,

---

[43] B. Goldsmith, *Geniusz i obsesja. Wewnętrzny świat Marii Curie*, Wydawnictwo Dolnośląskie, Wrocław 2006, s. 165.

[44] H. Gardner, (przyp. 23), s. 15.

[45] E. Curie, (przyp. 42), s. 290.

wynalazca Rudolf Diesel, kompozytor Robert Schuman. Tych osób twórczość nie uratowała przed samozagładą, gdyż deprywację sensu życia odczuwali bardzo silnie. Różne były uwarunkowania ich dramatycznego kroku, były to i alkoholizm, i uzależnienie od narkotyków, traumatyczne przeżycia obozowe, choroba psychiczna, lęk przed wojną i jej następstwami, frustracja związana z koniecznością opuszczenia ojczyzny itd.

VIII. Konkluzja

Twórczość stanowi kontinuum, na którego przeciwnych krańcach znajdują się codzienna pomysłowość i oryginalne rozwiązanie życiowych problemów, a na drugim tworzenie wybitnych dzieł, zmieniających paradygmat w danej dziedzinie wiedzy, powodujących rozwój cywilizacji, pomnażających dobra kultury w szerokim wymiarze społecznym. Człowiek jest podmiotem własnego działania. Każdego z nas, w tym także twórców, do działania motywuje konieczność zaspokojenia potrzeb. Wiele jednostek, zwłaszcza uzdolnionych twórczo, do działania pobudzają również cenione przez nich wartości. Wartości stają się wtedy celami naszego działania. Jak podkreślił to A. Maslow w przywołanej na wstępie hierarchicznej teorii potrzeb, aktywność twórcza jednostki nieposiadającej wybitnych zdolności jest ściśle związana z poziomem zaspokojenia potrzeb.

Przeprowadzona w niniejszym tekście analiza faktów z losowo wybranych biografii wybitnych twórców wykazała, że tak jak każdy mniej twórczy człowiek, przeżywają oni szereg niemiłych życiowych zdarzeń, cierpią z powodu takich nieszczęść jak wojny, śmierć lub odejście bliskiej osoby, utrata pracy, przyjaciół, choroba, więzienie, a także alkoholizm, choroby psychiczne itd. Równocześnie warto zauważyć, że mają oni wysoki próg tolerancji na wszelkie deprywacje potrzeb, a tym samym oznacza to, że fakt ten nie wpływa negatywnie na odczuwaną przez nich jakość życia. Wyszydzani i wyrzucani z oficjalnych salonów sztuki impresjoniści decydowali się na niski poziom życia, na drastyczne ograniczenia, a mimo tego nie przestawali uprawiać malarstwa w uznanym przez siebie stylu. W imię szlachetności sztuki, wierności swoim założeniom i ideom nie ulegali komercjalizacji i nie zaczynali malować tak, by ich obrazy dobrze się sprzedawały.

Maria i Piotr Curie w pozbawionej wszelkiego komfortu szopie, pracując ponad siły przez sześć lat, zbadali zjawisko promieniotwórczości i odkryli nowe pierwiastki. Według obiektywnych kryteriów jakość ich życia była niska, według odczucia Marii był to najszczęśliwszy okres w ich życiu, pracowali razem, nie zrażali się istniejącymi trudnościami, krok po kroku realizowali własne pasje naukowe.

Najwięcej miejsca w prezentowanym tekście poświęcono deprywacji jako źródłu inspiracji. Ta zdolność wybitnych twórców sprawia, że czują się oni wzmocnieni przez bolesne doświadczenia i potrafią je wykorzystać jako tworzywo swojej twórczości. Ciężko doświadczeni przez los wychodzą ze swoich nieszczęść wzmocnieni i bardziej dojrzali. W tej sytuacji obiektywnie niska jakość ich życia spowodowana chorobą, więzieniem, zsyłką, śmiercią bliskiej osoby lub porzuceniem, ma dla nich

znaczną wartość, bo pozwala im pełniej zrozumieć sens życia, umożliwia lepsze poznanie siebie i szybsze dojrzewanie. Owe wartości, na których im zależy, które stają
się ich życiowymi celami, ukazują w pełni swe znaczenie i sens wówczas, gdy w ich
życiu pojawiają się negatywne przeżycia i doświadczenia. Właśnie owo zwrócenie
się ku wartościom podnosi znacząco poziom jakości ich życia mimo deprywacji
nawet podstawowych potrzeb.

Grażyna Mendecka

Deprivation of needs among eminent artists

The aim of the paper is to answer the question of whether eminent artists, while
improving others' quality of life, had their own needs tended to, which of their
needs were unmet, how they handled this, and in what way it influenced their own
creativity and their quality of life. It was found, on the basis of randomly chosen
biographies of eminent artists, that harsh experiences were part of their lives. Since
creativity is inextricably bound with values, eminent creators were strengthened by
painful experiences and used them as material for their creativity. The objectively
low quality of their lives — due to illness, imprisonment, exile or death of their
loved ones — constituted a significant value for these artists, making them feel that
they fully understood the essence of life. Due to deprivation of needs they could
understand themselves better and mature earlier. In their perception, their creativity, founded on values, improved their quality of life despite deprivation of their
basic needs.

Anna Wypych-Gawrońska

Współczesne dramaturgiczne formy obrazowania i doświadczania codzienności

I. Kategoria doświadczenia we współczesnym literaturoznawstwie i kulturoznawstwie

1. Teoria literatury i teoria kultury wobec kategorii doświadczenia

Kategoria doświadczania codzienności, będąca jednym z zasadniczych tematów w dorobku naukowym Romualda Derbisa, jest też przywoływana w badaniach humanistycznych, takich jak literaturoznawstwo, kulturoznawstwo, a także w ich gałęziach: dramatologii czy teatrologii. Dowodem mogą być prace, których autorzy nawet w tytułach wyróżniają wspomnianą kategorię, np. artykuł Beaty Popczyk-Szczęsnej „Doświadczenie codzienności w dramaturgii polskiej po 1989 roku"[1] czy praca zbiorowa pod redakcją Anny Węgrzyniak i Tomasza Stępnia pt. „Rytuały codzienności"[2], gdzie znajdują się teksty dotyczące najnowszej literatury polskiej, w tym dramatu. Temat doświadczania i doświadczenia codzienności jest też podejmowany przez teoretyków literatury i kultury, takich jak Ryszard Nycz i Anna Zeidler-Janiszewska, którzy byli współredaktorami aż trzech prac odnoszących się do tej kategorii w ujęciu literaturoznawczym i kulturoznawczym: „Nowoczesność jako

---

[1] Autorka wybiera jako przykłady kilka tekstów, nie odnosi się do dramatu Marii Spiss pt. *Dziecko*, którego analiza i interpretacja zaproponowana jest w niniejszej pracy; zob. B. Popczyk-Szczęsna, *Doświadczenie codzienności w dramaturgii polskiej po 1989 roku*, „Postscriptum Polonistyczne" 2011, nr 2, s. 15–26.

[2] Zob. A. Węgrzyniak, T. Stępnia (red.), *Rytuały codzienności*, Wydawnictwo Wyższej Szkoły Zarządzania Ochroną Pracy w Katowicach, Katowice 2008, *passim*.

doświadczenie"[3], „Nowoczesność jako doświadczenie: analizy kulturoznawcze" (wspólnie z Barbarą Gizą)[4], „Nowoczesność jako doświadczenie: dyscypliny — paradygmaty — dyskursy"[5].

W pierwszej wymienionej pracy dotyczącej doświadczenia i nowoczesności Ryszard Nycz zaproponował trzy wykładnie rozumienia połączenia tych kategorii: doświadczeniowa nowoczesność, doświadczenie nowoczesności oraz doświadczenie nowoczesne.

Doświadczeniowa nowoczesność została przez Nycza odniesiona do tradycji humanistycznej jako wiążąca się m.in. z wiedzą praktyczną, czerpaną „z doświadczenia, które jednostki nabywają w toku kontaktów z innymi (innymi ludźmi, zwierzętami i rzeczami), kontaktów zawsze konkretnych, kontekstowo uwarunkowanych, przebiegających w danym czasie i miejscu"[6]. Jak zwraca uwagę Nycz, kategoria doświadczenia pozostaje w tym ujęciu w kontraście ze scjentystyczną racjonalnością, w której istotne jest przekonanie o stałych fundamentach ludzkiej wiedzy.

Drugie rozumienie — doświadczenie nowoczesności „odnosić się ma do ciężkich prób, na jakie wystawiony został człowiek poddany racjonalistycznemu projektowi modernizacji oraz jego negatywnych konsekwencji (człowieka uprzedmiotawiających, ubezwłasnowolniających, dezintegrujących czy wyobcowujących)"[7]. Jest to, w efekcie konfrontacji podmiotu z warunkującymi go uzależnieniami codzienności (społecznymi, politycznymi czy dyskursywnymi), doświadczenie odczuwane jako negatywne.

Trzecie rozumienie zaproponowane przez Nycza to doświadczenie nowoczesne, odmienne od formy doświadczenia nowoczesności. „Jeśli tamto było poddane przepędzeniu zaprojektowanego życia w zaprojektowanym świecie, to w tym przypadku świat nie jest doświadczany jako projekt"[8], ale odbieramy go jako np. „cywilizacyjne pejzaże, technologicznie przekształcone środowisko oraz kulturowo i społecznie wymodelowaną przyrodę"[9]. Ta forma doświadczenia nowoczesnego rodzi się np. „w spotkaniach z miastem i towarzyszącą im feerią wrażeń (przemieniających niekiedy rzeczywistość w rodzaj spektaklu), w przygodnych kontaktach z obcymi czy z anonimowym tłumem (grożącymi wyobcowaniem), w doznaniu chwili, bezpośredniości bycia tu i teraz, poczuciu zanurzenia w nieprzerwanym przepływie strumienia zdarzeń (prowadzącym nierzadko do depersonalizacji) itp."[10]. Cytaty powyższe przytoczyłam nie tylko z powodu odniesienia kategorii doświadczania do teorii literatury i kultury. Trzy zaproponowane przez Nycza ujęcia wskazują

---

3 Zob. R. Nycz, A. Zeidler-Janiszewska (red.), *Nowoczesność jako doświadczenie*, Wydawnictwo Universitas, Kraków 2006, *passim*.

4 A. Zeidler-Janiszewska, R. Nycz, B. Giza (red.), *Nowoczesność jako doświadczenie: analizy kulturoznawcze*, Wydawnictwo SWPS Academica, Warszawa 2008, *passim*.

5 A. Zeidler-Janiszewska, R. Nycz (red.), *Nowoczesność jako doświadczenie: dyscypliny — paradygmaty — dyskursy*, Wydawnictwo SWPS Academica, Warszawa 2008, *passim*.

6 R. Nycz, (przyp. 3), s. 8.

7 R. Nycz, (przyp. 3), s. 9.

8 R. Nycz, (przyp. 3), s. 10.

9 R. Nycz, (przyp. 3), s. 10–11.

10 R. Nycz, (przyp. 3), s. 11.

na możliwości analizy współczesnego dramatu poprzez zjawisko odbioru codzienności traktowanej jako przejaw nowoczesności.

2. Zwrot performatywny a doświadczanie codzienności

Temat doświadczania codzienności w dramacie przywołuje też konteksty nowego spojrzenia na kulturę i literaturę w ujęciu tzw. zwrotu performatywnego. Zaproponowanie jako tematu w utworze literackim problematyki doświadczania rzeczywistości codziennej wiąże się bowiem w dużym stopniu ze zjawiskiem rytualizacji tej codzienności, co z kolei prowadzi w stronę myślenia performatywnego. Dla performatyki doświadczanie jest jednym z istotniejszych tematów z powodu zainteresowania człowiekiem działającym, niezależnie od tego, czy zajmujemy się performansami społecznymi, politycznymi, kulturowymi czy rytuałami codziennymi[11]. Sposób realistycznego prezentowania życia codziennego w dramacie, z uwzględnieniem elementów performatywnych, powoduje nawet stawianie tezy o nowej formie realizmu. Jak pisze Miłosz Babecki: „Performans i życie codzienne dzieli cienka granica, co pozwala mówić o odwróconej «mimesis»"[12], w której to życie naśladuje wzorce stworzone przez różne formy kulturowe, np. media.

3. Nurt realizmu codzienności we współczesnym dramacie

Obecność we współczesnej dramaturgii tematyki codzienności oraz jej rytualizacji i doświadczania wiąże się z charakterystycznym dla dzisiejszego dramatu nurtem realizmu codzienności. Codzienność stała się tłem wielu współczesnych tekstów literatury i kultury, zdominowała charakterystyczne dla końca XX w. nurty związane chociażby z tematyką genderową. Beata Popczyk-Szczęsna pisze nawet w ocenie okresu po 1989 roku o „(nad)obecności tematów dnia codziennego w dramaturgii polskiej minionego dwudziestolecia"[13]. To silne zainteresowanie codziennością powoduje konieczność powrotu do kwestii mimetyzmu sztuki i do kategorii realizmu.

Sposoby prezentowania rzeczywistości odniesione do zmodyfikowanego *mimesis* przybierają różny kształt we współczesnej i najnowszej dramaturgii. Joanna Puzyna-Chojka w pracy „Teatr w poszukiwaniu realności" odwołuje się m.in. do obecności „nagiej prawdy" w twórczości „nowych brutalistów". Z powodu tak określonej konwencji i formuły prawdy dramat nowych brutalistów wprowadza obrazy okrucieństwa i wulgaryzuje język wypowiedzi. Nie bez powodu u brutalistów pojawił się też termin „tragedia zwyczajnego życia"[14]. Te same formy obrazowania i wyrażania świata przedstawionego wchodzą do warsztatu współczesnych dramatopisarzy

---

[11] Zob. R. Schechner, *Performatyka: wstęp*, Ośrodek Badań Twórczości Jerzego Grotowskiego i Poszukiwań Teatralno-Kulturowych, Wrocław 2006, *passim*.

[12] M. Babecki, *Strategie medialne w tekstach najnowszej dramaturgii polskiej*, Wydawnictwo UWM, Olsztyn 2010, s. 20.

[13] B. Popczyk-Szczęsna, (przyp. 1), s. 16.

[14] J. Puzyna-Chojka, *Teatr w poszukiwaniu realności*, <www.kulturaenter.pl/0/04t1.html> [16.11.2012].

polskich, również wówczas, gdy przywołują oni tzw. „małą codzienność". Puzyna-Chojka pisze: „W tym kulturowym i społecznym kontekście w połowie lat dziewięćdziesiątych rodzi się nowy teatralny dokumentaryzm, który występuje pod różnymi, nie do końca równoważnymi nazwami: teatr faktu, *reality drama*, *docu-drama* czy *verbatim*"[15]. Poprzez tworzenie nowych określeń gatunkowych zwraca się zatem uwagę na dokumentacyjny charakter dramatu i jego publicystyczny niemal wydźwięk („dramat-reportaż").

Wykorzystując kryterium realizmu, Roman Pawłowski wybrał utwory współczesnego dramatu do antologii „Pokolenie porno". We wstępie do antologii, która wywołała spore poruszenie w kręgu literaturoznawców i teatrologów Pawłowski pisze, że nie interesuje go inny kontekst, „niż kontekst naszej codzienności i życia zbiorowego"[16], uznawany przez niego za klucz do odczytania współczesnej dramaturgii polskiej. Na podstawie obecności estetyki realizmu w większości polskich dramatów (niestety, głównie tych artystycznie przeciętnych), Dobrochna Ratajczakowa wprowadziła do dramatologii kategorię *reality drama*, stwierdzając m.in., że: „Fenomen *reality* także możemy wpisać w ciąg współczesnych masek realizmu. W tym szeregu odnajdziemy nowy realizm, przenoszący do tekstów cytaty codzienności, często filtrowane przez komiksową narrację"[17]. Tematem dramatów staje się zatem dzień powszedni. Czy jednak tylko o obrazowanie rytuałów codzienności i jej doświadczania w tych tekstach chodzi?

II. Dramat „Dziecko" Marii Spiss — analiza i interpretacja z uwzględnieniem kategorii doświadczania codzienności

1. Postaci i komunikacja między nimi

Rzeczywistość codzienną czyni tłem do dramatu „Dziecko" Maria Spiss. Utwór został umieszczony w antologii „Echa, repliki, fantazmaty"[18] wśród dziewięciu najciekawszych, według autorek wyboru, dramatów z przełomu XX i XXI wieku.

Utwór Spiss wchodzi w stylistykę charakterystyczną dla dramaturgii współczesnej na kilku płaszczyznach działań literackich. Zbliżona do wielu najnowszych tekstów jest uniwersalizacja bohaterów poprzez nazwanie ich Ona i On. Unikanie już na poziomie prezentacji postaci zabiegów związanych z ich indywidualizacją i personalizacją kieruje interpretację dramatu w stronę myślenia kategoriami uogólniającymi. Postaci, pomimo rozróżnienia związanego z płcią, są do siebie bardzo podobne, oczekują tego samego (z jednym wyjątkiem, o czym w dalszej części tekstu), posługują się analogicznym słownictwem, ważne są dla nich te same elementy

[15] J. Puzyna-Chojka, (przyp. 14).

[16] D. Ratajczakowa, *Reality drama*, [w:] tejże, *W krysztale i w płomieniu: studia i szkice o dramacie i teatrze*, t. 2, Wydawnictwo UWr, Wrocław 2006, s. 438.

[17] D. Ratajczakowa, (przyp. 16), s. 444.

[18] M. Spiss, *Dziecko*, [w:] *Echa, repliki, fantazmaty. Antologia nowego dramatu polskiego*, red. M. Sugiera, A. Wierzchowska-Woźniak, Wydawnictwo Księgarnia Akademicka, Kraków 2005, s. 223–252.

codzienności, chwytają się jednakowych znaków zwyczajnego życia, aby przywrócić czy nawiązać prawdziwy kontakt ze sobą. Również zasadniczy temat dramatu, którym okazuje się rozstanie pary zmęczonej wspólnym dziesięcioletnim związkiem, wiąże się z przeżywaniem dnia codziennego, trudno bowiem wskazać na inne powody zerwania poza nudą płynącą z rytualizacji czy rutynizacji powszednich działań i wydarzeń. Obraz stosunków między postaciami, powstający w tle codziennych powtarzalnych zachowań, może prowadzić do wniosku o braku kontaktu i wzajemnego zrozumienia, pomimo wspomnianego wcześniej pokrewieństwa sposobów doświadczania rzeczywistości. Do budowania pozytywnych wzajemnych relacji nie wystarczy bowiem więź oparta na konsumpcyjnych możliwościach dobrze zarabiających ludzi, traktujących rytuał zakupów jako formę ucieczki przed rozpadem związku.

Nawet jednak niekonsumpcyjne wspólne doświadczanie codzienności nie daje szansy na tworzenie konstruktywnych międzyludzkich kontaktów. Rytualizacja zachowań dnia powszedniego banalizuje życie, nie jest podstawą do budowania przyszłości, choć w dramacie pojawiają się sytuacje, które potencjalnie mogłyby stać się okazją do poprawienia wzajemnych więzi. Wydaje się, że pozytywny wydźwięk może mieć rytuał niedzielnego odpoczywania, ale nawet ta forma wspólnego doświadczania rzeczywistości staje się zagrożeniem dla bohaterów, zagubionych w sytuacji braku obowiązków typowych dla dnia pracy. Poza czasem świętowania jeszcze kilka sytuacji stwarza pozornie szansę dla zbudowania dobrych relacji. Kilkakrotnie ONA i ON rozmawiają o nadziei „dla nas", o szczerej rozmowie, wyjeździe, przyjemnym spędzaniu czasu. Okazuje się jednak, że wszelkie działania wykonywane razem budują więź tylko pozornie, np. wspólne opisywanie rzeczywistości i sytuacji oglądanych zza okna apartamentowca wywołuje ostatecznie komentarz: „ONA: Lubię patrzeć w okno. Nie musimy wtedy patrzeć na siebie"[19].

Postaci nie odnajdują wspólnej płaszczyzny porozumienia również wówczas, gdy ONA zaczyna mówić o sprawach dla ich związku najważniejszych, sugerując swoje potrzeby partnerowi poprzez zainteresowanie losem dziecka tragicznie zmarłej kobiety, mieszkającej w pobliskim apartamencie. Nawiązywanie do sytuacji dziecka czy opis urody oglądanej z okna dziewczynki jest formą wyrażania przez kobietę jej pragnienia macierzyństwa. Dziecko, pomimo swej krótkiej „obecności" w rozmowach między postaciami, okazuje się na tyle ważne w kontekście związku postaci, że autorka dramatu wyróżniła je w tytule utworu. Tak jak wszystkie wypowiedzi postaci, tak i te, w których bohaterka wyraża sprawy dla niej najważniejsze, nie znajdują jednak szczerej odpowiedzi i są jedynie kwitowane zdawkowymi krótkimi ripostami bohatera.

2. Konstrukcja języka, akcji i przestrzeni

Konstrukcja języka postaci jest również wzorowana na języku potocznym. Tak jak codzienność bohaterów, tak i sposób porozumiewania się między nimi jest banalny, prosty i nudny. Nudny w swojej powtarzalności zwrotów i pytań, na które odpowiada

---

[19]　M. Spiss, (przyp. 18), s. 244.

się krótką, nieprowadzącą do żadnej formy prawdziwego nawiązania kontaktów formułą. Większość pytań zadaje ONA: „wychodzisz?", „co dalej?", „jak długo?",
„dokąd?", „coś jeszcze?". ON odpowiada: „nie. Może. Zobaczę", „nic nie planowa-
liśmy", „jak należy", „do końca", „nic więcej". Ta zdawkowość wypowiedzi, którą
cechuje chorobliwa wręcz niemożność skonstruowania dłuższego zdania (prawie
nie ma w dramacie zdań podrzędnie złożonych), bliska jest zjawiskom codziennego
języka i stanowi kolejne potwierdzenie braku szansy nawiązania prawdziwego kontaktu między postaciami. Większość wypowiadanych kwestii ma powierzchowną formę
zbliżoną do znaczenia najprostszych zwrotów grzecznościowych, bo też i Ona, i On
unikają dosadnego słownictwa, chwalą się, że „jest miło", że „Jesteśmy wobec siebie
kulturalni. Zdzwonimy się"[20]. Poprzez zewnętrzną warstwę nie ma szansy przebić
się głębszy sens pojawiających się mimochodem zwrotów sygnalizujących potrzebę
rozmowy czy po prostu wspólnego przebywania. Choć równocześnie, tak jak w przypadku akcji dramatycznej, tak i w odniesieniu do języka trudno stwierdzić, że takich
prób postaci nie podejmują (pojawiają się stwierdzenia: „chciałabym porozmawiać",
„porozmawiajmy", „chciałbym coś zmienić", „chciałabym, żeby było inaczej"), ale
nawet w sugestiach pragnienia naprawy wewnętrznych stosunków przeważa słownictwo potwierdzające egoistyczną postawę postaci — „chcę", „chciałbym", „mam
ochotę". Grzeczność wyrażeń jest powierzchowna i dużo mówi o odnoszeniu się
postaci wobec siebie; zamiast prawdziwego związku widzimy osoby właściwie sobie
obojętne. Tego obrazu i ogólnego charakteru wypowiedzi postaci nie zmienia kilka
ostrzejszych zwrotów („Dlaczego mówisz tak, do cholery?"[21]). Jak pisze Popczyk-
Szczęsna o całej grupie utworów dramatycznych obrazujących doświadczenie codzienności: „W tych dramatach, paradoksalnie, najbliższą, konkretną, a zarazem najbardziej uciążliwą przeszkodą w życiu codziennym pozostaje drugi człowiek"[22].

Postaci w rytualnej grze językowej upewniają się, że nawiązują ze sobą kontakt:
„rozmawialiśmy", „ciągle rozmawiamy", jednak to nie jest prawdziwa rozmowa,
często bowiem dialog traci podstawową funkcję komunikacyjną, ponieważ riposta
nie odnosi się do zadanego pytania, trafiając niejako obok oczekiwań pytającego.
Powodem zaniku funkcji komunikacji językowej są także nieustanne zmiany
w rozmowie, nagłe podejmowanie innego, choć podobnie miałkiego, tematu.
Np. „ON: W przyszłym roku zostanę przeszkolony w drugim stopniu. ONA: Jeź-
dzilibyśmy częściej za miasto. ON: Wszystko za wcześnie. ONA: Może się uda.
Chcę, żeby się udało. ON: Ja nie wiem, czy chcę. ONA: Z kolorowej włóczki robi
się kolorowe czapeczki. Na naszym osiedlu jest taki sklep"[23]. Tylko jedna grupa
zagadnień prowadzi do ożywienia dramaturgicznej konwersacji — zarabianie, wydawanie pieniędzy i kupowanie. „ON: Będzie nam lepiej. ONA: Będzie kasa? ON: Będzie.
Zwiększę limit na karcie kredytowej. ONA: Twoi koledzy nie mają takiego limitu.

---

[20] M. Spiss, (przyp. 18), s. 248.
[21] M. Spiss, (przyp. 18), s. 241.
[22] B. Popczyk-Szczęsna, (przyp. 1), s. 20.
[23] M. Spiss, (przyp. 18), s. 250.

ON: Nikt nie ma takiego limitu. Oprócz prezesa. Ona ma większy"[24] — to jeden z dłuższych dialogów, potwierdzających konsumpcyjny stosunek bohaterów do życia.

Podobnie schematyczna jak konstrukcja postaci i języka jest struktura dramatu, podzielonego na trzy części — *quasi*-akty czy sceny. *Quasi-*, ponieważ wyznacznikiem organizacji sytuacji dramatycznej jest tu powtarzalność rytualnej codzienności, nie zmienia się natomiast ani miejsce akcji, ani układ postaci. Nie ma w dramacie Spiss didaskaliów, co powoduje, że ograniczone zostały sugestie określające przestrzeń i czas wydarzeń. Również w ten sposób dokonuje się w tekście dramatu pewna uniwersalizacja sytuacji i wymiaru stosunków międzyludzkich.

Przestrzeń świata przedstawionego jest zbanalizowana i sprowadzona do minimum podstawowych znaków codziennej rzeczywistości. Mieszkanie, które zajmują bohaterowie, jak wynika z wypowiedzi postaci, jest duże, ładne i drogie. Bloki, w których mieszkają, to świat ludzi „lepszych", dlatego ON mówi: „Do naszego bloku nie wprowadza się byle kto"[25]. Przestrzeń dramatu rozszerza się poza mieszkanie postaci, ale też w obszary naznaczone piętnem konsumpcjonizmu — najczęściej jest mowa o markecie, galerii handlowej, siłowni, hotelu z basenem, restauracji na mieście, klubach. Są to, podobnie jak dobry samochód czy telewizor albo nowa kuchnia, fetysze codzienności. Przegrywają z nimi żywe istoty. O ile powodem wzajemnego niezrozumienia stały się podejmowane przez kobietę tematy, sugerujące potrzebę bliskości, którą mogłoby stworzyć domowe zwierzę jak kot czy pies, a przede wszystkim posiadanie dziecka, to fetysze codzienności — apartamentowiec, samochód czy katalog wczasów — nie powodują rozdźwięku w relacjach postaci, niestety, równocześnie nie mogą być podstawą, na której buduje się trwały związek.

3. Rytualizacja codzienności czy rutyna codziennego życia

Zjawisko rytualizacji rzeczywistości w dramacie Spiss nie pełni swoich podstawowych funkcji. Postaci mają wprawdzie świadomość możliwości, jakie dają rytualne zachowania, ale ich działanie jest pozorne, pozostaje w sferze słów. Zadaje się pytania, które należy zadać, bo z tym kojarzy nam się codzienne, prawdziwe życie, ale nie oczekuje się odpowiedzi albo jej nie otrzymuje. Padają stwierdzenia odnoszące się do powtarzalnych sytuacji, nie budują one jednak podstaw wspólnej egzystencji. „W każdą niedzielę mamy wspólne śniadanie"[26]. „O każdej porze roku pojedziemy nad rzekę"[27], „Mieliśmy odpoczywać. Jest niedziela"[28]. Tak pojęta rytualizacja codzienności nie spełnia swojego kulturowego, socjologicznego czy psychologicznego zadania. Zanika rola rytuału, jeśli jego jedynym wyznacznikiem staje się powierzchowna

---

[24] M. Spiss, (przyp. 18), s. 227–228.

[25] M. Spiss, (przyp. 18), s. 239.

[26] M. Spiss, (przyp. 18), s. 235.

[27] M. Spiss, (przyp. 18), s. 242.

[28] M. Spiss, (przyp. 18), s. 241.

powtarzalność. Rytuał staje się rutyną, banalizacją czynności, a rytualizacja codzienności — mechanizacją jej doświadczania. Takiej formie rytualizacji zaczyna towarzyszyć nuda. W dramacie sygnałami rutyny są propozycje zjedzenia obiadu, wypicia kawy, które pojawiają się w przestrzeni rozmowy, ale kulturowa, społeczna czy nawet psychologiczna funkcja rytuału nie zostaje w nich podjęta. Np. „ONA: Odgrzej sobie. Jest w mikrofali. ON: Nie chcę jeść"[29]; temat jedzenia wkrótce powraca. „ONA: Obiad zawsze można odgrzać. ON: Jedzmy na mieście. Wyjdzie taniej"[30]. I znów: „ON: Zamówię obiad. ONA: Jest w mikrofali. Trzeba ją włączyć. ON: Mam ochotę na chińskie. ONA: Zamów japońskie. Jest zdrowsze"[31]. Od obrazu niedzielnego rytuału parzenia kawy zaczyna się część 2., ale już po kilku kwestiach okazuje się, że postaci nie potrafią utrzymać wymuszonej atmosfery przyjaznego kontaktu. Kilka wypowiedzianych zdań z propozycją podania kawy, rogalika, dżemu to tylko grzecznościowe zwroty, których nastrój szybko mija a sytuację podsumowują kwestie postaci, odnoszące się do związku między nimi: „ON: Mówisz i nie patrzysz na mnie. ONA: Nie słuchasz mnie. Widziałam wodę, szeroko rozlaną. ON: Dlaczego nie patrzysz. ONA: Dlaczego nie słuchasz?"[32]. Te pytania pozostają bez odpowiedzi, bo bohaterowie więcej uwagi poświęcają smakowi kawy i „śmietance do kawy w niebieskim kartoniku" niż sobie. W dialogu całej części 2. i 3. wracają tematy jedzenia, niczym obowiązkowy przerywnik, który może — w odczuciu postaci — ratować ich związek. „ONA: Przygotuję obiad. Porozmawiamy. ON: Bez obiadu też możemy. ONA: Ja też nie jestem głodna"[33], „ON: Zamówimy jedzenie. Wybierz. ONA: Muszę trzymać się diety. Wysokobiałkowej, świeże jarzyny, owoce. ON: Co zjesz? ONA: Nie, ja ugotuję"[34].

Zamiast performatywnego doświadczania rzeczywistości w formie rytualizacji codzienności otrzymujemy w dramacie pokawałkowany obraz groźnej codziennej rutyny, określającej sytuację dramatyczną i prowadzącej do rozstania bohaterów. Działania postaci nie mają szansy zapobiec zerwaniu związku, ponieważ ogranicza je ich powierzchowny i pozorny charakter.

Sposób obrazowania rzeczywistości i doświadczania codzienności nie jest w dramacie Spiss formą realistycznego prezentowania prawdziwego życia. Poprzez rytualizację języka i codziennych wydarzeń powstaje w dramacie obraz groteskowej rzeczywistości, w której postaci, choć mówią, nie rozmawiają, choć wykonują razem codzienne czynności, żyją obok siebie. Jest to obraz zniekształconej codzienności, tak jak zniekształcony jest sposób jej doświadczania, a rytuał potocznych działań nie zapewnia poczucia stabilności świata, które mogłoby dać podstawę do szczęśliwego

---

[29] M. Spiss, (przyp. 18), s. 226.

[30] M. Spiss, (przyp. 18), s. 229.

[31] M. Spiss, (przyp. 18), s. 230.

[32] M. Spiss, (przyp. 18), s. 235–236.

[33] M. Spiss, (przyp. 18), s. 239.

[34] M. Spiss, (przyp. 18), s. 242.

związku. W ten sposób doświadczana codzienność tworzy świat jednowymiarowy i równie jednowymiarowy jest związek między postaciami.

III. Podsumowanie

Małgorzata Sugiera pisała, że współczesny dramat obrazuje związki z rzeczywistością w różnorodny sposób: „Dramat czasem potwierdza poglądy swych odbiorców, czasem pokazuje je w satyrycznym wykrzywieniu, czasem poddaje je bezpośredniej krytyce i proponuje nowe, utopijne rozwiązania"[35]. Z kolei Beata Popczyk-Szczęsna stwierdziła, że w dramatach obrazujących codzienność „[d]ominują pejoratywne dookreślenia codzienności, utożsamianej z trudem zwykłego życia, z przytłoczeniem powszedniością, z szablonem zachowań, z objawami agresji, […] rzadkie chwile radości nie przysłaniają dominującego poczucia niespełnienia, nie tłumią frustracji"[36]. Czy również w przypadku dramatu Marii Spiss literacka wersja doświadczania codzienności nie staje się formą krytycznej oceny tej rzeczywistości? W utworze Spiss, jak w wielu tekstach współczesnych dramatopisarzy, nic ma w obrazie codzienności elementów pozytywnych — to antyidylliczny wizerunek rzeczywistości, który daleki jest od celebrowania „uroków dnia powszedniego"[37]. Codzienność przybiera — zamiast oswojonej — nieprzyjazną twarz. Jej zrytualizowanie prowadzące do zrutynizowania nie jest formą azylu, utartego porządku, który pozwala na uzyskanie poczucia bezpieczeństwa w znajomym świecie, ale stwarza zagrożenie dla więzi między ludźmi, banalizuje je i sprawia, że kontakty między postaciami są tylko powierzchowne. Obraz doświadczania codzienności w dramacie Spiss ostrzega przed niebezpieczeństwem mechanizacji odbioru rzeczywistości i zbanalizowania związków między ludźmi.

To jednak nie jedyna strona doświadczania codzienności w dramacie Spiss. Można do niego bowiem odnieść opinię Dobrochny Ratajczakowej o formie *reality drama*: „Bohaterowie konstruowani przez ubogą warstwę słowną nie dysponują ani w miarę złożoną sferą wyobrażeniową, ani wrażeniową. Ukonkretniają siebie i tylko siebie w jednej roli, a ich świat zbudowany zostaje z kawałków rzeczywistości uchodzącej za prawdziwą. Pozostaje swoista gra w rzeczywistość, którą medium ujmuje na własnych warunkach, pozbawiając ją niejednoznaczności i głębi"[38]. Obraz karykaturalnego doświadczania rzeczywistości, czy właściwie, jak pisze Ratajczakowa, jej kawałków, jest obrazem niby-rzeczywistości. Równocześnie kilka cech dramatu, brak indywidualizacji postaci, w tym ich języka, podobnie jak neutralizacja przestrzeni i wyznaczników codzienności, pozwala na odczytywanie dramatu „Dziecko" poprzez uogólnienia nadające mu wymiar uniwersalnej interpretacji. To obraz typowego nieudanego związku, na tle stereotypowych form przeżywania dnia

---

[35] M. Sugiera, *Dramat dwudziestowieczny. Próby uporządkowania*, „Dialog" 1994, nr 6, s. 120–131.

[36] B. Popczyk-Szczęsna, (przyp. 1), s. 24.

[37] B. Popczyk-Szczęsna, (przyp. 1), s. 18.

[38] D. Ratajczakowa, (przyp. 16), s. 444.

powszedniego ze zjawiskami rytualizacji doświadczeń, prowadzących do rutyny i nudy. Doświadczanie codzienności w dramacie Spiss staje się groteskową metaforą współczesnego życia i równocześnie literacką próbą oceny rzeczywistości i człowieka współczesnego.

Kategoria doświadczenia i doświadczania w powiązaniu z kontekstami codzienności okazuje się zatem interesująca nie tylko dla socjologii czy psychologii — jak w przypadku Romualda Derbisa. Prace Jubilata wpisują się bowiem w szersze tendencje badawcze we współczesnej nauce, czego dowodem są choćby wspomniane na początku artykułu teksty teoretyczno-literackie i teoretyczno-kulturowe. Nie bez znaczenia jest traktowanie doświadczania jako formy aktywności w ujęciu performatywnym, poprzez rozumienie człowieka czynnego w działaniu. Ale, co jeszcze ważniejsze — i co na przykładzie analizowanego i interpretowanego dramatu starałam się pokazać — problem codzienności i jej doświadczania jest odczuwany także przez pisarzy i wybierany przez nich jako temat utworów w różnych gatunkach literackich. Jest to kolejny dowód na potrzebę stałego oglądu zjawiska doświadczania codzienności, niezależnie od sposobu, kierunku czy narzędzi i metod, które w tym oglądzie zastosujemy.

Anna Wypych-Gawrońska

Contemporary dramatic forms of describing and experiencing everyday life

The experience of everyday life, which is one of the fundamental subjects in the scientific research of Romuald Derbis, is also present in humanities research, such as the study of literature and culture. According to the author of this article, the presence in modern drama of both the ritual and experience of everyday life is connected with the performative turn in humanistic research. Therefore, the subject of the article is the phenomenon of experiencing everyday life concerned in terms of its ritualization and performative character. This phenomenon is presented using the example of a contemporary Polish drama, "Child", by Maria Spiss. The experience of everyday life presented in this drama shows the dangers of the contemporary world, and the routine and boredom which lead to the breakdown of relationships between people.

Grzegorz Jędrek
Karolina Juszkiewicz

Sieć kultury i pułapka oryginalności — interpretacja w badaniach nad poczuciem jakości życia

Walka literacka — jeśli pozostać na terenie samej literatury i samego tekstu — toczy się nie tylko o język, styl, czy gatunek, ale może przede wszystkim o opanowanie miejsca, z którego przemawia podmiot.

Władysław Panas[1]

I. Wstęp do problematyki sieci, interpretacji i jakości życia

Kultura jest siecią. Od tego, jak wygląda fragment sieci, który z jednej strony oplata nas od początków naszego życia, z drugiej zaś jest zależny od naszych wolnych wyborów, często zależy własne poczucie jakości życia. Jednak gdyby sprawa wyglądała tak łatwo, gdybyśmy zawsze mogli dotrzeć po nitce do kłębka, bylibyśmy idealnym społeczeństwem ludzi spełnionych i zadowolonych z życia. Tymczasem fluktuacje wewnątrz sieci, jej jaśniejsze i ciemniejsze miejsca, układają się w skomplikowaną, koherentną całość zależności, którą do tej pory nazywaliśmy zwykle naszą życiową niszą, albo też którą dzieliliśmy na cywilizację i kulturę, bądź też określaliśmy potocznie „naszymi czasami".

Że owe enigmatyczne „nasze czasy" mają podłoże o wiele bardziej złożone i niejasne niż mogłoby się wydawać, człowiek zauważył już w średniowieczu i wiedzę tę na różne sposoby i pod różnymi postaciami przekazuje aż do chwili obecnej. Bernard z Chartres mawiał: „Jesteśmy karłami, którzy wspięli się na ramiona olbrzymów. W ten sposób widzimy więcej i dalej niż oni, ale nie dlatego, ażeby wzrok nasz był bystrzejszy lub wzrost słuszniejszy, ale dlatego, że to oni dźwigają nas w górę i podnoszą o całą gigantyczną wysokość"[2].

---

1   W. Panas, *Z zagadnień semiotyki podmiotu*, [w:] tegoż, *W kręgu metody semiotycznej*, TN KUL, Lublin 1991, s. 130.
2   T. Michałowska, *Średniowiecze*, tłum. H. Szumańska-Grossowa, Wydawnictwo Naukowe PWN, Warszawa 1999, s. 17.

Jeśli jednak nie jesteśmy zwolennikami mitologii i to, czym zamierzamy się zajmować, ma być nauką, musimy przyjąć, że olbrzymy te nie były ostatecznie tak wielkie, a karły nie takie znów małe. Ostatecznie mowa przecież wciąż o osobach, istotach ludzkich, a osoby, istoty tym bardziej, mają swoje ograniczenia. Celem tego artykułu jest pomoc w rozwiązaniu zagadki szczęścia w ujęciu zarówno psychologicznym, jak i filologicznym. Aby tego dokonać, posuwając się logicznym tokiem myślowym po systemie językowych znaków tak, by dotrzeć do ludzkiej indywidualności, musimy wkroczyć na grząski teren metafor. Będzie to nasz sposób na dotarcie do człowieka poprzez kulturę, a bardziej konkretnie, do zagadnienia jego szczęśliwości.

Metodą stanie się tu interpretacja; jej wybór podyktowany jest przekonaniem, że w sposób bardziej lub mniej oczywisty posługuje się nią tak filolog, jak i psycholog. O ile takie podejście nie budzi żadnych wątpliwości w stosunku do filologa, o tyle w przypadku psychologa należy przypomnieć, że większość wyników badań przeprowadzonych przy pomocy metod statystycznych nie znaczy nic, dopóki nie zostaną one zinterpretowane. Filolog będzie musiał przypomnieć sobie, że ciąg alternatyw interpretacyjnych ma w zwyczaju dążenie do nieskończoności. Fakt ten sprawia, że jedynym sposobem na sprawdzenie właściwego odczytania materiału empirycznego pozostają teorie i opinie autorytetów, a także to, co zwykło się nazywać *common sense*, czyli zdrowym rozsądkiem.

Wbrew krzywdzącej opinii na temat humanistów wymogi stawiane przed interpretatorami są zwykle na tyle ścisłe, by można było mówić o naukowości takiego podejścia. Złe interpretacje są poddawane surowej krytyce albo też pomijane w dyskursie. Ten system docierania do rozwiązań najbardziej prawdopodobnych jest co prawda długotrwały i może się przez to wydawać nieco ociężały, zwykle jednak przy końcu drogi pozwala znaleźć jedną czy dwie, satysfakcjonujące interpretacje, które możemy uważać za rozwiązania ostateczne.

Zapewne na tym etapie zrodził się w czytelnikach niepokój, który dałby się sformułować (wtłoczyć w słowa o wyraźnym zakresie znaczeniowym) mniej więcej w ten sposób: Cóż wspólnego może mieć sieciowość kultury, interpretacja i jakość życia? Otóż opisanie kultury jako sieci jest tu pewnym założeniem wstępnym, które wyznaczy nam pole badawcze, interpretacja służyć ma przede wszystkim uważnemu przeczesaniu tego pola, natomiast jakość życia będzie tym aspektem, w imię którego i pod którego sztandarem odbywać się będą poszukiwania. Poczucie jakości życia ma być ową esencją, którą będziemy się starać wydobyć. Takie spojrzenie na człowieka ukazuje go jako byt osobowy, który nieustannie wchodzi w relacje.

Czy podejście takie jest uprawnione? — to kolejne ważne pytanie. Wydaje się, że podobne intuicje wyraża Romuald Derbis w uwagach końcowych do artykułu „Szczęście w życiu biednych i bogatych". Pisze on:

> We wprowadzeniu do niniejszego opracowania podkreślałem, że szczęście nie jest stanem jednowymiarowym i jednopoziomowym. Tezę te starałem się rozwijać w ciągu całego

powyższego wywodu, akcentując jednakże przede wszystkim relacje jakości życia i dostatku. W podejściu wielopoziomowym nie jestem odosobniony[3].

To wielopoziomowe podejście nie byłoby tak bliskie tezom zawartym w niniejszym artykule, gdyby nieco dalej, w komentarzu do propozycji Daniela Nettle'a, Derbis nie stwierdzał: „Na kolejnym poziomie (PIII) doświadczanie szczęścia wynika z uczestnictwa w kulturze. [...] Dopiero poziom III stanowi o przeżywaniu określanym jako jakość życia"[4].

II. Sieć kultury

Spojrzenie na kulturę jako na sieć nie bierze się znikąd, choć jest propozycją nową. Jego bezpośredni rodowód to badania intertekstualne, w których szczególny nacisk kładzie się na dialogowość literatury (a więc ważny wycinek ludzkiej kultury). Prace Michaiła Bachtina i Julii Kristevej byłyby tu niejako bazą.

Swój wpływ wywiera tu także szczególna teoria intertekstualna, wykorzystująca zdobycze Sorena Kierkegaarda, Fryderyka Nietzschego i Zygmunta Freuda, jaką jest teoria lęku przed wpływem Harolda Blooma. To ona zbliża rozważania tu przeprowadzone do psychologii w ogóle. Ponieważ sieciowość kultury wciąż jest badawczą hipotezą, występuje tu na prawach przenośni. Gdy przejdziemy do „studium przypadku" Bloom stanie się naszym głównym przewodnikiem jako ten, którego opis relacji w proponowanej sieci wydaje się szczególnie interesujący z punktu widzenia jakości życia.

Inne teorie, które odciskają tu wyraźnie swoje piętno, należą do teorii komunikacji. Są to przede wszystkim model komunikacyjny Romana Jacobsona[5] (chodzi tu o model nadawca-komunikat-odbiorca, którego ważnymi składnikami są kontakt, kontekst i kod), a także prace Waltera Jacksona Onga[6]. Ong kładzie szczególny nacisk na powiązania pomiędzy językiem a technologią, które bezpośrednio prowadziły do metafory sieciowej. Jeśli język jest komunikacyjną technologią, to każda wypowiedź staje się nośnikiem relacji. Co więcej, nośnik ten możemy udoskonalać. W dodatku Ong także zawsze podkreślał osobowy charakter takiej relacji.

W mniejszym lub w większym stopniu odegrały tu swoją rolę odkrycia strukturalistów, w szczególności oddzielenie od siebie sztucznego systemu językowego (*langue*) od pojedynczej wypowiedzi (*parole*). Nie bez znaczenia jest też samo pojęcie struktury.

Negatywnym przygotowaniem dla teorii sieci są wątpliwości poststrukturalistów, którzy odkryli nieścisłości w dotychczasowych dyskursach spod znaku metafizyki. Także i samo pojęcie dyskursu zawdzięczamy jednemu z nich — Michelowi

---

3 R. Derbis, *Szczęście w życiu biednych i bogatych*, [w:] tegoż, *Jakość życia. Od wykluczonych do elity*, Wydawnictwo AJD, Częstochowa 2008, s. 118.

4 R. Derbis, (przyp. 3), s. 119.

5 R. Jakobson, *Poetyka w świetle językoznawstwa*, tłum. Krystyna Pomorska, Zakład Narodowy im. Ossolińskich, Wrocław 1960, *passim*.

6 W.J. Ong, *Osoba — świadomość — komunikacja*, tłum. J. Japola, Wydawnictwo UW, Warszawa 2010, *passim*.

Foucault. Rozluźnienie pojęć, do jakiego doprowadzili, przygotowuje koncepcję osoby, jako kogoś pozostającego w nieustannej relacji, kogoś kto wciąż używa cudzych słów, zachowań i gestów, przekształcając je w zgodzie ze swoim indywidualnym zestawem cech.

Postęp w technologiach informatycznych, a w szczególności sposób działania internetu i wyszukiwarki Google, stał się impulsem decydującym, natomiast przypieczętowaniem wybranego podejścia był zwrot kulturowy, który pozwala na interdyscyplinarne badanie kultury jako całości, której literatura jest tylko wycinkiem. Ujęcie kultury jako sieci ma charakter funkcjonalny. Dotychczas badano człowieka w relacji do wspólnoty, do społeczeństwa. Takie podejście prowadziło nieuchronnie do redukowania jego roli do wypadkowej działań wspólnoty. Tymczasem człowiek nigdy nie pozostaje w relacji ze społeczeństwem jako całością. To tak jakby powiedzieć, że człowiek pozostaje w relacji ze ścianą. Ściana ta, z pozoru przypominająca monolit, jest w gruncie rzeczy bardzo gęstą siecią międzyosobowych relacji. Dzieje się tak choćby wtedy, gdy człowiek zdobywa wiedzę zawartą w kulturze — pierwszych słów uczy się od otaczających go osób, podręczniki, z których się uczy, są pisane przez pojedynczych ludzi, nawet wartości są mu przekazywane w relacji osobowej. Zmienia się jedynie nośnik i odległość od oryginalnej myśli, która po drodze ulega różnym przekształceniom. Weźmy za przykład owe karły i olbrzymy. O idei tej możemy dowiedzieć się z tego artykułu, który czerpie z „Metalogiconu" Jana z Salisbury, który z kolei przekazuje idee Bernarda z Chartres. Fakt, że artykuł ten powstaje we współautorstwie nie znaczy, że pojedyncze zdania nie są możliwe do rozszyfrowania jako oddzielne wypowiedzi dwóch osób — wystarczyłoby zapytać, jaki relacyjny kompromis uzgodniły te dwie osoby pomiędzy sobą.

Podział na tak drobne relacje sprawia, że człowiek zawsze pozostaje osobą, jest widzialny jako świadomy i wolny, a tym samym przestaje być jedynie przedmiotem rozważań i zachowuje swoją podmiotowość. Jednocześnie jest współwierzycielem i opiekunem niesłychanej ilości cudzych słów, zachowań i gestów. Jakość jego życia będzie zależeć w dużym stopniu od relacji, ich kondycji i siły. Relacje osobowe nie są przecież jedynie relacjami poznawczymi, to także zestaw komunikowanych i bardziej lub mniej rozumianych emocji.

Człowiek jako osoba zawsze stara się przekazać w komunikacie jak najwięcej siebie. Próbuje się wyrazić. To od jego zdolności komunikacyjnych (aktywnych i biernych) zależeć będzie stan posiadanej wiedzy, ilość nabytych umiejętności. Wszystko to intuicyjnie wydaje się pierwsze wobec takich czynników jak choćby bogactwo, które dzięki tego typu relacjom można zdobyć. Zdolność do wchodzenia w relacje, do tworzenia sieci, wydaje się warunkować dobre lub złe wykorzystanie jego naturalnych predyspozycji. Czy takie podejście nie tłumaczy choćby wariancji poczucia jakości życia w społeczeństwach z pozoru jednolitych?

Sieć nie jest i nigdy nie będzie jednorodna. Pewne zachowania, wartości czy wypowiedzi pozostaną w niej na dłużej tworząc jasne i popularne centra kultury, inne natomiast będą pozostawać w szarej, marginalnej strefie. W dodatku każdy pojedynczy, świadomy i wolny wybór jednostki może doprowadzić do radykalnych zmian w organizacji sieci. Badanie takiej sieci byłoby badaniem charakteru pojedynczych relacji, ale także całych fragmentów sieci — zarówno centralnych, jak i peryferyjnych. Nigdy nie wiadomo, w którym miejscu sieć zacznie tworzyć nowe, wielokrotne i intensywne powiązania. Przyjrzyjmy się teraz interpretacji jako metodzie badania tego typu relacji.

III. Interpretacja jako relacja z relacji

Literatura korzysta ze zdobyczy psychologii od początków jej istnienia. Teorie psychologiczne łatwo przeniknęły do samej literatury, do krytyki i teorii literackiej. Czy jednak jest możliwe, by z osiągnięć literatury korzystała psychologia? Nie chodzi tu bynajmniej o parę erudycyjnych cytatów wewnątrz zgrabnego artykułu psychologa, nie chodzi też, przynajmniej nie bezpośrednio, o psychologię twórczości. Mamy tu raczej na myśli związek żywszy i o wiele ściślejszy: studium przypadku.

Wśród różnych rodzajów badań psychologicznych znajduje się takze obserwacja pośrednia. Nie jest to najpopularniejszy typ badań: o wiele częściej dziś wykorzystuje się kwestionariusze, ankiety, eksperymenty. Tymczasem wyniki takich badań nie zawsze zadowalają. Pozostaje zawsze duży margines niepewności — czy pytanie zostało zadane właściwie, czy przyjęte założenia nie wpłynęły na wynik, czy warunki eksperymentu odpowiadają warunkom rzeczywistym? Zebrany materiał ulega wariancjom i jest niejednoznaczny.

Tymczasem literatura, a w szczególności poezja, jest wypowiedzią, w której ludzkie myśli i emocje, złączone ze sobą w nierozerwalny węzeł, tworzą komunikat, który wypływa z głębi psychiki autora. „Ja" twórcy uzyskuje głos, im głos ten jest głębszy, tym lepszą jest literaturą. Nie chodzi tu o szczerość co do faktów z życia, chodzi raczej o jak najbardziej pogłębioną rejestrację psychiki. Oczywiście problem języka, który jest raczej wspólny niż jednostkowy, sprawia, że autor musi uciekać się do najróżniejszych zabiegów, które tworzą jego pisarski warsztat, by rejestracja ta była udana.

Dlaczego właśnie literatura? Dlaczego poezja? Dlaczego nie inny typ tekstów, często bardziej zrozumiałych, prostszych, bezpośrednich? Problem tkwi w języku, który jest wyuczoną technologią komunikacji, nie mającą wiele wspólnego z jednostkowym „Ja". Zwykły przekaz słowny poddaje się regułom komunikacji, regułom wspólnoty. Posłużmy się tu słowami wybitnego semiotyka — Władysława Panasa: „Jeśli wypowiedź »czysta« językowo, jak liczne »gatunki« gazetowe, teksty z zakresu obiegu masowego, posiada tylko autora biologicznego i jakąś maskę-podmiot, lecz nie można określić stopnia jej indywidualizacji, osobowy charakter zanika"[7]. Owego stopnia indywidualizacji nie można określić, bo jest on niejako „rozpuszczony" w regułach języka wspólnego. Potrzeba dopiero mowy ciemnej, niejasnej, mowy,

---

[7] W. Panas, *Z zagadnień semiotyki podmiotu*, [w:] tegoż, (przyp. 1), s. 133.

która zwraca na siebie samą uwagę, a więc potrzeba poezji, by odzyskać z tekstu osobę. Raz jeszcze Panas:

> Terytorium autokomunikacji jest olbrzymie. Rozciąga się od takich wypowiedzi, jak przypowieści, zagadki, paradoksalne zdania, maksymy i dialogi mistrzów Zenu, oparte na całkowitej nielogiczności, jakby nie na temat, aż po powieści Joyce'a. Mieszczą się tu wszelkie progi, rozłamy, dewiacje i pęknięcia w tekstach literackich. Wszystko, co na pierwszy rzut oka niepojęte — oto domena wyłaniania się osobowego podmiotu. Wypowiedzi, które nie tyle chcą informować, pouczać, wykładać, co dostarczać reguł, za pomocą których należy samodzielnie osiągać pewien stan. Taką konstrukcję posiadają księgi Zenu, które nie prezentują doktryny, a jedynie pewien kod umożliwiający samodzielną realizację. Sedno tkwi nie w księdze, lecz w sposobie posługiwania się księgą[8].

Cytat ten jest dla nas kluczowy. Stąd też jego obszerność. Trudna droga, która prowadzi od tekstu do osoby, musi zostać przebyta przy pomocy interpretacji. To właśnie interpretacja rozjaśnia miejsca ciemne, sprawia, że kod, o którym jest tu mowa, można przełożyć na język wspólnoty. Korzyścią z takiego przekładu, a jednocześnie największym płynącym z niego zagrożeniem, jest możliwość użycia literatury, wykorzystania jej. Jest to postrzegane jako zagrożenie, ponieważ nie do tego służy literatura bezpośrednio. Jej funkcją jest raczej owo „posługiwanie się księgą" przez czytelnika. Do tego, by czytelnik mógł się lepiej posługiwać księgą służy interpretacja, która staje się pewnym — ujmując zagadnienie metaforycznie — natchnionym komentarzem. Natchnionym, bo bliskim ostatecznego zrozumienia autora. Jeśli jednak posłużymy się interpretacją, by materiał zawarty w poezji uczynić materiałem zdatnym do dalszej obróbki psychologicznej, możemy sobie zdać sprawę, że mamy do czynienia z nieoszlifowanym diamentem. Czy tak bliski bezpośredniości wgląd w ludzką duszę nie jest upragnionym kamieniem filozoficznym psychologów?

Raz jeszcze przypomnijmy, że interpretacja jest zabiegiem wspólnym psychologii i filologii i, mimo pozorów dowolności, nie jest mniej naukowa niż inne typy badań. Materiał, który uzyskujemy jest bogaty. Nierozerwalne są w nim emocje od myśli, osoba jawi nam się jako kompletna całość. Jeśli uznamy za słuszne spostrzeżenia Derbisa, który twierdzi, że „podejmowanie problematyki tak szerokiej i złożonej jak jakość życia człowieka, wymaga łączenia funkcji wielu procesów psychicznych"[9], to uzyskujemy ciekawy punkt wyjścia do badań nad ludzkim szczęściem.

Poczyńmy w tym miejscu pewną uwagę: zauważmy, że psychologia i filologia często, nie wiedząc o tym, poruszają się po tych samych ścieżkach inspiracji:

> Pewne zbieżności między myślą tybetańską a osiągnięciami, np. neurobiologii sugerują możliwość integracji wewnątrz badań nad emocjami. Tradycyjne języki buddyzmu (pali, sanskryt, tybetański) nie mają słowa dla „emocji" jako takiej. Aczkolwiek jest to rozbieżność względem nowoczesnej psychologii, która traktuje emocje jako odrębny względem innych proces

---

8   W. Panas, (przyp. 7), s. 133.
9   R. Derbis, *Poczucie jakości życia a zjawiska afektywne*, [w:] *Społeczne Konteksty jakości życia*, red. S. Kowalik, Wydawnictwo Uczelniane WSG, Bydgoszcz 2007, s. 15–16.

psychiczny, to jest zgodne z tym, co nauka dowiaduje się na temat anatomii mózgu. Każdy region mózgu, który jest identyfikowany z jakimiś przejawami emocji jest także identyfikowany z przejawami poznania (Davidson, Irwin, za Ekman, Davidson, Ricard, Wallace, 2005). Przeplatanie się afektów i poznania w sensie anatomicznym jest zgodne z buddyjskim poglądem, że procesy te nie powinny być rozdzielane[10].

Od takiego podejścia, jakie prezentuje Derbis, krok tylko dzieli nas od poezji.

Interpretacje, które pojawią się w dalszej części tego tekstu, będą opierały się na teorii Blooma. Jest to szczególny obszar spotkania interpretacji filologicznej z psychologią. W dodatku, jak pisze Agata Bielik-Robson: „I choć Bloom zarzeka się, że pisze wyłącznie »teorię poezji«, to w wielu miejscach sugeruje wyraźnie, że ta sama relacja krępującej zależności, jaka zachodzi między młodym początkującym a martwym i uznanym poetą, czyli między adeptem a prekursorem, dotyczy wszystkich uczestników nowoczesnej kultury, a nie tylko jej najbardziej twórczej elity"[11]. Tak więc mamy tu do czynienia z rodzajem szczególnej relacji międzyosobowej sieci kultury. Bloom twierdzi, że każda nowa twórczość nowego poety naznaczona jest lękiem przed przygniatającym ciężarem prekursorów, lękiem przed olbrzymami, wspomnianymi na początku tego artykułu. Co wtedy dzieje się z jakością życia?

IV. Opis przypadku — Marcin Świetlicki

Ze względu na ograniczenia artykułu skupimy się tutaj na opisie jednego tylko twórcy. Opiszemy sieciowe relacje, w jakie jest uwikłany oraz lęk, jakiemu jest poddany. Przypadek ten jest na tyle ciekawy, że warto przyjrzeć się jego poczuciu jakości życia. Tym bardziej, że jeśli Bloom ma choć trochę racji, to wnioski wyciągnięte z tego przypadku będziemy mogli odnieść, przynajmniej w zarysie, do każdego twórcy — nie tylko literata, ale też młodego, ambitnego naukowca, który poddany jest wpływom swoich mistrzów, a także każdej innej osoby, w której życiu kreatywność jest jedną z nadrzędnych cech w hierarchii wartości. Właściwie problem ten jest jeszcze szerszy i obejmuje zagadnienie wymiany pokoleń, w której następcy nie chcą popełnić błędów swoich poprzedników. Starając się uczynić swoje życie lepszym wikłają się w romans rodzinny ze swoimi prekursorami.

Za podstawę do rozważań wybrana została poezja Marcina Świetlickiego określana przez krytyków mianem poezji egzystencjalnej. Świetlicki odniósł niewątpliwy sukces jako poeta. Jego twórczość jest uznawana za głos pokolenia przełomu roku 1989. Głos ten stał się głównym punktem odniesienia dla poetów kolejnych pokoleń, spotkał się, mimo początkowych trudności, z przychylnym przyjęciem krytyków i zapisał się na stałe w historii literatury. Jak pisał Marian Stala: „Wygląda na to, iż fraza Marcina Świetlickiego «Będziemy obserwować postępy ciemności» staje się na naszych

---

[10] R. Derbis, (przyp. 9), s. 15.

[11] A. Bielik-Robson, *Sześć dni stworzenia. Harolda Blooma mitologia twórczości*, [w:] *Lęk przed wpływem. Teoria poezji*, red. H. Bloom, tłum. A. Bielik-Robson, M. Szuster, Wydawnictwo Universitas, Kraków 2002, s. 210.

oczach jednym z kluczy do poezji ostatniego dwudziestolecia"[12]. Już w tym stwierdzeniu, w tym wyborze najważniejszej frazy widać, że poezja ta, mimo niesłychanej wręcz kreatywności, jest oparta na nieustannym kryzysie, na negatywnych emocjach. Osłabia to tezy, które upatrują przyczyny sukcesu w pozytywnym myśleniu. Także kreatywność nie jest bezsprzecznie związana z odczuwaniem tylko pozytywnych emocji. Nie zmienia to jednak faktu, że poczucie jakości życia cierpi, gdy to, co w naszej hierarchii wartości uznajemy za najważniejsze, ma podstawy lękowe. Że lęk jest obecny w twórczości Świetlickiego zobaczymy za moment. Tymczasem spójrzmy przez chwilę na drugi koniec drogi. W 2003 roku, a więc dwadzieścia jeden lat po debiucie Świetlicki publikuje wiersz *M-*, który jest historią alternatywną jego poetyckiego życia:

> M-
> W końcu, wiedzeni Bożym kaprysem, przestaną
> gonić tego ćwierćludzia, kiedyś przecież trzeba
> zakończyć tę historię, zatrzymać to koło,
> koło pogoni, sądu, wyroku i kary,
> winy już nie ma, zbrodnia się zatarła
> przez wielokrotne powtarzanie, sprana
> wina aż do białości, w końcu niewidomy
> nie rozpozna melodii, nie wskaże zbrodniarza.
>
> Ta wiosna może jest mirażem, może
> jest łatwym wyjściem, łatwym podejrzanie,
> gdzieś się znaleźć, w jakimś się znów umieścić ciele,
> ostrożnie wyjść i wolno poraczkować w stronę
> szkoły, o kościół jakiś na chwilę zawadzić,
> do wojska umiejętnie nie iść, umieć
> i kochać, posiąść jakieś przydatne rzemiosło
> i nowy wszechświat umiejętnie posiąść.
> I wreszcie być podobnym do odbicia w lustrze
> uderzająco, donikąd nie uciec,
> pozostać, mieć cień wreszcie i pieniądze
> szanować, zbierać je na ludzki pogrzeb.
>
> I obserwować jak narasta jasność[13].

Wiersz ten został przytoczony w całości, gdyż jest przeglądem głównych motywów, jakie występują w twórczości poety. To także przegląd wyborów życiowych podmiotu lirycznego, który, jak zauważają komentatorzy, jest w przypadku Świetlickiego uderzająco bliski zestawowi wyborów życiowych autora. Przez całość wiersza przebija poczucie życiowej porażki. Jedynym sposobem na odzyskanie utraconego stają się ponowne narodziny. Tylko wtedy fraza-fundament z „postępów ciemności"

[12] M. Stala, *1989: Dwa dwudziestolecia (jednej epoki)*, „Dwutygodnik", <www.dwutygodnik.com/artykul/ 284-1989-dwadwudziestolecia-jednej-epoki.html> [13.11.2012].
[13] M. Świetlicki, *M****, [w:] tegoż, *Wiersze*, Wydawnictwo EMG, Kraków 2011, s. 600.

mogłaby przemienić się w „narastającą jasność". By jednak to się dokonało zewnętrzna presja powodowana jakąś niejasną winą musiałaby zostać usunięta, potrzebne byłoby wybaczenie poprzez zapomnienie. To ciekawe, że ta twórczość, mimo społecznego uznania, mimo wszelkich zewnętrznych znamion sukcesu, jest w ten sposób samonegacją. „Ta wiosna może jest mirażem" — tak rozpoczyna się druga strofa. Wiosna jest zwykle symbolem odrodzenia, tymczasem nawet ona staje się mirażem — odrodzenie nie jest możliwe.

Wstęp do wierszy zebranych, wydanych w 2011 r., Świetlicki rozpoczyna w ten sposób:

> Od kiedy wiem, że jestem nieśmiertelny, boję się tym bardziej.
> Pisanie wierszy unieśmiertelnia, ale nie uodparnia. Niestety[14].

Życie i twórczość splata się tu w nierozerwalny węzeł. Poczucie jakości tego życia zdominowane jest przez stany lękowe. Mamy tu do czynienia z silną neurozą. Skąd się wzięła? Jeśli dobrze przyjrzymy się tym dwóm zacytowanym zdaniom znajdziemy w nich odpowiedź. Skoro lęk jest tym większy odkąd Świetlicki stał się nieśmiertelny, a unieśmiertelniła go jego poezja, to w niej powinniśmy szukać przyczyn lęku. Widać to też niestety w związkach unieśmiertelniania i narastania lęku jako dwóch powiązanych ze sobą procesach.

Czy ten związek życia i poezji, codzienności i twórczości jest rzeczywiście tak silny? Spójrzmy na słowa z zarejestrowanej rozmowy Marcina Świetlickiego z poetą pokolenia Nowej Fali, Ryszardem Krynickim:

> [Ryszard Krynicki] Słucham tego z wielkim zainteresowaniem. Rozumiem, że Pan wierzy w jedność życia i sztuki.
> [Marcin Świetlicki] Tak. I to taka rzecz, której się nie wyprę. Wiem, że są poeci, którzy piszą niedzielnie, ale to jednak jest i poniedziałek, i wtorek, i środa, i czwartek, i piątek, i sobota, i niedziela, i wszystkie następne dni. Myślę, że tak[15].

Pozycja, jaką zajmuje w życiu Świetlickiego twórczość, jest więcej niż pierwszoplanowa. Poczucie jakości życia powinno więc być bezpośrednio związane z odnoszeniem lub nieodnoszeniem sukcesów w tej dziedzinie. Tymczasem tak nie jest, zarówno u początków twórczości, jak i w okresie pierwszych podsumowań wciąż aktywnego twórcy. Być może więc przyczyna jest natury wewnętrznej, to znaczy, mimo akceptacji ze strony środowisk literackich Świetlicki wciąż jest przekonany, że nie dotarł do sedna, nie napisał tego, co jest mu potrzebne do odrodzenia. Być może jest to przeświadczenie o jakimś błędzie założycielskim tej twórczości. Jakie przeżycie leży u podstaw takiego stanu rzeczy? Odpowiedź znajdziemy w wierszu „Dla Jana Polkowskiego"[16]:

> Trzeba zatrzasnąć drzwiczki z tektury i otworzyć okno,
> otworzyć okno i przewietrzyć pokój.

---

14 M. Świetlicki, (przyp. 13), s. 5.
15 R. Krynicki, M. Świetlicki, *Początek rozmowy*, oprac. A. Niziołek, „Nowy Nurt" 1996, nr 13, s. 4.
16 M. Świetlicki, *Dla Jana Polkowskiego*, [w:] tegoż, (przyp. 13), s. 61–62.

Zawsze się udawało, ale teraz się nie
udaje. Jedyny przypadek,
kiedy po wierszach
pozostaje smród.

Poezja niewolników żywi się ideą,
idee to wodniste substytuty krwi.
Bohaterowie siedzieli w więzieniach,
a robotnik jest brzydki, ale wzruszająco
użyteczny – w poezji niewolników.

W poezji niewolników drzewa mają krzyże
wewnątrz — pod korą — z kolczastego drutu.
Jakże łatwo niewolnik przebywa upiornie
długą i prawie niemożliwą drogę
od litery do Boga, to trwa krótko, niby
splunięcie   w poezji niewolników.

Zamiast powiedzieć: ząb mnie boli, jestem
głodny, samotny, my dwoje, nas czworo,
nasza ulica — mówią cicho: Wanda
Wasilewska, Cyprian Kamil Norwid,
Józef Piłsudski, Ukraina, Litwa,
Tomasz Mann, Biblia i koniecznie coś
w jidysz.

Gdyby w tym mieście nadal mieszkał smok,
wysławialiby smoka — albo kryjąc się
w swoich kryjówkach pisaliby wiersze
— maleńkie piąstki grożące smokowi
(nawet miłosne wiersze pisane by były
smoczymi literami...)

Patrzę w oko smoka
i wzruszam ramionami. Jest czerwiec. Wyraźnie.
Tuż po południu była burza. Zmierzch zapada najpierw
na idealnie kwadratowych skwerach.

Wiersz ten, opublikowany po raz pierwszy w 1990 roku, powstały w roku 1988, jest skierowany do Jana Polkowskiego, głównego przedstawiciela tak zwanej Nowej Prywatności, która jest młodszą wersją poezji Nowej Fali. Poeci tego pokolenia, mimo nazwy sugerującej subiektywne odczucia, walczyli w swojej twórczości z systemem komunistycznym. Świetlicki w utworze „Dla Jana Polkowskiego" atakuje takie podejście do poezji, które najważniejszym jej kontekstem czyni kontekst polityczny. Tymczasem nie jest to jedynie atak. Wewnątrz wiersza znajduje się miejsce ciemne, miejsce bezpośredniej relacji dwóch wierszy. Zestawmy ze sobą te dwa fragmenty. Oto urywek wiersza Polkowskiego pt. „Zmierzch":

W tym dniu żółknących kasztanowców, czerniejących jesionów,
bolesnego słońca: poeci niewolnicy będą nadal twierdzić,
że nie są działaczami politycznymi,
więźniowie polityczni, że nie chcą być niewolnikami,
a mordercy, że są zesłani przez Opatrzność[17].

Poeci niewolnicy z wiersza Polkowskiego są, choćby tego nie chcieli, zaangażowani w politykę. Tymczasem Świetlicki poezją niewolników nazywa wszelką poezję zaangażowaną politycznie, kierując ostrze swojej ironii bezpośrednio w Jana Polkowskiego. W poezję prób wyzwolenia. Oto moment kluczowy dla całej późniejszej twórczości Świetlickiego. Jest to agon — walka o miejsce z którego przemawia podmiot, w którym z tekstu wyłania się „Ja". Świetlicki, mimo fali krytyki nie chce zrozumieć, że dokonuje tu tego, co przez Blooma nazwane jest błędnym odczytaniem, to znaczy takim odczytaniem poety-prekursora przez młodego twórcę, które zmienia perspektywę, a jednocześnie wiąże ze sobą w śmiertelny węzeł twórczość dwóch autorów. Tu też pojawia się lęk. Lęk o własną twórczość, która musi wyzwolić się z wpływu poezji wcześniejszych pokoleń. Jest to jednocześnie moment buntu i moment zniewolenia. Od tego momentu jedynym sposobem na uwolnienie się jest zwycięstwo w zmaganiach z autorem wcześniejszym. Świetlicki tak wypowiada się o Polkowskim w rozmowie, której fragment przytaczaliśmy już wcześniej:

[Ryszard Krynicki] Nie wystarczy jednak zdecydować się na wolność, trzeba znaleźć dla niej wyraz. Próbowaliśmy, każdy na inny sposób, opisywać rzeczywistość, z którą się nie zgadzaliśmy. I musieliśmy znaleźć odpowiedź. Nic więc dziwnego, że wobec iluś tam wierszy, które powstały w połowie lat 70., dzisiaj ja czuję się mniej więcej tak, jak Pan czuje się wobec swojego wiersza „Dla Jana Polkowskiego". Choć może z innych powodów.
[Marcin Świetlicki] Ja ten okres zarówno u Pana, jak u Zagajewskiego i Kornhausera, bardzo łatwo wchłaniam i bardzo lubię. Ale mówię to jako czytelnik a nie poeta, bo sam bałbym się pisać takie wiersze. Chociaż czasami to się zdarza...
[...]
[RK] I pomyślałem sobie, że Pan w nim [w wierszu „Dla Jana Polkowskiego"] zebrał wszystkie uprzedzenia wobec poezji stanu wojennego. Bo to nie są uprzedzenia wobec Jana Polkowskiego.
[MŚ] Nie. Uprzedzenia wobec Jana Polkowskiego pojawiły się być może później, a w tamtym momencie zetknąłem się z jego pierwszą książką i na jej marginesie tak mi się napisało ten wiersz... On był wymierzony w poezję stanu wojennego, ale później zaczął funkcjonować samodzielnie.
[...]
[MŚ] Taki był moment. Zyskiwałem wtedy światopogląd, czytałem poezję... Czytałem na przykład Gałczyńskiego, który dla mnie jest bardzo wybitnym poetą, czytałem Majakowskiego, czytałem tysiące innych poetów, którzy są dla mnie bardzo wybitni i nagle zobaczyłem, że... Doświadczam epoki stanu wojennego i wydało mi się bardzo trywialne, że nagle pisze się o czołgach, o internowaniu, że religii używa się w sposób mocno instrumentalny... Wydało mi się to niestosowne. Nagle poezja wydała mi się za mała. Za mała.

---

17 J. Polkowski, *Zmierzch*, [w:] tegoż, *Drzewa. Wiersze 1983–1987*, Oficyna Literacka, Kraków 1987, s. 15.

[RK] Za mała wobec...

[MŚ] Świata

[RK] Wobec świata?

[MŚ] Tak

[RK] Zawsze jest chyba za mała wobec świata. Ale ciekawi mnie, że skierował Pan ten wiersz do poety, który jakby najmniej zawinił, jeśli pamiętać zbiorowe grzechy poezji stanu wojennego.

[MŚ] A kto zawinił? Nie. Ja po prostu w tamtym momencie nie przyjąłem tej estetyki, tego światopoglądu. Uznawałem Polkowskiego za klasyczny ich przykład. Odrzucałem wszelkie wnioski, które wynikały z jego poezji, odrzucałem chwyty, których używał, odrzucałem jakieś założenie, które zawsze było w jego wierszach. Wydawało mi się to sztuczne. Polkowski przestał pisać wiersze. Dla mnie ktoś, kto przestaje pisać wiersze — to późniejsze potwierdzenie tamtych reakcji — trochę przejawia brak wiary[18].

Świetlicki z jednej strony wciąż walczy, z drugiej sam przyznaje się do pisania wierszy tyrtejskich, zaangażowanych. Polska pojawia się w jego wierszach nie rzadziej niż u Polkowskiego, mimo że założenia Jana Polkowskiego są przez niego odrzucane w całości. By moment ten nabrał właściwego dla siebie dramatyzmu musimy jeszcze przytoczyć fragment wypowiedzi Rymkiewicza, która w „Tygodniku Literackim" ukazała się jako komentarz do prezentacji wierszy Świetlickiego, wierszy, wśród których był i ten przytoczony powyżej.

> Przy okazji, ponieważ przeczytałem ostatnio wiele wierszy młodych krakowskich poetów: Jan Polkowski jest świetnym poetą i niewątpliwie godny jest tego, byście go, młodzi krakowscy poeci, całowali w pięty; ale jeśli nie uznacie, i to szybko, że Polkowski jest okropnym i całkiem dla was nie do przyjęcia poetą, to — młodzi krakowscy poeci — Polkowski (niezwykła fraza Polkowskiego, niepowtarzalne enjambements Polkowskiego) rychło i do szczętu was zniszczy[19].

Oto jak brutalna i wyniszczająca może być dla osoby piszącego walka literacka. Motywy tej walki zagościły na stałe w twórczości Świetlickiego. Sprawia to, że oryginalność — od czasów romantyzmu jeden z najważniejszych wyznaczników dobrej twórczości — mimo bodźców zewnętrznych nie jest odczuwana przez samego piszącego, który do oryginalności tej dąży. Moment ten jest jednocześnie fundamentem i przyczyną choroby. Nieustannym punktem odniesienia. Tak, jak choćby w wierszu „Nie dla Jana Polkowskiego" z 1995 roku:

> Bardzo wiele kłopotów w związku z tamtym wierszem.
> Ćśś. Nie budźmy upiorów. Minęło lat siedem.
> Historia literatury wchłania wszystko. Ćśś.
> Historia nieba wybredniejsza jest[20].

---

18   R. Krynicki, M. Świetlicki, (przyp. 15), s. 3–4.

19   J.M. Rymkiewicz, *Prezentacje. Wypowiedzi: J.M. Rymkiewicz, M. Stala, B. Maj*, „Tygodnik Literacki" 1990, nr 1, s. 8.

20   M. Świetlicki, *Nie dla Jana Polkowskiego*, [w:] tegoż, (przyp. 13), s. 584.

Jak przedstawia się jakość życia w świetle (czy raczej w ciemnościach) takiej relacji? Badania, które streszcza Derbis w artykule „Poczucie jakości życia a zjawiska afektywne", wyglądają następująco:

> Negatywne stany — lęk, depresja, porażka — powodują wąskie nastawienie, zgodne z efektem jednostronnej uwagi, podczas gdy pozytywne stany powodują miły subiektywny dobrostan, optymizm, a sukces — sprzyja globalnym nastawieniom, zgodnie z efektem poszerzenia uwagi (Basso, Schefft; Ris, Dember; Derryberry, Tucker za Fredrickson, Joiner, 2002). Inne eksperymenty pokazują, że pozytywne emocje tworzą wzory myślenia niezwykle kreatywnego, giętkiego i receptywnego. Generalnie, pozytywne emocje rozbudowują kontekst poznania połączony ze wzrostem dopaminy w mózgu (Ashby, Isen, Turken za Fredrickson, Joiner, 2002)[21].

O ile rzeczywiście możemy w tym przypadku stwierdzić występowanie jednostronnej uwagi, pewnego zawężenia myślenia związanego z lękiem, o tyle lęk ten nie przeszkadza w odniesieniu sukcesu. Jednak sukces ten jest gorzki. Wzbudza to przypuszczenie, że o ile korelacja negatywnych emocji i braku sukcesu nie jest silna, o tyle recepcja tego sukcesu jest zależna od negatywnych emocji aż do momentu usunięcia ich przyczyny.

Skąd bierze się tak silny związek pomiędzy dwoma poetami, silny w twórczości późniejszego z nich. Wydaje się, że odpowiedzią jest dążenie do oryginalności. Poetą powoduje chęć absolutnego odrzucenia wpływów. Oryginalność wydaje się być w naszej kulturze wartością niezwykle pożądaną. Szczególnie w przypadku środowisk twórczych, ale także, szerzej, wśród tych ludzi, których główne życiowe aktywności wiążą się z kreatywnością. Na przykładzie Świetlickiego możemy mówić o szczególnej pułapce oryginalności, w którą można wpaść próbując wyzwolić się spod wpływów, spod silnych relacji twórczych. Bielik-Robson komentując koncepcje Blooma zauważa:

> Jest to więc miłość skazana na poważne perypetie, ale jednak, mimo wszystko — miłość. Bez względu zatem na to, jak dalece wyradza się ów wzajemny stosunek, jego pierwszym poruszeniem jest głęboka emocja pozytywna: zachwyt, zakochanie, uniesienie miłosne. Ale czy w epoce nowoczesnej miłość w relacji z tradycją, czyli „tymi, którzy pouczają" — a wraz z nią inne doznania afirmatywne, jak wdzięczność i potrzeba wzajemności — są jeszcze możliwe? Na poziomie stylu, przesyconym pierwiastkiem rebelii, Bloom wydaje werdykt negatywny. Jednakże na poziomie samej koncepcji wyraźnie się waha […][22].

Dążenie do oryginalności przez zaprzeczenie twórczości prekursorów jest tym bardziej niebezpieczne, że u podstaw ma miłosne zapatrzenie, które wyradza się w oryginalności i zamienia w uczucia przeciwne. Uczucia, które mogą raz na zawsze zniszczyć jakość naszego życia związaną z samorealizacją. Tym bardziej, że kwestia oryginalności jest też kwestią samokształtowania własnego „Ja".

Przejdźmy do innej sieciowej relacji zawartej w twórczości Świetlickiego. Przypomnijmy sobie wiersz *M-*. Odnosi on nas do historii opowiedzianej w filmie Fritza

---

[21] R. Derbis, (przyp. 9), s. 33.
[22] A. Bielik-Robson, (przyp. 11), s. 216.

Langa z 1931 roku, który w Polsce był wyświetlany pod tytułem „M — Morderca". Jest to opowieść o pościgu za nieuchwytnym zbrodniarzem, który czyny swoje popełnia na granicy świadomości, niepoczytalnie. Oto figura oryginalności. Oryginalność w nadmiarze staje się wyalienowaniem, własne ego nie jest w stanie uzgodnić się z superego i prowadzi do coraz większego zamknięcia.

U Świetlickiego M. pojawia się w przekroju całej twórczości zawsze wiążąc się z poczuciem winy, ale też w relacji miłosnej. To każdorazowo historia silnej relacji i zranienia prowadzących do zbrodni. Zbrodnia ta jest papierowa, ma charakter poetycki. Wydaje się, że w walce o własną oryginalność Świetlicki próbuje wykorzystać koncepcję natchnionej, niepoczytalnej zbrodni jako koncepcji natchnienia w ogóle. Tymczasem przesadna oryginalność sprawia, że efekty są takie jak w wierszu „M — w sierpniu":

> Płynęli i płynęli na jakimś płynącym.
> Na początku przez miasto płynęli i twarze
> z reklam, ulic i mieszkań jedną tylko stały
> się dla nich twarzą, jedną, wrogą, obcą[23].

Wyalienowanie, zerwanie wszystkich relacji poza relacją miłosną (przypomnijmy, relacją w każdym przypadku zbrodniczą i papierową!) przybiera tu najwyraźniejszą formę. Oto sieć kultury jest radykalnie zerwana, osamotnienie przybiera postać przywidzenia, w którym cała kultura wydaje się jednolitą ścianą, jedną patrzącą twarzą. Obcą, skierowaną wrogo przeciwko bohaterowi wiersza. Przypomnijmy, że relacja miłosna poety to najczęściej relacja z muzą, z uosobieniem natchnienia, talentu, a więc i relacji miłosnej z prekursorem. Gdy sieć powiązań z kulturą ulega takiemu zerwaniu poczucie jakości życia jest zdominowane przez lęk. Lęk przed tradycją, zwyczajem i wszystkim tym, co jest zagrożeniem dla własnej oryginalności.

Pułapka ta jest o tyle poważna, że dialog z kulturą, z twórcami prekursorskimi, z owymi wyolbrzymionymi olbrzymami wydaje się dzisiaj nie wspieraniem się na barkach, a raczej wyrywaniem się z ich objęć. Bez dialogu z kulturą nie ma mowy o nowej, wartościowej twórczości, o efektywnej kreatywności nie można mówić bez posiadania wiedzy, ale by osiągnąć pożądane subiektywne poczucie jakości życia musimy wyzbyć się postrzegania wpływów kultury i tradycji jako czegoś, przed czym należy się buntować. Z drugiej strony bunt jest najłatwiejszym sposobem samookreślenia własnego Ja.

Lęk, jaki jest tu opisany, jest kulturową neurozą, czymś, co wydaje się być niezmiernie ważne do usunięcia, by nasza kultura mogła się w każdym kolejnym pokoleniu odradzać. Poczucie jakości życia jest zależne od wewnętrznego poczucia sukcesu, nie tylko od zewnętrznych, pozytywnych bodźców. Sieć kultury musi być oparta na takich relacjach, by nie były one przyczynami stanów lękowych — wydaje się, że jedynie uświadomienie twórców, że drogi do oryginalności muszą zmienić

---

[23] M. Świetlicki, *M — w sierpniu*, [w:] tegoż, (przyp. 13), s. 125.

swoje tory, jest jedynym możliwym wyjściem. Odkrycie tych dróg będzie należeć do samych twórców.

Ważne jest to tym bardziej, że twórcy tacy jak Marcin Świetlicki kształtowali i kształtują krajobraz twórczy. Świetlicki bez wątpienia jest poetą wybitnym. Pytanie, czy bez poczucia lęku byłby jeszcze wybitniejszy, wydaje się bezzasadne. Dużo ciekawsze wydaje się pytanie czy bez poczucia lęku w ogóle byłby twórcą? Bez poczucia, że to jeszcze nie wszystko, co ma do powiedzenia, o jego twórczości, jak i o twórczości wielu innych twórców nie może być mowy. Tymczasem pułapka oryginalności zacieśnia się. Rzutuje na jakość życia.

Dobrze oddaje to ostatnia z relacji, które warto tu opisać. W wierszu „Ówdzie" pojawia się „nerw piekła wystający / z asfaltu"[24]. Z kontekstu wiersza jak i całej twórczości wynika, że jest to nawiązanie do powieści Malcolma Lowry'ego „Pod wulkanem"[25]. Chodzi tu o fragment listu głównego bohatera, nazywanego Konsulem, do kochanej przez niego kobiety. Twierdzi tam, że jest wędrowcem po piekle, które znajduje się w jego sercu i z którego nie ma ucieczki. To z kolei jest nawiązanie, które po sieci prowadzi nas bezpośrednio do „Raju utraconego" Johna Miltona — wielkiego anglojęzycznego poety z siedemnastego wieku:

> Myśl skołataną zmąciło zwątpienie
> i lęk, a piekło w głębi piersi płonie,
> Gdyż piekło jest w nim, otacza go wokół,
> a nie oddalił się o krok od piekła
> Miejsce zmieniając, jako i od siebie
> Nie mógłby odejść […][26].

Milton jest również autorem innej myśli, która także zawiera się w „Raju utraconym" i którą warto ten artykuł zakończyć:

> […] Umysł jest dla siebie
> Siedzibą, może sam w sobie przemienić
> Piekło w Niebiosa, a Niebiosa w Piekło[27].

Oto w jaki sposób poezja może służyć do badania jakości życia. Wydaje się, że najlepiej sprawdza się tam, gdzie trzeba postawić pierwsze badawcze hipotezy i tam, gdzie należy zbadać wartość teorii. A więc jej miejsce jest u początków i przy końcu.

---

[24] M. Świetlicki, *Ówdzie*, [w:] tegoż, (przyp. 13), s. 164.

[25] M. Lowry, *Pod wulkanem*, tłum. K. Tarnowska, Dom Wydawniczy Rebis, Poznań 2007, *passim*.

[26] J. Milton, *Raj utracony*, tłum. M. Słomczyński, Wydawnictwo Literackie, Kraków – Wrocław 1986, s. 85.

[27] J. Milton, (przyp. 26), s. 15.

Grzegorz Jędrek, Karolina Juszkiewicz

The cultural net and the originality trap — interpretation as a tool for quality of life research

This paper considers the use of interpretation as an independent method in both literary and psychological research. Interpretation is proposed as a new paradigm that could help to improve research on subjective well-being. Understanding culture as a net is the main assumption. A cultural net is proposed as the main field of human relations and a strong factor for quality of life. Interpretation is needed to describe human relations because poetry is assumed in this paper to provide more convincing and truthful data for human self-understanding than data gathered through questionnaires. In other words, it is contended that the subject reveals itself most fully and truthfully through what Harold Bloom calls the "dark speech" of poetry. Relations between the self and culture determine subjective well-being. The final part of the paper is a description of the case of Marcin Świetlicki, a Polish poet chosen to represent the application of the theory of the cultural net. This final part discusses problems of the originality trap and anxiety caused by it as an obstacle to well-being.

Promocje prac dyplomowych

Lp.	Imię i nazwisko Magistra	Temat pracy magisterskiej	Rok obrony	Kierunek studiów
1.	Ball Jarosław	Związki adaptacji społeczno-zawodowej i poczucia odpowiedzialności	1990	Pedagogika, Pedagogika opiekuńczo-wychowawcza
2.	Borgul Bogdan	Skala poczucia odpowiedzialności — treść i próba charakterystyki psychometrycznej	1990	Pedagogika, Pedagogika opiekuńczo-wychowawcza
3.	Kossek Wiesława	Poczucie odpowiedzialności i zachowania odpowiedzialne w sytuacjach o różnym stopniu swobody wyboru	1990	Pedagogika, Pedagogika opiekuńczo-wychowawcza
4.	Mirowska Mariola	Swoboda działania i przyjmowanie perspektywy partnera jako modyfikatory zachowań odpowiedzialnych	1991	Pedagogika, Pedagogika opiekuńczo-wychowawcza

5.	Sikora Żaneta	Spostrzeganie przez młodzież obecnych tendencji reformatorskich w prawodawstwie polskim na przykładzie młodzieży w Kłobucku	1993	Pedagogika, Pedagogika opiekuńczo-wychowawcza
6.	Rosa Beata	Poczucie jakości życia u bezrobotnych kobiet	1994	Pedagogika, Pedagogika opiekuńczo-wychowawcza
7.	Taranek Tadeusz	Praca – bezrobocie jako kategorie zachowań odpowiedzialnych za jakość życia	1995	Pedagogika, Pedagogika pracy
8.	Wąchała Jacek	Uprawianie wschodnich sztuk walki jako przejaw odpowiedzialności za jakość życia	1995	Pedagogika, pedagogika z wychowaniem fizycznym
9.	Baran Marek	System pracy a poczucie jakości życia wśród pracowników załogi huty „Częstochowa"	1996	Pedagogika, Pedagogika pracy
10.	Drozdek Anna	Poczucie jakości życia u przełożonych i podwładnych huty „Częstochowa"	1996	Pedagogika, Pedagogika pracy
11.	Gronkiewicz Barbara	Poczucie jakości życia wśród urzędników samorządowych urzędu miasta Częstochowy	1996	Pedagogika, Pedagogika pracy
12.	Kawecki Tadeusz	Poczucie jakości życia u osób pracujących zawodowo i uczących się	1996	Pedagogika, Pedagogika pracy

13.	Prusarczyk Krzysztof	Poczucie jakości życia wśród młodzieży upo- śledzonej umysłowo w stopniu lekkim	1996	Pedagogika, Pedagogika pracy
14.	Wasiak Urszula	Poczucie odpowiedzial- ności jako predykator dobrostanu	1996	Pedagogika, Pedagogika pracy
15.	Długołęcka Agnieszka	Przemiany rodziny współczesnej	1997	Pedagogika, Pedagogika opiekuńczo- wychowawcza
16.	Drobniak Elżbieta	Znaczenie wolności i odpowiedzialności w przeżywaniu jakości życia u młodocianych	1997	Pedagogika, Pedagogika pracy
17.	Giec Julia	Próba opisu ogólnego dobrostanu młodzieży na przykładach wybranej grupy internackiej	1997	Pedagogika, Pedagogika opiekuńczo- wychowawcza
18.	Grzesiczak Arkadiusz	Wola życia i satysfakcje cząstkowe jako wskaźnik jakości życia	1997	Pedagogika, Pedagogika opiekuńczo- wychowawcza
19.	Glisińska Elżbieta	Społeczno- wychowawczy aspekt działalności pracowników Terenowej Stacji Sanitarno- Epidemiologicznej	1998	Pedagogika, Pedagogika pracy
20.	Mularczyk Krzysztof	Spostrzeganie wolności i odpowiedzialności przez bezrobotnych w kontekście poczucia jakości życia	1998	Pedagogika, Pedagogika pracy

21.	Popińska Agnieszka	Odpowiedzialność pre-dykatów poczucia wol-ności u bezrobotnych	1998	Pedagogika, Pedagogika pracy
22.	Sikorski Tomasz	Poczucie wolności jako wyznacznik poczucia jakości życia u bezrobot-nych	1998	Pedagogika, Pedagogika pracy
23.	Szczypiór Barbara	Jakość usług bankowych w percepcji klientów PKO S.A.	1998	Pedagogika, Pedagogika pracy
24.	Wcisło Jolanta	Poczucie jakości życia skazanych recydywistów	1998	Pedagogika, Pedagogika pracy
25.	Wieloch Anna	Wartościowanie pracy w kontekście doświad-czenia odmienności przez bezrobotnych	1998	Pedagogika, Pedagogika pracy
26.	Wojtasiewicz-Oleniak Monika	Poczucie jakości życia pracowników opery i operetki w Krakowie	1998	Pedagogika, Pedagogika pracy
27.	Baciński Maciej	Znaczenie zmiennych elemograficznych w war-tościowaniu pracy	1999	Pedagogika, Pedagogika pracy
28.	Ciszewska Agnieszka	Poczucie wartości i od-powiedzialności u bezro-botnych województwa częstochowskiego	1999	Pedagogika, Pedagogika pracy
29.	Czech Ewa	Poczucie jakości życia osób bezrobotnych województwa często-chowskiego	1999	Pedagogika, Pedagogika pracy

30.	Gregorczyk Dariusz	Poczucie jakości życia poborowych wojewódz- twa częstochowskiego rocznika 1979	1999	Pedagogika, Pedagogika pracy
31.	Marczak Sylwia	Wybrane wymiany do- świadczeń codzienności przez kobiety i mężczyzn pozostających bez pracy	1999	Pedagogika, Pedagogika pracy
32.	Rossa Witold	Przestępstwa niealimen- tacji oraz moralnego i fizycznego znęcania się nad rodziną	1999	Pedagogika, Pedagogika pracy
33.	Słabosz Andrzej	Znaczenie zmiennych demograficznych w war- tościowaniu pracy	1999	Pedagogika, Pedagogika pracy
34.	Świątkowski Jan	Wolność jako dostęp- ność celu i niezależność od przymusu w doświad- czaniu codzienności przez bezrobotnych	1999	Pedagogika, Pedagogika pracy
35.	Bator Sławomir	Poziom aspiracji mło- dzieży kończącej szkołę średnią	2000	Pedagogika, Pedagogika pracy
36.	Ciura Sebastian	Poczucie jakości życia członków wybranych struktur młodzieżowych	2000	Pedagogika, Pedagogika pracy
37.	Cyl Joanna	Utrata pracy wyzwaniem rozwojowym	2000	Pedagogika, Poradnictwo zawodowe i pośrednictwo pracy
38.	Dudzic Andżelika	Powód utraty pracy a doświadczanie bezrobocia	2000	Pedagogika, Pedagogika pracy

39.	Francuz Jolanta	Analiza sytuacji na rynku pracy w gminie Masłowice	2000	Pedagogika, Poradnictwo zawodowe i pośrednictwo pracy
40.	Hajdukiewicz Wioletta	Poczucie jakości pracy życia osób niepełno-sprawnych w zakładzie pracy chronionej Czmuda S.A. w Olsztynie	2000	Pedagogika, Pedagogika pracy
41.	Kapelski Arkadiusz	Oczekiwania pracodaw-ców i osób bezrobotnych względem warunków pracy	2000	Pedagogika, Poradnictwo zawodowc i pośrednictwo pracy
42.	Klecha Ewa	Bezrobocie absolwentów szkół ponadpodstawo-wych	2000	Pedagogika, Poradnictwo zawodowe i pośrednictwo pracy
43.	Kowalska Wioletta	Efektywności indywidu-alnego planu przeciw-działania bezrobociu absolwentów	2000	Pedagogika, Pedagogika pracy
44.	Maliszewska-Gregorczyk Larysa	Wartościowanie pracy przez kobiety pozbawio-ne wolności	2000	Pedagogika, Pedagogika pracy
45.	Posturzyńska Anna	Wypalenie zawodowe pracowników urzędów pracy	2000	Pedagogika, Pedagogika pracy
46.	Szpulak-Imiełowska Aneta	Wymiary jakości życia pracowników średniego personelu medycznego	2000	Pedagogika, Pedagogika pracy

47.	Ujma Jerzy	Jakość życia i jego zagrożenia na terenie powiatu częstochowskiego	2000	Pedagogika, Pedagogika pracy
48.	Wiora Eliza	Zachowania adaptacyjne długotrwale bezrobotnych	2000	Pedagogika, Poradnictwo zawodowe i pośrednictwo pracy
49	Bukowska-Szwagrzyn Maria	Szkolenia bezrobotnych jako jedna z aktywnych form przeciwdziałania skutkom bezrobocia	2001	Pedagogika, Pedagogika Poradnictwo zawodowe i pośrednictwo pracy
50.	Celt Marta	Decyzje zawodowe młodzieży maturalnej	2001	Pedagogika, Poradnictwo zawodowe i pośrednictwo pracy
51.	Chóras Maria	Wolny wybór zawodu a zadowolenie	2001	Pedagogika, Poradnictwo zawodowe i pośrednictwo pracy
52.	Karwasiński Leszek	Przeżycia i perspektywy społeczności kupieckiej bazaru w Dąbrowie Górniczej	2001	Pedagogika, Poradnictwo zawodowe i pośrednictwo pracy
53.	Kidawa Zenon	Stres w zawodzie strażaka	2001	Pedagogika, Poradnictwo zawodowe i pośrednictwo pracy

54.	Kwaśniewska Dorota	Sytuacja dziecka w rodzinie bezrobotnej	2001	Pedagogika, Poradnictwo zawodowe i pośrednictwo pracy
55.	Niedbała Dagmara	Jakość życia pracowni- ków biur pracy	2001	Pedagogika, Poradnictwo zawodowe i pośrednictwo pracy
56.	Pazera Alicja	Poczucie jakości życia celników zatrudnionych w oddziale celnym w Częstochowie	2001	Pedagogika, Poradnictwo zawodowe i pośrednictwo pracy
57.	Włodarczyk Agnieszka	Wpływ braku pracy na percepcję życia rodzinnego	2001	Pedagogika, Pedagogika opiekuńczo- resocjalizacyjna
58.	Chrząstek- Waśkiewicz Olga	Obraz rodziny w oczach współczesnej młodzieży	2002	Pedagogika, Poradnictwo zawodowe i pośrednictwo pracy
59.	Czerny Magdalena	Problemy komunikacji interpersonalnej w związkach uczuciowych	2002	Pedagogika, Poradnictwo zawodowe i pośrednictwo pracy
60.	Dobrowolski Marek	Stres pracowników firmy ochrony mienia	2002	Pedagogika, Pedagogika opiekuńczo- resocjalizacyjna

61.	Dzierzba Beata	Badanie poziomu lęku w klasie maturalnej a perspektywy życiowe	2002	Pedagogika, Poradnictwo zawodowe i pośrednictwo pracy
62.	Efemberg Przemysław	Podstawowe wymiary jakości życia osób bezrobotnych	2002	Pedagogika, Poradnictwo zawodowe i pośrednictwo pracy
63.	Galia Marcin	Programy przeciwdziałania bezrobociu absolwentów	2002	Pedagogika, Poradnictwo zawodowe i pośrednictwo pracy
64.	Jaworski Sławomir	Perspektywy życia prywatnego i zawodowego mężczyzn kończących zasadniczą służbę wojskową	2002	Pedagogika, Poradnictwo zawodowe i pośrednictwo pracy
65.	Jędrak Roman	Działalność klubu pracy jako forma pomocy bezrobotnej młodzieży na przykładzie Powiatowego Urzędu Pracy w Kłobucku	2002	Pedagogika, Poradnictwo zawodowe i pośrednictwo pracy
66.	Małek Radosław	Narkomania jako problem indywidualny i społeczny	2002	Pedagogika, Poradnictwo zawodowe i pośrednictwo pracy
67.	Mączyńska Bożena	Percepcja teraźniejszości a wizja przyszłości kobiet zagrożonych utratą pracy	2002	Pedagogika, Poradnictwo zawodowe i pośrednictwo pracy

68.	Michalska Marta	Postawy rodzicielskie a wpływ na wybór zawodu	2002	Pedagogika, Poradnictwo zawodowe i pośrednictwo pracy
69.	Mielimąka Natalia	Poczucie jakości życia u osób przebywających w domu pomocy społecznej dla psychicznie chorych	2002	Pedagogika, Poradnictwo zawodowe i pośrednictwo pracy
70.	Miszczak Artur	Osobowość a jakość życia	2002	Pedagogika, Poradnictwo zawodowe i pośrednictwo pracy
71.	Mróz Anna	Model indywidualny rozmowy doradczej w wizjach studentów poradnictwa zawodowego i pośrednictwa pracy	2002	Pedagogika, Poradnictwo zawodowe i pośrednictwo pracy
72.	Radecki Łukasz	Motyw wyboru studiów u współczesnej młodzieży	2002	Pedagogika, Poradnictwo zawodowe i pośrednictwo pracy
73.	Suruło Dorota	Poczucie jakości życia młodzieży uczącej się w ośrodkach szkolnych i wychowawczych Ochotniczych Hufców Pracy w Trzebini	2002	Pedagogika, Poradnictwo zawodowe i pośrednictwo pracy
74.	Włodarczyk Jarosław	Stres w przebiegu zasadniczej służby wojskowej wojsk specjalnych	2002	Pedagogika, Poradnictwo zawodowe i pośrednictwo pracy

75.	Zasępa Halina	Problemy kobiet długotrwale bezrobotnych	2002	Pedagogika, Poradnictwo zawodowe i pośrednictwo pracy
76.	Ciupiński Krzysztof	Doświadczanie codzienności przez osoby długotrwale bezrobotne	2003	Pedagogika, Poradnictwo zawodowe i pośrednictwo pracy
77.	Fertlińska Ewa	Atrakcyjność interpersonalna młodzieży	2003	Pedagogika, Poradnictwo zawodowe i pośrednictwo pracy
78.	Fryc Mirosław	Zagrożenia syndromem wypalenia zawodowego jako skutek wykonywania pracy funkcjonariusza służby więziennej	2003	Pedagogika, Poradnictwo zawodowe i pośrednictwo pracy
79.	Gielezy Katarzyna	Wpływ bezrobocia na psychikę młodego człowieka	2003	Pedagogika, Poradnictwo zawodowe i pośrednictwo pracy
80.	Gołębiowska Justyna	Obraz rodziny w percepcji dzieci pochodzących z rodzin pełnych i niepełnych	2003	Pedagogika, Poradnictwo zawodowe i pośrednictwo pracy
81.	Jarząbek Ewelina	Relacje w rodzinie a wartościowanie pracy	2003	Pedagogika, Poradnictwo zawodowe i pośrednictwo pracy

82.	Klepacz Edyta	Społeczno-zawodowe problemy w funkcjonowaniu kobiet	2003	Pedagogika, Poradnictwo zawodowe i pośrednictwo pracy
83.	Knapik Anna	Postawy nauczycieli wobec reformy szkolnictwa	2003	Pedagogika, Poradnictwo zawodowe i pośrednictwo pracy
84.	Kononowicz Roksana	Przemoc w rodzinie jako zjawisko społeczne	2003	Pedagogika, Poradnictwo zawodowe i pośrednictwo pracy
85.	Kościńska Dominika	Aspiracje rodziców względem dzieci	2003	Pedagogika, Poradnictwo zawodowe i pośrednictwo pracy
86.	Kowalska Kamila	Wartościowanie pracy na przykładzie Zakładu Produkcyjnego w Radomsku	2003	Pedagogika, Poradnictwo zawodowe i pośrednictwo pracy
87.	Koźlik Katarzyna	Alkoholizm i bezrobocie jako współczesne problemy społeczne	2003	Pedagogika, Poradnictwo zawodowe i pośrednictwo pracy
88.	Krasowski Grzegorz	Model picia alkoholu przez współczesną młodzież	2003	Pedagogika, Poradnictwo zawodowe i pośrednictwo pracy

89.	Kułach Paweł	Motywacja ludzi pracujących w hospicjach i oddziałach opieki paliatywnej	2003	Pedagogika, Poradnictwo zawodowe i pośrednictwo pracy
90.	Lula Artur	Poczucie jakości życia osób niepełnosprawnych w zakładzie pracy chronionej (na przykładzie prywatnej firmy)	2003	Pedagogika, Poradnictwo zawodowe i pośrednictwo pracy
91.	Matusiak Katarzyna	Atrybucje i doświadczanie niepowodzeń w szukaniu pracy	2003	Pedagogika, Poradnictwo zawodowe i posrednictwo pracy
92.	Mielczarek Katarzyna	Wpływy posiadania rodziny i przyjaciół na poczucie jakości życia kobiet na wsi	2003	Pedagogika, Poradnictwo zawodowe i pośrednictwo pracy
93.	Mól Kamila	Stres u dzieci w wieku szkolnym	2003	Pedagogika, Poradnictwo zawodowe i pośrednictwo pracy
94.	Petrych Monika	Doświadczenie bezrobocia w kryzysie wieku średniego	2003	Pedagogika, Poradnictwo zawodowe i pośrednictwo pracy
95.	Pilarz Beata	Poczucie jakości życia z perspektywy słuchacza studiów zaocznych	2003	Pedagogika, Poradnictwo zawodowe i pośrednictwo pracy

96.	Placek Piotr	Stresory działające na kadetów Centralnej Szkoły Państwowej Straży Pożarnej w Częstochowie	2003	Pedagogika, Poradnictwo zawodowe i pośrednictwo pracy
97.	Pyka Olga	Wartościowanie pracy przez pracowników ING Banku Śląskiego w Częstochowie	2003	Pedagogika, Poradnictwo zawodowe i pośrednictwo pracy
98.	Radosz Marek	Problemy kierowania zastępem i sekcją ratowniczą w Państwowej Straży Pożarnej	2003	Pedagogika, Poradnictwo zawodowe i pośrednictwo pracy
99.	Randak Agata	Czynniki wpływające na wybór ścieżek kształcenia uczniów klas III szkoły gimnazjalnej	2003	Pedagogika, Poradnictwo zawodowe i pośrednictwo pracy
100.	Róg Robert	Motywy wyboru szkoły po gimnazjum	2003	Pedagogika, Poradnictwo zawodowe i pośrednictwo pracy
101.	Suchecka Anna	Postawy współczesnej młodzieży wobec seksu	2003	Pedagogika, Poradnictwo zawodowe i pośrednictwo pracy
102.	Szczygieł Marzena	Obraz mężczyzny w oczach współczesnej kobiety	2003	Pedagogika, Poradnictwo zawodowe i pośrednictwo pracy

103.	Szołowska Agnieszka	Problemy bezrobotnych absolwentów	2003	Pedagogika, Poradnictwo zawodowe i pośrednictwo pracy
104.	Śledzik Łukasz	Satysfakcja z pracy	2003	Pedagogika, Poradnictwo zawodowe i pośrednictwo pracy
105.	Śmiałek Aleksandra	Poczucie jakości życia osób zatrudnionych w Zakładzie Ubezpieczeń Społecznych w Kępnie	2003	Pedagogika, Poradnictwo zawodowe i pośrednictwo pracy
106.	Wolamin Kataryna	Kariera zawodowa a życie rodzinne	2003	Pedagogika, Poradnictwo zawodowe i pośrednictwo pracy
107.	Biernacik Sławomir	Formy agresji u studentów Wyższej Szkoły Pedagogicznej w Częstochowie	2004	Pedagogika, Poradnictwo zawodowe i pośrednictwo pracy
108.	Bociąga Krzysztof	Rola reklamy w motywach dokonywanych zakupów	2004	Pedagogika, Poradnictwo zawodowe i pośrednictwo pracy
109.	Borowiec Beata	Stres pracy w działaniach prewencyjnych policji	2004	Pedagogika, Poradnictwo zawodowe i pośrednictwo pracy

110.	Bujak Artur	Czas pozostawania bez pracy a poczucie jakości życia	2004	Pedagogika, Poradnictwo zawodowe i pośrednictwo pracy
111.	Cierpiał Justyna	Wybrane aspekty stresu uczniów w szkole	2004	Pedagogika, Poradnictwo zawodowe i pośrednictwo pracy
112.	Grabowska Aleksandra	Problem uzależnień z perspektywy młodzieży	2004	Pedagogika, Poradnictwo zawodowe i pośrednictwo pracy
113.	Grabowska Beata	Metody motyw i interpretacji pracowników firmy X	2004	Pedagogika, Poradnictwo zawodowe i pośrednictwo pracy
114.	Klepacz Grażyna	Jakość życia osób niepełnosprawnych w zakładzie pracy chronionej	2004	Pedagogika, Poradnictwo zawodowe i pośrednictwo pracy
115.	Ligudziński Adam	Sposoby radzenia sobie z brakiem pracy u osób długotrwale bezrobotnych na przykładzie powiatu częstochowskiego	2004	Pedagogika, Poradnictwo zawodowe i pośrednictwo pracy
116.	Nowacka Maria	Poczucie jakości życia niepełnosprawnych osób bezrobotnych	2004	Pedagogika, Poradnictwo zawodowe i pośrednictwo pracy

117.	Oryś Małgorzata	Poczucie jakości życia długotrwale bezrobot- nych	2004	Pedagogika, Poradnictwo zawodowe i pośrednictwo pracy
118.	Puszczewicz Anna	Źródła konfliktów w miejscu pracy	2004	Pedagogika, Poradnictwo zawodowe i pośrednictwo pracy
119.	Rajczykowska Agnieszka	Perspektywy edukacyjne i zawodowe dzieci ubogich	2004	Pedagogika, Praca socjalna
120.	Ruszkiewicz Agnieszka	Problemy kadry kierow- niczej w kierowaniu zasobami ludzkimi na przykładzie PURiS Remis Sp. z o.o.	2004	Pedagogika, Poradnictwo zawodowe i pośrednictwo pracy
121.	Skoczyński Paweł	Potrzeba bezpieczeństwa u osób profesjonalnie bronionych	2004	Pedagogika, Poradnictwo zawodowe i pośrednictwo pracy
122.	Skrzos Dariusz	Poczucie jakości życia ludzi starszych	2004	Pedagogika, Poradnictwo zawodowe i pośrednictwo pracy
123.	Skwara Dorota	Przyczyny i przejawy agresji wśród dzieci klasy III i IV szkoły podstawowej	2004	Pedagogika, Poradnictwo zawodowe i pośrednictwo pracy

124.	Służalec Piotr	Realizacja społeczno-wychowawczych założeń pogotowia opiekuńczego z perspektywy wychowanków	2004	Pedagogika, Poradnictwo zawodowe i pośrednictwo pracy
125.	Smoliński Zbigniew	Obciążenie pracą liderów	2004	Pedagogika, Poradnictwo zawodowe i pośrednictwo pracy
126.	Sosnowska Anita	Poczucie jakości życia osób bezrobotnych z wyższym wykształceniem	2004	Pedagogika, Poradnictwo zawodowe i pośrednictwo pracy
127.	Wręczycka Anida	Formy agresji we współczesnej rodzinie	2004	Pedagogika, Poradnictwo zawodowe i pośrednictwo pracy
128.	Błażewicz Dominika	Motywacja osiągnięć a indywidualno-środowiskowe dopasowanie	2005	Psychologia
129.	Borycka Sylwia	Postawy studentów wobec ludzi starszych	2005	Pedagogika, Praca socjalna
130.	Chachulski Michał	Stres w zadaniach statycznych i dynamicznych pracownika ochrony	2005	Pedagogika, Poradnictwo zawodowe
131.	Chałat Monika	Wyznacznika wartościowania pracy przez osoby bezrobotne	2005	Pedagogika, Poradnictwo zawodowe
132.	Grodzicka Anna	Doświadczenie codzienności przez bezrobotne kobiety	2005	Pedagogika, Poradnictwo zawodowe

133.	Jedynak Anna	Jakość życia osób niepełnosprawnych w domach pomocy społecznej	2005	Pedagogika, Pedagogika opiekuńczo-resocjalizacyjna
134.	Kaczmarczyk Anna	Bezrobocie jako czynnik patologiczny występujący w polskich rodzinach	2005	Pedagogika, Poradnictwo zawodowe
135.	Kolmas Justyna	Perspektywy zawodowe młodzieży niepełnosprawnej ruchowo	2005	Pedagogika, Poradnictwo zawodowe
136.	Kowalska Agnieszka	Ścieżki karier gimnazjalistów w rodzinach pracujących i bezrobotnych	2005	Pedagogika, Poradnictwo zawodowe
137.	Kucharska Edyta	Jakość życia osób z problemem narkotykowym	2005	Pedagogika, Praca socjalna
138.	Kwaśniewska Aneta	Jakość życia niepełnosprawnych osób bezrobotnych	2005	Pedagogika, Poradnictwo zawodowe
139.	Milewska Agnieszka	Stereotyp Araba w opinii młodzieży gimnazjum	2005	Pedagogika, Praca socjalna
140.	Ociepa Agnieszka	Relacje w rodzinie osób bezrobotnych	2005	Pedagogika, Praca socjalna
141.	Skorupa Kamila	Sposoby radzenia sobie z bezrobociem przez kobiety	2005	Pedagogika, Poradnictwo zawodowe
142.	Stolarska Olga	Przemoc w rodzinie a kontakty z rówieśnikami	2005	Pedagogika, Pedagogika opiekuńczo-resocjalizacyjna
143.	Trawka Katarzyna	Nastrój, samoocena i dominujący afekt jako moderatory subiektywnej oceny jakości życia	2005	Psychologia

144.	Wąsowicz Barbara	Dziecko w rodzinie bezrobotnej	2005	Pedagogika, Poradnictwo zawodowe
145.	Wirga Tomasz	Wpływ osobowości i temperamentu na poczucie jakości życia policjantów	2005	Psychologia
146.	Witkowska Justyna	Temperament a style kierowania	2005	Pedagogika, Poradnictwo zawodowe
147.	Wlaźlak Izabela	Nadzieje i niepokoje w wizjach przyszłości studentów	2005	Pedagogika, Praca socjalna
148.	Wolińska Aleksandra	Płeć psychologiczna a aspiracje edukacyjno-zawodowe	2005	Pedagogika, Poradnictwo zawodowe
149.	Wołek Katarzyna	Problem alkoholowy wśród studentów stacjonarnych	2005	Pedagogika, Poradnictwo zawodowe
150.	Bodzioch Piotr	Zdrowie psychiczne i fizyczne osób długotrwale bezrobotnych	2006	Pedagogika, Poradnictwo zawodowe
151.	Borycka Magdalena	Nadzieje i niepokoje bez-robotnych kobiet na wsi	2006	Pedagogika, Poradnictwo zawodowe
152.	Hajduga Agnieszka	Bieda w spostrzeżeniach i doświadczeniach studentów	2006	Pedagogika, Praca socjalna
153.	Kalota Rafał	Poczucie jakości życia wychowanków Domu Dziecka w Chorzenicach	2006	Pedagogika, Praca socjalna

154.	Kocela Piotr	Typy reakcji na bezrobocie	2006	Pedagogika, Poradnictwo zawodowe
155.	Kręciwilk Małgorzata	Wybrane aspekty stresu pracy	2006	Pedagogika, Poradnictwo zawodowe
156.	Kula Krzysztof	Długotrwałe bezrobocie a patologie społeczne	2006	Pedagogika, Poradnictwo zawodowe
157.	Kulej Agnieszka	Komunikacja interpersonalna w relacji pracownik socjalny – klient	2006	Pedagogika, Praca socjalna
158.	Nietresta-Jędrzejewska Iwona	Wyznaczniki obciążania pracą nauczycieli	2006	Pedagogika, Poradnictwo zawodowe i pośrednictwo pracy
159.	Pędziwiatr Zbigniew	Przemoc a bezrobocie	2006	Pedagogika, Praca socjalna
160.	Pluta Dariusz	Wybrane aspekty stresu w dziale handlowym zakładu pracy	2006	Pedagogika, Poradnictwo zawodowe
161.	Rajczyk Agnieszka	Wpływ rodziny na wybór drogi zawodowej przez młodzież	2006	Pedagogika, Poradnictwo zawodowe
162.	Wieczorek Monika	Czas pozostawania bez pracy a jakość życia osób bezrobotnych	2006	Pedagogika, Poradnictwo zawodowe
163.	Wolski Robert	Poczucie samotności seniorów w domach pomocy społecznej	2006	Pedagogika, Pedagogika opiekuńczo-resocjalizacyjna

164.	Woźniak Katarzyna	Patologia życia rodzinnego z perspektywy wychowawcy świetlicy środowiskowej	2006	Pedagogika, Praca socjalna
165.	Woźniak Magdalena	Charakterystyka relacji mężczyzn narkomanów z matką	2006	Pedagogika, Poradnictwo zawodowe
166.	Banasiak Izabela	Osobowościowe wyznaczniki zaangażowania organizacyjnego	2007	Psychologia
167.	Bogulska Beata	Znaczenie wsparcia w relacjach matka-dziecko a jakość związku	2007	Pedagogika, Pedagogika opiekuńczo-wychowawcza
168.	Cicha Dorota	Doświadczanie ciąży przez rodziców	2007	Pedagogika, Praca socjalna
169.	Dobosz Justyna	Dziecko jako wartość a postawy rodzicielskie	2007	Pedagogika, Praca socjalna
170.	Godela Magdalena	Satysfakcja życiowa kobiet a plany życiowe ich dzieci	2007	Psychologia
171.	Janus Małgorzata	Płeć psychologiczna a jakość życia kobiet	2007	Psychologia
172.	Kaźmierczak Kinga	Jakość życia a cechy osobowości i czas pozostawania bez pracy u osób bezrobotnych	2007	Psychologia
173.	Korta Kacper	Eutanazja jako kontrowersyjny problem społeczny. Postawy młodych ludzi wobec tego zjawiska	2007	Pedagogika, Praca socjalna
174.	Kowalska Małgorzata	Jakość życia słyszących matek głuchych dzieci	2007	Psychologia

175.	Lach Ewa	Jakość życia ludzi starszych	2007	Psychologia
176	Matusiak Żaneta Justyna	Lęk związany z pomaganiem starzejącym się rodzicom a gotowość udzielenia wsparcia rodzicowi	2007	Pedagogika, Pedagogika społeczna i terapia pedagogiczna
177.	Mizgała Joanna	Poczucie jakości życia pracowników ochrony	2007	Pedagogika, Poradnictwo zawodowe i pośrednictwo pracy
178.	Mlonka Anna	Dopasowanie zawodowe a poczucie jakości życia pracowników	2007	Psychologia
179.	Obłąk Anna	Klimat w organizacji a jakość życia pracowników	2007	Psychologia
180.	Szymańska Agnieszka	Stres związany z wychowaniem dzieci a jakość relacji pomiędzy matką i dzieckiem	2007	Pedagogika, Pedagogika opiekuńczo-resocjalizacyjna
181.	Śródka Iwona	Optymizm dziecka a jego gotowość udzielania wsparcia rodzicom	2007	Pedagogika, Pedagogika opiekuńczo-wychowawcza
182.	Świtała Magdalena	Rodzaj postawy matki a typ przywiązania dziecka	2007	Pedagogika, Praca socjalna
183.	Rajczyk Dariusz	Style zarządzania w wybranych zakładach pracy	2008	Pedagogika, Doradztwo zawodowe

184.	Agacińska Martyna	Wsparcie społeczne i inteligencja emocjonalna jako zmienne pośredniczące w związku stresu i wypalenia zawodowego u pielęgniarek	2011	Psychologia stosowana
185.	Dębicka Aleksandra	Poczucie jakości życia emigrantów polskich i angielskich	2011	Psychologia stosowana
186.	Duc Beata	Poczucie jakości życia pracowników straży pożarnej a stres zawodowy	2011	Psychologia stosowana
187.	Grzecznik Katarzyna	Korelaty poczucia jakości życia starszych kobiet	2011	Psychologia stosowana
188.	Kotula Helena	Konflikt praca-rodzina, rodzina-praca, wsparcie społeczne i zaangażowania w pracę, a poczucie jakości życia matek pracujących	2011	Psychologia stosowana
189.	Porzucek Agata	Jakość życia a orientacja religijna	2011	Psychologia stosowana
190.	Sobczyk Katarzyna	Poczucie jakości życia oraz poczucie umiejscowienia kontroli u sportowców uprawiających dyscypliny indywidualne i zespołowe	2011	Psychologia stosowana
191.	Babrzymąka Dorota	Odrzucenie emocjonalne w dzieciństwie a relacje małżeńskie	2011	Psychologia stosowana
192.	Ostapczuk Agnieszka	Wybrane korelaty poczucia jakości życia z niepełnosprawnością ruchową	2011	Psychologia stosowana

193.	Palka Anna	Afekt jako zmienna pośrednicząca w relacji praca-rodzina, rodzina-praca, a poczucie jakości życia matek pracujących zawodowo	2011	Psychologia stosowana
194.	Prokop Anna	Adaptacja P.E. Spectra Skali Kontrproduktyw-nych Zachowań w Pracy (CWB-C)	2011	Psychologia stosowana
195.	Turek Karolina	Jakość życia rodziców dzieci niepełnospraw-nych	2011	Psychologia stosowana
196.	Kopacz Karolina	Wpływ aktywności fizycznej oraz intelektualnej na jakość życia osób starszych	2013	Psychologia

Promocja prac doktorskich

1. Łukasz Baka
   Lęk przed śmiercią a wybrane elementy światopoglądu młodzieży
   2006, Katolicki Uniwersytet Lubelski
   Doktor nauk humanistycznych w zakresie pedagogiki

2. Tomasz Wirga
   Emocje, poczucie jakości życia i przywiązanie do organizacji a skuteczność rozwiązywania zadań przez nauczycieli akademickich
   2010, Uniwersytet Wrocławski
   Doktor nauk humanistycznych w zakresie psychologii

3. Katarzyna Skałacka
   Poziom wykonania zadań poznawczych w wybranych stanach afektywnych
   2011, Uniwersytet im. Adama Mickiewicza w Poznaniu
   Doktor nauk humanistycznych w zakresie psychologii

Spis skrótów

Spis zawiera jedynie skróty specjalistyczne, które pojawiają się przynajmniej w dwóch artykułach. Przy aktach prawnych wskazano pierwsze miejsce publikacji lub publikację ostatniego tekstu jednolitego. Jeżeli z treści artykułu nie wynika nic innego, cytowane źródła prawa odnoszą się do aktualnego stanu prawnego. Wykaz obejmuje ponadto skróty nazw czasopism, wydawnictw oraz instytucji.

AcP	Archiv für civilistische Praxis
AEUV	Vertrag über die Arbeitsweise der Europäischen Union, ABl. C 83 vom 30.03.2010, S. 47.
AEW	Akademia Ekonomiczna we Wrocławiu
AG	Amtsgericht
AIOSP	Association Internationale de l'Orientation Scolaire et Professionelle
AJD	Akademia im. Jana Długosza w Częstochowie
AM	Akademia Medyczna
AMS	Arbeitsmarktservice
APS	Akademia Pedagogiki Specjalnej im. Marii Grzegorzewskiej w Warszawie
BeckRS	Becksche Rechtsprechungssammlung

BGB	Bürgerliches Gesetzbuch in der Fassung der Bekanntmachung vom 2.01.2002 (BGBl. I S. 42, 2909; 2003 I S. 738), das zuletzt durch Art. 4 Abs. 5 des Gesetzes vom 1.10.2013 (BGBl. I S. 3719) geändert worden ist
BGBl.	Bundesgesetzblatt
BGH	Bundesgerichtshof
BGHZ	Entscheidungen des Bundesgerichtshofs in Zivilsachen
BIBB	Bundesinstituts für Berufsbildung
BMJ	British Medical Journal
b.m.w.	brak miejsca wydania
b.r.w.	brak roku wydania
BVerfG	Bundesverfassungsgericht
CBOSA	Centralna Baza Orzeczeń Sądów Administracyjnych
CMPPP	Centrum Metodyczne Pomocy Psychologiczno-Pedagogicznej
COMPWZ MEN	Centralny Ośrodek Metodyczny Poradnictwa Wychowawczo-Zawodowego Ministerstwa Edukacji Narodowej
CWLA	Child Welfare League of America
DIN	Deutsches Institut für Normung
DNotZ	Deutsche Notar-Zeitschrift
DQR	Deutscher Qualifikationsrahmen
DSM-IV	Diagnostic and Statistical Manual of Mental Disorders — wersja IV
DSW	Dolnośląska Szkoła Wyższa
DuD	Datenschutz und Datensicherheit
Dz.U.	Dziennik Ustaw
Dz.Urz. UE	Dziennik Urzędowy Unii Europejskiej
Dz.Urz. WE	Dziennik Urzędowy Wspólnot Europejskich
EKPC	Konwencja o ochronie praw człowieka i podstawowych wolności, sporządzona w Rzymie dnia 4.11.1950 r., ratyfikowana przez Polskę w dniu 19.01.1993 r., Dz.U. z 1993 r., nr 61, poz. 284
ESCO	European Taxonomy of Skills, Competences and Occupations
ETPC	Europejski Trybunał Praw Człowieka
ETS	Trybunał Sprawiedliwości Unii Europejskiej

EWG	Europejska Wspólnota Gospodarcza
FamRZ	Zeitschrift für das gesamte Familienrecht mit Betreuungs-recht, Erbrecht, Verfahrensrecht, Öffentlichem Recht
FuR	Zeitschrift — Familie und Recht
GG	Grundgesetz für die Bundesrepublik Deutschland in der im BGBl. III, Nr. 100-1, veröffentlichten bereinigten Fassung, das zuletzt durch Art. 1 des Gesetzes vom 11.07.2012 (BGBl. I S. 1478) geändert worden ist
GKV	Gesetzliche Krankenversicherung
GPR	Zeitschrift für das Privatrecht der Europäischen Union
GWP	Gdańskie Wydawnictwo Psychologiczne
HBSC	Health Behaviour in School-aged Children
HR	Human Resource
HRG	Handwörterbuch zur deutschen Rechtsgeschichte
HRM	Human Resource Management
ICT	Information and Communications Technology
IF	Impact Factor
IpiN	Instytut Psychiatrii i Neurologii
ISO	International Organization for Standardization
IT	Information Technology
IWZZ	Instytut Wydawniczy Związków Zawodowych
k.c.	Ustawa z 23.04.1964 r. — Kodeks cywilny, t.j. Dz.U. z 2014 r., poz. 121.
KG	Kammergericht
k.k.	Ustawa z 6.06.1997 r. — Kodeks karny, Dz.U. z 1997 r., nr 88, poz. 553
Konstytucja	Konstytucja Rzeczypospolitej Polskiej z 2.04.1997 r. Dz.U. z 1997 r., nr 78, poz. 483
k.p.	Ustawa z 26.06.1974 r. — Kodeks pracy, t.j. Dz.U. z 1998 r., nr 21, poz. 94
k.p.c.	Ustawa z 17.11.1964 r. — Kodeks postępowania cywilnego, t.j. Dz.U. 2014 r., poz. 101.
k.r.o.	Ustawa z 25.02.1964 r. — Kodeks rodzinny i opiekuńczy, t.j. Dz.U. z 2012 r., poz. 788.
k.s.h.	Ustawa z 15.09.2000 r. — Kodeks spółek handlowych, t.j. Dz.U. z 2013 r., poz. 1030
LG	Landgericht

M	średnia wartość
MBI	Maslach Burnout Inventory
MEN	Ministerstwo Edukacji Narodowej
MIBOS	Measure of Ingratiatory Behaviors in Organizational Settings
MMR	Multimedia und Recht — Zeitschrift für Infor-mations-, Telekommunikations- und Medienrecht
MMR-Aktuell	Der Newsletter zur Zeitschrift MultiMedia und Recht in Zusammenarbeit mit beck-online — DIE DATENBANK
MP	Monitor Polski
NJOZ	Neue Juristische Online-Zeitschrift
NJW	Neue Juristische Wochenschrift
NJW-RR	Neue Juristische Wochenschrift-Rechtsprechung-Report
NSA	Naczelny Sąd Administracyjny
NVwZ	Neue Zeitschrift für Verwaltungsrecht
OECD	Organisation for Economic Co-operation and Development
OLG	Oberlandesgericht
ONZ	Organizacja Narodów Zjednoczonych
OSN	Orzecznictwo Sądu Najwyższego
OSNC	Orzecznictwo Sądu Najwyższego — Izba Cywilna
OSNCP	Orzecznictwo Sądu Najwyższego — Izba Cywilna, Izba Administracyjna, Izba Pracy i Ubezpieczeń Społecznych (od 1963 r. do 1994 r.)
OSNKW	Orzecznictwo Sądu Najwyższego — Izba Karna i Wojskowa
OSNPG	Orzecznictwo Sądu Najwyższego Wydawnictwo Prokuratury Generalnej
OSP	Orzecznictwo Sądów Polskich i Komisji Arbitrażowych
OTK ZU	Orzecznictwo Trybunału Konstytucyjnego Zbiór Urzędowy
OWN	Ośrodek Wydawnictw Naukowych
PAN	Polska Akademia Nauk
PAR	Psychological Assessment Resources
PBKM	Polski Bank Komórek Macierzystych
PiP	Państwo i Prawo
PIW	Państwowy Instytut Wydawniczy
PK InSEA	Polski Komitet International Society for Education through Art

PPC	Polski Proces Cywilny
PPH	Przegląd Prawa Handlowego
PTK	Polskie Towarzystwo Krajoznawcze
PTP	Polskie Towarzystwo Psychologiczne
PWE	Polskie Wydawnictwo Ekonomiczne
PWN	Państwowe Wydawnictwo Naukowe
PZWL	Państwowy Zakład Wydawnictw Lekarskich
RGBl.	Reichsgesetzblatt
RiP	Rodzina i Prawo
RPO	Rzecznik Praw Obywatelskich
RW KUL	Rada Wydawnictw Katolickiego Uniwersytetu Lubelskiego
SAN	Społeczna Akademia Nauk
SD	odchylenie standardowe
SIMP	Stowarzyszenie Inżynierów Mechaników Polskich
SLTCDM	Social Learning Theory of Career Decision Making
SN	Sąd Najwyższy
StAZ	Zeitschrift für Standesamtswesen, Familienrecht, Staatsange-hörigkeitsrecht, Personenstandsrecht, internationales Privat-recht des In- und Auslands
SWPS	Szkoła Wyższa Psychologii Społecznej
t.j.	tekst jednolity
TK	Trybunał Konstytucyjny
TN KUL	Towarzystwo Naukowe Katolickiego Uniwersytetu Lubel-skiego Jana Pawła II
TNOiK	Towarzystwo Naukowe Organizacji i Kierownictwa
UAM	Uniwersytet im. Adama Mickiewicza w Poznaniu
UCLA	University of California, Los Angeles
u.d.i.p.	Ustawa z 6.09.2001 r. o dostępie do informacji publicznej, Dz.U. z 2001 r., nr 112, poz. 1198
UE	Unia Europejska
UG	Uniwersytet Gdański
UJ	Uniwersytet Jagielloński
UKA	Uniwersytecka Komisja Akredytacyjna
UKSW	Uniwersytet Kardynała Stefana Wyszyńskiego
UKW	Uniwersytet Kazimierza Wielkiego

UŁ	Uniwersytet Łódzki
UMCS	Uniwersytet Marii Curie-Skłodowskiej
UO	Uniwersytet Opolski
UP	Uniwersytet Pedagogiczny w Krakowie
UR	Uniwersytet Rzeszowski
US	Uniwersytet Szczeciński
u.s.p.	Ustawa z 27.07.2001 r. — Prawo o ustroju sądów powszechnych, t.j. Dz.U z 2013 r., poz. 427.
UŚ	Uniwersytet Śląski
UW	Uniwersytet Warszawski
UWM	Uniwersytet Warmińsko-Mazurski
UWr	Uniwersytet Wrocławski
UZ	Uniwersytet Zielonogórski
WAiP	Wydawnictwa Akademickie i Profesjonalne
WHO	World Health Organization
WHOQOL	World Health Organization Quality of Life
WNT	Wydawnictwa Naukowo-Techniczne
WSA	Wojewódzki Sąd Administracyjny
WSG	Wyższa Szkoła Gospodarki
WSHE	Wyższa Szkoła Humanistyczno-Ekonomiczna
WSiP	Wydawnictwa Szkolne i Pedagogiczne
WSL	Wyższa Szkoła Lingwistyczna w Częstochowie
WSP	Wyższa Szkoła Pedagogiczna
WSPA	Wyższa Szkoła Przedsiębiorczości i Administracji w Lublinie
ZD-Aktuell	Newsdienst Zeitschrift für Datenschutz — Aktuell
ZIP	Zeitschrift für Wirtschaftsrecht
ZRG GA	Zeitschrift der Savigny-Stiftung für Rechtsgeschichte, Germanistische Abteilung
ZUM	Zeitschrift für Urheber- und Medienrecht
ZUM-RD	Zeitschrift für Urheber- und Medienrecht — Rechtsprechungsdienst

Spis Autorów

Monika Adamska-Staroń
Doktor nauk humanistycznych w zakresie pedagogiki, adiunkt w Zakładzie Pedagogiki Ogólnej i Metodologii Badań, Instytut Pedagogiki Akademii im. Jana Długosza w Częstochowie.

Olga Wasiljewna Artjomowa
Profesor, dr hab. nauk ekonomicznych, Dyrektor Uralskiego Instytutu Spraw Socjalnych i Ekonomicznych w Akademii Stosunków Pracowniczych i Socjalnych w Czelabińsku (Rosja), Zastępca Przewodniczącego Rady ds. Nadawania Tytułów Doktorskich na Państwowym Uniwersytecie Południowego Uralu, Zastępca Przewodniczącego Komisji Eksperckiej ds. Polityki Ekonomicznej Zgromadzenia Ustawodawczego regionu Czelabińsk.

Mateusz Badowski
Magister prawa, pracownik naukowy w European Legal Studies Institute na Uniwersytecie w Osnabrück, wykładowca na Uniwersytecie w Bielefeld, stypendysta Fundacji im. Hannsa Seidela, doktorant w Katedrze Polskiego i Europejskiego Prawa Prywatnego oraz Komparatystyki Prawa na Europejskim Uniwersytecie Viadrina we Frankfurcie nad Odrą.

Łukasz Baka
Doktor nauk humanistycznych w zakresie pedagogiki, adiunkt w Zakładzie Psychologii Akademii im. Jana Długosza w Częstochowie, członek Polskiego Stowarzyszenia Psychologii Społecznej oraz European Academy of Occupational Health Psychology.

Bogusław Banaszak

Profesor zwyczajny, dr hab. nauk prawnych, dr honoris causa (Pecz, Alba Julia, Pitești, Kijów), Kierownik Katedry Prawa Konstytucyjnego Uniwersytetu Wrocławskiego, członek korespondent Real Academia de Ciencias Morales y Políticas oraz l'Académie européenne des sciences, des arts et des lettres, członek World Jurist Association.

Augustyn Bańka

Profesor zwyczajny, dr hab. nauk humanistycznych w zakresie psychologii, Wydział zamiejscowy Szkoły Wyższej Psychologii Społecznej w Katowicach, Prezes Stowarzyszenia Psychologia i Architektura, Redaktor Naczelny „Czasopisma Psychologicznego".

Christian von Bar

Profesor zwyczajny, dr hab. nauk prawnych, dr honoris causa (Helsinki, Tartu, Leuven, Katowice, Olsztyn), Dyrektor European Legal Studies Institute na Uniwersytecie w Osnabrück, profesor honorowy Akademii im. Jana Długosza w Częstochowie, członek korespondent British Academy (FBA) oraz Honorary Master of the Bench, Gray's Inn (Londyn).

Małgorzata Anna Basińska

Profesor nadzwyczajny, dr hab. nauk humanistycznych w zakresie psychologii, Kierownik Zakładu Psychopatologii i Diagnozy Klinicznej Uniwersytetu Kazimierza Wielkiego w Bydgoszczy, członek Komitetu Rozwoju Człowieka Polskiej Akademii Nauk, Polskiego Towarzystwa Psychologicznego i Polskiego Towarzystwa Lekarskiego.

Michał Bernaczyk

Doktor nauk prawnych, adiunkt w Katedrze Prawa Konstytucyjnego, Wydział Prawa, Administracji i Ekonomii Uniwersytetu Wrocławskiego, stały doradca sejmowej Komisji Odpowiedzialności Konstytucyjnej, radca prawny.

Danuta Borecka-Biernat

Profesor nadzwyczajny, dr hab. nauk humanistycznych w zakresie psychologii, Kierownik Zakładu Psychologii Edukacji i Wychowania w Instytucie Psychologii Uniwersytetu Wrocławskiego, redaktor serii naukowej Uniwersytetu Wrocławskiego „Prace Psychologiczne", członek Komitetu i Rady Naukowej czasopisma „Psychologia Rodziny i Wychowania" oraz Rady Programowej czasopisma „Horyzonty Psychologii".

Anna Bronowicka

Doktor nauk humanistycznych w zakresie psychologii, Zastępca Dyrektora Instytutu Psychologii Uniwersytetu Opolskiego, Kierownik studiów podyplomowych „Psychologia Wpływu Społecznego", członek Polskiego Stowarzyszenia Psychologii Społecznej oraz International Society of Political Psychology.

Jerzy Marian Brzeziński
Profesor zwyczajny, dr hab. nauk humanistycznych w zakresie psychologii, dr honoris causa (Bydgoszcz, Gdańsk), Dyrektor Instytutu Psychologii Uniwersytetu im. Adama Mickiewicza w Poznaniu oraz Kierownik Katedry Metodologii Szkoły Wyższej Psychologii Społecznej (Wydział Zamiejscowy we Wrocławiu), członek Komitetu Psychologii i Prezydium oraz członek rzeczywisty Polskiej Akademii Nauk, członek Centralnej Komisji do Spraw Stopni i Tytułów, Redaktor Naczelny kwartalnika PAN „Nauka".

Anna Chmielarz-Grochal
Doktor nauk prawnych, adiunkt w Katedrze Prawa Konstytucyjnego Uniwersytetu Łódzkiego; w latach 2010–2013 adiunkt w Zakładzie Prawa Konstytucyjnego i Ustroju Samorządu Terytorialnego Akademii im. Jana Długosza w Częstochowie.

Anna Deryng
Doktor nauk prawnych, adiunkt w Zakładzie Prawa Konstytucyjnego i Ustroju Samorządu Terytorialnego, Dyrektor Centrum Transferu Wiedzy i Innowacji w Obszarze Nauki i Sztuki na Akademii im. Jana Długosza w Częstochowie, członek Polskiego Towarzystwa Prawa Konstytucyjnego.

Ernst Deuer
Profesor, dr nauk ekonomicznych, Dualna Szkoła Wyższa Badenii-Wirtembergii (DHBW) w Ravensburgu, Zastępca Przewodniczącego Komisji ds. Jakości Kształcenia dla kierunków ekonomicznych, opiekun stypendystów Fundacji im. Friedricha Eberta.

Dariusz Doliński
Profesor zwyczajny, dr hab. nauk humanistycznych w zakresie psychologii, Kierownik Katedry Psychologii Społecznej Szkoły Wyższej Psychologii Społecznej (Wydział Zamiejscowy we Wrocławiu), Prezes Polskiego Stowarzyszenia Psychologii Społecznej, członek korespondent Polskiej Akademii Nauk, Redaktor Naczelny „Polish Psychological Bulletin".

Józef Drabowicz
Profesor zwyczajny, dr hab. nauk chemicznych, Prorektor ds. nauki Akademii im. Jana Długosza w Częstochowie, profesor w Centrum Badań Molekularnych i Makromolekularnych Polskiej Akademii Nauk, redaktor serii wydawniczej „Science of Synthesis Update" (tom 33 i 39), członek Rady Redakcyjnej „ISRN Organic Chemistry".

Teresa Drozdek-Małolepsza
Doktor nauk o kulturze fizycznej, adiunkt w Zakładzie Humanistycznych i Teoretycznych Podstaw Kultury Fizycznej i Turystyki, Instytut Kultury Fizycznej i Turystyki Akademii im. Jana Długosza w Częstochowie.

Bernd-Joachim Ertelt
Profesor, dr nauk humanistycznych w zakresie pedagogiki, Zakład Doradztwa
Zawodowego Akademii im. Jana Długosza w Częstochowie, wykładowca w Wyższej
Szkole Federalnej Agencji Pracy (HdBA) oraz na Uniwersytetach w Mannheim
i Heidelbergu, profesor honorowy Uniwersytetu w Sofii (Университетът за
национално и световно стопанство).

Luis Sobrado Fernández
Profesor, dr nauk humanistycznych w zakresie pedagogiki, Wydział Nauk Pedagogicznych Uniwersytetu Santiago de Compostela (Hiszpania).

Andreas Frey
Profesor, doktor nauk humanistycznych w zakresie pedagogiki pracy, Rektor Szkoły
Wyższej Federalnej Agencji Pracy w Mannheim (HdBA) oraz wykładowca
w Związkowym Instytucie Szkoły Wyższej Kształcenia Zawodowego (EHB)
w Zollikofen (Szwajcaria).

Izabela Gomółka-Walaszek
Doktor nauk humanistycznych w zakresie psychologii, adiunkt w Zakładzie Psychologii, Instytut Filozofii, Socjologii i Psychologii Akademii im. Jana Długosza
w Częstochowie, opiekun naukowy Psychologicznego Koła Naukowego, członek
Zarządu Polskiego Towarzystwa Gemeliologicznego.

Anna Gronkiewicz
Doktor nauk prawnych, adiunkt w Katedrze Prawa i Postępowania Administracyjnego, Wydział Prawa i Administracji Uniwersytetu Śląskiego w Katowicach.

Jean Guichard
Profesor, dr nauk humanistycznych w zakresie psychologii, dr honoris causa (Joensuu,
Lizbona, Buenos Aires), profesor w Institut National d'Etude du Travail et
d'Orientation Professionnelle (INETOP), Conservatoire National des Arts et Métiers (CNAM) w Paryżu, a także profesor Uniwersytetu Sorbonne; od 2013 r. Kierownik Katedry UNESCO Całożyciowego Poradnictwa Zawodowego w Instytucie
Pedagogiki Uniwersytetu Wrocławskiego; laureat nagród przyznanych przez
the American Psychological Association Society of Counseling Psychology (2008)
oraz the European Society of Vocational Designing and Career Counseling (2012).

Józef Jagieła
Profesor nadzwyczajny, dr hab. nauk prawnych, Katedra Postępowania Cywilnego
II Uniwersytetu Łódzkiego, pełniący obowiązki Kierownika Zakładu Prawa Pry-
watnego na Akademii im. Jana Długosza w Częstochowie.

Grzegorz Jędrek
Magister filologii polskiej, doktorant w Katedrze Teorii i Antropologii Literatury
Katolickiego Uniwersytetu Lubelskiego Jana Pawła II, redaktor czasopisma „Dwo-
rzec Wschodni", laureat nagrody „Żurawie — Lubelskie Wyróżnienia Kulturalne
2012" w kategorii „Słowo".

Emilia Jędrusik
Magister nauk humanistycznych w zakresie psychologii, absolwentka Uniwersytetu Wrocławskiego, Wydział Nauk Historycznych i Pedagogicznych.

Zygfryd Juczyński
Profesor zwyczajny, dr hab. nauk humanistycznych w zakresie psychologii, Dyrektor Instytutu Psychologii Stosowanej Społecznej Akademii Nauk w Łodzi, członek European Health Psychology Society oraz Stress and Anxiety Research Society, Zastępca Redaktora Naczelnego czasopisma „Psychoonkologia", członek Komitetu Redakcyjnego „Suicydologia", „Acta Universitatis Lodziensis" oraz „Folia Psychologica".

Karolina Juszkiewicz
Magister psychologii, asystent w Zakładzie Psychologii, Instytut Filozofii, Socjologii i Psychologii Akademii im. Jana Długosza w Częstochowie.

Stanisław Kowalik
Profesor zwyczajny, dr hab. nauk humanistycznych w zakresie psychologii, Prorektor ds. nauki Akademii Wychowania Fizycznego im. Eugeniusza Piaseckiego w Poznaniu, Kierownik Katedry Kultury Fizycznej Osób Niepełnosprawnych oraz członek Katedry Psychologii Klinicznej, Zdrowia i Rehabilitacji Szkoły Wyższej Psychologii Społecznej (Wydział Zamiejscowy we Wrocławiu), członek Komitetu Psychologii oraz Komitetu Rehabilitacji, Kultury Fizycznej i Integracji Społecznej Polskiej Akademii Nauk.

Alicja Kuczyńska
Profesor nadzwyczajny, dr hab. nauk humanistycznych w zakresie psychologii, Kierownik Zakładu Psychologii Klinicznej i Zdrowia w Instytucie Psychologii Uniwersytetu Wrocławskiego, Redaktor Naczelna „Polish Journal of Applied Psychology".

Kinga Łagowska
Magister nauk humanistycznych w zakresie psychologii, doktorantka w Instytucie Psychologii Katolickiego Uniwersytetu Lubelskiego Jana Pawła II.

Mariola Łaguna
Profesor nadzwyczajny, dr hab. nauk humanistycznych w zakresie psychologii, Instytut Psychologii Katolickiego Uniwersytetu Lubelskiego Jana Pawła II, członek Komitetu Psychologii Polskiej Akademii Nauk, Redaktor Naczelny „Roczników Psychologicznych".

Natalia Modestowna Łogaczjowa
Profesor nadzwyczajny, dr nauk ekonomicznych, Kierownik Katedry Ekonomii w Uralskim Instytucie Ekonomii, Zarządzania i Prawa w Kurganie (Rosja).

Józef Maciuszek
Profesor nadzwyczajny, dr hab. nauk humanistycznych w zakresie psychologii, Dyrektor Instytutu Psychologii Stosowanej Uniwersytetu Jagiellońskiego, Przewodniczący Komisji Rewizyjnej i członek Polskiego Stowarzyszenia Psychologii Społecznej.

Eligiusz Małolepszy
Profesor nadzwyczajny, dr hab. nauk o kulturze fizycznej, Prorektor ds. studenckich Akademii im. Jana Długosza w Częstochowie, Kierownik Zakładu Praktyki Wychowania Fizycznego i Sportu w Instytucie Kultury Fizycznej i Turystyki.

Grażyna Mendecka
Profesor nadzwyczajny, dr hab. nauk humanistycznych w zakresie psychologii, Katedra Psychologii Górnośląskiej Wyższej Szkoły Handlowej im. Wojciecha Korfantego w Katowicach, członek Polskiego Towarzystwa Psychologicznego.

Barbara Mróz
Doktor habilitowany nauk społecznych w zakresie psychologii, adiunkt w Instytucie Psychologii Uniwersytetu Wrocławskiego, asystent the Central European Journal of Social Sciences and Humanities (CEJSH) w Polish Journal of Applied Psychology University of Wrocław, członek Polskiego Towarzystwa Psychologicznego (PTP) oraz Polskiego Stowarzyszenia Psychologii Organizacji (PSPO).

Krzysztof Mucha
Magister prawa, członek Zespołu Badawczego ds. Europejskiego Prawa Prywatnego i Porównawczego Akademii im. Jana Długosza w Częstochowie, doktorant na Wydziale Prawa i Ekonomii Uniwersytetu Wrocławskiego.

Elżbieta Napora
Doktor nauk humanistycznych w zakresie pedagogiki, adiunkt oraz Zastępca Dyrektora ds. nauki w Instytucie Filozofii, Socjologii i Psychologii Akademii im. Jana Długosza w Częstochowie, członek Towarzystwa Naukowego Katolickiego Uniwersytetu Lubelskiego Jana Pawła II, Częstochowskiego Towarzystwa Naukowego oraz Stowarzyszenia Kreatywni.

Werner Ogris
Profesor zwyczajny, dr hab. nauk prawnych, dr honoris causa (Praga, Bratysława, Pécs), członek Zespołu Badawczego Europejskiego Prawa Prywatnego i Porównawczego Akademii im. Jana Długosza w Częstochowie, emerytowany profesor oraz Dyrektor Instytutu Historii Państwa i Prawa na Uniwersytecie Wiedeńskim, od 2004 r. profesor w Wyższej Szkole Paneuropejskiej w Bratysławie (Paneurópska Vysoká Škola — PEVŠ), członek Austriackiej, Saksońskiej oraz Holenderskiej Akademii Nauk.

Adam Olech
Doktor nauk humanistycznych w zakresie filozofii, Dyrektor Instytutu Filozofii, Socjologii i Psychologii Akademii im. Jana Długosza w Częstochowie, Przewodniczący Częstochowskiego Oddziału Polskiego Towarzystwa Filozoficznego, członek Zarządu Polskiego Towarzystwa Filozofii Systematycznej.

Monika Petermandl
Profesor, dr hab. nauk humanistycznych w zakresie pedagogiki, kierownik studiów magisterskich „Professional Teaching and Training" na Uniwersytecie w Krems (Austria).

Elena Fernández Rey
Profesor, dr nauk humanistycznych w zakresie pedagogiki, Wydział Nauk Pedagogicznych Uniwersytetu Santiago de Compostela (Hiszpania).

Adam Rosół
Profesor nadzwyczajny, dr hab. nauk humanistycznych, Kierownik Zakładu Socjologii w Instytucie Filozofii, Socjologii i Psychologii Akademii im. Jana Długosza w Częstochowie, Wiceprzewodniczący Komisji Filozofii i Socjologii Oddziału Polskiej Akademii Nauk w Katowicach.

William E. Schulz
Profesor, dr nauk humanistycznych z zakresu doradztwa edukacyjnego, Uniwersytet w Manitoba (Kanada), wykładowca na uniwersytetach w Europie, Azji i Afryce; laureat nagrody Olive Stanton za wybitne osiągnięcia dydaktyczne, członek honorowy the Canadian Counselling and Psychotherapy Association.

Andrzej E. Sękowski
Profesor zwyczajny, dr hab. nauk humanistycznych w zakresie psychologii, Kierownik Katedry Psychologii Różnic Indywidualnych na Katolickim Uniwersytecie Lubelskim Jana Pawła II, Wiceprzewodniczący Polskiego Towarzystwa Psychologicznego, Redaktor Naczelny „Przeglądu Psychologicznego", członek Rady Redakcyjnej „Gifted Education International", współredaktor „Journal of Individual Differences", redaktor konsultant „High Ability Studies".

Paweł Sikora
Magister nauk prawnych, absolwent studiów podyplomowych z zakresu ubezpieczeń gospodarczych na Akademii Ekonomicznej w Poznaniu, doktorant na Wydziale Prawa i Administracji Uniwersytetu Śląskiego w Katowicach, współpracownik Zespołu Badawczego Europejskiego Prawa Prywatnego i Porównawczego Akademii im. Jana Długosza w Częstochowie.

Katarzyna Skałacka
Doktor nauk humanistycznych w zakresie psychologii, adiunkt w Zakładzie Psychologii Społecznej, Instytut Psychologii Uniwersytetu Opolskiego.

Krystyna Skarżyńska
Profesor zwyczajny, dr hab. nauk humanistycznych w zakresie psychologii, Kierownik Katedry Psychologii Społecznej w Szkole Wyższej Psychologii Społecznej w Warszawie oraz Pracowni Psychologii Politycznej w Instytucie Psychologii Polskiej Akademii Nauk, członek Komitetu Psychologii PAN oraz Komitetu Polska 2000 plus.

Krzysztof Skotnicki
Profesor nadzwyczajny, dr hab. nauk prawnych, Kierownik Zakładu Prawa Konstytucyjnego i Samorządu Terytorialnego Akademii im. Jana Długosza w Częstochowie, a także Zakładu Prawa Konstytucyjnego Porównawczego i Centrum Studiów Wyborczych na Uniwersytecie Łódzkim, Prezes Polskiego Towarzystwa Prawa Konstytucyjnego, Konsul honorowy Republiki Czeskiej w Polsce.

Marek S. Szczepański

Profesor zwyczajny, dr hab. nauk humanistycznych w zakresie socjologii, Instytut Socjologii Uniwersytetu Śląskiego w Katowicach oraz Instytut Socjologii Uniwersytetu Opolskiego, członek Centralnej Komisji do Spraw Stopni i Tytułów, Komitetu Socjologii Polskiej Akademii Nauk oraz Polskiego Towarzystwa Socjologicznego, ekspert Narodowego Centrum Nauki.

Andrzej Szmajke

Profesor zwyczajny, dr hab. nauk humanistycznych w zakresie psychologii, Dyrektor Instytutu Psychologii Uniwersytetu Opolskiego, Kierownik Zakładu Psychologii AWF we Wrocławiu, członek Polskiego Towarzystwa Psychologicznego, członek-założyciel Polskiego Stowarzyszenia Psychologii Społecznej oraz Polskiego Towarzystwa Ewolucyjnych Nauk o Człowieku, członek Rady Naukowej „Roczników Psychologicznych KUL" oraz Komitetu Redakcyjnego kwartalnika „Human Movement".

Anna Śliz

Profesor nadzwyczajny, dr hab. nauk humanistycznych w zakresie socjologii, Zastępca Dyrektora ds. nauki i badań w Instytucie Socjologii Uniwersytetu Opolskiego, ekspert Narodowego Centrum Nauki, członek Polskiego Towarzystwa Socjologicznego.

Krzysztof Śmigórski

Doktor nauk humanistycznych w zakresie psychologii.

Andrzej Tarnopolski

Profesor nadzwyczajny, dr hab. nauk humanistycznych w zakresie filozofii, Zakład Psychologii w Instytucie Filozofii, Socjologii i Psychologii Akademii im. Jana Długosza w Częstochowie, członek Polskiego Towarzystwa Filozoficznego.

Tomasz Trojanowski

Doktor nauk ekonomicznych w zakresie nauk o zarządzaniu, inżynier, Dyrektor Instytutu Zarządzania i Marketingu oraz Kierownik Zakładu Zarządzania i Ekonomiki Podmiotów Gospodarczych Akademii im. Jana Długosza w Częstochowie.

Magdalena Wędzińska

Magister psychologii, asystent w Zakładzie Filozofii Edukacji, Instytut Pedagogiki Uniwersytetu Kazimierza Wielkiego w Bydgoszczy.

Tomasz Wirga

Doktor nauk humanistycznych w zakresie psychologii, adiunkt w Zakładzie Psychologii Społecznej, Instytut Psychologii Uniwersytetu Opolskiego.

Arkadiusz Wudarski

Profesor, dr nauk prawnych, Kierownik Katedry Polskiego i Europejskiego Prawa Prywatnego oraz Komparatystyki Prawa na Europejskim Uniwersytecie Viadrina we Frankfurcie nad Odrą oraz Zespołu Badawczego Europejskiego Prawa Prywatnego i Porównawczego Akademii im. Jana Długosza w Częstochowie, Sekretarz Generalny

„Societas Humboldtiana Polonorum", członek Rady Programowej czasopism „Rejent" oraz „Comparative Law Review", ekspert Narodowego Centrum Nauki, adwokat.

Anna Wypych-Gawrońska

Profesor nadzwyczajny, dr hab. nauk humanistycznych w zakresie literaturoznawstwa, Prorektor ds. rozwoju Akademii im. Jana Długosza w Częstochowie, Kierownik Zakładu Kulturoznawstwa Instytutu Filologii Polskiej, literaturoznawca, teatrolog, historyk teatru i dramatu.

Andrzej Zalewski

Profesor zwyczajny, dr hab. nauk humanistycznych w zakresie filozofii, Zakład Filozofii, Instytut Filozofii, Socjologii i Psychologii Akademii im. Jana Długosza w Częstochowie, członek Polskiego Towarzystwa Fenomenologicznego, członek Rady Programowej czasopisma „Kwartalnik Filmowy" oraz periodyku filozoficznego „Principia".

Piotr Zasępa

Doktor nauk ekonomicznych, adiunkt w Instytucie Zarządzania i Marketingu Akademii im. Jana Długosza w Częstochowie, wykładowca Szkoły Głównej Handlowej w Warszawie.

Magdalena Ziętek

Magister prawa i filozofii, pracownik naukowy oraz doktorantka w Katedrze Polskiego i Europejskiego Prawa Prywatnego oraz Komparatystyki Prawa na Europejskim Uniwersytecie Viadrina we Frankfurcie nad Odrą.

Spis treści

ROZDZIAŁ I

De persona humana

ROZDZIAŁ IV

De societate humana

ROZDZIAŁ V

De re publica et ratione civili

ROZDZIAŁ VI

De oeconomia

ROZDZIAŁ VII

De scientia et arte technica

ROZDZIAŁ VIII

De arte

Contents

CHAPTER I

De persona humana

CHAPTER IV

De societate humana

CHAPTER V

De re publica et ratione civili

CHAPTER VI

De oeconomia

CHAPTER VII

De scientia et arte technica

CHAPTER VIII

De arte